中国当代青年法学家文库
程啸民法学研究系列

人格权研究

程 啸 著

Research on
Personality Rights

中国人民大学出版社
·北京·

"中国当代青年法学家文库"
编委会

编委会主任：王利明

编委会成员（以姓氏拼音为序）

陈 甦	陈卫东	陈兴良	崔建远	公丕祥	韩大元
黄 进	李 林	刘春田	刘明祥	马怀德	秦前红
史际春	王 轶	王贵国	王利明	吴汉东	杨立新
叶必丰	余劲松	张明楷	张守文	张卫平	赵旭东
郑成良	周叶中	周佑勇	朱慈蕴		

总　序

近代中国命运多舛，历经战火和民主思想洗礼的法律学科百废待兴。中华人民共和国成立后法治建设也走过了一段曲折、艰难的道路。改革开放的春风吹拂大地，万象更新。伴随着经济的飞速发展，我国在立法、司法、执法、守法等法治建设的方方面面取得了长足发展，法治在社会治理的方方面面发挥着重要的作用。我国的法律体系趋于完备，各个法律部门具有"四梁八柱"功能的规则体系已经建成，无法可依的时代已经成为历史，中国特色社会主义法律体系已基本形成。可以说，在立法方面，我们用短短几十年的时间走过了西方几百年走过的道路。与此同时，司法体系已基本完备，司法作为解决纠纷、维护社会正义最后一道防线的功能日益凸显，依法行政和法治政府建设也有长足进步。法学教育欣欣向荣，蓬勃发展，法学院从最初的寥寥几所发展到今天的六百多所，在校法学专业学生已逾三十万人。

中国市场经济腾飞的四十年也是中国法学研究蓬勃发展的四十年。风雨百年过，智慧树常青。得益于法学前辈融汇东西的学术积累，经过学界同仁的不懈探索和创新，各个法学学科都涌现出了一大批杰出的法学家。他们不仅躬耕学问、立身治学，而且积极为国家法治建设贡献智慧。他们严谨治学，具有深厚的法学功底，深谙各部门法的骨骼和精髓，并归纳总结出自成一派的法学观点；他们借鉴域外，精通比较法学的逻辑和方法，在博采众长之后，致力于完善中国的相关法学理论。多年的刻苦钻研早已使他们成为中国当代法治和法学教育的大梁，并在著作等身之际桃李天下，培育出更多优秀的青年学者。

当下法学发展的社会环境更是得天独厚。中国以昂扬的姿态迈入新时代，在党的领导下，中国的经济与社会发展更加繁荣昌盛，经济总量已跃居世界第二位。在习近平总书记的领导下，社会治理模式愈见清晰，"一带一路"倡议彰显大国担当，"中国梦"植根于每一个百姓的心里。全面依法治国被确立为国家治理的基本方略，建设法治中国、全面建设法治国家开始成为社会发展大方向和主旋律。党的十八大强调法治是治国理政的基本方式，并围绕全面推进依法治国、加快建设社会主义法治国家的战略目标，规定了法治建设的阶段性任务，强调要更加注重发挥法治在国家治理和社会管理中的重要作用。党的十九大报告更是以宪法为纲，突显了法治在社会发展中不可替代的基本性作用。全面依法治国使中国站在了新的历史起点。

对于我们法律人而言，这不仅是最好的时代，也是新的起点。历经半个多世纪，中国的法学发展从中华人民共和国成立初期的百废待举，学习西方的法律内容和格局，到如今逐渐形成自己的理论体系和话语体系，经历了从"照着讲"到"接着讲"的过程，法学已全面服务于国家治理，并深切关注人类命运共同体的前途和命运。随着科学技术的飞速发展和社会矛盾的日益变化，法学研究也面临着前所未有的挑战。随着中国经济转轨、社会转型，社会结构和执法环境发生了深刻变化。如何以问题为导向，如何利用法律思维解决现实社会问题，成为当代法学与实践相结合的新思路和新机遇。

法学学科以法的发展为研究对象，以公平正义为主要价值追求，不同于其他学科之处在于其实践性。"问渠哪得清如许？为有源头活水来"。法学学者要注重理论研究，但不可囿于象牙塔中，而应当走进生活、走向社会，密切关注我国的法治建设实践。法学学者需要守经，既坚守法治理念，守护法治精神，维护社会正义，也要与时俱进、不断创新，切不可因循守旧、故步自封。法学学者需要注重对域外有益经验的借鉴，但不可定于一尊，奉某一外国法律制度为圭臬，忽视本国法治实践，照搬照抄外国的法律制度。面对任何社会问题，法学学者都有义务和责任展开相应的法治思维，以法治的方法解决我国的现实问题。在互联网和各项新的科学技术飞速发展、日新月异的今天，法学学者不仅要思考当下所遇到的法律问题，也要思考未来法治的走向和可能面临的问题。这些都对青年学者提出了更高更新的要求。所幸我们的法学学者一直在孜孜不倦地努力，不断贡献着智慧与力量。

中国人民大学出版社邀请我组织这套"中国当代青年法学家文库"，我欣然同意。这套书收录了我国当代青年法学研究者中的佼佼者的代表作。入选著作具有以下特征：既秉持我国法学研究的脉络和精神传统，又反映我国当代法学研究的创新发展水平；既注重对基础理论的深入研究，又注重解决重大社会现实问题；既注重立足于我国学术研究，又有广博的域外研究视野；既博采众长，又落足于中国法学学科体系、话语体系的创新发展。这些作品综合运用了多种研究方法，探索了我国法学研究可能的学术转向，既有效吸收其他学科的研究方法和研究成果，也使法学研究的方法和成果能够为其他学科的学者所借鉴。我希望这套文库的问世，能够为国家法治建设建言献策，为中国法学理论的构建添砖加瓦，为世界法律文化的发展注入中国元素，为中国法治文化的传承贡献一份应有的力量。

是为序。

2018年4月

前　言

尊重和保护人格权早已成为现代文明社会的共识。但是，由于历史传统、文化习惯、政治经济等因素的差异，各国（地区）人格权的类型与保护方法有所不同。《中华人民共和国宪法》第37条规定："中华人民共和国公民的人身自由不受侵犯。任何公民，非经人民检察院批准或者决定或者人民法院决定，并由公安机关执行，不受逮捕。禁止非法拘禁和以其他方法非法剥夺或者限制公民的人身自由，禁止非法搜查公民的身体。"第38条规定："中华人民共和国公民的人格尊严不受侵犯。禁止用任何方法对公民进行侮辱、诽谤和诬告陷害。"中国共产党十九大报告也明确指出，要"保护人民人身权、财产权、人格权"。为了贯彻落实《中华人民共和国宪法》和中国共产党十九大报告关于维护人格尊严与保护人格权的要求，2021年1月1日起施行的《中华人民共和国民法典》（以下简称《民法典》）单独设立第四编"人格权"，共六章、51条，在我国现行法律、法规和司法解释的基础上对生命权、健康权、名誉权、隐私权等人格权的内容、边界和保护方式作出了详细规定。

我国民法学界对人格权的研究已有数十年，以王利明、马俊驹、杨立新、张新宝、姚辉为代表的民法学者在该领域出版了数量丰富的论著。毫无疑问，《民法典》颁行后，对人格权的研究必将更加深入和细致。一方面，《民法典》人格权编既总结传承了现行法律、司法解释中不少有关人格权保护的规则与制度，也有很大的创新与发展，确立了不少新的规则与制度，例如：人格权的许可使用制度、人格权禁令程序的建立；侵害人格权民事责任中动态系统论的运用；对于人格权的合理使用的一般性与具体规定；首次在法律上明确了人格尊严和人身自由这两项一般人格权；明确了单位负有的预防和制止性骚扰的义务并由此确立了违反该义务的民事责任；对于私密信息首先适用隐私权保护规则，然后才适用个人信息保护规则等。对这些新的规则和制度如何理解与适用，迫切需要理论界在深入研究后作出回答。另一方面，21世纪的科技发展日新月异，在人格权领域产生了诸多新问题，新型人格权益受法律保护的需求也越来越强烈，迫切需要更加深入的理论研究。例如，随着人体器官移植、基因编辑技术等生物医学科技的发展，关于人体器官捐赠，精子、卵子和胚胎的法律地位，代孕行为的合法性等新问题产生了；再如，信息网络科技，尤其是人工智能与大数据技术的发展，不仅使各种利用信息网络侵害人格权的侵权行为日益增多，还产生了个人信息等新型人格权益保护的问题。

本书正是依据《民法典》等法律和司法解释的规定，立足于我国司法实践并充分吸收、借鉴比较法上的优秀经验，对我国民法上的人格权所作的全面系统的研究。本书共分三编。第一编"人格权总论"是基础理论部分，主要对人格权的概念、特征，人格权与其他权利的关系，《民法典》人格权编与其他各编的关系；人格权的主体、客体与内容，以及人格权的行使和限制等进行了研究。第二编"人格权分论"依次对一般人格权以及生命权、身体权、健康权、姓名权、名称权、肖像权、名誉权、荣誉权、隐私权、个人信息权益等具体人格权的性质、特征、内容，以及权利的限制、侵权责任的构成要件、免责事由等进行了深入的研究。第三编"侵害人格权的民事责任"主要对停止侵害、排除妨碍、消除危险等人格请求权以及赔礼道歉、损害赔偿等损害赔偿请求权这两大类侵权责任的承担方式进行研究。

尽管笔者竭尽所能地探讨了《民法典》和相关法律、司法解释中的人格权规范，深入研究了人格权制度中的各种重大疑难问题，但是，笔者能力有限，而人格权的理论博大精深，所涉问题又极为复杂，故此书中的谬误缺漏之处不可避免，衷心希望读者不吝赐教！

缩略语

一、法律

《宪法》=《中华人民共和国宪法》

《民法典》=《中华人民共和国民法典》

《民法通则》=《中华人民共和国民法通则》

《民法总则》=《中华人民共和国民法总则》

《侵权责任法》=《中华人民共和国侵权责任法》

《合同法》=《中华人民共和国合同法》

《物权法》=《中华人民共和国物权法》

《网络安全法》=《中华人民共和国网络安全法》

《电子商务法》=《中华人民共和国电子商务法》

《个人信息保护法》=《中华人民共和国个人信息保护法》

《消费者权益保护法》=《中华人民共和国消费者权益保护法》

《专利法》=《中华人民共和国专利法》

《著作权法》=《中华人民共和国著作权法》

《商标法》=《中华人民共和国商标法》

《反不正当竞争法》=《中华人民共和国反不正当竞争法》

《国家赔偿法》=《中华人民共和国国家赔偿法》

《传染病防治法》=《中华人民共和国传染病防治法》

《献血法》=《中华人民共和国献血法》

《突发事件应对法》=《中华人民共和国突发事件应对法》

二、司法解释

《民法通则意见》=《最高人民法院关于贯彻执行〈中华人民共和国民法通则〉若干问题的意见（试行）》

《名誉权解答》=《最高人民法院关于审理名誉权案件若干问题的解答》

《名誉权解释》=《最高人民法院关于审理名誉权案件若干问题的解释》

《人身损害赔偿解释》=《最高人民法院关于审理人身损害赔偿案件适用法律若干问题的解释》

《精神损害赔偿解释》=《最高人民法院关于确定民事侵权精神损害赔偿

责任若干问题的解释》

《利用信息网络侵害人身权益纠纷规定》=《最高人民法院关于审理利用信息网络侵害人身权益民事纠纷案件适用法律若干问题的规定》

《民事诉讼法解释》=《最高人民法院关于适用〈中华人民共和国民事诉讼法〉的解释》

《民事诉讼证据规定》=《最高人民法院关于民事诉讼证据的若干规定》

目 录

第一编 人格权总论

第一章 人格权概述 … 3
第一节 人格权的概念与特征 … 3
一、人格与人格权 … 3
二、人格权的概念 … 8
三、人格权的特征 … 12
第二节 人格权的类型 … 20
一、人格权的法定性与开放性 … 20
二、人格权益与人格权 … 25
三、宪法人格权与民法人格权 … 26
四、一般人格权与具体人格权 … 28
五、物质性人格权与精神性人格权 … 31
六、我国法上人格权的类型 … 33
第三节 人格权与其他权利 … 42
一、人格权与人权 … 42
二、人格权与身份权 … 45
三、人格权与财产权 … 49
四、人格权与知识产权 … 50

第二章 人格权法概述 … 55
第一节 人格权法的概念与特征 … 55
一、人格权法的概念 … 55
二、人格权法的特征 … 56
第二节 我国民法典中的人格权编 … 58
一、大陆法系民法中的人格权 … 58
二、我国民法典将人格权独立成编 … 60
三、民法典人格权编与其他各编的关系 … 65

第三章 人格权的主体 ········· 68
第一节 自然人 ········· 68
一、概述 ········· 68
二、胎儿 ········· 69
三、死者 ········· 73
第二节 法人和非法人组织 ········· 93
一、法人与非法人组织的人格权的性质 ········· 93
二、法人与非法人组织人格权的类型 ········· 96

第四章 人格权的客体与内容 ········· 101
第一节 人格权的客体 ········· 101
一、人格权客体的界定 ········· 101
二、人格利益的形态 ········· 104
第二节 人格权的内容 ········· 105
一、概述 ········· 105
二、人格要素上的经济利益的法律保护 ········· 106

第五章 人格权的行使与限制 ········· 115
第一节 人格权的行使 ········· 115
一、概述 ········· 115
二、人格要素的商业化利用 ········· 116
第二节 人格权的限制 ········· 123
一、人格权限制的正当性 ········· 123
二、我国法对人格权的限制 ········· 125
三、动态系统论与侵害人格权民事责任的认定 ········· 126

第二编 人格权分论

第六章 一般人格权 ········· 137
第一节 概述 ········· 137
一、一般人格权的发展 ········· 137
二、我国法上的一般人格权 ········· 142
第二节 人身自由与人格尊严 ········· 147
一、人身自由 ········· 147

二、人格尊严 ··· 150
三、基于人身自由和人格尊严产生的其他人格权益 ················ 153
四、司法实践中侵害一般人格权的情形 ····························· 154

第七章 生命权 158

第一节 概述 158
一、生命权的含义 ··· 158
二、宪法与民法中的生命权 ··· 163
三、安乐死 ··· 165
四、死刑与生命权 ··· 170

第二节 生命权的保护 172
一、法定救助义务 ··· 172
二、自杀 ·· 174
三、尸体 ·· 179
四、遗体与死者器官的捐献 ··· 183

第三节 侵害生命权的民事责任 185
一、侵害生命权的民事责任承担方式 ······························ 185
二、因争执诱发疾病致人死亡的侵权责任 ························ 186

第八章 身体权 190

第一节 概述 190
一、身体权的概念与内容 ·· 190
二、身体权与生命权、健康权 ······································ 192

第二节 身体权的保护 194
一、与身体分离的部分 ·· 194
二、人体基因编辑等医学科研活动的规范 ························ 196
三、人体细胞、人体组织和人体器官的捐献 ····················· 199
四、非法限制自由与非法搜查身体 ································ 201

第三节 缺陷出生的民事责任 203
一、缺陷出生的含义 ·· 203
二、缺陷出生侵害的客体 ·· 204
三、缺陷出生损害赔偿请求权的主体 ······························ 206
四、缺陷出生损害赔偿的范围 ······································ 208

第九章 健康权 210

第一节 概述 210
一、健康权的概念 210
二、健康权的内容 210
三、临床试验与健康权的保护 212

第二节 侵害健康权的侵权责任 215
一、侵害生理健康的侵权责任 215
二、侵害心理健康的侵权责任 218
三、侵害健康权的责任承担方式 219

第三节 精神惊吓 219
一、精神惊吓的含义 219
二、直接受害人的精神惊吓 220
三、第三人的精神惊吓 223

第四节 性骚扰 226
一、性骚扰的法律规制 226
二、性骚扰的概念与特征 228
三、性骚扰的民事责任 231
四、负有防止和制止性骚扰义务者的民事责任 232

第十章 姓名权 237

第一节 概述 237
一、姓名的含义 237
二、姓名权的概念 238
三、姓名权的内容 240
四、姓名权的行使与登记 250
五、笔名、艺名、网名等的保护 251

第二节 姓名权与其他权利 252
一、姓名权与署名权 252
二、姓名权与个人信息权益 256
三、姓名权与商标权 257

第三节 侵害姓名权的民事责任 259
一、侵害姓名权的行为 259

二、侵害姓名权与不正当竞争行为 …… 262
　　三、姓名权的合理限制 …… 264

第十一章　名称权 …… 266

第一节　概述 …… 266
　　一、名称权的含义 …… 266
　　二、名称权的内容 …… 268
　　三、名称简称的保护 …… 269

第二节　名称权与其他权利的关系 …… 271
　　一、名称权与姓名权 …… 271
　　二、名称权与商号权 …… 273
　　三、名称权与商标权 …… 274

第三节　侵害名称权的民事责任 …… 276
　　一、侵害名称权的行为 …… 276
　　二、归责原则与民事责任承担方式 …… 278

第十二章　肖像权 …… 280

第一节　概述 …… 280
　　一、肖像的概念、特征与类型 …… 280
　　二、肖像权的概念与内容 …… 288
　　三、肖像权的限制 …… 292

第二节　肖像权与其他权利 …… 300
　　一、肖像权与角色权 …… 300
　　二、肖像权与肖像作品著作权 …… 303
　　三、肖像权与商标权 …… 307
　　四、肖像权与个人信息权益 …… 308

第三节　肖像许可使用合同 …… 309
　　一、概述 …… 309
　　二、肖像许可使用期限与合同的解除 …… 310

第四节　侵害肖像权的民事责任 …… 311
　　一、不以营利为构成要件 …… 311
　　二、侵害肖像权的行为类型 …… 315
　　三、侵害肖像权的归责原则与民事责任承担方式 …… 319

第十三章　名誉权 ··· 321

第一节　概述 ··· 321
一、我国法上对名誉权的保护 ··· 321
二、名誉权与名誉的含义 ·· 322
三、名誉权与其他权利 ··· 325

第二节　言论自由与名誉权保护 ·· 328
一、言论自由的价值 ··· 328
二、我国法对言论自由与名誉权保护的协调 ························· 330
三、公众人物与非公众人物的区分 ····································· 331
四、为公共利益实施新闻报道、舆论监督的行为与其他
　　行为 ·· 337
五、事实陈述与意见表达 ·· 339

第三节　信用评价与名誉权的保护 ·· 342
一、通过名誉权保护信用 ·· 342
二、有权对他人进行信用评价的主体 ·································· 344
三、信用评价的查询权与更正删除权 ·································· 345

第四节　侵害名誉权的侵权赔偿责任的构成要件 ··················· 348
一、概述 ··· 348
二、行为人实施了侵害他人名誉权的行为 ··························· 349
三、损害了他人的名誉 ··· 360
四、行为人具有过错 ·· 363

第五节　侵害名誉权的抗辩事由 ·· 369
一、真实性抗辩 ·· 369
二、公正评论抗辩 ··· 371
三、文艺作品的特殊免责事由 ··· 373
四、法定免责事由 ··· 376

第六节　侵害名誉权的责任主体 ·· 380
一、加害行为人 ·· 380
二、内容的提供者 ··· 381
三、转载者 ·· 382

第七节　侵害名誉权的救济方法 ·· 384

一、人格权请求权 ························· 384
　　二、请求该媒体及时采取更正或者删除等必要措施 ········ 384
　　三、损害赔偿请求权 ······················· 388

第十四章　荣誉权 ·························· 392
第一节　概述 ·························· 392
　　一、荣誉权的概念与性质 ···················· 392
　　二、荣誉权的内容 ························ 394
　　三、荣誉权与名誉权 ······················· 394
第二节　侵害荣誉权的侵权责任 ················ 395
　　一、侵害荣誉权的行为 ····················· 395
　　二、侵权责任承担方式 ····················· 397

第十五章　隐私权 ·························· 398
第一节　概述 ·························· 398
　　一、隐私权的产生与发展 ···················· 398
　　二、隐私与隐私权的含义 ···················· 403
　　三、隐私权与其他权利 ····················· 405
第二节　侵害隐私权的行为 ··················· 409
　　一、概述 ···························· 409
　　二、侵扰私人生活安宁 ····················· 411
　　三、侵害私密空间 ························ 417
　　四、侵害私密活动 ························ 422
　　五、侵害私密部位 ························ 429
　　六、侵害私密信息 ························ 431
　　七、其他侵害隐私权的行为 ··················· 437
第三节　隐私权的限制 ····················· 437
　　一、概述 ···························· 437
　　二、公共利益的限制 ······················· 439
第四节　侵害隐私权的侵权责任 ················ 442
　　一、侵害他人隐私权的行为 ··················· 442
　　二、造成了损害 ························· 445
　　三、行为人存在过错 ······················· 445

四、侵害隐私权的抗辩事由 ························· 446

第十六章 个人信息权益 ···················· 451

第一节 个人信息保护概述 ························ 451
一、个人信息的含义 ························· 451
二、个人信息的法律保护 ····················· 460

第二节 个人信息处理 ···························· 470
一、个人信息处理的含义 ····················· 470
二、个人信息处理者 ························· 476
三、个人信息处理的基本原则 ················· 483
四、个人信息处理的合法性根据 ··············· 505

第三节 个人信息权益的性质与内容 ················ 522
一、个人信息权益的性质 ····················· 522
二、个人信息权益的内容 ····················· 540
三、死者个人信息的保护 ····················· 577

第四节 个人信息的合理使用 ······················ 597
一、概述 ··································· 597
二、个人信息合理使用的含义 ················· 599
三、个人信息合理使用的规范层次 ············· 606
四、个人信息合理使用的具体情形 ············· 610

第五节 侵害个人信息权益的侵权责任 ·············· 618
一、归责原则 ······························· 618
二、构成要件 ······························· 629
三、损害赔偿责任 ··························· 639

第三编 侵害人格权的民事责任

第十七章 人格权请求权 ···················· 645

第一节 概述 ···································· 645
一、人格权请求权的概念与特征 ··············· 645
二、人格权请求权的立法模式 ················· 647

第二节 人格权请求权的类型 ······················ 652
一、概述 ··································· 652

二、停止侵害 656
三、排除妨碍 657
四、消除危险 660
五、消除影响、恢复名誉 662

第十八章 人格权禁令 666

第一节 人格权禁令的性质 666
一、概述 666
二、学说上的争议 667
三、本书的观点 668

第二节 人格权禁令适用要件 676
一、实体法要件 676
二、程序法问题 681

第十九章 赔礼道歉 688

第一节 概述 688
一、赔礼道歉的含义 688
二、赔礼道歉的性质 689

第二节 赔礼道歉的适用 693
一、适用范围 693
二、赔礼道歉的实现方式 694

第二十章 损害赔偿 698

第一节 概述 698
一、损害赔偿的概念与类型 698
二、损害赔偿的原则 700
三、损害赔偿的方法 701

第二节 财产损害赔偿 702
一、含义与类型 702
二、人身伤亡的财产损害赔偿的范围与计算 702
三、侵害其他人格权的财产损害赔偿 726

第三节 精神损害赔偿 732
一、精神损害赔偿责任的概念与功能 732
二、精神损害赔偿责任的适用范围 736

三、精神损害赔偿责任的适用要件 ………………………… 743
　　四、精神损害赔偿请求权的主体 …………………………… 746
　　五、精神损害赔偿请求权的继承与转让 …………………… 750
　　六、精神损害赔偿数额的确定 ……………………………… 752
　第四节　惩罚性赔偿 …………………………………………… 755
　　一、惩罚性赔偿的概念与功能 ……………………………… 755
　　二、我国法上惩罚性赔偿制度的发展 ……………………… 756
　　三、侵害人格权的惩罚性赔偿 ……………………………… 757

主要参考文献 ………………………………………………………… 760
《民法典》人格权编法条索引 ……………………………………… 769
后　　记 ……………………………………………………………… 771

第一编

人格权总论

第一章 人格权概述

第一节 人格权的概念与特征

一、人格与人格权

(一) 人格的两层含义

要掌握人格权的含义,首先需要了解何为"人格"(personality)[1]。在词源学上,英语中的"personality"来自拉丁语"persona",是指演员在演出时为掩饰声音而戴在脸上的面具,在罗马法中,面具只赐予某些人,奴隶被剥夺了人格。[2] 罗马法有三个关于人的概念,即"homo"、"caput"与"persona",其中,homo 是指生物学意义上的人,不一定是权利义务的主体,即便是奴隶,也是生物学意义上的人即 homo,但是,奴隶只是自由人的权利客体。Caput 则是指权利义务的主体,即法律上的人格。Persona 是指某种身份,即权利义务主体的各种身份,如一个人可以同时具有家长、官吏、监护人等不同的身份。在罗马法上,要作为完全的权利义务主体就必须具有自由权、市民权和家族权这三种权利,当时统一用"人格"或"人格权"即 caput 来总称这三种权利。[3]

---

[1] 哲学、心理学、社会学和法学等不同学科都研究人格,但对其含义,则有不同的理解。例如,在心理学上,人格是我们选择向公众展示的自我的那些方面,心理学中的人格心理学试图通过描述人格,揭示出我们在哪些方面与别人相似,在哪些方面与别人不同。前者关心的是人的本性,后者关切的是个体差异。参见[美]马修·H. 奥尔森、B·R. 赫根汉:《人格心理学入门》,陈会昌、苏玲译,北京,中国人民大学出版社 2018 年版,第 4 页。

[2] [葡] Carlos Aberto Da Mota Pinto:《民法总论》,澳门翻译公司译,澳门,法律翻译办公室、澳门大学法学院 1999 年版,第 41 页,脚注 53。

[3] 周枬:《罗马法原论》(上册),北京,商务印书馆 1996 年版,第 97-98 页。

法律意义上的"人格"一词，至少有以下两个层次的含义。第一层次的人格为法律上的人格，是指承认一个人的法律上的主体性，也就是说，一个自然人除了作为肉体和精神的客观存在之外，还需要得到法律上的承认，否则，个人就会被降格为法律客体，而不是一个法律意义上的人。因而，他也会被剥夺一切其他权利，甚至生命权。[1] 例如，倘若承认奴隶制，那么奴隶就被认为不是法律上的主体，而只是主人的财产，主人对其享有生杀予夺的权利。故此，法律上的人格被认为是最基本的人权。《世界人权宣言》第6条规定："人人在任何地方有权被承认在法律前的人格。"《公民权利和政治权利国际公约》第16条规定："人人在任何地方有权被承认在法律面前的人格。"之所以要特别强调这种人格，甚至《公民权利和政治权利国际公约》第4条第2款还专门规定，此种人格属于不可以克减的权利（即便因为国家的紧急状态等原因也不例外），就是有鉴于古代和近代历史上的奴隶、农奴，殖民地的人民、纳粹统治下的犹太人等曾经不被当人看，而遭受非人待遇的惨痛历史教训。第二层次意义上的人格为民事权利能力[2]，是指一个人被承认为人（而不是物）之后，所被赋予的在法律面前被承认为一个人的能力，即作为权利的享有者和义务的承担者。这种人格本质上与对法律人格的承认联系密切，是承认法律上的人格（第一层次意义上的人格）的必然结果。因为，对法律人格的承认必然要伴随着对各类广泛的私人权利（民事权利），如订立合同、取得财产、接受雇佣、建立婚姻关系或提起诉讼等能力的承认。[3]

从比较法来看，有些国家的民法典明确区分了人格（Persönlichkeit）与权利能力（Rechtsfähigkeit）这两个层次的人格。例如，《奥地利民法典》第16条规定："人类中的每个人（jeder Mensch），均享有与生俱来的、已由人类理性所阐明的权利，并因此而应理所当然地被作为法律意义上的人（Person）。禁止奴隶制或农奴制，禁止与该制度相联系的权利行使。"同时，《奥地利民法典》第18条又规定："任何人均有以法律规定的条件取得权利的能力。"上述《奥地利民法典》第16条中所谓"与生俱来的、已由人

---

[1] [奥]曼弗雷德·诺瓦克：《〈公民权利和政治权利国际公约〉评注》（修订第二版），孙世彦、毕小青译，北京，生活·读书·新知三联书店2008年版，第386页。

[2] [日]四宫和夫：《日本民法总则》，台北，五南图书出版公司1995年版，第45页。

[3] [奥]曼弗雷德·诺瓦克：《〈公民权利和政治权利国际公约〉评注》（修订第二版），孙世彦、毕小青译，北京，生活·读书·新知三联书店2008年版，第387页。

类理性所阐明的权利"，属于自然法上的权利。而第 18 条中规定的"以法律规定的条件取得"的"权利"，则是指实定法（私法）上的权利，所以，奥地利民法所承认的法律人格是建立在自然法上与生俱来的权利基础之上的。① 再如，《瑞士民法典》第 11 条规定："任何人均有权利能力。任何人在法律规定的范围内，均有平等的拥有权利和义务的能力。"第 31 条又规定："人格，始于出生之完成，终于死亡。胎儿，以将来非死产者为限，出生前有权利能力。"这就是说，在瑞士法上，人格与权利能力是直接关联的。每个人都具有权利能力。人格始于出生、终于死亡的界定，至关重要。因为它决定了一个人是否是法律上的人（das rechtliche Mensch）。②《葡萄牙民法典》第 66 条规定："人格始于完全出生且具有生命之时。未出生之人获得法律所承认之权利取决于其出生。"第 68 条第 1 款规定："人格随死亡而终止。"同时，《葡萄牙民法典》第 67 条又规定："除法律另有规定外，自然人得成为任何法律关系之主体：此为自然人之权利能力"；第 69 条规定："任何人不得全部或部分放弃其权利能力。"显然，葡萄牙民法也明确区分了两个层次的人格，其将自然人的人格作为"一种法律资格、地位，是一种直接体现个人尊严的法律工具"，而将权利能力作为自然人参与法律关系的能力，即享有权利和承担义务的能力。③ 葡萄牙学者认为，法律人格（personalidade jurídica）是人能够成为法律规范调整对象的资格，而法律能力（capacidade jurídica）则是指人在多大程度上能够成为权利义务所指向的对象，前者是一个质的概念，即承载权利义务的可能性，后者是一个量的概念，即描述上述权利义务的多寡。④

但是，有些国家和地区的民法并不区分人格与权利能力，而将二者等同，合并规定。民法上的"权利能力"（Rechtsfähigkeit）一词是由《德国民法典》首创的。在德国民法中，人格与权利能力就是相同的概念。《德国民法典》第 1 条规定："人的权利能力，始于出生之完成。"德国民法典的起草者认为，"每个人不分等级、宗教信仰、性别等都享有权利能力"，这

---

① ［日］星野英一：《私法中的人——以民法财产法为中心》，王闯译，载梁慧星主编：《民商法论丛》（第 8 卷），北京，法律出版社 1997 年版，第 163 页。
② Handkomm-Andreas Kley, ZGB, Art. 31, Orell Fuessli Verlag, 2006, S. 47.
③ ［葡］Carlos Aberto Da Mota Pinto：《民法总论》，澳门翻译公司译，澳门，法律翻译办公室、澳门大学法学院 1999 年版，第 41 页。
④ 唐晓晴、苏建峰、吴奇琦：《民法一般论题与〈澳门民法典〉总则》（下册），北京，社会科学文献出版社 2020 年版，第 51 页。

样的规定是很自然的事情。《德国民法典》第一草案说明书明确指出：不论现实中的人的个体性和其意志，承认其权利能力是理性和伦理的一个戒律。① 著名法学家卡尔·拉伦茨教授认为："在法律上，权利能力是指一个人作为法律关系主体的能力，也即是作为权利的享有者和法律义务的承担者的能力。每个人都具有权利能力，因为他在本质上是一个伦理意义上的人。任何人相对于其他人都处于一种法律上的基础关系中，即既有权要求别人尊重他的人格，也有义务尊重别人。"② 德国法学家克尼佩尔教授认为："当在成文法上已经在本质上消除了等级界线与等级差别的时候，法律主体与意志、理性天赋的人格人与人无条件的等同在法学理论中得以贯彻。"③ 法国民法学通说也不区分人格和权利能力，大多数法国民法学者认为，人格是指自然人或者组织体所具有的成为权利主体或者义务主体的能力或者资格。④ "在法律语言当中，人就是指权利主体和义务主体，他们过着自己的法律生活，人享有人格。所谓人格，是指人所具有的成为权利主体和义务主体的能力。"⑤《日本民法典》第3条第1款规定："私权的享有始于出生。"⑥ 日本民法学通说认为，该款规定的是"能够成为权利义务主体的地位（或资格）"，即权利能力或者法律人格。⑦ 在民法上，"法的人格者等于权利能力者"，关于人或法人的规定"表现了最抽象化层次的抽象的法人格"⑧。我国台湾地区"民法"第6条规定："人之权利能力，始于出生，终于死亡。"第16条规定："权利能力及行为能力，不得抛弃。"著名法学家王泽鉴教授认为，这些规定强调了人作为私法上的权利主体的平等性，即

---

① ［德］罗尔夫·克尼佩尔：《法律与历史——论〈德国民法典〉的形成与变迁》，朱岩译，北京，法律出版社2003年版，第58页。
② ［德］卡尔·拉伦茨：《德国民法通论》（上册），王晓晔等译，谢怀栻校，北京，法律出版社2003年版，第119-120页。
③ ［德］罗尔夫·克尼佩尔：《法律与历史——论〈德国民法典〉的形成与变迁》，朱岩译，北京，法律出版社2003年版，第65页。
④ 张民安：《法国人格权法》（上册），北京，清华大学出版社2016年版，第47页。
⑤ 此为法国民法学者Mazeaud和Chabas在1997年出版的《人法》一书中对人格的界定。转引自张民安：《法国人格权法》（上册），北京，清华大学出版社2016年版，第47页。
⑥ 日本著名法学家我妻荣教授认为，所谓"私权的享有"的表述并不妥当，因为这个规定只意味着"能够成为权利主体的地位"，并不意味着特定权利的取得。［日］我妻荣：《新订民法总则》，于敏译，北京，中国法制出版社2008年版，第40页。
⑦ ［日］近江幸治：《民法讲义Ⅰ 民法总则（第6版补订）》，渠涛等译，北京，北京大学出版社2015年版，第30页。
⑧ ［日］北川善太郎：《日本民法体系》，李毅多等译，北京，科学出版社1995年版，第56页。

人一旦出生，不论其性别、种族、宗教、国籍均具有得享受权利能力的资格，除死亡外，不得剥夺。民法或其他法律对于特定权利的享有虽然可以加以限制，但不得违反宪法上的平等原则。① 权利能力即人格，法律之所以禁止抛弃权利能力及行为能力，就是为了避免人格受到缺损。我国台湾地区"民法"第16条立法理由称："查'民律'草案第四十九条理由谓凡人若将权利能力及行为能力全部或一部抛弃之，人格必受缺损。故对权利能力及行为能力之抛弃，特用'法律'禁止之，以均强弱而杜侵凌之弊。"②

我国民法学界多数说认为，人格具有多重含义：第一种含义是指私法上的权利义务所归属的主体即法律人格；第二种含义是指民事权利能力；此外，人格还有第三种含义，是指人格权的客体，即应受法律保护的利益。③ 就人格与民事权利的关系，不少学者认为，它们是等同的概念。因为，民事权利能力是充当民事主体即作为民法上的人所必须具备的法律资格，凡是具有民事权利能力的人就可以成为民事法律关系的主体，享有民事权利和承担民事义务。故此，民事权利能力、人格、民法上的人、主体等概念基本上可以表达相同的意思。④ 但是，也有学者认为，人格和民事权利能力并不相同。前者是成为民事法律关系主体的资格，而后者是可以享有民事权利并承担民事义务的资格，一个是主体的资格，一个是享受权利的资格。⑤ 此外，由于人格只是法律对自然人和组织的主体性的确认而非赋予，故此，无论自然人还是法人之间存在多大的差别，其人格都是平等的，法律也是不能加以限制或剥夺的。但是，民事权利能力是法律所赋予的，法律可以基于特定目的或社会政策而对之加以限制，因此民事权利能力并非是平等的。⑥ "现代权利能力制度力图完全背离罗马的人格

---

① 王泽鉴：《人格权法：法释义学、比较法、案例研究》，台北，作者印行2012年版，第47页。
② 陈忠五主编：《民法》，台北，新学林出版公司2011年版，第A-17页。
③ 王利明主编：《人格权法新论》，长春，吉林人民出版社1994年版，第4-5页。梁慧星教授认为，人格还有第四种含义即是指权利能力、行为能力、自由、名誉、姓名权等的总和。参见梁慧星：《民法总论》（第五版），北京，法律出版社2017年版，第91页。
④ 王利明主编：《人格权法新论》，长春，吉林人民出版社1994年版，第5页；姚辉：《人格权法论》，北京，中国人民大学出版社2011年版，第12-13页。
⑤ 江平主编：《法人制度论》，北京，中国政法大学出版社1994年版，第3页；尹田：《论自然人的法律人格与权利能力》，载《法制与社会发展》2002年第1期。
⑥ 柳经纬：《权利能力的若干基本理论问题》，载《比较法研究》2008年第1期。

制度，实现普遍的平等，但由于这种追求的空想性，这一目标只是部分得到了实现，没有完全实现，但这样的目的并未被取消，所以，它构成一种对法律受众的欺骗。"①

从我国《民法典》的规定来看，就自然人而言，人格与民事权利能力这两个概念的意思是相同的。《民法典》第13条规定："自然人从出生时起到死亡时止，具有民事权利能力，依法享有民事权利，承担民事义务。"第14条规定："自然人的民事权利能力一律平等。"这意味着：一方面，自然人只能是法律关系的主体即权利义务的主体，而不能是权利义务的客体。我国法律上不承认任何形式的将自然人作为客体的情形的存在。一切生物意义上的自然人，从出生时起就都具有法律上的人格，即权利能力；只要自然人还活着，这种人格或民事权利能力就不会消灭，其既不能被剥夺，也不能被放弃、转让或者继承。只有（生理意义上的）死亡才是民事权利能力消灭的唯一情形。另一方面，作为法律关系主体的自然人都具有民事权利能力，并且所有的自然人的权利能力是一律平等的，不因性别、民族、年龄、出身、职业、贫富等差别而有不同。②

二、人格权的概念

人格权（Persönlichkeitsrecht，Rights of Personality）这一概念在欧洲有古老的渊源。最早将人格权作为权利加以论述的是16世纪的人文主义者胡果·多内鲁斯（Hugo Donellus）。在1590年出版的一本著作中多内鲁斯认为，作为一种法益，人对于其自身的控制不同于人对外界物质的掌控，个人对其生命、身体的完整性、自由以及名声享有权利。③ 此后，人格权的概念经由近代自然法学家赋予其精神支柱，而逐渐形成。④ 最早对人格权进行系统、成体系的研究的是德国法学家基尔克（Otto von Gierke）。他在19

---

① 徐国栋：《民法哲学》，北京，中国法制出版社2021年版，第187-188页。
② 徐国栋教授对于《民法典》第14条关于权利能力一律平等的规定，有不同的看法，参见徐国栋：《"权利能力平等、不得放弃、不得剥夺"三错论批判——兼论〈民法典〉第14条的司法解释方向》，载《财经法学》2020年第4期。
③ Goetting/Schertz/Seitz Hrsg. Handbuch des Persoenlichkeitsrecht, Beck, 2008, S. 29.
④ ［日］五十岚清：《人格权法》，［日］铃木贤、葛敏译，北京，北京大学出版社2009年版，第2页。

世纪末出版的《德国私法》一书中对人格权作出了系统的阐述。① 基尔克对德国民法典草案忽视人格权的保护给予了批评,他在《私法的社会任务》一文中写道:"一切财产都仅仅是为了人的目的,且人格权位于一切财产法关系之上。同样,私法必须首先使用其可支配的手段来保障和保护各个自然人的人格;必须确认并区分一般性、普遍性的人格权(人自身的权利)、由某社会阶层所限定并塑造的人格权和由个人具备的素质所决定的人格权;侵犯人格权时除了刑事责任外还必须设置民事责任来回复和赔偿。""就如同潘德克顿体系一样,德国的《草案》很少为人法留有空间。最高人格权,即生命、身体、自由、名誉上的权利,还只是被假定为私法的组成部分——但对该假定并非没有产生过怀疑,且对最高人格权保护仍不完美。而其他的人格利益则完全缺少司法上的保护。通过只是例外地保障非物质损害的赔偿请求权,该法律制度否定了对通常比所有财产利益具有更高文明价值的精神利益被侵害这一现象。"②

现代法律和法学理论认为,人格权是与自然人作为主体的存在和发展密切关联的,是最基本、最重要的一类民事权利。对于自然人而言,人格权是其最根本的权利,其他权利都以此为基础。如果一个人不能成其为人,没有生命权、身体权、健康权和自由权等人格权,则物权、债权、知识产权、股权等其他权利将无所依附。

我国《民法典》虽然将人格权独立成编(第四编),但却并未界定何为人格权③,只是列举了民事主体享有的人格权的类型。一方面,依据权利主体的不同,《民法典》在总则编中分别对自然人的人格权类型以及法人、非法人组织的人格权的类型进行了列举性规定,即第110条第1款规定:"自然人享有生命权、身体权、健康权、姓名权、肖像权、名誉权、荣誉权、隐私权、婚姻自主权等权利。"第2款规定:"法人、非法人组织享有名称权、名誉权和荣誉权。"另一方面,《民法典》在人格权编中又将人格权区

---

① Goetting/Schertz/Seitz Hrsg. Handbuch des Persoenlichkeitsrecht,Beck,2008,S. 2
② [德]奥托·基尔克:《私法的社会任务:基尔克法学文选》,刘志阳、张小丹译,北京,中国法制出版社2017年版,第46-47页。
③ 在民法典人格权编草案审议过程中,有人大常委会组成人员和社会公众提出,人格权是人格权编中的核心概念,建议对于这一概念的定义予以界定,明确哪些权利属于人格权,全国人大宪法和法律委员会经研究,建议采纳这一意见。参见《全国人民代表大会宪法和法律委员会关于〈民法典人格权编(草案)〉修改情况的汇报》,载《民法典立法背景与观点全集》编写组:《民法典立法背景与观点全集》,北京,法律出版社2020年版,第52页。

分为具体人格权和一般人格权，即第 990 条第 1 款规定："人格权是民事主体享有的生命权、身体权、健康权、姓名权、名称权、肖像权、名誉权、荣誉权、隐私权等权利。"第 2 款规定："除前款规定的人格权外，自然人享有基于人身自由、人格尊严产生的其他人格权益。"

在法学理论上，对于如何界定人格权，存在不同的看法，核心的争议在于如何认识人格权的客体？一种观点认为，人格权是针对权利人自身的人格构成要素所享有的权利。此种观点认为，人格权不同于物权、债权、知识产权之处就在于人格权是以主体本身为客体的权利，即"人格权的独特之处在于没有主体本身之外的客体，它所针对的是主体人身的某些方面：姓名、身体、荣誉和名誉、私生活的隐私、肖像……"[1] 法国民法学者 Jean Dabin 教授认为："所谓人格权，是指权利主体对其作为权利客体的人格构成要素享有的权利，权利主体的人格构成要素多种多样，既包括其身体的人格构成要素，也包括其道德的人格构成要素，既包括其个人的构成要素，也包括其社会的构成要素。"[2] 具体而言，这些人格构成要素包括：他人的生命，包括他人的身体和身体的组成部分；他人的信仰，他人的爱情，他人的羞耻，他人的美德，他人的亲密生活，他人的名誉，他人自身的身体特征和他人自身的道德特征，以及他人享有的各种各样的自由，等等。当他人对其这些权利客体享有权利时，他们享有的权利就是人格权。[3] 日本民法学家五十岚清教授认为，所谓人格权，是指以具有人格属性的生命、身体、健康、自由、名誉、隐私等为对象的，为了使其自由发展，必须保障其不受任何第三者侵害的多重利益的总称。[4] 另一种观点认为，人格权的客体并非权利主体本身，而是人格利益。例如，著名法学家谢怀栻先生认为，人格权是以权利者的人格的利益为客体（保护对象）的民事权利。[5] 王泽鉴教授认为，人格权"系一种法律所赋予之力，以满足其人之为

---

[1] ［法］雅克·盖斯旦、吉勒·古博、缪黑埃·法布赫-马南：《法国民法总论》，陈鹏、张丽娟、石佳友、杨燕妮、谢汉琪译，北京，法律出版社 2004 年版，第 171 页。

[2] Jean Dabin, le droit subjectif, Dalloz, p. 169. 转引自张民安：《法国人格权法（上）》，北京，清华大学出版社 2016 年版，第 16 页。

[3] Jean Dabin, le droit subjectif, Dalloz, p. 170. 转引自张民安：《法国人格权法（上）》，北京，清华大学出版社 2016 年版，第 16 页。

[4] ［日］五十岚清：《人格权法》，［日］铃木贤、葛敏译，北京，北京大学出版社 2009 年版，第 7 页。

[5] 谢怀栻：《论民事权利体系》，载《法学研究》1996 年第 2 期。

人的利益"①。王利明教授认为，所谓人格权，就是以民事主体依法固有的人格利益为客体的，以维护和实现人格平等、人格尊严、人身自由为目的的权利。②

德国法学家卡尔·拉伦茨教授曾言："假使说到'人格权'，那么我们意指，其功能在对外保障人的固有范围的权利，在新近的法学中，'人格权'的概念并不是借省略不同的人格权间的差异，确认其共同处而获得的，毋宁是借着找出人格权的特殊意义内涵及其功能而得者。"③从规定人格权这一概念的功能的角度出发，应当说，上述两种对于人格权界定的学说各有优缺点。一方面，人格权确实就是指向生命、身体、姓名、名誉、隐私等与自然人不可分离的人格要素，而非指向有体物、无形财产或行为等，这也是人格权与物权、债权等财产权的一个重要区别；另一方面，人格权虽然指向人格要素，但法律保护人格权的目的又并非要使权利人对人格要素形成独断、排他的支配。例如，作为人格权的生命权、身体权并不意味着自然人可以随意支配和控制其生命和身体，否则，就会出现法律也应当认可人们有权自杀或让他人杀死自己或者出卖人体器官等行为是合法的荒谬结论。从我国《民法典》对生命权和健康权的规定可知，法律只是保护自然人对其生命享有的生命安全和生命尊严不受侵害的利益，保护自然人的身体完整和行动自由的利益。此外，在界定人格权时，除必须明确人格要素和受保护的人格利益外，还应当明确人格权的目的，即保护人的尊严和自由。因为人格权对于使人成其为人是不可或缺的，同时，随着社会的发展，为了更好地维护人的尊严和自由的需要，人格权的内涵与外延也会不断地产生和发展，如隐私权、个人信息权益的出现。

综上所述，笔者认为，可以将人格权大致界定如下：所谓人格权，是指为了维护人的尊严和自由，自然人等民事主体就其生命、身体、健康、姓名、名称、肖像、名誉、荣誉、隐私等人格要素而享有的受到法律保护的人格利益。

---

① 王泽鉴：《人格权法：法释义学、比较法、案例研究》，台北，作者印行2012年版，第50-51页。
② 王利明：《人格权法研究》（第三版），北京，中国人民大学出版社2018年版，第12页。
③ ［德］卡尔·拉伦茨：《法学方法论》，陈爱娥译，北京，商务印书馆2003年版，第355页。

三、人格权的特征

（一）人格权保护的是民事主体就其人格要素所享有的人格利益

权利就是法律规范授予人的，旨在满足其个人利益的意思力（Willensmacht），即享受特定利益的法律之力。① 换言之，法律上之所以规定某种民事权利，目的就是要保护权利人的某种利益，满足其需求。民事权利的内容不同，所保护的利益不同，从而使得各项权利之间得以区隔。例如，所有权通过赋予权利人对有体物的占有、使用、收益和处分等排他的支配和控制之力，从而保护权利人对有体物的经济利益即物的使用价值与交换价值。②

人格权的主体是人，是以人的存在为基础的。人格权的根本目的在于维护人的自由与尊严，使人成其为人，能够自主地、负责地、有尊严地生活。因此，"每一种特别人格权都以一种特别的人格利益为其内容。但到最后总是围绕着人的本身"③。在生命权、身体权、健康权、姓名权、肖像权、名誉权、荣誉权、隐私权等具体人格权中，人身自由、人格尊严这一基本人格利益有不同的表现形式。例如，在生命权中，具体现为"生命安全和生命尊严"（《民法典》第1002条）；身体权中，体现为"身体完整和行动自由"（《民法典》第1003条）；姓名权和名称权中，体现为"决定、使用、变更或者许可他人使用自己的"姓名或名称的利益（第1112条和第1113条）；名誉权和隐私权中，则分别体现为维护名誉和保护隐私这两项人格利益。由于对人格利益的认定必然随着时代的发展而逐步深入，所以人格利益的范围也将日益扩大，人格权的内容也会日益丰富。故此，在已被类型化的具体人格权的基础上，还会产生更多的新型的没有被涵盖的人格利益。有鉴于此，我国《民法典》才认可一般人格权，于第990条第2款规定："除前款规定的人格权外，自然人享有基于人身自由、人格尊严产生的其他人格权益。"

（二）人格权具有固有性与平等性

人格权并非天赋权利，而是由法律所确认并加以保护的权利（当然具

---

① Brox Walker, Allgemeiner Teil des BGB, 32 Aufl., Carl Heymanns Verlag, 2008, Rn. 617.
② 王利明：《物权法研究》上卷，（第四版），北京，中国人民大学出版社2016年版，第384页以下。
③ ［德］卡尔·拉伦茨：《德国民法通论》（上册），王晓晔等译，谢怀栻校，北京，法律出版社2003年版，第282页。

体的保护方式和路径各有不同)①，因此，不同国家法律所规定的自然人的人格权类型往往存在差异。只要一个国家承认并保护自然人的某些人格权，那么，对于自然人而言，这些权利就应当是与生俱来的，具有固有性。换言之，"人格权是一种原始的权利，是与生俱来的。在这一点，人格权与权利能力一样，始于出生、终于死亡。"②自然人的民事权利能力始于出生，在具有民事权利能力的同时，也就当然地同时享有了生命权、身体权、健康权、姓名权、名誉权、隐私权等人格权。即便是法人或者非法人组织等自然人以外的民事主体，也是自其取得法律人格即民事权利能力时，就享有了名称权、名誉权和荣誉权。总之，自然人因出生而当然享有各种人格权。同时，自然人之间的人格权在法律上也是平等的。这就是说，任何自然人享有的人格权的类型和内容都是完全相同的，不会因为谁更有名气、更有财富或更有权力，谁的人格权的种类就更多、权利内容更丰富或法律对其的保护强度更大。在法律上，既不允许没有法律人格的自然人存在，也不允许某些自然人的人格权多一些，某些自然人的人格权少一些。同样，对于所有的法人、非法人组织而言，它们享有的人格权的类型和内容也是完全相同的。

就自然人而言，之所以他们的人格权具有固有性与平等性，是因为在文明社会中，人就是人，不是物，不能成为客体，任何人无论出于什么理由都不能奴役他人，而人在法律地位上都是平等的，不应当存在差异。《世界人权宣言》第6条、《公民权利和政治权利国际公约》第16条都明文规定，人人在任何地方都有权被承认在法律前的人格。也就是说，在一个文明的国家，一个人除了肉体和精神上的存在之外，还需要使其存在得到法律的承认，即"其法律上的主体性得到承认。如果没有这一权利，人就被降格为一个法律客体，因而也会被剥夺其他一切权利，包括生命权"③。

正是由于人格权具有固有性与平等性，所以，在侵害人格权的案件中，

---

① 马俊驹教授认为："人格权不是天赋的权利，而是法律赋予人的权利。在法律没有规定对人格权加以保护的情况下，个人人格要素就无法实现和得到保障。即使其在人格诸要素上具有可欲的利益，但是没有法律上的力的支持，人格权的存在依然是不可能的。"马俊驹：《人格和人格权理论讲稿》，北京，法律出版社2009年版，第102页。

② 谢怀栻：《论民事权利体系》，载《法学研究》1996年第2期。

③ ［奥］曼弗雷德·诺瓦克：《〈公民权利和政治权利国际公约〉评注》（修订第二版），孙世彦、毕小青译，北京，生活·读书·新知三联书店2008年版，第386页。

作为被侵权人的自然人,根本没有必要证明自己享有被侵害的人格权或如何取得该人格权的,而只需指明何种人格权遭受侵害即可。这与财产权益被侵害时被侵权人应当证明自己享有被侵害的财产权,是完全不同的。在自然人生存期间,人格权也不会消灭或被削弱。人格权从自然人出生时就产生,在自然人死亡时归于消灭。法律对死者的姓名、肖像、名誉、荣誉、隐私的保护(《民法典》第994条),也并非为了保护死者的姓名权、肖像权、名誉权、荣誉权或隐私权。死者已逝,权利能力消灭,不可能再享有人格权。此时,法律所保护的是死者的近亲属的利益或者社会公共利益。

(三)人格权具有专属性与不可转让性

财产权原则上都具有可转让性[①],可以通过法律行为如买卖合同等加以转让,也可以因法律行为之外的法律事实而转让(如因继承而取得被继承人的债权与物权)。但是,人格权具有专属性、不可转让性。这是因为,人格权旨在维护的人的自由与尊严,与权利主体紧密联系、不可分离。一旦允许权利人可以转让、抛弃或继承人格权,或由他人代为行使人格权,就无法实现维护人的自由与尊严的目的,甚至直接损害人的自由和尊严。故此,现代法治国家不允许自然人与他人达成自杀协议,放弃自己的生命权而任由他人杀死;不允许自然人出卖器官或者出卖自由成为他人的奴隶。约翰·密尔就为何法律上不应当允许自然人放弃自由有一段非常精彩的论述,在《论自由》一书中,他写道:"在我国和大多数其他文明国家里,一项将自己卖为奴隶的契约,就是无效的,无论法律还是舆论都不会强制履行。对人自愿处置自己一生命运的权力作出如此限制,根据是显而易见的,从这种极端情形中尤其会看得非常清楚。除非因牵涉他人之故,对一个人的自愿行为不予干涉,其理由正是为了尊重其自由。他的自愿选择应该证明,如此选择对他来说是可欲的,或者至少是可以忍受的,并且大体说来,最有利于他获致自己幸福的,是允许他以自己的方式去追求幸福。但是,一旦他自卖为奴,就是放弃了一己自由;并且除此一举之外,彻底丧失了今后应用自由的机会。如此一来,他就以自身情形,辜负了那个本来要为其自身处置作正当辩护的良苦用心。他不再是自由的,而是从此处于一种

[①] 为了防止当事人任意以约定限制或排除财产权的可转让性,我国法律还作出了相应的规定。例如,《民法典》第545条第2款规定:"当事人约定非金钱债权不得转让的,不得对抗善意第三人。当事人约定金钱债权不得转让的,不得对抗第三人。"

料想对他不会再有利的境遇之中，如果他自愿继续维持这种状态的话。这说明，自由原则不允许一个人有不要自由的自由，而允许一个人让渡自己的自由，也不是真正的自由。"①

从比较法来看，许多国家或地区的法律都明文禁止人格权的抛弃或转让。例如，《瑞士民法典》第 27 条第 2 款就明确规定："任何人不得放弃或者让与其自由，对自由的限制，以不违反法律和公共道德为限。"《法国民法典》第 16-1 条第 3 款规定："人体、人体各组成部分以及人体所生之物，不得作为财产权利之标的。"第 16-5 条规定："任何赋予人体、人体之各部分以及人体所生之物以财产价值的协议，均无效。"我国台湾地区"民法"第 17 条规定："自由不得抛弃。自由之限制，以不背于公共秩序或善良风俗者为限。"同样，我国《民法典》第 992 条也明确规定："人格权不得放弃、转让或者继承。"此外，《民法典》第 1007 条还规定："禁止以任何形式买卖人体细胞、人体组织、人体器官、遗体。违反前款规定的买卖行为无效。"

人格权虽然不可放弃、转让和继承，但并不等于民事主体不可以基于人格权而授权他人使用姓名、名称或肖像。例如，姓名权就是自然人依法决定、使用、变更或者许可他人使用自己的姓名的权利。故此，自然人有权许可他人在广告上使用其姓名或者肖像并收取相应的费用，这正是人格权的权利内容之一。当然，并非所有的人格权都具有此种许可他人使用的权利内容，民事主体能够许可他人使用的主要是姓名、名称、肖像（包括声音）等。② 至于生命、身体、健康、名誉、隐私等，基于公序良俗等理由，自然人不得许可他人使用。故此，我国《民法典》第 993 条规定："民事主体可以将自己的姓名、名称、肖像等许可他人使用，但是依照法律规定或者根据其性质不得许可的除外。"值得讨论的是，法人、非法人组织的人格权尤其是名称权是否可以转让？有的学者认为，法人、非法人组织的人格权如名称权可以依法转让，依据在于《民法通则》第 99 条第 2 款就允

---

① [英] 约翰·穆勒：《论自由》，孟凡礼译，桂林，广西师范大学出版社 2011 年版，第 123 页。

② 美国法上的公开权（the right of publicity）所保护的不得被他人擅自使用的、具有商业价值的人格标识主要包括肖像、声音、姓名或外号、与某人相联系的特定的有体物、能标识自然人的虚构人物以及未固定的真实表演。参见程合红：《商事人格权论——人格权的经济利益内涵及其实现与保护》，北京，中国人民大学出版社 2002 年版，第 61-63 页。

许法人、个体工商户和个人合伙依法转让自己的名称，这实际上就是肯定了名称权的可转让性。① 而且，《民法典》第 1013 条也明确规定："法人、非法人组织享有名称权，有权依法决定、使用、变更、转让或者许可他人使用自己的名称。"故此，法人、非法人组织有权依法转让自己的名称。笔者不赞同这一观点，因为法人、非法人组织依法转让自己的名称并不等于转让名称权。事实上，除了名称外，绝大部分人格权的要素都是不能转让的，比如姓名、肖像、名誉、隐私等。之所以说，法律上承认名称可以转让，确切地说承认企业的名称可以转让（因为并非所有的法人、非法人组织的名称都是可以转让的），主要是考虑到名称因企业的经营而逐渐累积的经济价值成为企业资产的重要组成部分，允许转让名称有利于企业充分实现其价值。如果承认名称权可以转让，那么就意味着承认所有的法人或者非法人组织都可以转让其名称权，这显然是不符合法律规定的。因此，法人的名称权也是不可以转让的，只有营利法人可以转让其名称。

（四）人格权具有排他与对世效力

所谓绝对权，是指权利人之外的任何人都负有不得侵害、妨碍权利人享有和行使权利的义务。绝对权意味着权利人有权要求所有的人尊重其合法利益，具有排他效力。该效力表现为积极和消极的两个方面。前者意味着权利人采取积极的行为即作为以实现权利的价值，后者意味着权利人可以采取措施来抵御对其权利实施的侵害行为。② 人格权以维护人的尊严和自由为目的，保护自然人等民事主体对人格要素享有的相应的人格利益，权利人之外的一切人都负有不得侵害的义务。故此，人格权属于绝对权，具有排他效力与对世效力。《民法典》第 991 条规定："民事主体的人格权受法律保护，任何组织或者个人不得侵害。"③ 任何缺乏法律的依据或者未取得权利人的同意而侵入人格权的权利领域的行为，都属于侵害行为，是不法行为。

然而，人格权的类型不同，其所具有的排他和对世效力也存在差异。首先，具有最强的排他和对世效力的是生命权、身体权和健康权这三种人格权。这一点从我国《民法典》的相应规定可得到证实。因为《民法典》

---

① 王利明：《人格权法研究》（第三版），北京，中国人民大学出版社 2018 年版，第 231 页。
② Heinrich Hubmann, Das Persoenlichkeitsrecht, 2. Aufl., Boelau Verlag, 1967, S. 140.
③ 这一规定是《民法典》第 3 条在人格权编中的重复表述，属于宣示性的规定。

第1002条至第1004条在规定这三种人格权时都明确采取了"任何组织或者个人不得侵害"的表述,由此就凸显了这三种人格权所具有的很强的排他与对世效力。不仅如此,《民法典》第998条还专门明确排除了在认定侵害"生命权、身体权和健康权"的民事责任时可以适用所谓的动态系统论。之所以这三种人格权具有很强的排他和对世效力,是因为生命权、身体权和健康权是自然人最基本、最重要的人格权,如果这三种人格权无法得到有效的保护,其他任何民事权利的存在都丧失了根基,没有实际意义,遑论维护人的尊严和自由!

其次,隐私权与人的尊严和自由的维护息息相关,故此,隐私权也具有较强的排他和对世效力。一方面,《民法典》第1032条第1款明确规定"任何组织或者个人不得以刺探、侵扰、泄露、公开等方式侵害他人的隐私权";另一方面,《民法典》第1033条列举了除法律另有规定或者权利人明确同意外,任何组织或者个人不得实施侵害他人隐私权的行为类型。显然,由于《民法典》第1003条中明确了"法律另有规定"可以排除侵害隐私权的行为的不法性,故此,隐私权的排他效力要弱于生命权、身体权和健康权。

最后,姓名权、名称权、肖像权、名誉权这四类人格权的排他和对世效力相对而言就更弱,具体而言:姓名权、名称权所能够排除的是权利人之外的采取"干涉、盗用、假冒等方式"实施的侵害(《民法典》第1014条),并且法律上对于民事主体利用自己的姓名或名称也有相当多的限制,例如,《民法典》第1012条与第1013条只是允许自然人、法人或者非法人组织"有权依法"决定、使用、变更或者许可他人使用自己的姓名或名称;再如,《民法典》第1015条要求自然人应当随父姓或者母姓,只有符合法律规定的情形时,才可以在父姓和母姓之外选取姓氏。就肖像权而言,一方面,肖像权人所能排除的是权利人之外的人"以丑化、污损,或者利用信息技术手段伪造等方式"侵害,或者未经同意进行"制作、使用、公开"(《民法典》第1019条);另一方面,为了科学研究、维护公共利益、依法履行职责等需要,《民法典》第1020条还规定了五类可以不经肖像权人同意而合理实施的制作、使用、公开肖像权人的肖像的行为。对于名誉权,权利人可以排除的是其他人以"侮辱、诽谤等方式"进行的侵害。同时,《民法典》第1025条至第1027条还规定了"为公共利益实施新闻报道、舆论监督等行为,影响他人名誉的,不承担民事责任"的例外规定。之所以姓名权、名称权、肖像权、名誉权等人格权的排他与对世效力更弱，主要就是因为在权益的保护和自由的维护这一对价值的权衡中，人格权主体的人格利益并不如生命权、身体权、健康权以及隐私权那样具有压倒性的优势。例如，为了维护言论自由，就不得不对名誉权进行相应的限制，否则，就可能出现民事主体利用名誉权来打击舆论监督、钳制言论，进而损害公共利益的情形。

尽管存在上述差异，但由于总体上人格权与物权一样是可以对抗权利人之外的一切人的绝对权。故此，在人格权之圆满状态被侵害、妨碍或者存在被侵害、妨碍的危险时，权利人基于人格权的排他权能而享有人格权请求权。一方面，《民法典》第995条第1款规定：“人格权受到侵害的，受害人有权依照本法和其他法律的规定请求行为人承担民事责任”；同条第2款规定，停止侵害、排除妨碍、消除危险、消除影响、恢复名誉请求权不适用诉讼时效。另一方面，《民法典》第1167条规定："侵权行为危及他人人身、财产安全的，被侵权人有权请求侵权人承担停止侵害、排除妨碍、消除危险等侵权责任。"这些侵权责任就包括了作为人格权请求权的停止侵害、排除妨碍、消除危险等请求权。

（五）人格权属于支配权

支配权（Herrschaftsrecht）是直接对权利客体加以支配的权利，最典型的支配权就是物权。例如，我国《民法典》第114条第2款规定：“物权是权利人依法对特定的物享有直接支配和排他的权利，包括所有权、用益物权和担保物权。”关于人格权是否属于支配权，学说上存在争议。在德国民法学界，有的学者认为，一项权利不可能存在一个人和一个物之间，而是始终存在于人与人的关系之中，因此，人格权，如身体的完好无损权，也并不是"对自己这个人"的权利，而是就个人的生命利益而言相对于其他人的权利。① 有的学者则认为，"因为人在一个法律关系中是以人的特点作为人参与这个法律关系的……而不是作为完全的物由他人处分"②，人不能作为权利客体。人是一切客体的对立面，也即"物"的对立面。"因此，支配权的客体既不能是自己，也不能是他人"，"人身权根据他的实质是一

---

① ［德］迪特尔·施瓦布：《民法导论》，郑冲译，北京，法律出版社2006年版，第141页。
② ［德］布雷赫尔：《企业作为权利客体》，第23页。转引自［德］卡尔·拉伦茨：《德国民法通论》（上册），北京，王晓晔等译，谢怀栻校，法律出版社2003年版，第397页，脚注3。

种受尊重的权利，一种人身不可侵犯的权利。人身权不是支配权"①。

在我国民法学界，关于人格权是否属于支配权的问题，存在否定说与肯定说。否定说认为，人格权不属于支配权，也不应将其理解为支配权，理由在于：首先，人格权的根本价值在于人的尊严和人格的不可侵犯性，其目的在于对自然人的人格利益的保护而非支配。"将吾人自然享有之生命、身体、自由与法律保护之生命、身体、自由相混同，将自然的能力与法律上之力相混同，实属错误。生命权、身体权、自由权等人格权，非直接支配自己之生命、身体、自由等人格之全部或一部分之权利，此等权利之内容，在不被他人侵害而享受生命、身体之安全、活动之自由。"② 最后，考察生命权、身体权、健康权以及名誉权、隐私权等主要的人格权可以看到，支配并非其主要的权能。充其量能够说具有支配性的也就是姓名权、名称权和肖像权而已。而对姓名、肖像的支配乃至人格标识商品化，与其说体现的是姓名权、肖像权的人格权属性，不如说体现了其非人格权特性。③ 其次，人身或者人是不能作为人格权支配的客体的，否则，就会得出人享有自杀的权利的结论，甚至因此导致出售器官、借腹生子等行为合法化。故此，应当"对人的属性定位于保护而非支配"，从而"切断主体对自身支配的任何可能性"④。

持肯定说的学者认为，人格权作为民法上的绝对权，在一定范围内具有支配性。人格权的支配性是指权利人对其人格利益的支配，而不能将其简单地看作是对人身的支配。人格权的这种支配性，一方面体现在权利人可以在法律规定的范围内按照自己的意愿支配其人格利益，而不需要他人同意或积极行为的辅助。另一方面还体现在权利人可以对其人格权进行积极利用。⑤ 至于一些学者对于承认人格权支配性可能引发的种种道义顾虑，完全可以通过法律规定加以解决，即权利人对自己人格权所做的处分、限制被认为系违反人道主义、善良风俗时，完全可以由法律基于伦理道德的考虑借由权利限制的理论加之应对。事实上，较之物权等支配权，人格权的权利人对权利客体的支配会

---

① ［德］卡尔·拉伦茨：《德国民法通论》（上册），王晓晔等译，谢怀栻校，北京，法律出版社2003年版，第397页。
② 龙显铭：《私法上人格权之保护》，上海，中华书局1937年版，第2页。
③ 温世扬：《人格权"支配"属性辨析》，载《法学》2013年第5期。
④ 李永军：《论我国人格权的立法模式》，载《当代法学》2005年第6期。
⑤ 参见王利明：《人格权法研究》（第三版），北京，中国人民大学出版社2018年版，第29页。

更多地受到来自社会的伦理道德、公序良俗等的限制，但这并不足以彻底否定人格权的支配权性质。①

笔者赞同肯定说。所谓人格权属于支配权，并非意味着权利人可以随意地支配人格要素。因为如果认为自然人对于生命、身体、健康、隐私、名誉等人格要素，可以如同所有权人对于动产和不动产那样加以支配，自然就会得出允许自杀契约、决斗协议、出售或出租人体器官等荒谬的结论。事实上，我国《民法典》也明确禁止放弃、转让或者继承人格权。承认人格权作为支配权，只是意味着：自然人等民事主体可以在无须他人的协助下自行实现针对这些人格要素所享有的人格利益，如生命安全、生命尊严、身体完整、行动自由、身心健康、私生活的安宁等，而权利人之外的人只要不侵害这些人格利益即可。此外，对于有些人格要素如肖像、姓名、名称等，权利人也是可以直接予以支配的，如许可他人使用姓名、名称，向他人转让名称，或者允许他人制作、复制、发行肖像等。

第二节 人格权的类型

一、人格权的法定性与开放性

（一）学说上的争议

为了实现权利的安全性与清晰性，物权法中存在所谓物权法定原则（numerus clausus）。② 该原则体现在两个方面：一方面，物权法中所有可能的物权性权利都必须在法律中固定下来，即所谓的类型法定或类型强制（Typenzwang）；另一方面，物权性权利的内容至少在轮廓上必须由法律强制性地予以确定即内容法定（Typenfixierung）。③ 我国明确采取了物权法定原则，《民法典》第116条规定："物权的种类和内容，由法律规定。"就同为绝对权的人格权而言，在人格权法领域是否也有必要采取类似的原则，即人格权法定原则，由法律对人格权的种类和内容作出规定呢？对此，存

---

① 姚辉：《关于人格权性质的再思考》，载《暨南学报（哲学社会科学版）》2012年第3期。
② Klaus Mueller, Sachenrecht, 4., Aufl., Carl Heymanns Verlag, 1997, Rn. 67.
③ ［德］鲍尔、施蒂尔纳：《德国物权法》（上册），张双根译，北京，法律出版社2004年版，第7页。

在很大的争论。

肯定说认为，人格权属于绝对权，具有很强的对外效力，除了权利人之外的一切人都必须尊重人格权，负有不得加以侵害的消极义务。因此，作为绝对权的人格权是一种制约他人行为自由的权利，人格权的正当化理由不仅应当考虑受害人的利益，也应当充分考虑肩负不侵害潜在受害者人格权之责任的社会大众的利益。[1] 确认人格权的法定性，可以使人格权作为法定权利具有公示性，为外界所知悉，这样就"有利于保障法律的确定性，为当事人的行为提供稳定的预期；有利于保障行为人的自由，避免社会公众轻易踏入权利的雷区；有利于缔造和谐的共同生活秩序，减少摩擦，防止滥诉"[2]。总之，为了兼顾权益保护与行为自由、维护二者间的关系，应当认为人格权的类型应当由法律加以明确规定。此外，人格权法作为赋权法与规范人格权行使和解决相应冲突的法律，也决定了人格权的种类和类型应当由法律明确加以规定。[3] 换言之，通过人格权的法定化可以使具体人格权的内涵与外延在立法上得以明确，权利边界相对确定，这样既有利于权利的行使和保护，也可以避免权利的冲突。[4]

否定说认为，人格权不可能由法律作穷尽列举，也绝不可能如同物权那样采取法定主义原则。一方面，物权法之所以采取物权法定主义，是因为物权可以进行交易。法律创设物权性权利，就是要使其权利人适于发生变更，法律必须自始告诉取得人，他取得的是什么。只有在法律对物权的类型与内容作出明确规定，并且不允许当事人任意创设物权或改变既有物权的内容的情形下，才能使那些物之取得人对所取得的物权的特定内容确信无疑。如此，方能提高物的可转让性与可流通性，进而节约交易成本，鼓励交易。但是，人格权不同于物权。人格权不能进行交易，即权利人对人格权不能进行转让等处分行为，故此，不存在因为权利未法定化而威胁交易安全的问题，完全没有必要采取法定主义。[5] 另一方面，人格利益也是在不断发展变化的，人格权具有自身的开放性结构，虽然不应否定通过法

---

[1] 易军：《论人格权法定、一般人格权与侵权责任构成》，载《法学》2011年第8期。
[2] 马特、袁雪石：《人格权法教程》，北京，中国人民大学出版社2007年版，第16页。
[3] 许中缘：《民法强行性规范研究》，北京，法律出版社2010年版，第276页。
[4] 曹险峰：《论人格权的法定化——人格权独立成编之前提性论证》，载《吉林大学社会科学学报》2006年第2期。
[5] 钟瑞栋、杨志军：《论一般人格权》，载《山西大学学报》2005年第5期。

律来规定具体的人格权,但是,法律之外的尚未发现出来或者将来出现的人格权相关之权利,仍然应当作为开放结构本身的重要组成部分。因此,人格权是一个发现的过程而不是法定的结果。① 采取人格权法定主义就会阻碍人格权的发展。

表面上看,人格权法定主义的否定说与肯定说似乎是截然对立的,但实质上,无论是肯定还是否定人格权法定主义的学者,都并未完全坚持或者彻底否定法律对人格权尤其是具体人格权规定的必要性。即便是坚持人格权法定主义的学者也认为,人格权不可能完全依靠法律(甚至是狭义的法律)来确定其种类和内容,人格权的类型强制是非封闭性的。例如,有的学者认为,"对物权法而言,物权类型的增减会直接影响主体的自由空间或财富总量,而人格权法则不同,固有利益是对完整的人格利益予以分裂、类型化的产物,人格权的类型化不会增加人格利益的总量而只是对类型化人格利益的确认,由此而言,人格权法定并非绝对的、封闭的法定"②。有的学者认为,人格权法定只是一种弱度的法定主义,仅仅是排斥当事人基于自己的意思任意创设人格权,并不影响法官进行创造司法,也就是说,法官完全可以认可某些没有被现行法所规定的"人格权"为人格权,并给予私法的保障。③

笔者认为,人格权产生的基础在于人的尊严和自由。现代社会科技的发展,各种新型的侵害或威胁人的尊严和自由的行为也会不断产生。为了始终能够有效地维护人的尊严和自由,人格权必然会随着时代的发展而不断发展完善。例如,现代社会的个人信息保护问题之所以越来越受到重视,许多国家或地区都通过个人信息保护或数据保护立法对个人信息权益作出规定并加以保护,根本原因就在于现代信息网络科技尤其是大数据与人工智能技术的发展,使得个人信息处理几乎无时无刻不在发生,而自然人与处理者之间的信息、能力与地位的不对等使自然人的人格尊严与自由因个人信息被处理而遭受侵害的风险越来越大。所以,人格权的类型不可能是固定不变的,而是开放的、发展的。从我国司法实践来看,不少新兴的人格利益也往往是先由法院通过个案裁判或者依据司法解释给予保护,而后

---

① 沈云樵:《质疑人格权法定》,载《环球法律评论》2013年第6期。
② 张平华:《人格权的利益结构与人格权法定》,载《中国法学》2013年第2期。
③ 易军:《论人格权法定、一般人格权与侵权责任构成》,载《法学》2011年第8期。

随着该人格利益的清晰与固定,最终才可能被法律明确为某一类具体人格权。这一点可以在我国隐私权的产生发展中得到证明。起初,《民法通则》并未规定隐私权,对自然人的隐私加以保护的只是最高人民法院的一些司法解释如《民法通则意见》第140条第1款、《最高人民法院关于审理名誉权案件若干问题的解答》第7条以及《最高人民法院关于审理名誉权案件若干问题的解释》第8条,不过仍然是将隐私纳入名誉权加以保护。此后,随着实践的发展与认识的深化,人们逐渐清楚了隐私权不同于名誉权,侵害隐私未必损害名誉。故此,《精神损害赔偿解释》(原第1条第2款)将隐私从名誉权中剥离出来,作为一项独立的人格利益加以保护。最终,在法律上(《妇女权益保障法》第42条第1款、《侵权责任法》第2条第2款)才明确承认了隐私权。《民法典》更是在人格权编第六章详细规定了隐私权。

人格权,不能成为法律交易的客体。但是,物权可以成为交易的客体,因此,实践中存在当事人通过合同约定创设新型的物权或者改变物权的内容的情形。为了保证物权的清晰性与交易的安全性,防止对人们行为自由产生不合理的限制,才有必要规定物权法定主义。至于人格权,当事人显然无法约定新型的人格权或改变既有人格权的内容,更无法以人格权本身作为交易的客体。从这一点来看,人格权法定主义是不言自明的。同时,考虑到人格权的保护范围本身没有通过法律予以封闭式的规定,而新型人格利益也必然会随着社会发展而不断出现。所以,为了更好地维护人的尊严和自由,应当认为自然人基于人的尊严和自由而产生的那些无法为既有人格权类型涵盖的人格利益也应当受到保护。当然,这种保护首先应当由法院通过案件的裁判或者司法解释予以提供。

综上所述,讨论人格权是否采取法定主义原则时,核心问题不在于人格权是否可以由法律作出具体规定,而在于法律规定的具体人格权之外新型的人格利益如何产生并给予何种程度的法律上的保护。

(二)我国兼采人格权的法定性与开放性

从我国《民法典》人格权编的规定来看,采取了人格权法定主义与开放主义相结合的立法模式。[1] 人格权法定主义主要表现为:首先,人格权类型的法定化,即《民法典》第990条第1款和第110条。这两条分别列举了自然人

---

[1] 王利明、程啸、朱虎:《中华人民共和国民法典人格权编释义》,北京,中国法制出版社2020年版,第39页(本部分由王利明教授撰写)。

所享有的具体的人格权的类型以及法人、非法人组织享有的人格权的类型，尤其是针对法人、非法人组织的人格权类型采取了严格的法定主义，即法人和非法人组织只有享有名称权、名誉权和荣誉权。① 其次，人格权内容的法定主义。一方面，《民法典》从正面针对每一类具体人格权的内容予以了明确。例如，《民法典》第1002条将生命权的内容规定为"自然人的生命安全和生命尊严受法律保护"，第1003条将身体权的内容规定"自然人的身体完整和行动自由受法律保护"。再如，《民法典》第1012条规定的自然人的姓名权的内容为："有权依法决定、使用、变更或者许可他人使用自己的姓名，但是不得违背公序良俗。"第1014条规定的法人、非法人组织享有的名称权的内容为："有权依法决定、使用、变更、转让或者许可他人使用自己的名称。"另一方面，《民法典》又对一些具体人格权的限制进行了规定，如《民法典》第1020条规定了可以不经过肖像权人同意而针对肖像合理实施的五种行为类型；第1025条明确了"行为人为公共利益实施新闻报道、舆论监督等行为，影响他人名誉的，不承担民事责任"。

人格权的开放主义在《民法典》中具体表现为：首先，《民法典》第990条第1款以及第110条在列举自然人的具体人格权后使用了"等"字，从而"回应社会发展所产生的新型人格权益保护需求，避免具体列举人格权所产生的封闭性，有助于人格权益的保护体系更为完全，保护的范围也更为周延，适应社会的不断发展，发挥对人格权益进行兜底性保护的功能，保持人格权制度发展的开放性。"② 其次，《民法典》规定了两项一般人格权即人身自由权、人格尊严权，并明确认可了这两项一般人格权的人格权益创设功能。《民法典》第109条规定："自然人的人身自由、人格尊严受法律保护。"第990条第2款规定："除前款规定的人格权外，自然人享有基

---

① 《民法总则》第110条第2款曾规定："法人、非法人组织享有名称权、名誉权、荣誉权等权利。"该款使用了一个"等权利"来兜底，意味着法人和非法人组织可能还会享有其他的人格权。但是，《民法典》第110条第2款则删除了"等权利"三字。全国人大常委会法制工作委员会有关人士撰写的释义书在解释这一变化时指出："法人和非法人组织享有一定范围的人格权，更多是基于现实的法律技术的需要，更多涉及财产利益，或者间接地保护组织背后的自然人，不是基于人身自由和人格尊严而产生的。因此，本法对法人、非法人组织的人格权种类是严格限制的，只限于本条所规定的三种情形。"黄薇主编：《中华人民共和国民法典总则编解读》，北京，中国法制出版社2020年版，第350页。

② 黄薇主编：《中华人民共和国民法典总则编解读》，北京，中国法制出版社2020年版，第351页。

于人身自由、人格尊严产生的其他人格权益。"因此，在今后的司法实践中，法院可以依据上述规定结合社会的发展而对应予保护却无法为现行法上的具体人格权加以涵盖的新型人格利益提供相应的救济。最后，《民法典》第998条通过引入动态系统论，即在认定行为人承担侵害除生命权、身体权和健康权外的人格权的民事责任时，应当考虑行为人和受害人的职业、影响范围、过错程度，以及行为的目的、方式、后果等因素，从而使既有的人格权益的内容也可以进行相应的调整，从而更好地协调权益保护与合理自由的维护这一对价值之间的关系。

二、人格权益与人格权

人格权益包括人格权和人格利益，二者都受到法律保护，但是，在保护的强度和密度上有所不同。人格权属于绝对权、支配权，具有排他效力和支配效力，而人格利益只是受到法律一定程度的保护，使之免受特定方式的侵害。在我国《民法典》中，只有一处使用了"人格权益"的表述，即《民法典》第990条第2款规定："除前款规定的人格权外，自然人享有基于人身自由、人格尊严产生的其他人格权益。"至于《民法典》的其他条文中都只是使用了"人格权"一词，甚至就连规定人格权编调整范围的第989条也只是规定："本编调整因人格权的享有和保护产生的民事关系。"

在我国民法典编纂过程中，王利明、张新宝、王轶等教授及笔者都坚持认为，应当将《民法典》第989条修改为："本编调整因人格权益的享有和保护产生的民事关系"，从而使人格权编的调整范围得到扩大，以表明《民法典》人格权编调整的是所有的人格权益，而非单纯的人格权。[1] 但是，该意见最终未被立法机关所采纳。[2]

既然《民法典》人格权编调整的范围只是人格权的享有和保护产生的民事关系，那么人们就会得出结论认为，凡是规定在《民法典》人格权编中的民事权益均属于人格权，而不包括人格利益。如此一来，又会产生下列问题：首先，自然人基于人身自由、人格尊严产生的其他人格权益是否

---

[1] 《民法典立法背景与观点全集》编写组：《民法典立法背景与观点全集》，北京，法律出版社2020年版，第455页。

[2] 笔者推测，立法机关可能是考虑到《民法典》第四编使用的名称为"人格权"，倘若将第989条的规定修改为"因人格权益的享有和保护产生的民事关系"，则似乎名实不符。此外，立法机关有关人士也担心这样会产生究竟哪些民事权益是人格权、哪些是人格利益的争议。

适用《民法典》人格权编的规定以及如何适用？例如，《民法典》第995条和第997条中关于人格权保护请求权、人格权禁令的规定是否适用于人格利益？《民法典》第992条关于人格权不得放弃、转让和继承的规定是否也适用于人格利益？其次，个人信息在《民法典》的总则编以及人格权编中均未使用"个人信息权"的表述，然而《民法典》人格权编第六章"隐私权和个人信息保护"却对个人信息的保护作出了规定。那么，个人信息究竟是属于人格权还是人格利益？最后，《民法典》第185条对英雄烈士的姓名、肖像、名誉等的保护性规定以及第994条对死者的姓名、肖像、名誉、荣誉、隐私等的保护规定所保护的究竟是人格权还是人格利益？

从立法机关相关人士撰写的释义书来看，他们认为，由于《民法典》第990条第1款列举了人格权的具体类型，而第2款规定了人格权益的一般条款，故此，"人格权编第一章关于人格权的一般规定中所出现的'人格权'这个语词，一般就既包括了法律所明确列举的人格权，也包括了自然人所享有的除明确列举的人格权之外的，基于人身自由、人格尊严产生的其他人格权益"[①]。言下之意就是，对《民法典》人格权编中的"人格权"一词应当进行扩张解释，将其理解为"人格权益"，既包括人格权，也包括人格利益。

三、宪法人格权与民法人格权

在我国《民法典》的编纂过程中，就人格权究竟是宪法权利还是民事权利，抑或同时存在所谓"宪法上的人格权"与"民法上的人格权"，存在很大的争论，主要的观点有以下三种。

第一种观点为宪法权利说。此说认为，人格权就是宪法权利，人格权是自然人获得法律强制力保障的一般法律地位从权利角度进行的表达。自然人的人格权是直接依据宪法生而有之的，并非由民法赋予的。人格权之所以在理论和实践中出现私权化的现象，是由于民法形式逻辑结构需要以及团体人格的塑造等原因引起的。这反映了一种狭隘的民法实证主义观念。人格权属于宪法权利，在《民法典》中将人格权独立成编予以规定，表面上突出了对人格权的保护，实则将人格权降格减等，使之从宪法权利彻底沦落为民法创设的民事权利。完全切断了在自然人基本权利保护领域，民

[①] 黄薇主编：《中华人民共和国民法典人格权编解读》，北京，中国法制出版社2020年版，第18页。

第一章　人格权概述

事司法直接向宪法寻找裁判规范依据的进路，属于历史倒退。[1]

第二种观点为民事权利说。此说并不否认人格权首先是由宪法确认的，而民法不过是将宪法所确定的价值理念予以具体化，但是，该说不赞同将我国法上的人格权理解为宪法权利，而认为应当将其定性为民事权利，理由在于：我国宪法规范并不能成为裁判规范，也无法提供侵害人格权的救济手段，宪法对人格权的规定本身也主要体现在价值指导和宣示意义上，无法涵盖人格权的全部内容。[2] 尽管近现代宪法创设了人格权，使人格权作为重要的基本人权得到立法的确认，但是，如果仅仅有宪法对人格权的表述，没有民法对人格权的赋权性规定和具体的规范，人格权只能停留在宪法的宣示性条款之下而难以为民事主体真实享有，并且使得宪法创设人格权的立法目的落空。[3] 故此，虽然宪法规定人格权为公民的基本权利之一，但是并不否认人格权的民事权利性质。

第三种观点可称为并存说，即宪法权利与民事权利并存说。其认为，人格权既有宪法上的人格权，也有民法上的人格权。[4] 这两种权利虽然名称相同，但是在权利结构、权利边界、权利内容和权利效力等方面截然不同。民法人格权和宪法人格权存在于不同权利体系之下，在不同的路径下产生和展开。宪法人格权作为主观权利，与民法人格权调整不同层面的关系，并在各自的法域内发挥效力，界限分明；宪法人格权作为客观法，与民法人格权产生互动，这种互动主要表现在基本权利的间接第三人效力上。因此，我国人权保障和人格权保护应该也只能分别在宪法和民法领域展开。[5]

笔者认为，既存在宪法上的人格权，也存在民法上的人格权。但是，宪法上的人格权属于原理性的权利，是民法上的人格权的基本依据，而民法上的人格权尤其是生命权、身体权、健康权、姓名权、名誉权、隐私权等人格权则属于实现宪法上的人格权这一原理性权利的具体权利。[6] 在我

---

[1] 尹田：《论人格权的本质——兼评我国民法草案关于人格权的规定》，载《法学研究》2003年第4期。
[2] 王利明：《人格权法研究》（第三版），北京，中国人民大学出版社2011年版，第18-20页；马俊驹：《人格和人格权理论讲稿》，北京，法律出版社2009年版，第89-96页。
[3] 刘凯湘：《人格权的宪法意义与民法表述》，载《社会科学战线》2012年第2期。
[4] 林来梵、骆正言：《宪法上的人格权》，载《法学家》2008年第5期。
[5] 张善斌：《民法人格权和宪法人格权的独立与互动》，载《法学评论》2016年第6期。
[6] 关于原理性权利、具体性权利和手段性权利的划分的论述，可参见［日］谷口安平：《程序的正义与诉讼》（增补本），王亚新、刘荣军译，北京，中国政法大学出版社2002年版，第184-187页。

国，人格权的发展和不断完善，除有赖于宪法上人格权尤其是人身自由和人格尊严的规定外，主要还是依靠民法的规定而具体化、现实化。我国不存在宪法诉讼，人民法院在审判中也不能直接依据宪法裁判案件，司法实践大量侵害人格权的案件只能依据民事法律规范裁判。故此，通过民法典等民事立法来确认和保护人格权不仅与宪法对人格权的保障和尊重不矛盾，恰恰正是对宪法人格权的贯彻落实。不能认为，因为民法规定了人格权，人格权就只能是民事权利，而不存在宪法上的人格权，这样也不利于充分、完善地保护人格权；反之，也不能认为因为民法中规定了人格权，就使得人格权地位下降了甚至是降格减等了。只要能够建立起良好的协调机制，就可以有效地实现这两类人格权的良性互动与共同完善。

四、一般人格权与具体人格权

"一般人格权"（das allgemeine Persoenlichkeitsrecht）是与"具体人格权"（besondere Persoenlichkeitsrechte）相对应的概念。一般人格权是关于人格尊严和人格发展的权利，是法律采取高度概括的方式，赋予民事主体享有的具有权利集合性特点的"框架性权利"（Rahmenrecht）。具体人格权，也称特别人格权，是指法律规定的各种具体类型的人格权，如生命权、健康权、身体权、姓名权、名称权、肖像权、隐私权、名誉权、荣誉权等。

一般人格权是第二次世界大战之后为弥补《德国民法典》对人格权规定的不足，由德国联邦最高法院将《德国民法典》第823条第1款中的"其他权利"与德国《基本法》第2条第1款、第1条第1款进行创造性结合发展出来的。[①] 经过多年的发展，德国法上的一般人格权所保护的人格利益范围广泛，如姓名，肖像，侮辱与其他名誉侵害、扭曲他人社会形象，侵占商业性的人格标志，自主保护，侵害隐私，死者的人格保护等。[②]

总的来说，德国法上之所以发展出来一般人格权的概念，最直接的原因就是《德国民法典》对人格权的规定过于简单，完全无法满足因社会发展而产生的保护名誉、隐私、死者的人格利益的需要。同时，不能忽视的一点是，人格利益本身多样化、发展性、不确定性的特点也是产生一般人格权的重要

[①] 详细介绍请参看［德］霍尔斯特·埃曼：《德国法中一般人格权的概念和内涵》，杨阳译，载《南京大学法律评论》（2000年春季号），第211页以下。

[②] H. Koetz, G. Wagner, Deliktsrecht, 13Aufl., Vahlen, 2016, S. 152-163.

因素。一方面，为了实现人的尊严和人格自由发展这一终极目的，需要法律加以保护的人格利益不断发展出来，不仅活着的自然人享有名誉、隐私、私人秘密、公众形象、个人信息自决等各种需要保护的人格利益，即便是死者的姓名、肖像等人格要素因其上有近亲属的精神利益或继承人的财产利益，也不断向法律提出保护的需要。通过列举具体人格利益而分别规定各种具体人格权的模式可能是非常不完全的，会阻碍人格权的发展。况且，各种逐一列举的具体人格权之间的关系也往往模糊不清。正因如此，《瑞士民法典》的立法者才有意识地放弃了对人格权利益的列举。《瑞士民法典》除了明文规定一种具体人格权即姓名权外，对于其他人格利益的保护都是通过《瑞士民法典》第28条关于一般人格利益的保护加以完成。[1] 另一方面，各种需要得到法律保护的人格利益在效力位阶、利益衡量上也有很大的差异。申言之，当法律保护一个人的某种人格利益时，必须与其他的利益和价值进行权衡，如言论自由、表达自由、艺术创作自由以及公共利益、国家利益等，这就导致对于各种人格利益的法律保护的强度肯定是有差别的。故此，德国学者认为，德国法上的一般人格权并无清晰的区分，而是涵盖了值得保护的权利状态的总和。[2] 在"一般人格权这件大氅下面所聚集的保护地位呈现出不同的专属性程度；其中一些可以毫不困难地解释为权利，而另外一些就不行……所以，一项一般人格权就其真正意义而言，就像一项绝对的'对于财产'的权利一样是不存在的。我们只是使用'一般人格权'来指称一个以不同强度给予保护的利益综合体"[3]。

可以说，一般人格权与具体人格权是两种不同的人格权立法模式。前者实际上是通过一种授权性规范赋予法官在以维护人的尊严和人格自由发展的宗旨指引下，根据社会发展所产生的不同需要，而对各种新型人格利益给与相应保护的权利。后者则是立法机关通过法律规范，确定既有的各种人格利益类型并分门别类地将其放置到各种具体人格权的保护范围当中，并相应地确定各种人格权的具体内容、保护要件、法律救济的手段。关于具体人格权的立法模式，有学者认为，比较法上主要有以下三种：其一，

---

[1] 《瑞士民法典》立法者这样做的原因就是考虑到人格利益列举的不完全性与僵化性。详见沈建峰：《一般人格权研究》，北京，法律出版社2012年版，第21-22页。

[2] [德]汉斯-约哈希姆·慕斯拉克、沃夫冈·豪：《德国民法概论》（第14版），刘志阳译，北京，中国人民大学出版社2016年版，第329页。

[3] [德]迪特尔·施瓦布：《民法导论》，郑冲译，北京，法律出版社2006年版，第218页。

不承认具体人格权的模式,即放弃对具体人格利益的列举,除列举姓名权外,对其他人格利益的保护都通过一般人格权加以实现。该模式以瑞士为代表。其二,具体的具体人格权模式,即如同构建所有权一样,以内容确定的具体人格权益类型保护为目的的具体人格权立法模式,该模式以德国为代表。其三,概括的具体人格权模式,即具体人格权的种类、内容等都是不确定的或者说是相对开放的,该模式以奥地利为代表。①

如果从一般人格权和具体人格权的关系来看,实际上,比较法中人格权的立法模式大体可以分为以下两种:一是,具体人格权为主、一般人格权为辅的模式。此种立法模式中,立法者在民法典中尽可能详细列举各类具体的人格权,对其类型、内容、保护强度、法律救济方式加以规定,同时又承认一般人格权作为兜底性的规定,以适应未来社会发展而产生的新型人格权益保护的需要。这种模式最典型的例子就是我国。我国《民法典》专设人格权编,对生命权、身体权、健康权、姓名权、名称权、名誉权、肖像权、隐私权、个人信息等具体人格权益的含义、权能、保护方式、权利的行使和限制等作出了细致的规定。同时,《民法典》又明确承认了一般人格权,即第990条第2款规定:"除前款规定的人格权外,自然人享有基于人身自由、人格尊严产生的其他人格权益。"此外,奥地利也属于此种模式。《奥地利民法典》规定的具体人格权包括姓名权（第43条）、身体权（第1325条、第1326条）、生命权（第1327条）、性自主权（第1328条）、私人生活安宁权（第1328a条）、人身自由权（第1329条）、名誉权（第1330条）等。此外,由于《奥地利民法典》第16条第一句又明确规定了"人类中的每个人,均享有与生俱来的、已由人类理性所阐明的权利"。故此,依据这一规定,又可以对未来新发展的人格利益提供相应的保护。

二是,一般人格权为主、具体人格权为辅的模式。此种模式中,大量的人格利益是通过一般人格权加以保护的,成文法尤其是民法典对具体人格权的规定较少。德国、瑞士属于这种立法模式。《德国民法典》及相关法律所明确规定的具体人格权就是姓名权与肖像权,而生命、身体、健康和自由则是作为法益加以规定,由侵权法给予保护（《德国民法典》第823条第1款）。至于名誉权、隐私权、个人信息保护、死者人格利益的保护等,

---

① 沈建峰:《一般人格权研究》,北京,法律出版社2012年版,第20-28页。

在德国法上都是通过一般人格权制度加以规范的。在瑞士，民法典中规定的具体人格权包括姓名权（第29—30a条）、生命权（第45、47条）、身体权（第46、47条），应当说，类型是比较少的。真正的对人格利益的全面保护的法律依据的是《瑞士民法典》第28条，作为私法上全面人格权保护条款，该条可以说是整个瑞士民法中人格权保护的核心。①《瑞士民法典》第28条规定："人格有被不法侵害之虞者，得请求法院采取措施，以防止发生任何侵害。一切侵害，除经受害人同意，或者基于重大的私益或公益，或者依据法律而认可正当合理外，均为不法侵害。"这一条中的人格包括了某人仅仅基于其（作为人的）存在而享有的利益（价值）的综合：身体完整性、心理完整性、名誉、姓名、隐私等。②

五、物质性人格权与精神性人格权

自然人是肉体和精神（即生理和心理）的双重存在，既是生物意义上的存在，也是社会意义上的存在。故此，自然人的人格要素既包括生物意义上的人格要素，如生命、身体、健康、肖像等，也包括社会意义上的人格要素，如姓名、名称、名誉、隐私、个人信息等。依据人格要素的不同，学说上也将人格权分为：物质性的人格权与精神性的人格权。例如，瑞士民法学说认为，人格权可以分为：物理上的人格权、情感上的人格权和社会性人格权。其中，物理上的人格权包括身体完整性的权利、行动自由权、性自由的权利以及关于自己尸体的决定；情感上的人格权包括针对近亲属关系的人格权、对近亲属的追思权、尊重情感生活的权利；社会性人格权包括自我肖像权和自我声音权、名誉权、尊重私生活权、著作人格权以及经济上行动与发展的权利。③ 日本民法学说将人格权分为：身体的人格权与精神的人格权。身体的人格权是指对具有人的身体属性的生命、身体、健康等拥有的权利，而精神的人格权主要就是指名誉权、姓名权、肖像权、隐私权等。④ 我国台湾

---

① ［奥］赫尔穆特·考茨欧、亚历山大·瓦齐莱克主编：《针对大众媒体侵害人格权的保护：各种制度与实践》，余佳楠、张芸、刘亚男译，匡敦校，北京，中国法制出版社2012年版，第414页。
② ［瑞］贝蒂娜·许莉曼-高朴、耶尔格·施密特：《瑞士民法：基本原则与人法》，纪海龙译，北京，中国政法大学出版社2015年版，第292页。
③ ［瑞］贝蒂娜·许莉曼-高朴、耶尔格·施密特：《瑞士民法：基本原则与人法》，纪海龙译，北京，中国政法大学出版社2015年版，第295页以下。
④ ［日］五十岚清：《人格权法》，［日］铃木贤、葛敏译，北京，北京大学出版社2009年版，第14页。

地区民法学界也认为，具体的或个别化的人格法益可以分为：人身的人格权与精神的人格权。人身的人格权保护存在于人身之上的人格法益，包括生命、身体、健康、自由及贞操。精神的人格权包括姓名、肖像、名誉、信用、隐私以及资讯自主权。[①]

在我国民法学界，多数学者也认为可以将人格权分为物质性人格权和精神性人格权。例如，有的学者认为，所谓物质性人格权，是自然人对于物质性人格要素的不可转让的支配权。物质性人格要素包括生命、身体、健康和劳动能力，因此物质性人格权包括生命权、身体权、健康权和劳动能力权。[②] 精神性人格权是自然人对其精神性（心理性）人格要素的不可转让的支配权的总称，按照客体的性质可以分为标表型人格权（如姓名权、肖像权）、自由型人格权（如身体自由权、内心自由权）以及尊严型人格权（如名誉权、荣誉权、隐私权）。[③] 有的学者认为，物质性人格权是指自然人对于其生命、身体、健康等物质性人格要素所享有的不可转让的支配权，包括生命权、身体权和健康权；精神性人格权是指不以具体的物质性实体为标的，而是以抽象的精神价值为标的的不可转让的人格权，如名誉权、隐私权、肖像权等。[④]

笔者认为，物质性人格权与精神性人格权是对人格权的一种具有重要意义的分类方法。所谓物质性人格权是指与自然人的生理或者说物理上的存在相关的人格权即生命权、身体权、健康权，而精神性人格权是指与自然人的心理或精神存在相关的人格权，包括姓名权、名称权、肖像权、名誉权、隐私权、个人信息权益等。这两类人格权存在以下明显的差异。

第一，权利主体不同。物质性人格权与自然人的物质存在息息相关，故此，物质性人格权只能由自然人享有，而法人或非法人组织显然不可能享有生命权、健康权、身体权等物质性人格权，而只能享有名称权、名誉权、荣誉权这三类精神性的人格权。正因如此，在我国《民法典》编纂时，将《民法总则》第110条第2款"法人、非法人组织享有名称权、名誉权、荣誉

[①] 王泽鉴：《人格权法：法释义学、比较法、案例研究》，台北，作者印行2012年版，第114页。

[②] 张俊浩主编：《民法学原理》上册，（修订第三版），北京，中国政法大学出版社2000年版，第142页。

[③] 张俊浩主编：《民法学原理》上册，（修订第三版），北京，中国政法大学出版社2000年版，第145页以下。

[④] 王利明：《人格权法研究》（第三版），北京，中国人民大学出版社2018年版，第39页。

权等权利"，修改为"法人、非法人组织享有名称权、名誉权、荣誉权"。

第二，发展顺序上的不同。物质性人格权与自然人的生理或物理存在息息相关，旨在维护自然人的生存、尊严和自由，故此，在法制发展史上，这类人格权是最早受到保护，并且随着近代民主宪法观念的发展，生命、身体、健康等更是被作为基本人权而得到普遍承认。但是，精神性人格权则主要是随着现代社会变迁尤其是科技的高速发展而逐渐产生的。例如，肖像权、隐私权、个人信息权等，倘若不是因为摄像摄影技术、信息网络科技的发展，这些人格权是无法产生也没有必要产生的。当然，即便是物质性人格权的保护，也会因为科技的发展而发展变化。例如，禁止人体器官买卖与非法基因编辑，对安乐死的承认与规范，缺陷出生（wrongful birth）的侵权责任等。

第三，权利限制上不同。相较于物质性人格权，精神性人格权受到的限制相对更多，因为此类人格权往往涉及与他人合理行为自由的协调（如言论自由、出版自由、创作自由等）。例如，《民法典》第999条规定："实施新闻报道、舆论监督等行为的，可以合理使用民事主体的姓名、名称、肖像、个人信息等；使用不合理侵害民事主体人格权的，应当依法承担民事责任。"但是，对于生命权、身体权和健康权，由于它们是最基本和最重要的人格权，不可能因为行为人实施新闻报告、舆论监督等行为而免责。

第四，侵权赔偿责任有所不同。侵害生命权、身体权和健康权等物质性人格权所造成的损害就是人身损害，也称"人身伤亡"，其中，既包括财产损害，也包括精神损害，前者如赔偿医疗费、护理费、误工费、丧葬费、残疾赔偿金、死亡赔偿金等（《民法典》第1179条），后者如果达到了严重的程度，侵权人还要承担精神损害赔偿责任（《民法典》第1183条）。但是，侵害姓名权、名誉权、隐私权、肖像权等精神性人格权通常并不直接表现为人身伤亡（当然，侵害此类人格权也可能导致受害人自杀等后果，但并非直接后果）。故于此情形，通常侵权人承担赔偿责任多为精神损害赔偿。不过，在侵害一些可以被商业化利用的人格权，如姓名权、肖像权、名称权时，也会产生财产损害的问题（《民法典》第1182条）。

六、我国法上人格权的类型

（一）我国《民法典》对一般人格权与具体人格权的规定

我国《民法典》分别在总则编第五章"民事权利"以及人格权编第一章

"一般规定"两处,对人格权的种类作出了规定。首先,《民法典》第109条规定了人身自由、人格尊严受法律保护,这是对一般人格权的规定,与第990条第2款的规定遥相呼应。其次,《民法典》第110条第1款列举了自然人享有的人格权,包括"生命权、身体权、健康权、姓名权、肖像权、名誉权、荣誉权、隐私权、婚姻自主权等权利";同条第2款列举了法人、非法人组织享有的人格权,包括"名称权、名誉权、荣誉权"这三类。《民法典》第990条第1款则将自然人、法人、非法人组织等民事主体的人格权合并加以列举,即"人格权是民事主体享有的生命权、身体权、健康权、姓名权、名称权、肖像权、名誉权、荣誉权、隐私权等权利"。再次,对于个人信息,《民法典》第111条以及人格权编第六章"隐私权和个人信息保护"中的第1034条至第1039条只是作出了保护性规定。① 由此可见,我国法上的人格权分为一般人格权与具体人格权,其中一般人格权就是人身自由与人格尊严,具体人格权包括生命权、身体权、健康权、姓名权、名称权、肖像权、名誉权、荣誉权、隐私权、个人信息权益等权利(参见下页图1.2.1)。

```
            ┌─ 一般人格权 ┬─ 人身自由(第109条、第990条第2款)
            │             └─ 人格尊严(第109条、第990条第2款)
            │
            │             ┌─ 生命权(人格权编第二章)
            │             │
            │             ├─ 身体权(人格权编第二章)
            │             │
            │             ├─ 健康权(人格权编第二章)
   人格权 ──┤             │
            │             ├─ 姓名权(人格权编第三章)
            │             │
            │             ├─ 名称权(人格权编第三章)
            └─ 具体人格权 ┤
                          ├─ 肖像权(人格权编第四章)
                          │
                          ├─ 名誉权(人格权编第五章)
                          │
                          ├─ 荣誉权(人格权编第五章)
                          │
                          ├─ 隐私权(人格权编第六章)
                          │
                          └─ 个人信息权益(人格权编第六章)
```

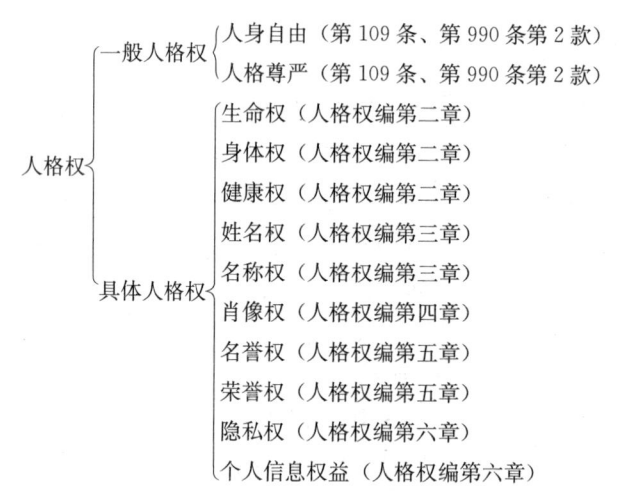

图1.2.1 我国《民法典》中的人格权类型

(二)关于具体人格权类型中的几个问题

1. 自由权是否为一项独立的人格权

所谓自由权,也称人身自由权,是指自然人非依法律规定以及法定程

---

① 我国《个人信息保护法》第1条与第2条明确规定了"个人信息权益"这一新型的人格权益。

序，不受非法逮捕、拘禁等对身体自由的非法限制或剥夺。① 因此，自由权仅指身体的行动自由（koerperlichen Bewegungsfreiheit），即离开某一特定地点的自由。② 至于意思自由、宗教信仰自由、言论自由等，均非人身自由权的范畴。在我国《民法典》编纂时，有观点认为，人身自由权是一种非常重要的人格权，是宪法上人身自由在民法上的具体化，并且，《民法总则》第109条也有明确的规定。故此，应当在人格权编中对人身自由权作出明确的规定。③ 但是，这一观点并未被立法机关接受，主要理由在于：一方面，立法机关准备将人身自由和人格尊严作为一般人格权加以规定。如果再规定作为具体人格权的人身自由权，势必导致作为一般人格权的人身自由与作为具体人格权的人身自由权无法区分。另一方面，如果在《民法典》中将人身自由权为规定一种具体的人格权，那么其与作为公民政治权利的《宪法》上的人身自由就不好区分。况且，民法典的"人格权编这一部分，主要是从民事法律规范的角度规定自然人和其他民事主体人格权的内容、边界和保护方式，不涉及公民政治、社会等方面权利"④。故此，立法机关采取了一种比较独特的思路，将以保护行动自由或者人身自由为目的的自由权规定到作为具体人格权的身体权当中，即《民法典》第1003条规定："自然人享有身体权。自然人的身体完整和行动自由受法律保护。任何组织或者个人不得侵害他人的身体权。"

2. 性自主权是否为一项人格权

性自主权，也称贞操权⑤，是指自然人依法自主决定性行为即是否实施性行为、与何人实施性行为以及以何种方式实施性行为，并不受到他人干涉和强迫的权利。所谓依法自主决定，是指自然人必须是在法律和公序良

---

① Markesinis & Deakin, *Tort Law*, at 49.
② Jauernig/Teichmann, §823 Rn 5.
③ 《地方人大、中央有关部门和单位以及有关方面对民法典各分编（草案）人格权编的意见》，载《民法典立法背景与观点全集》编写组：《民法典立法背景与观点全集》，北京，法律出版社2020年版，第396页。
④ 《关于〈中华人民共和国民法典（草案）〉的说明》，载《民法典立法背景与观点全集》编写组：《民法典立法背景与观点全集》，北京，法律出版社2020年版，第13页。
⑤ 我国台湾地区学者也将之称为"贞操权"，但是，有学者认为，"贞操"一词是旧的封建性道德对女性保持婚前不发生性行为的要求，体现了男性对女性进行性压迫的社会意识，与现代社会人格平等的观念格格不入，故此，不应采取这一概念。参见郭卫华：《论性自主权的界定及其私法保护》，载《法商研究》2005年第1期。笔者赞同这一观点。

俗的范围内才能自由决定性行为，否则构成违法犯罪行为。例如，卖淫行为不属于行使性自主权的行为，而是违法行为。依据《治安管理处罚法》第66条，卖淫的，处10日以上15日以下拘留，可以并处5 000元以下罚款；情节较轻的，处5日以下拘留或者500元以下罚款。再如，不满14周岁的幼女就不存在性自主权，也就是说，行为人不论采取何种手段，也不论幼女是否同意，只要与幼女发生了性关系，依据《刑法》第236条第2款就以强奸罪论处，从重处罚。

从比较法上来看，德国、我国台湾地区等民法中规定了性自主权及其保护。例如，《德国民法典》第825条规定："以欺诈、胁迫或滥用从属关系，使他人从事或者容忍性行为者，对该他人负因此所生损害赔偿之义务。"《奥地利民法典》第1328条规定："以应受刑事处罚之行为，或者以欺诈或胁迫之手段，或者利用从属关系或权威关系，使他人与其同居或发生其他性行为者，对于该他人所受之损害和所失之利益，应负赔偿责任，此外，尚应赔偿该他人所受之精神上之损害。"我国台湾地区"民法"第195条第1项规定："不法侵害他人之身体、健康、名誉、自由、信用、隐私、贞操，或不法侵害其他人格法益而情节重大者，被害人虽非财产上之损害，亦得请求赔偿相当之金额。其名誉被侵害者，并得请求回复名誉之适当处分。"台湾地区民法学界认为：侵害他人贞操，就是违反他人关于性行为的自主决定权，属于意思自主权的侵害，因为个人对于性行为，具有是否以及与何人为性行为的自由权利。此项权利有别于单纯身体、自由及名誉的侵害而独立成为一项性自主决定权。"侵害他人贞操权，只要行为人主观上具备侵害被害人性自主之行使、维护，以任何违反被害人意愿之方法为性交者，达于妨害被害人之意思自由，均属之。"[1]

在《民法典》颁行前，我国《民法通则》《侵权责任法》等法律并未规定性自主权或贞操权，但是，司法实践中出现了不少原告以侵害贞操权为由起诉被告，要求其承担侵权责任的案件。这些案件的典型情形就是：男方以欺骗手段（如隐瞒自己已婚的事实）诱使女方与其发生性关系，后女方以侵害贞操权为由起诉男方，要求其承担侵权责任。法院对这些案件的处理方法各不相同。有些法院简单地以法律中没有规定贞操权或者性自主权，原告的起诉没有法律依据为由，驳回原告的起诉。例如，在一起案件

---

[1] 陈聪富：《侵权行为法原理》，台北，元照出版公司2017年版，第80页。

中，法院认为："我国《民法通则》《侵权责任法》《精神损害赔偿解释》等法律列举式规定了若干类型的具体人格权，比如生命权、健康权、身体权、姓名权、名誉权、荣誉权、肖像权、隐私权、婚姻自主权、人格尊严权、人身自由权。就本案而言，目前法律未界定贞操权的概念、类型等，故原告所称被侵害贞操权，于法无据，本院不予支持。"① 但是，有些法院则承认贞操权，认定原告的贞操权受到侵害，被告应当承担侵权责任。② 例如，在一起案件中，法院认为："所谓贞操是指男女性纯洁的良好品行，其主要表现为性的不可侵犯性，以使民事主体保持自己性的纯洁性。而贞操权作为一种独立的以人的性自由、性安全、性纯洁为特定内容的人格权，应当由法律予以保护。根据侵权责任法规定，行为人因过错侵害他人民事权益，应当承担侵权责任。而侵害贞操权可能会导致受害人身体、健康、自由和名誉等方面的损害，上述损害在行为人具有过错的情况下应当予以赔偿。对于是否侵犯贞操权应当从以下几个方面进行衡量，包括存在贞操权被侵害的事实；侵害行为具有违法性；侵害行为与损害事实具有因果关系，行为人主观上具有过错等。本案中，江某某隐瞒了已婚的事实，以结婚为目的与彭某某交往，诱使彭某某与其发生性关系，显然已侵犯彭某某的贞操权。彭某某要求江某某赔礼道歉并赔偿精神损害抚慰金，符合法律规定，原审法院予以支持。"③

我国民法学界就是否应当承认性自主权作为一项独立的人格权，存在较大的争论。反对者认为，性自主权并非一项独立的人格权，应当包含在身体权或者名誉权当中。④ 赞成者则认为，性自主权不同于名誉权、身体

---

① 宋某与沈某人格权纠纷案，北京市朝阳区人民法院2015年朝民初字第28258号民事判决书。
② 新闻报道中较早的一起法院明确承认侵害贞操权的案件，是2007年广东省东莞市人民法院判决的一起案件，该案中，已婚男上司向女下属谎称未婚，要求与她建立恋爱关系，并用甜言蜜语许诺愿意与其结婚。后该女性下属怀孕，男上司又让其流产。东莞市人民法院经审理认为，贞操权是一项男女共享的独立人格权，男方以欺骗方式侵害女方的贞操权，属于人身损害赔偿性质，因此应付给原告精神损害抚慰金2万元。龚萍：《已婚男骗下属同居怀孕，侵害贞操权被判赔偿2万》，载《信息时报》2007年4月17日。
③ 江某某与彭某某一般人格权纠纷案，上海市第一中级人民法院（2014）沪一中民一（民）终字第2315号民事判决书。其他一些案件中，法院也认可了贞操权，但是认为原告没有证据证明被告欺骗了原告，也没有证据证明原告是在非自愿的情形下与被告发生性关系，故此被告不应承担侵害贞操权的侵权责任，参见韩×与德×生命权、健康权、身体权纠纷案，北京市第三中级人民法院（2014）三中民终字第04847号民事判决书。
④ 张新宝：《中国侵权行为法》（第二版），北京，中国社会科学出版社1998年版，第412页。

权，其保护的客体并非名誉或身体，而是性自由。侵害性自主权也不同于侵害名誉权、身体权。① 在我国民法典编纂时，立法机关没有规定性自主权。从《民法典》第1004条将行动自由纳入身体权的规定以及在人格权编第二章"生命权、身体权和健康权"中规定性骚扰的民事责任（第1010条）来看，笔者认为，立法机关实际上将性自主权放到了身体权和健康权当中，即认为侵害性自主权必然构成对身体权、健康权的侵害，由于这两项具体人格权已经足以起到保护作用，故此无须单独规定性自主权。

3. 信用权是否为一项人格权

信用权，是指民事主体依法享有的维护自己的信用并排除他人侵害的权利。从古到今，我国文化传统都非常重视信用。在儒家经典著作《论语》中，先贤孔子及其门人就曾反复指出诚信的重要。子曰："人而无信，不知其可也。大车无輗，小车无軏，其何以行之哉！"曾子曰："吾日三省吾身，为人谋而不忠乎，与朋友交而不信乎，传不习乎。"现代社会中，信用更加重要。现代市场经济是信用经济，良好的信用对于维护经济秩序、降低交易成本、防范经济风险都至关重要。所谓信用，是民事主体在社会交往与经济活动中长期的诚信行为累积而成的，与人格发展具有密切关系，对于民事主体而言，诚信具有重要的经济价值与精神价值。中国共产党十八大明确提出"加强政务诚信、商务诚信、社会诚信和司法公信建设"，中国共产党十八届三中全会则明确提出"建立健全社会征信体系，褒扬诚信，惩戒失信。"《中共中央、国务院关于加强和创新社会管理的意见》也提出要"建立健全社会诚信制度"。依据2014年国务院颁布的《关于印发社会信用体系建设规划纲要（2014—2020年）的通知》，"社会信用体系建设的主要目标是，到2020年，社会信用基础性法律法规和标准体系基本建立，以信用信息资源共享为基础的覆盖全社会的征信系统基本建成，信用监管体制基本健全，信用服务市场体系比较完善，守信激励和失信惩戒机制全面发挥作用。政务诚信、商务诚信、社会诚信和司法公信建设取得明显进展，市场和社会满意度大幅提高。全社会诚信意识普遍增强，经济社会发展信用环境明显改善，经济社会秩序显著好转"。因此，无论是对个人、企业还

---

① 王利明主编：《人格权法新论》，长春，吉林人民出版社1994年版，第534页以下；马强：《试论贞操权》，载《法律科学》2002年第5期；郭卫华：《论性自主权的界定及其私法保护》，载《法商研究》2005年第1期。

是对政府、社会，诚信、信用都是极为重要的。

为了强化对自然人等民事主体的信用这一重要人格利益的保护，不少国家或地区都专门规定了所谓的信用权。例如，《德国民法典》第824条规定："违背真相主张或传播足以危害他人之信用或对他人之营业或生计足以造成其他不利的事实的人，即使其虽非明知但应知不真实，仍然向他人赔偿因此发生的损害。通知人不知道通知不真实而进行通知的，在其自己或其通知的受领人对通知有正当利益时，通知人不因此而负损害赔偿之义务。"《奥地利民法典》第1330条规定："（1）因名誉受他人侮辱或诽谤而受到实际损害或丧失利益者，得请求损害赔偿；（2）前款规定，对于散布有害于他人信用、营业或事业发展之不实事项，且明知或可得而知其事项之不真实性者，亦适用之。于此情形，受害人尚得请求撤回不实之词并澄清真实情况。告知人以非公开的方式，就某事项为告知，但其不知所告知事项之不真实性，且告知人或被告知人就告知内容具有法律上之利益者，告知人不负责任。"再如，我国台湾地区民法曾一直将信用作为名誉的一部分，通过名誉权对其加以保护，但是，1999年修订"民法"时，将信用权作为一类独立的人格权加以规定。我国台湾地区"民法"第195条第1项规定："不法侵害他人之身体、健康、名誉、自由、信用、隐私、贞操，或不法侵害其他人格法益而情节重大者，被害人虽非财产上之损害，亦得请求赔偿相当之金额。其名誉被侵害者，并得请求回复名誉之适当处分。"

在我国《民法典》编纂之前，信用主要是纳入名誉权的范畴加以保护。受害人在信用被侵害后，提起的是侵害名誉权之诉。[1] 然而，理论界认为，以名誉权来保护信用的立法模式不足以保护现代社会中的自然人等民事主体的信用。不少学者主张，应当将信用权作为一种独立的人格权加以规定。[2]

---

[1] 例如，林涛诉中国工商银行股份有限公司西安纺织城支行及陕西百隆腾达房地产开发有限公司名誉纠纷案，陕西省西安市（2008）西民二终字第1747号民事判决书；中国工商银行股份有限公司常德人民路支行与凌智名誉纠纷上诉案，湖南省常德市中级人民法院（2012）常民四终字第120号民事判决书。也有一些案件的受害人以一般人格权受到侵害为由提起诉讼，例如，闫明明诉王兆林等一般人格权纠纷案，山东省威海市环翠区人民法院（2013）威环民初字第1159号民事判决书。

[2] 参见苏号朋、蒋笃恒、张民安：《论信用权》，载《法律科学》1995年第2期；杨立新、尹艳：《论信用权及其损害的民法救济》，载《法律科学》1995年第4期；吴汉东：《论信用权》，载《法学》2001年第1期；李新天、朱琼娟：《论"个人信用权"——兼谈我国个人信用法制的构建》，载《中国法学》2003年第5期。

这是因为，现代社会中的信用并非普通的人际交往中于特定人群（朋友、同事、同行等）中形成的对某人诚信度的社会评价，而是已经发展成为由专门的信用评价主体通过网络信息技术等现代科技处理大量的个人信息并依据专门的标准后形成的评价。因此，谁有权对他人进行信用评价、信用评价结果如何使用、信用评价错误或者缺漏的救济等问题，都无法仅仅通过单纯的名誉权加以解决。即便是《征信业管理条例》等社会信用方面的行政管理性的法律法规，也是无法完全解决这些问题的。最根本的解决方法就是，赋予自然人等民事主体以"信用权"这一民事权利。唯其如此，才能有效地保证自然人的信用不被错误评价。尤其考虑到当前我国实践中出现的失信惩戒机制被滥用的情形，更是如此[①]，例如，任意将他人纳入黑名单，进而据此剥夺该人接受各种公共服务、利用公共资源的权利（如一定期间不得乘坐高铁、飞机等），此时，更有必要承认自然人的信用权这一独立的人格权。故此，在民法典编纂中，不少观点认为，应当对信用权专门加以规定，并明确规定民法典中的"信用是指债权债务关系及其涉事主体偿付债务能力的综合评价"[②]。

令人遗憾的是，《民法典》最终并没有规定信用权，而是依然将信用纳入名誉权当中加以保护。不过，立法者也注意到了信用保护的特殊性，故此，在《民法典》人格权编中，有三处对信用的保护作出了规定，分别是：其一，《民法典》第1024条第2款将名誉界定为"名誉是对民事主体的品德、声望、才能、信用等的社会评价。"其二，《民法典》第1029条赋予民事主体查询信用评价的权利以及在发现信用评价错误时要求更正、删除的权利；其三，《民法典》第1030条规定了民事主体与信用信息收集者、控制者的关系应当适用个人信息保护的规定。

4. 婚姻自主权的性质问题

所谓婚姻自主权，是指自然人依法享有按照自己的意愿结婚和离婚，不受其他任何人强迫或干涉的权利。《民法通则》第103条曾规定："公民享有婚姻自主权，禁止买卖、包办婚姻和其他干涉婚姻自由的行为。"该条

---

① 深入的分析，参见沈岿：《社会信用体系建设的法治之道》，载《中国法学》2019年第5期。

② 《民法典立法背景与观点全集》编写组：《民法典立法背景与观点全集》，北京，法律出版社2020年版，第397、409、441页。

位于《民法通则》第五章"民事权利"第四节"人身权"中，因此，多数学者认为，该权利属于一项人格权。① 我国著名法学家谢怀栻先生认为，《民法通则》在"人身权"的标题下规定的人格权有生命健康权、姓名权（名称权）、肖像权、名誉权、荣誉权和婚姻自主权（第 98 条至第 103 条）。但是，谢怀栻先生也明确指出，如果将自由权单列为一项独立的人格权后，那么就没有独立规定婚姻自主权的必要。②

在《民法典》颁布之前，《民法总则》第 110 条第 1 款在列举自然人的人格权时，仍然将婚姻自主权作为一项独立的人格权加以规定。《民法总则》被改造为《民法典》第一编"总则"后，其第 110 条第 1 款被完整地保留下来，成为《民法典》的第 110 条。但是，在《民法典》人格权编中，立法机关于第 990 条第 1 款再次列举人格权时，却没有再列举婚姻自主权。这样一来，《民法典》第 110 条规定的自然人的人格权的类型与第 990 条第 1 款规定的自然人的人格权的类型便存在差异。那么，婚姻自主权究竟是否属于一项独立的人格权呢？如果是，为何《民法典》在人格权编中不再列举？对此，有观点认为，婚姻自主权性质上属于身份权，故此，在《民法典》婚姻家庭编中作出规定即可，在人格权编中无须规定。然而，这种观点的问题在于：《民法典》第 112 条才是对身份权的规定，况且，身份权至少还包括监护权、抚养权等，立法者为何独独将婚姻自主权与人格权一起规定？

对此，笔者认为，由于婚姻自主权是自然人享有的结婚和离婚的自由不受他人干涉的权利，其并非基于婚姻家庭关系而产生的权利。该权利与契约自由、言论自由、结社自由等一样，都来源于人的自由与尊严。因此，虽然婚姻自主权也属于具体人格权，但是，考虑到婚姻自主权本身是与婚姻关系的产生和消灭密切相关、紧密联系的，故此，无须在《民法典》的人格权编中加以规定，而只要在婚姻家庭编中对其作出规定即可。也就是说，婚姻自主权虽然属于一项独立的人格权，却是通过《民法典》婚姻家庭编对婚姻自由，包括结婚自由、离婚自由的规定（第 1041 条第 1 款、第 1046 条及第 1076 条）加以体现的。此外，考虑到我国《民法典》也没有将自由权作为一项独立的人格权，《民法典》第 110 条单列婚姻自主权仍然是

---

① 王利明主编：《人格权法新论》，长春，吉林人民出版社 1994 年版，第 503 页。
② 谢怀栻：《论民事权利体系》，载《法学研究》1996 年第 2 期。

有必要的。

第三节 人格权与其他权利

一、人格权与人权

(一) 人格权与人权的联系

人权（Human Rights），是指人或者其结合应当享有和实际享有的，并被社会承认的权利的总和[1]，包括社会、经济、文化权利、政治权利以及人身权利等。人权的核心价值在于人的生命、尊严和自由。人权是随着近代西方启蒙思想的发展以及民主宪法制度、人权运动的产生而逐渐形成并为各国宪法以及国际公约所确认的。人权与人格权具有极为紧密的联系：一方面，人格权是人权的重要组成内容，没有人格权的尊重和保护，就不可能真正地实现对人权的尊重和保护。另一方面，没有人权观念的产生以及宪法和国际公约对人权的规定，没有对人权的尊重和保障，就没有民法上的人格权制度，也不可能有人格权制度的飞速发展。

从近代社会来看，生命权、自由权、人格尊严等极为重要的人格权都不是由民法首先加以规定的，而是作为人权的重要内容最早出现于宪法或者宪法性文献当中的。[2] 1776年美国的《独立宣言》宣称："我们认为下面这些真理是不言而喻的：人人生而平等，造物主赋予他们若干不可剥夺的权利，包括生命权、自由权和追求幸福的权利。"1789年法国的《人权宣言》第2条规定："一切政治结合均旨在维护人类自然的和不受时效约束的权利。这些权利是自由、财产、安全与反抗压迫。"进入20世纪以来，特别是随着第二次世界大战后人权运动的蓬勃发展，人格权也在不断地发展完善。反法西斯战争的胜利使得世界各地人们的民主思想大大增长，人权得到前所未有的重视。第二次世界大战后的人权运动主要包括两个方面：一是要求民族自决，废除奴隶制、消除种族歧视，二是重视每个人的人格权。[3] 这反映

---

[1] 罗玉中、万其刚、刘松山：《人权与法制》，北京，北京大学出版社2001年版，第11页。
[2] 刘凯湘：《人格权的宪法意义与民法表述》，载《社会科学战线》2012年第2期。
[3] 谢怀栻：《外国民商法精要》（第三版），程啸增订，北京，法律出版社2014年版，第26页。

在公法上就是民族自决权,而影响到民法就是人格权的发展。1945年的《联合国宪章》明确规定,联合国的宗旨之一就是"促成国际合作,以解决国际属于经济、社会、文化及人类福利性质之国际问题,且不分种族、性别、语言或宗教,增进并激励对于全体人类之人权及基本自由之尊重"。1948年的《世界人权宣言》宣布"人人有权享有生命、自由和人身安全"(第3条),"任何人的私生活、家庭、住宅和通信不得任意干涉,他的荣誉和名誉不得加以攻击。人人有权享受法律保护,以免受这种干涉或攻击"(第12条)。

从我国的历史来看,人格权越来越受到重视,直至《民法典》单独规定人格权编,也完全是与我国对人权日益充分的保障不可分离的。1982年颁布的我国《宪法》在第二章规定了公民的基本权利,其中,对于公民的选举权和被选举权,言论、出版、集会、结社、游行、示威的自由,宗教信仰自由,人身自由,人格尊严,通信自由和通信秘密,劳动权,休息权,社会保障权,男女平等权等基本人权作出了详细的规定。[①] 也正是在《宪法》规定的基础上,1986年的《民法通则》专节规定了"人身权利"(第五章第四节),对公民的生命健康权、姓名权、肖像权、名誉权、荣誉权、婚姻自主权等人格权作出了详细的规定。2004年修改《宪法》时,"尊重和保障人权"被写入我国《宪法》当中;2012年中国共产党十八大将"人权得到切实尊重和保障"作为全面建成小康社会的重要目标;2014年,中国共产党十八届四中全会通过的《中共中央关于全面推进依法治国若干重大问题的决定》再次强调"加强人权司法保障""增强全社会尊重和保障人权意识"。中国共产党十九大报告明确指出,要"加快社会治安防控体系建设,依法打击和惩治黄赌毒黑拐骗等违法犯罪活动,保护人民人身权、财产权、人格权"。这彰显了保护人格尊严、促进人的全面发展的人文关怀。[②] 正因如此,《侵权责任法》进一步建立了人格权保护体系,《民法总则》专设"民事权利"一章,对人格权作了详细规定。为了更好地"贯彻党的十九大和十九届二中全会关于'保护人民人身权、财产权、人格权'的精神,落实宪法关于'公民的人格尊严不受侵犯'的要求",《民法典》

[①] 1954年《宪法》既没有专章规定公民的基本权利,也没有规定公民的人格尊严不受侵犯。

[②] 中华人民共和国国务院新闻办公室:《改革开放40年中国人权事业的发展进步》(2018年12月12日发布)。

将人格权单独成编,从民事法律规范的角度规定自然人和其他民事主体人格权的内容、边界和保护方式。由此可见,《宪法》对公民基本人权的尊重和保护为《民法典》对人格权的详细规定提供了基本的依据,《民法典》人格权编对人格权的详细规定正是对《宪法》规定的公民基本权利的具体贯彻。

(二) 人格权与人权的区别

人格权虽然与人权紧密联系,但是二者也存在明显的区别,具体表现在:首先,二者的性质不同。一方面,人权是宪法和政治领域的基本概念,人权的概念也不限于一国的宪法,还存在于国际政治领域,由国际公约加以规定。例如,对世界各国宪法关于人权规定影响最大的就是由《世界人权宣言》、《经济、社会、文化权利国际公约》和《公民权利和政治权利国际公约》所组成的"国际人权宪章"。而人格权只是属于国内法上的概念,是由一国的宪法和民法加以规定的。另一方面,人格权是法定的权利,是由一国的国内法赋予并加以保护的权利,然而,人权并非都是法定的权利。也就是说,即便没有任何一国的国内法或者国际公约确认,这些人权也是存在的。这就是所谓"应有的人权",即道德意义上的人权,其范围和内容是最为广泛的。应有的人权往往是法律上的人权的道德根据和理性说明。"法律上的人权"是指法律规范所肯定和保护的人权,其内容和范围比"应有的人权"要小些,这是因为道德上普遍要求的人权在立法时要受到客观条件的限制,其中尤以政治制度、经济制度的限制为多,故此,道德所要求的人权并非能够全部转化为法律上的人权。[①]

其次,二者的范围不同。人权的范围极为广泛,远超人格权的范围。依据《世界人权宣言》、《经济、社会、文化权利国际公约》和《公民权利和政治权利国际公约》的规定,人权可以分为两大类:一是公民权利及政治权利,包括人民的自决权以及主体权利,其中主体权利包括生命权、禁止酷刑、禁止奴隶制度、人身自由与安全、迁徙自由、民事和刑事审判中的程序保障、信仰自由、宗教自由、言论自由、机会自由、结社和工会自由、儿童权利、对少数人的保护等。二是,经济、社会和文化权利,这些主要是和福利国家相联系的权利,包括民族自决权、禁止歧视、男女权利

---

① 李步云:《论人权存在的三种形态》,载《法学研究》1991年第4期。

平等、工作权、公平和良好的工作条件、与工会有关的权利、社会保障权、适当生活水准权、受教育权、文化权利等。①然而,人格权主要是与作为个体的自然人相关的权利(法人或非法人组织只能享有法定的、少数的人格权),包括生命权、身体权、健康权、姓名权、名称权、名誉权、荣誉权、肖像权、隐私权、个人信息权益等,它们所保护的是民事主体的人格利益。

最后,二者的权利主体也存在差异。人权的主体类型极为丰富,不仅包括自然人,也包括法人和非法人组织,还包括一个民族集体甚至整个人类。例如,《公民权利和政治权利国际公约》第1条规定的自决权,就具有明显的集体性,"它没有被表述为'每个人'、'人人'或者'所有人'的权利,而被表述为所有人民的权利",也就是说,这项权利所涉及的是一项人民的集体权利。②所谓民族自决权、种族平等权、发展权、和平权、自然资源权等人权,就不是任何特定的自然人、法人或者非法人组织享有的权利,而是民族甚至人类整体的权利。因此,理论界从主体的角度也将人权分为个人权利、集体权利和民族权利。然而,人格权无论是宪法上的还是民法上的,永远是自然人等民事主体所享有的权利,属于个人权利,而非集体权利或民族权利。

二、人格权与身份权

(一) 身份权概述

身份权,也称"亲属权"(Familienrecht)。所谓身份权,是具有一定的亲属关系(自然的亲属关系与拟制的亲属关系)的自然人相互之间享有的权利,该权利是以亲属关系这一身份关系而得以享有的利益为内容的。"民法上身份云者,谓基于亲属法上相对关系之身份,有一定身份后得享有之权利也。例如家长权为家长对于其家属之身份,夫权为夫对于其妻之身份,亲权为父母对于其子女之身份,是也。亦可谓亲属权。"③我国著名法学家谢怀栻先生正确地指出,身份权就是"亲属权",现代法律中没有从前

---

① [澳] 本·索尔、戴维·金利、杰奎琳·莫布雷:《〈经济、社会、文化权利国际公约〉评注、案例与材料》(上册),孙世彦译,北京,法律出版社2019年版。
② [奥] 曼弗雷德·诺瓦克:《〈公民权利和政治权利国际公约〉评注》(修订第二版),孙世彦、毕小青译,北京,生活·读书·新知三联书店2008年版,第15页。
③ 史尚宽:《民法总论》,北京,中国政法大学出版社2000年版,第21页。

法律中的各种身份（如贵族、商人、家长），而父母子女间、配偶间以及其他亲属间的关系也与以前的身份关系大不相同。①

我国《民法典》第112条规定："自然人因婚姻家庭关系等产生的人身权利受法律保护。"所谓"因婚姻家庭关系等"产生的人身权利，指的就是"身份权"或"亲属权"。与人格权的不断丰富发展相反，由于亲属关系的范围正在逐渐缩小，大家庭逐渐变为小家庭，所以身份权呈现的是日益缩小的趋势。近代民法中规定的家长权、夫权等，基于法律平等以及男女平身的原则都被现代法律加以废除。②

身份权的特征在于：首先，该权利仅发生在具有婚姻家庭等亲属关系的自然人之间。亲属关系发生时，权利产生；亲属关系消灭时，权利消灭。其次，身份权的主体只能是自然人，不包括法人或非法人组织。再次，身份权具有专属性，不能放弃、转让、继承或进行其他的处分，也不能由他人代为行使。最后，身份权本身也具有一定的义务性。是否行使身份权并不完全是权利人的自由，权利人负有一定的义务，即必须行使该权利。这是因为，身份权并非如同一般的民事权利那样，仅仅以保护归属于权利人的利益为核心。换言之，身份权不是仅为权利人而存在的，而是为包括权利人在内的一定的亲属团体的共同利益而存在的。例如，配偶间的权利是为配偶双方的利益而存在的。再如，父母子女间的权利是为由父母子女所组成的家庭之利益而存在的。

我国《民法典》中规定的身份权主要包括如下几类。

1. 配偶权，即夫妻之间负有互相忠诚、互相尊重、互相关爱的权利（《民法典》第1043条第2款）；夫妻之间相互负有扶养义务（《民法典》第1059条）；夫妻一方因家庭日常生活需要而实施民事法律行为时享有的互为代理人的权利（《民法典》第1060条）；夫妻之间相互继承遗产的权利（《民法典》第1061条）。③

2. 监护权，即监护人依法履行监护职责产生的权利（《民法典》第34

---

① 谢怀栻：《论民事权利体系》，载《法学研究》1996年第2期。
② 谢怀栻：《外国民商法精要》（第三版），程啸增订，北京，法律出版社2014年版，第23—24页。
③ 谢怀栻先生正确地指出，配偶间的互相继承权，父母子女间的继承权应当纳入亲属权项下，不存在位于亲属权之外的并列的继承权。参见谢怀栻：《论民事权利体系》，载《法学研究》1996年第2期。

第一章　人格权概述

条第 2 款），收集未成年人的个人信息、使用未成年人的姓名或肖像时须经监护人同意等（《民法典》第 1035 条、《广告法》第 33 条）。

3. 父母与子女之间的身份权，包括父母有教育、保护未成年子女的权利（《民法典》第 1068 条）；父母与子女间给付抚养费或赡养费的权利（《民法典》第 1067 条）；离婚后不直接抚养子女的父或母探望子女的权利（《民法典》第 1068 条）；父母与子女之间相互继承遗产的权利（《民法典》第 1070 条）；养父母与养子女之间基于收养关系而产生的权利（《民法典》第 1111 条）。

4. 其他亲属之间的身份权，如其他近亲属之间互相负有的给付抚养费或赡养费的义务（《民法典》第 1074 条、第 1075 条）等。

（二）人格权与身份权的联系

在民法上，人格权与身份权往往被统称为"人身权"。其中，身份权是基于婚姻家庭等亲属关系而产生的权利，故具有很强的人身属性。在这一点上，身份权与人格权一样，都具有专属性，不得转让、继承或由他人代位行使。故此，在我国编纂《民法典》时，"有的法学教学研究机构和社会公众提出，自然人因婚姻家庭关系产生的身份权利，与人格权在保护上具有一定的相似性。对这些身份权利的保护，除了适用婚姻家庭编的规定外，还应当参照适用人格权保护的相关规定。宪法和法律委员会经研究，建议采纳这一意见"[①]。《民法典人格权编草案二审稿》第 782 条之一曾规定："自然人因婚姻、家庭关系等产生的身份权利的保护，参照适用本编人格权保护的有关规定。"然而，这一规定存在缺陷。由于身份权利是基于婚姻家庭关系等产生的，我国《民法典》将婚姻家庭编作为分则的一编单独作出了规定。而《民法典》的总则编本身是对整个民法典起到统领作用的规定，在《民法典》分则没有规定时，当然要"适用"总则编的规定，《民法典人格权编草案二审稿》第 782 条之一规定"参照适用"，显然是不妥当的。故此，对于身份权的正确的法律适用过程应当是：首先，适用《民法典》的总则编、婚姻家庭编和其他有关法律的规定（如《妇女权益保障法》《未成年人保护法》等）。其次，如果《民法典》总则编、婚姻家庭编和其他有关法律没有规定的，应当参照适用《民法典》人格权编的规定。有鉴于此，

[①] 《民法典立法背景与观点全集》编写组：《民法典立法背景与观点全集》，北京，法律出版社 2020 年版，第 37 页。

在《民法典人格权编草案三审稿》中将二审稿的第782条之一修改为："对自然人因婚姻家庭关系等产生的身份权利的保护，适用本法总则编、婚姻家庭编和其他法律的相关规定；没有规定的，参照适用本编人格权保护的有关规定。"后来，该条文在民法典审议通过时成为《民法典》第1001条，即"对自然人因婚姻家庭关系等产生的身份权利的保护，适用本法第一编、第五编和其他法律的相关规定；没有规定的，可以根据其性质参照适用本编人格权保护的有关规定"。

（三）人格权与身份权的区别

人格权与身份权的区别在于：首先，身份权是基于婚姻家庭等亲属关系而产生的，具有很强的伦理性与义务性。也就是说，身份权中保护的利益并非权利人单方面的利益，也不是只为权利人个人而存在的，而是为了包括权利人在内的一定亲属团体而存在的。[①] 故此，是否行使身份权，并非单纯的权利人的自由，权利人在很多情形负有行使权利的义务，否则法律将剥夺其权利。例如，在我国，如果监护人不行使监护权即不履行对子女教育保护的权利时，就是不履行其监护职责，此时人民法院可以根据有关个人或者单位的申请，撤销监护人的资格（《民法典》第36条）。

其次，主体不同。身份权是基于婚姻家庭等亲属关系而产生的权利，故此，身份权的权利主体只能是自然人，不包括法人或非法人组织。人格权的主体虽然主要是自然人，但是法人或者非法人组织也可以享有法律规定的三类人格权，即名称权、名誉权与荣誉权（《民法典》第110条第2款）。

最后，权利的取得和消灭上不同。自然人的人格权始于出生，而终于死亡，即法律上承认自然人的法律主体地位，那么只要自然人出生，就具有权利能力，同时取得人格权。并且所有自然人的人格权，无论在种类和内容上都是完全相同的。只要是自然人，则无论年龄、性别、种族、民族或者社会地位有无差距，都享有同样的人格权。但是，身份权却并非始于出生，而是因婚姻家庭关系等亲属关系的产生而产生、因这些关系的消灭而消灭。例如，夫妻之间互相扶养的权利只有在婚姻关系成立之后才产生，一旦婚姻关系消灭，就不再存在。[②]

[①] 谢怀栻：《论民事权利体系》，载《法学研究》1996年第2期。
[②] 王利明主编：《人格权法新论》，长春，吉林人民出版社1994年版，第209页。

第一章 人格权概述

三、人格权与财产权

在民法中，财产权与人格权是两类最重要的民事权利，而财产权主要包括物权与债权两大类。其中，物权是权利人依法对特定的物享有直接支配和排他的权利，包括所有权、用益物权和担保物权（《民法典》第114条第2款）。债权是因合同、侵权行为、无因管理、不当得利以及法律的其他规定，权利人请求特定义务人为或者不为一定行为的权利（《民法典》第118条第2款）。

人格权与财产权的区别在于：首先，性质不同。人格权具有专属性，不可转让、放弃或继承（《民法典》第992条），人格权也不能由他人代为行使。财产权原则上不具有专属性[①]，是可以处分的，包括转让、放弃、继承，也可以由他人代为行使，如被监护人的财产权由监护人代为行使，在为了维护被监护人利益的情况下，监护人还可以处分被监护人的财产；再如，在宣告失踪的时候，失踪人的财产由其配偶、成年子女、父母或者其他愿意担任财产代管人的人代管；公司破产的时候，由破产管理人来行使破产人的财产权，管理和处分其财产。

其次，权利内容不同。人格权是为了维护人格尊严和人格自由，保护的是自然人的各种人格利益。财产权都是具有财产价值的，或者说是可以以金钱加以计算的。故此，在财产权遭受侵害并造成损害的情况下，所造成的损害就是财产损失。对此，可以按照损失发生时的市场价格或者其他合理方式计算（《民法典》第1184条）。但是，人格权遭受侵害并造成损害时，该损害不仅包括财产损害（如人身伤亡的财产损害），也包括非财产损害即精神损害。

最后，权利冲突时的位阶不同。人格权保护的是人格利益，财产权保护的是财产利益。从利益位阶上看，人格利益应当优先于财产利益。这是因为，"人身利益对个人的生存和发展具有根本性的意义。人们获得财产是为了实现人身价值，因此，在人身利益受到损害时，应当优先于财产利益受

---

① 我国是社会主义国家，实行社会主义公有制，故此专属于国家的财产范围较大，如国有土地、海域、水流、矿产资源、无线电频谱资源、野生动植物资源等。这些专属于国家的财产，不可转让。《民法典》第242条规定："法律规定专属于国家所有的不动产和动产，任何组织或者个人不能取得所有权。"

到保护,否则对于财产利益的保护也就失去了意义。财产是手段,人身是目的。如果人身得不到保护,即便坐拥万贯家财也毫无意义"①。故此,当人格权与财产权冲突时,应当优先保护人格权而非财产权。例如,我国《民法典》第1019条第2款规定:"未经肖像权人同意,肖像作品权利人不得以发表、复制、发行、出租、展览等方式使用或者公开肖像权人的肖像。"第1021条规定:"当事人对肖像许可使用合同中关于肖像使用条款的理解有争议的,应当作出有利于肖像权人的解释。"这些规定都体现了在财产权或其他权利与人格权存在冲突时,应当优先保护人格权的理念。

四、人格权与知识产权

(一)知识产权与民法典的关系

知识产权是人们依法对自己的特定智力成果、商誉或者其他特定相关客体等享有的权利。② 传统的知识产权就是指著作权、专利权与商标权。这三类权利的客体分别是作品,发明、实用新型、外观设计以及商标。但是,随着社会经济与科技的发展,不断有新的非物质客体被纳入知识产权的保护范围,如集成电路布图设计、地理标志、商业秘密、植物新品种等(《民法典》第123条第2款)。

知识产权属于重要的一类民事权利,然而,我国《民法典》只是在总则编第五章"民事权利"部分使用了一条对知识产权的概念和客体作出了规定(第123条),并未将知识产权作为民法典的一编。在我国编纂民法典的过程中,就知识产权是否规定到民法典中,存在争议。一些全国人大代表和学者认为,知识产权作为重要的一类民事权利,应当纳入民法典中成为一编。③ 这样不仅可以促进民法典的体系化,保障民法典的健全、完善和

---

① 王利明:《民法典上的利益位阶及其考量》,载《法学家》2014年第1期。
② 王迁:《知识产权法教程》(第五版),北京,中国人民大学出版社2016年版,第3页。
③ 学者中赞同知识产权入典的有刘春田教授、吴汉东教授、王迁教授等。参见吴汉东:《知识产权"入典"与民法典"财产权总则"》,载《法制与社会发展》2015年第4期;王迁:《将知识产权纳入民法典的思考》,载《知识产权》2015年第10期;吴汉东:《知识产权应在未来民法典中独立成编》,载《知识产权》2016年第12期;刘春田:《我国〈民法典〉设立知识产权编的合理性》,载《知识产权》2018年第9期。民法典草案审议中也有不少代表赞同将知识产权规定进民法典,参见《分组审议民法典各分编草案:建议增设知识产权编》,见人民网,http://ip.people.com.cn/n1/2018/0903/c179663-30268160.html。

先进性，与民法典总则编对知识产权的规定相互呼应，还能实现知识产权法理论和制度对民法理论和制度的反哺。① 此外，将知识产权纳入民法典，还有利于知识产法自身的发展和完善。因为我国在迅速建立知识产权制度的过程中主要是借鉴了国际知识产权条约，而国际知识产权条约体现了许多美国知识产权法的规则，因此，我国知识产权法的发展具有一定的独立性。正因如此，有必要将知识产权法纳入民法典中，从而消除知识产权法中的一些逻辑问题，避免知识产权各种单行立法中的重复、矛盾和冲突。此外，这样的规定还能弥补一些知识产权法中缺失的规则与制度。② 然而，反对在民法典中规定知识产权编的学者则认为，知识产权与人格权、物权、债权等一般的民事权利存在很大的差异，知识产权法本身具有很大的开放性、变动性且程序性规定很多，特别是知识产权制度中的行政法因素很浓厚，如果将知识产权制度直接纳入民法典中，不仅会损害民法典的体系性与稳定性，也不利于知识产权法的自由发展。③

面对上述争议，最高立法机关经研究后认为，在民法典中设立知识产权编，目前条件还不成熟，主要理由如下："1. 我国知识产权立法一直采用民事特别法的立法方式，如专利法、商标法、著作权（版权）法，还涉及反不正当竞争法等法律和集成电路布图设计保护条例、植物新品种保护条例等行政法规。我国知识产权立法既规定民事权利等内容，也规定行政管理等内容，与相关国际条约保持总体一致和衔接。民法典是调整平等民事主体之间的民事法律关系的法律，难以纳入行政管理方面的内容，也难以抽象出不同类型知识产权的一般性规则。2. 知识产权制度仍处于快速发展变化之中，国内立法执法司法等需要不断调整适应。如现在就将知识产权法律规范纳入民法典，恐难以保持其连续性、稳定性。由于以上原因，我国知识产权立法仍适宜采用民事特别法的立法方式，针对不同需求，实行单项立法，已有知识产权单行法律仍将继续保留，通过知识产权单行法律健全知识产权相关制度，更有利于加强和完善知识产权保护。民法典中

---

① 刘春田：《我国〈民法典〉设立知识产权编的合理性》，载《知识产权》2018年第9期。
② 王迁：《将知识产权纳入民法典的思考》，载《知识产权》2015年第10期。
③ 崔建远：《知识产权法之于民法典》，载《交大法学》2016年第1期；李扬：《论民法典编纂中知识产权不宜独立成编》，载《陕西师范大学学报（哲学社会科学版）》2017年第2期。

暂不宜设立知识产权编。"①

（二）知识产权与人格权的关系

应当说，人格权与知识产权在整个民事权利体系中都属于出现得比较晚却很重要的两大类民事权利。它们之间既有明显的区别，也存在紧密的联系。就人格权与知识产权的区别而言，主要应当讨论的就是人格权与所谓著作人格权的区别。二者的区别在于：首先，客体不同。人格权指向的是自然人就生命、健康、身体、姓名、肖像、名誉、隐私等人格要素享有的人格利益，而著作人格权属于著作权的重要内容，其客体是作品。② 换言之，人格权与特定的作品无关，而著作人格权才真正涉及作者与其作品之间的人格与精神联系，通过把作者人格权与特定的作品联系起来，人们可以把这一权利与创作人的人格联系在一起。③ 其次，主体不同，人格权是所有自然人都享有的且一律平等，但是，著作人格权只有创作了作品的作者才能享有。如果没有创作作品，就不存在著作权人格权。最后，权利保护期限不同。自然人的人格权始于出生，终于死亡。但是，对于死者的人格利益，法律也给予相应的保护，例如，我国《民法典》第185条和第994条对死者名誉、姓名、肖像、荣誉等的保护。然而，著作人格权则始于作品完成，在作者死亡后也并不当然地归于消灭。我国《著作权法》第22条规定，作者的署名权、修改权、保护作品完整权的保护期不受限制。第23条则规定：自然人的作品，其发表权、本法第10条第1款第5项至第17项规定的权利的保护期为作者终生及其死亡后50年，截止于作者死亡后第50年的12月31日；如果是合作作品，截止于最后死亡的作者死亡后第50年的12月31日。法人或者非法人组织的作品、著作权（署名权除外）由法人或者非法人组织享有的职务作品，其发表权的保护期为50年，截止于作品创作完成后第50年的12月31日；本法第10条第1款第5项至第17项规定的权利的保护期为50年，截止于作品首次发表后第50年的12月31日，但作品自创作完成后50年内未发表的，本法不再保护。视听作品，其

---

① 《民法典立法背景与观点全集》编写组：《民法典立法背景与观点全集》，北京，法律出版社2020年版，第21-22页。

② 谢怀栻：《著作权的内容》，载最高人民法院著作权法培训班编：《著作权法讲座》，北京，法律出版社1991年版，第89页。

③ ［德］M.雷炳德：《著作权法》，张恩民译，北京，法律出版社2004年版，第267页。

发表权的保护期为50年，截止于作品创作完成后第50年的12月31日；本法第10条第1款第5项至第17项规定的权利的保护期为50年，截止于作品首次发表后第50年的12月31日，但作品自创作完成后50年内未发表的，本法不再保护。

著作权和人格权也有密切的联系，具体表现在：首先，它们都具有排他效力。人格权具有排他效力，已如前述。知识产权也具有排他效力，知识产权的排他效力也被称为"专有性"，即非经知识产权人许可或者法律规定，他人不得实施受知识产权专有权利控制的行为①，这就是说，知识产权的权利人对于知识产权的客体具有排他的控制权。② 事实上，知识产权赋予给权利人的主要不是其如何利用客体的权利，而是如何禁止他人利用其权利客体的权利。换言之，非经知识产权人许可或法律特别规定，他人不得实施受知识产权专有权利控制的行为，否则就构成侵权。③

其次，知识产权不仅保护权利人的经济利益，也保护其精神性利益或者说人格利益。这一点在著作权中体现得最为明显，著作权可以分为著作人格权和著作财产权。著作人格权，又称著作人身权、精神性权利或作者人格权，其表明作者与作品之间的精神和人身关系，保护的是蕴含在作品中的作者独特的人格利益。哲学家康德就认为，著作权属于人格权，他还把书的实体存在和书的内容做了区分，书的实体存在形式上享有物权，书的内容是作者向公众说的话，因而作者享有人格权。④ 故此，和人格权一样，著作人格权具有专属性，不能转让，也不能许可他人行使。不过，对于著作人格权能否继承的问题，各国和地区的立法上有所不同。德国《著作权法》规定，著作权和作者人格权原则上不可转让（第29条第1款），但是作者人格权是可以继承的（第28条第1款）。⑤ 我国台湾地区"著作权法"第21条则规定："著作人格权专属于著作人本身，不得让与或继承。"

---

① 王迁：《知识产权法教程》（第五版），北京，中国人民大学出版社2016年版，第6页。
② 当然，知识产权的类型很多，不同类型的知识产权的专有性是不同的。参见郑成思：《知识产权法》，北京，法律出版社1997年版，第14页以下。
③ 对于知识产权排他性与物权排他性的区分的详细论述，参见王迁：《知识产权法教程》（第五版），北京，中国人民大学出版社2016年版，第7—8页。
④ 参见［德］M.雷炳德：《著作权法》（第13版），张恩民译，北京，法律出版社2005年版，第24页。
⑤ ［德］图比亚斯·莱特：《德国著作权法》（第2版），张怀岭、吴逸越译，北京，中国人民大学出版社2019年版，第65页。

在我国，依据《著作权法》第 10 条第 1 款，属于著作人格权的权利包括：(1) 发表权，即决定作品是否公之于众的权利；(2) 署名权，即表明作者身份，在作品上署名的权利；(3) 修改权，即修改或者授权他人修改作品的权利；(4) 保护作品完整权，即保护作品不受歪曲、篡改的权利。属于著作财产权的权利则包括复制权、发行权、出租权、展览权、表演权、放映权、广播权、信息网络传播权、摄制权、改编权、翻译权、汇编权以及应当由著作权人享有的其他权利。依据《著作权法》第 10 条第 2、3 款和第 21 条的规定，只有属于著作财产权的权利才可以许可、全部或部分转让以及（在法律规定的保护间内）继承，而著作人身权既不可转让或许可他人行使，也不得继承。

最后，知识产权与人格权可能会同时存在于一个客体之上，此时会发生权利行使的冲突和限制。例如，在一幅自然人的肖像作品上就可能同时存在该自然人的肖像权以及肖像作品作者的著作权，如果这两个权利的主体不一致，就会发生作为人格权的肖像权与作为知识产权的肖像作品著作权行使上的冲突。对此，我国《民法典》第 1019 条第 2 款规定："未经肖像权人同意，肖像作品权利人不得以发表、复制、发行、出租、展览等方式使用或者公开肖像权人的肖像。"如果是以他人的裸体作为对象创作作品的，还可能涉及肖像作品著作权与自然人隐私权的冲突。此外，实践中还存在以他人的姓名注册商标，扮演者的形象权与著作权，个人信息权益与著作权等各种人格权与知识产权之间的冲突问题。

第二章 人格权法概述

第一节 人格权法的概念与特征

一、人格权法的概念

简单地说，人格权法是调整人格权法律关系即人格权的享有和保护的民事法律规范的总称。人格权法有广狭义之分。狭义的人格权法仅指《民法典》中调整人格权关系的法律规范，主要就是人格权编，此外，还包括总则编及各分编中调整人格权关系的相关规定，如《民法典》第109条到第111条，第1179条，第1182条，第1183条等。

广义的人格权法是指所有调整人格权关系的民事法律规范的总称，除《民法典》中对人格权的规定外，还包括《消费者权益保护法》《妇女权益保障法》《未成年人保护法》《残疾人保障法》《精神卫生法》《产品质量法》《网络安全法》等法律中涉及人格权关系的法律规定。例如，《妇女权益保障法》第37条规定："妇女的人身自由不受侵犯。禁止非法拘禁和以其他非法手段剥夺或者限制妇女的人身自由；禁止非法搜查妇女的身体。"第40条规定："禁止对妇女实施性骚扰。受害妇女有权向单位和有关机关投诉。"第42条规定："妇女的名誉权、荣誉权、隐私权、肖像权等人格权受法律保护。禁止用侮辱、诽谤等方式损害妇女的人格尊严。禁止通过大众传播媒介或者其他方式贬低损害妇女人格。未经本人同意，不得以营利为目的，通过广告、商标、展览橱窗、报纸、期刊、图书、音像制品、电子出版物、网络等形式使用妇女肖像。"《未成年人保护法》第27条规定："学校、幼儿园的教职员工应当尊重未成年人人格尊严，不得对未成年人实施体罚、变相体罚或者其他侮辱人格尊严的行为。"第54条第1款规定："禁止拐卖、绑架、虐待、非法收养未成年人，禁止对未成年人实施性侵害、性骚扰。"再如，《精神卫生法》第 4 条第 1、3 款规定："精神障碍患者的人格尊严、人身和财产安全不受侵犯。有关单位和个人应当对精神障碍患者的姓名、肖像、住址、工作单位、病历资料以及其他可能推断出其身份的信息予以保密；但是，依法履行职责需要公开的除外。"不过，这些单行法往往都是对特殊群体，如妇女、未成年人、消费者、精神障碍患者的人格权保护作出强调性的规定或特别保护性的规定[①]，而《民法典》则是自然人的人格权的普适性的或一般性的规定。

广义的人格权法
- 狭义的人格权法
  - 民法典人格权编
  - 民法典其他各编相关规定
- 单行立法的规定
  - 消费者权益保护法（第7条、第14条）
  - 妇女权益保障法（如第6章）
  - 残疾人保障法（如第3条）
  - 未成年人保护法（如第27条、第54条）
  - 精神卫生法（如第4条、第5条）
  - 网络安全法（如第41—43条）
  - 其他法律中的相关规定

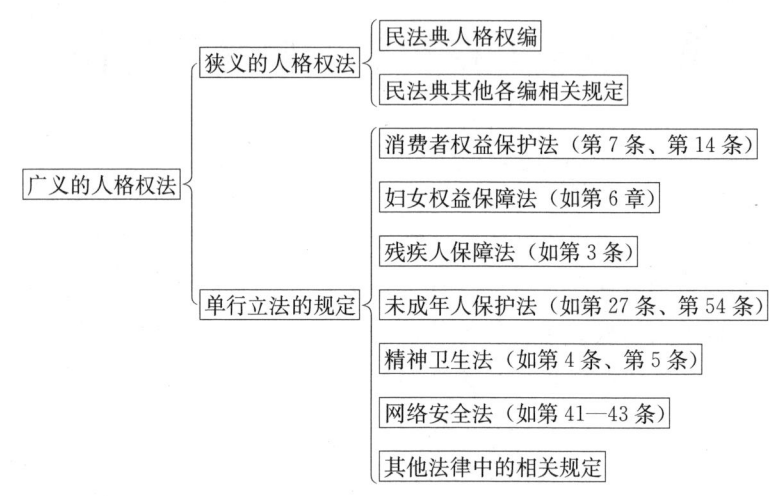

图 2.1.1 我国人格权法的类型

二、人格权法的特征

（一）人格权法属于私法

人格权法调整的"人格权关系"属于民事关系，是指平等主体之间因人格权的享有和保护而产生的关系。我国《民法典》第 2 条规定："民法调整平等主体的自然人、法人和非法人组织之间的人身关系和财产关系。"该条中的人身关系就包括了人格权关系。因此，以人格权关系为调整对象的人格权法，属于私法（民法）。当然，尊重和保护人格权，从而维护人格尊严和人格自由是包括宪法、刑法、行政法、民法、国际法等在内的法律体

[①] 正因如此，我国《民法典》总则编在"民事权利"一章才专门列一条，即第 128 条规定："法律对未成年人、老年人、残疾人、妇女、消费者等的民事权利保护有特别规定的，依照其规定。"

系的根本目标和重要任务。不过，人格权法却并不包括所有这些与人格权保护有关的法律规范，而仅指其中的民法规范。

（二）人格权法是权利确认法与权利保护法

人格权法调整的人格权关系分为因人格权享有而产生的关系以及因人格权保护而产生的关系。《民法典》第989条规定："本编调整因人格权的享有和保护产生的民事关系。"由此可见，人格权法的规范可以大体分为两类：一是人格权享有法律规范，二是人格权保护法律规范。人格权享有法律规范规定的主要是人格权的产生与消灭，人格权的主体与类型，人格权的行使与限制，人格权之间以及人格权与其他权利的冲突等内容。人格权保护法律规范规定的则是人格权的民法保护方法，包括人格权请求权、人格权损害赔偿请求权等。因此，人格权法中的法律规范既有赋权规范、权利行使规范，也有权利保护规范，而人格权法既是权利确认法，也是权利保护法。

需要注意的是，对于人格权的保护，《民法典》人格权编并未作出全部的规范，其只是规定了人格权请求权这种以预防为主的民事保护方法，至于人格权被侵害尤其是因此造成损害后的救济问题，主要放在《民法典》侵权责任编中加以规定。这主要是因为：在我国《民法典》编纂过程中，反对人格权独立成编的一个重要理由就是人格权编和侵权责任编之间存在重叠交叉[1]，故此，为了回应此种意见，立法机关有意识地在民法典人格权编中减少侵权责任的规定，从而使《民法典》人格权编的规范主要是权利确认和行使规范，本应规定的一些保护规范则语焉不详或加以忽视。

（三）人格权法是强行法

由于人格权制度的根本目的在于维护人的尊严与自由，使人作为人而存在。因此，人格权本身具有专属性，不能转让、继承和放弃，也不能由他人代为行使。这就决定了人格权法是强行法，不论是其中的赋权规范、权利行使规范，还是权利保护规范，性质上大多属于强行性规范，不能任由权利人加以改变；否则，就会违背保护人格尊严和人格自由的理念以及公序良俗原则。例如，在人格权主体上，除了自然人广泛、平等地享有各

---

[1] 参见梁慧星：《民法典编纂中的重大争论——兼评全国人大常委会法工委两个民法典人格权编草案》，载《甘肃政法学院学报》2018年第3期。

种人格权外，法人或者非法人组织只能享有人格权编规定的人格权，具体而言就是名称权、名誉权和荣誉权这三类（《民法典》第110条第2款）；在人格权的行使上，只有姓名权人、名称权人和肖像权人可以许可他人使用其姓名、名称或者肖像，并且依照法律规定或者根据其性质不得许可的除外（《民法典》第993条）；自然人虽然享有生命权、身体权和健康权，但是法律禁止以任何形式买卖人体细胞、人体组织、人体器官（《民法典》第1007条）；自然人虽然享有姓名权，如果要选择父姓或者母姓之外的姓氏也必须符合法律规定的情形（民法典第1015条）。

第二节　我国民法典中的人格权编

一、大陆法系民法中的人格权

在大陆法系国家或地区，大部分民法典采取的都是所谓"五编制"的体系结构，即分为总则编、物权编、债编、婚姻家庭编、继承编等五编。[①] 至于人格权，在这些国家或地区的民法典当中，往往采取的是"总则编＋债编"分别规定的立法模式。申言之，在民法典总则编的自然人部分对人格权的类型及保护做一些规定，同时又在债编总则的损害赔偿之债部分以及侵权行为部分，就侵害人格权的损害赔偿责任作出规定。德国、瑞士、奥地利、葡萄牙、西班牙、意大利、日本、我国澳门特别行政区、我国台湾地区等，基本上都是如此，它们之间如果说有差别的话，也仅仅在于规定的详略不同。

《德国民法典》由于受到以所有权为典型的支配客体论的影响，加之顾虑一般化的人格权在解释适用上的不确定，故此对于人格权采取了非常保守的立场。[②]《德国民法典》对人格权的规定最为简略。《德国民法典》总则编第一章"人"中仅规定了一种人格权即姓名权（第12条）。其他涉及人格权保护的规定全部被规定在民法典的债编，具体包括：首先，对生命、

[①] 有些国家的民法典将物权编置于债编之前，如日本、韩国；有些国家则将债编置于物权编之前，如德国、葡萄牙。

[②] 王泽鉴：《人格权法：法释义学、比较法、判例研究》，台北，作者印行2012年版，第23页。

身体、健康、自由作为法益，通过侵权行为法予以保护，《德国民法典》第823条第1款规定了侵害上述四种法益的损害赔偿责任。其次，在《德国民法典》债编总则部分的第253条中，规定了非财产损害赔偿的限制（即以法律规定的情形为限）以及因侵害身体、健康、自由或性自主时，受害人得就非财产上的损害赔偿请求公平的金钱补偿。最后，《德国民法典》第848条第1款规定了身体或者健康受侵害以及剥夺自由的非财产损害赔偿。

在1970年之前，《法国民法典》中没有任何关于人格权的规定。[1] 1970年后，法国立法机关开始在《法国民法典》中不断增加对人格权的规定，例如，《法国民法典》第一卷"人"的第一章"民事权利"中的第9条对私人生活受尊重的权利的规定；第二章"尊重人之身体"的第16条对保护人的尊严和生命权的规定；第16－1条对身体权的规定等。

瑞士和葡萄牙对人格权的规定属于大陆法系国家民法典中较为详细的。《瑞士民法典》第28条以下采取了10个条文对于人格权的保护作出了规定，防止人格权受到具有非法性的侵害。不过，这一部分明确规定的人格权类型和德国一样，只有一种人格权即姓名权。此外，《瑞士债务法》第一章第二节"侵权行为之债"中还专门对人格权被不法侵害时的抚慰金请求权作出了规定（第49条）。《葡萄牙民法典》第一卷"总则"第二编"法律关系"第一分编"人"第一章"自然人"第二节"人格权"中采取了12个条文（第70—81条）对人格权的一般保护、死者的保护、姓名权、通信秘密、肖像权、隐私权等作出了较为详细规定。同时，该法典在第二卷"债法"关于民事责任的部分规定了侵害他人信用和名誉的损害赔偿责任（《葡萄牙民法典》第484条）以及非财产损害赔偿（《葡萄牙民法典》第496条）。

我国台湾地区"民法"与德国的基本相同，但又吸收借鉴了瑞士民法的个别规定。一方面，台湾地区"民法"第18条借鉴了《瑞士民法典》的做法，对侵害人格权的救济（人格权请求权以及损害赔偿责任）作出了规定，同时，该法第19条对侵害姓名权的救济也作出了规定。另一方面，在台湾地区"民法"债编的侵权行为之债部分，分别对侵害生命权以及侵害身体、健康、名誉、自由、信用、隐私、贞操、或者其他人格法益的非财产损害赔偿等救济方式作出了规定（第194—195条）。

之所以上述大陆法系国家或地区的民法典采取这样的模式来规定人格

---

[1] 张民安：《法国人格权法》（上册），北京，清华大学出版社2016年版，第517页。

权，主要的原因有二：一方面，人格权本身是以维护自然人的人格尊严和人格自由为根本目的的权利，人格权与人格、权利能力直接相关而与自然人不可分离，故此，将之规定在民法典总则编民事主体部分的自然人一章中，逻辑上最为合适。另一方面，之所以在民法典债编尤其是侵权法部分规定人格权的保护，主要就是因为人格权具有专属性，不可转让和继承，无法进行交易。人格权也不需要借助他人的积极作为才能实现。生命权、身体权、健康权、自由权、名誉权、隐私权等大量的人格权于未受侵害时，隐而不见。在人格权遭受侵害后，才有必要通过侵权赔偿责任予以保护，提供救济。故此，这些国家（地区）的立法者认为，只要在民法典债编的侵权法部分规定侵害人格权的损害赔偿责任即可。

二、我国民法典将人格权独立成编

我国《民法典》采取了不同于传统大陆法系国家民法典五编体例的"七编"制，除了总则编、物权编、合同编、婚姻家庭编和继承编外，还有侵权责任编和人格权编。这一体例的特点在于：首先，不设债编，以合同编相关规则取代债法总则，同时将侵权责任独立成编；其次，人格权既不规定在总则编，也不规定在侵权责任编中，而是单独成编，集中加以规定。在我国法学界，最早提出人格权独立成编的是王利明教授，他在一系列论著中详细阐述了人格权独立成编的必要性与重大意义。归纳起来，王利明教授提出的人格权独立成编的理由有以下几点：首先，人格权单独成编符合民法典结构的内在逻辑。民法本质上权利法，除总则外，民法分则是依据民事权利体系构建的，人格权作为最为重要的民事权利，自然应当与物权、债权等并列规定之。[①] 既然我国《民法总则》在第五章"民事权利"中一开始就规定了人格权，并将其规定在财产权之前，显然是高度凸显人格权的重要地位。那么，民法典就应当在此基础上进一步将人格权独立成编，从正面列举和完善人格权的类型、内容、利用、行使、限制、权利冲突等规则，全面展示我国改革开放以来人格权保护的进步成果，为法官实践中日益增加的人格权纠纷提供明晰的裁判依据，并使宪法上的尊重和保障人权、人格尊严不受侵犯等原则转化为民法上的人格权制度，实现对人格权

---

① 王利明：《人格权制度在中国民法典中的地位》，载《法学研究》2003年第2期。

的全面保护。①

其次,侵权责任单独成编后,如果对人格权不做体系化的规定,就会使侵权法对人格权的保护丧失相应的前提和基础。此外,侵权法也不能完全替代人格权法,因为侵权法不具有确认人格权的类型和每一种人格权具体作用的功能。②申言之,人格权编与侵权责任编侧重点不同,二者各司其职。人格权编是权利法,主要通过正面列举的方式对各项人格权作出规定,包括规定人格权益的类型、内容,相对人负有的义务,人格权的行使和限制以及人格权请求权。侵权责任编是救济法,主要是对侵权责任的成立和承担等作出规定。③"为进一步有效衔接侵权责任编与人格权编的规则,侵权责任编中应当设置相关的引致性规范,规定在人格权编对侵害人格权的侵权责任有特别规定的,应当适用人格权编的规则,这有利于实现侵权责任编与人格权编的衔接。"④

最后,人格权与民事主体也不应当规定在一起,将人格权放到主体制度中不仅会混淆人格与人格权,也不利于对人格权的保护。⑤况且,在主体部分规定权利,也不符合民法典的体系结构。

有赞同就有反对。我国民法学界也有一些学者反对人格权在民法典中独立成编,其中反对最为激烈的是梁慧星教授。反对者所持的理由主要包括:首先,人格权是否单独成编或安排在民法典的前面还是后面,对其进步性不发生影响。事实上,就民法典而言,其编纂体例、编章结构、法律制度的编排顺序应当符合一定的逻辑关系,并照顾到法官适用法律的方便,这属于法典的形式,应当要求科学性而非进步性。⑥

其次,如果要将人格权独立成编,势必要将自然人的人格权与法人的人格权规定在一起,而这两类权利具有本质上的差异,自然人的人格权保

---

① 王利明:《论人格权编与侵权责任编的区分与衔接》,载《比较法研究》2018年第2期。
② 王利明:《再论人格权的独立成编》,载《法商研究》2012年第1期。
③ 王利明:《论人格权独立成编的理由》,载《法学评论》2017年第5期;王利明:《人格权:从消极保护到积极确权》,载《甘肃社会科学》2018年第1期;王利明:《论人格权编与侵权责任编的区分与衔接》,载《比较法研究》2018年第2期;王利明:《使人格权在民法典中独立成编》,载《当代法学》2018年第3期;王利明:《论人格权请求权与侵权损害赔偿请求权的分离》,载《中国法学》2019年第1期。
④ 王利明:《论人格权编与侵权责任编的区分与衔接》,载《比较法研究》2018年第2期。
⑤ 曹险峰、田园:《人格权法与中国民法典的制定》,载《法制与社会发展》2002年第3期。
⑥ 梁慧星:《民法典不应单独设立人格权编》,载《法制日报》2002年8月4日。

护的自然人的精神利益,而法人的人格权本质上是财产权,强行将二者规定在一起是错误的。①

再次,人格权独立成编的一个问题就是,该编中究竟应当规定什么内容。由于人格权的主体、救济已经分别在民事主体制度、侵权法中有了相应的规定,因此在人格权法中只能规定人格权的客体和内容。这样一来,民法典中专门规定人格权的条文就没有多少,难以独立成编或立法。②

最后,如果将人格权独立成编,就可能出现,"法官在裁判侵害人格权案件必须同时适用人格权编规定该类人格权受侵害时加害人应当依法承担责任的条文,以及《侵权责任法》规定责任构成和法律效果(具体责任)的条文"③。

就人格权是否独立成编的争论,最高立法机关一锤定音,采取了支持人格权独立成编的立场。立法机关认为:"人格权是民事主体对其特定的人格利益享有的权利,关系到每个人的人格尊严,是民事主体最基本、最重要的权利。保护人格权、维护人格尊严,是我国法治建设的重要任务,近年来加强人格权保护的呼声和期待较多。为了贯彻党的十九大和十九届二中全会关于'保护人民人身权、财产权、人格权'的精神,落实宪法关于'公民的人格尊严不受侵犯'的要求,综合考虑各方面意见,总结我国现有人格权法律规范的实践经验,在民法典中增加人格权编是较为妥当、可取的。人格权编这一部分,主要是从民事法律规范的角度规定自然人和其他民事主体人格权的内容、边界和保护方式,不涉及公民政治、社会等方面权利。"④

笔者认为,首先应当明确的一点是,人格权独立成编与否只是一个立法技术问题,属于学术讨论的范畴,而非政治问题或立场问题,无论是人

---

① 尹田:《论人格权的本质——简评我国民法草案关于人格权的规定》,载《法学研究》2003年第2期;尹田:《论人格权独立成编的理论漏洞》,载《法学杂志》2007年第5期。有的学者认为,法人并无所谓的人格权,对于人格权由侵权法给予保护即可,无须单独立法。参见李永军:《论我国人格权的立法模式》,载《当代法学》2005年第6期。

② 柳经纬:《民法典应如何安排人格权制度》,载《河南省政法管理干部学院学报》2004年第3期。

③ 梁慧星:《民法典编纂中的重大争论——兼评全国人大常委会法工委两个民法典人格权编草案》,载《甘肃政法学院学报》2018年第3期。

④ 全国人大常委会法制工作委员会民法室:《新时代应运而生的民法典各分编草案》,见中国人大网,http://www.npc.gov.cn/npc/xinwen/lfgz/2018-08/29/content_2059972.htm(2020年9月5日访问)。

格权独立成编的赞同者还是反对者，只要是从学术讨论的角度出发阐述观点，都与政治立场无关。故此，只要秉持客观理性的态度，就可以发现很多明显的、客观存在的事实。首先，从历史上来看，进入20世纪尤其是第二次世界大战之后，人格权在全世界范围日益受到重视。人格权不仅受到各国国内法的保护，也进一步发展到受国际法的保护。[①] 德国著名法学家拉德布鲁赫曾言："法律不是针对善，而是针对恶制定的。一项法律越是在它的接受者那里以恶行为前提，那么它本身就越好。考虑到人，立法者必须是悲观者，而且一个现代立法者将很难做到恰如其分。"[②] 哈佛大学法学院教授艾伦·德肖维茨认为："权利来自人类经验，特别是不正义的经验。我们从历史的错误中学到，为了避免重蹈过去的不正义，以权利为基础的体系以及某些基本权利（例如表达自由、宗教自由、法律平等保护、正当法律程序与参与民主）至关重要。"[③] 无论从立法上还是学说上，人格权制度及人格权理论的全面发展是在第二次世界大战之后的事情。在第二次世界大战中，德国、日本、意大利等邪恶轴心国大规模侵害人权的行为使人们深刻地认识到，保护人、尊重人与维护人格尊严、人格自由是多么重要。在第二次世界大战后，世界各国的人格权运动蓬勃兴起，"人格权运动包括两个主要内容：一是要求民族自决，废除奴隶制，消除种族歧视；二是重视每个人的人格权"[④]。就我国来说，改革开放四十多年以来，人格权在中国日益受到重视和保护。鉴于历次政治运动，尤其是："文化大革命"中发生严重侵害人权、损害人格尊严的现象，早在1986年我国制定此《民法通则》时，立法者专门在其第五章"民事权利"中专节规定"人身权"（第四节）。该节从第98条至第105条逐一规定了对生命健康权、姓名权、名称权、肖像权、名誉权、荣誉权、婚姻自主权等人身权利的保护，规定之详尽在世界立法史上均属少见。2010年7月1日施行的《侵权责任法》第2条第2款在列举侵权法保护的"民事权益"范围时，首先列举的就是各类

[①] 谢怀栻：《外国民商法精要》（第三版），程啸增订，北京，法律出版社2014年版，第26－29页。

[②] ［德］拉德布鲁赫：《法学导论》，米健、朱林译，北京，中国大百科全书出版社1997年版，第70页。

[③] ［美］艾伦·德肖维茨：《你的权利从哪里来?》，黄煜文译，北京，北京大学出版社2014年版，第8页。

[④] 谢怀栻：《外国民商法精要》（第三版），程啸增订，北京，法律出版社2014年版，第26页。

人格权——生命权、健康权、姓名权、名誉权、荣誉权、肖像权、隐私权、婚姻自主权等。2017年10月1日起施行的《民法总则》第五章"民事权利"也采取了三个条文（第109—111条）对人身自由、人格尊严的保护，具体人格权（如生命权、身体权、健康权、姓名权、肖像权、名誉权、荣誉权、隐私权、婚姻自主权等）的保护以及自然人的个人信息的保护作出了规定。由此可见，我国立法上对于人格权是高度重视并给予充分保护的。

其次，进入21世纪后，随着科技的高速发展，人格权领域的新问题也越来越多，新型人格权益应当受法律保护的需求也越来越强烈。例如，随着人体器官移植、基因编辑技术等生物医学科技的发展，关于人体器官捐赠，精子、卵子和胚胎的法律地位、代孕行为的合法性等新问题随之而生；信息网络科技的高速发展，人工智能与大数据时代的到来，不仅使各种利用信息网络侵害人格权的侵权行为日益增多，还产生了个人信息权益保护等新型的人格权益保护的问题。我国《民法典》编纂于21世纪，自然要体现时代性，回应社会与科技发展的挑战，应对新情况和新问题，作出有针对性的新规定。

再次，无论是在民法典的总则编，还是在侵权责任编，它们对于人格权都无法作出系统完善的规定。一方面，如果在总则编的主体制度中规定人格权，除容量太小之外，也与民法典的体系结构不符。因为"民法总则是民法典的开篇之作，在民法典中起统领性作用。民法总则规定民事活动必须遵循的基本原则和一般性规则，统领民法典各分编；各分编将在总则的基础上对各项民事制度作出具体规定"[①]。人格权虽然非常重要且与自然人密切联系，但是，民法规范的民事主体除自然人之外，还包括法人、非法人组织，况且人格权也不限于自然人享有，法人或者非法人组织也享有名称权、名誉权和荣誉权等人格权。故此，不宜将人格权规定总则编。另一方面，我国在《民法典》编纂之前就已经单独制定了《侵权责任法》，《民法典》也将侵权责任作为单独的一编。如果将人格权规定在侵权责任编中，虽然从容量上来说不存在问题，但是，这就意味着只能规定侵害人格权的侵权责任，而无法对人格权的主体、客体、内容、行使和限制等问题

[①] 全国人民代表大会常务委员会副委员长李建国：《关于〈中华人民共和国民法总则（草案）〉的说明》（2017年3月8日在第十二届全国人民代表大会第五次会议上），见中央人民政府网站，http://www.gov.cn/xinwen/2017-03/09/content_5175399.htm#1。

作出规定。况且，侵权责任编基本上也是按照总则与分则的结构安排的，总则部分是对侵权法领域的共同性制度，如归责原则、多数人侵权责任、减免责事由以及损害赔偿责任作出的规定，而分则部分规定的是特殊的侵权责任即适用过错责任与无过错责任的侵权行为。侵害人格权的侵权行为既可能是一般侵权行为，适用过错责任，也可能是适用无过错责任或过错推定责任的特殊侵权行为。故此，人格权的内容既不适合放在侵权责任编的总则部分，也不适合放在其分则部分。更重要的是，作为绝对权的人格权可以得到人格权保护请求权与侵权赔偿请求权的双重保护，而这两类请求权性质不同，显然不能同时规定在侵权责任编中。至于对人格权的行使的问题，如姓名、名称、肖像的许可使用等，更不适合规定在侵权责任编当中了。

最后，一些学者提出的反对人格权独立成编的双重适用的观点也难以成立。《民法典》作为最高形式的成文法，具有内在与外在双重体系。民法典各编的规范在适用上具有高度密切的联系，是一个统一和谐的有机整体。例如，对于物权的保护，除了侵权责任编外，还有物权编中的物权请求权，在他人侵害所有权人的所有权时，所有权人既可以依据物权编行使排除妨害等物权请求权，也可以在遭受损害后依据侵权责任编要求侵权人承担损害赔偿责任。再如，一个商品房买卖合同纠纷发生后，法官既需要适用民法典的合同编与总则编关于合同这一双方法律行为的效力的规定，来认定合同是否成立以及有效与否，也要依据物权编中基于法律行为的不动产权变动的规则来认定物权变动的效果发生与否。具体到侵害人格权，权利人当然可以依据《民法典》人格权编关于人格权保护请求权的规定要求停止侵害、排除妨碍、消除危险等，也可以在遭受损害后，依据侵权责任编关于人身伤亡以及侵害人身权益的财产损害和精神损害赔偿的规定，要求侵权人承担侵权责任。这些情形可以说都是《民法典》规则的双重甚至多重适用，这也正是民法典提取公因式的模式所形成的"总—分"结构在适用中不可避免的，并不存在什么问题。

三、民法典人格权编与其他各编的关系

我国《民法典》分为总则、分则与附则三部分，其中，总则为第一编，而分则共有物权编、合同编、人格权编、婚姻家庭编、继承编、侵权责任

编等六编。人格权编属于民法典的分则部分，是我国《民法典》的第四编。在民法典编纂中，就人格权编的位置问题，不少代表和学者认为，鉴于人格权编极为重要，应当置于物权编、合同编之前，作为《民法典》分则的第一编。但是，该建议未被立法机关采纳，立法机关的立法理由中也未阐明为何将人格权编置于物权编、合同编之后。笔者推测，立法机关之所以将人格权作为《民法典》的第四编，即放在物权编、合同编之后，婚姻家庭编与继承编之前，主要理由在于：其一，人格权与基于婚姻家庭等亲属关系产生的身份权，统称为"人身权"，二者具有关联。如果人格权编作为分则的第一编，势必意味着婚姻家庭编、继承编的位置也要相应提前，但是这两编大量的财产关系是由物权编与合同编规范的，不适合放在物权编和合同编之前。其二，如果单独将人格权编放在分则的第一编，然后依次规定物权编、合同编、婚姻家庭编等，则又割裂了人格权与身份权的联系。由于民法典各编中，人格权编与总则编以及侵权责任编的联系相对密切，故此本部分主要介绍人格权编与这两编的关系。

（一）人格权编与总则编

《民法典》总则编统领各分编，规定的是民法中最基本、最通用的规则和制度，如民法的基本原则、民事主体制度、民事法律行为与代理制度、民事责任制度以及诉讼时效制度。这些基本的规则制度有很多可以适用于人格权编，如《民法典》第3条对民事权益受法律保护的规定，第4条民事主体法律地位一律平等的规定，第8条和第10条规定的公序良俗原则，第13条和第14条对民事权利能力的规定，第16条对胎儿保护的规定，第8章关于民事责任的规定，第196条对停止侵害、排除妨碍和消除危险请求权不适用诉讼时效的规定等。换言之，对于人格权的享有和保护，首先适用《民法典》人格权编和侵权责任编的规定，如果没有规定的，应当适用总则编的规定。

值得注意的是，我国《民法典》的立法机关在总则编中也对人格权作出了一些直接的规定，主要体现在以下两处：其一，总则编第五章"民事权利"一开始就采用了3个条文即第109条至第111条，分别对自然人的人身自由、人格尊严，自然人和法人、非法人组织享有的具体的人格权以及个人信息的保护作出了规定。将人格权规定在各类民事权益之首，意味着立法者对人格权的高度重视。其二，总则编第八章"民事责任"还对侵害英雄烈士等的姓名、肖像、名誉、荣誉，损害社会公共利益的民事责任作出了规定（第185条）。如果说在《民法总则》制定时出于保护英雄烈士等的姓名、肖像、名誉、荣誉的需要，只能暂时在"民事责任"部分作出规定，那么民法典编纂时，出于体系的考虑，将该条放入侵权责任编或人格权编更为合适。

（二）人格权编与侵权责任编

人格权属于绝对权，无须他人之协助，权利人即可行使权利，且人格权又具有专属性，不可转让、继承和放弃，不存在以人格权为客体的法律交易。故此，私法上对人格权的保护主要就是侵权法的保护，即防止他人对人格权的侵害并令侵权人承担侵权责任。在民法典中，人格权编也与侵权责任编具有最为密切的联系。学者认为，人格权编是权利法，主要是通过正面列举的方式对各项人格权作出规定，包括规定人格权益的类型、内容，相对人负有的义务，人格权的行使和限制以及人格权请求权。侵权责任编是救济法，主要是对侵权责任的成立和承担等作出规定。[①] 该观点被立法机关所接受。从我国《民法典》人格权编的内容来看，其主要规定的是人格权的类型、权利内容、权利边界、与其他价值之间的协调、行为人的义务和特殊保护方式等规则[②]，虽然人格权编中也有保护规范，但主要是对预防性的侵权责任承担方式尤其是对人格权保护请求权和人格权禁令的规定（如《民法典》第995条、第997条和第1000条）。在《民法典》的侵权责任编中尤其是该编第二章"损害赔偿"中，立法机关则对于侵害人身权益、财产权益的财产损害赔偿责任以及精神损害赔偿责任作出了相应的规定。

[①] 参见王利明：《使人格权在民法典中独立成编》，载《当代法学》2018年第3期。
[②] 黄薇主编：《中华人民共和国民法典人格权编解读》，北京，中国法制出版社2020年版，第6-7页。

第三章 人格权的主体

第一节 自然人

一、概述

人格权最主要的权利主体就是自然人。这是因为，人格权制度产生的目的就是通过保护自然人的生理、心理以及社会的多重存在与发展，维护人的尊严和自由，使人成为人。如前所述，人格权与权利能力（即人格）直接关联，相伴而生。我国《民法典》明确规定，自然人的民事权利能力始于出生、终于死亡（第13条），自然人的民事权利能力一律平等（第14条）。因此，所有的自然人从出生始，就当然享有生命权、身体权、健康权、姓名权、名誉权、肖像权、隐私权等人格权；所有的自然人，不论其性别、年龄、民族、种族、宗教、家庭出身、社会地位等如何，享有一律平等的人格权，绝不存在某些人的人格权多一些，某些人的少一些的情形。例如，刚出生的婴儿就享有姓名权，但其不可能自己行使这个权利，只能由父母等监护人来为其起名，而这只是人格权的实际行使的问题，并不能因此就说婴儿不享有姓名权。

虽然自然人在人格权的享有上一律平等，但是，在人格权的行使和保护上，不同的自然人之间还是会存在一些差异。因为每个自然人参与社会活动的类型不同而产生的个体差异，法律对他们的姓名权、名誉权、肖像权、隐私权等人格权予以保护时，就需要依据具体情况来决定保护的范围和力度。有些人很有名气，是著名的歌星、演员等，他们的姓名、肖像自然具有很大的商业价值，因此，侵害这些人的姓名权、肖像权时，往往更多的是给受害人造成财产损失。但是，普通人的姓名、肖像不具有商业价值，在被侵害时给他们造成的经济损失就很小或者不存在，可能主要是精神损害。再如，为了协调人格权益保护与合理自由维护的关系，对于公众人物的名誉权、肖像权、隐私权的保护力度就要加以控制，公众人物对于新闻报道、社会舆论监督等负有大于普通人的容忍义务。

需要特别注意的是，未成年人、妇女、老年人、残疾人、消费者等自然人中的特殊群体，因其年龄、性别、身体等生理状况或经济状况而处于弱势地位。为实现对人格权的实质平等的保护，国家制定了相应的法律如《未成年人保护法》《残疾人保障法》《妇女权益保障法》《老年人权益保障法》《消费者权益保护法》等，对这些特殊群体的人身、财产权益作出特别的规定或优先的保护。例如，《未成年人保护法》第4条规定："保护未成年人，应当坚持最有利于未成年人的原则。处理涉及未成年人事项，应当符合下列要求：（一）给予未成年人特殊、优先保护；（二）尊重未成年人人格尊严；（三）保护未成年人隐私权和个人信息；（四）适应未成年人身心健康发展的规律和特点；（五）听取未成年人的意见；（六）保护与教育相结合。"《残疾人保障法》第3条规定："残疾人在政治、经济、文化、社会和家庭生活等方面享有同其他公民平等的权利。残疾人的公民权利和人格尊严受法律保护。禁止基于残疾的歧视。禁止侮辱、侵害残疾人。禁止通过大众传播媒介或者其他方式贬低损害残疾人人格。"《妇女权益保障法》第38条规定："妇女的生命健康权不受侵犯。禁止溺、弃、残害女婴；禁止歧视、虐待生育女婴的妇女和不育的妇女；禁止用迷信、暴力等手段残害妇女；禁止虐待、遗弃病、残妇女和老年妇女。"第40条规定："禁止对妇女实施性骚扰。受害妇女有权向单位和有关机关投诉。"正因如此，我国《民法典》第128条才专门规定："法律对未成年人、老年人、残疾人、妇女、消费者等的民事权利保护有特别规定的，依照其规定。"

二、胎儿

自然人的民事权利能力始于出生。胎儿因尚未出生，并非法律主体，故此，胎儿没有民事权利能力，也就不享有人格权。但是，如果这样机械理解，显然不利于对胎儿的保护。姑且不论遗产继承和接受赠与的情形，仅就侵权案件而言，这样做也是非常不合理的。例如，胎儿在母体内，母亲遭受了他人侵害（如环境污染、输血感染病毒、分娩时使用助产工具等），以致胎儿的健康权受损。此时，倘若一概认为胎儿不具有权利能力，其权益不受保护，则日后胎儿出生成为民事主体，具有权利能力，也无权要求侵权人承担侵权责任。

以往，我国的法律中只有《继承法》规定了遗产分割时要保留胎儿的继承份额（第28条），总体上对于胎儿的民事权利能力是予以否定的。这种立法模式并不合理，学术界对之有不少的批评，主张应当强化对胎儿利益的保护，具体提出的观点包括赋予胎儿民事权利能力说、人格权延伸保护说、依附母体保护说、预先保护说等。[①] 从比较法来看，有些国家对胎儿的利益采取的是个别保护主义模式，即原则上不认可胎儿具有民事权利能力，但是在需要保护胎儿利益的具体情形中，相应地作出例外规定。例如，依据《德国民法典》第1条，人的权利能力始于出生之完成，故此胎儿没有权利能力。但是，《德国民法典》又在多处明确了涉及胎儿利益保护时，胎儿具有民事权利能力。例如，《德国民法典》第844条第2款第2句规定，当侵权人造成被侵权人死亡时，如果死者在受害时与第三人处于某种关系，因该关系使死者依法对第三人负有抚养义务或可能负有抚养义务的，该第三人享有赔偿请求权，如果第三人在受害时已经受孕，但尚未出生的，胎儿也享有赔偿请求权。此外，《德国民法典》第1923条第2款规定胎儿关于继承视为已经出生，第1912条规定可以为胎儿设立保佐人，类似的规定还有第1716条、第1963条、第2141条等。

但是，也有国家和地区采取了概括保护主义模式，即原则上胎儿没有民事权利能力，同时通过一个概括性的规定明确，凡是在涉及胎儿利益保护的问题上，均视为胎儿有民事权利能力。例如，《意大利民法典》第1条规定："人的权利能力始于出生。法律承认胎儿取得的权利，但是以出生为限。"《奥地利民法典》第22条规定："尚未出生的胎儿，自其受孕时起，有受法律保护的请求权。在为胎儿利益且不影响第三人权利的限度内，胎儿视为已出生；但胎儿在出生时已死亡者，对于该胎儿活着出生而为其保留的权利，应视为从未孕育此胎儿。"美国《路易斯安纳州民法典》第26条规定："对胎儿利益相关问题，应自受孕之时起，将

[①] 相关学说的梳理，参见杨巍：《论胎儿利益的民法保护》，载《环球法律评论》2007年第4期。

该胎儿视同自然人处理。如果胎儿出生时即为死体，则应视其从未成为自然人，除非诉讼因其非正常死亡而提起。"再如，我国台湾地区"民法"第7条规定："胎儿以将来非死产者为限，关于其个人利益之保护，视为既已出生。"这就是说，胎儿在出生前，就已经享有民事权利能力，可以主张其个人利益，包括在其生父死亡时针对侵权人享有抚养费请求权、抚慰金请求权；在继承时，胎儿作为其父的继承人，应当为其保留应继份；在胎儿出生前，他人对胎儿进行赠与的，胎儿可以成为赠与合同中的受赠人等。[1]

在我国起草《民法总则》时，立法机关综合借鉴了上述两种立法例，对胎儿利益的保护作出了规定。《民法总则》第16条规定："涉及遗产继承、接受赠与等胎儿利益保护的，胎儿视为具有民事权利能力；但是，胎儿娩出时为死体的，其民事权利能力自始不存在。"从这一规定可知：一方面，我国《民法总则》第16条具体列明了涉及胎儿利益保护的典型情形，如"遗产继承、接受赠与"；另一方面，为了防止挂一漏万，又增加了"等"字，没有限定胎儿利益保护的情形，如胎儿的父亲遭受侵权时胎儿享有的抚养费请求权。这也为将来的立法留下了空间。[2]

《民法总则》第16条为《民法典》第16条全盘接受。依据《民法典》第16条，胎儿原则上不具有民事权利能力，但是涉及"遗产继承、接受赠与等胎儿利益保护的"情形的，就将胎儿视为民事主体，具有民事权利能力。但是，胎儿娩出时为死体的，其民事权利能力自始不存在。既然民事权利能力自始不存在，则包括人格权、继承权、债权在内的权利也自始不存在。由此可见，在我国现行法上，胎儿并非完全没有人格权，在涉及胎儿利益保护的时候，胎儿被视为享有人格权。具体而言，以下两类情形因涉及胎儿利益保护，故此，胎儿视为享有人格权，在娩出时非为死体的，其作为权利人有权要求侵权人承担侵权责任。

其一，胎儿的身体权、健康权被侵害，即侵害母体给胎儿的健康权或身体权造成损害的，此时，涉及胎儿利益保护，胎儿应被视为具有民事权利能力，享有身体权、健康权。加害行为人的行为不仅侵害了母亲的身体权或健康权，也侵害了胎儿的身体权或健康权。胎儿在出生后，可以针对

---

[1] 王泽鉴：《民法总则》（增订新版），台北，作者印行2014年版，第132-134页。
[2] 李适时主编：《中华人民共和国民法总则释义》，北京，法律出版社2017年版，第50页。

侵权人行使侵权赔偿请求权。例如，在一项民事裁定中，最高人民法院明确指出："本案中，马某真作为原告，认为其母亲在怀孕马某真期间，受约翰公司工作环境污染影响，造成马某真出生后身体残疾的后果，从而以约翰公司为被告，向人民法院提起诉讼，请求判令约翰公司向其赔偿损失，具体包括医药费、护理费、康复费、交通费、营养费、残疾赔偿金、精神损害抚慰金等。""本案系未成年人马某真提起的诉讼，而非以胎儿的名义提起的诉讼。""马某真的起诉符合我国民事诉讼法第一百零八条的规定……南开法院以本案中马某真依据其母郑某与约翰公司在劳动关系中形成的权利、义务而向约翰公司主张侵权之诉、主体不适格为由，裁定驳回马某真的起诉，实属不当。天津一中院关于马某真所主张的受到的侵害系发生在其母怀孕并与约翰公司履行劳动合同期间，马某真在本案中起诉主张权利属于主体不适格的观点以及天津高院关于马某真主张受到的损害系发生在其母怀孕期间、马某真以自己的名义起诉没有法律依据的观点，亦属不当，均应予纠正。"[①] 再如，在"山东黄金矿业股份有限公司新城金矿等与陈某业等人身损害赔偿纠纷上诉案"中，因为一审被告的沉铜塔倒塌事故造成一审原告王某氰化氢中毒，致其腹中胎儿陈某在胎儿期间的发育受到了影响，提前分娩并于出生后第三日因呼吸衰竭死亡。法院认为：陈某的死亡究其原因是一审被告沉铜塔倒塌事故所引发，因此被告应对陈某的死亡负有责任。故此，原告要求被告支付陈某死亡补偿金及丧葬费的诉讼请求符合法律规定，应予支持。[②] 需要注意的是，如果因侵害母体而造成胎儿死亡以致流产的，则因为胎儿出生时为死体，故其民事权利能力自始不存在，即不能认为侵害了胎儿的生命权。此时，仅构成对母亲的身体权或健康权的侵害，不成立对胎儿生命权的侵害，只有母亲享有损害赔偿请求权。

其二，胎儿的名誉权、隐私权、肖像权被侵害。如某人诽谤 A 女所怀胎儿是被他人强奸或与他人通奸所生，或者披露 A 女患有艾滋病因而所怀胎儿也有艾滋病，此时不仅 A 女的名誉权、隐私权受到侵害，胎儿的名誉

[①] 马某真、约翰克兰（天津）有限公司健康权纠纷案，最高人民法院（2011）民提字第30号民事裁定书。

[②] 山东省济南市中级人民法院（2005）济民五终字第427号民事判决书。类似案例还可参见，吕某某、孙艳萍、吕春祥诉山东省博兴县人民医院医疗纠纷抗诉案，山东省高级人民法院（2008）鲁民再字第51号民事判决书。

权和隐私权也受到侵害。① 故此,胎儿被视为有民事权利能力,有权请求损害赔偿,但实践中此类案件较为少见。

三、死者

(一) 比较法的规定

自然人的民事权利能力始于出生、终于死亡。自然人死亡的,民事权利能力消灭,也就不再享有人格权。然而,死者虽逝,其父母、子女、配偶等近亲属却还健在。如果因为死者不再是民事主体,就对死者的名誉、隐私、肖像等不给予任何法律保护,不仅无法维护死者近亲属的合法权益,也可能出现违反公序良俗,损害社会公共利益的恶果。早在18世纪,著名哲学家康德就明确指出:"一个人死了,在法律的角度看,他不再存在的时候,认为他还能够占有任何东西是荒谬的,如果这里所讲的东西是指有形物的话。但是,好名声却是天生的和外在的占有(虽然这仅仅是精神方面的占有),它不可分离地依附在这个人身上。现在,我们可以而且必须撇开一切自然属性,不问这些人是否死后就停止存在或者继续存在,因为从他们和其他人的法律关系来考虑,我们看待人仅仅是根据他们的人性以及把他们看作是有理性的生命。因此,任何企图把一个人的声誉或好名声在他死后加以诽谤或者污蔑,始终是可以追究的。""对一个不在场的人和不能为自己辩护的人散布许多责备,令人看来至少是缺乏宽宏大量的。""由于一个一生无可指责的人,死后也应该受到尊重,那就要承认,这样的一个人可以(消极地)获得一个好名声,并构成某种属于他自己所有的东西,纵然他在人间已不能再作为一个有形的人存在了。还可以进一步认为,他的后代和后继者——不管是他的亲属或不相识的人——都有资格去维护他的好名声,好像维护他自己的权利一样。理由是,这些没有证实的谴责威胁到所有的人,他们死后也会遭受同样对待的危险。"②

从比较法来看,普通法系和大陆法系对于死者的名誉、隐私、姓名、肖像虽然都加以保护,却存在较大差异。即便是大陆法系内部,对于死者

---

① 王泽鉴:《人格权法:法释义学、比较法、案例研究》,台北,作者印行2012年版,第56页。

② [德]康德:《法的形而上学原理——权利的科学》,沈叔平译,林荣远校,北京,商务印书馆1997年版,第119-120页。

的人格利益的保护也有所不同。少数国家在民法典中专门就死者人格权或人格利益的保护作出了规定。例如,《葡萄牙民法典》第71条第1、2款规定:"人格权在权利人死亡后亦受保护。属上款所指之情况,死者之生存配偶或死者之任一直系血亲卑亲属、直系血亲尊亲属、兄弟姊妹、侄甥或继承人,均有请求采取上条第2款所指措施之正当性。"第73条规定:"保护姓名之诉权得由权利人行使;如权利人已死亡,亦得由第71条第2款所指之人行使。"第79条第1款规定:"未经本人同意,不得对其肖像进行展示、复制或作交易之用;肖像人死后,则由第71条第2款按顺序所指之人给与许可。"《俄罗斯联邦民法典》第152条第1款规定:"公民有权通过法院要求对损害其名誉、尊严或商业信誉的信息进行辟谣,除非传播这种信息的人能证明它们属实。根据利害关系人的要求,也允许在公民死后保护其名誉和尊严。"俄罗斯民法学说认为,该款中的"利害关系人"的范围很大,包括国家机关,社会团体和宗教团体,其他享有法人权利的组织、同事、同学、战友等。[①] 再如,我国澳门特别行政区《民法典》第68条第1~3款规定:"一、人格权在权利人死亡后亦受保护。二、属上款所指之情况,死者之生存配偶或与死者生前有事实婚关系之人,又或死者之任一直系血亲卑亲属、直系血亲尊亲属、兄弟姊妹、侄甥或继承人,均有请求上条第三款所指措施之正当性。三、对人格权权利人已提起之诉讼,上款所指之任一人均有继续诉讼之正当性。"第82条第3款规定:"保护姓名之诉权得由权利人行使;如权利人已死亡,亦得由第六十八条第二款所指之人行使。"

在多数的大陆法系国家或地区,民法典中没有对死者人格利益保护的规定,而主要是通过法院的判例来解决此类问题。例如,《德国民法典》中没有对死者人格利益的保护作出任何规定。德国民法学说和判例认为,关于死者人格利益的保护应当区分为两类问题,即死者精神利益的保护(Postmortaler Schutz ideeler Interessen)与死者财产利益的保护(Postmortaler Schutz der vermoegenswerten Bestandteiler des Persoenlichkeitsrechts)。就死者精神利益的保护而言[②],最重要的判例是1971年德国

---

① [俄] E. A. 苏哈诺夫主编:《俄罗斯民法》(第2册),王志华、李国强译,北京,中国政法大学出版社2011年版,第729页。

② Fuchs, Deliktsrecht, 5Aufl., Springer, 2004, S. 58.

联邦宪法法院判决的"梅菲斯特案"（Mephisto-Beschluss）[①]。该案原告认为，克劳斯·曼的小说《梅菲斯特（Mephisto）》是以其养父古斯塔夫·格林德根斯为原型，对死者的人格进行了最虚假、最恶劣的损害，原告认为，克劳斯·曼因其姐姐的婚姻失败而对格林德根斯进行恶意报复，创造了这部小说，故此，请求法院禁止出版商复制、发行和出版《梅菲斯特》一书。原告的诉讼请求没有得到汉堡州法院的支持，但是，上诉法院从原告的权利和格林德根斯去世后仍然存续人格权为由，支持了原告的诉讼请求。出版商向德国联邦最高法院申请复核，联邦最高法院从死者仍然存续的权利出发，维持原判，支持原告的诉讼请求。出版商不服上诉法院和最高法院的判决，而以违反了德国《基本法》第1条、第2条第1款、第5条第1款、第14条、第103条第1款以及宪法上的比例原则和法的安定性原则为由，向联邦宪法法院提起宪法诉愿。联邦宪法法院的判决认为，艺术自由属于没有法律保留的基本权利，而艺术自由不存在法律保留只是意味着它不能被一般的法律秩序，也不能被不确定的条款相对化。艺术自由的边界只能由宪法自己来规定，整个德国《基本法》具有一个共同的价值基础，即第1条所保障的"人的尊严"。人的尊严作为最高的价值，支配整个基本法的价值体系，艺术自由也应当归于人的尊严之下。由于艺术作品会影响到社会层面，故此，对于艺术自由的保障与宪法保护的人格权之间可能存在冲突，德国联邦宪法法院表达了以下主要的观点：首先，人格权在去世

[①] 该案件主要案情为：克劳斯·曼是德国大作家托马斯·曼的长子，纳粹上台后，克劳斯·曼离开了德国。1936年，克劳斯·曼在荷兰阿姆斯特丹出版了小说《梅菲斯特——关于事业的故事》一书，小说主人公名为"亨德里克·赫夫根"，此人是一位很有天赋的演员，为了接近德国纳粹当权者成就其艺术事业而抛弃政治信仰并置人道和伦理于不顾。这个主人公是以真实人物——即迎合纳粹并得到重用的演员古斯塔夫·格林德根斯为原型的。格林德根斯是20世纪20年代汉堡剧院的演员，与克劳斯·曼相熟，并娶了克劳斯·曼的姐姐艾丽卡·曼为妻（不过很快就离婚了）。《梅菲斯特》这部小说在很多细节上如赫夫根的外貌、参演的剧目、年代、担任普鲁士国家议员、担任普鲁士国家剧院总负责人等，都与格林德根斯的外貌与经历符合。并且，克劳斯·曼生前在著作中也指出《梅菲斯特》一书就是要揭露格林德根斯这样无耻和背叛的知识分子。克劳斯·曼去世后，《梅菲斯特》一书于1956年在东柏林出版。1963年8月，西德的出版商预告了小说《梅菲斯特》的出版。当时，格林德根斯已经去世，其养子也是唯一的继承人提起诉讼称：任何熟悉20世纪二三十年代德国戏剧的人都会将赫夫根与格林德根斯联系在一起，除了许多可以识别的事实外，该小说中还包括许多冒犯性的虚构，这种描绘是对格林德根斯的人格最虚假、最恶劣的损害，并且该小说不是艺术作品而是纪实小说，是克劳斯·曼因其姐姐婚姻失败而对格林德根斯的恶意报复，故此，请求法院禁止复制、发行和出版《梅菲斯特》。详见张翔主编：《德国宪法案例选释》（第2辑），北京，法律出版社2016年版，第25页以下（赵真翻译）。

后继续存续的观点应当被否定,因为"基本权利的享有者是活着的人,随着他的死亡,基本权利的保护也消失了。第 2 条第 1 款基本权利的前提在于至少存在一个可能的或将来的、有行为能力的人"①。但是,人的死亡并不能免除国家在《基本法》第 1 条第 1 款之下的保护人的尊严不受侵犯的义务。"一个人借助于其存在应得到尊严。如果他在去世后,在一般的尊重要求下可以被贬低或污蔑,那么,这不符合人的尊严不可侵犯的宪法要求。"② 联邦宪法法院也注意到,格林德根斯作为当代史上的人,公众对他的记忆还是鲜活的,在此基础上,上诉法院和联邦最高法院均认为,应继续保护已故的格林德根斯的尊严,"联邦最高法院正确地认识到,保护的需要——也是保护的义务——随着对逝者记忆的衰退以及对其生平事略的真实描写失去兴趣而变弱。"其次,在解决人格保护和艺术自由之间的紧张关系时,既要考虑艺术作品对艺术之外的社会领域的影响,也要考虑艺术特定的观点,也就是说,既要考虑人格保护,也要考虑艺术自由。联邦宪法法院认为,应当通过权衡个案的所有情况来权衡依据真实的人格信息完成的艺术描述是否会严重干涉被描述者值得保护的人格领域,其具体标准为"相比原型,这种描写是否以及在多大程度上表现出如此的独特性,以至于有利于人物的共性、特征的个性、个人隐私是客观化的"③。最后,联邦宪法法院认为,本案中作出禁令的理由是恰当的。

梅菲斯特案(Mephisto-Beschluss)的判决以及其他涉及死者精神利益的相关法院判决表明:首先,德国法上认为自然人死亡后,其精神利益仍应当受到保护,否则《基本法》的价值取向就无法发挥作用。由于精神利益与权利享有者是不可分离的,不能转让或继承,故此,对死者精神利益的保护,德国法采取的是直接保护说。其次,有权提起诉讼来保护死者精神利益的人可以是死者的继承人,也可以死者生前委托的人。另外,根据德国《艺术著作权法》第 22 条第 3、4 句的类推,死者的近亲属也可以行使请求权。再次,为了保护死者的自我价值和尊严,特别是为了维护死者

---

① 张翔主编:《德国宪法案例选释》(第 2 辑),北京,法律出版社 2016 年版,第 36 页(赵真翻译)。

② 张翔主编:《德国宪法案例选释》(第 2 辑),北京,法律出版社 2016 年版,第 36 页(赵真翻译)。

③ 张翔主编:《德国宪法案例选释》(第 2 辑),北京,法律出版社 2016 年版,第 37 页(赵真翻译)。

仍然留在人们心中的形象，有权提起请求的人可以提起不作为和撤回表述之诉，但是，不能以《德国民法典》第823条第1款结合《基本法》第1条和第2条为依据提起以金钱消除损害之诉。① 最后，对于死者人格的保护在时间上也是有限制的。具体的保护时间多长要根据案情来确定，主要考虑的因素是损害的程度、死者人格形象的知名度和重要性等。例如，在"埃米尔案"（Emil Noldes）中，联邦最高法院认为，在该画家去世30年之后，仍然应当对其人格给予保护。②

就死者财产利益的保护问题，德国法上最重要的判例是联邦最高法院判决的"玛琳·迪特里希案"（Marlene-Dietrich-Urteil）。该案案情为：玛琳·迪特里希（Marlene Dietrich）是著名的德裔美国演员兼歌手，生于1901年，死于1992年。1930年，玛琳·迪特里希因饰演根据德国作家亨利希·曼的小说《垃圾教授》为蓝本改编的电影《蓝天使》（Der Blaue Engel）中的"罗拉"一角，红遍全球。她演唱过的英文版歌曲《莉莉玛莲》成为第二次世界大战中美德双方士兵最喜爱的歌曲。在20世纪二三十年代的好莱坞，玛琳·迪特里希是唯一可以与葛丽泰·嘉宝分庭抗礼的女明星。在"玛琳·迪特里希案"中，被告为某公司的经理人，其在1993年制作了关于玛琳·迪特里希的生平音乐剧，该剧以玛琳·迪特里希主唱的《告诉我，花在哪里》（Sag mir, wo die Blaumen sind）为主题，同时，被告拥有Marlene的商标并授权他人使用玛琳·迪特里希的姓名、肖像，作为汽车、化妆品、明信片、电话卡等商品的广告。原告Maria Riva是玛琳·迪特里希的独生女儿和遗嘱执行人，其向法院提起诉讼主张排除妨害并损害赔偿。③ 德国联邦最高法院在该案的判决中指出：首先，人格权的财产利益是可以继承的，死者的继承人将成为死者的人格权财产利益的所有者，故此，在他人未经许可而将死者的姓名、肖像等用于牟利时，继承人可以以自己的权利为依据而要求排除妨害并赔偿损失。其次，对于死者人格权中财产利益的保护不应当超过对死者的精神利益的保护，原则上应当以德国《艺术著作权法》第22条第2句中规定的10年期间为标准，然后，再根据案

---

① Fuchs, Deliktsrecht, 5Aufl., Springer, 2004, S.59.
② Fuchs, Deliktsrecht, 5Aufl., Springer, 2004, S.59.
③ 案情中文简介，参见王泽鉴：《人格权法：法释义学、比较法、案例研究》，台北，作者印行2012年版，第340页。

情来确定一个较长的保护期间。① 由此可见,在德国法上,对于死者的财产利益的保护实际上保护的是继承死者姓名、肖像等人格标识中的财产利益的人,而非如保护死者精神利益那样是对死者本身利益的保护。

总的来说,德国联邦最高法院的判例对于死者的精神利益采取的总体态度可归纳为以下三点:第一,死者的精神利益是不能继承的(nicht vererblich),但是,在权利人死后,该精神利益可由其生前指定的人加以代表;第二,此种代表的正当利益体现为阻止侵害的防御请求权(Abwehranpsrueche),而不包括损害赔偿请求权,除非该侵害已经对代表该利益的人自身造成了损害;第三,对死者精神利益保护时间的长短依据具体的案件情形而有所差别,可能是30年或更长的时间。就死者财产利益的保护,德国联邦最高法院判例的态度也可以归纳为以下三点:第一,此种利益具有可继承性,但不能违背继承人的推定意愿使用并只有在得到有权使用它们的人的同意的情况下才能对之进行商业上的使用;第二,在该利益遭受侵害时,继承人不仅可以行使防御请求权,还可以行使损害赔偿请求权;第三,倘若没有个案中需要特别考虑的情节,一般而言,保护期限就是死者死后10年。②

在瑞士法上,法院认为:"尽管随着权利人的死亡其人格权原则上也消灭,但通过第三人对死者的侵害行为,近亲属自己的人格权也可能受到侵犯。上述近亲属的追思权亦包括对死者尸体的决定权,只要死者对此自己没有作出安排。对此近亲属即已足够,血亲并非是必须的。在此,亲属是基于自己的人格权而行动,并非作为死者权利的代理人。"③

在日本,除了刑法规定的对死者的名誉毁损罪(《日本刑法典》第230条第2款)④ 以及著作权法对作者死后著作人格权的保护之外,日本民法上并不存在认可死者人格权的规定。在1977年,日本发生了两起涉及死者的名誉保护的著名案件。一个案件是所谓的"事件始末案",该案案情为:1972年4月16日,诺贝尔文学奖获得者川端康成在寓所内自杀,针对这一事件,作家臼井吉见创作了一部名为《事件始末》的小说,并发表于1977年5月的《展望》杂志。川端康成的遗属认为,该作品不符合事实,侵害

---

① Fuchs, Deliktsrecht, 5Aufl., Springer, 2004, S.60.
② Goetting/Schertz/Seitz, Handbuch des Persoenlichkeitsrechts, Beck, 2008, S.613.
③ [瑞] 贝蒂娜·许莉曼-高朴、耶尔格·施密特:《瑞士民法:基本原则与人法》,纪海龙译,北京,中国政法大学出版社2015年版,第298页。
④ 该款规定:"毁损死者名誉的,如果不是通过指摘虚伪事实进行毁损的,不处罚。"

了川端康成及其遗嘱的名誉和隐私，向法院提起诉讼要求被告臼井吉见和准备出版该小说单行本的筑摩书房赔偿5 000万日元的抚慰金并书面道歉，后双方于1977年8月和解。① 另一个案件为"夕阳在燃烧案"，该案涉及作家城山三郎撰写的一本名为《夕阳在燃烧》的关于日本前首相广田弘毅的传记。在该书中，涉及对另一位已故日本政要佐分利贞男的描述（但书中一次都没有提及其姓名）。佐分利贞男的侄子以该作品侵害其叔父佐分利贞男的名誉为由提起诉讼，要求被告赔礼道歉并支付100万日元的抚慰金。在该案判决中，东京高等裁判所认为，所谓死者名誉毁损分为两种情形：一是死者自身名誉的毁损，二是因死者名誉的毁损而对遗属人格利益的侵害。前一种情形因死者已经死亡，不存在权利人，加之法律也没有规定死者权利的代行者，故此不能保护。对于第二种情形，可以给予保护，但要考虑以下因素：如遗属对死者的敬爱追慕之情会随着时间经过而减轻；探究历史事实和表达自由的考量是否因时间流逝而居于优越地位；发表的事实是否虚假等。最后，东京高等裁判所没有支持原告的请求。② 日本民法学说认为，由于个人尊严在日本宪法上也得到保护，故此，可以借鉴德国的判例，对死者的人格权（人格利益）加以保护。③ 不过，关于死者的人格权受到侵害时遗属提起赔偿请求权的依据问题，日本民法学说和判例有不同的观点。一种观点为侵害遗属固有的人格权说，即认为侵害死者人格权的行为同时也侵害了遗属的人格权，因此，遗属可以以自己的人格权受到侵害为由要求赔偿；另一种观点为侵害遗属对死者的虔敬之情说；还有一种观点为侵害死者的人格权（或人格利益）说。④

我国台湾地区"民法"也没有保护死者名誉等的规定，只有"刑法"第312条规定了"侮辱、诽谤死者罪"⑤。除了早期著名的"诽韩案"

---

① 姚辉：《人格权法论》，北京，中国人民大学出版社2011年版，第119页。
② ［日］五十岚清：《人格权法》，［日］铃木贤、葛敏译，北京，北京大学出版社2009年版，第31—32页。
③ ［日］五十岚清：《人格权法》，［日］铃木贤、葛敏译，北京，北京大学出版社2009年版，第31页。
④ ［日］五十岚清：《人格权法》，［日］铃木贤、葛敏译，北京，北京大学出版社2009年版，第31—33页。
⑤ 该条规定："对于已死之人公然侮辱者，处拘役或九千元以下罚金。对于已死之人犯诽谤罪者，处一年以下有期徒刑、拘役或三万元以下罚金。"该条的立法理由谓："所以保护死者后人之孝思也。又本条第2项，以明知虚伪之事为限，其保护之范围，不如对生人之广，盖妨碍死者之名誉，实为间接之损害，且已死之人，盖棺论定，社会上当然有所评论及记录，其损害名誉，不若生人之甚也。"

外①,我国台湾地区司法实践中涉及死者人格利益保护的重要案例就是2007年台北地方法院判决的"蒋孝严诉陈水扁诽谤蒋介石名誉案"。该案原告蒋孝严是蒋介石的孙子,其以被告陈水扁在2007年2月26日参加"二二八事件六十周年学术研讨会"时,公开宣称其祖父蒋介石是"二二八事件"元凶,诋毁其祖父的名誉为由,要求被告承担赔偿精神抚慰金1元并登报道歉的责任。②在此案的判决中,法院认为:首先,死者的名誉不受民法的保护,因为名誉权与人身攸关,原则上具有专属性,不得转让和继承,死者已经死亡不具有权利能力,故此也不具有人格权。我国台湾地区"民法"第195条第2项规定的名誉权等人格权在死亡时归于消灭。其次,虽然死者没有名誉权,但是被告的行为伤害了原告对死者的孝思追念或虔敬之情,可能构成对原告"其他人格法益"的侵害。所谓"其他人格法益,是指一般人格权未经明定为特别人格权(人格利益)的部分,此一概括部分将随着人格自觉、社会进步、侵害的增加而扩大其保护范围,故人格权之侵害,不限于对他人身体、健康、名誉、自由、信用、隐私、贞操,以社会风尚,对于死者向极崇敬,若对已死之人妄加侮辱诽谤,非独不能起死者于地下而辩白,亦使遗族为之难堪,甚有痛楚愤怨之感,故而'刑法'第312条特规定侮辱诽谤死者罪,藉以保护遗族对其先人之孝思追念,并进而激励善良风俗,自应将遗族对于古人敬爱追慕之情,视同人格上利益加以保护,始符合'宪法'保障人性尊严之本质"③。最后,就侵害人格权(人格利益)是否具有违法性,应当斟酌整体社会秩序之价值观、言论自由与名誉权的限制是否符合比例原则、行为人的手段与目的、行为时的时空环境背景等予以综合评价,就行为人与被害人各项利益互相对照,依法益权衡加以认定。对此法益衡量,判决认为:依社会通常情形,咸认遗族对古人敬爱追慕之情于故人死

---

① 该案案情为:1976年10月,一位叫郭寿华的作者在《潮州文献》第二卷第四期发表了一篇文章《韩文公、苏东坡给与潮州后人的观感》。文中称,韩愈在潮州期间亦不免文人习气,流连风花雪月,感染风流病,以致体力消耗过度及误信方士之言以硫黄下补剂,离开潮州后不久,即死于硫黄中毒。该文发表后引起韩愈第39代直系血亲韩思道的不满,其以郭寿华为被告向台北地方法院以"诽谤死人罪"提起自诉。结果,台北地方法院认为,郭寿华对韩愈构成诽谤罪,判处罚金300元。郭寿华不服,提起上诉,被台湾地区高等法院驳回。对该案的介绍和判决的评论,参见杨仁寿:《法学方法论》(第二版),北京,中国政法大学出版社2013年版,第3-7页。

② 王泽鉴:《人格权法:法释义学、比较法、案例研究》,台北,作者印行2012年版,第60页。

③ 转引自王泽鉴:《人格权法:法释义学、比较法、案例研究》,台北,作者印行2012年版,第61-62页。

亡当时最为深刻，经过时间的经过而逐渐减轻，就与先人有关之事实，亦因历经时间而逐渐成为历史，则对历史事实探求真相或表现之自由，即应优位考量。蒋介石先生系前任台湾地区领导人，其动静观瞻影响人民福祉甚剧，而"二二八事件"为攸关人民公共利益重大之历史事件，此为众所皆知之事实，故蒋介石先生在"二二八事件"当时所谓之政治判断、决策行为是否适当，就部分人民无辜牵连被害之事，是否应负责任？与公众利益具有重大密切关系，并非单纯属于个人隐私之私人事务，应属可受人民客观评价之事。而为维护民主社会之言论自由，特别是前述探求历史真相及表现之自由，与遗族就他人对其先人之批评言论可能造成人格利益之侵害相较，身为蒋介石先生遗族之原告亦应有较高之容忍程度。[①]

与大陆法系不同的是，普通法系国家对于死者的名誉、隐私一般不予保护，死者的近亲属也不能提起侵害死者名誉的诽谤诉讼。《美国侵权行为法重述（第二次）》第560条规定："发表有关死者的诽谤性事项，无须对死者的遗产或者死者的后代或亲属承担责任。"美国法学会在对该条的评注中写道："虽然对死者的记忆会因此受到亵渎或者这种亵渎可能构成犯罪，但都不构成本重述意义上的对死者的诽谤。普通法上并不为死者后代或其他亲属就死者的好名声享有的利益给与法律保护。故此，除非成文法明确规定，否则不能针对那些会对关于死者的记忆产生不利影响的话语或言论提起损害赔偿诉讼。当然，涉及死者的言论可能会构成对生者的诽谤。"[②]《美国侵权行为法重述（第二次）》第652Ⅰ条规定："除姓名或肖像的盗用外，侵害隐私权之诉讼，只能由其隐私权被侵害的人在活着的时候主张。"美国法学会对该条的评注指出："受侵害隐私之诉保护的权利属于一项个人权利，是个人的隐私被侵害时所独有的。该诉因不具有可转让性，并且也不能为自然人的其他家庭成员享有，除非他们自己的隐私也一并受到了侵害。如果没有成文法的规定，那么在自然人死后也不能就死者的隐私被侵害而提起诉讼。"[③] 总之，美国法上，涉及对死者进行诽谤的诉讼都不能成

---

① 王泽鉴：《人格权法：法释义学、比较法、案例研究》，台北，作者印行2012年版，第62-63页。

② *Restatement of The Law Second*，Torts 2nd，Vol. 2 § §504-707A，American Law Institute Publishers，1977，pp. 158-159.

③ *Restatement of The Law Second*，Torts 2nd，Vol. 2 § §504-707A，American Law Institute Publishers，1977，pp. 158-159.

立,不论是死者的遗产管理人还是死者的亲属都不能因为在死者死后发表的言论获得赔偿。如果有关死者的言论涉及对活着的人的诽谤,则活着的人可以为自己提起诽谤之诉。①

然而,就死者的姓名、肖像而言,则有所不同。由于自然人主要是名人可以将其姓名和肖像进行商业化利用,从而实现经济价值,故此,为了保护权利人的此种经济利益,美国法上的产生了所谓的"公开权"(The Right of Publicity),即自然人排他性地控制并对其姓名和肖像加以使用的权利。对于名人而言,不仅在其生前可以通过许可他人商业化使用姓名和肖像而获利,即便在死后,其姓名和肖像也具有巨大的经济价值。② 美国法上的公开权是否可以转让以及继承经历了一个发展阶段。第一例涉及死者公开权的案件是 1972 年由加利福尼亚州上诉法院判决的"卢格西案"(Lugosi v. Universal Pictures Co. Inc.)。③ 卢格西(Lugosi)是一名演员,饰演了环球影业公司于 1931 年拍摄的电影《德古拉》中的"德古拉"(Dracula)这一角色。1956 年,卢格西去世,环球影业从 1960 年开始授权他人使用"德古拉"这一角色。卢格西的遗孀与儿子于 1966 年针对环球影业提起诉讼,要求环球影业支付其许可他人使用德古拉角色的费用并在未经原告同意的情形下不得再许可他人使用。一审法院认为:卢格西在其面部特征以及他作为德古拉的肖像和外貌的个人风格方面拥有受保护的财产或所有权,该等权利不因卢格西的死亡而终止,应由其继承人继承。但是,加州最高法院认为:"所谓公开权,实质上是指公众对姓名、肖像的反应——可能是偶然的,也可能是经过管理或策划的——而赋予给当事人姓名、肖像以商业化利用的机会。保护姓名和肖像免受不正当的侵犯或利用是隐私法的核心。如果在创作者生前从未行使过的艺术或知识产权的使用

---

① [美]丹·B. 多布斯:《侵权法》(下册),马静、李昊、李妍、刘成杰译,北京,中国政法大学出版社 2014 年版,第 984 页。美国学者认为,之所以对于死者的名誉不能提起诽谤之诉,主要理由在于:司法资源必须被用于重要的争议,即有关活着的人的争议之上。[美]文森特·R. 约翰逊:《美国侵权法》(第五版),赵秀文等译,北京,中国人民大学出版社 2017 年版,第 233 页。

② 根据福布斯发布的《2020 年收入最高的已故名人》榜单显示,著名歌手迈克尔·杰克逊(2009 年 6 月 25 日逝世)以 4 800 万美元收入位居榜首,著名摇滚歌手猫王(Elvis Presley, 1977 年 8 月 16 日逝世)以 2 300 万美元居第五位,NBA 篮球明星科比·布莱恩特(Kobe Bean Bryant, 2020 年 1 月去世)以 2 000 万美元居第六位。https://finance.sina.com.cn/manage/crz/2020-11-16/doc-iiznctke1762037.shtml。

③ In Lugosi v. Universal Pictures Co., 172 U. S. P. Q. 541 (1972).

权于创作者死后仍然继续存在的话,那么社会对思想自由传播的利益以及艺术家对自己劳动成果的权利都将不复存在",因此,如果说使用名称和肖像权是艺术家个人的权利的话,那么该权利必须在他有生之年行使。由于卢格西在生前从未单独或与他人一起使用作为德拉古的姓名或肖像,或者将之用于商业、产品或服务中,故此,加州最高法院驳回了原告的起诉。

1975年的"普莱斯案"(Price v. Hal Roach Studios, Inc.)被认为是美国法上第一例承认公开权可以继承的案件。[1] 该案涉及已故的二人喜剧组合演员斯坦利·劳雷尔(Stanley Laurel)和奥利弗·哈代(Oliver Hardy)的姓名权和肖像权的保护问题。1961年3月21日,Larry Harmon 影业公司与原告之一普莱斯(Price)、劳雷尔(Laurel)以及 Hardy Feature Productions 公司签订了一份协议,该协议授予 Larry Harmon 影业公司永久获得使用和销售劳雷尔(Laurel)和哈代(Hardy)这两位著名喜剧演员的姓名、肖像、人物特征的专有权。被告 Roach 公司声称,其通过收购 Roach 加州公司以及 Roach 加州公司此前签署的协议而取得了劳雷尔和哈代这两位喜剧演员的姓名和肖像的"全球独家经销权"。原告否认被告享有此种权利。法院认为,虽然公开权源于经典的隐私权这一概念造成了许多混淆,但这两项权利显然是可分离的。一方面,保护个人隐私不受侵犯,另一方面,保护个人人格中的某些成分不被商业利用,它们在理论上和范围上是不同的。存在争议的问题是,公开权是在个人死亡时终止,还是可以继承。法院认为,主张公开权因个人死亡而终止的被告混淆了两个本质上不同的概念,即传统的隐私权是在权利人死亡时终止的,但公开权在权利人死亡后并不终止。因为传统的隐私权的理论基础是防止感情受到伤害,因此死亡会导致隐私权终止,并且隐私权也是不能转让的。但是,在确定公开权时,必须考虑到受保护权利的纯商业性质。公开权属于一种财产权,其是可以转让的,在权利人死亡时也可以继承。法院认为,本案与"卢格西案"(Lugosi v. Universal Pictures Co. Inc.)不同,本案涉及的是演员塑造自己和发展自己本人的角色,而不是由演员对虚构角色的特定解释。故此,法院支持了原告的请求。此后,美国又发生了多起涉及公开权继承问题的案件,如1978年的涉及已故歌手猫王(Elvis Presley)的姓名和肖像的

---

[1] Price v. Hal Roach Studios, INC., 400 F. Supp. 836 (1975).

"Factors Etc., Inc. v. Pro Arts, Inc."案①，1980年涉及马丁·路德·金肖像的"Martin Luther King Jr. Center for Social Change, Inc. v. American Heritage Products"②案等。

目前，美国各州对于自然人的公开权能否转让以及自然人死后公开权能否被继承的问题，依然有不同的规定。据统计，目前美国各州成文法中认可公开权的19个州中，只有6个州规定权利人死后公开权消灭③，如纽约州规定，公开权会随着一个人的死亡而消灭。不过，在规定公开权于死者死后依然存续的州，对于存续期间的规定也有差异。例如，在印第安纳州和内华达州，公开权在一个人生前和死后的100年内受到保护。④ 在加利福尼亚州，其民法典于1984年修订时，规定公开权在死者死后50年内给予保护。⑤ 1999年加州立法机关通过的《Astaire Celebrity Image Protection Act》又将该期限延长至70年。⑥

(二) 我国法对死者人格利益的保护

1. 不同的发展阶段

死者在我国传统文化中占据重要的地位，这不仅体现在"死，葬之以礼，祭之以礼"的丧葬文化中，也包括对死者的追思怀念，所谓"慎终追远，民德归厚矣"。总的来说，我国法上对死者姓名、名誉、肖像等的保护经历了以下四个不同的发展阶段。

第一个阶段为保护"死者名誉权"阶段。在该阶段，法院认为，即便

---

① 579 F. 2d 215 (2d Cir. 1978).

② Martin Luther King, Jr. Center for Social Change v. American Heritage Products, Supreme Court of Georgia 296 S. E. 2d 697 (Ga. 1982).

③ 黄松茂：《人格权之财产性——以人格特征之商业利用为中心》，台湾大学法律学研究所2007年版，第57-58页。转引自张红：《人格权总论》，北京，高等教育出版社2012年版，第385页。

④ [美] W. 马克·维尔纳、李·安·林奎斯特：《当今有关公开权的热点争议》，刘维译，载张民安主编：《公开权侵权责任研究：肖像、隐私及其他人格特征侵权》，广州，中山大学出版社2010年版，第127页。

⑤ 《加利福尼亚民法典》第3344.1条 (a) (1) 规定，如果未经该条 (c) 项中的一人或多人的同意，任何人在产品、商品或货物上以任何方式使用死者的姓名、声音、签名、照片或肖像，或出于广告，或旨在出售或推销产品、商品或服务的目的而使用死者的姓名、声音、签名、照片或肖像的，应当承担赔偿责任。

⑥ Thomas Brierton & Peter Bowal, "The Right of Publicity", 4 ARIZ. St. U. Sports & ENT. L. J. 282 (2014).

死者已死，不是民事主体，依然享有名誉权。故此，在死者的名誉权受到侵害时，死者的近亲属有权提起诉讼。采取这种观点的最具代表性的案例就是1989年的"荷花女案"（即陈秀琴诉魏锡林、《今晚报》社侵害名誉权纠纷案）与1990年"海灯法师案"（即范应莲诉敬永祥等侵害海灯法师名誉权案）。在"荷花女案"中，最高人民法院认为："吉文贞（艺名荷花女）死后，其名誉权应依法保护，其母陈秀琴亦有权向人民法院提起诉讼。"①在"海灯法师案"中，最高人民法院认为："海灯死亡后，其名誉权应依法保护，作为海灯的养子，范应莲有权向人民法院提起诉讼。"②

第二阶段是保护"死者名誉"的阶段。这一阶段，随着法学理论研究的深入，法院逐渐认识到死者既然已经死亡，丧失了民事权利能力，那么就不能再享有名誉权，法律上保护的不是死者的名誉权，而只是死者的名誉。1993年最高人民法院颁布的《关于审理名誉权案件若干问题的解答》体现了这一观点。该解答第5条以问答的方式指出："问：死者名誉受到损害，哪些人可以作为原告提起民事诉讼？答：死者名誉受到损害的，其近亲属有权向人民法院起诉。近亲属包括：配偶、父母、子女、兄弟姐妹、祖父母、外祖父母、孙子女、外孙子女。"

第三阶段是对死者人格利益进行更为全面保护的阶段，可称为保护"死者人格利益"阶段。因为，此时的法院不仅对死者的名誉加以保护，还将保护的对象扩及至死者的姓名、隐私、肖像、荣誉等人格利益以及遗体、遗骨等。2001年的《精神损害赔偿解释》第3条规定："自然人死亡后，其近亲属因下列侵权行为遭受精神痛苦，向人民法院起诉请求赔偿精神损害的，人民法院应当依法予以受理：（一）以侮辱、诽谤、贬损、丑化或者违反社会公共利益、社会公德的其他方式，侵害死者姓名、肖像、名誉、荣誉；（二）非法披露、利用死者隐私，或者以违反社会公共利益、社会公德的其他方式侵害死者隐私；（三）非法利用、损害遗体、遗骨，或者以违反社会公共利益、社会公德的其他方式侵害遗体、遗骨。"

第四个阶段是"强化保护英雄烈士的人格利益"阶段。在该阶段，除了继续对于死者的人格利益给予相应的保护之外，考虑到"现实生活中，

---

① 《最高人民法院关于死亡人的名誉权应依法保护的复函》（〔1988〕民他字第52号 1989年4月12日）。
② 《最高人民法院关于范应莲诉敬永祥等侵害海灯法师名誉权一案有关诉讼程序问题的复函》（1990年10月27日〔90〕民他字第30号）。

一些人利用歪曲事实、诽谤抹黑等方式恶意诋毁、侮辱英烈的名誉、荣誉等,损害了社会公共利益,社会影响很恶劣",为了"加强对英烈姓名、名誉、荣誉等的法律保护","促进社会尊崇英烈,扬善抑恶,弘扬社会主义核心价值观"[①]。故此,《民法总则》专门增加了第185条,规定:"侵害英雄烈士等的姓名、肖像、名誉、荣誉,损害社会公共利益的,应当承担民事责任。"2018年4月27日,第十三届全国人民代表大会常务委员会第二次会议更是专门通过了《英雄烈士保护法》。该法第25条不仅规定,对于侵害英雄烈士的姓名、肖像、名誉、荣誉的行为,英雄烈士的近亲属可以依法向人民法院提起诉讼;而且规定,在英雄烈士没有近亲属或者近亲属不提起诉讼的,检察机关可以依法对侵害英雄烈士的姓名、肖像、名誉、荣誉,损害社会公共利益的行为向人民法院提起诉讼即民事公益诉讼。此外,负责英雄烈士保护工作的部门和其他有关部门在履行职责过程中发现第1款规定的行为,需要检察机关提起诉讼的,应当向检察机关报告。英雄烈士近亲属依照第1款规定提起诉讼的,法律援助机构应当依法提供法律援助服务。由此可见,死者中如果有英雄烈士的,法律上对其姓名、肖像、名誉、荣誉给予更强程度的保护。具体表现在:一方面,不仅可以由英雄烈士的近亲属提起民事侵权诉讼,而且在没有近亲属或者近亲属不起诉的情况下,只要该侵害英雄烈士的姓名、肖像、名誉、荣誉的行为损害了社会公共利益,则检察机关可以提起民事公益诉讼。另一方面,如果是英雄烈士的近亲属提起民事诉讼的,法律援助机构还应当依法提供法律援助服务。

我国《民法典》编纂时充分吸收了《民法总则》以及最高人民法院相关司法解释的规定,对于死者的姓名、肖像、名誉等加以保护,具体规定有两处:一是,《民法典》第185条规定:"侵害英雄烈士等的姓名、肖像、名誉、荣誉,损害社会公共利益的,应当承担民事责任。"二是,《民法典》第994条规定:"死者的姓名、肖像、名誉、荣誉、隐私、遗体等受到侵害的,其配偶、子女、父母有权依法请求行为人承担民事责任;死者没有配偶、子女且父母已经死亡的,其他近亲属有权依法请求行为人承担民事责任。"

综上可知,在我国法上,首先,死者不具有民事权利能力,也不享有人格权,因此不存在对于死者的人格权加以保护的问题。其次,我国《民

---

① 石宏主编:《〈中华人民共和国民法总则〉条文说明、立法理由及相关规定》,北京,北京大学出版社2017年版,第440页。

法典》采取承担责任规则的方式实现对死者的姓名、肖像、名誉、荣誉、隐私的保护，即只是规定，侵害死者的死者的姓名、肖像、名誉、荣誉、隐私的，近亲属有权"请求行为人承担民事责任"，既没有从死者近亲属对之享有何种权利的角度加以规定，更未区分究竟所保护的利益究竟是谁的利益、是精神利益还是财产利益。而且，法律对于保护期限也未加限制。① 例如，在"彭家惠诉《中国故事》杂志社名誉权纠纷上诉案"中，彭家珍死于1912年，其妹妹彭家惠是在死者去世近90年后即2001年向法院提起诉讼。② 最后，对于英雄烈士的"姓名、肖像、名誉、荣誉"的保护，除适用《民法典》第994条关于死者的姓名、肖像、名誉等的保护性规定外，还有特别的规定。③

2. 保护死者的姓名等的理由

如前所述，比较法上对于死者人格利益的法律保护究竟保护的是死者本身的人格权、人的尊严、人格利益，抑或保护的是死者近亲属的人格权或人格利益，有不同的观点。在我国民法学说中，对该问题也存在不同的看法。主流观点认为，法律上之所以要保护死者的名誉、荣誉、隐私、肖像等人格利益，不是因为死者死后其人格权继续存在，而是因为对死者的名誉、荣誉等的侵害，会给死者的近亲属的权益或者社会公共利益造成损害，同时也是对公序良俗原则的违反。倘若任由他人随意侵害死者的人格利益，不仅会直接影响到人们对死者的评价，更会对死者近亲属的人格尊严造成损害。④ 对死者的人格利益的保护，"体现了法律对民事主体权益保

---

① 例如，德国法上认为，死者人格的保护在时间上是有限制的，具体的保护时间多长要根据案情来确定，主要考虑的因素是损害的程度、死者人格形象的知名度和重要性等。例如，在 Emil Noldes 案中，联邦最高法院认为，在该画家去世30年之后，仍然应当对其人格给与保护。Fuchs, Deliktsrecht, 5. Aufl., Springer, 2004, S. 59. 再如，美国法一些州对于保护死者的公开权有期限的规定，如加利福尼亚州是死后70年，印第安纳州和内华达州是死后100年。

② 《最高人民法院公报》2002年第6期。

③ 对英雄烈士的特别保护仅限于"姓名、肖像、名誉、荣誉"，而不包括"隐私、遗体"。笔者认为，这主要是因为：首先，英雄烈士的遗体受到侵害的情形很少见，即便有，也不用特别规定，适用《民法典》第994条即可；其次，英雄烈士的隐私受到侵害的情形，一般也与社会公共利益无关，也可以适用《民法典》第994条，无须检察机关提起民事公益诉讼。

④ 参见魏振瀛：《侵害名誉权的认定》，载《中外法学》1990年第1期；张新宝：《名誉权的法律保护》，北京，中国政法大学出版社1997年版，第36-37页；葛云松：《死者生前利益的民法保护》，载《比较法研究》2002年第4期；张善斌：《死者人格利益保护的理论基础和立法选择》，载《江汉论坛》2016年第12期；王利明：《人格权法研究》（第三版），北京，中国人民大学出版社2018年版，第176-177页。

护的完整性"，有利于"引导人们重视个人生前和身后的声誉，尊重主流社会的价值观"①。正因如此，一方面，我国法上只有死者的近亲属或者法律规定的机关可以就侵害死者或英雄烈士的姓名、名誉、荣誉等人格利益提起诉讼。另一方面，在侵害死者人格利益的民事责任的成立要件上，《民法典》第994条没有作出特别要求，但是由于该条规定的是，请求权人"有权依法请求行为人承担民事责任"，所谓"依法"就是指依据《民法典》相应的规定，如请求权人要求侵权人承担精神损害赔偿责任时，就应当依据《民法典》第1183条的规定，必须"造成严重精神损害"。如果没有造成严重精神损害，请求权人有权要求侵权人承担停止侵害、恢复名誉、消除影响、赔礼道歉等民事责任。

笔者认为，对死者的姓名、肖像、名誉、隐私等的保护，主要保护的是死者的近亲属就死者的姓名、肖像、名誉、隐私等享有的人格利益，而通过对此等利益的保护也有助于维护公序良俗。所谓死者近亲属的人格利益不仅包括死者的近亲属就死者的姓名、肖像、名誉、隐私等享有的精神利益，当然也包括对相应的经济利益的保护。一方面，侵害死者人格上的精神利益，会给死者的近亲属的权益或者社会公共利益造成损害，同时也违反了公序良俗原则。而对死者近亲属就死者的姓名、肖像等可以商业化利用的人格要素的侵害，也是对死者近亲属就这些人格要素享有的经济利益的侵害，这是对死者近亲属作为继承人所继承的财产权益本身的侵害，与公共利益或感情问题无关。因为，死者尤其是知名的死者，其肖像、姓名等具有很大的经济价值，此种财产利益在死者死后当然应由其近亲属继承。②故此，在死者去世后他人未经继承人同意而使用死者的某些人格要素，构成侵权行为。在《民法典》颁布之前，司法实践就明确予以认可。③

---

① 唐德华主编：《最高人民法院〈关于确定民事侵权精神损害赔偿责任若干问题的解释〉的理解与适用》，北京，人民法院出版社2001年版，第43页。

② 我国《民法典》第1122条规定："遗产是自然人死亡时遗留的个人合法财产。依照法律规定或者根据其性质不得继承的遗产，不得继承。"

③ 早在2000年6月26日，最高人民法院在《关于周海婴诉绍兴越王珠宝金行侵犯鲁迅肖像权一案应否受理的答复意见》中就明确指出："公民死亡后，其肖像权应依法保护。任何污损、丑化或擅自以营利为目的使用死者肖像构成侵权的，死者的近亲属有权向人民法院提起诉讼。"这其中就包含了对死者财产利益的保护。相应的案例如"王金荣等诉松堂关怀医院等擅自使用其已故母亲的肖像制作广告侵犯肖像使用权案"，载最高人民法院中国应用法学研究所编：《人民法院案例选》（总第36辑），北京，人民法院出版社2001年版，第142页以下。

例如，在"周海婴诉梁华侵犯计算机网络域名纠纷案"中，法院认为："周海婴作为鲁迅先生之子，有权继承鲁迅先生的物质遗产，亦对鲁迅先生的姓名、名誉等享有精神利益，有权维护鲁迅先生的姓名不受侵害，但是姓名权本身作为人格权的一部分，随着自然人死亡而消灭，不发生继承的问题。因此，周海婴对于鲁迅先生的姓名并无专有的权利。"[1] 再如，在"邓某富与被告南京独家试唱餐饮管理有限公司人格权纠纷案"中，法院认为："本案姓名、肖像的主体邓丽君已经死亡，原告以邓丽君的姓名权、肖像权被侵犯为由主张损害赔偿缺乏法律依据。但是，基于身份关系、情感联系等因素，死者的姓名、肖像会对死者近亲属产生精神及经济上的特定利益：一方面，对死者姓名、肖像的侮辱、诽谤等不当使用会降低其社会评价，造成近亲属的精神痛苦；另一方面，死者的姓名、肖像等因其生前的特定身份可能具有一定的商业价值，由此产生的财产利益通常应归属于近亲属，他人不得擅自使用死者的姓名、肖像等牟利。综上，邓丽君虽不是姓名权、肖像权的主体，但其姓名、肖像仍应受到法律保护，原告作为邓丽君的近亲属，有权基于邓丽君的姓名、肖像受到侵害而提起诉讼，具有诉讼主体资格。作为著名歌星，邓丽君去世后其姓名、肖像具有一定的商业价值。被告在未取得邓丽君近亲属授权同意的情况下，擅自使用邓丽君的姓名、肖像从事餐饮业经营牟利，该行为属于侵权行为。原告要求被告停止使用邓丽君的姓名和肖像，不再使用邓丽君的名字命名餐厅，不在餐厅内外、餐厅器具及外包装上使用邓丽君的肖像，本院予以支持。"[2]

曾有观点认为，使用死者的肖像无须近亲属同意，只要该使用行为没有侵害死者近亲属的名誉或人格尊严或者并不违背一般的道德标准，就不构成侵权。[3] 该观点显然是不妥当的。值得研究的是，对于近亲属就死者姓名、肖像等享有的财产利益的保护是否需要规定最长的保护期限？有的学者认为，对于死者人格上的经济利益的保护期限可以参考《著作权法》对著作财产权的保护期限，明确为作者死后50年。[4] 然而，笔者认为，将死

---

[1] 北京市第一中级人民法院（2009）一中民初字第4747号民事判决书。
[2] 江苏省南京市玄武区人民法院（2015）玄民初字第1257号民事判决书。
[3] 曾小华：《使用死者肖像与侵害死者近亲属人格权的关系——末代皇帝溥仪"肖像权"纠纷案法律问题探讨》，载北京市高级人民法院：《审判前沿：新类型案件审判实务》（总第20集），北京，法律出版社2008年版，第77页。
[4] 张红：《死者生前人格上财产利益之保护》，载《法学研究》2011年第2期；杨巍：《死者人格利益之保护期限》，载《法学》2012年第4期。

者的姓名、肖像等可以被商业化利用的人格要素的保护类比于对著作权中财产权的保护,是否妥当,殊值怀疑。之所以在著作权法中要规定著作财产权利的最长保护期限,根本原因在于:著作权的客体是文化艺术科学作品,它是社会文化财富的组成部分,作品的使用和传播对于人类社会的发展具有巨大的作用。为了促进思想的传播和鼓励创新,产生更多新的作品,推动人类文化财富的增长和社会的发展,需要对著作权中的财产权利设置最长保护期限。[1] 但是,对于死者尤其是名人的姓名、肖像的保护规定一个期限,无法起到鼓励创新的作用。让死者的姓名、肖像在一定期限后进入公共领域,只会让社会上的某些人不劳而获,从死去的名人终身努力所取得的成就上获利。[2] "社会并不鼓励更多的名人或者更多的对名人形象的营销"[3]。之所以姓名、肖像在自然人死后还有商业利用的价值,根本原因还是在死者生前通过自己的行为活动而使自己成为社会关注的名人,而一个人的知名度是会不断发生变化的。这些都与著作权法所保护作品的独创性是被固定在作品这一有形的媒介上是不同的。况且,我国《民法典》已经规定了死者人格利益被侵害时的请求权人为死者的近亲属,这实际上也就为死者的人格利益的保护设置了一个期限,故此,笔者认为,没有必要另行规定死者人格上的经济利益的最长保护期限。

3. 侵害死者姓名等的侵权责任构成要件

在我国法上,侵害死者人格利益的侵权责任的构成要件经历了一个变化过程。最高人民法院《精神损害赔偿解释》原第3条第1、2项曾对侵害死者姓名等的侵权行为的方式作出了特别的要求[4],即加害行为人或者以侮辱、诽谤、贬损、丑化或者违反社会公共利益、社会公德的其他方式,侵害死者姓名、肖像、名誉、荣誉,或者是以非法披露、利用死者隐私,或者以违反社会公共利益、社会公德的其他方式侵害死者隐私。[5] 但是,《民

---

[1] 沈仁干、钟颖科:《著作权法概论》(修订本),北京,商务印书馆2003年版,第104页。
[2] Thomas Brierton & Peter Bowal, "The Right of Publicity", 4 ARIZ. St. U. Sports & ENT. L. J. 298 (2014).
[3] Stacey L. Dogan & Mark A. Lemley, "What the Right of Publicity Can Learn from Trademark Law", 58 STAN. L. REv. 1164 (2006).
[4] 该司法解释这一规定已经于2020年12月23日被最高人民法院修订时加以删除。
[5] 该条于2020年12月23日最高人民法院修订该司法解释时被删除。修订后的《精神损害赔偿解释》第3条规定:"死者的姓名、肖像、名誉、荣誉、隐私、遗体、遗骨等受到侵害,其近亲属向人民法院提起诉讼请求精神损害赔偿的,人民法院应当依法予以支持。"

法典》对于侵害死者的人格利益，并没有任何主观或方式上的要求。《民法典》第994条只是规定，"死者的姓名、肖像、名誉、荣誉、隐私、遗体等受到侵害的"。这就是说，《民法典》施行后，死者姓名、肖像、名誉、荣誉、隐私、遗体等会受到更强的保护。具体体现在：一方面，对侵害死者姓名、肖像、名誉、荣誉、隐私、遗体等的侵权责任，不再有主观上必须是故意或者行为方式上必须违反公序良俗的限制。也就是说，在判断是否构成侵害死者的姓名、肖像、名誉等侵权责任时，只要依据《民法典》第1165条第1款规定的过错责任原则即可。另一方面，侵害死者的姓名、肖像、名誉、荣誉、隐私、遗体等所需要承担的不仅是精神损害赔偿，而且包括各种类型的侵权责任承担方式，其中既有损害赔偿，也有性质上属于人格权保护请求权的停止侵害、排除妨碍、消除危险等。

4. **请求权主体**

在《民法典》颁布前，《精神损害赔偿解释》规定的侵害死者的姓名、肖像等的侵权责任的请求权人是死者的近亲属，即包括其配偶、父母、子女、兄弟姐妹、祖父母、外祖父母、孙子女、外孙子女。例如，在"彭家惠诉《中国故事》杂志社名誉权纠纷案"中，1998年第4期《中国故事》刊登的小说《祸祟》虚构情节，用较大篇幅将在辛亥革命中英勇牺牲的彭家珍烈士，描写为令人厌恶的反面人物，严重丑化了彭家珍烈士的人格，侵害了彭家珍烈士的名誉。因彭家珍的父母已故，其本人又无配偶和子女，原告彭家惠是彭家珍烈士的妹妹。法院认为，死者的妹妹有权向侵害彭家珍烈士名誉权的单位或个人提起民事诉讼。① 应当说，司法解释将请求权人限制为死者近亲属，是非常必要的。一则，这种限制有利于实现保护死者的姓名、肖像、隐私等的真正目的，即保护那些与死者具有真正感情、亲情的人，显然近亲属才是这样的人。"近亲属与死者具有共同生活中形成的感情、亲情或者特定的身份关系，最关心死者人格利益保护的问题。死者人格利益被侵害时他们受到的伤害最大、感到的痛苦最深，最需要慰藉和赔偿。"② 二则，可以防止滥科侵权责任，引发诉讼爆炸，避免对人们的行为自由构成不合理的限制。例如，孔子后裔至今已繁衍80多代，仅生活在

---

① 《最高人民法院公报》2002年第6期。
② 黄薇主编：《中华人民共和国民法典人格权编解读》，北京，中国法制出版社2020年版，第27-28页。

曲阜的号称孔子后裔的人就有 13 万人之众，全球范围内则据说有 400 万人。倘仅因为某个学术明星胡乱解读《论语》，孔子的后代皆可以侵害先祖孔子之名誉为由，提起诉讼，后果会如何，不难想象。我国台湾地区发生的"诽韩案"就是力证：该案原告竟然以自己是唐朝大文豪韩愈的第 39 代直系血亲为由提起诽谤死人的自诉案并成功，就是因为当时的台湾地区"刑法"第 312 条和"刑事诉讼法"第 234 条中没有进行限定，而且台湾地区"民法"第 967 条界定的直系血亲亦无年代之限制，加之法官机械适用法律，未对"直系血亲"进行目的性限缩解释，才导致法院在韩愈死了 1152 年后竟然作出有人要为对韩愈的诽谤承担法律责任这一极为荒唐的判决。①

我国《民法典》延续了司法解释的规定，依然将请求权主体限制在死者的近亲属，并且《民法典》第 1045 条第 2 款也首次在法律上明确界定了近亲属的范围，即"配偶、父母、子女、兄弟姐妹、祖父母、外祖父母、孙子女、外孙子女"。但是，与《精神损害赔偿解释》不同的是，《民法典》规定了一个近亲属的请求权行使的先后顺序。依据《民法典》第 994 条，在死者的姓名、肖像、名誉等受到侵害时，近亲属中的配偶、子女、父母有权起诉，依法请求行为人承担民事责任。只有当死者没有配偶、子女并且父母已经死亡的，其他的近亲属才能提起诉讼。申言之，如果死者的配偶、子女、父母不起诉的，则其他的近亲属不得提起诉讼。该顺位基本上与我国《民法典》第 1127 条第 1 款规定的法定继承的顺位大致类似，只是第 994 条还规定了孙子女和外孙子女，而第 1127 条第 1 款规定的第二顺序的继承人仅为"兄弟姐妹、祖父母、外祖父母"。之所以如此，主要是考虑到侵害死者的姓名、名誉、肖像、隐私等的侵权行为实质上侵害的是近亲属的人格利益，而在近亲属中，配偶、子女、父母与死者的关系最近、感情最深，所受到损害的最大。故此，死者的配偶、子女、父母应当作为第一顺位的请求权人。只有当死者没有配偶、子女并且父母已经死亡的，才能由祖父母、外祖父母、孙子女、外孙子女作为请求权人提起侵权之诉。

---

① 相关批评，参见杨仁寿：《法学方法论》（第二版），北京，中国政法大学出版社 2013 年版，第 6 页。

第二节 法人和非法人组织

一、法人与非法人组织的人格权的性质

在我国法上，民事主体除了自然人外，还包括法人和非法人组织。法人是具有民事权利能力和民事行为能力，依法独立享有民事权利和承担民事义务的组织（《民法典》第57条）。我国的法人分为营利法人、非营利法人和特别法人。其中，营利法人包括有限责任公司、股份有限公司和其他企业法人（《民法典》第76条第2款）；非营利法人包括事业单位、社会团体、基金会、社会服务机构等（《民法典》第87条第2款）；特别法人包括机关法人、农村集体经济组织法人、城镇农村的合作经济组织法人、基层群众性自治组织法人（《民法典》第96条）。所谓非法人组织，是指不具有法人资格，但是能够依法以自己的名义从事民事活动的组织，包括个人独资企业、合伙企业、不具有法人资格的专业服务机构等（《民法典》第102条）。

虽然法人和非法人组织属于独立的民事主体，具有民事权利能力与民事行为能力，但是，人格权制度的根本目的在于维护和保障自然人的人格尊严与人格自由，法人和非法人组织属于组织体，只是作为法律技术的产物才成为法律主体，享有权利、负担义务并承担法律责任。它们并非如自然人那样既是法律主体，同时又是生理与伦理意义上的主体。拉伦茨教授曾言："法人本身的基本特征是它自身作为一个法律实体与其作为法律实体的成员或者职能机关的个人相分离。从而它本身能作为法律主体，享有权利和承担义务，具有与自然人相同的地位。然而，它不是从'人'这个字的原始意义和伦理意义上说的人，只是在法人的形式化意义上说的，它只是意味着权利能力而已。除此之外，把法人和人比较是不合适的。"[1] 因此，法人与非法人组织不存在要维护其人格尊严和人格自由的问题。既然如此，为何还要赋予法人、非法人组织以人格权呢？换言之，法人、非法人组织享有人格权的意义或正当性基础何在？

---

[1] ［德］卡尔·拉伦茨：《德国民法通论》（上册），王晓晔等译，谢怀栻校，北京，法律出版社2003年版，第180-181页。

对此,有观点认为:自然人的人格作为自然人生存在社会生活一切领域的基本条件,其基本作用在于使人成为人,故此,受人格权保护的人格利益表现为人的生存价值、伦理价值和精神价值,这些人格利益有时可能与财产利益相联系,但并不直接表现为财产利益。然而,法人的人格为团体存在于经济生活领域的主体资格,法人的权利能力也主要是财产法上的能力,所以,法人的人格利益必然只能表现为一种财产利益,是某种财产价值的载体,法人的人格权实质上就是一种财产权。①

将法人的人格权理解为财产权,并认为法律赋予法人人格权的根本原因在于保护法人的财产利益的观点,有一定的合理性,但并不全面。毕竟法人、非法人组织的类型众多。就营利法人而言,如果说名称权、名誉权、荣誉权在本质上是为了维护其财产利益还具有一定的解释力的话,那么对于非营利法人、特别法人为何享有人格权,上述学者观点的解释力显然不足。此外,将法人的人格权完全理解为保护的是财产利益,也必将使法人的人格权与财产权无法区分。有鉴于此,另一种观点则从维护法人作为独立民事主体地位的角度出发来论证法人享有人格权的正当性。例如,有的学者认为,法人之所以能够在一定范围内享有人格权,首先是因为法人能够在一定范围内成为其成员的人格性的利益的承载者、保护者,为了对这些人格性的利益进行保护,可以借助于法人的主体独立性,通过赋予法人人格权的方式来进行保护。此外,法人具有一些与其存在具有本质上联系的人格利益,故此也需要人格权予以保护。②有的观点则认为,法人的人格权是维护法人的主体资格所必备的权利,具有某种独立性的特点。也就是说,法人人格权存在的目的就是为了维护法人主体的独立性,是为法人成其为民事主体所必备之权利。③还有一种观点认为,对人的尊严应当从更广泛的层面探讨,人的价值并不限于伦理的、精神的以及物理的基础,而是一种社会基础,组织体在社会价值层面上也拥有人格尊严和人格发展,这与自然人是相同的。④故此,对于组织体的诽谤等侵权行为构成了对组织体

---

① 尹田:《论法人人格权》,载《法学研究》2004年第4期;郑永宽:《法人人格权否定论》,载《现代法学》2005年第3期。

② 薛军:《法人人格权的基本理论问题探析》,载《法律科学》2004年第1期。

③ 吴汉东:《试论人格利益和无形财产利益的权利构造——以法人人格权为研究对象》,载《法商研究》2012年第1期;类似观点参见许中缘、颜克云:《论法人名誉权、法人人格权与我国民法典》,载《法学杂志》2016年第4期。

④ 高可:《人格权基础理论研究》,北京,中国政法大学出版社2019年版,第110-111页。

第三章 人格权的主体

成员的总括性的人格利益的损害。①

笔者认为，法人、非法人组织作为独立的民事主体，可以以自己的名义从事民事活动，享有民事权利和承担民事义务，这是法人和非法人组织能够享有人格权的前提条件，却不是承认法人、非法人组织享有人格权的根本原因。我国法上之所以认可法人、非法人组织享有名称权、名誉权和荣誉权，根本原因在于：确认法人、非法人组织享有名称权、名誉权、荣誉权等必要的人格权，既有利于它们参与正常的社会交往活动，如缔结契约、从事交易、履行社会服务职能等，也有利于保护广大消费者、社会公众和其他民事主体的合法权益。以名称权为例，名称是识别法人或非法人组织的主体同一性及与其他法人、非法人组织相区分的标识。如果某一法人、非法人组织不能支配并排他地控制其名称，则其他的法人、非法人组织就可以随意使用，如此一来，势必在社会生活交往中使相对人发生混淆，无法准确地识别作为交往对象的法人或非法人组织。这就既损害了该法人、非法人组织的合法权益，也可能使与之进行社会交往的其他民事主体因混淆而遭受损害。再如，就公司企业等营利法人而言，其名誉即所谓的商誉往往是多年经营而累积下来的，具有极大的经济价值，而且维持良好的商誉，对于营利法人未来的交易也具有重要意义。如果可以任意侵害公司企业的商誉，就会极大地损害该营利法人的经济利益，影响营利目的的实现；即便是对于非营利法人或特别法人而言，其名誉受到侵害，也会导致公众对之失去信任，丧失公信力，妨害其正常的社会交往活动，以致最终影响法人或非法人组织的目的的实现。

正是由于法律上赋予法人、非法人组织以人格权是为了使得它们能够正常地参与社会交往，故此，一方面，法人、非法人组织的人格权应当采取严格的法定主义，即法人、非法人组织只能享有与保护目的相匹配的且由法律明确规定的具体人格权。凡是以维护人格尊严和人格自由为目的的人格权包括一般人格权，法人、非法人组织是不能享有的。那种认为法人和非法人组织存在所谓总括性的人格利益，认为法人和非法人组织也享有人格尊严的观点，既不符合事实，也与法人尤其是财团法人的性质相矛盾，因为财团法人并非人的集合而只是财产的集合。另一方面，由于法人、非法人组织并非基于人的尊严或自由而享有名称权、名誉权、荣誉权的，法

---

① 马俊驹：《人格和人格权理论讲稿》，北京，法律出版社2009年版，第149页。

人和非法人组织也并无内在的精神和心理活动，故此，法人或非法人组织的人格权遭受侵害后，不会发生精神损害赔偿责任。同时，由于法人、非法人组织在社会生活中的活动往往与公共利益息息相关，无论是公司企业等营利法人，还是事业单位、社会团体、基金会、社会服务机构等非营利法人，抑或机关法人、农村集体经济组织法人、城镇农村的合作经济组织法人、基层群众性自治组织法人等特别法人，它们的活动都涉及消费者权益保护、生态环境保护、监督公权力的行使等公共利益，故此，为了更好地保护言论自由，从而维护公共利益，加强舆论监督，有必要对于法人、非法人的人格权加以限制。例如，对于法人或者非法人组织提出的侵害名誉权的诉讼，只要相关的报道、监督、批评遵循基本真实和基本公正即不构成侵权。①

二、法人与非法人组织人格权的类型

（一）比较法

法人具有民事权利能力和民事行为能力，即法律上承认其作为民事主体的地位和资格，可以享有民事权利、承担民事义务，故此，法人能够成为人格权的主体。至于非法人组织，我国也在一定程度上承认其民事权利能力和民事行为能力，因而非法人组织也可以成为人格权主体。比较法上各国对于法人享有哪些人格权以及受到何种保护，有不同的规定。在德国法上，私法人（juristische Personen des Privatrechts）与公法人（juristische Personen des Oeffentlichen Rechts）的人格权有所不同。②对于私法人，德国联邦最高法院认为，只要依其性质和职能需要受到法律的保护，那么将一般人格权的保护作用扩及于私法人就是合理且必要的。③德国《基本法》

---

① 张新宝教授对于限制法人的名誉权有深刻的论述，参见张新宝：《名誉权的法律保护》，北京，中国政法大学出版社1997年版，第111-112页。

② 德国法学家梅迪库斯教授指出："法人具有一个受法律保护的名称。在其他方面，虽然法人不享有如同自然人同样广泛的一般人格权，但是法人的人格也受到法律保护。"[德] 迪特尔·梅迪库斯：《德国民法总论》，邵建东译，北京，法律出版社2004年版，第822页。

③ BGHZ 78, 24; BGHZ 98, 94, 97; BGH NJW 1994, 1281. Vgl. Goetting/Schertz/Seitz, Handbuch des Persoenlichkeitsrechts, Beck, 2008, S. 634. 国内学者对于德国法上法人是否享有一般人格权的讨论，参见沈建峰：《德国法上的法人一般人格权制度及其反思》，载《政治与法律》2012年第1期。

第19条第3款也明确规定："如基本权利依其性质也可适用于法人，则适用于国内法人。"故此，私法人可以享有《基本法》第2条第1款规定的"人人享有自由发展其人格的自由"即自由发展权（Recht auf Entfaltung）这一基本权利（宪法上的人格权），但是，作为法律拟制的主体，私法人不能享有德国《基本法》第1条第1款规定的人的尊严这一基本权利。私法人享有名称权，由于私法人是法律拟制的主体，不具有外部形象，故此私法人不享有肖像权。在私法人消灭后，不存在对其人格的死后保护问题。对于法人的人格权的保护，原则上也不包括精神损害赔偿请求权，法人人格保护的首要意义在于保护其经济利益。就公法人而言，首先，其不属于基本权的主体，不享有德国《基本法》上规定的人的尊严、自由发展权等宪法上的基本权利。其次，公法人既不享有"人"的名誉，也不能适用德国《刑法典》第185条以下对自然人享有的宪法人格权的保护性规定。最后，只要对于公法人履行其职能是必要的，那么对于公法人的名誉、隐私也可以适用刑法和民法的保护方法。公法人也享有《德国民法典》第12条规定的姓名权。但是，如同私法人一样，公法人也不享有肖像权。[①]

《瑞士民法典》第53条规定："所有的权利和义务中，除以性别、年龄或亲属关系等人类之自然属性为要件者外，法人对其均有权利能力。"故此，法人除不能享有生命权、身体权、健康权、肖像权等以自然人的生理状况为基础的人格权外，可以享有其他的相应的人格权，如一般人格权和具体人格权，并且，在这些权利被侵害时，也可以行使《瑞士民法典》第28条以下赋予的保护请求权。[②] 当然，就法人享有的具体人格权的范围，需要判例具体确定，不过原则上认为法人应当享有社会方面的人格权，如针对其整体的财产、名称或名誉的权利。[③]

日本民法学认为，法人享有名誉权，因为对于法人及其他团体而言，也有社会评价的问题。在侵害法人名誉权时，除了赔礼道歉外，还应当赔偿财产损失，但不能赔偿精神损害，因为法人的精神痛苦是无法衡量的。[④]

---

① Goetting/Schertz/Seitz, Handbuch des Persoenlichkeitsrechts, Beck, 2008, S. 634－642.
② Handkomm-Scherrer, ZGB § 53, 2005, N. 4.
③ [瑞] 贝蒂娜·许莉蔓-高朴、狄安娜·奥斯瓦尔德：《瑞士民法上的人格权保护》，金可可译，载《东方法学》2013年第3期。
④ [日] 五十岚清：《人格权法》，[日] 铃木贤、葛敏译，北京，北京大学出版社2009年版，第27页。

此外，法人和其他团体为了区别其他的团体也有自己的名称，这些团体的名称与个人的姓名一样，应当受到同等保护。法人的名称被侵害时，也可以通过反不正当竞争法得到救济。①

在普通法国家，法人也享有一定范围的人格权。但是，就法人的名誉权，需要区分不同类型的法人加以考察。英国的法院认为，作为营利法人的商业公司可以提起诽谤诉讼，但是，属于公法人的地方政府当局在普通法上无权提起诽谤诉讼。② 在1993年的"Derbyshire CC v Times Newspapers Ltd"案中，凯斯勋爵（Lord Keith）认为："一个民主选举出来的政府机构，或者说任何的政府机构，都应该接受不受限制的公众批评，这是最重要的公共事务。诽谤诉讼的威胁必然会对言论自由产生抑制作用。"③ 英国上议院认为，允许地方当局提起诽谤诉讼会极大地抑制言论自由，并且会违反《欧洲人权公约》第10条。当然，地方当局的个别官员可以因自身权利受侵害而提起诽谤，地方当局能够依靠的只有刑法上的诽谤罪。④《美国侵权行为法重述（第二次）》第561条规定："发布有关法人的诽谤性事项，符合下列条件之一的，应当对该法人承担责任：（a）该法人是营利法人，且所发布的事项旨在使该法人的营业受到侵害或者妨碍他人与该法人进行交往；（b）该法人虽非营利法人，但是其依赖于公众的资金支持并且所发布的事项旨在使公众对该法人产生偏见从而干扰该法人的活动。"对于市政法人团体（Municipal Corporation）是否有权提起诽谤诉讼的问题，美国法学会在重述中未发表意见。美国法上只有极个别的案件是由政府单位作为原告而针对个人提起诽谤诉讼。从州法院的层面来看，伊利诺伊州最高法院拒绝受理政府机关针对个人的诽谤诉讼，并指出这样的诉讼不符合美国精神，加利福尼亚州的法院也认定，市政当局无权因恶意指控而提起诉讼。⑤

---

① ［日］五十岚清：《人格权法》，［日］铃木贤、葛敏译，北京，北京大学出版社2009年版，第118页。

② John P. S. Mclaren, "The Defamation Action and Municipal Politics", 29 *U. N. B. L. J.* 123-148 (1980).

③ Derbyshire CC v. Times Newspapers Ltd [1993] AC 534.

④ Vivienne Harpwood, *Modern Tort Law*, 7th. ed., Routledge-Cavendish, 2009, p.374.

⑤ ［美］丹·B. 多布斯：《侵权法》（下册），马静、李昊、李妍、刘成杰译，北京，中国政法大学出版社2014年版，第984页。

（二）我国法

法人与非法人组织作为法律拟定的主体，不同于自然人。它们能够享有的人格权的范围首先就要受到其自身作为组织体的独特性质的限制。具体而言，法人或非法人组织并无肉体的存在与心理精神上的感受，故此，不可能享有生命权、身体权、健康权、肖像权、隐私权等以自然人的生理属性为基础的人格权。同时，由于我国法上的一般人格权即人身自由权和人格尊严权来自《宪法》的规定，《宪法》第37条第1款明文规定："中华人民共和国公民的人身自由不受侵犯。"第38条规定："中华人民共和国公民的人格尊严不受侵犯。禁止用任何方法对公民进行侮辱、诽谤和诬告陷害。"由此可见，人身自由和人格尊严在我国仅仅是中华人民共和国公民即具有我国国籍的自然人才能享有的基本权利。因此，法人、非法人组织不能享有一般人格权，无论它们究竟是何种类型的法人或非法人组织。

正因如此，首先，我国《民法典》对法人、非法人组织的人格权采取了严格的类型法定主义，从《民法典》第110条第2款规定来看，法人、非法人组织只享有三种人格权，即名称权、名誉权和荣誉权；同时，依据《民法典》第990条第2款，法人、非法人组织也不享有一般人格权，即法人、非法人组织不享有人身自由、人格尊严，不可能基于这两项一般人格权而享有其他人格权益，法院也不能基于人身自由和人格尊严通过司法活动为法人、非法人组织创设其他人格权益。

其次，侵害法人、非法人组织的人格权绝对不产生精神损害赔偿责任。《民法典》第1183条第1款规定："侵害自然人人身权益造成严重精神损害的，被侵权人有权请求精神损害赔偿。"这就明确排除了侵害法人、非法人组织的人格权的精神损害赔偿责任的适用。并且，即便某一具有人身意义的特定物归属于法人或非法人组织时，他人侵害该物的，法人或非法人组织不能享有精神损害赔偿请求权（《民法典》第1183条第2款）。

再次，法人或者非法人组织的人格消灭后，也不存在如同自然人死亡后对其名誉、名称或荣誉的保护。《民法典》第994条明确规定，死者的姓名、肖像、名誉、荣誉、隐私、遗体等受到侵害的，其配偶、子女、父母有权依法请求行为人承担民事责任；死者没有配偶、子女且父母已经死亡的，其他近亲属有权依法请求行为人承担民事责任。显然，近亲属作为请求权人的限制性规定就决定了《民法典》第994条仅适用于自然人。

最后，就法人、非法人组织享有的名称权、名誉权和荣誉权的保护和限制而言，只要法律没有特别规定，均可与自然人适用相同的法律规则，如《民法典》第995条、第997条、第998条至第1000条等规定，均可适用于法人、非法人组织人格权的保护。

第四章 人格权的客体与内容

第一节 人格权的客体

一、人格权客体的界定

(一) 学说上的争议

民事权利的客体是指民事权利和民事义务所指向的对象。在大陆法系民法理论中，支配权、请求权、形成权等不同类型的民事权利，各自指向的客体并不相同。物权是最典型的支配权，其权利客体就是物，即存在于人体之外，为人力所支配且能满足人类社会生活需要的有体物。物分为动产和不动产（《民法典》第115条第1句）。如前所述，人格权也属于绝对权和支配权，那么其客体究竟是什么呢？对此学说上存在很大的争议，存在人格利益说、人格要素说、人格说等不同观点。

人格利益说认为，人格权的客体是人格利益，也就是说，人格权以主体享有的人格利益为客体，人格利益分为一般人格利益和个别人格利益，前者主要是指自然人的人身自由和人格尊严，后者包括生命、健康、姓名、名誉、隐私、肖像等个别的人格利益。人格利益并非对人的身体的利益，而是人的人身和行为自由、安全以及精神自由等利益。[①]

人格要素说认为，人格权的客体不是人格利益。利益本为身外之物，如何能够成为与人格权这种与主体不可分离的权利的客体呢？况且，权利

[①] 王利明：《人格权法研究》（第三版），北京，中国人民大学出版社2018年版，第13页；姚辉：《人格权法论》，北京，中国人民大学出版社2011年版，第43页；杨立新：《人格权法》，北京，法律出版社2011年版，第67页；马特、袁雪石：《人格权法教程》，北京，中国人民大学出版社2007年版，第134页以下；魏振瀛主编：《民法》（第七版），北京，北京大学出版社、高等教育出版社2017年版，第639页。

本身就是受到法律保护的利益，因此利益是权利的目的，利益的实现是权利行使的结果。人格利益只是人格权保护的目的或结果而非客体。人格权的客体不是人格利益而是人格要素，具体而言，肖像权的客体就是肖像，姓名权的客体是姓名，隐私权的客体是情感要素，自由权的客体是自然人的意志性要素。[①] 在持人格要素说的学者中，有的观点还认为，由人格权客体的"伦理价值观念性"所决定，生命权、健康权、身体权、姓名权、肖像权、名誉权、隐私权等法律类型化的具体人格权，其所指向的客体在于"价值观念"上的生命、健康、身体、姓名、肖像、名誉、隐私，即人享有这些类型化的伦理价值的正当性，而不是具体的人的特殊的健康、身体、姓名、肖像、名誉、隐私的状况，即人格权的享有与这些特殊状况的好坏、有无，并无关联。[②]

人格说认为，从人格权概念的文义、发展以及《德国民法典》制定中的争议和相关做法来看，人格权的客体应当是人格即权利人自身。作为人的尊严的人格包含了若干组成部分，其中可以具体化的如生命、身体、健康、名誉、隐私等。以人格作为客体，可以避免生命、健康、隐私、名誉等人格要素与生命利益、健康利益、隐私利益、名誉利益之间不必要的纠缠，同时，由于人格必须为主体所依法固有并为主体所专属，故此以人格作为人格权的客体也足以揭示人格权的概念，并展现人格权的各项特点。[③]

（二）笔者的观点

人格权可以分为一般人格权和具体人格权。一般人格权在我国法上是指人身自由权与人格尊严权，这两类一般人格权虽然非常重要，但它们本身不是具体的人格权，而只是据以产生其他应受法律保护的人格权益的基础性权利，它们在人格权制度中发挥的是创设功能与兜底保护功能。"如果能够为一般人格权找到令人信服的客体，那么就消灭了具体人格权。"[④] 因此，讨论人格权的客体的问题，实际上只是讨论生命权、身体权、健康权、姓名权、肖像权、名誉权、隐私权等具体人格权的客体。就具体人格权的客体问题，笔者认为，如果将人格权的客体直接界定为人格利益，确实会

---

① 张俊浩主编：《民法学原理》上册，（修订第三版），北京，中国政法大学出版社 2000 年版，第 141 页；李永军：《民法总则》，北京，中国法制出版社 2018 年版，第 209 页。
② 马俊驹：《人格和人格权理论讲稿》，北京，法律出版社 2009 年版，第 166 页。
③ 李倩、尹飞：《人格权客体的再思考》，载《甘肃社会科学》2011 年第 3 期。
④ 李永军：《民法总则》，北京，中国法制出版社 2018 年版，第 213 页。

第四章　人格权的客体与内容

发生权利与利益的混淆。

民法学通说认为，权利就是法律规范授予人的，旨在满足其个人利益的意思力（Willensmacht），即享受特定利益的法律之力。① 换言之，法律上之所以规定某种民事权利，目的就是要保护权利人的某种利益，满足其需求。民事权利的内容不同，所保护的利益不同，从而使得各项权利之间得以区隔。例如，所有权通过赋予权利人对有体物的占有、使用、收益和处分等排他的支配和控制之力，从而保护权利人对有体物的经济利益即物的使用价值与交换价值。② 至于生命权、身体权、健康权等人格权，所保护的分别是权利主体的生命安全、生理与心理健康及身体完整等人格利益。③ 因此，笔者不赞同将人格权的客体理解为人格利益，这会导致人格权的内容与客体的混淆。

至于将人格权客体界定为人格的观点，笔者也认为不妥。在现代法治社会，任何自然人只能是权利主体，而不是权利客体。"人的身体从来就不是一个完全的客体，它只是一个直接的和现存的人的本身的外在表现。任何人都不能在他人身上规定一个支配权，即使法律允许他对这个人可以实施某种行为，而他的行为也就不违反法律。"④ 故此，任何人、人体都不是物。即便是以人工连接在身体上的物，如果在生活习惯上被认为已经构成身体的一部分的，也不能认为是物。例如，安装在人体内的心脏起搏器、假眼等并非物，而是身体的一部分。身体是作为权利主体——自然人——的物质载体，它不能成为他人权利的客体。对于人自身的决定权来自人格权而非所有权。至于那些已经与人体相分离且独立化的人体的一部分，如头发、拔去的牙齿、捐献的血液、精子、卵子、眼角膜等人体器官，在其并非为了保持被取出人的身体运行功能或并非为了将来再植入其身体的前提下，可以作为物权的客体即物。⑤ 由此可见，将人格权的客体界定为人格，事实上就等于将人格权的客体界定为自然人自身。

---

① Brox Walker, Allgemeiner Teil des BGB, 32Aufl., Carl Heymanns Verlag, 2008, Rn. 617.
② 王利明：《物权法研究》上卷，（第四版），北京，中国人民大学出版社2016年版，第384页以下。
③ 王利明：《人格权法研究》（第二版），北京，中国人民大学出版社2012年版，第267、300、326页。
④ ［德］卡尔·拉伦茨：《德国民法通论》（上册），王晓晔等译，谢怀栻校，北京，法律出版社2003年版，第380页。
⑤ 德国《联邦最高法院民事判例集》第124卷，第54页，转引自［德］鲍尔、施蒂尔纳：《德国物权法》（上册），张双根译，北京，法律出版社2004年版，第22页。

笔者赞同将人格权的客体界定为人格要素的观点，即生命权、身体权、健康权、姓名权、名称权、肖像权、名誉权、荣誉权、隐私权等具体人格权的客体分别是生命、身体、健康、姓名、名称、肖像、名誉、荣誉、隐私等人格要素。由于这些人格要素并非如动产、不动产或者无形财产那样是完全外在于作为权利主体的自然人的存在，故此，人格权无法如同物权那样赋予权利主体对作为外在于自身的客体那样的排他的、完全的支配和处分的权能。生命权的客体是生命这一人格要素，生命权所保护的内容是自然人对其生命这一人格要素所享有的生命安全与生命尊严，任何组织或个人不得侵害该人格利益；健康权保护的是自然人对其生理与心理健康这一人格要素所享有的不受他人侵害的利益；同样，姓名权、名称权、名誉权、肖像权、隐私权、个人信息权益等也分别保护的是权利主体对姓名、名称、名誉、肖像、隐私、个人信息等人格要素所享有的相应的人格利益不受侵害。故此，自然人享有生命权、健康权、身体权、肖像权、名誉权、隐私权，但是基于公序良俗，其在法律上既不能放弃、转让或让他人继承这些人格权本身，也不能处分（如转让或许可他人使用）作为这些权利客体的生命、健康、身体、肖像、名誉和隐私等人格要素。对此，我国《民法典》第992条、第993条、第1007条等有明确的规定。当然，依据《民法典》第993条，对于姓名权、名称权、肖像权等少数人格权而言，自然人等民事主体可以对姓名、名称、肖像等人格要素进行积极的利用，只要法律没有另外规定且并非依据其性质不得许可，权利人可以许可他人对其姓名或肖像进行商业化的利用，用于推销产品或服务等。

二、人格利益的形态

人格利益是人格权所保护的内容。对于自然人来说，人格权的最终目的都是维护人的尊严和自由，但是，不同的人格权所保护的具体的人格利益却是不同的。我国法上的具体人格权包括生命权、健康权、身体权、姓名权、名称权、肖像权、名誉权、荣誉权、隐私权、个人信息权益等，这些人格权所保护的人格利益各不相同。我国《民法典》在对这些人格权进行定义时，逐一指明了所保护的人格利益。具体来说，生命权保护的人格利益是自然人的生命安全和生命尊严免受他人侵害，也就是说，任何组织或个人都不得侵害他人的生命权，非法剥夺他人的生命（《民法典》第1002

条）；身体权保护的人格利益是自然人的身体完整和行动自由免受他人侵害（《民法典》第 1003 条）；健康权保护的是自然人的生理与心理健康免受他人的侵害（《民法典》第 1004 条）；姓名权保护的是自然人依法决定、使用、变更或者许可他人使用自己的姓名的人格利益（《民法典》第 1012 条）；肖像权保护的是自然人依法制作、使用、公开或者许可他人使用自己的肖像的人格利益（《民法典》第 1018 条）；名誉权保护的是民事主体的名誉不受他人以侮辱、诽谤等方式侵害的人格利益（《民法典》第 1024 条）；隐私权保护的是自然人的隐私即私生活的安宁和不愿为他人知晓的私密空间、私密活动、私密信息不受他人侵害的人格利益（《民法典》第 1032 条）；至于个人信息权益，所保护的是自然人对其个人信息的处理享有的自主决定的人格利益（《民法典》第 1034 条以下）。

第二节　人格权的内容

一、概述

如前所述，人格权保护的是自然人等民事主体的具体人格利益，即基于人身自由、人格尊严而产生的使人之为人的利益。这种人格上的利益首先表现为一种精神利益，其既不能以金钱加以计算，也不具有财产的性质。"生命、身体、健康、自由、名誉均以精神利益为内容，姓名、肖像、声音等人格法益亦不例外。"[①] 传统民法学说认为，人格权被侵害后，权利人遭受损害的是体现其人格自由与人格尊严的精神利益，而非具有财产权性质的利益。正因如此，人格权本身是不得转让、放弃或继承的。然而，随着社会经济生活和科学技术的发展，作为人格权客体的一些人格要素如姓名、名称、肖像等逐渐可以被商业化利用，特别是随着大众传媒和广告业的发展，歌星、影星、体育明星等社会名人的衣着打扮、生活方式等成为大众争相模仿的、追求的时尚。这些名人的姓名、肖像等可以被制作各种广告、注册为商标等，从而有助于吸引顾客，推销产品或服务，产生巨大的经济

[①] 王泽鉴：《人格权法：法释义学、比较法、案例研究》，台北，作者印行 2012 年版，第 297 页。

利益。故此，人格权所保护的人格要素上的利益不仅包括体现人格自由和人格尊严的精神利益，还包括权利人可以将某些人格要素进行商业化利用而可能产生的相应的经济利益。

二、人格要素上的经济利益的法律保护

（一）不同的保护模式

自然人享有作为其人格权客体的姓名、肖像、名称、商誉等人格要素上的经济利益，但是，法律上如何加以保护，却有所不同。从比较法来看，主要有以下两种保护模式。第一种就是德国法的一元保护模式，即通过扩张人格权的保护对象，逐步肯定人格权的经济价值，从而通过人格权制度同时实现对自然人就其人格要素所享有的精神利益与经济利益的一体化保护。此种保护模式来自德国著作法上的"一元化理论"。该理论最早是由奥地利的政府官员卡尔·里斯鲍尔（Karl Lissbauer）提出的，后被写入1936年的《奥地利著作权法》，此后又传到德国并影响了1965年的《德国著作权法》。该理论被德国学者奥伊肯·乌尔默（Eugen Ulmer）归纳为所谓的"树形理论"。他认为，著作权法所保护的作者的精神利益和经济利益是一棵大树的树根，正是这些树根组成了一棵树（即著作权）的统一的渊源，著作权的各项权能就好比这棵树的树杈、树枝等，它们的力量来源于这两个树根。乌尔默认为，各种使用权也会对人格权权能产生影响，相反，基于对人格权权能的侵犯也可以导致财产权利方面的请求权的产生。[①] 著作权的上述统一性不仅体现在著作权的产生和消灭过程中，还体现在继承关系中。著作权法中的一元化理论被学者用来解释许多可以商业化利用的人格权的法律特征，即对人格权中的具体人格权的保护也应当理解为是思想和物质方面利益的紧密结合[②]，德国学者认为，人格权的精神属性与财产属性并不矛盾，人格权不仅保护自然人的精神利益，也保护权利人的经济利益，尤其是考虑到那些知名人士通过广告而进行的营销活动，使得其肖像、姓

---

① ［德］M. 雷炳德：《著作权法》（第13版），张恩民译，北京，法律出版社2005年版，第27页。

② ［德］M. 雷炳德：《著作权法》（第13版），张恩民译，北京，法律出版社2005年版，第27页。

第四章 人格权的客体与内容

名更是具有极高的经济价值。① 在德国法上,为了保护人格权所维护的自然人的精神利益,司法实践赋予了人格权主体以绝对权保护请求权,即类推适用《德国民法典》第 1004 条关于物上请求权的规定。同时,在人格权受侵害而产生精神痛苦时,依据《德国民法典》第 253 条,还可以请求精神损害赔偿赔偿(Schmerzensgeld)。此后,在"读者来信案"、"骑士案"和"摩洛哥公主案"等一系列案件中,德国的法院发展和完善了侵害人格权的精神损害赔偿责任。至于对人格权上的财产利益给予保护的著名案例则是 20 世纪 50 年代的 Dahlke 案。该案的原告 Paul Dahlke 是著名演员,被告为原告拍摄照片并宣称要将照片刊登于杂志上,原告为了扩大知名度,表示同意。但是,被告却将拍摄的照片出售给摩托车制造商做广告。德国联邦最高法院认为,被告要将原告的照片用于广告,必须得到原告的同意并支付对价。被告未经原告许可而对原告肖像进行商业化利用,构成了对原告的"外部的、具有财产价值的、排他性的权利的侵害"(Eingriff in ein fremdes, vermögenswertes Ausschließlichkeitsrecht),故此应当赔偿被告相应的费用或者依据《德国民法典》第 812 条第 1 款第 1 句返还不当得利。② 据此,Dahlke 案的判决充分肯定了姓名权、肖像权等人格权也具有财产价值。③

第二种保护模式是美国法采取的二元模式,即分别采取隐私权与公开权来保护人格权中的精神利益与经济利益。④ 在美国法上,隐私权(Right to Privacy)是一种精神性权利,主要保护的是自然人的精神利益,即个人的独处和私生活安宁,该权利不得转让、继承且主要具有消极防御功能。但是,公开权(Right of Publicity)则属于财产权利,它是对一个人的姓名或肖像进行商业化利用的控制权(The right of publicity is the right to control the commercial exploitation of a person's name or likeness)。⑤ 该权利

---

① Horst-Peter Gotting, Persönlichkeitsrechte als Vermögensrechte, Mohr, 1995, S. 7.
② Rüdiger Klüber, Persönlichkeitsschutz und Kommerzialisierung, Mohr, 2007, S. 27-28.
③ 王泽鉴:《人格权法:法释义学、比较法、案例研究》,台北,作者印行 2012 年版,第 331-332 页。
④ 同为普通法系的英国,其法院在处理人格要素上的财产利益的保护,尤其财产权是否存在于一个人的姓名、肖像之上的问题时,还比较迟疑,只有一些很有限的论断,并没有明确的态度。参见[澳]胡·贝弗利-史密斯:《人格的商业化利用》,李志刚、缪因知译,北京,北京大学出版社 2007 年版,第 313 页。
⑤ Thomas Brierton & Peter Bowal, "The Right of Publicity", 4 ARIZ. St. U. Sports & ENT. L. J. 275 (2014).

保护的是肖像、姓名、声音等人格要素上的经济利益，可以转让、继承。早期美国法学界认为，公开权属于隐私权的一部分，例如，著名侵权法学者 Prosser 教授曾将侵犯隐私权的情形划分为四类：(1) 侵入原告隐居或独处之处或侵入其私人事务 (Intrusion upon the plaintiff's seclusion or solitude, or into his private affairs.)；(2) 公开披露原告的令人难堪的私密信息 (Public disclosure of embarrassing private facts about the plaintiff)；(3) 进行使原告被公众误解的宣传 (Publicity which places the plaintiff in a false light in the public eye.)；(4) 为被告之利益而盗用原告的姓名或肖像 (Appropriation, for the defendant's advantage, of the plaintiff's name or likeness)。[①] 其中，第四种情形被认为侵害的就是公开权。Prosser 教授认为，此类侵犯隐私权行为背后的理论就是"承认或创造了原告个人对自己的商品的名称以及其许可中的某种商标的专有权"[②]。Prosser 教授认为，这种类型的隐私权专属于原告个人，不具有可转让性和可继承性，故此，一旦原告死去，该权利也不能由其继承人继承。Melville Nimmer 则提出不同于 Prosser 教授的另一种观点。他在 1953 年发表的《公开权（The Right of Publicity）》一文中认为[③]，公开权并非隐私权的分支而是独立的权利，将公开权看作隐私权的一部分是不合理的，因为隐私权具有不可转让的属性，属于人格权，这样就会导致公众人物死亡时这种权利消灭，死者的继承人和受让人无法获得救济。故此，Nimmer 认为，公开权应当作为一种财产权，可以转让、继承，在被侵害时具有可诉性。[④]

在美国法上，第一起确立公开权的案件即 1953 年的 Haelan 案 (Haelan Laboratories, Inc. v. Topps Chewing Gum, Inc.)。在该案中，原告 Haelan 公司为一家口香糖制造商，其拥有某职业棒球选手授权在一种名为 Trading Card 的卡片上使用其姓名及肖像的专属权利。此后，该棒球选手又将该项权利授予给其经纪人，而经纪人又授权给了另外一家公司及被告 Topps Chewing Gum 公司。被告 Topps Chewing Gum 公司是原告的竞争对手，原告请求联邦法院禁止被告继续使用该棒球选手的姓名和肖像。被告认为，依据纽约州权利法案的规定，隐私权并不保护商业上的利益，

---

① William L. Prosser, "Privacy", 48 *Cal. L. Rev.* 383 1960.
② Prosser, *Handbook of the Law of Torts*, 807 (4th ed. 1971).
③ Nimmer, "The Right of Publicity", 19 *Law & Contemp. Probs.* 204-5 (1954).
④ Nimmer, "The Right of Publicity", 19 *Law & Contemp. Probs.* 216 (1954).

隐私权是具有人身属性的，不能通过合同转让。审理该案的第二巡回上诉法院 Frank 法官认为，依据纽约州权利法案的解释和相关实务，隐私权确实不包括商业利益，但是在隐私权之外还存在一种可以用来保护原告商业利益的法律基础，即"个人对其肖像具有一种公开的价值，即可以授权他人有排他地公布其肖像的特权，这种权利可以被称为公开权"[①]。在 Haelan 案中，法院并未解决公众人物去世后，公开权是否能够继承的问题，但为此后的判决铺平了道路。此后，通过 1972 年的"卢格西案"（Lugosi v. Universal Pictures Co. Inc.）直到 1975 年的"普莱斯案"（Price v. Hal Roach Studios, Inc.）案，最终解决了公开权可以被继承的问题。在 1977 年联邦最高法院判决的 Zacchini 案中，联邦最高法院更是明确阐明了公开权的正当性基础，法院认为："公开权之所以应受保障，乃在激励个人从事投资，得收取其努力的报酬，与个人感情的保护，实少关联，乃独立于隐私权外的一种类似于专利或著作权的权利。"[②] 至此，美国法上发展出隐私权与公开权的二元保护模式，其中，作为人格权的隐私权所保护的是个人私生活的安宁、姓名及肖像等人格要素上的精神利益，而作为财产权的公开权保护的是自然人等民事主体尤其是知名人士对其肖像、姓名等个人特征进行商业化利用的权利，即据此获得经济利益的权利，该权利可以转让，可以继承，在公众人物死后也受到法律保护。

（二）我国采取一元保护模式

在我国法学界，也有一些学者主张对于人格权中的精神利益与经济利益采取二元化的保护模式。这些学者认为，一元模式难以解决人格权中的精神利益与经济利益保护方式的差异，也不符合人格权的内在逻辑体系（如精神利益存在于所有的人格权，而经济利益只有少数人格权涉及），因此，采取二元模式分别加以保护，更有针对性，也能更好地涉调人格尊严与个人行为自由的关系。在持二元模式的学者中，有的主张在人格权、财产权之外设立"商事人格权"来涵盖姓名权、肖像权、商誉权、信用权、商号权等具有经济利益的人格权[③]；有的主张借鉴美国法的经验，创设一种

[①] 王泽鉴：《人格权法：法释义学、比较法、案例研究》，台北，作者印行 2012 年版，第 305-306 页。
[②] 王泽鉴：《人格权法：法释义学、比较法、案例研究》，台北，作者印行 2012 年版，第 308 页。
[③] 程合红：《商事人格权论——人格权的经济利益内涵及其实现与保护》，北京，中国人民大学出版社 2002 年版，第 51 页。

新型的无形财产权即商品化权或形象权,从而实现对人格权中各种经济利益的保护。① 还有的认为,姓名、名称等人格要素的商品化权益属于一种独立的民事利益,而非人格权,我国通过民法保护姓名权,通过《商标法》《反不正当竞争法》等特别法保护姓名(包括笔名、艺名、译名等)的商品化权益,已经形成了二元保护的立法格局。② 然而,权威观点认为,所谓人格权的商品化利用并非创设一种新的权利(如公开权、形象权或商品化权),人格权的商品化利用只能理解为某些人格权的权能特别是利用的权能发生了扩张,而不是生成了其他独立的权利,否则就会产生这些新的权利与原有的人格权之间无法区分的问题。③ 因此,我国仍然应当坚持一元保护模式,即通过人格权来实现对自然人等民事主体的精神利益与经济利益的保护。④ 笔者对此表示赞同。

就我国法而言,早在《民法通则》中就已经明确承认了对人格权主体的经济价值的保护。《民法通则》第120条规定:"公民的姓名权、肖像权、名誉权、荣誉权受到侵害的,有权要求停止侵害,恢复名誉,消除影响,赔礼道歉,并可以要求赔偿损失。法人的名称权、名誉权、荣誉权受到侵害的,适用前款规定。"著名民法学家佟柔先生在解释这一条时写道:"民法通则第一百二十条规定人格权受到侵害,可以请求赔偿损失,这样规定有无道理呢?我认为它也有一定的理由。法律本身与法律理论不可避免地有一段差距,上述观点(指上文提及的'精神损失、人格上的损害不能或难以用财产进行补偿'的观点——笔者注)从纯理论的角度来看,也许是正确的,但用它来处理民事纠纷,往往不能达到十分圆满的效果,在商品经济社会里,财产对于每一个民事主体来说都具有十分重要的意义,且不说赔偿损失对于人格权被侵害者有何作用,就是从其调整社会关系的效果来看,也不失为制裁侵犯他人人格权的行为人的一种有效手段。行为人知

---

① 郑成思:《商品化权刍议》,载《中华商标》1996年第2期;吴汉东:《形象的商品化与商品化的形象权》,载《法学》2004年第10期;吴汉东:《无形财产权基本问题研究》(第三版),北京,中国人民大学出版社2013年版。
② 孔祥俊:《姓名权与姓名的商品化权益及其保护》,载《法学》2018年第3期。
③ 王利明:《人格权法研究》(第三版),北京,中国人民大学出版社2018年版,第223页。
④ 姚辉:《关于人格权商业化利用的若干问题》,载《法学论坛》2011年第6期;王叶刚:《人格权中经济价值法律保护模式探讨》,载《比较法研究》2014年第1期。

道自己的行为必将导致的财产后果，也会有所顾忌，有所收敛。"① 当然，佟柔先生虽然认可侵害人格权的财产损失赔偿，但主要还是从制裁侵权人的角度来考虑其正当性，并未关注到人格权中的经济利益的保护问题。

此后，我国民法学界越来越认识到人格权不仅保护的是权利人的精神利益，也保护其财产利益。早在1997年出版的我国第一部人格权法教科书——《人格权法》中，王利明教授就明确指出："人格权以人格利益为客体，且人格利益一般均体现为一定的精神利益，从这个意义上说，人格权具有非财产性。但是这并不意味着人格权与财产无任何联系。事实上，人格权的享有和行使可能会使权利人获得一定的财产利益（如名誉权的享有、肖像使用权的转让等会使权利人获得一定的经济利益）"，"无论是自然人的人格权，还是法人的人格权，均与财产具有一定的关联性"②。与此同时，一些知识产权法学者则从无形财产权的角度认可了对人格权的经济价值的保护。例如，已故著名知识产权法学家郑成思教授将美国法上的公开权称为"形象权"，他说，所谓形象权包括真人的形象（如在世人的肖像）、虚构人的形象、创作出的人及动物形象、人体形象，等等。这些形象被付诸商业性使用的权利，统称为"形象权"③。吴汉东教授在其《无形财产权基本问题研究》一书认为，形象权起源于人格权，但又有别于人格权，是在传统人格权之上延伸出来的新制度，是人格利益演变为商业人格利益的权利形态。④

从司法实践来看，在不少的案件中，法院也认可人格权商业化利用的价值，并就该经济利益遭受的损害判给了相应的赔偿。例如，在2002年"蓝天野肖像权案"中，被告使用了原告蓝天野在话剧《茶馆》中饰演的"秦二爷"的剧照，法院认为："被告北影厂作为《茶馆》的制片人，在未与原告就肖像使用范围进行特殊约定的情况下允许被告天伦王朝饭店使用涉案剧照超出了其合理使用范围。被告天伦王朝饭店由此对涉案剧照的使用存在权利瑕疵。又鉴于涉案剧照上的人物不止一人，而多个个体聚合为

---

① 《佟柔文集》编辑委员会编：《佟柔文集》，北京，中国政法大学出版社1996年版，第345-346页。
② 王利明、杨立新、姚辉：《人格权法》，北京，法律出版社1997年版，第8页。
③ 郑成思：《知识产权法》，北京，法律出版社1997年版，第32页。
④ 吴汉东：《无形财产权基本问题研究》（第三版），北京，中国人民大学出版社2013年版，第433页。

集体，集体肖像是各权利人独立肖像的聚合，具有独立性与同一性的特征。权利人虽就其在集体肖像中个人肖像所享有的精神利益及转化的物质利益是独立、可分的，可集体肖像在物理上又具有不可分的特质，这就决定了集体肖像中的个人肖像权的行使要受到一定限制。且被告天伦王朝饭店使用涉案剧照正如其辩称的只是营造一个与'影艺食苑'相协调的艺术氛围，并不是做广告。因广告是以包括摆放、悬挂在内的形式介绍商品、服务的宣传。被告天伦王朝饭店使用剧照从摆放、搁置位置及门楣灯箱上无任何文字、展示架上的文字仅是剧照《茶馆》注释看，并非广告性质，其行为不具有直接的盈利目的。基此，二被告的行为不作侵犯肖像权认定。尽管如此，亦应明确被告天伦王朝饭店使用了有原告形象的集体肖像应向原告支付使用费，被告北影厂应对此承担连带责任。使用费的具体金额，本院将根据案件的具体情况酌定。同时考虑到诉讼是因二被告的行为引起，故二被告对原告主张的合理损失应负赔偿责任。"[1] 再如，在"张柏芝肖像权案"中，法院认为，被告侵害两原告的肖像权，故此应当赔偿原告肖像权被侵害的财产损失，"原告主张赔偿85万元经济损失，并未提供确凿的证据，但原告确实存在经济上的损失，其数额应不少于被告江苏东洋之花公司若与原告签约使用肖像的费用，具体数额应由本院根据原告的损失酌定"[2]。

为了明确人格权不仅包括权利人的精神利益，也保护其经济利益，2009年颁布的《侵权责任法》第20条明文规定："侵害他人人身权益造成财产损失的，按照被侵权人因此受到的损失赔偿；被侵权人的损失难以确定，侵权人因此获得利益的，按照其获得的利益赔偿；侵权人因此获得的利益难以确定，被侵权人和侵权人就赔偿数额协商不一致，向人民法院提起诉讼的，由人民法院根据实际情况确定赔偿数额。"[3]《侵权责任法》这一

---

[1] 蓝天野诉天伦王朝饭店有限公司等肖像权、名誉权案，北京市东城区人民法院（2002）东民初字第6226号民事判决书。

[2] 张柏芝诉江苏东洋之花化妆品有限责任公司等肖像权纠纷案，安徽省合肥市高新技术产业开发区人民法院（2003）合高新民一初字第137号民事判决书。

[3] 之所以作此规定，就是因为，立法过程中有的人大常委委员、法院和专家提出，侵害姓名权、名誉权、肖像权、隐私权等造成财产损失的，不少情况下损失赔偿额难以计算，《侵权责任法》应当进一步对侵害人身权如何赔偿作出规定。参见《全国人民代表大会法律委员会关于〈中华人民共和国侵权责任法（草案）〉修改情况的汇报》（2009年10月27日第十一届全国人大常委会第十一次会议上）；《全国人民代表大会法律委员会关于〈中华人民共和国侵权责任法（草案）〉审议结果的报告》（2009年12月22日第十一届全国人大常委会第十二次会议上），载王胜明主编：《中华人民共和国侵权责任法解读》，北京，法律出版社2010年版，第458页以下。

规定就表明了立法机关认可了通过人格权等人身权益对被侵权人的姓名、肖像等人格要素的经济利益的保护。司法实践中，人民法院依据《侵权责任法》这一规定对人格权主体的经济利益给予了充分的保护。例如，在"姚明与武汉云鹤大鳖鱼体育用品有限公司侵犯人格权及不正当竞争纠纷案"中，一审法院虽然认可了被告武汉云鹤公司侵害原告著名体育明星姚明的姓名权和肖像权，但是仅仅判令被告赔偿姚明经济损失 30 万元（含本案诉讼费用）。二审法院则认为："作为篮球运动员，姚明本身的市场知名度不言而喻，其商业价值、品牌影响力不容否认"，"未经权利人授权或许可，任何企业或个人不得擅自将他人姓名、肖像、签名及其相关标识进行商业性使用。武汉云鹤公司作为市场经营者，违反公认的商业道德，违背诚实信用原则，其行为不仅严重损害权利人的合法权益，也严重损害消费者的合法权益，严重扰乱社会经济秩序，应予立即和严厉制止。原审在酌定赔偿经济损失时并未充分考虑武汉云鹤公司侵权行为的性质、后果、持续时间等因素，以及 2010 年 3 月姚明发布正式声明之后，武汉云鹤公司继续侵权并放任侵权的主观过错程度。为此，综合以上因素和考虑，在被侵权人因被侵权所受损失或者侵权人因侵权所得利益难以确定的情况下，依照武汉云鹤公司侵权行为的性质、后果、持续时间及其主观过错等因素"，二审法院"确定由武汉云鹤公司赔偿姚明包括维权合理费用在内的经济损失共计 100 万元"[①]。再如，在"周星驰诉中建荣真无锡建材科技有限公司肖像权、姓名权纠纷案"中，法院认为，侵权人侵害被侵权人周星驰的姓名权与肖像权并给其造成了财产损失，应当承担损害赔偿责任。该案判决指出："一方面，肖像和姓名可以将该自然人与其他自然人区别开来，并体现出肖像权和姓名权人的人格尊严、名誉等，构成肖像权、姓名权人的精神利益；另一方面，自然人对肖像、姓名的利用可以带来一定的商业利益。原告周星驰作为知名艺人、演员，能够通过参演影视节目、广告代言等活动获取相应的经济利益，其肖像权、姓名权具有一定的商业化利用价值。被告中建荣真建材公司对原告肖像权、姓名权的侵害，导致原告人格权权能中包含经济性利益的部分受损，有损原告形象的商业价值，故应当对非法使用原告肖像、姓名造成的财产损失予以赔偿。"最终，法院"根据原告

[①] 姚明与武汉云鹤大鳖鱼体育用品有限公司侵犯人格权及不正当竞争纠纷案，湖北省高级人民法院（2012）鄂民三终字第 137 号民事判决书。

的职业身份、知名度、肖像许可使用情况，被告的侵权行为持续时间、主观过错程度、涉案侵权广告范围、网站公开程度、杂志发行量及可能造成的影响等情节，确定财产性损害赔偿50万元"[①]。

我国《民法典》明确坚持了一元保护模式。首先，《民法典》第1183条第1款明确规定，侵害自然人的人格权造成严重精神损害的，被侵权人有权请求精神损害赔偿。这是对人格权中作为权利人的自然人对其人格要素所享有的精神利益的保护。其次，《民法典》明确规定姓名权、名称权以及肖像权等人格权的主体可以自己行使人格权，自行或许可他人对其姓名、名称和肖像进行商业化利用。例如，《民法典》第993条规定："民事主体可以将自己的姓名、名称、肖像等许可他人使用，但是依照法律规定或者根据其性质不得许可的除外。"最后，就姓名权、名称权、肖像权等被侵害后给被侵权人造成财产损失的，《民法典》第1182条规定，侵害他人人身权益造成财产损失的，按照被侵权人因此受到的损失或者侵权人因此获得的利益赔偿；被侵权人因此受到的损失以及侵权人因此获得的利益难以确定，被侵权人和侵权人就赔偿数额协商不一致，向人民法院提起诉讼的，由人民法院根据实际情况确定赔偿数额。《民法典》这一规定所保护的就是人格权主体针对人格要素享有的经济利益。

[①] 《最高人民法院公报》2020年第2期。

第五章 人格权的行使与限制

第一节 人格权的行使

一、概述

自然人等民事主体享有人格权,可以依法行使其人格权。所谓人格权的行使,是指权利人通过各种方式实现其人格权。[①] 由于不同的人格权所保护的人格利益是不同的,加之法律上的限制也不同,故此权利人的权能也有差异,其行使该人格权的方式各不相同。例如,就姓名权而言,自然人有权依法决定、使用、变更或者许可他人使用自己的姓名(《民法典》第1012条);就肖像权而言,自然人有权依法制作、使用、公开或者许可他人使用自己的肖像(《民法典》第1018条)。仅从法律条文的表述就可以看出,姓名权的权能中不包括公开的权能。这是因为,姓名本来就是用于识别特定自然人的称谓,就是要公开的,为人所知的,否则就无法进行正常的社会交往。同样,肖像权的权能中也不存在变更肖像的权能。

人格权属于民事权利,权利人在行使人格权时当然要遵守诚实信用、公序良俗等民法基本原则,履行法律规定的和当事人约定的义务,不得滥用人格权损害国家利益、社会公共利益或者他人合法权益(《民法典》第131条、第132条)。

人格权具有专属性,不得转让、继承和放弃,故此,人格权的行使也具有专属性,即只能由权利人自己行使,不得由他人代为或代位行使(《民法典》第535条第2款)。申言之,一方面,由于人格权不得转让和继承,故此人格权不可能如物权、债权和知识产权等其他民事权利那样可以通过

[①] 王利明:《人格权法研究》(第三版),北京,中国人民大学出版社2018年版,第194页。

法律行为或者法律行为之外的法律事实进行变动，这就使得人格权的行使不如物权、债权、知识产权、股权等其他民事权利那样具有积极的外观表现；另一方面，由于人格权是绝对权、支配权，只要权利人之外的主体不侵害人格权即可，无须其他人的协助。在无人侵害时，人格权存在却不显现，只有遭受侵害时，权利人才可以通过行使人格权请求权、损害赔偿请求权等予以防御，排除他人的侵害及填补遭受的损害。例如，自然人享有生命权、健康权，他（她）只要活着，就有生命权、健康权、身体权，这些权利无法被积极地行使，只有在遭受他人的侵害时，权利人可以基于生命权、健康权而采取自力救济或公力救济的方式，维护自己的生命安全、生命尊严、身心健康或身体完整和行动自由，要求侵权人停止侵害、消除危险、排除妨碍以及承担损害赔偿责任。因此，人格权更多地体现的是排他效力，侧重于消极的防御。正因如此，我国《民法典》第989条在确定人格权编的调整范围时，使用的是"人格权的享有和保护"的表述。

　　虽然人格权的行使具有专属性，侧重于消极性和防御性，但这并非意味着人格权的权利人不能许可他人使用某些人格要素。从我国《民法典》的规定来看，至少在以下三种情形中，人格权的权利人可以许可他人使用某些人格要素或对某些人格要素实施特定的行为。首先，《民法典》第993条规定，姓名权、名称权、肖像权等人格权的权利人可以将自己的姓名、名称、肖像等许可他人使用，除非是依照法律规定或者根据其性质不得许可的情形。其次，《民法典》第993条、第1035条规定，自然人可以同意他人收集、处理其个人信息。在该自然人或者其监护人同意的范围内实施的收集、处理自然人的个人信息的行为不属于侵权行为，行为人不承担民事责任。最后，《民法典》第1008条、第1219条规定，医疗机构或有关单位在履行告知义务并取得患者的书面同意（或明确同意）之后，可以对自然人实施手术、特殊检查、特殊治疗或临床试验，这种经过患者同意后实施针对自然人的身体、健康而实施行为不构成侵害身体权、健康权的侵权行为。

二、人格要素的商业化利用

（一）概述

　　人格要素的商业化利用，也被称为"人格的商业化利用"或"人格特征的商业化利用"(Personality Merchandising)。如前所述,人格权主体对于其人格要素享有两类利益:一类是精神利益,即针对人格要素享有的以维护人格尊严和人格自由为内容的利益,这类利益普遍存在于所有的人格要素如生命、身体、健康、姓名、名誉、肖像、隐私、个人信息等之上。保护这种精神利益也是人格权制度最主要的目的。[1] 另一类是经济利益,即通过对某些人格要素的经营使用或许可使用而获得金钱收入的利益。但是,经济利益并不存在于所有的人格要素上,只有某些人格要素如姓名、名称、肖像等才存在这种利益。因为并不是所有的人格要素都可以经营或许可他人使用并获利。歌星、影星、著名的运动员可以为商品或服务代言,将其姓名或肖像用于这些产品或服务的推销、广告中,从而取得经济收入。至于生命、身体、健康、名誉、隐私等人格要素之上没有经济利益,人们也不能将这些人格要素用于经营或许可他人使用,否则将违反法律或公序良俗。由此可见,人格的商业化利用既不是指人格权本身被用于商业活动,更不意味着所有的人格权都可以被用于商业活动,而仅仅是指人格权主体可以通过自己经营或许可他人利用某些人格要素的方式,获取相应的经济利益。

以往,我国法上并未对人格要素的商业利用作出规定。在《民法典》编纂时,立法机关认为,应当对于人格要素的商业化利用作出规定。一方面,该规定有利于回应社会发展的需要,解决实践中出现的姓名、名称、肖像等许可使用的问题;另一方面,也有利于维护人格尊严,因为人格尊严就包括了对特定的人格标识通过自己的意志自主许可他人使用,规定许可使用有助于更好地维护人格尊严。[2] 故此,《民法典》第993条规定:"民事主体可以将自己的姓名、名称、肖像等许可他人使用,但是依照法律规定或者根据其性质不得许可的除外。"从这一规定可知:首先,在人格权商业化利用中,被利用的或者被许可使用的不是姓名权、名称权、肖像权等人格权本身,而是作为这些人格权客体的姓名、名称、肖像等人格要素。

---

[1] 普通法系学者将人格要素上的经济利益与精神利益也称为经济利益和尊严利益,其中经济利益包括既有经营或者许可利益、其他无形的认可性价值;尊严利益包括名誉利益、个人隐私利益以及不受精神痛苦的自由利益。参见〔澳〕胡·贝弗利-史密斯:《人格的商业化利用》,李志刚、缪因知译,北京,北京大学出版社2007年版,第9页。

[2] 黄薇主编:《中华人民共和国民法典人格权编解读》,北京,中国法制出版社2020年版,第22页。

故此，人格权的商业利用即人格权要素的许可使用，并不违反人格权不得放弃、转让或者继承的禁止性规定，不会导致姓名权、名称权或肖像权的转让，自然也不意味着权利人在实现人格权要素上的经济利益的同时，必须放弃相应的精神利益。

其次，并非所有的人格要素都可以许可他人使用。就哪些人格要素可以被商业化利用，我国《民法典》第993条采取了正面列举的模式[①]，即"姓名、名称、肖像"可以商业化利用。考虑到这种列举可能挂一漏万，难以满足未来发展的需要，故此，该条在列举之后使用了一个"等"字来兜底，以示此种列举的不完全性和发展性。例如，个人信息也是可以许可他人使用，此种使用主要就是收集、存储、加工、使用、传输、提供等处理行为。"从本质上讲，个人信息本身就兼具人身属性和财产属性，绝大多数个人信息都可以进行经济利用，如将个人信息汇聚成大数据由他人共享，或者用于商业分析和用于商业规划等。"[②] 我国《民法典》人格权编第六章以及《个人信息保护法》对于个人信息的处理有明确的规定。其中，最重要的规则之一就是告知同意规则，该规则在本质上就是自然人同意他人处理其个人信息。

最后，凡是依照法律规定或者根据其性质不得许可的人格权要素，则不得许可他人使用。例如，生命、身体、健康、名誉、荣誉等人格要素，就不得许可他人使用。如果允许这些人格要素可以许可他人使用，就会违反法律的规定，违背公序良俗或者损害公共利益。例如，允许他人拿自己的身体进行各种临床试验，显然是违法的。在我国，依据法律的规定，即便是受试者书面同意，该临床试验也必须是经过相关主管部门批准并经过伦理委员会审查同意的临床试验。对此，不少国家或地区的民法典也有明确的规定。例如，《法国民法典》第16－1条第3款规定："人体、人体各组成部分以及人体所生之物，不得作为财产权利之标的。"第16－3条规定："损害人之身体的完整性，仅以对人有医疗之必要的情形为限。损害人之身体的完整性，除因当事人健康状况，有进行手术治疗之必要并且本人不能表示同意意见之情形外，均应事先征得当事人本人的同意。"再如，《葡萄

---

① 学说上有主张正面列举模式，也有主张反面排除模式。参见王叶刚：《论可商业化利用的人格权益的范围》，载《暨南学报（哲学社会科学版）》2016年第11期。

② 王利明、程啸：《中国民法典释评·人格权编》，北京，中国人民大学出版社2020年版，第59页（本部分由王利明教授撰写）。

牙民法典》第 81 条规定："对行使人格权所作之自愿限制，凡违反公共秩序原则的，均属无效。对人格权所作之合法自愿限制得随时废止，即使对他方当事人之正当期待造成损害而须负赔偿义务者亦然。"

在各种人格要素中，需要值得讨论的是隐私能否许可他人使用？有观点认为，隐私权人也具有积极的权能，如隐私隐瞒权、隐私处分权和信息自主权。其中，隐私处分权包括隐私公开权和隐私许可权。隐私许可权则意味着隐私权人可以授权他人使用自己的隐私。[1] 对此观点，笔者难以苟同。之所以《民法典》第 993 条没有未列出"隐私"，就是因为：隐私权侧重于消极防御的功能，即防止他人对包括私生活安宁、私密信息在内的隐私的侵害[2]，其保护的是自然人对隐私不受他人侵害的利益。所以，隐私权的主要权能就是排除他人侵害的权能，即消极权能。隐私是不能许可他人使用。[3] 允许隐私的许可使用很可能违反公序良俗原则。这一点和个人信息尤其是非私密个人信息有所不同。对于后者，自然人完全可以许可他人使用，从而促进网络信息产业和数字经济的发展。故此，《民法典》第 1035 条规定，只要遵循合法、正当、必要原则，不过度收集、处理且符合相应的条件，可以对个人信息加以使用或许可他人使用。

（二）人格要素的许可使用

从《民法典》第 993 条的规定可知，人格的商业化利用就是民事主体将自己的姓名、名称、肖像等许可他人使用。许可（Lizenz）是权利人将其权利允许他人在一定时间以及一定地域范围内实施或使用的意思表示，如许可他人将自己的姓名使用在某种商品上、注册为商标或者在某项服务上使用。人格权主体将姓名、名称、肖像等许可他人使用的后果就是在人格权主体与被许可人之间形成了许可合同（Lizenzvertrag）法律关系。大多数时候，当事人之间会订立书面的许可使用合同，如双方进行磋商、详细约定而签订肖像许可使用合同、姓名许可使用合同等。当然，也可能并未签订书面合同，但使用方在得到人格权主体的明确同意后才进行使用。无

---

[1] 参见张红：《人格权各论》，北京，高等教育出版社 2015 年版，第 522 页。

[2] 王利明：《论个人信息权的法律保护——以个人信息权与隐私权的界分为中心》，载《现代法学》2013 年第 4 期。

[3] 有人认为，歌星、影星等通过电视节目或网络媒体自曝隐私而吸引粉丝、增加流量，就属于对隐私的商业化利用。笔者认为，此种情形属于歌星、影星自行公开其隐私，尽管由此产生了增加粉丝和流量从而获得某种商业利益的结果，但显然不属于许可他人使用其隐私。

论哪一种方式，都是基于权利人真实自由的意思而在许可人与被许可人之间成立了许可合同法律关系。人格权主体将某些人格要素许可他人使用而形成的法律关系属于合同关系。我国《民法典》人格权编主要针对实践中最为常见的肖像许可使用合同作出了两条规定，即第1021条和第1022条。同时，《民法典》还在第1023条第1款中明确了姓名等的许可使用可以参照适用肖像许可使用合同。

（三）肖像许可使用合同

肖像权人可以自己使用肖像，当然也可以许可他人使用自己的肖像，这就是肖像权商业利用的具体表现。在肖像权人许可他人使用肖像时所订立的合同，就是肖像许可使用合同。具体而言，它是指肖像权人作为许可方与被许可方就与肖像许可使用相关的事项即双方的权利义务等加以约定的协议。肖像许可使用合同可以是单独的一份合同书（实践中的名称可能是《肖像权授权使用合同书》或《肖像权使用授权书》），也可以是某个合同书中的若干条款（如广告代言合同中除约定肖像许可使用外，还会约定姓名的许可使用等）。在肖像许可使用合同中，双方一般会约定被许可使用的肖像的具体类型（如有肖像权人肖像的广告视频及相关图像、摄影产品）、被许可使用的范围（如全球范围抑或中国大陆，网络或纸面等）、许可使用的期限（5年、10年或若干年）、许可使用的费用及支付方式、被许可方是否可以再授权第三方使用、权利瑕疵担保、违约责任和争议解决方式等。

需要注意的是，如果肖像许可使用合同中对于许可使用的期限没有约定或者约定不明确的，那么此种合同属于所谓的不定期合同。如果有些当事人在肖像许可使用合同中约定使用期限是永久的，则该约定也应当认为对使用期限没有约定，属于不定期合同。因为如果承认此种永久使用的约定的效力，不利于保护肖像权人的人格尊严，故此，该约定是无效的。就不定期合同而言，我国《民法典》有三处相关规定：其一，不定期租赁合同，即《民法典》第730条规定，当事人对租赁期限没有约定或者约定不明确，依据《民法典》第510条的规定仍不能确定的，视为不定期租赁。当事人可以随时解除合同，但是应当在合理期限之前通知对方。其二，不定期物业服务合同，《民法典》第948条规定："物业服务期限届满后，业主没有依法作出续聘或者另聘物业服务人的决定，物业服务人继续提供物业服务的，原物业服务合同继续有效，但是服务期限为不定期。当事人可以随时解除不定期物业服务合同,但是应当提前六十日书面通知对方。"其三,不定期肖像许可使用合同,即《民法典》第1022条第1款规定,当事人对肖像许可使用期限没有约定或者约定不明确的,任何一方当事人可以随时解除肖像许可使用合同,但是应当在合理期限之前通知对方。

从《民法典》第1022条第1款的规定可知,之所以对于不定期肖像许可使用合同,没有规定必须先依据《民法典》第510条的合同解释的规定来确定期限,而是直接规定任何一方当事人可以随时解除合同,就是考虑到肖像许可使用合同涉及自然人的肖像权这一人格权,而非单纯的商业交易活动,故此,为了更好地维护自然人的人格尊严,不应当通过合同解释的规则来确定期限。《民法典》第1022条第2款规定:"当事人对肖像许可使用期限有明确约定,肖像权人有正当理由的,可以解除肖像许可使用合同,但是应当在合理期限之前通知对方。因解除合同造成对方损失的,除不可归责于肖像权人的事由外,应当赔偿损失。"这一规定赋予了肖像权人对于定期肖像许可使用合同的单方解除权。通常,合同的解除方式就是协议解除或者行使解除权。解除权要么是依据《民法典》第563条的规定,要么是依据当事人的约定。之所以《民法典》第1022条第2款特别赋予肖像权人在有正当理由的情形下享有单方解除合同的权利,主要目的就是加强对人格权的保护,更好地保护肖像权人的人格利益。[①] 从这一立法目的出发可知,第1022条第2款中的"正当理由"不包括《民法典》第563条规定的法定解除的情形。问题是,哪些理由属于正当理由而使得肖像权人有权单方解除肖像许可使用合同呢? 笔者认为,该正当理由主要就是那些为了维护肖像权人的人格权益的理由。也就是说,肖像权人不能解除肖像许可使用合同,而是继续履行该合同,就会对肖像权人的人格权益造成侵害。例如,A明星与B公司签订肖像许可使用合同,但是因为某一事件导致A明星遭受到匿名者发出的死亡威胁,此种情形下,如果继续履行该合同,意味着大街小巷和电影电视上会继续播出A明星的大幅肖像,会对A的人身安全造成更大的威胁,故此,A有权解除肖像许可使用合同。

为了维护肖像权人的人格权益,法律赋予肖像权人有正当理由的情形下可以单方解除肖像许可使用合同。但是,这种单方解除权的行使会给无

[①] 黄薇主编:《中华人民共和国民法典人格权编解读》,北京,中国法制出版社2020年版,第156页。

辜的合同相对方造成损害，故此，为了保护合同相对人的利益，《民法典》第 1022 条第 2 款第 2 句规定："因解除合同造成对方损失的，除不可归责于肖像权人的事由外，应当赔偿损失。"换言之，肖像权人原则上必须就因解除合同而给对方造成的损失承担赔偿责任，除非不可归责于肖像权人，即肖像权人对于此种解除合同的正当理由的产生并无过错。

（四）人格权许可使用合同的解释

人格要素许可使用合同虽然也属于许可使用合同，但不同于一般的许可使用合同，这主要是因为人格要素的许可使用涉及人格权主体精神利益的保护，而人格要素的许可使用并不意味着人格权主体同时放弃或转让了其精神利益。故此，如果对于许可使用合同中关于肖像、姓名的使用条款理解有争议的，应当作出有利于肖像权人、姓名权人的解释（《民法典》第 1021 条、第 1023 条）。这就是说，首先，肖像许可使用合同、姓名许可使用合同中包含很多条款，只有关于肖像、姓名的使用条款的理解存在争议时，才能适用《民法典》第 1021 条的规定。所谓肖像使用条款、姓名使用条款是指就肖像、姓名如何使用作出的约定，包括使用的肖像或姓名的类型、具体的使用方式、使用的范围、使用的期限以及使用的费用。至于对违约责任、争议解决方式、费用支付方式等的理解存在争议的，不能适用《民法典》第 1021 条。对于使用期限的理解存在争议的情形应当排除对于使用期限是否约定或约定是否明确的争议，因为对这一问题，《民法典》第 1022 条已有规定。

其次，就肖像使用条款或姓名使用条款的理解存在争议时，不适用合同解释的一般规则，即《民法典》第 466 条的规定。依据该条规定，当事人对合同条款的理解有争议的，应当依据本法第 142 条第 1 款的规定，确定争议条款的含义。合同文本采用两种以上文字订立并约定具有同等效力的，对各文本使用的词句推定具有相同含义。各文本使用的词句不一致的，应当根据合同的相关条款、性质、目的以及诚信原则等予以解释。这就是说，在解释肖像使用条款或姓名使用条款时，完全不需要考虑合同条款所使用的词句，相关的条款、行为的性质和目的、习惯以及诚信原则等，而是应当直接作出有利于肖像权人、姓名权人的解释。①

---

① 当然，无论如何解释，也不能违反民法的基本原则如公平原则、诚实信用原则等。

最后，即便肖像使用条款或姓名使用条款属于格式条款，并且是由肖像权人、姓名权人所拟定的，那么依据《民法典》第1021条，也应当排除适用《民法典》第498条的规定而作出有利于肖像权人、姓名权人的解释。因为《民法典》第498条是对格式条款解释规则的一般性规定，而第1021条是对特殊合同的条款解释规则的规定，依据特别规定优于一般规定的规则，应当优先适用第1021条。

第二节 人格权的限制

一、人格权限制的正当性

人格权是最基本、最重要的一类的民事权利，应当受到法律的充分尊重与保护。没有人格权的保护就无法实现安全、正义等基本价值，但是，法律还需要实现自由、效率、公正等其他价值。尤其是对人格权与作为宪法基本权利的表达自由（言论自由、出版自由、创作自由等）之间的关系必须进行合理的协调。此外，在涉及公共利益或者更优越的私人利益时，也需要对人格权进行限制。从比较法上来看，大陆法系和普通法系的法律或判例中对于人格权的行使都有相应的限制。

在大陆法系的德国，其《美术与摄影作品著作权法（Kunsturhebergesetz）》第23条第1款列举了对肖像权的四项限制，即存在以下四种情形之一的，只要不侵害肖像人或其亲属的正当利益，他人可以不取得同意而对肖像进行传播和展示：（1）当代历史领域中的肖像；（2）肖像仅仅是作为自然风景或其他地形图像的附属物而出现的；（3）肖像人作为多数成员集体的单一组成部分，而该主体自行参与到了该多数成员构成的集体，如集会、游行队伍以及类似的活动；（4）基于较高的艺术和科学价值而需要对肖像进行传播和展示。再如，就侮辱罪而言，《德国刑法典》第193条规定了所谓的正当权益的抗辩，即"有关科学、艺术、职业上的成就所进行的批评，或与此相类似的为履行或保护权益，或维护其正当权益所发表的言论，以及上级对下属的训诫和责备，官员职务上的告发或判断，以及诸如此类的情况，只在根据其陈述方式或侮辱发生的当时情况，认为已构成侮辱罪的，始受处罚。"《葡萄牙民法典》第79条第2款规定了对肖像权的限制进行了规定:"基于肖像人之知名度或担任之职务,或基于警务或司法方面之要求,或为着学术、教学或文化之目的,而有合理理由者,则无须肖像权人同意;如该肖像之复制是在公众地方、与公共利益有关之事实或公开进行之事实当中所摄得之影像之一部分,亦无须经肖像人同意。"再如,瑞士法院的判例认为,更优的私人或公共利益可以构成违法阻却事由,排除侵害人格权行为的不法性。所谓更优的私人利益可能是受害人的利益,也可能是加害人甚或第三人的利益;如果该侵害行为将为共同体带来利益,比如公众的知情利益,则构成公共利益。法院在进行利益衡量后,确认私人或公共利益相较于受害人的人格不受侵害的利益更为优越的,此等侵害人格权的行为人就不需要承担责任。①

普通法国家的判例和成文法也规定了侵害名誉权等人格权案件尤其是诽谤诉讼(defamation)中的大量抗辩。这些抗辩事由包括真实性抗辩(Truth)、绝对特权(Absolute Privilege)、普通法上附条件的特权(Qualified Privilege at Common Law)、成文法规定的附条件的特权(Qualified Privilege under Statute)、对关涉公共利益事件的报道(Publication on a Matter of Public Interest)等。②例如,《美国侵权行为法重述(第二次)》第583条至第592A条规定的绝对特权的情形包括:司法程序、立法程序、某些案件中的行政性散布、得到允许的散布、夫妻之间、法律要求的散布等。从1964年开始,美国联邦最高法院依据宪法第一修正案有关言论自由的规定还对普通法中诽谤应承担的严格责任进行了限制,其中最为突出的现实就是对作为公职人员和公众人物的原告的限制。在著名的"纽约时报案"中,联邦最高法院认为,当原告是提起诽谤之诉的公职人员、公职位置的候选人或者是公众人物时,其要想诽谤之诉成立就必须证实州侵权法所要求证实的内容,同时作为宪法要件,即原告还必须证实被告散布了虚假内容并且已经知道其虚假或者轻率地不顾该内容虚假与否。这一宪法要件必须令人信服地明确证实。③

---

① [瑞]贝蒂娜·许莉蔓-高朴、狄安娜·奥斯瓦尔德:《瑞士民法上的人格权保护》,金可可译,载《东方法学》2013年第3期。
② Edwin Peel & James Goudkamp, *Winfield and Jolowicz on Tort*, 19. th. ed. Sweet & Maxwell, 2014, pp. 13 – 39.
③ [美]丹·B.多布斯:《侵权法》(下册),马静、李昊、李妍、刘成杰译,北京,中国政法大学出版社2014年版,第1010页。

二、我国法对人格权的限制

为维护公共利益，协调人格权保护与合理行为自由之间的关系，我国《民法典》对于人格权也进行了相应的限制。总体来看，可以将我国民法上的人格权的限制分为以下三个层面：第一个层面就是《民法典》对所有的民事活动基本原则的规定，其中就包括对民事权利行使应遵循原则的规定，如《民法典》第6条至第8条分别确立的公平原则、诚信原则、公序良俗原则。

第二个层面是对民事权利行使的一般规定，即《民法典》第131条规定，民事主体行使权利时，应当履行法律规定的和当事人约定的义务；第132条规定，民事主体不得滥用民事权利损害国家利益、社会公共利益或者他人合法权益。人格权属于民事权利，人格权主体行使人格权时，同样要符合上述规定。

第三个层面就是直接针对人格权的行使作出的限制性规定，具体包括：首先，《民法典》人格权编第一章"一般规定"中专列一条即第998条规定："认定行为人承担侵害除生命权、身体权和健康权外的人格权的民事责任，应当考虑行为人和受害人的职业、影响范围、过错程度，以及行为的目的、方式、后果等因素。"该规定适用于人格权中除了生命权、身体权和健康权之外的所有人格权。其次，《民法典》在关于具体人格权的规定中又有针对性地专门作出规定，例如，第1015条对姓名权行使的限制；第1020条对合理实施制作、使用、公开他人肖像无须经过肖像权人同意的规定；第1025条与第1026条关于新闻报道、舆论监督等行为影响他人名誉的，原则上不承担民事责任以及审查义务判断的规定；第1037条关于收集、处理自然人个人信息免责事由的规定。

除了《民法典》外，我国还有不少单行法从保护广大人民的生命财产安全，维护国家安全、公共安全、社会公共利益等理由出发，对民事主体的人格权等民事权利进行限制。例如，《个人信息保护法》第13条第1款第2至7项规定了六大类情形，如为订立、履行个人作为一方当事人的合同所必需，或者按照依法制定的劳动规章制度和依法签订的集体合同实施人力资源管理所必需；为履行法定职责或者法定义务所必需；为应对突发公共卫生事件，或者紧急情况下为保护自然人的生命健康和财产安全所必需；为公共利益实施新闻报道、舆论监督等行为，在合理的范围内处理个人信息等。在这些情形中，个人信息处理者无须取得个人的同意就可以处理个人信息。《个人信息保护法》这一规定既可以说是确立了个人信息处理的多种合法性根据，也可以说其第13条第2至7项是为了更好地实现个人信息的合理利用，维护公共利益和其他更优越地位的利益，而对自然人的个人信息权益所做的限制。再如，依据《传染病防治法》第39条，医疗机构发现甲类传染病时，应当及时采取下列措施：（1）对病人、病原携带者，予以隔离治疗，隔离期限根据医学检查结果确定；（2）对疑似病人，确诊前在指定场所单独隔离治疗；（3）对医疗机构内的病人、病原携带者、疑似病人的密切接触者，在指定场所进行医学观察和采取其他必要的预防措施。拒绝隔离治疗或者隔离期未满擅自脱离隔离治疗的，可以由公安机关协助医疗机构采取强制隔离治疗措施。此外，该法第46条还规定，患甲类传染病、炭疽死亡的，应当将尸体立即进行卫生处理，就近火化。患其他传染病死亡的，必要时，应当将尸体进行卫生处理后火化或者按照规定深埋。为了查找传染病病因，医疗机构在必要时可以按照国务院卫生行政部门的规定，对传染病病人尸体或者疑似传染病病人尸体进行解剖查验，并应当告知死者家属。显然，上述法律规定，对自然人的行动自由以及遗体的处置作出了限制。

三、动态系统论与侵害人格权民事责任的认定

（一）动态系统论的采用

《民法典》第998条规定："认定行为人承担侵害除生命权、身体权和健康权外的人格权的民事责任，应当考虑行为人和受害人的职业、影响范围、过错程度，及行为的目的、方式、后果等因素。"该条是专门针对侵害人格权的民事责任作出的规定，旨在权衡人格权的保护与其他价值和利益的关系，立法者在该规定中采取了所谓动态系统论的观点。立法机关有关人士在所撰写的《民法典》释义书中这样写道："在人格权保护中，比较法多采取动态系统理论，即通过立法划出寻求合理解决方案时的相关考量因素，在个案适用时则需要对各个考量因素进行综合考量，具体结果取决于各个考量因素相比较后的综合权衡，此时，摆脱了僵硬的全有或者全无的方式，由此实现弹性而非固定、开放而非封闭的方式。由此，既承认了个

第五章 人格权的行使与限制

案的衡量,从而能够顾及不同案件的不同情况,并适应社会发展;但又通过立法者对考量因素的划定,实现对个案裁量的限制,个案衡量时要在立法者所划定的考量因素范围内进行论证和说明。"①

动态系统论是由奥地利法学家威尔伯格(Wilburg)率先提出的。他认为,法律制度要实现的目的具有多元性,因此,对于法律的理解和阐释不应仅依据某个单一的理念。法院在裁判中需要根据案件的具体情况和内在于某法律领域的原则之间的相互作用情况予以考虑,即需要对各个因素进行综合考量。某个具体案件的法律后果取决于各个因素相互比较后的综合权衡,这些因素在法律后果的确定上会呈现出自己的权重,而在原则彼此发生冲突的情形下,需要通过确定何者优先而实现一种妥协。这种妥协不仅要考虑在可能发生的法律后果中各个相关因素的位阶,而且要考虑可能产生的各种不同法律后果的位阶情况。② 以人格权的保护为例,由于人格权几乎总是与他人的人格权发生冲突或者与公共利益发生冲突。例如,某人的名誉权与自由表达权和媒体自由发生冲突;隐私权与他人信息权的冲突或者与公共利益发生冲突。因此,在相互对立的利益之间划出一条明显的界限,需要综合权衡所有的利益,以得到一个得以使各方利益最大化的解决办法。动态系统论的观点对于欧洲民法典的起草产生了较大的影响,以欧洲侵权法而言,两部具有代表性的学者草案都吸收了动态系统论的观点。例如,在奥地利法学家Koziol教授领衔的欧洲侵权法小组所起草的《欧洲侵权法原则》中,其第2:102条将各种受保护的利益的位阶进行了排列并规定:"(1)受保护利益的范围取决于利益的性质;价值越高,界定越精确、越明显,其所受保护就越全面。(2)生命、身体和精神的完整性,人的尊严和自由受最全面的保护。(3)财产权包括无形财产权受到广泛保护。(4)纯经济利益和契约关系的保护可受更多限制。此时,尤其要充分注意行为人与遭受危险者之间的紧密性,或者行为人知道其利益肯定不如受害人的利益价值大,而其行为将造成损害的事实。(5)保护范围也受责任性质的影响,在故意侵害利益时,对利益的保护程度更高。(6)在确定保护范围时,应考虑行为人的利益尤其是其行动自由与行使权利的利益,以及

---

① 黄薇主编:《中华人民共和国民法典人格权编解读》,北京,中国法制出版社2020年版,第46页。

② [奥]海尔穆特·库齐奥:《动态系统论导论》,张玉东译,载《甘肃政法学院学报》2013年第4期。

公共利益。"在德国著名法学家冯·巴尔教授主持起草的《欧洲示范民法典草案》第六卷"造成他人损害的非合同责任"第2：101条第3款中，也吸收了动态系统论，该款规定："在判断赋予请求赔偿的权利或者请求防止损害的权利是否公平合理时，必须权衡的因素包括归责基础、损害或者迫近的损害的性质与实质性原因、遭受或者将会遭受损害的人的合理期待以及对公共政策的考量。"实际上，认定侵权责任也好，合同责任也罢，法官往往都要考虑各种具体因素，如被保护的权益的性质和位阶、当事人的主观状态、行为的类型、损害后果等，故此，从某种意义上说就是动态系统论的观点。换言之，动态系统论不是什么新的观点，只是对实际做法的一个总结而已，没有什么太大的新意。正因如此，奥地利法学家 Koziol 教授指出："我绝对相信这样的观点，即动态系统论既不是一个真正的创新也不是一个独立的理论，因为其仅仅表述了这样一个事实：所有设立适当行为的规则和所有关于特定行为的法律后果的规定，都要求对相互冲突的利益予以权衡。换句话说，对一方利益的过度保护就会更多地限制他方的行为自由。"①

就我国法律、司法解释而言，不少规定也可以说体现了动态系统论的观点。例如，《反垄断法》第18条规定："认定经营者具有市场支配地位，应当依据下列因素：（一）该经营者在相关市场的市场份额，以及相关市场的竞争状况；（二）该经营者控制销售市场或者原材料采购市场的能力；（三）该经营者的财力和技术条件；（四）其他经营者对该经营者在交易上的依赖程度；（五）其他经营者进入相关市场的难易程度；（六）与认定该经营者市场支配地位有关的其他因素。"《商标法》第14条第1款规定："驰名商标应当根据当事人的请求，作为处理涉及商标案件需要认定的事实进行认定。认定驰名商标应当考虑下列因素：（一）相关公众对该商标的知晓程度；（二）该商标使用的持续时间；（三）该商标的任何宣传工作的持续时间、程度和地理范围；（四）该商标作为驰名商标受保护的记录；（五）该商标驰名的其他因素。"再如，《最高人民法院关于审理利用信息网络侵害人身权益民事纠纷案件适用法律若干问题的规定》第6条规定："人民法院依据民法典第一千一百九十七条认定网络服务提供者是否'知道或

---

① [奥]海尔穆特·库齐奥：《动态系统论导论》，张玉东译，载《甘肃政法学院学报》2013年第4期。

者应当知道',应当综合考虑下列因素:(一)网络服务提供者是否以人工或者自动方式对侵权网络信息以推荐、排名、选择、编辑、整理、修改等方式作出处理;(二)网络服务提供者应当具备的管理信息的能力,以及所提供服务的性质、方式及其引发侵权的可能性大小;(三)该网络信息侵害人身权益的类型及明显程度;(四)该网络信息的社会影响程度或者一定时间内的浏览量;(五)网络服务提供者采取预防侵权措施的技术可能性及其是否采取了相应的合理措施;(六)网络服务提供者是否针对同一网络用户的重复侵权行为或者同一侵权信息采取了相应的合理措施;(七)与本案相关的其他因素。"即便是在《民法典》当中,也并非仅仅只有第998条体现了动态系统论,其他条文中也有体现,例如,《民法典》第1026条规定:"认定行为人是否尽到前条第二项规定的合理核实义务,应当考虑下列因素:(一)内容来源的可信度;(二)对明显可能引发争议的内容是否进行了必要的调查;(三)内容的时限性;(四)内容与公序良俗的关联性;(五)受害人名誉受贬损的可能性;(六)核实能力和核实成本。"总的来说,《民法典》第998条通过将裁判中需要考虑的各种因素加以列举的方式,有助于法官在裁判侵害人格权的民事责任纠纷中综合地权衡这些因素,以便实现人格权益的保护与合理自由的维护间的科学协调,总体上是值得肯定的。

(二)《民法典》第 998 条的适用范围

1.《民法典》第998条明确排除了其在侵害生命权、身体权和健康权这三类人格权案件中的适用,也就是说,法院在审理侵害人格权的民事责任案件时,就侵害生命权、身体权与健康权这三类人格权的民事责任的认定问题上,不应当考虑行为人和受害人的职业、影响范围、过错程度,及行为的目的、方式、后果等因素,而应当严格依据法律的相应规定。之所以要排除侵害生命权等三类人格权的民事责任的认定中动态系统论的适用,根本原因在于生命权、身体权、健康权是不得任意限制和克减的,体现了我国《民法典》对生命权、身体权和健康权最为充分的尊重和强有力的保护。生命权、身体权和健康权与自然人的生命安全与生存息息相关,作为最基本的人的生存的权利,这三类权利不得限制和克减。《公民权利和政治权利国际公约》第4条第1款和第2款规定:"一、在社会经济状态威胁到国家的生命并经正式宣布时,本公约缔约国得采取措施克减其在本公约下所承担的义务，但克减的程度以紧急情势所严格需要者为限，此等措施并不得与它根据国际法所负有的其他义务相矛盾，且不得包含纯粹基于种族、肤色、性别、语言、宗教或社会出身的理由的歧视；二、不得依据本规定而克减第六条、第七条、第八条（第一款和第二款）、第十一条、第十五条、第十六条和第十八条。"其中，《公民权利和政治权利国际公约》第6条规定的是生命权，第7条是禁止酷刑，第8条第1款和第2款是禁止奴隶制度和规定任何人不应被强迫役使，第11条是禁止因债务原因而被监禁，第15条是对溯及既往的刑法的禁止，第16条是对法律人格的承认，第18条是关于思想、良心、宗教和信仰自由的规定。我国政府于1998年10月签署了《公民权利和政治权利国际公约》。[①] 我国《宪法》也明确规定尊重和保障人权，因此，《民法典》第998条在认定侵害生命权、身体权和健康权的民事责任中排除动态系统论的适用，也是对我国《宪法》尊重和保障人权的精神的贯彻落实。当然，需要注意的是，在认定行为人承担侵害生命权、身体权和健康权的民事责任时，如果受害人对于损害的发生存在过错（尤其是存在故意或者重大过失时），那么依据《民法典》第1173、第1174条、第1239条、第1240条、第1245条等规定以及其他法律的规定如《道路交通安全法》第76条，也是可以相应地减轻甚至免除侵权人的赔偿责任。故此，排除动态系统论并不意味着只要是侵害生命权、健康权和身体权，就一概不考虑被害人的过错程度。

2.《民法典》第998条规定的是在"认定行为人承担侵害除生命权、身体权和健康权外的人格权的民事责任"中，应当考虑行为人和受害人的职业、影响范围等因素，即适用动态系统论。具体而言，首先，所谓民事责任应当既包括侵权责任，也包括违约责任。当违约行为同时也侵害了非违约方的人格权时，那么就侵害人格权造成的财产损害的赔偿问题（如侵害可以商业化利用的肖像权、姓名权等人格权），当然可以通过违约赔偿责任解决，即便是精神损害，也可以在违约责任中一并解决，对此，《民法典》第996条已有明确规定："因当事人一方的违约行为，损害对方人格权并造成严重精神损害，受损害方选择请求其承担违约责任的，不影响受损害方请求精神损害赔偿。"

---

① 由于公约的一些规定如对死刑适用范围的规定等与我国现行法律有诸多冲突，故此，我国到目前为止尚未批准实施该公约。

其次,就侵害人格权的侵权责任而言,是仅在责任成立的认定上抑或包括责任承担的认定上也适用所谓的动态系统论,《民法典》第998条也没有特别限定在责任的成立或承担。故此,应当认为,无论是在认定侵害人格权的民事责任的成立要件的判断上,还是民事责任成立后确定民事责任的承担方式,包括损害赔偿责任或者绝对权请求权时,都可以适用《民法典》第998条的规定。例如,在认定行为人是否具有过错从而满足侵害名誉权的侵权责任的成立要件的问题时,就需要考虑行为人的职业、行为的目的、方式、后果等因素。即便满足了侵害名誉权的侵权责任的构成要件,在认定侵权责任的承担方式如是否需要赔礼道歉、确定精神损害赔偿金的数额时,也同样需要考虑行为的影响范围、造成的后果等。

(三) 具体的考虑因素

《民法典》第998条列举了应当考虑的一些因素,主要分为以下三大类:其一,主体因素,即行为人和受害人的职业;其二,主观因素,即过错程度,行为的目的;其三,客观因素,即侵害行为的影响范围,行为的方式、后果等因素。

1. 主体因素

所谓主体因素包括行为人和受害人的职业。行为人就是指实施侵害他人人格权益行为的人,包括自然人、法人或非法人组织。受害人是指人格权益遭受侵害的自然人、法人或者非法人组织。由于行为人和受害人包括自然人、法人或非法人组织,故此,此处的"职业"不能狭义地理解为自然人所从事的工作或行业,而应当广义地解释为行为人或受害人的类型、身份特征等。例如,行为人是自然人的话,那么其所从事的工作是什么,如从事新闻报道和舆论监督的报纸、杂志、电台、电视台等单位的记者,还是一般社会公众;是专门从事商品销售或服务提供的经营者,还是消费者等;再如,就受害人而言,需要考虑到受害人是自然人还是法人,对于自然人的人格权应当给予更强的保护,而对于法人、非法人组织的名誉权等,应当加以相应的限制,以维护言论自由,保障舆论监督;同为法人的受害人,还需要考虑究竟是营利法人、非营利法人还是特别法人等。对于机关法人等公法人,原则上不得提起侵害名誉权诉讼。而对于营利法人,在因经营者的商业诋毁等不正当竞争行为而遭受损害时,可以提起侵害名誉权诉讼。同为自然人的受害人,受害人的职业还包括其是社会知名人物

（如网络微博上的大 V）、政府官员、人大代表等，还是普通人士；是未成年人、残疾人、妇女、老年人等特殊群体还是普通自然人等。例如，对于未成年人，我国《未成年人保护法》第 4 条明确规定了保护未成年人应当坚持"最有利于未成年人的原则"，处理涉及未成年人事项，应当符合给予未成年人特殊、优先保护；尊重未成年人人格尊严；保护未成年人隐私权和个人信息；适应未成年人身心健康发展的规律和特点等要求。再如，《消费者权益保护法》第 15 条明确规定，消费者享有对商品和服务以及保护消费者权益工作进行监督的权利。消费者有权检举、控告侵害消费者权益的行为和国家机关及其工作人员在保护消费者权益工作中的违法失职行为，有权对保护消费者权益工作提出批评、建议。故此，在消费者对于公司企业的产品或者服务进行批评时，除非是捏造、虚构事实或者使用侮辱性言辞等贬损公司企业的名誉，否则不能认定构成侵害名誉权。

2. 主观因素

主观因素主要是指行为人的过错程度和行为的目的。所谓过错，既包括行为人的过错，也包括受害人的过错，而过错程度是指究竟是故意还是过失，过失中是重大过失、一般过失还是轻微过失等。行为的目的则是指行为人实施的涉及侵害他人人格权的行为是基于何种目的，是恶意报复他人，炒作出名，还是为了行使权利或者维护社会公共利益等不同的情形。例如，"因行为人检举、控告，导致他人名誉贬损的，一般不构成侵害名誉权，但是借检举、控告之名侮辱、诽谤他人，造成他人名誉贬损的，可能会构成侵害名誉权。如果是出于娱乐消遣目的，追求轰动效应，吸引公众眼球，满足部分人的窥探欲望，无涉公共议题，则受到保护的程度要低一些，更为注重对他人人格权的保护。如果是商业目的性行为，较之非商业目的性行为，该行为受到保护的程度也可以适度降低"[①]。

3. 客观因素

客观因素包括侵害行为的影响范围，行为的方式、后果等因素。侵害行为的影响范围是指侵害行为对受害人造成的影响的范围的大小，如在全国性的报纸上发表的贬损他人名誉的文章和在朋友圈中发表的贬损他人的

---

① 黄薇主编：《中华人民共和国民法典人格权编解读》，北京，中国法制出版社 2020 年版，第 48 页。

言论，影响范围自然不同。这不仅影响民事责任是否成立的认定，也会影响责任成立后相应责任的承担。对此，《民法典》第1000条第1款有明确的规定："行为人因侵害人格权承担消除影响、恢复名誉、赔礼道歉等民事责任的，应当与行为的具体方式和造成的影响范围相当。"所谓行为的方式，是指加害人实施的侵害行为的具体方式，例如，在侵害他人名誉权中，加害人是采取言语谩骂的方式还是实施打脸、扒衣服、剪头发等暴力方式，是主动捏造、歪曲事实诽谤他人抑或道听途说、传播小道消息，这些不同的行为方式在认定侵害名誉权的民事责任中会产生不同的影响。所谓行为的后果，是指侵害人格权益的行为给受害人造成损害后果，包括给受害人造成损害的方式、大小等以及由此产生的社会影响等。例如，因为侵害他人的隐私权使受害人内心痛苦与直接导致受害人因此自杀或自残的，在后果上显然是不同的，从而导致侵权责任的承担上也有很大的差异；再如未经许可而使用了一次受害人的肖像与反复使用并因此获得巨额利益，也有不同。

第二编

人格权分论

第六章 一般人格权

第一节 概 述

一、一般人格权的发展

一般人格权（das allgemeine Persoenlichkeitsrecht）是德国法上产生的概念。德国民法学通说认为，一般人格权制度是第二次世界大战后，为弥补《德国民法典》对具体人格权规定的不足，由联邦最高法院依据德国《基本法》第1条第1款和第2条第1款所发展出来的制度。因为，第二次世界大战之前的德国法并不重视人格权的保护。《德国民法典》中明确规定的具体人格权只有一种，即第12条规定的姓名权。此外，《德国民法典》第823条第1款还规定了四种人格法益（Persoenlichkeitsgueter），即生命、身体、健康与自由。除了《民法典》外，其他法律中只有《美术与摄影作品著作权法（Kunsturhebergesetz）》规定了肖像权。至于名誉权、隐私权等其他人格权，在《德国民法典》及其他法律中完全没有任何规定。如果自然人要保护自己的名誉，那么只能依据《民法典》第823条第2款并结合《刑法典》关于侮辱与恶意诽谤的规定而获得间接的保护。不仅如此，当时的《德国民法典》对于人格权遭受侵害后是否给与金钱损害赔偿也有非常严格的限制。因为立法者认为："那些试图通过索要金钱来弥补侮辱诽谤所带来的损害的人实属寡廉鲜耻。"[1] 也就是说人们认为拿尊严的损害来换取金钱是不道德且不光彩的。

---

[1] Mugdan, Die gesamten Materialien zum Buergerlichen Gesetzbuch fuer das deutsche Reich Ⅱ (1899), 1297. 转引自 [奥] 赫尔穆特·考茨欧、亚历山大·瓦齐莱克主编：《针对大众媒体侵害人格权的保护：各种制度与实践》，余佳楠、张芸、刘亚男译，匡敦校，北京，中国法制出版社2012年版，第178-179页。

第二次世界大战之后，德国被一分为二，1949年联邦德国的《基本法》颁布，该法第1条和第2条明确规定了保护人的尊严和人格自由发展。此后，人们普遍认为，仅仅通过民法典对特别人格权的规定显然不足以保护所有各方面的人格。经历第二次世界大战尤其是纳粹的暴行之后，德国人民对任何不尊重人的尊严和人格的行为都变得敏感起来。事实上，这些不尊重的行为除了来自国家外，还来自团体和私人方面。特别是随着大众媒体的兴起与科技的发展进步如远距离拍照、微型摄像机、窃听设备和录音技术的发展，私人间发生的侵害人格的行为变得越来越普遍，例如，窃听谈话、秘密录音、偷拍照片而加以散发；未经作者同意就散发或发表他们的信件、日记、秘录，公开他人不愿公开的私密、非法干扰他人的生活。① 对人格进行全面法律保护的缺失，显然属于民法典的法律漏洞（Gesetzesluecke），应当加以填补。第四十二届德国法学会曾于1957年专门讨论人格权的保护问题，并建议立法机关制定特别法以保护人格权，同时建议以金钱的方式来填补侵害人格权所造成的精神损害。联邦德国司法部在1958年起草了《修正民法上保护人格及名誉规定的草案（Entwurf eines Gesetzes zur Neuordnung des zivilrechtlichen Persoenlikeits-und Ehrenschutzes）》，该草案第1条第1款将《德国民法典》第847条修正为："人格权受侵害者，亦得就非财产上之损害，请求以相当的金钱包括慰抚金，赔偿其所受损害，但依据第二百四十九条的回复原状为可能且充分，或对受害人已以金钱以外的方式加以填补的，不适用；轻微的侵害，不予考虑。赔偿的金额应当依据其情况，特别应当依据侵害以及过失的程度加以决定。"然而，该草案由德国联邦司法部于1959年提交给国会后，并未被议会加以讨论。因为大选在即，当时的德国总理康拉德·阿登纳（Konrad Adenauer）不想和媒体作对。故此，他竭力反对这部法律草案，并称之为"嘴套法案"。有鉴于立法者的无动于衷，德国联邦最高法院的法官认为他们应责无旁贷地负有责任来适当发展法律，哪怕违反成文法的规定，也要加强对精神人格免受伤害的法律保护。②

---

① Brox/Walker, Allgemeiner Teil des BGB, Vahlen, 2019, §33 Rn. 20；[德]卡尔·拉伦茨：《德国民法通论》（上册），王晓晔等译，谢怀栻校，北京，法律出版社2003年版，第170-171页。

② [德]霍尔斯特·埃曼：《德国法中一般人格权的概念和内涵》，杨阳译，载《南京大学法律评论》（2000年春季号），第212页。

第六章 一般人格权

在1954年的"读者来信案（Schacht-Briefentscheidung）"中，德国联邦最高法院首创了一般人格权的概念。该案案情为：1954年德国《明镜周刊》刊登了一篇反对曾任希特勒时代的帝国银行行长和经济部长的沙赫特博士的文章——"沙赫特博士与他的公司"。该文称，沙赫特博士利用其曾担任帝国要职及在二战中的影响力，开设了一家外贸银行。由于该文将对沙赫特博士的名誉和经济利益构成重大不利，故此，沙赫特博士指示其律师（即本案的原告）给《明镜周刊》写信，要求就该文中的某些内容进行更正。原告在其给杂志社的信件中，非常清楚地表明自己是以沙赫特博士的律师身份写这封信的。但是，《明镜周刊》在"读者来信"栏目中刊登该信时，却删除了这一表明原告身份的部分，使读者认为原告似乎是以个人的身份主动支持沙赫特博士。因此，原告起诉《明镜周刊》杂志社，要求其以适当的撤销声明的方式，纠正它们所作的歪曲。德国联邦法院认为：《基本法》第1条第1款明确规定："人的尊严不可侵犯"；第2条第1款规定："在不侵害他人权利，不违背宪法秩序和道德规范的前提，人人都有自由发展其人格的自由。"这种一般人格权受到宪法的保护。原则上只有信件的作者本人单独享有决定是否将信件公之于众以及以何种方式公之于众的权利。被告擅自删改发表原告的信件，导致原告的人格呈现虚假的形象，这种行为构成了一种对"人格权所保护的私人事务领域"的侵害。因此，被告应负回复原状之义务，并刊登必要的更正启事。

在1958年2月14日"骑士案（Herrenreiter-Entscheidung）"的判决中，联邦最高法院首次承认了侵害一般人格权的精神损害赔偿义务。该案案情为：某富裕的酿酒商是一位著名的障碍马术选手，曾代表德国参加过奥运会。许多体育记者拍摄了他的照片。依据德国《美术与摄影作品著作权法》的规定，作为当代名人，可以在无须得到该骑士同意的情形下传播其照片。一家生产催情药的厂家在其产品的广告和招贴画中使用了该骑士的一幅照片。照片中他正骑着马潇洒地跨过一个障碍物，厂家也希望看过广告的人能够产生其催情药可以提高跳跃力的联想，从而达到做广告的目的。原告向法院起诉了该厂家，要求被告停止侵害并赔偿损失。二审法院判决被告向原告赔偿1万马克，被告不服上诉至联邦最高法院。联邦最高法院认为，依据德国《基本法》第1条和第2条，人格的自由决定权是法秩序的基本价值，本案中被告未经同意而擅自公开他人肖像可以类推适用《德国民法典》第847条的规定，因为这种行为是对他人精神自由的剥夺（Freiheitsberaubung im Geistigen)。① 故此，原告可以请求精神损害赔偿。②

此后，德国联邦最高法院又作出了多个重要的判决，扩大了一般人格权的保护范围以及认可侵害人格权的精神损害赔偿责任。例如，在1954年5月20日作出的"录音案"判决中，联邦最高法院认为，一般人格权赋予了每一个公民"自主决定其话语仅为其对话者、特定圈子的人或为公众知悉的权利；个人有权自主决定是否允许他人用录音机录下自己的声音"。在1961年的"结婚照案"（Hochzeitbild-Urteil）中，被告德国新闻社获取了一张原告的结婚照，该照片是经过原告的同意本拟刊载在报纸的普通报道中，但是，被告却将其放在婚介版面。联邦最高法院认为，对于侵害人格权的精神损害的金钱赔偿问题，属于法律的漏洞（Gesetzluecke），应当引用德国基本法的规定加以填补。在1961年的"人参案"（Ginsen-Urteil）中，原告为某大学国际法及教会法领域的教授，其曾被一篇一般性的学术文章错误地称为欧洲研究韩国"奇根"人参的有名学者之一。被告制造了一种含有人参成分的用于恢复元气及增加性功能的药物，在被告分发的广告中引证原告的学术权威借以推销该药物，导致原告学术声誉受损并遭受嘲笑。原告要求被告赔偿1万马克，最终得到了8 000马克的赔偿。在该案中，联邦最高法院直接依据德国《基本法》第1条及第2条，认为侵害人格权时，对于精神上的干扰如不能有适当的制裁，即民法上对人格的保护存在欠缺，不够周到。审理本案的联邦最高法院第四民事庭认为，侵害一般人格权时必须是以其他方式来补偿均不充分或不适当且侵害人存在重大过失或对当事人造成较大的人格侵害时，才能要求精神损害赔偿。③ 在1964年12月8日作出的"索拉雅案"判决中，联邦最高法院认为，报刊杜撰的对伊朗国王的王后索拉雅的专访，侵害了原告索拉雅的自决权，原告有权"自行决定是否向公众发表有关其隐私领域的言论；以及如果她有此意愿，她也有权自行决定以何种方式向公众发表此等言论"④。被告的报道

---

① Goetting/Schertz/Seitz Hrsg. Handbuch des Persoenlichkeitsrecht，2008，S. 35.
② 《德国民法典》第847条已经被废止，原第847条第1款第1句的规定是："不法侵害他人的身体或健康，或侵害他人自由者，被害人所受侵害虽非财产上的损失，亦得因受损害，请求赔偿相当之金额。"
③ 施启扬：《从个别人格权到一般人格权——西德战后对人格权的加强保护及非财产上损害赔偿的改进》，载《台大法学论丛》1974年第1期。
④ ［德］霍尔斯特·埃曼：《德国法中一般人格权的概念和内涵》，杨阳译，载《南京大学法律评论》（2000年春季号），第215页。

第六章　一般人格权

侵害了原告的一般人格权，应当通过金钱的方式消除损害。①

经过多年的发展，德国法上的一般人格权所保护的人格利益极为众多，如姓名、肖像、侮辱与其他名誉侵害、扭曲他人社会形象、侵占商业性的人格标志，自主保护、侵害隐私、死者的人格保护等。② 总的来说，德国法上的一般人格权是指受尊重的权利、直接言论（如口头和书面言论）不受侵犯的权利以及不容他人干预其私人生活和隐私的权利。③ 一般人格权涵盖了值得保护的权利状态的总和④，但是，并没有一条明确而无可争议的界线，因为对一般人格权的划界就是要对各种利益进行协调，在原告享有一般人格权的时候，其他人也有相同的权利，而且新闻媒体公开事实也有合理的公共利益，甚至还有更大的利益和完全合理的利益需要保护。所以，一般人格权虽然被德国联邦最高法院的判例所承认并被看作是《德国民法典》第823条第1款中的"其他权利"，具有绝对权的性质，但是，该权利具有一般条款的性质或者说属于"框架权利"（Rahmenrecht）"渊源权利"（Quellenrecht）。"一般人格权的概念具有一般条款般的广度和不确定性。就像人格充满活力的本质使得它本身无法用一个固定的界线封闭一样，一般人格权根据它的内容也是无法封闭式的确定的。"⑤ 在"一般人格权这件大氅下面所聚集的保护地位呈现出不同的专属性程度；其中一些可以毫不困难地解释为权利，而另外一些就不行。……所以，一项一般人格权就其真正意义而言，就像一项绝对的'对于财产'的权利一样是不存在的。我们只是使用'一般人格权'来指称一个以不同强度给予保护的利益综合体"⑥。"一般人格权并没有提供无限制的实现自己利益的可能性。……限制首先来自不能违反宪法秩序和道德规范，并且不能侵害他人的权利。在发生权利冲突而发生争议时，就需要划出一个界限来。对此利益和利害权衡

---

① 齐晓琨：《"索拉娅案"评注——德国民法中对损害一般人格权的非物质损害的金钱赔偿》，载《现代法学》2007年第1期。
② H. Koetz, G. Wagner, Deliktsrecht, 13Aufl., Vahlen, 2016, S. 152-163.
③ ［德］卡尔·拉伦茨：《德国民法通论》（上册），王晓晔等译，谢怀栻校，北京，法律出版社2003年版，第171页。
④ ［德］汉斯-约哈希姆·慕斯拉克、沃夫冈·豪：《德国民法概论》（第14版），刘志阳译，北京，中国人民大学出版社2016年版，第329页。
⑤ BGH, Krankenpapiere, BGHZ 24, 72ff. 转引自沈建峰：《一般人格权研究》，北京，法律出版社2012年版，第33页。
⑥ ［德］迪特尔·施瓦布：《民法导论》，郑冲译，北京，法律出版社2006年版，第218页。

原则就具有决定性的意义。"①

二、我国法上的一般人格权

(一)《宪法》对人身自由与人格尊严的规定

我国《宪法》在第二章"公民的基本权利与义务"中有两条规定,一条规定是第 37 条:"中华人民共和国公民的人身自由不受侵犯。任何公民,非经人民检察院批准或者决定或者人民法院决定,并由公安机关执行,不受逮捕。禁止非法拘禁和以其他方法非法剥夺或者限制公民的人身自由,禁止非法搜查公民的身体。"另一条规定是第 38 条:"中华人民共和国公民的人格尊严不受侵犯。禁止用任何方法对公民进行侮辱、诽谤和诬告陷害。"无论是《民法典》第 109 条对人身自由和人格尊严受法律保护的宣示性规定,还是第 990 条第 2 款关于"自然人享有基于人身自由、人格尊严产生的其他人格权益"的规定,都源自我国《宪法》的上述两条规定[②],是为了贯彻党的十九大和十九届二中全会关于"保护人民人身权、财产权、人格权"的精神,落实《宪法》关于"公民的人格尊严不受侵犯"的要求。[③]

《宪法》第 37 条和第 38 条对公民的人身自由和人格尊严做了正反方面的规定。一方面,从正面肯定人身自由和人格尊严不受侵犯。另一方面,又增加了禁止性规定,例如,《宪法》第 37 条规定了两个"禁止"。这种双重规定使得对人格的保护非常严格。《宪法》之所以特别规定人身自由和人格尊严,尤其是规定人格尊严不受侵犯,就是吸取了历史的教训。因为在"文化大革命"期间,人身自由与人格尊严毫无保障,为了使这一历史悲剧不再重演,《宪法》有关保障人权的规定是具有深远意义的。[④]

由于"人格尊严"与"人身自由"被同时规定在《宪法》和《民法典》当中,故此,理论界就这两项权利究竟是宪法上的基本权利还是民法上的

---

① BGH, Krankenpapiere, BGHZ 24, 72ff. 转引自沈建峰:《一般人格权研究》,北京,法律出版社 2012 年版,第 33 页。

② 黄薇主编:《中华人民共和国民法典总则编解读》,北京,中国法制出版社 2020 年版,第 343 页。

③ 沈春耀:《关于〈民法典各分编(草案)〉的说明》,载《民法典立法背景与观点全集》编写组:《民法典立法背景与观点全集》,北京,法律出版社 2020 年版,第 21 页。

④ 许崇德:《中华人民共和国宪法史》(下卷),福州,福建人民出版社 2005 年版,第 497 页。

一般人格权，存在争论。①笔者认为，我国《宪法》第37条第1款和第38条第1句所规定的人身自由与人格尊严，属于人民的基本权利或人权的范畴，它们属于宪法层面的一般人格权或者说"宪法一般人格权"。《民法典》第109条和第990条第2款规定的人身自由、人格尊严是民事权利，属于民法中的一般人格权即"民法一般人格权"。宪法一般人格权与民法一般人格权在法律效力、功能上都有明显的区别。一方面，在法律效力上，由于宪法是基本法，具有最高法律效力，一切法律、行政法规、地方性法规、自治条例和单行条例、规章都不得同宪法相抵触（《宪法》第5条第3款、《立法法》第87条）。故此，作为宪法基本权利的人身自由、人格尊严是具有最高效力位阶的权利。《民法典》虽然属于民事基本法，但其效力位阶低于宪法，我国《民法典》规定的一般人格权也来源于《宪法》的规定，是对立法机关落实基本权利国家保护义务的结果。②另一方面，在功能上，在宪法层面规定公民的人身自由和人格尊严不受侵害，主要功能在于：首先，明确了人的尊严和人的自由属于基础性的价值原理，是基本权利的出发点，在整个法秩序和法定价值体系中具有最高位阶，要求国家各类立法、司法和行政行为充分尊重并保障人的尊严和自由。例如，为了避免国家通过各种形式的立法侵害公民的人身自由，根据《宪法》制定的《立法法》明确将"限制人身自由的强制措施和处罚"以及"民事基本制度"的立法权限作为法律保留事项，只能由法律规定（《立法法》第8条第5项和第8项）。其次，抵御包括国家在内的各类主体利用公权力或私权利对人身自由和人格尊严的侵害，无论该侵害是以何种方式实施的。例如，如果警察违反正当程序对公民进行逮捕、拘禁的，该行为属于侵害公民人身自由权的违法行为，应当承担国家赔偿责任。然而，《民法典》调整的是"平等主体的自然人、法人和非法人组织之间的人身关系和财产关系（第2条）"。故此，民法上的一般人格权，难以防止国家机关或者其工作人员滥用公权力侵害私权利的行为，主要是为了防止权利人之外的自然人、法人或者非法人组织等其他民事主体实施侵害人格尊严、人身自由的侵权行为。

---

① 不同观点参见尹田：《论一般人格权》，载《法律科学》2002年第4期；薛军：《揭开一般人格权的面纱》，载《比较法研究》2008年第5期；朱晓峰：《作为一般人格权的人格尊严权——以德国侵权法中的一般人格权位参照》，载《清华法学》2014年第1期；王锴：《论宪法上的一般人格权及其对民法的影响》，载《中国法学》2017年第3期。

② 王锴：《论宪法上的一般人格权及其对民法的影响》，载《中国法学》2017年第3期。

宪法一般人格权与民法一般人格权具有密切的联系，二者相辅相成，良性互动，共同实现对人格尊严和人身自由的保护。在我国，由于不存在宪法诉讼，法院也不得进行合宪审查，司法裁判中也不能直接引用宪法条文作为依据，故此，宪法上的一般人格权主要是处于价值原理和最高遵循的地位。民法上的一般人格权则可以发挥其权利创设功能与兜底保护功能，对于各种新型的人格权益加以保护。

（二）我国法上一般人格权制度的发展

《民法通则》第101条曾规定："公民、法人享有名誉权，公民的人格尊严受法律保护，禁止用侮辱、诽谤等方式损害公民、法人的名誉。"虽然该条也提及了"公民的人格尊严受法律保护"，但是，由于这一内容与名誉权的保护合并规定在一起，未加以区分，加之《民法通则》第120条又仅规定了侵害"姓名权、肖像权、名誉权、荣誉权"的民事责任，没有规定侵害人格尊严的民事责任。故此，学说上认为，《民法通则》本身并未确立一般人格权的概念。[①]

一般人格权在我国法上真正得到确认是在2001年。当年，最高人民法院颁布了《精神损害赔偿解释》，该解释第1条第1款曾规定："自然人因下列人格权利遭受非法侵害，向人民法院起诉请求赔偿精神损害的，人民法院应当依法予以受理：（一）生命权、健康权、身体权；（二）姓名权、肖像权、名誉权、荣誉权；（三）人格尊严权、人身自由权。"[②] 这一款中的第3项"人格尊严权""人身自由权"就是一般人格权。司法解释起草者指出，之所以规定这两项一般人格权，主要目的就在于补充法律规定的具体人格权不足之弊，其依据在于《宪法》关于"中华人民共和国公民的人身自由不受侵犯""中华人民共和国公民的人格尊严不受侵犯"的规定。[③] 此后，最高人民法院于2008年颁布了《民事案件案由规定》（法发〔2008〕11号）。该规定将"人格权纠纷"作为一级案由，在其下将"一般人格权纠纷"作为三级案由，与生命权、健康权、身体权纠纷，姓名权纠纷，肖像权纠纷，名誉权纠纷等具体人格权纠纷案由相并列。在2008年增列了

[①] 王利明：《人格权法研究》（第三版），北京，中国人民大学出版社2018年版，第147页。
[②] 2020年12月29日最高人民法院修订该司法解释时，已将本条删除。
[③] 陈现杰：《人格权司法保护的重大进步和发展——〈最高人民法院关于确定民事侵权精神损害赔偿责任若干问题的解释〉的理解与适用》，载《人民法院报》2001年3月28日。

第六章 一般人格权

"一般人格权纠纷"的案由后，各地人民法院受理的一般人格权纠纷案件开始逐年增加。

表 6.1.1　2008—2019 年全国法院一般人格权纠纷案件收案情况[1]

年份	2008	2009	2010	2011	2012	2013
案件数量	1	5	14	15	49	187
年份	2014	2015	2016	2017	2018	2019
案件数量	863	437	800	850	779	696

2017 年颁布的《民法总则》第 109 条规定："自然人的人身自由、人格尊严受法律保护。"这一规定的依据也被认为是《宪法》第 37 条和第 38 条，立法机关撰写的释义书在解释《民法典》第 109 条的立法理由时写道："人身自由是自然人自主参加社会各项活动、参与各种社会关系、行使其他人身权和财产权的基本保障，是自然人行使其他一切权利的前提和基础。人格尊严是人身权的重要内容，涉及姓名权、名誉权、荣誉权、肖像权、隐私权等方面。人格尊严是自然人作为人的基本条件之一，也是社会文明进步的基本标志。"[2] 虽然从该条本身还看不出《民法总则》是否将人身自由、人格尊严作为一般人格权，但由于该条是规定在《民法总则》第五章"民事权利"当中，且紧接着该条规定的就是自然人和法人、非法人组织的各类具体的人格权，因此，理论界普遍认为，本条所规定的人身自由和人格尊严属于一般人格权。[3]

在我国《民法典》编纂时，《民法总则》的规定基本上原封不动地被纳入《民法典》中，成为第一编"总则"。故此，《民法总则》第 109 条也被完整保留下来，成为《民法典》第 109 条。不仅如此，《民法典》第 990 条第 2 款还进一步规定："除前款规定的人格权外，自然人享有基于人身自由、人格尊严产生的其他人格权益。"之所以要规定《民法典》第 990 条第

---

[1] 转引自北京市第二中级人民法院课题组：《〈中华人民共和国民法典〉颁布背景下人格权疑难问题调查研究》，内部研究报告（课题组主持人：董建中；课题负责人：邹治；课题组成员：王磊、王云、袁芳、赵胤晨、刘慧慧），2021 年 1 月。

[2] 李适时主编：《中华人民共和国民法总则释义》，北京，法律出版社 2017 年版，第 337 页。

[3] 张新宝：《〈中华人民共和国民法总则〉释义》，北京，中国人民大学出版社 2017 年版，第 215 页；王利明主编：《中华人民共和国民法总则详解》（第三版），北京，中国法制出版社 2017 年版，第 445－446 页（本部分由石佳友教授撰写）；李宇：《民法总则要义：规范释论与判解集注》，北京，法律出版社 2017 年版，第 316 页。

2款,就是为了"回应社会发展所产生的新型人格权益保护需求,避免具体列举人格权所产生的封闭性,有助于人格权益保护的体系更为完全,保护的范围也更为周延,适应社会的不断发展,发挥对人格权益进行兜底性保护的功能,保持人格权制度发展的开放性"。"对于人格权益而言,人身自由和人格尊严具有权利创设、价值指引和兜底保护等多重功能。"《民法典》第990条第2款"是框架性的、有待价值填充的、不确定的一般条款。被侵犯的人格权益在个案中是否值得保护,必须在个案中顾及所有情况,并通过以比例原则为导引的利益权衡予以确定"[①]。民法学界也认为,我国《民法典》已经正式承认了人身自由和人格尊严属于一般人格权,这不仅弥补了我国因一般人格权制度的欠缺而导致的人格权制度的不足,为充分全面地保护个人所享有的各项人格利益提供了法律依据,也能够回应随着社会发展而出现的各种新型人格权益保护的需要,避免列举具体人格权的封闭性,使人格权益保护的体系更加完善,推动人格权制度的发展。[②]

(三)我国民法典中一般人格权与具体人格权的关系

我国《民法典》的人格权编规定了较为丰富的具体人格权,包括生命权、身体权、健康权、姓名权、名称权、肖像权、名誉权、隐私权等。同时,《民法典》又规定了人身自由与人格尊严这两项一般人格权。由此产生的问题就是,《民法典》所规定的具体人格权与一般人格权是什么关系?笔者认为,我国人格权立法一开始就是遵循具体化的原则,即从《民法通则》开始,就是通过逐一列举各类具体人格权的方式来实现对人格的保护。这种列举具有以下三项重要意义:一是,吸收历史上侵害人格权的经验教训,重点保护那些为人们所熟悉的、迫切需要保护的人格权;二是,从国民的心理上,人们对于在法律条文中明确规定某种权利有很强的愿望,所谓有法可依,即在法律中规定某种权利,哪怕是宣示性的规定,也具有很重要的意义;三是,由于法院不能解释适用宪法,也不能进行违宪审查,法院

---

① 黄薇主编:《中华人民共和国民法典人格权编解读》,北京,中国法制出版社2020年版,第16-17页。

② 王利明、程啸、朱虎:《中华人民共和国民法典人格权编释义》,北京,中国法制出版社2020年版,第32页;陈甦、谢鸿飞主编:《民法典评注:人格权编》,北京,中国法制出版社2020年版,第12页以下;黄薇主编:《中华人民共和国民法典人格权编解读》,北京,中国法制出版社2020年版,第16页;最高人民法院民法典贯彻实施工作领导小组:《中华人民共和国民法典人格权编理解与适用》,北京,人民法院出版社2020年版,第25页以下。

在民事案件中，只能适用民法的规定，故此，更有必要在民法中对于人格权作出具体的列举和详细的规定，从而便于法律适用。简言之，在我国，由于宪法还不具备司法化的可能性，因而只能通过民法等部门法来落实宪法的规定并对作为基本权利的具体化的民事权利予以保护。而正是这种对人格权采取具体化的立法模式决定了，《民法典》实施后，其第990条第2款的规定主要就是发挥拾遗补缺，适应社会发展的需要而对新型的人格利益予以相应保护的作用。也就是说，在人格权纠纷案件中，法官首先必须确定被侵害的权利是否属于以及属于何种具体的人格权，或者原告所主张的被侵害的人格利益是否能够为既有的具体人格权所涵盖。如果原告所主张的被侵害的人格利益无法被具体的人格权涵盖且属于合法利益、具有保护的必要性与正当性，那么就可以考虑是否可以运用《民法典》第990条第2款规定的一般人格权加以保护。

第二节 人身自由与人格尊严

一、人身自由

如前所述，《民法典》第109条以及第990条第2款规定的"人身自由"来自《宪法》第37条。《宪法》第37条将"人身自由"作为公民的基本权利之一加以规定。对于《宪法》第37条中"人身自由"的含义，宪法学界多数观点认为，其仅指身体行动自由或身体自由，即任何人享有的无正当理由，身体不受搜查或拘禁的自由。[1] 除《宪法》和《民法典》外，我国还有不少法律对人身自由的保护作出了规定，特别是一些法律对于特殊群体的人身自由的保护还专门作出了规定。例如，《妇女权益保障法》第37条规定："妇女的人身自由不受侵犯。禁止非法拘禁和以其他非法手段剥夺或者限制妇女的人身自由；禁止非法搜查妇女的身体。"《残疾人保障法》第40条规定："任何单位和个人不得以暴力、威胁或者非法限制人身自由的手段强迫残疾人劳动。"《精神卫生法》第5条第2款规定："任何组织或

---

[1] 蔡定剑：《宪法精解》，北京，法律出版社2006年版，第259页；林来梵：《宪法学讲义》（第三版），北京，清华大学出版社2018年版，第407页；于文豪：《基本权利》，南京，江苏人民出版社2016年版，第174页。

者个人不得歧视、侮辱、虐待精神障碍患者，不得非法限制精神障碍患者的人身自由。"《消费者权益保护法》第 27 条规定："经营者不得对消费者进行侮辱、诽谤，不得搜查消费者的身体及其携带的物品，不得侵犯消费者的人身自由。"

在《民法典》颁布前，《精神损害赔偿解释》第 1 条第 1 款第 3 项规定了作为一般人格权的人身自由权，该司法解释中的人身自由权是指"自然人的活动不受非法干涉、拘束或者妨碍的权利。它包括身体自由和意志自由两个方面的内容；也是人之所以为人的一般人格利益。"[1] 有学者认为，作为一般人格权的人身自由权包括身体行动的自由与精神活动的自由。身体行动的自由是自然人根据自己的愿望自由支配自己外在身体运动的权利，精神活动自由的实质则为意思决定自由，是自然人进行意思表示或者其他民事活动的意志决定自由。至于单纯权利行使的自由以及作为公民基本权利的言论自由、信仰自由以及作为具体独立地位的婚姻自主权、性自主权等不属于其范围。[2] 有的学者则认为，人身自由包括两方面的内容：一是身体活动的自由，即肢体行为等物理活动上的自由；二是自主决定，将自主决定作为人身自由的内容可以弥补具体人格权规定的不足。至于精神活动的自由，因其涉及的范围十分宽泛，且许多内容受到公法的调整，故此不属于一般人格权的内容。[3]

我国《民法典》颁布后，对于第 109 条以及第 990 条第 2 款规定的"人身自由"的含义也有不同的理解。第一种观点认为，所谓人身自由包括身体行动的自由和自主决定的自由，是自然人自主参加社会各项活动、参与各种社会关系、行使其他人身权和财产权的基本保障，是自然人行使其他一切权利的前提和基础。[4] 第二种观点认为，人身自由是一个独立的主观权利，是一个像生命权、身体权和健康权一样的具体人身权。人身自由即移动自由、来去自由，是指权利主体所享有的决定是否离开某一个

---

[1] 唐德华主编：《最高人民法院〈关于确定民事侵权精神损害赔偿责任若干问题的解释〉的理解与适用》，北京，人民法院出版社 2001 年版，第 28 页。
[2] 冉克平：《论人格权法中的人身自由权》，载《法学》2012 年第 3 期。
[3] 王利明：《人格权法研究》（第三版），北京，中国人民大学出版社 2018 年版，第 150-151 页。
[4] 黄薇主编：《中华人民共和国民法典人格权编解读》，北京，中国法制出版社 2020 年版，第 16 页；王利明、程啸、朱虎：《中华人民共和国民法典人格权编释义》，北京，中国法制出版社 2020 年版，第 33 页。

地方的自由。① 第三种观点认为，人身自由是指自然人在法律规定的范围内享有人身不受侵犯和自主行为的自由，狭义的人身自由就是指身体自由，即自然人的行动自由不受非法限制，身体不受非法搜查，不受非法逮捕或拘禁；广义的人身自由还包括自然人的住宅不受侵犯、通信自由、通信秘密受法律保护、享有婚姻自主权利等。②

笔者认为，《民法典》第990条第2款规定的"自然人享有基于人身自由、人格尊严产生的其他人格权益"，本身就是对同条第1款所列举的自然人的各项具体人格权的补充与发展。因此，在理解作为一般人格权的人身自由的含义时不能脱离具体人格权的规定。以往，身体行动的自由包括不受非法拘禁、非法逮捕和非法搜查身体确实一直被认为是人身自由的主要内容，但是，由于《民法典》第1003条已经明确将"行动自由"纳入作为具体人格权的身体权，且《民法典》人格权编第二章"生命权、身体权和健康权"中还专门作出了规定，即第1011条规定："以非法拘禁等方式剥夺、限制他人的行动自由，或者非法搜查他人身体的，受害人有权依法请求行为人承担民事责任。"由此可见，我国《民法典》已将行动自由纳入身体权当中加以保护。故此，在理解作为一般人格权的人身自由时，其无须再包含身体行动的自由。既然如此，对人身自由就应当做更广义的理解，即应当将其理解为一般行为自由或自主决定的自由。唯其如此，才能发挥人身自由这项一般人格权阐释具体人格权以及发展和保护新型人格利益的功能。③

需要注意的是，将人身自由理解为一般行为自由或者自由发展人格的自由，不等于要将言论自由、集会自由、出版自由等公民的基本政治权利涵盖在内，也不等于将意思表示自由、婚姻自由包括进去。因为，前者规定在《宪法》当中，不由《民法典》调整，而对于后者，《民法典》已作出了相应的规定，如《民法典》第110条第1款已经将婚姻自主权作为一类人格权加以规定，同时第1042条第1款也明确规定："禁止包办、买卖婚

---

① 陈甦、谢鸿飞主编：《民法典评注：人格权编》，北京，中国法制出版社2020年版，第16页。
② 最高人民法院民法典贯彻实施工作领导小组：《中华人民共和国民法典人格权编理解与适用》，北京，人民法院出版社2020年版，第90页。
③ 在我国司法实践中，人身自由的含义比较狭窄，除非将其解释为"人格自由"，否则人身自由权在发展新型人格利益方面的补充功能不太明显，主要是人格尊严发挥着巨大的作用。

姻和其他干涉婚姻自由的行为。禁止借婚姻索取财物。"再如,意思表示自由是我国民法的基本原则,《民法典》第 5 条规定:"民事主体从事民事活动,应当遵循自愿原则,按照自己的意思设立、变更、终止民事法律关系。"侵害民事主体意思表示自由的行为可能构成欺诈、胁迫、恶意串通等,由此导致民事法律行为被认定为无效或被撤销,随即产生相应的民事责任,对此,《民法典》总则编与合同编中也有相应的规定。

二、人格尊严

尊严在汉语中的意思包括"尊贵庄严"和"可尊敬的身份或地位"[①]。在德语中,尊严一词为"Wuerde",词源上接近于"价值"(Wert)。康德在《道德形而上学的奠基》一书中指出:"在目的的王国中,一切东西要么有一种价格,要么有一种尊严。有一种价格的东西,某种别的东西可以作为等价物取而代之;与此相反,超越一切价格、从而不容有等价物的东西,则具有一种尊严。"[②] 显然,康德认为,尊严是一种内在的、无条件的价值。[③] 在《道德形而上学》中,康德写到:"人性本身就是一种尊严,因为人不能被任何(既不能被他人,也甚至不能被自己)纯然当做手段来使用,而是在任何时候都必须同时当做目的来使用,而且他的尊严(人格性)正在于此,由此他使自己高于一切其他不是人,但可能被使用的世间存在者,因而高于一切事物。"[④] 简单地说,人格尊严或者说人的尊严,就是要求任何组织和个人都应当把他人(自然人)当人看,当作目的,而不是当作物、当作手段,使人成其为人,活的像一个人。

我国《宪法》第 38 条规定:"中华人民共和国公民的人格尊严不受侵犯。禁止用任何方法对公民进行侮辱、诽谤和诬告陷害。"宪法学者认为,人格尊严是人格权的核心。所谓尊严,就是指公民所具有的自尊心和自爱

[①] 中国社会科学院语言研究所词典编辑室:《现代汉语词典》(第七版),北京,商务印书馆 2016 年版,第 1754 页。

[②] 李秋零主编:《康德著作全集》(第 4 卷),李秋零译,北京,中国人民大学出版社 2010 年版,第 443 页。

[③] [英]迈克尔·罗森:《尊严:历史和意义》,石可译,北京,法律出版社 2018 年版,第 23 页。

[④] 李秋零主编:《康德著作全集》(第 6 卷),张荣、李秋零译,北京,中国人民大学出版社 2010 年版,第 474 页。

心不受伤害,个人价值不受到贬损的权利。如果一个人丧失了人格尊严,也就丧失了人作为人的基本要件。① 关于《宪法》中人格尊严的含义,一些宪法学者认为,我国《宪法》上的人格尊严与德国《基本法》上的"人性尊严"或"人的尊严"(die Wuerde des Menschen)并不完全等同。德国《基本法》第1条第1款规定的人的尊严是该法中绝对的、最重要的基本权利,是"规范之规范""基本权利的基本权利"。但我国《宪法》上的人格尊严只是一项具体的基本权利,难以取得如同德国《基本法》上人性尊严相同的地位。② 也有宪法学者认为,从《宪法》第38条的规范结构来看,虽然其未如同德国《基本法》第1条第1款那样使用"人的尊严"的表述,但是,可以将第38条第1句"中华人民共和国公民的人格尊严不受侵犯"理解为一个独立的规范性语句,表达了类似"人的尊严"这样的具有基础性价值的原理或可以作为基本权利体系的出发点。简单地说,就是指人应该像人一样活着,应当得到人应有的待遇,而不应被作为非人格的对象来对待。③ 而该条第2句则与第1句结合成为一项个别权利的保障条款,该权利属于宪法上的人格权,即基于人的尊严,为人格的独立、自由和发展所不可或缺的那些权利。④

在民法中,《民法通则》首次对人格尊严作出了规定,该法第101条规定:"公民、法人享有名誉权,公民的人格尊严受法律保护,禁止用侮辱、诽谤等方式损害公民、法人的名誉。"从这一规定可以看出,由于受到《宪法》第38条第2句"禁止用任何方法对公民进行侮辱、诽谤和诬告陷害"的影响,《民法通则》并未在民事权利的层面上对名誉权和人格尊严作出区分。当时的一些民法学者也认为,"名誉主要属于客观范畴,人格尊严主要属于主观范畴的自尊意识和自我评价(人格尊严),实际上是作为客观范畴的外界认识和社会评价(名誉或名声)的反映。因此,公民的名誉是同其人格尊严密切相联的"⑤。《民法通则》将人格尊严具体化为名誉权内涵的做法,固然有一定道理(因为侵害名誉权常常会对人格尊严造成损害)。但

---

① 蔡定剑:《宪法精解》,北京,法律出版社2006年版,第261页。
② 于文豪:《基本权利》,南京,江苏人民出版社2016年版,第176-177页。
③ 林来梵:《宪法学讲义》(第三版),北京,清华大学出版社2018年版,第410页。
④ 林来梵:《人的尊严与人格尊严——兼论中国宪法第38条的解释方案》,载《浙江社会科学》2008年第3期。
⑤ 徐开墅、成涛、吴弘:《民法通则概论》,群众出版社1988年版,第201-202页。

是，将人格尊严局限于名誉权，则不利于对人格尊严的维护。因为加害行为有时并不构成对名誉权的侵害，但却侵害了人格尊严，如怀疑他人偷窃而非法搜身、强迫他人下跪或在他人房门上书写诅咒性言语等。[1] 例如，在一个案件中，原告离开被告的商店时，店门口警报器鸣响，被告的工作人员怀疑原告偷盗了店内物品，遂将原告带入该店办公室内。在仅有一名女保安员及一名女店员二人在场的情况下，要求原告解脱裤扣接受女保安的检查。此种擅自对他人进行搜身的非法行为并未导致原告的社会评价降低，而只是使原告倍感屈辱，人格尊严受损。一审法院认定该行为侵害原告的名誉权。二审法院判决撤销一审判决，改判为侵害人格尊严权。[2]

由此可见，人格尊严与名誉权是存在明显的区别的。《民法通则》之后的一些法律已经注意到了此点。例如，《妇女权益保障法》第62条规定："妇女的名誉权、荣誉权、隐私权、肖像权等人格权受法律保护。禁止用侮辱、诽谤等方式损害妇女的人格尊严。禁止通过大众传播媒介或者其他方式贬低损害妇女人格。未经本人同意，不得以营利为目的，通过广告、商标、展览橱窗、报纸、期刊、图书、音像制品、电子出版物、网络等形式使用妇女肖像。"《治安管理处罚法》第5条第2款规定："实施治安管理处罚，应当公开、公正，尊重和保障人权，保护公民的人格尊严。"《消费者权益保护法》第14条规定："消费者在购买、使用商品和接受服务时，享有人格尊严、民族风俗习惯得到尊重的权利，享有个人信息依法得到保护的权利。"《慈善法》第62条规定："开展慈善服务，应当尊重受益人、志愿者的人格尊严，不得侵害受益人、志愿者的隐私。"《旅游法》第10条规定："旅游者的人格尊严、民族风俗习惯和宗教信仰应当得到尊重。"

对于《民法典》中规定的人格尊严，应当理解为人的尊严或人性尊严，即"个人作为一个人所应有的最基本的社会地位并且应当受到社会和其他人的最基本的尊重，是个人基于自己所处的社会环境、地位、声望、工作环境、家庭关系等各种客观条件而对自己和他人的人格价值和社会价值的认识和尊重"[3]。在宪法层面，人格尊严处于基本价值原理和基本权利出发

---

[1] 薛某林诉杨某凤侮辱诅咒其房屋侵害人格尊严精神损害赔偿案，江苏省镇江市中级人民法院（2006）镇民一终字第339号民事判决书。

[2] 钱某诉上海屈臣氏日用品有限公司、上海屈臣氏日用品有限公司四川北路店名誉权纠纷案，上海市第二中级人民法院（1998）沪二中民终字第2300号民事判决书。

[3] 王利明：《人格权法研究》（第三版），北京，中国人民大学出版社2018年版，第152页。

点的地位，而在民法层面，作为一般人格权的人格尊严具有理解具体人格权和发展、保护新型人格权益的功能。

三、基于人身自由和人格尊严产生的其他人格权益

《民法典》第990条第2款规定："除前款规定的人格权外，自然人享有基于人身自由、人格尊严产生的其他人格权益。"从这一规定可知，首先，只有自然人才能享有一般人格权，法人和非法人组织都不可能享有基于人身自由、人格尊严产生的其他人格权益。在这一点上，我国法与德国法不同，德国法上认定法人也享有一般人格权。但是，我国《宪法》第37条和第38条只规定了中华人民共和国公民享有人身自由和人格尊严受法律保护的权利，并未规定法人和非法人组织享有人身自由和人格尊严。此外，"法人和非法人组织更多地涉及市场活动，如果其人格权益过分开放，由于具有不确定性，因此可能会是一种潜在的对市场竞争和自由的限制，对它们所谓的人格权益的侵害也首先可以通过反不正当竞争法、侵害财产权益的侵权责任等法律途径予以保护，不需要用与自然人同样的方式解决"[①]。

其次，该款所谓的"其他人格权益"是指《民法典》和其他法律已经规定的具体人格权益之外的人格权益，如果原告所主张的人格权益已经为现行法律所明定，则不适用第990条第2款；此外，基于人身自由和人格尊严产生的新型的人格权益既包括新型的人格权，也包括新型的应受法律保护的人格利益。需要注意的是，虽然学说上将"人身自由""人格尊严"称为一般人格权，但是自然人享有基于这两项一般人格权所产生的其他人格权益，并不能直接称为"人身自由权"或"人格尊严权"。这一点和德国不同，在德国法上，受到一般人格权保护的人格权益都可以统称为"一般人格权"。从我国司法实践来看，对于依据《民法典》第990条第2款而保护的其他人格权益，人民法院立案的案由为"一般人格权纠纷"。

最后，法院在审判中认定自然人是否享有基于人身自由、人格尊严产生的其他人格权益时，需要认真权衡各种价值和利益，尤其是自然人的人格利益的保护与他人的言论自由、出版自由、营业自由、学术自由等合理

[①] 黄薇主编：《中华人民共和国民法典人格权编解读》，北京，中国法制出版社2020年版，第18页。

行为自由以及公共利益的关系。在判断自然人是否享有基于人身自由、人格尊严产生的其他人格权益时，《民法典》第998条和第999条的规定也应适用。

四、司法实践中侵害一般人格权的情形

一般人格权具有填补法律漏洞、补充和发展新型人格利益的功能，故此，实践中法院审理的一般人格权纠纷案件日渐增多，但也不可避免地出现了"人格权泛化"的现象，即原告凡是无法为具体人格权所涵盖而又自认为遭受侵害的人格利益皆通过一般人格权纠纷作为案由请求法院保护。例如，在北京市第二中级人民法院自2015年以来审理的一般人格权纠纷案件中，法院最终认定侵犯一般人格权案件仅占27%，在未认定侵犯一般人格权的案件中，原告主张以一般人格权被侵害为由主张保护的"人格权益"包括亲属权、配偶权、祭奠权、受教育权、知情权等，而主张被侵犯的理由则包括被歧视、被忽视以及未被平等对待等。[1] 然而，并非这些情形都属于侵害一般人格权的情形。笔者认为，可以认定为侵害一般人格权的案件主要包括以下类型。

1. 就业歧视。我国《劳动法》第12条规定："劳动者就业，不因民族、种族、性别、宗教信仰不同而受歧视。"《就业促进法》第3条规定："劳动者依法享有平等就业和自主择业的权利。劳动者就业，不因民族、种族、性别、宗教信仰等不同而受歧视。"此外，该法第27至31条还明确规定，不得歧视妇女、少数民族、残疾人、农村劳动者，也不得以是传染病病原携带者为由拒绝录用。实践中经常发生用人单位以劳动者为女性、乙肝病毒携带者或特定地域的人等不正当理由而拒绝录用的情形。此类案件被最高人民法院《民事案件案由规定》明确列为一般人格权纠纷案由的下一级案由即"平等就业权纠纷"。例如，在一起案件中，原告前往被告处面试采购职位，后被告的人事部员工通过微信通知原告已通过面试，试用期工资为5 000元/月，2020年3月16日入职，同时要求原告提供入职体检报告（附加乙肝两对半）。当日原告向杨某如实告知自己是乙肝病毒携带者后，

---

[1] 北京市第二中级人民法院课题组：《〈中华人民共和国民法典〉颁布背景下人格权疑难问题调查研究》，内部研究报告（课题组主持人：董建中；课题负责人：邹治；课题组成员：王磊、王云、袁芳、赵胤晨、刘慧慧），2021年1月。

被告明确表示已决定不录用原告。对此，法院认为，本案属于一般人格权纠纷，被告的行为侵害了原告的平等就业权。① 再如，另一个案件中，被告以原告是河南人为由，明确拒绝录用原告，法院认为："用人单位如无正当理由，基于劳动者的性别、某某籍、外貌等与工作内在要求没有必然联系的先天形成的因素，而非学历、工作经验等与工作内在要求密切相关的后天获取的因素对劳动者进行差别对待的，应当认定构成就业歧视行为。作为用人单位而言，其虽享有用人自主权，但平等就业权是劳动者生存和发展的前提，是劳动者的一般人格权之所在，用人单位对用人自主权的行使应始终谨守权利的边界，不得以实施就业歧视的方式侵犯劳动者的平等就业权。"②

2. 侮辱他人人格却不构成侵害名誉权。例如，被告用白色封箱纸环绕四边粘贴封盖了原告家的对联，在发现该白色边封盖物被揭开拿掉后被告又撕毁了原告家的对联③；被告向原告及其家属发送带有淫秽、侮辱、诅咒内容的短信或邮件，在他人房屋上喷涂书写诅咒他人全家死光的话语等，对原告的人格进行侮辱；或者被告用非常恶毒、肮脏的字眼咒骂原告等。④ 被告的这些行为客观上并未导致受害人的社会评价降低，没有损害名誉权，但是这些行为属于所谓的"伤害不大，侮辱性极强"的行为，认定为侵害人格尊严比较合适。

3. 侵害性自主决定权。此类案件中，被告以欺骗的方式，使原告与其发生性关系并怀孕的案件，原告主张其性自主权遭受侵害，由于我国法律上未承认性自主权，加之此种情形下可能并不侵害身体权和健康权，故此，

---

① 卢丽丽与深圳市兆新能源股份有限公司一般人格权纠纷案，广东省深圳市罗湖区人民法院（2020）粤 0303 民初 26265 号民事判决书。

② 闫某琳与浙江喜来登度假村有限公司平等就业权纠纷上诉案，浙江省杭州市中级人民法院（2020）浙 01 民终 736 号民事判决书。

③ 相关案例参见，李某萍、杨某城一般人格权纠纷案，广东省广州市中级人民法院（2020）粤 01 民终 6694 号民事判决书；陈某诉杨某某一般人格权纠纷案，上海市普陀区人民法院（2009）普民一（民）初字第 6045 号民事判决书。

④ 栗某芹等与栗某水一般人格权纠纷上诉案，北京市第一中级人民法院（2017）京 01 民终 9424 号民事判决书；江某等与黄某一般人格权纠纷上诉案，山东省青岛市中级人民法院（2017）鲁 02 民终 3204 号民事判决书；李某与 Franck 名誉权、一般人格权纠纷上诉案，江苏省泰州市中级人民法院（2017）苏 12 民终 234 号民事判决书；卢某梅、宋某一般人格权纠纷案，湖北省襄阳市中级人民法院（2019）鄂 06 民终 2064 号民事判决书；张某荣与李某东一般人格权纠纷上诉案，江苏省宿迁市中级人民法院（2015）宿中民终字第 01570 号民事判决书。

不少法院认为原告的一般人格权受到侵害。例如，在一个案件中，法院认为：“陈某某主张其健康权和人格权均受到了王某某的侵害。本案中，陈某某怀孕后以手术的方式流产，还经过二次清宫术，确实致使身体受到损害，但这一后果并非是王某某上述侵权行为的直接后果，故本案显然不应认定王某某侵犯了陈某某的健康权。至于王某某侵犯了陈某某何种权利，学术界对类似问题有过相关讨论，存在性选择权、贞操权等被侵犯的观点。但此学术层面的权利种类，并未得到我国法律的明确规定，并不宜在司法实践中直接认定上述权利种类被侵犯。但一般而言，性选择权或贞操权等属于一般人格权的范畴。所谓一般人格权是指公民、法人享有的，包括人格独立、人格自由和人格尊严内容的一般人格利益，并由此产生和规定具体人格权的个人基本权利。其在《中华人民共和国民法总则》、《中华人民共和国侵权责任法》及最高人民法院《精神损害赔偿解释》等法律及司法解释中均有直接或间接的体现。故此，本案可认定王某某侵犯陈某某的一般人格权。”①

4. 非法搜查他人身体或物品。此种行为往往会同时侵害受害人的人身自由和人格尊严（如限制受害人离开并强行搜身），但也可能未侵害人身自由而仅侵害人格尊严。例如，在一个案件中，原告张某因工作关系于2011年9月15日到访过被告公司，离开时被该公司的保安员要求其打开随身携带的包进行检查而引发争执。原告以被告公司的保安员无理提出搜包和强行阻拦其离开，侵犯其人格尊严权和人身自由权为由，起诉要求被告公司对其赔礼道歉并赔偿精神损害费1元。法院认为：所谓人格尊严是指民事主体作为一个"人"所应有的最起码的社会地位并且应受到社会和他人最起码的尊重。故此，被告公司的保安员要求搜包的行为不当，侵犯了原告的人格尊严。②

5. 人体胚胎、冷冻卵子的归属与侵权。例如，在"陈某与徐某一般人格权纠纷案"中，陈某、徐某在夫妻关系存续期间曾于某医院分别进行了取卵、取精。该医院将陈某的卵子和徐某的精子进行体外受精，并将受精

---

① 陈某某、王某某一般人格权纠纷案，广东省广州市中级人民法院（2020）粤01民终19285号民事判决书。类似案例参见，罗某某、赵某某一般人格权纠纷案，湖南省长沙市中级人民法院（2020）湘01民终2490号民事判决书。

② 张某与广州达意隆包装机械股份有限公司一般人格权纠纷上诉案，广东省广州市中级人民法院（2012）穗中法民一终字第1661号民事判决书。

后形成的胚胎进行冷冻保存。后陈某、徐某经法院调解离婚。因徐某拒绝签字同意，陈某无法通过玖和医院将胚胎移植入体内孕育，故提起本案诉讼，请求法院确认陈某有权将陈某与徐某提存在医院的卵子和精子结合形成的胚胎植入陈某的体内孕育。[1] 再如，原告为单身女性，其要求医疗机构冷冻其卵子，以备将来使用，医疗机构以违反法律规定为由加以拒绝（《人类辅助生殖技术规范》明确规定：禁止给单身妇女实施人类辅助生殖技术。），原告以医疗机构侵害一般人格权为由提起诉讼。[2]

---

[1] 广东省湛江市中级人民法院（2015）湛中法民一终字第583号民事判决书。
[2] 《全国首例单身女性争取冻卵案将于12月23日开庭》，https://news.sina.com.cn/s/2019-12-18/doc-iihnzhfz6810132.shtml。

第七章 生命权

第一节 概　述

一、生命权的含义

《现代汉语词典》(第七版)的编纂者将"生命"界定为:"生物体所具有的活动能力,生命是蛋白质存在的一种形式。"[1] 英语词典中的"life(生命)"是指,"人、动物和植物在死亡之前拥有的呼吸、生长和繁衍的能力,而物体则不拥有这些能力"[2]。毫无疑问,自然意义上的生命是生物学、病理学、植物学、化学等自然科学的研究对象。法律上的生命及生命权不同于自然科学中的生命,因为前者总是围绕着权利、义务和责任而展开。生命是自然人存在的基础。自然人的生命始于出生,终于死亡。自然人在出生之前,没有民事权利能力,不是民事主体,因此不享有生命权——尽管其作为胎儿在母体内也受到法律在一定程度上的保护(《民法典》第16条),故此,无论是孕妇堕胎,还是他人侵害导致母体流产,都能不认为侵害了胎儿的生命权。这一点在我国立法和理论上没有争议。在2004年就"沃欧诉法国案"(Vo v. France)作出的裁决中,欧洲人权法院认为,胎儿不能被认为属于《欧洲人权公约》第2条下保护的人,如果认为胎儿有生命权,那么其权利将受到母亲权利和利益的制约,当然在特定情形下,《欧

---

[1] 中国社会科学院语言研究所词典编辑室:《现代汉语词典》(第七版),北京,商务印书馆2016年版,第1168页。

[2] [英]霍恩比:《牛津高阶英汉双解词典》(第9版),李旭影等译,北京,商务印书馆、牛津大学出版社(中国)有限公司2018年版,第1246页。

洲人权公约》第2条也可能扩张到保护胎儿的权利。[1]

自然人死亡后,生命权也归于消灭。死亡后的自然人的肉体成为尸体,属于法律上特殊的物,受到相应的保护(《民法典》第994条)。《民法典》对生命权作出了规定,其第1002条规定:"自然人享有生命权,自然人的生命安全和生命尊严受法律保护。任何组织或者个人不得侵害他人的生命权。"由此可见,所谓生命权是指,自然人以自己的生命为客体而享有的以维护生命安全和生命尊严为内容的人格权,其具有以下特征。

(一) 生命权是自然人享有的最重要且最基本的人格权之一

虽然从自然科学的角度上说,生命是蛋白质存在的一种形式,自然人、动物和植物都有生命,但是,法律是调整人与人的关系的,故此,只有自然人才享有法律上的生命权,而动物、植物以及法律上拟制的主体(法人、非法人组织),都不享有生命权。对于自然人而言,生命权是法律保护的最高利益(das hoechste Rechtsgut),是最高人权,因为生命权是自然人的所有其他民事权益、权利,社会文化权利,政治权利的基础与来源。如果生命权得不到有效的保障,其他权利都不再有意义。故此,"世界上只存在一种基本权利(所有其他权利都是其结果或推论),即个人拥有生命的权利。生命是一个自我维持和自我创造的过程。拥有生命权就意味着有权利参与自我维持和自我创造的活动;意味着根据理性人的本性,他可以自由地实施所有支持、促进、完成和享受其生命所需的行动"[2]。

在我国《民法典》编纂过程中,有观点认为,自然人生下来就有生命权,这是毫无疑问的事情,不需要由《民法典》或其他法律来确认。难道法律上不确认自然人享有生命权,自然人就不享有生命权了吗?生命、身体、健康本来就是属于自然人的,是内在于人的,是因人的存在而当然存在的东西,无须法律上专门规定自然人享有生命权,包括对身体权或健康

---

[1] 该案原告为越南人沃欧女士,被告是法国政府。1991年11月27日,原告前往医院理性检查,因为原告的姓氏与另外一位病人相同,加之原告不能用法语正常交流,故此妇科医生错误地对原告实施了避孕环摘除手术,从而导致原告流产。事发后,原告向法院起诉医生过失杀人罪,但是,法国终审法院认为,法律没有规定胎儿是法律意义上的人,故此医生不构成过失杀人罪。1999年12月,原告上诉到欧洲人权法院。参见[奥]伊丽莎白·史泰纳、陆海娜主编:《欧洲人权法院经典判例节选与分析第一卷:生命权》,北京,知识产权出版社2016年版,第76页以下;刘宇萍:《胎儿生命权:一个欧洲人权法院裁而未决的问题》,载《中国检察官》2009年第4期。

[2] [美]安·兰德等:《自私的德性》,焦晓菊译,北京,华夏出版社2007年版,第92页。

权的规定也是毫无必要的。《民法典》只要规定对它们的消极保护即可，不可能也不应当对之进行所谓的积极的赋权。[1] 从比较法上来看，也曾有不规定生命权的观点，不过理由和我国反对规定生命权的学者有所不同而已。例如，1966年的《葡萄牙民法典》并没有将生命权规定为一种具体的人格权，因为该民法典的起草者认为：首先，刑法对于生命权已经有所保护，民法无须规定。其次，生命权受到侵害时能否用民事责任加以弥补，值得怀疑。[2] 然而，继受《葡萄牙民法典》的我国澳门特别行政区民法典却没有接受这一观点。《澳门民法典》第70条规定：“任何人均有生命权。生命权不得放弃或转让，亦不得受法定或意定的限制。”《澳门民法典》之所以明确承认生命权，是因为生命权是最重要的人格权，"可以说在不承认生命权的情况下，承认其他权利是没有意义和效用的"，在《澳门基本法》第30条"承认人类尊严及其不可违反性"的前提下，必然引申出对生命权的承认以及维持生命的权利。[3]

本书认为，我国《民法典》规定生命权是非常必要的。具体理由在于：首先，生命权虽然不是能够由包括《民法典》在内的任何法律所赋予的，但是，其作为自然人最基本的人权和民事权利，却需要由宪法、刑法、民法、行政法等法律予以严格的保护。如果没有生命权，则其他任何民事权利以及政治权利、社会权利都将成为无源之水、无本之木。正因如此，我国早在《民法通则》中就对生命权作出了规定。《民法通则》第98条规定："公民享有生命健康权。"参与起草《民法通则》的学者们认为："生命健康权就是指公民享有的生命安全、身体健康和机能完善的权利，它是人身权的基础，是最基本的人身权，因为如果生命健康权没有了，其他一切权利都谈不上了。因此，一切侵犯公民生命健康权的行为，都要严格依法追究民事责任。"[4] 此后，在《侵权责任法》等法律和司法解释中，也始终将生命权作为自然人享有的最基本和最重要的民事权利。《民法典》更是明确突出了生命权、身体权和健康权作为最高位阶的民事权利的地位，如《民法

---

[1] 李永军：《民法总则》，北京，中国法制出版社2018年版，第220-222页。

[2] 唐晓晴、苏建峰、吴奇琦：《民法一般论题与〈澳门民法典〉总则》（下册），北京，社会科学文献出版社2020年版，第32页。

[3] 唐晓晴、苏建峰、吴奇琦：《民法一般论题与〈澳门民法典〉总则》（下册），北京，社会科学文献出版社2020年版，第32页。

[4] 孙亚明主编：《民法通则要论》，北京，法律出版社1991年版，第204页。

典》第 998 条明确认可了生命权、身体权和健康权不适用动态系统。

其次,刑法将各类故意或过失侵害生命权的行为相应地认定为犯罪,并对犯罪分子施加刑法上的处罚,从而维护自然人的生命安全。但是,刑事责任始终以惩治和预防犯罪为目的,只有民事责任才以补偿为基本功能。侵害生命权的行为不仅会构成犯罪,也构成侵权行为,行为人应当承担侵权责任。虽然生命权被侵害者已经死亡,但是其近亲属可以成为赔偿权利人,就相应的财产损失和精神损害要求侵权人承担侵权赔偿责任。故此,在《民法典》中将生命权规定为人格权对于保护广大自然人具有重要意义。

最后,如果说在近代民法中只要消极地保护生命权、身体权、健康权即符合社会的需要,符合保障人权的法治原则,那么随着现代社会尤其是科学技术的发展,一方面,侵害生命权、身体权和健康权的行为种类繁多,法律上需要不断拓宽这些人格权的保护范围;另一方面,生命权、身体权和健康权的意义也不应仅仅停留在保护自然人消极不受侵害的地步,而需要更多地朝向自然人对生命、身体和健康的自主决定的方面发展。例如,自然人在重病缠身、痛苦不堪之时,是否有权利平静、不受痛苦地死去?医学科技不发达的时候,人们对其身体确实没有什么可支配或决定的余地,但随着科学技术尤其是基因生物工程技术的发展,人们是否有权要求自主决定其人体细胞、人体器官以及遗体的处置,甚至人们是否有权利要求在自己死后通过科技将意识存储起来从而实现所谓的永生?这些都需要法律在规定生命权、身体权和健康权时加以规定。故此,生命权绝非单纯的、消极的、遭受侵害后才显现的权利。

(二) 生命权是以维护生命安全和生命尊严为内容的权利

生命权作为人格权,也属于支配权,但是人对生命的支配并不等同于人对外在于人体的有体物的支配。法律没有将对生命支配的全部形式都归于自然人,也并不保护其对生命的全部支配,否则就会出现允许他人协助某人自杀,承认双方签订的生死文书的法律效力等违反公序良俗、突破人类道德底线的情形。生命权的核心在于维护自然人生命的安全和尊严不受侵害。首先,自然人有权维护自己的生命安全。这意味着:一方面,任何组织或个人不得侵害他人的生命权,即便是得到被侵害其生命权的自然人同意,该同意也是无效的。此种侵害生命权的行为也是侵权行为、犯罪行为,应当承担法律责任,除非符合法律明确规定的可以剥夺生命权的情形。

例如，犯罪分子经法院依法审判被判处死刑并由法院执行。另一方面，在他人侵害自己的生命或者存在其他危害自己的生命安全情形时，自然人有权采取正当防卫、紧急避险等措施，从而维护自己的生命安全。因正当防卫、紧急避险给他人造成损害的，不承担民事责任（《民法典》第181条、第182条）。我国《刑法》第20条和第21条也对正当防卫和紧急避险不承担刑事责任作出了规定，其中第20条第3款明确规定："对正在进行行凶、杀人、抢劫、强奸、绑架以及其他严重危及人身安全的暴力犯罪，采取防卫行为，造成不法侵害人伤亡的，不属于防卫过当，不负刑事责任。"这就是说，自然人为了维护自己和他人的人身安全，采取防卫行为，即便造成侵害人死亡的，也不属于侵害该暴力犯罪行为人的生命权。[1]

其次，自然人有权维护自己的生命尊严。人作为人活着，应当有尊严，这种尊严首先体现为生命尊严，故此，生命的尊严是人格尊严或人之尊严的重要组成部分。所谓生命尊严，既包括自然人应当有尊严地享有生命，也包括应当有尊严地走向生命的终点，即所谓"善始善终"，尤其是在一个人罹患重病而不可避免地走向生命终点的过程中，应当保证其始终是有尊严的。2015年英国经济学人智库（EIU）公布的《死亡质量指数报告》曾依据缓和治疗与医疗环境、人力资源、医疗护理的可负担程度、护理质量以及公众参与水平等5大类指标，对全球80个地域的死亡质量指数进行统计分析，英国排名第一位，中国台湾地区排名第六位，中国大陆排名第七十一位。[2] 通过缓和医疗（Palliative Care）让患者有尊严地死亡，是得到了各国法学和医学界的高度认可的。所谓缓和医疗，也称"安宁疗护"或"姑息治疗"，依据世界卫生组织的定义，是指"通过缓解疼痛和症状以及提供精神和心理支持来改善面临危及生命的疾病患者和家庭的生活质量"[3]。缓和医疗既非让患有不治之症的病人等死，也不是给他们虚假的希望，而是在最小伤害、最大尊重的原则上，让病人舒适和有尊严地死亡，这充分体现了对生命尊严的尊重。2017年我国国家卫健委发布的《安宁疗护中心基本标准（试行）》《安宁疗护中心管理规范（试行）》和《安宁疗护实践

---

[1] 参见最高人民检察院公布的第47号指导案例"于海明正当防卫案"（检例第47号）。
[2] 《全球死亡质量指数报告：中国排倒数第10名》，新浪网 https://news.sina.cn/gn/2015-10-30/detail-ifxkhcfn4214352.d.html。
[3] 参见世界卫生组织中文官方网站对姑息治疗的定义，网址为：https://www.who.int/cancer/palliative/zh/。

指南（试行）》等规范性文件，对安宁疗护作出了规定。我国《民法典》第 1002 条将生命权界定为自然人有权维护自己的生命安全和生命尊严，就意味着承认自然人有权要求获得缓和医疗，从而有尊严地走向生命的终点。

二、宪法与民法中的生命权

作为法律概念的生命权，起源于近代民主立宪运动。1776 年美国的《独立宣言》第一次在法律文件中提出了生命权的概念并将之与自由权和追求幸福的权利一起作为天赋的不可剥夺的权利。生命权被真正写入宪法以及国际公约，则始于第二次世界大战。经历了这场残酷的、对生命无情践踏的战争后，世界各国人民真切地感受到生命权的价值和切实保护生命权的必要性。[1] 第二次世界大战后，一方面，很多国家尤其是参战国纷纷在宪法中写入了生命权，将生命权作为人权（基本权利）加以保护，例如 1949 年的德国《基本法》第 2 条第 2 款规定："人人有生命与身体之不可侵犯权。个人之自由不可侵犯。此等权利唯根据法律始得干预之。"日本在战后制订的 1946 年的新宪法第 13 条规定："一切国民作为个人受到尊重。生命、自由与追求幸福的权利，在不违反公共福利的范围内，在立法及其国政中得到最大限度的保障。"根据学者的研究，在联合国承认的 193 个主权国家中，目前至少有 154 个国家的现行宪法以各种方式规定了生命权，比例高达 80%，一些国家虽未在宪法中明确规定生命权，亦在违宪审查的实践中通过宪法解释将生命权确定为一项宪法基本权利。[2]

另一方面，战后缔结的人权领域的国际公约也对生命权作出了明确的规定。1948 年联合国的《世界人权宣言》第 3 条规定："人人有权享有生命、自由和人身安全。"1950 年的《欧洲保障人权和根本自由公约》（简称《欧洲人权公约》）第 2 条规定："1. 任何人的生命权应当受到法律的保护。不得故意剥夺任何人的生命，但是，法院依法对他所犯的罪行定罪并付诸执行的除外。2. 在使用武力是绝对必要的情况下，其所导致的对生命的剥夺不应当视为与本条的规定相抵触：（1）防卫人和人的非法暴力行为；（2）为执行合法逮捕或者是防止被合法监禁的人的脱逃；（3）镇压暴力或者是叛乱而采取的行动。"1966 年联合国的《公民权利和政治权利国际公约》

---

[1] 韩大元：《生命权的宪法逻辑》，南京，译林出版社 2012 年版，第 9 页。
[2] 上官丕亮：《生命权宪法保障的理论基础研究》，载《环球法律评论》2007 年第 6 期。

第 6 条规定:"一、人人有固有的生命权。该权利应受法律保护。不得任意剥夺任何人的生命。二、在未废除死刑的国家,判处死刑只能是作为对最严重的罪行的惩罚,判处应按照犯罪时有效并且不违反本公约规定和《防止及惩治灭绝种族罪公约》的法律进行。该刑罚非经合格法庭最后判决,不得执行。三、缔约各国认为,在剥夺生命构成灭种罪时,本条中任何部分不准许本公约的任何缔约国以任何方式克减它在《防止及惩治灭绝种族罪公约》的规定下所承担的任何义务。四、任何被判处死刑的人应有权要求赦免或减刑。对一切判处死刑的案件均得给予大赦、特赦或减刑。五、对十八岁以下的人所犯的罪行,不得判处死刑;对孕妇不得执行死刑。六、本公约的任何缔约国不得援引本条的任何部分来推迟或阻止死刑的废除。"

由此可见,生命权的概念一开始就是作为宪法上的一项基本权利或者重要的一项人权而被确认的。不过,我国《宪法》并未规定生命权。[①] 只有在民法中,生命权被作为民事权利加以规定。1986 年的《民法通则》第 98 条规定:"公民享有生命健康权"。学说认为,生命健康权是公民享有的一项人格权[②],是指公民享有的生命安全、身体健康和机能完善的权利,它是人身权的基础,是最基本的人身权。[③] 2001 年最高人民法院颁布《精神损害赔偿解释》分别规定了生命权、身体权与健康权,而 2009 年的《侵权责任法》第 2 条第 2 款仅规定了生命权与健康权。《民法总则》第 110 条最终在法律上将生命权、身体权和健康权区分规定,承认这三种均为自然人享有的人格权。《民法典》人格权编更是专章(第 2 章)对"生命权、身体权和健康权"作出了规定。

本书认为,生命权不仅是一种民事权利,需要在民法典中作出规定,更是一项基本权利和人权,应当在我国《宪法》中加以规定,因为,民法规定生命权主要是防范平等主体的自然人、法人或非法人组织侵害他人的生命权,并责令侵权人就侵害他人生命权的侵权行为承担侵权赔偿责任。宪法上规定生命权则在于:一方面,可以更加有效地防范国家公权力对生命权的侵害,包括防范来自国家立法机关、司法机关和行政机关的各种侵害。在国际公约中对作为基本权利的生命权的规定还具有防范某一国家对

---

① 不少宪法学者呼吁应当将生命权规定进我国《宪法》。参见上官丕亮:《生命权应当首先入宪》,载《法学论坛》2003 年第 4 期。
② 徐开墅、成涛、吴弘:《民法通则概论》,北京,群众出版社 1988 年版,第 198 页。
③ 孙亚明主编:《民法通则要论》,北京,法律出版社 1991 年版,第 204 页。

之加以侵害的作用。在欧洲人权法院依据《欧洲人权公约》第 2 条关于生命权保护的规定作出的多起著名的侵害生命权的判例中，原告都是针对某一国家提起诉讼。例如，在"菲诺格诺夫等人诉俄罗斯案"中，原告是在 2002 年 10 月 23 日发生的车臣恐怖分子劫持人质事件中死亡人质的亲属，其以俄罗斯安全部队在解决人质的过程中使用了有毒气体而导致人质死亡，违反了《欧洲人权公约》第 2 条的规定，要求俄罗斯政府承担民事赔偿和刑事责任。[1] 再如，"朱利尼和加焦诉意大利案"中，死者在 2011 年 7 月 20 日热那亚八国峰会期间的"反全球化"游行示威中，被意大利宪兵开枪击中而死亡。死者的父母和妹妹针对意大利当局向欧洲人权法院大审判庭提起诉讼。[2] 另一方面，在宪法中规定生命权也有利于对生命权给与更积极的保护，这一点对于立法机关更为明显，即立法机关应当积极通过各种立法来实现对生命权的充分保护义务。同时，宪法中对生命权的规定，也有利于民法、刑法、行政法、诉讼法等各个部门法在涉及生命权时，予以尊重和保护，例如，对于死刑的适用范围的限缩，再如，对于现代科技发展而出现的人体器官移植、克隆人、基因编辑、安乐死等问题的解决，因涉及生命的安全与人的尊严的价值权衡，故此也需要宪法上的指引。[3]

三、安乐死

（一）安乐死的概念与类型

所谓安乐死（Euthanasia），简单地说，就是"快乐地死亡"，它是指依因受到无法医治的疾病所引起的激烈的痛苦且处于濒临死亡状态的患者的意思，为了消除其肉体的痛苦而使其死亡的情形。对安乐死可作不同的分类。例如，依据病人对死亡的意愿可以分为自愿安乐死（voluntary Euthanasia）与非自愿安乐死（non-voluntary Euthanasia），前者是指病人在治疗

---

[1] ［奥］伊丽莎白·史泰纳、陆海娜主编：《欧洲人权法院经典判例节选与分析第一卷：生命权》，北京，知识产权出版社 2016 年版，第 15 页以下。
[2] ［奥］伊丽莎白·史泰纳、陆海娜主编：《欧洲人权法院经典判例节选与分析第一卷：生命权》，北京，知识产权出版社 2016 年版，第 34 页以下。
[3] 韩大元教授认为，为了尊重和实现生命权的价值，需要加强生命权问题的宪法学研究，从而对生命权有关的理论与实践问题提供解释的标准与依据。对此，本书表示完全赞同。韩大元：《中国宪法学应当关注生命权问题的研究》，载《深圳大学学报（人文社会科学版）》2004 年第 1 期。

时主动追求安乐死,后者是指病人已经无法表达自己的意愿但在治疗前曾要求采取安乐死或者根据他们的近亲属的意愿或清醒时指定的代理人的意愿而对其实施安乐死[①];依据实施方式的不同,可以将安乐死分为积极安乐死(active Euthanasia)与消极安乐死(passive Euthanasia)。前者是指运用药物或其他人工方法等积极作为的方式实施的安乐死,后者是指是以中断、放弃延长生命等不作为方式实施的安乐死。再如,根据行为目的还可以将安乐死分为直接安乐死和间接安乐死,前者是指以直接导致患者死亡为目的的安乐死,后者是指为了减缓痛苦而采取的治疗行为,如注射麻药、吗啡、服用安眠药等止痛,麻醉药物具有缩短生命的副作用。[②] 安乐死是一个涉及法律、道德、医学等多个领域的备受关注的问题,例如,在法学领域中,从宪法上说,安乐死涉及人的生命权与人的尊严;在民法上,作为生命权的主体,安乐死涉及自然人是否有自由的意思处分生命这种人格要素以及该处分的效力;在刑法中,安乐死则涉及是否属于违法阻却事由,从而使实施安乐死行为的医生或其他人的行为不构成犯罪行为,无须承担刑事责任。

(二)比较法上的态度

到目前为止,虽然从法律上明确认可安乐死的国家还很少。世界上第一个将安乐死合法化的国家是荷兰,荷兰于2001年4月10日通过了安乐死合法化的法案,从而成为全球首个在法律上将安乐死非犯罪化的国家。[③] 比利时紧随其后,在2002年5月通过了安乐死法案,成为世界上第二个正式将安乐死非犯罪化的国家。其他的国家多是在涉及安乐死犯罪的个案中,由法院判决认可安乐死作为违法阻却事由,免除行为人的刑事责任而已。例如,日本1950年4月14日,东京地方法院的判例就曾指出,为了解除患者躯体上的剧烈痛苦不得已侵害其生命的行为,属于刑法中的紧急避险行为,不应受到惩罚。在1962年12月22日,名古屋高等法院在审理一起儿子对身患脑溢血、瘫痪在床、痛苦难忍的父亲实施安乐死的案件时明确

---

① 王锴:《安乐死的宪法学思考》,载《法律与医学杂志》2006年第2期。
② [日]野村稔:《日本刑法总论》,北京,法律出版社2001年版,第267页。转引自梁根林:《争取人道死亡的权利——世界范围内的安乐死运动》,载《比较法研究》2004年第3期。
③ 澳大利亚虽于1996年7月1日生效的《垂危病人权利法》承认了安乐死,但是该法仅实施了八个月,就于1997年3月25日被废止,期间真正实施安乐死的只有4人。参见王红漫:《安乐死问题立法进展比较》,载《现代法学》2001年第4期。

指出，阻却违法性的安乐死必须满足以下6个要件："(1) 从现代医学的知识和技术来看，病者患有不治之症，而且其死亡迫在眼前；(2) 病者极为痛苦，达到任何人都真的目不忍睹的程度；(3) 只是以缓和病者的死亡痛苦为目的实施的；(4) 在病者的意识还清楚、能够表明意思时，存在本人真挚的嘱托或者承诺；(5) 原则上要由医生实施，在不能由医生实施时，要存在足以认为不能由医生实施的特别情况；(6) 其方法在伦理上是妥当的，可以允许的"[①]。再如，英国最高法院曾分别在1993年和1996年判决同意对两位陷入植物人状态的患者撤除生命维持系统，宁静且有尊严的结束生命。但是，在另一个案件中，罹患运动神经元病的英国女士戴妮·普蕾特所患的疾病将导致其死亡并且没有阻止病情恶化的方法，在身体状况急转直下并已病入膏肓的情况下，该女士因为害怕痛苦和尊严受辱，强烈希望能够选择死亡的方式和时间，但她需要其丈夫的帮助才能完成自杀。然而，帮助自杀在英国属于犯罪行为，故此，该女士的律师要求检察官出具不会对该女士的丈夫进行起诉的保证，检察官拒绝提供。于是，戴妮·普蕾特向法院提出要求其丈夫帮助实施安乐死的请求，该请求被驳回，后上诉到英国上议院，也被驳回。无奈之下，该患者只能向欧洲人权法院提起诉讼，即"戴妮·普蕾特诉英国案"。在该案的判决中，欧洲人权法院认为，《欧洲人权公约》第2条所保护的"生命权"不能被解读为包括消极方面，该条与生活的质量和个人希望如何度过其人生无关。尽管这两个方面在某些情形下被认为是人类生存的基本条件，因而需要给予保护而免受国家的干预。但是，在不曲解《欧洲人权公约》第2条语言的情况下，不能将该条解释为赋予截然相反的权利，即死亡权，也就是说不能解释为赋予了个人有权选择死亡而非生存的权利。据此，欧洲人权法院认为，《欧洲人权公约》第2条不能推导出死亡权，不管是通过第三人之手还是经过公共机构协助死亡。[②]

在美国，联邦最高法院在1997年作出的判决中认为，禁止自杀的州法律并不危险，华盛顿州与纽约州禁止帮助自杀的法律与州的合法权利具有合理的相关性，州的这些权利包括禁止故意谋杀和保护人的生命，禁止涉

[①] [日] 大塚仁：《刑法概说（总论）》（第三版），冯军译，北京，中国人民大学出版社2003年版，第363-364页。

[②] [奥] 伊丽莎白·史泰纳、陆海娜主编：《欧洲人权法院经典判例节选与分析第一卷：生命权》，北京，知识产权出版社2016年版，第91页以下。

及严重公众健康问题的自杀,保护医疗职业的整合性和合伦理性,维持医生作为病人守护者的角色,保护穷人、老人、残疾人、病入膏肓的人等社会弱势群体免受强制、歧视、冷漠或者其他不公正的对待等。此外,州也可以合理地考虑如果允许帮助自杀将助长自愿安乐死乃至非自愿安乐死的倾向。如果支持安乐死,显然存在着对这些重要而合理的权利的侵犯。①

(三) 我国不承认安乐死的合法性

我国法没有将安乐死规定为免责事由或违法阻却事由,更没有任何法律认可安乐死。在刑事司法实践中和理论上都认为,为他人实施安乐死的行为是故意杀人行为。② 我国发生的第一例安乐死的刑事案件是1986年陕西的"蒲某升案",该案案情为:1986年6月23日,陕西汉中传染病医院肝炎科主任蒲某升作为主治医师收治了肝硬化腹水患者夏某文。6月27日,夏某文病情恶化、痛苦不堪,不停地叫唤希望让其痛快地死亡,医院亦签发了病危通知书,其子王某成不忍看到母亲生不如死地痛苦,跪地恳求蒲某升让其母亲早点咽气。在王某成保证承担一切责任后,蒲某升指使护士对患者注射了87.5毫克的冬眠灵,致夏某文于6月29日凌晨死亡。1991年4月,陕西省汉中市人民法院经公开审理后作出一审判决认定,被告人行为属于故意剥夺公民生命权利的行为,同时指出,夏某文的直接死因是肝性脑病、严重肝肾功能衰竭、不排除褥疮感染等原因,注射冬眠灵虽然促进了病人的死亡,但用药量尚属正常范围,不是造成夏某文死亡的直接原因,综合全案具体情况,二被告人的行为仍属"情节显著轻微、危害不大",因而判决蒲某升、王某成无罪。控方与辩方同时对判决提出抗诉与上诉,一年后二审法院汉中市中级人民法院裁定驳回抗诉与上诉,维持原判。从该案判决可以看出,法院并未认可安乐死是违法阻却事由,即为他人实施安乐死的行为依然属于故意杀人行为,只是由于本案受害人不是死于被告注射的冬眠灵,故此以"情节显著轻微、危害不大"而判决蒲某升、王某成无罪。③

我国《民法典》第1002条规定:"自然人享有生命权。自然人的生命安全和生命尊严受法律保护。任何组织或者个人不得侵害他人的生命权。"

---

① Washington v. Glucksberg, 117 S.Ct.2258, 138L.Ed.2d772 (1997). 转引自梁根林:《争取人道死亡的权利——世界范围内的安乐死运动》,载《比较法研究》2004年第3期。
② 黎宏:《刑法学总论》(第二版),北京,法律出版社2016年版,第152页。
③ 参见最高人民法院应用法学研究所编:《人民法院案例选》(刑事卷,1992年—1996年合订本),北京,人民法院出版社1997年版,第289-296页。

第七章 生命权

该条中对"生命尊严受法律保护"的规定,是否能够推导出对安乐死的承认或预留了未来的承认空间呢?对此,有学者认为,无法从该条规定解释出个人对其生命享有自主决定权,更不能将其解释为个人有选择积极或消极安乐死的权利。但是,从尊重患者生命尊严的角度出发,应当认为患者有权选择拒绝维持其生命的治疗,这种维持生命治疗拒绝权不同于消极安乐死。[①] 本书赞同此种观点,即如果患者因为病入膏肓而十分痛苦,在意思清醒的情况下,因拒绝接受抢救等治疗措施而死亡的,此时医疗机构虽然负有对危重患者的抢救义务,但因为被抢救者拒绝,而医疗机构也无权强制医疗,故此,医疗机构的行为不属于实施安乐死的行为,刑法上也不构成犯罪;从民法上说,因"患者或者其近亲属不配合医疗机构进行符合诊疗规范的诊疗"且医疗机构或者其医务人员没有过错的,就属于《民法典》第1224条第1款第1项的免责事由,医疗机构不承担医疗损害赔偿责任。

不过,实践中还会出现一种情形,即患者在意识清醒时以书面形式预先委托其近亲属或朋友,明确要求该受托人在其因病情加重陷入昏迷而无自主表达意识时让医疗机构不要对其进行抢救。此种生前预嘱是否有效?一旦受托人按照该意思表示拒绝医疗机构的抢救行为,其行为是否属于侵权行为乃至犯罪行为?例如,有的学者认为,患者生前预嘱属于其知情同意权的范畴,应当肯定其有效性,这样才能充分尊重患者的意思自治,减少过度治疗,节省医疗资源,同时减轻患者痛苦和家庭的经济负担。[②] 本书认为,患者生前以书面形式作出预嘱,委托近亲属或他人在其丧失意识的时候代为行使拒绝医疗的权利,是合法有效的。从我国司法实践来看,法院的判决也肯定了其有效性,例如,在一起案件中,二审法院认为,患者此种预嘱是有效的,理由在于:其一,"在患者自身能够且适合行使知情权及决定权的情况下,近亲属没有代替患者行使知情权和决定权的权利。进一步言之,亦应当允许患者在其能够且适合行使知情权和决定权之时,为将来其丧失决定能力之时的知情权、决定权的行使进行必要的准备,包括决定代其行使知情权、决定权的代理人人选。这是患者行使自主决定权的一种方式。患者的自主决定权系其自身生命权、健康权等人格权利的应有

[①] 王利明、程啸:《中国民法典释评·人格权编》,北京,中国人民大学出版社2020年版,第158-159页(本部分由王利明教授撰写)。

[②] 王利明、程啸:《中国民法典释评·人格权编》,北京,中国人民大学出版社2020年版,第158页。

之义，其有权对自己的身体、生命相关的利益作出自我决定，患者的自主决定权亦系其人格尊严的体现"。其二，"根据《民法总则》第三十三条之规定，具有完全民事行为能力的成年人，可以与其近亲属、其他愿意担任监护人的个人或者组织事先协商，以书面形式确定自己的监护人。协商确定的监护人在该成年人丧失或者部分丧失民事行为能力时，履行监护职责。赵某敏通过签署授权委托书的方式将其享有的知情权、决定权交由张某荣行使，既是赵某敏对自身权利的处分，亦为满足治疗过程的现实需要。虽《北京电力医院患者授权委托书》的内容并非完整意义上的意定监护行为，仅从意定监护制度设计可见，我国现行法律允许成年人在全部或部分丧失行为能力前委任他人在其无判断能力时照顾其人身或管理其财产。赵某敏在其临终前通过出具授权委托书的形式授予张某荣代为履行知情权、决定权并不违反我国现行法律的制度设计和规范要求"[①]。

四、死刑与生命权

我国《民法典》第1002条规定："自然人享有生命权。自然人的生命安全和生命尊严受法律保护。任何组织或者个人不得侵害他人的生命权。"所谓"侵害他人的生命权"就是指非法剥夺他人的生命。问题是，能否依据法律规定，合法剥夺他人的生命呢？这就涉及对于死刑存废的争论。对这个问题争议非常大。《公民权利和政治权利国际公约》第6条"生命权"规定的主要就是死刑问题，该条规定："一、人人固有的生命权。这个权利应受法律保护。不得任意剥夺任何人的生命。二、在未废除死刑的国家，判处死刑只能是作为对最严重的罪行的惩罚，判处应按照犯罪时有效并且不违反本公约规定和《防止及惩治灭绝种族罪公约》的法律。这种刑罚，非经合格法庭最后判决，不得执行。三、缔约各国认为，在剥夺生命构成灭绝种族罪时，本条中任何部分并不准许本公约的任何缔约国以任何方式克减它在《防止及惩治灭绝种族罪公约》的规定下所承担的任何义务。四、任何被判处死刑的人应有权要求赦免或减刑。对一切判处死刑的案件均得给予大赦、特赦或减刑。五、对十八岁以下的人所犯的罪行，不得判处死刑；对孕妇不得执行死刑。六、本公约的任何缔约国不得援引本条的任何

---

① 北京市第二中级人民法院（2020）京02民终7645号民事判决书。

部分来推迟或阻止死刑的废除。"1950年的《欧洲人权公约》并未废除死刑，其第2条第1款规定："任何人的生命权应当受法律的保护。不得故意剥夺任何人的生命，但是，法院依法对他所犯的罪行定罪并付诸执行的除外。"但是，2002年5月3日于维尔纽斯签订的《关于在任何情况下废除死刑的〈欧洲保障人权和根本自由公约〉第十三议定书》则明确废除了任何情形下的死刑，该议定书第1条规定："死刑应当被废除。任何人不应被判决或执行此种刑罚。"据统计，截至2019年年底，全世界有106个国家废除了所有罪行的法律死刑，有142个国家在法律上或实际上废除了死刑。[①]

我国尚未废除死刑，主流刑法学观点认为，废除死刑是一种必然的趋势，但必须是在具备一定的条件下，尤其要以物质文明和精神文明的程度作为支撑，这决定了中国死刑废止的进程。[②] 目前，我国《刑法》对于死刑的适用规定得非常严格，采取的是"坚持少杀、防止错杀"的死刑政策，从而体现对生命权的尊重和保护。首先，就死刑的适用对象和适用程序，法律进行了严格的限制。我国《刑法》第48条规定："死刑只适用于罪行极其严重的犯罪分子。对于应当判处死刑的犯罪分子，如果不是必须立即执行的，可以判处死刑同时宣告缓期二年执行。死刑除依法由最高人民法院判决的以外，都应当报请最高人民法院核准。死刑缓期执行的，可以由高级人民法院判决或者核准。"第49条还明确规定："犯罪的时候不满十八周岁的人和审判的时候怀孕的妇女，不适用死刑。审判的时候已满七十五周岁的人，不适用死刑，但以特别残忍手段致人死亡的除外。"其次，即便是对于依法判处死刑而被剥夺生命的犯罪分子而言，虽然其不能基于生命权而免于依法判处的死刑，但生命权也意味着其有权要求维护生命的尊严，即死刑的执行方式应当是符合尊严的。我国古代部分死刑执行方式非常野蛮残忍，如车裂、炮烙、腰斩、枭首、活埋等，不仅如此，为了体现刑罚的威慑性和严厉性，死刑还要在闹市公开执行。现代文明社会已经废止了这些残忍的不文明的死刑执行方法。《世界人权宣言》第5条规定："任何人不得加以酷刑，或施以残忍的、不人道的或侮辱性的待遇或刑罚。"《公

[①] Amnesty International, Death penalty in 2019: Facts and figures, http://www.worldcoalition.org/Death-penalty-in-2019-Facts-and-figures.html.

[②] 刘仁文：《死刑政策：全球视野及中国视角》，载《比较法研究》2004年第4期；陈兴良：《中国死刑的当代命运》，载《中外法学》2005年第5期；张明楷：《刑法学者如何为削减死刑作贡献》，载《当代法学》2005年第1期。

民权利和政治权利国际公约》第 7 条第 1 句规定："任何人均不得加以酷刑或施以残忍的、不人道的或侮辱性的待遇或刑罚。"1979 年的《刑法》第 45 条曾规定："死刑用枪决的方法执行。"1996 年修订后的《刑事诉讼法》第 212 条第 2、3 款规定："死刑采用枪决或者注射等方法执行。死刑可以在刑场或者指定的羁押场所内执行。"学者认为,注射是比枪决更加文明的执行死刑的方式,将注射的方法引入死刑执行机制,体现了人类文明的进步。[①] 此外,《最高人民法院关于适用〈中华人民共和国刑事诉讼法〉的解释》第 508 条规定："执行死刑前,指挥执行的审判人员应当对罪犯验明正身,讯问有无遗言、信札,并制作笔录,再交执行人员执行死刑。执行死刑应当公布,禁止游街示众或者其他有辱罪犯人格的行为。"同时,该司法解释第 505 条还规定："第一审人民法院在执行死刑前,应当告知罪犯有权会见其近亲属。罪犯申请会见并提供具体联系方式的,人民法院应当通知其近亲属。确实无法与罪犯近亲属取得联系,或者其近亲属拒绝会见的,应当告知罪犯。罪犯申请通过录音录像等方式留下遗言的,人民法院可以准许。罪犯近亲属申请会见的,人民法院应当准许并及时安排,但罪犯拒绝会见的除外。罪犯拒绝会见的,应当记录在案并及时告知其近亲属；必要时,应当录音录像。罪犯申请会见近亲属以外的亲友,经人民法院审查,确有正当理由的,在确保安全的情况下可以准许。罪犯申请会见未成年子女的,应当经未成年子女的监护人同意；会见可能影响未成年人身心健康的,人民法院可以通过视频方式安排会见,会见时监护人应当在场。会见一般在罪犯羁押场所进行。会见情况应当记录在案,附卷存档。"这种对死刑执行方法、执行场所以及死刑犯在执行死刑前有权会见近亲属和亲友的规定都体现了文明进步的程度和对生命尊严的维护。

第二节 生命权的保护

一、法定救助义务

自然人作为生命权人,当然有权自行维护自己的生命安全,但是,现

[①] 易延友:《刑事诉讼法:规则 原理 应用》(第五版),北京,法律出版社 2019 年版,第 621 页。

代社会仅仅依靠个人的力量显然是不足以维护生命安全的,故此,法律上规定了一些组织或者个人在自然人的生命权、身体权、健康权受到侵害或者处于其他危难情形的时候,负有法定的救助义务,从而更好地保护自然人的生命安全。目前我国的法律中明确规定负有相应的法定救助义务的单位或个人包括:(1)人民警察,《人民警察法》第21条第1款前半句规定:"人民警察遇到公民人身、财产安全受到侵犯或者处于其他危难情形,应当立即救助。"《反家庭暴力法》第15条规定:"公安机关接到家庭暴力报案后应当及时出警,制止家庭暴力,按照有关规定调查取证,协助受害人就医、鉴定伤情。无民事行为能力人、限制民事行为能力人因家庭暴力身体受到严重伤害、面临人身安全威胁或者处于无人照料等危险状态的,公安机关应当通知并协助民政部门将其安置到临时庇护场所、救助管理机构或者福利机构。"(2)人民武装警察,《人民武装警察法》第28条规定:"人民武装警察遇有公民的人身、财产安全受到侵犯或者处于其他危难情形,应当及时救助。"(3)消防队,《消防法》第44条第4款规定:"消防队接到火警,必须立即赶赴火灾现场,救助遇险人员,排除险情,扑灭火灾。"(4)旅游经营者、当地政府和相关机构,《旅游法》第81条规定:"突发事件或者旅游安全事故发生后,旅游经营者应当立即采取必要的救助和处置措施,依法履行报告义务,并对旅游者作出妥善安排。"第82条规定:"旅游者在人身、财产安全遇有危险时,有权请求旅游经营者、当地政府和相关机构进行及时救助。中国出境旅游者在境外陷于困境时,有权请求我国驻当地机构在其职责范围内给予协助和保护。旅游者接受相关组织或者机构的救助后,应当支付应由个人承担的费用。"(5)红十字会,《红十字会法》第11条第1项明确规定,红十字会的职责之一就是"在战争、武装冲突和自然灾害、事故灾难、公共卫生事件等突发事件中,对伤病人员和其他受害者提供紧急救援和人道救助"。(6)海难事故中附近的船舶、设施以及主管机关,《海上交通安全法》第36条规定:"事故现场附近的船舶、设施,收到求救信号或发现有人遭遇生命危险时,在不严重危及自身安全的情况下,应当尽力救助遇难人员,并迅速向主管机关报告现场情况和本船舶、设施的名称、呼号和位置。"第38条规定:"主管机关接到求救报告后,应当立即组织救助。有关单位和在事故现场附近的船舶、设施,必须听从主管机关的统一指挥。"(7)医师、护士及医疗机构,《执业医师法》第24条规定:"对急危患者,医师应当采取紧急措施进行诊治;不得拒绝急救处置。"《医疗机构管理条例》第31条规定："医疗机构对危重病人应当立即抢救。对限于设备或者技术条件不能诊治的病人，应当及时转诊。"《护士条例》第17条第1款规定："护士在执业活动中，发现患者病情危急，应当立即通知医师；在紧急情况下为抢救垂危患者生命，应当先行实施必要的紧急救护。"

为了更好地保护自然人的生命权、身体权和健康权，《民法典》第1005条规定："自然人的生命权、身体权、健康权受到侵害或者处于其他危难情形的，负有法定救助义务的组织或者个人应当及时施救。"如果负有法定救助义务的单位或个人没有履行法定义务，侵害自然人的生命权、健康权或身体权造成损害的，则依据《民法典》第1165条第1款，应当承担侵权责任。如果不依法履行法定救助义务的单位或个人是国家机关及其工作人员，则受害人有权依据《国家赔偿法》请求国家赔偿。如果不是负有法定的救助义务而是自愿实施紧急救助行为的情形，为了鼓励此种乐于助人、见义勇为的行为，《民法典》第184条规定："因自愿实施紧急救助行为造成受助人损害的，救助人不承担民事责任。"

二、自杀

（一）自杀行为的法律性质

根据著名社会学家迪尔凯姆的界定，所谓自杀，是指任何由死者自主完成并知道会产生这种结果的某种积极或消极的行为直接或间接地引起的死亡。[①] 简单地说，自杀就是一个人有意识地自主剥夺自己生命的行为。自杀是有人类社会以来就存在的一种社会现象，各种宗教教义对自杀行为基本上都是给予否定的，基督教对自杀的否定最为强烈。在基督教社会，很长一段时间内，不仅是从教义上否定自杀，受教义影响的基督教社会在法律上也对于自杀采取了禁止的立场。著名社会学家迪尔凯姆在其名著《自杀论》一书中指出：基督教社会刚一形成，自杀就被正式禁止。公元452年，阿莱斯宗教会议宣布，自杀是一种罪过，而且只能是一种恶魔般疯狂的结果。公元563年，布拉格宗教会议上决定，自杀者在弥撒圣祭时不能

---

① [法]埃米尔·迪尔凯姆：《自杀论：社会学研究》，冯韵文译，北京，商务印书馆1996年版，第9—10页。

得到被追念的荣幸,他们的尸体在落葬时不能唱圣歌。民法受到教会法的启发,在宗教惩罚之外又加上世俗的惩罚。圣路易法规定,自杀者的尸体要由处理杀人的权力机构处理,死者的财产不归通常的继承者而要交给贵族。许多习惯法还在此基础上增加了肉体惩罚,"在波尔多,尸体被倒挂起来;在阿布维尔,尸体被放在柳条筐中游街示众;在里尔,如果自杀者是男人,尸体被拖到岔路口吊起来,如果是女人,尸体就被烧掉"。甚至精神病都不能作为免除惩罚的事由。这些习惯做法被编入法国国王路易十四于1670年颁布的刑法中,其中,一种常见的惩罚是:尸体脸朝下放在柳条筐中被拖着游街示众,然后被吊起来或扔在垃圾场。财产被没收,贵族被贬为平民,他们的树木被砍伐,城堡被拆毁。他们的纹章被打碎。[①] 1789年法国大革命废除了上述所有做法,从犯罪名单上删掉了自杀。但是法国人信奉的各种宗教还是禁止并惩罚自杀,公共道德也谴责自杀。几乎在所有信奉基督教的民族中都可以看到同样的法律,而且比法国还严厉。10世纪英国国王爱德华在他颁布的一部法典中将自杀者比作盗贼、杀人犯和其他各种罪犯。直到1823年,习惯的做法还是把自杀者的尸体用木棍抬着游街示众,然后埋在大路旁,没有任何仪式。自杀者被宣布为不忠,其财产要交给国王。直到1870年,这样的规定才被废止。但是,实践中依然继续处罚自杀者。1889年英国仍然将自杀作为犯罪行为,起诉就有106次,判刑84次。在瑞士的苏黎世,自杀的尸体一直受到骇人听闻的对待。如果这个人是自刎的,人们就在靠近他头部的地方钉进去一块木头,把刀子插在木头里;如果是投河的,人们就要将他埋在水下五尺深的沙土中。[②] 在普鲁士,直到1871年的刑法典颁布之前,自杀者必须在没有任何排场和宗教仪式的情况下埋葬。1881年美国纽约州的刑法典仍然将自杀规定为犯罪,同时,对于自杀未遂的人,要判处两年以下监禁或者200美元以下的罚款或者二者并处。

除基督教外,其他宗教对自杀也持否定的态度。伊斯兰教坚决禁止自杀。佛经《阿含经》认定自杀是违反正常修行的恶法,属于犯"杀生戒"[③]。

不过,我国传统儒家文化并未对自杀完全持否定的态度,儒家非常认

[①] [法]埃米尔·迪尔凯姆:《自杀论:社会学研究》,冯韵文译,北京,商务印书馆1996年版,第306页。

[②] [法]埃米尔·迪尔凯姆:《自杀论:社会学研究》,冯韵文译,北京,商务印书馆1996年版,第307页。

[③] 肖瞻:《生与死——论佛教的自杀观》,广西师范学院2011年硕士学位论文,第21页。

可的是那种"杀身成仁""舍生取义"的精神,故此,伯夷、叔齐不食周粟,饿死首阳山的这种自杀行为,得到了孔子的高度赞扬。①

现代世界各国的法律都不再认为自杀是一种犯罪行为,对于自杀者也不会给予任何惩罚。只是将那些参与自杀的行为如教唆、帮助他人自杀认定为犯罪,并判处刑罚。②我国法律并未禁止自杀,自杀行为也不是违法行为,更不是犯罪行为③,那么,能否据此认为,自杀就是自然人行使其生命权的一种方式呢?有观点认为,"生命法益所保护的并不只是生命存续或者说自然地耗损的状态,也包括个人根据自己的价值观念与目标设定自主地对生命加以支配和利用,从而发展自身人格、达成自我实现的(潜在)自由。事实上,自杀者往往也并不是为了死亡而死亡,其恰恰是(试图)通过放弃生命来摆脱自身艰难困苦的处境、实现自己特定的目标或者为他人谋求利益,等等。因此,虽然自杀伴随着生命的消亡,但其所表现的却正是自杀者对自身生命所进行的自由支配与使用"④。本书不赞同这一观点。因为我国《民法典》规定的生命权,并不是要确立自然人对自己生命可以进行自由支配和使用的权利,而只是要维护自然人对自己的生命所享有的生命安全和生命尊严这一人格利益。⑤也就是说,生命权所保护的利益是限

---

① 子曰:"齐景公有马千驷,死之日,民无德而称焉。伯夷叔齐饿死于首阳之下,民到于今称之。其斯之谓与?"《论语·季氏》。

② 由于我国《刑法》并未规定专门的自杀关联犯罪,故此,我国刑法学界对于是否应当处罚教唆、帮助自杀行为存在争议。参见周光权:《教唆、帮助自杀行为的定性——法外空间说的展开》,载《中外法学》2014年第5期;王钢:《自杀的认定及其相关行为的刑法评价》,载《法学研究》2012年第4期;钱叶六:《参与自杀的可罚性研究》,载《中国法学》2012年第4期。

③ 据统计,1995—1999年我国的自杀率约为23/100 000,自杀死亡人数为28.7万人。不过,2002—2015年,我国各类人群的自杀率呈下降趋势。城市居民自杀率从12.79/100 000下降至5.07/100 000。农村居民自杀率从15.32/100 000下降至8.39/100 000。参见刘肇瑞、黄悦勤、马超、尚莉莉、张婷婷、陈红光:《2002—2015年我国自杀率变化趋势》,载《中国心理卫生杂志》2017年第10期。

④ 王钢:《自杀的认定及其相关行为的刑法评价》,载《法学研究》2012年第4期,第169页。

⑤ 《德国民法典》第823条第1款之所以虽明确将"生命、身体、健康和自由"(das Leben, der Körper, die Gesundheit, die Freiheit)纳入侵权法的保护范围,却未将它们设计为绝对权,而是通过封闭性列举,将它们作为受到保护的"法益(Rechtsgüter)",就是因为,当时的民法典起草者担心,如果确认生命权、身体权、健康权和自由权的话,就意味着主体可以对生命、身体、健康和自由任意加以处分。这是否意味着民法典承认人们可以自杀的权利,而这恰恰与基督教的观念背道而驰。参见王泽鉴:《人格权法:法释义学、比较法、案例研究》,第50页;Windscheid, Lehrbuch des Pandektenrechts, BD I , 4 Aufl., 1875, S. 94. 转引自张红:《人格权法总论》,北京,北京大学出版社2012年版,第22页。

定的，从消极层面即防止他人侵害生命的角度来说，生命权的确给予了权利人最为全面的防护，任何单位或者个人都不得侵害生命权；但是，从积极层面而言，生命权拥有的只是积极维护和实现生命安全与生命尊严的权利。无论是生命安全还是生命尊严，都不包括权利人自行或委托他人来剥夺自己的生命。不仅如此，《民法典》第992条也明确规定了人格权不得放弃、转让或者继承。因此，认为自杀是生命权人对自己生命的自由支配和使用的体现，是不妥当的。

在我国刑法学界，对自杀行为的定性采取的是"法外空间说"，即自杀既非合法行为，也不是非法的行为，对于自杀，国家只是默认和"只能如此"地接受，自杀并不是畅通无阻的权利，而仅仅是法律不想作违法或合法评价的法外空间。[1] 在民法学说中，自杀属于受害人故意。《民法典》第1174条规定，损害是因受害人故意造成的，行为人不承担责任。因此，自杀属于免责事由。然而，并非所有受害人的自杀行为都当然构成受害人故意。倘若受害人的自杀行为本身就是因为他人的侵权行为所致，即自杀的后果与他人的侵权行为存在因果关系，则侵权人不能免除侵权责任。例如，在1974年美国法院审理的"Fuller v. Preis"案中，被告的过失行为造成了受害人的头部损伤。该损伤使受害人在精神上处于持续的压抑状态且生理上也极不稳定。受害人本为外科医生，却因此而无法继续从事业务，并且由于癫痫病发作的频率与严重程度不断增加，受害人难以忍受，最后跳楼自杀，结束了自己的生命。法院认为，本案证据显示死者虽然在行为当时知道自己在做什么，并且是有意这样做的，但是在精神不稳定的状态下，死者没有能力抗拒自我毁灭的冲动，因此，被告应当承担赔偿责任。[2]

（二）预防自杀的义务及侵权责任

《民法典》第1005条规定："自然人的生命权、身体权、健康权受到侵害或者处于其他危难情形的，负有法定救助义务的组织或者个人应当及时施救。"故此，负有法定救助义务的单位和个人在接到有人自杀的消息后，应当采取救助义务，加以预防和制止。公安部《110接处警工作规范》第

---

[1] 周光权：《教唆、帮助自杀行为的定性——法外空间说的展开》，载《中外法学》2014年第5期。

[2] [美] 文森特·R. 约翰逊：《美国侵权法》（第五版），赵秀文等译，北京，中国人民大学出版社2004年版，第134页以下。

29 条规定,110 报警服务台受理求助的范围之一就包括"发生溺水、坠楼、自杀等状况,需要公安机关紧急救助的",如果公安机关不依法履行救助义务,则应当承担侵权责任。

除法定救助义务之外,基于合同关系、安全保障义务、在先行为等,也会产生预防自杀的义务,如果义务人违反则需要承担侵权责任。① 例如,患有重度抑郁症的患者在医院治疗期间,医院在明知患者有自杀倾向且多次实施自杀行为的情形下,没有采取相应的措施予以防止,则对于患者自杀身亡的后果要承担一定的法律责任②;恋人之间发生矛盾,男方收到女方发来的要自杀的短信,且此前女方就曾因男方提出分手而出现过一次自杀的偏激行为。对此,法院认为,男方能够预见到女方再次自杀的可能性极大,但没有采取报警及通知酒店管理人员等预防措施的,男方对于女方自杀的后果要承担 20% 的责任。③ 再如,张某在 QQ 群上发布自杀邀请,与范某相互联系,在和范某到达某市后共同购买自杀用具、开宾馆,实施自杀,后张某因害怕而中断自杀,但其未采取有效的措施防止范某继续自杀并独自离开,最后范某自杀身亡。范某的近亲属起诉张某等,要求承担赔偿责任。法院认为,张某的一系列违法行为是范某死亡的直接原因之一。在中断自杀之前,被告张某也积极追求死亡结果的发生,主观过错表现为故意。在放弃自杀后,被告张某浇灭正在燃烧的炭,并劝说范某也放弃自杀,已经不再积极地追求死亡结果的发生,但其误以为用水浇灭燃烧的炭就可以完全阻止自杀的继续。同时,被告张某因其先前邀请、预备并实施自杀的行为使范某的生命安全在其离开时仍然处于危险状态,因此担负有效地解除危险状态的民事义务。但张某在明知范某仍有强烈的自杀欲望的情况下却未采取有效的措施防止范某继续自杀并独自离开,故被告张某仍有过错,应承担 20% 的赔偿责任。④

---

① 在我国刑法学界,就教唆、帮助他人自杀、对自杀者不予救助或者过失导致他人自杀等行为是否应当受到刑事处罚存在不同的看法。

② 湖北省荆门市第一人民医院与沈哨兵、沈杰健康权、身体权纠纷案,湖北省荆门市中级人民法院(2016)鄂 08 民终 117 号民事判决书;阮成伟、阮维强与昆明市第一人民医院纠纷案,云南省昆明市中级人民法院(2006)昆民一初字第 232 号民事判决书。

③ 牟来树、陈芳等与周某生命权、健康权、身体权纠纷案,湖北省利川市人民法院(2018)鄂 2802 民初 1034 号民事判决书。

④ 门某、范某河诉张某、腾讯计算机系统有限公司生命权、健康权、身体权纠纷案,浙江省丽水市中级人民法院(2011)浙丽民终字第 40 号民事判决书。

三、尸体

（一）尸体的法律地位

自然人的权利能力终于（生理）死亡。自然人死亡后，不再是法律主体，因此，侵害尸体，并不构成对自然人的生命权的侵害。但是，尸体也不是普通的动产，对之也不能简单地适用物权法规则，可以任意加以处分。"为倡导对生者的尊重，我们必须先尊重死者。与其说这是死者对自己遗体的权利，不如说是生者要求他人尊重他所挚爱的人的遗体的权利"，"历史教训告诉我们，不尊重死者遗体与安息之所的社会，往往也会轻视生者身体与生命的价值"[1]。从比较法上来看，对于尸体上的权利性质，有财产权说与非财产权说两种不同的观点。

财产权说认为，尸体属于物，可以成为所有权或财产权的客体。例如，德国民法学界有一种观点认为，尸体可以成为所有权的对象，该所有权因先占或继承而取得，但是对于尸体的处分受到诸多的限制，如不能违反死者生前的意志，不能违反公序良俗等。[2] 日本著名民法学者我妻荣教授认为，尸体在处理上虽然有特别的限制，但是尸体仍然是物，因此在其上成立所有权，依据习惯法应当解释为归属于作为丧主的人，丧主对于尸体应当埋葬还是作其他的处理须依关系人全体的意思和惯行以及公序良俗决定。此外，针对尸体的所有权不能如同普通的所有权那样进行使用、收益和处分，只能考虑专以构成埋葬、祭祀、供养权能与义务为内容的特殊物。在该意义上，此种所有权也不能放弃。[3] 在英美法国家，基于移植、治疗、教育、研究以及科学的目的，也承认尸体具有财产价值，如取自尸体的人体器官和组织因具有治疗疾病、修复受损身体的可能性而在人体健康上具有效用，故此，尸体也具有价值，但是尸体的这种具有财产价值的权利的内容和对其行使必须符合法律的规定和公序良俗。例如，在1995年美国联邦第三巡回法院的一个案件中，受害人家属起诉医院，理由是该医院的医师

---

[1] ［美］艾伦·德肖维茨：《你的权利从哪里来》，黄煜文译，北京，北京大学出版社2014年版，第175页。

[2] 邱玟惠：《论人体、人体组织及其衍生物于民法上之权利结构》，台北，元照出版公司2016年版，第67页。

[3] ［日］我妻荣：《新订民法总则》，于敏译，北京，中国法制出版社2008年版，第190页。

的助手摘取死者的眼睛并利用个人所经营的眼库加以出售，上诉法院认为，家属是亲人遗体的财产所有权人，这种观点是符合宪法的规定的。①

然而，在英美法中，判例一直以来不承认人体具有财产权的性质，认为对尸体不能以财产权的方式加以处理。②英国的很多判例认为，尸体不属于任何人，尸体并不财产权客体。德国民法学通说认为，尸体上并不存在物权，而是存在人格权。此说认为，尸体并非是物权法上的物，死者虽死，但是一般人格权仍然残存在实体之上，所谓尸体上的权利是从人还生存之时对自己身体所具有的权利内容推导出来的，自然人虽然死亡，但是在受保护的限度内，自然人的人格权会转化为关于尸体的权利而存续。由于死者已死，故此其无法自行请求保护尸体，而只能由死者的继承人或亲属执行。德国法院的判例认为，这是近亲属对死者的尸体拥有的习惯法上的权利，即所谓的死者保护权（Totensorgerecht）。③

（二）我国法上尸体的处置规则

在我国，通说认为，尸体属于物，但它是特殊的物。④从我国现行法律、法规的规定来看，为了维护人格尊严以及公序良俗，死者的亲属对于尸体有一定的处分权，即应由其亲属以符合公序良俗和法律规定的方式对尸体处分。首先，依据《民法典》第1006条，完全民事行为能力人有权依法自主决定无偿捐献其遗体，此种捐赠的同意应当采用书面形式，也可以订立遗嘱。如果自然人生前未表示不同意捐献的，该自然人死亡后，其配偶、成年子女、父母可以共同决定捐献，决定捐献应当采用书面形式。在自然人生前明确表示不同意捐赠遗体或者死者的配偶、成年子女、父母未共同决定捐献的情形下，任何单位或者个人不得处分死者的遗体。无论是死者生前还是死者的配偶、成年子女、父母，抑或其他任何单位或个人，都不得以任何形式买卖遗体，否则该买卖行为无效（《民法典》第1007

---

① 邱玟惠：《论人体、人体组织及其衍生物于民法上之权利结构》，台北，元照出版公司2016年版，第73页。

② Brian G. Hannemann, "Body Parts and Property Rights: A New Commodity for the 1990s", 22 *Sw U L Rev*, 399, 404 (1993).

③ Jocher Taupitz, Privatrechtliche Rechtspositionen um die Genomanalyse Eigentum Persoenlichkeit, Leistung, JZ, 1094 (1992). 转引自邱玟惠：《论人体、人体组织及其衍生物于民法上之权利结构》，台北，元照出版公司2016年版，第66页。

④ 梁慧星：《民法总则》（第五版），北京，法律出版社2017年版，第154页。

条)。此外，死者的亲属也不得以尸体质押，他人不得留置尸体。①

其次，死者的亲属有权依据法律和公序良俗对尸体予以安葬，如火葬或土葬，而少数民族有其特殊的丧葬习俗的，应予尊重。亲属在处理死者遗体时，应遵守法律、法规的有关规定。例如，《国境卫生检疫法》第14条第2款规定："入境、出境的尸体、骸骨的托运人或者其代理人，必须向国境卫生检疫机关申报，经卫生检查合格后，方准运进或者运出。"再如，依据《殡葬管理条例》第13条，运输遗体必须进行必要的技术处理，确保卫生，防止污染环境；火化遗体必须凭公安机关或者国务院卫生行政部门规定的医疗机构出具的死亡证明。②如果法律、法规等对于遗体的处理有特别规定的，则应遵照该规定。例如，依据《传染病防治法》第46条第1款，患甲类传染病、炭疽死亡的人，其尸体将立即进行卫生处理，就近火化，也就是说，这些遗体不能由亲属来安葬而必须进行卫生处理后就近火化；《国境卫生检疫法》第12条第2款规定："因患检疫传染病而死亡的尸体，必须就近火化。"再如，依据《重大突发事件遇难人员遗体处置工作规程》，特别重大、重大的自然灾害、事故灾难、公共卫生事件和社会安全事件中遇难者遗体的处置，一般按照就近就便的原则，由事发地殡仪服务机构承担。遇难人员多、事发地殡仪服务机构无法独立承担遗体处置任务时，民政部门可协调一个或数个邻近的殡仪服务机构予以分担。在异地转移救治过程中死亡的遇难人员，由救治地县级人民政府民政部门指定当地的殡仪服务机构负责遗体处置工作。

(三) 侵害遗体的法律责任

侵害尸体即死者遗体的行为，构成侵权行为乃至犯罪行为。首先，就侵害遗体的侵权行为，《民法典》第994条规定，死者的遗体等受到侵害的，其配偶、子女、父母有权依法请求行为人承担民事责任；死者没有配偶、子女且父母已经死亡的，其他近亲属有权依法请求行为人承担民事责任。实践中，发生的侵害死者遗体的情形有：其一，擅自解剖遗体或者擅

---

① 实践中曾出现一些河边捞尸者挟尸漫天要价的现象，从刑法上这种行为构成敲诈勒索，而从民法上说，即便打捞者因为打捞尸体支付了费用，也不得针对尸体行使留置权。

② 1993年3月13日《民政部关于进一步做好遗体火化工作的通知》(民事函〔1993〕64号)规定，要严格遗体火化的时限。一般情况下遗体应于72小时内火化；传染性遗传应在24小时内火化；特殊情况的遗体的存放时间最长不超过90天，超逾期限的应商有关部门进行处理。

自从遗体中摘取器官组织。① 其二，未经死者近亲属同意擅自火化遗体或者错误火化遗体，如某司法鉴定所错将甲的尸体当成乙的尸体还给乙的家属，导致甲的尸体被错误地火化②；再如，某学院在学生跳楼死亡后没有通知死者父母即将遗体火化③。其三，因过错而使遗体受损，如保管遗体不当导致遗体被动物噬咬而毁损④；驾驶员因过错碾压已死于交通事故的死者遗体，致使遗体受损⑤；殡仪馆工作人员采取野蛮的方式拖拉尸体，导致尸体受损等。其次，我国《刑法》第 302 条规定："盗窃、侮辱、故意毁坏尸体、尸骨、骨灰的，处三年以下有期徒刑、拘役或者管制。"该条中规定的尸体是指已经死亡的人的身体的全部或部分，而尸骨是指尸体腐烂后剩下的骨头，骨灰是指尸体火化后骨骼烧成的灰。⑥

需要注意的是，我国法律规定了两种不取得近亲属同意可以解剖尸体的情形：其一，公安机关、人民检察院有权对死因不明的尸体决定解剖。《刑事诉讼法》第 131 条规定："对于死因不明的尸体，公安机关有权决定解剖，并且通知死者家属到场。"此外，《刑事诉讼法》第 164 条规定，人民检察院对直接受理的案件的侦查适用相同的规定。依据《人民检察院刑事诉讼规则》第 198 条，人民检察院解剖死因不明的尸体，应当通知死者家属到场，并让其在解剖通知书上签名或者盖章。死者家属无正当理由拒不到场或者拒绝签名、盖章的，不影响解剖的进行，但是应当在解剖通知书上记明。对于身份不明的尸体，无法通知死者家属的，应当记明笔录。

---

① "杨爱玲等诉兰州军区乌鲁木齐总医院擅自解剖死者尸体留取脏器侵权纠纷案"，载最高人民法院中国应用法学研究所编：《人民法院案例选》（合订本），北京，人民法院出版社 1997 年版，第 636 页以下。罗国平、吴鹏仙诉新华医院、顾学范其他人身权案，上海市杨浦区人民法院（2005）民一（民）初字第 551 号民事判决书。

② 参见北京市顺义区人民法院：《司法鉴定所过失错发尸体，亲属闹事反复调解得平息——韩某某诉北京市顺义区法医司法鉴定所精神损害赔偿调解案》，载北京市高级人民法院：《审判前沿：新类型案件审判实务（总第 42 集）》，北京，法律出版社 2012 年版，第 130 页。

③ 高某某其他人格利益赔偿案，重庆市第五中级人民法院（2006）渝五中民终字第 225 号民事判决书。

④ 彭晓红等诉佛山市同济医院等遗体器官损害赔偿纠纷上诉案，广东省佛山市中级人民法院（2001）佛中法民终字第 117 号民事判决书。

⑤ 鲍金花等诉香港森杨益精密铸造有限公司、鲁福标尸体侵权赔偿纠纷案，广东省东莞市中级人民法院（2005）东法民一终字第 1608 号民事判决书。

⑥ 张明楷：《刑法学》下，（第五版），北京，法律出版社 2016 年版，第 1077－1078 页。

其二，医疗机构对于病因不明的传染病病人或者疑似传染病病人的尸体有权解剖查验。《传染病防治法》第46条第2款规定："为了查找传染病病因，医疗机构在必要时可以按照国务院卫生行政部门的规定，对传染病病人尸体或者疑似传染病病人尸体进行解剖查验，并应当告知死者家属。"《传染病防治法实施办法》第56条规定："医疗保健机构、卫生防疫机构经县级以上政府卫生行政部门的批准可以对传染病病人尸体或者疑似传染病病人的尸体进行解剖查验。"具体的程序应当依据《传染病病人或疑似传染病病人尸体解剖查验规定》。

四、遗体与死者器官的捐献

我国《民法典》第1007条规定，任何人（包括死者的亲属）不得以任何形式买卖遗体或者死者的人体组织、人体器官，此类买卖行为是无效的。但是，依据《民法典》第1006条第1款，作为完全民事行为能力人的死者，在其生前可以以遗嘱的方式决定捐献遗体或者人体器官、人体组织。① 如果死者生前没有明确表示过同意捐献遗体或者人体器官或人体组织，应当如何处理呢？对此，比较法上有两种模式：一是明确同意模式，即如果死者在其生前没有明确表达过死后同意摘取人体器官、人体组织或捐献遗体的——无论这种同意是通过遗嘱还是记录在捐献卡、驾驶执照或身份证上的，但也没有明确清晰表示反对的，那么在得到法律规定的范围内的死者的亲属同意后，就可以摘取死者的人体器官、人体组织或捐献遗体。二是推定同意模式，即只要死者没有明确表示过反对，即便其也没有明确表示过同意，就允许从死者身体上摘取人体器官、人体组织进行移植，除非其亲属明确表示反对。我国《人体器官移植条例》采取了第一种模式，该条例第8条第2款规定："公民生前表示不同意捐献其人体器官的，任何组织或者个人不得捐献、摘取该公民的人体器官；公民生前未表示不同意捐献其人体器官的，该公民死亡后，其配偶、成年子女、父母可以以书面形

---

① 新闻媒体报道：2020年2月12日，新冠肺炎患者武汉市民肖贤友先生在病危期间写下一段话："我的遗体捐国家，我老婆呢？"，充满了对国和对家的平凡和伟大的爱，令人感佩！2月22日，肖贤友先生不幸去世。从法律上来说，他在生前写下的"我的遗体捐国家"这几个字就是捐献遗体的自主决定。谨录此事，以悼念新冠肺炎疫情中罹难的同胞！

式共同表示同意捐献该公民人体器官的意愿。"①

在我国《民法典》编纂过程中，有关方面提出，死后遗体捐献有利于医疗卫生事业的发展，有利于弘扬社会主义核心价值观，应当予以鼓励，建议吸收国务院《人体器官移植条例》的相关内容，故此，《民法典》第1006条第3款延续了《人体器官移植条例》的模式，该款规定："自然人生前未表示不同意捐献的，该自然人死亡后，其配偶、成年子女、父母可以共同决定捐献，决定捐献应当采用书面形式。"所谓共同决定，是指死者的配偶、成年子女、父母都必须同意，倘若有一个人表示反对，则不得捐献。这种规定就意味着，若死者是不完全民事行为能力人，如一位去世的3岁孩子或因精神疾病而属于无民事行为能力的死者，其生前显然是无法或不可能明确表示不同意捐献的，死后是否捐献实际就取决于其配偶、成年子女和父母。显然《民法典》上述规定的目的就在于鼓励捐献②，客观上有利于拓宽人体器官尤其是遗体捐献的渠道。③ 需要注意的是，原卫生部颁布的《解剖尸体规则》（[1979]卫教字第1329号）第7条规定："凡病理解剖或法医解剖的尸体，可以留取部分组织或器官作为诊断及研究之用。但应以尽量保持外形完整为原则。如有损坏外形的必要时，应征得家属或死者生前所在单位的同意。"据此，有判决认定，未经亲属同意而摘取死者人体组

---

① 有学者认为，死刑犯无论其自愿、同意与否，都不能决定自己被执行死刑后的器官捐献，除非是其自愿将器官捐献给配偶、近亲属。因为允许摘取死刑犯的器官是一种难以置信的野蛮，如果允许这种做法，将会导致器官出售成为正常的做法，因为要获得器官，就会出现不正常的判处死刑的情形。参见曲新久：《论禁止利用死刑犯的尸体、尸体器官——死刑犯安排身后事的规范分析》，载《中外法学》2005年第5期。

② 在民法典人格权编草案（第二次审议稿）中原本没有这一规定，但是在审议过程中"有的常委委员、地方、部门和专家学者提出，死后遗体捐献有利于医疗卫生事业的发展，有利于弘扬社会主义核心价值观，应当予以鼓励，建议吸收国务院《人体器官移植条例》的相关内容，明确公民生前未拒绝捐献的，其近亲属可以共同决定捐献。宪法和法律委员会经研究，建议采纳这一意见，在草案第七百八十七条中增加一款规定：自然人生前未表示不同意捐献的，该自然人死亡后，其配偶、成年子女、父母可以采用书面形式共同决定捐献。"参见《全国人民代表大会宪法和法律委员会关于〈民法典人格权编草案〉修改情况的汇报》，载《民法典立法背景与观点全集》编写组：《民法典立法背景与观点全集》，北京，法律出版社2020年版，第52页。

③ 德肖维茨说："也许有一天，我们对器官移植的集体经验，能让我们在器官可以救人的状况下不理会（或较不重视）死者与死者家属的意愿。如果经验显示广泛的器官摘取能够以极低的——心理、道德与金钱——成本挽救无数生命，能够救人的器官理应归属最需要器官的人的共识可能因此浮现。"[美]艾伦·德肖维茨：《你的权利从哪里来》，黄煜文译，北京，北京大学出版社2014年版，第181页。

织或器官的行为是合法的，不构成侵权责任。① 本书认为，依据《民法典》第1006条，该规定显然是错误的，因为死者去世后是否捐献遗体以及人体器官，首先由死者生前依法自主决定，如果没有明确表示不同意的，则可以由其配偶、成年子女、父母共同决定。

如果死者本人并未表示捐献，死者的配偶、成年子女、父母也未表示捐献的，任何组织或个人擅自摘取死者的器官给他人进行移植，或者擅自解剖尸体或者解剖遗体并摘取器官制作成标本的②，都构成侵害死者遗体的侵权行为，依据《民法典》第994条，死者的配偶、子女、父母有权依法请求行为人承担民事责任；死者没有配偶、子女并且父母已经死亡的，其他近亲属有权依法请求行为人承担民事责任。此外，我国《刑法》第234条之一第3款规定："违背本人生前意愿摘取其尸体器官，或者本人生前未表示同意，违反国家规定，违背其近亲属意愿摘取其尸体器官的，依照本法第三百零二条的规定定罪处罚。"也就是说，对此，要按照《刑法》第302条规定的"盗窃、侮辱、故意毁坏尸体、尸骨、骨灰罪"论处，处三年以下有期徒刑、拘役或者管制。

第三节　侵害生命权的民事责任

一、侵害生命权的民事责任承担方式

侵害生命权，简单地说就是杀人，在刑法上，依其客观和主观要件的不同，而构成不同类型的犯罪，如故意杀人罪、过失致人死亡罪、交通肇事罪，等等。在民法上，侵害生命权应当承担侵权责任，主要的侵权责任承担方式就是损害赔偿。因为在侵害生命权的行为已经完成，即被侵权人

---

① "杨秀龙等诉贵阳医学院附属医院受委托进行病理解剖时未经同意留取死者部分脏器侵权案"，载最高人民法院中国应用法学研究所：《人民法院案例选》（总第33辑），北京，人民法院出版社2001年版，第110页以下。
② 杨爱玲等诉兰州军区乌鲁木齐总医院损害赔偿案，新疆维吾尔自治区乌鲁木齐市中级人民法院（1993）乌中民终字第403号民事判决书；"周玉珍诉南京市鼓楼医院抢救伤员不力致伤员死亡又擅自解剖尸体损害赔偿纠纷案"，载最高人民法院中国应用法学研究所：《人民法院案例选（1992年至1996年合订本）》（民事、经济、知识产权、海事、民事诉讼程序卷），北京，人民法院出版社1997年版，第642页以下。

已死亡时，对于受害人而言，适用停止侵害、排除妨碍、消除危险等预防性的侵权责任承担方式即人格请求权，已无必要。

侵害生命权造成的损害既包括财产损害，也包括精神损害。财产损害包括：医疗费、护理费、交通费、营养费等为治疗和康复支出的合理费用，丧葬费和死亡赔偿金（《民法典》第1179条）。由于被侵权人因生命权被侵害而死亡，故此其近亲属有权请求侵权人承担侵权责任，而支付被侵权人医疗费、丧葬费等合理费用的人也有权请求侵权人赔偿费用，除非侵权人已支付该费用（《民法典》第1181条）。侵害生命权导致被侵权人死亡，必然会给被侵权人的近亲属造成严重的精神损害，故此，近亲属有权请求精神损害赔偿（《民法典》第1183条第1款）。如果食品等产品的生产者生产不符合食品安全标准的食品，销售者明知是不符合食品安全标准的食品而销售，或者明知产品存在缺陷仍然生产、销售，或者没有依据法律规定采取补救措施，造成他人死亡的，被侵权人的近亲属还有权请求相应的惩罚性赔偿（《民法典》第1207条、《食品安全法》第148条第2款、《消费者权益保护法》第55条第2款）。

二、因争执诱发疾病致人死亡的侵权责任

实践中，经常发生当事人之间因各种原因发生争执（如吵架），其中一方因自身患有高血压、心脏病等疾病，而争执诱发了疾病的发作，如突发心脏病、脑梗死、心源性猝死等，进而导致死亡。此时，与死者发生争执的行为人是否需要承担侵害生命权的责任，应当根据行为的性质以及行为人的主观心理状态等加以判断。具体而言，如果行为人是因从事合法的、正当的行为引发了该争执的并且行为人不知道或不应当知道受害人自身有内在疾病①，由于行为人的行为与死亡之间没有因果关系且行为人并无过错，依据《民法典》第1165条第1款，行为人的行为不构成侵权行为，无须承担侵权责任。例如，曾经引发全国关注的"制止电梯吸烟案"中，法院认为："一、杨某劝阻段某立吸烟行为未超出必要限度，属于正当劝阻行为。在劝阻段某立吸烟的过程中，杨某保持理性，平和劝阻，双方之间也没有发生肢体冲突和拉扯行为，本案中也没有证据证明杨某对段某立进行

---

① Larenz/Canaris, Lehrbuch des Schuldrechts, zweiter Band Besonderer Teil, 2. Halbband, S. 379.

过呵斥或有其他不当行为。二、杨某劝阻段某立吸烟行为本身不会造成段某立死亡的结果。段某立在未能控制自身情绪的情况下，不幸死亡。虽然从时间上看，杨某劝阻段某立吸烟行为与段某立死亡的后果是先后发生的，但两者之间并不存在法律上的因果关系。三、杨某没有侵害段某立生命权的故意或过失。杨某此前不认识段某立，也不知道段某立有心脏病史并做过心脏搭桥手术，其劝阻段某立吸烟是履行公民应尽的社会责任，不存在加害段某立的故意，而且杨某在得知段某立发病后，及时发挥专业技能对段某立积极施救。杨某对段某立的死亡无法预见，也不存在疏忽或懈怠，没有过错。综上，杨某对段某立在电梯间吸烟予以劝阻的行为与段某立死亡结果之间不存在法律上的因果关系，杨某不存在过错，不应承担侵权责任。"[1]

在另一起案件中，郭某在某小区南门广场骑自行车时撞上一名男童，致其受伤倒地。同一小区的业主孙某见状上前阻拦意欲离开的郭某，希望其等待男童家长赶来共同处理此事，双方遂发生争执。在孙某报警等待处理中，郭某倒地不起，孙某拨打急救电话，郭某经抢救无效，因心脏骤停死亡。郭某的家属将孙某、小区物业公司诉至法院。法院认为，首先，郭某骑自行车与年幼的罗某相撞之后，罗某右颌受伤出血并倒在地上。郭某作为事故一方，没有积极理性处理此事，执意离开。对不利于儿童健康、侵犯儿童合法权益的行为，任何组织和个人有权予以阻止或者向有关部门控告。罗某作为未成年人，自我保护能力相对较弱，需要成年人对其予以特别保护。孙某见到郭某与罗某相撞后，为保护罗某的利益，让郭某等待罗某的母亲前来处理相撞事宜，其行为符合常理。根据案发当晚博士名城业主群聊天记录中视频的发送时间及孙伟拨打110、120的电话记录等证据证实，可以确认孙某阻拦郭某的时间为8分钟左右。在阻拦过程中，虽然孙某与郭某发生言语争执，但孙某的言语并不过激。孙某将手放在郭某的自行车车把上，双方没有发生肢体冲突。孙某的阻拦方式和内容均在正常限度之内。因此，孙某的劝阻行为是合法行为，且没有超过合理限度，不具有违法性，应予以肯定与支持。其次，郭某自身患脑梗、高血压、心脏病、糖尿病、继发性癫痫等多种疾病，事发当月曾在医院就医，事发前一

---

[1] 田某菊与杨某生命权纠纷上诉案，河南省郑州市中级人民法院（2017）豫01民终14848号民事判决书。

周应其本人及家属要求出院。孙某阻拦郭某离开,郭某坐在石墩上,倒地后因心脏骤停不幸死亡。郭某死亡,令人惋惜。刘某莲、郭某丽、郭某双作为死者郭某的近亲属,心情悲痛,提起本案诉讼,可以理解。孙某的阻拦行为本身不会造成郭某死亡的结果,郭某实际死亡原因为心脏骤停,因此,孙某的阻拦行为与郭某死亡的后果之间并不存在法律上的因果关系。最后,虽然孙某阻拦郭某离开,诱发郭某情绪激动,但是,事发前孙某与郭某并不认识,不知道郭某身患多种危险疾病。孙某阻拦郭某的行为目的是保护儿童利益,并不存在侵害郭某的故意或过失。在郭某倒地后,孙某拨打120急救电话予以救助。由此可见,孙某对郭某的死亡无法预见,其对郭某的死亡后果发生没有过错。故此,孙某阻拦郭某离开的行为与郭某死亡的结果之间没有因果关系,同时孙某也不具有过错,其不应承担侵权责任。[1]

反之,如果争执的发生在于双方的过错或者完全是因为被告的过错行为所致,那么由于行为人的行为与死亡之间存在因果关系,故此,即便行为人主观上确实不知道死者有疾病,也只能适当地减轻行为人的责任,令其承担一定比例的责任,而不能免除责任。例如,在一个案件中,原告与其夫王某自外开车回家走到所居胡同口时,被被告所停在胡同口的车辆挡住去路,在按喇叭无人出面的情况下,原告便挨个门询问。在被告得知后出来移车时,王某便对被告进行质问,双方均出言不逊发生争吵,被告报警后,警察出警制止了争吵。王某回家后,感觉身体不适,后被送到医院进行救治,当晚10点30分因急性前壁心肌梗死救治无效死亡。法院认为,在争吵的过程中,被告已经知道王某的心脏不好,还与王某发生言语冲突,引发王某急性前壁心肌梗死,经抢救无效死亡,故此,被告的行为是引发王某病死的原因之一,具有一定的过错,应当承担侵权责任。[2] 在另一个因吵架而导致的心源性猝死案件中,法院认为,被告常年在外地工作,并不长期居住在其岳父母家中,与死者并非邻居,且原告并无充分证据证明被告明知死者有脑梗死、高血压病(1级、极高危)等可能危及生命的严重疾病而故意与之发生争吵。且从常理分析,仅仅因吵架行为本身并不足以

---

[1] 刘某莲、郭某丽、郭某双诉孙伟、河南兰庭物业管理有限公司信阳分公司生命权纠纷案,最高人民法院第142号指导案例(最高人民法院审判委员会讨论通过,2020年10月9日发布)。
[2] 陈某贞、王某与李某霞生命权、健康权、身体权纠纷案,山东省青岛市中级人民法院(2014)青民五终字第119号民事判决书。

致人死亡，被告在与死者发生争吵时，在不了解死者有严重疾病等病史的情况下，并不能预料其行为会诱发死亡的后果，因此，从一般人的注意义务上而言，应适当减轻被告的赔偿责任。[1]

---

[1] 雷某军与赵某华、夏某等生命权纠纷案，重庆市第三中级人民法院（2016）渝03民终1948号民事判决书。

第八章 身体权

第一节 概 述

一、身体权的概念与内容

身体权,是指自然人保持身体的完整并自主地支配肢体、器官和其他身体组织的权利。侵害身体权就是从外部破坏身体的完整性,违背权利人的意愿干预权利人对其肢体、器官和其他身体组织的利用。身体是自然人的物质载体,不能成为他人权利的客体。对于身体的自我决定权来自于人格权,而非所有权。未得到身体权人的同意,不得破坏他人身体的完整性,否则构成侵害行为。

《民法典》第1003条规定:"自然人享有身体权。自然人的身体完整和行动自由受法律保护。任何组织或者个人不得侵害他人的身体权。"从这一规定可知,我国法上身体权所保护的利益较为广泛,既包括自然人维护自己的身体完整的利益,也包括维护自己的行动自由的利益。也就是说,比较法上被作为具体人格权的自由权在我国被纳入身体权当中加以保护。如前所述,这样规定的理由在于避免一些人因为将保护行动自由的自由权误读、误解为政治权利范畴的言论自由、集会自由、出版自由与游行自由。故此,我国法上的身体权应当被界定为:自然人维护自己的身体完整和行动自由的人格权。

(一)自然人有权排除他人对自己身体完整和行动自由的侵害

身体权是自然人享有的维护身体完整和行动自由的权利,属于绝对权,任何组织和个人不得侵害他人的身体完整和自由。著名哲学家费希特曾言:"对公民的身体的袭击,同时就是对公民的一切权利的侵犯,所以也是在国家中的一种犯罪行为,因为公民的一切权利的使用是以他的身体自由为条件的。"[1] 在发生侵害身体权的行为时,自然人可以行使停止侵害、排除妨碍等人格权请求权,从而排除他人对自己身体完整和行动自由的侵害。所谓对身体完整的侵害,是指如剪掉他人的头发,切除他人的器官或肢体,抽取血液等。对行动自由的侵害,是指以拘禁、将没有精神病的人强行送往精神病院等方式,限制自然人的行动自由。因为身体权受侵害而遭受损害的,权利人可以要求侵权人承担侵权赔偿责任。例如,国家机关非法限制他人人身自由的,依据《国家赔偿法》第33条,对于此种侵犯公民人身自由的行为,每日赔偿金按照国家上年度职工日平均工资计算。

(二)自然人有权以符合公序良俗的方式积极行使身体权

身体权不仅意味着自然人可以消极地防御各种对身体完整和行动自由的侵害,还意味着权利人可以在不违反公序良俗的前提下积极行使身体权(从反面来说,也可以认为是对身体权加以自愿限制),具体包括:

1. 同意他人实施一些影响自己身体完整性的行为,如在理发店理发、修剪指甲。这种行为客观上当然是破坏了身体完整性,但是自然人是自愿的且该活动也并非违反公序良俗或者法律强制性规定的,当然应当属于身体权人积极行使权利的范围之内。

2. 女性决定是否生育。生育自主权也属于身体权的内容。女性基于对自己身体的支配,有权决定是否生育,如是否中止妊娠、是否堕胎、是否将孩子生下来即便是有缺陷的孩子。女性行使此种身体权的内容时,包括其丈夫在内的任何人不得干预。最高人民法院《民法典婚姻家庭编解释(一)》第23条规定:"夫以妻擅自中止妊娠侵犯其生育权为由请求损害赔偿的,人民法院不予支持;夫妻双方因是否生育发生纠纷,致使感情确已破裂,一方请求离婚的,人民法院经调解无效,应依照民法典第一千零七十九条第三款第五项的规定处理。"

3. 对于医疗机构实施的破坏身体完整性的手术予以同意。在医疗活动中,为了挽救患者的生命,恢复其健康,需要采取手术切除患者有癌细胞的器官或身体的某部分组织。这种行为客观上虽然是有利于患者的,但也

---

[1] [德]费希特:《自然法权基础》,谢地坤、程志民译,梁志学校,北京,商务印书馆2004年版,第247页。

属于破坏患者身体完整性的行为,故此,该医疗活动必须得到患者或其近亲属的明确同意(《民法典》第1219条),否则构成对患者身体权之侵害。患者和其近亲属的"同意(Zustimmung)"不是法律行为,只是作为"同意(Einwilligung)"排除了该侵害性医疗行为的违法性。[①]

4. 具有完全民事行为能力的自然人有权依法自主决定无偿捐献其人体组织、人体器官(《民法典》第1006条)。为了避免买卖器官的违法行为,更好地保护自然人的生命权、身体权和健康权,《人体器官移植条例》第10条明确规定,活体器官的接受人限于活体器官捐献人的配偶、直系血亲或者三代以内旁系血亲,或者有证据证明与活体器官捐献人存在因帮扶等形成亲情关系的人员。

5. 基于劳动合同、雇佣合同和工作纪律,自愿地限制自己的行动自由,例如,工人在生产线上连续工作一定的时间等。这种自愿地对身体权的限制,只要不违反公序良俗,是有效的。当然,不违反公序良俗地对自己行动自由的自愿限制可以由身体权人随时废止,即便因此承担相应的法律责任,也不例外。[②]例如,工人不按照规定在岗位上工作,擅自离开,此时当然可以依据劳动合同和工作纪律对之进行处罚或追究法律责任,但不能据此强行限制工人的行动自由。

二、身体权与生命权、健康权

以往,《民法通则》第98条只是规定了"生命健康权",未规定身体权。但是,该法第119条规定:"侵害公民身体造成伤害的,应当赔偿医疗费、因误工减少的收入、残废者生活补助费等费用;造成死亡的,并应当支付丧葬费、死者生前扶养的人必要的生活费等费用。"据此,《人身损害赔偿解释》把身体权作为一项独立于生命权、健康权的单独的人格权,其第1条第1款规定:"因生命、健康、身体遭受侵害,赔偿权利人起诉请求赔偿义务人赔偿物质损害和精神损害的,人民法院应予受理。"然而,《侵权责任法》第2条第2款在罗列各类受侵权法保护的民事权益时明确规定

---

① Deutsch/Ahrens, Deliktsrecht, S.83.
② 《葡萄牙民法典》第81条规定:"对行使人格权所作之自愿限制,凡违反公序良俗原则的,均属无效。对人格权所作之合法自愿限制得随时废止,即使对他方当事人之正当期待造成损害而须负赔偿义务者亦然。"

了生命权、健康权,却没有规定身体权。①

《民法典》正确地区分了生命权、身体权与健康权。在生命权、健康权、身体权这三类物质性人格权中,身体权与生命权的区别很明显。在生命权受到侵害时,因自然人已经死亡,显然无须讨论身体权被侵害的问题,如果侵害身体权导致他人死亡的,也不再是侵害身体权而是侵害生命权。

身体权与健康权存在极为密切的关系。许多时候,侵害身体权的行为也构成了对健康权的侵害。例如,非法割去他人一只肾脏的侵权行为,当然破坏了受害人身体的完整性,也损害了受害人的健康。同样,侵害健康权的行为常常是对身体权的侵害。例如,注射有毒药物导致他人手臂的肌肉组织腐烂,不得不切除之。尽管存在上述联系,但二者仍存在明显的区别:身体权保护的是自然人对其身体完整和行动自由的支配,旨在防止他人对身体组织完整性的破坏、侵入和对行动自由的非法限制;健康权保护的是自然人的身心健康,防止他人对其生理健康(如正常生理机能的破坏)和心理健康的侵害,因此,在有些情形下,虽然行为人侵害了身体权,却并未侵害健康权。例如,强行剪去他人的头发②、强制抽血或提取人体细胞(在不损害健康的限度内)、给他人文身、非法搜查他人身体、并不损害健康的殴打他人等。反之,很多时候侵害健康权也未必就侵害了身体权,如输血导致他人感染各种病毒③、惊吓他人致精神分裂等。从我国司法实践来看,只要侵害身体权同时也造成了健康权被侵害(尤其是受害人残疾的),一般就将案由定为侵害健康权。如果只是单纯侵害身体权,并不伴随健康权被侵害的结果的,才将案由确定为侵害身体权。④

---

① 《侵权责任法》起草过程中,就有意见认为,应当在第 2 条列举的民事权益中增加"身体权",但该意见似乎并未被采纳。参见王胜明主编:《中华人民共和国侵权责任法解读》,北京,中国法制出版社 2010 年版,第 466 页。

② "金贞淑、金雪薇侮辱金明锦、朴杏梅案",载最高人民法院中国应用法学研究所编:《人民法院案例选》(总第 19 辑),北京,人民法院出版社 1997 年版,第 27 页以下。

③ 平顶山市第一人民医院与韩凌云医疗过失损害赔偿纠纷上诉案,河南省平顶山市中级人民法院(2010)平民二终字第 371 号民事判决书。

④ 周美君与张翠华健康权纠纷案,广东省佛山市中级人民法院(2017)粤 06 民终 7801 号民事判决书;张恒源与李方林、陈明武生命权、健康权、身体权纠纷案,云南省文山壮族苗族自治州中级人民法院(2016)云 26 民终 697 号民事判决书。

第二节　身体权的保护

一、与身体分离的部分

现代科学尤其是医学技术的发展，可以使在不损害自然人健康的情况下，将其身体的一些部分分离出来，如提取血液、精子、人体细胞、人体胎盘等。身体权通常并不持续地存在于那些已与人的身体相分离的部分之上，比如剪掉的头发，拔去的牙齿，捐献的血液、精子，切除的坏死器官（如阑尾炎手术切除的病人的阑尾），分娩出的死胎等。[1] 这些部分在法律上已经属于独立的物，权利人对之享有的是所有权而非身体权。[2] 不过，倘若某些与身体分离的部分只是短暂的分离，将来还会被重新植入身体，或者这种分离恰恰是为了保持或维持被取出者的某种生理机能时，那么，这些与身体分离的部分依然应当受到身体权的保护，自然人对这些部分享有的仍然是身体权而非单纯的所有权。此时，侵害该等与身体分离之部分的行为，则属于侵害身体权的行为。例如，德国发生的"精子灭失案（Vernichtung von Sperma）"中，原告为了避免手术造成自己丧失生育能力而将精子存储在医院的精子库中。术后，该男子丧失了生育能力，而存放的精子也被毁坏。德国联邦最高法院认为：人体的组成部分一旦与人体相分立，在侵权法中就应当作为"物"加以对待。但是，如果它们是为了重新植入体内或者履行人体的某种典型功能，则侵害这些组成部分就应被视作《德国民法典》第823条第1款中对身体的侵害，即侵犯的是人身权而并非所有权。[3] 本案中，"精子的储存旨在生育繁殖，一方面与身体终局分离，另一方面又将用于实现权利主体者生育的身体机能""精子的储存实乃已丧失生育能力的代替，对于权利主体者身体的完整性及其所涉及之人的自主

---

[1]《焦某诉北京航天总医院赔偿损失案》，载北京市高级人民法院：《损害赔偿新型疑难案例判解》，北京，法律出版社2007年版，第91页以下。

[2] 德国《联邦最高法院民事判例集》第124卷第54页，参见［德］鲍尔、施蒂尔纳：《德国物权法》（上册），张双根译，北京，法律出版社2004年版，第22页。

[3] 德国联邦最高法院1993年11月9日，《新法学周报》1994年，第127页。［德］曼弗雷德·沃尔夫：《物权法》，吴越、李大雪译，北京，法律出版社2002年版，第8页。

第八章 身体权

决定与自我实现，就其分量和内容而言，实不亚于卵细胞之于妇女的身体。"① 因此，医院过失导致精子毁灭，构成对身体之侵害，受害人有权获得 25 000 马克的赔偿。

在我国，也发生过关于受精胚胎归属的纠纷案件。在一个案件中，就已去世的儿子与儿媳留在医院生殖中心的 4 枚受精胚胎的归属问题，原告与被告（原告的亲家）发生纠纷。② 法院最终认为：胚胎属于特殊之物，确定其归属时应当充分考虑伦理、情感以及特殊利益保护等因素。在考虑这些因素后法院认为，原告与被告应共同享有涉案胚胎的监管权和处置权。同时，他们在"行使监管权和处置权时，应当遵守法律且不得违背公序良俗和损害他人之利益。"③ 如果因保管胚胎的医院的过失而导致受精胚胎灭失、毁损的，提供该胚胎的夫妻有权请求医院承担侵害身体权的侵权责任；倘若提供胚胎的人已经死亡，那么该胚胎的所有者可以依据《民法典》第994条要求医院承担侵权责任。在另一个案件中，陈某、徐某于1992年7月8日登记结婚，婚后未能共同生育子女。2014年4月，陈某、徐某到玖和医院分别进行了取卵、取精。玖和医院将陈某的卵子和徐某的精子进行体外受精，并将受精后形成的胚胎进行冷冻保存。2014年12月，陈某、徐某经法院调解离婚。之后，徐某与案外人周某结婚。2015年3月26日，陈某向原审法院提起诉讼，请求确认徐某与案外人周秋宁的婚姻无效。该案尚在审理中。因徐某拒绝签字同意，陈某无法通过玖和医院将胚胎移植入体内孕育，故提起本案诉讼，请求法院确认陈某有权将陈某与徐某提存在

---

① BGHZ 124, 52. 详见王泽鉴：《人格权法：法释义学、比较法、案例研究》，台北，作者印行2012年版，第118-120页。

② 本案案情为：沈某与刘某于2010年10月13日登记结婚，于2012年4月6日取得生育证明。2012年8月，二人要求在南京市鼓楼医院（以下简称鼓楼医院）施行体外受精-胚胎移植助孕手术；鼓楼医院在治疗过程中，获卵15枚，受精13枚，分裂13枚；取卵后72小时为预防"卵巢过度刺激综合征"，鼓楼医院未对刘某移植新鲜胚胎，而于当天冷冻4枚受精胚胎。2012年9月3日，沈某与刘某与鼓楼医院签订《胚胎和囊胚冷冻、解冻及移植知情同意书》，鼓楼医院在该同意书中明确，胚胎不能无限期保存，目前该中心冷冻保存期限为一年，首次费用为三个月，如需继续冷冻，需补交费用，逾期不予保存；如果超过保存期，沈某、刘某选择同意将胚胎丢弃。2013年3月20日23时20分许，沈某驾车侧翻，造成刘某当日死亡，沈某于同年3月25日死亡的后果。因上述4枚受精胚胎的监管权和处置权发生争议，沈某的父母沈某某、邵某某以死者刘某的父母为被告诉至法院，认为其子与儿媳死亡后，根据法律规定和风俗习惯，胚胎的监管权和处置权应由其行使，要求法院判如所请。审理中，因涉案胚胎保存于鼓楼医院，与本案审理结果存在关联性，故法院追加该院作为第三人参加诉讼。

③ 江苏省无锡市中级人民法院（2014）锡民终字第01235号民事判决书。

玖和医院的卵子和精子结合形成的胚胎植入陈某的体内孕育,并由徐某承担本案的诉讼费用。二审法院认为,本案是人格权纠纷。根据上诉人陈某的上诉请求和理由,当事人争议的焦点问题是:在徐某不同意将陈某的卵子和徐某的精子结合形成的胚胎植入陈某体内孕育的情况下,陈某是否有权将该胚胎植入体内孕育?"公民的生育权是一项基本的人权,公民有生育的权利,也有不生育的自由。本案中,即使陈某与徐某的婚姻关系尚未解除,徐某也依法享有不生育子女的自由。故在徐某不同意将陈某的卵子和徐某的精子结合形成的胚胎植入陈某体内孕育的情况下,陈某无权将该胚胎植入体内孕育。"[1]

二、人体基因编辑等医学科研活动的规范

依据公序良俗原则,自然人不能基于身体权而任意处分其人体细胞、人体组织,故此,我国《民法典》第1007条明确禁止以任何形式买卖人体细胞、人体组织。同时,有鉴于2018年发生的南方科技大学副教授贺建奎违反科学伦理而进行的"基因编辑婴儿"事件[2],《民法典》第1009条专门规定:"从事与人体基因、人体胚胎等有关的医学和科研活动的,应当遵守法律、行政法规和国家有关规定,不得危害人体健康,不得违背伦理道德,不得损害公共利益。"诚如王利明教授所言,该规定的重要意义在于"将上述研究活动合法化,并为其确立底线规则,且进一步强化了对人格尊严、生命尊严的保护"[3]。从《民法典》第1009条的规定来看,从事与人体基

---

[1] 陈某与徐某一般人格权纠纷案,广东省湛江市中级人民法院(2015)湛中法民一终字第583号民事判决书。

[2] 2018年11月26日,南方科技大学副教授贺建奎宣布一对名为露露和娜娜的基因编辑婴儿于11月在中国健康诞生,由于这对双胞胎的一个基因(CCR5)经过修改,她们出生后即能天然抵抗艾滋病病毒HIV。这一消息迅速激起轩然大波,震动了中国和世界。2019年12月30日,广东省深圳市南山区人民法院一审判决宣判。法院认为,贺建奎等3名被告人未取得医生执业资格,追名逐利,故意违反国家有关科研和医疗管理规定,逾越科研和医学伦理道德底线,贸然将基因编辑技术应用于人类辅助生殖医疗,扰乱医疗管理秩序,情节严重,其行为已构成非法行医罪。判处被告人贺建奎有期徒刑3年,并处罚金人民币300万元;判处张仁礼有期徒刑2年,并处罚金人民币100万元;判处覃金洲有期徒刑1年6个月,缓刑2年,并处罚金人民币50万元。参见《基因编辑婴儿事件》,百度百科 https://baike.baidu.com/item/%E5%9F%BA%E5%9B%A0%E7%BC%96%E8%BE%91%E5%A9%B4%E5%84%BF%E4%BA%8B%E4%BB%B6/23176263?fr=aladdin。

[3] 王利明:《彰显时代性:中国民法典的鲜明特色》,载《东方法学》2020年第4期。

因、人体胚胎等有关的医学和科研活动，必须遵循以下四项要求。

1. 应当遵循法律、行政法规和国家有关规定。这也就是说，只有符合法律、行政法规和国家有关规定的人体基因、人体胚胎等有关的医学和科研活动才是可以开展的，否则就是不得开展的。例如，《人口与计划生育法》第39条规定："严禁利用超声技术和其他技术手段进行非医学需要的胎儿性别鉴定；严禁非医学需要的选择性别的人工终止妊娠。"再如，《人类遗传资源管理条例》第11条规定，采集我国重要遗传家系、特定地区人类遗传资源或者采集国务院科学技术行政部门规定种类、数量的人类遗传资源的，应当符合下列条件，并经国务院科学技术行政部门批准：（1）具有法人资格；（2）采集目的明确、合法；（3）采集方案合理；（4）通过伦理审查；（5）具有负责人类遗传资源管理的部门和管理制度；（6）具有与采集活动相适应的场所、设施、设备和人员。《人胚胎干细胞研究伦理指导原则》第4条规定，禁止进行生殖性克隆人的任何研究。第6条规定，进行人胚胎干细胞研究，必须遵守以下行为规范：（1）利用体外受精、体细胞核移植、单性复制技术或遗传修饰获得的囊胚，其体外培养期限自受精或核移植开始不得超过14天。（2）不得将前款中获得的已用于研究的人囊胚植入人或任何其他动物的生殖系统。（3）不得将人的生殖细胞与其他物种的生殖细胞结合。

2. **不得危害人体健康。**所谓人体健康是广义的，包括自然人的生命、身体和健康。[①] 不得危害人体健康，不是说与人体基因、人体胚胎等有关的医学和科研活动中不得出现任何人身伤亡。这显然是不可能做到的，因为，科学研究本身就具有未知性和不可控性，就有可能造成难以预料和无法避免的对身体健康甚至生命的损害。不得危害人体健康是指，一方面，对于那些明显危害生命、身体和健康的医学和科研活动，应当权衡利弊，进行科学的风险评估后决定是否进行；另一方面，对于具有已经预见存在一定的危害人体健康风险的医学和科研活动，从事该活动的主体必须尊重有关人员的人格尊严和知情同意权，将可能出现的对人体健康等方面的不利影响与损害后果全面、清晰、真实、准确地予以告知，并取得有关人员真实、自愿的同意。例如，《人类遗传资源管理条例》第12条规定："采集我国人

[①] 石佳友、刘忠炫：《人体基因编辑的多维度治理——以〈民法典〉第1009条的解释为出发点》，载《中国应用法学》2021年第1期。

类遗传资源，应当事先告知人类遗传资源提供者采集目的、采集用途、对健康可能产生的影响、个人隐私保护措施及其享有的自愿参与和随时无条件退出的权利，征得人类遗传资源提供者书面同意。在告知人类遗传资源提供者前款规定的信息时，必须全面、完整、真实、准确，不得隐瞒、误导、欺骗。"

3. 不得违背伦理道德。与人体基因、人体胚胎等有关的医学和科研活动不得违背的伦理道德是指这些活动必须符合生命伦理或生命医学伦理。生命伦理是在医学伦理基础上发展出来的，更加强调人文关怀和对人的自主性、尊严和内在价值的尊重。[1] 生命伦理的基本原则包括尊重自主原则、不伤害原则、有利原则和公正原则。[2] 对这四项原则，我国的一些规章也予以了明确，例如，《涉及人的生物医学研究伦理审查办法》第4条规定："伦理审查应当遵守国家法律法规规定，在研究中尊重受试者的自主意愿，同时遵守有益、不伤害以及公正的原则。"要确保上述医学和科研活动遵守生命医学伦理的基本原则，就必须对之进行伦理审查，只有通过伦理审查才可以开展这些活动。我国不少法律对此有明文规定。《药品管理法》第20条规定："开展药物临床试验，应当符合伦理原则，制定临床试验方案，经伦理委员会审查同意。伦理委员会应当建立伦理审查工作制度，保证伦理审查过程独立、客观、公正，监督规范开展药物临床试验，保障受试者合法权益，维护社会公共利益。"《医师法》第26条规定："医师开展药物、医疗器械临床试验和其他医学临床研究应当符合国家有关规定，遵守医学伦理规范，依法通过伦理审查，取得书面知情同意。"《生物安全法》第40条规定："从事生物医学新技术临床研究，应当通过伦理审查，并在具备相应条件的医疗机构内进行；进行人体临床研究操作的，应当由符合相应条件的卫生专业技术人员执行。"《基本医疗卫生与健康促进法》第32条第3款规定："开展药物、医疗器械临床试验和其他医学研究应当遵守医学伦理规范，依法通过伦理审查，取得知情同意。"

4. 不损害公共利益。从事与人体基因、人体胚胎等有关的医学和科研活动应当是有利于社会的公共利益和国家利益的，而不能损害公共利益，

---

[1] 翟晓梅、邱仁宗主编：《生命伦理学导论》（第二版），北京，清华大学出版社2020年版，第1页。

[2] ［美］汤姆·比彻姆、詹姆士·邱卓思：《生命医学伦理原则》，李伦等译，北京，北京大学出版社2014年版，第3—6章。

危害国家安全。《科学技术进步法》第107条明确规定："禁止危害国家安全、损害社会公共利益、危害人体健康、违背科研诚信和科技伦理科学技术研究开发和应用活动。"例如，有学者认为，增强性的人类基因编辑会使强者更强，人为制造并加剧不平等，破坏共同体业已形成的公平竞争秩序，并且增强性人类基因编辑的应用会引发自然选择的减少和基因变异多样性的降低，可能导致人类生命多样性的深刻危机并最终使人类的生存成为问题，故此，此等人类基因编辑的研究容易被认定为损害社会公共利益，应当予以禁止。[1]

三、人体细胞、人体组织和人体器官的捐献

身体的完整性是身体权所保护的自然人对自己身体享有的利益，因此，无论是小到头发、指甲、人体细胞，还是大到人体组织、人体器官，在没有得到自然人同意的情况下，任何单位或个人都不得侵害，不得将人体细胞、人体组织、人体器官与该自然人的身体相分离，否则构成侵权行为甚至犯罪行为。现代科技尤其是人体器官移植技术、人工辅助生殖技术和克隆技术的飞速发展，使得法律上对身体权的保护越来越重要。[2]

我国《民法典》等法律、法规对于人体细胞、人体组织和人体器官的捐献有非常严格的规定和限制，它们为保护自然人的身体完整尤其是生命健康这一核心利益建立了一道有效的屏障。首先，依据《民法典》第1006条第1款，对于活体器官移植，只有完全民事行为能力人才能依法自主决定进行捐献。不完全民事行为能力人不能自主决定，即便是法定监护人也无权决定。同时，任何组织或者个人不得摘取未满18周岁公民的活体器官用于移植（《人体器官移植条例》第9条）。即便是完全民事行为能力人决定捐献，也必须是自主决定的，即该捐献要遵循自愿的原则，任何组织或个人不能强迫、欺骗、利诱其捐献。近年来一些不法之徒利用我国人体器

---

[1] 朱晓峰：《人类基因编辑研究自由的法律界限与责任》，载《武汉大学学报（哲学社会科学版）》2019年第4期。

[2] 人体器官移植，是指摘取人体器官捐献人具有特定功能的心脏、肺脏、肝脏、肾脏或者胰腺等器官的全部或者部分，将其植入接受人身体以代替其病损器官的过程（《人体器官移植条例》第2条第2款）。人类辅助生殖技术，是指运用医学技术和方法对配子、合子、胚胎进行人工操作，以达到受孕目的的技术，分为人工授精和体外受精-胚胎移植技术及其各种衍生技术（《人类辅助生殖技术管理办法》第24条第1款）。

官移植需求量大，而且自愿捐献人体器官的人数稀少的情况，组织他人出卖人体器官而从中获取非法利益，甚至一些人采取强迫、欺骗的方式或利用他人家境贫困、急需用钱的窘况，多方联系串通组织所谓的"人体器官捐献"，还专门摘取不满十八周岁的未成年人的器官。① 这些行为严重侵害了自然人的身体权以及生命权、健康权，故此我国《刑法修正案（八）》专门在《刑法》第234条后增加了第234条之一，对组织他人出卖或者非法摘取他人器官的犯罪作出了规定。② 依据《刑法》第234条之一第1、2款，组织他人出卖人体器官的，处5年以下有期徒刑，并处罚金；情节严重的，处5年以上有期徒刑，并处罚金或者没收财产。未经本人同意摘取其器官，或者摘取不满十八周岁的人的器官，或者强迫、欺骗他人捐献器官的，依照《刑法》第234条、第232条的规定定罪处罚。

其次，完全民事行为能力人依法自主决定捐献人体器官的，也必须是无偿捐献，禁止以任何形式买卖人体细胞、人体组织、人体器官、遗体，此种买卖是无效的（《民法典》第1007条）。③《世界卫生组织人体细胞、组织和器官移植指导原则（草案）》第5项指导原则明确指出："细胞、组织和器官应仅可自由捐献，不得伴有任何金钱支付或者其它货币价值的报酬。购买或提出供移植的细胞、组织或器官，或者由活人或者死者近亲属出售，都应予以禁止。"但是，"禁止出售和购买细胞、组织和器官不排除补偿捐献人产生的合理和可证实的费用，包括收入损失，或支付获取、处理、保存和提供用于移植的人体细胞、组织或器官的费用"。在对该原则的注解中，世界卫生组织认为："为细胞、组织和器官付款可能会不公平地利用最

---

① 相关新闻报道，参见《17岁少年卖肾案失肾少年获赔147万元 家属抗诉》，见搜狐网，http://news.sohu.com/20121130/n359115411.shtml；《甘肃首例诱骗未成年人卖肾案宣判，2被告获刑》，载《京华时报》2012年2月15日。

② 郎胜主编：《中华人民共和国刑法释义：根据刑法修正案九最新修订》（第六版），北京，法律出版社2015年版，第384页。

③ 例如，由于中国不孕不育患者人数众多，需要辅助生殖助孕的育龄妇女有300万左右，于是一些人利欲熏心干起了非法买卖卵子的勾当，相关报道参见《揭地下卵子交易：貌美女生一颗5万，90万定制男宝宝》，载《现代快报》2017年6月12日。再如，为了制作所谓的中药"紫河车"，地下黑市大量买卖人体胎盘（参见秦山、段景文：《暗访胎盘黑市》，见新浪网，http://finance.sina.com.cn/chanjing/cyxw/2021-03-15/doc-ikkntiam2093433.shtml）。在2005年《卫生部关于产妇分娩后胎盘处理问题的批复》（卫政法发〔2005〕123号）就明确规定："产妇分娩后胎盘应当归产妇所有。产妇放弃或者捐献胎盘的，可以由医疗机构进行处置。任何单位和个人不得买卖胎盘。如果胎盘可能造成传染病传播的，医疗机构应当及时告知产妇，按照《传染病防治法》《医疗废物管理条例》的有关规定进行消毒处理，并按照医疗废物进行处置。"

贫穷的和最脆弱的群体，破坏无私捐献，并导致牟取暴利和贩卖人口。此类付款表达的理念是有些人缺乏尊严，并只是被人利用的对象。"实践中，对于死后捐赠器官的人，如果接受人给与少量的抚慰金或慰问款的，不据此认为构成买卖人体器官，而此款项应当归属于死者的亲属。① 我国《人体器官移植条例》没有规定国家机关的补助。

再次，自主决定无偿捐献人体器官的，必须采取书面形式（《民法典》第1006条第2款）。而且，即便完全民事行为能力人已经书面表示捐献了，也可以撤销（《人体器官移植条例》第8条第1款第2句）。此种无偿捐献人体器官的协议可以随时撤销或者违反，不得强制履行，否则就损害了人的尊严，违背了公序良俗，构成对他人身体权以及生命权、健康权的侵害，不仅是侵权行为，也属于犯罪行为（《刑法》第234条之一）。此外，为了保护生命权、身体权和健康权这一最高法益，即便因为撤销捐献协议造成了信赖利益损失的，也不应承担赔偿责任。

最后，活体器官的接受人限于活体器官捐献人的配偶、直系血亲或者三代以内旁系血亲，或者有证据证明与活体器官捐献人存在因帮扶等形成亲情关系的人员（《人体器官移植条例》第10条）。这主要是因为，一则活体器官捐献人和接受人之间的遗传关系更有利于治疗；二则能够保证捐献人是真正出于对接受人的关切而捐献器官，防止强迫和出于商业动机进行的捐献。②

四、非法限制自由与非法搜查身体

我国《宪法》第37条规定："中华人民共和国公民的人身自由不受侵

---

① 实践中曾出现一个案件：2000年9月30日，孙某将赵某杀害，法院以故意杀人罪判处孙某死刑。赵某的亲属要求刑事附带民事赔偿。孙某在被执行死刑前所留书信以及临刑现场都明确表示，死后要将器官捐献并将所留留给自己的父母和未成年的女儿作为补偿。孙某被执行死刑后，他因捐献的肾脏而获得3万元（暂存于法院）。依据法律规定，被孙某杀害的赵某的死亡补偿费为15万余元，丧葬费400元。孙某被执行死刑时没有其他的财产，2001年8月赵某的亲属诉至法院，要求孙某的父母和女儿偿付赵某的死亡补偿费和丧葬费3万元。孙某的父母和女儿以孙某捐献肾脏所得的3万元不属于遗产，应当按照孙某的遗书的意思，归他们所有作为抗辩。对于该3万元究竟是否属于可以执行的遗产的问题，存在很大的争议。参见陈甦：《法意探微》，北京，法律出版社2007年版，第101页以下。本书赞同陈甦教授的看法，即人体器官是不能买卖的，而孙某捐献肾脏所得的3万元也不是出卖器官的价款，而是对孙某的亲属的抚慰和补助的性质，因此不属于遗产。

② 《世界卫生组织人体细胞、组织和器官移植指导原则（草案）》指导原则3及其注解。

犯。任何公民，非经人民检察院批准或者决定或者人民法院决定，并由公安机关执行，不受逮捕。禁止非法拘禁和以其他方法非法剥夺或者限制公民的人身自由，禁止非法搜查公民的身体。"该规定先是明确肯定了公民人身自由不受侵犯、不受非法逮捕，接着又明确规定了两个"禁止"。依据参与《宪法》起草工作的学者的解释，这种双重规定的表述是吸收总结"文化大革命"沉痛教训的产物[1]，"主要意图是防止'文化大革命'那种随意抓人、关押人、隔离审查和抄家等非法行为"[2]。

为了贯彻落实《宪法》第 37 条保护公民人身自由的规定，《民法典》第 1011 条规定："以非法拘禁等方式剥夺、限制他人的行动自由，或者非法搜查他人身体的，受害人有权依法请求行为人承担民事责任。"故此，无论是以非法拘禁还是其他方式剥夺、限制他人的行动自由的行为，抑或非法搜查他人身体的行为，都属于侵权行为，受害人有权依法请求行为人承担民事责任。由于行动自由属于身体权的保护范围，所以非法剥夺、限制行动自由的行为属于侵害身体权的行为。实践中，比较常见的非法剥夺、限制他人人身自由的行为，如为了讨要债务而非法拘禁债务人；将不符合强制医疗条件的精神病人强行送往精神病院医治[3]；政府机关以办学习班为名，非法限制他人人身自由[4]；公安机关在没有合法手续的情况下限制公民的人身自由。[5]

非法搜查他人身体的行为往往与非法限制他人的行动自由一起实施，故此，受害人可以请求非法搜查者承担侵害身体权的侵权责任。[6] 此外，非法搜查可能还会构成对自然人的人格尊严或名誉权的侵害，故此，实践中受害人会以侵害名誉权或人格尊严为由要求非法搜查者承担侵权责任。例如，在"倪某璐、王某诉中国国际贸易中心侵害名誉权纠纷案"中，法院

---

[1] 许崇德：《中华人民共和国宪法史》（下卷），福州，福建人民出版社 2005 年版，第 497 页。
[2] 蔡定剑：《宪法精解》，北京，法律出版社 2006 年版，第 261 页。
[3] 周荣焱与重庆三峡民康医院人身自由权纠纷抗诉案，重庆市第二中级人民法院（2012）渝二中法民再终字第 2 号民事判决书；秦智亮诉穆素英等侵犯人身自由权案，北京市海淀区人民法院（2002）海民初字第 1704 号民事判决书。
[4] "黄煌辉诉南安市丰州镇人民政府限制人身自由并要求赔偿案"，载最高人民法院应用法学研究所：《人民法院案例选》（总第 42 辑），北京，人民法院出版社 2003 年版，第 460 页以下。
[5] 肖钢都等不服浏阳市公安局限制人身自由、扣押财产案，江西省萍乡市中级人民法院（1999）行终字第 3 号行政判决书。
[6] 佛山市新一佳百货超市有限公司与张群人身自由权纠纷上诉案，广东省佛山市中级人民法院（2004）佛中法民一终字第 307 号民事判决书。

认为:"被告的工作人员怀疑二原告偷拿了市场的货物,本应依照法定程序提交法定机关调查处理,但却未这样做,而是在没有确凿证据的情况下,在公众场合叫住二原告,问其是否将未交费的货物带出市场。问话虽然是婉转的,但其贬义却是显露的。这问话不仅足以使二原告感到自己的社会地位已遭贬低,而且也实际影响了对二原告品德、声望、信用等方面应有的社会评价。因此,这种问话已使二原告的名誉受到损害。被告的工作人员又根据市场的无效公告,声称有权检查二原告的物品,将二原告带进市场内继续逼问。在此情况下,尽管形式上原告自行打开提包、解开衣扣、摘下帽子让市场工作人员查看,但其实质是市场工作人员对顾客的搜查。这种搜查只有法定机关才有权行使。因此,被告的工作人员的上述行为,已严重侵害了二原告依法享有的名誉权。"[1] 在另一个案件中,超市将顾客滞留店中作检查,不仅时间长达近两小时,期间还出现要求顾客解脱裤扣接受检查的事实。法院认为,超市的行为侵犯了顾客的人格权,应赔礼道歉并赔偿精神损害。[2]

第三节 缺陷出生的民事责任

一、缺陷出生的含义

缺陷出生(Wrongful birth),也称不法出生或不当出生,是指因医疗过失而导致存在生理缺陷的婴儿在违背父母意愿的情形下出生。由此引起的损害赔偿纠纷属于医疗损害责任纠纷。缺陷出生不同于缺陷生命(Wrongful life)。缺陷生命是指因医疗机构的过失而导致残疾孩子出生时,该残疾孩子本身提出的请求,包括精神痛苦以及特殊医疗费用。缺陷出生则是指因医疗机构过失导致产下残疾孩子之情形,该残疾孩子的父母针对医疗机构提出的赔偿请求,包括医疗费用、特别的抚养费用以及精神损害赔偿。由此可见,缺陷出生与缺陷生命的区别在于赔偿请求权的主体不同,前者是缺陷孩子的父母,后者是缺陷孩子本身。

---

[1] 《最高人民法院公报》1993年第1期。
[2] 钱缘诉上海屈臣氏日用品有限公司等侵害名誉权案,上海市第二中级人民法院(1998)沪二中民终字第2300号民事判决书。

缺陷出生与错误怀孕（Wrongful Pregnancy）也不同。错误怀孕是指由于医疗机构或者医务人员的过错而导致绝育或堕胎的失败，以致原本没有计划要生育的孩子出生了。[1] 二者的共性在于医疗机构或医务人员都存在过错且如果有赔偿请求权的话，请求权主体都是父母。二者的区别在于：首先，缺陷出生情形中的孩子本身存在生理缺陷，这种缺陷属于遗传缺陷。在错误怀孕中，出生的孩子是健康的，但是属于意外出生的，父母并未计划孕育孩子。其次，错误怀孕的情形下，父母有权要求医疗机构赔偿因其过错致使绝育或堕胎失败而生下计划外的健康儿童的抚养费用。医疗机构要对该财产损害进行赔偿，不是因为孩子的生命没有价值，而是因为医生过失取消了计划生育。但是，该赔偿责任只有在"父母要求绝育或堕胎的原因是他们没有能力承担抚养孩子的费用，并且他们已经让医生知道时，医生才负有责任。否则，父母的财产损失和医生的不当行为之间就没有因果关系"[2]。然而，在缺陷出生的情形下，父母不仅有权要求赔偿财产损害，也有权要求赔偿精神损害，而财产损害是因为缺陷孩子的出生而增加的抚养费用。

二、缺陷出生侵害的客体

在缺陷出生的案件中，如果说作为被告的医疗机构存在侵权行为的话，那么该行为所侵害的客体或对象是什么呢？对此，存在不同的观点。通说认为，缺陷出生所侵害的是原告的知情权、优生优育权以及健康生育选择权等。[3] 例如，在"王某颖、董某程诉首都医科大学附属复兴医院医疗损害责任纠纷案"中，法院认为，被告侵害了原告的生育选择权，"根据我国

---

[1] Smrynaki Evgenia, "Wrongful Life and Birth", 31 MED. & L. 97 (2012), 102.

[2] Smrynaki Evgenia, "Wrongful Life and Birth", 31 MED. & L. 97 (2012), 103.

[3] 崔山、陈晶与泰安市中心医院医疗损害赔偿纠纷案，最高人民法院（2012）民再申字第219号民事裁定书。理论界的观点参见丁春艳：《错误出生案件之损害赔偿责任研究》，载《中外法学》2007年第6期，第693页；张红：《错误出生的损害赔偿责任》，载《法学家》2011年第6期，第59页。这种观点与我国台湾地区法院的判决基本相同，我国台湾地区法院在2003年台上字第1057号判决中针对唐氏症患儿案件的判决中认为，在不当出生的案件中，医生侵害的是父母的生育决定权，即"对具有先天性疾病之不健康胎儿有选择除去之权利"。但是，也有观点认为，缺陷出生侵害的是孕妇享有的获得适当产前保健服务的权益，这一权益并非民事权利，而是属于《侵权责任法》保护的民事利益的范畴。参见金福海、邵冰雪：《错误出生损害赔偿问题探讨》，载《法学论坛》2006年第6期，第40页；杨立新、王丽莎：《错误出生的损害赔偿责任及适当限制》，载《北方法学》第5卷总第26期，第16页。

《人口与计划生育法》相关规定,我国实行计划生育的基本国策。公民有生育的权利,也有依法实行计划生育的义务,夫妻双方在计划生育中有共同的责任。国家建立婚前保健、孕产期保健制度,防止或者减少出生缺陷,提高出生婴儿健康水平。根据我国《母婴保健法》相关规定,医疗保健机构应当为育龄妇女和孕产妇提供孕产期保健服务,服务内容包括为孕妇、产妇提供产前定期检查、为胎儿生长发育进行监护并提供咨询和医学指导等。经产前检查,医师发现或者怀疑胎儿异常的,应当对孕妇进行产前诊断。经产前诊断,有下列情形之一的,医师应当向夫妻双方说明情况,并提出终止妊娠的医学意见:(一)胎儿患严重遗传性疾病的;(二)胎儿有严重缺陷的;(三)因患严重疾病,继续妊娠可能危及孕妇生命安全或者严重危害孕妇健康的。据此,王某颖、董某程享有生育选择权,包括依法终止妊娠避免缺陷儿出生的决定权。王某颖在复兴医院建卡进行定期产前检查后,复兴医院负有依有关法律规定提供保健服务,包括告知检查结果及相关风险等信息的义务,王某颖则享有接受相应保健服务,包括获得有关信息的权利"[①]。

  本书认为,首先,可以肯定的一点是,缺陷出生中存在医疗过失的医疗机构既没有侵害缺陷孩子的健康权,也没有侵害其父母的健康权,因为孩子的缺陷并非医疗过失所致,医疗机构的过失只是没有履行相应的义务避免缺陷孩子的出生,也就是说,使得父母无法自主决定是否生育天生有缺陷的孩子。父母尤其是母亲之所以享有这种生育选择的权利,根本原因在于其对于自己身体享有的支配的权利,正如同是否中止妊娠,应由女性自主决定。这种对自己身体的支配控制即身体权不应当受到侵害或妨碍。我国《母婴保健护法》第 18 条、《人口与计划生育法》第 30 条也明确承认了母亲对于可能存在缺陷的胎儿有权选择终止妊娠的权利。最高人民法院《民法典婚姻家庭编解释(一)》第 23 条前半句规定:"夫以妻擅自中止妊娠侵犯其生育权为由请求损害赔偿的,人民法院不予支持"。至于国家负有的防止或者减少出生缺陷,提高出生婴儿健康水平的义务并不是针对某个特定自然人所负有的义务,不能据此认定自然人享有优生优育的权利或利益。因此,本书认为,可以将缺陷出生侵害的对象界定为身体权,即侵害的是身体权所保护的母亲决定是否生育有缺陷的孩子的自由选择的权利。

[①] 北京市第二中级人民法院(2015)二中民终字第 11917 号民事判决书。

三、缺陷出生损害赔偿请求权的主体

在一般的医疗损害责任纠纷中,原告是因医疗过失而致生命权、身体权或健康权被侵害的受害人或受害人的近亲属。就缺陷出生损害赔偿纠纷而言,原告是父母而非出生的有缺陷的婴儿。从比较法上来看,除了极少数的国家如荷兰,美国的加州、新泽西州和华盛顿特区的法院允许孩子针对医疗机构提起诉讼,绝大多数国家或地区都不允许缺陷孩子在缺陷出生案件中作为原告,理由在于:首先,医疗机构对于残疾的新生儿不负有任何的注意义务,而新生儿的残疾乃是先天性因素所致,与医疗过失行为本身无关。如果认为医生对残疾新生儿负有阻止有缺陷的生命出生的义务,就意味着死亡要胜过有缺陷的生命。这显然违反生命同等神圣的公共政策。其次,难以认定侵害的对象和损害,一方面,残疾的孩子被侵害的是什么呢?其本身毕竟没有选择是否出生的权利,而健康权也并非因为医疗机构的过失行为而遭受损害。另一方面,基于完全赔偿原则,侵权赔偿要使受害人回复到侵权行为没有发生时其应处的状态。按照这一理论,则孩子提起诉讼的话,赔偿应当是回复到其没有出生时应处的状态,而要比较有缺陷的生命与没有出生之间的损害,是难以做到的。

在我国,因为医疗机构产前检查的过失而致先天性有缺陷的孩子出生的案件中,相当一部分是由父母作为原告提起的诉讼,例如,在"中国航天科工集团七三一医院与李某等医疗损害责任纠纷案"中,因被告七三一医院在对孕妇即原告之一李某产前检查过程中存在履行注意义务、告知义务不到位的情况,导致原告产下患有唐氏综合征的患儿(也称"21-三体综合征",是一种由遗传因素所导致的出生缺陷类疾病)。[①] 但是,在有些案件中的原告既有父母也有残疾的孩子,例如,在"陈某甲等与南充市第四人民医院医疗损害责任纠纷案"中,因医疗机构产前检查过失,导致孕妇产下的(原告之一)陈某乙具有先天性肢体缺陷。

在父母和孩子都作为原告起诉的案件中,法院的处理方法各不相同。有的法院认可参加孩子作为原告起诉的权利[②],而有的法院则不予认可,例

---

① 北京市第二中级人民法院(2015)二中民终字第01887号民事判决书。
② 张某某、柏某甲、柏某乙诉青阳县中医医院医疗损害责任纠纷案,四川省青阳县人民法院(2015)青民一初字第00130号民事判决书。

如，广州市中级人民法院颁布的《医疗损害责任纠纷案件审理指引》第7条规定："父母以医疗机构未尽孕期保健（产前检查、产前诊断等）职责导致有先天缺陷的婴儿出生为由，依照侵权责任法请求医疗机构承担赔偿责任的，人民法院应当作为医疗损害责任纠纷案件受理。前款情形下，以婴儿的名义提起民事诉讼的，人民法院应当向其法定代理人释明以父母名义起诉。"再如，在"云南省平安中西医结合医院与陈某凤医疗损害赔偿纠纷上诉案"案中，法院认为："本案的损害事实并非是残疾婴儿的出生，因为生命不能因身体的残疾而低估其价值，故本案产生的损害应当是被告平安医院对原告优生优育权的侵犯而给原告身体、感情、精神上造成的损害。"①法院采取此种观点的理由在于：依照我国民法，自然人的民事权利始于出生，终于死亡。在进行产前检查阶段，缺陷孩子还处于胎儿时期，并无民事权利能力，不可能决定自己的出生，而生育的选择权为其父母所有，因此，一旦残疾儿出生，则侵犯了残疾儿父母的"优生选择权"，无疑被侵权主体为父母而非孩子。故孩子以原告身份主张赔偿权利不符合相应法律规定。②

本书认为，在缺陷出生的情况下，原则上只应当允许父母作为原告提起诉讼，而例外的情况下，才应当允许残疾的孩子作为原告起诉。换言之，先天性残疾的孩子原则上不具有损害赔偿请求权。首先，出生的事实本身不能被评价为损害③，残疾孩子不能以自己的出生作为损害，也就是说，有缺陷的生命在法律上不能被评价为一种损害，否则违反基本伦理和对生命的尊重。其次，孩子的残疾乃是先天性的残疾并非是因为医疗机构的医疗过失所致，医疗机构的过失只是使有缺陷的孩子出生了，而非使得原本没有缺陷的孩子成为有缺陷的孩子。最后，虽然《民法典》第16条规定："涉及遗产继承、接受赠与等胎儿利益保护的，胎儿视为具有民事权利能力。但是，胎儿娩出时为死体的，其民事权利能力自始不存在。"但是，这一规定在侵权法中适用的前提是，胎儿原本健康，却因为其母亲遭受他人侵害或者其在出生过程中遭受他人侵害，此时，为了保护胎儿的利益而将之视为具有民事权利能力，肯定其损害赔偿请求权的存在。

---

① 云南省昆明市中级人民法院（2007）昆民三终字第854号民事判决书。
② 四川省南充市中级人民法院（2013）南中法民终字第1429号民事判决书。
③ 王泽鉴：《侵权行为法》，台北，作者印行2015年版，第198页。

四、缺陷出生损害赔偿的范围

一般医疗损害责任诉讼中，如果医疗机构因医疗过失给患者造成了损害，其需要承担侵害人身权的财产损害赔偿责任和精神损害赔偿责任。前者既包括了医疗费、护理费、交通费等所受损害，也包括误工费、残疾赔偿金、被扶养人生活费、死亡赔偿金等所失利益。而在缺陷出生损害赔偿诉讼中，首先必须明确的是，孩子的出生并非一种损害，而对于孩子，父母负有法定的抚养义务并据此承担相应的费用。该费用与医疗机构的过失没有因果关系。

其次，虽然孩子的残疾本身并非是医疗机构的侵权行为所致，其本身不能被评价为损害，但父母因检查、治疗残疾孩子等需要支出费用则属于损害，医疗机构应当承担全部的赔偿责任。此时，不应按照鉴定认定的参与度予以扣减。因为鉴定的参与度中将大部分的因果关系归因于父母即先天因素。然而，缺陷孩子出生本身虽然不能意味着损害，但是，如果是没有缺陷的孩子出生，则父母就不需要为其支付任何医疗费用，现在因为没有能够避免缺陷孩子的出生，导致父母不得不支付此种治疗费用。二者存在相当的因果关系，当然应当全部赔偿。这些费用包括治疗残疾的医疗费用、护理费用、残疾辅助器具费。

再次，对于缺陷孩子所需要额外支出的抚养费用，应当予以赔偿。对于缺陷婴儿父母提出的抚养费的请求是否支持的问题，比较法上存在很大的争论。有些国家采取肯定的态度，如德国、法国、意大利、丹麦等国家肯定缺陷婴儿父母的抚养费用请求权，而英国、比利时、西班牙等都否定此种请求权。我国有的法院否定抚养费请求权，有的法院则承认之。例如，在"王洁颖等与首都医科大学附属复兴医院医疗损害责任纠纷案"中，法院认为："父母对子女有抚养教育的义务，其中对于未成年子女无论其健康状况如何均有抚养教育的义务，对于成年子女则在其没有独立生活能力的情况下有抚养的义务。虽然生命的价值不应因身体健康状况而有任何差别，父母对子女的关爱以及从中享受的天伦之乐也不会因子女的健康状况而有任何不同，但是不可否认，与抚养一个健康的子女相比，抚养一个残疾的子女意味着父母必须承担额外的抚养费用（以下简称特别抚养费）和精神压力。而父母普遍的愿望是生育一个健康而非残疾的孩子。在我国文化背景下，父母如果发现胎儿具有严重残疾，一般会选择终止妊娠。因此，如果由于医疗机构的过错使父母的生育选择权被剥夺，导致有严重残疾的子女出生，则应当认为，医疗机构的过错与父母为抚养该残疾子女而承担的特别抚养费和额外精神压力之间存在因果关系。"[1] 本书认为，抚养孩子本身是父母的法定义务，因此抚养一个正常的孩子的抚养费不能要求侵权人赔偿，但是抚养有缺陷的孩子需要额外支出的费用，则是由于侵权行为所致，故此对该增加的费用，应当由侵权人加以赔偿。至于赔偿多少，应当考虑孩子残疾的程度以及孩子对父母的预期依赖程度[2]，也就是说残疾越严重，对父母照顾的依赖程度越高，该费用就越多。

又次，在医疗机构的医疗过失发生之后，孕妇因丧失生育选择的机会而继续怀孕以致生产期间所支出的费用，如检查费、住院伙食补助费、医疗费、护理费、家属支付的交通费和住宿费以及因怀孕的并发症引发的医疗费等。这是因为，倘若没有医疗机构的过失，孕妇通常都会选择采取终止妊娠的措施，因此完全没有必要再支出此等费用，而因为医疗机构的过失导致了这种无益费用的支出，构成损害，医疗机构应当赔偿。

最后，孕妇以及丈夫因为缺陷孩子的出生而遭受的精神痛苦。毕竟生育有缺陷的孩子，对父母造成的精神痛苦是巨大的，不仅本来可以避免孩子来到这个世界，度过痛苦的一生，而且父母完全可以避免因缺陷孩子而产生的各种精神上和生活上的巨大压力。

---

[1] 北京市第二中级人民法院（2015）二中民终字第11917号民事判决书。

[2] Medical Negligence, "Damages For Wrongful Pregnancy", *Medical Law Review* 9, Spring 2001, pp. 54-57 (57).

第九章 健康权

第一节 概 述

一、健康权的概念

健康权是以"健康"这一人格利益为客体的权利。与健康相对应的就是生病,但是,人在自然界由于基因突变、生活习惯、生活环境等种种原因,都会生病。从医学的角度来说,疾病与健康之间并没有一条绝对清晰的界线,"我们的生命注定离不开疾病,疾病是生命的一种常态,疾病与人终生相伴"[1]。显然,法律上的健康权保护的不是自然人不生病的利益,而是要通过赋予自然人维护自己身心健康的权利,使其免受他人对健康权的侵害。例如,张某一巴掌将李某的耳朵打聋,S厂生产的有毒奶粉使食用奶粉的儿童患上肾结石。这些行为就是侵害他人健康权的行为。《民法典》第1004条规定:"自然人享有健康权,自然人的身心健康受法律保护。任何组织或者个人不得侵害他人的健康权。"故此,所谓健康权,是指自然人维护自己的身心健康的人格权。

二、健康权的内容

(一)健康权是自然人维护自己身心健康的权利

所谓健康,是指人体发育良好、机理正常,有健全的心理和社会适应能力。[2] 健康分为生理健康(physiologische Gesundheit)与心理健康

---

[1] 薄世宁:《薄世宁医学通识讲义》,北京,中信出版集团2019年版,第11页以下。
[2] 中国社会科学院语言研究所词典编辑室:《现代汉语词典》(第七版),北京,商务印书馆2016年版,第642页。

第九章 健康权

(psychische Gesundheit)。侵害健康权既包括侵害他人的生理健康，如使人感染病毒、听力或视力机能丧失，也包括侵害他人的心理健康，如导致他人精神分裂、罹患抑郁症等。对于健康权的内涵，曾有不同的看法。一种观点认为，健康就是指生理机能的完整，不包括心理机能的完善。心理痛苦或者精神创伤是人的头脑在反映客观过程中显示的不良状态，并非本意上的健康损害。如果将心理健康放在健康的概念中，将混淆侵害健康权的损害赔偿与精神痛苦的抚慰金赔偿的区别。因此，对心理健康，不是通过对健康权的保护而是通过精神损害赔偿的方法加以实现的。[1] 例如，有的法院判决认为："健康权系指公民以其机体生理机能正常运行和功能完善发挥，以其维持人体生命活动的利益为内容的人格权。身体权和健康权均属物质性人格权。从医学上来看，健康既包括生理健康，也包括心理健康，但作为健康权客体的健康，仅指生理健康。如将心理健康置于健康概念中，将会导致健康权的泛化，与其他人格权或人格利益混淆。"[2]

另一种观点认为，所谓健康权受损意味着对于人作为生理的、心理的和精神的存在的干扰或破坏。[3] 健康既包括生理机能的正常运转，也包括心理状态的良好，即生理健康与心理健康。精神损害赔偿请求权与侵害心理健康引发的赔偿请求权并不相同。对心理健康的损害是一种持续性的损害，精神痛苦往往是一时的消极情绪，并不一定构成持续性的病态，所以不能以精神损害赔偿为由，将心理健康从健康中排除出去。况且，认为健康的概念中不包括心理健康，也不利于对受害人的保护。[4] 因此，侵害生理健康，就是指使受害人生理机能发生不良状态，甚至引起某些生理机能的丧失；侵害心理健康的后果是造成受害人心理上的痛苦。[5]

本书认为，健康权所保护的健康既包括生理健康，也包括心理健康，统称"身心健康"。科学研究早已证明，心理与生理的健康同等重要，它们对于维持自然人的正常生存都是不可或缺的。"心理健康是身体健康的精神

---

[1] 王利明、杨立新、姚辉：《人格权法》，北京，法律出版社1997年版，第61页。
[2] 陶莉萍诉吴曦道路交通事故人身损害赔偿纠纷案，四川省广汉市人民法院（2001）广汉民初字第832号民事判决书。
[3] Larenz/Canaris, Lehrbuch des Schuldrechts, zweiter Band Besonderer Teil, 2. Halbband, S. 377.
[4] 王利明主编：《人身损害赔偿疑难问题：最高法院人身损害赔偿司法解释之评论与展望》，北京，中国社会科学出版社2004年版，第10页。
[5] 王利明主编：《人格权法新论》，长春，吉林人民出版社1994年版，第303页。

支柱，身体健康又是心理健康的物质基础。"① 心理健康受到侵害，也会导致生理健康受损，反之亦然。因此，侵害健康权不仅包括对生理健康的侵害，也包括对心理健康的侵害，如导致他人出现各种精神障碍，如精神分裂症、抑郁症、情感性精神障碍、脑器质性精神障碍等。② 我国《民法典》第1004条规定自然人的身心健康受法律保护，这就表明《民法典》已经明确认可了健康权保护的健康既包括生理健康即身体健康，也包括心理健康。

（二）自然人基于健康权有权排除他人对健康权的侵害

健康权是人格权，属于绝对权，具有排他效力，因此，自然人对于他人侵害自己健康权的行为有权采取正当防卫、紧急避险等私力救济措施，也可以获得公力救济，如向法院起诉，要求侵害人停止侵害、消除危险并在遭受损害后有权要求赔偿损失、赔礼道歉。健康权具有专属性，应由健康权人行使。例如，自然人自愿参加拳击比赛、足球比赛等具有一定风险的体育运动，在比赛中因其他参加者的行为而致健康权受到侵害，如身体某部分被对手击中而肿胀或被其他运动员踢的球击中，那么除非其他参加者对损害的发生有重大过失，否则不能要求其他参加者承担侵权责任。这是《民法典》第1176条规定的自甘冒险，同时也体现了法律对自然人行使健康权的自由的尊重。当然，自然人行使健康权须遵守法律的强制性规定和公序良俗。例如，双方签订决斗协议，约定打死打伤，概不负责。这种约定违背公序良俗，属于无效协议。再如，某公司组织大胃王比赛，参加者谁吃的某种食物最多，谁获得一定数额的奖金，组织者要求参加者签订免责协议。此种免责协议属于免除人身伤亡的协议，依据我国《民法典》第506条第1项，免除造成对方人身损害的免责条款是无效的。

三、临床试验与健康权的保护

鉴于各种新药、医疗器械和新的预防和治疗方法的开展，需要进行临床试验③，为了更好地保护自然人的生命健康，我国《民法典》编纂时，立

---

① 黄薇主编：《中华人民共和国民法典人格权编解读》，北京，中国法制出版社2020年版，第68页。
② 《精神卫生法》第83条第1款规定："本法所称精神障碍，是指由各种原因引起的感知、情感和思维等精神活动的紊乱或者异常，导致患者明显的心理痛苦或者社会适应等功能损害。"
③ 《药物临床试验质量管理规范》（已失效）第68条将临床试验（Clinical Trial）界定为：任何在人体（病人或健康志愿者）进行药物的系统性研究，以证实或揭示试验药物的作用、不良反应及/或试验药物的吸收、分布、代谢和排泄，目的是确定试验药物的疗效与安全性。

法机关采纳了有的常委委员、地方、部门和社会公众提出的意见[①]，对人体试验作出了规范。《民法典》第1008条第1款规定："为研制新药、医疗器械或者发展新的预防和治疗方法，需要进行临床试验的，应当依法经相关主管部门批准并经伦理委员会审查同意，向受试者或者受试者的监护人告知试验目的、用途和可能产生的风险等详细情况，并经其书面同意。"第2款规定："进行临床试验的，不得向受试者收取试验费用。"

《民法典》上述规定非常必要，其既有利于充分保护受试者的生命权、健康权，也有利于正常临床试验的开展，研制更有效、更安全的药品、医疗器械和治疗方法，更好地保障人类的生命健康。然而，无论如何，在临床实验中最重要的还是受试者的生命安全和身体健康。这一权益要高于对科学和社会利益的考虑。因为，人是目的而非手段，不能牺牲作为个人的受试者的生命和健康去换取所谓整体的人类的安全健康。《赫尔辛基宣言》[②]第5条指出"在人体医学研究中，对受试者健康的考虑应优先于科学和社会的兴趣。"要实现对临床试验中受试者的生命安全和身体健康的保护，最主要的方法就是符合科学伦理、遵循告知同意规则。具体阐述如下。

1. 进行临床试验必须符合法律规定和科学伦理，一方面，要依法经过有关部门的批准，例如，依据《药品管理法》第19条第1款，开展药物临床试验，应当按照国务院药品监督管理部门的规定如实报送研制方法、质量指标、药理及毒理试验结果等有关数据、资料和样品，经国务院药品监督管理部门批准。国务院药品监督管理部门应当自受理临床试验申请之日起60个工作日内决定是否同意并通知临床试验申办者，逾期未通知的，视为同意。其中，开展生物等效性试验的，报国务院药品监督管理部门备案。再如，依据《医疗器械监督管理条例》第18条第1款，开展医疗器械临床试验，应当按照医疗器械临床试验质量管理规范的要求，在具备相应条件的临床试验机构进行，并向临床试验提出者所在地省、自治区、直辖市人民政府食品药品监督管理部门备案。接受临床试验备案的食品药品监督管

---

① 参见"全国人民代表大会宪法和法律委员会关于《民法典人格权编（草案）》二审稿修改情况的汇报"。

② 《赫尔辛基宣言》是1964年在芬兰的赫尔辛基通过的，全称为《世界医学协会赫尔辛基宣言》，该宣言是人体医学研究伦理准则的声明，用以指导医生及其他参与者进行人体医学研究。此后，该宣言历经多次修订，最新的一次修订是2013年10月在巴西第64届福塔莱萨举行的世界医学协会联合大会。

理部门应当将备案情况通报临床试验机构所在地的同级食品药品监督管理部门和卫生计生主管部门。

另一方面,要经过伦理委员会审查同意。研制新药、医疗器械和新的治疗与预防方法这些医学研究所必须遵守的伦理标准是:促进和确保对人类受试者的尊重,并保护他们的健康和权利。因此,《赫尔辛基宣言》[①]第13条明确指出:"每项人体试验的设计和实施均应在试验方案中明确说明,并应将试验方案提交给伦理审批委员会进行审核、评论、指导,适当情况下,进行审核批准。该伦理委员会必须独立于研究者和申办者,并且不受任何其他方面的影响。该伦理委员会应遵从试验所在国的法律和制度。委员会有权监督进行中的试验。研究人员有责任向委员会提交监查资料,尤其是所有的严重不良事件的资料。研究人员还应向委员会提交其他资料以备审批,包括有关资金、申办者、研究机构以及其他对受试者潜在的利益冲突或鼓励的资料。"我国法律对此也有明确规定。《药品管理法》第20条规定:"开展药物临床试验,应当符合伦理原则,制定临床试验方案,经伦理委员会审查同意。伦理委员会应当建立伦理审查工作制度,保证伦理审查过程独立、客观、公正,监督规范开展药物临床试验,保障受试者合法权益,维护社会公共利益。"《药物临床试验质量管理规范》(已失效)第9条规定:"为确保临床试验中受试者的权益,须成立独立的伦理委员会,并向国家食品药品监督管理局备案。伦理委员会应有从事医药相关专业人员、非医药专业人员、法律专家及来自其他单位的人员,至少五人组成,并有不同性别的委员。伦理委员会的组成和工作不应受任何参与试验者的影响。"第10条规定:"试验方案需经伦理委员会审议同意并签署批准意见后方可实施。在试验进行期间,试验方案的任何修改均应经伦理委员会批准;试验中发生严重不良事件,应及时向伦理委员会报告。"

2. 充分履行告知义务并取得受试者或其监护人的同意。自然人享有生命权、身体权和健康权,基于此等人格权,在临床试验时,试验者必须充分履行告知的义务并取得受试者和受试者的监护人的书面同意。没有经过受试者或受试者的监护人的同意,任何单位或个人不得强迫、欺骗、利诱受试者进行试验。我国《民法典》第1008条第1款明确规定,试验者要向

[①] 该宣言制定了涉及人体对象医学研究的道德原则,是一份包括以人作为受试对象的生物医学研究的伦理原则和限制条件,也是关于人体试验的第二个国际文件。

受试者或者受试者的监护人告知试验目的、用途和可能产生的风险等详细情况,并取得书面同意。这一规定与《民法典》第1219条关于医务人员在进行诊疗活动中如果需要实施手术、特殊检查、特殊治疗时应当向患者具体说明医疗风险等并取得其明确同意的立法目的是相同的。无非,鉴于临床试验的风险更大,《民法典》第1008条第1款要求的是"书面同意",第1219条要求的是"明确同意"。对于临床试验中告知的具体内容,《赫尔辛基宣言》第22条列举了"研究的目的、方法、资金来源、可能的利益冲突、研究者所在的研究附属机构、研究的预期的受益和潜在的风险以及可能出现的不适",以及"应告知受试者有权拒绝参加试验或在任何时间退出试验并且不会受到任何报复"。我国《药品管理法》第21条规定:"实施药物临床试验,应当向受试者或者其监护人如实说明和解释临床试验的目的和风险等详细情况,取得受试者或者其监护人自愿签署的知情同意书,并采取有效措施保护受试者合法权益。"

3.《民法典》第1008条明确了进行临床试验不得向受试者收取试验费用,但是没有禁止向受试者支付报酬。《民法典人格权编草案一审稿》曾规定"禁止向接受试验者支付任何形式的报酬,但是可以给予其必要的补偿。"新药、新的医疗器械的研发和新的预防治疗方法具有很大的风险,容易给受试者造成伤害,因此,需要为其提供适当的补偿和治疗。例如,我国《药物临床试验质量管理规范》(已失效)第14条第5项规定:"如发生与试验相关的损害时,受试者可以获得治疗和相应的补偿。"第43条也规定:"申办者应对参加临床试验的受试者提供保险,对于发生与试验相关的损害或死亡的受试者承担治疗的费用及相应的经济补偿。申办者应向研究者提供法律上与经济上的担保,但由医疗事故所致者除外。"由于补偿和报酬难以区分,故此,《民法典》最终删除了上述禁止给与任何形式报酬的规定。

第二节 侵害健康权的侵权责任

一、侵害生理健康的侵权责任

侵害生理健康,是指行为人实施了破坏了他人生理机能正常状态的侵害行为。此种行为的种类众多,如将带有病毒的血液输入他人体内致其感染疾病；故意殴打他人，致脏器损伤；美容机构的医疗过失致人毁容；机动车发生交通事故致行人成为植物人等。侵害生理健康往往造成他人生理机能的损伤或丧失，从而会导致他人残疾，因此，侵权人除需要承担赔偿医疗费、护理费、交通费、营养费等为治疗和康复支出的合理费用以及因误工减少的收入之外，还需要赔偿辅助器具费和残疾赔偿金。此外，当母体内的胎儿的健康遭受侵害时，胎儿被视为有民事权利能力，只要娩出时并非死体的，即可要求侵权人承担侵权责任。换言之，胎儿在出生时是活着的，无论其存活多长时间，都享有针对加害人的损害赔偿请求权。由于侵害胎儿健康的同时也会侵害母亲的健康权，故此，他们的侵权请求权在诉讼程序上如何行使，值得研究。司法实践认为，如果侵权行为发生时，胎儿尚未出生且诉讼开始前或诉讼结束前仍未出生的，则法院应推迟案件的判决，等到胎儿出生确定其所受到的实际损害后一并判决，或者先对其他受害人的请求进行审理判决，而对胎儿的可以等到其出生后另案处理。[①]

侵害生理健康的案件中比较复杂的情形是输血感染病毒（如丙肝、乙肝、HIV病毒）而引发的侵权纠纷。此类案件中，只要受害人因加害人之行为而感染病毒，就构成侵害健康权，至于受害人是否发病，在所不问。例如，HIV病毒在人体内的潜伏期平均为8—9年，而在发病前病人可以没有任何症状地生活和工作多年。在因输血感染病毒的案件中，受害人被感染病毒的损害结果与被告加害行为之间的因果关系往往难以确切地得到证明。原告往往只能证明自己曾经在被告的医院输过血，但不能证明就是因为在被告的医院输血而被感染病毒，尤其是考虑到病毒有潜伏期，等到病毒发作，原告知道患病的结果时，也往往时过境迁，很难查找证据。[②] 此时，如果要求原告证明就是因为在被告医院输血而感染病毒，十分困难。1991年德国联邦最高法院在一件输血感染艾滋病病毒的判决中指出：病人

---

① 王毓莹：《怀孕期间胎儿或胎儿父母受到伤害，出生后婴儿可否请求赔偿》，载最高人民法院民事审判第一庭编：《民事审判指导与参考》（总第26集），北京，法律出版社2006年版，第184页以下。

② 例如，在一个案件中，原告田某旺1991年4月22日因病在被告河南电力医院住院治疗并输血，7年即即1998年12月因身体不适入住郑州市中心医院检查治疗，才被确诊为丙型病毒性肝炎后肝硬化。参见"田某旺以电视报道的输血感染丙肝个案为据诉河南电力医院在其确诊为丙肝的近八年前对其输过血应为致病原因赔偿损失案"，载最高人民法院中国应用法学研究所编：《人民法院案例选》（总第44辑），北京，人民法院出版社2005年版，第144页。

并非 HIV 危险人群，且依据其生活方式也没有暴露于高度的感染危险当中，而捐血者中有人患有 HIV 病毒，其所捐献的血液也有 HIV 病毒，其他接受捐血之人均被确定感染 HIV 病毒，则从表面证据上可以认定病人也是因为接受输血而感染 HIV 病毒。[1] 在我国司法实践中，一些法院认为，针对输血感染病毒的侵权案件，应当通过因果关系推定的方式，进行举证责任倒置，从而减轻原告的证明难度。例如，《江苏省高级人民法院2001年全省民事审判工作座谈会纪要》曾规定："患者就医期间因输血感染丙肝要求医疗机构、血站赔偿的，实行举证责任倒置。患者能够证明其曾经接受输血、输血后六个月内感染丙肝或者虽在六个月后确诊、但能够明确判断出丙肝系输血感染的，可推定其感染丙肝与输血行为之间存在因果关系。医疗机构、血站应就其履行了法定义务，以及医疗行为或血液质量与损害后果之间无因果关系负举证责任"。再如，在"王某诉南京市鼓楼医院、南京红十字血液中心等人身损害赔偿案"中，法院认为："南京市鼓楼医院为王某手术治疗过程中采取的措施、使用的器具符合行业规定，但其在为王某输血时未履行用血前的复检义务，违反卫生部《采供血机构和血液管理办法》的规定，应认定南京市鼓楼医院有过错，对造成的王某的损害应承担相应的民事责任；南京红十字血液中心虽然举证证明其采、供血过程严格按照要求进行，初检、复检均证明血液不存在质量问题，但王某因输入其提供的血液感染丙肝病毒，南京红十字血液中心又未能提供证明王某所患丙肝是患者自己通过其他途径传染的证据，应推定与南京红十字血液中心提供的血液质量有一定的因果关系，南京红十字血液中心亦应承担相应的民事责任。原审法院判令两被告赔偿王某损失是正确的，但原审认定两被告无过错不当。"[2]

依据《民法典》第 1223 条，在因输血感染病毒的侵害健康权的案件中，作为受害人的患者可以向血液提供机构请求赔偿，也可以向医疗机构请求赔偿，患者向医疗机构请求赔偿后，医疗机构有权向负有责任的血液提供机构追偿。

---

[1] NJW 1991, 1937. 转引自王泽鉴：《人格权法：法释义学、比较法、案例研究》，台北，作者印行 2012 年版，第 123 页。
[2] 江苏省南京市中级人民法院（1999）宁民终字第 684 号民事判决书。

二、侵害心理健康的侵权责任

(一) 侵害心理健康的行为

侵害心理健康会给受害人造成各种精神或心理上的疾病，如抑郁症、神经衰弱、精神分裂等。至于此等损害后果与受害人的器官组织有无关联（是否导致生理健康受损），在所谓不问。[①] 换言之，心理健康遭受侵害的同时，受害人的生理健康可能也会遭受侵害，也可能没有受到侵害。反之亦然。这些都不影响对受害人心理健康的赔偿。例如，A 的侵害行为导致 B 失明，失明后 B 因此患上了抑郁症，那么 A 不仅要就 B 的失明（生理健康受损）承担侵权赔偿责任，也要就 B 患上抑郁症（心理健康受损）承担相应的赔偿责任。[②]

判断一个人的行为是否构成对他人心理健康的侵害时，往往需要取得专家的意见。依据《精神卫生法》第 29 条，精神障碍的诊断应当由精神科执业医师作出。如果医生作出了受害人罹患精神障碍的诊断，自然构成侵害健康权。例如，被告是一名中学生，当原告（与被告是同学关系）将一条死蛇扔在被告面前想吓被告时，未曾想被告毫不害怕，反而突然将这条死蛇挂到了原告的脖子上。结果，这一举动使原告受到异常的惊吓，精神大受刺激，后被鉴定患了精神分裂症。法院认定被告应当承担侵害健康权的赔偿责任。[③]

(二) 心理健康与精神损害赔偿

侵害自然人的人身权益造成精神损害与侵害心理健康有一定的相似之处，如二者都会对受害人的心理造成不良的影响，都只适用于自然人。但是，它们也存在以下明显的区别：首先，精神损害即非财产损害，是指不能以金钱加以计算的损害，如精神上的痛苦、不安、愤怒、失望等。这些损害是无法以金钱加以计算的，精神损害赔偿金只是起到补偿和抚慰的功能。但是，心理健康被侵害而给被侵权人造成的损害既包括财产损害，也

[①] Larenz/Canaris, Lehrbuch des Schuldrechts, zweiter Band Besonderer Teil, 2. Halbband, S. 378.

[②] 相关案例参见《汤卫与陆秀英等健康权纠纷上诉案——被殴打后引发精神疾病的赔偿责任》，载《人民司法》2008 年第 18 期。

[③] 冯培江：《死蛇吓同学玩笑酿悲剧，被告人赔偿损失》，见中国法院网，https://www.chinacourt.org/article/detail/2003/07/id/69998.shtml，发布时间：2003 - 07 - 17。

包括精神损害。所谓财产损失就是医疗费、营养费、护理费、交通费等为治疗心理健康受损和进行心理康复所支出的合理费用以及因误工减少的收入;精神损害就是指被侵权人因心理健康受损遭受的严重精神痛苦。

其次,精神损害可能是因为侵害自然人的生命权、身体权、健康权、名誉权、荣誉权、隐私权等人格权益所致,也可能是因为故意或者重大过失侵害自然人具有人身意义的特定物所致(《民法典》第1183条)。也就是说,精神损害本身不是侵害,而是侵害人身权益或具有人身意义的特定物所造成的损害后果。但是,心理健康被侵害仅仅是指自然人的健康权被直接侵害,也就是说,在健康权包括心理健康的前提下,侵害心理健康就是侵害健康权,它并非权益被侵害的后果。

最后,心理健康是否遭受侵害需要根据相应的医疗机构的意见等证据加以确定,要求具有临床的表现,而不仅仅凭心理上的不良情绪就可以认定为心理健康受到侵害。心理健康一旦遭受侵害,往往需要进行医学上的治疗和康复。精神损害主要是指自然人的痛苦、失望、愤怒等不良情绪。这些情绪一则难以认定,二则也不存在进行医学上治疗的必要。为了控制精神损害赔偿的范围,精神损害只有达到严重的程度,才给予精神损害赔偿,否则只需要适用停止侵害、赔礼道歉等侵权责任即可。

三、侵害健康权的责任承担方式

自然人的健康权遭受侵害的,有权行使停止侵害、排除妨碍、消除危险的请求权。因健康权受侵害而遭受损害的,被侵权人首先有权要求侵权人承担财产损害赔偿责任,即赔偿医疗费、护理费、交通费等为治疗和康复支出的合理费用以及误工费,如果造成残疾的,还有权要求赔偿辅助器具费和残疾赔偿;其次,因健康权受损而遭受精神损害的,可以要求赔礼道歉以及承担精神损害赔偿责任。

第三节 精神惊吓

一、精神惊吓的含义

精神惊吓(emotional distress),也称精神打击(nervous shock)。在

英美法中，精神惊吓是指对事故的受害人（直接受害人）及其有关联的人（间接受害人）造成的一种丧失生活乐趣、歇斯底里的反应和严重情况下甚至是突然、剧烈的情绪震动。如果精神惊吓是因为侵害受害人既有的某种民事权益，如生命权、身体权、健康权、名誉权等而造成的，那么可以通过对这些人格权益的保护予以救济。例如，在侵害健康权的侵权诉讼中，要求侵权人承担相应的侵权责任，即将精神惊吓作为精神损害处理，对于不严重的，只需要判处侵权人承担赔礼道歉等民事责任即可，对于严重的，可以要求侵权人承担精神损害赔偿责任。然而，如果受害人虽然遭受了精神惊吓，却并非是因为某种人格权益受到侵害而造成的，这种精神惊吓或者说精神损害就难以依据《民法典》第1183条第1款的规定加以解决。有学者将此种不是因人格权益被侵害而造成的精神惊吓或精神损害称为"纯粹精神损害"[1]。例如，因为A医院工作人员的疏忽，将原本是C的艾滋病检验单写成了B。结果在得知检验单到复查并无艾滋病的一周内，B忧惧万分，每日以泪洗面，痛苦不堪。然而，B虽然遭受了这种心理上的折磨，却并未引发精神方面的疾病或者诱发、导致某种生理上的疾病，故此，显然无法通过侵害健康权的损害赔偿来解决对此种精神痛苦的赔偿问题。再如，甲与同事乙一起下班回家，结果乙被被告丙的卡车当场撞死。死者脑浆迸裂，身体支离破碎，现场惨不忍睹。甲因目睹了车祸发生的全过程，当场吓傻，瘫坐在地上。此后一段时间内，甲经常噩梦连连，惊恐万分。这个案件中，甲不是直接受害人，其生命权、身体权显然没有遭受侵害，而只是因为目睹了惨烈的事故而遭受了精神惊吓，可是，由于尚未构成对其心理健康的侵害，故此也不能通过行使健康权获得保护。

综上可知，首先，精神惊吓是指并非因侵害自然人的人身权益所造成的损害，同时也不构成对健康权的侵害。其次，从因果关系的角度可以将精神惊吓分为两类：一是受害人直接因行为人的行为而遭受精神惊吓，简称"直接受害人的精神惊吓"，二是第三人因目睹侵权行为的发生而遭受精神惊吓，简称"第三人的精神惊吓"。

二、直接受害人的精神惊吓

直接受害人的精神惊吓，也称受害人的直接精神惊吓，它是指并未伴

---

[1] 鲁晓明：《论纯粹精神损害》，载《法学家》2010年第1期。

随受害人健康权等既有民事权益受侵害而单独产生的精神惊吓,如恐惧、担忧、愤怒、失望、郁闷、烦恼等。受害人的直接精神惊吓能否得到赔偿,涉及如何平衡权益保护与行为自由的关系问题。一方面,人们生活在这个世界上,就无可避免地要经历喜怒哀乐、悲欢离合等各种积极、消极的情绪。任何国家的法律都不会也不可能对每一个人内心的情感变化或波动给予保护。而社会生活中,人们也并不相互负有保证对方每天都有一个好心情的义务。如果不作任何限制地对人们的精神上的痛苦或情绪的波动给予保护,势必极大地限制人们的行为自由。因此,必须区分精神惊吓在什么情况下是人们必须忍受或适应的不舒服感,什么情况下才构成法律上应当赔偿的损害[1]。另一方面,"世界上没有相同的两片树叶",每个自然人的情商、心理承受能力也是千差万别的。有的人如林黛玉般内心敏感而脆弱,稍微被他人辱骂几句,就寻死觅活;有的人却似"特殊材料"做成的人,所谓"猝然临之而不惊,无故加之而不怒",心理素质极佳,纵受胯下之辱、突逢丧子之痛,亦正常工作,淡定自若。因此,法律上无法一般性地确定一个对受害人的直接精神惊吓究竟是赔偿还是不赔偿的客观标准。

从比较法上来看,各国的做法也有很大的差别。有的国家如奥地利拒绝给予赔偿,即除非精神痛苦已经构成了心理健康受损或是与其他侵权行为相伴随的结果,否则仅仅是单纯的精神痛苦,无法获得赔偿[2];有的国家则限定了一些条件,如《美国侵权行为法重述(第二次)》第46条规定,受害人单纯的精神痛苦只有在符合以下三个条件时才能得到赔偿:(1)精神痛苦的程度是严重的;(2)被告主观上是故意或具有重大过失;(3)被告的行为是极端不合理的。对于行为人仅仅是因过失造成了受害人单纯的精神痛苦,起初法院是完全拒绝给予任何赔偿的,除非此种行为构成侵害名誉权或口头诽谤等其他侵权行为。现在法院虽然没有完全否定,但也有严格的限制,如要求被告能够预见会造成精神痛苦,且该痛苦应当是严重的。[3]

---

[1] [德]克里斯蒂安·冯·巴尔:《欧洲比较侵权行为法》(下卷),焦美华译,北京,法律出版社2004年版,第80页。

[2] 谢鸿飞:《惊吓损害、健康损害与精神损害——以奥地利和瑞士的司法实践为素材》,载《华东政法大学学报》2012年第3期。

[3] [美]丹·多·多布斯:《侵权法》(下册),马静、李昊、李妍、刘成杰译,北京,中国政法大学出版社2014年版,第721-723页。

在我国民法学界，有的学者认为，对于受害人的直接精神惊吓应当给予赔偿，理由在于举重以明轻的规则——我国法上对死者近亲属的精神损害这种可推知的精神利益损害都给予赔偿，那么肯定震惊损害的直接受害人的赔偿请求权也是理所当然的。① 本书不赞同该观点。一方面，如果受害人的直接精神惊吓已经严重到可以被认定为精神疾病的程度，那么完全可以将此种侵害行为认定为侵害健康权而对受害人的这种精神惊吓给予精神损害赔偿。如果并未严重到构成侵害心理健康的程度，但因此引发了受害人自身的其他疾病如高血压、心脏病等，就意味该行为实际上侵害的是受害人的生理健康，仍然可以通过健康权对受害人给予保护。例如，在一起案件中，有人故意给殡仪馆打电话，谎称原告已经死亡，让殡仪馆去某地接原告的尸体。殡仪馆在弄口遇到原告，原告得知真相后心中愤懑、情绪不佳，此后两次前往医院就诊，被诊断为高血压症。该案中，法院实际上就是通过侵害健康权给予保护的。②

另一方面，如果受害人直接的精神惊吓未构成生理健康或心理健康受损，也未产生其他民事权益被侵害的后果，那么这种精神惊吓本身难以被界定为一种损害并给予保护。毕竟，每个人在社会生活中生活都可能因各种事情而有不良情绪，法律并未为每个人施加保证他人有好心情的义务。例如，甲、乙二人在路上因琐事发生争吵，对骂了几句，就各自离开了。此后，甲越想越生气，一整天的心情都很糟糕，甲能要求乙赔偿吗？再如，在一个案件中，原告观看了被告举办的首届"广州当代艺术三年展·重新解读：中国实验艺术十年（1990—2000）"，看完之后认为被告循环播出的名为《洗手间》的影像作品以及名为《十二平方米》的作品令其在观看后感到恶心、愤怒和失望，对其造成严重的精神损害，故而以健康权受损为由向法院起诉，要求被告承担精神损害赔偿责任。对此，法院认为："身心健康权属于人格权利的一种，所以受法律保护。原告以其因参观被告的艺术展览，并以被告的展览作品侵害了其身心健康权，要求得到民事法律的保护，是有依据的。关于被告的展览作品是否构成侵权的问题，精神损害也必须是已经发生的且真实存在的事实，而不是当事人凭主观上的感觉或

---

① 鲁晓明：《论纯粹精神损害》，载《法学家》2010年第1期。
② "李玉德诉上海市龙华殡仪馆精神损害赔偿案"，载乔宪志主编：《上海法院案例选（2001年）》，上海，上海人民出版社2002年版，第115页。

臆想而得到的，此种损害事实也可以依据社会一般认知予以认定。由于艺术创作的表现形式具有多样性，每个作品都会在一定程度上引起或刺激人们的主观感受，所以，人们对不同艺术作品，其主观反映及认识也是不尽相同的，也具有多样性。应当注意到，在保护观众的合法权利不受非法侵害的同时，也应保护艺术作品作者的合法权益……原告作为艺术工作者，具有较高的艺术鉴赏力，应对艺术创作有一定的分析、认知水平，其在观看展览后，如认为展出作品的内容和展览形式不当，可以采取其他相应的合法途径发表自己的看法，评论作品的优劣。根据相关证据、双方当事人的陈述、原告的精神状况的外在表现，比较一般人对此次展播的反映和感受，二审法院认为本案不存在侵权行为和损害事实，也不存在违反社会公共利益、社会公德的行为。"[1] 综上所述，本书认为，受害人的直接精神惊吓如果不能纳入健康权保护，也并非是侵害既有民事权益而造成的，其不能作为一种损害，得到法律的保护。

三、第三人的精神惊吓

第三人的精神惊吓，是指第三人因目睹加害人对他人实施侵害行为而遭受的精神惊吓。其中，遭受加害人直接侵害的"他人"属于"第一受害人"。因目睹侵害行为而遭受精神惊吓的第三人是"第二受害人"。如果加害人是故意通过给第一受害人造成损害而实现对第二受害人的损害，如甲故意殴打乙，从而使在现场的乙之父亲丙遭受痛苦。毫无疑问，加害人要向甲、乙承担赔偿责任。[2] 然而，加害人虽然故意侵害第一受害人，但并非通过侵害第一受害人而到达侵害第二受害人的目的，或者加害人完全是因过失对第一受害人造成损害的，此时，倘若不作限制地允许第二受害人从加害人处获得赔偿，势必打开诉讼闸门，加害人将会面临在不特定时间向

---

[1] "苏坚诉广东美术馆侵犯身心健康权纠纷案"，见广东法院网，http://www.gzcourt.org.cn/magazine/magazine_detail.jsp?lsh=454&m_serial=21&m_page=。

[2] 例如，《美国侵权行为法重述（第二次）》第46条规定："（1）行为人故意或重大过失地以极端不合理之行为造成他人严重精神痛苦的，应对此承担责任。倘因此造成身体伤害时，还应对该伤害负责；（2）行为人向第三人施以极端不合理之行为的，在符合以下要件时应承担责任：（a）行为人旨在故意或重大过失地给第三人在现场的近亲属造成严重的精神痛苦，无论该痛苦是否造成身体上的伤害；（b）行为人旨在故意或重大过失地给其他在现场的第三人造成严重精神痛苦，且该痛苦造成了身体上的伤害。"

不特定人承担不特定的赔偿责任的无限制赔偿责任。这显然是非常不合理的。故此，需要对第三人精神惊吓的赔偿责任的构成要件进行科学的界定，以合理地限制赔偿范围。从比较法来看，主要的限制方法包括下列各项。

1. 要求第三人（即第二受害人）与第一受害人存在确定的、密切的联系，通常要求具有近亲属关系，如父母子女关系、配偶关系等。那些关系比较远的亲属或没有亲属关系的人，一般没有赔偿请求权。但是，在某些特殊情况下，即便第二受害人与第一受害人没有亲属关系，却存在比较密切的感情联系的，如未婚妻或具有很深的爱情关系的同伴等，也可以获得赔偿。这种限制的好处在于：一方面，通过将第三人原则上限制在第一受害人的近亲属，可以很好地减轻第二受害人证明自己遭受精神痛苦的举证责任。基于第一受害人与第二受害人之间的近亲属关系，法律上可以直接认定第一受害人遭受了直接侵害后，由于情感联络而产生的共情效应会给第二受害人造成精神痛苦。另一方面，有效地避免了打开诉讼闸门，防止了各种滥诉。比如，A 在公共场所殴打 B，如果当场目睹了该加害行为的有 100 人，A 除了赔偿 B，还要向这 100 人承担赔偿责任，显然是不可能的。

2. 有的国家要求第二受害人遭受的惊吓必须与加害人的侵权行为具有比较密切的时空关联，即第二受害人必须在事故现场亲眼目睹损害事故发生的全过程；如果是通过他人转述或电视转播看见事故的发生的，则不能获得赔偿。[1] 有的学者认为，这样的要求是没有道理的，"一个失去孩子的母亲为什么必须位于事发地点旁，为什么她必须亲眼见到孩子的尸体，为什么电视实况转播不构成足够的诉因，为什么导致死亡事故的过错不能发生在精神打击损害发生之前，对于这些问题，除了在英国大概很少有人能理解"[2]。有的国家如奥地利和瑞士，则不要求第二受害人必须现场目睹第一受害人遭受侵害。例如，在奥地利法院审理的一个案件中，第二受害人（母亲）于 1994 年 7 月得知第一受害人（儿子）在车祸中丧生的消息后，即开始服用镇静剂，此后其工作能力显著下降，直至 1996 年年末才开始工

---

[1] 在英国的 "Aclock v. chief Constable of South Yorkshire" 案中，法官认为，原告没有现场目睹惨剧的发生，而是通过电视转播或听到他人告知惨剧。参见罗晓强：《第三人精神惊吓的损害赔偿责任》，清华大学法学院 2010 年硕士学位论文。

[2] ［德］克里斯蒂安·冯·巴尔：《欧洲比较侵权行为法》（下卷），焦美华译，北京，法律出版社 2004 年版，第 92 页。

作。法院认为，原告究竟是目睹车祸还是事后得知消息，不影响其获得惊吓的损害赔偿。①

本书认为，在第一受害人的身体权和健康权遭受伤害时，第二受害人只有在亲眼目睹侵害行为发生而遭受精神惊吓时，才会发生第三人精神惊吓的损害赔偿请求权。这是因为，第一受害人本身也有精神损害赔偿请求权，所以，在第二受害人没有亲眼目睹的情形下，还承认第二受害人的精神损害赔偿请求权，对加害人过苛，使之承担了过重的责任。例如，在一个案件中，被告在办公室内与另外两人共同殴打原告的儿子曾某，致曾某头部受伤倒地，血流满面。此时，原告进入办公室，刚好看到这一幕，当即昏厥，被送往医院救治。另查明原告自身患有高血脂症、老年性退行性心瓣膜病多种疾病。原告向法院提起诉讼，要求被告等人承担住院费等财产损失与精神损害赔偿金。法院认为："所谓间接受害人是指侵害行为直接指向的对象以外因法律关系或社会关系的媒介作用受到损害的人。本案中受到直接伤害的是曾某斌，原告作为曾某斌的母亲因目睹了儿子被殴打致血流满面而昏厥，是间接受害人。虽然，目前我国法律所保护的间接受害人仅指死亡受害人的近亲属以及其生前依法承担扶养义务的被扶养人、残疾受害人丧失劳动能力前依法承担扶养义务的被扶养人，但是在解释上，可以允许健康权受损的间接受害人享有人身损害赔偿请求权……根据本案查明的事实，被告张某保是本案的直接加害人，原告无法举证证明其他被告是直接加害人……原告因自身年老，又患有疾病，目睹儿子血流满面而昏厥，儿子受伤是外因，主要原因是原告自身患有疾病，因此被告张某保应承担原告损失的20%的赔偿责任。另外，原告目睹儿子血流满面，精神必定痛苦，有抚慰的必要，法院酌定精神损害抚慰金 2 000 元。"② 然而，在第一受害人因他人侵权而死亡的场合，则不应承认其近亲属享有第三人精神惊吓的损害赔偿请求权，无论其是否现场目睹。这是因为，我国法上已经承认被侵权人死亡时，其近亲属有权要求侵权人承担侵权责任，包括精神损害赔偿责任。并且，近亲属的此种精神损害赔偿请求权是其自身精

---

① Helmut Koziol, P. Bydlinski, R. Bollenberger, Kurzkommentar zum ABGB, Springer, 2007, S. 1521；OGH 2 ob 79 /00g. 转引自谢鸿飞：《惊吓损害、健康损害与精神损害——以奥地利和瑞士的司法实践为素材》，载《华东政法大学学报》2012 年第 3 期。

② "林某暖诉张某保等人身损害赔偿纠纷案"，载最高人民法院中国应用法学研究所编：《人民法院案例选》（总第 70 辑），北京，人民法院出版社 2009 年版，第 146 页。

神痛苦的固有产物,而非自被侵权人处继承。① 在这种情况下,如果继续认为近亲属享有因为亲眼目睹第三人遭受侵害而遭受精神惊吓的损害赔偿请求权,势必使近亲属获得双重赔偿,有违损害赔偿法上的"禁止获利"之原则。

第四节 性骚扰

一、性骚扰的法律规制

作为法律术语的"性骚扰(sexual harassment)",最早是在20世纪70年代由美国学者首次提出的。② 到目前为止,许多国家和地区的法律都明确禁止了性骚扰,例如,1976年美国联邦法院认为,性骚扰是违法的并且承认交换利益性骚扰属于1964年的民权法案(1964 Civil Rights Act)第七章规定的性别歧视。从此,在美国,针对性骚扰提起的诉讼中可以引用1964年民权法案第七章关于性别歧视的损害赔偿责任的规定。③ 再如,英国1970年的《男女同工同酬法》《性歧视禁止法》以及1985年修订后的《反性别歧视法》,1980年加拿大的《联邦人权法典》,澳大利亚1984年的《禁止性歧视法》,我国香港特别行政区1995年的《性别歧视条例》中都有禁止性骚扰的规定。我国台湾地区2005年颁布了"性骚扰防治法"。为了在欧盟内部实现性骚扰立法的统一,2002年9月23日欧盟制定了《关于落实男女平等待遇条例》(2002/73/CE),要求成员国在2005年10月5日以

---

① 这一点与国外不同。在欧洲各国法律中,一个被杀死的人不会遭受任何损害,而其近亲属的精神痛苦只有达到了有接受医疗治疗的必要时,才能获得赔偿。[德]克里斯蒂安·冯·巴尔:《欧洲比较侵权行为法》(下卷),焦美华译,北京,法律出版社2004年版,第69-70页。

② 不过对于究竟是谁最早提出性骚扰的概念存在不同的观点。有的人认为,性骚扰的概念是由美国女权主义者、密西根大学法学教授凯瑟琳·麦金农(Catharine A. Mackinnon)首次提出的(参见靳文静:《性骚扰法律概念的比较探析》,载《比较法研究》2008年第1期)。有的人认为,1973年麻省理工学院玛丽·罗伊(Mary Rowe)博士在向院长呈交的一份关于性别问题的报告中首度公开使用了"性骚扰"一词,但据她解释,此前该词已由该校其他学者在讨论会上首先使用过。还有认为,"性骚扰"一词于1975年由美国康奈尔大学的琳·法莉(Lin Farley)、苏珊·美耶(Susan Meyer)、卡伦·索维涅(Karen Sauvigne)等女权主义学者在一次学术讨论中杜撰的。参见耿殿磊:《美国的性骚扰概念及其发展》,载《河北法学》2010年第4期。

③ 参见靳文静:《性骚扰法律概念的比较探析》,载《比较法研究》2008年第1期。

前完成国内法的转化。

在我国法律中，最早规定性骚扰的法律是《妇女权益保障法》，该法于2005年修订时专门增加一条作为第40条规定："禁止对妇女实施性骚扰。受害妇女有权向单位和有关机关投诉。"此外，在2012年国务院颁布的《女职工劳动保护特别规定》第11条也规定："在劳动场所，用人单位应当预防和制止对女职工的性骚扰。"然而，这些规定都只是宣示性的规定，没有规定相应的法律责任。2018年12月12日《最高人民法院关于增加民事案件案由的通知》（法〔2018〕344号）第2条规定：在《民事案由规定》的第九部分"侵权责任纠纷"的"348、教育机构责任纠纷"之后增加一个第三级案由"348之一、性骚扰损害责任纠纷"。

我国《民法典》编纂时，为了更好地预防和制止性骚扰，为性骚扰的受害人提供民法上的救济，《民法典》第1010条对于性骚扰的认定标准、相应的行为义务及性骚扰的民事责任等问题作出了具体规定。首先，《民法典》第1010条被规定在第四编"人格权"的第2章"生命权、身体权和健康权"中。从这一体系位置可知，立法者认为性骚扰是对身体权和健康权的侵害，但具体是侵害身体权还是健康权，没有明确。本书认为，性骚扰行为可能构成侵害身体权或健康权，也可能同时构成对这两种权利的侵害。例如，只是用言词对他人进行性骚扰，可能对他人的身心健康构成侵害，属于侵害健康权。而违背他人意愿去抚摸他人胸部、臀部等私密部位的性骚扰则构成对身体权与健康权的侵害。[①] 其次，依据《民法典》第1010条第1款，"违背他人意愿，以言语、文字、图像、肢体行为等方式对他人实施性骚扰的，受害人有权依法请求行为人承担民事责任。"该款揭示了性骚扰的违背他人意愿的本质特征，同时也明确了性骚扰属于侵权行为，需要承担民事责任。再次，第1010条第2款明确了单位负有预防和制止性骚扰的义务，即"机关、企业、学校等单位应当采取合理的预防、受理投诉、调查处置等措施，防止和制止利用职权、从属关系等实施性骚扰。"这也为性骚扰的受害人在单位不履行预防和制止性骚扰义务的时候，要求单位承担民事责任，提供了请求权基础。

[①] 立法机关有关人士也采纳此种观点。参见黄薇主编：《中华人民共和国民法典人格权编解读》，北京，中国法制出版社2020年版，第97页。

二、性骚扰的概念与特征

性骚扰,是指违背他人意愿,以言语、动作等行为对他人实施的与性和性别有关的侵害他人身体权或健康权的行为。从比较法上来看,有些国家和地区的文件或立法上对此有明确的界定。例如,美国平等就业机会委员会 1980 年发布的《性骚扰指南》(EEOC Policy Guidance on Sexual Harassment)中将"性骚扰"定义为:"在下列三种情况下向对方作出不受欢迎的、与性有关的行动或要求及其他言语举动,均会构成性骚扰:(1)明示或默示凡顺从该性骚扰者,即可获得个人在工作上的条件;(2)员工顺从性骚扰行为或拒绝性骚扰行为,会影响到是否雇用该员工;(3)性骚扰行为之目的或结果,不合理地干涉员工的工作表现,或产生胁迫、敌对或侵犯性的工作环境。"再如,我国台湾地区"性骚扰防治法"第 2 条规定:"本法所称性骚扰,系指性侵害犯罪以外,对他人实施违反其意愿而与性或性别有关之行为,且有下列情形之一者:一、以该他人顺服或拒绝该行为,作为其获得、丧失或减损与工作、教育、训练、服务、计划、活动有关权益之条件。二、以展示或播送文字、图画、声音、影像或其他物品之方式,或以歧视、侮辱之言行,或以他法,而有损害他人人格尊严,或造成使人心生畏怖、感受敌意或冒犯之情境,或不当影响其工作、教育、训练、服务、计划、活动或正常生活之进行。"

我国《民法典》第 1010 条第 1 款规定:"违背他人意愿,以言语、文字、图像、肢体行为等方式对他人实施性骚扰的,受害人有权依法请求行为人承担民事责任。"由此可知,所谓性骚扰是指,违背他人意愿,以言语、行为等方式对他人实施的与性有关的骚扰行为[1],其具有以下几项特征。

1. 性骚扰行为是侵害他人身体权或健康权的行为

关于性骚扰侵害了被骚扰者的何种民事权益,有不同的观点,如性自主权、隐私权、人格尊严权[2];还有的学者认为,性骚扰不仅侵害了人格

---

[1] 王利明、程啸:《中国民法典释评·人格权编》,北京,中国人民大学出版社 2020 年版,第 217 页(本部分由王利明教授撰写)。

[2] 杨立新主编:《中国人格权立法报告》,北京,知识产权出版社 2005 年版,第 173、461 页。

权,还侵害公民的劳动权、平等权、社会经济权利等。[1] 从我国《民法典》第1010条规定的位置可知,立法者认为,性骚扰行为是对他人的身体权、健康权的侵害行为。确实,在性骚扰中,无论是言语还是行动,都不可能避免对他人的身体权或健康权造成侵害,如抚摸他人的乳房、臀部等私密部位的行为,就是对他人身体权的侵害,因为自然人有权基于身体权而排除他人未经自己同意而故意触碰自己身体尤其是私密部位。当然,在都市生活中,人流密集,人和人之间偶然发生的身体的接触也是正常的,这种触碰并非是故意发生的,不是侵害身体权的行为,也不是性骚扰。例如,在早晚交通高峰期间乘坐地铁或公交车时,人流密集,相互之间不可避免会发生挤碰。性骚扰的行为也会对他人的健康权构成侵害,如单位的领导长期给女性下属发送各种性挑逗的短信、微信,这种行为会对该女性下属的心理健康造成侵害,属于侵害健康权的行为。

2. 性骚扰是违背他人意愿的行为

违背意愿性是性骚扰行为最本质的特征,如果不违反他人意愿,而是你情我愿,两情相悦,自然不构成性骚扰。性骚扰具有的违背他人意愿性,既可能表现为被骚扰者的明确反对的意思表示,也可能被骚扰者以比较隐晦的方式而非直接的言语或者行动所表现出来。这是因为,性骚扰很多时候发生于存在职业、学业上控制与被控制关系的当事人之间,如单位的上下级之间、大学的师生之间。一旦作出明确的反对的表示,被骚扰者可能面临着被降级、开除、调动工作、学业受阻等不利的局面,故此,被骚扰者往往敢怒不敢言。因此,在认定是否违背意愿方面,除非被控实施了性骚扰行为的人能够举证证明被骚扰者明确表示过同意,否则就应当认定这是违背被骚扰者的意愿的。

3. 性骚扰是与性有关系的侵害行为

性骚扰行为不同于其他的骚扰行为的就在于其与性有关。例如,深夜反复给人打电话或发辱骂他人的信息等行为,也属于骚扰行为,但是这些行为与性无关,而只是侵扰他人的生活安宁,构成对隐私权等其他人格权的侵害。性骚扰行为是与性有关的侵害行为,如向他人发送意图或企图与他人发生性关系的言语或者短信,或者故意触碰他人的胸部、臀部或其他

---

[1] 张新宝、高燕竹:《性骚扰法律规制的主要问题》,载《法学家》2006年第4期。

敏感部位等。从本质上说，这种行为侵害了他人的身体权或健康权，即对他人对自己身体的支配控制或者对他人的心理健康产生了不良的影响。

虽然性骚扰行为与性有关，但是又不同于强奸、猥亵等与性有关的违法犯罪行为，因为性骚扰行为的严重程度远远未达到那样严重的程度。如果已经达到这种程度，则行为人当然构成侵权行为以及犯罪行为，需要承担相应的民事责任并遭受刑罚的惩罚。例如，《刑法》第237条第1、2款规定："以暴力、胁迫或者其他方法强制猥亵他人或者侮辱妇女的，处五年以下有期徒刑或者拘役。聚众或者在公共场所当众犯前款罪的，或者有其他恶劣情节的，处五年以上有期徒刑。"也正是因为性骚扰的行为的程度没有达到构成犯罪的程度，故此，在认定性骚扰时边界往往不好把握。比如，仅仅是在包括女性听众在内的听众面前讲一些黄色笑话，是否构成性骚扰，就值得讨论。讲笑话者认为这就是好玩，博取大家一笑。听众中的女性很不舒服，很尴尬。有的学者认为，性骚扰行为还是应当达到一定严重程度才能构成，而是否严重需要由法官自由裁量，借鉴所谓诚实善意人的标准来加以判断；至于性骚扰行为是否需要反复多次还是一次足够，不能一概而论，要根据情况而定。[①] 我国台湾地区"性别工作平等法"第12条第2项也规定："前项性骚扰之认定，应就个案审酌事件发生之背景、工作环境、当事人之关系、行为人之言词、行为及相对人之认知等具体事实为之。"

4. 性骚扰的受害人包括女性与男性

性骚扰的受害人显然只能是自然人，不可能是其他民事主体，但是，并不限于女性。我国《妇女权益保障法》第40条规定："禁止对妇女实施性骚扰。受害妇女有权向单位和有关机关投诉。"确实，实践中最为常见的性骚扰的受害人都是女性，但是，也有可能是女性对男性进行性骚扰，或者男性对男性、女性对女性进行性骚扰[②]，故此，《民法典》第1010条使用了"他人"的表述来称呼性骚扰的受害人。这就将男性和女性都包括在内。例如，2004年四川青羊法院就判决了一起同性性骚扰案件，该案中骚扰者

[①] 张新宝、高燕竹：《性骚扰法律规制的主要问题》，载《法学家》2006年第4期。
[②] 男性之间实施性骚扰的案例，参见"杨某某等诉刘某某利用领导关系进行同性间的性猥亵侵犯人身权精神损害赔偿案"，载最高人民法院中国应用法学研究所：《人民法院案例选》（总第45辑），北京，人民法院出版社2004年版，第172页以下。

和被骚扰者都是男性，最后法院判决被告赔礼道歉并赔偿 3 000 元精神损害抚慰金。[1]

三、性骚扰的民事责任

(一) 构成要件

由于我国《民法典》和其他法律没有对性骚扰这一侵权行为规定无过错责任或过错推定责任，故此，性骚扰应当适用《民法典》第 1165 条第 1 款规定的过错责任原则，属于一般侵权行为。首先，行为人实施了性骚扰行为，即违背他人意愿，以言语、文字、图像、肢体行为等方式对他人进行了性骚扰。也就是说，受害人应当举证证明加害人实施了性骚扰行为。有些情况下，受害人举证可能还是比较容易的，如骚扰者发送了大量的微信或短信。这些电子信息当然可以作为证据来证明骚扰者实施了性骚扰行为。再如，骚扰者的行为被公安机关认定为构成猥亵他人，而依《治安管理处罚法》第 44 条进行了行政拘留等处罚的，则公安机关的这一行政处罚行为可以作为证据。[2] 然而，在有些情况下，性骚扰的举证可能就很困难，比如故意触碰他人私密部位，或者乘人不备亲吻一下，这些证据都很难固定。

其次，骚扰者存在过错，并且这种过错就是故意的，不包括过失。如果仅仅是过失，如不小心触碰了他人敏感部位，则不能认定为性骚扰。被骚扰者通过证明骚扰行为实际上就能证明骚扰者的主观心理状态是故意的，无须另行证明。

(二) 侵权责任承担方式

一旦构成性骚扰，则被骚扰者有权要求骚扰者停止侵害、排除妨碍、

---

[1] 该案案情为：25 岁的喻某于 3 月 15 日进入成都某设计公司，任该公司总设计师黄某的专职司机。喻某诉称，自 3 月 24 日起，黄多次在家中、办公室、汽车上甚至电梯里强行接触他的隐私部位，强行拥抱、亲吻，并经常打电话给他说"我爱你""我喜欢你"等骚扰性的语言。5 月 31 日，在喻某离开该公司前，黄某在办公室内出具了一份《道歉书》称："由于本人个人行为不周，对你产生不当行为，对你造成伤害，请你原谅并保证以后不再发生电梯里和家里的拥抱和亲吻侵犯行为。" 6 月中旬，喻某将黄某起诉到青羊法院，提出赔偿精神抚慰金 1 万元并要求黄某公开道歉。《全国首起同性性骚扰案宣判 六旬工程师赔钱道歉》，http://news.eastday.com/eastday/news/news/node4946/node32229/userobject1ai517121.html。

[2] 周某与蔺某性骚扰损害责任纠纷案，陕西省西安市中级人民法院（2019）陕 01 民终 8971 号民事判决书。

消除危险、赔礼道歉。被骚扰者如果因此遭受了损害,如出现抑郁症等精神疾病或者产生了严重的精神损害,则有权要求骚扰者承担损害赔偿责任。在一个案件中,原、被告双方通过网络聊天方式相识。在此后的交往中,被告通过 QQ 聊天和手机短信方式向原告示爱,致原告受到刺激,渐出现精神异常,经过诊断为心因性忧郁症,治疗近 8 个月,病情始得以控制。法院认定被告的性骚扰行为已经对原告的健康权造成了损害,应当承担侵权赔偿责任。①

四、负有防止和制止性骚扰义务者的民事责任

(一)单位负有防止和制止性骚扰的义务的必要性

由于性骚扰往往发生于存在职权、从属关系等具有控制与被控制关系的上下级或者师生之间,也正是这种关系,在很大程度上使性骚扰者能肆无忌惮地实施此类行为,而被害人只能忍辱偷生、保持沉默,故此,法律上有必要对各种容易发生性骚扰的机关、企业、学校等单位施加相应的义务,要求其建立相应的机制来预防和制止性骚扰行为。这也是比较法上各国和地区预防和制止性骚扰的一个最主要的方法。例如,在德国,保护劳动者免遭工作岗位上性骚扰的义务属于雇主应当承担的保障劳动者人格权的义务范畴。② 在日本,1997 年的《雇佣机会平等法》第 21 条第 1 段规定,雇主必须注意人员管理,保障工作场所有关性的语言和行为不伤害性地影响女性的雇佣条件或工作环境。因此,雇主在人员管理方面必须为此目的始终采取适当的必要措施。2006 年再次修订的《雇佣机会平等法》,明确了性骚扰包括对男性的性骚扰行为,同时进一步强化了雇主防止性骚扰的注意义务和措施义务。③ 再如,我国台湾地区"性别工作平等法"第 13 条规定:雇主应防治性骚扰行为之发生。其雇用受雇者三十人以上者,应订定性骚扰防治措施、申诉及惩戒办法,并在工作场所公开揭示。雇主

---

① 李某诉王某人身损害赔偿纠纷案,江苏省南京市中级人民法院(2010)宁民终字第 1245 号民事判决书。

② [德]雷蒙德·瓦尔特曼:《德国劳动法》,沈建峰译,北京,法律出版社 2014 年版,第 163 页。

③ [日]荒木尚志:《日本劳动法》(增补版),李坤刚、牛志奎译,北京,北京大学出版社 2010 年版,第 88 页;何霞:《妥协与渐进之道:日本反性别歧视立法研究》,载刘小楠、王理万主编:《反歧视评论》(第 6 辑),北京,社会科学文献出版社 2019 年版,第 109 页。

于知悉前条性骚扰之情形时,应采取立即有效之纠正及补救措施。第一项性骚扰防治措施、申诉及惩戒办法之相关准则,由主管机关定之。"性别平等教育法"第20条第1项规定:为预防与处理校园性侵害、性骚扰或性霸凌事件,主管机关应订定校园性侵害、性骚扰或性霸凌之防治准则;其内容应包括学校安全规划、校内外教学与人际互动注意事项、校园性侵害、性骚扰或性霸凌之处理机制、程序及救济方法。

在《民法典》编纂之前,我国一些法规和规章对于单位防止和制止性骚扰的义务也有一些零散的规定。例如,2012年国务院颁布的《女职工劳动保护特别规定》第11条规定:"在劳动场所,用人单位应当预防和制止对女职工的性骚扰。"教育部颁布的《中小学教师违反职业道德行为处理办法》第4条第7项规定,与学生发生不正当关系,有任何形式的猥亵、性骚扰行为,属于应予处理的教师违反职业道德行为之一。处理方法包括处分和其他处理。处分包括警告、记过、降低岗位等级或撤职、开除。警告期限为6个月,记过期限为12个月,降低岗位等级或撤职期限为24个月。是中共党员的,同时给予党纪处分。《新时代高校教师职业行为十项准则》第6项以及《新时代中小学教师职业行为十项准则》第7项均规定:"坚持言行雅正。为人师表,以身作则,举止文明,作风正派,自重自爱;不得与学生发生任何不正当关系,严禁任何形式的猥亵、性骚扰行为。"再如,《公共航空旅客运输飞行中安全保卫工作规则》第10条第4项规定,机长有权处置航空器发生的猥亵客舱内人员或性骚扰等扰乱行为。然而,这些规定的效力级别都比较低,《民法典》首次在法律层面上明确规定了单位负有的预防和制止性骚扰的义务,其第1010条第2款规定:"机关、企业、学校等单位应当采取合理的预防、受理投诉、调查处置等措施,防止和制止利用职权、从属关系等实施性骚扰。"这就为今后各个具体的法律、法规和规章作出更具体的规定提供了基本的法律依据,从而能够更有效地发挥预防和制止性骚扰,保护广大自然人合法权益的作用。

(二) 单位负有的防止和制止性骚扰义务的内容

依据《民法典》第1010条第2款,单位负有的防止和制止性骚扰的义务主要体现在:采取合理的预防、受理投诉、调查处置等措施,且属于全过程的覆盖。具体来说,首先,机关、企业、学校等单位要采取合理的预防措施,但是,这种预防措施并非要预防任何性骚扰,而只是要防止利用职权、从属关系等实施的性骚扰。事实上，也没有任何单位可能预防发生在本单位人员之间所有的性骚扰行为，或发生在本单位人员和非本单位人员之间的性骚扰行为。它能够采取措施预防并在发生后进行调查处理的只是在本单位人员之间发生的且属于利用职权、从属关系实施的性骚扰行为。这种预防措施包括如在新员工入职时进行相应的禁止性骚扰的培训，在签订的劳动合同或聘用合同中明确约定禁止性骚扰的条款，举办各种预防和制止性骚扰的培训和宣传活动，将法律、法规和本单位对性骚扰的禁止和处罚规定刊登在本单位的网站、公众号或者在相应的容易获取的场所提供相关的法律、法规的资料等。目前，我国法律、法规和规章中尚缺乏对这方面的具体规定。比较法上，不少国家或地区都有相应的规定。例如，我国台湾地区"校园性侵害性骚扰或性霸凌防治准则"第2条规定："学校应积极推动校园性侵害、性骚扰及性霸凌防治教育，以提升教职员工生尊重他人与自己性或身体自主之知能，并采取下列措施：一、针对教职员工生，每年定期举办校园性侵害、性骚扰及性霸凌防治之教育倡导活动，并评鉴其实施成效。二、针对性别平等教育委员会（以下简称性平会）及负责校园性侵害、性骚扰及性霸凌事件处置相关单位人员，每年定期办理相关之在职进修活动。三、鼓励前款人员参加校内外校园性侵害、性骚扰及性霸凌事件处置研习活动，并予以公差登记及经费补助。四、利用多元管道，公告周知本准则所规范之事项，并纳入教职员工聘约及学生手册。五、鼓励校园性侵害、性骚扰及性霸凌事件被害人或检举人尽早申请调查或检举，以利搜证及调查处理。"

其次，机关、企业、学校等单位要采取针对性骚扰的受理投诉、调查处置等措施机制，即要明确受理投诉和调查处置性骚扰的机构以及相应的处置程序。目前，我国现行的法规、规章没有专门的针对性骚扰的受理投诉机制，而是适用统一的针对应受处理行为的受理与调查处理程序。例如，《中小学教师违反职业道德行为处理办法》第5条规定："学校及学校主管教育部门发现教师存在违反第四条列举行为的，应当及时组织调查核实，视情节轻重给予相应处理。作出处理决定前，应当听取教师的陈述和申辩，听取学生、其他教师、家长委员会或者家长代表意见，并告知教师有要求举行听证的权利。对于拟给予降低岗位等级以上的处分，教师要求听证的，拟作出处理决定的部门应当组织听证。"再如，《教育部关于高校教师师德失范行为处理的指导意见》第5条要求："高校要建立健全师德失范行为受理与调查处理机制,指定或设立专门组织负责,明确受理、调查、认定、处理、复核、监督等处理程序。在教师师德失范行为调查过程中,应听取教师本人的陈述和申辩,同时当事各方均不应公开调查的有关内容。教师对处理决定不服的,按照国家有关规定提出复核、申诉。对高校教师的处理,在期满后根据悔改表现予以延期或解除,处理决定和处理解除决定都应完整存入个人人事档案。"《中国农业银行女员工权益保障(暂行)办法》第 25 条规定:"禁止对女员工进行性骚扰。各级行均有义务防止工作场所的性骚扰,制定适当的调查性骚扰指控的制度,建立反对性别歧视的良好工作环境。"

机关、企业、学校等单位依据法律、法规和内部预防制止性骚扰的奖惩规定,对于实施了性骚扰行为的员工依法予以解雇的行为,是合法的,被解雇者据此提起诉讼的,人民法院不予支持。例如,在一个劳动合同纠纷案件中,被告以原告违反公司《奖惩管理制度》5.4.3.8 条"对同事有性骚扰行为者,予以扣分处罚,视情况予以解雇,且公司不给予任何补偿"以及存在其他违反劳动合同的行为为由,解除与原告的劳动合同。原告起诉至法院要求被告支付经济补偿金。法院认为:原告的行为已构成性骚扰,且在三名受害人向被告投诉后的调查期间,原告再次实施性骚扰行为,情节较为恶劣,严重违反了公司规章制度,被告公司可根据该公司上述规定解除双方劳动合同,并且根据《劳动合同法》第 39 条第 2 项劳动者"严重违反用人单位的规章制度的",用人单位可以解除劳动合同,故此,被告因原告严重违反公司规章制度可以解除与其的劳动合同,无须支付经济补偿金。[1]

(三) 单位违反防止和制止性骚扰义务的民事责任

如果机关、企业、学校等单位没有采取合理的预防、受理投诉、调查处置等措施来防止和制止利用职权、从属关系等实施性骚扰,或者虽然采取了此等措施但依然出现了利用职权、从属关系实施性骚扰的行为,此时这些单位是否承担侵权责任以及承担何种侵权责任,值得研究。在《民法典》编纂时,学者曾提出对此应当作出规定,但立法机关考虑到单位是否承担以及承担何种责任需要根据案件的具体情形而定,故此未作规定。有

---

[1] 广东邦达实业有限公司与林顺沅劳动合同纠纷案,广东省中山市中级人民法院(2015)中中法民六终字第 235 号民事判决书。

学者认为：在性骚扰的情形下，单位承担的是两种形态的责任，一是替代责任，即雇员利用职务便利而实施性骚扰行为造成受害人损害的，由雇主承担替代责任，雇主承担责任后可以向雇员进行追偿；二是补充责任，此种情形下，由实施性骚扰行为的人承担第一顺位的责任，而单位则承担补充责任。①

本书认为，首先，《民法典》第1191条规定的用人单位责任的成立与单位是否采取合理的预防、受理投诉、调查处置等措施无关。也就是说，无论单位是否采取了上述措施，只要是用人单位的工作人员在执行工作任务中对他人实施性骚扰造成他人损害的，就应当由用人单位承担侵权责任。例如，某公安局警察利用处理他人纠纷之际，某单位领导利用出差之际或者利用雇员为其开车之际而实施性骚扰行为，此种情形下用人单位当然构成侵权责任。而且，从第1191条的规定来看，用人单位侵权责任乃是无过错责任，因此，用人单位不能以自己已经采取合理的预防、受理投诉、调查处置等措施来防止和制止利用职权、从属关系等实施性骚扰作为免责事由。②

其次，如果实施性骚扰者并非在执行工作任务中而实施性骚扰行为的，此时不能令单位承担用人单位侵权责任，但是，如果机关、企业、学校等单位没有采取合理的预防、受理投诉、调查处置等措施来防止和制止利用职权、从属关系等实施性骚扰，且与损害的发生存在因果关系的，那么可以依据《民法典》第1165条第1款，由单位承担相应的民事责任。

最后，如果单位属于《民法典》第1198条规定的经营场所、公共场所的经营者、管理者或者群众性活动的组织者，因为没有尽到安全保障义务，导致他人被第三人性骚扰而造成损害的，则由第三人承担侵权责任，经营者、管理者或组织者应当依据该条第2款承担相应的补充责任。

---

① 杨立新、马桦：《性骚扰行为的侵权责任形态分析》，载《法学杂志》2005年第6期。
② 这一点和我国台湾地区不同。依据我国台湾地区"性别工作平等法"第27条第1项规定，如果受雇者或求职者因该法第12条规定的性骚扰而受有损害的，由雇主及行为人连带负损害赔偿责任。但雇主证明其已遵行"性别工作平等法"所定的各种防治性骚扰之规定，且对该事情之发生已尽力防止仍不免发生者，雇主不负赔偿责任。之所以如此规定，是因为我国台湾地区"民法"第188条第1项规定："受雇人因执行职务，不法侵害他人之权利者，由雇用人与行为人连带负损害赔偿责任。但选任受雇人及监督其职务之执行，已尽相当之注意或纵加以相当之注意而仍不免发生损害者，雇用人不负赔偿责任。"

第十章 姓名权

第一节 概 述

一、姓名的含义

姓名（Name）是自然人的标识，是区别自然人和自然人的一种语言标识。只有在有语言文字的社会中，才会产生姓名。通过姓名，自然人得以在与其周围的人的关系中维护其人格，并在社会交往中将自己与他人加以区分，从而作为一个独特的个体存在，获得自我认同，实现人格尊严。[①] 姓名的首要功能在于区分个体或者群体。在原始社会，姓名区分的对象主要是群体。但是，在现代社会，随着文明程度的提高和社会分工的复杂化，以姓名区分个体的比重增加。大致来说，姓名的区分层次可以分为三种：个体区分、身份区分与血缘区分。在现代社会，个体区分是最基本的，身份区分包括族属、阶级、财产、信仰、态度等方面，血缘区分涉及父子、母子、父母双亲、婚姻、血族等社会认知因素。[②]

作为区分自然人的语言符号，姓名至少要满足三个构成要件：（1）是一个符号；（2）该符号与某个特定的自然人相联系；（3）该自然人利用此符号形成了一定的社会交往。[③] 姓名由两部分组成，即"姓"和"名"。由于历史传统，各国姓名的形式是不同的。公元前的古罗马人一般实行三名制，如 Gaius Julius Caesar，Marcus Tullius Cicero 等。第一部分是个人名，

[①] 因此，不使用他人姓名而是用数字、编号来代替，是对人格尊严的侵害，如纳粹的集中营中使用编号来称呼被关押的犹太人。

[②] 纳日碧力戈：《姓名论》（修订版），北京，社会科学文献出版社2015年版，第143-144页。

[③] Heinrich Hubmann, Das Persoenlichkeitsrecht, 2. Aufl. 1967, S. 276.

第二部分表示的是氏族或亲族，第三部分是绰号、别号或后来获得，或由房支继承。在我国古代，汉族的姓名体系大致包括姓氏、名、字、小名、讳名、别号、室号、官号、故里号、庙号、谥号等。汉族使用的姓氏有3 000多个，复姓只有250个，约为总数的8.1%。我国少数民族的姓名形式可以分为四类：有姓有名、姓先名后（如白族、回族、壮族、满族等）、有名无姓（如蒙古族、傣族）、有姓无名（如独龙族、傈僳族）、连名制（如俄罗斯族，可能是父名＋本名，母名＋本名，夫名＋妻名等）。①

姓名，有广、狭义之分。狭义的姓名仅指法定姓名，即自然人在法定身份证明文件上使用的姓名，如身份证、户口登记簿、护照上的姓名。居民身份证是证明居住在中华人民共和国境内的公民的身份的法定证明文件，居民身份证上登记的项目包括：姓名、性别、民族、出生日期、常住户口所在地住址、公民身份号码、本人相片、指纹信息、证件的有效期和签发机关（《居民身份证法》第3条第1款）。户口登记簿和户口簿上登记的事项也具有证明公民身份的效力（《户口登记条例》第4条第4款）。

广义的姓名除法定姓名之外，还包括笔名、艺名、网名，我国传统文化中的字、号，佛教徒等宗教信徒的法名等。② 由于我国《民法典》第1017条单独对于笔名、艺名、网名等的保护作出了规定，因此，《民法典》中所谓的"姓名"应当仅指狭义的姓名即法定姓名。需要注意的是，对于佛教徒、道教教职人员、伊斯兰教教徒而言，还有佛教法名、道教法名和伊斯兰教经名。例如，嵩山少林寺方丈所用之释永信是法名，其俗名是刘应成。目前，我国一些地方公安机关要求已出家佛教徒或者出家、独身并在道教宫观修行的道教教职人员在申报户口登记时应当使用其本人的佛教或者道教法名，原世俗姓名登记为曾用名，也就是说，此时该人的佛教法名或道教法名属于法定姓名。至于未出家的佛教徒、道教教职人员和伊斯兰教信徒则不得使用其本人的佛教、道教法名和伊斯兰教经名申报户口登记。③

二、姓名权的概念

姓名权是一种人格权，是自然人享有的人格权。所谓姓名权，是指自

---

① 纳日碧力戈：《姓名论》（修订版），北京，社会科学文献出版社2015年版，第74页以下。
② 例如，清中兴名臣曾国藩，字"伯涵"，号"涤生"，谥"文正"。国学大师梁启超先生，字"卓如"，号"任公"，又号"饮冰室主人""饮冰子""哀时客""中国之新民""自由斋主人"等。
③ 参见南京市公安局发布的《南京市常住户口登记管理规定》第63条。

然人有权依法决定、使用、变更或者许可他人使用自己的姓名的权利（《民法典》第 1012 条）。由于构成姓名的文字并非任何人可以排他、唯一地予以支配的客体，故此，姓名权不是自然人对于作为姓名的文字本身排他支配的权利，而只是保护基于自然人与其姓名这一符号标识之间的联系而产生的区分性利益以及精神和经济利益的归属。故此，侵害姓名权并不是对姓名本身的侵害，而是对姓名背后的特定自然人所享有的区分性利益和精神、经济利益的归属的侵害。①

在法律并不使姓名权人对于其姓名享有独占排他的支配权的情形下，重名重姓的行为本身不构成侵权。据统计，在我国的户籍人口中，使用频率最高的10个姓名依次为："张伟""王伟""李娜""王芳""李伟""王静""李静""张敏""刘伟""张静"。对这些姓名男女皆有使用。② 2016年，全国叫"张伟"的人有 299 025 人，"王伟"有 290 619 人，"王芳"有 277 293 人，"李伟"有 269 453 人，"李娜"有 258 581 人。③

需要注意的是，《涉外民事关系法律适用法》第15条规定："人格权的内容，适用权利人经常居所地法律。"故此，并非我国公民的自然人且经常居所地在我国的，其外文姓名也受到法律保护。然而，外文姓名的中文译名并不属于法定姓名，故此，对其保护应当适用《民法典》第1017条的规定，即只有"具有一定社会知名度，被他人使用足以造成公众混淆的"译名，才能参照适用姓名权和名称权保护的有关规定。这也是对司法实践经验的总结。在最高人民法院第113号指导案例——"迈克尔·杰弗里·乔丹与国家工商行政管理总局商标评审委员会、乔丹体育股份有限公司'乔丹'商标争议行政纠纷案"中，最高人民法院认为，外国自然人就特定名称主张姓名权保护的，该特定名称应当符合以下三项条件：其一，该特定名称在我国具有一定的知名度，为相关公众所知悉；其二，相关公众使用该特定名称指代该自然人；其三，该特定名称与该自然人之间已经建立了稳定的对应关系。

---

① 德国民法学说也认为，姓名权保护的核心利益就是同一性利益以及个性化利益。详见陈龙江：《德国民法对姓名上利益的保护及其借鉴》，载《法商研究》2008 年第 3 期。

② 公安部户政管理研究中心：《二〇一九年全国姓名报告》，见公安部网站，https://www.mps.gov.cn/n2254098/n4904352/c6874655/content.html。

③ 《2016 大数据"看"中国父母最爱给宝宝起什么名》，载《人民日报（海外版）》2017 年 1 月 10 日。

三、姓名权的内容

《民法典》第 1012 条列举了姓名权的内容，即自然人有权依法决定、使用、变更或者许可他人使用自己的姓名，但是不得违背公序良俗。从这一规定可以看出，自然人对于其姓名享有的决定、使用、变更或者许可他人使用的权能，但是这些权能的行使都必须符合两个要件：一是依法，二是不得违背公序良俗。

（一）自然人有权依法决定自己的姓名

首先，自然人决定自己姓名的权利以具有完全民事行为能力为前提。自然人出生后，虽然就享有姓名权，但是在其具有完全民事行为能力之前，只能由其父母或其他监护人来决定其姓名。在自然人具有完全民事行为能力后，如果对于原来的姓名不满意，可以变更自己的姓名，当然也可以给自己取笔名、艺名或别名。其次，基于男女平等及夫妻在婚姻家庭中地位平等之原则，夫妻并不因婚姻关系而影响各自姓名权的行使，《民法典》第 1056 条规定："夫妻双方都有各自使用自己姓名的权利。"最后，自然人决定自己的姓名不是随意的，而必须依法决定。所谓"依法"决定，是指要依据法律、法规、规章等来决定自己的姓名。这里的"法"是广义上的法，既包括全国人大及其常委会制定的法律，也包括行政法规、地方性法规和规章。之所以对于决定自己的姓名，国家要通过法来加以控制，原因在于："姓名是符号系统，也是分类系统。人名的分类系统服务于社会管理。社会管理者制定姓名的标准形式，以姓名分类体现社会分类，通过姓名分类方便社会治理。在国民社会，姓名标准化是体现国家统一的行政格局、方便交际、增强国家意识的手段之一；它也是推广标准化的官方语言和文字的一个相关部分。"[①] 为了实现社会管理，我国《民法典》不允许自然人任意决定其法定姓名。从现行法律、法规的规定来看，自然人决定自己姓名的限制主要体现在以下几方面。

1. 作为姓名的符号应当符合法律的规定与公序良俗等民法基本原则

姓名的区分功能在相当大的程度上受到语言经济原则的制约。人本身

---

① 纳日碧力戈：《姓名论》（修订版），北京，社会科学文献出版社 2015 年版，第 35 页。

固有的惰性倾向要求姓名称谓的使用尽可能省力，用好记、好念的姓名来辅助交际，用起来简单，以达到整合与区分的目的。特别是现代工业社会对集约化、标准化、国际化的要求，也自然而然地通过信息处理的相应发展而体现到姓名上来。例如，姓名拼写正字法、外国人名的标准对译、有时对姓名字数的限定、姓名缩写规则、姓与名前后顺序的固定排列等，都体现了经济、准确、规范、高效的原则。① 我国《居民身份证法》第4条第1款明确规定："居民身份证使用规范汉字和符合国家标准的数字符号填写。"《通用语言文字法》第17条规定，除姓氏中存在的异体字，否则应当使用规范汉字②，不得使用规范汉字以外的文字，如外文字母、自创汉字等。例如，在一起案件中，原告之父在1986年帮儿子取名"赵C"并进行了户籍登记。2006年8月，原告赵C来到派出所换发第二代身份证时，民警告之其名字里面不能有"C"之类的字。之后，被告公安分局也告知赵C，"赵C"进不了公安部户籍网络程序，建议原告改名。原告不服，提起诉讼。一审法院认为，依据《居民身份证法》第4条第1款，居民身份证使用规范汉字和符合国家标准的数字符号。第二代《居民身份证》是由汉字、数字、符号三种元素组成的。原告赵C的"赵"是规范汉字，名"C"既是英文字母，又是汉语拼音字母，也是一种符合国家标准的数字符号，因此，原告赵C的姓名是符合法律规定的。原告赵C使用该姓名已有22年，在使用过程中未给国家、社会及他人造成不利。故此，被告公安分局应当允许原告赵C保留现有名字，并为其换发第二代居民身份证。在二审法院主持下原告被告和解，故二审法院裁定撤销一审判决，赵C将用规范汉字更改名字，被告公安分局免费为赵C办理更名手续。③ 本书认为，本

---

① 纳日碧力戈：《姓名论》（修订版），北京，社会科学文献出版社2015年版，第147页。
② 参见公安部对广东省公安厅户政管理处作出的《关于对中国公民姓名用字有关问题的答复》（2001年6月）。
③ 参见赵C诉鹰潭市月湖区公安分局侵害姓名权案，http://baike.baidu.com/view/2234017.htm。2008年《公安部关于对居民身份证姓名登记项目能否使用规范汉字以外文字和符号填写问题的批复》指出："根据《中华人民共和国居民身份证法》第四条第一款、第七条第一款、第八条和第十条规定以及《中华人民共和国国家通用语言文字法》第九条、第十八条第二款规定精神，居民身份证姓名登记项目应当使用规范汉字填写，并与常住人口登记表和居民户口簿姓名登记项目保持一致。《公安部关于启用新的常住人口登记表和居民户口簿有关事项的通知》（公通字〔1995〕91号）已经明确要求姓名登记项目使用汉字填写。公安机关发现常住人口登记表、居民户口簿或者居民身份证姓名登记项目未使用规范汉字填写的，应当请本人协助更正，并免费为其办理更正后的居民户口簿、居民身份证和变更姓名的证明文件。"

案一审法院对《居民身份证法》第4条第1款的理解有误,因为该款之所以规定"居民身份证使用规范汉字和符合国家标准的数字符号",是因为居民身份证上登记的项目不仅有姓名,还包括性别、民族、出生日期、常住户口所在地住址、公民身份号码、本人相片、指纹信息、证件的有效期和签发机关等信息。显然,出生日期、住址、身份证号码这些信息是要使用数字符号的。至于姓名,除非少数民族,否则当然要使用规范汉字,规范汉字中并不包括英文字母"C"。因此,公安机关的决定是符合法律规定的。此外,我国法律上没有对姓名的长短作出明确规定,但是基于经济的原则,姓名也不可能太长,否则人们难以记忆,从而无法发挥姓名的区分功能。

2. 子女既可以随父姓也可以随母姓

《民法典》第1015条第1款规定,自然人的姓氏应当随父姓或者母姓。在未成年之前,子女的姓名权都是由父母代为行使的。因此,父母可以决定子女随父姓或随母姓,而由于为子女选择姓氏是父母共同的权利,故此双方应协商确定。在夫妻离婚的情况下,父或母一方不得擅自将跟随自己生活的子女的姓氏加以改变。[①] 例如,在一个案件中,牟某与苏某原系夫妻关系,二人于2010年1月9日生育一子牟某某,于2012年2月20日办理离婚登记,双方约定孩子牟某某由苏某抚养,牟某每月支付抚养费500元并享有探视权。苏某再婚后,将牟某某更名为周某某。牟某向法院提起诉讼,要求恢复其儿子原来的姓名。法院认为,"夫妻离婚之后,虽然未成年子女由父母一方抚养,但在父母双方均健在的情况下,抚养一方不能单方面决定未成年子女的姓名,应当与未成年子女的生父或生母协商决定姓名的更改,在不征得生父或生母的同意下,擅自将未成年子女的姓氏改为生父母以外的他人的姓氏,侵害了生父或生母的姓名权"[②]。本书认为,在本案中,抚养未成年人子女的父母一方未与另一方协商而擅自更改子女的姓名,另一方有权要求恢复子女的姓名,但是该擅自改名的行为并非对于父或母的姓名权的侵害。

---

① 参见《最高人民法院关于变更子女姓氏问题的复函》(〔81〕法民字第11号);《最高人民法院关于人民法院审理离婚案件处理子女抚养问题的若干具体意见》第19条;《公安部关于父母离婚后子女姓名变更有关问题的批复》(2002年5月21日公安部公治〔2002〕74号)。

② 牟某诉苏某姓名权案,山东省日照市中级人民法院(2017)鲁11民终562号民事判决书。

3. 法律对于姓的规范比对名的规范更严格

在我国，姓名通常包括"姓"与"名"两个部分。就名而言，只要不违反公序良俗和法律、行政法规的强制性规定，应由自然人或其监护人自由决定。但是，对于姓，法律上则有更严格的控制，即无论是自然人抑或其监护人，都不能任意在父姓或母姓之外选取第三人的姓。对于该问题曾过有不同的看法。一种观点认为，公民虽然享有姓名权，但是在选择父母以外的第三姓时，应当慎重对待。首先，《婚姻法》第 22 条规定"子女可以随父姓，可以随母姓"。该条款属于禁止性条款，并未允许自然人随意选择姓氏，子女原则上只能是随父姓或随母姓[1]；其次，"姓氏凝聚着中华传统文化，体现了宗族血脉和家族传承，并且涉及社会管理，对姓氏的选择应当进行适当规范和限制，比如不能违背公序良俗原则，不能损坏社会公共利益和国家利益，不能恶意更改姓氏，等等"[2]。例如，某人原名"王文隆"，现向公安机关申请将名字改为"奥古辜耶"[3]，这就是应当禁止的行为。另一种观点认为，公民享有姓名权，该权利的内涵之一就是，公民有权决定、使用和改变自己的姓名。《婚姻法》第 22 条是任意性规范，而非强制性法律规范。也就是说，法律并未强制公民必须在父姓或母姓中进行选择。因此，公民完全可以在父母姓氏之外选择第三姓作为自己的姓，国家没有必要进行干预或限制。[4]

为了解决这一争议，2014 年 11 月 1 日第十二届全国人民代表大会常务委员会第十一次会议通过的《全国人民代表大会常务委员会关于〈中华人民共和国民法通则〉第九十九条第一款、〈中华人民共和国婚姻法〉第 22 条的解释》规定："公民依法享有姓名权。公民行使姓名权属于民事活动，既应当依照民法通则第九十九条第一款和婚姻法第二十二条的规定，还应当遵守民法通则第七条的规定，即应当尊重社会公德，不得损害社会公共利益。在中华传统文化中，'姓名'中的'姓'，即姓氏，体现着血缘传承、

---

[1] 张红：《姓名变更规范研究》，载《法学研究》2013 年第 3 期。
[2] 参见《全国人大常委会法工委李适时主任一行来湘调研》，见湖南人大网，http://www.hnrd.gov.cn/Item/Show.asp?m=1&d=16026，2014 年 7 月 9 日访问。
[3] 王文隆诉北京市石景山区公安局不同意变更姓名案，北京市石景山区人民法院（2002）石行初字第 15 号裁定书。
[4] 《公民有权以祖辈姓进行出生户籍登记——河南荥阳法院判决耿某诉京城路派出所公安行政不作为案》，载《人民法院报》2014 年 7 月 3 日。

伦理秩序和文化传统，公民选取姓氏涉及公序良俗。公民原则上随父姓或者母姓符合中华传统文化和伦理观念，符合绝大多数公民的意愿和实际做法。同时，考虑到社会实际情况，公民有正当理由的也可以选取其他姓氏。基于此，对民法通则第九十九条第一款、婚姻法第二十二条解释如下：公民依法享有姓名权。公民行使姓名权，还应当尊重社会公德，不得损害社会公共利益。公民原则上应当随父姓或者母姓。有下列情形之一的，可以在父姓和母姓之外选取姓氏：（一）选取其他直系长辈血亲的姓氏；（二）因由法定扶养人以外的人扶养而选取扶养人姓氏；（三）有不违反公序良俗的其他正当理由。"

在最高人民法院第89号指导案例中，原告"北雁云依"出生于2009年1月25日，其父亲名为吕晓峰，母亲名为张瑞峥。因酷爱诗词歌赋和中国传统文化，吕晓峰、张瑞峥夫妇二人决定给爱女起名为"北雁云依"，并以"北雁云依"为名办理了新生儿出生证明和计划生育服务手册新生儿落户备查登记。2009年2月，吕晓峰前往燕山派出所为女儿申请办理户口登记，被民警告知拟被登记人员的姓氏应当随父姓或者母姓，即姓"吕"或者"张"，否则不符合办理出生登记条件。因吕晓峰坚持以"北雁云依"为姓名为女儿申请户口登记，被告燕山派出所遂依照《婚姻法》第22条之规定，于当日作出拒绝办理户口登记的具体行政行为。原告遂向人民法院提起行政诉讼，审理本案的法院依据《全国人民代表大会常务委员会关于〈中华人民共和国民法通则〉第九十九条第一款、〈中华人民共和国婚姻法〉第二十二条的解释》判决认为：本案不存在选取其他直系长辈血亲姓氏或者选取法定扶养人以外的抚养人姓氏的情形，案件的焦点就在于原告法定代理人吕晓峰提出的理由是否符合上述立法解释第2款第3项规定的"有不违反公序良俗的其他正当理由"。首先，从社会管理和发展的角度，子女承袭父母姓氏有利于提高社会管理效率，便于管理机关和其他社会成员对姓氏使用人的主要社会关系进行初步判断。倘若允许随意选取姓氏甚至恣意创造姓氏，则会增加社会管理成本，不利于社会和他人，不利于维护社会秩序和实现社会的良性管控，而且极易使社会管理出现混乱，增加社会管理的风险性和不确定性。其次，公民选取姓氏涉及公序良俗。在中华传统文化中，"姓名"中的"姓"，即姓氏，主要来源于客观上的承袭，系先祖所传，承载了对先祖的敬重、对家庭的热爱等，体现着血缘传承、伦理秩序和文化传统。而"名"则源于主观创造，为父母所授，承载了个人喜好、人格特征、长辈愿望等。公民对姓氏传承的重视和尊崇,不仅仅体现了血缘关系、亲属关系,更承载着丰富的文化传统、伦理观念、人文情怀,符合主流价值观念,是中华民族向心力、凝聚力的载体和镜像。公民原则上随父姓或者母姓,符合中华传统文化和伦理观念,符合绝大多数公民的意愿和实际做法。反之,如果任由公民仅凭个人意愿、喜好,随意选取姓氏甚至自创姓氏,则会造成对文化传统和伦理观念的冲击,违背社会善良风俗和一般道德要求。再次,公民依法享有姓名权,公民行使姓名权属于民事活动,既应当依照《民法通则》第99条第1款和《婚姻法》第22条的规定,还应当遵守《民法通则》第7条的规定,即应当尊重社会公德,不得损害社会公共利益。通常情况下,在父姓和母姓之外选取姓氏的行为,主要存在于实际抚养关系发生变动、有利于未成年人身心健康、维护个人人格尊严等情形中。本案中,原告"北雁云依"的父母自创"北雁"为姓氏,选取"北雁云依"为姓名给女儿办理户口登记的理由是"我女儿姓名'北雁云依'四字,取自四首著名的中国古典诗词,寓意父母对女儿的美好祝愿"。此理由仅凭个人喜好、愿望创设姓氏,具有明显的随意性,不符合前述立法解释第2款第3项的情形,不应给予支持。[1]

在我国编纂《民法典》时,《全国人民代表大会常务委员会关于〈中华人民共和国民法通则〉第九十九条第一款、〈中华人民共和国婚姻法〉第二十二条的解释》的相关内容被纳入其中成为《民法典》第1015条,不仅如此,该条还进一步强化了自然人的姓氏应当随父姓或者母姓的规定。《民法典》第1015条将前述法律解释中的"公民原则上应当随父姓或者母姓"的规定,修改为"自然人应当随父姓或者母姓"。

需要注意的是,《民法典》第1015条中所谓的随"父姓或者母姓"中的父母包括了生父母、养父母,也包括继父母。这是因为,《民法典》第1112条规定:"养子女可以随养父或者养母的姓氏,经当事人协商一致,也可以保留原姓氏。"第1072条第2款规定:"继父或者继母和受其抚养教育的继子女间的权利义务关系,适用本法关于父母子女关系的规定。"

(二) 自然人有权依法使用自己的姓名

自然人有权依法使用自己的姓名也是姓名权的重要内容之一,具体表

---

[1] 第89号指导案例:北雁云依诉济南市公安局历下区分局燕山派出所公安行政登记案(最高人民法院审判委员会讨论通过,2017年11月15日发布)。

现在：首先，自然人有权使用自己的姓名参与形成各种法律关系，例如，在起诉书、申请书、请愿书、合同书等有关法律文件上签署自己的姓名，将自己的姓名注册为公司的名称或者商标、申请为域名。当然，自然人也可以将自己的姓名作事实上的使用，例如，印刷在杯子上、刻制印章、印制名片等。自然人在那些会产生法律效果的文件上，应当使用自己的法定姓名，否则这些文件不发生法律效力。例如，在起诉书上，必须记载原告和被告的法定姓名，而不得使用笔名、艺名或网名。至于在有些发生法律效力的合同上，倘若自然人不使用自己的姓名而使用他人的姓名（即所谓借名行为），如借名买房、借名出资等，那么这些自然人要承担可能因此产生的不利于自己的法律后果。例如，在股权借名登记的情形下，实际出资人可能因为名义股东擅自处分股权而遭受损失[1]；再如，在借名买房时，实际出资人不能直接请求进行更正登记，而只能在证明存在借名买房协议的前提下，请求房屋的名义所有权人转移房屋所有权给自己并协助办理转移登记。[2]

其次，自然人创作作品后在作品上署名（包括法定姓名、笔名、网名等）的行为涉及著作权法上的署名权。《著作权法》第10条第1款第2项规定："署名权，即表明作者身份，在作品上签名的权利。"署名权属于作者的精神权利或人身权利，"通过在作品上署名，作者向世人宣告了他与作品的自然人关系，他与作品中所体现的思想、人格、精神、情感的关系"[3]。

再次，《民法典》第1056条规定，夫妻双方都有各自使用自己姓名的权利。任何一方不得干涉另一方使用自己的姓名。

最后，现代社会科技发达，使用自己的姓名，不仅包括手写的各种签名，还有所谓的电子签名。电子签名是指数据电文中以电子形式所含、所附用于识别签名人身份并表明签名人认可其中内容的数据（《电子签名法》第2条第1款）。《电子签名法》第3条第3款规定了几种不得使用电子签名的文书，即（1）涉及婚姻、收养、继承等人身关系的文书；（2）涉及停

---

[1] 《最高人民法院关于适用〈中华人民共和国公司法〉若干问题的规定（三）》第25条第1款规定："名义股东将登记于其名下的股权转让、质押或者以其他方式处分，实际出资人以其对于股权享有实际权利为由，请求认定处分股权行为无效，人民法院可以参照物权法第一百零六条的规定处理。"

[2] 参见程啸：《不动产登记法研究》（第二版），北京，法律出版社2018年版，第322页以下。

[3] 李明德、许超：《著作权法》（第二版），北京，法律出版社2009年版，第62页。

止供水、供热、供气等公用事业服务的文书；（3）法律、行政法规规定的不适用电子文书的其他情形。在电子签名中可以不出现姓名权人的真实姓名，也可以通过签名可视化技术来展现姓名权人的手写签名形式。不过，这种手写签名形式只是图片展示，其不可篡改性和可验证性仍要依靠电子签名技术加以实现。①

（三）自然人有权依法变更自己的姓名

自然人有权依法变更自己的姓名，这就是说，首先，自然人有权依法变更的是自己的姓名，任何单位或者个人不得擅自改变他人的姓名。实践中，曾发生过某地公安机关擅自更改他人姓名的事情。② 这显然是对自然人姓名权的侵害行为。由于姓名权具有专属性，不得放弃、转让和继承（《民法典》第992条），故此自然人无权更改他人的姓名。在一个案件中，原告认为家谱决定了其祖父名字中间的字应为"兆"字，而被告公安机关在户籍卡中将其祖父的姓名中的"兆"登记为"肇"字是错误的，因此侵犯了其祖父的姓名权，要求予以变更。对此，法院认为，"上诉人请求被上诉人将其祖父名字中的'肇'字更正为其家谱中的'兆'字，其实质在于变更其祖父在户口登记机关登记的姓名，行使其祖父姓名的变更权。而姓名的变更权是姓名权本人的重要人格权利，始于出生，终于死亡，不可转让。本案中，只有上诉人的祖父本人才有权向户口登记机关申请变更，上诉人无权行使或者承继行使其祖父的姓名变更权，故其不具有对此提起行政诉讼的原告资格"③。

其次，自然人只能依法变更自己的姓名。这主要是因为姓名尤其是法定姓名的变更涉及社会管理秩序和公序良俗，故此，不得任意变更。一方面，对于姓名中的"姓"的变更，不得违反《民法典》第1015条的规定，在父姓和母姓外随意选取第三个姓氏。另一方面，对于变更姓名中的"名"的变更，也有相应的限制，即不得违反法律和行政法规的规定或者公序良

---

① 对于电子签名与姓名权人行使姓名权的关系问题，本书作者曾请教中国社会科学院大学刘映春教授和北京天威诚信电子商务服务有限公司总经理陈韶光女士，在此谨致谢意！

② 新闻曾报道，河南沈丘女子耿俊丽因不断状告当地法院，结果在2008年时竟被河南沈丘警方以身份证"重号"为由将姓名改为耿丽，出生日期也更改。一年后当她再次上访时，身份已被识别为在逃人员，遣送回原籍。参见《女子遭截访被改名》，载《南方都市报》2013年9月4日。

③ 王琳荣与大连市公安局甘井子分局户籍行政管理纠纷案，辽宁省大连市中级人民法院（2017）辽02行终37号行政判决书。

俗。例如，张某某要将自己的名改为"张大爷"或"张爷爷"是不行的，因为其明显违背了公序良俗。不过，我国目前的一些规定并非是从哪些变更姓名的行为是禁止的角度作出规定的，而是规定只有在哪些情形下自然人才可以变更其姓名。例如，浙江省公安厅颁布的《浙江省常住户口登记管理规定》第69条规定："有下列情形之一的，可以由公民本人或者监护人申请变更名字：（一）姓名或者姓名的谐音违背公序良俗的；（二）姓名或者姓名的谐音易造成性别混淆、他人误解或者伤及本人感情的；（三）名字中含有冷僻字的；（四）公安机关认定确需变更名字的其他特殊情形。"如果按照这样的规定，就意味着，原则上自然人是不能变更自己姓名中的"名"的，除非能够具有上述四种情形中的一种。

由于更改姓名主要是更改法定姓名，而这又涉及身份证和户口簿的管理，故此，无论是国家还是地方层面，目前关于更改姓名的规定主要是公安部门制定的一些文件规定。[①] 也正是因为公安机关在法定姓名的变更中享有是否批准的权力，故此，所谓变更姓名的纠纷案件就是以公安机关作为被告而提起行政诉讼案件。在此类诉讼中，法院基本上认为，在没有任何法律、法规、规章对公民的更名权进行具体规定的情况下，公安部制定的规范性文件如《关于执行户口登记条例的初步意见》等对公民更名进行限制的规定是有效的。[②] 这种观点显然是不妥的。对此，不少学者也进行了批评。姓名权属于人格权，是民事权利，如果法院在审理因姓名变更引发的行政诉讼案件中，只是判断被诉机关是否严格执行了当地公安机关颁布的规范性文件，却不去审查这些规范性文件本身的合法性，显然不足以救济对姓名登记的非法限制，而且也使得公安机关将法定姓名登记制异化为许可制，不利于维护公民的基本人权。[③]

本书认为，姓名权人依法决定和变更姓名的权利属于姓名权的重要内容。如何规范姓名的决定和变更，既关涉自然人的人格自由和人格尊严，

[①] 全国层面的规定主要是公安部以下几个文件：（1）1958年公安部三局《关于执行户口登记条例的初步意见》；（2）1995年《公安部关于抚养人申请变更子女姓名问题的批复》；（3）2002年5月《公安部关于父母离婚后子女姓名变更有关问题的批复》；（4）2006年《公安部关于父母一方亡故另一方再婚后未成年子女姓名变更有关问题处理意见的通知》；（5）2008年《公安部关于对居民身份证姓名登记项目能否使用规范汉字以外文字和符号填写问题的批复》。

[②] 闫才诉焦作市公安局不予变更姓名案，河南省焦作市山阳区人民法院（2005）山行初字第4号行政判决书。

[③] 刘练军：《姓名登记规范研究》，载《法商研究》2017年第3期。

也涉及社会管理和公序良俗,二者不可偏废。我国《民法典》对姓氏的变更作了非常严格的限制,但是对于名的变更没有作出特别的限制,故此,只要不违反法律和行政法规的强制性规定和公序良俗,就应当允许自然人或其监护人变更。从比较法来看,一些国家或地区是通过户籍或姓名方面的立法进行专门的规定。日本《户籍法》第50条规定:"子女之名应使用常用平易文字。常用平易文字的范围,以命令定之。"法务省颁布的《户籍法施行规则》第60条规定,使用于"名"中的文字包括"常用汉字、人名用汉字、片假名、平假名"。到2017年日本政府决定的人名常用汉字为2 136个字。[①] 再如,我国台湾地区的"姓名条例"对于姓名的决定、变更和使用有非常详细的规范。目前,我国只是通过一些规章和文件来决定自然人姓名的决定和变更,显然不妥。今后,我国应当尽快制定户籍法等法律法规来贯彻落实《民法典》关于姓名权的规定,对于姓名的决定、变更和使用等作出规定。

最后,自然人变更自己姓名的,不影响已经生效的合同的履行,即变更姓名后的自然人依然要履行其依据生效合同所负担的义务。《民法典》第1016条规定,民事主体变更姓名的,变更前实施的民事法律行为对其具有法律约束力。同时,《民法典》第532条规定:"合同生效后,当事人不得因姓名、名称的变更或者法定代表人、负责人、承办人的变动而不履行合同义务。"从理论上说,这两条的规定存在一定的重复,《民法典》第532条可以只规定法定代表人的变动不影响履行合同义务即可。

(四) 自然人有权依法许可他人使用自己的姓名

姓名权人除有权自己使用自己的姓名,还可以依法许可他人使用自己的姓名。《民法典》第1012条明确规定姓名权的内容包括依法许可他人使用自己的姓名,该规定与《民法典》第993条关于人格权商业化利用的规定是一致的。之所以在《民法典》第1012条中采取"许可他人使用"的表述,是因为姓名本来就是用来实现个体区分,便利社会交往的符号。如果人们在社会交往中每一次称呼他人姓名之前都要得到该姓名权人的同意,显然,社会正常交往就无法进行。这种做法恐怕对于姓名权人而言不仅无利,反而有害。故此,在社会交往活动中,称呼他人或者开会前打印与会

[①] 《日本正式实施法律 人名用汉字新增"浑"字》,见中国法院网,https://www.chinacourt.org/article/detail/2017/09/id/3004265.shtml。

者名单和桌签等，都不存在需要取得姓名权人许可的问题。只有在自然人、法人或者非法人组织要将他人的姓名进行商业化使用，如进行广告推销等商业活动时，才需要得到姓名权人的许可，并依据约定支付相应的费用。故此，《民法典》第1012条才采取了"许可他人使用"的表述。

虽然只有名人的姓名才具有商业价值，但是，无论自然人是名人还是普通的人，都享有依法许可他人使用自己姓名的权利。[①]自然人可以有偿或无偿的许可他人使用自己的姓名，也可以决定他人在多大范围或多长时间内以何种方式使用自己的姓名。此外，新闻报道中，被采访者为了保护自己的安全可以要求新闻媒体在公开的报道中隐去自己的真实姓名而使用匿名或假名。这也属于自然人许可他人使用自己的姓名的题中应有之意。

依据《民法典》第1023条，关于姓名许可使用，参照适用肖像许可使用的有关规定，即《民法典》第1021条至第1022条。此外，《民法典》第999条规定："实施新闻报道、舆论监督等行为的，可以合理使用民事主体的姓名、名称、肖像、个人信息等；使用不合理侵害民事主体人格权的，应当依法承担民事责任。"因此，在新闻报道、舆论监督中合理使用自然人的姓名的，不构成侵害姓名权。

四、姓名权的行使与登记

依据《民法典》第1016条第1款，自然人决定、变更自己的姓名的，应当依法向有关机关办理登记手续，但是法律另有规定的除外。显然，该款中规定的要向有关机关办理登记手续的姓名仅指"法定姓名"，即记载在户口、身份证上的姓名，至于《民法典》第1017条规定的网名、笔名、译名等，不存在向有关机关办理登记手续的问题。《户口登记条例》第7条规定："婴儿出生后一个月以内，由户主、亲属、抚养人或者邻居向婴儿常住地户口登记机关申报出生登记。弃婴，由收养人或者育婴机关向户口登记机关申报出生登记。"故此，婴儿出生后父母决定其姓名后应向户口登记机关申报出生登记。该条例第18条规定："公民变更姓名，依照下列规定办理：（一）未满十八周岁的人需要变更姓名的时候，由本人或者父母、收养人向户口登记机关申请变更登记；（二）十八周岁以上的人需要变更姓名的

---

① 崔国斌：《姓名商品化权的侵权认定思路》，载《清华法学》2021年第1期。

时候，由本人向户口登记机关申请变更登记。"依据《居民身份证法》第3条第1款规定，居民身份证登记的项目包括姓名，因此在居民变更姓名后，除需要向户口登记机关申请变更登记外，还需要换领居民身份证。

五、笔名、艺名、网名等的保护

自然人的姓名除法定姓名外，还包括笔名、艺名、网名等非法定姓名。笔名多为文艺作品的作者所使用，用在其作品上作署名之用，如鲁迅就属于笔名（真名周树人）；艺名则是演艺人员所使用，如Angelababy属于演员杨颖的艺名，六小龄童是孙悟空扮演者章金莱的艺名。网名则是自然人在网络空间，如微信、微博、博客上使用的名字。我国一些民间传统手工艺或者餐饮行业中也会有一些特殊的姓名，如"泥人张""风筝魏""烤肉季""爆肚冯"等。此外，未出家的佛教徒、道教教职人员，也有佛教法名、道教法名。由于我国自然人的姓名基本上都是汉字，故此，与英文姓名中存在缩写或简称的情形不同，汉字姓名的拼音简称的可能很少，常见的是法人或非法人组织名称的简称，如北京大学被简称为"北大"等。

对于笔名、艺名和网名等非法定姓名，现行法管制较少，原则上应当遵循意思自治原则，只要不违反法律、行政法规的强制性规定和公序良俗原则，可任由自然人决定其艺名、笔名、网名等并加以变更，同时，亦不存在依法向有关机关办理登记手续的必要。由于非法定姓名的使用更自由，且该类姓名对于自然人影响较小（如不能使用在法定文件上），故此对于它们的保护力度和强度也不能太大，否则对于人们的行为自由将构成不合理的干涉。《民法典》第1017条只是保护它们免受特定方式的侵害，限制条件有二：其一，这些笔名、艺名、网名等具有一定社会知名度。在任何人都可以很自由地起笔名、艺名、网名的情况下，如果对于笔名、艺名、网名等不作任何限制地给予保护肯定是不行，也是完全没有必要的。其二，被他人使用足以造成公众混淆的。这是一个非常关键的限制条件。所谓足以造成公众的混淆中的"公众"并非一定就是社会的普遍大众，而是要根据案件的情形确定，比如某人的网名在某个行业（如证券业、文玩界）内很有知名度，那么只要使整个行业的公众会发生混淆即可。足以导致公众混淆，即虽然使用了他人具有一定社会知名度的笔名、艺名、网名，但是使用的方式、领域并不会造成混淆，公众清楚这是两个不同的人，也不构成足以导致公众混淆。之所以会出现"被他人使用足以造成公众混淆",根本原因在于,笔名、艺名、网名已经具有识别特定自然人的功能了,即在公众心目中它们与特定的自然人紧密地联系在一起了,故此被他人使用就足以造成公众混淆。最高人民法院在第113号指导案例——迈克尔·杰弗里·乔丹与国家工商行政管理总局商标评审委员会、乔丹体育股份有限公司"乔丹"商标争议行政纠纷案——的判决中,采取了所谓的"稳定的对应关系"理论。最高人民法院认为,该特定名称应与该自然人之间已建立稳定的对应关系,即认定争议商标的注册损害该自然人的姓名权,不能如商标评审委员会所主张的那样,以自然人主张的"姓名"与该自然人形成"唯一"对应为前提,对自然人主张姓名权的保护提出过苛的标准。自然人所主张的特定名称与该自然人已经建立稳定的对应关系时,即使该对应关系达不到"唯一"的程度,也可以依法获得姓名权的保护。[①]

依据《民法典》第1017条,只有符合"具有一定社会知名度,被他人使用足以造成公众混淆"这两个条件后,才能对笔名、艺名、网名等"参照适用姓名权和名称权保护的有关规定"。这就是说,笔名、艺名、网名并非法定姓名,而《民法典》第1012—1016条是对法定姓名的规定,故此,它们不能当然适用于笔名、艺名、网名,能够参照适用的只是姓名权保护的有关规定。具体到《民法典》第1012条至第1016条而言,就是第1014条即"任何组织或者个人不得以干涉、盗用、假冒等方式侵害他人的姓名权或者名称权。"此外,对于笔名、艺名、网名,《民法典》中关于保护姓名权这一人格权的规定如第991条、第995条至第1000条、第1165条第1款、第1183条等规定,也是可以参照适用的。

第二节 姓名权与其他权利

一、姓名权与署名权

署名权是著作权中的精神性权利(也称人身权利),是指表明作者身

[①] 对该判决的评析参见崔建远:《姓名与商标:路径及方法论之检讨——最高人民法院(2016)最高法行再27号行政判决书之评释》,载《中外法学》2017年第2期。

份，在作品上署名的权利（《著作权法》第10条第1款第2项）。作者在作品上可以署法定姓名，也可以署笔名、网名或者其他假名，作者也可以不在作品上署名。这些都是作者署名权的内容。当作为自然人的作者在作品上署法定姓名时，既可以说该自然人在依法行使自己的姓名权，也可以说作者在行使署名权。

署名权和姓名权同属于精神性权利，但二者存在以下区别：第一，权利性质不同。姓名权属于人格权，而署名权属于著作权，是著作权中的精神性权利。尽管在有的国家如日本，认为署名权和姓名权、肖像权、名誉权一样，都属于具体人格权，日本的《著作权法》对作者人格权作出了特别规定，但是其权利的性质并未因此发生变化，故此，著作人格权也可以受到民法的保护。[①] 不过，在我国法上，姓名权规定在《民法典》人格权编，而署名权规定在《著作权法》中，理论界也认为它们是两种不同性质的权利。

第二，权利主体不同。姓名权的主体是自然人，任何自然人出生后就享有民事权利能力，也就当然享有姓名权。然而，署名权的主体既不是所有的自然人，也不是所有的法人或非法人组织，而是作者。所谓作者，包括两类：一是创作作品的自然人；二是由法人或者其他组织主持，代表法人或者其他组织意志创作，并由法人或者其他组织承担责任的作品，法人或者其他组织视为作者（《著作权法》第11条第2、3款）。也就是说，就自然人而言，虽然一出生就当然享有姓名权，却并不当然享有署名权，只有创作了作品，才能享有署名权。

实践中曾经出现的一些人将他人的姓名署在该他人并未创作的作品上，对该行为究竟是侵害了该他人的署名权，还是侵害了他人的姓名权，有不同的看法。第一种观点认为，依据《著作权法》第53条第8项，"制作、出售假冒他人署名的作品的"，构成侵权行为，应当承担民事责任、行政责任乃至刑事责任，因此，该行为侵害的是著作权。[②] 持此种观点的学者进一步认为，假冒他人署名的实质不在于冒用他人姓名，而是通过冒用他人姓名来达到混淆作品的目的。显然这种行为直接指向的是作者的特定作品，

[①] ［日］半田正夫、纹谷畅男：《著作权法50讲》，魏启学译，北京，法律出版社1990年版，第54页。

[②] 李明德、许超：《著作权法》（第二版），北京，法律出版社2009年版，第223页。

既损害了作者的声誉，也危及了作品的市场价值。① 如果《著作权法》对这种行为不加以控制，显然不利于维护作者的精神性权利。② 司法实践采取的是这一观点。最高人民法院《关于范曾诉盛林虎姓名权纠纷案的复函》（〔1989〕民他字第 55 号）也认为："盛林虎临摹范曾绘画作品是一种复制行为。未经作者范曾同意，以营利为目的出售该复制品，侵害了范曾的著作权，盛林虎应承担侵权的民事责任。根据该案情况，其案由以定著作权纠纷为宜。"在"吴冠中诉上海朵云轩、香港永成古玩有限公司出售假冒其署名的美术作品纠纷案"中，原告吴冠中称，被告上海朵云轩、香港永成古玩有限公司出售的画作《毛泽东肖像》上假冒了自己的署名，因为自己从来没有画过这样一幅画。③ 法院认为，朵云轩与香港永成古玩有限公司在依协议联合主办的拍卖活动中公开拍卖了假冒吴冠中亲笔署名的美术作品，共同构成了对吴冠中著作权的侵害。

第二种观点认为，该行为侵害了姓名权，但没有侵害著作权。首先，《著作权法》仅规定"制作、出售假冒他人署名的作品的"属于侵权行为，并未规定就是侵害著作权的侵权行为。其次，著作权是就具体的作品而产生的，没有作品就没有著作权，既然被假冒之作品并非被侵权人的作品，也就不存在侵害其著作权的问题。这种冒名行为已经超出了著作权法的署名问题，而是属于假冒他人姓名，侵害他人姓名权的行为。④ 再次，由于出售的作品是假冒的，而非真正的作品，客观上降低了被假冒者的名誉，实际上也构成对名誉权的侵害。但是，由于侵害姓名权的民事责任中包含了对名誉毁损的补救，因此，不能再提出侵害名誉权的主张。不过，倘若出售假画之人并非是侵害姓名权之人，则被假冒的画家可以向出售者主张侵害名誉权的侵权责任。⑤ 最后，既然《民法通则》和《侵权责任法》已经对

---

① 韦之：《著作权法原理》，北京，北京大学出版社 1998 年版，第 147 页。
② 郑成思：《版权法》（修订版），北京，中国人民大学出版社 1997 年版，第 143 页。
③ 本案判决刊登于《最高人民法院公报》1996 年第 2 期。
④ 刘春田主编：《知识产权法》（第二版），北京，中国人民大学出版社 2002 年版，第 68－69 页；王迁：《知识产权法教程》（第五版），北京，中国人民大学出版社 2016 年版，第 113 页以下；相关案例参见"马华林诉沈立波模仿其字体制作铭牌并署其名侵犯姓名权纠纷案"，载最高人民法院中国应用法学研究所编：《人民法院案例选》（1992—1996 合订本），北京，人民法院出版社 1997 年版，第 450－451 页（杨洪逵的评析）。
⑤ "吴冠中诉上海朵云轩等拍卖假冒其署名的美术作品侵权案"，载最高人民法院中国应用法学研究所编：《人民法院案例选》（1992—1996 合订本），北京，人民法院出版社 1997 年版，第 461－463 页（杨洪逵的评析）。

姓名权作出了规定，事实上在《著作权法》上重复禁止规定假冒署名已无必要。在假冒署名的情形下，完全可以按照侵害姓名权处理，立法者不应卷入无休无止的权利大膨胀运动中。①

第三种观点认为，制作并出售假冒他人署名的作品，既侵害了姓名权，也违反了《著作权法》的规定，因此，构成法条竞合。受害人有权选择对自己最有利的一种诉因起诉。在上述吴冠中案里，受害人吴冠中可以起诉被告侵害署名权，也可以选择起诉被告侵害姓名权。②

就上述争论，本书认为，姓名是自然人的标识，有了姓名才有姓名权，而在创作作品后才发生包括署名权在内的著作权的保护问题。署名权侧重的是维护作者与作品之间的联系，没有作品的情形下，不存在需要署名维护的这种联系。A在自己创作的作品上，不署自己的姓名或者随便署上一个假名，那么我们都可以说A是在行使署名权，这是他的自由。问题是，A为了使这幅作品具有很高的市场价格，而将一个很著名的作者B的名字署上去，该行为的客观表现当然就是《民法典》第1014条规定的以盗用的方式侵害他人的姓名权。当然，这种行为的实际后果可能是会贬损真正由B创作的作品的市场价值，但是，该损害后果是因为侵害姓名权而造成的。故此，在并非他人创作的作品上盗用该他人的姓名，从而冒充是该他人创作的作品的行为，属于未经许可使用他人姓名的行为，该行为所侵害的是受害人的姓名权，而非署名权。

第三，二者的保护期限不同。自然人死亡的，民事权利能力归于消灭，自然就不再享有姓名权。但是，死者的姓名也受到保护，依据《民法典》第994条，死者的姓名受到侵害的，其配偶、子女、父母有权依法请求行为人承担民事责任；死者没有配偶、子女并且父母已经死亡的，其他近亲属有权依法请求行为人承担民事责任。但是，署名权作为作者的精神性权利，并不因作者死亡而消灭。《著作权法》第20条明确规定，作者的署名权的保护期不受限制。《著作权法实施条例》第15条规定，作者死亡后，其著作权中的署名权由作者的继承人或者受遗赠人保护。著作权无人继承又无人受遗赠的，其署名权由著作权行政管理部门保护。

---

① 崔国斌：《著作权法原理与案例》，北京，北京大学出版社2014年版，第362页
② 最高人民法院民事审判第三庭：《最高人民法院知识产权判例评解》，北京，知识产权出版社2001年版，第402页。

二、姓名权与个人信息权益

自然人的姓名不仅受到姓名权的保护，也属于自然人的个人信息，受到个人信息权益的保护。我国《网络安全法》第76条第5项在界定个人信息时，明确规定个人信息包括但不限于自然人的姓名。《民法典》第1034条第2款更是明确规定："个人信息是以电子或者其他方式记录的能够单独或者与其他信息结合识别特定自然人的各种信息，包括自然人的姓名、出生日期、身份证件号码、生物识别信息、住址、电话号码、电子邮箱、健康信息、行踪信息等。"这样一来，由此就产生了如何区分姓名权与个人信息权益的关系问题。目前的司法实践中之所以存在不加区分的将非法使用个人信息的行为都纳入姓名权规制的问题[1]，就在于没有正确地区分姓名权与个人信息权益。

虽然姓名会同时受到姓名权和个人信息权益的保护，而姓名权与个人信息权益也都属于人格权益，但是它们存在以下区别：首先，二者保护的利益不同。姓名权是自然人依法决定、使用、变更或者许可他人使用自己的姓名的权利。由于姓名的基本功能就是识别功能，即个体区分的功能，故此，姓名权所保护的是自然人就其姓名享有的同一性利益，即区分利益，防止他人发生混淆，"误将李鬼当作李逵"。任何导致同一性利益或破坏区分功能的行为，都属于侵害姓名权的行为。[2] 然而，个人信息权益保护的是自然人对姓名等个人信息的自主决定和控制的权利，其实质在于防止因为姓名等个人信息被非法处理而给自然人的人身、财产权益造成损害，或者危害自然人的人格尊严和人格自由。[3] 其次，侵害的主体不同。侵害姓名权的主体可以是自然人，也可以法人、非法人组织。但是，就侵害个人信息权益而言，侵害的主体是个人信息处理者，即在个人信息处理活动中自主

---

[1] 参见张素华：《论姓名权纠纷的裁判乱象与类型梳理》，载《四川大学学报（哲学社会科学版）》2018年第3期；石冠彬：《姓名权侵权纠纷的裁判规则研究》，载《当代法学》2018年第3期。

[2] 有学者认为，姓名权和个人信息利益的区分在于：识别和表征的正确实现是姓名权保护而非阻断的对象，识别性的阻断确实个人信息保护的主要目的。参见张素华、宁园：《论姓名权与个人信息利益保护的区分》，载《河北法学》2019年第7期。本书认为，这种观点有一定道理，但并不全面，因为在取得自然人同意后处理其姓名等个人信息的行为也需要避免侵害个人信息权益，此时处理者显然已经识别了特定自然人，而个人信息权益显然不是为了阻断识别性而存在的。

[3] 程啸：《民法典编纂视野下的个人信息保护》，载《中国法学》2019年第4期。

决定处理目的、处理方式的组织、个人。此外,由于《个人信息保护法》第 72 条第 1 款规定"自然人因个人或者家庭事务处理个人信息的,不适用本法。"故此,自然人之间因个人信息或家庭事务而处理姓名等个人信息的,不适用《个人信息保护法》。最后,侵害行为不同。正是由于所保护的利益不同,故此法律上需要防范的侵害行为也有所不同。《民法典》第 1014 条所列举的典型的侵害姓名权的行为包括干涉、盗用、假冒等方式。我国《个人信息保护法》需要防范的侵害个人信息的行为就是非法处理行为,即处理者对个人信息实施的非法收集、存储、使用、加工、传输、提供、公开、删除等活动。处理者对于姓名这一个人信息的非法处理行为,完全可以在没有盗用、假冒或者干涉自然人姓名权的情形下而实施。例如,通过身份证件、行踪轨迹或者网页浏览记录等就可以识别特定的自然人,而非法收集和处理这些信息,就属于侵害个人信息权益,却并未侵害自然人的姓名权。反之,侵害姓名权的行为可能完全与个人信息无关,如在某作品上署上他人的姓名,离婚的父母一方未经他方同意为孩子改名,以他人的姓名注册商标或者域名等。

三、姓名权与商标权

商标权也称商标专用权,属于知识产权的一种,是法律赋予商标所有人对其注册商标(包括商品商标、服务商标和集体商标、证明商标)所享有的专有使用权。《商标法》第 9 条第 1 款规定:"申请注册的商标,应当有显著特征,便于识别,并不得与他人在先取得的合法权利相冲突。"第 32 条规定:"申请商标注册不得损害他人现有的在先权利,也不得以不正当手段抢先注册他人已经使用并有一定影响的商标。"所谓他人在先取得的权利,包括但不限于下列权利:姓名权、肖像权、商标权、著作权、名称权、外观设计专利权等。[①] 因此,如果未经许可以他人的姓名作为商标申请注册,可能因违反《商标法》的上述规定而无法注册或被撤销注册。之所以说可能,是因为姓名权人对其姓名的控制并非如同所有权人对其动产或不动产的控制那样,可以直接支配并排除他人的干涉。姓名权人只能在维持

[①] 《最高人民法院关于审理商标授权确权行政案件若干问题的规定》第 18 条规定:"商标法第三十二条规定的在先权利,包括当事人在诉争商标申请日之前享有的民事权利或者其他应予保护的合法权益。诉争商标核准注册时在先权利已不存在的,不影响诉争商标的注册。"

其人格利益的范围内享有对其姓名的支配权。例如，这辆车是张三的，就不可能同时是李四的。但是，天底下重姓重名的情形屡见不鲜，因此，并非所有的包含了姓名的商标都会发生商标权与姓名权的冲突。也就是说，A可叫张三，B也可以叫张三，如果B以自己的姓名张三去注册商标，A不能当然地援引《商标法》第9条第1款的规定就认为，B申请注册的商标与自己的姓名权相冲突。[1]

在我国司法实践中，就以他人姓名注册商标而引起纠纷，多数法院认为，判断姓名权是否因争议商标申请注册而受到损害时，应以该姓名在先具有一定知名度为前提，且使用该姓名来注册商标会造成公众的混淆（即将该注册商标与姓名权人联系起来），姓名权方作为在先权利可以阻却商标的注册。换言之，在商标申请注册前，该姓名已经具有一定的知名度，"当相关公众在看到某一商标时会自然联想到某人的姓名，并认为该商标或该商标所使用商品的提供者与该人有关联时，才有可能给该人的姓名权造成损害"[2]。例如，某公司申请的"易建联Yi Jian Lian"注册商标，该商标一看就让人想起著名的篮球运动员易建联，将之与易建联联系起来，故此，该商标因与他人的姓名权冲突而被撤销。再如，在"商标评审委员会与吴再添等商标争议行政纠纷案"中，法院认为："《商标法》第三十一条中规定的在先权利包括自然人的姓名权，但该姓名权通常具有商标法意义。本案中，争议商标由汉字'吴再添'构成，其与吴再添的姓名完全相同。结合吴再添与夏商集团提供的相关证据可以认定，吴再添是'吴再添小吃'的创始人，经过其本人多年的努力，其个人的姓名及其创制的小吃在二十世纪八十年代前即已在当地饮食行业中获得了一定的知名度，相关公众已经将作为自然人姓名的'吴再添'与使用吴再添的制作手艺、方法所制作的小吃对应起来，'吴再添'三字不仅是自然人的姓名，同时具有了标识商品来源、彰显商品品质的商标功能，成为具有商标意义的自然人姓名。因

---

[1] 在"上海陶人葛陶艺有限公司、葛军与上海敬华艺术品拍卖有限公司侵害商标权纠纷案"中，法院特别指出："姓名作为一种人身属性符号，其使用本具天然合理性，当原告葛军选择将姓名注册为商标时，其作为商标专用权人，欲阻却相同姓名的他人使用'葛军'时势必需有所隐忍，即合理的姓名使用并不会构成侵权，但前提是该种使用必须是合理的，若会造成相关公众的混淆误认，则仍负有谨慎避让义务。"上海市普陀区人民法院（2015）普民三（知）初字第298号民事判决书。

[2] 易建联体育用品（中国）有限公司与国家工商行政管理总局商标评审委员会商标争议行政纠纷上诉案，北京市高级人民法院（2010）高行终字第818号行政判决书。

此，'吴再添'作为自然人的姓名，符合《商标法》第三十一条规定的在先权利。商标评审委员会有关吴再添的姓名未构成商标法意义上的在先权利的主张缺乏法律依据，本院不予支持。"[1]

2016年12月12日，最高人民法院颁布的《关于审理商标授权确权行政案件若干问题的规定》（2020年修订）第20条明确规定："当事人主张诉争商标损害其姓名权，如果相关公众认为该商标标志指代了该自然人，容易认为标记有该商标的商品系经过该自然人许可或者与该自然人存在特定联系的，人民法院应当认定该商标损害了该自然人的姓名权。当事人以其笔名、艺名、译名等特定名称主张姓名权，该特定名称具有一定的知名度，与该自然人建立了稳定的对应关系，相关公众以其指代该自然人的，人民法院予以支持。"

第三节　侵害姓名权的民事责任

一、侵害姓名权的行为

典型的侵害姓名权的行为就是干涉、盗用、假冒他人的姓名，这三类行为引发的纠纷最多，且行为人主观上都是故意。《民法典》第1014条规定，任何组织或者个人不得以干涉、盗用、假冒等方式侵害他人的姓名权。姓名权是人格权，属于绝对权，只要存在侵害行为，姓名权人就可以行使人格权保护请求权，要求侵害人停止侵害、排除妨碍、消除危险，造成损害的，还可以要求承担赔偿损失、赔礼道歉等赔偿责任。[2]

1. 以干涉的方式侵害姓名权

所谓以干涉的方式侵害姓名权，是指行为人采取违法手段干涉、妨碍他人依法行使姓名权。例如，丈夫要求妻子不得使用自己的姓名，而必须

---

[1] 北京市高级人民法院（2011）高行终字第657号行政判决书。类似的案例还有，成都李宁食品制造中心因商标异议复审行政纠纷案，北京市高级人民法院（2015）高行（知）终字第2002号行政判决书。

[2] 《最高人民法院关于贯彻执行〈中华人民共和国民法通则〉若干问题的意见（试行）》（已失效）第141条曾规定："盗用、假冒他人姓名、名称造成损害的，应当认定为侵犯姓名权、名称权的行为。"该规定以造成损害作为侵犯姓名权的侵权责任的构成要件，殊为不妥。

在自己的姓名前冠上丈夫的姓氏;父母不允许成年的子女更改姓名;母亲将随同自己生活的子女的姓从父姓改为母姓或改为继父的姓;公安机关违法不允许自然人更名或者擅自将自然人的姓名进行更改等。

2. 以盗用的方式侵害姓名权

盗用的文义是指非法使用(公家的或别人的名义、财物等),如盗用他人名义、盗用公款。[1] 所谓以盗用的方式侵害姓名权就是指,行为人未取得姓名权人的同意或许可而使用该姓名权人的姓名从事某种活动。例如,房地产公司未获得授权而使用他人的姓名进行网签信息的提交,并造成被侵权人未能通过购买经济适用房资格审核[2];未经影视明星周星驰的同意即在广告上使用其姓名[3];未经他人的同意在论文等作品上署他人的姓名[4];擅自使用他人的姓名给亲属拍电报愚弄他人[5];在举报信上署他人的姓名[6];将他人登记为公司的法定代表人、董事、监事或股东等。[7] 最后一种情形在公司登记中屡见不鲜,由于现在公司的设立不再有注册资本的限制,而实行所谓的形式审查,导致仅凭一份身份证的复印件就能够办理公司登记。于是,一些违法犯罪分子为了从事虚开发票等违法活动[8],非法购买他人遗失的身份证,然后将他人登记为公司的股东、董事、监事甚至法定代表人,由此给姓名被盗用的自然人带来了极大的法律风险和信用风险,如可能被错误地判决承担补足出资的义务或者名誉权、信用评价严

---

[1] 中国社会科学院语言研究所词典编辑室:《现代汉语词典》(第七版),北京,商务印书馆2016年版,第268页。

[2] "石兰诉北京中大恒基房地产经纪有限公司等姓名权、名誉权纠纷案",载国家法官学院:《中国法院2013年度案例:人格权纠纷》,北京,中国法制出版社2014年版。

[3] "周星驰诉中建荣真无锡建材科技有限公司肖像权、姓名权纠纷案",载《最高人民法院公报》2020年第2期。

[4] 张银凤诉陈怀友侵犯姓名权纠纷案,江苏省南京市中级人民法院(2000)宁民终字第964号民事判决书。

[5] 应时有、赵仙群诉舒华丰侵害姓名权纠纷案,浙江省武义县人民法院(1991)武法民字第10号民事判决书。

[6] 王训钿诉胡家祥姓名权案,浙江省慈溪市人民法院(2010)雨慈浒民初字第25号民事判决书。

[7] 章建刚与祥和公司姓名权纠纷案,云南省昆明市中级人民法院(2008)昆民三终字第691号民事判决书;李伟一与被告赵东姓名权纠纷案,河南省郑州市中原区人民法院(2018)豫0102民初3182号民事判决书;徐亮与广西润宸融资性担保有限责任公司姓名权、名誉权纠纷案,广西壮族自治区柳州市城中区人民法院2018桂0202民初312号民事判决书。

[8] 屠珊珊:《公司冒名登记的法律救济失灵及补正》,载《经济法论坛》2019年第1期。

重受损等。① 为此，国家市场监督管理总局于2019年发布了《关于撤销冒用他人身份信息取得公司登记的指导意见》，对于撤销冒名登记作出了相应的规定。

3. 以假冒的方式侵害姓名权

假冒，也称冒充，通常的理解就是以假充真。姓名权保护的不是自然人对其姓名本身的排他的支配和控制，其保护的是由于姓名具有区分个人而使姓名权人享有的同一性利益，即防止别人与自己混淆的利益。假冒他人姓名的行为恰恰就会引起同一性的混淆，如人们错误地将张三当作李四，进而给姓名被假冒的自然人造成损害。例如，甲考上了大学，乙未考上，乙通过伪造身份证、窃取录取通知书等方式，冒用甲的姓名上大学②；再如，利用原告赵某常年出国在外打工的机会，刘某办理了使用原告赵某的身份信息的手续，被告刘某一直使用原告赵某的身份信息参加本市高考，并在其后的工作、生活中沿用，直至被原告发现。③ 由于假冒他人姓名的行为，会造成同一性的混淆，因此，姓名权人有权加以抗拒。④ 2021年修订后的《教育法》第77条规定，盗用、冒用他人身份，顶替他人取得的入学资格的，由教育行政部门或者其他有关行政部门责令撤销入学资格，并责令停止参加相关国家教育考试2年以上5年以下；已经取得学位证书、学历证书或者其他学业证书的，由颁发机构撤销相关证书；已经成为公职人员的，依法给予开除处分；构成违反治安管理行为的，由公安机关依法给予治安管理处罚；构成犯罪的，依法追究刑事责任。与他人串通，允许他人冒用本人身份，顶替本人取得入学资格的，由教育行政部门或者其他有关行政部门责令停止参加相关国家教育考试1年以上3年以下；有违法所

---

① 《最高人民法院关于适用〈中华人民共和国公司法〉若干问题的规定（三）》第28条规定："冒用他人名义出资并将该他人作为股东在公司登记机关登记的，冒名登记行为人应当承担相应责任；公司、其他股东或者公司债权人以未履行出资义务为由，请求被冒名登记为股东的承担补足出资责任或者对公司债务不能清偿部分的赔偿责任的，人民法院不予支持。"

② 例如，"齐玉苓诉陈晓琪等以侵犯姓名权的手段侵犯宪法保护的公民受教育的基本权利纠纷案"，载《最高人民法院公报》2001年第5期；"罗彩霞事件"，见 http://baike.baidu.com/view/2425682.htm。

③ 赵某诉刘某合、赵某姓名权案，天津市蓟县人民法院（2009）蓟民初字第1694号民事判决书。

④ ［德］迪特尔·梅迪库斯：《德国民法总论》，邵建东译，北京，法律出版社2004年版，第799页。

得的，没收违法所得；已经成为公职人员的，依法给予处分；构成违反治安管理行为的，由公安机关依法给予治安管理处罚；构成犯罪的，依法追究刑事责任。组织、指使盗用或者冒用他人身份，顶替他人取得入学资格的，有违法所得的，没收违法所得；属于公职人员的，依法给予处分；构成违反治安管理行为的，由公安机关依法给予治安管理处罚；构成犯罪的，依法追究刑事责任。入学资格被顶替权利受到侵害的，可以请求恢复其入学资格。

盗用与假冒，同属于侵害他人姓名权的典型方式，二者有相同之处，但也存在显著的区别。相同在于：行为人都未经姓名权人同意而实施侵害姓名权的行为。区别在于：盗用他人姓名而从事某行为意味着将他人并未从事的行为强加到他人头上，使得外界误以为是姓名权人实施了该行为。至于盗用者所实施的行为可能是合法的行为，也可能是违法的行为，前者如 A 大学生写了一篇论文，在未经导师 B 教授的同意下，就署名为二人合著并投稿发表；后者如，张三写了一封诬告信寄给国家监察机关，诬告本单位的领导，但把举报人署名为李四。盗用他人的姓名，通常不会发生混淆主体的危险，即不会将盗用人与姓名权人加以混淆。但是，假冒姓名则是行为人将姓名权人的姓名作为自己的姓名，并以此姓名去参与各种民事活动，如上学、结婚、工作等，会发生特定主体之间同一性的混淆。因此，假冒他人姓名的侵害行为必须以姓名的使用与特定姓名权人具有可认识性的关联为要件。[①] 由于现代社会信息高度发达，可以用来直接或间接识别特定自然人的信息即个人信息也越来越多，除姓名之外，还有出生日期、身份证件号码、生物识别信息、住址、电话号码、电子邮箱、健康信息、行踪信息等，故此，单纯的假冒姓名已经越来越难发生主体同一性混淆的危险了。

二、侵害姓名权与不正当竞争行为

有些情形下，虽然行为人未经许可使用姓名不构成对他人姓名权的侵害，但可能构成混淆行为，属于不正当竞争行为。我国《反不正当竞争法》第 6 条规定了四类经营者不得实施的混淆行为，以免引人误认为是他人商

[①] 王泽鉴：《人格权法：法释义学、比较法、案例研究》，台北，作者印行 2012 年版，第 140 页。

品或者与他人存在特定联系。其中，第 2 项规定的就是，擅自使用他人有一定影响的姓名（包括笔名、艺名、译名等）的行为。具体而言，该行为在符合以下要件时，构成作为混淆行为的不正当竞争行为：其一，经营者实施的行为，即是从事商品生产、经营或者提供服务的自然人、法人和非法人组织所实施的行为，如果是非经营者实施的，则不属于不正当竞争行为；其二，被混淆的是他人具有一定影响的姓名，包括笔名、艺名、译名等，而且该姓名（包括笔名、艺名等）被用于生产经营活动；其三，擅自使用，即没有取得姓名权人的许可或同意；其四，造成了混淆。混淆的结果包括两种：一是商品来源混淆，即将经营者的商品误认为是被擅自使用姓名的人的商品；二是，特定联系混淆，即误以为该经营者或者其商品与被混淆对象存在商业联合、许可使用、商业冠名、广告代言等特定联系。[1]

例如，在"湖南王跃文诉河北王跃文等侵犯著作权、不正当竞争纠纷案"中，被告原名为"王立山"，后改名为王跃文。而原告王跃文系国家一级作家，擅长撰写官场小说，在全国范围内享有较高知名度，其 1999 年创作的小说《国画》，被"中华读书网"评为十大经典反腐小说的代表作。被告改名后以王跃文为名发表了《国风》一书，而在该书出版前，其并未发表过任何文字作品。发行商中元公司给书商配发的该书大幅广告宣传彩页上，以黑色字体标注着"王跃文最新长篇小说""《国画》之后看《国风》""华龄出版社隆重推出""风行全国的第一畅销小说"等内容。法院认为：虽然被告王跃文该改名的行为符合法律规定，"尽管在《国风》一书发表前，湖南王跃文已经成为知名人士，但没有任何法律规定禁止他人使用与知名人士相同的署名。《国风》一书的作者署名'王跃文'，其来有据，是正当行使著作权中的署名权，不是《著作权法》第四十七条第八项所指的假冒他人署名，不侵犯湖南王跃文的著作权。"但是，河北王跃文通过虚假的作者简介，把《国风》一书与湖南王跃文联系起来，借湖南王跃文在文化市场上的知名度来误导消费者，从而达到推销自己作品的目的。因此，被告河北王跃文虽未侵犯原告湖南王跃文的著作权，但其撰写虚假的作者简介的行为，采取借鉴、仿冒、攀附或淡化等手段，利用知名作家署名所具有的商品标识作用来误导消费者，违反了诚实信用原则，属于《反不正当竞争

---

[1] 王瑞贺主编：《中华人民共和国反不正当竞争法释义》，北京，法律出版社 2018 年版，第 17 页。

法》第 2 条第 2 款规定的不正当竞争行为。① 再如，在"岳彤宇与周立波域名权属、侵权纠纷案"中，法院认为：被告周立波对其姓名"周立波"及其拼音"zhoulibo"享有禁止他人擅自使用或禁止他人以不正当手段从事市场交易等经营活动的合法权益。原告岳彤宇对涉案域名或其主要部分既不享有合法权益，又无注册、使用涉案域名的正当理由。且原告岳彤宇在明知涉案域名的主要部分"zhoulibo"与被告周立波姓名的拼音"zhoulibo"相同，已足以使相关公众产生涉案域名与被告周立波相关联的误认的情况下，擅自将涉案域名与被告周立波相关联，并以人民币 10 万元高价要约出售的方式转让涉案域名，以期获得不正当利益。故原告岳彤宇注册、使用涉案域名具有明显恶意，其注册、使用涉案域名的行为属于擅自使用他人姓名，足以造成相关公众误认的不正当竞争行为。②

三、姓名权的合理限制

姓名是用于社会交往的，具有个体区分、社会管理等多重功能，因此，只要不是商业性地使用、利用他人的姓名，人们在提及他人姓名或用姓名称呼他人之前无须取得姓名权人的同意，否则正常的社会交往和社会活动就无法进行。例如，A 大学教授张三写了一篇文章，B 大学教授李四看后不以为然，写了一篇文章与张三商榷，文章的副标题即为"与 A 大学张三教授商榷"，并且在文中多次提及"张三教授认为""张三教授的观点是不妥当的"之类的表述。这是为了正常的学术科研活动所必需的，故此，张三不得以李四未经自己同意，即在文章的标题中使用自己的姓名为由而起诉李四侵害自己的姓名权。例如，在"南怀瑾诉中央编译出版社侵害姓名权、名誉权案"中，原告南怀瑾认为，被告中央编译出版社未经同意，在出版的作者为潘鸿生的图书《听南怀瑾讲〈庄子〉》的书名中使用了原告姓名，并在该书中多次反复使用"南怀瑾大师说"或"南怀瑾大师认为"等表述。但是，法院认为，原告曾以著书、讲学等方式对于国学经典著作进行阐述，被告认为原告系国学大师，并出版图书对其著述和思想、观点进行评论的行为，并无不当，故被告在书名中使用原告姓名的行为，未侵犯原告的姓名权。另，涉诉图书内容中多次使用"南怀瑾大师说""南怀瑾

---

① 《最高人民法院公报》2005 年第 10 期。
② 上海市高级人民法院（2011）沪高民三（知）终字第 55 号民事判决书。

大师认为"等表述，其中"说""认为"等表达形式，可理解为作者陈述原告实施的特定行为，亦可理解为对原告观点的转述、介绍或总结。结合涉诉图书名称、封面、前言及内容，可以认定被告使用原告姓名的行为不属于原告所称捏造事实或盗用、冒用，亦未割裂原告姓名符号与原告个体之间的特定联系。在未征得原告同意的情况下，涉诉图书中涉及原告思想的表述，未在出版时明确标明出处，失于严谨，但不宜认定为盗用、冒用原告姓名的侵权行为。[1]

此外，为了维护公共利益，避免对于言论自由和舆论监督产生不利影响，《民法典》第999条也明确规定，为公共利益实施新闻报道、舆论监督等行为的，可以合理使用民事主体的姓名。使用不合理侵害民事主体人格权的，应当依法承担民事责任。

---

[1] 北京市西城区人民法院（2011）西民初字第11132号民事判决书。

第十一章 名称权

第一节 概 述

一、名称权的含义

(一) 名称与名称权

所谓名称权，是指法人、非法人依法使用、变更、转让和许可他人使用自己的名称的权利。《民法典》第1013条规定："法人、非法人组织享有名称权，有权依法决定、使用、变更、转让和许可他人使用自己的名称。"名称是标示特定团体，使之区别于其他团体的文字符号。团体包括法人和非法人组织。名称与团体的社会地位密切相连，对于维持团体的存在以及发展都具有至关重要的意义。具体而言：一方面，团体是法律上虚拟的主体，与自然人除姓名外还可以通过相貌、年龄等其他个人信息加以识别所不同的是，名称对于团体的可识别性，至关重要；另一方面，团体不会如同自然人那样有生存寿命的限制，其可以一直持续下去，而随之持续存在的名称也会因为此而逐渐累积、凝聚团体的名声、信誉等无形价值。故此，保护团体的名称，使之享有名称权，对于团体而言，至关重要！

法人、非法人组织的名称仅仅是指法定名称，它们不存在如同自然人那样的笔名、网名、艺名。法人、非法人组织的名称只有经过依法登记注册后才能使用，并据此对该名称享有名称权。《民法典》第1016条第1款规定，民事主体决定、变更自己的名称或者转让自己的名称的，应当依法向有关机关办理登记手续，但是法律另有规定的除外。之所以如此，理由在于：一方面，在登记注册时，通过登记主管机关的审查可以确保法人、非法人组织的名称符合法律、行政法规的强制性规定，不违背公序良俗，损害国家利益、社会公共利益。另一方面，如前所述，法人与非法人组织是法律拟制的主体，并不像自然人那样除姓名外还存在其他可识别的信息（如相貌、性别、年龄等）。故此，为了确保在特定区域的相同行业中不出现因法人、非法人组织的名称相同或相近似而导致主体同一性的混淆，有必要对法人、非法人组织的名称进行审查并登记注册。需要注意的是，由于法人和非法人组织的类型较多，因此也不是所有的法人或非法人组织决定、变更、转让自己的名称都需要办理登记手续，例如，机关法人决定或者变更自己的名称就不需要办理登记手续。故此，《民法典》第1016条第1款规定了除外条款。

（二）名称登记的法律规范

我国法律区分不同类型的法人、非法人组织而对其名称登记作出了相应的规范。针对营利法人和营利的非法人组织的名称登记，分别有《公司法》《个人独资企业法》《合伙企业法》《律师法》等法律、《市场主体登记管理条例》《企业名称登记管理规定》《企业名称禁限用规则》《企业名称相同相近比对规则》《个人独资企业登记管理办法》《律师事务所名称管理办法》等行政法规和规章；对于非营利法人的名称登记，有《社会团体登记管理条例》《事业单位登记管理暂行条例》《基金会管理条例》《基金会名称管理规定》《民办非企业单位名称管理暂行规定》等法规和规章。这些法律、法规和规章对法人、非法人组织的名称登记作出了详细的规范。例如，依据《企业名称登记管理规定》第4条、第6条与第8条的规定，企业只能登记一个名称，企业名称应当使用规范汉字，企业名称由行政区划名称、字号、行业或者经营特点、组织形式组成。企业名称中的字号应当由两个以上汉字组成。县级以上地方行政区划名称、行业或者经营特点不得作为字号，另有含义的除外。该规定第11条还规定，企业名称不得有下列情形：（1）损害国家尊严或者利益；（2）损害社会公共利益或者妨碍社会公共秩序；（3）使用或者变相使用政党、党政军机关、群团组织名称及其简称、特定称谓和部队番号；（4）使用外国国家（地区）、国际组织名称及其通用简称、特定称谓；（5）含有淫秽、色情、赌博、迷信、恐怖、暴力的内容；（6）含有民族、种族、宗教、性别歧视的内容；（7）违背公序良俗或者可能有其他不良影响；（8）可能使公众受骗或者产生误解；（9）法律、行政法规以及国家规定禁止的其他情形。

二、名称权的内容

法人、非法人组织行使名称权必须依法，即无论是决定、使用、变更，还是转让或者许可他人使用自己的名称，都必须"依法"进行。所谓依法是指依据法律、法规和规章等广义的法律的规定。具体来说，名称权的权利内容包括以下内容。

首先，依法决定自己的名称，即法人和非法人组织依据法律、法规和规章等的规定决定自己的名称，而不能随意地决定。例如，民政部颁布的《基金会名称管理规定》对基金会的名称就有严格的要求，如基金会的名称必须反映公益活动的业务范围，并以"基金会"字样结束。全国性公募基金会应当在名称中使用"中国""中华""全国""国家"等字样。非公募基金会不得使用上述字样。基金会不得使用姓氏、县或县以上行政区划名称作为字号。公募基金会的字号不得使用自然人姓名、法人或者其他组织的名称或者字号。

其次，依法使用自己的名称，即可以在社会交往中自己使用该名称，如在合同、起诉书、申请书等各种法律文件上的使用该名称；将名称刻制成法人或非法人组织的公章；在银行账户、牌匾、信笺、对外宣传推介材料以及名片中使用该名称；在生产销售的产品或者提供的服务上使用该名称；将自己名称的全称、简称或英文译名注册为网络域名等。

再次，依法变更自己的名称，对于变更名称，相关法律、法规和规章有限制的，要依据该规定，《民法典》第1016条第1款规定，法人、非法人组织决定、变更、转让名称的，应当依法向有关机关办理登记手续，但是法律另有规定的除外。例如，《企业名称登记管理实施办法》第26条规定："企业变更名称，应当向其登记机关申请变更登记。企业申请变更的名称，属登记机关管辖的，由登记机关直接办理变更登记。企业申请变更的名称，不属登记机关管辖的，按本办法第二十七条规定办理。企业名称变更登记核准之日起30日内，企业应当申请办理其分支机构名称的变更登记。"

又次，依法转让自己的名称。与姓名权不同，名称权人可以依法转让自己的名称。不过并非所有的法人、非法人组织都可以转让自己的名称。营利法人转让名称的情形会比较常见，例如《企业名称登记管理规定》第

19 条规定:"企业名称转让或者授权他人使用的,相关企业应当依法通过国家企业信用信息公示系统向社会公示。"实践中,非营利法人、特别法人名称转让的情形相对较少。

最后,依法许可他人使用自己的名称。法人、非法人组织可以自己使用名称,也可以依法许可他人使用。依据《民法典》第 1023 条,关于名称许可使用,参照适用肖像许可使用的有关规定,即《民法典》第 1021 条至第 1022 条。许可人与被许可人签订名称许可使用合同,双方对于许可使用的名称、使用的方式、使用的范围、使用的时间、许可使用费及支付方式、违约责任、争议解决方式等作出相应的约定。需要注意的是,如果作为产品生产者的法人将自己的名称许可他人使用,会使其成为产品责任上产品的生产者,许可人需要就他人生产的产品缺陷导致的损害承担责任。《最高人民法院关于产品侵权案件的受害人能否以产品的商标所有人为被告提起民事诉讼的批复》(法释〔2002〕22 号)规定:"任何将自己的姓名、名称、商标或者可资识别的其他标识体现在产品上,表示其为产品制造者的企业或个人,均属于《中华人民共和国民法通则》第一百二十二条规定的'产品制造者'和《中华人民共和国产品质量法》规定的'生产者'。"

三、名称简称的保护

法人、非法人组织享有名称权,但是由于其名称有可能比较长,故此,在社会交往中,人们为了方便而使用名称的简称。虽然法人、非法人组织对其名称享有名称权,但是除非其将名称的简称也申请注册为各类商标,取得商标权,否则不能简单地认为名称的简化就受到名称权的保护。这是因为,有些简称一看就会使社会公众将其与特定的法人或非法人组织联系起来,如"清华""北大""北航"等,通常社会公众会认为指的是"清华大学""北京大学""北京航空航天大学"。但是,有些简称则并不必然与某个特定的法人或非法人组织联系起来,例如,"人大"这一简称未必一定是指"中国人民大学",它更可能被人们认为是"人民代表大会"的简称。甚至,在讨论人治与法治的问题时,也可能使用"人大"还是"法大"的表述。因此,通常法人的简称不受保护。依据《民法典》第 1017 条,只有当名称的简称已经具有一定的社会知名度,且被他人使用足以造成公众混淆的时候,才能与名称受到同等保护。未经许可擅自使用该简称的,构成对名称权的侵害或者构成不正当竞争行为。

所谓具有一定的社会知名度，被他人使用足以造成公众混淆，就是指法人、非法人组织的名称的简称是在特定区域或特定行业中为相关公众所认可、所熟知的，且会将该简称与享有名称权的主体相联系，使得这一简称如同名称一样也产生了识别特定的法人或非法人组织的功能。一旦他人擅自使用，就会使得公众将不同的法人、非法人组织加以混淆。[①] 例如，在"山东起重机厂有限公司与山东山起重工有限公司侵犯企业名称权纠纷案"中，最高人民法院再审认为：对于具有一定市场知名度、为相关公众所熟知并已实际具有商号作用的企业或者企业名称的简称，可以视为企业名称。如果经过使用和公众认同，企业的特定简称已经为特定地域内的相关公众所认可，具有相应的市场知名度，与该企业建立起了稳定联系，已产生识别经营主体的商业标识意义，他人在后擅自使用该知名企业简称，足以使特定地域内的相关公众对在后使用者和在先企业之间发生市场主体上的混淆，进而将在后使用者提供的商品或服务误认为在先企业提供的商品或服务，造成市场混淆，在后使用者就会不恰当地利用在先企业的商誉，侵害在先企业的合法权益。此时，《反不正当竞争法》第 6 条第 2 项对企业名称保护的规定可以适用于保护该企业的特定简称。山起重工公司与山东起重机厂同处青州市区，两者距离较近，经营范围基本相同，在"山起"作为山东起重机厂的特定简称已经为相关公众认可的情况下，山起重工公司也理应知道"山起"是山东起重机厂的特定简称。在这种情况下，山起重工公司仍然在企业名称中使用"山起"作为字号，足以造成相关公众对两家企业产生误认，侵犯了山东起重机厂的合法权益，构成不正当竞争。山东起重机厂提供了潍坊市储运有限公司、青州市邮政局等出具的证明，说明相关公众曾经将山起重工公司误认为山东起重机厂。山起重工公司虽然提交了 17 份客户单位证明及宣传材料、照片，但这些证据既不能否定实际误认的发生，更无法否定误认发生的较大可能性。山起重工公司认为其不构成不正当竞争的主张不能成立。[②]

[①] 例如：在"珠江电缆科技有限公司、广东珠江电线电缆有限公司商业贿赂不正当竞争纠纷案"中，法院认为："一个企业的简称是否能够特指该企业，取决于该简称是否为相关公众认可，并在相关公众中建立起与该企业的稳定联系。"广东省佛山市中级人民法院（2016）粤 06 民终 2254 号民事判决书。

[②] 最高人民法院（2008）民申字第 758 号民事裁定书。

如果某些简称虽然在某个行业或领域具有社会知名度，但是，使用该简称的人不是在该行业或领域使用，因此不会让公众发生混淆的，那么也不能要求使用者承担侵害名称权的责任。例如，在"厦门大学诉上海厦大房地产开发有限公司名称权纠纷案"中，一审原告厦门大学诉称，"厦大"是该校为社会公众广泛使用的简称。而上海厦大房地产公司由厦门大学毕业的陈先生担任董事长，未经厦门大学同意便将"厦大"作为公司字号，且从事营利活动，其行为侵犯了学校名称权。法院则认为，厦门大学在其所属的地域范围和行业领域内，社会公众确实会将"厦大"视为其简称，但在教育领域和厦门大学所属的地域范围之外，"厦大"未必会引发普通社会公众对厦门大学的联想。上海厦大房地产公司与厦门大学分属不同地域和不同行业领域；房产公司在厦门大学将"厦大"注册为商标之前即以"厦大"之名存在，且其在经营活动中并未使用厦门大学的名义做宣传，在其经营的地域范围之内也并无厦门大学的机构、设施或场所。因此，在房地产领域和上海地域范围之内的普通社会公众不会产生公司与大学之间存在某种特殊关系的联想。上海厦大房产公司使用"厦大"名称之行为并未侵害厦门大学的名称权。[1]

第二节　名称权与其他权利的关系

一、名称权与姓名权

姓名权与名称权同为用于标识特定主体的人格权，具有很多共同之处，如不得放弃、转让或者继承。[2] 二者的区别在于以下几点。

1. 权利主体不同

姓名权是自然人享有的人格权，而名称权是法人、非法人组织享有的人格权。此外，姓名权不仅保护自然人的法定姓名，也保护具有一定社会知名度，被他人使用足以造成公众混淆的笔名、艺名、网名、译名等。名称权中

---

[1]　上海市第一中级人民法院（2005）沪一中民一（民）初字第95号民事判决书。
[2]　我国台湾地区"民法"中，就只有姓名权而无名称权，姓名权的主体既包括自然人，也包括法人以及无权利能力社团。参见王泽鉴：《人格权法：法释义学、比较法、案例研究》，台北，作者印行2012年版，第136-137页。

的名称都是法定的名称，法人和非法人组织不存在笔名、艺名、网名。

2. 权利内容不同

姓名权人可以依法决定、使用、变更或者许可他人使用自己的姓名，但不能转让姓名。然而，法人和非法人组织有权依法决定、使用、变更、转让或者许可他人使用自己的名称。由此可见，二者的权利内容不同。法人、非法人组织可以依法转让自己的名称，但是自然人不能转让姓名。这是因为，对于自然人而言，除了姓名，其他的信息如相貌、年龄、性别、身份证号码等也能作为识别特定自然人的信息即个人信息，故此，不是只有姓名才能发挥识别功能，任何自然人对于其姓名也没有排他的独占的权利，无权禁止他人起相同的姓名。在这种情形，自然人转让自己的姓名毫无意义，因为别人完全可以自己起一个相同的姓名。然而，对于法人、非法人组织而言，由于名称的区分功能非常重要，故此法律上不允许在同一登记机关登记的法人尤其是企业法人的名称中的字号与同行业的企业法人名称的字号相同。例如，《企业名称登记管理规定》第17条规定，在同一企业登记机关，申请人拟定的企业名称中的字号不得与下列同行业或者不使用行业、经营特点表述的企业名称中的字号相同：（1）已经登记或者在保留期内的企业名称，有投资关系的除外；（2）已经注销或者变更登记未满1年的原企业名称，有投资关系或者受让企业名称的除外；（3）被撤销设立登记或者被撤销变更登记未满1年的原企业名称，有投资关系的除外。这样一来，名称权人对于其名称就具有一定的排他的独占的权利，加之随着时间的流逝，名称上也会累积相应的经济价值等，故此，转让名称就变得既有可行性也有必要性了。

3. 存续上的不同

法人、非法人组织的名称权的存续期间与该团体的存续期限相一致。一旦团体消灭，则不存在名称权或名称的保护问题。例如，在一个案件中，法院认为："企业名称权不同于其他知识产权或普通财产权，具有较强的时间性和专属性。企业名称权的存续期间与企业本身的存续相一致。在企业存续期间，企业名称权为企业登记机关核准登记的企业所专有。企业终止时，企业名称权也随之终止，不存在延续或由他人继受取得等情形。《中华人民共和国民法通则》第四十五条第（三）项规定，被依法宣告破产为企业法人终止的原因之一。企业被人民法院宣告破产之后，成为限制民事行为能力主体。而破产企业被法院裁定终结破产程序之后，即为无民事权利能力和行为能力主体，办理工商注销登记仅为清算组履行行政手续而已。因此，破产企业实际终止于人民法院裁定终结破产程序之日。即日破产企业的名称权也同时消亡。"[1] 自然人死亡后，其姓名权虽然也不复存在。但是，死者的姓名依然属于一种人格利益，受到法律的保护。依据《民法典》第994条，死者的姓名受到侵害的，其配偶、子女、父母有权依法请求行为人承担民事责任；死者没有配偶、子女且父母已经死亡的，其他近亲属有权依法请求行为人承担民事责任。

二、名称权与商号权

商号，简单地说，就是指商事主体的名称。所谓商号权，就是商事主体对经过核准登记的名称享有的权利。由此可见，商号权就是对营利法人的名称权的另一种称呼而已。我国实行民商合一，不存在单独的商法典，也没有必要为了凸显所谓商法的独立性，而故意创造出一个商号权的概念。有观点认为，商号权不同于名称权，其最重要的理由就是，《企业名称登记管理规定》第7条规定，企业名称应当由以下部分依次组成：字号（或者商号，下同）、行业或者经营特点、组织形式。企业名称应当冠以企业所在地省（包括自治区、直辖市，下同）或者市（包括州，下同）或者县（包括市辖区，下同）行政区划名称。[2] 由此可见，商号是对商事主体独具特征的反映，能够表现同行业不同商品生产经营者之间的根本区别，企业名称则是对商事主体注册地或经营地、商号、行业、财产责任形式、组织形式等特征的全面描述，能反映不同商品生产经营者之间存在的诸多差异。[3] 故此，只有商号才是商号权的保护对象，即在企业名称的组成部分中，只有商号才具有无形财产权客体的意义。[4]

---

[1] 南京液压机械制造厂诉车春娣、锡山市泰业液压件厂侵犯企业名称权纠纷案，江苏省高级人民法院（2001）苏知终字第011号民事裁定书。

[2] 2020年12月14日国务院第118次常务会议修订通过的《企业名称登记管理规定》已经作出修改，修改后的《企业名称登记管理规定》第6条第1句规定："企业名称由行政区划名称、字号、行业或者经营特点、组织形式组成。"第8条第1款规定："企业名称中的字号应当由两个以上汉字组成。"

[3] 张丽霞：《论商号和商号权》，载《法律科学》1996年第4期。

[4] 吴汉东：《无形财产权基本问题研究》（第三版），北京，中国人民大学出版社2013年版，第396页。

笔者认为，企业名称要发挥识别特定企业的目的，不仅需要商号的独特性，还需要行业或经营特点以及行政区划名称。因为企业名称只是用来区分同一登记机关管辖区内相同行业的不同企业，如果不是同一登记机关管辖区或者不是相同行业，商号或者字号相同无关紧要，这并不会导致主体同一性的混淆。正因如此，企业名称权中的名称除需要商号之外，还需要行业或者经营特点以及行政区划名称。至于组织形式，本身也应当包括在商号或企业名称当中的。事实上，即便是民商分立的国家的商法典也都非常明确都要求，商号必须包括公司或企业的组织形式，例如，《德国商法典》第17条规定："商人的商号是指商人以其进行营业和进行签名的名称。商人可以以其商号起诉和应诉。"第18条第1款规定："商号必须适合于识别商人，并且必须具有区分力。"第19条则明确要求，对于独资商人、普通合伙或者有限合伙，必须在商号中加以标示。再如，《日本商法典》第16条规定："商人可以以其姓、姓名或其他名称作为商号。"第17条规定："公司的商号，应当按照其种类，使用无限公司、两合公司或股份公司等字样。"在我国，依据国务院颁布的《企业名称登记管理规定》第6条的规定，企业名称由行政区划名称、字号、行业或者经营特点、组织形式组成。跨省、自治区、直辖市经营的企业，其名称可以不含行政区划名称；跨行业综合经营的企业，其名称可以不含行业或者经营特点。由此可见，字号只是企业名称中的一个组成部分而已，不能认为只有字号才是企业独具特征的反映，更不能据此得出企业仅仅针对字号或者商号就可以享有一个不同于企业名称权的新型无形财产权的结论。故此，商号权只是对营利法人名称权的一个特别称呼而已，我国实行民商合一且《民法典》已经规定了名称权，故此，没有必要叠床架屋地规定所谓的商号权。

三、名称权与商标权

名称权属于人格权，商标权属于知识产权，二者的差别是很明显的，无需多言。实践中，名称权与商标权也常会发生冲突，典型的情形有二：其一，在先的商标权与在后的名称权的冲突[①]；其二，在先的名称权与在后

[①] 北京大宝化妆品有限公司与北京市大宝日用化学制品厂、深圳市碧桂园化工有限公司侵害注册商标专用权和不正当竞争纠纷案，最高人民法院（2012）民提字第166号民事判决书。

的商标权的冲突。无论是在我国立法还是司法实践中，解决此类权利冲突，除必须遵循诚实信用、公序良俗等民法基本原则外，最主要的有两个规则，即权利在先规则与禁止混淆规则。[①] 所谓权利在先规则就是指"时间优先，权利优先"，即按照冲突的权利各自产生时间的先后来解决。例如，A 公司的名称权先产生的，那么 B 公司后注册的商标就不得与该名称权相冲突。《商标法》第 9 条第 1 款规定："申请注册的商标，应当有显著特征，便于识别，并不得与他人在先取得的合法权利相冲突。"第 32 条规定："申请商标注册不得损害他人现有的在先权利，也不得以不正当手段抢先注册他人已经使用并有一定影响的商标。"此外，《最高人民法院关于审理注册商标、企业名称与在先权利冲突的民事纠纷案件若干问题的规定》第 1 条第 1 款规定："原告以他人注册商标使用的文字、图形等侵犯其著作权、外观设计专利权、企业名称权等在先权利为由提起诉讼，符合民事诉讼法第一百一十九条规定的，人民法院应当受理。"

所谓禁止混淆规则，是指任何人不得将他人的商标作为自己企业的名称（或名称中的一部分），或将他人的名称注册为自己产品或服务的商标（或商标的一部分），从而达到混淆的目的，从而引人误以为是他人商品或者与他人存在特定的联系。因为无论是名称权还是商标权，都具有识别功能，据此节约消费者等社会公众和商业交易伙伴的搜寻成本，其累计了经营者的商业信用，具有经济价值。因此，法律上禁止任何人采取混淆行为来实现借助他人的竞争优势牟取非法利益的目的。我国《反不正当竞争法》第 6 条第 2 项明确地将"擅自使用他人有一定影响的企业名称（包括简称、字号等）、社会组织名称（包括简称等）、姓名（包括笔名、艺名、译名等）"，作为经营者不得实施的混淆行为，引人误认为是他人商品或者与他人存在特定联系。[②]《商标法》第 58 条也规定："将他人注册商标、未注册的驰名商标作为企业名称中的字号使用，误导公众，构成不正当竞争行为

---

① 泉州丰泽区德源轴承有限公司与卢燕华、杭州日升机电有限公司不正当竞争纠纷案，最高人民法院（2011）民提字第 276 号民事判决书；潘伟：《论商号权与商标权的权利冲突》，载《中华商标》2001 年第 8 期。

② 最高人民法院在对江苏省高级人民法院《关于江苏振泰机械织造公司与泰兴市同心纺织机械有限公司侵犯商标专用权、企业名称纠纷一案的请示报告》作出的复函中指出："对违反诚实信用原则，使用与他人注册商标中的文字相同或者近似的企业字号，足以使相关公众对其商品或者服务的来源产生混淆的，根据当事人的诉讼请求，可以依照民法通则有关规定以及反不正当竞争法第二条第一、二款规定，审查是否构成不正当竞争行为，追究行为人的民事责任。"

的，依照《中华人民共和国反不正当竞争法》处理。"例如，在"上海避风塘美食有限公司与国家工商行政管理总局商标评审委员会及上海磐石意舟餐饮管理有限公司商标争议行政纠纷案"中，上海磐石意舟餐饮管理有限公司申请注册了第1427895号"竹家庄避风塘及图"商标，上海避风塘美食有限公司认为该注册商标中有"避风塘"三字，侵害了自己的企业名称权。对此，最高人民法院认为："由于'避风塘'一词不仅仅是上海避风塘公司的字号，还具有'躲避台风的港湾'和'一种风味料理或者菜肴烹饪方法'的含义，因此，只要不会造成相关公众的混淆、误认，上海避风塘美食有限公司就不能以其企业名称权禁止他人在'躲避台风的港湾'和'一种风味料理或者菜肴烹饪方法'的含义上正当使用'避风塘'一词。本案争议商标由竹子图案与'竹家庄避风塘'文字组成，其中竹子图案占据商标的大部分面积，且处于商标的显著位置。对于餐饮行业相关公众而言，'避风塘'一词因具有'一种风味料理或者菜肴烹饪方法'的含义，故争议商标中的'竹家庄'文字与竹子图案更具有标识商品或服务来源的作用，因此，争议商标的注册、使用不会造成相关公众的混淆、误认，未侵害上海避风塘美食有限公司的企业名称权。"①

第三节 侵害名称权的民事责任

一、侵害名称权的行为

名称权与特定的法人、非法人组织密切联系，具有识别功能。法人、非法人组织的名称与该法人或非法人组织的社会信誉、所提供的服务或生产销售的商品质量等紧密相连，可以在相关公众中产生一定的影响力，给法人或非法人组织带来很强的广告效应。法人或非法人组织通过不断的投入与努力所积累的经济利益都会逐渐凝聚于名称之上。在现代社会中，名称对于任何法人或非法人组织都是非常重要的，特别是对于许多知名的、著名的法人或非法人组织而言，名称是一项极为重要的无形资产。任何单位或者个人要使用他人的名称，必须经过他人的依法许可或转让，否则就

---

① 最高人民法院（2013）行提字第8号行政判决书。

构成对名称权的侵害。① 我国《民法典》第 1014 条列举了三类典型的侵害名称权的行为类型，即干涉、盗用与假冒。

首先，以干涉名称的方式侵害名称权，这主要是指非法干涉法人、非法人组织依法使用、变更、转让或许可他人使用自己的名称权。

其次，以盗用名称的方式侵害名称权，即未经同意擅自使用他人的名称的行为。例如，软件公司未经法律出版社同意而在自身生产的软件产品中使用法律出版社的名称②；再如，为了扩大商业广告效应以获取商业利益，在未经名称权人同意的情况下将他人的名称用在推销自己产品或服务的广告宣传当中。③ 即便此前名称权人通过冠名协议等同意他人使用其名称，但是合同终止后，名称权没有继续许可他人使用，如果继续使用就构成对他人名称权的侵害，也属于盗用名称。④

最后，以假冒名称的方式侵害名称权，即将他人的名称作为自己的名称加以使用，这种行为常见于假冒他人产品或服务的情形。《产品质量法》明确规定，禁止伪造或者冒用他人的厂名（第 5 条），同时要求，产品或者其包装上的标识必须真实，有中文标明的生产厂厂名。对于伪造或者冒用他人厂名的违法行为要责令改正，没收违法生产、销售的产品，并处违法生产、销售产品货值金额等值以下的罚款；有违法所得的，并处没收违法所得；情节严重的，吊销营业执照（第 53 条）。《消费者权益保护法》第 21 条规定："经营者应当标明其真实名称和标记。租赁他人柜台或者场地的经营者，应当标明其真实名称和标记。"《电子商务法》第 15 条要求："电子商务经营者应当在其首页显著位置，持续公示营业执照信息、与其经营业务有关的行政许可信息、属于依照本法第十条规定的不需要办理市场主体登记情形等信息，或者上述信息的链接标识。前款规定的信息发生变更的，电子商务经营者应当及时更新公示信息。"假冒他人的名称者就是为了使公众发生混淆，从而误以为假冒者生产销售的商品或提供的服务就是被假冒

---

① "申花足球俱乐部诉特雷通贸易有限公司侵害名称权纠纷案"，载《最高人民法院公报》2001 年第 1 期。

② 法律出版社诉珠海金山软件股份有限公司等侵犯名称权及不正当竞争纠纷案，北京市高级人民法院（2003）高民终字第 468 号民事判决书。

③ "申花足球俱乐部诉特雷通贸易有限公司侵害名称权纠纷案"，载《最高人民法院公报》2001 年第 1 期。

④ 成都农村商业银行股份有限公司与成都中智行广告有限公司、周远德名誉权、名称权纠纷案，四川省成都市中级人民法院（2015）成民终字第 618 号民事判决书。

者生产销售的商品或服务，以谋取非法利益。经营者实施的这种假冒其他经营者名称的行为，不仅会损害消费者的合法权益，也会损害名称被假冒的经营者的合法权益，构成不正当竞争行为。《反不正当竞争法》第 6 条第 2 项规定，经营者不得擅自使用他人有一定影响的企业名称（包括简称、字号等）、社会组织名称（包括简称等）等，引人误认为是他人商品或者与他人存在特定联系。经营者违反《反不正当竞争法》第 6 条的规定实施混淆行为的，由监督检查部门责令停止违法行为，没收违法商品。违法经营额 5 万元以上的，可以并处违法经营额 5 倍以下的罚款；没有违法经营额或者违法经营额不足 5 万元的，可以并处 25 万元以下的罚款。情节严重的，吊销营业执照。《最高人民法院关于审理注册商标、企业名称与在先权利冲突的民事纠纷案件若干问题的规定》第 2 条规定：原告以他人企业名称与其在先的企业名称相同或者近似，足以使相关公众对其商品的来源产生混淆，违反《反不正当竞争法》第 6 条第 2 项的规定为由提起诉讼，符合《民事诉讼法》第 119 条规定的，人民法院应当受理。

除前述将他人享有名称权的名称申请注册为商标外，其他侵害名称权的行为还包括：将知名企业生产的产品上该企业的名称和商标去掉后，贴上自己企业的名称和商标，然后进行销售[1]；将电话号码簿上他人名称下的电话、传呼号码等联系方式改为自己的或者能为自己使用的电话号码等联系方式，以便获取他人名下的业务信息等。[2]

二、归责原则与民事责任承担方式

侵害名称权的侵权行为属于一般侵权行为，适用《民法典》第 1165 条第 1 款规定的过错责任原则，即被侵权人证明行为人因过错侵害其名称权并遭受损害的，才有权要求行为人承担侵权赔偿责任。由于我国《民法典》

---

[1] 重庆盖德仪器仪表有限公司诉重庆川仪总厂有限公司企业名称权侵权、不正当竞争纠纷案，重庆市高级人民法院（2000）渝高法知终字第 18 号民事判决书。学术界曾经此种行为称为"反向假冒商标行为"，对于其究竟是否侵害商标权，抑或仅仅是不正当竞争行为存在争论，参见郑成思：《商标中的"创作性"与反向假冒》，载《知识产权》1996 年第 5 期；黄勤南、段广平：《反向假冒商标行为法律研究》，载《政法论坛》1999 年第 1 期；韦之、白洪娟：《反向假冒质疑》，载《知识产权》2004 年第 1 期。

[2] "铁岭市取暖设备厂诉周成福、铁岭市电信局侵害名称权纠纷案"，载《最高人民法院公报》2000 年第 6 期。这种情形实际上属于一种不正当竞争行为。

不承认法人、非法人组织有权要求精神损害赔偿,故此,法人、非法人组织不得因名称权被侵害而请求精神损害赔偿。在他人侵害名称权的情形下,即便没有造成损害的,权利人也有权要求侵权人承担停止侵害、排除妨碍、消除危险的民事责任。

第十二章 肖像权

第一节 概 述

一、肖像的概念、特征与类型

(一) 肖像的概念与特征

作为肖像权客体的肖像（Bildnis），是指通过影像、雕塑、绘画等方式在一定载体上所反映的特定自然人可以被识别的外部形象（《民法典》第1018条第2款）。[①] 具体而言，肖像具有以下几项特征。

1. 肖像是自然人的外部形象或外部特征的展现

肖像是自然人的外部形象或外部特征的展现。所谓外部形象既包括自然人的脸部相貌，也包括自然人通过面具、脸部表情、体态和手势等形成的外部特征。如果只是对自然风光、有体物（动产或不动产）的外观抑或虚幻形象的展现，则不是肖像。例如，某人未经许可拍摄一栋具有特色的建筑物的外观，显然，该行为并不构成对该建筑物所有权人的肖像权的侵害，也未侵害所有人对该建筑物的所有权。[②] 由于该建筑物具有独立于其实用功能的艺术美感，故此可以成为建筑作品而受到著作权法的保护。如果某人仿照他人的建筑物，也建造了一栋与该建筑物在艺术美感要素方面相

[①] Goetting/Schertz/Seitz, Handbuch des Persoenlichkeitsrechts, §12 Rn. 1.
[②] 不过，日本曾有法院的判决认为，明信片公司在没有经过长尾鸡饲养者允许的情况下，对其饲养的长尾鸡进行拍照并制作称明信片加以销售的行为，侵害了饲养者作为长尾鸡所有人的权利，构成侵权行为。而在另外的一个案例中，被告没有经过树木所有人的同意，拍摄了某一棵因优美而著称的树木的照片并制作成写真集，树木的所有人依据所有权请求停止出版并赔偿损失。对此，法院的判决驳回了原告的请求。参见［日］五十岚清：《人格权法》，［日］铃木贤、葛敏译，北京，北京大学出版社2009年版，第133页。

同或实质近似的建筑物且又不存在独立创作等抗辩事由的话，此种未经建筑作品著作权人许可复制其作品的行为也只是可能构成侵犯著作权的侵权行为[1]，而非侵害所谓建筑物的"肖像权"的侵权行为。例如，在"北京泰赫雅特汽车销售服务有限公司与保时捷股份公司侵犯著作财产权纠纷上诉案"中，被告北京泰赫雅特汽车公司销售服务有限公司（以下简称泰赫雅特公司）的泰赫雅特中心建筑与原告保时捷股份公司（以下简称保时捷公司）的保时捷中心建筑在外观上具有相同之处，如二者在建筑物的正面均采用圆弧形设计，上半部由长方形建筑材料对齐而成，下半部为玻璃外墙；二者在建筑物的入口处将建筑物分为左右两部分，入口部分及上方由玻璃构成。法院认为，泰赫雅特公司的泰赫雅特中心建筑侵犯了保时捷公司对保时捷中心建筑享有的著作权，判令判令泰赫雅特公司应对泰赫雅特中心予以改建，使该建筑不再具有与上述主要特征组合相同或近似的外观造型。[2]

2. 通过某种方式在一定载体上所展现的自然人的外部形象

自然人的外部形象须通过一定的方式加以展现才能构成肖像，否则人们难以对其加以支配利用，也就无法构成对肖像上的各种权利如肖像权或肖像作品著作权的侵害。具体而言，一方面，此种在一定载体上展现自然人的外部形象的方式可以多种多样，既可以是以录像、电影、照相等影像方式，也可以是以绘画（油画、水彩画、水墨画、素描）、雕塑、剪纸等方式；另一方面，无论展现方式如何，最终要体现在一定的载体之上，即在该载体上反映出自然人的外部形象。所谓的载体，因展现方式不同而有所不同，如通过影像展现的载体是照片、胶卷、录像带、电子数据信息；通过雕塑展现的物质载体为泥巴、塑料、铁、铜、金、银、铝等各种质地的材料；通过绘画、剪纸等展现的物质载体是纸张、画布等。也正是由于肖像体现在一定的载体之上，才可能为肖像权人所支配和控制，进行使用、公开或许可他人使用。

3. 具有可识别性即可以识别特定的自然人

肖像是识别特定自然人的标识，故此，并非任何自然人的外部形象都

---

[1] 李扬：《著作权法基本原理》，北京，知识产权出版社2019年版，第74页。
[2] 北京市高级人民法院（2008）高民终字第325号民事判决书。

是肖像。能够成为肖像的自然人的外部形象或外部特征必须是具有可识别性的,即他人通过该外部形象可以识别出特定的自然人。可识别性是肖像核心特征。此种可识别性既可以体现在肖像权人的脸部特征上,因为每个人和每个人长的不同,所以,脸部特征可以用于识别特定的自然人(人脸信息也属于个人信息),也可以体现在肖像权人的典型造型、衣着、发式、手势之上。肖像彰显了自然人的特征,如果"其内容不能再现原形人的相貌综合特征,不能引起一般人产生与原形人有关的思想或感情活动,一般人不能凭直观清晰辨认该内容就是某一自然人的形象,这样的载体不能称为肖像。"[①] 例如,在"叶某诉安贞医院、交通出版社广告公司肖像权纠纷案"中,法院认为:"原告叶某所诉的这张照片,只有脸上的鼻子和嘴部分,不是完整的特定人形象。这张照片不能反映特定人相貌的综合特征,不能引起一般人产生与特定人有关的思想或感情活动,因此不是法律意义上的肖像。"仅仅是"刊登的自然人面部局部器官照片,不能体现该自然人的外貌视觉形象,本身不构成肖像。"[②] 在"迈克尔·乔丹与国家工商行政管理总局商标评审委员会商标争议行政纠纷案"中,法院认为:"肖像权是自然人基于其肖像而享有的人格权益,肖像应清楚反映人物的主要特征,至少应清楚到社会公众能够普遍将该肖像识别为肖像权人。本案中,争议商标图形部分的人体形象为阴影设计,未能清楚反映人物的容貌特征,相关公众难以将争议商标中的形象认定为迈克尔·乔丹。因此,现有证据尚不足以证明争议商标的注册损害了迈克尔·乔丹的肖像权。"[③]

司法实践认为,对于肖像的可识别性的判断,可以考虑以下两个方面:[④] 一方面,可识别性理论追求的是肖像与自然人外部形象之间的关联性,应就外部形象呈现之方法、特征、场合、相关文字说明等客观要件加以综合认定。图像中无容貌者或容貌模糊者,也可透过其他身体特征(如姿态、举手投足方法、特殊发型等),或者身体外之特征(服饰、装扮等)或物(如驾驶之车辆等)予以识别。如果侵权人所为行为足以使人将其与

---

　① "叶某诉安贞医院、交通出版社飞广告公司肖像权纠纷案",载《最高人民法院公报》2003年第6期。
　② 类似案例,参见许晓霞诉兰溪市电信局、浙江兰溪华亚八达摩托车有限公司、兰溪市雅特广告装潢有限公司肖像权纠纷案,浙江省兰溪市人民法院(2000)兰民初字第1311号民事判决书。
　③ 北京市高级人民法院(2015)高行(知)终字第1037号行政判决书。
　④ 山东蓝翔技师学院与北京搜狐互联网信息服务有限公司等肖像权纠纷案,北京市第一中级人民法院(2019)京01民终6350号民事判决书。

某人外部形象相关联，那么就应该将其视为侵犯肖像权，即采一般人之可识别标准而摒弃"面部特征"标准。另一方面，个人的社会交往范围、社会知名度不同，此种因肖像所产生的人格利益的范围也存在一定的差别，在认定特定肖像是否具有可识别性时，应当考虑权利人的社会交往范围、社会知名度等，综合予以判断。

并非只有自然人的正面的全部脸部形象才具有可识别性，即便是侧面或其他外部形象的展现，只要能够识别出该特定的自然人，即属于肖像。肖像也不要求必须与自然人的真实相貌特征完全一致。在通过艺术摄影、绘画、雕塑、卡通漫画等艺术方式制作他人肖像时，基于艺术创作的需要，所谓展现的自然人的相貌特征虽然并不与其真实相貌完全一致，甚至图像可能对人的肖像进行了某种程度的异化（Verfremdung），但是只要能够使得所涉及的主体自身能够为他人辨识，就属于法律上的肖像，受到肖像权的保护。例如，在一个案件中，法院认为，赵本山作为公众人物，其个人肖像具有明显的可识别性，并且以"您有才"及"咱不差钱"等赵本山在春晚上表演的小品节目中的经典台词作为旁白，可以将该涉案卡通形象明确指向公众印象中的赵本山个人形象，卡通漫画作为绘画艺术的一种形式，只要能反映出具有可识别性的自然人形象，就可以成为肖像权法律保护的对象，天涯公司未经赵本山本人许可，将其卡通形象用于营利性网站，已构成对赵本山肖像权的侵犯。[①]

（二）个人肖像与集体肖像

个人肖像就是特定的某个自然人的肖像，集体肖像就是指多人组成的集体的肖像。集体肖像往往是在多个自然人参与其中的特定的事件与活动中形成的。[②] 申言之，集体肖像形成于各种会议、集会、体育比赛、游行、庆典、狂欢节、游行示威等群体活动或社会公共环境之场合，侧重的是一个由多人组成的群体之形象，每个参与者的个性均为全体画面所掩蔽。如

[①] 参见《赵本山起诉天涯侵犯卡通肖像权，终审获赔12万》，见 https://tech.qq.com/a/20110617/000442.htm. 需要注意的是，在巴博斯有限公司（BUBBLES INCORPORATED S. A.）等与中华人民共和国国家工商行政管理总局商标评审委员会商标争议行政纠纷上诉案中，法院认为："肖像权是自然人基于本人的形象而享有的专有权，通常仅限于自然人的真实相貌特征"，这种观点是错误的。参见北京市高级人民法院（2012）高行终字第1507号行政判决书。

[②] 依据《德国艺术作品著作权法》第23条第1款第3项，如果是关于集会、游行和类似活动参加者的图片，那么即便没有得到被拍照人的同意，该图片也可以公开展示。

果这些集体肖像本身也只是公众环境的附属部分，那么依据《民法典》第1020条第4项的规定，为展示特定公共环境，不可避免地制作、使用、公开肖像权人的肖像，可以不经肖像权人同意。此种情形下，无论是集体肖像中某个或全体肖像人均不得主张肖像权。如果不构成上述情形的，就涉及究竟应当由谁来主张肖像权的问题。对此，一种观点认为，即便是集体肖像，其中的每个自然人也享有肖像权，可以行使之，但要受到一定的限制。例如，在"蓝天野诉天伦王朝饭店有限公司等肖像权、名誉权案"中，法院认为："鉴于涉案剧照上的人物不止一人，而多个个体聚合为集体，集体肖像是各权利人独立肖像的聚合，具有独立性与同一性的特征。权利人虽就其在集体肖像中个人肖像所享有的精神利益及转化的物质利益是独立、可分的，可集体肖像在物理上又具有不可分的特质，这就决定了集体肖像中的个人肖像权的行使要受到一定限制。"[①]另一种观点认为，集体肖像的权利应当归属于全体肖像权人共有，不能由某个肖像权人单独加以行使。例如，有的法院判决认为："肖像可以分为个人肖像和集体肖像。个人肖像中肖像权人的人格权是独立存在的，一旦发现侵权事实，肖像权人即可根据法律规定主张其权利。而在集体肖像中，由于各肖像权人在照片中均享有独立的人格权，其转化（或派生）出的物质利益为全体肖像权人所共有，其肖像的权益被全体肖像权人的权益所涵盖，其个人特征难以在集体肖像中凸现，故丧失其人格权存在之基础。原告一人对其肖像权的主张，不能反映全体肖像权人的利益。"[②]

笔者认为，由于肖像是特定自然人可以识别的外部形象，特定的自然人并非就是单独的某一人，也可以是两个及以上的自然人，只要能够识别出这些特定的自然人即可。故此，即便合影照片呈现了集体肖像，而只要能够识别出其中的特定自然人，那么该自然人可以主张肖像权。例如，A未经许可使用某明星B与其好友C、D、E等四人的合影照片，此时，这四人中的任何一人均可以主张肖像权。即便合影的数人本身隶属于某一团队或一个单位，也不能就因此否定个人的肖像权。在"中国人民解放军警卫第一师仪仗大队与深圳市信禾工艺品有限公司名称权、肖像权、名誉权

---

① 北京市东城区人民法院（2002）东民初字第6226号民事判决书。
② "华赞诉美国中国项目咨询公司将有其在内的合影照片印在资料上散发侵害肖像权案"，载最高人民法院中国应用法学研究所：《人民法院案例选》（2001年第4辑），北京，人民法院出版社2002年版，第109页以下。

侵权纠纷上诉案"中,法院认为:"虽然我国民法通则未规定自然人以外的民事主体享有肖像权,但本案与一般的侵犯肖像权案件不同,本案照片的拍摄并非为给照片中的三位军官个人拍摄照片、写真,而是要通过三位军官的形象来表现原告三军仪仗队的威武形象。普通民众看到照片首先感受到的通常是原告三军仪仗队威武整肃的形象,其次才是照片中的个人形象。原告三军仪仗队的形象是原告经过努力和付出形成的,本案照片使用所造成的影响主要涉及原告三军仪仗队的整体,而并非肖像者本人。原告三军仪仗队作为人民解放军的礼宾部队,承担着国家重要的礼仪性任务,其使用的礼仪器具具有相当的艺术性、稀缺性,原告三军仪仗队的形象具有较高的商业价值。被告信禾公司使用原告三军仪仗队的形象来推销其'红色八一步枪'和'将军佩剑'工艺品,可以对消费者特别是爱好军事的消费者产生强烈的吸引力,其产品的商业价值即被放大。原告三军仪仗队虽然不享有该照片的肖像权,但原告三军仪仗队对使用该照片所带来的利益享有权益,法律应予以保护。被告信禾公司未经原告三军仪仗队许可而实施的上述行为必然导致降低和损害原告三军仪仗队的对外形象,足以造成其社会评价降低,被告的行为侵犯了原告三军仪仗队的整体肖像利益,其行为构成侵权。"[1] 笔者认为,在该案中,即便照片呈现给社会大众的是三军仪仗队威武严肃的整体形象,也不能认可三军仪仗队这样的一个集体享有肖像权或肖像利益。因为三军仪仗队只是一个群体,并非自然人,不能享有肖像权或肖像利益。但是,毕竟被告非法使用了三军仪仗队的照片,属于一种混淆行为,该行为足以引人误认为被告推销的是三军仪仗队的商品或者与三军仪仗队存在特定联系。三军仪仗队并非是经营者,所以,本案也无法适用《反不正当竞争法》第6条的规定。不过,由于案件中被告还侵害了原告的名称权和名誉权,故此可以通过名称权和名誉权对此种对外形象予以相应的保护。

(三)自然人声音的保护

声音(sound)就是声波通过听觉而产生的印象。每个自然人的声音,各有其特点,一旦定型后除非通过科技手段,否则难以改变。因此,自然人的声音也可以用于识别特定的自然人,尤其是一些非常独特的知名人物

---

[1] 北京市第一中级人民法院(2006)一中民终字第3240号民事判决书。

的声音,如著名演员葛优的声音,中央电视台已故著名解说员赵忠祥的声音,为六小龄童扮演的孙悟空和《米老鼠和唐老鸭》中的唐老鸭配音的李扬的声音,为周星驰配音的石班瑜的声音,都为我国社会大众所熟悉。因声音具有识别功能,故此,可以将声音注册为商标。《商标法》第 8 条规定:"任何能够将自然人、法人或者其他组织的商品与他人的商品区别开的标志,包括文字、图形、字母、数字、三维标志、颜色组合和声音等,以及上述要素的组合,均可以作为商标申请注册。"在民法上,对于能够识别特定自然人的声音,也应当加以保护,否则就无法保护自然人针对其声音享有的精神利益和财产利益。例如,模仿著名歌星演唱的歌曲或将他人的声音加以剪辑而制作广告的行为,就侵害了自然人将声音进行商业化利用而本可以取得的财产利益。

如何保护自然人的声音,比较法上有不同的方法。德国法上是通过一般人格权实现对自然人的声音的保护。在"艾哈特案(Heinz Erhardt)"中,原告是已故著名演员和作家艾哈特的儿子,其向法院提出申请,要求法院禁止一则电台广告的播放。因为在该广告中,一位模仿者模仿了艾哈特的声音,还使用了专属于艾哈特的词句来为某产品做广告。汉堡上诉法院认为:"该案对人格权的侵犯的严重性不亚于侵犯肖像或姓名的案件。任何听到这则电台广告的人,不管是否发现其属于模仿作品,都会回忆起 Heinz Erhardt 的生前的艺术形象。这也正是这则广告的目的,即通过煽动性、惊人的效果来获取商业上的利益。"[1] 在美国法,公开权(the right of publicity)主要是用于保护人格权中的经济利益,其适用范围包括几乎所有可以使得公众识别特定自然人身份的人格标识,因此对自然人的声音也是通过公开权加以保护。这方面最典型的案例就是 1988 年由联邦第九巡回上诉法院判决的"米德勒案"(Midler v. Ford Motor Co.)。该案的原告米德勒是一位著名的女歌唱家,其演唱的声音具有独特的个人风格。被告福特汽车公司制作了一条汽车广告,想使用米德勒演唱的歌曲《你想跳舞吗(Do You Want to Dance)》作为背景音乐。被告虽从词曲的版权人处取得授权,但米德勒却拒绝了福特公司的邀约,不同意使用自己的声音。于是,

---

[1] OLG Hamburg GRUR 1989, 666. See "Susanne Bergmann, Publicity Rights in the United States and Germany: A Comparative Analysis", 19 *Loy. L. A. Ent. L. Rev.* 479 (1999), at 512.. Available at: https://digitalcommons.lmu.edu/elr/vol19/iss3/1.

被告福特汽车公司雇佣了另一名歌手，尽可能模仿了米德勒的演唱声音，并将模仿演唱的歌曲用在了广告当中。原告起诉被告侵犯了自己的形象权。联邦第九巡回上诉法院认为："声音如同面孔一样，具有可区别性与个性。人类的声音是表明身份的最易感受的方式"，模仿原告独特的声音和演唱风格，其效果与使用录有原告演唱的磁带一样，是对于原告形象权的侵犯。法院进一步认为，这样的判决并不意味着为了商业性目的的每一种声音模仿都应当被禁止，但是，"当某一专业演唱家的声音广为人知的时候，当他的独特声音被刻意模仿以销售某种产品时，销售者就盗取了不属于他们自己的东西"。[①] 加拿大的《魁北克民法典》则将未经许可使用他人的声音作为一种侵害他人私生活的行为，该法典第 36 条第 3 项与第 5 项规定，"盗取或使用他人在私人房屋中活动时的肖像或声音"或者"非以向公众提供合法信息为目的使用他人姓名、肖像、照片、声音"，属于侵犯他人私生活的行为。

对于如何保护声音，我国曾有学者主张规定单独的一种人格权即声音权。该观点认为，声音权既不能为一般人格权所涵盖，也不能为隐私权等具体人格权所包括，应当将声音权作为一种独立的具体人格权加以规定。[②] 编纂民法典时，立法机关认为，自然人的声音和肖像一样，也是识别特定自然的一种人格标识，故此，对于声音的保护可以参照肖像权保护的规定。《民法典》第 1023 条第 2 款规定："对自然人声音的保护，参照适用肖像权保护的有关规定。"[③] 笔者认为，将声音放在肖像权中加以保护的做法是可行。这就意味着，自然人可以依法制作、使用、公开或者许可他人使用自己的声音；任何组织或个人不得未经许可擅自使用、公开他人的声音。然而，由于只是参照适用，故此，有些肖像权的规定如《民法典》第 1020 条对肖像权的限制并不能当然都适用于声音的保护。此外，声音不仅会受到肖像权的保护，擅自公开、使用他人的声音也不仅仅是侵害肖像权，还可能侵害隐私权或者个人信息权益等其他人格权益。例如，偷录他人的私密谈话并加以公开，将构成对他人隐私权的侵害。正因如此，前述《魁北克民法典》才将未经许可使用他人的声音作为一种侵害他人私生活的行为。

[①] 7 USPQ2d 1398 (9th Cir. 1988).
[②] 杨立新、袁雪石：《论声音权的独立及其民法保护》，载《法商研究》2005 年第 4 期。
[③] 对于声音的保护和肖像权的区别，参见王利明、程啸、朱虎：《中华人民共和国民法典人格权编释义》，北京，中国法制出版社 2020 年版，第 290 页以下（本部分由王利明教授撰写）。

二、肖像权的概念与内容

(一) 肖像权的产生与发展

肖像权之所以能够成为且应当成为一项受法律保护的人格权，根本的原因就在于摄影技术的发明与普及。在摄影技术发明之前，自然人的外部形象很难通过一定的方式在载体上加以反映。绘画、雕塑等艺术形式虽然可以做到这一点且古已有之，但绘画、雕塑费时费力，成本高额，只有国王、贵族和富人才有可能让艺术家给自己制作画像和雕塑。在著作权制度产生后，人们也多认为以自然人为对象的绘画、雕塑等属于艺术作品，受到著作权法的保护。自然人的肖像权保护问题，始终未受到重视。直到照相技术的发明与普及，使自然人的肖像很容易被侵害之后，人们才开始意识到肖像权保护的必要性与迫切性。[1] 在德国，肖像权开始受到关注的典型案例就是 1898 年的"俾斯麦照片案（Bismarck Photographie）"。1898 年 7 月 30 日，素有"铁血宰相"之称的德国著名政治家奥托·冯·俾斯麦（Otto von Bismarck）逝世。两名记者潜入俾斯麦子女房屋内的停尸间，偷拍了俾斯麦的遗照，准备高价出售牟利。俾斯麦的子女得知此事后，立即请求法院判令被告返还照片并销毁底片。由于当时已经颁布但尚未实施的《德国民法典》并未规定"肖像权"这一人格权，故而，帝国法院只能避开是否侵害人格权的问题，以被告不法侵入他人住宅拍摄照片构成《德国民法典》第 817 条第 1 句规定的"违反法律和善良风俗的不当得利"为由，判令被告负返还义务。[2] 为了弥补《德国民法典》对肖像权保护之不周，1907 年德国颁行了《美术与摄影作品著作权法（Kunsturhebergesetz）》，该法第 22 条以下对自然人就其肖像所享有的权利作出了规定。也就是说，照相机技术的出现，使自然人的外部形象很容易被制作成照片，并"在任何时间可以在不可预知的群体范围内进行传播"[3]，由此就产生了对肖像人特别的保护需求。法律上有必要赋予肖像人对其肖像是否以及以何种方式向公众呈现的自主决策的权利。

---

[1] Brox/Walker, Besonderes Schuldrecht, S. 505.
[2] RGZ 45, 170.
[3] BverfGE 101, 361, 380＝NJW 2000, 1021, 1022。转引自［德］图比亚特·莱特：《德国著作权法》（第 2 版），张怀岭、吴逸越译，北京，中国人民大学出版社 2019 年版，第 221 页。

第十二章 肖像权

进入 21 世纪后，随着网络信息科技的高速发展，不仅摄影摄像技术高速发展，而且人脸识别技术等人工智能与大数据技术也在飞速发展[1]，无处不在的摄像头随时捕捉并识别人脸信息，在未经他人许可甚至完全未被他人意识到的情形下，处理者就处理了人脸信息。根据互联网统计公司 Statist 的统计，截至 2014 年年底，美国有约 4 000 万个摄像头，平均每 8 人拥有一个，而英国有 580 万个摄像头，平均每 11 人有一个。有的专家根据公开的数据推算，在中国的天网中，官方拥有的摄像头应当在 1 亿左右，即每 14 个中国人拥有一个摄像头[2]，中国人平均每天要暴露在各种摄像头下超过 500 次。[3] 在机场、车站、地铁站、公共道路等公共场所中设置摄像头等图像采集设备和个人身份识别设备，可以收集包括人脸信息、行踪信息等在内的海量的个人信息，并对之进行加工、使用等。倘若这些个人信息被用于维护公共安全这一正当的目的，自然可以有效地发挥维护社会治安，提高通行效率，保障人民群众人身财产安全等积极作用。[4] 但是，如果滥用人脸识别技术非法处理个人信息，或者将在公共场所设置的图像采集和个人身份识别设备所采集个人信息加以滥用，就会对个人的人身财产权益，乃至公共安全等造成严重的威胁或损害。故此，现代各国的个人信息保护法对包括人脸信息在内的生物识别信息作为敏感个人信息加以规范，并且予以特别的调整与规制。我国《个人信息保护法》第 26 条是专门规范人脸识别技术的条款，该条规定："在公共场所安装图像采集、个人身份识别设备，应当为维护公共安全所必需，遵守国家有关规定，并设置显著的提示标识。所收集的个人图像、身份识别信息只能用于维护公共安全的目的，不得用于其他目的；取得个人单独同意的除外。"

---

[1] 所谓人脸识别技术（facial recognition）是指自动处理包含个人面部的数字图像，以便对这些个人进行识别、认证/验证或分类。人脸识别技术属于允许自动识别和匹配人的脸部的生物特征识别系统，它通过对面部的图像创建"生物识别模板"来提取和进一步处理生物识别数据。人脸识别技术包含了一系列的技术，其可以为实现不同的目的而执行不同的任务。Article 29 Data Protection Working Party（2012），Opinion 02/2012 on facial recognition in online and mobile services，00727/12/EN，WP 192，Brussels，22 March 2012，p. 2.

[2] 涂子沛：《数文明》，北京，中信出版集团 2018 年版，第 52 页。

[3] 杨智杰：《人脸识别十字路口：脸的恐慌》，见《中国新闻周刊》http://www.inewsweek.cn/life/2019-10-21/7329.shtml。

[4] 例如，媒体报道在歌星张学友在全国各地举办的演唱会上，公安机关利用人脸识别技术先后抓获 60 多名在逃犯罪嫌疑人。《张学友演唱会成抓逃神地，60 多名逃犯落网人脸识别多次立功》，https://www.163.com/tech/article/E3UNFQES00098IEO.html。

(二) 肖像权的概念与内容

肖像权究竟保护自然人对其肖像的哪些权利，换言之，肖像权人对其肖像享有何种权能并据以限制他人的行为自由，比较法上的规定有所不同。德国《美术与摄影作品著作权法（Kunsturhebergesetz）》第 22 条第 1 句规定，只有在取得肖像人的同意的前提下，才能将其肖像进行传播或者公开展示。德国学者认为，基于对人格进行有效保护的考量，应当对"传播"这一构成要件进行广义的解释，该要件包括了任何一种形式的传播，在某一主体将肖像投入流通领域如媒体新闻报道的情况下，对肖像的传播就已经构成了。[①]《意大利民法典》第 10 条规定："如果自然人本人或其父母、配偶、子女的肖像未被按照法律规定的方式展示或发表，或者该展示或发表对该人或其亲属的尊严或名誉构成了损害，司法机构可以根据利害关系人的请求作出停止侵害的判定。同时，受害人请求赔偿的权利不受影响。"《澳门民法典》第 80 条第 1 款第 1 句规定："未经本人同意，不得对其肖像或其他在视觉上能认别本人之标志进行摄取、展示、复制、散布或做交易之用。"显然，这一规定所赋予的肖像权人的权能范围，显然要比德国和意大利的要广。

在我国，《民法通则》《侵权责任法》等法律虽然规定了肖像权，却并没有明确界定肖像权的内容。《民法典》第 1018 条第 1 款规定："自然人享有肖像权，有权依法制作、使用、公开或者许可他人使用自己的肖像。"从这一规定看，我国法上肖像权的内容为四项，即依法制作、使用、公开或者许可他人使用自己的肖像。也就是说，肖像权人对自己肖像的"制作、使用、公开或者许可他人使用"的权能都要"依法"进行。依法中的"法"是广义的法，既包括法律、行政法规，也包括部门规章等规范性法律文件。之所以要特别施加这一限制，理由在于：一方面，自然人对自己肖像的控制意味着对他人的行为自由的限制，为合理协调肖像权保护与言论自由的关系，有必要对于肖像权进行相应的限制，即他人可以在特定条件下对于肖像进行合理的使用。所以，自然人必须只能在依法的情形下，才有权制作、使用、公开或可他人使用自己的肖像。另一方面，肖像权的权能行使也涉及公序良俗，如果任由肖像权人随意制作、使用、公开或者许可他人

[①] ［德］图比亚特·莱特：《德国著作权法》(第 2 版)，张怀岭、吴逸越译，北京，中国人民大学出版社 2019 年版，第 222 页。

使用自己的肖像，也出现违反公序良俗的后果，如某人制作自己的裸体照片并加以公开的行为。

1. 依法制作肖像

只有自然人才享有肖像权。任何自然人的外部形象只有制作成为肖像后，才附着于一定的载体之上，从而具有了被使用、公开或遭受侵害的可能性。因此，对于肖像权人而言，肖像的制作权很重要，该权能专属于肖像权人。肖像权人可以依法自行制作肖像（如用手机自拍），也可由他人来制作（如到照相馆照相，请他人为自己摄像、绘制肖像画或制作雕塑等）。任何单位或者个人未经肖像权人的同意，不得擅自制作他人的肖像，除非法律另有规定，否则该行为就构成侵权行为。例如，原告与同事一起去血站无偿献血，而作为被告的报社想报道此事。在被告的摄影记者给原告拍照前，原告就明确表示拒绝，而该记者依然坚持拍照并将照片刊登在报纸上，公开发行。显然，被告的行为侵害了原告的肖像权，包括肖像制作权与肖像使用权。[1] 一般来说，侵权人未经许可擅自制作他人肖像就是为了要非法使用，故此，侵害肖像权人的肖像制作权和肖像使用权的行为往往是紧密联系在一起的。当然，非法使用他人肖像也可以不是自行制作，而是从其他来源处取得他人的肖像而非法使用。故此，非法制作与非法使用并不必然联系在一起。

2. 依法使用肖像

肖像权人有权以任何合法的方式使用自己的肖像，借此获得相应的精神利益或财产利益。例如，肖像权人可以将自己的照片发布在微信朋友圈，在微博上，在网站上，也可以将其刊登在书籍报刊上、制作广告牌、宣传册、明信片等，或者印制在杯子上，将自己的肖像作为商标申请注册等。总之，任何符合广义的法律规定的对肖像的使用方式，都可以归属于肖像权人。

3. 依法公开肖像

所谓依法公开肖像，就是肖像权人有权依法决定是否公开自己的肖像。从某种意义上，依法公开肖像也可以说就是肖像权人自己对肖像加以使用或许可他人使用的一种方式而已。肖像权人可以以私密的方式使用肖像，如在家庭微信群中发布自己的照片等，也可以以公开的方式使用或许可他

---

[1] 刘卫东诉中国石油天然气管道局石油管道报社侵犯肖像权纠纷案，河北省廊坊市中级人民法院（1999）廊民终字第168号民事判决书。

人使用自己的肖像，最典型的方式就是用肖像制作广告，或者许可媒体在对自己的采访报道中使用肖像。但是，立法机关之所在《民法典》第1018条第1款界定肖像权的内容时，将"使用"与"公开"，分作肖像权的两项权能，主要是考虑到：一方面，未经肖像权人公开他人的肖像，可能不仅侵害了肖像权人对自己肖像的使用权能，更可能侵害他人的隐私权、名誉权、个人信息权益等其他人格权。也就是说，他人未经许可而公开自然人的肖像，本身并不是为了对肖像进行使用，但是这种公开的行为会构成侵害他人的隐私权或名誉权。另一方面，在有些情形下，肖像权人虽然允许他人制作、使用自己的肖像，但是不希望向社会公开自己的肖像。例如，新闻媒体在对一些社会热点事件的新闻采访知情人士时，接受采访者为了自身的安全，要求媒体不公开自己的肖像。此时，如果媒体公开了，显然就构成对肖像权人是否公开自己肖像的权利的侵害。

4. 依法许可他人使用肖像

肖像权人可以有偿或者无偿的授权他人使用自己的肖像，如制作广告，刊登在杂志的封面，印制到产品的包装上，放在网站的首页，以自己的肖像申请注册商标等。肖像权人通过签订许可合同而有偿许可他人使用自己的肖像，属于肖像权的商业化利用，由此肖像权人可以取得相应的经济利益。为了更好地保护肖像权这一人格权，我国《民法典》特别在人格权编第四章"肖像权"对肖像许可使用合同中比较独特的内容作出了规定，具体体现在：其一，《民法典》第1021条明确了肖像许可使用合同的条款解释采取有利于肖像权人的规则，即"当事人对肖像许可使用合同中关于肖像使用条款的理解有争议的，应当作出有利于肖像权人的解释。"其二，《民法典》第1022条明确了肖像许可使用期限没有约定或约定不明时双方均可以解除合同，同时规定，在有明确许可期限约定的情形下，肖像权人有正当理由的也可以单方解除该合同。

三、肖像权的限制

为了维护表达自由、保护社会公众获取信息的正当利益和其他社会公共利益以及国家利益，法律上在权衡之后，对于人格权会作出不同的限制。肖像权的保护就涉及如何协调肖像权与言论自由、舆论监督、科学研究、正常的社会活动等自由的关系的问题。尽管《民法典》第998条引入的动态系统论以及第999条规定的对肖像等人格要素的合理使用的规定,都已经在一定程度上起到了协调的作用,但是,还不够细致具体。故此,《民法典》第1020条还专门针对肖像权作出了具体的限制。这种限制有利于协调肖像权的保护与合理自由的维护的关系,既尊重自然人对肖像享有的人格利益,又维护他人合法权益、社会公共利益和国家利益。依据《民法典》第1020条:"合理实施下列行为的,可以不经肖像权人同意:(一)为个人学习、艺术欣赏、课堂教学或者科学研究,在必要范围内使用肖像权人已经公开的肖像;(二)为实施新闻报道,不可避免地制作、使用、公开肖像权人的肖像;(三)为依法履行职责,国家机关在必要范围内制作、使用、公开肖像权人的肖像;(四)为展示特定公共环境,不可避免地制作、使用、公开肖像权人的肖像;(五)为维护公共利益或者肖像权人合法权益,制作、使用、公开肖像权人的肖像的其他行为。"该条中所谓"可以不经肖像权人同意",就是指即便行为人在实施前述行为时没有取得肖像权人的同意,也不构成侵害肖像权的行为,无须承担民事责任,因为前述行为是符合法律规定的合理实施行为。下面对之加以具体的阐述。

(一)因学术研究而合理使用他人已公开的肖像

依据《民法典》第1020条第1项,为个人学习、艺术欣赏、课堂教学或者科学研究,在必要范围内使用肖像权人已经公开的肖像的行为,无须经过肖像权人同意。显然,《民法典》作出规定的目的就是为了不因肖像权而妨碍人们学习艺术欣赏以及教学科研的活动自由。这种对肖像的合理使用与著作权法上的合理使用有共同之处,但也有所不同。一方面,他人已公开的肖像如果是通过摄影、雕塑、绘画等艺术方式展现而成为肖像作品的,则该肖像作品上既有作者的著作权,也有自然人的肖像权。依据《著作权法》第24条第1款第1、2、6项的规定,为个人学习、研究或者欣赏,使用他人已经发表的作品;为介绍、评论某一作品或者说明某一问题,在作品中适当引用他人已经发表的作品;依据为学校课堂教学或者科学研究,翻译或者少量复制已经发表的作品,供教学或者科研人员使用,但不得出版发行。在这三情形中使用作品的,可以不经著作权人许可,不向其支付报酬,但应当指明作者姓名、作品名称,并且不得侵犯著作权人依照本法享有的其他权利。既然在这三种著作权合理使用的情形中,使用人的行为不侵害肖像作品的著作权,同样也不应构成对肖像权的侵害。否则,就肖像作品而言，《著作权法》规定的上述三类合理使用就没有意义，无法实现。另一方面，他人已经公开的肖像可能并不是肖像作品，如某个自然人的证件照，因不具有独创性而不属于作品。此时，虽然不存在著作权对著作权人的限制，但是依然存在对肖像权的限制，为了确保个人学习、艺术欣赏、课堂教学和科学研究的自由这一更大的社会公共利益与人们的合理自由，法律上有必要明确这一情形下依然构成对肖像的合理使用，不构成对他人肖像权的侵害。

需要注意的是，依据《民法典》第 1020 条第 1 项，即便是为个人学习、艺术欣赏、课堂教学或者科学研究而需要使用肖像权人的肖像，也必须满足三个条件：一是，该肖像权人的肖像是已经公开的，至于该公开是合法公开还是因为他人实施侵权等违法行为而被公开的，在所不问。二是，是在必要范围内使用该肖像，也就说，一方面，是在满足个人学习、艺术欣赏、课堂教学或者科学研究而必须使用该肖像的范围内使用之，如果不是必须使用的，则不属于必要范围；另一方面，只能是行为人自己实施使用的行为，而不包括许可他人使用的行为。三是，使用的行为必须是合理的，不能超越合理的限度给肖像权人造成不利。

（二）为实施新闻报道而制作、使用、公开他人的肖像

言论自由乃是宪法规定的基本权利。现代社会资讯发达，新闻自由已成为最重要的一类言论自由。为使人民能及时、生动、直观的了解各种政治、经济、军事、文化等信息，参与公共生活，监督掌握权力者的行为，新闻媒体实施新闻报道时，"若要真实再现当时情况，增加准确性、生动性和感染力，不免要经常使用个人肖像；加之众多与特定场景相结合的特殊人物肖像，往往具有代表国家、民族或者某一历史时期的特殊象征意义，此等肖像亦不免须被经常使用"[1]。倘若被拍照者动辄以侵害肖像权为由，提起诉讼，这必然严重妨害新闻自由，损害广大公众获取信息的正当利益。因此，有必要对新闻报道中涉及的自然人的肖像权进行适当限制。

在新闻报道中，不可避免地要制作、使用、公开其肖像的人物可以分为两类：其一，政治、文化、经济、社会、体育等领域中的知名人物，如总统、总理、议员、外交官、作家、艺术家、运动员、演艺明星等。这些

---

[1] 刘翔与《精品购物指南》报社、北京精品卓越科技发展有限公司、北京中友百货有限责任公司，北京市第一中级人民法院（2005）一中民终字第 8144 号民事判决书。

人因享有较高的知名度，公众对获取该人的信息具有正当利益，故此属于"绝对的新闻人物"（absolute Person der Zeitgeschichte），在报道与之相关的任何新闻时，可以不经其同意而制作、使用、公开其肖像。其二，突发的新闻事件，如犯罪行为、不幸事故、法庭审判程序等特定的突发事件中涉及的人，这些人属于"相对的新闻人物"（relative Person der Zeitgeschichte）。因此，只能是在报道该特定新闻事件时可以不经其同意使用其肖像。① 例如，在一个案件中，被告中央电视台《新闻1+1》栏目就甘肃省武威市发生的强迫未成年人卖血案进行了报道，原告黄某鸿经人民法院生效刑事判决书认定其作为一名血站工作人员和职业医师，在明知法律禁止规定的情况下，指使、利诱未成年人为血站寻找献浆者，并且为不符合法律规定的未成年人献浆者成功献浆提供便利条件。被告中央电视台在上述新闻报道中使用并公开了原告黄某鸿的肖像。原告认为侵害其肖像权，法院认为："黄某鸿作为特定新闻人物，其肖像权的行使应受到限制。媒体采访并发布其照片、影像，意在揭示事件本身，是为了提高新闻报道的真实性和丰富报道的形式，而不是恶意使用其肖像。尽管使用肖像有可能存在一些负面影响，但只要使用合理，即应予以免责。"② 再如，在一个案件中，原告依法履行人民法院生效的民事判决书，法院依法强制执行，被告电视台对当天的强制执行经过进行了报道，原告认为被告侵害了其肖像权，法院认为："周某辉应履行生效判决确定的法律义务，拒不履行的，法院可以采取强制执行措施。南京市雨花台区法院要求周某辉履行生效的法律文书确定的义务并无不当。江苏省广播电视总台的法治集结号栏目播出的节目视频系针对南京市雨花台区法院公开的强制执行行为所作的报道，其报道的内容是客观准确的。""江苏省广播电视总台为了节目的准确性，在节目报道及视频中使用了周某辉的肖像，属于对其肖像的合理使用，是新闻媒体行使舆论监督职能的需要，即使未征得周某辉的事先同意，亦不构成侵权。"③

依据《民法典》第1020条第2项的规定，要符合本项的合理使用肖像行为，必须具备两个构成要件：其一，为实施新闻报道，其二，不可避免

---

① Goetting/Schertz/Seitz, Handbuch des Persoenlichkeitsrechts, §12 Rn.40.
② 黄某鸿与中国中央电视台等名誉权纠纷案，北京市第一中级人民法院（2016）京01民终3512号民事判决书。
③ 周某辉与江苏省广播电视总台人格权纠纷案，江苏省南京市中级人民法院（2016）苏01民终598号民事判决书。

地制作、使用、公开肖像权人的肖像。关于这方面有一个典型的案例，即"刘翔诉《精品购物指南》报社等侵害肖像权案"。在该案中，《精品购物指南》报社长期使用人物肖像做封面并同时在封面下方做广告，该报社 2004 年 10 月 21 日出版了千期专刊，在专刊封面中央载有大幅的刘翔跨栏动作肖像，占整个封面约 1/2。该期的"影响 2004"系列报道，分十一个主题描述了 2004 年我国各个领域发生的事件，其中就包括了刘翔奥运夺金事件。原告刘某认为被告报社侵害了自己的肖像权，而被告则以进行新闻报道为由加以抗辩。一审法院认为："精品报社、卓越公司获得刘翔在奥运会赛场形象的图片来源合法，其为回顾 2004 年具有影响的事件，在回顾性报道中使用刘翔在公共领域的肖像，属于合理使用，上述肖像的使用并非用于广告，中友公司在正常经营活动中发布购物节广告的行为合法。故精品报社、卓越公司、中友公司的行为不构成侵犯刘翔的肖像权。"但是，二审法院认为：在千期专刊封面上，虽然不存在"利用刘翔肖像做广告"，但就封面的整体设计所反映出的整体视觉效果而言，确实足以令公众产生"刘翔在为中友公司做广告"之误解，且此种误解源自该报社在对载有刘翔肖像的图片进行修改时，去除了一些能够反映当时新闻信息的背景环境，特别是将比赛现场的半截跨栏改为整体艺术跨栏，并将跨栏两竖杆与购物节广告对称的直接相接，而且广告背景与跨栏两竖杆颜色相近；故此种误解具有一定的合理根据，而并非无合理根据的单纯的主观想象。所以，千期专刊封面上的刘翔肖像与购物节广告之间，虽然不具有直接的广告关系，但具有一定的广告性质的关联性。因此，就本案而言，该报社在千期专刊的整体封面设计中，使刘翔肖像与购物节广告产生一定的广告性质的关联性，从而使社会公众产生"刘翔为中友公司购物节做广告"之有合理根据的误解，进而使刘翔人格受到购物节广告的商业化侵害。此与直接使用刘翔肖像做广告相比，两者在对刘翔人格的侵害样态上并无本质区别；而究此侵害之原因，该报社在发布千期专刊封面广告之时，未尽力注意避让他人肖像权，从而对载有刘翔肖像的图片进行了不妥当的修改，违反了《广告法》第 13 条广告必须"与其他非广告信息相区别，不得使消费者产生误解"之规定，显然具有过错。故就《精品购物指南》报社此种行为，确认其侵犯刘翔的肖像权，与《民法通则》第 100 条之规范宗旨并无违背。①

---

① 北京市第一中级人民法院（2005）一中民终字第 8144 号民事判决书。

需要注意的是，《民法典》第1020条第2项与《民法典》第999条有所不同。依据《民法典》第999条，不仅是实施新闻报道，还必须是为了公共利益而实施新闻报道，才可以合理使用民事主体的姓名、名称、肖像、个人信息等。之所以存在这一差别，原因在于：《民法典》第1020条第2项规定旨在维护新闻报道的自由，而并非是维护公共利益，也就是说，只要是进行新闻报道，无论是否为了公共利益，而不可避免地要制作、使用、公开肖像权人的肖像的，都可以不经过肖像权人的同意。但是，《民法典》第999条是针对姓名权、名称权、肖像权、个人信息权益的一般性的限制，故此，不能如同肖像权那样宽松，只有为了公共利益而实施新闻报道、舆论监督等行为的才可以进行合理使用。

（三）为依法履行职责而制作、使用、公开肖像

《民法典》第1020条第3项规定，为依法履行职责，国家机关在必要范围内制作、使用、公开肖像权人的肖像，可以不经肖像权人的同意。这就是说，国家立法机关、司法机关和行政机关在履行法定职责的过程中如果需要在必要范围内制作、使用、公开肖像权人的肖像的，可以不经肖像权人同意而加以制作、使用或公开。例如，依据《刑事诉讼法》第155条第1款："应当逮捕的犯罪嫌疑人如果在逃，公安机关可以发布通缉令，采取有效措施，追捕归案。"故此，公安机关在发布通缉令时，可以制作、使用和公开被追捕的犯罪嫌疑人的肖像。[①] 再如，为了公共安全的需要，在车站、码头、机场、学校、医院、商场等涉及公共安全、公共服务和管理的场所或者区域的重要出入口、主要通道或者要害部位安装公共安全视频图像信息系统，该系统采集的视频不构成对肖像权的侵害。[②]

[①] 2005年11月，为通缉历年来涉案的16名杀人在逃犯，河南省荥阳市公安局在受美国成功抓获萨达姆的办法的启发下，将这16名在逃犯的头像和资料制作成为扑克牌发放给火车站过往的旅客，希望广大群众据此提供线索，最终取得了很好的效果。《扑克牌通缉令点子源自缉捕萨达姆，不侵犯肖像权》，载《广州日报》2005年11月16日。

[②] 公共安全视频图像信息系统，是指以维护公共安全、提供公共服务和创新社会管理为目的，采用视频技术及设备，对涉及公共安全、公共服务和管理的场所或者区域进行视频图像信息采集、传输、显示、存储和管理的系统。目前，我国关于公共安全视频图像信息系统的管理规定多为地方政府规章。例如，《湖北省公共安全视频图像信息系统管理办法》（湖北省人民政府令第361号；2013年9月1日起实施）、《吉林省公共安全视频图像信息系统管理办法》（吉林省人民政府令第236号；2013年1月1日起实施）、《青岛市公共安全视频图像信息系统管理办法》（青岛市人民政府令第204号；2010年3月1日起实施）、《广东省公共安全视频图像信息系统管理办法》（广东省人民政府令第132号；2009年2月25日起实施）。

如果法律对于某些自然人的肖像的制作、使用和公开有特别的规定的，则即便是依法履行职责也不得违背。例如，在2020年10月17日修订之前，《未成年人保护法》第58条就曾规定："对未成年人犯罪案件，新闻报道、影视节目、公开出版物、网络等不得披露该未成年人的姓名、住所、照片、图像以及可能推断出该未成年人的资料。"修订后的《未成年人保护法》第103条更是明确规定："公安机关、人民检察院、人民法院、司法行政部门以及其他组织和个人不得披露有关案件中未成年人的姓名、影像、住所、就读学校以及其他可能识别出其身份的信息，但查找失踪、被拐卖未成年人等情形除外。"[1]

（四）为展示特定公共环境而不可避免制作、使用或公开他人肖像

现代社会人口稠密，除了沙漠、核辐射区，在陆地上想找个没人的地方，极难！故此，人们在拍摄各种公共环境时，常常不可避免地会将在场的其他人给拍摄进去。此时，如果其肖像被拍摄进来的自然人主张肖像权而要求删除或禁止使用有其肖像在内的照片或录影，对于人们的行为自由将构成极大的妨害。出于社会实践合理性的考虑，当某个自然人的肖像仅为展示某一自然风光或某一地点的照片或摄影中的附属物或背景，不具有突出地位时，应当认为，即便未经该被拍摄之人的同意，也不属于侵害其肖像权的行为。[2]

我国《民法典》第1020条第4项规定，"为展示特定公共环境，不可避免地制作、使用、公开肖像权人的肖像"的，可以不经过肖像权人的同意。例如，某摄影师甲在拍摄庐山云海，这一自然风光照片时，将游客乙也照进去了。由于该照片的主题是庐山云海，显然该游客乙在展示中并不处于核心地位。从某种意义上说，游客乙的突然闯入都已构成对照片的画面美感之破坏，故此不应认为摄影师甲侵害了游客乙的肖像权。再如，在

---

[1] 之所以突出公安机关、人民检察院、人民法院和司法行政部门，就是因为它们在办理未成年人案件过程中往往掌握很多关于未成年人家庭背景、居住地址、就读学校、档案材料、财产状况等个人信息。参见郭林茂主编：《中华人民共和国未成年人保护法释义》，北京，法律出版社2021年版，第314页。

[2] Goetting/Schertz/Seitz, Handbuch des Persoenlichkeitsrechts, §12 Rn. 63. 依据《德国艺术作品著作权法》第23条第1款第2项，如果图片是风景图片且在图片中人只是一个附属物，则即便没有得到被拍照人的同意，该图片也可以公开展示。

"贾某花诉北京电影学院青年电影制片厂侵害肖像权案"中,被告的摄制组为拍摄电影《秋菊打官司》,在陕西省宝鸡市以偷拍之方法拍摄体现当地风土人情的场景。结果将正在街头贩卖棉花糖的原告贾某花摄入镜头,并将其在制成的影片中使用。此画面共占胶片104格,放映时间为4秒。原告起诉到法院,要求被告剪除该胶片中原告的肖像镜头、赔礼道歉并赔偿精神损失以及经济损失。法院认为:故事影片创作的纪实手法具有其他艺术表现方式所不同的特点,采取偷拍暗摄以实现客观纪实效果的需要,也是常用的手法。只要内容健康,符合社会公共准则,不侵害他人合法权益,就不为法律所禁止。因此被使用的肖像不具有独立的经济和艺术价值,该肖像人物就不应享有禁止使用和索要肖像报酬的权利。否则,电影的纪实创作活动将根本无法进行。贾某花在公众场所从事个体经营,身处社会公共环境之中,身份明确,形象公开。北京电影学院青年电影制片厂出于影片创作需要,拍摄街头实景时摄入贾某花肖像,并无过错,虽有4秒钟形象定格,但摄制者主观上没有恶意,客观上也没有渲染贾某花任何不完善之处。该人物镜头的拍摄与使用应被列入合理的直接允许的范围。贾某花在影片中的形象非广告性质,也没有独立完整的商业价值,因而不是不可替代。部分人对其形象的议论,按照社会一般评价标准衡量,不足以给贾某花造成法律意义上的精神损害。①

(五)为维护公共利益或肖像权人的合法权益而制作、使用、公开肖像的其他行为

《民法典》第1020条第5项规定的为了维护公共利益而制作、使用、公开肖像权人的肖像的其他行为,属于兜底性的规定,凸显了法律基于公共利益而对肖像权人的肖像权所作的限制。至于是否属于公共利益,以及基于维护公共利益是否就当然可以制作、使用、公开他人的肖像,还需要根据个案加以判断。例如,在"施某某、张某某、桂某某诉徐某某肖像权、名誉权、隐私权纠纷案"中,被告徐某某在知晓6岁男童施某某被伤害后,为揭露可能存在的犯罪行为和保护未成年人合法权益不受侵犯而未经许可使用了施某某受伤的9张照片,并上传到微博。法院认为,虽然被告徐某某虽未经施某某同意而使用了其肖像,但是,"其使用是为了维护社会公

---

① 贾某花诉北京电影学院青年电影制片厂侵害肖像权案,北京市第一中级人民法院(1995)中民终字第797号民事判决书。

利益和施某某本人利益的需要,也没有以营利为目的,且使用时已对照片脸部进行了模糊处理,应认定该使用行为不构成对施某某肖像权的侵害。"[1]

所谓为了肖像权人的合法权益而制作、使用、公开其肖像的行为,主要是指为了维护肖像权人自身的合法权益而制作、使用、公开其肖像。最典型的就是自然人离家出走或走失或被他人拐骗后,为寻找该人,家人发布的有该人照片的寻人启事。例如,依据《未成年人保护法》第103条,在"查找失踪、被拐卖未成年人等"情形中,可以披露有关案件中未成年人的姓名、影像、住所、就读学校以及其他可能识别出其身份的信息。

第二节 肖像权与其他权利

一、肖像权与角色权

所谓角色权,也称为"角色形象权"或"角色商品化权",是指针对文学作品、电影、漫画等艺术形式中的角色形象的权利。角色可以是由演员扮演的,能够与特定自然人的外部形象相关联,据以识别特定自然人的,如皮尔斯·布鲁斯南扮演的007系列电影中的詹姆·邦德,克里斯·埃文斯扮演的漫威电影《美国队长》中的美国队长等;也可以是不与特定自然人的外部形象联系,无法识别特定自然人的,例如迪士尼的米老鼠、唐老鸭,三毛流浪记中的三毛等。虚拟角色的保护与自然人的肖像权无关,主要是著作权法领域的问题。[2] 故此,本书讨论的角色权中仅指自然人因饰演电影、话剧、歌剧、戏剧等艺术活动中的角色而形成的外在形象的权利。[3]

演员对所饰演的艺术作品中的角色形象是否享有某种权利及何种权利,对此问题,理论上有不同的看法。一些学者认为,应当借鉴美国法上的公开权或形象权理论,赋予演员对其角色形象享有角色权或角色商品化权。从我国司法实践来看,对于演员角色形象的保护经历了一个从不保护到区

---

[1] 《最高人民法院公报》2016年第4期。
[2] 朱槟:《关于角色的商品化权》,载《中外法学》1998年第1期;祝建军:《角色商品化的著作权法保护》,载《知识产权》2008年第2期;刘亚军、曹军婧:《虚拟角色商品化权法律保护刍议——美国实践的启示》,载《当代法学》2008年第4期。
[3] Goetting/Schertz/Seitz, Handbuch des Persoenlichkeitsrechts, §12 Rn. 6.

分有无可识别性而以肖像权加以保护的发展过程。最初，在"卓玛诉伊利公司等使用其父恩和森在影视作品中扮演的角色形象作广告侵害肖像权案"中，法院认为："演员在电影、电视中所饰演的角色不再是其本人形象，而是经过艺术加工的剧目角色形象。"因此，"伊利公司奶茶粉广告采用恩和森在电影《马可·波罗》中扮演的部落酋长贝克托剧照，不构成对恩和森肖像权的侵犯。"[①] 此后，司法实践改变了立场。例如，在"蓝天野诉天伦王朝饭店有限公司等肖像权、名誉权案"中，法院认为："任何一个角色都不会要求表演者是特定的人，不同的表演者可以扮演相同的角色，在同一角色上就会承载着不同表演者的人格特征。角色表演者的不特定性否定了角色的专属性，角色不具有专属性，也就不存在角色的肖像。只有角色的表演者才对再现的固定在载体上的自己表演角色形象上体现的其个人形象即肖像享有肖像权。""剧照是戏剧中某个场面或电影中某个镜头的照片。反映戏剧中某个场面或电影中某个镜头的照片中凡有人物的，属人物剧照。""人物剧照能清晰再现表演者面部形象特征而得以与其他表演者相区分的，就是被再现的表演者的肖像。既然这样的人物剧照是被再现的表演者的肖像，作为表演者的原像人就享有肖像权。换言之，表演者对除由其饰演的纯脸谱化或面部形象特征不清晰的剧照以外的其他人物剧照均享有肖像权。"[②] 再如，在另一起案件中，法院认为：法律之所以保护肖像权，是因为肖像中所体现的精神和财产的利益与人格密不可分。当某一形象能够充分反映出个人的体貌特征，公众通过该形象直接能够与该个人建立一一对应的关系时，该形象所体现的尊严以及价值，就是该自然人肖像权所蕴含的人格利益。被上诉人所饰演的花千骨形象，虽然是基于文学作品所创作，并进行了艺术化处理，但是该形象与被上诉人个人的五官特征、轮廓、面部表情密不可分。被上诉人饰演的花千骨完全与其个人具有一一对应的关系，即该形象与被上诉人之间具有可识别性。在相对稳定的时期内，在一定的观众范围里，一看到被上诉人扮演的花千骨形象，就能认出其饰演者为被上诉人。因此，对肖像权的保护范围应当进行适当的扩张解释，将与肖像有密切联系的形象解释为涵盖在肖像权之中。当某一角色形象能

[①] "卓玛诉伊利公司等使用其父在影视作品中扮演的角色形象作广告侵害肖像权案"，载最高人民法院中国应用法学研究所编：《人民法院案例选》（总第33辑），北京，人民法院出版社2001年版，第133页以下。

[②] 北京市东城区人民法院（2002）东民初字第6226号民事判决书。

够反映出饰演者的体貌特征并与饰演者具有可识别性的条件下，应当将该形象作为自然人的肖像予以保护。①

最清晰地揭示出何种情形下演员对其饰演的角色享有肖像权，并且该肖像权在何种情形下应被认定为受侵害，是"章金莱与蓝港在线（北京）科技有限公司人格权纠纷上诉案"的主要争点。该案原告章金莱，艺名六小龄童，是1986年版《西游记》和2000年版《西游记续集》中孙悟空的扮演者。其向法院诉称：被告蓝港在线（北京）科技有限公司（以下简称蓝港公司）未经许可，在推出的网络游戏"西游记"的网站及游戏中使用了他塑造的"孙悟空"形象，侵犯了肖像权及名誉权。本案的一个焦点争议就是原告章金莱对于其在电视剧版《西游记》中扮演的艺术形象是否享有肖像权？对此，一审法院认为：肖像权是指自然人通过各种形式在客观上再现自己形象而享有的专有权，它仅限于反映真实人物的形象特征；而"孙悟空"形象来源于小说《西游记》，是一个拟人化的石猴形象，虽然章金莱在电视剧版《西游记》中塑造的"孙悟空"形象基于其本身的一些外在特征，但与其本人形象具有本质区别和差异。社会公众会将电视剧版《西游记》中的"孙悟空"形象与章金莱建立对应关系，并不是基于二者外在形象的一致性，而是在于其精湛的表演将"孙悟空"形象塑造得栩栩如生、深入人心，使人们记住了扮演者。因此，章金莱塑造的"孙悟空"形象非其本人肖像，蓝港公司在网络游戏中使用"孙悟空"形象的行为不构成对章金莱本人肖像权的侵犯。

二审法院则抓住了问题的实质，即肖像权所保护的肖像并非就一定要是自然人的真实形象，关键在于肖像是否具有可识别性。"由于实务中涉及的侵犯肖像权的纠纷多是直接反映自然人的体貌特征，在适用法律时，肖像权中所蕴含的可识别性也被逐渐淡化了。但是，法律之所以保护肖像权，是因为肖像中所体现的精神和财产的利益与人格密不可分。而当某一形象能够充分反映出个人的体貌特征，公众通过该形象直接能够与该个人建立一一对应的关系时，该形象所体现的尊严以及价值，就是该自然人肖像权所蕴含的人格利益。"② 法院认为：在本案中章金莱所饰演的"孙悟空"的

---

① 深圳市松吉电动自行车有限公司与赵某肖像权纠纷案，广东省深圳市中级人民法院（2016）粤03民终17303号民事判决书。
② 北京市第一中级人民法院（2013）一中民终字第05303号民事判决书。

形象，虽然是基于古典文学作品所创作，并进行了艺术化处理，但是该形象与章金莱个人的五官特征、轮廓、面部表情密不可分。因此，章金莱饰演的"孙悟空"完全与其个人具有一一对应的关系，即该形象与章金莱之间具有可识别性。"所以，当某一角色形象与自然人之间具有一一对应的关系时，对该形象的保护应该属于肖像权保护的射程。"因此，二审法院肯定了章金莱对其在西游记中饰演的"孙悟空"形象是享有肖像权的。但是，由于蓝港公司在其开发的游戏中使用的"孙悟空"形象与章金莱饰演的"孙悟空"形象存在一定的差异，而这些差异导致了同样的观众，立即能够分辨出蓝港公司所使用的"孙悟空"不是章金莱饰演的"孙悟空"，更不能通过该形象与章金莱建立直接的联系。故此，蓝港公司并未侵犯章金莱的肖像权。[1]

笔者认为，我国法上对于人格权的精神利益和经济利益采取的是一元化保护模式[2]，故此，没有必要在人格权外再创设专门保护人格权商业化利用的所谓公开权或形象权（前文对此已有论述）。就演员扮演的角色形象的保护而言，主要是看该角色形象是否符合肖像的特征。肖像的最核心特征就是可识别性，即能够识别出特定的自然人的外部形象。如果可以识别出该特定的自然人，则无论该演员扮演的角色是真实存在的人物，还是虚构的人物，该演员对其角色形象都享有肖像权。未经许可擅自使用，构成对该演员肖像权的侵害。反之，如果无法识别出特定的自然人，则该演员对于此角色形象不享有肖像权或其他权利。对于角色形象的非法使用，可能涉及侵害著作权的问题。

二、肖像权与肖像作品著作权

自然人的外部形象只有制作成为肖像，存在于一定的载体之上，才可能被肖像权人加以使用、公开或许可他人使用。由于制作肖像的方式包括影像、雕塑、绘画等艺术创作方式，故此，肖像的制作本身也往往是作品的创作过程，最终形成了肖像作品及该作品上的著作权。如果肖像权人与肖像作品著作权人为同一自然人，则不存在权利冲突的问题，但如果是两

---

[1] 北京市第一中级人民法院（2013）一中民终字第05303号民事判决书。
[2] 程啸：《论〈民法典〉对人格权中经济利益的保护》，载《新疆师范大学学报（哲学社会科学版）》2020年第6期。

个不同的主体,就会发生权利行使上的冲突。故此,有必要了解肖像权与肖像作品著作权的区别以及二者在权利行使冲突上的解决方法。

(一) 肖像权与肖像作品著作权的区别

首先,权利性质不同。肖像权属于人格权,而肖像作品著作权属于知识产权中的著作权。

其次,权利主体不同。肖像权的主体只能是自然人,任何自然人一出生就享有肖像权。但是,肖像作品的著作权人是作者,可以是自然人,也可以是法人或非法人组织。如果肖像权人为自己的外部形象创作了肖像作品或者委托他人为自己创作肖像作品并约定肖像作品著作权归属于自己,则此时肖像权人与肖像作品著作权人是同一人。

再次,权利内容不同。肖像权是自然人依法制作、使用、公开或者许可他人使用自己的肖像的权利;而肖像作品著作权的内容则包括了精神性权利与财产性权利,依据我国《著作权法》第10条第1款,一共包括了署名权、发表权、修改权、保护作品完整权、复制权、发行权等17项权利。

最后,权利的保护和可继承性不同。肖像权不得放弃、转让或继承,自然人死亡后,其肖像权不复存在。但是,死者的肖像依然在法律上受到保护,侵害死者肖像的,其配偶、子女、父母有权依法请求行为人承担民事责任;如果死者没有配偶、子女或者父母已经死亡的,其他近亲属有权依法请求行为人承担民事责任(《民法典》第994条)。肖像作品著作权在作者死亡后并不消灭,其中作者的署名权、修改权、保护作品完整权的保护期不受限制(《著作权法》第22条);《著作权法》第21条规定:"著作权属于自然人的,自然人死亡后,其本法第十条第一款第五项至第十七项规定的权利在本法规定的保护期内,依法转移。著作权属于法人或者非法人组织的,法人或者非法人组织变更、终止后,其本法第十条第一款第五项至第十七项规定的权利在本法规定的保护期内,由承受其权利义务的法人或者非法人组织享有;没有承受其权利义务的法人或者非法人组织的,由国家享有。"依据《著作权法》第23条:自然人的作品,其发表权、本法第10条第1款第5项至第17项规定的权利的保护期为作者终生及其死亡后50年,截止于作者死亡后第50年的12月31日;如果是合作作品,截止于最后死亡的作者死亡后第50年的12月31日。法人或者非法人组织的作品、著作权(署名权除外)由法人或者非法人组织享有的职务作品。

其发表权的保护期为50年，截止于作品创作完成后第50年的12月31日；本法第10条第1款第5项至第17项规定的权利的保护期为50年。截止于作品首次发表后第50年的12月31日，但作品自创作完成后50年内未发表的，本法不再保护。视听作品，其发表权的保护期为50年，截止于作品创作完成后第50年的12月31日；本法第10条第1款第5项至第17项规定的权利的保护期为50年，截止于作品首次发表后第50年的12月31日，但作品自创作完成后50年内未发表的，本法不再保护。

(二) 肖像权与肖像作品著作权的行使

当他人经过许可为自然人制作肖像而形成肖像作品时，如果双方没有约定著作权的归属，则肖像作品的著作权属于作者。肖像权人与肖像作品著作权人在行使各自的权利时，应遵循以下规则。

1. 肖像作品著作权人行使著作权时不得侵害肖像权人的肖像权

首先，任何单位或者个人要为他人创作肖像作品，首先要取得肖像权人的同意，除非法律另有规定，否则未经同意的不得制作肖像权人的肖像（《民法典》第1019条第1款第2句）。如果某人未经他人的同意而以该他人之肖像为对象创作肖像作品，那么，该行为属于侵害著作权的行为，肖像权人有权要求停止侵害，即不得创作并删除销毁已经创作的肖像作品。

其次，在经过肖像权人同意的情况下制作肖像权人的肖像而形成肖像作品后，肖像作品著作权人要行使其著作权中的发表权、复制权、发行权、出租权、展览权等权利时，必须经过肖像权人的同意。因为肖像权是人格权，肖像作品著作权属于知识产权。前者侧重人格利益，后者侧重财产利益。当二者冲突时，衡量其利益之轻重，要优先保护肖像权。① 对此，《民法典》第1019条第2款作出了非常明确规定："未经肖像权人同意，肖像作品权利人不得以发表、复制、发行、出租、展览等方式使用或者公开肖像权人的肖像。"肖像作品著作权人与肖像权人可以通过合同对肖像作品的

---

① 对此，我国台湾地区法院的判例曾有精辟之阐述："肖像权为'民法'第195条第1项规定所保护之一般人格权，使个人人格权可获得最基本的尊重，为个人基本尊严获得确保之重要规定，当著作权与肖像权冲突时，衡量其利益结果，本院认为应以著重人格权之'人'的要素之肖像权的保护优先于着重财产权要素之著作权，是被告赖政廷自不得以其拥有系争肖像之合法著作权，而主张其在未经原告同意下即有权授予被告无限可能公司使用原告肖像之权利。"我国台湾地区台北地方法院2005年度诉字第1653号民事判决书。

发表、复制、发行、出租等事项作出约定，如果没有约定，则肖像权作品著作权人必须得到肖像权人的同意才能以发表、复制、发行、出租等方式使用或公开肖像权人的肖像。例如，在一个案件中，被告以原告等人为模特，完成了人体画《双女人体》一幅，该画中站立者为原告。依据原告签订的《合同制模特工作协议》，肖像作品的著作权属于被告，但是双方并未对肖像作品的发表、复制等方式作出约定。后被告未经原告同意即将该画加以发表，刊登在 1999 年被告辽宁美术出版社出版的《一代画风》画册中。原告向法院提起被告侵害肖像权之诉，被告以自己享有该肖像作品著作权为由加以抗辩。对此，法院认为：由于当事人并未对超出《合同制模特工作协议》约定的使用作出另外约定，故此被告在该协议约定之外使用《双女人体》一画应征得肖像权人即原告的同意。现被告擅自将载有原告人体肖像的《双女人体》一画向辽宁美术出版社投稿，并以此取得稿酬，超出了该协议规定的范围，构成了对原告肖像权的侵害。[①]

再次，第三人要使用肖像作品（如剧照、肖像画）时，除非符合《民法典》第 1020 条所规定的合理使用的情形，否则既要得到肖像作品著作权人的许可，还应当得到肖像权人的同意，缺少任何一个权利人的许可都构成侵权行为。第三人不能以使用肖像作品得到肖像作品著作权人的同意而对抗肖像权人，也不能以得到肖像权人的同意来对抗肖像作品著作权人。例如，在"杭州现代环境艺术实业有限公司与葛优肖像权纠纷案"中，法院认为："剧照涉及双重利益，即制片者的著作权和表演者的肖像权，故如将剧照用于商业用途，需获得双重许可，即使取得制片方基于著作权的许可，亦需获得表演者基于肖像权的许可，故《我爱我家》电视剧的制片者应对该剧照享有著作权，葛优作为剧照中'季春生'一角的表演者，对剧照中的肖像亦享有肖像权，且该人物形象突出，特色鲜明，具有较高的辨识度和代表性，受到广大公众的喜爱，故葛优在该剧照中的人格利益尤其明显。"[②] 在另一起肖像权纠纷案件中，法院也认为：《广告合同》中约定电传公司提供邓伦四张《爱情上上签》的剧照作为美特公司产品平面、企业形象宣传之用。美特公司否认电传公司曾提供合同中所约定的剧照。而且，

[①] "人体模特缪某诉徐某耀、辽宁美术出版社侵犯其肖像权案"，载最高人民法院中国应用法学研究所编：《人民法院案例选》（总第 48 辑），北京，人民法院出版社 2005 年版，第 363 页以下。

[②] 北京市第一中级人民法院（2020）京 01 民终 1513 号民事判决书。

即使如电传公司所述，其向美特公司提供了邓伦的照片且相关照片属于《爱情上上签》的剧照，但是，从剧照可以清楚地识别出是邓伦本人，该剧照亦属于邓伦的肖像。因此，该《广告合同》实际上约定的仍是使用邓伦的肖像进行产品的宣传，只不过限定仅能使用特定的照片、在特定的平台上宣传。同样，该合同如约履行的前提仍然是电传公司应合法享有邓伦形象的使用权。剧照作为肖像作品，存在肖像权与肖像作品著作权的双重权利，著作权的行使不能湮灭肖像权。本案电传公司因商业目的而使用剧照，理应亦得到邓伦本人的许可。因此，不论电传公司提供的亿圣文化传媒（北京）有限公司的《授权书》及心德传奇（北京）文化传媒有限公司的《授权书》能否证明其已取得的《爱情上上签》相关著作权人的使用许可，电传公司都未举证证明其亦取得了邓伦肖像权使用的许可。[①]

需要注意的是，即便肖像作品著作权人没有经过肖像权人的同意而制作了肖像作品，那么，也只有肖像权人可以请求肖像作品著作权人承担侵权责任，而未经许可擅自使用肖像作品的第三人不能以肖像作品著作权人未经肖像权人同意作为抗辩事由。

2. 肖像权人使用肖像作品应当得到肖像权作品著作权人同意并不得侵害著作权

肖像权人有权依法使用、公开或者许可他人使用自己的肖像，但是由于肖像作品上还存在他人的著作权，因此无论是肖像权自己使用还是许可他人使用，都应当按照其与肖像作品著作权人的约定进行。如果没有约定的，除非构成著作权合理使用（《著作权法》第24条），否则可能会侵害他人的著作权。例如，肖像权人未经肖像作品著作权人的同意即公开肖像作品，或者虽然经过肖像作品著作权人同意，但是在使用肖像作品时未标明作者，这些都构成对著作权人发表权、署名权的侵害。

三、肖像权与商标权

肖像权属于人格权，而商标权属于知识产权，二者在权利的性质、主体、内容、期限等方面存在明显的差异。肖像权与商标权发生冲突的情形

[①] 成都熙恩美特生物科技有限公司与广州今视电传广告有限公司、牛立霞服务合同纠纷案，广东省广州市中级人民法院（2019）粤01民终22120号民事判决书。

主要是以他人肖像申请注册商标。《商标法》第9条第1款规定："申请注册的商标，应当有显著特征，便于识别，并不得与他人在先取得的合法权利相冲突。"第32条规定："申请商标注册不得损害他人现有的在先权利，也不得以不正当手段抢先注册他人已经使用并有一定影响的商标。"《最高人民法院关于审理注册商标、企业名称与在先权利冲突的民事纠纷案件若干问题的规定》第1条第1款规定："原告以他人注册商标使用的文字、图形等侵犯其著作权、外观设计专利权、企业名称权等在先权利为由提起诉讼，符合民事诉讼法第一百一十九条规定的，人民法院应当受理。"因肖像权属于他人在先权利，故此未经许可以他人肖像申请注册商标属于侵害肖像权的行为，对于此类商标不得核准注册。如果未经死者的配偶、子女、父母的同意，而以死者肖像申请注册商标的，构成对死者肖像的侵害，死者的配偶、子女、父母有权依据《民法典》第994条要求行为人承担民事责任。①

四、肖像权与个人信息权益

自然人的外部形象，尤其是脸部特征，因可以识别特定自然人，属于个人信息中个人生物识别信息。生物识别信息，也称"个人生物特征""个人生物识别信息"。《民法典》第1034条第2款使用的是"生物识别信息"，《网络安全法》第76条第5项称为"个人生物识别信息"，《反恐怖主义法》第50条称"人体生物识别信息"。《个人信息保护法》第28条采取了和《民法典》一致的表述，称为"生物识别信息"。所谓生物识别信息，是指关于自然人的身体、生理或行为特征的信息②，包括人脸、指纹、声纹、掌纹、基因、虹膜、耳郭等信息。③ 人脸等生物特征信息是与特定的自然人唯一对应的，并且难以或无法改变的，数据化的个人生物特征可以被永久性

---

① 从商标核准的角度，有学者认为，可以依据《商标法》第10条第1款第8项规定阻却注册，因为此时违反了社会的公序良俗。参见李扬：《商标法基本原理》，北京，法律出版社2018年版，第67页。
② 欧盟《一般数据保护条例》称之为"生物识别数据（biometric data）"，其第9条第14款将之界定为"是通过对自然人的身体、生理或行为特征进行特定的技术处理的得到的个人数据，构成了识别该自然人的独特标识，比如人脸图像或指纹识别数据"。第29将"生物数据"界定为："生物特性、行为方面、生理特征、生活特征或可重复的行为，这些特征和/或行为对该个体来说是独特且可测量的，即使在实践中用技术测量它们的模式有一定程度的概率。"
③ 《最高人民法院关于审理使用人脸识别技术处理个人信息相关民事案件适用法律若干问题的规定》第1条第3款规定，本规定所称人脸信息属于《民法典》第1034条规定的"生物识别信息"。

的使用。特别是随着人脸识别等生物识别技术的发展，个人生物特征这一信息可以很容易的获取并被用于验证、识别和分析特定的自然人，从而形成对个人的全面监控（边沁所谓的"圆形监狱"），侵害人格尊严、损害人格自由、隐私权，对个人的人身权益、财产权益造成损害。故此，个人生物特征属于敏感的个人信息。《个人信息保护法》第28条第1款规定："敏感个人信息是一旦泄露或者非法使用，容易导致自然人的人格尊严受到侵害或者人身、财产安全受到危害的个人信息，包括生物识别、宗教信仰、特定身份、医疗健康、金融账户、行踪轨迹等信息，以及不满十四周岁未成年人的个人信息。"

由此可见，人脸既可以作为肖像受到肖像权的保护，也属于敏感个人信息受到个人信息权益的保护。无论是肖像权还是个人信息权益都属于人格权益，但是它们也有明显的区别，具体表现在：首先，适用范围不同。肖像权作为具体人格权，任何个人或者组织侵害肖像权，都需要依据《民法典》等法律承担侵权责任，除非存在法律规定的免责事由。但是，人脸信息作为敏感信息被处理时，处理者应当遵循《个人信息保护法》所确立的处理规则，从而保护信息主体的个人信息权益。然而，《个人信息保护法》第72条第1款规定，自然人之间因个人或者家庭事务处理个人信息的，则不适用《个人信息保护法》的规定。因此，自然人之间因个人或者家庭事务处理人脸信息的，不适用《个人信息保护法》。其次，权利的内容不同。肖像权的内容为依法制作、使用、公开或者许可他人使用自己的肖像。个人信息权益的权利内容包括了知情权、自主决定权、查阅复制权、可携带权、删除权等。最后，法律上的限制不同。对于肖像权的限制，即关于肖像的合理使用的主要规定就是《民法典》的第999条以及第1020条。但是，对于人脸信息在内的个人信息的合理使用，除《民法典》第999条之外，主要是《个人信息保护法》的规定，尤其是该法第13条第1款第2—7项的规定。

第三节　肖像许可使用合同

一、概述

肖像权人有权许可他人使用自己的肖像，这也是肖像权商业利用的体现。肖像权人许可他人使用肖像时订立的合同，就是肖像许可使用合同。具体而言，是指肖像权人作为许可方与被许可方就肖像权人的肖像许可使用的相关事项加以约定的协议。此种合同可以是单独的一份合同书（实践中的名称可能是肖像权授权使用合同书或肖像权使用授权书），也可以是某些合同条款（如广告代言合同中除约定肖像许可使用外，还会约定姓名的许可使用等）。

在肖像许可使用合同中，双方一般会约定被许可使用的肖像类型（如有肖像权人肖像的广告视频及相关图像、摄影产品）、被许可使用的范围（如全球范围抑或中国大陆，网络或纸面等）、许可使用的期限（如若干年）、许可使用的费用、被许可方是否可以再授权第三方使用、权利瑕疵担保、违约责任和争议解决方式等内容。

二、肖像许可使用期限与合同的解除

（一）不定期肖像许可使用合同可以随时解除

如前所述，当事人可以在肖像许可使用合同中约定肖像许可使用的期限，但是，如果肖像许可使用合同中对于使用期限没有约定或者约定不明确的，那么此种合同属于所谓不定期合同。实践中有些当事人在肖像许可使用合同中约定使用期限是永久，也应当认为此种约定对使用期限没有约定。《民法典》第1022条第1款规定，当事人对肖像许可使用期限没有约定或者约定不明确的，任何一方当事人可以随时解除肖像许可使用合同，但是应当在合理期限之前通知对方。之所以对于不定期肖像许可使用合同，没有规定必须先依据《民法典》第510条的合同解释规定来确定期限，而是直接规定任何一方当事人可以随时解除合同，就是考虑到肖像许可使用合同涉及自然人的肖像权这一人格权，为维护自然人的人格尊严，不应当通过合同解释来确定期限。

（二）定期肖像许可使用合同肖像权人也享有单方解除权

《民法典》第1022条第2款规定："当事人对肖像许可使用期限有明确约定，肖像权人有正当理由的，可以解除肖像许可使用合同，但是应当在合理期限之前通知对方。因解除合同造成对方损失的，除不可归责于肖像权人的事由外，应当赔偿损失。"这一规定赋予了肖像权人对于定期肖像许可使用合同的单方解除权。通常合同的解除方式就是双方协议解除或者单方行使解除权,而单方的解除权的产生或者是依据《民法典》第563条的规定,或者依据当事人的约定。之所以在这两类解除之外,还给予肖像权人在有正当理由的情形下单方解除合同的权利,主要目的就是为了加强对人格权的保护。在赋予肖像权人单方解除权的情形下,为了保护另一方的利益,《民法典》第1022条第2款要求肖像权人原则上必须就因解除合同而给对方造成的损失承担赔偿责任,除非不可归责于肖像权人,即肖像权人对于此种解除合同的正当理由的产生并无过错。

第四节 侵害肖像权的民事责任

一、不以营利为构成要件

在《民法典》编纂之前,《民法通则》第100条曾规定:"公民享有肖像权,未经本人同意,不得以营利为目的使用公民的肖像。"所谓"以营利为目的",是指"对他人肖像进行具有商业性质的使用,以谋取经济利益,进而给其人格带来商业化的负面影响"[1]。最高人民法院颁布的《民法通则意见》第139条则将以营利为目的未经许可使用他人肖像的情形细化为:"以营利为目的,未经公民同意利用其肖像做广告、商标、装饰橱窗等,应当认定为侵犯公民肖像权的行为。"[2]

就《民法通则》第100条中的"以营利为目的"究竟是否属于侵害肖像权的侵权责任构成要件,司法实务界有很大的争议。一种观点认为,只有在以营利为目的且未经肖像权人同意而使用其肖像时,才能构成侵权行为。例如,在"李某峰等诉叶集公安分局、安徽电视台等侵犯名誉权、肖像权纠纷案"中,法院认为:"构成侵犯肖像权需要符合两个要件:一是未经许可使用公民的肖像;二是以营利为目的。"[3] 再如,在"重庆出版社与陈某肖像权纠纷上诉案"中,法院认为:"构成侵犯公民肖像权的行为,通

---

[1] 刘翔与《精品购物指南》报社等肖像权纠纷上诉案,北京市第一中级人民法院(2005)一中民终字第8144号民事判决书。

[2] 在"人体模特缪某诉徐某耀、辽宁美术出版社侵犯其肖像权案"中,法院认为,法律规定的"以营利为目的"并非以实际盈亏为标准。参见最高人民法院中国应用法学研究所编:《人民法院案例选》(总第48辑),北京,人民法院出版社2005年版,第363页以下。

[3] 《最高人民法院公报》2007年第2期。

常应具备未经本人同意和以营利为目的两个要件。"① 另一种观点认为，分析《民法通则》第 100 条和《民法通则意见》第 139 条的条文可知："前者的立法本意在于授权，属于授权性法律规范，后者规定的是某些侵害肖像权责任的具体构成，不是规定侵害肖像权责任的一般构成。两者均没有说没有营利目的就不构成侵权。可以看出，未经本人同意，他人不得以营利为目的使用公民肖像，而不以营利为目的使用公民肖像，一般也必须征得本人同意。把营利目的作为侵害肖像权责任的构成要件，将难以制止非营利目的非法使用肖像的行为，可能把肖像权保护引入人格商品化的歧途，亦难以全面保护肖像权人的人格尊严。"因此，"营利目的不是侵害肖像权责任的构成要件。是否营利只是侵害肖像权的一个情节，一个确定精神损害赔偿责任考虑的因素。被告把营利目的作为侵害肖像权责任构成要件的观点不符合法律精神，不能成立。"②

民法理论界对《民法通则》第 100 条中的"以营利为目的"的规定，也不同的认识。少数学者认为，以营利作为侵害肖像权的构成要件是有必要的，因为以营利为目的未经许可使用他人肖像即所谓营利型的非法使用是一种典型的侵害肖像权的行为。《民法通则》第 100 条对这种典型的侵害肖像权行为的规定，体现了法律对公民肖像权受侵害时的保护。如果不是以营利为目的而未经许可使用他人肖像，可能构成合理使用不构成侵权（如新闻报道），也可能虽然构成侵权却并非侵害肖像权，而是侵害名誉权。例如，恶意丑化、玷污、毁损他人的肖像，实际上就是对他人的污染，侵害的是名誉权。③ 然而，多数学者认为，营利目的不应当属于侵害肖像权的侵权责任构成要件。例如，有的学者认为，以营利作为侵害肖像权的构成要件主要目的是为了保护肖像权人的财产利益，然而肖像权作为一种人格权主要体现的是肖像权人的人格利益和人格尊严，如果以营利作为侵权要件，不利于实现对肖像权的全面保护。④ "以营利为目的"不应作为肖像权

---

① 重庆市第一中级人民法院（2004）渝一中民终字第 2824 号民事判决书。
② 参见四川省成都市中级人民法院：《司法裁判——从技术到规则》（2005 年卷），北京，人民法院出版社 2006 年版，第 45 页以下。另参见袁海鹰与成都晚报社肖像权纠纷上诉案，四川省成都市中级人民法院（2008）成民终字第 499 号民事判决书。
③ 王利明主编：《人格权法新论》，长春，吉林人民出版社 1994 年版，第 380 页以下。
④ 王利明：《人格权法研究》（第三版），北京，中国人民大学出版社 2018 年版，第 451 - 452 页。

侵权责任的构成要件,而只能作为判定肖像权损失赔偿的依据。①

笔者认为,从立法本意上说,《民法通则》第 100 条确实是以营利作为侵害肖像权的构成要件,然而,这种规定的真实目的是为了界分侵害肖像权的非法行为与合理使用肖像的合法行为。例如,孙亚明先生主编的《民法通则要论》一书指出:"未经本人允许,可否使用公民肖像呢?可以,但有条件,即使用不是以营利为目的,如新闻照片的刊用,肖像画的画展等;模特儿由于收取了报酬,其肖像照、肖像画也可以不经本人允许即可被使用。但是,要以营利为目的使用、复制他人的肖像,就不行了,这就构成了侵犯肖像权的侵权行为。"② 徐开墅先生等合著的《民法通则概论》写到:"肖像权只是肖像权人在一定范围内享有的人身权,如果不是以营利为目的而是为了国家和社会的利益以及其他合法目的使用公民肖像,则无须征得本人同意。例如:公安部门为通缉罪犯而复制、散发该罪犯的相片;有关单位为表彰先进而复制先进工作者相片并公开陈列于展览橱窗等,虽然未征得本人同意,也不构成侵权行为。"③ 应当说,在当时的社会背景中,《民法通则》第 100 条的规定具有一定的合理性。人乃社会性动物,社会亦由人所组成。现代社会中人与人的联系密切,各种社会事件的发生离不开人。在资讯发达的现代社会,许多资讯中也少不了人。因此,新闻报道、信息宣传等在很多时候不免涉及对特定主体肖像的使用。倘不对肖像权加以适当限制,势必妨害资讯的传播与获取,损害新闻自由。"肖像作为人格要素之一种,应属个人专有。如何使用肖像,原则上应由个人自己决定;但因社会事件以人为主,新闻报道、事物记叙评论,以及信息宣传若要真实再现当时情况,增加准确性、生动性和感染力,不免要经常使用个人肖像;加之众多与特定场景相结合的特殊人物肖像,往往具有代表国家、民族或者某一历史时期的特殊象征意义,此等肖像亦不免须被经常使用。故我国民法通则第一百条在明确'公民享有肖像权'之际,同时规定'未经本人同意,不得以营利为目的使用公民肖像'。"④ 此外,诚如王泽鉴教授所言,

---

① 杨立新:《人格权法》,北京,中国法制出版社 2005 年版,第 222 页。其他反对以营利作为要件的学者相关论述参见张红:《人格权各论》,北京,高等教育出版社 2015 年版,第 185 页以下。

② 孙亚明主编:《民法通则要论》,北京,法律出版社 1991 年版,第 205 页。

③ 徐开墅、成涛、吴弘:《民法通则概论》,北京,群众出版社 1988 年版,第 201 页。

④ 刘翔与《精品购物指南》报社、北京精品卓越科技发展有限公司、北京中友百货有限责任公司肖像权纠纷案,北京市第一中级人民法院(2005)一中民终字第 8144 号民事判决书。

《民法通则》第 100 条对禁止以营利为目的使用他人肖像的规定，实际上也为承认人格权的商品化奠定了基础。① 正因如此，以营利为目的不仅是判断权利受侵害的要件，也往往被法院作为确定赔偿数额的参考因素。最后，由于肖像是特定自然人的外在形象，与特定的自然人相联系。这就决定了肖像上可以承载多种人格利益。未经许可制作或使用他人肖像的行为，也并非都是侵害肖像权的行为。例如，不正当地使用他人肖像，将之毁损、玷污、丑化，常常构成了对他人名誉权或者人格尊严权的侵害；再如，未经许可偷拍他人，也会构成对他人隐私的侵害。所以，即便侵害肖像权的行为不是以营利为目的，不构成侵害肖像权，同样也会构成侵害其他人格权。可以通过其他人格权加以保护，故此，不能简单地认为，以营利为目的就一定不利于对肖像权的保护。

然而，随着社会的发展以及我国人格权保护制度的不断发展，在编纂《民法典》时已经没有简单、机械地以营利为目的作为界分合理使用肖像与侵害肖像权的方法。这是因为：一则，营利与非营利的区分并不足以为肖像权的侵权行为与合理使用划分一个清晰的界限。一些不营利的使用他人肖像的行为也未必就是对肖像的合理使用。例如，超越必要范围而在教学科研中未经许可使用他人的肖像，虽然说不是以营利为目的，也同样构成对他人肖像权的侵害。二则，以营利作为侵害肖像权的构成要件，也与肖像权作为绝对权的性质不符。既然肖像权是绝对权，只要未经权利人同意，权利人均有停止侵害等人格权请求权，而以营利作为行使绝对权请求权的要件显然逻辑上是有矛盾的。例如，史尚宽先生指出："不应当以营利性为标准，否则非营利性的侮辱性或者不当使用他人肖像的行为，无法被遏制，对肖像权人极为不利。且肖像权为绝对权，对其侵害发生人格权请求权的效力，不问及有无过失，对其侵害人得请求除去其侵害。"② 有鉴于此，我国编纂《民法典》时，对于《民法通则》第 100 条的规定进行了修改：一方面在侵害肖像权的构成要件中不再提及营利目的。《民法典》第 1019 条第 1 款第 2 句明确规定："未经肖像权人同意，不得制作、使用、公开肖像权人的肖像，但是法律另有规定的除外"。另一方面，《民法典》第 1020 条

---

① 王泽鉴教授认为，《民法通则》第 100 条的规定，不符合肖像权的本质，解释上应当认为立法目的在于凸显肖像权的商业化，而并非以"以营利为目的"作为肖像权的构成要件。王泽鉴：《人格权法：法释义学、比较法、案例研究》，台北，作者印行 2012 年版，第 160 - 161 页。

② 史尚宽：《债法总论》，北京，中国政法大学出版社 2000 年版，第 156 页。

也对肖像的合理使用作出明确的列举,而这正是第 1019 条第 1 款第 2 句中所谓"法律另有规定的"情形。

二、侵害肖像权的行为类型

(一)未经肖像权人同意制作、使用、公开他人的肖像

肖像权属于人格权,是绝对权、支配权。故此,任何单位或者个人除非是对肖像的合理使用,即符合《民法典》第 1020 条规定的情形,否则未经肖像权人同意而制作、使用或公开他人的肖像,均构成侵害肖像权的侵权行为。实践中,未经许可而使用歌星、影星等明星的肖像制作广告、放置在网站上用以宣传产品或服务等侵害肖像权行为较为常见。此外,此种非法侵害他人肖像权的行为还可能同时构成对他人的名誉权、隐私权等其他人格权益的侵害。例如,美容机构在整容整形广告上非法使用某女明星的照片,不仅侵害了该明星的肖像权,也容易使人误以为该明星是经过整容的,对于其名誉权可能造成损害。[1] 再如,某网站刊登标题为"揭秘北京天上人间真正的'陪侍小姐'照片"的文章,同时将原告的照片附在其中,使他人以为原告是"天上人间"这一色情场所的陪侍小姐。[2] 该行为显然既侵害了原告的肖像权,也侵害原告的名誉权。

(二)以丑化、污损或者利用信息技术手段伪造等方式侵害他人肖像权

《民法典》第 1019 条第 1 款第 1 句规定,任何组织或者个人不得以丑化、污损,或者利用信息技术手段伪造等方式侵害他人的肖像权。丑化、污损他人的肖像,不仅构成对肖像权的侵害,也会构成对名誉权的侵害。现代信息科技的高速发展,尤其是语音模拟、人脸合成、视频生成技术的发展,科技界已有所谓的"深度伪造"(Deepfake)技术。该技术是随着现代人工智能技术(尤其是语音模拟、人脸合成、视频生成等)的发展而出现的技术,是计算机"深度学习"和"伪造"组合的产物。简单地说,就是通过人工智能技术来制作虚假的视频或音频,或者对原本真实的视频或

---

[1] 李某某诉北京某科技有限公司肖像权、名誉权案,北京市第二中级人民法院(2016)京 02 民终 8096 号民事判决书。

[2] 战某诉北京雷霆万钧网络科技有限责任公司名誉权、肖像权案,北京市东城区人民法院(2010)东民初字第 10071 号民事判决书。

音频的内容进行修改,从而呈现与真相不符合的状态。美国《2019年深度伪造报告法案》中将"数字内容伪造"(digital content forgery)定义为:"使用新兴技术(包括人工智能和机器学习技术)来制造或操纵音频、视觉或文本内容,意图产生误导的效果。"可以说,在深度伪造技术面前,传统的"眼见为实""有图有真相"的说法会变得不堪一击,亲眼所见和亲耳所听的东西都可能是完全子虚乌有的。深度伪造技术的使用会对广大自然人等民事主体的合法权益造成损害,破坏社会秩序、经济秩序和政治秩序,损害社会公共利益乃至危害国家安全[1],包括我国在内的许多国家的法律都对之作出了规范。我国《网络安全法》第12条第2款规定:"任何个人和组织使用网络应当遵守宪法法律,遵守公共秩序,尊重社会公德,不得危害网络安全,不得利用网络从事危害国家安全、荣誉和利益,煽动颠覆国家政权、推翻社会主义制度,煽动分裂国家、破坏国家统一,宣扬恐怖主义、极端主义,宣扬民族仇恨、民族歧视,传播暴力、淫秽色情信息,编造、传播虚假信息扰乱经济秩序和社会秩序,以及侵害他人名誉、隐私、知识产权和其他合法权益等活动。"此外,2019年11月18日国家互联网信息办公室、文化和旅游部、国家广播电视总局联合颁布《网络音视频信息服务管理规定》第11条也明确规定:网络音视频信息服务提供者和网络音视频信息服务使用者利用基于深度学习、虚拟现实等的新技术新应用制作、发布、传播非真实音视频信息的,应当以显著方式予以标识。网络音视频信息服务提供者和网络音视频信息服务使用者不得利用基于深度学习、虚拟现实等的新技术新应用制作、发布、传播虚假新闻信息。转载音视频新闻信息的,应当依法转载国家规定范围内的单位发布的音视频新闻信息。

目前我国尚未发生因深度伪造技术而产生的侵权纠纷案件,但是,在实践中,一些违法犯罪分子利用深度伪造技术侵害自然人等民事主体人身

---

[1] 媒体报道,2019年美国众议院议长Nancy Pelosi的一段深度伪造的谈话视频出现在社交媒体上,这段视频经由特朗普总统分享,在Facebook上获得了超过250万次的浏览量。早些的时候,美国前总统奥巴马的脸则被"借用"来攻击特朗普总统,该视频在网站上也获得480万的浏览量。特朗普总统本人也难逃一劫,西雅图电视网曾播放过一段深度伪造的特朗普演讲视频,视频中特朗普总统满脸通红,还不时做一些滑稽的表情。由于深度伪造技术可以运用在包括总统在内的任何官员身上,因此,美国两党开始担心该技术将成为针对美国和其他西方国家发起虚假信息战争的最新武器。"美国国会听证会探讨'深度伪造'(deepfake)风险及对策"https://blog.csdn.net/BigDataDigest/article/details/94616875;曹建峰:《深度伪造技术的法律挑战及应用》,载《信息安全与通信保密杂志》2019年第10期。

财产权益的情形屡见不鲜。从被侵害的民事权益的类型来看，这些侵害行为包括以下一些：首先，利用深度伪造技术，实现移花接木，会构成对名誉权的侵害。制作虚假的色情视频是深度伪造技术最早也是最常见的非法运用方式之一。利用该技术能将一些知名的歌星、影星等公众人物的脸移转到色情明星的身体上，伪造逼真的色情场景。这些虚假的色情视频一经传播，公众可能真假莫辨，从而导致受害人的名誉严重受损。即便不是用于制作色情视频，深度伪造技术也完全可以通过制造虚假的视频或音频而侵害自然人、法人或非法人组织的名誉权，进而给其造成财产损失以及精神损害。[①]

其次，深度伪造技术会构成对自然人肖像权的侵害。在深度伪造中，通过人工智能技术的运用，可以实现所谓的"换脸"，即将某个自然人的脸部形象完美逼真地移植到他人身上，从而构成对该自然人肖像权的侵害。在我国编纂《民法典》时，有的单位提出："利用信息技术手段'深度伪造'他人的肖像、声音，不仅侵害自然人的人格权益，严重的还可能造成恶劣的社会影响，危害国家安全和社会公共利益，建议法律对深度伪造技术带来的'换脸'等问题予以回应"。全国人民代表大会宪法和法律委员会经研究，建议采纳这一意见。[②] 故此，《民法典》第1019条第1款第1句规定，任何组织或者个人不得以丑化、污损，或者利用信息技术手段伪造等方式侵害他人的肖像权。

我国曾经发生过一起案件——"陆某兴诉薛某良肖像权纠纷案"，被告利用技术方式将原告与著名作家冰心的一张合影照片上原告的躯体部分影像保留，而将头部影像更换为自己的头部影像，从而合成了一张虚假的照片。原告以侵害肖像权为由起诉被告，法院认为，自然人对自己的肖像有维护完整性的权利，有权禁止他人非法毁损，维护自己的尊严，公民的人格尊严受法律保护。在中华传统文化中，社会公众一般比较看重照片中自身影像的完整性，特别是将头部与躯干视为一个整体，两者不可分离，尤其忌讳将已成影像中的头部从躯干上人为地去除。且对于任何普通民众而言，能与中国知名作家冰心合影，都是具有纪念意义的事件，合影照片就

[①] 2019年9月，我国发生的"ZAO"换脸APP事件就一度引发了公众对肖像权、隐私权和个人信息的高度关注。https://www.sohu.com/a/337993575_120159442.

[②] 参见《全国人民代表大会宪法和法律委员会关于〈民法典人格权编（草案）〉二审稿修改情况的汇报》。

有珍藏价值。本案中，薛某良未经肖像权人陆某兴的许可，擅自通过电脑技术将陆某兴视为具有特定价值的照片中的头部影像从其整体影像中分离，破坏了陆某兴肖像在该合影照片中的完整性，其行为侵害了陆某兴最基本的肖像完整展现的专业权益，已经构成侵权。①

再次，深度伪造技术为违法犯罪分子实施诈骗等侵害他人财产权益的行为提供了便利。实践中，一些犯罪分子通过利用深度伪造技术，非常完美地克隆出被害人的近亲属、朋友或同事的声音，然后轻易地诈骗巨额钱财。据报道，在 2019 年 3 月份，就有犯罪分子使用深度伪造技术成功模仿了英国某能源公司在德国母公司 CEO 的声音，从而诈骗了 220 000 欧元。从民法的角度说，这种行为属于侵害他人财产权的侵权行为，而在刑法上则可能构成诈骗罪等犯罪行为，行为人均应当依法承担法律责任。

最后，在深度伪造技术利用的过程中还往往会涉及非法收集、买卖个人信息的违法行为。我国《民法典》《网络安全法》等法律对于个人信息保护作出了明确。所谓个人信息，就是以电子或者其他方式记录的能够单独或者与其他信息结合识别特定自然人的各种信息，包括自然人的姓名、出生日期、身份证件号码、生物识别信息、住址、电话号码、电子邮箱、健康信息、行踪信息等。人的脸部特征信息就属于生物识别信息，而深度伪造技术能够应用的一个重要前提就是要大量处理包括生物识别信息在内的个人信息。故此，深度伪造技术还会侵害自然人的个人信息权益。

总之，由于目前业界还没有大规模的数据或标准对这些以深度伪造技术制作出来的假视频、假音频进行检测，因此，在自然人等民事主体的人身权益和财产权益因深度伪造技术而遭受侵害时，往往很难加以证明并得到有效的救济。这就迫切需要从民法、刑法、行政法等多个角度对于深度伪造技术加以严格的规范，从而充分地保护广大民事主体的合法权益。

（三）与肖像相关的不正当竞争行为

一个人的相貌是天生的，但是现代医学技术的发展，使得一些人可以通过整容整形的方式来改变自己的外部形象。例如，一位何姓女子认为范冰冰长的特别好看，于是，她从 15 岁便开始动刀整容，耗时 8 年，花费数

---

① 最高人民法院中国应用法学研究所编：《人民法院案例选》（总第 71 辑），北京，人民法院出版社 2010 年版，第 127 页以下。

百万整容的和范冰冰非常相似。① 从法律上说，一个人对于自己的相貌并不享有排他的独占的支配权利，正如他（她）不可能对于自己的姓名享有排他独占的支配权一样。因此，无论一个人和另一个人生来就很像，还是通过整容整形技术整的和另一个人很像，都不构成侵害对方肖像权的行为。但是，如果此人利用自己和明星等公众人物长得很像这一点，来实施足以引人误认为是他人商品或者与他人存在特定联系的混淆行为，则可能就属于《反不正当竞争法》第6条规范的不正当竞争行为。

三、侵害肖像权的归责原则与民事责任承担方式

侵害肖像权的侵权赔偿责任属于一般侵权行为，适用《民法典》第1165条第1款规定的过错责任原则。因此，被侵权人要证明侵权人实施了侵害肖像权的行为，造成了损害，有因果关系及过错等要件。当然，在行使作为人格权请求权的停止侵害、排除妨碍、消除危险请求权时，不以过错和损害为要件。由于肖像权可以被商业化利用，侵害肖像权不仅会给肖像权人造成精神损害，还会造成财产损失。如果是精神损害，则必须只有达到严重精神损害的程度，才能请求精神损害赔偿金。至于侵害肖像权造成肖像权人的财产损失的，依据《民法典》第1182条，应当按照被侵权人因此受到的损失或者侵权人因此获得的利益赔偿；被侵权人因此受到的损失以及侵权人因此获得的利益难以确定，被侵权人和侵权人就赔偿数额协商不一致，向人民法院提起诉讼的，由人民法院根据实际情况确定赔偿数额。例如，在"周星驰诉中建荣真无锡建材科技有限公司肖像权、姓名权纠纷案"中，法院认为："原告周星驰作为知名艺人、演员，能够通过参演影视节目、广告代言等活动获取相应的经济利益，其肖像权、姓名权具有一定的商业化利用价值。被告中建荣真无锡建材科技有限公司对原告的肖像权、姓名权的侵害，导致原告人格权权能中包含经济性利益的部分受损，有损原告形象的商业价值，故应当对非法使用原告肖像、姓名造成的财产损失予以赔偿。""法院根据原告的职业身份、知名度、肖像许可使用情况、被告的侵权行为持续时间、主观过错程度、涉案广告范围、网站公开程度、

---

① https://baijiahao.baidu.com/s?id=15979896474991814 51&wfr=spider&for=pc.

杂志发行量及可能造成的影响等情节，确定财产性损害赔偿50万元。"[1] 同时，法院认为，由于被告侵害原告周星驰肖像权、姓名权的行为造成人格权权能中包含经济性利益的部分受损，但并未达到严重精神损害的程度，故此对于原告要求精神损害赔偿1元的诉讼请求权不予支持。

---

[1] 《最高人民法院公报》2020年第2期。

第十三章 名誉权

第一节 概 述

一、我国法上对名誉权的保护

名誉权是自然人、法人、非法人组织等民事主体享有的维护自己名誉并排除他人侵害的权利。名誉权是一项非常重要的人格权。"一个人保护个人名誉免受不当侵害或不实中伤的权利,反映了人类不可或缺的基本尊严与价值。""压制诽谤行为,关系到个人人格权利和价值,并非只关乎私人利益,而是一项具有公共目的之举措。"① 由于"名誉,是人们自我认知的重要因素,损害名誉就是破坏一个人的完整性。人们名誉受损后的反应,多半十分强烈。过去,被害人会用生死决斗、谩骂回击来解决问题,如今,提起诉讼、索取赔偿已成为主要救济途径。"②

我国法上名誉权的保护始于《民法通则》。有鉴于"文化大革命"中发生的各种诬告陷害他人的行为及其恶劣后果,1987年施行的《民法通则》中就对名誉权及其保护作出了明确的规定。③《民法通则》第101条规定:"公民、法人享有名誉权,公民的人格尊严受法律保护,禁止用侮辱、诽谤

---

① 美国联邦最高法院斯图尔特大法官语,转引自[美]安东尼·刘易斯:《批评官员的尺度:〈纽约时报〉诉警察局长沙利文案》,何帆译,北京,北京大学出版社2011年版,第236页。

② [美]安东尼·刘易斯:《批评官员的尺度:〈纽约时报〉诉警察局长沙利文案》,何帆译,北京,北京大学出版社2011年版,第195页。

③ 著名法学家王家福先生在《民法通则要论》一书的名誉权部分这样写道:"我国有一种怪现象:这就是有那么一些钻营之徒常常以揭发坏人坏事为借口,诽谤、中伤、诬陷一些奋战在第一线上的好人。尽管他们罗织的'罪状'已查实系子虚乌有,可是这些诽谤者、诬告者还是常常以'积极分子'身份,得到赏识,加官晋级。对这种现象必须坚决予以革除。诽谤者、诬告者不管打的什么旗号,构成诽谤罪的、诬告罪的,一定要追究刑事责任;不构成犯罪的,也应依法追究民事责任。"参见孙亚明主编:《民法通则要论》,北京,法律出版社1991年版,第206-207页(本部分由王家福教授撰写)。

等方式损害公民、法人的名誉。"第120条规定，公民、法人的名誉权受到侵害的，有权要求停止侵害，恢复名誉，消除影响，赔礼道歉，并可以要求赔偿损失。《民法通则》颁布后，《妇女权益保障法》《侵权责任法》《民法总则》等法律也都对名誉权作出了规定。此外，随着司法实践中名誉权纠纷案件逐渐增多，最高人民法院也先后颁布了《民法通则意见》《名誉权案件解答》《名誉权解释》《关于审理利用信息网络侵害人身权益民事纠纷案件适用法律若干问题的规定》等司法解释，对侵害名誉权的行为的认定、责任主体、民事责任承担、诉讼程序等问题作出了相应的规定。我国编纂民法典时，立法机关在吸收既有的法律和司法解释规定的基础上，于《民法典》人格权编第五章"名誉权和荣誉权"中采用六个条文（第1024—1029条）对名誉权与名誉的含义、公共利益与名誉权保护的协调、合理核实义务的认定、文艺作品侵害名誉权的认定、名誉权人的更正权、信用评价等问题作出了详细的规定。

二、名誉权与名誉的含义

《民法典》第1024条第1款规定："民事主体享有名誉权。任何组织或者个人不得以侮辱、诽谤等方式侵害他人的名誉权。"从这一界定可以看出，名誉权的内容侧重于对于名誉的保护，即民事主体基于名誉权享有排除他人以侮辱、诽谤等各种方式对自己名誉权的侵害。作为一类精神性人格权，名誉权与其他的精神性人格权如姓名权、名称权和肖像权的最大区别就在于：名誉权无法被商业化利用的。这是因为，虽然每个人名誉主要是通过自己的参与社会活动的所作所为而形成的，但名誉权人对于自己的名誉也不存在支配和使用的可能。故此，名誉权人既不能自己使用名誉，更不存在许可他人使用其名誉的可能。现实生活中，时常有一些名人"不爱惜羽毛"，不顾及自己的身份、名誉，而为一些不道德的、反科学的甚至是违法的行为加以辩护、进行"背书"，以致自己最后声名狼藉。但这也只能说是此人自毁名誉或自甘堕落。这是其对自己是社会评价的改变，而非对自己名誉的使用。故此，名誉权的权利内容中没有如同姓名权、名称权、肖像权那样的决定、变更、使用甚至转让的积极权能，而只是有防止名誉权不受侵害的消极权能。

名誉权的客体是名誉。自然法学派代表人物普芬道夫认为："一般来讲，名誉是指人们在共同体生活中所获得的价值评价。可以通过名誉对人们进行比较评判，进而得出孰优孰劣的结论。"[1] 他还把名誉分为普通名誉（simple reputation）和特殊名誉（intensive reputation），前者是指，"个人对自己和自然人对个人所做出的的如下评价：可以被当做一个好人，并适合与他人一起生活"；后者是指，"使人出人头地的（尽管在普通名誉的享有上他和其他人是一样的）名誉。某些人享有这一名誉是因为他们具有别人所不具备的特质，正是这些特质为他们赢得了尊重。这种尊重表明了我们对他人优异品质的认可。"[2] 在我国司法实践和学说中，多数观点认为，名誉是指对特定民事主体的品德、才干、信誉、商誉、资历、声望、形象等方面的社会性评价。[3]《民法典》也采用了这一界定。《民法典》第1024条第2款规定："名誉是对民事主体的品德、声望、才能、信用等的社会评价。"从这一规定可以看出，名誉具有以下几项特征。

（一）名誉属于社会评价

无论是自然人还是法人、非法人组织，都是存在于社会当中的，都要与其他的自然人、法人或非法人组织进行各种社会交往，如为了商业交往而订立各种合同、参加学术活动、建立婚姻家庭、建立友谊等。任何群体成员都被期待有自尊，能审慎周全地考虑、感同身受地体谅和关切在场的他人，而不愿意斯文扫地、颜面尽失，也就是说，社会化的个体倾向于"给面子"或"留面子"。社会学家欧文·戈夫曼将面子定义为一个人在特定的交遇中，通过他人设想的他应采取的行为模式而对其自身作出有效宣称的肯定性价值。[4] 在各种社会交往的过程中，每个人都会据此形成自己的认知和理解，同时形成对与之交往的人的各种评价和判断。故此，心理学

---

[1] ［德］塞缪尔·普芬道夫：《人和公民的自然法义务》，鞠成伟译，北京，商务印书馆2010年版，第221页。

[2] ［德］塞缪尔·普芬道夫：《人和公民的自然法义务》，鞠成伟译，北京，商务印书馆2010年版，第222-223页。

[3] 王利明主编：《人格权法新论》，长春，吉林人民出版社1994年版，第407页；张新宝：《名誉权的法律保护》，北京，中国政法大学出版社1997年版，第15页；姚辉：《人格权法论》，北京，中国人民大学出版社2011年版，第164页。相关案例参见，倪培璐、王颖诉中国国际贸易中心侵害名誉权纠纷案，载《最高人民法院公报》1993年第1期；余一中诉《新闻出版报》社侵害名誉权纠纷案，载《最高人民法院公报》2003年第2期。

[4] 王晴锋：《欧文·戈夫曼：微观社会学的探索》，北京，中央民族大学出版社2018年版，第69页。

先驱威廉·詹姆斯说：每当两个人相遇时，虽然看起来只有两个人，但实际上存在六个人，包括他们各自眼中的自己、各自眼中的对方以及各自真实的自己。① 人们很难获得对自己的正确理解，同样，人们也很难认识他人。为了理解他人，每个人都会以自己为基础进行自我中心投射。在这种人与人之间不断进行的以自我为中心的投射中，就产生了对他人的种种评价。因此，当人们说社会评价是客观时，也只是在说这种社会评价不是自己能够决定的。不同的人因社会地位、影响力不同，而获得的社会评价的范围也有所不同。对于众所周知的明星、政府领导人来说，其社会评价可能是在全社会的范围内形成的，因为许多人都知道他们也都在评价他们。但是，对于淹没在茫茫人海中的绝大多数的普通人而言，所谓社会评价就是在所生活工作的特定地域、特定行业或特定人群中的社会评价。

作为社会评价的名誉不同于名誉感。所谓名誉感，只是自然人自己对自身的人格价值所持有的个人的、主观的评价，是自然人内心的自我感受。著名哲学家叔本华曾言："客观而言，名誉是他人关于我们的价值的看法；主观而言，名誉是我们对他人看法的畏惧。"② 所谓主观上的名誉，就是名誉感。名誉感与名誉既有联系又有区别。一方面，名誉直接关涉自然人的社会地位和人格尊严，损害一个人的名誉实际上就是降低其社会评价，破坏该人在社会关系网络中的地位。这种社会评价的改变就一种是社会影响（social influence）。③ 从心理学的角度上说，社会影响就是指通过某种方式达到的对人的行为、态度和信念的改变。行为是互相影响的，积极的行为会促进积极的反应，消极的行为会引起消极的反应。我们对他人的预期是基于他们的行为，同时他们的行为也是我们预期的结果。④ 因此，在名誉受损的情形下也会导致受害人的名誉感受损。另一方面，在有些情形下，虽然行为人使用了侮辱性的言辞，侵害了受害人的名誉感，但是，由于其并未被受害人之外的人所知悉，故此没有导致受害人的社会评价降低，所以

---

① 参见［美］库尔特·P. 弗雷、艾登·P. 格雷格：《人性实验：改变社会心理学的28项研究》（第2版），白学军等译，北京，中国人民大学出版社2021年版，第212页。
② ［德］叔本华：《人生智慧箴言》，李连江译，北京，商务印书馆2017年版，第70页。
③ 美国著名心理学家津巴多在《态度改变与社会影响》一书中对社会影响与态度改变之间的关系有深入的论述，可供参考。参见［美］菲利普·津巴多、迈克尔·利佩：《态度改变与社会影响》，郑羽等译，北京，人民邮电出版社2007年版。
④ ［美］库尔特·P. 弗雷、艾登·P. 格雷格：《人性实验：改变社会心理学的28项研究》（第2版），白学军等译，北京，中国人民大学出版社2021年版，第169页。

不构成侵害名誉权。

名誉权只是保护民事主体的名誉而非名誉感，这是因为：一方面，名誉感只可能是作为生物体的自然人有，法人或非法人组织也享有名誉权，但不存在名誉感。故此，如果说名誉权的客体就是名誉感，岂非意味着法人或非法人组织不存在名誉权？另一方面，名誉感是自然人的自我评价和自我认知，人们对自己都存在认知偏差评价，都是积极的肯定性的，故此以名誉感是否被侵害来认定侵害名誉权与否，显然主观性太强，不利于维护人们的合理行为的自由。

(二) 名誉是对民事主体的品德、声望、才能、信用等的社会评价

由于规范社会生活的标准有道德、伦理、法律等，而人们依据这些标准对他人作出的评价也是多方面的，故此，社会评价的内容非常丰富，是多方面的且多角度的。例如：对自然人而言，其品质道德、名声、专业水平与素质、工作态度、信用等就是社会评价的主要内容；对于法人、非法人组织而言，因其提供的产品或服务的质量、履行法定义务或约定义务的情形不同，也会影响对该法人、非法人组织的社会形象、信用等方面的社会评价。

社会评价可能是积极的、正面的，也可能是消极的、负面的，但都不因此而导致一个人不存在名誉。也就是说，即便是罪大恶极之人，也有其名誉，如果其他组织或个人采取侮辱、诽谤等方式侵害其名誉权，也会造成其名誉受损，当然这种受损可能表现为使得其社会评价从很坏变得更坏。但是，该人也有权请求法院依法保护其名誉权。因此，不能认为名誉权只是保护一个人的好名声，而不保护那些声名狼藉的人。

三、名誉权与其他权利

(一) 名誉权与人格尊严

名誉权与人格尊严，既有联系也有区别。保护自然人名誉权的根本目的在于维护其人格尊严，因为侵害自然人的名誉权的行为，从根本上来说，就是侵害自然人的作为人所应有的尊严。所以，在1954年的"读者来信案"中，德国联邦最高法院是依据德国《基本法》第1条"人的尊严"和第2条"人格自由"确立的一般人格权，对名誉加以保护。我国《民法通则》的起草者也充分认识到了名誉权与人格尊严的内在联系,其第101条之所以规定:"公民、法人享有名誉权,公民的人格尊严受法律保护,禁止用侮辱、诽谤等方式损害公民、法人的名誉,"就是因为,名誉权的保护与自然人的人格尊严密切相关,对他人进行侮辱、诽谤,不仅侵害了名誉权,也贬低了他人的人格,损害了人格尊严。[1]"公民的人格尊严表现为公民个人对自己的社会地位和社会价值的自我意识和自我评价。人格尊严是公民对自己的严格要求和对尊严的严格保护的统一。名誉主要属于客观范畴,人格尊严主要属于主观范畴的自尊意识和自我评价,实际上是作为客观范畴的外界认识和社会评价(名誉或名声)的反映,因此,公民的名誉是同其人格尊严密切相联的。"[2]

名誉权与人格尊严的区别在于:一方面,权利的性质不同。我国《宪法》对于人格尊严的保护作出了规定,据此,人格尊严在我国《民法典》中被确立为一般人格权,可以发展出其他没有类型化的新型的受法律保护的人格权益。名誉权只是一项具体的人格权,不同于作为宪法上的一般人格权和民法上的一般人格权的人格尊严。另一方面,权利的主体不同。在我国法上,无论是宪法上还是民法上的一般人格权都只能由自然人享有,故此,只有自然人才有人格尊严,法人或非法人组织都不享有人格尊严。但是,名誉权的主体包括了自然人、法人和非法人组织。

(二) 名誉权与肖像权

名誉权与肖像权同为具体人格权,二者的区别在于:首先,权利主体不同,名誉权的主体包括自然人、法人和非法人组织,而肖像权的主体只能是自然人。其次,权利内容不同,肖像权人享有依法制作、公开、使用和许可他人使用其肖像的权利,而名誉权人享有只是维护自己名誉,排除他人侵害的权利。换言之,肖像权可以被商业化利用,即权利人有权许可他人使用其肖像权,而名誉权则不能。

名誉权与肖像权的联系表现在,侵害他人名誉权时可能侵害肖像权,反之,侵害肖像权也可能同时侵害名誉权。例如,以丑化、污损或利用信息技术手段伪造等方式侵害他人的肖像权的行为,同时也会构成对他人名誉权的侵害。再如,在诽谤他人的文章中配上被诽谤者的照片,就同时侵

---

[1] 孙亚明主编:《民法通则要论》,北京,法律出版社1991年版,第206页。
[2] 徐开墅、成涛、吴弘:《民法通则概论》,北京,群众出版社1988年版,第201-202页。

害了名誉权与肖像权。

(三) 名誉权与商誉权

所谓商誉权，是指民事主体对其在工商业活动中所创造的商誉享有利益而不受他人非法侵害的权利。"商誉（goodwill）"是指民事主体在其生产经营活动中因具有经济能力而在社会上获得的积极评价。[①] 有些学者认为，由于商誉作为商人经济能力的社会评价，已经演化为具有价值形态的财产利益，所以，应当将商誉从名誉中分离出来确立商誉权，对之单独加以保护。[②] 名誉权是人格权，名誉是人格的社会评价，而商誉不仅仅是社会评价，还是"主体因其在公众中的形象和口碑而在商事活动中带来客户的吸引力，这种吸引力的大小直接体现为主体的现实经济利益的大小，是因其名声而为自己所带来的具体的、能够评估为一定数额金钱的好处和利益"[③]。由于法人名誉的这种特殊性，故此，原则上不应当使用与保护公民名誉权相同的法律制度来保护法人的名誉，而应当使用商誉权保护制度，对财产的诽谤诉讼制度、对商品的诽谤诉讼制度以及反不正当竞争法来保护，从而更好地体现法人名誉的"商"的性质和财产方面的利益。[④]

在我国，无论是以往的《民法通则》等法律，还是现在的《民法典》，都没有单独规定商誉权。这是因为：名誉权完全可以涵盖商誉并给予充分的保护。一方面，名誉权的主体包括自然人、法人和非法人组织，那些从事工商业等经营活动的法人（即营利法人）和非法人组织的名誉就包括了社会大众对该法人或非法人组织的经济能力的评价。另一方面，侵害从事经营活动的法人和非法人组织的名誉权的行为，主要是给法人或非法人组织造成财产损失。对此种损失的赔偿就已经足以保护所谓的商誉中蕴含的经济利益。在名誉之外单独设立商誉权的叠床架屋式的权利模式，不符合权利体系的基本逻辑。至于学者担心的因为对法人、非法人组织名誉的保护适用与自然人的名誉权保护的相同标准可能产生的限制言论自由、

---

① 吴汉东：《无形财产权基本问题研究》（第三版），北京，中国人民大学出版社2013年版，第450、454页。

② 吴汉东：《无形财产权基本问题研究》（第三版），北京，中国人民大学出版社2013年版，第456页。

③ 程合红：《商事人格权论——人格权的经济利益内涵及其实现与保护》，北京，中国人民大学出版社2002年版，第84页。

④ 张新宝：《名誉权的法律保护》，北京，中国政法大学出版社1997年版，第112页。

妨害舆论监督的不利后果，可以通过在认定侵权责任的构成要件中加以相应的调整，无须通过构建单独的商誉权制度加以解决。

第二节 言论自由与名誉权保护

一、言论自由的价值

人们表达自己思想见解的自由就是言论自由，不仅包括通过口头发表观点的自由，也包括写作文章书籍在刊物、网络上发表，出版书籍的自由。广义的言论自由就是表达自由，包括了出版自由和集会自由。因为出版自由只是通过出版物表达思想和见解的自由，而集会的目的也是为了发表意见和表达意愿。[①] 我国《宪法》第 35 条分别将言论自由、出版自由和集会自由作为三类公民的基本权利加以规定。

言论自由具有极为重要的价值，这一点早已为理论和实践一再加以证明。英国著名思想家约翰·穆勒（John Stuart Mill）在其经典著作《论自由》（On Liberty）一书曾极为精辟地阐述了言论自由的价值，在他看来，意见自由和意见表达自由对于人类精神幸福（它决定人类的其他一切幸福）具有以下四点必要性："一、即便某一意见被压制而至于沉默，但其实我们未必真的不知道，那个意见有可能是正确的。拒绝承认此点就是认定我们自己一贯无错；二、即使被压制的意见是错误的，它也可能包含并且通常确实包含部分真理；而由于在任何主题上，普遍或通行的意见难得是或从来不曾是全部真理，只有通过与反面意见的碰撞，余下的部分真理才有机会得以补足。三、纵然公认意见不仅正确而且是全部真理，除非它允许并确实经受了极其有力而又最为认真的挑战，否则大多数接受它的人抱持的仅仅是一项成见，对其所以然的理性毫无理解和体认。四、信条本身的意义也将变得岌岌可危，其可能由隐晦而至于消失，对人的身心言行将不复有积极影响的能力；最终，由于信仰仅仅剩下形式，非但无益于为人增福，而且还因破坏了根基，从而妨碍任何真实而又诚挚的信念自人类理性和个

[①] 蔡定剑：《宪法精解》，北京，法律出版社 2006 年版，第 252 页。

人体验中生长出来。"① 由此可见，保护言论自由，维护异见者的权利不仅是为了保护个体化的或特定的言论者，还是为了保护无数可以从那些表达异见的勇敢或鲁莽中获益的其他人。②

在1919年美国联邦最高法院审理的"艾布拉姆斯诉美国案"中，霍姆斯大法官会同布兰代斯大法官提出了著名的异议意见，他说："当人们意识到，时间已消磨诸多斗志，他们才会更加相信，达至心中至善的最好方式，是不同思想的自由交流。也就是说，如果我们想确定一种思想是否真理，就应让它在思想市场的竞争中接受检验。也仅有真理，才能保证我们梦想成真。""无论如何，这正是美国宪法的基本理论。这是一场实验，正如人生就是一场实验。即使并非每天如此，但是，我们每年都会将自己的命运托付给某些建立在不完美理论上的预言。当那场实验成为我们制度的一部分时，我们应当对某种做法时刻保持警惕，那就是对那些我们深恶痛绝，甚至认为罪该万死的言论的不当遏制，除非这种言论迫在眉睫地威胁到合法、紧迫的立法目的，惟有及时遏制，方可挽救国家命运。"③

对于言论自由的侵害或钳制来自各方面：首要的侵害就是公权力对言论自由的压制，如书报审查、网络删帖等，要防止这种侵害，只能通过加强民主制度，全面建设法治国家来实现。对言论自由的另一种压制，就是以侵害名誉权等人格权为由，通过诉讼的方法，借助司法手段压制言论自由。由此形成所谓的"寒蝉效应"，限制对公共人物和事件的讨论，损害民主辩论和言论自由，妨碍真理的产生。④ 当然，并非所有的侵害名誉权的诉讼都是为了压制言论自由，保护民事主体的合法权益也是法律重要的价值。故此，如何协调言论自由与名誉权保护的关系是民法的重要任务。

从比较法上来看，美国更倾向于保护言论自由，即便是对那种公众深恶痛绝的言论也给予较强有力的保护，相对而言，欧洲国家虽然也重视言论自由，但却远未达到美国这种程度。美国著名记者和畅销书作家安东尼·刘易斯认为，产生这种差别的原因在于美国人的历史乐观主义，他在

---

① ［英］约翰·穆勒：《论自由》，孟凡礼译，桂林，广西师范大学出版社2011年版，第59页。
② ［美］凯斯·R. 桑斯坦：《社会因何要异见》，支振锋译，北京，中国政法大学出版社2016年版，第98页。
③ ［美］安东尼·刘易斯：《批评官员的尺度：〈纽约时报〉诉警察局长沙利文案》，何帆译，北京，北京大学出版社2011年版，第95页。
④ ［美］卡斯·R. 桑斯坦：《谣言》，张楠迪扬译，北京，中信出版社2010年版，第123页。

颇具影响的著作《批评官员的尺度》（Make no Law）一书的结尾这样写道：欧洲或世界其他国家，未必认同美国的言论自由理论，和美国人对公众深恶痛绝的言论也施以保护的做法。当然，欧洲这么做，或许自有苦衷，因为这片大陆上的多数国家，历史上都曾深受极端思想荼毒。法国著名宪法学者罗杰·埃内拉曾撰文谈及美国宪法对世界各国的影响，他认为，许多国家不会像美国人那样，对打着纳粹旗帜穿街过巷之类的"极端政治表达"保持宽容态度，这是因为，美国人受自身历史影响，具备欧洲人无法拥有的个性，那就是"根深蒂固的社会和历史乐观主义"[①]。

二、我国法对言论自由与名誉权保护的协调

我国《民法典》高度重视言论自由与名誉权保护的协调，其主要通过以下三条规定对之加以协调。首先，在侵害名誉权的民事责任的认定中引入动态系统论。《民法典》第998条规定："认定行为人承担侵害除生命权、身体权和健康权外的人格权的民事责任，应当考虑行为人和受害人的职业、影响范围、过错程度，以及行为的目的、方式、后果等因素。"该规定中"行为人的职业""行为的目的、方式"就蕴含了对新闻报道、舆论监督行为的考虑，而考虑"受害人的职业"实际上就意味着要在区分公众人物与非公众人物的基础上分别认定是否构成侵害名誉权等除生命权、健康权和身体权之外的人格权的民事责任。

其次，明确规定行为人为公共利益实施新闻报道、舆论监督等行为，即便客观上对他人的名誉造成了不利的影响，原则上也不承担民事责任，除非存在法律明确列举的例外情形。《民法典》第1025条规定："行为人为公共利益实施新闻报道、舆论监督等行为，影响他人名誉的，不承担民事责任，但是有下列情形之一的除外：（一）捏造、歪曲事实；（二）对他人提供的严重失实内容未尽到合理核实义务；（三）使用侮辱性言辞等贬损他

---

① ［美］安东尼·刘易斯：《批评官员的尺度：〈纽约时报〉诉警察局长沙利文案》，何帆译，第302页。美国著名历史学家H.S.康马杰在《美国精神》一书中认为："美国人的思想也像美国人的性格一样，充满了乐观主义精神和宇宙辽阔感。他们深信人类发展有无限可能性；他们尊崇正直的上帝和公正的道德法规。美国人相信宇宙是由不可变易、不容侵犯的法则所支配的，但这些法则为人类发挥自由意志留下了充分的余地。他们深信他们有足够敏锐的理智发现这些法则，有足够坚定的意志遵守这些法则。"参见［美］H.S.康马杰：《美国精神》，杨静予等译，北京，光明日报出版社1988年版，第37页。

人名誉。"从该条规定的例外情形来看，"捏造、歪曲事实"与"使用侮辱性言辞"的分开表述，就是承认了在判断新闻报道、舆论监督是否侵害名誉权时，要区分事实与陈述而采取不同的标准。对于事实部分，并不是说，只要失实就构成侵害名誉权，而是规定捏造、歪曲事实的要承担责任；对于评论部分，只要没有使用侮辱性言辞贬损他人名誉，是公正的评论，即便言辞激烈、语气犀利，也不构成侵害名誉权。

最后，合理的确定从事新闻报道、舆论监督的行为人的审查义务，既使其尽到应有的职业道德和法定义务，又尊重新闻报道、舆论监督的内在规律，不给行为人施加过分的审查义务，更好地协调言论自由与名誉权保护的关系。《民法典》第1026条规定："认定行为人是否尽到前条第二项规定的合理核实义务，应当考虑下列因素：（一）内容来源的可信度；（二）对明显可能引发争议的内容是否进行了必要的调查；（三）内容的时限性；（四）内容与公序良俗的关联性；（五）受害人名誉受贬损的可能性；（六）核实能力和核实成本。"

三、公众人物与非公众人物的区分

言论自由是现代民主法治社会的最重要的价值，具有无可替代的作用。它能够揭露黑暗，监督公权力，保护私权利，维护社会的公平与正义，促进科学研究、文学艺术的繁荣发展，实现人类知识的增长。因此，在宪法上，言论自由是人民最重要、最基本的一项人权。在现代法治社会中，"倘若自由发表和传播言论的权利和个人的人格权发生冲突，则只能根据对（受保护）客体和利益的权衡，来决定在多大程度上能以行使正当利益为由而使损害个人名誉不为侵权。"[1] 其中，一个重要的且有价值的方法就是区分不同的原告，看其是否属于公众人物，而界定不同的保护标准与保护力度。申言之，如果原告是公众人物，则其对于新闻报道、舆论监督和他人的评论负有更多的容忍义务；反之，如果原告是普通人物，其对侵害名誉权行为的容忍义务较轻。

公众人物（public figure）是指，因其职务、职业或行为等因素而引发大众关注之主体，包括政府公职人员，各种社会组织的领导，著名作家、

---

[1] 德国《联邦最高法院民事裁判集》第31卷，第312页以下。转引自［德］迪特尔·施瓦布：《民法导论》，郑冲译，北京，法律出版社2006年版，第216页。

影星、歌星、体育明星，知识界的著名人物等。这些人或因身处特殊的机关、或因具有广泛的社会知名度，不可避免的会成为人们讨论、评论甚至批评的对象。公众人物的概念最早起源于美国1964年的著名案件"纽约时报诉萨利文案"。该案判决首次针对政府官员这样的公众人物，确立了"萨利文案规则"，也称恶意抗辩规则。由布伦南大法官主笔的美国联邦最高法院对该案的判决指出："我国曾对一项原则作出过深远承诺，那就是：对公共事务的辩论应当不受限制，充满活力并广泛公开，它很可能包含了对政府或官员的激烈、刻薄，甚至尖锐的攻击。""如果迫使那些批评官方行为的人，必须确保其所述事实的真实性，并以漫天要价的损害赔偿责任作为威慑，也必然导致言论自查。容许真实抗辩，并要求被告承担证明责任，并不只会阻遏虚假言论。即使那些把真实抗辩作为免责条件的法院也承认：提出法律证据，一一证明所控诽谤在全部事实细节方面的真实性，也是相当困难的。在这样的规则下，本来打算对官方行为进行批评的人，将受到阻遏，从而保持沉默；即使能信以为真，甚至在事实上为真，他们也会担心：能不能在法庭上证明这是真的，能不能花得起钱在法庭上证明这是真的。""宪法保障要求具备这么一项联邦规则：禁止政府官员因针对他的职务行为提出的诽谤性虚假陈述获得损害赔偿，除非他能证明：［被告］在制造虚假陈述的时候确有恶意，即被告明知陈述虚假，故意为之；或玩忽放任，罔顾真相。"[1]

在三年后的"巴茨案"中，美国联邦最高法院首席大法官沃伦认为，公众人物不限于政府官员，"许多人并无官方身份，却介入到重要公众事务决策过程中……我们的人民，对这类人士的行为，自然人可以给予合理、合法、正当的关注，媒体亦可以不受约束地讨论这些人介入公共议题或事务时的所作所为。媒体拥有这项权利的重要性，与讨论'政府官员'的重要性一样。"[2] 到了1974年的"葛茨案"，联邦最高法院大法官鲍威尔（Lewis Powell）将公众人物分为两类：其一，完全意义上的公众人物，"这些人占据着具有如此广泛的权力和影响力的地位，因此他们被认为是完全意义上的公众人物"。一般来说，完全意义上的公众人物多是众所周知的名

---

[1] ［美］安东尼·刘易斯：《批评官员的尺度：〈纽约时报〉诉警察局长沙利文案》，何帆译，北京，北京大学出版社2011年版，第185页。

[2] ［美］安东尼·刘易斯：《批评官员的尺度：〈纽约时报〉诉警察局长沙利文案》，何帆译，北京，北京大学出版社2001年版，第234-235页。

人，他们的名字是家喻户晓的，例如，美国总统、国务卿、著名的歌星、著名演员和体育明星等。其二，有限意义上的公众人物，"这些被归为公众人物的人将自己推到特定的公众论战的前台，试图影响有关问题的解决。"①有限意义上的公众人物具有以下特征：首先，其在通常情况下是自愿走进公众关注的焦点的；其次，有限意义上的公众人物必须在重要公共问题或者社会问题的解决中扮演一定角色；最后，其必须做出一定的努力，以图解决某问题的过程中影响公共舆论，通常这一行为很可能被大众媒体所报道。② 在美国法上，公众人物概念以及"萨利文案规则"的根本意义在于改变了传统普通法上的诽谤规则，因为在普通法上诽谤这一侵权行为竟然适用的是严格责任，即不以过错为要件。而"萨利文案规则"确立了过错要件，而且明确将此种过错界定为"实际恶意"。

多数观点认为，在我国司法实践中最早引入公众人物概念的案件是2002年的"范志毅与被告文汇新民联合报业集团名誉权纠纷案"，在该案判决中法院首次使用了"公众人物"的概念，法院认为："即使原告认为争议的报道点名道姓称其涉嫌赌球有损其名誉，但作为公众人物的原告，对媒体在行使正当舆论监督的过程中，可能造成的轻微损害应当予以容忍与理解。"③ 此后，在越来越多的案件中，法院引入公众人物概念来确保新闻报道的自由及舆论监督功能的实现，而涉及的公众人物的类型既有完全意义上的公众人物，如体育明星、歌星、演员、导演等，也有有限意义上的公众人物，如因某一社会热点事件而受公众关注的普通人物。不过，将政府官员哪怕是一个县委书记作为公众人物的名誉权判决都几乎没有。被认定为公众人物的基本上是体育明星、歌星、影星以及学术界、科学界的知名人物，这些人引发的名誉权纠纷也往往是牵涉个人之间的私人恩怨、爱恨情仇，与公共利益没有任何关系。④ 反倒是真正一些涉及公共利益，媒体

---

① ［美］唐·R. 彭伯：《大众传媒法》（第13版），张金玺、赵刚译，北京，中国人民大学出版社2005年版，第168页以下。
② ［美］唐·R. 彭伯：《大众传媒法》（第13版），张金玺、赵刚译，北京，中国人民大学出版社2005年版，第174页。
③ 王利明：《公众人物人格权的限制和保护》，载《中州学刊》2005年第2期。
④ 魏永征：《公众人物权益克减论可以休矣》，载《新闻记者》2015年第3期；魏永征、张鸿霞：《考察公众人物概念在中国大众媒体诽谤案件中的应用》，载徐迅主编：《新闻（媒体）侵权研究新论》，北京，法律出版社2009年版。

对公权力机关予以批评的案件，却被公权力机关提起侵害名誉权的侵权诉讼。①

之所以在我国出现的那些运用公众人物理论来限制名誉权的案件呈现上述特点，原因比较复杂，简单地说，至少以下两点理由可以部分解释：其一，基于对公权力的畏惧心理与自我审查使得新闻报道中批评公权力机关的报道很少见；其二，我国政府官员在名誉权遭受侵害后，基本上很少会采取诉讼的方式，其有足够的方法来解决问题。尽管如此，是否就因为在我国的名誉权纠纷中的公众人物很少是政府官员，就能据此认为"公众人物"这个概念在我国意义不大，进而得出在法律上去限制歌星、影星、体育明星等非政府官员的名人的名誉权就是不公正的，违反了法律面前人人平等的结论，显然是不妥当的。

对于政府官员等公权力享有者这一类公众人物而言，限制其名誉权，是因为他们掌握各种权力，负责公共事务，其参与的活动、事件直接关系公共利益或受到公众的高度关注。社会大众对他们从事的活动或参与的事件享有知情权和表达的自由，新闻媒体有权进行舆论监督。"在涉及公共利益事项的情况下，公民有诚实地表达其真实观点的权利，而无论相关观点是正确的，还是夸张的，或者是存在偏见的"，②公众人物都必须加以忍受。惟其如此，方能避免公众人物动辄以侵害名誉权为由来钳制公众的言论自由，逃避舆论监督，从而损害公共利益。对于歌星、影星、明星等公众人物，如果完全是其私生活的事务，当然与公共利益无涉，不应当以公众人物为由而降低对其名誉权（包括隐私权等人格权）的保护③，但是，歌星、

---

① 在这些案件中，法院却不运用公众人物理论来限制这些公权力机关的名誉权诉讼。最奇怪的一个案件是深圳市福田区人民法院作为原告，在自己的上级法院即深圳市中级人民法院，起诉《民主与法制》杂志社侵害名誉权，竟然获得胜诉。参见"中国新闻侵权案例精选与评析"课题组：《中国新闻（媒体）侵权案件精选与评析 50 例》，北京，法律出版社 2009 年版，第 11 页以下。

② Per Lord Ackner in Telnikoff v. Matusevitch (1991) 4 ALL ER 817, p. 862. 转引自［英］萨莉·斯皮尔伯利：《媒体法》，周文译，武汉，武汉大学出版社 2004 年版，第 85 页。

③ 例如，在"潘粤明诉任某莺等名誉权纠纷案"中，法院明确指出："关于公众人物的容忍义务问题。固然，公众人物与普通大众相比，其工作生活的各个方面都更易被新闻报道所关注，但公众人物的人格权利亦应受到法律的保护，新闻媒体不应仅为满足社会公众的猎奇心理，对涉及公众人物的负面消息不加甄别和不尽调查核实义务，即予以传播。具体到本案，《董》文对潘粤明个人私生活的报道不具有真实性，虽满足了部分读者对于明星私生活的猎奇心理，但超出了对公众人物报道的必要限度，侵犯了潘粤明的名誉权，申江公司应当对此承担相应责任。"北京市第三中级人民法院（2014）三中民终字第 13673 号民事判决书。

影星、明星等公众人物的活动中也并非没有涉及公共利益的事情。例如，在一些社会普遍关注的事件如转基因、学术造假等活动中，也有不少并非官员的公众人物的参与，显然这些事情是公共事务，与公共利益有关，而且，随着我国民主法治建设的发展，未来公众人物的范围也不是没有扩张至政府官员等人员的可能。我国《民法典》没有明确规定公众人物的概念，但是，如前所述，《民法典》第998条中规定的，在认定侵害人格权的民事责任中应当考虑"受害人的职业"，实际上就包含了公众人物的概念。

我国司法实践中认定的公众人物类型列表

类型	判决要旨	案件名称
足球明星	作为公众人物的原告，对媒体在行使正当舆论监督的过程中，可能造成的轻微损害应当予以容忍与理解。	《范志毅与被告文汇新民联合报业集团名誉权纠纷案》[①]
歌星	高晓松系国内有一定知名度的人物，对媒体报道或舆论监督应有一定容忍程度，但其合法权利也应受到保护。	《高晓松诉雅虎香港控股有限公司侵害名誉权纠纷案》
	原告臧天朔作为具有一定知名度的歌手，属社会关注的公众人物，但其仍是社会中的一般自然人，享有的合法权益同样受到法律的保护。	《臧天朔诉北京网蛙数字音乐技术有限公司等侵害名誉权、人格权、肖像权案》
	自"超女"大热以来，原告的知名度日益提高，歌迷对于相关艺人的一言一行也有知晓的渴求，被告遵循新闻报道的规律，追逐热点，采写相关报道满足社会大众对"超女"活动的知情权，本无可厚非，但对于报道新闻来源及内容的真实性显然应加强审核，以免以讹传讹，造成不良影响。原告作为演艺人士，对于歌迷的热情和媒体的追逐，以及由此可能带来的轻微损害亦应给予适度的理解和宽容，以满足公众需求，并共同促进新闻行业的自律和进步。	《张靓颖诉文汇新民联合报业集团名誉权纠纷案》

---

① 案例均检索自北大法宝司法案例数据库 http://www.pkulaw.cn/Case/。

续前表

类型	判决要旨	案件名称
社会热点事件人物	杨丽娟追星事件被众多媒体争相报道，成为公众广泛关注的社会事件。杨丽娟及其父母多次主动联系、接受众多媒体采访，均属自愿型的公众人物，自然派生出公众知情权。南方周末报社作为新闻媒体对这一社会关注的焦点进行调查，行使报道与舆论监督的权利，并未违反法律规定。	《杨丽娟与南方周末报社等名誉权纠纷上诉案》
	本案可能涉及的学术打假领域，事关社会公众利益，社会公众均有权参与并做出客观评论，并且对于事关社会公众利益之事物，应当允许存有不同的观点，不应动辄因得咎。……肖传国作为中科院院士的候选人，应当听取来自学术界及社会公众对其学术水准的质疑之声甚至负面评价，并对此具有一定的承受能力和容忍义务，此与中科院院士候选人采取公示制度的目的亦相符合。	《肖传国与北京雷霆万钧网络科技有限责任公司等名誉权纠纷上诉案》
	方舟子、郭国松作为公众人物，其争论的内容已引起社会关注，与社会秩序、公共利益密切相关，其本人亦须置于公众的监督之下，其人格利益在法律保护上应当适当克减，即当涉及公众人物、公共事务，言论自由的保障与公众人物名誉权的保护发生冲突时，后者理应适当让步。作为公众人物的双方当事人应当允许存有不同的观点，对此应具有较之一般公众更高的承受能力和容忍义务，不应动辄因言得咎。实际上，双方当事人均发表了针锋相对的言论，对相关情况已有解释和说明，言辞同样具有攻击性，社会公众可从双方的言论中作出自己的判断。	《郭国松与方是民名誉权纠纷上诉案》
	吴柯蓝出席新闻发布会，其应当知道新闻发布会属公开场所，并非私人领域，其作为特定新闻人物出现在公开新闻发布场所，言行必然受到关注，成为媒体报道的焦点。新闻发布会的性质决定了参与者的公众人物身份，记者针对新闻发布会现场公众人物的言行不必征求其意见，即可进行报道，该行为属于惯例，已为社会所接受。公众事件或公众人物的行为，均可能受到正面或负面之评价，考虑社会结构多元化、公共利益与个人利益冲突、舆论评判角度、价值观不同等诸多因素时，评价不可能仅限于正面或完全一致，对此当事人应当予以理解。	《中国电影集团公司等诉文汇新民联合报业集团等名誉权纠纷案》

续前表

类型	判决要旨	案件名称
末代皇帝及其夫人	溥仪和李淑贤作为公众人物，其他公民即便认为贾英华及《解密》对上述二人的描述有不当之处，可以进行评论和批评，但也应遵循学术批评和舆论监督的正当性。	《贾英华诉王庆祥名誉权案》
民间艺术大师	杨洛书在年画创作上的成就有目共睹，作为公众人物，对于他人对自己的不利评价应当予以最大限度的容忍和理解。	《杨洛书诉中国画报出版社等侵犯名誉权案》
业委会主任	王群自参选小区业委会成员选举之时，作为小区公众人物其个人经历包括犯罪记录即应被小区业主所知晓。王群作为小区业委会主任，就其履职行为负有接受小区业主、其他业委会成员监督的义务，对他人披露其犯罪记录和其他个人信息负有一定程度的容忍义务。故此，朱皓、俞洋、周盟、王关平的行为尚不构成对王群名誉权的侵害。	《王群与朱皓、俞洋、周盟、王关平名誉权纠纷案》
导演	虽然较之普通的社会公民，由于公众人物承负着更多的社会责任与义务，其必然会受到社会舆论的关注、监督甚至是批评，其自身所享有的权利也会因此受到一定程度的影响，对此，公众人物应该负有一定程度的容忍义务。但是，尽管如此，仍应对公众人物的私人生活信息给予必要的保护，无论是社会媒体还是普通公民，在公开传播公众人物相关信息时仍应秉持谨慎、客观的态度，同时说明信息的合法来源，以免错误地描述了公众人物的人格形象，进而使社会公众产生误读。	《张艺谋诉华夏出版社、黄晓阳名誉侵权案》

四、为公共利益实施新闻报道、舆论监督的行为与其他行为

《民法典》第1025条实际上区分了两类影响他人名誉的行为：一是，为公共利益实施新闻报道、舆论监督等行为而影响他人名誉；二是，实施其他的行为影响他人名誉。对于前一类行为，行为人不承担民事责任。也就是说，在这种情况下，名誉权人不能仅仅以此客观后果的发生为由而要求实施新闻报道、舆论监督的行为人承担民事责任，除非其能够证明存在《民法典》第1025条规定的三种法定情形。《民法典》第1025条作此规定

的理由在于:"新闻报道涉及社会利益与公众利益,关系到党和国家新闻事业、新闻媒体社会责任以及新闻工作者的权利,关系到言论自由等宪法权利,还关系到人民的知情权。并且,新闻报道具有激浊扬清、针砭时弊等非常重要的社会功能。国家对新闻报道的要求、法律对新闻报道的要求,就是内容的真实性和客观性。我们党和国家一向强调,要'把党内监督、法律监督和群众监督结合起来,发挥舆论监督的作用'。因此,对新闻报道、舆论监督侵害名誉权的案件,不能按照一般的侵权案件处理,在权衡加害人与被害人的权益之外,还须特别考虑到新闻报道、舆论监督等行为是促进和保护公共利益的行为,对维护一个社会的公平正义,保障公民知情权必不可少,若动辄让从事新闻报道、舆论监督等行为的行为人承担民事责任,有可能产生'寒蝉效应',对国家和社会的发展和进步是极为不利的。"①

然而,并非所有的新闻报道、舆论监督行为,影响了他人名誉,都可以不承担民事责任,依据《民法典》第1025条,只有"为公共利益实施新闻报道、舆论监督等行为"的,才可以不承担民事责任。这主要是考虑到,新闻报道并非都是为了公共利益,有些纯属娱乐性等非公共利益的新闻报道,尤其是在自媒体时代,更是如此。故此,只有为了公共利益而实施新闻报道、舆论监督等行为的,才适用《民法典》第1025条的免责规定。

所谓新闻报道,就是指对新近发生的事实进行的报道。在我国,能够进行新闻报道的是依法设立的新闻单位,具体包括:报纸出版单位、新闻性期刊出版单位;通讯社;广播电台、电视台、广播电视台;新闻网站、网络广播电视台;其他新闻单位。我国新闻报道实行的许可制度,即只有经过许可设立的新闻单位的持有新闻记者证的人员才能进行新闻采访,并在取得新闻出版许可证后才能加以报道。未经许可,其他单位或个人不得实施新闻报道。我国至今尚无《新闻法》,对新闻出版和新闻单位加以规范的主要是法规和规章,如《出版管理条例》《音像制品管理条例》《印刷业管理条例》《新闻出版许可证管理办法》等。舆论监督是从功能或作用意义上使用的概念,简单地说,就是通过形成公众言论而对于公共事务、热点事件等与公共利益、国家利益相关的事情予以监督并加以评论的活动。以

---

① 黄薇主编:《中华人民共和国民法典人格权编解读》,北京,中国法制出版社2020年版,第167-168页。

往，舆论监督一般就是指新闻单位所作的新闻报道中的批评性报道。然而，在社交媒体时代，不仅仅是新闻单位，自媒体（We Media）上的普通用户的言论集合也可以形成舆论监督。一般的社会大众也可以很容易的通过网络（如微信、微博、Facebook、推特、博客、个人网站）等途径向外发布、分享某些事实与观点，评论公共事务，从而发挥舆论监督功能。事实上，一些微信、微博上的"大V"们，粉丝成百上千万，其影响力大大超过很多传统新闻媒体单位，能够发挥的舆论监督作用更大。

如果行为人实施的影响他人名誉的行为并非是为公共利益实施新闻报道、舆论监督等行为，而是其他的行为，如写匿名信诬告他人、张贴大字报辱骂他人、在网络上散布谣言诽谤他人、在商业广告中刊登诋毁竞争对手的言论、在文艺作品侮辱他人等行为，则此等行为与保护言论自由、维护公共利益毫无关系，不能适用《民法典》第1025条的免责规定，而应当依据案件的具体情形，判断是否侵害他人名誉权。当然，在认定民事责任时，仍然需要适用《民法典》第998条、第1027条等规定。

五、事实陈述与意见表达

任何新闻报道无论宣称多么客观，都不可避免地夹杂报道者主观的感情或看法。为了能够有效地平衡言论自由与权益保护的关系，就需要区分新闻报道或作品中的事实与评论两部分，采取不同的标准来判断是否构成侵害名誉权。所谓事实陈述也称情况陈述，而意见表达就是评论议论。二者的区分标准在于：只有意见表达或观点表达应当受到言论自由的保护，而事实陈述不在言论自由保护的范围之内。因为，事实陈述（Tatsachenbehauptung）表达的是与现实的客观联系，它们属于事实判断，具有可证伪性，即某一事实陈述究竟是真是假，可以加以检验。例如，说某副县长学历造假，这就是一个事实陈述，因为该副县长学历是否造假，完全可以到其毕业的大学加以查证。然而，意见表达（Meinung）却是个人与其所表达的命题内容的主观联系[1]，属于价值判断，难以证伪。社会生活中的每个人都有不同的价值观和世界观，对于同一事实，不同的人都会有不同的认识和看法。因此，意见表达难以说谁是谁非。例如，被告认为原告缺乏

---

[1] BVerfGE 33, 1 (14).

同情心，对此是难以证明为真还是为假的。宪法上保护的言论自由是人们表达个人主观见解的自由，而不是随心所欲的否定客观事实的自由。

从比较法上来说，区分事实陈述与意见表达是侵害名誉权案件中普遍适用的规则。王泽鉴教授认为，这种区分的意义有三：其一，意见评论的本质特征在于表示个人的立场、确信和见解，故此意见陈述较之于事实陈述，与个人的人格具有更为密切的联系；其二，言论自由在于追求真理，而真理的追求就是一个多种见解不断论辩的过程。意见表达难以证明真伪，故此应当给予最大限度的保障，才能促进对真理的追求。反之，虚假的事实无助于真理的探求，故此不应给予更多的保护；其三，言论自由有助于维护民主政治的发展，形成民意，监督政治活动，故此较之于事实陈述更为重要。①

既然事实陈述是可以证伪的，则任何人在陈述事实时就应当努力确保事实的真实性，"有一分证据说一分话"，不能信口开河，臆断捏造。新闻媒体在报道新闻时更应当遵循真实、准确、全面、客观的原则，不能断章取义，更不能捏造、虚构事实，尤其是在涉及批评性报道时，更应当有充分可靠的证据，并对证据加以评判，鉴别其真伪。② 然而，新闻报道并不是如科学研究那样，要做到所报道的事实的每个细节都十分精确，不能有一丝一毫的差距。首先，新闻业具有自身的规律，比如新闻报道具有阶段性、过程性和时效性，记者的调查也不具有强制性，语言表达形式要求多样化等。因此，如果严格要求新闻报道的内容必须绝对正确的，"势必限缩其报导空间，造成钳制新闻自由之效果，影响民主多元社会之正常发展"③。故此，新闻从业人员只要进行了合理的查证，而依据其查证的之资料确信其为真实者，就认为尽到了善良管理人的注意义务；其次，在言论自由的法治社会，针对同一事件往往会有多家媒体加以报道，读者具有辨别判断的能力，因此不会因为一家的报道而对当事人的名誉权造成损害。新闻市场的选择与竞争机制也会促使新闻媒体和从业者具有足够的自律机制避免出

---

① 王泽鉴：《人格权法：法释义学、比较法、案例研究》，台北，作者印行 2012 年版，第 184 页。

② 原新闻出版总署的《关于严防虚假新闻报道的若干规定》中要求：新闻记者开展批评性报道至少要有两个以上不同的新闻来源，并在认真核实后保存各方相关证据，确保新闻报道真实、客观、准确，新闻分析及评论文章要在事实准确的基础上做到公正评判、正确引导。

③ 我国台湾地区 2004 年台上字第 851 号民事判决书。

现假新闻、假报道。谁的新闻报道更真实、准确，谁就容易赢得更多的客户。所以，也没有必要担心对细节的报道可能出现不实的问题。在新闻报道中，只要事实介绍或情况陈述基本符合事实，就不构成侵害名誉权。

然而，对于新闻报道中的观点表达或者说评论部分，基于言论自由，每个人对于同一事情会有不同的观点和看法，有赞同的，也有批评的，故此可以畅所欲言。现代民主法治社会是多元社会，任何人都无权强求人们统一思想、统一认识。只要不超越法律的框架，每个人都可以有自己的价值观和世界观。故此，为了维护多元价值，保护言论自由，鼓励新闻监督，应当允许意见表达上的相当的自由度。只要新闻报道中的议论或评价部分是就事论事，没有超越论战和进行尖锐批评所允许的正当手段的，就不构成侵害名誉权。特别是对于那些批评性意见，更是应当给予其相当的自由度。若批评不自由，则赞美无意义。① 一个社会如果没有批评性的新闻报道，则无法监督公权力的行使，社会上的黑暗势力、丑恶行径将大行其道。长此以往，则社会正气、公平正义势必荡然无存。因此，"虽然批评性新闻报道会使被批评者的名誉受到一定影响，但是当批评性新闻报道的出版自由与被批评者的名誉权发生冲突时，应当向维护批评性新闻报道的出版自由方面适当倾斜。"② 这就是为了更好地鼓励人们发表意见，监督公权力，进行批评。然而，即便是批评性报道中的评论或议论部分，也应当就事论事、客观公正，而不能一味采取辱骂、恐吓等超越论战所需正当手段的方式。如果在意见表达中主要是对他人进行侮辱、羞辱，就超越了论战和进行尖锐批评所当采取的正当方式，成了"纯粹的人身攻击"，贬损他人的人格，当然构成侵害名誉权。例如，在"方某民与上海市社会科学界联合会名誉纠纷案"中，法院认为："本案《探索与争鸣》刊登的《关于方舟子现象的反思与断想》一组文章，其内容主要涉及对方某民公开发表的文章观点的反驳和批评，属于学术争鸣的范畴。该文就方舟子现象的动机、后果、文风所做评论，无论是否成立，均为正常的学术批评。因此，就争议文章的整体而言，不构成对方某民名誉权的侵犯。但是，争议文章使用了'江湖骗子''假洋鬼子''无赖相'这些言辞，这些言辞具有较强的侮辱性，

---

① 这句话出自法国大剧作家、启蒙思想家博马舍（Pierre-Augustin Caron de Beaumarchais）创作于1778年的剧本《费加罗的婚礼》，后成为法国《费加罗报》的座右铭，被印于报头至今。

② 关丽：《批评性新闻报道侵害名誉权的认定》，载最高人民法院民事审判第一庭：《中国民事审判前沿》（2005年第1集），北京，法律出版社2005年版，第92页。

其针对的不是被批评对象方舟子的观点或言行,而是其人格,且这些言辞不是正常的学术批评所必需。因此,争议文章所使用的这些言辞,构成对方某民名誉权的侵害。"[1]

早在最高人民法院颁布的《名誉权解答》中,我国就对于新闻报道侵害名誉权的民事责任的认定中区分了事实陈述与意见表达而确立了不同的认定标准,该解答规定:"因新闻报道严重失实,致他人名誉受到损害的,应按照侵害他人名誉权处理。""文章反映的问题基本真实,没有侮辱他人人格的内容的,不应认定为侵害他人名誉权。""文章的基本内容失实,使他人名誉受到损害的,应认定为侵害他人名誉权。"这是对于事实陈述提出的要求,即基本事实应当是真实的,而评论的部分不应当有侮辱他人人格的内容。即使新闻报道的事实是真实的,但是包含了侮辱他人人格的内容并造成他人名誉受损的,仍应当被认定为侵害了他人的名誉权。[2] 简单地说,事实陈述的要求是真实性,即基本事实属实,而意见表达的要求是公正性,即不存在侮辱性言辞等内容。

我国《民法典》第1025条在规定行为人为公共利益而实施新闻报道、舆论监督等行为,影响他人名誉,应当承担责任的三种例外情形时,就明确区分了事实陈述和意见表达。该条第1项规定的"捏造、歪曲事实"、第2项规定的"对他人提供的严重失实内容未尽到合理核实义务",是对于案涉言论中的事实陈述应当具有真实性的要求;该条第3项规定的"使用侮辱性言辞等贬损他人名誉",则是对意见表达应当具有公正性的要求。

第三节 信用评价与名誉权的保护

一、通过名誉权保护信用

信用,有广狭义之分。狭义的信用(credit),是指建立在信任基础上,不用立即付款或担保就可获得资金、物资或服务的能力,这种能力以在约定期限内偿还的承诺为条件。而广义的信用,则指诚信原则在社会上的广

---

[1] 北京市第一中级人民法院(2004)一中民终字第7658号民事判决书。
[2] 梁书文、杨立新、杨洪逵:《审理名誉权案件司法解释理解与适用》,北京,中国法制出版社2001年版,第26页。

泛应用。① 申言之，广义的信用是与特定民事主体进行社会交往的其他人对之形成的一种社会性评价，如某人因为与他人交往中说到做到，严格履行与他人约定的事情，从不违反约定，继而取得他人的信任。如前所述，在我国以往的司法实践中，信用被作为民事主体的名誉的一部分，受到名誉权的保护。在民法典编纂时，立法机关也没有接受一些学者的意见，单独规定信用权，而是依据通过名誉权来保护信用。《民法典》第1024条第2款在界定名誉时，将信用作为对民事主体的社会评价之一而纳入其中。

随着网络信息科技的高速发展，现代社会的信用制度已经不同于以往。一方面，由于信息处理能力的极大提升，任何民事主体参与社会交往中形成的各种信息（交易记录、行踪轨迹、违约违法记录等），都能很容易地被收集、存储、加工、使用和提供，并以此为基础形成对这些民事主体的信用评价。另一方面，信用评价被日益广泛运用于社会生活的方方面面，从而成为社会治理和国家治理的重要手段。在我国的社会信用体系建设中，社会信用体系就是一个"政府—市场—社会—司法"全方位覆盖的信用体系，这和西方社会将信用主要偏重于经济领域和金融领域完全不同。也就是说，我国当前的社会信用体系"名为提高诚信，实则兼具法律实施之意"②。在这种全方位的社会信用体系当中，任何主体，无论是自然人、法人、非法人组织，还是商业企业、政府机关、司法机关都要被进行各种信用评价，并且对于失信行为采取所谓的联合惩戒机制。③ 由此可见，信用就如同贴在每个身上的标签一样。一个不好的信用标签，就会让一个人在社会中处处碰壁，步步难行。

在这种情况下，仅仅是依靠传统的名誉权来保护现代社会中民事主体的信用，就会捉襟见肘。例如，就名誉权而言，不存在名誉权人有权查询自己名誉的问题，但是信用则应当允许被查询，特别是那些依法有权对他人进行信用评价的机构，其有义务让被评价者查询，因为该信用评价对被评价者产生了各种有利或不利的影响，而被评价者对此享有知情权。再如，当信用信息被非法处理时，如何保护这些信用信息，也不是传统的名誉权

---

① 参见《信用基本术语》（GB/T 22117—2008）第2.1.1条。
② 沈岿：《社会信用体系建设的法治之道》，载《中国法学》2019年第5期。
③ 相关规定参见国务院颁布的《社会信用体系建设规划纲要（2014—2020年）》《国务院办公厅关于加快推进社会信用体系建设构建以信用为基础的新型监管机制的指导意见》等文件的规定。

所能解决的。有鉴于此，我国《民法典》虽然仍然将信用作为名誉的一部分，却也注意到了现代社会信用制度的发展特点，因此，作出了两条保护民事主体信用的特别规定：其一，《民法典》第1029条规定民事主体对其信用评价享有查询权、更正权和删除权；其二，《民法典》第1030条明确信用信息适用个人信息保护和相关法律法规的规定。

二、有权对他人进行信用评价的主体

在社会交往如商业活动、政府依法履行管理职责或提供公共服务的过程中，民事主体之间会留存他人的信用信息，政府机关也会记录保存民事主体的信用信息，但是，并非任何单位或个人都可以对他人进行信用评价，更不是任何单位或个人都有权公开他人的信用信息。

依据我国现行法律法规和规定，有权对他人进行信用评价的主体有两类：其一，征信机构，即依法设立，主要经营征信业务的机构。所谓征信业务，是指对企业、事业单位等组织的信用信息和个人的信用信息进行采集、整理、保存、加工，并向信息使用者提供的活动（《征信业管理条例》第2条第2款）。从事个人征信业务的，应当依法取得中国人民银行个人征信机构许可；从事企业征信业务的，应当依法办理企业征信机构备案；从事信用评级业务的，应当依法办理信用评级机构备案。征信机构采集信息的渠道主要有两种：一是，对于个人信息，必须经信息主体本人同意后方可采集；二是，对于企业信息，可以通过信息主体、企业交易对方、行业协会提供的信息，政府有关部门依法已公开的信息，人民法院依法公布的判决、裁定等渠道采集。

其二，全国信用信息共享平台。依据《国务院办公厅关于加快推进社会信用体系建设构建以信用为基础的新型监管机制的指导意见》的规定，全国信用信息共享平台通过与相关部门的协同配合，依法依规整合各类信用信息，对市场主体开展全覆盖、标准化、公益性的公共信用综合评价，定期将评价结果推送至相关政府部门、金融机构、行业协会商会参考使用，并依照有关规定向社会公开。全国信用信息共享平台的信息来源渠道有二：一是，政府有关部门根据权责清单建立信用信息采集目录，在办理注册登记、资质审核、日常监管、公共服务等过程中，及时、准确、全面记录市场主体信用行为，特别是将失信记录建档留痕，做到可查可核可溯。各地区各部门按职责分别负责完善法人和非法人组织统一社会信用代码制度，以统一社会信用代码为标识，整合形成完整的市场主体信用记录，并通过"信用中国"网站、国家企业信用信息公示系统或中国政府网及相关部门门户网站等渠道依法依规向社会公开。二是，信用信息的自愿注册提供，即市场主体在"信用中国"网站或其他渠道上自愿注册资质证照、市场经营、合同履约、社会公益等信用信息，并对信息真实性公开作出信用承诺，授权网站对相关信息进行整合、共享与应用。经验证的自愿注册信息可作为开展信用评价和生成信用报告的重要依据。

三、信用评价的查询权与更正删除权

（一）查询权

由于信用评价对于民事主体的社会交往、生产生活具有重大的影响，因此即便是有权对他人进行信用评价的主体，其对他人进行信用评价的结果和依据，必须能够供被评价主体查询，被评价主体对此享有知情权，否则就会损害民事主体的合法权益。《征信业管理条例》第17条规定："信息主体可以向征信机构查询自身信息。个人信息主体有权每年两次免费获取本人的信用报告。"《民法典》第1029条第1句也明确规定："民事主体可以依法查询自己的信用评价"。如果个人信息主体之外的人要查询该信息的，《征信业管理条例》第18条规定："向征信机构查询个人信息的，应当取得信息主体本人的书面同意并约定用途。但是，法律规定可以不经同意查询的除外。征信机构不得违反前款规定提供个人信息。"这里实际上就已经涉及个人信息的保护问题，故此，依据《民法典》第1030条的规定："民事主体与征信机构等信用信息处理者之间的关系，适用本编有关个人信息保护的规定和其他法律、行政法规的有关规定"，该条中的信用信息，就是指自然人的个人信用信息，根据《个人信用信息基础数据库管理暂行办法》第4条第1款，个人信用信息包括个人基本信息、个人信贷交易信息以及反映个人信用状况的其他信息。该暂行办法第4条第2款规定，"前款所称个人基本信息是指自然人身份识别信息、职业和居住地址等信息；个人信贷交易信息是指商业银行提供的自然人在个人贷款、贷记卡、准贷记卡、担保等信用活动中形成的交易记录；反映个人信用状况的其他信息是指除信贷交易信息之外的反映个人信用状况的相关信息。"自然人的信用信

息也属于个人信息，依据我国《个人信息保护法》第45条的规定，个人有权向个人信息处理者查阅、复制其个人信息；有《个人信息保护法》法第18条第1款、第35条规定情形的除外。个人请求查阅、复制其个人信息的，个人信息处理者应当及时提供。个人请求将个人信息转移至其指定的个人信息处理者，符合国家网信部门规定条件的，个人信息处理者应当提供转移的途径。

（二）更正删除权

如果民事主体经过查询发现自己的信用评价错误的，比如根本不存在的不良信息被标注在其上，或者依法应当删除的不良信息未被删除，此时，依据《民法典》第1029条的规定，民事主体有权提出异议并请求采取更正、删除等必要措施，即民事主体享有更正权和删除权。信用评价人应当及时核查，经核查属实的，应当及时采取必要措施。《个人信息保护法》对个人信息的删除作出了更为详细的规定，依据该法第47条，有下列情形之一的，个人信息处理者应当主动删除个人信息；个人信息处理者未删除的，个人有权请求删除：（1）处理目的已实现、无法实现或者为实现处理目的不再必要；（2）个人信息处理者停止提供产品或者服务，或者保存期限已届满；（3）个人撤回同意；（4）个人信息处理者违反法律、行政法规或者违反约定处理个人信息；（5）法律、行政法规规定的其他情形。法律、行政法规规定的保存期限未届满，或者删除个人信息从技术上难以实现的，个人信息处理者应当停止除存储和采取必要的安全保护措施之外的处理。此外，《征信业管理条例》第16条规定："征信机构对个人不良信息的保存期限，自不良行为或者事件终止之日起为5年；超过5年的，应当予以删除。在不良信息保存期限内，信息主体可以对不良信息作出说明，征信机构应当予以记载。"该条例第23条第1款规定："征信机构应当采取合理措施，保障其提供信息的准确性。"

从我国司法实践来看，围绕着信用评价引起的纠纷主要就是信用评价错误引发的，导致错误的原因主要包括：（1）未经信息主体的同意而收集其个人信息。例如，在"深圳市国银盛达融资担保有限公司与黄某勇侵权责任纠纷案"中，法院认为，本案中，根据黄某勇与成都利信公司签订的《小额借款服务合同》及授权委托书，代偿的主体并非深圳国银担保公司。即使深圳国银担保公司依据《借款协议》对黄某勇的借款进行了代偿，但深圳国银担保公司并未提交证据证明其报送黄某勇的不良征信记录事先征得黄某勇的同意并告知黄某勇本人。因此，深圳国银担保公司在未告知黄某勇的情况下向征信机构报送黄某勇不良信用记录信息已构成侵权。①

(2) 信息提供者向征信机构提供个人不良信息之前没有告知信息主体本人。例如，在"王某与山东莱芜农村商业银行股份有限公司名誉权纠纷案"中，法院认为，山东莱芜农村商业银行股份有限公司（以下简称莱商银行）在借款人王某骞贷款逾期后，既未有向担保人王某进行过催收的事实，亦未有向债务人王某骞和担保人王某提起过民事诉讼的事实。因此，从债务人王某骞贷款逾期未还的时间和担保人王某的保证期间上看，担保人王某的担保债权已超过保证期间，且王某配偶何某已于 2015 年 9 月 14 日将王某担保的贷款 17 万元本金清偿完毕，莱商银行对其上报信息未经事前合法性审查和评价，直接将王某的担保信息列为不良贷款信用信息上报征信机构，这导致社会公众对王某担保责任的法定承担产生不当或错误认识。②

(3) 依法应当删除的不良信息没有被删除。例如，在"肖某与中国农业银行股份有限公司安远县支行名誉权纠纷案"中，法院认为，上诉人肖某为案外人杜某某 20 000 元的贷款进行担保，迄今为止该笔贷款本息分文未还的事实是客观存在，但上诉人肖某所担保的上述借款发生在 1997 年 9 月，2015 年被上诉人才将上诉人有过担保行为的信用信息上传至个人信用信息数据库，违反了 2005 年中国人民银行制定的《个人信用信息基础数据库管理暂行办法》关于准确、完整、及时地向个人信用数据库报送个人信用信息的规定，且被上诉人在 2015 年向征信机构提供个人不良信息时，未事先告知信息主体本人即上诉人肖某，违反了 2013 年已施行的《征信业管理条例》第 15 条有关征信业务规则。《征信业管理条例》第 16 条第 1 项规定："征信机构对个人不良信息的保存期限，自不良行为或者事件终止之日起为 5 年；超过 5 年的，应当予以删除。"综上，上诉人虽有过失信行为，但被上诉人未按规定时间、程序将其提供给征信机构，导致上诉人不良信用记录未能被尽早消除，造成损害，属于侵犯名誉权行为。③

---

① 四川省广安市中级人民法院（2019）川 16 民终 1646 号民事判决书。
② 山东省济南市中级人民法院（2019）鲁 01 民终 10520 号民事判决书。
③ 江西省赣州市中级人民法院（2016）赣 07 民终 930 号民事判决书。

(4) 将他人冒用信息主体姓名形成的不良记录列在信息主体名下。在"周某芳诉中国银行股份有限公司上海市分行名誉权纠纷案"中，法院认为，名义上的信用卡持卡人与银行之间因不良信用记录发生名誉权纠纷，法院应当依据侵权行为的要件进行审查。银行按照国家的相关法律法规及监管要求报送相关信息，其报送的信息也都是源于名义持卡人名下信用卡的真实欠款记录，并非捏造，不存在虚构事实或侮辱的行为，故不构成侵害名誉权的行为。名誉权受损害的后果应当是导致名义持卡人的社会评价降低。但是，中国人民银行的征信系统相对封闭，只有本人或者相关政府部门、金融机构因法定事由才能对该系统内的记录进行查询，这些记录并未在不特定的人群中进行传播，不会造成名义持卡人的社会评价降低，故不能认定存在损害名誉权的后果。①

第四节　侵害名誉权的侵权赔偿责任的构成要件

一、概述

侵害名誉权的侵权行为属于一般侵权行为，适用的是过错责任原则。《民法典》第1165条第1款规定："行为人因过错侵害他人民事权益造成损害的，应当承担侵权责任。"该款就是对过错责任原则的规定。由于过错责任原则是侵权赔偿责任的归责原则，故此，只有满足了以下三项要件才能成立侵害名誉权的侵权赔偿责任：首先，存在侵害行为，即行为人侵害了他人的名誉权。其次，侵害名誉权的行为给他人造成了损害即存在因果关系；最后，行为人具有过错。如果行为人正准备实施侵害他人名誉权的行为或者侵害他人名誉权的行为尚未造成损害的，依据《民法典》第995条，受害人有权依照《民法典》和其他法律的规定要求行为人承担民事责任，即可以行使要求行为人停止侵害、排除妨碍、消除危险的人格权请求权。这三类人格权请求权的行使不以名誉权被侵害之人已经遭受损害、行为人

---

① 《最高人民法院公报》2012年第9期。

具有过错为要件。

在我国司法实践中，不少法院认为，侵害名誉权的侵权责任的构成要件包括四项，即受害人确有名誉被损害的事实、行为人行为违法、违法行为与损害后果之间有因果关系、行为人主观上有过错。[①] 这一认识来自1993年最高人民法院发布的《名誉权解答》这一司法解释的规定，该解释规定："是否构成侵害名誉权的责任，应当根据受害人确有名誉被损害的事实、行为人行为违法、违法行为与损害后果之间有因果关系、行为人主观上有过错来认定。"《名誉权解答》之所以将"行为人行为违法"作为构成要件之一，理由在于：司法解释起草者认为，《民法通则》第101条规定，"公民、法人享有名誉权，公民的人格尊严受法律保护，禁止用侮辱、诽谤等方式损害公民、法人的名誉。"任何人违反这一规定，以侮辱、诽谤等方式使公民或者法人的名誉受到损害，这种行为就具有违法性。[②] 由此可见，只要是侵害名誉权的行为就是违法性，具有不法性。我国《民法典》第1165条第1款之所以使用"侵害"一词，要表明的就是只要没有法律依据或者未经权利人同意而实施妨碍、侵入等对他人的民事权益产生不利影响的行为，就是侵害行为，具有不法性。换言之，在现代社会，"不侵害他人"是任何一个民事主体所应遵守的普遍性义务，没有合法依据或者法律授权，不得损害他人的民事权益，否则就可能承担一定的法律后果。[③] 故此，侵害行为已经包含了不法性的概念，无须将其单独作为一项构成要件。

二、行为人实施了侵害他人名誉权的行为

（一）侵害名誉权的行为

侵害名誉权的行为，包括作为和不作为。作为是指行为人通过口头、书面或行动等积极的方式而实施的贬损他人名誉的行为，如在报纸、杂志、书籍、广播、电视、网络等上发表、刊登、播出辱骂、羞辱他人的文章、语言、图片。不作为就是指，行为人负有积极作为的义务以避免侵害他人

[①] 参见第143号指导案例"北京兰世达光电科技有限公司、黄晓兰诉赵敏名誉权纠纷案"（最高人民法院审判委员会讨论通过；2020年10月9日发布）。

[②] 梁书文、杨立新、杨洪逵：《审理名誉权案件司法解释理解与适用》，北京，中国法制出版社2001年版，第23页。

[③] 黄薇主编：《中华人民共和国民法典侵权责任编解读》，北京，中国法制出版社2020年版，第7页。

的名誉权，却没有履行该义务以致造成损害。

所谓作为的侵害名誉权的行为，就是侮辱、诽谤等。我国《民法典》第1024条第1款第2句规定，"任何组织或者个人不得以侮辱、诽谤等方式侵害他人的名誉权。"而不作为的侵害名誉权的行为，最典型的就是《民法典》第1025条第2项所规定的，在行为人为公共利益实施新闻报道、舆论监督等行为而影响他人名誉时，原则上不承担民事责任，但是如果行为人对他人提供的严重失实内容未尽到合理核实义务，则需要承担民事责任。[1]

侮辱，是指故意以暴力或者其他方式贬损他人的名誉；诽谤，是指捏造事实，以造谣污蔑等方式贬损他人的名誉。[2] 这两类行为是最典型的侵害名誉权的行为，二者在行为方式和主观过错上有所不同。首先，在行为方式上：一方面，侮辱更侧重于采取各种动作甚至是以暴力的方式来羞辱他人[3]，如大庭广众下辱骂并殴打他人、向他人泼洒污秽之物等。在一起侵害名誉权纠纷案中，被告莫某明、邹某丽认为，原告陈某某（未成年人）到白沙万宝超市内拿了发卡及糖果藏于身后，未经超市收银台计价收费便走到超市门口属于盗窃，其便用绳子将陈某某绑在万宝超市门前的电线杆上，并在其身上悬挂一块写有"小偷"的字牌，才引来了在场群众的围观。[4] 与侮辱不同的是，诽谤侧重的是行为人通过捏造、虚构事实而采取口头或书面的方式损害他人名誉。例如，在一个案件中，两被告怀疑原告张某与被告李某的丈夫有不正当的男女关系，多次在夜晚打电话骚扰原告，甚至跑到原告就读的学校及原告住处散布原告与李某的丈夫有不正当关系的消息，对原告进行诽谤。[5] 普通法系侵权法，通常将诽谤区分为：文字诽谤（Libel）与非文字诽谤（也称口头诽谤 slander）。《美国侵权行为法重述

---

[1] 由于行为人未尽到合理核实义务本身也是认定行为人过错的标准，故此，本节将在过错部分讨论行为人是否尽到合理核实义务的问题。此处仅讨论作为的侵害名誉权的行为。

[2] 孙亚明主编：《民法通则要论》，北京，法律出版社1991年版，第206页。

[3] 我国刑法学说也认为，侮辱是指对他人予以轻蔑的价值判断的表示，所表示的内容通常与他人的能力、德性、身份、身体状况等相关，侮辱的方式包括暴力的，非暴力的，也包括言辞的、文字或图画等。诽谤行为则主要是指散布捏造的事实，注意败坏他人的名誉。张明楷：《刑法学》下册，（第五版），北京，法律出版社2016年版，第917-918页。

[4] "陈某某诉莫某兰、莫某明、邹某丽侵犯健康权、名誉权纠纷案"，载《最高人民法院公报》2015年第5期。

[5] 张某女诉李某、李某琴侵害名誉权案，上海市第一中级人民法院（2000）沪一中民终字第1966号民事判决书。

(第二次)》第 568 条规定:"(1)文字诽谤包括诽谤性事项之以书写、印刷文字、置于实体或其他具有书写、印刷文字的潜在伤害性质的方式的传递消息。(2)非文字诽谤包括诽谤性事项之以语言、短暂性的姿势或前项所规定的以外的其他方式的传递消息。(3)在决定某一公布消息是文字诽谤而不是非文字诽谤,散布消息的范围、公布该消息的深思熟虑、预谋或诽谤的持续存在性,是考虑的因素。"另一方面,侮辱主要是针对受害人直接实施的,而诽谤可以直接针对受害人,也可以不直接针对受害人,而是通过向他人散布有损受害人的言论,从而达到贬损受害人名誉的效果。① 其次,从主观过错角度来说,实施侮辱行为的人多是故意,而被指责实施了诽谤行为的人可能是故意的,也可能是过失的,如新闻媒体对他人提供的内容没有尽到合理核实义务导致所报道的内容严重失实,虽然提供该内容的人可能是故意的,而新闻媒体很难说是故意的,其只是存在过失而已。总的来说,在侵权法上区分侮辱、诽谤的意义不大,它们都是典型的侵害名誉权的行为。

从实践来看,侵害名誉权的行为不限于侮辱、诽谤,还包括其他的方式。例如,被告律师事务所发表律师声明,无端指责被告既非原告单位的工作人员,原告也从未授权被告代表原告对外开展活动,该内容完全违背事实,导致他人误以为被告是诈骗分子②;用人单位在原告提出辞职并且已经解除劳动合同的情况下,又以原告尚未正式办理退工手续即不来上班,违反劳动纪律为由,再次作出解除劳动合同的决定,并在退工通知书中记载"因违纪而解除合同",导致原告在求职市场上存在不良记录③;单位在没有查明事实真相的情况下,就发出通告指责原告在工作中存在私自扣留货款的贪污行为④;在网络评价平台上,评价者多次发表涉及经营主体核心商誉的、主要内容失实严重且偏离客观事实的差评⑤;在纸币上书写辱骂他

---

① 王利明:《人格权法研究》(第三版),北京,中国人民大学出版社 2018 年版,第493页。
② "李忠平诉南京艺术学院、江苏振泽律师事务所名誉权侵权纠纷案",载《最高人民法院公报》2008 年第 11 期。
③ "徐恺诉上海宝钢冶金建设公司侵犯名誉权纠纷案",载《最高人民法院公报》2006 年第 12 期。
④ 参见朱江主编:《北京市第二中级人民法院经典案例分类精解·名誉权卷》,北京,法律出版社 2012 年版,第 25 页以下。
⑤ 成都鼎力家政服务有限公司诉何静名誉权纠纷案,四川省成都市中级人民法院(2017)川01 民终 9779 号民事判决书。

人的话语之后,将该纸币投入流通领域①;在自己店门前,以书写黑板报的方式诋毁他人出售假货等等。②

(二) 侵害的是特定主体的名誉权

名誉权之所以受到法律保护,就因为名誉是对特定民事主体的品德、声望、才能、信用等的社会评价。无论是侮辱还是诽谤,都是对特定民事主体的此种社会评价的破坏,进而会歪曲其真实的社会形象,对该主体在社会关系网络中的位置产生不利影响,损害其正常的社会交往活动,最终引发财产损害和精神损害。因此,侵害名誉权纠纷中,被侵害的主体应当是特定的主体。

1. 判断名誉被影响的主体是否特定的标准

如果有关报道或文章指名点姓的侵害他人名誉权,受害人当然是特定的,没有争议。即便有关的文章或报道中未指名点姓,甚至完全没有提及原告的姓名或名称,但该文章或报道中的某些事实能够使一般社会公众或被侵权人周围的一般人能轻易知悉所指称的是特定的民事主体之时,也应当认定侵害特定主体的名誉权。具体而言,包括以下情形。

其一,如果原告具有侵权纠纷发生当时普通人不具备的、独特的且大众知悉的身份,加害人虽未指名点姓但明确提到了这一特定身份,那么原告就可被认定为是被告所指的人。例如,被告在杂志上发表的一篇文章称:"当一家新闻单位邀请一位以动人的歌声博得群众尊敬爱戴的老山英模参加上海金秋文艺晚会时,这位英模人物开价3 000元,少1分也不行。尽管报社同志一再解释,鉴于经费等各种因素酌情付给报酬,他始终没有改口。"原告徐良正是当时广为人知的"以动人的歌声博得群众尊敬爱戴的老山英模"。故而,该文发表后广为流传,原告也因此受到多方指责。法院认为,被告侵害了原告的名誉权。③ 再如,在"陆某与黄某名誉权纠纷案"中,被

---

① "卓碧珍等诉徐颖珺在人民币上书写漫骂、侮辱其语言后支付出去在社会上流通侵犯名誉权案",载最高人民法院中国应用法学研究所编:《人民法院案例选》(总第43辑),北京,人民法院出版社2003年版,第168页以下。

② "余福均诉傅跃明等在其店旁竖立黑板并写上暗示其售价的内容侵犯名誉权案",载最高人民法院中国应用法学研究所编:《人民法院案例选》(总第43辑),北京,人民法院出版社2003年版,第173页以下。

③ "徐良诉《上海文化艺术报》、赵伟昌侵害名誉权纠纷案",载《最高人民法院公报》1990年4期。

告黄某在新浪网博客中发表文章对当时的中国国家足球队及其主教练进行了评论，该文中提及"国家队首席跟队记者"与国家队时任主教练发生宫外孕之事，原告陆某认为，该文中提及的"国家队首席跟队记者"指的就是自己，因此构成对自己名誉权和隐私权的侵害。法院认为，综合首席记者并非中央电视台独有且陆某首席记者的称谓系单位内部任命，并未向社会公开，参与中国国家足球队报道的媒体女记者也并非只有原告陆某一人，"宫外孕"系个人隐私，他人是否有过"宫外孕"难以排除性的确认。因此现有证据尚不足以证明涉案文章中的相关词句排他地、特定地、唯一地指向陆某，一般公众在阅读该涉案文章后也不能当然产生文中涉及的女性记者即为陆某的结论并对陆某作出负面评价，故此，不能认定为涉案文章侵害了陆某的名誉权。①

其二，受害人具有公众知悉或者极容易查证的特定事实或经历，而被告提到了这一事实或经历。② 例如，被告在其文章中并未提到原告李谷一的名字，但是其中这样写道："十年前以一曲《乡恋》而名噪大陆的某位乐团领导，不知心怀何意，但却明显险恶地抓起话筒，向在座各位愤愤宣告了一个大胆的谣言：'韦唯得艾滋病了。'舆论哗然"。这种对特定人的特定事实——"十年前以一曲《乡恋》而名噪大陆的某位乐团领导"——的表述，显然使公众一看就知道被告所指责的人为原告李谷一。③ 再如，在"范冰冰与毕成功、贵州易赛德文化传媒有限公司侵犯名誉权纠纷案"中，2012年5月19日，香港《苹果日报》刊登了一篇未经证实的关于内地影星章子怡的负面报道。2012年5月30日被告毕成功转发并评论，其于2012年3月31日发布微博称，该负面报道是"Miss F"组织实施的。2012年5月30日19：10，被告易赛德公司主办的黔讯网新闻板块之"娱乐资讯"刊登了《编剧曝章子怡被黑内幕，主谋范冰冰已无戏可拍》一文，以前述微博内容

---

① 参见朱江主编：《北京市第二中级人民法院经典案例分类精解·名誉权卷》，北京，法律出版社2012年版，第31页。

② 例如，在英国发生的"安森诉斯图阿特案"案中，报纸上有一段这样写道："这个恶魔般的人物，就像吃人的波吕斐摩斯一样，只有一只眼睛，所有知道那个高贵的环球航海家名字的人都知道他。"很明显，原告就是他提供的证据中提到的那个人，因为他有一只眼睛，并且原告的名字与著名的海军上将安森相似。I'Anson v Stuart，(1787) 1 T. R. 748.

③ "李谷一诉南阳《声屏周报》社、汤生午报道文章侵犯名誉权纠纷案"，载最高人民法院中国应用法学研究所编：《人民法院案例选》（1992—1996年合订本），北京，人民法院出版社1997年版，第520页以下。

为基础称："……知名编剧毕成功在其新浪微博上揭秘章子怡被黑内幕，称范冰冰是幕后主谋……"原告范冰冰起诉被告毕成功与易赛德公司。被告毕成功以"Miss F"指的是在美国电影《致命契约》中饰演"Clary Fray"的美国女演员莉莉·科林斯（Lily collins）而非原告范冰冰作为抗辩。法院认为：在一定情况下，毁损性陈述有可能隐含在表面陈述中（即影射）。这时并不要求毁损性陈述指名道姓，只要原告证明在特定情况下，具有特定知识背景的人有理由相信该陈述针对的对象是原告即可。从被告毕成功发布的微博的时间、背景来看，易让读者得出"Miss F"涉及章子怡报道一事。从毕成功该微博下的评论、《内幕》一文以及后续大量网友的评论和相关报道来看，多数人认为"Miss F"所指即是范冰冰。毕成功虽于2012年6月4日发表微博，称其未指名道姓说谁黑章子怡，但该微博下的大量评论仍显示多数网友认为仍是范冰冰实施的所谓诬陷计划，而毕成功并未就此作出进一步明确的反驳，否认"Miss F"是范冰冰。毕成功提交的证据未能证明"诬陷计划"以及莉莉·科林斯与"诬陷计划"的关系，且毕成功在诉讼前面对大量网友认为"Miss F"就是指范冰冰时，也从未提及"Miss F"是指莉莉·科林斯，故毕成功有关"Miss F"的身份解释明显缺乏证据支持。①

其三，虽然文章提及的是法定姓名之外的网名或者其他称谓，但符合以下两项要件：首先，该网名或称谓是与特定的民事主体（一人或数人）相联系的，存在对应的关系；其次，一定范围内的公众知道该网名或者称谓指向的是特定的民事主体。例如，在"张某诉俞某风网络环境中侵犯名誉权纠纷案"中，法院认为："本案原告张某、被告俞某风虽然各自以虚拟的网名登录网站并参与网站的活动，但在现实生活中通过聚会，两人已经相互认识并且相互知道网名所对应的人，且张某的'红颜静'网名及其真实身份还被其他网友所知悉，'红颜静'不再仅仅是网络上的虚拟身份。知道对方真实身份的网友间，虽然继续以网名在网上进行交流，但此时的交流已经不局限于虚拟的网络空间，交流对象也不再是虚拟的人，而是具有了现实性、针对性。俞某风通过西祠胡同网站的公开讨论版，以'大跃进'的网名数次发表针对'红颜静'即张某的言论，其间多次使用侮辱性语言贬低'红颜静'即张某的人格。俞某风在主观上具有对张某的名誉进行毁

---

① 最高人民法院2014年10月10日公布的八起利用信息网络侵害人身权益典型案例之一。

损的恶意，客观上实施了侵权他人名誉权的行为，不可避免地影响了他人对张某的公正评价，应当承担侵权的民事责任。"① 在另一起网络侵害名誉权的案件中，法院认为："网络社区中的虚拟人物玉儿虽然不享有人格权以至于不享有名誉权，但如果同现实社会中的自然人相联系、相对应以至于成为某自然人的称谓指代时，对虚拟人物的毁誉褒贬便直接及于对应的该自然人。某自然人注册网名并以网名在网络社区中活动，自然人与网名关系的实质与外观均类似于自然人真实姓名与其绰号之间的关系，对绰号的行为同对真实姓名的行为一样直接及于该自然人。因此，被告关于'虚拟社区的虚拟人物玉儿不享有名誉权'的抗辩语意本身是正确的，但本院却不能据此拒绝对张某名誉权的保护。"② 再如，在"工行六姐妹"名誉权纠纷案中，法院认为："工行六姐妹"这一称呼，是随着赵某某等六人与所在单位的案件被中央级电视媒体报道，在全国范围内传播后才出现的特定称谓，所指即赵某某等六人坚持多年诉讼要求确认无固定期限劳动合同一事。③

2. 侵害法人、非法人组织名誉权的行为

人格权制度的根本目的在于维护自然人的人格尊严和人格自由，故此，享有人格权的主体主要就是自然人，除非法律另有规定，否则法人、非法人组织不享有人格权。考虑到法人和非法人组织也是法律上承认的民事主体，为了维护法人、非法人组织的财产利益，并间接保护组织背后的自然人，我国《民法典》特别规定了法人、非法人组织享有名誉权、名称权和荣誉权这三种人格权。故此，在认定行为人是否实施了侵害法人、非法人组织的名誉权时，不能脱离立法目的，而适用与侵害自然人的名誉权相同的认定标准。否则，就会损害言论自由，无法保护公共利益。在1998年的《名誉权解释》中，最高人民法院就注意到了这一点。该解释第9条规定："消费者对生产者、经营者、销售者的产品质量或者服务质量进行批评、评

---

① 《最高人民法院公报》2001年第5期。
② 张某诉北京联众电脑技术有限责任公司侵权纠纷案，吉林省吉林市中级人民法院（2004）吉中民一终字第728号民事判决书。类似的案例参见，覃莉莉诉周永胜名誉侵权案，广西壮族自治区南宁市城北区人民法院（2002）城民初字第1349号民事判决书。
③ 参见程屹：《特定职业身份的人在媒体上的不实陈述可能构成对当事者名誉权的侵害——赵某某等人诉梁某、和讯信息科技有限公司名誉权纠纷案相关法律问题分析》，载北京市高级人民法院：《审判前沿：新类型案件审判实务》（总第34集），北京，法律出版社2011年版，第103页。

论，不应当认定为侵害他人名誉权。但借机诽谤、诋毁，损害其名誉的，应当认定为侵害名誉权。新闻单位对生产者、经营者、销售者的产品质量或者服务质量进行批评、评论，内容基本属实，没有侮辱内容的，不应当认定为侵害其名誉权；主要内容失实，损害其名誉的，应当认定为侵害名誉权。"《民法典》颁布后，最高人民法院已经废止了《名誉权解释》，但是，笔者认为，对于侵害法人、非法人组织的名誉权的侵害行为的认定仍然应当采取不同于侵害自然人的名誉权的侵害行为的认定标准。具体而言：首先，对于经营者之间发生的侵害营利法人的名誉权的行为的认定，应当适用《反不正当竞争法》的规定。《反不正当竞争法》第 11 条规定，经营者不得编造、传播虚假信息或者误导性信息，损害竞争对手的商业信誉、商品声誉。该条规定的侵害行为人是经营者，而商业诋毁的对象是竞争对手，实施的行为是编造、传播虚假信息或者误导性信息。其次，只要不构成《反不正当竞争法》所规定的进行商业诋毁的不正当竞争行为，原则上，涉及法人、非法人组织的言论、报道或评论，都可以作为《民法典》第 1025 条所规定的为了公共利益而实施新闻报道、舆论监督等行为，故此，即便影响了法人、非法人组织的名誉的，原则上也不承担民事责任，除非法人、非法人组织能够证明行为人存在《民法典》第 1025 条规定的三项例外情形之一。

3. 团体诽谤

团体诽谤，也称集体诽谤，是指针对某一民族、性别、肤色的人或某一国、省、县或某一组织、某一社会阶层的人进行的诽谤。团体诽谤不同于对法人、非法人组织名誉权的侵害，因为团体诽谤所涉及的人并非某一特定法人或非法人组织的成员，而只是因为某一地域、肤色、人种、性别或职业等标签被作为的一个所谓的团体或集体。由于侵害名誉权必须是对特定主体名誉权的侵害，故此，如果涉及的人的范围是不特定的，显然不应当构成侵害名誉权，否则就会使行为人承担的侵权责任漫无边际，法院也不可能承受数量如此巨大的诉讼案件。例如，某恋爱失败之女士在博客中写到，"天底下的所有男人都是骗子"；某一诉讼中败诉的当事人，在微信圈中大骂"法官没有一个是好东西"。任何男人或法官都无权以侵害名誉权为由，要求该女士或当事人承担侵权责任。因为这种所谓的团体诽谤涉及的人数实在太多。倘若要求行为人都因此承担责任，将会使行为人向不特定的人承担不特定的责任，对人们的言论自由构成极大的妨害，也会引发诉讼爆炸，增加司法的负担。

团体诽谤的案件在比较法上都曾发生过。在德国，有两起很著名的团体诽谤案件。一个案件是"犹太人集体诽谤案"（Beleidigung der Juden als Kollektivbeleidigung）；一个案件为"士兵是谋杀犯案"（Soldaten-Moerder Urteil）。在"犹太人集体诽谤案"中，被告到处张贴发放传单，宣称第三帝国期间谋杀六百万犹太人乃是犹太复国主义者制造的骗局，是不能接受的谎言。原告乃犹太人，其祖父死于纳粹的集中营，故以自己及祖父的名誉受到侵害为由，要求法院禁止被告散布该言论。[①] 联邦最高法院认为，任何人的在第三帝国期间谋杀犹太人的历史事实的言论，属于事实陈述，德国《基本法》第5条第1项所保障的言论自由并不包括对于否定屠杀犹太人的虚假事实的陈述，就团体诽谤问题，法院特别指出："有犹太血统者，基于其人格权，得在德意志联邦共和国请求承认犹太人在纳粹统治期间所遭受被迫害的命运，否认在第三帝国谋杀犹太人之事实者，系对犹太人中的任何人构成诽谤。"[②] 在"士兵是谋杀犯案"中，四名提起宪法诉愿的自然人，因不同的事由而分别被法院判处构成侮辱罪等刑事犯罪，如一个诉愿人因为在1988年9月北约秋季军事演习期间，在床单上写下"士兵是谋杀犯"的标语悬挂在十字路口而被提起公诉被判处构成侮辱罪，处以罚金；一个诉愿人因在1989年11月联邦国防军举行的关于联邦国防军的漫画展上散发载有"士兵是潜在的谋杀犯吗？"等内容的标语，被判处侮辱罪。联邦宪法法院判决认为，"士兵是谋杀犯"或"士兵是潜在的谋杀犯"的言论并不涉及特定的士兵，它更多的是一种对士兵或士兵职业的评价，因为后者总是伴随着人的死亡。"普通法院在没有指名道姓、无法辨识出特定人、针对某一集体的贬低性言论中，得出了侵犯成员个人名誉的结论。但是，贬低性言论必须指名道姓或者建立在可辨识的基础上，如果贬低性言论的目的是完全针对人性或者批评社会组织或社会现象，那么这并不对个人的

---

① 哈佛大学法学院德肖维茨教授在其回忆录中曾写到："每当有人否认大屠杀或诽谤犹太人，不管是乔姆斯基、黑尔、雷德格雷夫，还是弗里松，我都会接到电话和电子邮件，要求我以诽谤犹太人或恶意诽谤起诉这些人。但根据宪法第一修正案，只有个人才能遭到诽谤，不存在群体被诽谤的现象。"[美]艾伦·德肖维茨：《一辩到底：我的法律人生》，朱元庆译，北京，北京大学出版社2020年版，第188页。

② 王泽鉴：《人格权法：法释义学、比较法、案例研究》，台北，作者印行2012年版，第181页。

名誉构成损害。"①

日本民法学界认为，如果使用"东北人很粗野"等表述时，由于对象比较含糊，原则上不应当认为对该集团的所属人群造成了名誉的毁损，但是，如果团体比较小且人员是特定的，那么对该团体的不实报道可能构成侵害名誉权。在一则判例中，新闻报道侵害了居住在某公寓并组成自治会的华侨的名誉，法院认为，该报道对自治会以及自治会的全体成员的名誉毁损成立。②

美国法上对于团体诽谤（Group Libel），原则上给予刑法处罚，一般不构成侵权诉讼。美国法院曾提出两个标准：一是团体的人数必须少到对每一个成员都可以一一予以指认；二是诽谤言词涉及了团体中的全部成员。例如，美国曾经发生一个案件，某杂志社发表的文章称某公司的模特儿和男女售货员兼营卖淫勾当，当时该公司有9名模特，25名男售货员，382名女售货员，结果法院只是受理了9名模特和15名男售货员提起的诽谤诉讼，而30名女售货员代表全体女售货员提起的诉讼被驳回。《美国侵权行为法重述（第二次）》第564A条规定："发布针对某一群或某一阶层的人的诽谤性事项，只有在符合以下规定之一，且仅在符合以下规定之一时，应对该群体或阶层中的某个承担责任：（a）该群体或阶层的人数如此之少，以至于该诽谤性事项能够被合理地理解为指的是其成员；或（b）诽谤性事项发布时的客观情况能够合理地推论出，特别涉及了其成员。"多少人数才被认为是足够少，有的法院的判决认为是25人以下。③

我国发生的团体诽谤案件很少。从可以查到的资料，在湖南省曾经发生一起团体诽谤案件，该案案情为：1986年1月，中共衡南县委根据文化部、国家民委、中国民研会及湖南省委宣传部等指示精神，为了保证按期编好民间文学"三套集成"湖南分卷，成立了由当时衡南县副县长谢长青任组长的衡南县民间文学集成领导小组，下设编委会，办公地点设在县文

---

① 王锴译：《"士兵是谋杀犯"案》，载张翔主编：《德国宪法案例选释》（第2辑），北京，法律出版社2016年版，第184—485页。
② 东京高判昭29·5·11，转引自［日］五十岚清：《人格权法》，铃木贤、葛敏译，北京大学出版社2009年版，第27页。
③ The American Law Institute, *Restatement of the Law Second*, Torts 2d, vol. 3 §§504—707A, 1977, p. 168.

化局，编委成员中有衡南县江口镇人贺成章。同年，衡南县政府成立了衡南县县志办，衡南县文化局根据县志办的要求，成立了"文化艺术志"编纂委员会。1987年8月衡南县民间文学集成编委会出版发行《中国民间故事集成湖南卷衡南县资料本》；1988年8月，衡南县文化局出版发行了衡南县志丛书之一《文化艺术志》，共二千册，在本县小范围内发行。《文化艺术志》收集刊登了由罗大光搜集整理，罗天宝口述的民间传说"秦改贺，不为错"的民间传说一文，《衡南县资料本》一书明确该文系"秦桧的传说"。该文大意为：秦桧害了岳飞之后为避免日后被追杀，便逃回老家江口，并将"秦氏宗祠"改为"贺氏宗祠"，将所有姓秦的人改为姓贺的人。1998年，衡南县江口镇贺姓人在组织编修《贺氏八修宋谱》搜集资料时，发现上述两书中的"秦改贺，不为错"一文，认为该文将贺姓后代说成是秦桧的后代，侵犯贺氏的名誉权。于是多次找罗大光、罗天宝及衡南县文化局并要求衡南县委协调处理，经县委多次调处无效，原告向法院提起集团诉讼，法院以诉讼时效期间届满为由驳回了原告的诉讼请求。①

笔者认为，团体诽谤要成立必须符合以下几个要件：其一，该团体的成员是特定的而不是变动不居的，否则难以成立团体诽谤，因为这会使得被告面临在不特定时间向不特定人承担不特定的责任的风险，责任范围过大，引发诉讼爆炸；其二，在团体的成员特定的时候，需要考虑案涉言论究竟是直接导致团体成员的社会评价下降，还是团体本身的社会评价下降。如果只是导致团体本身的社会评价下降，而该团体本身又是独立的民事主体如法人或非法人组织的，那么只是构成对该法人或非法人组织名誉权的侵害，而非对团体成员名誉权的侵害。例如，在"北京大学诉邹恒甫侵害名誉权纠纷案"中，邹恒甫在发表的言论中宣称"北大淫棍太多""北大的院长主任教授"奸淫女服务员，其并未指明特定的哪一位或哪些院长系主任，但是，北京大学认为，对北大的院长系主任等教师的名誉的贬损就是对北大这一法人的名誉权的侵害，而法院也支持了这种观点认为："法人名誉权是法人对其在社会活动中所获得的社会评价所享有保有、不被侵犯的权利。具体而言，法人的名誉包括对其产品、服务、人员、管理、信誉等

---

① 衡南县江口贺氏诉讼集团诉罗大光、罗天宝、衡南县文化局侵害名誉权纠纷案，湖南省衡南县人民法院（2000）南民初字第29号民事判决书。

多方面的综合社会评价。'学者效也','校者教也'。从'学校'二字的字面含义以及学校负担的社会功能来看,学校本身就是以"师生"为主体而形成的教授和学习知识、传递和塑造价值的场所。因此,学校与师生之间形成了不可分割的利益共同体,对教师或学生尤其是对不特定教师或学生的评价必然会影响学校本身的声誉。本案中,邹恒甫辩称其发布微博内容指向'少数院长副院长教授',并非指向北京大学。但其在发布涉诉微博中用语模糊、指向不明,且始终未向法院予以明确说明或提交证据证明其发布微博内容具体指向哪些或哪位'院长主任教授'。鉴于其微博内容涉及了对北京大学管理能力、教师整体素养作风的评价,从一般人角度来看,微博内容显然足以令人联想指向到北京大学。"[①]

三、损害了他人的名誉

(一)受害人的名誉受贬损

侵害他人名誉权的行为必须造成了损害,侵权人才可能需要承担侵权赔偿责任。所谓侵害名誉权造成的损害就是名誉权主体即受害人的名誉受贬损。由于名誉是对民事主体的品德、声望、才能、信用等的社会评价。故此,所谓受害人的名誉受贬损就是指受害人的社会评价降低。首先,名誉不同于名誉感。社会评价也不是受害人的自我评价,而是不特定的人对受害人的评价的降低。因此,行为人针对受害人实施的侮辱、诽谤等侵害名誉权的行为必须公之于众,而为第三人知悉,才可能使得社会评价降低。如果仅限于攻击者与被攻击者二人之间,并未公开,没有被第三人知悉,则不会造成被侵权人的名誉受损。正因如此,原《民法通则意见》第140条第1款才规定:"以书面、口头等形式宣扬他人的隐私,或者捏造事实公然丑化他人人格,以及用侮辱、诽谤等方式损害他人名誉,造成一定影响的,应当认定为侵害公民名誉权的行为。"该款中的"造成一定影响"就是对侵害名誉权的行为必须公之于众,而为第三人知悉的要求。例如,在"周某芳诉中国银行股份有限公司上海市分行名誉权纠纷案"中,法院认为:"名誉权受损害的损害后果应当是对周某芳的社会评价降低,但是,中

[①] 邹恒甫与北京大学名誉权纠纷案,北京市第一中级人民法院(2014)一中民终字第09328号民事判决书。

国人民银行的征信系统是一个相对封闭的系统。只有本人或者相关政府部门、金融机构因法定事由才能对该系统内的记录进行查询，这些记录并未在不特定的人群中进行传播，并且造成周某芳的社会评价降低，故不能认定存在周某芳名誉受损的后果。"① 再如，A与B二人在场，因琐事A对B进行了辱骂、恶意的人身攻击，此时没有第三人知悉这些侮辱、诽谤性的言辞，则受害人的社会评价并未降低，未损害其名誉。当然，此种行为会构成对受害人的人格尊严的损害，但却难以认定构成侵害名誉权。

其次，行为人针对受害人实施的侮辱、诽谤等侵害名誉权的行为为第三人知悉，并不要求知悉的第三人的数量和范围，只要为侵害人和受害人之外的人知悉即可。也就是说，知悉的第三人的人数可能很多，也可能很少，但是，只要有一个人知悉，就可以认定受害人的名誉已经遭受了损害，在该知悉的第三人心目中对受害人的评价就已经降低。② 例如，在只有A、B、C三个人的微信群中，A对B进行侮辱，而为C所知悉，就构成了侵害名誉权。但是，如果只是A在与B一对一微信聊天中对B进行谩骂，不构成侵害B的名誉权，但是，如果A将其与B的微信聊天记录截图发给C或者发在朋友圈，那么就为第三人所知悉的了。至于在人数更多的微信群、QQ群或者微博上、微信朋友圈中实施侮辱、诽谤等贬损他人名誉的行为，更是构成侵害名誉权。③ 需要注意的是，知悉的第三人的人数和范围虽然对于名誉被贬损这一损害后果的认定不发生影响，却会对侵权责任的承担产生影响。例如，《民法典》第998条就将"影响范围""行为的后果"等因素作为认定行为人承担侵害除生命权、身体权和健康权外的人格权的民事责任时应当考虑的因素。再如，《民法典》第1000条第1款规定："行为人因侵害人格权承担消除影响、恢复名誉、赔礼道歉等民事责任的，应当与行为的具体方式和造成的影响范围相当。"

最后，社会评价是对受害人的人品、声望、才干、能力、信用等内容的评价。故此，只有导致了受害人的社会评价的降低，才构成侵害名誉权。如果仅仅是使人们对某种事实发生单纯地错误认识，却未因此导致社会评价降低，亦不构成侵害名誉权。例如，新闻报道中错误地报道了他人的职

---

① 《最高人民法院公报》2012年第9期。
② 王利明：《人格权法研究》（第三版），北京，中国人民大学出版社2018年版，第505页。
③ 参见第143号指导案例"北京兰世达光电科技有限公司、黄晓兰诉赵敏名誉权纠纷案"（最高人民法院审判委员会讨论通过，2020年10月9日发布）。

业（如将作家说成律师）、职称（如将教授说成是副教授）或生存状况（将活着的人说成已经去世），仅仅是这种事实错误并不当然就导致社会评价的降低。例如，在"李颉诉新京报社名誉权纠纷案"中，被告新京报社在2003年12月8日的《新京报》娱乐新闻·专题C45版刊载的《红楼部分演员谱》中报道，"李颉：饰贾赦，以后出演过《三国演义》等，现已去世。"原告李颉以侵害名誉权为由提起诉讼，要求被告承担侵权赔偿责任。法院认为，被告由于未尽上述完全审查核实之义务，导致含有失实文章的报纸在一定区域和范围内被发行传阅，主观上显然有过失，已构成对原告名誉权的侵犯。[1]然而，笔者认为，尽管该案中作为老者的原告对于"死亡"很敏感，可能因被告的错误报道而遭受一定的精神上的不愉悦，而读者也可能因看到关于原告已经死亡的错误报道而感到哀伤或惋惜，却不会因此降低原告的社会评价。故此，不能认为被告侵害了原告的名誉权。再如，在"上海法率信息技术有限公司诉北京奇虎科技有限公司名誉权纠纷案"中，法院认为："在名誉权纠纷中，原告的社会评价是否因被告的行为而降低，是判断是否构成侵犯名誉权的重要条件。本案中，360手机卫士软件对涉案号码021-××××1721的标记一开始并未显示上诉人上海法率信息技术有限公司（以下简称法率公司）的名称和LOGO，在法率公司提出申请后，被上诉人北京奇虎科技有限公司（以下简称奇虎公司）才在安装360手机卫士的手机上对涉案号码添加显示法率公司的名称和LOGO，以使手机用户能够辨认；再结合法率公司的咨询业务量并未因标记行为而降低的情况，故本案法率公司的证据不足以证明其因标记行为而社会评价降低的损害结果。因此，法率公司诉称奇虎公司构成侵犯名誉权的主张难以成立，不予支持。"[2]

（二）名誉受贬损的举证责任

在侵害名誉权诉讼中，就名誉受损即社会评价的降低，受害人不需要对此损害单独负证明责任。受害人只需要提供证据证明加害人实施了侵害名誉权的行为即侮辱、诽谤等行为且该行为是公开的为他人所知悉即可。[3]

---

[1] 北京市宣武区人民法院（2004）宣民初字第02285号民事判决书。
[2] 《最高人民法院公报》2020年第10期。
[3] 我国《刑法》第246条第3款还规定："通过信息网络实施第一款规定的行为，被害人向人民法院告诉，但提供证据确有困难的，人民法院可以要求公安机关提供协助。"

也就是说，原告只要能够证明被告陈述的事实是虚假事实或者发表的评论是侮辱性、诽谤性的，并且这些事实和评论已经公开了，自然既可以推断出受害人的名誉权因此而遭受损害。因为，如果要求原告除证明被告存在侮辱、诽谤等加害行为之外，还必须证明自己的社会评价被降低的损害后果：一则难以证明，纯属强人所难；二则，容易给受害人造成二次伤害，扩大损害后果。实践中也有原告通过委托专业的咨询公司，以社会调查的方式来证明被告的虚假报道对自己的名誉权造成了侵害，对此，法院表示认可。例如，在"程某强与烟台日报社、曲某承、李某军、闫某斌、王某刚、李某明名誉权纠纷案"中，法院认为："为了证明两篇文章的确造成了损害，程某强委托北京民天咨询有限责任公司对两篇文章所产生的影响进行了社会调查，并出具了调查分析报告。""社会调查不同于就专业技术问题所进行的科学鉴定或者司法鉴定，法律法规对于社会调查的范围、方法、程序等没有禁止性要求；运用社会调查的方法，对某一特定人或事的社会评价进行调查是可行的方法。""该调查结果进一步证明，两篇文章在客观上确实对程某强的名誉产生了不良影响，导致对程某强的社会评价降低。"[1]

四、行为人具有过错

（一）行为人故意或过失实施侵害名誉权的行为

侵害名誉权的侵权赔偿责任适用的是过错责任，行为人主观上必须具有过错。行为人的此种过错可能是故意，也可能是过失。例如，以侮辱、诽谤等行为侵害他人名誉权者，主观上是故意的。而对于因转载或发表他人提供的失实内容而构成侵害名誉权者而言，其过错主要表现在没有尽到合理审查义务的过失。实践中，还发生过提供新闻素材的单位因未尽到谨慎注意义务，导致其提供的新闻素材被新闻单位公开后构成了对他人名誉权的侵害，此种过错也属于过失。例如，在一起侵害未成年人的名誉权纠纷案中，法院认为，被告叶集公安分局为侦破相关刑事案件，安排李某峰等六名被上诉人配合进行混合指认，该行为是一种法定的、特殊的侦查手段。但是，在侦查活动终结后，在向新闻媒体提供混合指认这一侦查活动

---

[1] 山东省高级人民法院（2000）鲁民终字第390号民事判决书，载山东省高级人民法院编：《人民法院优秀裁判文书选（山东·2002年卷）》，北京，人民法院出版社2003年版，第176页以下。

中形成的资料时，叶集公安分局没有尽到谨慎的注意义务，未向新闻单位进行特别的提醒，以致李某峰等六名被上诉人的脸部画面未经任何技术处理，即通过新闻播出且该新闻节目亦未就此作出特别说明。由于观看新闻的普通群众并不一定知晓混合指认这一特定侦察手段的具体内容，故此，有人公开指责六名被上诉人未成年即犯下恶劣罪行，并冠以"强奸犯"的称谓，导致六名被上诉人社会评价的降低，发生了名誉权受损的后果。显然，叶集公安分局存在过失。①

（二）未尽到合理核实义务

在行为人为公共利益而进行新闻报道、舆论监督等行为时，其所报道的事实来源多种多样。所谓事实来源，也称信息来源或信源。在新闻传播理论中，新闻的信源被分为以下几类：其一，记者信源，即来自新闻报道的记者的信息，这里面又可以分为作为目击者的记者信源，即记者亲眼目睹的新闻事件，与作为专家的记者信源，即有些情况下鉴于记者出众的专业能力，人们凭借资质就把它们当成记者信源；其二，目击者信源，即他人以事件的目击者身份出现并提供一手或二手信息；其三，专家信源和分析人士信源，此类人群没有直接参与报道，而是作为受邀专家提供背景信息或分析。其四，匿名信源，即有些情形下提供信息的人基于安全保护的考虑而不提供真实姓名或者新闻媒体不能将提供信息的人告诉大众，这一类人提供的信息就属于匿名信源。② 上述信源中第 2 类至第 4 类信源属于他人提供的事实，也就是所谓的二手信源。

美国著名的新闻评论家沃尔特·李普曼曾言："一旦所有新闻报道都来自二手信源，人们将失去对真理的感觉，只对观点作出反应。"③ 新闻报道、舆论监督都应当坚持客观、全面、准确、公正的原则，无论是新闻媒体的记者直接获取的新闻材料，还是他人提供的新闻材料，都必须是真实和准确的，不能是道听途说、捕风捉影甚至是捏造、虚构、歪曲事实，尤其是新闻媒体作为专业的机构有义务也有能力对他人提供的新闻材料进行核实，

---

① "李某峰等诉叶集公安分局、安徽电视台等侵犯名誉权、肖像权纠纷案"，载《最高人民法院公报》2007 年第 2 期。
② ［美］比尔·科瓦奇、汤姆·罗森斯蒂尔：《真相：信息超载时代如何知道该相信什么》，陆佳怡、孙志刚译，北京，中国人民大学出版社 2019 年版，第 79 页以下。
③ 转引自［美］比尔·科瓦奇、汤姆·罗森斯蒂尔：《真相：信息超载时代如何知道该相信什么》，陆佳怡、孙志刚译，北京，中国人民大学出版社 2019 年版，第 204 页。

这既是法律法规的要求，也是新闻媒体的职业道德和专业素质的要求。我国《出版管理条例》第 25 条第 8 项、《广播电视管理条例》第 32 条第 5 项、《互联网信息服务管理办法》第 15 条第 8 项都明确规定，出版物、节目和互联网信息中不得含有"侮辱或者诽谤他人，侵害他人合法权益的"内容。《关于严防虚假新闻报道的若干规定》第 1 条更是明确要求：新闻记者开展新闻采访活动必须遵守国家法律法规，严禁编发虚假新闻和失实报道。新闻记者从事新闻采访报道必须坚持真实、准确、全面、客观、公正的原则，深入新闻现场调查研究，充分了解事实真相，全面听取新闻当事人各方意见，客观反映事件各相关方的事实与陈述，避免只采用新闻当事人中某一方的陈述或者单一的事实证据。新闻记者编发新闻报道必须坚持实事求是，不得发布虚假新闻，严禁依据道听途说编写新闻或者虚构新闻细节，不得凭借主观猜测改变或者杜撰新闻事实，不得故意歪曲事实真相，不得对新闻图片或者新闻视频的内容进行影响其真实性的修改。新闻记者报道新闻事件必须坚持实地采访，采用权威渠道消息或者可证实的事实，不得依据未经核实的社会传闻等非第一手材料编发新闻。新闻记者开展批评性报道至少要有两个以上不同的新闻来源，并在认真核实后保存各方相关证据，确保新闻报道真实、客观、准确，新闻分析及评论文章要在事实准确的基础上做到公正评判、正确引导。

在我国的司法实践中，人民法院对于新闻媒体就他人提供的失实内容是否承担责任，也以是否尽到合理的核实义务作为确认有无过错的标准，例如，在"于桥等诉王任直等名誉权纠纷案"中，法院明确指出："坚持客观、真实、公正，是新闻舆论的基本原则。新闻报道所依据的素材必须是真实的，不能仅凭道听途说，应当对其中事实内容进行核实，而不仅仅是将新闻材料原样照搬予以刊登。在新闻报道中关于时间、地点、人物、事件、原因、情节的描写都必须真实，新闻的背景材料的介绍也必须是真实的。三联书店称新闻媒体没有权利也没有责任对于是非曲直做出判断，《恨》及《未必恨》两篇文章都是双方当事人对事件的说法进行的报道，没有进行评价，该项辩称所持观点推卸了作者对其所撰写的新闻作品内容的审查核实责任。新闻行业的特点和新闻工作的职业特点决定了专职的新闻工作者较社会一般公众应尽到更高要求的特定注意义务，在采访报道中，因调查不仔细、工作不深入使其发表的新闻报道在内容上失真，造成对他人名誉权的侵害的，也应承担相应的法律后果。"①

《民法典》第1025条第2项明确规定，行为人为公共利益实施新闻报道、舆论监督等行为，影响他人名誉的，不承担民事责任，但是，如果行为人对他人提供的严重失实的内容没有尽到合理核实义务的，不能免责。由此可见，首先，行为人只适用于对他人提供的内容的合理核实义务。换句话说，只有对他人提供的内容，才存在行为人予以核实的义务的问题。如果事实就是行为人自己提供的，那么行为人自己就应当保证不捏造、歪曲事实，同时，依据法律法规和新闻传播的真实、准确、全面、客观、公正的原则，深入新闻现场调查研究，保证报道真实的情况。如果行为人在新闻报道中捏造、虚构事实的，那么依据《民法典》第1025条第1项，行为人应当承担民事责任。其次，行为人也并非要对他人提供的任何失实的内容都要尽到合理核实的义务，该义务仅限于对严重失实内容的合理核实。如果是一般性内容失实或者细枝末节处不准确，即便实施新闻报道、舆论监督等行为的行为人没有尽到合理的核实义务，也不承担民事责任。这主要就是考虑到新闻报道、舆论监督的时效性、手段方式上的有限性等特点。最后，就如何判断被告尽到了该合理审查义务，《民法典》第1026条列举了以下需要考虑的因素。

1. 内容来源的可信度

所谓内容来源的可信度，就是要求从事新闻报道、舆论监督的行为人必须对他人提供的内容的来源、有无证据可以供证实或者其他信源相互佐证等加以审查，不能直接采用没有经过核实的社会传闻等非第一手材料或者他人提供的无法证实的内容。在新闻报道侵害名誉权的诉讼中，对于匿名信源，一方面，除危害国家安全、保密等特殊原因外，应当标明采访记者和采访对象的姓名、职务和单位名称，不能任意使用权威人士、有关人士、消息人士等概念模糊新闻消息来源。另一方面，也应当对于匿名信源的真实性进行一定程度的审查并通过其他信息加以佐证。例如，在一个新闻报道引起的名誉权纠纷中，原告主张被告刊发的构成侵权的争议文章中有10处构成侵权，其中有4处被告新闻媒体无法提供详细的消息来源，主要是化名人物的采访内容。法院首先审查了该采访是否是真实存在的。在

---

① 北京市海淀区人民法院（2002）海民初字第5097号民事判决书。

确认采访确实是真实存在之后，法院认为："在以被采访对象的口述作为消息来源时，口述内容的不确定性、被采访对象的主观倾向性、消息来源的非官方性、非权威性等因素都有可能影响报道的客观性。按照客观报道的要求，报道人应当做到：1. 应结合口述内容是正面还是负面、相关事件是被采访对象亲身经历还是转述、被采访对象所在岗位与相关事件的关联性、被采访对象是否与公司存在利益冲突，以及是否已离职、离职原因、是否要求化名等因素综合判断口述事件的可采性；2. 口述内容涉及被报道对象的负面信息，且口述者与被报道对象可能存在利益冲突时，应避免以口述内容为单一消息源；3. 上述第 2 点涉及的负面信息在没有其他消息源佐证或通过实地调查仍无法确信属实时，应避免直接引用。"① 依据上述三点，法院结合案件中双方所举出的证据，对被告就匿名信源是否尽到合理审查义务进行判断后认为被告尽到了合理审查的义务。

2. 对明显可能引发争议的内容是否进行了必要的调查

所谓明显可能引起争议的内容是指，就他人提供的内容事实上已经引起争议，成为社会热点事件或者新闻媒体知道该内容一经报道后很有可能会引发争议，这尤其是指那些批评性报道。对此，《关于严防虚假新闻报道的若干规定》提出的要求是："深入新闻现场调查研究，充分了解事实真相，全面听取新闻当事人各方意见，客观反映事件各相关方的事实与陈述，避免只采用新闻当事人中某一方的陈述或者单一的事实证据。""新闻记者开展批评性报道至少要有两个以上不同的新闻来源，并在认真核实后保存各方相关证据，确保新闻报道真实、客观、准确，新闻分析及评论文章要在事实准确的基础上做到公正评判、正确引导。"

3. 内容的时限性

新闻报道、舆论监督都具有时效性，所谓的热点事件可能就持续几天而已，故此对于这类时效性很强的内容，如果要求新闻媒体像做学术研究那样不断深挖，就出现"真相还在穿裤子的时候，谎言都环游世界一周"②

---

① 新京报社与世奢会（北京）国际商业管理有限公司等名誉权纠纷案，北京市第三中级人民法院（2014）三中民终字第 6013 号民事判决书。
② 这是广播和电视新闻的先驱爱德华·默罗担心报道因为花费时间而处于劣势时说的一句话。转引自［美］比尔·科瓦奇、汤姆·罗森斯蒂尔：《真相：信息超载时代如何知道该相信什么》，陆佳怡、孙志刚译，北京，中国人民大学出版社 2019 年版，第 204 页。

的情形，显然违背新闻报道的规律。因此，在认定合理审查义务时，需要考虑内容的时限性，不能做过分的要求。

4. 内容与公序良俗的关联性

所谓内容与公序良俗的关联性，是指他人提供的内容是否明显违背公序良俗或报道后极大的可能会违背公序良俗，对于具有这种可能性的内容，新闻媒体应当尽到更大的审查义务。反之，有些内容的报道对于维护公序良俗是极为必要的，报道该内容正是发挥舆论监督的功能，即便出现失实，也是有则改之，无则加勉，那么对于这些内容不能要求新闻媒体承担过分的审查义务。

5. 受害人名誉受贬损的可能性

有的内容经过报道后，会对受害人的名誉造成极大的贬损，并由此给他人造成较大的损害，如某人向媒体提供的信息称某上市公司生产假疫苗，且已经造成不少注射该疫苗的人受害，此时该内容如果失实并经报道的话，将会对该企业的名誉权构成严重的损害，并导致该企业的股价暴跌甚至被退市，这种情况下，新闻媒体在报道的时候就应当更加尽到充分合理的审查义务。

6. 核实能力和核实成本

新闻媒体各不相同，人力、物力、财力以及核实信息的能力等方面也有很大的差别。故此，对于核实能力更强的新闻媒体，要求更高的核实义务。反之，则要求低一些。同时，成本也是需要考虑的因素。例如，对于公民个人进行舆论监督而言，就不可能要求其如同专业媒体那样去调查和核实，有些情况下出于成本的考虑，不少公民可能是从网络获取相关信息进行核实。现代社会网络是人们方便、快捷地获取信息的手段，利用网络检索资料已经成为公众获取信息的重要来源。如果要求公众在获得了信息后还要向相关的网站进行核实，显然是强人所难。因此，司法实践中认为，公民依据网络检索获取的信息并据此发表评论的，只要不是恶意贬损他人，即便该信息不真实，被告也不承担侵权责任。例如，在"肖某国诉方某民名誉权纠纷案"中，法院认为："通过网络检索资料已经成为当前公众获取信息之重要来源，公民据此信息发表评论，并无向相关网站及被评论人核实之义务。如认为公民在发表评论前负此义务，未履行该义务而对他人做出负面评论即构成名誉侵权，则势必将置公民于或歌功颂德，或噤若寒蝉之境地，评论自由几无可能，况要求公民在发表评论前履行此义务实无实现之可能。需要强调的是，公民虽无此核实之义务即可行使其评论自由之权利，但并不意味着其可随意依此网络资料恶意贬损他人。此时需课以公民另两义务以滋平衡，一是评论人对其评论所依网络资料来源的正当性和内容的可信性应尽善良管理人之注意义务，排除正常人的合理怀疑，二是评论人应当意识到自己检索到的网络资料可能是不完整的，甚至是不准确的，因此在依据甄别后的资料发表评论时应当谦抑、有度，不应超出其依据资料可合理推知的范围。公民依据网络资料发表评论符合此二要件，即应当认为其已尽到合理的注意，即使其评论有所失当，只要其主观上不存在恶意，亦不应承担名誉侵权之法律责任。"[1]

第五节 侵害名誉权的抗辩事由

一、真实性抗辩

大多数侵害名誉权的行为都是通过虚构、捏造事实，以达到贬损他人名誉的目的。例如，捏造某大学教师 A 教授对女学生 B 进行了性侵害或性骚扰，宣称 C 公司生产的香肠是用腐烂变质甚至病死的猪肉加工而成的等。如果被告影响他人名誉的言论所陈述的内容属实，如 A 教授确实实施了对女学生 B 的性侵害或性骚扰，C 公司生产的香肠就是用病死的猪肉加工的。在这种情形下，由于被告所陈述的内容属实，不构成对原告名誉权的侵害。此时，不顾被告陈述的内容是否属实，而追究被告基于何种动机或出于什么目的公布真相，在法律上是没有意义的。也许被告是为了追求公平正义，惩治人面兽心的 A 教授和违法经营的 C 公司；也许被告就是与 A 教授或 C 公司有仇，要对他们进行报复。总之，只要被告所述内容属实，那么就可以主张真实性抗辩，无须承担侵害名誉权的侵权责任。当然，"这并不是说法律对于不分青红皂白地将真相强加于他人有什么特别的偏好，而是诽谤属于对一个人名誉的伤害，如果人们听到关于该人的真相后认为他更坏，那仅仅表明这个人的名誉已降低到

---

[1] 北京市高级人民法院（2007）高民终字第 1146 号民事判决书。

与之相应的水平。"①

从证明责任的分配来看，应由原告首先证明被告所陈述的事实是虚假的，是不符合真实情况的。然后，被告通过提出证据来证明自己所述内容是真实的，从而进行抗辩。以新闻媒体侵害名誉权纠纷为例，即"新闻媒体只有违背了真实性审核义务，故意歪曲事实进行不实报道，或者因过失未尽合理审查义务导致不实报道的，才构成侵权。反之，新闻媒体没有歪曲事实、不实报道的主观故意或过失，且有合理可信赖的消息来源为依据时，则不应承担侵权责任"，"报道失实是提出名誉权侵权主张的一方所需举证证明的，有合理可信赖的消息来源是提出不侵权抗辩的新闻媒体所需举证证明的。"② 如果在名誉权诉讼中，不要求原告先证明被告所述事实是虚假的，而是要求被告证明其所述事实是真实的，就意味着要求被告在侵权诉讼中自证清白，这显然是不合理的。③ 这种做法也违反了我国《民事诉讼法》第67条第1款规定的"当事人对自己提出的主张，有责任提供证据"的举证责任分配的基本原则。因此，当案件的真伪不明时，即原告无法证明被告所述是假的，被告也无法证明自己所述是真的，就应当认定原告没有完成举证责任，进而判决原告败诉。

如果原告已经提出证据证明了被告所述内容为虚假的，被告存在捏造、歪曲事实的行为，那么被告就需要提出证据证明所述事实为真实的，作为抗辩。这种抗辩就是真实性抗辩。例如，被告通过证明自己报道的事实是客观准确地援引国家机关依职权制作的公开的文书和实施的公开的职权行为所做的报道。被告虽然是根据国家机关依职权制作的文书和公开实施的职权行为等信息来源来发布的信息，但是该信息与前述信息来源的内容不符，或者通过"添加侮辱性内容、诽谤性信息、不当标题或者通过增删信息、调整结构、改变顺序等方式致人误解"，或者前述信息来源已被公开更正，但网络用户拒绝更正或者网络服务提供者不予更正或仍然发布更正之前的信息的，被告的行为依然会侵害他人名誉权。《利用信息网络侵害人身

---

① Edwin Peel & James Goudkamp, *Winfield and Jolowicz on Tort*, 19. th. ed., Sweet & Maxwell, 2014, pp. 13-041.
② 新京报社与世奢会（北京）国际商业管理有限公司等名誉权纠纷案，北京市第三中级人民法院（2014）三中民终字第6013号民事判决书。
③ 有学者对司法实践中的此种现象给予了批评。参见魏永征、周丽娜：《新闻传播法教程》（第六版），北京，中国人民大学出版社2019年版，第149页。

权益纠纷规定》第 9 条规定："网络用户或者网络服务提供者，根据国家机关依职权制作的文书和公开实施的职权行为等信息来源所发布的信息，有下列情形之一，侵害他人人身权益，被侵权人请求侵权人承担侵权责任的，人民法院应予支持：（一）网络用户或者网络服务提供者发布的信息与前述信息来源内容不符；（二）网络用户或者网络服务提供者以添加侮辱性内容、诽谤性信息、不当标题或者通过增删信息、调整结构、改变顺序等方式致人误解；（三）前述信息来源已被公开更正，但网络用户拒绝更正或者网络服务提供者不予更正；（四）前述信息来源已被公开更正，网络用户或者网络服务提供者仍然发布更正之前的信息。"

日本民法学说认为，通过真实性的证明来阻却违法性，仅适用于报纸对公共关心事务以公益目的而进行的报道，因此，对于公共关心事务以外的报道，即使其真实性能够得到证明，也无法阻却其侵害名誉权的违法性。[①] 但是，在我国法上，真实性抗辩不仅在行为人因实施新闻报道、舆论监督等行为而引起的侵害名誉权的案件中可以适用，在因其他行为引发的名誉权侵权纠纷中同样可以适用。不过，在因新闻报道、舆论监督之外的行为引发的名誉权纠纷中，真实性抗辩只能免除侵害名誉权的侵权责任，却不能免除可能涉及的侵害隐私权的侵权责任。然而，就新闻报道、舆论监督行为而言，基于公共利益的目的，真实性抗辩能够同时免除侵害隐私权的侵权责任。

二、公正评论抗辩

在涉及事实陈述时，被告可以使用真实性抗辩，但是就意见表达部分，因属于主观价值判断，故而无法确定真假。公正评论是名誉权纠纷案件中针对意见表达是否侵害名誉权的抗辩事由。在英美法中，公正评论，也称"真诚意见（honest opinion）"，它是指"事关公共利害关系的事项或者一般公众关心的事项，任何人都有评论的自由，只要不牵涉与公共利害无关的暴露私生活或进行人身攻击等，加之公正评论，那么用语和表达再激烈、再辛辣，或者即使其结果造成被评论者的社会评价下降，也不应该对评论

[①] 参见［日］五十岚清：《人格权法》，［日］铃木贤、葛敏译，北京，北京大学出版社 2009 年版，第 39-40 页。

者的名誉毁损责任加以追究。"① 在普通法上，公正评论的抗辩需要符合以下三项要件：首先，必须是意见表达而非事实陈述，后者可以适用的是真实性抗辩；其次，该意见表达必须笼统或具体地指出了其依据。最后，必须是一个诚实的人可以基于其陈述时存在的任何事实或在可以豁免的声明中被断言为事实的任何东西来持有该意见的。② 日本民法借鉴该理论形成了其公正评论的法理，平成9年（1997年）9月9日日本最高裁判所的判决指出："基于某事实意见或评论因表达而引起名誉毁损时，如果该行为事关公共利害、且以公益为目的，那么作为上述意见或评论前提的主要事实，如果能够证明其真实性，并且意见或评论不涉及人身攻击，没有超越其作为意见或评论的范围，那么就应当认定上述行为欠缺违法性。"③

如前所述，在《民法典》编纂之前，我国司法实践就明确区分了事实陈述和意见表达，并且对于被告涉案言论中意见表达部分是否构成对原告名誉权的侵害，采取了公正评论的判断标准，即主要就是看是否存在"侮辱他人人格的内容"。例如，1993年最高人民法院颁布的《名誉权解答》第8条规定："因撰写、发表批评文章引起的名誉权纠纷，人民法院应根据不同情况处理：文章反映的问题基本真实，没有侮辱他人人格的内容的，不应认定为侵害他人名誉权。文章反映的问题虽基本属实，但有侮辱他人人格的内容，使他人名誉受到侵害的，应认定为侵害他人名誉权。文章的基本内容失实，使他人名誉受到损害的，应认定为侵害他人名誉权。"之所以作出这样的规定，是因为"行为人对真实情况的评论是在事实基础上的恶意的发挥，具有侮辱、诽谤的性质，是对他人人格的贬损、丑化，会影响社会对该人的公正评价，主观上具有过错的心理状态，客观上实施了违法行为，并造成了损害他人名誉的事实，应当认定为侵害他人名誉权。"④ 1998年最高人民法院的《名誉权解释》规定，消费者对生产者、经营者、

---

① 转引自［日］五十岚清：《人格权法》，［日］铃木贤、葛敏译，北京，北京大学出版社2009年版，第50-51页。
② Edwin Peel & James Goudkamp, *Winfield and Jolowicz on Tort*, 19.th ed., Sweet & Maxwell, 2014, pp.13-094.
③ ［日］五十岚清：《人格权法》，［日］铃木贤、葛敏译，北京，北京大学出版社2009年版，第53页。
④ 梁书文、杨立新、杨洪逵：《审理名誉权案件司法解释理解与适用》，北京，中国法制出版社2001年版，第25页。

销售者的产品质量或者服务质量进行批评、评论,不应当认定为侵害他人名誉权。但借机诽谤、诋毁,损害其名誉的,应当认定为侵害名誉权。新闻单位对生产者、经营者、销售者的产品质量或者服务质量进行批评、评论,内容基本属实,没有侮辱内容的,不应当认定为侵害其名誉权;主要内容失实,损害其名誉的,应当认定为侵害名誉权。司法解释的起草者认为,这一规定是借鉴了国外的公正评论权制度,即公众对社会普遍关注的有关公共利益的问题,通过新闻传播媒介善意发表有事实根据的议论,应当免除侵权责任,故此,司法解释借鉴国外有益经验,对公众极为关注的产品质量、服务质量问题作出了公正评论的规定。①

我国《民法典》虽然没有直接将公正评论作为侵害名誉权的抗辩事由,但是,《民法典》在吸收上述司法解释的规定的基础上,于第1025条第3项规定,如果行为人"使用侮辱性言辞等贬损他人名誉"的,即便是行为人为公共利益实施新闻报道、舆论监督,但是行为影响了他人名誉的,不能免除行为人侵害名誉权的侵权责任。从这一规定可以看出,我国《民法典》承认了公正评论抗辩。依据《民法典》第1025条,行为人为公共利益实施新闻报道、舆论监督等行为,影响他人名誉的,原则上不承担民事责任,除非存在三种例外情形,第1025条第3项所规定的"使用侮辱性言辞等贬损他人名誉"的,是例外情形之一。由此可见,在我国法上,公正评论并非是被告主张其不应当承担侵害名誉权的民事责任的抗辩,而是原告即主张其名誉权被侵害的民事主体要求那些为公共利益而实施新闻报道、舆论监督,从而影响自己的名誉的被告如报纸、杂志、电台、电视台等承担民事责任的依据之一。换言之,被告无须主张公正抗辩来免责,而是原告证明被告没有进行公正评论,使用了侮辱性言辞等贬损了自己的名誉,故此需要承担侵权责任。

三、文艺作品的特殊免责事由

我国《宪法》第47条规定:"中华人民共和国公民有进行科学研究、文学艺术创作和其他文化活动的自由。国家对于从事教育、科学、技术、文学、艺术和其他文化事业的公民的有益于人民的创造性工作,给以鼓励

---

① 梁书文、杨立新、杨洪逵:《审理名誉权案件司法解释理解与适用》,北京,中国法制出版社2001年版,第48-49页。

和帮助。"文学、艺术作品的创作遵循着来源于生活又高于生活的原则。故此，在文学、艺术作品中不免有现实生活中的人或事的身影。如果原告可以对号入座，捕风捉影地认为被告创作的文学、艺术作品中的人或事指的就是自己或发生在自己身上的事情，继而提起名誉权侵权诉讼，则不免构成对文学艺术创造的不合理干涉，妨害文学艺术创作的自由，尤其在20世纪80年代，我国兴起了一种介于新闻报道和小说之间的独特的文学形式即报告文学，此类文学作品是以真人真事或者特定人为描述对象，故此要求真实、客观、准确；同时，又使用了文学语言和多种艺术手法，通过生动的情节和典型的细节来塑造人物形象。最为著名的就是《人民文学》1978年第1期发表的，徐迟撰写的以我国著名数学家陈景润为主人公的报告文学《哥德巴赫猜想》。受报告文学这一文学体裁的影响，司法实践认为，对于文学作品涉及侵害名誉权的案件应当要区分案涉文学作品是否描写真人真事，分别处理。

最高人民法院《名誉权解答》中就曾明确规定："撰写、发表文学作品，不是以生活中特定的人为描写对象，仅是作品的情节与生活中某人的情况相似，不应认定为侵害他人名誉权。描写真人真事的文学作品，对特定人进行侮辱、诽谤或者披露隐私损害其名誉的；或者虽未写明真实姓名和住址，但事实是以特定人或者特定人的特定事实为描写对象，文中有侮辱、诽谤或者披露隐私的内容，致其名誉受到损害的，应认定为侵害他人名誉权。"从上述规定可知，《名誉权解答》提出了两个判断步骤：其一，案涉的文学作品描写的是真人真事还是虚构的。如果是虚构的，即便与原告的情形有相似之处，也属于"如有雷同，纯粹巧合"，不构成侵害名誉权。其二，如果描写的是真人真事，如纪实文学、报告文学等，那么只有对特定人进行侮辱、诽谤的，才构成侵害名誉权。倘若被告并未写明真实姓名和住址，而事实是以特定人或者特定人的特定事实为描写对象的，如有侮辱、诽谤内容的，也构成侵害名誉权。例如，在"胡某超、周某昭、石某成诉刘某忠、《遵义晚报》社侵害名誉权纠纷案"中，法院认为："被告在创作《周西成演义》中，采用姓相同名相近、体型外貌等突出特征相似的方法把作品中的3个人物与3原告联系起来加以丑化，使熟悉3原告的读者一看便知这3个反面人物是影射3原告的，在当地给3原告的人格尊严造成了不良影响，使3原告的名誉受到了损害。《周西成演义》公开发表后，被告还公开对人说过把3原告写进演义中是有原因的。因此，被告侵害3原告名誉权的故意是明显的，依法应当承担侵权的民事责任。"①

我国《民法典》吸收了司法解释上述规定，《民法典》第1027条第1款规定："行为人发表的文学、艺术作品以真人真事或者特定人为描述对象，含有侮辱、诽谤内容，侵害他人名誉权的，受害人有权依法请求该行为人承担民事责任。"第2款规定："行为人发表的文学、艺术作品不以特定人为描述对象，仅其中的情节与该特定人的情况相似的，不承担民事责任。"显然，该条第1款规定的"行为人发表的文学、艺术作品是以真人真事或特定人为描述对象"的情形针对的就是依赖于原型人物和现有事实创作出来的纪实类作品，主要就是报告文学、纪实文学。② 由于这类作品是以真人真事或者特定人为描述对象的，所以只要作品的描述以事实为基础，原则上不构成名誉权侵权。③ 如果行为人发表的文学、艺术作品不以特定人为描述对象，仅其中的情节与该特定人的情况相似的，那么该特定人不得"对号入座"，仅仅以作品中的某些情节与自己的情况相似或类似，就认为行为人是以自己为描述对象的，进而以含有侮辱、诽谤内容为由，而要求行为人承担侵害名誉权的侵权责任。

需要注意的是，《民法典》第1027条所采取的是否"以真人真事或者特定人为描述对象"的区分标准，不同于文学创作中的非虚构写作与虚构写作的区分。广义地说，一切以现实元素为背景的写作都是非虚构写作，更强调的是作者以个人的视角进行完全独立的写作。非虚构是一种创新的叙事策略或模式，它模糊了文学（小说）与历史、纪实之间界限的意义上，生成了一种具有"中间性"的新的叙事方式。④ 区分虚构写作与非虚构写作的标准是艺术真实，而非纯粹的客观真实，所谓"艺术真实"本身就具有强烈的主观性、地域性和历史性。⑤ 非虚构写作不等于盛

---

① 《最高人民法院公报》1992年第2期。
② 杨立新教授认为，描述真人真事或者特定人包括以下几种情形：（1）指名道姓，确有其人；（2）虽未指名道姓，但是对侵权人的描述足以使人确认为某人；（3）指向某个极小的组织，如个体工商户、个人合伙；（4）以真人真事为素材加工的文学作品。参见杨立新：《人格权法》，北京，法律出版社2020年版，第224页。
③ 黄薇主编：《中华人民共和国民法典人格权编解读》，北京，中国法制出版社2020年版，第176页。
④ 张文东：《"非虚构"写作：新的文学可能性？》，载《文艺争鸣》2011年第3期。
⑤ 洪治纲：《论非虚构写作》，载《文学评论》2016年第3期。

行于 20 世纪 80 年代的报告文学、纪实文学。它们之间最根本的差别在于：报告文学和纪实文学更像新闻报道，强调的是尽可能客观的真实的描写，艺术创作不能危害此种客观真实性的要求，也就是说，报告文学的"报告"和"新闻"属性要求作家写作时必须为它的"客观真实"负责，它不允许虚构，否则便违背了报告文学的叙事伦理；而非虚构写作因侧重于个人叙事和"主观真实"，所以，非虚构写作的作者不应局限于一己所看到的"事实"，并由此作出狭隘的价值判断，而应允许适度的虚构和艺术想象。①

四、法定免责事由

（一）绝对特权与有限特权

在特定的情形下，自由的发言和表达被认为是非常重要的，因此法律上给予绝对的保护以免除任何因该等言论而可能引发的诽谤侵权责任。这样做的理由在于："除非给予全面的保护，否则人们可能害怕说出来，以防他们所说的被证明是不真实的。因此，他们将无法在捍卫真理的同时避免承担责任。"② 故此，普通法系国家的侵权法，赋予了发表言论者在特定情形下享有的绝对特权（Absolute Privilege），以免于诽谤诉讼中的侵权责任。这种特权之所以称为绝对特权，就在于即便被告发表该言论时是出于恶意的，也无须承担侵权责任。例如，在英国法上，这些绝对特权包括：（1）在议会的发言。《1688 年权利法案》规定："议会中的言论、辩论或议事程序的自由不应在议会之外的任何法院或场所遭到弹劾或质疑。"该规定赋予在英国议会上下两院发表言论的绝对特权；（2）依据上下两院的命令而公布的报告、文件、投票或者议事录。根据《1840 年议会文件法》第 1 条的规定，这些文件享有绝对特权；（3）司法程序中的任何发言，无论是口头的还是书面的，都享有绝对权；（4）特定的国家官员之间的通信也享有绝对特权；（5）对法庭诉讼的报告。根据 1996 年《诽谤法》第 14 条的规定，对于联合王国或某些超国家的法庭公开审理情况的

---

① 陈剑晖：《"非虚构写作"概念之辨及相关问题》，载《中国当代文学研究》2021 年第 5 期。
② Edwin Peel & James Goudkamp, *Winfield and Jolowicz on Tort*, 19. th. ed., Sweet & Maxwell, 2014, pp. 13-52.

公正和准确的同期报道，享有绝对特权。[①] 再如，在美国法上，绝对特权主要适用于以下情形：（1）司法程序；（2）立法程序；（3）一些案件中的行政性的散布；（4）得到允许的散布；（5）配偶之间的散布；（6）法律要求的散布。此外，一些州对于公众参与被视为政府"请愿"的事务也给予特殊的保护。[②]

与绝对特权相对应的是所谓的"有限特权"或"有条件的特权（qualified privilege）"，这种特权与绝对特权的区别在于，如果被告发表相关言论时主观上是恶意的，则丧失该特权。但是，在并非恶意的情形下，被告可以通过主张该特权而免除侵权责任。在英国，普通法和成文法都规定了有限特权。普通法上判断D对X所作的关于C的陈述是否享有有限特权的测试标准有两项：（1）哪个D负有法律、道德或社会上的义务与X沟通，而哪个X有相应的利益接受，即"义务/利益测试（duty/interest test）"；或（2）当X有利益需要保护，而D有相应的利益或有义务保护X的利益时，即"共同利益测试（common interest test）"。"一般来说，一项诉讼的产生是因为……发表了虚假、有损他人人格的言论……除非该言论是由某人在履行某种公共或私人义务时发表的，无论该义务是法律上的抑或道德上的，或者是在处理他自己的事务时在涉及他的利益的问题上，公正地作出的。在此类案件中，这些情形……提供了一个符合条件的抗辩合格的辩护，只要没有实际的恶意。"[③] 成文法中规定的有限的特权中最重要的一类是1996年《诽谤法》第1条的规定。其赋予了广泛的对公共程序（proceedings）进行"公正和准确报告"时的一项有限特权。该特权不限于新闻媒体的出版物，但不包括报社自己的调查结论或大量社论评论的"报告"。[④] 美国法上规定了四种基本的有限特权：（1）向政府官员进行散布的公共利益特权，散布的内容是有关官员们公共责任范围内的事务；（2）向拥有共同利益的人进行散布的特权，或者与此相关，为了防卫自己或为了

[①] Edwin Peel & James Goudkamp, *Winfield and Jolowicz on Tort*, 19. th. ed., Sweet & Maxwell, 2014, pp. 13-56-60.

[②] ［美］丹·B. 多布斯：《侵权法》（下册），马静、李昊、李妍、刘成杰译，北京，中国政法大学出版社2014年版，第996页以下。

[③] Toogood v Spyring, (1834) 1 C. M. & R. 181 at 193.

[④] Edwin Peel & James Goudkamp, *Winfield and Jolowicz on Tort*, 19. th. ed., Sweet & Maxwell, 2014, pp. 13-71.

其他人的利益而进行的散布；（3）公正评论特权；（4）对公共程序进行公正、准确报道的特权。

我国法律上也规定了一项绝对特权，可以适用于侵害名誉权的纠纷当中，不过实践中基本上没有被适用过。该项绝对特权就是《宪法》等法律赋予人大代表以及特别行政区立法会议员的言论特权。其中，关于全国人民代表大会代表全国人民代表大会常务委员会组成人员的言论特权的规定包括：（1）《宪法》第75条规定："全国人民代表大会代表在全国人民代表大会各种会议上的发言和表决，不受法律追究。"（2）《全国人民代表大会组织法》第48条规定："全国人民代表大会代表、全国人民代表大会常务委员会的组成人员，在全国人民代表大会和全国人民代表大会常务委员会各种会议上的发言和表决，不受法律追究。"（3）《全国人民代表大会议事规则》第55条规定："全国人民代表大会代表在全国人民代表大会各种会议上的发言和表决，不受法律追究。"（4）《全国人民代表大会常务委员会组成人员守则》第6条第1款规定："常委会组成人员在常委会各种会议上的发言和表决不受法律追究。"关于地方各级人民代表大会代表以及地方各级人民代表大会常务委员会组成人员的言论特权的规定包括：（1）《全国人民代表大会和地方各级人民代表大会代表法》第31条规定："代表在人民代表大会各种会议上的发言和表决，不受法律追究。"（2）《地方各级人民代表大会和地方各级人民政府组织法》第34条规定："地方各级人民代表大会代表、常务委员会组成人员，在人民代表大会和常务委员会会议上的发言和表决，不受法律追究。"关于香港特别行政区和澳门特别行政区立法会议员的言论特权的规定包括：（1）《香港特别行政区基本法》第77条规定："香港特别行政区立法会议员在立法会的会议上发言，不受法律追究。"（2）《澳门特别行政区基本法》第79条规定："澳门特别行政区立法会议员在立法会会议上的发言和表决，不受法律追究。"

（二）其他的法定免责事由

侵权责任的法定免责事由主要包括正当防卫、紧急避险、不可抗力、自助行为、自甘冒险、行使权利等。可以适用于侵害名誉权的案件的，司法实践中，最为常见的就是行使权利（向人民法院起诉、向有关国家机关举报、投诉）。例如，原告向有关部门反映情况，或者行使诉权，只要不是恶意诉讼或者诬告陷害，则属于其合法行使权利的行为，被告不能将原告合法行使权利作为侵害其名誉权的行为。[①] 关于正当防卫能否作为侵害名誉权的法定免责事由，值得研究。[②] 例如，张三辱骂李四，李四特别生气也骂张三。此种对骂行为在现代网络上很常见。张三起诉李四，李四可否主张正当防卫？从我国司法实践来看，有的法院认为这不构成正当防卫，而是双方互相构成侵害对方名誉权，各自承担相应的责任。例如，在"方是民与崔永元名誉权纠纷上诉案"中，法院认为："公众人物对公共议题之科学理性的讨论，为社会所提倡，亦为法律所保护，一旦转变为互相谩骂和恶意的人身攻击，不仅要受到法律制裁更会产生恶劣的社会影响。原审法院根据本案情况进行综合判断、具体分析，对侵权微博作出了认定并判决双方承担相应的侵权责任，认定事实清楚，适用法律正确，本院予以维持。"[③] 值得注意的是，在最高人民法院判决的"青岛双龙制药有限公司诉江西江中制药厂、庞某琪、谢某萍、邓某影、王某福、王某军、付某霖、高某奇、郑州广播电视报社不正当竞争、侵害名誉权纠纷案"中，最高人民法院二审认为，江西江中制药厂（以下简称江中制药厂）在明知青岛双龙制药有限公司以下简称（青岛双龙公司）已经生产同类药品"普恩复"蚓激酶胶囊的情况下，仍称"博洛克"是蚓激酶类目前唯一获卫生部批准的产品，带有明显贬低竞争对手青岛双龙公司产品信誉的意图，故构成对青岛双龙公司的不正当竞争。但鉴于江中制药厂上述不正当竞争行为是针对青岛双龙公司的不正当竞争行为所作的对抗，且性质相对较轻，故原审判决江中制药厂赔偿青岛双龙公司经济损失100万元过重，酌情减至30万元。[④] 这个判决有点承认针对他人贬损自己名誉的不正当竞争行为可以采取正当防卫的味道在内。

[①] 参见"扎兰屯农药公司诉瑞泽农药公司向行政主管部门反映其生产过专利保护期的农药是技术秘密侵权导致生产证书被停发名誉侵权案"，载最高人民法院中国应用法学研究所：《人民法院案例选》（总第42辑），北京，人民法院出版社2003年版，第188页以下。

[②] 王泽鉴教授认为，正当防卫可以作为侵害名誉权的违法阻却事由，但实践中似乎没有这方面的案例。王泽鉴：《人格权法：法释义学、比较法、案例研究》，台北，作者印行2012年版，第187页。

[③] 方是民与崔永元名誉权纠纷案，北京市第一中级人民法院（2015）一中民终字第07485号民事判决书。

[④] 最高人民法院（1998）知终字第2号民事判决书。

第六节 侵害名誉权的责任主体

一、加害行为人

实施侵害他人名誉权的行为人，通常就是侵害名誉权的责任主体。传统的名誉权纠纷中，确定加害行为人相对比较容易，就是发表涉嫌侵害他人名誉权的文章作品的个人或单位。但是，在利用网络信息侵害他人名誉权时，由于一些人是以匿名的方式利用网络服务发表侵害他人名誉权的文章作品，故此，原告在起诉该用户时需要查明匿名用户的身份，而要查明该匿名用户的身份就需要网络服务提供者披露匿名用户的真实身份。对此，《利用信息网络侵害人身权益纠纷规定》第3条规定，原告起诉网络服务提供者，网络服务提供者以涉嫌侵权的信息系网络用户发布为由抗辩的，人民法院可以根据原告的请求及案件的具体情况，责令网络服务提供者向人民法院提供能够确定涉嫌侵权的网络用户的姓名（名称）、联系方式、网络地址等信息。网络服务提供者无正当理由拒不提供的，人民法院可以依据《民事诉讼法》第114条的规定对网络服务提供者采取处罚等措施。原告根据网络服务提供者提供的信息请求追加网络用户为被告的，人民法院应予准许。

此外，在新闻媒体因新闻报道而产生名誉权侵权纠纷时，原告可能起诉记者，也可能起诉新闻媒体，抑或将二者作为共同被告。由于记者撰写新闻报道属于执行工作任务的行为，因此，依据《民法典》第1191条第1款的规定，应当适用作为替代责任的用人者责任，由新闻媒体承担相应的侵权责任。[1] 由于新闻媒体在进行新闻报道时，需要知情者提供相应的事实

---

[1] 《名誉权解答》第6条曾规定："因新闻报道或其他作品发生的名誉权纠纷，应根据原告的起诉确定被告。只诉作者的，列作者为被告；只诉新闻出版单位的，列新闻出版单位为被告；对作者和新闻出版单位都提起诉讼的，将作者和新闻出版单位均列为被告，但作者与新闻出版单位为隶属关系，作品系作者履行职务所形成的，只列单位为被告。"显然，这一条没有将程序法上的被告与实体法上的责任主体区分，也就是说，即便记者的侵权新闻报道是履行职务行为，也可以将作者和单位列为共同被告，无非最终判决承担责任时由新闻出版单位承担责任。但是，新闻出版单位承担侵权责任后，可以向存在故意或重大过失的记者可以进行追偿（《民法典》第1191条第1款第2句）。

或者通过对相关人员进行采访来收集新闻事件的事实,因此,因向新闻媒体提供失实内容而产生名誉权侵权纠纷时,可能涉及的被告除新闻媒体外,还有失实内容的提供者。

二、内容的提供者

依据《民法典》第 1025 条和第 1026 条,为公共利益实施新闻报道、舆论监督等行为,影响他人名誉的行为人,原则上不承担侵权责任。但是,如果行为人没有对他人提供的严重失实的内容尽到的合理核实义务,就需要承担侵害名誉权的责任。[①] 无论实施新闻报道、舆论监督等行为的行为人是否可以因为尽到合理核实义务而免责,对于提供该等失实内容的新闻材料提供者而言,其都需要就因此对他人名誉权的侵害而承担侵权责任。换言之,即便失实内容并非严重,新闻材料的内容提供者也要因其故意或过失而侵害他人名誉权的行为承担责任。

对于内容提供者侵害名誉权的侵权责任中过错的判断标准在于其内容是否真实。如果是真实的,那么报道者对之加以篡改或者添加了侮辱性的言辞,则内容提供者无须承担侵权责任,而由报道者承担侵权责任。如果提供的内容是虚假的、不真实的,无论报道者是否需要承担责任,提供内容的人都要承担侵权责任。由此可见,内容提供者之所以要承担侵害名誉权的侵权责任,不在于其是否主动提供新闻材料,除非其提供的真实内容本身就涉及国家秘密、商业秘密或他人隐私权或其他合法权益。例如,在"李某峰等诉叶集公安分局、安徽电视台等侵犯名誉权、肖像权纠纷案"中,上诉人叶集公安分局将案件侦破中的混合指认录像资料交给上诉人电视台时,未尽特别提醒义务,导致李某峰等六名被上诉人的脸部画面未经任何技术处理,即通过新闻传播到不特定的受众处,且该新闻节目亦未就此作出特别说明,这使有人公开指责六名被上诉人未成年即犯下恶劣罪行并冠之以"强奸犯"的称谓,导致六名被上诉人社会评价的降低,发生了名誉权受损的后果。而上诉人电视台在播放新闻时未进行一些技术处理,也对被上诉人的名誉权被侵害的结果存在过失。故此,法院最终认定,公

[①] 《民法典人格权编草案(三审稿)》第 806 条第 2 款曾经规定:"行为人应当就其尽到合理审查义务承担举证责任",即实施过错推定责任。但是,最终该款被删除。

安分局与电视台均需承担侵害名誉权的侵权责任。①虽然在这个案件中，公安分局提供的内容是真实的，并非失实的，但是因为涉及未成年人的隐私权，故此，提供材料的公安分局和报道的电视台都需要承担侵权责任。

三、转载者

现代社会是信息社会，各种新闻报道或者言论往往会被各种新闻媒体、出版机构或网络用户、网络服务提供者加以转载，由此就产生了转载者的侵害名誉权等人格权的侵权责任问题。在不少因为文章、作品或网络信息引起的名誉权纠纷中，原告往往不去起诉原始的发布者或者刊登作品或网络信息的民事主体，而仅以一个或数个转载者作为被告提起诉讼。②对此，法院不得以原告没有起诉作品或网络信息的原始刊登者为由，不予受理。也就是说，原告可以将原始刊登者与转载者作为共同被告，也可以仅起诉原始刊登者或者仅起诉转载者。例如，某网络用户A利用B网络服务提供者提供的网络服务发布诋毁C公司名誉的言论，该言论被D网络服务提供者转载。那么，C公司可以仅起诉A、B或D，也可以将三者作为共同被告。对此，《利用信息网络侵害人身权益纠纷规定》第8条规定："网络用户或者网络服务提供者采取诽谤、诋毁等手段，损害公众对经营主体的信赖，降低其产品或者服务的社会评价，经营主体请求网络用户或者网络服务提供者承担侵权责任的，人民法院应依法予以支持。"

对于专业的新闻媒体而言，由于内部有较为健全新闻采编流程，稿件刊播的审核制度，要实行"三审三校"，一般不会出现转载明显侵权文章或信息的问题。而且，《关于严防虚假新闻报道的若干规定》也明确要求，新闻机构必须完善新闻转载的审核管理制度。转载、转播新闻报道必须事先核实，确保新闻事实来源可靠、准确无误后方可转载、转播，并注明准确的首发媒体。不得转载、转播未经核实的新闻报道，严禁在转载转播中断章取义，歪曲原新闻报道事实，擅自改变原新闻报道内容。存在问题的往往是网络用户，其可能都没有认真阅读所转载的信息或者只是看一个标题，

---

① 《最高人民法院公报》2007年第2期。
② 转载者必须要在报道或者文章页面注明转载的来源等信息，如果没有注明，司法实践中会将其视为原发者。参见北京市海淀区人民法院：《海淀区法院网络名誉权案件审判白皮书（2013—2018）》，2018年8月。

就随手转发,由此构成侵权。

就网络用户或网络服务提供者因转载网络信息而构成侵害他人人身权益的侵权责任而言,《利用信息网络侵害人身权益纠纷规定》第 7 条规定:"人民法院认定网络用户或者网络服务提供者转载网络信息行为的过错及其程度,应当综合以下因素:(一)转载主体所承担的与其性质、影响范围相适应的注意义务;(二)所转载信息侵害他人人身权益的明显程度;(三)对所转载信息是否作出实质性修改,是否添加或者修改文章标题,导致其与内容严重不符以及误导公众的可能性。"具体阐述如下。

1. 转载主体所承担的与其性质、影响范围相适应的注意义务。所谓转载主体的性质主要是指其是否具有营利性,对于从事营利性活动的转载者,要求其具有更高的实质审查义务。[①] 影响范围主要是指其社会影响力的大小,所谓"能力越大,责任越大",对于具有较大社会影响力的转载主体,无论是大的新闻媒体还是网络上粉丝众多的大 V,则要求其注意义务更高,因为其一旦不经审查而随意转发,就会对他人名誉权造成巨大的损害。例如,在"北京金山安全软件有限公司与周某祎侵犯名誉权纠纷案"中,法院就认为,"应注意周某祎的特殊或者双重身份。周某祎并非普通公民,而是金山系竞争对手 360 公司的董事长,还是微博上被新浪认证加'V'的公众人物。周某祎在将个人对于竞争对手的负面评价公之于众时,更应三思而行、克制而为。周某祎在微博上拥有众多粉丝,更多话语权,理应承担更多的责任,对于微博上的个人言行及其后果有更为自觉的认识,注意克服自己对于竞争对手主观臆断、意图恶意打压的内在冲动,更加自觉地对自己的言论予以克制,避免因不实或不公正客观的言论构成对竞争对手的诋毁,进而损害其商誉。故周某祎对微博言论自由的注意义务要适当高于普通网民或消费者。"[②]

2. 所转载信息侵害他人名誉权的明显程度。这是指转载的信息是否存在侵害他人名誉权的可能性大小,对于那些充斥了对他人进行人身攻击和侮辱性言辞或者事实明显不合理的言论或信息,转载者一定要谨慎,不能道听途说,以讹传讹,否则一旦转发转载就很有可能构成对他人名誉权的

[①] 最高人民法院民事审判第一庭:《最高人民法院利用网络侵害人身权益司法解释理解与适用》,北京,人民法院出版社 2014 年版,第 148 页。

[②] 北京市第一中级人民法院(2011)一中民终字第 09328 号。

侵害而需要承担侵权责任。

3. 对所转载信息是否作出实质性修改，是否添加或者修改文章标题，导致其与内容严重不符以及误导公众的可能性。转载者对转载的信息进行实质性修改，如删除一些关键事实或任意简化核心事实，就会让读者对事件得出完全不同的印象，从而使得转载信息与原始信息不符或误导读者。在这种情形下，原始作品可能并不侵害他人名誉权，而转载者发表的转载信息反而构成侵权。文章的标题是为了简明扼要的表示文章的内容而引起读者的注意的，同时因为读者先看标题，所以也会由此形成先入为主的印象。而在生活节奏极快的网络信息时代，许多人甚至只是看一下新闻标题而不去阅读文章的内容。故此，从新闻传播的角度来说，文章的标题非常重要。在信息网络时代，一些网络用户或网络服务提供者为了吸引眼球，制造轰动效应，提高点击率和阅读量，任意添加耸人听闻的标题或者修改原文章的标题，从而导致其与内容严重不符并误导公众。如果存在这些行为，应当认为转载者具有过错，应当承担侵权责任。

第七节　侵害名誉权的救济方法

一、人格权请求权

名誉权是人格权，性质上属于绝对权，故此在名誉权受到侵害时，权利人有权行使停止侵害、排除妨碍、消除危险等人格权请求权，同时还有权要求消除影响、恢复名誉，赔礼道歉和赔偿损失。依据《民法典》第997条，如果名誉权人有证据证明行为人正在实施或者即将实施侵害其名誉权的违法行为，不及时制止将使其名誉权受到难以弥补的损害的，有权依法向人民法院申请采取责令行为人停止有关行为的措施。这就是所谓的人格权禁令程序。

二、请求该媒体及时采取更正或者删除等必要措施

对于名誉权而言，停止侵害的重要实现方式就是要删除侵权文章或网络信息，而消除影响、恢复名誉的实现方式就是由刊登失实内容的报刊或

网络进行更正，以正视听。既然《民法典》已经将停止侵害、排除妨碍、消除危险以及消除影响、恢复名誉作为人格权请求权，故此这些请求权的行使不以过错和损害为要件。也就是说，即便媒体或报刊对于刊登失实内容没有过错，也应当承担停止侵害、排除妨碍、消除危险和消除影响、恢复名誉的侵权责任。

就侵害名誉权而言，人格权请求权当然可以通过诉讼方式加以行使，即请求法院通过判令侵权人承担侵权责任的方式来行使停止侵害、排除妨碍、消除危险和消除影响、恢复名誉等人格权请求权。但是，也可以不以诉讼的方式而由受害人直接向加害人尤其是向新闻出版单位来行使，而且这种救济措施对于受害人而言更为重要，可以在损害还没有发生之前就及时加以预防和制止。1998年最高人民法院颁布的《名誉权解答》曾规定："编辑出版单位在作品已被认定为侵害他人名誉权或者被告知明显属于侵害他人名誉权后，应刊登声明消除影响或者采取其他补救措施；拒不刊登声明，不采取其他补救措施，或者继续刊登、出版侵权作品的，应认定为侵权。"1999年原新闻出版署发布的《报刊刊载虚假、失实报道处理办法》还明确规定，报纸、期刊刊载虚假、失实报道和纪实作品的，一方面，有关出版单位应当在其出版的报纸、期刊上进行公开更正，消除影响。另一方面，当事人有权要求更正或者答辩，有关出版单位应当在其出版的报纸、期刊上予以发表；拒绝发表的，当事人可以向人民法院提起诉讼。至于报纸、期刊因刊载虚假、失实报道和纪实作品而发表的更正或答辩，依据该法第4条，必须符合以下要求：（1）凡公开更正的，应自虚假、失实报道和纪实作品发现之日起，在其最近出版的一期报纸、期刊的同等版位发表；（2）凡按当事人要求进行更正或发表答辩的，应自当事人提出要求之日起，在其最近出版的一期报纸、期刊的同等版位上，予以发表。

国务院于2001年颁布，2020年修订的《出版管理条例》也赋予了当事人要求出版单位更正或进行答辩的权利。该条例第27条规定："出版物的内容不真实或者不公正，致使公民、法人或者其他组织的合法权益受到侵害的，其出版单位应当公开更正，消除影响，并依法承担其他民事责任。报纸、期刊发表的作品内容不真实或者不公正，致使公民、法人或者其他组织的合法权益受到侵害的，当事人有权要求有关出版单位更正或者答辩，有关出版单位应当在其近期出版的报纸、期刊上予以发表；拒绝发表的，当事人可以向人民法院提起诉讼。"

在借鉴上述法规和司法解释相关规定的基础上，我国《民法典》第1028条规定："民事主体有证据证明报刊、网络等媒体报道的内容失实，侵害其名誉权的，有权请求该媒体及时采取更正或者删除等必要措施。"这就是说：第一，当受害人认为报刊、网络等媒体报道的内容失实侵害其名誉权时，无论该失实内容是媒体自身发表的抑或转载他人的，受害人都可以请求媒体采取更正（如发布更正声明）或者删除（即删除侵权文章或文章中的涉及侵害名誉权的相关部分）等必要措施。第二，受害人享有的请求删除或者更正的权利针对的是报道中的内容失实部分即事实陈述，而非意见表达。因为只有事实陈述部分才是可以被证伪的，当事实陈述是虚假的、不完整的或不准确的时候，才有必要或者说有可能通过更正删除而制止对名誉权侵害，同时防止对受害人的名誉造成损害。如果是意见表达，纯属主观判断，只有在使用了侮辱性言辞贬损名誉时，意见表达才构成侵害名誉权。侮辱性言辞已经构成了对名誉权的损害而非单纯的侵害了，此时受害人有权要求媒体承担侵权责任。

第三，《民法典》第1028条规定的受害人有权要求媒体"及时采取更正或者删除等必要措施"中的更正，是指媒体自行发布更正声明，澄清错误，以正视听；删除，是指将网络上发表的失实报道加以删除。然而，对于纸质媒体的报纸杂志因为已经印行且销售了，无法回收，此时删除可以表现为将该文章被某些数据库收录的电子版加以删除。

第四，所谓必要措施中是否包括"回应权（right to reply）"，值得研究。回应权是指，法律赋予被报道之人对报道媒体的一种请求权，基于该权利，受攻击者有权要求报道媒体在原报道的同一版面以同样字体及篇幅免费刊登回应文章，以回应报道对其的指责与批评。[①] 在瑞士法中，回应权也被称为"反报道权"（Recht auf Gegendarstellung）或"反对性陈述权"。《瑞士民法典》第28g条规定："定期刊布社会信息的媒体，特别是报刊、电台广播、电视报道的内容，如有直接涉及人格之事实者，被涉及人有反报道权。媒体就公权力机关所举办的公共活动作如实报道，而被涉及人确曾参与该公共活动者，被涉及人无反报道权。"从这一规定可知，反报道权仅适用于涉及人格权的事实陈述，而不适用于观点意见表达或价值评价。

---

① 岳业鹏：《论作为名誉损害救济方式的回应权——兼评〈出版管理条例〉第27条第2款规定》，载《北方法学》2015年第5期。

同时，该权利只能针对那些持续发布信息的媒体（periodisch erscheinenden Medium），如报纸、电台、广播或电视[①]，如果是网络媒体也必须是定期的有规律的发布信息，如报纸杂志的微信公众号、某单位的官方微博等。

在我国，相关法规规章也规定了当事人的答辩权。《出版管理条例》第27条第2款规定："报纸、期刊发表的作品内容不真实或者不公正，致使公民、法人或者其他组织的合法权益受到侵害的，当事人有权要求有关出版单位更正或者答辩，有关出版单位应当在其近期出版的报纸、期刊上予以发表；拒绝发表的，当事人可以向人民法院提起诉讼。"《报刊刊载虚假、失实报道处理办法》第3条规定："报纸、期刊刊载虚假、失实报道和纪实作品，致使公民、法人或其他组织的合法权益受到侵害的，当事人有权要求更正或者答辩，有关出版单位应当在其出版的报纸、期刊上予以发表；拒绝发表的，当事人可以向人民法院提起诉讼。"第4条规定："报纸、期刊因刊载虚假、失实报道和纪实作品而发表的更正或答辩，必须符合以下要求：（一）凡公开更正的，应自虚假、失实报道和纪实作品发现之日起，在其最近出版的一期报纸、期刊的同等版位发表；（二）凡按当事人要求进行更正或发表答辩的，应自当事人提出要求之日起，在其最近出版的一期报纸、期刊的同等版位上，予以发表。"

我国编纂《民法典》时，有学者主张我国应当在上述法规规章的基础上，吸收借鉴比较法的规定，明确规定回应权，以更好地保护名誉权。这种观点有一定的道理。"兼听则明"，回应权通过给予被报道人加以申辩的机会，既可以使社会大众获得更全面的信息，也符合名誉权作为绝对权的本质，有利于及时制止不实报道对他人名誉权的侵害。特别是考虑到网络信息时代的背景，在网络上及时刊登被报道者回应的文章，在时间和成本上也完全不构成障碍。本书认为，基于"武器平等原则"，应当认可回应权，即名誉权主体作为名誉权被不实陈述所涉的人，有权要求公开其对事务的看法，并向公众展示事实。这种做法可以有效地避免名誉权的损害以及此后产生的诉讼，即媒体通过尊重回应权，在向公众展示了各方意见后，可以避免可能产生的名誉权诉讼。所以，应当认为，《民法典》第1028条规定的"等必要措施"可以理解为包括了当事人请求媒体进行答辩的权利。不过，回应权针对的是虚假的事实陈述而不能针对意见表达，同时该权利

[①] Handkomm-Buechler, ZGB§28g, N.3.

也仅仅指向是媒体，而不能针对案涉言论的其他参与人。

第五，《民法典》第1028条要求网络媒体采取删除等必要措施不同于第1195条所规定的情形。后者是关于网络用户利用网络服务实施侵权行为时，权利人通知网络服务提供者采取删除等必要措施的规定。也就是说，在侵害名誉权的文章等信息不是由作为媒体的网络服务提供者自行发布或转载时，才适用《民法典》第1195条的规定。如果网络服务提供者本身转载或发布了该等涉嫌侵害他人名誉权的文章等信息的，那么其直接从事了侵权行为，就不适用《民法典》第1195条的规定。

第六，《民法典》第1028条赋予受害人要求媒体采取更正或者删除等必要措施的权利并不是在法院起诉后提出诉讼请求，而是直接向媒体提出请求。此时很可能出现两种结果：一种可能就是，媒体收到受害人的通知后经过核实或核查发现内容确实失实，侵害了他人的名誉权，因此主动更正或删除；还有一种可能就是，媒体认为报道的内容并未失实，没有侵害他人名誉权，不采取必要措施。在这种情况下，受害人就只能向法院起诉，请求法院判令媒体采取更正或删除等必要措施。此时，法院是否必须在对案件进行实体审理，确认相关报道侵害了原告的名誉权后才能判决媒体采取删除或更正等必要措施呢？笔者认为，《民法典》第1028条第2句已经非常明确地规定了受害人有权请求该媒体及时采取更正或者删除等必要措施，也就是说，此种请求是直接指向该媒体的，如果该媒体不采取必要措施的，那么受害人有权依据《民法典》第997条规定的人格权禁令程序，请求法院直接责令该媒体及时采取更正或者删除等必要措施。

三、损害赔偿请求权

侵害他人名誉权，既可能给受害人造成精神损害，也会造成财产损害。首先，由于我国法上只承认自然人的精神损害赔偿请求权，故此，在侵害自然人的名誉权而造成严重精神损害时，依据《民法典》第1183条第1款，被侵权人有权请求精神损害赔偿。依据《精神损害赔偿解释》第5条，精神损害的赔偿数额根据以下因素确定：（1）侵权人的过错程度，但是法律另有规定的除外；（2）侵权行为的目的、方式、场合等具体情节；（3）侵权行为所造成的后果；（4）侵权人的获利情况；（5）侵权人承担责任的经济能力；（6）受理诉讼法院所在地的平均生活水平。此外，《最高人民法院关于审理国家赔偿案件确定精神损害赔偿责任适用法律若干问题的解释》第9条规定，精神损害抚慰金的具体数额，应当在兼顾社会发展整体水平的同时，参考下列因素合理确定：（1）精神受到损害以及造成严重后果的情况；（2）侵权行为的目的、手段、方式等具体情节；（3）侵权机关及其工作人员的违法、过错程度、原因力比例；（4）原错判罪名、刑罚轻重、羁押时间；（5）受害人的职业、影响范围；（6）纠错的事由以及过程；（7）其他应当考虑的因素。我国《国家赔偿法》第35条规定："有本法第三条或者第十七条规定情形之一，致人精神损害的，应当在侵权行为影响的范围内，为受害人消除影响，恢复名誉，赔礼道歉；造成严重后果的，应当支付相应的精神损害抚慰金。"依据《最高人民法院关于审理国家赔偿案件确定精神损害赔偿责任适用法律若干问题的解释》第7条，有下列情形之一的，可以认定为《国家赔偿法》第35条规定的"造成严重后果"：（1）无罪或者终止追究刑事责任的人被羁押六个月以上；（2）受害人经鉴定为轻伤以上或者残疾；（3）受害人经诊断、鉴定为精神障碍或者精神残疾，且与侵权行为存在关联；（4）受害人名誉、荣誉、家庭、职业、教育等方面遭受严重损害，且与侵权行为存在关联。受害人无罪被羁押十年以上；受害人死亡；受害人经鉴定为重伤或者残疾一至四级，且生活不能自理；受害人经诊断、鉴定为严重精神障碍或者精神残疾一至二级，生活不能自理，且与侵权行为存在关联的，可以认定为后果特别严重。被侵权人因名誉权受侵害而遭受严重精神损害的同时还可以要求侵权人赔礼道歉、恢复名誉、消除影响。依据《民法典》第179条第3款，这些侵权责任的承担方式可以单独适用，也可以合并适用。故此，如果没有造成严重精神损害，则只能请求侵权人赔礼道歉，恢复名誉、消除影响。①

其次，侵害名誉权不仅会给自然人造成精神损害，还会给自然人、法人等民事主体造成财产损失。例如，新闻媒体刊发了某企业生产的产品质量低劣的虚假新闻，则该企业法人的名誉权受到了损害，由此产生的后果可能是企业正常的生产经营都受到严重的损害，如客户会要求退货、已经

---

① 《最高人民法院关于审理国家赔偿案件确定精神损害赔偿责任适用法律若干问题的解释》第4条规定："侵权行为致人精神损害，应当为受害人消除影响、恢复名誉或赔礼道歉；侵权行为致人精神损害并造成严重后果，应当在支付精神损害抚慰金的同时，视案件具体情形，为受害人消除影响、恢复名誉或者赔礼道歉。消除影响、恢复名誉与赔礼道歉，可以单独适用，也可以合并适用，并应当与侵权行为的具体方式和造成的影响范围相当。"

订好了买卖合同的要求解除合同等。当然,名誉权被侵害与财产损失之间必须具备责任范围的因果关系,也就是说,根据事物的自然进程与一般的生活经验,加害人侵害他人名誉权的行为会导致受害人的财产损失,二者之间具有相当因果关系。《名誉权解释》曾经规定:"因名誉权受到侵害使生产、经营、销售遭受损失予以赔偿的范围和数额,可以按照确因侵权而造成客户退货、解除合同等损失程度来适当确定。"例如,在"重庆万昌房地产投资开发有限公司与重庆日报报业集团等名誉权纠纷上诉案"中,万昌公司起诉重庆日报集团和重庆现代企业服务中心侵害名誉权,要求二者赔偿损失 3 300 万元,最高人民法院二审认为:"万昌公司作为企业法人,其名誉权受法律保护,因名誉权受到侵害而遭受的损失应当得到赔偿。万昌公司请求赔偿损失 3 300 万元,但其中仅 35 万元是其赔偿给台湾伟泰公司的,其余数额皆不能证明是其合理的损失。"① 故此,最终法院确认了重庆日报集团需要向万昌公司支付的赔偿款为 35 万元。

司法实践中,侵害名誉权而造成财产损失的情形主要是发生在营利法人的名誉权遭受侵害的场合,尤其是商业竞争当中来自竞争对手的诋毁贬损等不当的竞争行为。在这种情形下,名誉权遭受侵害的营利法人可以依据《反不正当竞争法》的规定要求对方承担不正当竞争的侵权责任。我国《反不正当竞争法》第 11 条规定:"经营者不得编造、传播虚假信息或者误导性信息,损害竞争对手的商业信誉、商品声誉。"这里所谓的"商业信誉"就是指经营者的名誉,而竞争对手则意味着侵权人与被侵权人之间存在竞争关系,这种竞争关系表现在:其一,它们是生产、销售相同的或相似的商品或服务的经营者;其二,虽然生产、销售的商品或服务并不相同或相似,但具有相似的功能,可以相互替代;其三,经营者存在争夺消费者注意力、购买力等商业利益冲突关系。②

如果被侵权人与侵权人之间不存在上述竞争关系,则受害企业可以通过侵害名誉权诉讼来维护合法权益,例如针对新闻媒体的虚假新闻报道,或者网络用户、网络服务提供者恶意贬损名誉的情形。此类案件的侵权行为形态主要有两种表现形式:一类是网络用户利用网络平台发布针对企业、

---

① 最高人民法院(2002)民一终字第 78 号民事判决书。
② 王瑞贺主编:《中华人民共和国反不正当竞争法释义》,北京,法律出版社 2018 年版,第 39-40 页。

企业员工、企业产品或者服务等方面的不实陈述、不当评价或者诋毁性语言的情形。另一类是企业利用信息网络针对其他企业发布侵权言论的情形。①《利用信息网络侵害人身权益民事纠纷规定》第 8 条规定："网络用户或者网络服务提供者采取诽谤、诋毁等手段，损害公众对经营主体的信赖，降低其产品或者服务的社会评价，经营主体请求网络用户或者网络服务提供者承担侵权责任的，人民法院应依法予以支持。"

---

① 北京市海淀区人民法院：《海淀区法院网络名誉权案件审判白皮书（2013—2018）》，2018 年 8 月。

第十四章 荣誉权

第一节 概　述

一、荣誉权的概念与性质

（一）荣誉与荣誉权

荣誉权，是指自然人、法人和非法人组织等民事主体针对已经取得的荣誉而享有的人格权。由此可见，荣誉是荣誉权所指向的人格要素。荣誉在《现代汉语词典》中被作为名词加以解释的意思是"光荣的名誉"[①]，具体而言，荣誉是指国家、社会、有关单位等外界对民事主体的称赞、表扬或奖励，它往往表现为各种光荣的、美好的称号（title）或奖励，如劳动模范、战斗英雄、先进企业、文明商店等；各种奖励、表彰，如诺贝尔奖、南丁格尔奖、突出贡献奖、终身成就奖、一等功等等。仅仅是某种客观事实，例如，曾经担任过某单位的某种职务或者排名的先后顺序等，都不能构成荣誉，而遗漏此等事实或者排名先后未能反映出真实的贡献，亦不构成侵害荣誉权。例如，在一起案件中，原告以被告医院在编写《院志》时遗漏自己曾担任过该医院的领导之事为由，起诉被告侵害自己的荣誉权。法院认为："荣誉是指政府或社会组织给予公民、法人的一种赞美称号，一般通过表彰授予。原告诉称的其曾担任的医院行政和党内职务，被告在编写《院志》时确实有误，但是职务只是一种组织的分工，并不是荣誉称号，

[①] 中国社会科学院语言研究所词典编辑室：《现代汉语词典》（第七版），北京，商务印书馆2016年版，第1105页。

因此被告并未侵犯原告的荣誉权。"[1] 再如，在一起侵害荣誉权纠纷案中，法院认为："被上诉人一团在编纂《一团志》（1953—1995）时，虽未将上诉人刘明光个人所获所有荣誉进行详尽记述，但已将上诉人刘明光列为骨干通讯员，肯定了上诉人刘明光对一团通讯报道事业作出的贡献；志书将上诉人刘明光的名字排在第三个，并未特别说明系以贡献大小排名，故，排名先后亦不能证明一团客观上实施了阻挠、压制、剥夺、诋毁上诉人刘明光个人荣誉称号的行为。故，上诉人刘明光关于一团编纂的《一团志》侵害其荣誉权的主张不符合荣誉权侵权的必备要件，其上诉理由不能成立，本院不予支持。"[2]

（二）荣誉权的性质

荣誉权是在《民法通则》中就被明确规定的一项权利。《民法通则》第102条规定："公民、法人享有荣誉权，禁止非法剥夺公民、法人的荣誉称号。"但是，很长一段时间内，理论界对于荣誉权的性质，存在很大的争议。[3] 一种观点认为，荣誉权属于人格权，即荣誉权是对荣誉不可让与性支配并享受其利益的人格权。理由在于：荣誉权没有相应的义务，而身份权往往对应着义务，荣誉权尤其是自然人的荣誉权得到法律承认的根本原因在于维护自然人的人格尊严，而身份权与人格尊严无关。[4] 另一种观点认为，荣誉权属于身份权，因为荣誉权是民事主体就国家机关或有关组织授予的光荣称号或嘉奖所享有的权利，由此可见，荣誉权不是人人都享有的，只有接受过相当荣誉的人才享有，没有取得荣誉的人不可能有此种权利，而人格权尤其是自然人的人格权是其出生后就当然享有的。荣誉权在民事主体生存或存续期间并不一定为民事主体所享有，故此荣誉权实际上是一

---

[1] "李某槐诉鲁山县人民医院在编写的《院志》中错写、漏列其曾任职务侵害荣誉权案"，载最高人民法院中国应用法学研究所编：《人民法院案例选》（总第46辑），北京，人民法院出版社2004年版，第153页以下。

[2] 刘明光与张家福等荣誉权纠纷上诉案，新疆生产建设兵团第一师中级人民法院（2015）兵一民终字第00041号民事判决书。

[3] 谢怀栻先生早就指出："荣誉权是不是民事权利，值得研究"。参见谢怀栻：《论民事权利体系》，载《法学研究》1996年第2期。

[4] 张俊浩主编：《民法学原理》上册，（修订第三版），北京，中国政法大学出版社2000年版，第154页；刘心稳主编：《中国民法学研究述评》，北京，中国政法大学出版社1999年版，第124页。

种身份权。[1]

我国《民法典》编纂时，理论界就荣誉权的性质依然有不同的看法，最后立法机关认为，荣誉是民事主体通过自己的辛勤劳动、努力工作和英勇奋斗而获得的，既是国家和社会对其工作和表现的认可，也是对其人格尊严的尊重，具有较强的人格属性。[2] 故此，应当将荣誉权作为人格权，《民法典》人格权编第五章对名誉权和荣誉权作出了规定。

二、荣誉权的内容

荣誉权人只有取得荣誉后，才可能行使荣誉权，不可通过所谓的荣誉权去取得荣誉。而在已经取得荣誉后，荣誉权人当然可以使用自己已经获得的荣誉称号，这是荣誉权的积极权能。但是，荣誉权的主要权能还是消极权能，即排除他人的侵害和破坏。故此，《民法典》第1031条规定，任何组织或者个人不得非法剥夺他人的荣誉称号，不得诋毁、贬损他人的荣誉。获得的荣誉称号应当记载而没有记载的，民事主体可以请求记载；获得的荣誉称号记载错误的，民事主体可以请求更正。这具体表现在：首先，荣誉权人可以排除他人实施的非法剥夺自己的荣誉称号的权利，例如，已经评选上了某一荣誉被无故取消的，荣誉权人可以请求侵害人停止侵害、排除妨碍；其次，排除他人诋毁、贬损自己的荣誉的权利。不过，此种对他人荣誉的诋毁和贬损，也往往构成对名誉权的侵害。例如，某人诋毁他人通过请客送礼而谋取的某一荣誉；再次，请求记载的权利，即对于已经获得的荣誉称号应当记载而未记载时，请求予以记载的权利。例如在人事档案中没有记载他人已经获得的全国劳模或先进工作者的荣誉称号的，则荣誉权人有权请求予以记载；最后，对于错误记载的情形享有更正的权利，例如明明是获得了一等奖被错误记载为二等奖，则荣誉权人有权要求更正。

三、荣誉权与名誉权

荣誉权与名誉权都属于我国《民法典》所规定的具体人格权，二者的

---

[1] 徐开墅、成涛、吴弘：《民法通则概论》，北京，群众出版社1988年版，第201页；王利明、杨立新主编：《人格权与新闻侵权》，北京，中国方正出版社1995年版，第310页；王利明、杨立新、姚辉：《人格权法》，北京，法律出版社1997年版，第118页。

[2] 黄薇主编：《中华人民共和国民法典人格权编解读》，北京，中国法制出版社2020年版，第188页。

主体都包括自然人、法人和非法人组织，同时，名誉权人和荣誉权人也都不存在被商业化利用如许可他人使用其名誉或荣誉，从而实现经济利益的可能。而且，其对于死者而言，其名誉与荣誉依然受到保护。侵害他人的荣誉权，如非法剥夺他人的荣誉称号，或者诋毁、贬损他人的荣誉，也会构成对名誉权的侵害。侵害他人名誉权的行为也有可能会导致他人的荣誉称号被剥夺，如造谣说某人申报评奖材料造假等，可能就会导致他人已经获得的荣誉被剥夺。

名誉权与荣誉权的区别在于：首先，权利产生不同。名誉权自自然人出生或法人、非法人组织成立就自然产生了；而荣誉权却并非如此，无论是自然人、法人或非法人组织，没有获得相应的荣誉称号的，就不存在荣誉权。其次，权利客体不同。名誉权指向的是名誉，而名誉是一种社会评价，并不一定都是积极的正面的；荣誉权指向的荣誉都是积极的、肯定的。最后，权利内容不同。名誉权人自身也无法使用名誉；而荣誉权人则可以使用相应的荣誉称号，如在出版的书籍上，个人简介上表明自己曾经荣获何种荣誉等。

第二节 侵害荣誉权的侵权责任

一、侵害荣誉权的行为

侵害荣誉权的前提是荣誉权已经产生，即民事主体已经获得某种荣誉称号，从而据此享有了荣誉权。倘若民事主体并未获得某种荣誉，那么就该主体应否获得该荣誉或者该主体认为荣誉评审过程不公正而产生的争议，显然与荣誉权无关。事实上此类纠纷也往往不属于民事纠纷，而是单位内部管理或者相应评奖程序的问题，即便是法院受理后，也不可能由法院来评审是否给予原告相应的荣誉。法院能够审查的只是评审的程序的公正性与合法性的问题。例如，在一起案件中，原告认为，其根据被告深圳市公安交通管理局龙岗大队的要求，全年发稿200多篇，按照被告《关于加强宣传报道的通知》能评上三等功，受到2000元的奖励。但被告没有按照上述通知给其报立三等功，构成侵害荣誉权。对此，法院认为："荣誉权不是民事主体的固有权利，也不是每一个民事主体都可以取得的必然权利，它是民事主体基于一定事实受到表彰奖励后取得的一种身份权，只有实际获得某项荣誉，才能成为荣誉权的主体。也即是说，荣誉权的获得应包括两个方面的因素，一是主体的突出贡献或突出表现，二是有关组织的承认并予以表彰或授予荣誉称号。荣誉的获得在于有关组织的授予，而有关组织授予荣誉是行政行为、组织行为或者有关单位的内部管理问题，不属民事诉讼审查范围。本案上诉人明哲未取得三等功这一荣誉，未享有该荣誉权，不存在侵害该荣誉权的前提条件。至于明哲是否应当报立三等功（含物质奖励 2 000 元），不属于平等主体间的民事权益争议，不属人民法院主管范围。"[①] 在另一起案件中，法院由于没有认识到荣誉权必须是已经取得荣誉后才可能被侵害，而作出了错误的判决。该案中，原告以被告无故将原告从参赛名单中除名为由，起诉被告损害了自己的荣誉权。法院经审理认为，被告以原告在 2015 年 5 月 12 日当日票数增长厉害，有百分之六七十的票数均是同一 IP 刷出来的为由，认定原告存在刷票行为，取消原告参赛资格，理由不充分。据此，法院得出的结论是，被告的行为侵犯了原告可能获取的在"凯之行·汽车达人秀"活动中取得名次的荣誉及相应物质利益，侵害了原告的荣誉权。[②] 这种将荣誉权理解为可能取得荣誉的权利的看法，显然是错误。

侵害荣誉权的行为是针对荣誉权而实施的，具体表现为非法剥夺荣誉称号，诋毁、贬损他人荣誉，应记载荣誉称号而未记载以及错误记载他人的荣誉称号等。如果侵权人的侵害行为只是针对民事主体因获得某种荣誉而产生的财产利益或物质载体，如被告侵占了原告因获得某项荣誉而附带的财产利益，或者是毁损了作为荣誉的证明的奖杯、奖旗、证书等物品，该行为并不构成对荣誉权本身的侵害，而只是侵害财产权益的侵权行为。对此，最高人民法院在《关于张自修诉横峰县老干部管理局损害赔偿纠纷案的请示的复函》中就有明确的说明，该复函指出："被告横峰县老干部局在收集原告张自修所获得的奖章及证书等纪念物后，因遗失未归还，原告起诉到人民法院，不应定为荣誉权纠纷，也构不成对原告荣誉权的侵害，但对原告所遭受的损失应予赔偿。至于赔偿的数额，可结合纪念物的价值

---

① 明哲诉深圳市公安交通管理局龙岗大队荣誉权纠纷案，广东省深圳市中级人民法院（2002）深中法民终字第 3753 号民事裁定书。
② 张华与北新领域文化传媒有限公司荣誉权纠纷案，湖北省潜江市人民法院（2015）鄂潜江民初字第 01027 号民事判决书。

(包括收藏价值)、质地及纪念物遗失后对原告精神方面造成的损害等各种因素确定。"例如，在一个案件中，四位原告向法院起诉称，全国总工会组织了全国职工普法知识竞赛，原告自发组成了技术科学法小组也参加了竞赛，获得了优秀成绩，被评为全国一级优秀奖，被告郭晋荣将全国一级优秀奖的荣誉和奖品占为己有，侵犯了技术科学法小组其他人员的荣誉权，原告要求判决荣誉权归属于锅炉厂技术科学法小组，奖品由全体人员分享。该案的法院最终认定被告侵害了四位原告的荣誉权。[①] 笔者认为该判决并不妥当。

需要注意的是，非法剥夺荣誉称号在性质上属于侵害名誉权，但是从诉讼程序上，需要考虑剥夺荣誉称号的主体，如果是行政机关取消已经授予民事主体的荣誉称号，此时应当提起的是行政诉讼。[②]

二、侵权责任承担方式

荣誉权受到侵害时，权利人有权行使人格权请求权，即停止侵害、排除妨碍、消除危险等。《民法典》第1031条第2款规定的请求记载的权利和更正的权利，可以理解为对停止侵害、排除妨碍这两类人格权请求权的具体落实。因荣誉权遭受侵害而遭受损害的，还可以要求赔偿损失、赔礼道歉等。

[①] 鞠英等诉郭晋荣侵害荣誉权案，江苏省无锡市中级人民法院（1994）锡民终字第74号民事判决书。

[②] 崔景阳诉黑龙江省绥化市人民政府等撤销离休荣誉证案，最高人民法院（2017）行申4060号行政裁定书。

第十五章 隐私权

第一节 概　述

一、隐私权的产生与发展

隐私权（the right to privacy）是自然人享有的隐私不受侵害的权利。所谓隐私（privacy），从其词语本身可知，有两层含义：所谓"隐"就是指不愿为他人所知悉或打扰的状态，而"私"就是指私人的事情，与他人权益、公共利益等无关。[①] 故此，简单地说，隐私就是自然人不愿意为他人知悉或侵扰的，仅与其私人相关而不涉及他人权益或公共利益的事情。从我国《民法典》第1032条第2款对隐私的界定——"自然人的私人生活安宁和不愿为他人知晓的私密空间、私密活动、私密信息"，即可看出其中的"安宁"和"不愿为他人知晓"体现了隐私中"隐"的特点，而"私人生活""私密"的表述说明了隐私与他人权益和公共利益无关。从因果关系上说，正是因为是私人的生活或私人的事务，与他人权益和公共利益是没有关系的，所以自然人才有权不愿意为他人知悉。否则，即便是自然人不愿意为他人知悉，只要涉及公共利益和他人权益，也不能成为隐私并受法律保护。[②]

法律对自然人的隐私权的保障体现了对自然人的个体性存在的尊重，因为"任何人都不仅以物质、精神和法律的形式存在，而且还有权利得到

[①] 王利明：《人格权法研究》（第三版），北京，中国人民大学出版社2018年版，第552页。
[②] 苏力教授认为"privacy"应当如我国香港特别行政区那样翻译为"私隐"而非"隐私"，理由在于"首先其是私才隐，而不是因其隐而私。事实上，有许多隐的并不一定会允许其成为隐私的。"转引自马特：《隐私权研究——以体系构建为中心》，北京，中国人民大学出版社2014年版，第21页。

对其特殊的、个人的本性、外形、名誉和声誉的尊重。"①"文明,就是向拥有隐私权的社会不断迈进的进程。野蛮社会的一切都是公共的,靠部落的法则来治理。文明是将一个人从一群人中解放出来的过程。"② 保护隐私的问题并非现代社会才有的,因为"隐私与亲密社会关系高度相关,因此很难想象哪个有史可查的时代中会完全没有隐私"③。在早期社会,人们主要是靠围墙、房间等有形的物理空间来区分私人和社群的边界,防止外界入侵和窥视,从而维护私密关系不受侵入和干扰。故此,这一阶段对隐私的司法保护主要体现在一系列与产权占有相关的权利,如普通法上的妨害(nuisance)。④ 这一阶段的侵害隐私的行为主要是表现为侵害。但是,随着社会的发展尤其是科技的发展,摄影、录音技术以及网络科技逐渐出现和发展,侵害隐私的方式越来越多,单纯依靠产权保护规则,无法保护人们的隐私。由此就产生了隐私权的概念。

最早系统论述隐私权价值并提出法律应当保护隐私权的是美国的两位律师——沃伦(Samuel D. Warren)与布兰代斯(Louis D. Brandeis)。二人于1890年12月15日出版的《哈佛法律评论》上发表了一篇名为《隐私权(the right to privacy)》的文章。在该文中,他们认为:"文明的前行使人们的生活日渐紧张且复杂,适时地远离世事纷扰,极有必要。随着文化修养的提高,人们对公共场合更为敏感,独处隐私之于人更是必不可少。但如今的新闻报刊和各类发明,侵害个人隐私,使人遭受精神上的痛苦与困扰,较之纯粹身体上的伤害,有过之而无不及。"⑤ 在作者看来,任何情况下,每一个人都被赋予了决定自己所有的事情不公之于众的权利,都有不受他人干涉打扰的权利,这就是隐私。该权利的产生不基于个人的财产权,而是基于不受侵犯的人格权。美国法学家艾伦·威斯廷(Alan Westin)在《隐私与自由》一书中曾对隐私的功能进行了详细的论述,在他看来,隐私权在现代民主社会中具有以下四项功能:其一,个人自治

---

① [奥]曼弗雷德·诺瓦克:《〈公民权利和政治权利国际公约〉评注》(第二版),孙世彦、毕小青译,北京,生活·读书·新知三联书店2008年版,第396页。

② Ayn Rand, The Fountainhead, 1943. 转引自涂子沛:《大数据》,桂林,广西师范大学出版社2013年版,第157页。

③ [英]大卫·文森特:《隐私简史》,梁余音译,北京,中信出版集团2020年版,第2页。

④ [英]大卫·文森特:《隐私简史》,梁余音译,北京,中信出版集团2020年版,第3页。

⑤ [美]路易斯·D. 布兰代斯等:《隐私权》,宦盛奎,北京,北京大学出版社2014年版,第6页。

(Personal Autonomy)功能,即隐私产生了个人的自主性,民主社会应当尊重每个人的自主性,个人具有避免被他人操控或支配的愿望。其二,情感释放(emotional release)功能。隐私使得人们能够有机会摘下社交面具。每个人在社会生活中都扮演着不同的角色,当个人在一个特定阶段从一个场景转换到另一个场景时,其所扮演的角色在心理上是不同的。隐私"给予了个人从工厂工人到总统,都有面具放到一边,从而休息一下的机会",如果一个人永远戴着面具,就会毁坏人体的机能。其三,自我评估(self-evaluation)功能,即隐私能够使人们进行自我评价,从而形成和检验有创造性的道德行为和思想。其四,有限的且受保护的交流(limited and protected communication)功能,即隐私为人们提供了一种环境,使得人们可以分享秘密、进行亲昵的行为,并进行有限的受到保护的交流。[①] 隐私的价值不仅在于其对于维护人性的尊严和促进个人人格的发展的重要功能,而且,其对于社会或国家也具有重要意义。因为,人们生活在一个需要对自己和对他人尽职尽责的社会中,在这忙忙碌碌、纷纷扰扰的世界中,如果没有私人生活的安宁而无法安心的休息,没有私密的空间进行私密的活动,缺少那一块只保留给自己的内心世界,个人将很难履行他(她)的职责。所以,无论是为了促进自决与自主的个人发展,还是促进有责任感的家庭成员和更为广泛的社区的发展,对隐私的保护都是非常重要的。[②]

如果说在20世纪,侵害隐私权的行为主要表现为跟踪、窥视、偷拍、偷录、进入等行为,只是偶然的、零散的,常见于针对受社会关注的知名人士的隐私的侵害,那么,随着网络信息科技尤其是大数据和人工智能技术的发展,在高度数字化的现代社会中,侵害隐私权的行为则主要表现为,通过人脸识别、闭路电视检测、无线射频识别系统、Cookie技术以及各种传感器,未经权利人同意而对私密信息进行大规模、自动化、低成本的收集、存储、加工和使用。21世纪是一个信息的时代、大数据时代,高度发达的信息网络技术使得人们的一言一行都被这个大数据时代的信息记录系统记录下来,"这些系统,就单个而言,它们可能无关痛痒,甚至是很有用的、完全合理的。但一旦把它们通过自动化的技术整合连接起来,它们就

[①] Alan Westin, *Privacy and Freedom*, New York: The Association of the Bar of the City of New York, 1967, pp. 32-39.

[②] [美]阿丽塔·L.艾伦、理查德·C.托克音顿:《美国隐私法:学说、判例与立法》,冯建妹、石宏等译,北京,中国民主法制出版社2005年版,第11页。

会逐渐蚕食我们的个人自由。"[1] 比如，通过身份证信息这个主键，可以把人们的房地产信息、银行存款信息、股票基金账户信息、纳税信息、医疗信息、出行信息、住宿信息、社保信息等，全部连接起来，把一个人的生活全方位地展现出来，这对于隐私权的侵害将是前所未有的。因此，现代社会对隐私的保护，不仅仅是防止利用垃圾短信、垃圾邮件、骚扰电话侵害私人生活的安宁以及通过进入、窃听、窥视、拍摄住宅等行为侵害自然人的私密空间和私密活动，更重要的是通过对个人信息保护制度防止自然人的各种私密信息免受非法处理。因此，为了应对现代网络信息技术的发展对隐私保护带来的挑战：一方面，针对私密信息的保护，隐私权的内容在不断充实，形成了所谓的"信息隐私权"的概念；另一方面，为应对自动化的大规模收集和处理个人信息的问题，有必要对于自然人的个人信息权益加以保护。

正是由于隐私权对于个体、社会和国家而言都具有重要的价值，且侵害隐私权的行为越来越频繁、复杂，故此，世界各国都对于隐私都加以保护，但方法各有不同。有些国家如美国、中国是通过隐私权来保护，而有些国家如德国则是通过一般人格权加以保护。不仅如此，人权保护领域的重要国际公约也将隐私规定为一种基本的人权。例如，联合国《世界人权宣言》第12条规定："任何人的私生活、家庭、住宅和通信不得任意干涉，他的荣誉和名誉不得加以攻击。人人有权享受法律保护，以免受这种干涉或攻击。"《公民权利和政治权利国际公约》第17条规定："任何人的隐私、家庭、住址和通信不得加以任意或非法干涉，他的名誉和声誉不得加以非法攻击。"《欧洲人权公约》第8条规定："人人有权享有使自己的私人和家庭生活、家庭和通信得到尊重的权利。公共机构不得干预上述权利的行使，但是，依照法律规定的干预以及基于在民主社会中为了国家安全、公共安全或者国家的经济福利的利益考虑，为了防止混乱或者犯罪，为了保护健康或者道德，为了保护他人的权利与自由而有必要进行干预的，不受此限。"

在我国法上，隐私的保护经历了三个阶段。第一个阶段是将隐私纳入到名誉权中加以保护。这主要是因为当时的人们对隐私并不了解，甚至

---

[1] 美国隐私研究会，1977年。转引自涂子沛：《大数据》，桂林，广西师范大学出版社2015年版，第159页。

连将隐私混同于阴私,故此,认为披露隐私必然导致自然人的社会评价的下降,使其名誉受损。例如,《民法通则意见》第140条第1款规定:"以书面、口头等形式宣扬他人的隐私,或者捏造事实公然丑化他人人格,以及用侮辱、诽谤等方式损害他人名誉,造成一定影响的,应当认定为侵害公民名誉权的行为。"《名誉权解答》规定:"对未经他人同意,擅自公布他人的隐私材料或以书面、口头形式宣扬他人隐私,致他人名誉受到损害的,按照侵害他人名誉权处理。""描写真人真事的文学作品,对特定人进行侮辱、诽谤或者披露隐私损害其名誉的;或者虽未写明真实姓名和住址,但事实是以特定人或者特定人的特定事实为描写对象,文中有侮辱、诽谤或者披露隐私的内容,致其名誉受到损害的,应认定为侵害他人名誉权。"《名誉权解释》规定:"医疗卫生单位的工作人员擅自公开患者患有淋病、麻风病、梅毒、艾滋病等病情,致使患者名誉受到损害的,应当认定为侵害患者名誉权。"

第二个阶段是将隐私作为一项独立的人格利益加以保护。随着法学研究的发展,人们逐渐认识到隐私不同于阴私,披露隐私并不必然会损害名誉,隐私是一种需要单独给予保护的人格利益。2001年《精神损害赔偿解释》第1条第2款规定:"违反社会公共利益、社会公德侵害他人隐私或者其他人格利益,受害人以侵权为由向人民法院起诉请求赔偿精神损害的,人民法院应当依法予以受理。"

第三个阶段就是立法明确规定隐私权,将之作为一项独立的人格权。在《民法典》编纂之前,有三部法律明确规定了"隐私权"的概念,分别是:(1)《妇女权益保障法》第42条第1款规定:"妇女的名誉权、荣誉权、隐私权、肖像权等人格权受法律保护。"(2)《侵权责任法》第2条第2款规定:"本法所称民事权益,包括生命权、健康权、姓名权、名誉权、荣誉权、肖像权、隐私权、婚姻自主权、监护权、所有权、用益物权、担保物权、著作权、专利权、商标专用权、发现权、股权、继承权等人身、财产权益。"(3)《涉外民事关系法律适用法》第46条规定:"通过网络或者采用其他方式侵害姓名权、肖像权、名誉权、隐私权等人格权的,适用被侵权人经常居所地法律。"2021年1月1日起施行的《民法典》不仅将隐私权明确规定为一种独立的人格权,而且还在第四编"人格权"第六章"隐私权和个人信息保护"中对隐私权作出了更具体的规定,包括隐私的概念、禁止实施的侵害隐私权的行为、隐私权与个人信息权益的关系等。

二、隐私与隐私权的含义

(一) 隐私的含义与类型

隐私权是自然人就其隐私这一人格要素而享有的不受侵害的权利。故此,《民法典》第1032条第1款规定,任何组织或者个人不得以刺探、侵扰、泄露、公开等方式侵害他人的隐私权。由此可见,隐私权保护的是自然人的隐私。关于隐私的范围,比较法上和学说的分歧很大。我国理论界与实务界认为,隐私包括私生活安宁和私生活秘密。前者是指私人生活不受他人非法干扰,后者是指私人信息不受他人非法收集、刺探和公开。不过,对于私人生活的空间是否有必要也作为隐私的一种类型的问题,存在不同的看法。[①] 我国《民法典》编纂过程中,就如何界定隐私,经历了一个变化过程。《民法典人格权编草案(第一次审议稿)》和《民法典人格权编草案(第二次审议稿)》的第811条以及《民法典(第三次审议稿)》都只是将隐私界定为:"具有私密性的私人空间、私人活动和私人信息等"或"自然人不愿为他人知晓的私密空间、私密活动和私密信息等"。这一规定显然是不妥的。因为隐私权所保护的隐私中最重要的一类就是私人生活的安宁,私密空间、私密活动和私密信息都可以被"私生活秘密"所涵盖,却无法容纳私人生活的安宁。[②] 故此,在对民法典草案进行审议和征求意见的过程中,有的常委委员、单位和专家学者提出,维护私人生活安宁、排除他人非法侵扰是隐私权的一项重要内容,建议在隐私的定义中增加这一内容。[③] 全国人大宪法和法律委员会经研究,采纳这一意见,故此,最终的《民法典》第1032条第2款规定:"隐私是自然人的私人生活安宁和不愿为他人知晓的私密空间、私密活动、私密信息。"

综上所述,我国《民法典》将隐私分为了两大类:私人生活安宁与私生活秘密。同时,又将私生活秘密细分为三类,即私密空间、私密活动与私密信息。不仅如此,《民法典》第1033条在界定侵害隐私的行为类型时,

---

[①] 王利明:《人格权法研究》(第三版),北京,中国人民大学出版社2018年版,第550页;张新宝:《隐私权的法律保护》(第三版),北京,群众出版社2014年版,第7页。
[②] 王利明:《生活安宁权:一种特殊的隐私权》,载《中州学刊》2019年第7期。
[③] 参见《全国人民代表大会宪法和法律委员会关于〈民法典各分编(草案)〉修改情况和〈中华人民共和国民法典(草案)〉编纂情况的汇报》。

也有意对应这四类隐私而作出了规定。

(二) 隐私权的概念与内容

隐私权是自然人才能享有的一种具体人格权，关于隐私权的内容，学界有不同的看法，主要的争议点在于隐私权人是否享有隐私利用权。有些学者认为，隐私权人有权利用自己的隐私，所谓利用包括两个方面：一是允许他人收集自己的个人信息或个人资料；二是利用隐私，既包括权利人自己利用如撰写回忆录、利用自己的形体进行绘画或摄影，也包括允许他人利用如向他人披露自己的经历，允许他人整理出版。[1] 有的学者认为，隐私权人不仅享有隐私利用权，还享有隐私支配权，即对于自己的隐私有权按照自己的意愿进行支配，如公开部分隐私，准许他人对自己的私密活动和私密空间进行察知，准许他人利用自己的隐私等。[2] 笔者认为，隐私权就是自然人享有的排除任何组织或个人侵害其隐私的人格权，无论该侵害采取何种方式（刺探、侵扰、泄露、公开等），也无论侵害的是私人生活的安宁、私密信息、私密空间抑或其他隐私。也就是说，隐私权的内容主要是消极权能，而非积极权能，隐私权并非如姓名权、名称权、肖像权那样具有使用或许可他人使用的权能。首先，如果隐私权人自行公开其私密信息，如承认自己是同性恋，那么这属于隐私权人自行对隐私的处分而非使用。所谓隐私权人允许个人信息处理者对其私密信息进行收集等处理活动，也不是对隐私的使用，而只是自然人在行使个人信息权益而已。《民法典》第1035条规定处理个人信息应当取得自然人或者其监护人的同意，《个人信息保护法》第44条也规定，个人对其个人信息的处理享有知情权、决定权，有权限制或者拒绝他人对其个人信息进行处理。其次，《民法典》第1033条规定，在取得权利人明确同意后，行为人可以进入、拍摄、窥视隐私权人的住宅、宾馆房间等私密空间；拍摄、窥视、窃听、公开隐私权人的私密活动；拍摄、窥视隐私权人身体的私密部位以及处理其私密信息。隐私权人的明确同意阻却了行为人行为的非法性，使得该等行为不构成侵害隐私权的不法行为。这与姓名权人、肖像权人与他人签订许可使用合同，从而许可他人将自己的姓名或肖像用于商业目的如推销产品或服务是完全

---

[1] 王利明：《人格权法研究》（第三版），北京，中国人民大学出版社2018年版，第586-587页。

[2] 杨立新：《人格权法》，北京，法律出版社2020年版，第255页。

不同的。最后，《民法典》第993条规定的可以被商业化利用的人格要素中也不包括隐私，因为隐私属于"依照法律规定或者根据其性质不得许可的"人格要素。一方面，隐私权人对隐私进行商业化利用可能违反法律和公序良俗。例如，A与B是夫妻，二人无论是自行公开还是许可他人公开其性生活，显然都是违法。另一方面，从性质上说，隐私被公开后，就不存在反复公开而持续予以利用的可能。故此，隐私权的主要内容就是权利人享有的排除他人侵害的权能，即消极权能。

综上所述，笔者认为，权利人可以自行公开隐私，也可以明确同意他人进入自己的私密空间、影响自己的私生活安宁或者处理自己的私密信息，但是，隐私权的内容并不包括权利人使用或许可他人使用隐私。正因如此，我国《民法典》第1032条第1款第2句才规定："任何组织或者个人不得以刺探、侵扰、泄露、公开等方式侵害他人的隐私权。"也就是说，隐私权的内容主要就是排除他人侵害隐私的消极权能，不包括积极利用隐私的权能。

三、隐私权与其他权利

（一）隐私权与名誉权

如前所述，我国司法实践曾经通过名誉权来保护隐私，这一做法实际上也说明了隐私权和名誉权是由密切联系的，具体表现在：首先，无论是名誉权还是隐私权，都属于精神性的人格权，且都不能被使用，更不能被商业化使用。故此，一方面，《民法典》第993条在列举可以被商业化使用的人格要素时，只有"姓名、名称、肖像"等；另一方面，《民法典》第999条在规定为了公共利益实施新闻报道、舆论监督等行为，行为人可以合理使用的人格要素时，只列举了"姓名、名称、肖像、个人信息"等，不包括名誉和隐私。其次，行为人非法公开他人的隐私往往既侵害隐私权，又侵害名誉权。例如，在"王某1诉北京凌云互动信息技术有限公司名誉权、隐私权纠纷案"中，被告网站刊登的《从24楼跳下自杀的MM最后的日记》专题中披露了原告王某1的婚姻不忠行为及姓名、工作单位等信息，由此引发了众多网民的批评性言论和不满情绪。网民们利用被披露的信息，开始在其他网站上使用"人肉搜索"的网络搜索方式，主动搜寻更多的关于王某1的个人信息，甚至出现了众多网民到王某1家骚扰的严重后果，使得王某1的正常工作和生活秩序受到了严重影响。法院认为，公民个人感情生活问题，包括男女关系问题，均属于其个人隐私范畴的一部分。被告网站披露王某1婚姻不忠行为的行为以及披露王某1的姓名、工作单位名称、家庭住址等信息的行为，侵犯了王某1的隐私权。同时，被告披露王某1的上述隐私内容，引发了大量网民在众多互联网网站上持续发布大量信息，对王某1的行为进行批评和谴责。当网民从发表谴责性言论逐渐发展到对王某1进行密集的、长时间的、指名道姓的漫骂，甚至上门张贴、刷写侮辱性标语，故此可以认定这对王某1的影响已经从互联网上发展到了现实生活中，严重影响了王某1的正常生活、使得王某1的社会评价降低。被告披露王某1隐私的行为也致使王某1的名誉权受到侵害。①

隐私权与名誉权作为两种类型的人格权，也存在非常明显的区别，具体表现在：第一，权利主体不同。名誉权的权利主体既可以是自然人，也可以是法人、非法人组织。然而，隐私权人的主体只能是自然人，法人或非法人组织不享有隐私权。当然，法人或非法人组织也有某些不为公众所知悉的技术信息、经营信息，当这些信息构成商业秘密时，可以通过《反不正当竞争法》对其给予保护。

第二，权利客体不同。名誉权保护的是名誉，是对权利主体的品德、声望、才能、信用等的社会评价。隐私权保护的是隐私，即自然人的私人生活安宁和不愿为他人知晓的私密空间、私密活动、私密信息。法律保护隐私权的目的是为了"赋予权利主体对他人在何种程度上可以介入自己私生活的控制权，以及对自己是否向他人公开隐私以及公开范围的决定权"②。故此，侵害他人隐私权的行为既有可能导致名誉权受损，也有可能并不影响名誉，有些情形下甚至会使得隐私权被侵害者的社会评价提高，如未经许可就披露他人多年来资助失学儿童的信息。

第三，权利内容不同。③ 名誉权和隐私权的权能都属于消极权能，即排

---

① 北京市朝阳区人民法院（2008）朝民初字第29276号民事判决书。
② "孙伟国诉中国联合网络通信有限公司上海市分公司侵犯其隐私权案"，载最高人民法院中国应用法学研究所编：《人民法院案例选》（2010年第2辑），北京，人民法院出版社2010年版，第5页。
③ 有的学者认为，隐私权和名誉权在专属性的强弱上有所不同。名誉权不得自由处分或抛弃，对于隐私权可以在一定限度内进行处分，如公开或允许他人披露。参见马特：《隐私权研究——以体系构建为中心》，北京，中国人民大学出版社2014年版，第53页。笔者认为，隐私权和名誉权都不具有可处分性，所谓隐私权人自行披露或允许他人披露私密信息，是对私密信息本身的处理，而非对隐私权的处分。

除他人侵害的权能。然而，名誉权要排除的是他人通过侮辱、诽谤等方式贬损名誉的侵害行为。侮辱、诽谤的行为人所宣扬或散布的要么是虚构、捏造的事实，要么是侮辱性言辞，并且都必须公开，即侮辱、诽谤等行为必须为第三人所知悉，否则不构成侵害名誉权。但是，隐私权要排除的是他人以刺探、侵扰、泄露、公开等方式对私人生活的安宁和私人生活的秘密进行的侵害。行为人既可能是将非法获得的隐私予以披露或公开，也可能只是为了满足自己的猎奇或其他心理而刺探、侵扰他人的私人生活安宁或者窥视、拍摄他人的私密空间或私密活动。因此，侵害隐私权的行为并不需要向第三人散布或公开。

第四，法律上的限制不同。为了平衡名誉权的保护与言论自由的维护的关系，依据《民法典》第1025条，行为人为了公共利益实施新闻报道、舆论监督等行为而影响他人名誉的，只要基本事实属实且评论是公正的，不存在捏造、虚构事实，不存在对他人提供的严重失实内容未尽到合理核实义务，不存在使用侮辱性言辞等贬损他人名誉的，行为人不需要承担民事责任。这一规定就是对名誉权的某种限制。虽然在保护隐私权，也必须要协调其与言论自由的关系，但是，《民法典》却没有在隐私权中直接作出如同第1025条那样的规定。这主要是考虑到：一则，在侵害隐私权的侵权责任的认定中，以行为人不存在捏造、虚构事实或者评论是公正的，来免除行为人侵害隐私权的责任，显然是不正确的。因为在以公开他人私密信息的方式实施的侵害隐私权的行为中，本来行为人公布的他人的私密信息只有是事实，才能可能侵害隐私权。换言之，在侵害隐私权的案件中，被公开的事件的真实性不能成为抗辩事由，法律要救济或预防的并不是个人名誉上所受的伤害，而是对隐私权的侵犯。① 故此，行为人不能在侵害隐私权的案件中以基本事实属实来免责，否则就不存在对隐私权的保护。二则，虽然对隐私权没有《民法典》第1025条那样的规定，但这并不意味着基于公共利益就不可以限制隐私权。因为《民法典》第998条适用于隐私权，故此，依据该条也可以有效的协调隐私权保护与公共利益、言论自由之间的关系。三则，从我国法律来看，对于隐私权的保护强度要大于名誉权。不仅民事主体不能以新闻报道、舆论监督为由披露他人的隐私，即便是国

---

① [美]塞缪尔·D.沃伦、路易斯·D.布兰代斯：《论隐私权》，载徐爱国组织编译：《哈佛法律评论·侵权法学精粹》，北京，法律出版社2005年版，第28页。

家公权力机关在实施行政行为、从事审判活动以及提供其他公共服务时也都必须严格保护隐私。例如,《行政许可法》第 5 条第 2 款第 2 句规定:"行政许可的实施和结果,除涉及国家秘密、商业秘密或者个人隐私的外,应当公开。"《刑事诉讼法》第 188 条第 1 款规定:"人民法院审判第一审案件应当公开进行。但是有关国家秘密或者个人隐私的案件,不公开审理;涉及商业秘密的案件,当事人申请不公开审理的,可以不公开审理。"《反恐怖主义法》第 48 条第 1 款规定:"反恐怖主义工作领导机构、有关部门和单位、个人应当对履行反恐怖主义工作职责、义务过程中知悉的国家秘密、商业秘密和个人隐私予以保密。"

第五,侵权责任承担方式不同。无论是侵害隐私权还是名誉权,如果给被侵权人造成损害的,行为人均应承担侵权赔偿责任。此外,侵害名誉权的民事责任承担方式,还包括停止侵害、排除妨碍、恢复名誉、消除影响以及赔礼道歉。在这些侵权责任承担方式中,恢复名誉、消除影响不适用于侵害隐私权。因为隐私信息一旦被公开,为他人所知悉,就无法被恢复。而对于侵害隐私权的责任承担方式倘若适用消除影响、恢复名誉,可能还会对受害人造成二次伤害。

(二)隐私权与著作权、作品载体所有权

隐私权与著作权、作品载体所有权是三种不同类型的民事权利。隐私权是人格权,著作权属于知识产权,而作品载体所有权属于物权。它们之间的区别是明显的。实践中,三种权利可能会发生冲突,即私人书信。首先,私人书信是不公开的,信件的内容除了写信人知道,就只是给收信人看的。私人信件中的信息往往是写信人除允许收信人知悉外,不愿公之于众的信息,是私密信息。未经写信人的同意,即便是收信人也不得将这些信息公之于众,否则就侵害了写信人的隐私权。其次,信件的内容本身也很可能是一件文学作品甚至是美术作品,因此,创作该作品的写信人还享有著作权。最后,如果写信人是在信纸上写信的话,那么信件(信封与信纸)本身作为动产,其上也存在所有权的归属问题。通常情况下,如无特别约定或法律特别规定,应当认为信件这一物质载体的所有权应当归于收信人。写信人在给收信人写信时,就将信封、信纸在内的有体物的所有权转移给了收件人,至少是赠予给了收信人,除非信中有"阅后退回"等明确的意思表示。

正是由于私人书信上会同时存在隐私权、著作权和所有权这三种权利，而这三种权利的主体很可能不是同一人，因此就会发生权利的冲突问题。例如，在"中贸圣佳与杨季康等著作权权属、侵权纠纷案"中，钱钟书、杨绛先生写给被告李国强的私人信件上就存在三种不同的民事权利，分别是隐私权、著作权与所有权。因钱钟书先生已经去世，故此隐私权属于杨绛先生，钱钟书先生针对作品的著作权由杨绛先生继承。钱钟书先生的信件是写给被告李国强的，李国强享有这批私人信件的所有权。由于被告李国强要行使所有权，委托被告中贸圣佳拍卖公司拍卖这些信件，但是，杨绛先生基于其隐私权和著作权要求禁止拍卖这些信件。于是，所有权的行使与保护隐私权、著作权就发生了冲突。①

显然，在所有权、著作权与隐私权发生冲突时，处于最优先保护地位和最高位阶的是隐私权，其次是著作权，最后才是所有权。因为，隐私权属于一项重要的人格权，是维护人的个性存在和人格尊严所必须的，应受到最优先的保护。著作权中既有精神性权利也有财产性权利，精神性权利如发表权、署名权、保护作品完整权等旨在保护作者的人格利益，也应受到较为优先的保护。最后应当给予保护的是作为纯粹财产权而不涉及人格利益的所有权。《民法典》第132条规定："民事主体不得滥用民事权利损害国家利益、社会公共利益或者他人合法权益。"由此可见，私人信件的所有权人在行使其所有权时，不能侵害他人处于更高位阶的隐私权、著作权，否则就构成侵权行为，应当承担侵权责任。

第二节 侵害隐私权的行为

一、概述

由于隐私权的主要权能是消极权能，即防止他人对隐私的侵害，故此，要了解隐私权的保护，就必须清楚侵害隐私权的行为的类型。一般来说，理论上都是根据隐私的类型来对于各种侵害隐私权的行为进行分类的。例

---

① 中贸圣佳国际拍卖有限公司与杨季康等著作权权属、侵权纠纷案，北京市高级人民法院（2014）高民终字第1152号民事判决书。

如，美国著名侵权法学家威廉·普罗索（William Prosser）教授将侵害隐私权的行为分为四类：（1）侵入原告隐居或独处之处或侵入其私人事务（Intrusion upon the plaintiff's seclusion or solitude, or into his private affairs）；（2）公开披露原告的令人难堪的私密信息（Public disclosure of embarrassing private facts about the plaintiff）；（3）进行使原告被公众误解的宣传（Publicity which places the plaintiff in a false light in the public eye）；（4）为被告之利益而盗用原告的姓名或肖像（Appropriation, for the defendant's advantage, of the plaintiff's name or likeness）。① 日本学者五十岚清教授在梳理侵害隐私权的判例后，将侵害隐私权的形态分为四类：（1）对私生活的侵入，包括窥视居所、侵入住宅以及侵害私生活安宁；（2）窃听、秘密录音；（3）公开私事，包括日记、信件的公开，犯罪信息尤其是前科的公开，夫妻生活的公开以及异性关系、性隐私的公开，医疗信息的公开；（4）个人信息的保护。② 我国台湾地区著名法学家王泽鉴教授则将侵害隐私权的行为分为两类，即侵入类型与公开类型。侵入类型的侵害隐私权的行为主要是对他人私生活领域的侵害，如侵入他人住宅，录音、窃听、偷拍和监视，跟踪，以电话骚扰他人私生活以及强使他人接受资讯等。而公开类型的侵害隐私权的行为包括公开他人情书、日记、病历、薪资、自拍的性爱录像带等，公开窃听或偷录的他人电话等。③ 王利明教授将侵害隐私权的行为分为：非法披露个人信息、侵害他人私生活安宁、非法侵入他人私人空间、对私人活动的非法干涉以及非法暴露或接触他人身体敏感部位等五类。④ 张新宝教授认为，常见的侵害隐私权的行为方式包括：侵入侵扰、监听监视、窥视、刺探、搜查、干扰、骚扰以及披露、公开或宣扬等。⑤

我国《民法典》对侵害隐私权的行为进行了类型化规定。依据《民法典》第1033条的规定，侵害隐私权的行为分为以下六类：（1）以短信、电话、即时通讯工具、电子邮件、传单等方式侵扰他人的私人生活安宁；（2）进入、

---

① William L. Prosser, "Privacy", 48 *Cal. L. Rev*, 383, 1960.
② ［日］五十岚清：《人格权法》，［日］铃木贤、葛敏译，北京，北京大学出版社2009年版，第161页以下。
③ 王泽鉴：《人格权法：法释义学、比较法、案例研究》，台北，作者印行2012年版，第271页以下。
④ 王利明：《人格权法研究》（第三版），北京，中国人民大学出版社2018年版，第608页以下。
⑤ 张新宝：《隐私权的法律保护》（第二版），北京，群众出版社2004年版，第356－357页。

窥视、拍摄他人的住宅、宾馆房间等私密空间；(3) 拍摄、录制、公开、窥视、窃听他人的私密活动；(4) 拍摄、窥视他人身体的私密部位；(5) 处理他人的私密信息；(6) 以其他方式侵害他人的隐私权。从《民法典》第1032条第2款对隐私的界定来看，上述6种侵害隐私权的行为类型中，除第六类"以其他方式侵害他人的隐私权"是兜底性规定外，其余五类都对应了不同类型的隐私。具体而言，第一类行为侵害的是私人生活安宁，第二类至第五类都是对私生活秘密的侵害，《民法典》将私生活秘密细分为私密空间、私密活动和私密信息。故此，第二类行为侵害的是私密空间，第三类侵害的是私密活动，第五类侵害的是私密信息。唯独第四类"拍摄、窥视他人身体的私密部位"无法对应《民法典》第1032条第2款列举的四种类型的隐私。由于私密部位也属于私生活秘密的范畴，故此《民法典》第1032条应当以私生活秘密作为在列举私密空间、私密活动和私密信息之后的兜底性规定，比较合适。换言之，所谓侵害隐私权的行为，实际上就可以分为两大类，即侵害私人生活安宁与侵害私生活秘密，其中侵害私生活秘密又表现为四个具体的类型即《民法典》第1033条第2—5项。

笔者认为，《民法典》第1033条列举典型的侵害隐私权的行为，具有其积极的意义。它使得司法实践中法官可以检视所审理的案件事实，将之与该条列举的侵害隐私权的行为类型加以对照，从而有助于法官正确地审理侵害隐私权的案件。不过，所有的列举都存在挂一漏万的可能，同时第1033条所列举的各种典型行为之间的划分也不是泾渭分明的，例如，进入他人的住宅也会构成对他人私人生活安宁的干扰，而拍摄他人的私密活动很多时候当然就包括拍摄他人的住宅以及他人在该住宅中的起居活动等。

二、侵扰私人生活安宁

(一) 私人生活安宁的含义

私人生活，简单地说，就是自然人的与公共生活无关的生活，包括家庭生活、感情生活、社交活动等。一个人的生活可以分为两部分：一是与外界发生联系的活动和社会关系构成的公共生活；二是不应受到外界干扰的个人生活，属于私（人）生活。因此，私人生活存在于公共生活的对立面，指的是"个人的那些不属于公共生活的全部内容。"[①] 所谓私人生活安宁，有广狭义之分，广义的私人生活安宁的范围很大，包括了排除一切对于私人生活的干扰和妨碍，如侵入住宅、窃听电话、偷窥偷拍、窃听监听、跟踪骚扰等。[②] 例如，王利明教授采取的就是广义说，他认为私人生活安宁具体包括：其一，日常生活的安宁，如禁止非法跟踪、骚扰等行为；其二，住宅的安宁，即个人的住宅不受他人打扰，不得无故敲门或在室外喧哗等；其三，通信的安宁，即个人通信不受他人打扰，如不得发送骚扰短信或垃圾信息等。[③]

由于我国《民法典》第1033条第2—5项分别对进入、拍摄、窥视他人的住宅、宾馆房间等私密空间，拍摄、窥视、窃听、公开他人的私密活动，拍摄、窥视他人身体的私密部位，处理他人的私密信息作出了规定，故此，第1033条第1项的"私人生活安宁"是狭义上的私人生活安宁。结合该项规定的侵害私人生活安宁的方式是"以电话、短信、即时通讯工具、电子邮件、传单等方式"，笔者倾向于认为，该项中的私人生活安宁非常狭窄，仅指自然人的私人生活免受信息骚扰或免受垃圾信息骚扰的安宁。至于其他意义上是私人生活安宁，要么为《民法典》第1033条第2项的私密空间或第3项的私密活动所涵盖，要么可以列入第6项的兜底性规定当中。至于自然人不受噪声、臭气、强光等干扰，则在《民法典》物权编第七章相邻关系部分以及我国《环境保护法》《环境噪声污染防治法》等生态环境保护相关法律中作出了规定。

之所以《民法典》第1033条第1项特别规定自然人享有此种免于垃圾信息骚扰而保持私人生活安宁不受他人的侵害、打扰或妨碍的权利，主要就是因为现代社会是网络信息社会，各种信息无时不在、无处不在，很多信息是在人们没有同意的情形下就发送给他（她）的，对人们的私人生活安宁构成的侵扰。"实践中，对自然人私人生活安宁的侵扰主要是以电话、短信、即时通讯工具、电子邮件、传单等方式进行的，如向他人发送垃圾短信、垃圾微信、垃圾邮件，散发传单等。这里的即时通讯工具主要是微

---

① ［美］R.巴登丹：《私生活受尊重权》，载 JCP1968.Ⅰ2136, No.12. 转引自朱国斌：《法国关于私生活受尊重权利的法律与司法实践》，载《法学评论》1999年第3期。
② 《民法典》颁布之前，有观点主张单独规定生活安宁权或安宁生活权。参见刘保玉、周玉辉：《论安宁生活权》，载《当代法学》2013年第2期。
③ 王利明：《人格权法研究》（第三版），北京，中国人民大学出版社2018年版，第591页。

信、微博等社交媒体工具。这些侵扰方式看似普通，但实际上有可能对一个人的生活造成极大的滋扰，让权利人不胜其烦；若一个人长期被垃圾电话、微信等侵扰，还有可能导致精神崩溃等严重后果，这种案例在现实生活中已多次出现。"① 故此，《民法典》第 1033 条第 1 项专门针对信息骚扰行为作出了规定。

（二）侵扰私人生活安宁的行为

如果说传统的侵扰他人的私人生活安宁的行为主要是上门推销产品、往门缝中塞入小广告等，现代信息社会的侵扰私人生活安宁的行为主要表现为利用电话、短信、各类即时通讯工具、电子邮件等方式侵扰他人的私人生活安宁。这些侵扰行为往往是出于各种目的，可能是发生在特定人与特定人之间的，如行为人与受害人有仇恨、矛盾或其他纠纷，因而通过电话或短信对受害人进行骚扰。② 例如，在一个案件中，被告陈某在获取原告倪某的手机号码后，先后通过其多个手机号码频繁向倪某拨打骚扰电话及发送骚扰短信，干扰倪某个人日常生活。倪某因不堪陈某的骚扰，于 2012 年 11 月 7 日向上海市公安局闵行分局古美路派出所报案。2012 年 12 月 14 日，上海市公安局闵行分局古美路派出所认定陈某发送信息干扰他人日常生活，对陈某作出了罚款 500 元的行政处罚。同日，陈某出具保证书，书面承诺保证不再骚扰倪某。但之后，陈某仍然频繁给倪某拨打骚扰电话并向倪某发送大量骚扰短信。倪某向法院提起诉讼。法院认为，隐私权包括公民个人活动自由权和生活安宁权。陈某在获取倪某手机号码后，通过其手机频繁向倪某拨打骚扰电话及发送大量骚扰短信，干扰了倪某个人活动自由和生活安宁，构成对倪某隐私权的侵害。③ 再如，在"高某某与任某某人格权纠纷案"中，被告任某某与原告高某某的丈夫武某认识后，两人建立了不正当男女关系。被告为使原告与武某离婚，自 2014 年 6 月开始，先后多次给原告打电话，发短信、微信、彩信（包括发送原告丈夫与被告同

---

① 黄薇主编：《中华人民共和国民法典人格权编解读》，北京，中国法制出版社 2020 年版，第 199-200 页。

② 以电话、短信、即时通讯工具、电子邮件等方式侵扰他人的私人生活安宁的行为，还可能构成性骚扰。如以短信、微信的方式发送淫秽性的言词和图片的，依据《民法典》第 1010 条第 1 款，属于性骚扰行为。

③ 陈某诉倪某名誉权纠纷案，上海市第一中级人民法院（2013）沪一中民一（民）终字第 3037 号民事判决书。

居的照片）。法院认为，被告违反社会公德介入原告的婚姻生活，并多次给原告打电话，发短信、微信、彩信，企图破坏原告家庭，侵害了原告休息和生活安宁的人格权利，原告要求其停止侵害，理由正当，应予支持。[1] 有的是为了广告推销，例如，在一起案件中，原告于 2010 年 5 月下旬将其一套房屋出租的信息发布在"某某网"上，其欲出租其中一间房间，月租金 800 元。被告某某物业的业务员在网上看到原告此信息后与原告进行联系，原告将其手机号码告知了该物业的业务员，此后，原告自 5 月 29 日至 6 月 22 日共收到被告业务员通过各门店电话打来的电话 28 个，其中 6 月 4 日、6 月 14 日每天通话 8 次，通话时间一般在上午 9 时到晚上 9 时，其中有 6 次在晚上 9 时 05 分至 10 时 11 分之间。2010 年 7 月 7 日，被告业务员两次拨打原告电话，原告未接，此后被告未再拨打原告电话。原告分别于 2010 年 6 月 21 日、7 月 24 日、7 月 25 日、8 月 2 日收到被告业务员通过短信平台所发的推销房屋的短信 4 条。原告认为其受到被告的恶意电话骚扰，向法院提起诉讼，法院认为被告滥用了其所掌握的原告个人信息，客观上滋扰了原告正常的生活安宁，侵犯了原告的合法权益，侵权行为成立。[2]

还有不少情形下，利用电话、短信、即时通讯工具、电子邮件、传单等方式侵扰的是不特定的、人数众多的受害人，这就是所谓的"垃圾短信""垃圾微信""垃圾邮件"。这些侵扰他人的私人生活安宁的行为中有不少是为了进行广告推销，还有一些是违法犯罪分子通过伪基站、恶意软件及非法收集、购买个人信息等手段，大量群发垃圾短信、垃圾邮件、弹窗广告或自动拨打他人电话等，进行各种诈骗、招嫖等违法活动。这些行为给广大人民群众的私人生活安宁造成了严重干扰。为了治理现代社会的"信息骚扰"现象，《全国人民代表大会常务委员会关于加强网络信息保护的决定》第 7 条明确规定："任何组织和个人未经电子信息接收者同意或者请求，或者电子信息接收者明确表示拒绝的，不得向其固定电话、移动电话或者个人电子邮箱发送商业性电子信息。"《消费者权益保护法》第 29 条第 3 款规定："经营者未经消费者同意或者请求，或者消费者明确表示拒绝的，不得向其发送商业性信息。"《通信短信息服务管理规定》第 18 条规

---

[1] 山西省平陆县人民法院（2016）晋 0829 民初 117 号民事判决书。
[2] 王某某诉上海某某物业顾问有限公司一般人格权纠纷案，上海市浦东新区人民法院（2010）浦民一（民）初字第 22483 号民事判决书。

定:"短信息服务提供者、短信息内容提供者未经用户同意或者请求,不得向其发送商业性短信息。用户同意后又明确表示拒绝接收商业性短信息的,应当停止向其发送。短信息服务提供者、短信息内容提供者请求用户同意接收商业性短信息的,应当说明拟发送商业性短信息的类型、频次和期限等信息。用户未回复的,视为不同意接收。用户明确拒绝或者未回复的,不得再次向其发送内容相同或者相似的短信息。基础电信业务经营者对通过其电信网发送端口类商业性短信息的,应当保证有关用户已经同意或者请求接收有关短信息。"第19条规定:"短信息服务提供者、短信息内容提供者用于发送业务管理和服务类短信息的端口,不得用于发送商业性短信息。"再如,原国家工商行政管理总局颁布的《互联网广告管理暂行办法》第8条规定:"利用互联网发布、发送广告,不得影响用户正常使用网络。在互联网页面以弹出等形式发布的广告,应当显著标明关闭标志,确保一键关闭。不得以欺骗方式诱使用户点击广告内容。未经允许,不得在用户发送的电子邮件中附加广告或者广告链接。"

(三)侵扰私人生活安宁的认定

《民法典》第1033条第1项专门规定,除法律另有规定或者权利人明确同意外,任何组织或者个人不得以电话、短信、即时通讯工具、电子邮件、传单等方式侵扰他人的私人生活安宁。也就是说,无论基于何种目的,如果实施了此种行为,就构成了对他人隐私权的侵害,行为人应当承担相应的民事责任。

《民法典》第1033条第1项规定,除法律另有规定或者权利人明确同意外,任何组织或者个人不得以电话、短信、即时通讯工具、电子邮件、传单等方式侵扰他人的私人生活安宁。所谓侵扰,即侵犯骚扰。也就是说,行为人给权利人打电话、发短信、发送电子邮件等行为已经构成了对权利人的私人生活安宁的侵犯和骚扰。因此,不能认为行为人过失拨错了一次电话号码或错发了一次短信就侵扰了私人生活安宁。对于这种社会生活中可能发生的错误,每个人都应当容忍他人行为给自己造成的轻微的不便。如果行为人拨打电话、发送短信等行为对他人生活的干扰已经超出了合理人的容忍的限度,影响了权利人生活的宁静和秩序,该行为就构成了对他人私人生活安宁的侵扰。在美国法上,对隐私的侵扰必须从合理的人看来构成"高度的冒犯(highly offensive)",才属于侵害隐私权。《美国侵权行为法重述（第二次）》第 652B 条规定：“故意以有形的或者其他的方式侵扰他人独处或隐居之地或者干涉他人的私人事务或私人关系的，如果此等行为在合理的人看来，构成高度的冒犯的，行为人应当承担侵犯隐私的侵权责任。”所谓合理的人看来构成高度冒犯，实质上就是为了排除人们应当于合理限度内忍受的他人干扰行为的情况。① 我国司法实践中，一些法院也采取了合理人的容忍限度的标准。例如，在一个反复拨打他人电话是否构成对他人私人生活安宁的侵扰电话案件中，法院认为：从侵权行为看，关键在于判断被告对原告个人信息的使用是否超出了合理的范围。原告将出租房屋的信息发布在互联网上，目的是想借助网络平台信息传递便捷、传播范围广的特点尽快寻找合适客户，其中也包括通过房屋中介为其寻找客户。被告在获得原告的个人信息后，确实因促成交易的需要与原告进行了沟通，此时被告对于原告个人信息的使用并无不妥。但此后，被告频繁与原告通话、给原告发送短信，即使在原告进行投诉后，被告仍继续发送推销房屋短信给原告。被告虽辩解电话和短信都属于正常的业务沟通，但原告提供的短信记录可以证实，被告通过其短信平台向原告手机所发送的短信均为推销楼盘的信息，与出租房屋无关。因本案中双方并无委托购买楼盘的约定，被告也不能举证证明原告向其表示过有此需求，被告在未取得原告同意的情况下将推销楼盘信息发给原告，已超出了对于原告个人信息的合理使用范围。并且，被告多家门店在同一天的同一时段与原告多次通话，且有多次拨打时间在晚上 9 时以后，通话频率较高，拨打时间也不尽合理，从常人的一般心理感受来看，被告拨打电话的时间和频率已超过通常能够忍受的程度，对原告正常的工作和生活造成了一定干扰，故此，法院认定被告行为超出了合理的限度，具有违法性。②

需要注意的是，侵扰私人生活安宁的行为人主观上可能是故意，也可能是过失。例如，在一个案件中，2018 年 8 月被告新丽公司出品的电视剧《爱情进化论》在爱奇艺平台播出第 17 集时，披露了原告张某的电话号码。这导致张某在该剧集播出以后，收到大量电话、短信、微信好友申请骚扰，对其日常生活和工作造成较大负面影响。张某以侵害隐私权为由提起诉讼，

---

① 王利明、程啸：《中国民法典释评·人格权编》，北京，中国人民大学出版社 2020 年版，第 408 页（本部分由王利明教授撰写）。
② 上海市浦东新区人民法院（2010）浦民一（民）初字第 22483 号民事判决书。

法院判决认为，在影视剧制作中，若非不可替代之必要，应对涉及手机号码等特定信息画面予以技术处理，不得完整呈现，以避免侵扰公民的私人生活安宁。新丽公司作为专业影视公司，应熟知影视出品行业的相关风险防控内容。本案中，新丽公司未经核实且未经张某本人允许，通过涉案电视剧将张某的手机号码向公众披露。考虑涉案电视剧的影响力，该种未经允许公开披露张某个人信息的行为，势必侵扰了张某的私人生活安宁。即便新丽公司对此不存在主观恶意，其放任行为至少彰显出一定的主观过失。同时，亦不能否认新丽公司因此给当事主体造成的生活困扰和精神损害。综合上述，新丽公司未尽审慎注意义务在涉案电视剧中披露张某手机号码，构成对张伟个人隐私权的侵害。[1]

三、侵害私密空间

(一) 私密空间的含义

所谓私密空间，显然是与公开空间、公共空间对应的，是指供特定自然人进行私人活动的空间。也就是说，要构成私密空间，应当符合以下要件：其一，供特定自然人活动的空间，而非供不特定自然人进出的空间。如果是后者，则属于公共场所或公共空间。例如，宾馆的房间属于私密空间，但是宾馆的过道、电梯、大堂、餐厅等，则属于公共空间。即便是宾馆餐厅，如果是包房，则包房在有宾客使用的时候，显然不能供不特定自然人进出，因此属于私密空间。其二，自然人在私密空间中从事的是私人活动，既包括学习、工作，也包括生活、娱乐等。所谓私人活动可以包括私密活动，也可以包括私密活动，如邀请很多朋友到家里来举行聚会等，但无论如何都是私人性的活动，与公共利益无关，能够参加的人也不是不特定的自然人。此外，私密空间并非是一定要能够居住人的空间，即便是办公室中某人的抽屉、私家车的后备箱、学校中供学生使用的储物柜等，都属于私密空间。需要研究的是私密空间是否限于有形的物理的空间？其三，私密空间既包括有形的物理三维空间，也包括无形的虚拟网络空间，

---

[1] 新丽电视文化投资有限公司等与张某隐私权纠纷案，北京市第一中级人民法院（2019）京01民终3655号民事判决书。

如电子邮箱、微信群等虚拟空间。① 现代网络信息社会中，人们同时生存于现实世界与虚拟世界，这两个世界的活动相互映射，而自然人的大量隐私也都表现为私密信息，它们以数据的形式存储在电脑、手机、电子邮箱以及有关的应用程序（App）当中。在没有法律规定或者取得权利人的明确同意的时候，任何组织或者个人登录他人电脑、翻看他人手机或进入电子邮箱等，均属侵害他人的隐私权的行为。例如，在一个案件中，法院认为：被告赵某在未获得原告黄某同意的情况下，采取擅自登陆原告黄某QQ账号的方式，获取黄某的入住酒店及信用卡消费等相关信息，这构成非法刺探黄某的个人隐私的行为。② 需要注意的是，由于侵入虚拟空间更多的是侵害私密信息，故此，除《民法典》隐私权的规定外，还涉及《个人信息保护法》等法律的规定。

关于私密空间，《民法典》第1033条第2项列举了两类最典型的物理空间：其一，住宅。自然人的住宅是最典型的私密空间，该住宅无论是属于居住者所有的，还是其租赁的或借用的，都属于住宅，是私密空间。任何组织或个人在没有法律规定或取得权利人明确同意的情形下，不得进入、拍摄、窥视。《宪法》第39条明确规定："中华人民共和国公民的住宅不受侵犯。禁止非法搜查或者非法侵入公民的住宅。"《刑法》第245条规定："非法搜查他人身体、住宅，或者非法侵入他人住宅的，处三年以下有期徒刑或者拘役。司法工作人员滥用职权，犯前款罪的，从重处罚。"由此可见，公民的住宅不受侵犯不仅涉及隐私权的保护，该权利更是宪法上的基本权利。对于公民的住宅应当给予最高程度的保护，法律也不能任意规定搜查或检查住宅。

其二，宾馆房间。除住宅之外，《民法典》第1033条第2项还列举了一类典型的私密空间，即宾馆房间。住客入住宾馆后，其所住宿的宾馆房间就成为私密空间，如果没有法律的规定或者权利人的明确同意，任何组织或个人包括宾馆的经营者都不得进入。由于实践中一些地方曾出现宾馆房间被安放针孔摄像头，对住客进行偷拍偷录的违法行为，社会公众对此反应强烈。我国在编纂《民法典》时，不少人大常委会委员、专家学者和

---

① 黄薇主编：《中华人民共和国民法典人格权编解读》，北京，中国法制出版社2020年版，第197页；马特、袁雪石：《人格权法教程》，北京，中国人民大学出版社2007年版，第296页。
② 广东省中山市中级人民法院（2020）粤20民终5097号民事判决书。

社会公众提出，应当对在宾馆房间私装摄像头进行偷拍，侵害公民隐私权的行为作出有针对性的规定。① 故此，《民法典》第 1033 条第 2 项中特别将宾馆房间作为私密空间加以列明。

(二) 侵害私密空间的行为

《民法典》第 1033 条第 2 项明确列举了以下三类侵害私密空间的行为。

1. 非法进入他人的住宅、宾馆房间等私密空间。这是指在没有法律规定或者没有取得权利人的明确同意的情形下就进入他人的住宅、宾馆房间以及登录他人的电子邮箱、打开他人的电脑等。这些行为不仅是侵害隐私权的行为，也可能构成犯罪。例如，我国《刑法》第 245 条将侵入他人住宅的行为规定为犯罪行为。在"潘某甲诈骗、非法侵入住宅案"中，法院认为："原审被告人潘某甲为泄私愤，非法强行闯入公民住宅，并砸毁公民财物，被损毁财物价值人民币 4 891 元，其行为侵犯了公民的隐私权，已构成非法侵入住宅罪。"② 再如，2003 年发生的在全国引起极大社会反响的"夫妻看黄碟案"中，公安人员在没有搜查证的情形下，就非法侵入他人住宅，以夫妻在家中看黄碟为由而将人带走并处以罚款，这种行为显然是对公民隐私权和住宅安宁的严重侵害，应当承担法律责任。③ 需要注意的是，我国法律对搜查或检查住宅有非常严格的限制，目前只有两部法律中有规定：一是《刑事诉讼法》第 136 条规定："为了收集犯罪证据、查获犯罪人，侦查人员可以对犯罪嫌疑人以及可能隐藏罪犯或者犯罪证据的人的身体、物品、住处和其他有关的地方进行搜查。"二是《治安管理处罚法》第 87 条第 1 款规定："公安机关对与违反治安管理行为有关的场所、物品、人身可以进行检查。检查时，人民警察不得少于二人，并应当出示工作证件和县级以上人民政府公安机关开具的检查证明文件。对确有必要立即进行检查的，人民警察经出示工作证件，可以当场检查，但检查公民住所应当出示县级以上人民政府公安机关开具的检查证明文件。"

2. 非法拍摄他人的住宅、宾馆房间等私密空间。对私密空间的侵害行为不限于非法进入住宅，还包括非法拍摄他人住宅等私密空间。实践中，

---

① 《全国人民代表大会宪法和法律委员会关于〈民法典人格权编（草案）〉三审稿修改情况的汇报》。
② 湖北省武汉市中级人民法院（2014）鄂武汉中刑终字第 00863 号刑事判决书。
③ 对本案的评析，参见张新宝：《从隐私权的民法保护看"黄碟案"》，载《法学家》2003 年第 3 期。

非法拍摄他人住宅等私密空间的隐私权纠纷的主要情形是,邻居之间因一方出于安全等各种考虑而安装摄像头,结果将他人的住宅等私密空间以及私密活动都拍摄了进去。① 例如,在一起隐私权纠纷案中,原告区某和被告陈某是邻居,分别住在某小区23幢的1204室与1201室。陈某在其住处门口、厨房窗外和消防通道各安装了一个监控摄像头,其中,住处门口的监控摄像头主要是对与区某住处共用走廊部分进行摄像,但可以对区某的门口进行摄像;厨房窗外的监控摄像头的监控区域为该窗外防盗网位置。区某认为,陈某在门口及厨房窗外安装的摄像头监控范围侵犯其隐私权,影响其生活,起诉请求陈某立刻停止侵权行为,拆除监控设备,并向区某赔礼道歉。陈某辩称安装监控部位是自己家门口和自家阳台,监控范围并不能看到区某的隐私场所。法院认为,区某在其住宅内的活动以及进出住宅的信息均属于隐私权保护的范围。陈某住宅的厨房窗户与区某住宅的卫生间和客厅窗户相邻,相隔距离非常近,陈某在厨房窗外安装的监控摄像头面对着区某住宅的门口,该监控摄像头监控的范围可覆盖区某住宅门口以及卫生间、客厅窗户的位置,区某进出住宅以及其在卫生间、客厅的活动存在被该监控摄像头摄入的可能。从该监控摄像头安装的位置和方向来看,该监控摄像头大部分视角可以拍摄到区某住宅的门口、卫生间或客厅窗户。因该监控摄像头是可以调整视角的摄像头,而是否调整以及如何调整该监控摄像头的视角均不能为区某所控制,区某也不可能时刻监督陈某使用该监控摄像头的行为,故即使该监控摄像头某一视角没有拍摄到区某的住宅门口、卫生间或客厅窗户,区某的个人隐私也受到客观的威胁,该监控摄像头对区某的私人生活安宁仍造成了侵扰的后果。故此,法院判决陈某于判决生效之日起7日内拆除其住宅厨房窗外涉案的监控摄像头。②

此外,近年来一些违法犯罪分子为满足猎奇、谋取非法利益,在宾馆房间偷安针孔摄像头等设备,偷拍偷录他人,该行为也属于严重侵害隐私权的侵权行为。③ 不仅如此,宾馆的经营者负有采取有效的措施预防和防止他人实施在宾馆房间安装摄像头实施侵害他人隐私权的侵权行为的安全保障义务,如果其没有尽到该义务的,应当依据《民法典》第1198条第2款

---

① 如果行为人是为了维护自己的人身、财产安全而安装摄像头,且仅仅是拍摄自己住宅门前的公共空间,没有拍摄他人的私密空间以及私密活动的,不构成侵害他人隐私权的行为。
② 广东省江门市中级人民法院(2017)粤07民终2531号民事判决书。
③ 《郑州一酒店客房发现针孔摄像头,警方已介入调查》,载《新京报》2019年6月19日。

承担相应的补充责任。例如，在"赫某宁与伊犁大酒店隐私权纠纷案"中，2016年8月12日凌晨，原告随南方航空公司的航班机组及空乘人员入住被告伊犁大酒店酒店，原告入住1209房间。2016年8月12日中午，原告发现在其房间内空调排气管上有一针孔摄像头，遂告知机长，由机长将摄像头拆下，同时通知了伊犁大酒店。原告遂起诉被告侵害隐私权。法院认为："公民合法的民事权益包括隐私权。权利人对他人在何种程度上可以介入自己的私生活、对自己的隐私是否向他人公开以及公开的人群范围和程度等具有决定权。伊犁大酒店由于对客房管理不善，对客房中存有针孔摄像头有过错，构成了对入住客人赫某宁隐私权的侵害。"①

需要注意的是，在私密空间外的其他地方，如公共场所、工作场所等非私密空间能否安装摄像头进行拍摄或监控，取决于相关法律法规的规定以及与隐私权的协调问题。例如，我国《个人信息保护法》第26条规定，在公共场所安装图像采集、个人身份识别设备，应当为维护公共安全所必需，遵守国家有关规定，并设置显著的提示标识。所收集的个人图像、身份识别信息只能用于维护公共安全的目的，不得用于其他目的；取得个人单独同意的除外。《反恐怖主义法》第27条第2款明确规定："地方各级人民政府应当根据需要，组织、督促有关建设单位在主要道路、交通枢纽、城市公共区域的重点部位，配备、安装公共安全视频图像信息系统等防范恐怖袭击的技防、物防设备、设施。"再如，为了保护广大未成年人的人身安全，《国务院办公厅关于加强中小学幼儿园安全风险防控体系建设的意见》（国办发〔2017〕35号）明确要求"完善学校安全技术防范系统，在校园主要区域要安装视频图像采集装置，有条件的要安装周界报警装置和一键报警系统，做到公共区域无死角。"

实践中，不少工作单位在工作场所也安装视频监控设备，对工作人员的工作进行监控监听，甚至包括为维护工作场所秩序与工作单位的财产安全而进行搜查等，这些行为涉及工作单位合法权益的维护与工作人员的隐私权与个人信息权益保护这二者关系的协调。② 对此，我国法律有相应的规定。例如，《宪法》第37条第3款规定："禁止非法拘禁和以其他方法非法

---

① 新疆维吾尔自治区高级人民法院伊犁哈萨克自治州分院（2017）新40民终1360号民事判决书。

② 参见张新宝：《雇主在工作场所的隐私权保护与限制》，载《现代法学》1996年第5期。

剥夺或者限制公民的人身自由,禁止非法搜查公民的身体。"因此,工作单位基于任何理由也不得搜查工作人员的身体。再如,除非符合《个人信息保护法》第13条第1款第2—7项规定的例外情形,否则作为个人信息处理者的工作单位无论是通过监控监视抑或其他方法,对工作人员的个人信息进行收集、存储、加工、使用等处理行为的,都必须取得工作人员的同意,同时,应遵循《个人信息保护法》等法律的规定。

3. 非法窥视他人的住宅、宾馆房间等私密空间。所谓窥视,就是指暗中查看。也就是说,行为人是暗中持续的查看观察他人的住宅、宾馆房间等私密空间。如果偶尔看一眼或注视一下他人的住宅等私密空间,显然不构成窥视。当然,行为人也可能会利用望远镜、摄像头等设备暗中查看他人的私密空间。故此,拍摄与窥视他人的私密空间的行为往往会重叠。

四、侵害私密活动

(一)私密活动的含义

私密活动是指自然人从事的私人的且不愿意为他人知晓的活动,如夫妻的性生活、家庭的日常生活、与朋友的聚餐、家人及朋友之间的谈话等。私密活动常常是在住宅、宾馆房间等私密空间进行的,因为这在客观上有利于保护活动的私密性。但是,不能据此认为,只要自然人不是在私密空间而是置身于公共场所、公共空间中的活动就不属于私密活动,就是可以公开的活动。是否属于私密活动,根本在于是否符合两个标准:一是活动的私人性或非公共性,即该活动与公共利益无关。二是活动的秘密性,由于活动是私人性的,所以自然人才有权不愿意他人知晓。任何组织或者个人在没有法律的规定或者取得权利人的明确同意的情况下,不能去拍摄、窥视、窃听、公开他人的私密活动。例如,在德国的"卡洛琳公主案"中,被告周刊杂志社未经同意而擅自拍摄摩洛哥公主卡洛琳与其伴侣在餐厅隐秘处用餐、乡间散布、牧场骑马、上街购物,以及与未成年子女一起划船等活动。卡洛琳公主向法院起诉,要求被告周刊杂志社承担侵害一般人格权(私生活领域)及受艺术著作权法保护的照片的侵权责任。该案涉及的重要问题就是,摩洛哥公主置身于公共场所中进行活动时,是否还存在需要保护的隐私。德国联邦宪法法院认为,即便摩洛哥公主作为公众人物,也有值得受保护的私人领域,但是该地点必须具有隐蔽性的要件。当有人退避至一个地点隐秘之处,客观上可看出其欲独处(不受干扰),且因他信任该处的隐蔽性,而作出了在广大公众前不会做的举止动作,那么行为人擅自拍摄和公开发表照片,就构成不法侵害行为。也就是说,并非人们在公共场所就完全不存在私密空间,关键要看该地点是否具有隐蔽性,隐蔽性的标准的确定,既要考虑到人格权的保护,即人们在住宅之外也愿意有一个可以放松的空间,不愿意受到他人的窥视和拍摄,同时又要避免因此对新闻自由构成不当限制。[1] 然而,德国联邦宪法法院只是认可了摩洛哥公主卡洛琳和孩子在一起的照片以及与男朋友一起坐在饭馆庭院僻静区的照片足够私密,受到隐私权的保护,却驳回了她对其他照片的诉求。于是,卡洛琳向欧洲法院申诉,欧洲法院承认了《欧洲人权公约》第 8 条的适用,但力求在保护公主的私生活与《欧洲人权公约》第 10 条所保障的言论自由之间的平衡。法院认为,在保护私生活与言论自由之间取得平衡的关键因素是,所刊登的照片和文章对公众利益的辩论所作的共享。公主的照片纯属私人性质,是在其不知情或不同意的情况下拍摄的,在某些情况下甚至是秘密拍摄的,这些照片对于公共利益的争论没有作出任何共享,因为她并没有参加任何官方的活动,而且照片和文章只涉及公主的私生活的细节。虽然公众可能有权获得有关信息,包括在特殊情况下了解公众人物的私生活,但是在本案中,他们没有这种权利,了解卡洛琳公主的行踪和她在私生活中的行为举止,即使是在那些不能总被描述为僻静之处的地方,也没有正当利益。杂志刊登照片文章可以获得商业利益,但这些利益必须让步于权利人有效地保护其私生活的权利。[2]

(二) 侵害私密活动的行为

《民法典》第 1033 条第 3 项列举了典型的非法侵害私密活动的行为,即非法的"拍摄、窥视、窃听、公开他人的私密活动"。此种侵害他人私密活动的行为,无论出于何种目的(保护自己的财产安全,报复他人,获取证据,发现违法线索或满足个人窥视他人的癖好)等,均构成对他人隐私权的侵害。

1. 非法拍摄他人的私密活动。拍摄包括用照相机、手机进行拍摄以及

---

[1] 王泽鉴:《人格权法:法释义学、比较法、案例研究》,台北,作者印行 2012 年版,第 447 页。
[2] [英]雷蒙德·瓦克斯:《隐私》,谭宇生译,南京,译林出版社 2000 年版,第 81 页。

用摄像机、摄像头等进行摄影。实践中比较常见的就是配偶之间一方因怀疑另一方出轨而偷录、偷拍，邻居之间一方设置监视器、安装摄像机对他人进行拍摄等。例如，在一起案件中，被告为了获得原告与他人非法同居的证据，以便离婚，邀请另一被告为其拍摄原告在家中的活动，结果将四名原告在洗澡间洗澡的情形拍摄了下来，后二被告被抓获。法院认为，二被告窥视、偷拍四原告在浴室内洗澡，构成了对四名原告隐私权的侵害，给原告的精神和心理上造成了痛苦，应当承担侵权赔偿责任。① 再如，2009年11月16日凌晨，被告黄某玲通过跟踪其丈夫唐某而与自己的两个老乡，一起闯入原告唐某某的住处，并对睡在床上的原告唐某某及唐某实施了拍照行为。法院认为，被告黄某玲强行闯入原告唐某某住所并拍摄原告唐某某与唐某夜宿裸照的行为，属非法侵入他人私人生活空间、私拍他人私生活的行为，给原告唐某某享有的隐私权造成了侵害，依法应当承担相应的民事侵权责任。②

2. 非法窥视他人的私密活动。窥视他人的私密活动往往与窥视他人的私密空间的行为是重合的，因为私密活动往往是在私密空间进行的，但也可能是单纯窥视他人的私密活动，如跟踪他人从而窥探他人的日常生活行踪，其中既包括在公开场所的活动，也包括在私密场所的活动等。例如，在一起隐私权纠纷案中，2017年4月至2018年5月期间，马某1和左某在各自已婚的情况下以男女朋友的身份进行交往，后左某怀疑马某1同时在外与其他异性进行交往，便请人对马某1进行跟踪，跟踪的期限自2017年4月起至2018年6月6日止，马某1起诉后就没有跟踪了。法院认为，左某找人对马某1进行跟踪的行为构成了对马某1隐私权的侵犯。③

3. 非法窃听他人的私密活动。所谓窃听，就是指案中偷听，通常是指利用电子设备偷听他人的谈话。除非法律规定或者取得权利人的明确同意，否则任何组织和个人不得窃听他人的私密活动。④ 例如，在"刘某1与刘某2隐私权纠纷案"中，法院认为，被告刘某1在原告刘某2不知情的情况

---

① 李某诉妻子陈某平离婚期间偷拍捉奸侵犯婚内隐私权案，四川省泸州市龙马潭区人民法院（2002）龙马民初字第1599号民事判决书。
② 广东省深圳市宝安区人民法院（2010）深宝法民一初字第244号民事判决书。
③ 北京市丰台区人民法院（2018）京0106民初23586号民事判决书。
④ 如《反间谍法》第12条规定："国家安全机关因侦察间谍行为的需要，根据国家有关规定，经过严格的批准手续，可以采取技术侦察措施。"

下，在其与刘某 2 轮流居住的环境中存放录音笔进行录音，对包括刘某 2 居住的私密生活空间进行音频采集，其行为构成了对刘某 2 隐私权的侵犯。刘某 1 虽主张其放置录音笔是为了照顾其母亲，但音频采集的行为与照顾老人生活之间并不构成必然联系，该理由并不构成侵犯他人隐私权的免责事由。①

4. 非法公开他人的私密活动，即行为人没有取得权利人的明确同意而非法泄露或者对外散布他人的私密活动。② 公开他人私密活动的行为往往是与拍摄、窃听、窥视等行为并存的，如行为人先是非法拍摄或窃听了他人的私密活动，然后予以公开披露。当然，也可能是行为人本身是在取得权利人的明确同意下参与的私密活动，但是在没有法律规定或者取得权利人明确同意的情形下进行拍摄、录制或加以公开，这也构成侵害隐私权。例如，在"邢某等隐私权纠纷案"中，原告与被告二人并非夫妻，却发生了性关系。然而，被告没有经过原告的同意，就将其与原告发生性关系的过程拍摄成为视频。法院认为，被告的行为侵害了原告的隐私权，应当承担侵权责任。③

（三）偷拍偷录的证据能否在民事诉讼中被采用

有些情形下，当事人为了提起诉讼、仲裁或者举报违法行为而通过偷拍、偷录等方式获取了相应的证据，这样的证据能否被采用？例如，夫妻一方为了证明对方出轨，而雇佣私家侦探跟踪偷拍对方与第三人约会的情形；再如，A 公司为了证明其离职员工 B 违反了竞业禁止义务，而派人去偷拍该员工在其他公司上班的视频（即收集人脸信息和行踪轨迹）等。这种方式获取的证据，显然没有也无法取得权利人的明确同意，其构成对他人隐私权、肖像权、个人信息权益的侵害。同时，法律上也没有规定在这种情形下可以不取得权利人同意就进行拍摄。很难适用我国《个人信息保护法》第 13 条第 1 款第 2—7 项中的规定，其中唯一有关系的第 4 项"紧急情况下为保护自然人的生命健康和财产安全所必需"在前述情形中显然也无法适用。也就是说，这种偷拍偷录行为侵害隐私权等民事权益是确定

---

① 北京市第一中级人民法院（2020）京 01 民终 5479 号民事判决书。
② 王利明、程啸：《中国民法典释评·人格权编》，北京，中国人民大学出版社 2020 年版，第 413 页。
③ 北京市第二中级人民法院（2018）京 02 民终 9366 号民事判决书。

的,值得研究的只是此种非法方式获取的证据在民事诉讼中应否被排除的问题。

在刑事诉讼程序中,为了保护人民的人身自由和财产权利,存在非法证据排除规则,即"在刑事控诉中必须排除那些由警察以侵犯一个人的宪法权利的方法获取的并用以控诉该人的任何证据"[①]。我国《刑事诉讼法》第50条明文规定:"采用刑讯逼供等非法方法收集的犯罪嫌疑人、被告人供述和采用暴力、威胁等非法方法收集的证人证言、被害人陈述,应当予以排除。收集物证、书证不符合法定程序,可能严重影响司法公正的,应当予以补正或者作出合理解释;不能补正或者作出合理解释的,对该证据应当予以排除。在侦查、审查起诉、审判时发现有应当排除的证据的,应当依法予以排除,不得作为起诉意见、起诉决定和判决的依据。"

对于民事诉讼中以偷拍偷录等非法方式获取的证据能否被采用的问题,曾有不同的认识。1995年《最高人民法院关于未经对方当事人同意私自录制其谈话取得的资料不能作为证据使用的批复》(法复〔1995〕2号)规定:"证据的取得必须合法,只有经过合法途径取得的证据才能作为定案的根据。未经过对方当事人同意私自录制其谈话,系不合法行为,以这种手续取得的录音资料,不能作为证据使用。"显然,该规定将任何没有得到对方同意的录音证据都排除在外,过于严厉。[②] 2001年,最高人民法院颁布的《民事诉讼证据的若干规定》对此有所改变,该规定第68条规定:"以侵害他人合法权益或者违反法律禁止性规定的方法取得的证据,不能作为认定案件事实的依据。"这就是说,并非所有私自录制的谈话等未经对方同意而取得的证据都不能使用,只有那些"以侵害他人合法权益或者违反法律禁止性规定的方法取得的证据"不能使用,应当说这一规定更为合理。但是,即便是这一规定,仍有值得商榷之处。首先,民事诉讼毕竟不同于刑事诉讼。在刑事诉讼中,侦查、起诉的主体是代表强大国家公权力的公安机关和检察机关,犯罪嫌疑人处于弱势地位。故此,为了防止警察和检察官滥用国家公权力,侵害人民的基本权利,更加有效地保护处于弱势地位的犯罪嫌疑人,有必要制定特别严格的非法证据排除规则。在民事诉讼

[①] John N. Ferdico, *Criminal Procedure*, West Publishing Co. 1989, p. 47. 转引自张建伟:《证据法要义》(第二版),北京,北京大学出版社2014年版,第139页。

[②] 李国光主编:《〈最高人民法院关于民事诉讼证据的若干规定〉的理解与适用》,北京,中国法制出版社2002年版,第443页。

中，原告与被告的诉讼地位平等，不存在动用国家公权力违法收集证据的问题。因此，是否以侵害他人合法权益的方式获取的证据都应当一律被排除，需要研究。

其次，在民事诉讼中不作任何限制，仅以是否侵害他人合法权益作为非法证据的排除标准，不利于查明真相，解决民事纠纷，保护当事人的合法权益。在有些民事纠纷中，因被告极端狡诈、从事的违法行为具有高度的隐秘性，原告不得不采取一些侵害他人合法权益的方式取证。例如，因一方出轨而诉请离婚的民事纠纷中，被告往往并不会坦然承认自己的不忠行为，原告要取得被告出轨的证据只能采取偷拍、偷录的方式。依据《民法典》第1033条，没有法律规定或者未取得权利人明确同意而拍摄、窃听他人的私密活动，构成对隐私权的侵害。如果以此为由拒绝接受原告的证据，确实不利于原告维护自身的权益。对此，理论界认为，"法官在行使取舍非法证据的自由裁量权时，应当采取利益衡量的原则。也就是说，对于绝大多数'非法证据'，虽然存在违法取证的行为，但是只要证据的可靠性并没有受到影响，法律并不绝对地规定这些证据是不可采纳的，法官也不能仅仅因为该证据在取得程序上不合法就拒绝采用，法律将这类证据采纳与否的决定权交给法官，法官在判断是否采纳某一非法证据时应综合考虑案件的性质、当事人取证的难易程度、该非法证据对于正确认定案件事实的重要程度以及非法取证行为给被取证方造成的损害等各种因素。"[1] 从司法实践来看，法院也并不动辄以侵害他人权益为由而否定以违法方式取得的证据。[2]

最后，从比较法上来看，绝大多数国家和地区不是一概在民事诉讼中使用非法证据排除规则，将任何侵害他人权益取得的证据都不以采用。在刑事诉讼中首创非法证据排除规则的美国，并未在民事诉讼中建立非法证据排除规则。即便是在德国、日本等承认民事诉讼中非法证据需要排除的国家或地区，法院也是在权衡各种利益和价值后进行个案的认定。[3] 在德国，有著名的"行车记录仪案"就涉及民事诉讼中非法证据排除的问题。该案的原告在与被告发生的交通事故赔偿诉讼中，向法院提交了自己车内

---

[1] 陈桂明、计格非：《民事诉讼证据合法性的重新解读》，载《国家检察官学院学报》2005年第2期。
[2] 李浩：《民事判决中的非法证据排除规则》，载《现代法学》2012年第2期。
[3] 李浩：《民事诉讼非法证据的排除》，载《法学研究》2006年第3期。

的行车记录仪所拍摄的录像来作为证据。一审和二审法院都认为该证据属于非法证据,应当予以排除。原告上诉到德国联邦最高法院。德国联邦最高法院撤销上诉审判决,发回重审。联邦最高法院的判决认为,原告的这种做法违反了原《联邦数据保护法》第6b条第1款第1句第3项的规定①,但是这并不一定导致禁止证据使用,而应当衡量各方利益后再作出决定。行车记录仪所拍摄的录像也没有涉及隐私,不构成对基本权利的严重侵害,并且《联邦数据保护法》的相关规定是为了保护个人信息,防止非法处理个人信息,而非禁止将行车记录仪所拍摄的录像作为证据使用。况且对于违反《联邦数据保护法》的做法已经规定了罚款等处罚,所以不应当通过禁止证据的使用再做处罚。最后,联邦最高法院认定该行车记录仪可以作为证据使用。② 例如,日本法院在民事诉讼中以是否属于"重大违法"作为是否排除非法证据的标准。东京高等裁判所1977年7月15日的一则判决承认了私录的录音带具有证据能力,该判决认为:采用明显反社会的方法收集证据,如用限制他人肉体上、精神上自由等侵犯人格权的方法,就必须否定其证据能力,但本案中的录音带不过是偷录案外人在酒席上的谈话,并未造成对他人人格的严重侵害。③ 再如,我国台湾地区法院的一则判决就认为:"因侵害隐私权或以其他不法方式取得的证据是否欠缺证据能力,乃诉讼权保障与隐私权保护的冲突与协调问题。在刑事诉讼程序,应依国家强大司法体系,由检察官、法官代表国家行使追诉审判权,国家与被告显立于不公平位置,不法取得的证据,其证据能力应严格对待,以证据排除法则限制司法权的作为。但民事诉讼程序,对立之两造立于公平地位,于法院面前为权利的主张与防御,证据的取得与提出,并无不对等情事,较无前述因司法权的强大作用可能造成的弊端,因此对于证据能力的审查密度,应采取较宽松态度,非有重大不法情事,否则不应任意以证据能力欠缺为由,为证据排除法则的援用。隐私权及诉讼权均为宪法所保障的基本权利,当两者发生冲突时,当援引'宪法'第23条的规定及'司法院'解

---

① 原《联邦数据保护法》第6b条第1款第1句规定:"只有在下列情形中,才可以通过光学电子设备(视频监控)对公众可进入的空间进行监视:1. 为履行公共机构的任务;2. 为了使住宅不受侵犯的权利或者;3. 为具体确定的目的而实现合法利益是必要的,且没有被涉及者应受保护的利益比其更加重要。"

② 吴逸越:《德国民事诉讼中非法证据的使用及启示——以"行车记录仪案"为切入点》,载《德国研究》2019年第2期。

③ 王亚新:《对抗与判定》,北京,清华大学出版社2002年版,第182-183页。

释所阐述的比例原则作为审查基准。依社会现实情况，妨害他人婚姻的不法行为，常以隐秘方式为之，并因隐私权受保护之故，被害人举证极度不易。在此前提下，当不法行为人的隐私权与被害人之诉讼权发生冲突时，两者间应为一定程度的调整。以侵害隐私权的方式而取得的证据排除方面，即应视证据之取得，是否符合比例原则加以决定。"①

有鉴于此，2015年最高人民法院颁布的《民事诉讼法解释》第106条规定："对以严重侵害他人合法权益、违反法律禁止性规定或者严重违背公序良俗的方法形成或者获取的证据，不得作为认定案件事实的根据。"这就是说，即便当事人是通过侵害他人合法权益的方式形成或者获取的证据，只要不是以严重侵害他人合法权益、违反法律禁止性规定或者严重违背公序良俗的方法，人民法院可以将其作为认定案件事实的根据。因此，偷拍、偷录的私密谈话、私密活动，以及通过行车记录仪、键盘记录仪、GPS定位仪等获取的私密信息，只要不构成严重侵害他人隐私权，也没有违反法律禁止性规定或者严重违背公序良俗的，就可以作为民事诉讼中的证据。从司法实践来看，对于非法进入住宅拍摄的录像资料，以非法拘禁和限制他人人身自由或者暴力胁迫等获得的证人证言等，我国法院基本上不将其作为认定案件事实的证据。②

五、侵害私密部位

（一）私密部位的含义

自然人身体的私密部位属于所谓的身体隐私，即不愿对他人公开的身体的各个部位，如胸部、臀部、性器官、有残疾或疾病的身体部位等。③ 人人皆有羞耻心，需要穿衣戴帽以遮蔽身体的私密部位。任何组织或个人在没有法律规定或者未取得权利人的明确同意，不得拍摄、窥视他人身体的私密，否则构成对他人的隐私权的侵害。自然人身体的部位中暴露于外，而在社会交往中人人可见的部位如人的脸部、身高等，一般不属于私密部位，除非自然人特别加以遮盖隐藏。例如，张三因脸上患病而变得十分丑陋，故此用面纱或口罩加以遮盖，不愿为他人知晓。此时，脸部被遮盖的

---

① 我国台湾地区高等法院2005年上易字第243号民事判决书。
② 周翠：《民事非法证据排除的规范解释与实务观察》，载《中国法学》2020年第3期。
③ 王利明：《人格权法研究》（第三版），北京，中国人民大学出版社2018年版，第593页。

部位属于私密部位,否则其脸部特征属于肖像,受到隐私权或个人信息权益的保护。

(二) 侵害私密部位的行为

依据《民法典》第 1033 条第 4 项的规定,在法律没有规定或者未取得权利人的明确同意的情况下,任何组织或者个人不得拍摄、窥视他人身体的私密部位,构成侵害隐私权的行为。由此可见,侵害受隐私权保护的自然人的私密部位的行为限于拍摄、窥视他人身体的私密部位,如果是给他人的私密部位造成物理上的有形损害,则已经构成侵害身体权、健康权乃至生命权。所谓取得权利人的明确同意,如人体肖像画家取得人体模特的同意而以模特的裸体为对象作画;医生对于患者患病的私密部位进行诊疗活动等。如果没有取得权利人的同意,而擅自拍摄、窥视,则构成侵害隐私权的行为。例如,一些人为了牟取非法利益用摄像机、手机或照相机等设备偷拍女性的私密部位,该行为就是侵犯隐私权的行为,同时传播此类照片和视频的行为也构成传播淫秽物品的违法犯罪行为。[1] 再如,在一个案件中,原告与其他四人至被告处进行消费。同年 7 月 31 日 0 时 32 分结账,但被告未收回原告的手牌,然后原告继续在被告处休息,同日 10 时 30 分左右原告又回到 L06 房洗澡。其在干蒸房里干蒸时,听到外面有声音便走出。同时,被告单位的一位男性保安人员进该房,其与从干蒸房内出来的原告相遇,男性保安人员拿了手表和手牌对原告说"对不起"即离开。为此双方发生争执,原告拨打"110"报警,经警察调解未果,原告遂以侵害隐私权为由诉至法院。法院认为:"被告未仔细查清女宾房内的顾客情况,即让男性保安人员进入,造成侵害原告人格尊严的侵权事实,被告应承担相应的法律责任。"因为"人的身体属于个人隐私,他人未经认可,不得非法侵入私人领域、窥视他人身体。沐浴场所对不同性别的人来说属两个特定的领域,不得随意进入,尤其对女性而言,其领域更不得侵犯,其身体异性不能窥视。对女性身体的窥视会造成其精神上的痛苦。"[2]

需要注意的是,即便行为人是经过权利人明确同意而拍摄他人身体的

---

[1] 《起底偷拍裙底产业链:会员说暗语,27G 仅卖 10 元,拍传均违法》,https://www.163.com/news/article/E15L2QH6000187VE.html。

[2] 陶某诉上海黄金海岸金玉兰俱乐部有限公司侵犯人格权案,上海市卢湾区人民法院(2000)卢民初字第 2525 号民事判决书。

私密部位的，如果没有经过权利人同意而将相关的照片公开，也构成侵害隐私权的行为，如将他人同意拍摄的裸体照片在网上发布的行为，以及未经同意将给裸模画的油画加以出版发行等。例如，在"人体模特缪某诉徐某耀、辽宁美术出版社侵犯其肖像权案"中，被告徐某耀以原告缪某等人体模特作为对象，为学生作教学示范，完成了《双女人体》人体画一幅，其中站立者为原告。虽然该作画之行为是取得原告的同意的，但是其在没有取得原告同意的情形下，擅自将该人体画在被告辽宁美术出版社出版的行为，则构成了对原告肖像权以及隐私权的侵害。①

六、侵害私密信息

（一）私密信息的含义

现代社会是信息社会，要维护自然人的私生活安宁和私生活秘密活不受侵害，就必须保护自然人的私密信息不被随意收集、公开或者被滥用。现代隐私权的一项重要功能就保护自然人的私密信息。② 一些学者甚至将隐私界定为"个人、团体或机构为他们自己确定何时、如何、在何种程度上把他们的信息传达给他人"③。也就是说，这种观点认为现代社会的隐私权就是个人对自己的信息的控制权。

所谓私密信息，是指自然人不愿意为他人知晓的私人的信息，包括婚姻信息、财产信息、健康信息、家庭住址、病历资料、犯罪记录、个人人生经历、嗜好、性取向、日记、私人信件以及其他个人不愿公开的信息等。例如，《民法典》第1226条规定："医疗机构及其医务人员应当对患者的隐私和个人信息保密。泄露患者隐私和个人信息，或者未经患者同意公开其病历资料的，应当承担侵权责任。"《传染病防治法》第12条第1款第2句规定："疾病预防控制机构、医疗机构不得泄露涉及个人隐私的有关信息、资料。"《精神卫生法》第4条第3款规定："有关单位和个人应当对精神障碍患者的姓名、肖像、住址、工作单位、病历资料以及其他可能推断出其

---

① 人体模特缪某诉徐某耀、辽宁美术出版社侵犯其肖像权案，最高人民法院中国应用法学研究所编：《人民法院案例选》（总第48辑），北京，人民法院出版社2005年版，第363页以下。
② 参见王泽鉴：《人格权法：法释义学、比较法、案例研究》，台北，作者印行2012年版，第245页以下。
③ ［英］雷蒙德·瓦克斯：《隐私》，谭宇生译，南京，译林出版社2020年版，第41页。

身份的信息予以保密；但是，依法履行职责需要公开的除外。"《艾滋病防治条例》第39条第2款规定："未经本人或者其监护人同意，任何单位或者个人不得公开艾滋病病毒感染者、艾滋病病人及其家属的姓名、住址、工作单位、肖像、病史资料以及其他可能推断出其具体身份的信息。"

是否属于私密信息，核心的认定标准不在于自然人主观的意愿，如果以此为标准，则私密信息范围过于广泛。我国司法实践中，有的法院采取场景理论来认定私密信息，如"黄某与腾讯科技公司等隐私权、个人信息权益网络侵权责任纠纷案"，涉及两类信息即微信好友列表以及原告的读书信息是否属于私密信息的问题。对此，北京互联网法院认为：从合理隐私期待维度上，个人信息基本可以划分为以下几个层次。一是符合社会一般合理认知下共识的私密信息，如性取向、性生活、疾病史、未公开的违法犯罪记录等，要强化对此类信息的防御性保护，非特定情形不得处理；二是不具备私密性的一般信息，在征得信息主体的一般同意后，即可正当处理；三是兼具防御性期待及积极利用期待的个人信息，对此类信息的处理是否侵权，需要结合信息内容、处理场景、处理方式等，进行符合社会一般合理认知的判断。依据这些因素，北京互联网法院认为：第一，因微信本身的特点，微信好友列表并不能被概括纳入私密信息的范畴。社交关系的概念本身较为宽泛，微信好友中的社交关系尤为如此。同时，大部分用户的微信好友，都是现实生活中与其有实际交往关联的人。一般社会认知下，可以认定以下情形中信息主体在社交关系上有着合理的隐私期待，一是信息主体与特定人之间的关系较为私密而不愿为他人知晓，二是信息主体将一定量的社交关系公开可能会遭受他人对其人格的不当评价而不愿为他人知晓。目前庭审查明的微信读书获取的好友列表信息内容，包括原告微信好友的 OPEN_ID 及头像、昵称等网络身份标识信息。这些信息的组合达到了个人信息层面的识别性标准，但并未达到获知原告与微信好友真实社交关系的程度。换言之，从实际使用情况看，微信读书获取的好友列表，本质上是"联系人列表"，并未体现特定联系人或部分联系人与原告真实关系的亲疏远近，尚未达到私密的程度。第二，按照场景化原则，首先仍应判断原告主张的个人信息在本案场景下是否属于私密信息。结合前述微信读书对读书信息的处理方式，北京互联网法院认为，在以下情形中，用户的读书信息具有私密性，符合社会一般合理认知下"不愿为他人知晓"的标准，一是某些特定阅读信息落入了共识的私密信息范畴，二是虽然各阅读信息分开时不属于共识的私密信息，但在累积到一定数量时，结合主体的身份，该信息组合可以达到对信息主体人格刻画的程度，一经泄露可能造成其人格利益的损害。具体到本案情形，原告被公开的读书信息，包括《好妈妈胜过好老师》《所谓情商高，就是会说话》两本图书本身的内容以及原告阅读了这两本书的事实。从两本图书的内容来看，其本身并无社会一般合理认知下不宜公开的私密信息；从原告阅读了这两本图书的事实来看，前者易让人认为原告对育儿方面有一定的兴趣，但并不足以让人判断其婚育状况，后者亦为一般性的社交书籍，可能会让他人知晓原告在职场上的部分价值理念。综合原告被公开的全部信息，不足以达到阅读该两本书书籍而形成对原告人格的刻画，进而可能对其人格利益造成损害的程度。因此，原告的读书信息未达到私密性标准。[1]

笔者认为，对于私密信息的认定，应当从社会公众的一般认知和价值权衡的角度出发，结合案件的具体情境与事实逐一加以判断，比较重要的考虑因素包括：社会公众对该信息作为私密信息的认知，该信息对于维护自然人的人身财产权益、人格尊严和人格自由的重要程度，该信息对于维护社会正常交往、信息自由的重要程度如何等。当然，私密信息的内容并非一定都是高尚的、道德所允许的，也包括那些道德所谴责的、为人所不齿的内容。例如，丈夫违背夫妻忠诚义务而搞婚外情的信息，也属于私密信息，受到隐私权的保护，他人也不得随意的侵扰或公开，否则，构成侵害隐私权的行为。[2]

(二) 侵害私密信息的行为

依据《民法典》第 1033 条第 5 项，没有法律规定或者未取得权利人明确同意的，任何组织和个人不得处理他人的私密信息，否则就构成对隐私权的侵害。所谓处理私密信息，包括私密信息的收集、存储、使用、加工、传输、提供、公开、删除等（《民法典》第 1035 条第 2 款、《个人信息保护法》第 4 条第 2 款）。例如，2013 年广东发生的"人肉搜索第一案"就是一起最典型的泄露他人隐私信息案件。该案被告蔡某青因怀疑受害人徐某在其服装店试衣服时偷了一件衣服，便将徐某在该店的视频截图配上"穿花

---

[1] 北京互联网法院（2019）京 0491 民初 16142 号民事判决书。
[2] 王菲诉张乐奕名誉权、隐私权纠纷案，北京市朝阳区人民法院（2008）朝民初字第 10930 号民事判决书。

花绿绿衣服的是小偷,求人肉,经常带只博美小狗逛街,麻烦帮忙转发"的字幕后,上传到了其新浪微博上。该条微博发出仅一个多小时,有人迅即展开的人肉搜索就将徐某的姓名、所在学校、家庭住址和个人照片等私密信息全部曝光,同时这些信息也被蔡某青用微博发出。一时间,在网络上对徐某的各种批评甚至辱骂开始蔓延,也引起了徐某很多同校同学和社会上很多人对她的非议。两日后,徐某跳河自杀。当日 12 时许,徐某的父亲向公安机关报案。2014 年 9 月 7 日,广东省汕尾市中级人民法院维持一审判决,以侮辱罪判处被告蔡某青有期徒刑一年。① 再如,在学校组织的体检中,大学生王某被查出患有肝炎,辅导员得知后告诉了全班同学。因受孤立和歧视,王某愤而自杀。② 又如,原告因患"易性癖"而做了变性手术,被告经原告同意后采访了原告,被告未经其同意将采访写成了文章,并使用了原告真实姓名且配发了为原告所拍摄的照片在被告某杂志上发表。③

即便某人得知私密信息是经过权利人同意的(如权利人主动将该信息告知他),但是权利人并未让该人公开,如果该人将此秘密信息予以公开,这也构成侵害隐私权的行为。例如,原告认为自己在某日值夜班时受到被告谢某的"调戏"、被人"敲门窗",后将该信息向单位领导被告时某汇报,时某未经原告同意在召开全单位职工大会时,提及此事,这显然侵害了原告的隐私权。④ 需要注意的是,"公民的隐私不因曾被公开过而当然认定他人可再向社会传播",即便是已经为他人公开的被侵权人的隐私,如果行为人再次进行传播,也会构成侵害隐私权的行为。⑤

(三)私密信息与敏感个人信息的关系

我国《个人信息保护法》将个人信息区分为敏感个人信息与非敏感个

---

① 《广东人肉搜索第一案终审宣判》,见中国法院网,http://www.chinacourt.org/article/detail/2014/09/id/1433588.shtml。
② 《大学女生因乙肝歧视烧炭自杀,家属指责校方》,http://news.sina.com.cn/s/2015-04-30/025931778181.shtml。
③ "李××诉郝冬白等以其真实姓名发表采访其隐私内容的文章侵犯名誉权案",载杨洪逵:《侵权损害赔偿案例评析》,北京,中国法制出版社 2003 年版,第 214 页以下。
④ 姜某兰诉时某等侵犯隐私权纠纷案,江苏省南通市中级人民法院(2002)通中民一终字第 1470 号民事判决书。
⑤ 参见刘甲等诉江苏教育电视台转播含有隐私内容的新闻侵犯名誉权案,最高人民法院中国应用法学研究所编:《人民法院案例选》(总第 58 辑),北京,人民法院出版社 2007 年版,第 103 页以下。

人信息。所谓敏感个人信息是指，一旦泄露或者被非法使用，容易导致自然人的人格尊严受到侵害或者人身、财产安全受到危害的个人信息，包括生物识别、宗教信仰、特定身份、医疗健康、金融账户、行踪轨迹等信息，以及不满14周岁未成年人的个人信息（《个人信息保护法》第28条第1款）。敏感个人信息与私密信息之间存在交叉的关系。有些个人信息既是私密信息也是敏感个人信息，如医疗健康、性取向；有些个人信息虽然是私密信息，却并不是敏感个人信息，如个人阅读兴趣、食物爱好等；有些个人信息是敏感个人信息却未必是私密信息，如种族或民族、宗教信仰、政治主张、面貌特征等。在我国《个人信息保护法》的起草过程中，学者对于该法中的敏感个人信息与非敏感个人信息的划分，与《民法典》中私密信息与非私密信息的区分之间存在何种关系，存在疑问。[①] 笔者认为，它们是《个人信息保护法》与《民法典》基于不同的规范目的对个人信息所作的两种不同的分类，二者均有其重要意义。

首先，区分的角度和意义不同。敏感个人信息和非敏感个人信息是《个人信息保护法》从规范个人信息处理的角度进行的重要分类，并基于此种分类而对处理敏感个人信息提出了更高的要求，如《个人信息保护法》第28条第2款规定："只有在具有特定的目的和充分的必要性，并采取严格保护措施的情形下，个人信息处理者方可处理敏感个人信息。"第29条规定："处理敏感个人信息应当取得个人的单独同意；法律、行政法规规定处理敏感个人信息应当取得书面同意的，从其规定。"这些要求有利于更好地维护自然人的个人信息权益。之所以如此规定，是因为敏感个人信息对于维护自然人的人身财产安全与人格尊严极为重要，该等信息一旦泄露或被非法使用，势必会对自然人的人身财产权益造成严重的侵害或损害，故此，法律上对处理此类信息有非常严格的要求。但是，相比较而言，对于非敏感个人信息的处理，就没有必要如此严格，否则不利于对个人信息的合理利用。正是由于敏感信息和非敏感信息是为了确定不同的个人信息处理规则而对个人信息作出的区分，故此，该分类仅适用《个人信息保护法》所调整的个人信息处理行为，依据《个人信息保护法》第72条第1款："自然人因个人或者家庭事务处理个人信息的，不适用本法。"

---

① 石佳友：《个人信息保护法与民法典如何衔接协调》，载《人民司法》2021年1月，第93页；王洪亮：《民法典与信息社会——以个人信息为例》，载《政法论坛》2020年第4期，第7页。

然而，所谓私密信息和非私密信息的区分，是从保护隐私权的角度而由《民法典》对个人信息进行的分类。只有私密信息才属于隐私，受到隐私权的保护；如果不属于私密信息，则可能受到其他权利的保护，如人脸信息，虽然也属于个人信息，但不属于私密信息，在民法上由肖像权加以保护即可。此外，依据《民法典》第1034条第3款，个人信息中的私密信息，适用有关隐私权的规定；没有规定的，适用有关个人信息保护的规定。由此可见，私密信息和非私密信息这一区分的重点在于认定民事权益的类型与保护方法上的差异。私密信息和非私密信息的区分适用于所有的侵害个人信息的侵权纠纷，即无论是国家机关、企事业单位等在处理自然人的个人信息时发生的侵权纠纷，还是自然人之间因个人或家庭事务而出现的侵害个人信息的侵权行为，区分私密信息与非私密信息都是必要的。因为这涉及被告侵害的民事权益究竟是隐私权还是个人信息权益的认定。

其次，功能不同。敏感个人信息与非敏感个人信息、私密信息与非私密信息的区分在侵权案件裁判中的作用不同。具体而言：第一，在认定是否存在侵害个人信息的行为即判断个人信息处理行为的非法性的阶段，敏感个人信息与非敏感个人信息的区分是十分重要的。由于信息处理者对敏感个人信息和非敏感个人信息的处理方式和法定义务不同，故此，认定处理行为的非法性时，法院所依据的规范不同。当某人的个人信息属于法律、法规、规章和国家标准规定的敏感个人信息时，法院就应当适用《个人信息保护法》中处理敏感个人信息的规范来确定处理者的义务，并据此判断信息处理行为是否非法，反之则不能适用此类专门针对敏感个人信息的规范。对于私密信息，由于其受到隐私权的保护，故此只要权利人没有明确同意并且没有法律的规定，即可认定处理私密信息行为的非法性，即采取所谓的结果不法说。但是，认定非私密信息的非法性，仍然需要适用《个人信息保护法》所规定的个人信息处理规则，除非是自然人之间因个人或者家庭事务处理个人信息。第二，在确定行为非法性之后，需要认定非法的个人信息处理行为即侵害行为侵害的民事权益的类型究竟是什么。在该层面上，确认个人信息究竟是私密信息还是非私密信息非常重要。因为这直接决定了侵害行为所侵害的客体究竟是隐私权还是个人信息权益。这种判断在《个人信息保护法》施行之前的，我国法院审理的几乎所有的个人信息侵权纠纷中都会存在。[①] 因为,如果被侵害的个人信息属于私密信息,则法院就会认定侵害隐私权,否则只能认定侵害个人信息权益。对于非私密信息,则不能如此。然而,哪些是私密信息,哪些是非私密信息,不可能如同敏感个人信息和非敏感个人信息那样,由法律、法规、规章或国家标准加以确定,必须从社会公众的一般认知和价值权衡的角度出发,逐一认定案涉个人信息是否属于私密信息。比较重要的考虑因素包括:社会公众对该信息作为私密信息的认知,该信息对于维护自然人的人身财产权益、人格尊严和人格自由的重要程度,该信息对于维护社会正常交往、信息自由的重要程度等。

七、其他侵害隐私权的行为

侵害隐私权的行为类型众多,法律不可能逐一列举,也没有必要逐一列举。故此,《民法典》第1033条第6项作了一个兜底性规定,即"以其他方式侵害他人的隐私权"。也就是说,只要是没有法律规定或者没有取得权利人的明确同意,即便无法被列入到该条第1—5项所列举的侵害隐私权的行为类型中,该行为也可能侵害隐私权。

第三节 隐私权的限制

一、概述

隐私权属于人格权,应当受到保护。但是,隐私权的内容和行使依然要受到法律规定和公序良俗的限制。最早提出隐私权这一概念的美国律师沃伦与布兰代斯认为,隐私权有四项限制性规则,即:其一,公共利益,即隐私权不能禁止公开涉及公共利益或普遍利益的事项。申言之,因受限制不宜公开的事务可以描述如下,它们关涉私人生活、习惯、行为以及个人关系,并

[①] 相关案例参见,庞某鹏与北京趣拿信息技术有限公司等隐私权纠纷案,北京市第一中级人民法院(2017)京01民终509号民事判决书;凌某某诉北京微播视界科技有限公司隐私权、个人信息权益网络侵权责任纠纷案,北京互联网法院(2019)京0491民初6694号民事判决书;黄某诉腾讯科技(深圳)有限公司等隐私权、个人信息权益网络侵权责任纠纷案,北京互联网法院(2019)京0491民初16142号民事判决书。

且与他是否适合担任所寻求或被推荐担当的官职无法定联系，与他是否适合担任所寻求或被建议担当的任何公职或准公职无法定联系，与他在公职或准公职职责范围内的所作所为无法定联系或没有联系；其二，某些事项虽然具有私密性，但根据诽谤法，当一些条件使得公开传播的言论具有可免责性时，隐私权并不禁止其公开发表，如法院、立法机构及其委员会、市议会及其委员会等任何地方的公开发表行为都没有侵犯隐私权；其三，对口头传述的不足以引起特别损害的侵犯隐私权行为，法律也不会提供任何救济；其四，一个人将事实公开发表或同意发表。① 日本民法学者五十岚清教授认为，以下几种情形属于允许侵害隐私的情形，即本人的承诺，名人或公众人物的隐私范围，基于公共事由如犯罪搜查等，基于艺术创作的自由等。②

《民法典》颁布之前，我国法律上没有对隐私权的限制作出具体规定，司法解释中有一些规定。例如，2014年最高人民法院《利用信息网络侵害人身权益纠纷规定》第12条第1款规定，网络用户或者网络服务提供者利用网络公开自然人基因信息、病历资料、健康检查资料、犯罪记录、家庭住址、私人活动等个人隐私和其他个人信息，造成他人损害，被侵权人请求其承担侵权责任的，人民法院应予支持。但下列情形除外：（1）经自然人书面同意且在约定范围内公开；（2）为促进社会公共利益且在必要范围内；（3）学校、科研机构等基于公共利益为学术研究或者统计的目的，经自然人书面同意，且公开的方式不足以识别特定自然人；（4）自然人自行在网络上公开的信息或者其他已合法公开的个人信息；（5）以合法渠道获取的个人信息；（6）法律或者行政法规另有规定。③ 理论界认为，为了维护言论自由、保护公众的知情权和公共利益，对于隐私权应当加以限制。④ 至于具体的限制事由，有的学者认为，限制隐私权的具体事由包括：国家机关合法行使职权，公共利益和公共安全，公民行使知情权，正当行使舆论监督权，当事人的同意，公众人物等。⑤ 有的学者认为，隐私权限制的一般

---

① ［美］路易斯·D.布兰代斯等：《隐私权》，宦盛奎，北京，北京大学出版社2014年版，第28-33页。
② ［日］五十岚清：《人格权法》，［日］铃木贤、葛敏译，北京，北京大学出版社2009年版，第174页以下。
③ 2020年12月23日最高人民法院修订司法解释时，本条被删除。
④ 张新宝：《隐私权的法律保护》（第二版），北京，群众出版社2004年版，第84-136页。
⑤ 王利明：《人格权法研究》（第三版），北京，中国人民大学出版社2018年版，第603页以下。

规则包括公共利益、法律保留、比例原则、轻微损害的容忍义务等。[1]

《民法典》对隐私权的限制作出了专门的规定：一方面，《民法典》第1033条规定，除法律另有规定或者权利人明确同意外，任何组织或个人不得实施列举的6类侵害隐私权的行为。由此可见，"法律另有规定"与"权利人明确同意"这两类情形可以成为免责事由，阻却行为人行为的违法性，使之不成其为侵害隐私权的侵权行为。另一方面，《民法典》第998条规定，认定行为人承担侵害除生命权、身体权和健康权外的人格权的民事责任，应当考虑行为人和受害人的职业、影响范围、过错程度，以及行为的目的、方式、后果等因素。故此，在认定侵害隐私权的民事责任时，也应当考虑行为人是否为公共利益实施新闻报道、舆论监督，受害人是否属于公众人物等因素，对于隐私权加以合理的限制。

二、公共利益的限制

（一）为公共利益实施新闻报道、舆论监督

如前所述，我国《民法典》没有对为公共利益实施新闻报道、舆论监督侵害他人隐私的行为可以免责作出规定。但是，依据《民法典》第998条的规定，在认定侵害隐私权的民事责任时，也应当考虑行为人是否为公共利益实施新闻报道、舆论监督，尤其是隐私权人是公众人物、被报道的事件是公众关心的事件时，需要对隐私权进行相应的限制。从我国司法实践来看，法院在侵害隐私权的案件中，考虑了受害人为公众人物及涉案报道为公众关心的事件这些因素而认定相关新闻报道不构成侵害隐私权。例如，在2007年广州市中级人民法院判决的"杨某娟案"中，《南方周末》发表的题为《你不会懂得我伤悲——杨某娟事件观察》的文章，详细报道了当时社会关注的"杨某娟追星事件"，其中披露了杨某娟及父母杨某冀、陶某英各自的家庭背景，杨某娟及母亲陶某英的出生地、父亲杨某冀工作地阿干镇的人文社会环境，杨某娟父母的婚恋及杨某娟与父母的关系，杨某冀的弟弟杀母的精神病史，杨某娟辍学的可能原因等诸多私生活秘密。杨某娟以侵害其父杨某冀的隐私权、名誉权为由提起诉讼。[2] 法院认为：

---

[1] 马特：《隐私权研究——以体系构建为中心》，北京，中国人民大学出版社2014年版，第304-308页。

[2] 杨某娟的父亲因女儿没能单独见上明星刘德华，于2007年3月26日跳海自尽。

"杨某娟追星事件被众多媒体争相报道,成为公众广泛关注的社会事件。杨某娟及其父母多次主动联系、接受众多媒体采访,均属自愿型的公众人物,自然派生出公众知情权。南方周末报社发表涉讼文章的目的是为了揭示追星事件的成因,引导公众对追星事件有真实的了解和客观认识,自然涉及杨某娟及其父母的社会背景、社会关系、成长经历,相关隐私是揭示追星事件悲剧性和反常态的关联要素。涉讼文章表面看确是涉及了杨某冀的个人隐私,但这一隐私与社会公众关注的社会事件相联系时,自然成为公众利益的一部分。南方周末报社作为新闻媒体对这一社会关注的焦点进行调查,行使报道与舆论监督的权利,并无违反法律规定。因此,涉讼文章即使披露了杨某冀的个人隐私,对于可能的轻微损害,杨某娟应当予以容忍。"①

(二)社会公众的知情权

知情权,简单地说就是知道应当知道的事情的权利。广义的知情权包括公法上的知情权和私法上的知情权。公法上的知情权,是指人民有权知悉政府等公权力机关相关信息的权利。例如,依据《政府信息公开条例》第27条,公民、法人或者其他组织可以向地方各级人民政府、对外以自己名义履行行政管理职能的县级以上人民政府部门申请获取相关政府信息。《人民法院组织法》第11条规定:"人民法院应当接受人民群众监督,保障人民群众对人民法院工作依法享有知情权、参与权和监督权。"这些都是公法上的知情权。私法上知情权,是指权利人依法针对特定的义务享有了解或知悉相应情况的权利。例如,《电子商务法》第17条规定:"电子商务经营者应当全面、真实、准确、及时地披露商品或者服务信息,保障消费者的知情权和选择权。电子商务经营者不得以虚构交易、编造用户评价等方式进行虚假或者引人误解的商业宣传,欺骗、误导消费者。"再如,《慈善法》第31条规定:"开展募捐活动,应当尊重和维护募捐对象的合法权益,保障募捐对象的知情权,不得通过虚构事实等方式欺骗、诱导募捐对象实施捐赠。"

由于私法上的知情权的内容本身需要知悉的也是与权利人相关的事项,故此,不存在隐私权与知情权的冲突问题。有的学者认为,夫妻之间基于

---

① 广东省广州市中级人民法院(2008)穗中法民一终字第3871号民事判决书。

忠诚义务而使一方对另一方的信息享有知情权。[①] 笔者认为，夫妻之间并不存在知情权。即便是夫妻，也各有其私生活的安宁和私生活的秘密，丈夫也好妻子也罢，均无权侵害对方的隐私。实践中一些地方曾出台规定，丈夫或妻子基于知情权，可以不经对方同意而查询对方的财产状况。例如，《广州市妇女权益保障规定》第 23 条第 1 款规定："夫妻一方持身份证、户口本和结婚证等证明夫妻关系的有效证件，可以向市场监督管理部门、房地产行政管理部门、车辆管理部门等机构申请查询另一方的财产状况，有关行政管理部门或者单位应当受理，并且为其出具相应的书面材料。"笔者认为，这种规定不妥。除非是夫妻共有财产，否则丈夫或妻子在未经对方同意的情形下无权查询对方的财产状况，否则构成对对方隐私权的侵害。

实践中，对隐私权的限制主要来自公法上的知情权，即社会公众依法要求相关公权力机关公开特定信息时，如何判断哪些属于自然人的隐私而不能公开，哪些不属于隐私而应当公开。而这种确定是否属于个人隐私的过程，实际上就是知情权与隐私权之间的一些边界的划定过程。《政府信息公开条例》第 15 条规定："涉及商业秘密、个人隐私等公开会对第三方合法权益造成损害的政府信息，行政机关不得公开。但是，第三方同意公开或者行政机关认为不公开会对公共利益造成重大影响的，予以公开。"司法实践中，法院认为，对于政府信息公开中的个人隐私，应当根据公开后是否会对权利人的生产、生活造成不当影响加以判断，而不能将所有涉及个人的资料都纳入个人隐私的范畴。[②] 而且，依据《政府信息公开条例》第 15 条第 2 句的规定，即便是涉及个人隐私，但是如果不公开会对公共利益造成重大影响的，也应当予以公开。这实际上就是基于公共利益的考虑而对隐私权的限制。依据《最高人民法院关于审理政府信息公开行政案件若干问题的规定》第 5 条第 2 款的规定，因公共利益决定公开涉及商业秘密、个人隐私政府信息的，被告应当对认定公共利益以及不公开可能对公共利益造成重大影响的理由进行举证和说明。在一起案件中，原告依据《政府信息公开条例》要求被告房管局公开经适房、廉租房的分配信息并公开所有享受该住房住户的审查资料信息（包括户籍、家庭人均收入和家庭人均

[①] 张红：《人格权各论》，北京，高等教育出版社 2015 年版，第 528 页以下。
[②] 俞某金等诉宁波市鄞州区人民政府政府信息公开行政诉讼案，浙江省宁波市中级人民法院（2009）浙甬行终字第 44 号行政判决书。

居住面积等），被告以这些信息涉及他人隐私为由拒绝公开。一审法院支持被告的观点，认为原告要求公开的政府信息包含享受保障性住房人的户籍、家庭人均收入、家庭人均住房面积等内容，此类信息涉及公民的个人隐私，不应予以公开，判决驳回了原告的诉讼请求。二审法院则认为，虽然申请人申报的户籍、家庭人均收入、家庭人均住房面积等情况属于个人隐私，但这些信息属于申请人能否享受保障性住房的基本条件。只要申请经适房就必须要向主管部门提供符合相应条件的个人信息，以接受审核。"当涉及公众利益的知情权和监督权与保障性住房申请人一定范围内的个人隐私相冲突时，应首先考量保障性住房的公共属性，使获得这一公共资源的公民让渡部分个人信息，这既符合比例原则，又利于社会的监督和住房保障制度的良性发展。"[①] 因此，被告房管局以涉及个人隐私为由拒绝公开是违法的，二审法院判决被告自判决生效之日起 15 个工作日内对申请人的信息公开申请重新作出书面答复。

第四节 侵害隐私权的侵权责任

一、侵害他人隐私权的行为

行为人只有实施了侵害他人隐私权的行为，才可能需要承担侵害隐私权的民事责任。所谓侵害他人隐私权的行为应当符合两个要件：其一，该行为具有非法性，即没有法律规定或权利人的明确同意；其二，该行为侵害了隐私权。

（一）没有法律的规定和权利人的明确同意

所谓法律的规定，是指依据法律的明确规定，行为人可以不经隐私权人的同意而实施客观上构成侵害隐私权的行为，该等行为因为法律的规定而阻却其非法性，行为人也无须承担侵害隐私权的侵权责任。我国《民法典》第1033条明确规定，只有"法律"即全国人民代表大会及其常务委员会颁布的规范性法律文件才能规定前述例外，至于法规、规章和其他文件

[①] 详见杨政权诉山东省肥城市房产管理局案，2014 年 9 月 13 日最高人民法院公布全国法院政府信息公开十大案例之一。

都不具备此种权限。这是因为隐私权涉及《宪法》规定的公民基本权利的保障，与自然人的人格尊严和人身自由的维护息息相关，因此必须遵循法律保留原则。申言之，一方面，只有最高立法机关颁布的法律才能克减甚至剥夺某些情形下自然人的隐私权，另一方面，此种限制必须基于公共利益等更高位阶的利益。目前我国法律对隐私权的限制，如依据《刑事诉讼法》第54条、《监察法》第18条，人民法院、人民检察院、公安机关、监察机关有权向有关单位和个人收集、调取证据。有关单位和个人应当如实提供证据。对于涉及国家秘密、商业秘密、个人隐私的证据，上述有关机关及其工作人员应当保密。据此，法院、检察院、公安机关和监察机关在依法行使职权时，对于那些即便是涉及个人隐私的证据，如银行账户信息、不动产登记信息、病历资料信息、交易记录等，也可以收集、调取。《刑事诉讼法》第136条规定，为了收集犯罪证据、查获犯罪人，侦查人员可以对犯罪嫌疑人以及可能隐藏罪犯或者犯罪证据的人的身体、物品、住处和其他有关的地方进行搜查。故此，公安机关的侦查人员依法搜查住宅、宾馆房间等私密空间，并不构成对隐私权的侵害。再如，依据《国家情报法》第15条和《反间谍法》第12条，国家情报工作机构根据工作需要，国家安全机关因侦察间谍行为的需要，按照国家有关规定，经过严格的批准手续，可以采取技术侦察措施。例如，国家安全机关采取窃听、偷录等技术侦察措施，也不构成侵害隐私权的行为。

所谓权利人的明确同意，即"同意"（Einwilligung），也称"受害人允诺"或"受害人承诺"，是指民事权益的所有者就他人针对自己民事权益的侵害行为或者将要对自己民事权益造成的特定的损害后果予以同意并表现于外部的意愿。[①] 原则上，任何人都不得侵害他人的民事权益。但是，民事权益的所有者可以对自己权益进行合法的处分，其可以自行处分，也可以同意他人对自己的民事权益的处分。因此，在得到民事权益所有者的同意后，被同意者实施的客观上侵害他人民事权益的行为，对于同意者而言，不构成侵害。行为人在取得隐私权人的明确同意后，可以进入、拍摄他人的住宅等私密空间，拍摄、参与他人的私密活动等，这都不构成侵害隐私权的行为。例如，在"钱某与乌鲁木齐电视台人格权纠纷案"中，原告钱某主动打电话联系被告乌鲁木齐电视台寻求帮助，希望乌鲁木齐电视台能

---

① 程啸：《侵权责任法》（第三版），北京，法律出版社2021年版，第345页。

帮其要回交通事故的赔偿款。后被告乌鲁木齐电视台在原告钱某同意的情况下对其进行了采访,并帮助原告钱某拿到了赔偿款。乌鲁木齐电视台将原告钱某求助的事件及帮助原告拿到赔偿款的过程拍摄成节目进行了播放,节目的全过程均未使用原告的全名,而是用"钱先生"来称呼钱某。原告在整个拍摄过程中均带着墨镜,并在拍摄过程中出示了自己的残疾证。后原告以被告乌鲁木齐电视台播放其追讨赔偿款的事情及金额,并播出了其残疾证、X光片等为由,向法院起诉被告侵害了其名誉权、姓名权、肖像权和财产隐私权。法院认为:"本案中,钱某主动向采访记者出示残疾证,并在采访中多次明示其残疾人的身份,且未明确告知乌鲁木齐电视台不得公开透露赔偿案款金额等内容。钱某明知采访内容会被公开播放,但对采访活动积极配合,并未拒绝,这视为其对上述信息的公开表示同意,故乌鲁木齐电视台并不存在擅自宣扬他人隐私的行为。"[1]

由于隐私权是非常重要的人格权,故此,我国《民法典》第1033条规定,只有经过权利人的明确同意后,行为人的行为才是合法的。所谓明确同意,就是指权利人作出的明示的同意,即权利人明确的通过言语或文字的同意。例如,某明星接受记者的专访时,将其与某政客发生过两性关系的隐私告诉了该记者,并同意记者写入报道;再如,明确告诉他人可以烧毁自己不希望保留的信件。至于默示的同意,是不可以的。此外,对隐私权的侵害只能由权利人本人作出明确的同意才可阻却违法性,即便是隐私权人的监护人也不能处分被监护人的隐私,如父母不能公布子女的隐私。正因如此,在个人信息的处理中,《民法典》第1035条规定是"征得该自然人或者其监护人同意",而第1033条规定的是"权利人明确同意"。

(二) 侵害了隐私

前文已经对我国法上的隐私的含义及其类型进行了论述,我国《民法典》第1033条也对侵害他人隐私权的各类行为作了全面的列举。侵害隐私权和侵害名誉权的一个很重要的区别就是,侵害隐私是指未经权利人同意而侵扰权利人的私生活安宁或知悉权利人不愿为他人知悉的私生活秘密,至于行为人是否进一步将通过非法侵害行为而获得的隐私信息,加以散布或公开,不影响侵害隐私权的侵权责任的成立,只是对侵权责任的承担

---

[1] 新疆维吾尔自治区乌鲁木齐市中级人民法院(2015)乌中民一终字第226号民事判决书。

有影响,如因为散布、公开而给受害人造成了严重的精神痛苦,甚至健康权受损的,行为人需要承担相应的侵权赔偿责任。但是,侵害名誉权则必须是第三人知悉行为人诽谤、侮辱等贬损他人名誉的行为,由此才能造成受害人的社会评价降低,即名誉受损,否则不构成侵害名誉权。我国司法实践中,一些法院对此似乎存在误解,认为侵害隐私权也必须存在向第三人披露或公开的行为,否则就没有侵害隐私权,此种观点显然是错误的。[①]

二、造成了损害

隐私权属于人格权,权利人享有停止侵害、排除妨碍、消除危险等人格权请求权,就这些请求权的行使而言,不以损害和过错为要件,故此,在隐私权人认为隐私权存在遭受侵害的危险时,即可以行使人格权请求权。但是,要求行为人承担侵害隐私权的赔偿责任,则受害人需要证明因行为人侵害隐私权的行为而给自己造成了损害,这种损害包括精神痛苦或者因隐私权遭受侵害而导致的身心健康的损害。

三、行为人存在过错

侵害隐私权的侵权赔偿责任适用的是过错责任原则,故此,行为人主观上须具有过错,即故意或者过失。但是,就隐私权人行使人格权请求权而言,则不需要行为人具有过错,即便行为人没有过错,也可以要求停止侵害、消除危险等。例如,在一起隐私权纠纷案中,原告尉某的房屋建造在先且均系一层的平房,厢房房门及窗户均朝向东边。被告段某的房屋则建造在后,系四层半公寓式建筑,每间公寓在不同方向建有窗户两个,其中与原告相邻一方的每间公寓均建有窗户一个,朝向原告院落的窗户封有部分白色彩钢膜。原告认为,被告房屋朝向原告院落的窗户可清晰看见原告及家庭成员的生活作息,侵害了其隐私权。此种情形,无论被告有无过错,原告均可要求其停止侵害、消除危险。故此,法院判决被告段某于判

[①] 在"张某等与俞某等隐私权纠纷上诉案"中,法院认为:"本案中俞某未经张某的同意和授权,擅自以张某的名义到第一医院获取张某的CT报告单,该行为存在过错。但俞某在拿到该CT报告后,并没有向不特定的人群传播,且于当天将报告单还回了第一医院,没有给张某的隐私权造成损害。"浙江省杭州市中级人民法院(2017)浙01民终3053号民事判决书。

决生效之日起 10 日内将其房屋朝向原告尉某院落的窗户予以封堵。①

四、侵害隐私权的抗辩事由

在隐私权侵权纠纷中，被告除会提出各种对于隐私权的限制、权利人已经同意等作为抗辩事由外，还可能提出的一项重要抗辩事由就是相关信息已经被权利人自行公开或被合法公开，不属于隐私信息，故此其不承担侵权责任。

（一）权利人自行公开或其他已经合法公开的信息不属于隐私

既然隐私所包括的私生活秘密，是自然人不愿意为他人知晓的私密空间、私密活动、私密信息，因此，如果相关信息或活动已经被公开，无论是权利人自己主动公开（如通过新闻媒体披露自己的同性恋倾向或者病情），还是此前的相关报道或者文件中已经公开（如裁判文书中公开的信息），则此等被公开的活动或者信息就不再属于私密活动或者私密信息，行为人对其加以收集、处理，原则上就不属于侵害隐私权的行为。故此，2014 年《利用信息网络侵害人身权益纠纷规定》第 12 条第 1 款第 4 项规定，网络用户或者网络服务提供者利用网络公开自然人自行在网络上公开的信息或者其他已合法公开的个人信息，不构成侵害隐私权的行为。例如，在一起隐私权纠纷案件中，法院认为：虽然被告王某华撰写的《良知》一文中的病历摘要详细描述了傅某的手术过程，含有"睾丸下降固定术，隐睾，游离精索，牵拉睾丸到外环口处"等文字，但并未侵犯傅某的隐私权。理由在于：第一，在此文发表前，《法制日报》、中央电视台等新闻媒体已面向全国对傅某事件进行了公开报道。在这些报道中，本属于傅某隐私的"隐睾"病名及涉及隐睾手术的有关内容多次出现，成为大家公知的事实，其失去了隐私必须具备的隐秘性的特征，所以这部分内容已不能再成为隐私。第二，联合日报社和山东卫生报刊社刊登的《良知》一文中与"隐睾"及隐睾手术有关的术语均在以往的公开报道中出现，并没有超出其他新闻媒体已经报道的内容。②

---

① 段某与尉某相邻隐私权纠纷上诉案，山西省运城市中级人民法院（2017）晋 08 民终 2863 号民事判决书。

② 傅某、傅某山、马某香与联合日报社、山东卫生报刊社、王某华、潍坊市益都中心医院、青州市卫生局隐私权、名誉权纠纷案，山东省济南市历下区人民法院（1999）历民初字第 276 号民事判决书。

需要注意的是，自然人的私密信息只有在其自行公开或者以其他合法方式公开的情况下，他人再次披露或公开这些信息的行为才不构成侵害隐私权。所谓以其他合法方式公开，主要是指符合法律、行政法规的规定的公开，如行政机关基于重大公共利益的需要在公开了涉及自然人隐私的政府信息，人民法院依法进行裁判文书公开时公开了相关信息，而行为人据此进行了报道的，不构成侵害隐私权的行为。[①] 如果原告的隐私信息是被他人非法披露或公开的，被告再次披露或公开该信息的，依然构成侵害隐私权的行为。被告不得以该信息已被公开，不属于隐私为由加以抗辩。

（二）对权利人自行公开或其他已经合法公开的信息的保护

尽管权利人自行公开或者其他已经合法公开的信息，已经不属于隐私，原则上不再受隐私权保护，但是这些信息依然属于个人信息，他人以违背公序良俗的方式利用这些信息或者通过利用这些信息而侵害自然人的其他合法权益时，法律依然要给予相应的保护。2014年《利用信息网络侵害人身权益纠纷规定》第12条第2款规定，如果网络用户或者网络服务提供者以违反社会公共利益、社会公德的方式公开自然人自行在网络上公开的信息或者其他已合法公开的个人信息，或者公开该信息侵害权利人值得保护的重大利益，则其依然要承担侵权责任。

所谓公开该信息侵害权利人值得保护的重大利益，最典型的就是行为人将多年前发生、当时人尽皆知的原告事实信息重新予以披露、报道或者改编为影视作品，从而侵害他人的人格尊严的情形。此类案件在美国、德国和日本都曾发生过。例如，在美国，最著名的案件有 1940 年的 Sidis v. F-R Publishing Corp 案，该案原告 Sidis 曾经是一位数学天才儿童，但是 Sidis 没有在数学领域进一步发展，后来还因犯罪入狱，其出狱后在一家公司任职。被告杂志社发现了 Sidis，便重翻往事，并对此详细报道。Sidis 以侵害肖像权、名誉权为由起诉杂志社。美国联邦法院认为，Sidis 曾经是公众关切的人物，其作为公众人物的特质存在于相关事物之上，虽然时隔多年，仍然存在，社会对其后来的发展的关切具有正当性，故此公众获取信息的利益大于其隐私权。[②]

---

① 张×与魏某1等隐私权纠纷上诉案，北京市第三中级人民法院（2018）京03民终5376号民事判决书。
② 王泽鉴：《人格权法：法释义学、比较法、案例研究》，台北，作者印行2012年版，第429页。

日本曾发生过的这方面的著名案件就是所谓的"逆转案",该案案情为:原告于昭和39年即1964年曾经和其他三人与驻守冲绳县的美军因发生争吵而互殴,结果美军一死一伤。当时冲绳县仍由美国统治,故此美国琉球列岛高等法院认定原告等四人构成伤害致死罪,原告被判处3年徒刑。1966年原告假释出狱,前往东京工作,此后结婚成家。由于原告隐瞒此事,加上事件发生时虽然冲绳县当地的媒体大肆报道,但是日本本土的新闻媒体对此并无任何报道。故此原告周围的人并不知道原告曾因此事被判刑入狱的事实。被告伊佐千寻作为刑事案件陪审团成员在此事发生十多年后基于其陪审经验,写成了以《逆转》为题的一本非虚构类小说,旨在探明被美军占领下的冲绳县的陪审团审理案件的真实状态,书中使用了原告的真实姓名。该书公开发行后获得好评。原告以被告使用其真实姓名,导致其有犯罪前科的事实被公开,侵害其隐私权为由,起诉要求赔偿。日本最高裁判所判决认定原告胜诉,法院认为:"因为对某人来说,受到判罪、服刑的这一事实直接关系该人的名誉和信用,所以不允许随便公开上述前科等事实应当说是值得法律保护的一种利益……而且,因为此人在受到有罪判决或者服刑之后,仍被期待作为一名市民回归到社会当中,所以应该说公开其前科,对其重新形成的安定的社会生活有害,应该说损害了其重新做人、不受妨碍的利益。"①

德国发生的此类案件就是由联邦宪法法院判决的"雷巴赫案(Lebach)"。该案诉愿人生于1945年,曾经参与了雷巴赫士兵谋杀案。1969年两名犯罪分子针对德国某处联邦国防军弹药库发动突然袭击,杀害了四名熟睡中的警卫队士兵,重伤一人,并夺取了枪支弹药,以便作为进一步犯罪的工具,从而实现他们在南太平洋游艇上的梦想人生。该案诉愿人曾经帮助其中的一名主犯,教他如何使用手枪。但是,他并未参与上述突袭活动。两名主犯在与诉愿人沟通后,通过信件勒索某位银行经纪人的财物。此外,三人之间的部分关系为同性恋性质。他们致力于在所厌倦的社会之外建立一个新的独立生活共同体。雷巴赫士兵谋杀案发生后引起了德国民众极大的关注,而警方对犯罪嫌疑人的抓捕和侦查也持续了数月之久。1970年8月7日法院判处两名主犯终身监禁,而本案的诉愿人作为帮助犯

---

① [日]五十岚清:《人格权法》,[日]铃木贤、葛敏译,北京,北京大学出版社2009年版,第157页。

被判处 6 年有期徒刑。1972 年因诉愿人已经服刑超过 2/3 的刑期，剩余的刑期将于 1972 年 7 月通过假释而中止。在诉愿人被释放前的时间内，德国第二电视台（ZDF）在 1972 年年初针对本案拍摄了一部纪录片。该片一开始就以照片的方式将诉愿人与主犯一同呈现在观众面前，此后则由演员对其进行扮演。诉愿人的姓名被反复提及。诉愿人认为电视台如果播出该纪录片则会侵害其肖像权以及一般人格权，同时会使其社会化的过程受到威胁，因此向法院请求禁止电视台播放该纪录片。原告此种请求在一、二审法院中均被驳回，后其向联邦宪法法院提出宪法诉愿。联邦宪法法院支持了诉愿人的请求，撤销了一、二审法院的判决。联邦宪法法院认为："就重大犯罪行为的即时报道而言，公众的信息利益相对于犯罪人的人格保护一般而言享有优先地位。尽管如此，除考虑到不可触碰的、最内在的生活范围以外，还应当注重比例原则；据此而言，使用犯罪人的姓名、肖像或者其他身份标识，并不总是被允许的。宪法上的人格保护并不允许，电视台超出即时的报道之外——如以纪录片的形式——不受时间限制地干预犯罪人的人格及其私人领域。""一项过时的报道无论如何是不被允许的，如果它——不同于即时的信息——会对犯罪人造成重新的或者额外的巨大损害，尤其是威胁到他重新融入社会（再社会化）。通常应当被视为威胁再社会化的是，在犯罪人被释放以后或者即将被释放之前的时间里，播放某个可识别犯罪人的、有关其严重犯罪行为的节目。"[①]

我国也曾发生过类似的案件，即"韩某贵诉中国社会出版社肖像权案"，该案案情为：1978 年 3 月 13 日，昆明市中级人民法院以反革命罪判处本案原告韩某贵有期徒刑 8 年，一年后，昆明市中级人民法院撤销前述判决，以奸污妇女为由改判韩某贵有期徒刑 3 年。1983 年 7 月 20 日，昆明市中级人民法院又将上述判决撤销，宣告韩某贵无罪。1998 年中国社会出版社所发行和销售的《蓝镜头》一书刊登了"现行反革命韩某贵"的照片。原告以侵害其肖像权、姓名权、隐私权、名誉权为由诉至昆明市中级人民法院，要求被告承担民事侵权责任。被告中国社会出版社辩称《蓝镜头》一书只是重现历史，刊登的照片也是历史上的新闻性照片。此外，韩某贵的照片是 1977 年由政法机关拍摄的，真实地反映了历史的原貌，且在昆明

---

① 冯威：《雷巴赫案》，载张翔主编：《德国宪法案例选释》（第 2 辑），北京，法律出版社 2016 年版，第 55 页。

市中级法院原址门口张贴过，该照片是已经公开过的。从双方争议的焦点来看，实际上该案涉及的是对于已经公开的原告的事实（如被张贴过的照片）等加以重现，是否构成对原告隐私权的侵害问题。一审法院认为："被告在其所出版发行的《蓝镜头》一书中，刊登原告韩某贵曾经被认定为'现行反革命'的照片，虽然注明是'旧照片'，用于历史的再现，但被告的这一行为侵害了原告的肖像权，客观上已给原告韩某贵造成了伤害，被告应承担对原告肖像权侵权的民事责任"。二审法院维持了一审判决。[①]

[①] 国家法官学院、中国人民大学法学院编：《中国审判案例要览（2003年民事审判案例卷）》，北京，中国人民大学出版社2004年版，第316－319页。

第十六章 个人信息权益

第一节 个人信息保护概述

一、个人信息的含义

（一）个人信息的概念

个人信息是个人信息保护法律制度中最核心的概念。从比较法上来看，各国的数据保护法与个人信息保护法对于个人数据或个人信息都有相应的界定。例如，欧盟《一般数据保护条例》第4条第1款规定："'个人数据'是指与一个已识别或可识别的自然人（'数据主体'）相关的任何信息。一个可识别的自然人是指能够被直接或间接地加以识别的人，尤其是通过参考诸如姓名、身份证号码、位置数据、在线身份识别码这类标识，或者通过特定于该自然人的一个或多个身体、生理、遗传、心理、经济、文化或社会身份等要素能够被直接或间接识别身份的自然人。"2017年德国《联邦数据保护法》第46条第1项规定，"个人数据：指与已识别或可识别的自然人（数据主体）有关的任何信息；可识别的自然人是可以直接或间接识别的自然人，尤其是通过参考如姓名、识别号、位置数据、在线标识符或与该人的身体、审理、遗传、心理、经济、文化或社会身份有关的一个或多个因素等识别特征"。2018年巴西《通用数据保护法》第5条第1款规定，"个人数据：与已识别或可识别的自然人有关的信息"。我国台湾地区"个人资料保护法"没有使用"个人信息"或"个人数据"的概念，而是称之为"个人资料"，其第2条第1项将个人资料界定为"指自然人之姓名、出生年月日、国民身份证统一编号、护照号码、特征、指纹、婚姻、家庭、教育、职业、病历、医疗、基因、性生活、健康检查、犯罪前科、联络方式、财务情况、社会活动及其他得以直接或间接方式识别该个人之数据。"

我国不少法律对于个人信息进行了界定。《民法典》第1034条第2款规定："个人信息是以电子或者其他方式记录的能够单独或者与其他信息结合识别特定自然人的各种信息，包括自然人的姓名、出生日期、身份证件号码、生物识别信息、住址、电话号码、电子邮箱、健康信息、行踪信息等。"《网络安全法》第76条第5项规定："个人信息，是指以电子或者其他方式记录的能够单独或者与其他信息结合识别自然人个人身份的各种信息，包括但不限于自然人的姓名、出生日期、身份证件号码、个人生物识别信息、住址、电话号码等。"此外，一些司法解释对于个人信息也有相应的界定，例如，《最高人民法院、最高人民检察院关于办理侵犯公民个人信息刑事案件适用法律若干问题的解释》第1条规定："刑法第二百五十三条之一规定的'公民个人信息'，是指以电子或者其他方式记录的能够单独或者与其他信息结合识别特定自然人身份或者反映特定自然人活动情况的各种信息，包括姓名、身份证件号码、通信通讯联系方式、住址、账号密码、财产状况、行踪轨迹等。"

《个人信息保护法》第4条第1款规定："个人信息是以电子或者其他方式记录的与已识别或者可识别的自然人有关的各种信息，不包括匿名化处理后的信息。"从这一界定可以看出，首先，《个人信息保护法》没有如《民法典》《网络安全法》那样逐一列举个人信息的具体类型。其次，《个人信息保护法》第4条第1款对个人信息的界定与《民法典》等法律的界定有所不同。《民法典》采取的是"识别说"，即将能够单独或者与其他信息结合识别特定自然人作为确定该信息是否属于个人信息的标准。但是，《个人信息保护法》第4条第1款采取的却是"相关说"，即"与已识别或者可识别的自然人有关的各种信息（any information relating to an identified or identifiable natural person）"。这个标准也是欧盟《一般数据保护条例》采取的标准。

在我国理论界，就个人信息的界定究竟是采取识别说还是关联说，有不同的看法。[①]《个人信息保护法》的起草过程中，就个人信息的定义问题也存在争议。有观点认为，《个人信息保护法》对个人信息的界定应当与

[①] 韩旭至：《个人信息的法律界定及类型化研究》，北京，法律出版社2018年版，第31页以下。

《民法典》保持一致，即采取识别说的标准；况且，关联说过于宽泛，将使得在实践中难以区分出个人信息这一类别，不论是对处理者还是监管机构而言，都难以实施有针对性的保护与监管。本书认为，从文字表述来看，《民法典》与《个人信息保护法》对于个人信息的定义确实不同，但实质差别不大，即无论是识别说还是关联说，所界定的个人信息的范围基本上是相同的。从识别说的角度来界定个人信息，只有可以直接或间接识别特定自然人的信息才是个人信息，这是从信息本身出发，看是否能够从中找到与特定自然人的关联性。然而，以关联说界定个人信息，则是从信息主体出发，认为只有与已识别或可识别的自然人相关的信息才是个人信息。那些与已识别或可识别的自然人无关的信息，本身也是无法直接或间接用以识别特定的自然人的，不属于个人信息。如果某个信息处理者A公司已经知道了特定的自然人张三，那么在这种情形下，就A公司而言，关于特定自然人张三的所有信息都是个人信息，而A公司处理张三的信息时都必须遵循《个人信息保护法》的要求。此时，没有必要再从张三的单个信息是否能够直接识别张三或与其他信息结合出来识别张三，来认定该等信息是否属于个人信息，因为对于A公司而言，已经没有这个必要。例如，张三是A公司的员工，其工作证号码是：A××××0126。由于该号码就是A公司分配给张三的，那么，对于A公司而言，该工作证号码就是张三的个人信息。但是，对于其他的组织或个人而言，由于它们并不知道工作证号码是张三的，所以，依据关联说，A××××0126就不是张三的个人信息。同时，从识别说来看，仅仅通过这样一组号码，也是无法直接识别出张三的，除非将该号码与其他信息结合才能够识别出张三。

　　由此可见，个人信息定义中的关联说更强调的是个人信息的相对性，即有不少信息是否属于个人信息是存在相对性的，对于某些处理者来说可能是个人信息，但对另外一些处理者而言就不是个人信息。例如，在我国发生的"朱烨诉百度公司案"中，就存在这个争议，即原告朱烨利用百度搜索引擎搜索相关信息而形成的检索关键词记录是否属于个人信息？该问题的关键就在于原告朱烨的网络关键词检索记录本身是否属于个人信息甚至是隐私。对此，法院认为："网络用户通过使用搜索引擎形成的检索关键词记录，虽然反映了网络用户的网络活动轨迹及上网偏好，具有隐私属性，但这种网络活动轨迹及上网偏好一旦与网络用户身份相分离，便无法确定具体的信息归属主体，不再属于个人信息范畴。经查，百度网讯公司个性化推荐服务收集和推送信息的终端是浏览器,没有定向识别使用该浏览器的网络用户身份。虽然朱烨因长期固定使用同一浏览器,感觉自己的网络活动轨迹和上网偏好被百度网讯公司收集利用,但事实上百度网讯公司在提供个性化推荐服务中没有且无必要将搜索关键词记录和朱烨的个人身份信息联系起来,因此,原审法院认定百度网讯公司收集和利用朱烨的个人隐私进行商业活动侵犯了朱烨隐私权,与事实不符。"[1] 也就是说,如果百度公司已经通过技术手段知道了或者可以知道是朱烨在进行涉案的关键词检索,那么这些检索记录就属于朱烨的个人信息,否则,如果根本不知道是谁进行的关键词检索记录,那么就该记录本身而言,不属于与已识别或可识别的自然人有关的信息,不是个人信息。同样,仅仅依据这个信息也无法识别特定的自然人。

需要注意的是,依据《个人信息保护法》第 4 条第 1 款最后一句,个人信息不包括"匿名化处理后的信息"。依据《个人信息保护法》第 73 条第 4 项,所谓匿名化(Anonymisation),是指个人信息经处理无法识别特定自然人且不能复原的过程。由此可见,匿名化是一种修改个人信息的方法,其结果是使信息与个人没有关联。匿名化处理后的信息必须是无法识别特定自然人并且不能复原的信息。[2] 当然,个人信息或个人数据的匿名化只是相对的,在可获得的数据来源越来越丰富以及算法越来越强大的大数据时代,无法识别出个人的数据也存在重新具有可识别特定个人功能的可能。例如,将大量的匿名化数据重新整合在一起进行相关性分析,就完全有可能导致特定个人的身份信息被识别从而泄露隐私。美国学者保尔·奥姆(Paul Ohm)教授认为,随着大数据、云计算等新技术的兴起,传统的仅仅删除姓名和社保号码的匿名化技术已经失败了,技术专家可以通过再识别(Re-identify)或者去匿名化(De-anonymize)的方法来实现个人身份的再识别。[3] 例如,2006 年 8 月,美国在线公布了大量旧的搜索查询数据供研究者分析,尽管整个数据库进行过精心的匿名化处理,但《纽约时报》的两名记者 Michael Barbaro 与 Tom Zeller 依然在几天内就通过对搜索记

---

[1] 北京百度网讯科技有限公司与朱烨隐私权纠纷案,江苏省南京市中级人民法院(2014)宁民终字第 5028 号民事判决书。

[2] 我国《网络安全法》第 42 条第 1 款第 2 句规定"……经过处理无法识别特定个人且不能复原的除外",指的就是个人信息的匿名化。

[3] Paul Ohm, "Broken Promises of Privacy", 57 *UCLA Law Review*, 1701 (2010).

录综合分析，识别出了该数据库中代号 4417749 的用户是来自佐治亚州利尔本的一位名叫赛尔亚·阿诺德的 62 岁寡妇。① 总之，匿名化不是绝对的，只是相对的，在特定的时空和技术背景下来认定的。随着技术的发展和普及，如云计算、量子计算机等，以及可能出现的其他附加信息的泄露，匿名化的信息被还原成为个人信息的可能性会逐渐发生变化。

(二) 个人信息的要素

1. 自然人

个人信息是指自然人的信息。所谓自然人，原则上是指活着的自然人，至于已经死亡的自然人即死者的个人信息保护的问题，应当适用《个人信息保护法》第 49 条的规定，即由其近亲属行使死者在个人信息处理中的权利。胎儿虽然没有出生，不属于民事主体，但是我国《民法典》第 16 条规定："涉及遗产继承、接受赠与等胎儿利益保护的，胎儿视为具有民事权利能力。但是，胎儿娩出时为死体的，其民事权利能力自始不存在。"故此，如果个人信息的保护涉及胎儿的利益，那么胎儿视为具有民事权利能力，其个人信息也受到法律保护。

从比较法来看，绝大多数的国家或地区都将个人信息限定于自然人的信息，而不包括法人等组织体的信息。例如，欧盟《一般数据保护条例》在导言部分的第 14 条就明确指出："本条例提供的有关个人数据处理的自然人权利保护应当适用于所有自然人，不论其国籍和居住地。本条例不包括涉及法人特别是作为法人而成立的企业的个人数据处理，包括法人的名称、形式以及法人的详细联系信息。"少数国家的立法认为，法人的有些信息也属于个人信息，例如，南非的《个信息保护法》第 1 条将个人信息界定为"是指可识别的、现存的自然人以及可识别的、现有法人的信息。"再如，德国法原则上将法人的信息排除在个人信息之外，但也有例外，即在一人有限公司法人或者依据《德国民法典》（BGB）成立的民法上的公司，或依据《德国商法典》（HGB）成立的无限公司或两合公司等商法上的公司中，有关公司团体的相关资料有可能对个别成员造成影响，例如，有关公司团体的财务状况的信息就是这样的情况，这些信息也被作为个人信息。②

---

① Paul Ohm, "Broken Promises of Privacy", 57 *UCLA Law Review*, 1701 (2010), at 1718.
② Maria Christia Caldarola & Joachim Schrey：《大数据与法律实务指南》，赵彦清、黄俊凯译，台北，元照出版公司 2020 年版，第 52 页。

在我国，无论立法还是学说，历来都认为个人信息就是指自然人的信息。之所以如此，理由在于：首先，我国《民法典》第111条和《个人信息保护法》第2条明确宣布"自然人的个人信息受法律保护"。其次，"个人信息"一词中的"个人"本身指的就是自然人，不包括法人、非法人组织。这是因为，个人信息保护的目的是维护自然人的人格尊严和人格自由，只有自然人才享有人格尊严和人格自由，作为组织体的法人和非法人组织不存在需要保护的人格尊严和人格自由。再次，如果将《个人信息保护法》的适用范围扩张至法人等组织，会产生各种各样的问题，例如，当自然人本身也是个人独资企业的所有人时，就很难将自然人的个人信息与个人独资企业的信息区分开。①

法人和非法人组织当然也存在相关的各种信息，如政府信息、企业信息、财务信息、经营信息、人员信息、技术信息等。但是这些信息中的有些信息本身依法就应当公开，例如，《政府信息公开条例》明确要求行政机关公开政府信息，应当坚持以公开为常态、不公开为例外，遵循公正、公平、合法、便民的原则。《证券法》第5章"信息披露"中明确要求，发行人及法律、行政法规和国务院证券监督管理机构规定的其他信息披露义务人，应当及时依法履行信息披露义务，包括：按照国务院证券监督管理机构和证券交易场所规定的内容和格式编制定期报告并按照规定报送和公告；发生可能对上市公司、股票在国务院批准的其他全国性证券交易场所交易的公司的股票交易价格产生较大影响的重大事件，投资者尚未得知时，公司应当立即将有关该重大事件的情况向国务院证券监督管理机构和证券交易场所报送临时报告，并予公告，说明事件的起因、目前的状态和可能产生的法律后果。依据《企业信息公示暂行条例》的规定，工商行政管理部门登记的企业从事生产经营活动过程中形成的信息以及政府部门在履行职责过程中产生的能够反映企业状况的信息依法应当公示。至于不是依法必须公开的法人或非法人组织的信息，也有相应的法律制度加以保护。例如，营利法人的商业信息如果属于商业秘密的，可以受到《反不正当竞争法》的保护。我国《反不正当竞争法》第9条第4款规定："本法所称的商业秘密，是指不为公众所知悉、具有商业价值并经权利人采取相应保密措施的

---

① ［德］Christopher Kuner：《欧洲数据保护法：公司遵守与管制》（第二版），旷野等译，北京，法律出版社2008年版，第83页。

技术信息、经营信息等商业信息。"再如，机关法人的信息如果属于依法需要保密的信息，则受到《保密法》等法律的保护。总之，法人和非法人组织等组织的任何信息都不属于个人信息，不适用《个人信息保护法》。

2. 已识别或可识别

无论对个人信息如何界定或怎样列举，个人信息的核心特征就在于"可识别性"，即能够单独或者与其他信息结合相结合识别特定的自然人，因为，如果根据某些信息根本无法识别特定的自然人，那么对于这些信息的收集、存储、使用、共享等并不会对特定自然人的权益造成侵害或产生侵害的危险，也没有必要基于维护自然人的权益的考虑而通过个人信息保护制度对这些信息的处理加以规范。例如，完全是与自然人无关的纯粹的自然界的信息，如天气变化、潮汐情况、地质演变等物理信息；再如，通过匿名化技术处理后无法识别特定的自然人且不能复原的信息，如抽样调查统计数据中仅仅显示被调查的人数、地域分布、年龄、男女比例等信息，通过这些信息无法识别出具体的被调查的人是谁，其也不属于个人信息。

《个人信息保护法》第4条第1款中的"已识别"与"可识别"的区分不同于《民法典》第1034条第2款中的"单独识别"与"与其他信息结合识别（即间接识别）"的区分。直接识别与间接识别是从识别特定自然人的方式所进行的区分。所谓直接识别是指，根据某个信息本身就可以识别出特定的自然人。例如，在我国，最典型的可以直接识别出特定自然人的个人信息就是居民身份证件号码。我国《居民身份证法》第3条第2款规定："公民身份号码是每个公民唯一的、终身不变的身份代码，由公安机关按照公民身份号码国家标准编制。"我国以往因为户籍管理中存在的问题，导致居民身份证号码的重号情况较为普遍，在2009年时全国曾有171万人的身份证号码重合，但是自公安机关开展户口清理整顿工作以来，到2017年全国居民身份证重号人数已经减少8人[1]，故此，仅凭居民身份证号码这一信息即可识别出特定的自然人。再如，一个人的指纹这样的生物识别信息，作为自然人独一无二的个人信息，往往也是属于可以单独识别出特定自然人的信息。

间接识别就是指与其他信息结合后能够识别，即仅凭该信息本身尚无法识别出特定的自然人，但是只要将该信息与其他信息进行结合就可以识

---

[1] 《公安部：全国公民身份证号码重号人数由171万人减至8人》，https://www.guancha.cn/minsheng/2017_04_27_405647.shtml。

别出特定的自然人。例如，仅凭一个人的姓名绝不可能在一个国家或一个更小的行政区域（省、市、县）内直接识别出特定的自然人，毕竟重名的人可能非常多，所以，只有将姓名与出生日期、父母姓名、籍贯、性别等其他信息相互结合才能识别出特定的自然人。例如，仅仅凭借 Cookie 收集的网页浏览痕迹信息是无法识别出究竟是谁浏览的相应的网页，但是只要将这些浏览痕迹与 IP 地址信息加以结合，就很容易识别出特定的自然人。例如，在"朱烨与北京百度网讯科技有限公司隐私权纠纷案"中就涉及这一问题。[①] 原告通过被告的搜索引擎进行了一些关键词检索，而被告依据这些关键词检索向原告进行了定向广告推送，原告认为被告侵害了其隐私权。这种情形就涉及被告收集和处理的原告的关键词检索记录是否属于原告的个人信息。应当说，单纯的关键词检索记录是无法识别出特定自然人的，但是，如果和 IP 地址结合起来，尤其是考虑到现在的 IP 地址多为静态 IP 地址，且原告是在自己家中的个人电脑上进行检索的，这些信息结合起来就很容易识别出特定自然人。再如，电话号码在有些国家或地区因为没有强制要求实名登记，故此，仅仅凭借手机号码无法识别特定自然人，但是将其与姓名结合起来，就可以识别特定自然人。在我国，由于法律法规规定电话号码必须实名登记，故此，凭借电话号码这一信息本身就足以识别特定的自然人。[②] 当然，直接识别与间接识别的区分也是相对的，以前述姓名而言，虽然仅凭姓名在一个国家或一个行政区域内无法直接识别特定的自然人，但是在一个小的群体（如某个学校的一个年级或某个大学的法学院）中，就足以直接识别特定的自然人了。甚至一些辅助性的信息，如凭

[①] 江苏省南京市中级人民法院（2014）宁民终字第 5028 号民事判决书。对该案中的间接识别问题的论述，可参见李谦：《人格、隐私与数据：商业实践及其限度——兼评中国 Cookie 隐私权纠纷第一案》，载《中国法律评论》2017 年第 2 期。

[②] 《全国人民代表大会常务委员会关于加强网络信息保护的决定》第 6 条规定："网络服务提供者为用户办理网站接入服务，办理固定电话、移动电话等入网手续，或者为用户提供信息发布服务，应当在与用户签订协议或者确认提供服务时，要求用户提供真实身份信息。"《网络安全法》第 24 条第 1 款规定："网络运营者为用户办理网络接入、域名注册服务，办理固定电话、移动电话等入网手续，或者为用户提供信息发布、即时通讯等服务，在与用户签订协议或者确认提供服务时，应当要求用户提供真实身份信息。用户不提供真实身份信息的，网络运营者不得为其提供相关服务。"此外，工信部颁布的《电话用户真实身份信息登记规定》第 6 条规定："电信业务经营者为用户办理入网手续时，应当要求用户出示有效证件、提供真实身份信息，用户应当予以配合。用户委托他人办理入网手续的，电信业务经营者应当要求受托人出示用户和受托人的有效证件，并提供用户和受托人的真实身份信息。"据工信部 2017 年发布的消息，2016 年工信部共组织 1.2 亿电话用户进行实名补登记，至此全部电话用户均实现实名登记。

借"穿黑衣服的男子"这个信息，在一个等待红绿灯的路口的人群中也足以识别特定的自然人。①

所谓已识别（identified）与可识别（identifiable），是从特定自然人是否已经被识别进行的区分。已识别指的是特定的自然人已经被识别出来，而可识别是指有识别出特定的自然人的可能性，至于究竟是通过直接识别还是间接识别而产生的此种可能性，在所不问。欧盟第29条工作组②认为："一般来说，当一个自然人在一群人中被视为有别于该群体中的其他自然人时，便可以认为是'已识别'。同理，当一个自然人的身份虽然没有被识别，但是识别其身份是可能的，那么该自然人就属于'可识别'。""识别身份通常是通过我们称之为'标识符（identifiers）'的具体信息来实现的，该数据与具体个人之间存在专属和密切的联系，例如该人的外貌，如身高、毛发颜色、服装等，或该人无法被直接察觉出的某项特质，如职业、能力、称谓等。"③欧盟《一般数据保护条例》第4条第1款规定："一个可识别的自然人是指能够被直接或间接地加以识别的人，尤其是通过参考诸如姓名、身份证号码、位置数据、在线身份识别码这类标识，或者通过特定于该自然人的一个或多个身体、生理、遗传、心理、经济、文化或社会身份等要素。"至于如何判断自然人的身份是否可识别，《一般数据保护条例》导言部分的第26条指出："需要考虑所有可能使用的手段，比如利用控制者或其他人来直接或间接地确认自然人身份。为判断所使用的手段是否可能用于识别自然人，需要考虑所有客观因素，包括对身份进行确认需要花费的金钱和时间、现有处理技术以及科技的发展。"由此可见，信息是否可以识别特定自然人本身并不是固定不变的，不仅在不同的国家或地区是不同的，而且会随着技术的发展及由此产生的识别成本、识别时间等因素的变化而发生改变，即以往无法识别特定自然人的信息可能在未来就具有可识别性。总之，无论是采取可识别说还是关联说，凡是那些无法单独识别或者与其他信息结合才能识别特定的自然人的信息或者与已识别或可识别的自然人

---

① Article 29 Data Protection Working Party, Opinion 4/2007 On the Concept of Personal Data, 01248/07/EN WP 136, p. 13.

② 欧盟第29条工作组（Article 29 Data Protection Working Party）是根据1995年欧洲议会和欧盟理事会《关于涉及个人数据处理的个人保护以及此类数据自由流动的指令（95/46/EC）》第29条建立的由各欧盟成员国数据保护机关代表所组成的独立咨询机关。

③ Article 29 Data Protection Working Party, Opinion 4/2007 On the Concept of Personal Data, 01248/07/EN WP 136, p. 12.

无关的信息，都不属于个人信息。

3. 有关的各种信息

个人信息包括了与已识别或者可识别的自然人有关的各种信息。首先，所谓"有关的"是指，当信息涉及一个人的身份、特征或行为，或被用于确定或影响该人的地位或评价方式的时候，该信息就是与已识别或可识别的自然人有关的信息。换言之，确定信息是否与自然人有关时，应当考虑该信息的内容、目的和效果，即该信息具有内容要素、目的要素或者结果要素。[①]

其次，从《个人信息保护法》第4条第1款采取的"各种信息"的表述可以看出，个人信息的范围非常广泛，不限于敏感的、私人的信息，还可能包括其他各种信息，无论这些信息是客观的信息如自然人的基因信息、疾病信息，还是主观的信息，如对该人的看法或信用、工作表现的评价；无论该信息是个人的生活信息、经济信息，还是职业信息等。换言之，只要是涉及已识别或可识别的自然人的各种信息都属于个人信息，至于该等信息的内容如何，无关紧要。这些信息可能是自然人的工作条件与兴趣爱好，个人收入和税收的数据，护照的细节，指纹，摄像机记录的人物图像，考试试卷和考官对这些试卷的评论，电子通信数据，等等。[②]

二、个人信息的法律保护

（一）个人信息的私法保护面临的挑战

在进入信息社会之前，个人信息如自然人的姓名、身份证号码、电话号码、家庭住址、肖像、财产信息、病历资料等就已经存在，并被政府、企业等主体收集、保管、分析和使用。但是，在进入信息社会前，不仅个人信息的类型相对简单，产生的渠道非常有限，而且收集、存储和利用个人信息的手段和方法也较为单一。此时，通过姓名权、名誉权、隐私权、肖像权等具体人格权的规定以及侵权法规范，就足以满足个人信息保护的需要。例如，未经同意公开或披露自然人的隐私信息（如家庭住址、电话号码等）的，构成对隐私权或名誉权的侵害；擅自使用他人姓名的，是侵

[①] Article 29 Data Protection Working Party, Opinion 4/2007 On the Concept of Personal Data, 01248/07/EN WP 136, pp. 10 - 11.

[②] Christopher Kuner, Lee A. Bygrave&Christopher Docksey ed., *The EU General Data Protection Regulation (GDPR): A Commentary*, Oxford University Press, 2020, p. 110.

害姓名权的行为。但是，随着信息网络科技尤其是大数据与人工智能的发展，个人信息的产生、收集、存储和利用等方面发生了巨大的变化。

首先，个人信息的范围越来越广，种类也越来越多。一方面，除了传统的那些能够直接识别特定自然人的信息，如姓名、身份证号码、家庭地址、电话号码等，还有一些虽然本身不足以识别特定自然人但与其他信息结合后就能识别特定自然人的信息，如爱好、习惯、兴趣、性别、年龄、职业等，也成为个人信息；另一方面，现代科技的发展也促成了各种新型个人信息的产生，如通信记录和内容、个人生物基因信息、网络交易信息、上网浏览痕迹、网络社交媒体留言、行踪轨迹等。在进入网络信息社会前，这些信息要么根本不存在，要么无法被收集和存储，现在，则可以很容易地被网站通过Cookie技术或智能设备加以收集和保存。由此也导致需要被保护的个人信息的范围越来越广，甚至在许多情况下，连界定哪些信息属于个人信息都存在困难。

其次，进入信息社会之前，对个人信息的收集方式大多是由自然人主动提交，政府、企业等主体收集后手工记载在纸质文档上或录入电子档案中加以存储，不仅信息收集的效率、数量和范围有限，而且因缺乏算法技术和足够的算力，也难以对其进行分析利用。然而，现代网络信息技术已将现代社会生活高度数字化（或数据化），Cookie技术和各种传感器可以自动地收集与存储个人信息。这种个人信息被大规模、自动化地收集和存储的情形变得越来越普遍，几乎无处不在、无时不在。由此产生了个人信息保护上的各种新情况和新问题，如海量的个人信息因保管不善被泄露甚至被非法出售或利用，进而出现了犯罪分子利用非法取得的个人信息对受害人进行精准诈骗或者实施其他违法犯罪行为的问题。大数据与人工智能技术的发展使对海量数据的分析与使用变得非常简单，个人信息被滥用的可能性极大地增加。例如，各种网络平台通过分析和利用海量的个人信息，对目标群体作人格画像，实施精准营销，甚至行为操纵，严重危害自然人的人格尊严，妨害人格的自由发展。[1]

---

[1] 例如，2018年Facebook公司泄露8 700万用户的个人信息给提供政治咨询服务的剑桥分析公司使用，甚至影响到美国2016年大选。2019年7月14日，美国联邦贸易委员会（FTC）决定对Facebook处以50亿美元的罚款以达成和解，该决定将交由美国司法部审批。参见《Facebook被罚50亿美元还不够，国会听证会继续拷问》，腾讯网：https://new.qq.com/omn/20190714/20190714A0CNSH00.html，2019年7月19日访问。

在这种情形下，传统民法的人格权与侵权责任制度已难以满足有效保护个人信息、维护自然人人身财产安全的需要。例如，现代社会中收集、存储和利用个人信息的主体数量众多且数据规模巨大，一旦个人信息数据被泄露，不仅涉及的受害人数量极为庞大[1]，且受害人往往无法证明泄露者是谁。[2] 此外，除非个人信息的泄露给自然人既有的民事权益造成损害，如因个人信息泄露被诈骗而遭受金钱损失[3]，否则在仅仅泄露信息或非法利用个人信息的场合下，依据传统民法中损害的差额说理论，受害人甚至连所遭受的损害究竟是什么都无法证明。[4] 显然，受害人很难指望通过提起民事侵权之诉来维护自身权益。况且，从经济效率上说，让势单力薄的个人对大量收集、存储和利用个人信息的公司或政府以提起民事诉讼的方式来实现保护个人信息的目的，也很不现实。正因如此，个人信息保护的立法才从公法开始，即一方面，对收集、存储、分析、使用个人信息的行为予以详细严格地管理，通过管制性规范确定各种法定的个人信息保护义务，甚至使之以技术手段内嵌入各种收集个人信息的软件程序中[5]，以有效地预防个人信息被侵害，从源头上遏制违法收集、使用个人信息的行为，消除自然人因个人信息被侵害而遭受各种现实或潜在的危险。倘若收集和利用个人信息的主体不遵循法律规定，行政主管机关也有人力和物力的支撑予以查处，通过对违法者施加相应的法律责任惩治侵害个人信息的违法行为，并由此产生巨大的威慑作用。另一方面，随着信息社会中的个人信息数据日益成为定向广告、营销策略甚至是创造巨额个人财富的工具，在互联网上各种行为定向广告和价格歧视遍地开花。这些在互联网上被广泛应用的

---

[1] 2018年公安部、最高人民检察院督办了数据堂公司特大侵犯个人信息专案，根据公安部门的侦查，数据堂公司在8个月时间内，日均传输公民个人信息1.3亿余条，累计传输公民个人信息达数百亿条，数据压缩后约为4 000GB左右，数据量特别巨大。参见张瑶、闻雨：《追踪"数据堂"：特大侵犯个人信息专案，震动大数据行业》，载《财经》2018年第17期。

[2] 北京市第一中级人民法院（2017）京01民终509号民事判决书。

[3] 北京市朝阳区人民法院（2018）京0105民初36658号民事判决书。

[4] 故此，欧盟《一般数据保护条例》第82条第1款中规定的"损害"（Damages）被认为采取了极为广义的理解，包括社会歧视、精神压力和人格自由发展中的障碍等。See Paul Voigt & Axel von dem Bussche, *The EU General Data Protection Regulation (GDPR): A Practical Guide*, at 205 (Springer, 2017).

[5] 这就是美国著名网络法学者劳伦斯·莱斯格教授提到的网络治理的四个维度（法律、准则、市场与架构）中的架构维度，参见［美］劳伦斯·莱斯格：《代码2.0：网络空间中的法律》，李旭、沈伟伟译，北京，清华大学出版社2009年版，第6页、第137－140页。

各种定价算法，不仅没有改善竞争，反而形成了各种新型垄断以及歧视行为，既扭曲了正常的市场秩序，也损害了消费者的合法权益，使他们为商品和服务付出了比以往更多的金钱。① 此时，行政机关可以借助《反垄断法》《个人信息保护法》《消费者权益保护法》等法律对各种算法垄断、侵害消费者权益的定价算法予以规制，以维护公平、公正、公开的市场秩序。这在客观上也起到了保护自然人不因个人信息被滥用而遭受损害的作用。

（二）个人信息的私法保护的作用

尽管传统民法在个人信息保护上遭遇了新的挑战，且公法对于保护个人信息具有很重要的作用，但因此就忽视甚至否定个人信息私法保护的作用和意义，显然是不妥的。

首先，个人信息保护的最终目的不是维护公共利益和公共秩序，而是维护自然人的合法权益。通过赋予自然人对个人信息享有相应的民事权益，不仅能够为保护自然人既有的人身、财产等民事权益建立起有效的防御屏障，还可以避免其他可能出现的新型侵害行为。尽管刑事制裁与行政处罚均具有重要的预防和威慑作用，但无论是公安机关、网络安全主管部门还是市场监管部门，都不可能发现并查处每一个侵害个人信息的违法行为。况且，即便是对被发现的违法行为人进行了惩处，也不等于就填补了受害人的损害，并不能真正完全实现对受害人的个体保护。通过对个人信息的民法保护，赋予自然人对个人信息相应的民事权益，能够使广大自然人更加重视该权益，让他们真正认识到"线上平台的免费午餐券需要用我们的个人信息来换取"，而这种免费的成本已经变得越来越高了。② 这样就能促使人们在日常生活中"认真对待个人信息"，积极保护个人信息③；在个人信息被非法收集、利用等侵害行为发生时，也可以更充分地调动自然人保护个人信息的积极性，使之"为权利而斗争"。这样不仅可促使其在发现侵害个

---

① 参见〔英〕阿里尔·扎拉奇、〔美〕莫里斯·E. 斯图克：《算法的陷阱：超级平台、算法垄断与场景欺骗》，余潇译，北京，中信出版集团2018年版，第51页以下。

② 参见〔英〕阿里尔·扎拉奇等：《算法的陷阱：超级平台、算法垄断与场景欺骗》，余潇译，北京，中信出版集团2018年版，第41页。

③ 正是因为我国广大民众还没有认识到个人信息保护的重要性，个别互联网企业家才会有"中国的消费者在隐私保护的前提下，很多时候是愿意以一定的个人数据授权使用去换取更加便捷的服务"的认识。参见李彦宏：《中国用户很多时候愿意用隐私来换便捷服务》，新浪网：http://tech.sina.com.cn/i/2018-03-26/doc-ifysqfnf7938663.shtml，2019年4月30日访问。

人信息的违法行为后及时向执法机关举报，也可以让其通过对侵权人提起民事诉讼获得补偿，进而对现实的和潜在的侵权人产生巨大的威慑作用。

其次，民法上对自然人个人信息的保护作出规定，不仅意味着民法认可了自然人对个人信息享有受保护的民事权益，彰显了法律对人格尊严和人格自由的尊重，也充分表明在任何个人信息保护与数据权属的立法中都应始终关注自然人的民事权益保护与信息自由（信息的流动、共享与利用）这两个法律价值的权衡与协调。如果完全排除民法对个人信息的保护，一味基于所谓公共秩序或公共利益而仅由公法保护个人信息，必然导致价值权衡上的重大缺失，使个人信息的法律保护缺乏充分的正当性基础，由此也会使个人信息保护问题被简单化为数据收集者、数据控制者的利益与公共秩序、公共利益的矛盾冲突。在忽视甚至否定自然人对个人信息的民事权益的前提下，空谈公共利益或公共秩序，很可能会造成个人信息保护和数据权属立法最终沦落为利益相关方（各类不同的数据企业之间）围绕着个人信息（数据）这一稀缺资源展开的争夺战，甚至使法律规定成为一方打击另一方，进而限制竞争、维护信息垄断地位的手段，最终损害整体的社会福利。反之，通过对个人信息进行民法保护，科学合理地承认自然人对个人信息应有的民事权益，不仅不会损害公共利益和公共秩序，反而可以在更坚实的正当性基础上建立相应的规则和制度，更好地实现维护公共利益和公共秩序的目标。现代法律中几乎没有完全不受公共利益和公共秩序限制的民事权益，我国民法也不例外。我国《民法典》规定，民事主体从事民事活动，不得违反法律，不得违背公序良俗原则。个人信息保护亦不例外。例如，为了新闻报道、舆论监督，以及为维护公共利益而合理收集、使用或者公开自然人个人信息时，无须承担侵害个人信息的民事责任。因此，通过民法对自然人就其个人信息的赋权加以规范，可以为在法律上细化有权机关针对大规模侵害个人信息的行为提起公益诉讼奠定基础，从而更好地维护公共秩序和公共利益。

再次，从比较法上来看，尽管各国对是否承认个人信息权有不同的看法，但没有哪个国家完全将个人信息的保护作为单纯的公法任务。各国都是综合利用公法与私法来实现对个人信息的有效保护的。例如，欧盟《一般数据保护条例》除了对数据控制人侵害个人信息的违法行为规定了巨额罚款等行政责任，还专门在第82条就损害赔偿请求权和民事责任作出了规定。[1]《德国联邦数据保护法》第 83 条规定：如果数据控制人处理他人数据的行为违反本法或其他法律，并导致他人损害的，控制人或者其法人负有损害赔偿义务。但是在非自动化数据处理的情形下，如果损害并非是由于控制人的过错所致，则其不负有赔偿义务。[2] 我国台湾地区"个人资料保护法"更是专章规定了侵害个人资料（即个人信息）的"损害赔偿与团体诉讼"。该法区分了公务机关与非公务机关的侵权行为，分别在第 28 条和第 29 条确立了侵害个人资料的无过错责任与过错推定责任，同时还对损害赔偿的数额作出了具体的规定。依据第 28 条第 5 项的规定，被害人不仅可以要求非财产上之损害赔偿，而且在被害人不易或不能证明其实际损害额时，还有权请求法院依侵害情节，以每人每一事件新台币 500 元以上 2 万元以下计算，判令侵权人赔偿损害。[3]

最后，我国的一些学者之所以反对个人信息的私法保护，主要是因为他们认为，承认个人信息的民法保护就等于在民法上将自然人对个人信息的权利界定为绝对权和支配权，而这会产生很大的弊端，会造成信息无法自由地流动，将每个人变成一座孤岛而无法进行正常的社会交往[4]，因而无法实现个人信息上承载的不同价值和利益的平衡。[5] 但笔者认为，这种观点是对个人信息民法保护的一种误读、误解，因为承认个人信息的民法保护，并不当然意味着民法上就要承认自然人对个人信息的权利，更不等于必须将自然人对个人信息的权利界定为如同所有权那样的绝对权与支配权。

综上所述，传统民法在个人信息保护中虽然受到了挑战，存在需要完善改进之处，但不能因此就否定个人信息私法保护的重要意义与功能。现代法律对个人信息的保护应当采取公法与私法并重的综合性保护方法，二者不可偏废：既要从公法的角度明确各类主体从事收集、存储、分析、使

---

[1] 欧盟《一般数据保护条例》第 82 条的规定意味着，未来所有数据处理程序中涉及的主体都可能会因此而被起诉，从而承担民事责任。See Paul Voigt & Axel von dem Bussche, supra note 10, 205.
[2] Vgl. Paal & Pauly, DS-GVO BDSG, 2. Auflage 2018, Rn. 4-9.
[3] 在我国台湾地区，针对公务机关违法收集、处理、利用个人信息或其他侵害当事人权利的行为，受害人请求公务机关承担赔偿责任时，程序上应当先适用相关规定。参见林洲富：《个人资料保护法之理论与实务》，台北，元照出版公司 2019 年版，第 99 页。
[4] 参见丁晓东：《个人信息私法保护的困境与出路》，载《法学研究》2018 年第 6 期。
[5] 参见刘金瑞：《个人信息与权利配置——个人信息自决权的反思和出路》，北京，法律出版社 2017 年版，第 2 页。

用个人信息等行为应当遵守的法定义务,也要从民法的角度认可自然人就个人信息享有相应的权利,如是否同意个人信息被收集的权利、在个人信息发生错误时要求删除和更正的权利等;既应当对违反公法上个人信息保护义务的违法犯罪行为给予行政处罚甚至施加刑罚,也应当允许自然人基于其个人信息上的民事权益,请求侵害个人信息的侵权人承担赔偿损失、赔礼道歉等相应的民事责任。

(三) 我国个人信息保护立法的发展

随着网络信息技术的高速发展,现代社会已进入信息社会、网络时代,个人信息保护越来越受到世界各国或地区的高度重视。为了更好地保护个人数据或个人信息,各个国家或地区陆续颁布了数据保护法、个人信息保护法或数据隐私法等法律。自 1970 年德国的黑森州颁布全世界第一部《数据保护法(Datenschutzgesetz)》以来,截止 2020 年 12 月,在这 50 年的时间内,全世界 232 个国家或地区中,共有 145 个国家或地区颁布了数据保护法、个人信息保护法或数据隐私保护方面的法律,占比为 62%。仅在 2019 年至 2020 年这一年内,颁布了数据隐私法的国家或地区的数量就从 132 个增加到 145 个,增长了 10%。[①]

在我国,最早对个人信息收集、利用和保护加以规范的法律是《刑法》。2005 年十届全国人大常委会第十四次会议通过的《刑法修正案(五)》增设了"窃取、收买、非法提供信用卡信息罪"(第 177 条之一第 2 款),这是我国法律上第一个关于侵害公民个人信息犯罪的法律规定。[②] 2009 年十一届全国人大常委会第七次会议审议通过的《刑法修正案(七)》在《刑法》中新增第 253 条之一,首次将窃取或以其他方式非法获取公民个人信息、出售或非法提供公民个人信息的行为情节严重的规定为犯罪行为,从而纳入刑事打击的范围。[③] 2015 年通过的《刑法修正案(九)》对《刑法》第 253 条之一作了修改,明确规定:"违反国家有关规定,向他人出售或者提供公民个人信息,情节严重的,处三年以下有期徒

[①] Graham Greenleaf, "Global data privacy laws 2021: Despite Covid delays, 145 laws show GDPR dominance", (2021) 169 *Privacy Laws & Business International Report*, p.1.

[②] 喻海松:《网络犯罪二十讲》,北京,法律出版社 2018 年版,第 203 页。

[③] 2015 年第十二届全国人大常委会第十六次会议通过的《刑法修正案(九)》第 253 条之一作了进一步完善,对向他人出售或者提供公民个人信息,情节严重的予以刑事制裁,并取消了原来对获取或非法出售个人信息的主体范围的限制。

刑或者拘役,并处或者单处罚金;情节特别严重的,处三年以上七年以下有期徒刑,并处罚金。违反国家有关规定,将在履行职责或者提供服务过程中获得的公民个人信息,出售或者提供给他人的,依照前款的规定从重处罚。窃取或者以其他方法非法获取公民个人信息的,依照第一款的规定处罚。单位犯前三款罪的,对单位判处罚金,并对其直接负责的主管人员和其他直接责任人员,依照各该款的规定处罚。"

2012年颁布的《全国人民代表大会常务委员会关于加强网络信息保护的决定》首次对网络服务提供者和其他企业事业单位、国家机关及其工作人员在收集、使用、保管公民个人电子信息中应当遵循的原则、承担的义务及法律责任作出了较为具体的规定。该决定明确规定,任何组织和个人不得窃取或者以其他非法方式获取公民个人电子信息,不得出售或非法向他人提供公民个人电子信息。网络服务提供者和其他企业事业单位在业务活动中收集、使用公民个人电子信息,应当遵循合法、正当、必要的原则,明示收集、使用信息的目的、方式和范围,并经被收集者同意,不得违反法律、法规的规定和双方的约定收集、使用信息。此外,该决定还要求"网络服务提供者和其他企业事业单位及其工作人员对在业务活动中收集的公民个人电子信息必须严格保密,不得泄露、篡改、毁损,不得出售或者非法向他人提供"。"网络服务提供者和其他企业事业单位应当采取技术措施和其他必要措施,确保信息安全,防止在业务活动中收集的公民个人电子信息泄露、毁损、丢失。在发生或者可能发生信息泄露、毁损、丢失的情况时,应当立即采取补救措施。"

2017年6月1日起施行的《网络安全法》第四章"网络信息安全"中对个人信息的收集、存储、保管和使用进行了更全面细致的规范。该法第41条明确规定,网络运营者收集、使用个人信息,应当遵循合法、正当、必要的原则,公开收集、使用规则,明示收集、使用信息的目的、方式和范围,并经被收集者同意。网络运营者不得收集与其提供的服务无关的个人信息,不得违反法律、行政法规的规定和双方的约定收集、使用个人信息,并应当依照法律、行政法规的规定和与用户的约定,处理其保存的个人信息。第42条明确规定,网络运营者不得泄露、篡改、毁损其收集的个人信息;未经被收集者同意,不得向他人提供个人信息。但是,经过处理无法识别特定个人且不能复原的除外。网络运营者应当采取技术措施和其他必要措施,确保其收集的个人信息安全,防止信息泄露、毁损、丢失。在发生或者可能发生个人信息泄露、毁损、丢失的情况时，应当立即采取补救措施，按照规定及时告知用户并向有关主管部门报告。此外，该法第43条还规定，个人发现网络运营者违反法律、行政法规的规定或者双方的约定收集、使用其个人信息的，有权要求网络运营者删除其个人信息；发现网络运营者收集、存储的其个人信息有错误的，有权要求网络运营者予以更正。网络运营者应当采取措施予以删除或者更正。同时，该法第76条第5项还对个人信息进行了界定，即"个人信息，是指以电子或者其他方式记录的能够单独或者与其他信息结合识别自然人个人身份的各种信息，包括但不限于自然人的姓名、出生日期、身份证件号码、个人生物识别信息、住址、电话号码等。"

2013年十二届全国人大常委会第二次会议修订《消费者权益保护法》时，在原第14条中新增了消费者"享有个人信息依法得到保护的权利"，并在第50条就侵害该权利的民事责任作出了规定，这是我国法律首次从民事权利的角度对个人信息作出的规定。[①] 2017年10月1日起施行的《民法总则》第111条规定："自然人的个人信息受法律保护。任何组织和个人需要获取他人个人信息的，应当依法取得并确保信息安全，不得非法收集、使用、加工、传输他人个人信息，不得非法买卖、提供或者公开他人个人信息。"[②] 此外，《民法总则》第127条还规定："法律对数据、网络虚拟财产的保护有规定的，依照其规定。"尽管就《民法总则》第111条是否规定了自然人个人信息权仍存在争议，但该条毕竟"从民事基本法的高度赋予了自然人个人信息保护的权利（权益），为个人信息保护在民法分则进一步细化规定提供了基础"[③]，因此，具有十分重要的意义。

2018年颁布的《电子商务法》也就电子商务经营活动中的个人信息保护问题作出了规定。例如，针对随着大数据技术发展而出现的针对用户进

[①] 《消费者权益保护法》中增加个人信息保护的规定，就是为了更好地保护消费者的个人信息。参见李适时（第十二届全国人大常委会法制工作委员会主任）:《关于〈中华人民共和国消费者权益保护法修正案（草案）〉的说明》(2013年4月23日在第十二届全国人民代表大会常务委员会第二次会议上)。

[②] 我国个人信息泄露以及非法数据交易现象极为严重，尤其是"徐玉玉因信息泄露而被骗学费引发急病发作死亡"以及"清华大学教师被电信诈骗1 700多万元"这两个因个人信息被泄露而给受害人造成重大损失的案件，在社会上产生了很大的影响，进而推动了《民法总则》第111条关于个人信息保护规定的出台。参见杨立新:《个人信息：法益抑或民事权利——对〈民法总则〉第111条规定的"个人信息"之解读》，载《法学论坛》2018年第1期。

[③] 张新宝:《〈民法总则〉个人信息保护条文研究》，载《中外法学》2019年第1期。

行数据画像、精准营销的行为，为了更好地保护消费者的知情权和选择权，该法第18条第1款规定："电子商务经营者根据消费者的兴趣爱好、消费习惯等特征向其提供商品或者服务的搜索结果的，应当同时向该消费者提供不针对其个人特征的选项，尊重和平等保护消费者合法权益。"

2020年5月28日第十三届全国人民代表大会第三次会议通过了《民法典》。《民法总则》第111条被作为《民法典》第111条完全保留下来，不仅如此，《民法典》第四编"人格权"中对个人信息保护作出了更详细的规定。一方面，在《民法典》人格权编第6章"隐私权与个人信息保护"中，立法者使用6个条文（第1034条至1039条）对个人信息的概念和类型，个人信息保护与隐私权的关系，处理个人信息应当遵循的原则和符合的条件，自然人对其个人信息享有的查阅、抄录和复制的权利以及更正和删除的权利，侵害个人信息的免责事由，信息处理者的义务等，作出了较为详细的规定；另一方面，《民法典》人格权编第一章"一般规定"和第五章"名誉权"中还就个人信息的合理使用（第999条），信用信息的处理的准用规则作出了规定（第1030条）。[①]

2020年10月17日第十三届全国人民代表大会常务委员会第二十二次会议修订的《未成年人保护法》专门增加了第五章网络保护，其中有两条就未成年人的个人信息保护作出了规定，即第72条规定，信息处理者通过网络处理未成年人个人信息的，应当遵循合法、正当和必要的原则。处理不满十四周岁未成年人个人信息的，应当征得未成年人的父母或者其他监护人同意，但法律、行政法规另有规定的除外。未成年人、父母或者其他监护人要求信息处理者更正、删除未成年人个人信息的，信息处理者应当及时采取措施予以更正、删除，但法律、行政法规另有规定的除外。第73条规定，网络服务提供者发现未成年人通过网络发布私密信息的，应当及时提示，并采取必要的保护措施。

尽管我国《民法典》《刑法》《网络安全法》《电子商务法》等诸多法律分别从个人信息权益民法保护、侵害个人信息犯罪行为的刑事责任等角度对个人信息保护作出了相应的规定，但是，我国还需要颁布专门的个人信

[①] 《民法典》的物权编和侵权责任编中也有涉及个人信息保护的规定，如《民法典》第219条规定："利害关系人不得公开、非法使用权利人的不动产登记资料。"第1226条规定："医疗机构及其医务人员应当对患者的隐私和个人信息保密。泄露患者的隐私和个人信息，或者未经患者同意公开其病历资料的，应当承担侵权责任。"

息保护法对个人信息进行全方位的、详尽的规范。这是因为，一方面，个人信息保护法是保护个人信息的专门性的法律，也是综合性的法律，它既不是作为《民法典》特别法的民事单行法，也不是单纯的行政管理法，而是针对个人信息保护的特点，综合运用强制性规范、禁止性法规以及行政责任、民事责任等多种法律责任对个人信息处理活动进行全方位规范的法律。另一方面，个人信息保护法是个人信息保护领域的基本法律，它是全面系统地保护个人信息权益、规范个人信息处理活动的法律，具体而言，其内容包括：其一，个人信息处理活动应当遵循的基本原则；其二，个人信息处理的规则以及个人信息跨境转移相关规则；其三，个人在个人信息处理中享有的权利以及信息处理者所负有的义务的规定；其四，个人信息保护机构即履行保护职责的部门及其应履行的职责；其五，违法处理个人信息的法律责任等。

2021年8月20日，第十三届全国人大常委会第三十次会议审议通过了《个人信息保护法》，它是我国第一部个人信息保护方面的专门法律。《个人信息保护法》的颁行将极大地加强我国个人信息保护的法制保障，从而在个人信息保护方面形成更加完备的制度、提供更有力的法律保障；《个人信息保护法》以严密的制度、严格的标准、严厉的责任规范个人信息处理活动，规定了完备的个人在个人信息处理活动中的权利，全方位落实各类组织、个人等个人信息处理者的义务与责任，有力地维护了网络空间的良好生态，满足人民日益增长的美好生活需要；《个人信息保护法》科学地协调个人信息权益保护与个人信息合理利用的关系，建立了权责明确、保护有效、利用规范的个人信息处理规则，从而在保障个人信息权益的基础上，促进了包括个人信息在内的数据信息的自由安全的流动与合理有效的利用，推动了数字经济的健康发展。

第二节　个人信息处理

一、个人信息处理的含义

（一）我国法律规定的演变

"个人信息处理（processing of personal information）"也称"个人数

据处理",该词来源于欧盟指令和相关立法。1995年《个人数据保护指令》第2条第2款规定:"个人数据处理(简称处理),是指不管是否以自动方式对个人数据进行的任何操作,如收集、录制、组织、存储、改变或修改、检索、查阅、使用、通过传送使数据公开、传播或者使数据可被他人获取、排列或组合、冻结、删除或销毁。"欧盟《一般数据保护条例》(GDPR)总体上延续了这一规定,其第4条第2款规定:"'处理'是指针对个人数据或个人数据集合的任何一个或一系列操作,如收集、记录、组织、建构、存储、修改、检索、咨询、使用、披露、传播或其他方式利用、排列或组合、限制、删除或销毁,无论该等操作是否采用自动化方式。"[1] 不少国家的个人信息保护法或个人数据保护法都接受了欧盟使用的"个人信息处理"这一概念,如《日本个人信息保护法》《菲律宾数据隐私法》《南非个人信息保护法》《韩国个人信息保护法》等。

　　我国《民法典》之前的法律均未采取"个人信息处理"的概念。2012年全国人民代表大会常务委员会《关于加强网络信息保护的决定》采用的是"收集、使用"公民个人电子信息的表述,此后的《网络安全法》《电子商务法》也都延续了这一概念。[2] 在我国编纂《民法典》的过程中,就如何表述与个人信息相关的各种活动经历了一个变化的过程。2018年9月的《民法典各分编(草案)》与2019年4月的《民法典人格权编草案(第二次审议稿)》采取的仍是"收集、使用"个人信息的表述。2019年8月的《民法典人格权编草案(第三次审议稿)》首次使用了"处理"一词,但将其与收集并列,即使用的是"收集、处理"个人信息的表述,该草案第814条第2款将"个人信息的处理"界定为"包括个人信息的使用、加工、传输、提供、公开等"[3]。正式颁布的《民法典》不再区分"收集"与"处

---

[1] DPD与GDPR对于个人数据处理的定义基本相同,二者唯一的区别在于它们列举的"处理"的具体类型有些区别,GDPR列举处理类型中增加了"建构(structuring)",同时用"限制(restriction)"取代了"冻结(blocking)",因为后者被认为是含糊不清的概念。Christopher Kuner, Lee A. Bygrave & Christopher Docksey ed., *The EU General Data Protection Regulation (GDPR): A Commentary*, Oxford University Press, 2020, p. 118.

[2] 2012年11月5日,国家质量监督检验检疫总局、国家标准化管理委员会发布的《信息安全技术公共及商用服务信息系统个人信息保护指南》中出现了"个人信息处理"的概念,该指南将"个人信息处理"界定为:"处置个人信息的行为,包括收集、加工、转移、删除。"

[3] 石冠彬主编:《中华人民共和国民法典立法演进与新旧法对照》,北京,法律出版社2020年版,第387页。

理",而是使用"个人信息的处理"统称围绕个人信息展开的各种行为、活动。《民法典》第 1035 条第 2 款规定:"个人信息的处理包括个人信息的收集、存储、使用、加工、传输、提供、公开等。"这一规定的理由在于:一方面,个人信息处理的内涵极为丰富,包括种类众多,收集当然也属于处理的一种方式,无须单列;另一方面,统一采取"个人信息的处理",表述很方便,也与国际上通行的做法基本保持一致。[1]《草案一审稿》第 4 条第 2 款规定:"个人信息的处理包括个人信息的收集、存储、使用、加工、传输、提供、公开等活动。"但是,《草案二审稿》就删除了《草案一审稿》第 4 条第 2 款中的"活动"一词,从而与《民法典》第 1035 条第 2 款完全一致。但是,最终颁布的《个人信息保护法》在列举出来的个人信息处理的类型中增加了"删除"这一处理活动。这是因为,我国《个人信息保护法》规定个人在个人信息处理活动中的权利包括请求处理者删除的权利,也明确处理者在符合一定条件时负有主动删除个人信息的义务。故此,删除是非常重要、非常典型的个人信息处理活动,应当列举出来。

(二) 个人信息处理行为的类型

虽然在《个人信息保护法》的审议过程中,一些委员、代表和专家提出应当增加对个人信息处理活动的列举,如增加"记录""删除""检索"等,但最终第 4 条第 2 款只是增加了"删除"这一类处理活动,没有增加其他的类型。这主要是考虑到个人信息处理活动的类型很多,对于不是特别典型和重要的处理活动,可以用"等"字涵盖,无须一一列举。

我国《个人信息保护法》并未限定个人信息处理的具体方式,也就是说,并不需要考虑个人信息处理的媒介和方式,无论是以自动方式(通过计算机以电子介质)处理个人信息,还是以其他方式(通过人工以纸介质)处理个人信息,都属于个人信息的处理。这一点上,我国对个人信息处理的界定与欧盟的《一般数据保护条例》是相同的。不过,需要注意的是,对于以人工处理个人信息而言,依据欧盟《一般数据保护条例》的规定,必须满足以下两个条件,才适用该条:(1)依据第 2 条第 1 款,个人数据必须包含(拟包含在)"档案系统(filing system)"当中;(2)依据第 4 条第 6 款,包含该数据的"档案系统"必须根据特定的标准,以功能化或地域化为基

---

[1] 黄薇主编:《中华人民共和国民法典人格权编解读》,北京,中国法制出版社 2020 年版,第 218-219 页。

准，集中、分散或分布式存取个人数据的结构化集合。[①] 我国《个人信息保护法》第 4 条第 2 款列举了以下 8 类典型的个人信息处理行为。

1. 收集（collection）

收集就是指个人信息处理者获取或取得自然人的个人信息的行为。[②] 收集个人信息的行为的方式很多，既包括自然人主动提供其个人信息给处理者的情形，也包括处理者向自然人索取其个人信息的情形，如以纸质或电子形式要求要求自然人填写姓名、身份证号码、地址、电子邮箱、联系电话、家庭住址等，还包括在自然人上网或使用 App 等互动过程中自动记录其个人信息的情形，如通过 Cookie 技术记录网络用户的身份识别号码 ID、密码、浏览过的网页、停留的时间、用户在 Web 站点购物的方式或用户访问该站点的次数等，再如，通过设置在汽车、家用电器上的传感器记录用户使用的次数、频率和地址位置信息等。

个人信息处理者可以直接从个人信息主体即个人处收集个人信息，也可以不从个人信息主体处来收集个人信息，如从第三人处收集个人信息，通过网络检索等方式搜集自然人自行公开或以其他合法方式公开的个人信息的情形等。这种不是直接从信息主体处收集个人信息的情形，被欧盟《一般数据保护条例》称为"并非从数据主体处获取个人数据（personal data have not been obtained from the data subject）"。在我国法上，并没有对收集个人信息作此区分，如果个人信息处理者不是直接从个人信息主体处收集个人信息，而是由其他的个人信息处理者提供个人信息给它，那么此时应当由提供方而非接收方来告知并取得个人的单独同意（《个人信息保护法》第 23 条）。这一点与欧盟《一般数据保护条例》的规定有所不同。

2. 存储（storage）

信息处理者对收集的个人信息需要进行存储，才能进行后续的加工、

[①] Christopher Kuner, Lee A. Bygrave & Christopher Docksey ed., *The EU General Data Protection Regulation (GDPR)：A Commentary*, Oxford University Press, 2020, p.119.

[②] 《信息安全技术个人信息安全规范》（GB/T 35273—2020）第 3.5 条将个人信息的收集界定为"获得对个人信息的控制权的行为"，该条注释指出："包括由个人信息主体主动提供、通过与个人信息主体交互或记录个人信息主体行为等自动采集，以及通过共享、转让、搜集公开信息间接获取等方式。如果产品或服务的提供者提供工具供个人信息主体使用，提供者不对个人信息进行访问的，则不属于本标准所称的收集。例如，离线导航软件在终端获取个人信息主体位置信息后，如果不回传至软件提供者，则不属于个人信息主体位置信息的收集。"

使用等其他处理行为。个人信息的存储的方式很多,可能是以纸介质的形式进行存储,但在现代信息社会更多的是以电子方式存储在计算机或者云服务器当中。储存的时间可能是长期的,也可能是短期的;被存储的个人信息既包括被收集的原始的个人信息,也包括进行分析加工后的个人信息。

3. 使用（use）

个人信息的使用有广、狭义之分,广义的个人信息的使用包含的范围很广,如《互联网个人信息安全保护指南》[①]第3.6条就将此种广义上的个人信息的使用界定为:通过自动或非自动方式对个人信息进行操作,例如记录、组织、排列、存储、改编或变更、检索、咨询、披露、传播或以其他方式提供、调整或组合、限制、删除等。收集个人信息的主要目的就是为了使用个人信息。狭义的个人信息的使用不包括个人信息的存储、加工、传输、提供以及公开,而仅指个人信息处理者对个人信息进行的分析和利用。

基于不同的个人信息处理目的,个人信息处理者使用个人信息的方式也各不相同。对于作为营利法人的企业而言,基本上是为了商业目的而使用这些个人信息,例如,通过对收集的用户的交易信息（如订购的商品、下单的时间、支付的方式等）进行分析,了解该用户的购物偏好、支付能力、信用状况等,从而进行精准的广告推送,进而推销商品或服务。政府机关使用个人信息是为了履行法定职责,如疫情期间通过对自然人的行踪信息进行分析而追踪可能被病毒感染或者与感染者存在密切接触的人,以便进行疫情防控。

4. 加工（process）

加工是指个人信息处理者对所收集、存储的个人信息进行筛选、分类、排序、加密、标注、去标识化等活动。现代网络信息科技高速发展,对个人信息的加工规模和能力是以往所无法比拟的,这一点尤其是体现在个人信息处理者对大量的非结构化个人数据进行标注、清洗、建模和计算等方面。

5. 传输（transmission）

传输是指处理者传送所收集的个人信息的行为,个人信息的传输可以

[①] 该指南由公安部网络安全保卫局、北京网络行业协会、公安部第三研究所于2019年4月10日发布。

是在处理者内部的各个部门或者不同的存储器之间进行的，如将本地存储的个人信息数据上传到云存储中，也可以是因为委托他人处理信息而传送个人信息的行为或者将个人信息从境内传输到境外。它与处理者将个人信息提供给他人的情形不同。需要注意的是，个人信息的传输不同于"个人信息的转移（transfer）"。我国《个人信息保护法》没有在个人信息处理活动的类型中列举"转移"，而是分别使用了"传输""提供"，只在一处使用了"转移"一词，即第23条规定的个人信息处理者因合并、分立等原因需要转移个人信息的。理论上，个人信息的传输、提供，都会在客观上导致个人信息的转移，由此也会使除原有的个人信息处理者之外，其他的人可能获取该个人信息。但是，由于传输、提供等情形下，各方的权利义务关系和法律责任有所不同，故此，我国《个人信息保护法》第21条至第23条区分了委托处理个人信息时个人信息处理者将个人信息提供给受托人处理的情形、因个人信息处理者合并或分立等原因导致个人信息的转移以及个人信息处理者向其他个人信息处理者提供个人信息等三种不同的情形。对于何为个人信息的转移，判断并不容易。当个人信息存储在硬盘或者纸介质上时，只要按照动产的交付规则即可判断个人信息是否转移。但是，在互联网时代，个人信息可以以数据的形式通过网络进行传输而为他人所获取，故此，认定何为个人信息的转移就比较复杂了。比如，将个人信息在网页上公开而为他人所获取，是否构成个人信息的转移，值得研究。

6. 提供（provision）

提供是指处理者将个人信息提供给他人，即提供给处理者与信息主体之外的组织或个人。提供个人信息可以是在境内的不同的个人信息处理者之间，也可以是在境内与境外的个人信息处理者之间即个人信息的跨境提供。《个人信息保护法》第23条规定，个人信息处理者向其他个人信息处理者提供其处理的个人信息的，应当向个人告知接收方的名称或者姓名、联系方式、处理目的、处理方式和个人信息的种类，并取得个人的单独同意。接收方应当在上述处理目的、处理方式和个人信息的种类等范围内处理个人信息。接收方变更原先的处理目的、处理方式的，应当依照本法规定重新取得个人同意。该法第3章对个人信息跨境提供的规则作出了详细的规定。

7. 公开（public disclosure）

公开个人信息是指将个人信息公之于众，从而使得社会公众或不特定的人可以获取该信息。《信息安全技术 个人信息安全规范》(GB/T 35273—2020) 第 3.11 条将之称为"公开披露",并界定为"向社会或不特定人群发布信息的行为"。由于公开个人信息是一种对信息主体的个人信息权益影响很大的信息处理方式,故此,我国法律对之作出了更为严格的规范。例如,《个人信息保护法》第 25 条规定:"个人信息处理者不得公开其处理的个人信息,取得个人单独同意的除外。"再如,依据《个人信息保护法》第 55 条的规定,个人信息处理者公开个人信息的,应当在公开前进行个人信息保护影响评估,并对处理情况进行记录。

8. 删除(erase)

删除个人信息的根本目的就是要使个人信息不可用,即处理者或者其他人不可能取得、读取与使用个人信息,故此只要通过某种措施使个人信息无法或者除非花费巨额的成本否则不可能再被处理者或其他人取得、读取与使用即可。具体的删除方式是多种多样的,可以是物理上毁掉存储个人信息的硬盘,也可以是其他的技术手段。如果仅仅是无法在线访问或者删掉回收站,显然不构成删除,因为处理者可以很轻易地再次取得和使用该个人信息。《个人信息保护法》第 47 条明确规定了个人信息处理者应当主动删除个人信息的五类情形。同时,也明确了如果删除个人信息从技术上难以实现的,则个人信息处理者应当停止除存储和采取必要的安全保护措施之外的处理。

二、个人信息处理者

(一)控制者与处理者的区分

1. 欧盟立法对控制者与处理者的区分

1995 年 10 月 24 日《欧洲议会以及欧盟理事会关于对于个人数据处理有关的个人进行保护以及数据自由流动的指令(95/46 号指令)》(DPD) 第 2 条第 4、5 款分别规定:控制者(controller)是指单独或与他人联合决定个人数据处理的目的与方式的自然人、法人、公共机构、代理机构或者其他任何实体;如果数据处理的目的和方式由成员国或共同体的法律或法规决定的,则控制者或其资格的具体标准由成员国或共同体的法律决定。处理者(processor)是代表控制者对个人数据进行处理的自然人、法人、公共机构、代理机构或者其他任何实体。上述区分的法律意义被认为包括以下三方面：首先，控制者必须承担95/46号指令所规定的大部分的数据保护义务；其次，在大多数情况下，是数据的控制者而非处理者承担违反数据保护的责任；最后，数据处理者的工作非常有限，实际上只能按照控制者的指示来处理个人数据。①

2018年5月25日生效的欧盟《一般数据保护条例》延续了这一控制者与处理者的区分，该条例第4条"定义"第7、8款分别将"控制者"界定为"能单独或联合决定个人数据的处理目的和方式的自然人、法人、公共机构、代理机构或其他组织。其中个人数据处理的目的和方式由欧盟或其成员国的法律予以规定，控制者或控制者资格的具体标准可以由欧盟或其成员国的法律予以规定。"将"处理者"界定为："为控制者处理个人数据的自然人、法人、公共机构、代理机构或其他组织。"

欧盟个人数据保护立法要区分控制者与处理者的理由在于：欧盟的立法者认为，控制者是个人数据保护法实施中的关键行为者，它们是个人数据保护法所设定的向数据主体负担的义务的首要承担者，因此，确定控制者的标准对于理解欧盟个人数据保护法的适用至关重要，并且欧盟数据保护法总体上是以广泛而灵活的方式来应用这些标准的，从而使获得控制者的认定门槛相当低。唯其如此，方能确保个人数据保护的措施得以实施，切实尊重数据主体的基本权利。② 简言之，确定控制者的概念的首要作用就是明确：谁应当遵守个人数据保护规则，谁应当就数据主体如何在实践中行使其权利来负责。因此，理解"控制者"的概念，必须从立法者将保护个人数据的主要责任放在那些实际控制数据处理的实体的身上这一立法目的的角度出发。③ 正是因为控制者决定了个人数据处理的目的和方式，所以个人数据保护的义务和责任就应当由控制者承担。

控制者可以自行处理个人数据，也可以委派他人代表其处理个人数据。而所谓代表控制者处理个人数据的主体就是处理者，因此，处理者也是个

---

① ［德］Christopher Kuner：《欧洲数据保护法：公司遵守与管制》（第二版），旷野等译，北京，法律出版社2008年版，第74页。
② Christopher Kuner, Lee A. Bygrave & Christopher Docksey ed., *The EU General Data Protection Regulation (GDPR): A Commentary*, Oxford University Press, 2020, p. 146.
③ Christopher Kuner, Lee A. Bygrave & Christopher Docksey ed., *The EU General Data Protection Regulation (GDPR): A Commentary*, Oxford University Press, 2020, p. 148.

人数据保护法实施过程中的主要参与者之一（one of the principal actors）。处理者与控制者是两个独立的法律实体，但需要注意的是：首先，处理者与控制者之间并非是雇员和雇主的关系（an employer-employee relationship），因为，如果是雇员为履行向雇主所负担的义务而进行的数据处理活动，那么该活动就是雇主本身的活动，雇主而非雇员是处理者。其次，处理者与控制者的关系也不是代理与被代理的关系（principal-agent relationship）。这是因为，在商法上，代理人可以在授权范围内代理被代理人实施民事法律行为如订立合同，从而使被代理人成为合同的当事人。但是，处理者显然是没有这种代理权的。最后，处理者也不是第三方（third party），依据欧盟《一般数据保护条例》第4条第10款，第三方是指数据主体、控制者、处理者以及由控制者或处理者直接授权处理个人数据的人以外的自然人、法人、公权力机构、代表机构或其他组织。与第三方相比，处理者拥有某种特权地位，即当其代表控制者进行个人数据的处理时，不需要法律规定的正当理由或者取得数据主体的同意，因为控制者已经符合这一要求了。[①] 但是，第三方处理个人数据时需要具有法律规定的正当理由或者事先取得数据主体的同意。

总的来说，在欧盟个人数据保护立法中，处理者与控制者的关系大体上被认为是一种从属或服从的关系（subservience），即处理者必须遵循控制者发布的关于个人数据处理的目的和处理方式的指令。[②] 这一点在欧盟《一般数据保护条例》的第28条与第29条中有鲜明的体现。依据该条例第28条，如果没有经过控制者特别的或一般的事先书面授权，处理者不能雇佣另一个处理者；处理者的处理活动应受到根据欧盟或成员国法律项下签订的合同或其他法律文件管辖，对控制者而言该合同或法律文件对处理者具有约束力，并阐述处理的主旨和期限、处理性质和目的、个人数据的类别、数据主体的类型，以及控制者的权利和义务。而依据该条例第29条，除非得到控制者的指示，处理者以及在控制者或处理者授权下访问个人数据的任何人不得处理该数据，除非欧盟或成员国法律要求处理。

---

① Paul Voigt & Axel von dem Bussche, "The EU General Data Protection Regulation (GDPR): A Practical Guide", Springer, 2017, p. 80.
② Christopher Kuner, Lee A. Bygrave & Christopher Docksey ed., *The EU General Data Protection Regulation (GDPR): A Commentary*, Oxford University Press, 2020, p. 160.

2. 我国《民法典》仅采取了"处理者"的概念

在《民法典》颁布之前,我国法律中对于与个人信息相关的行为,基本上采取的都是"收集、使用个人信息"的表述。2012年颁布的《全国人民代表大会常务委员会关于加强网络信息保护的决定》中使用的就是"收集、使用公民个人电子信息"的表述。此后,《网络安全法》与《电子商务法》也都延续了"收集、使用"个人信息这样的表述。

在《民法典》编纂过程中,多数观点认为,无须根据不同的加害环节来对侵害个人信息的责任主体使用不同的称谓,而应采取统一的概念。但是,对究竟使用何种概念,又有不同的看法。第一种观点主张采取"信息控制者"或者"数据控制者"的表述,例如,全国信息安全标准化技术委员会起草的《信息安全技术 个人信息安全规范》(GB/T 35273—2017)使用了"个人信息控制者"的概念,并将之界定为"有权决定个人信息处理目的、方式等的组织或个人"(第3.4条)。① 该观点被《民法典人格权编草案(第三次审议稿)》以及2019年12月审议的《民法典草案》所接受(第1036条、第1038条)。② 第二种观点主张采取"个人信息持有者"的表述③,公安部网络安全保卫局、北京网络行业协会、公安部第三研究所制定的《互联网个人信息安全保护指南》第3.3条将"个人信息持有"界定为"对个人信息及相关资源、环境、管理体系等进行计划、组织、协调、控制的相关活动或行为。"第3.4条将"个人信息持有者"界定为:"对个人信息进行控制和处理的组织或个人。"该观点曾被《民法典人格权编草案(第二次审议稿)》所接受(第815、817条)。第三种观点主张借鉴欧盟《一般数据保护条例》的做法,即区分个人信息的控制者与处理者,理由在于,如果不作此种区分,那么在个人信息权利受到侵害的情况下,控制者将是

---

① 2020年3月6日发布的《信息安全技术 个人信息安全规范》(GB/T 35273—2020)依然采取了"个人信息控制者"的概念,该标准第3.4条将其界定为"有能力决定个人信息处理目的、方式等的组织或个人。"

② 赞同采取信息控制者的观点可参见,谢远扬:《民法典人格权编草案中"个人信息自决"的规范建构及其反思》,载《现代法学》2019年第6期,第135页。

③ 该观点可能是借鉴2006年俄罗斯联邦的《信息、信息技术和信息保护法》,该法采取了"信息持有人"的概念,其第2条第5款规定:"信息持有人是指按照法律及合同的规定,由自己创造或取得信息,有权允许或者限制对具有特定特征的信息的访问。"参见张继红、姚约茜主编:《"一带一路"沿线国家数据保护与网络安全法律指南》,北京,知识产权出版社2021年版,第3-4页。

唯一的法定责任主体，而处理者仅仅向控制者而非用户承担违约责任。在某些场景下，处理者可以凭借合同漏洞约定置身事外，这显然不公平。故此，有必要区分控制者和处理者，从而使义务责任在两者之间进行公平、有效的划分。①

最终，我国《民法典》既没有采取"个人信息控制者"的概念，也没有采取"个人信息持有者"的概念，而是统一采取了"信息处理者"的概念，如《民法典》第 1030 条、第 1037 条以及 1038 条。对于何为个人信息的处理，《民法典》第 1035 条第 2 款进行了界定，即"个人信息的处理包括个人信息的收集、存储、使用、加工、传输、提供、公开等。"由此可知，我国《民法典》上的信息处理者就是个人信息处理者，即实施个人信息的收集、存储、使用、加工、传输、提供、公开等处理活动的组织或个人。此外，从《民法典》第 1039 条来看，信息处理者既包括企事业单位、国家机关，也包括个人、个体工商户等所有的主体。对《民法典》为何采取"信息处理者"的概念，而没有区分处理者与控制者，立法机关未作说明，全国人大常委会法制工作委员民法室撰写的释义书中亦无论述。② 本书认为，之所以最终立法机关决定在《民法典》中采取"信息处理者"这一表述，主要原因可能还是与第 1035 条第 2 款对个人信息处理行为的界定有关，也就是说，我国《民法典》借鉴了欧盟《一般数据保护条例》中的"处理（processing）"一词来统称围绕着个人信息展开的各种各样的活动，与之对应的，实施个人信息处理活动的主体自然就是处理者，即"信息处理者"。

3. 我国《个人信息保护法》也不区分控制者与处理者

虽然《民法典》虽然在人格权编第六章规定了个人信息保护，但是，《民法典》毕竟不是《个人信息保护法》，其并未对个人信息的处理规则尤其是处理者在个人信息处理中的义务等作出详细的规定，故此，《民法典》颁布后，依然有观点主张区分控制者与处理者。例如，全国信息安全标准化技术委员会起草的《信息安全技术 个人信息安全规范》（GB/T 35273—

---

① 京东法律研究院：《欧盟数据宪章：〈一般数据保护条例〉GDPR 评述及实务指引》，北京，法律出版社 2018 年版，第 93 页。

② 有学者认为，最终《民法典》中采取"信息处理者"的表述给人以突袭之感，给如何解释信息处理者的地位和作用带来了一定的困难。参见姚佳：《论个人信息处理者的民事责任》，载《清华法学》2021 年第 3 期，第 45 页。

2020）中依然使用了"个人信息控制者（Personal Information Controller）"的表述，并将之界定为"又能决定个人信息处理目的、方式等的组织或个人。"

《个人信息保护法》与《民法典》完全一致，依然只是使用个人信息处理者的概念，而没有新增个人信息控制者的概念。同时，《个人信息保护法》对何为个人信息处理者作出了界定。

（二）个人信息处理者的判断标准

依据《个人信息保护法》第73条第1项，所谓个人信息处理者，是指在个人信息处理活动中自主决定处理目的、处理方式的组织、个人。在个人信息处理活动中，需要决定的事项很多，至少从我国《个人信息保护法》的规定来看，除个人信息的处理目的、处理方式之外，还包括处理的个人信息的种类、保存的期限等。之所以《个人信息保护法》规定，只有自主决定处理目的、处理方式的组织或个人，才被认定为个人信息处理者，理由就在于处理目的和处理方式在个人信息的处理中具有重要的地位和法律意义。

个人信息的处理目的是指处理者究竟是为了实现何种目的而处理个人信息的，处理方式是指处理者对个人信息采取何种处理方法，如收集、存储、使用、加工、传输、提供、公开等。《个人信息保护法》的根本目的就在于通过对个人信息处理活动的规范，预防因非法的个人信息处理行为而给信息主体即个人的人格尊严、人身自由等宪法上的基本权利以及人身、财产权益造成危险。大数据时代，个人信息被收集、储存、转让和使用已经成为每个自然人被嵌入其中的社会生活常态，无法改变。然而，无论是数据企业、政府部门还是其他主体，它们出于不同的目的而实施的个人信息处理行为，极有可能会给个人带来各种前所未有的危险。例如，基于收集的个人信息而形成的大数据，通过算法等技术进行社会分选、歧视性对待，进而损害人格尊严；再如，通过大数据和人工智能技术进行人格画像，将作为民事主体的自然人降格为客体并加以操控，进而损害人格自由等。[1]

---

[1] Veil & Winfried, The GDPR: The Emperor's New Clothes-On the Structural Shortcomings of Both the Old and the New Data Protection Law (December 21, 2018). Vgl. Neue Zeitschrift für Verwaltungsrecht 10/2018: 686–696, at SSRN: https://ssrn.com/abstract=3305056 (Last visited on July 6, 2019).

为了消除上述各种新的危险，法律上必须承认自然人对个人信息具有一种防御性的利益，并给予保护。如此才可能为信息社会的每个自然人筑起一道坚实的法律保护屏障，使之免于遭受上述危险现实化后所带来的损害。故此，个人信息保护法的基本精神是防止个人信息被泄露、买卖或滥用而使个人信息权益遭受侵害，因此，需要基于预防的原则对个人信息处理行为加以规范。在预防原则下就产生了个人信息保护法中的一项基本原则即"目的限制原则（Zweckbindungsgrundsatz）"（也称"目的拘束原则"）。该原则被认为是个人信息保护法上的"帝王条款"[1]。目的限制原则主要体现在两个阶段：一是收集阶段，处理者应当有明确特定的收集、使用个人信息的目的；二是使用阶段，处理者在实际使用个人信息时的目的不得与约定的目的相悖。[2] 我国《个人信息保护法》从这两个阶段对目的限制原则作出了规定，其第6条第1款规定："处理个人信息应当具有明确、合理的目的，并应当与处理目的直接相关，采取对个人权益影响最小的方式。"第2款规定："收集个人信息，应当限于实现处理目的的最小范围。"

根据目的限制原则，处理目的在个人信息处理中具有重要的地位。首先，任何个人信息的处理目的都必须是明确的、合理的以及合法的。目的不明确、不合法或不合理的处理行为，就是违法处理行为，处理者必须承担法律责任。同时，处理方式也必须是与处理目的直接相关的方式，并且应当采用对个人权益影响最小的方式。只有明确了处理目的和处理方式，个人才能有针对性地决定是否就具有特定的处理目的的处理行为给予同意。正因如此，在基于个人同意处理个人信息的情形中，处理者必须要向个人告知其个人信息的处理目的和处理方式（《个人信息保护法》第17条第1款第2项），当处理者有多个处理目的时，为了确保个人作出的同意是明确的，不能将这些处理目的进行合并而一次性取得授权，必须分别就具体的处理目的分别取得个人的同意。

其次，即便是《个人信息保护法》第13条第1款第2—7项所规定的不需要取得个人同意的个人信息处理活动，也必须有明确、合理的目的，并且除非是法律、行政法规规定应当保密、无须告知或者告知将妨碍国家

---

[1] 李惠宗：《个人资料保护法上的帝王条款——目的拘束原则》，载《法令月刊》第64卷第1期，第49页。

[2] 梁泽宇：《个人信息保护中目的限制原则的解释与适用》，载《比较法研究》2018年第5期，第17页。

机关履行法定职责，处理者在处理前也必须向个人进行告知处理的目的和方式。

再次，就敏感个人信息的处理而言，处理目的更加重要。一方面，《个人信息保护法》第26条规定，在公共场所安装图像采集、个人身份识别设备，应当为维护公共安全所必需，遵守国家有关规定，并设置显著的提示标识。所收集的个人图像、身份识别信息只能用于维护公共安全的目的，不得用于其他目的；取得个人单独同意的除外。另一方面，依据《个人信息保护法》第28条第2款，只有在具有特定的目的和充分的必要性，并采取严格保护措施的情形下，个人信息处理者方可处理敏感个人信息。

最后，不同类型的个人信息处理方式对于个人信息权益会产生不同的影响，例如，收集个人信息在大多数时候是其他个人信息处理行为得以实施的前提，因此对于个人信息权益影响甚大；再如，公开个人信息对于个人的影响非常大，很可能会对个人的隐私权等人格权或者财产权益造成损害，故此，一方面，在基于同意而处理个人信息时，法律上要求处理者必须将处理方式告知个人；另一方面，针对不同处理方式，《个人信息保护法》给处理者施加了不同的义务，例如，处理者要公开其处理的个人信息，就必须取得个人的单独表示同意（第25条）；再如，将个人信息提供给其他处理者的或者要跨境提供个人信息的，必须要取得个人的单独同意（第23、39条）。

综上所述，只有能够自主决定个人信息处理目的和处理方式的组织或个人才是个人信息处理者，如果是按照他人决定的个人信息处理目的和处理方式从事处理活动的组织或个人，不是个人信息处理者，而是受委托处理个人信息的受托人。同样，区别向其他个人信息处理者提供个人信息与委托处理个人信息的核心标准就在于：前者存在至少两个处理者，一个是个人信息的提供方，另一个是个人信息的接受方，他们各自决定个人信息的处理目的和处理方式。但是，在委托处理中，只有委托人是处理者，而受托人不是处理者。

三、个人信息处理的基本原则

（一）概述

个人信息保护法是规范个人信息处理活动，明确个人在个人信息处理活动中的权利、个人信息处理者的义务以及法律责任的法律。从信息主体的角度来说，个人信息保护法就是个人信息权益保护法；从处理者的角度看，个人信息保护法是个人信息处理规则法，故此，个人信息保护法的基本原则就是个人信息处理者在处理活动中应当遵循的基本原则。这些原则一方面有利于形成科学的个人信息处理法律体系，另一方面也有助于解释和补充个人信息保护法的具体法律规定①，故此，许多国家的个人数据或个人信息保护法都明确了个人信息处理活动应当遵循的基本原则。例如，1980年的《经济合作与发展组织（OECD）关于隐私保护和个人数据跨境流动的指导原则》详细列举了收集限制原则、数据质量原则、列明目的原则、使用限制原则、安全保护原则、公开原则、个人参与原则、责任原则等八项原则。欧盟《一般数据保护条例》第5条是对"与个人数据处理相关的原则"的规定，该条明确了合法、正当与透明原则，目的限制原则，数据最小化原则，准确原则，存储限制原则，完整与保密原则，责任原则。2017年修订的德国《联邦数据保护法》第47条规定："处理个人数据应当遵循下列原则：1. 合法公平地处理；2. 为了特定、明确且合法的目的而收集的并以不违反这些目的的方式进行处理；3. 就处理目的而言适当、相关且不过度；4. 准确且于必要时更新；考虑到处理目的，应采取一切合理步骤来确保不准确的个人数据被删除或更正；5. 以允许识别数据主体的形式所保存的时间不超过处理该数据之目的所必需的时间；6. 以确保个人数据适当安全的方式进行处理，包括使用适当的技术或组织措施来防止未经授权或非法处理以及防止意外丢失、破坏或损坏。"该条确立了个人数据处理应当遵循的"合法与依据诚信处理的原则（Rechtmäßigkeit und Verarbeitung nach Treu und Glauben）"、"目的限制原则（Zweckbindung）"、"数据最小化与比例原则（Datenminimierung und Verhältnismäßigkeit）"、"正确性原则（Richtigkeit）"、"限制存储（Speicherbegrenzung）"以及"系统数据保护原则（Systemdatenschutz）"。

我国法律也对个人信息处理活动的基本原则作出了规定。《全国人民代表大会常务委员会关于加强网络信息保护的决定》第2条规定："网络服务提供者和其他企业事业单位在业务活动中收集、使用公民个人电子信息，应当遵循合法、正当、必要的原则，明示收集、使用信息的目的、方式和

---

① Gola/Heckmann, Bundesdatenschutzgesetz, 13. Auflage, Beck, 2019, Rn. 2-3.

范围，并经被收集者同意，不得违反法律、法规的规定和双方的约定收集、使用信息。网络服务提供者和其他企业事业单位收集、使用公民个人电子信息，应当公开其收集、使用规则。"该法实际上明确了个人信息处理应当遵循合法、正当、必要以及公开等四项原则。《网络安全法》第41条第1款规定："网络运营者收集、使用个人信息，应当遵循合法、正当、必要的原则，公开收集、使用规则，明示收集、使用信息的目的、方式和范围，并经被收集者同意。"《民法典》第1035条第1款第1句进一步明确规定"处理个人信息的，应当遵循合法、正当、必要原则，不得过度处理"。

在我国《个人信息保护法》的起草过程中，立法机关认为，应当在《民法典》《网络安全法》等法律规定的基础上，进一步充实完善个人信息处理的基本原则，并将它们贯穿于个人信息处理的全过程、各环节。[①] 2021年8月20日，十三届全国人大常委会第三十次会议审议通过了《个人信息保护法》，这是我国第一部个人信息保护方面的专门性法律。该法在第一章总则用了6个条文（第5—10条）对个人信息保护法的基本原则作出了规定，明确了在个人信息处理活动中应当遵循合法、正当、必要、诚信、目的限制、公开透明、质量、安全等八项原则。

(二) 合法、正当、必要和诚信原则

《个人信息保护法》第5条规定："处理个人信息应当遵循合法、正当、必要和诚信原则，不得通过误导、欺诈、胁迫等方式处理个人信息。"该条明确了在个人信息处理中应当遵循合法、正当、必要和诚信原则。其中，前三个原则在《网络安全法》《民法典》中就有规定，诚信原则则是《个人信息保护法》依据《民法典》新增加的基本原则。

1. 合法原则

合法原则（Der Rechtmäßigkeitsgrundsatz）是指，个人信息处理者在对个人信息进行收集、存储、加工、使用、提供、公开、删除等处理活动时，应严格遵循法律、行政法规的规定，采取合法的方式，不得违法处理个人信息。之所以如此，是因为对于个人信息的任何处理活动，客观上都是对自然人的个人信息权益的干扰或破坏，故此，处理个人信息必须有法

[①] 全国人大常委会法制工作委员会副主任刘俊臣：《关于〈中华人民共和国个人信息保护法（草案）〉的说明》（2020年10月13日在第十三届全国人民代表大会常务委员会第二十二次会议上）。

律的依据或正当化事由，否则，该等处理行为就是对个人信息权益的侵害，属于非法行为。"合法"方式中的"法"的范围比较广泛，不仅包括全国人大及其常委会制定的法律，也包括行政法规、地方性法规、司法解释、部门规章、地方政府规章、强制性标准等。①《个人信息保护法》从正反两方面对合法原则作出了规定。正面的规定为《个人信息保护法》第5条，要求处理个人信息应当遵循合法原则；反面规定就是该法第10条，即任何组织、个人不得非法收集、使用、加工、传输他人个人信息，不得非法买卖、提供或者公开他人个人信息；不得从事危害国家安全、公共利益的个人信息处理活动。具体来说，合法原则体现在以下几方面。

第一，只有符合法律、行政法规规定的情形时，个人信息处理者才能处理个人信息，该处理行为才是合法的。对于这些情形的全面列举在《个人信息保护法》的第13条，该条列举了七种情形，如取得个人的同意；为订立或者履行个人作为一方当事人的合同所必需；为履行法定职责或者法定义务所必需等，只有符合其中的某一种情形，处理行为才是合法的，否则就是非法行为。

第二，个人信息处理者处理个人信息的目的和处理方式应当是合法的（即追求合法的利益），不能侵害自然人的人格尊严、人身自由和人身财产权益，也不能损害社会公共利益或国家利益。处理者必须采取合法的方式（符合比例原则的方式）开展具体的处理活动，确保个人信息处理活动符合法律、行政法规的规定，即个人信息处理者应当根据个人信息的处理目的、处理方式、个人信息的种类以及对个人权益的影响、可能存在的安全风险等，采取措施确保个人信息处理活动符合法律、行政法规的规定。

第三，禁止从事任何非法的个人信息处理活动。依据《民法典》第111条第2句以及《网络安全法》第44条，任何组织或者个人需要获取他人个人信息的，应当依法取得并确保信息安全，不得非法收集、使用、加工、传输他人个人信息，不得非法买卖、提供或者公开他人个人信息。据此，《个人信息保护法》第10条也规定，任何组织、个人不得非法收集、使用、

---

① 欧盟《一般数据保护条例》第5条第1款（a）也确立了合法原则。欧盟第29条工作组（Article 29 Data Protection Working Party）认为，所谓合法中的"法"应当作最广义的解释，包括了各种形式的成文法和普通法、初级立法和次级立法、市政法令、先例、宪法原则、基本权利、其他法律原则以及判例，因为这些"法律"将由主管法院解释和考虑。See Art. 29 Data Protection Working Party, WP 203（2013），p. 20.

加工、传输他人个人信息,不得非法买卖、提供或者公开他人个人信息;不得从事危害国家安全、公共利益的个人信息处理活动。

2. 正当原则

正当原则,也称公正原则(Fairness),是指处理个人信息的行为必须是正当的,处理者不应当通过不公正的方法,如通过欺骗或者在信息主体完全不知情的情况下来处理其个人信息。[①] 正当(fairness)是各国个人信息保护立法中所确立的一项基本原则。欧盟《一般数据保护条例》第 5 条第 1 款(a)规定,应当"以合法、公正、透明的方式处理"个人数据。日本《个人信息保护法》第 3 条规定:"在尊重个人人格的理念下,个人信息应被慎重对待,鉴于此,应当实现个人信息之正当处理。"第 17 条第 1 款规定:"个人信息处理业者不得以虚假及其他不正当手段获取个人信息。"韩国《个人信息保护法》第 3 条第 1 款规定:"个人信息处理者应当明确处理个人信息的目的,并限于其目的之必要范围内合法、正当地收集最低限度的个人信息。"

我国《个人信息保护法》第 5 条明确规定,处理个人信息应当遵循正当原则,同时,禁止处理者通过误导、欺诈、胁迫等方式处理个人信息,因为这些方法都是不正当的(也是违反诚信原则的)。实践中,不少 App 运营者就是通过误导、欺诈等不公正的方式来收集用户的个人信息的,如在非服务所必需或无合理场景的情形下,以所谓积分、奖励、优惠等方式欺骗、误导用户提供身份证号码以及个人生物特征等个人信息。[②] 有些 App 还通过胁迫的方式来收集用户的个人信息,如一些网贷平台要求用户申请贷款时除提供自己的个人信息外还必须提供亲朋好友的身份证号码、手机号码等个人信息,否则就不发放贷款,一旦用户在贷款偿还上出现逾期,则不断地骚扰其亲朋好友。这些对个人信息的处理行为都违反了正当原则,属于违法行为。个人信息处理者通过欺诈、胁迫等方式取得个人的同意而处理个人信息的,该处理活动依然是违法的,不得以取得自然人的同意作为抗辩。对此,《最高人民法院关于审理使用人脸识别技术处理个人

---

① Christopher Kuner, Lee A. Bygrave & Christopher Docksey ed., *The EU General Data Protection Regulation (GDPR): A Commentary*, Oxford University Press, 2020, p. 314.

② 参见《工业和信息化部关于开展纵深推进 App 侵害用户权益专项整治行动的通知》(工信部信管函〔2020〕164 号)。

信息相关民事案件适用法律若干问题的规定》第 4 条有明确的规定："有下列情形之一，信息处理者以已征得自然人或者其监护人同意为由抗辩的，人民法院不予支持：（一）信息处理者要求自然人同意处理其人脸信息才提供产品或者服务的，但是处理人脸信息属于提供产品或者服务所必需的除外；（二）信息处理者以与其他授权捆绑等方式要求自然人同意处理其人脸信息的；（三）强迫或者变相强迫自然人同意处理其人脸信息的其他情形。"

3. 必要原则

必要原则是指处理个人信息的活动都应当对实现个人信息处理目的而言是必要的，凡是不必要的个人信息处理活动都不应当开展。该原则是比例原则在个人信息保护法中的体现。比例原则（der Grundsatz der Verhaeltnismaessigkeit）是一项非常重要的法律原则，在公法和私法领域都适用。比例原则有广、狭义之分，狭义的比例原则主要适用于负担行政行为以及所有的行政领域，而广义的比例原则产生于法治国家原则，不仅约束行政，也约束立法，同时被适用于一般性确定基本权利的界线，"即作为个人自由请求权和限制自由的公共利益之间的权衡要求适用"。[①] 在行政法领域，比例原则包含三项要求：其一，必要性原则，即行政机关拟实施行政行为特别是实施对行政相对人的权利不利的行政行为的，只有认定该行为对达到相应的行政目的是必要的时候，才能实施；其二，适当性原则，即行政机关在实施行政行为前必须进行利益衡量，只有确认该行为对于实现相应的行政目的是适当的且可能取得的利益大于可能损害的利益时，才能实施；其三，最小损害原则，即行政机关必须在多种方案中选择对行政相对人权益损害最小的方案实施。[②] 在民法中，比例原则意味着"只有在以下情形当中，个人自由及其私法自治才能受到干预，即对于维护更高的利益而言这是必要的，且此种干预既适于实现预期的目标，也是实现该目的的最缓和的方式"[③]。

---

① ［德］哈特穆特·毛雷尔：《行政法学总论》，高家伟译，北京，法律出版社 2000 年版，第 238-239 页。

② 姜明安主编：《行政法与行政诉讼法》（第七版），北京，北京大学出版社、高等教育出版社 2019 年版，第 77 页。

③ Larenz/Wolf, Allgemeiner Teil des Buergerlichen Rechts, 9Aufl., Beck, 2004, §1, Rn. 4. 我国学者对民法中比例原则的详细讨论，参见郑晓剑：《比例原则在民法上的适用及展开》，载《中国法学》2016 年第 2 期。

必要原则也是各国个人信息或个人数据保护立法所坚持的一项基本原则。例如，欧盟《一般数据保护条例》导言部分第 39 条指出："个人数据应当充分、相关并且仅限于其处理目的所需的必要数据。这尤其要求确保对个人数据的存储期限的必要限制。只有在处理目的不能通过其他方式合理实现的情况下，才能进行个人数据处理。为确保个人数据的保存时间不超过必要时间，应由控制者制定时间限制以进行删除或定期审查。"该条例第 5 条第 1 款将必要原则概括为"充分、相关，及以个人数据处理目的之必要为限度进行处理""准确、必要、及时：以个人数据处理目的为限，应采取一切合理步骤确保不准确的个人数据被及时地处理、删除或修正"。再如，《巴西通用数据保护法》第 6 条第 3 款规定，个人数据处理活动应当遵循必要性原则，即"将处理限制在实现其目的所需的最低限度，涵盖与数据处理目的相关的、成比例的和非过量的数据"。

《个人信息保护法》颁布前，我国的《网络安全法》《民法典》等法律对于必要原则就作了相应的规定。如《网络安全法》第 41 条第 1 款规定，网络运营者收集、使用个人信息，应当遵循合法、正当、必要的原则。《民法典》第 1035 条第 1 条规定，处理个人信息的，应当遵循合法、正当、必要原则，不得过度处理。但是，这些法律都没有对必要原则的具体要求加以明确。从《个人信息保护法》的规定来看，必要原则主要体现在以下三方面：首先，收集个人信息应当遵循必要的原则，限制在实现处理目的所需要的最小范围，不得过度收集个人信息（第 6 条第 2 款）。其次，处理敏感的个人信息应当具有充分的必要性，否则不得处理（第 28 条第 2 款）。最后，个人信息保存期限应当为实现处理目的所必要的最短的时间，除非法律、行政法规另有规定（第 19 条）。

4. 诚信原则

诚信原则，也称诚实信用原则（Treu und Glauben），它不仅是私法领域的最高原则之一，也是公法领域的基本原则。诚实信用原则要求秉持诚实、恪守承诺，当事人应当真实真诚，如实披露相关信息，不坑蒙拐骗，不欺诈他人，同时严格承诺，讲求信用。[①]

[①] 王利明、杨立新、王轶、程啸：《民法学》上册（第六版），北京，法律出版社 2020 年版，第 43 页。

在个人信息的处理活动中，处理者也应当遵循诚信原则。对此，一些国家或地区的法律有明确的规定。[①] 例如，《巴西通用数据保护法》第6条规定，个人数据处理活动应遵循诚信和相应的原则。再如，我国台湾地区"个人资料保护法"第5条规定："个人资料之搜集、处理或利用，应尊重当事人之权益，依诚实及信用方法为之，不得逾越特定目的之必要范围，并应与搜集之目的具有正当合理之关联。"

在我国法律中，诚信原则是非常重要的一项原则，被许多法律加以规定。《民法典》第7条规定："民事主体从事民事活动，应当遵循诚信原则，秉持诚实，恪守承诺。"这就是说，在从事民事活动时，民事主体应当讲诚信、守信用，以善意的方式行使权利、履行义务，不诈不欺，言行一致，信守诺言。[②] 除《民法典》之外，还有不少法律都明确规定了诚信原则，例如《反不正当竞争法》第2条第1款规定："经营者在生产经营活动中，应当遵循自愿、平等、公平、诚信的原则，遵守法律和商业道德。"《电子商务法》第5条规定："电子商务经营者从事经营活动，应当遵循自愿、平等、公平、诚信的原则，遵守法律和商业道德，公平参与市场竞争，履行消费者权益保护、环境保护、知识产权保护、网络安全与个人信息保护等方面的义务，承担产品和服务质量责任，接受政府和社会的监督。"《消费者权益保护法》第4条规定："经营者与消费者进行交易，应当遵循自愿、平等、公平、诚实信用的原则。"

我国《个人信息保护法》第5条明确将诚实信用原则作为个人信息处理活动应当遵循的一项基本原则，这就是说，处理者在从事个人信息处理活动时，应当始终秉持诚实、恪守承诺，不通过任何欺诈、误导、胁迫等方式处理个人信息，在取得个人同意或符合法律、行政法规规定的其他情形而可以处理个人信息时，也应当讲求诚信，严格按照法律规定和约定处理信息，不从事任何违反处理目的和处理方式的处理活动。

[①] 德国学者认为，个人信息保护法中的诚信原则的含义不同于《德国民法典》第242条的诚信原则，处理个人信息时遵循诚信原则应当被解释为一种"关照义务（Rücksichtnahmepflicht）"，其部分内容可以被解释为 GDPR 中的透明原则，即处理者不得秘密处理信息主体的个人信息。Gola/Heckmann, Bundesdatenschutzgesetz, 13. Aufl. 2019, Beck, Rn. 14.

[②] 黄薇主编：《中华人民共和国民法典总则编解读》，北京，中国法制出版社2020年版，第20页。

(三) 目的限制原则

1. 目的限制原则的含义

所谓目的限制原则(the principle of purpose limitation/ Zweckbindungsgrundsatz),也称目的拘束原则,是个人信息保护法中最基本的一项原则,贯穿于整个个人信息处理活动,无论处理者是谁,也不管属于何种类型的处理活动,都必须受到该原则的拘束。由于目的限制原则是数据保护的基石和大多数其他基本要求的先决条件,故此,理论界也将目的限制原则称为个人信息保护法上的"帝王条款"[1]。

许多国家或地区的个人信息或数据保护立法都确立了目的限制原则,例如,欧盟《一般数据保护条例》第5条第1款(b)规定:"为特定、明确、合法的目的收集个人数据,且随后不得以与该目的相违背的方式进行处理;第89条第1款中为实现公共利益存档目的、科学研究或历史研究、统计目的而进行的进一步数据处理不视为与最初目的相违背。"日本《个人信息保护法》第15条规定:"个人信息处理业者在处理个人信息时,应当尽可能地将利用该个人信息的目的(以下称为'利用目的')特定。个人信息处理业者若要变更利用目的,则不得超出足以合理地认为与变更前的利用目的具有关联性之范围。"第16条第1、2款规定:"个人信息处理业者不得未事先取得本人的同意,而超出依照前一条的规定所特定的利用目的所必要的范围,处理个人信息。个人信息处理业者在因合并或其他事由而从其他个人信息处理业者处承受业务并取得个人信息后,不得未事先取得本人的同意,而超出达到业务承受前该个人信息的利用目的所必要的范围,处理个人信息。"再如,韩国《个人信息保护法》第3条第1至3款规定:"个人信息处理者应当明确处理个人信息的目的,并限于其目的之必要范围内合法、正当地收集最低限度的个人信息。个人信息处理者应当在处理个人信息目的之必要范围内适当地处理个人信息,不能将其用于目的之外的其他用途。个人信息处理者应在个人信息处理目的之必要范围内,保障个人信息的准确性、完整性和最新性。"从上述规定可以看出,目的限制原则主要包含了两个维度:一是目的特定维度(the purpose specification

---

[1] 李惠宗:《个人资料保护法上的帝王条款——目的拘束原则》,载《法令月刊》第64卷第1期,第52页。

dimension），即必须是为了特定、明确、合法的目的而收集个人数据，否则不得收集或进行其他的处理活动；二是，兼容使用维度（the compatible use dimension），即被收集的数据必须以符合特定目的的方式进行处理，即对数据的处理与特定的、明确的、合法的目的存在合理的联系，没有超越处理的目的。

在我国，《网络安全法》《民法典》等法律没有规定目的限制原则。① 不过，在法律明确规定的合法、正当和必要等三项原则中，必要原则也可以看作是目的限制原则的具体体现，因为，必要与否，只能是就个人信息处理目的而言加以判断的。《个人信息保护法》于第6条首次对目的限制原则作出了详细的规定，即"处理个人信息应当具有明确、合理的目的，并应当与处理目的直接相关，采取对个人权益影响最小的方式。收集个人信息，应当限于实现处理目的的最小范围，不得过度收集个人信息。"从这一规定可以看出，我国法上的目的限制原则更加丰富，包含了三个层次：一是目的特定，即处理个人信息应当具有明确、合理的目的；二是直接相关，即处理个人信息的活动必须与处理目的直接相关；三是采取对个人权益影响最小的方式。此外，《个人信息保护法》第6条第2款还专门对收集个人信息这一处理活动应当限于实现处理目的的最小范围作出了规定。

2. 目的限制原则的意义

之所以个人信息保护法要以目的限制原则作为最基本的原则之一，而且该原则具有举足轻重的地位，原因在于：一方面，目的限制原则有利于更好地保护个人信息权益。个人信息的处理无非就是两类：基于个人同意处理个人信息或者依据法律、行政法规的规定处理个人信息。在基于个人同意而处理个人信息的情形中，处理者在处理个人信息之前必须告知个人信息被处理的自然人并取得同意。如果不告知明确的目的，而是告知得很模糊、笼统，个人就不可能作出真正的自愿的同意。也就是说，处理者所取得的信息主体的同意也是无效的。同样，在取得个人同意后进行的个人信息处理活动，不能超越个人所同意的处理目的和处理方式。如果超越了，

---

① 有的国家标准曾规定了"目的明确原则"，如《信息安全技术 公共及商用服务信息系统个人信息保护指南》（GB/Z 28828—2012）规定了目的明确原则，并将之界定为："处理个人信息具有特定、明确、合理的目的，不扩大使用范围，不在个人信息主体不知情的情况下改变处理个人信息的目的。"

就等于自然人没有同意,处理活动也是非法的,构成对个人信息权益的侵害。在依据法律、行政法规的规定,无须取得个人的同意即可实施的个人信息处理活动中,法律、行政法规之所以赋予个人信息处理者这样的"特权",目的是维护更高位阶的利益,即为了正当的目的,如履行法定职责或法定义务,维护社会公共利益或国家利益或自然人的生命财产安全等。因此,个人信息处理活动同样要受到目的的限制,不能超越目的范围甚至背道而驰,否则,个人信息处理活动也是非法的,构成对个人信息权益的侵害。此外,如果处理者不告知明确的处理目的,也会导致个人无法针对处理者主张相应的权利,例如,在处理目的已经实现、无法实现或为实现处理目的不再必要的情形下,个人信息处理者应当主动删除个人信息,如果没有删除的,个人可以要求处理者删除个人信息(《个人信息保护法》第47条第1款第1项)。由此可见,目的限制原则对保护个人权益是非常重要的。

另一方面,目的限制原则也很好地协调了个人权益保护和科技创新、经济发展之间的关系。目的限制原则要求个人信息处理者在开始处理活动之前,就必须确定个人信息处理的目的,即个人信息处理必须具有明确、合理的目的。这就使个人信息处理者可以发现其即将开展的个人信息处理活动对个人权益可能产生的各种影响或风险,并且由于处理者必须将个人信息的处理限定在该目的范围内,那么个人信息处理可能引发的风险不仅能够被提前发现,还可以被限制在初始目的的范围内,因为,目的同一性要求在后续的处理活动中不能创出与原来的风险性质不同的风险或者增加风险。这样一来,目的限制原则不仅保护了个人权益尤其是个人对个人信息处理活动享有的知情权与决定权,也为个人信息的处理者提供了足够的空间,使其能够根据具体情况的特殊性,通过变更处理目的重新取得个人同意或维持原有的处理目的等方式找到最佳解决方案。故此,目的限制原则通过提供客观上的法律尺度,使处理者能及时评估各种处理活动的风险,有利于科技创新与数字经济的发展。[①]

3. 目的限制原则的要求

(1) 明确、合理的目的

《个人信息保护法》第6条第1款规定,处理个人信息应当具有明确、

---

① Maximilian von Grafenstein, *The Principle of Purpose Limitation in Data Protection Laws*, Nomos, 2018, pp. 649-653.

合理的目的。这就是说，在处理个人信息之前就必须有明确、合理的处理目的。所谓明确的目的意味着：一方面，个人信息处理者应当使用清晰的、明确的言词表达出其处理的目的，即目的必须是清晰、明确地被表达出来的，而不能是秘密的、隐匿的或者含糊不清的；另一方面，明确的目的还意味着处理者的处理目的是有限定范围的，不能是毫无限制、漫无目标的。即便使用了清晰的言语，但表达的是非常广泛的处理目的，该处理目的是也不明确的。例如，网络企业在告知个人时宣称"本公司有权将所收集的个人信息用于任何本公司业务发展所需之合法用途"，显然此类表述中的处理目的就是不明确的。个人信息的处理活动对个人的权益产生的危险越大，则对于处理目的的明确性与合理性的要求就越高。例如，对于敏感信息的处理，《个人信息保护法》第28条第2款就明确要求必须具有特定的目的。只有处理目的是明确的，才能确定处理活动是否符合法律、行政法规的规定，处理者才能据此采取相应的个人信息保护措施。例如，《个人信息保护法》第51条规定，个人信息处理者应当根据个人信息的处理目的等，采取相应的措施确保个人信息处理活动符合法律、行政法规的规定，并防止未经授权的访问以及个人信息的泄露等。此外，明确的目的也有利于公开透明原则以及责任原则的实现，尊重个人对其个人信息的处理所享有的知情权、决定权，使个人信息处理者为其处理行为负责。

个人信息处理的目的不仅仅应当是明确的，还必须是合理的。合理的目的首先应当是合法的目的，如果处理个人信息是为了履行法定的职责，则该处理就具有合法的目的。[1] 也就是说，如果符合《个人信息保护法》第13条第1款所列举的情形而处理个人信息的，当然处理目的是合法的。不过，合法性只是对处理目的的基本要求，因为合法的目的并非都是合理的目的。处理的目的合理与否，应当在考虑个案的具体因素的基础上，权衡处理者与信息主体等各方的权益和自由，最大限度地实现个人信息权益的保护与个人信息的合理利用之间的利益协调与平衡。[2] 此外，目的的合理性也会随着时间的推移而变化，这取决于科学技术的发展以及社会和文化态度的变化。[3]

---

[1] Gola/Heckmann/Braun，13. Aufl. 2019，BDSG § 47 Rn. 17.

[2] Explanatory Report Convention 108 2018，p. 8.

[3] Article 29 Working Party，Opinion 03/2013 on purpose limitation，WP203，Adopted on 2 April 2013，p. 19.

（2）个人信息处理活动必须与处理目的直接相关

目的限制原则要求，处理者只能对个人信息实施符合初始目的的相关处理活动，不得从事与处理目的无关的个人信息处理。欧盟《一般数据保护条例》提出了所谓的"数据兼容处理（compatible processing of data）"的概念，也就是说，数据的控制者可以对数据执行被认为与收集数据时的目的即初始目的相互兼容的所有操作。[①] 该条例第 6 条第 4 款还提出了以下判断标准，即"当处理活动并非为了个人数据被收集时的目的，并且未基于数据主体的同意，亦非基于在民主社会构成一个必要且适当措施来保障本条例第 23 条第 1 款所述之目标的欧盟或成员国法律，控制者应当为了查明为其他目的进行的处理是否与个人数据被收集时的目的相一致而考虑，特别是：（a）任何在个人数据被收集时的目的和预期进一步处理的目的之间的联系；（b）个人数据被收集时的情形，尤其是关于数据主体和控制者之间的关系；（c）个人数据的性质，特别是依据本条例第 9 条被处理的特殊类型的个人数据，或者是依据本条例第 10 条与刑事定罪和罪行有关的个人数据；（d）预计进一步处理给数据主体可能造成的后果；（e）适当的可能包括加密或匿名化的保障措施的存在"。我国台湾地区"个人资料保护法"第 5 条则要求个人资料的处理应当与"收集之目的具有正当合理的关联"。理论界认为，所谓具有正当合理的关联是指个人资料的收集、处理或利用应当与收集的目的有正当合理的联系，不得与其他目的做不当的连接，即不当连接禁止原则，例如通讯录的制作和利用应当符合比例原则与具有正当合理的关联。[②]

我国《个人信息保护法》没有采取欧盟的个人信息兼容处理的做法，而是规定得更为严格。《个人信息保护法》第 6 条第 1 款要求个人信息处理活动"应当与处理目的直接相关"。这是因为：处理目的在个人信息处理活动中占据核心的位置，决定了个人信息处理者收集的个人信息是否为必要信息、收集的范围是否属于最小范围，储存个人信息的期限是否是最短时间等。将个人信息处理活动限定在与处理目的直接相关的范围之内，有利于保护个人信息权益。无论个人信息处理是否基于个人同意，原则上处理者

[①] Christopher Kuner, Lee A. Bygrave & Christopher Docksey ed., *The EU General Data Protection Regulation (GDPR): A Commentary*, Oxford University Press, 2020, p. 315.

[②] 林洲富：《个人资料保护法之理论与实务》，台北，元照出版公司 2019 年版，第 27 页。

在处理个人信息前应当告知处理的目的和处理方式,除非法律、行政法规规定应当保密或者不需要告知(《个人信息保护法》第18条)。个人通过了解个人信息处理目的可以预见个人信息处理活动可能给其造成的风险,同样处理者也可以据此控制处理活动中的风险并预先作出安排。如果可以超出处理目的而进行各种处理活动,那么由此带来的风险无论是对处理者而言,还是对个人而言,都是不可预测的。

问题是,如何判断处理活动"与处理目的直接相关"?本书认为,首先要明确的是,《个人信息保护法》第6条第1款"与处理目的直接相关"中的"处理目的"是指个人信息处理者在处理个人信息前以符合法律规定的方式告知个人的"处理目的"。例如,A公司在收集个人信息时,通过个人信息处理规则等方式告知的处理目的。"直接相关"意味着处理者所开展的一系列的个人信息处理行为都应当是在该处理目的之内的,与处理目的具有密切的关联性。例如,张三在A公司的网上商城订购新鲜牛奶,A公司每周送一箱鲜牛奶到张三家中,为此张三提供了银行账号和家庭住址、联系方式等个人信息。此后,A公司每周处理一次张三的这些信息,显然都是与处理目的——向张三销售并配送牛奶——直接相关的。但是,如果A公司为了推销本公司的其他产品(包括相关的奶制品或其他品牌的牛奶)而利用张三的个人信息进行广告推送,那么这一处理活动就与处理目的并不直接相关。在判断是否"直接相关"上,应当采取非常严格的标准,即考察处理者后续实施的处理行为的目的是否被告知个人的处理目的所包含,或者二者是密切联系在一起的。

(3)采取对个人权益影响最小的方式

"个人权益"是指个人信息处理活动可能影响到的自然人的各种权益,既包括宪法上的基本权利如人格尊严和人身自由,也包括《民法典》规定的自然人的人身财产权益等,还包括《消费者权益保护法》《未成年人保护法》《妇女权益保障法》《残疾人保障法》《老年人权益保障法》等法律规定的特殊群体的自然人享有的权益。处理者处理个人信息的活动,不可避免会对个人的权益造成各种影响。就个人信息处理者而言,在有多种处理方式可供选择时,应当选择其中既能实现个人信息处理目的,又对个人权益影响最小的方式,这也是比例原则中"最小损害原则"的要求。换言之,处理者应尽可能减少所处理的个人信息的处理以及对个人信息的使用次数,以避免对个人信息权益造成不利的影响。

4. 个人信息最小化原则

《个人信息保护法》第 6 条第 2 款规定："收集个人信息，应当限于实现处理目的的最小范围，不得过度收集个人信息。"该款是专门针对收集个人信息作出的规定，其所确立的原则也被称为个人信息最小化原则或数据最小化原则（Grundsatz der Datenminimierung）。该原则是目的限制原则与必要原则在个人信息收集环节的体现。一方面，个人信息的收集应当以必要为原则，不必要的个人信息的收集对于个人权益存在危险，对于处理者来说也不是好事（个人信息泄露的风险增加）；另一方面，是否必要，还必须从处理目的能否实现的角度加以判断，只要收集的个人信息对于实现处理目的而言已经足够了，就不应当再收集了。凡是超过该范围而收集的个人信息，都是不属于必要的个人信息。由于个人信息的非法处理往往是从过度收集个人信息开始的，而过度收集的个人信息又面临被非法买卖或泄露的风险，故此，我国《个人信息保护法》第 6 条第 2 款专门对个人信息的收集应当遵循个人信息最小化原则作出了规定，明确禁止过度收集个人信息。

收集个人信息应当限于"实现处理目的的最小范围"，即如果没有某些个人信息，个人信息处理者的处理目的就完全无法实现或者说主要、核心的目的无法实现。例如，某一 App 的运营者处理个人信息的目的是向用户销售书籍，而用户如果不提供姓名、通信地址和联系电话，就无法交付书籍，显然这些个人信息是实现销售书籍这一目的所必需的。例如，《常见类型移动互联网应用程序必要个人信息范围规定》①第 3 条规定："本规定所称必要个人信息，是指保障 App 基本功能服务正常运行所必需的个人信息，缺少该信息 App 即无法实现基本功能服务。具体是指消费侧用户个人信息，不包括服务供给侧用户个人信息。"该规定第 5 条针对最常见的 39 种类型的 App 的基本功能以及为实现该基本功能所需的必要的个人信息的范围逐一作出了列举。例如，地图导航类的基本功能服务为"定位和导航"，必要个人信息为：位置信息、出发地、到达地；网络约车类的基本功能服务为"网络预约出租汽车服务、巡游出租汽车电召服务"，必要个人信息包括：（1）注册用户移动电话号码；（2）乘车人出发地、到达地、位置

---

① 2021 年 3 月 12 日，国家互联网信息办公室秘书局、工业和信息化部办公厅、公安部办公厅、国家市场监督管理总局办公厅印发（国信办秘字〔2021〕14 号）。

信息、行踪轨迹；(3) 支付时间、支付金额、支付渠道等支付信息（网络预约出租汽车服务）。再如，即时通信类的基本功能服务为"提供文字、图片、语音、视频等网络即时通信服务"，必要个人信息包括，(1) 注册用户移动电话号码；(2) 账号信息：账号、即时通信联系人账号列表。

(四) 公开透明原则

1. 公开透明原则的意义

公开透明原则（The transparency principle）是我国个人信息保护法中的一项重要原则。依据《个人信息保护法》第 7 条，公开透明原则是指，个人信息处理者在处理个人信息时应当采取公开、透明的方式，公开个人信息处理的规则，向信息主体明示个人信息处理的目的、处理的方式和处理的范围。之所以要确立这一原则，是因为自然人对其个人信息的处理享有知情权和决定权（《个人信息保护法》第 44 条），如果个人信息处理者不以公开、透明的方式处理个人信息，而是采取隐秘的、暗箱操作的方式，那么该处理行为就侵害了自然人对其个人信息享有的知情权和决定权，即侵害了个人信息权益，这种处理行为是非法的。欧盟《一般数据保护条例》导言部分的第 39 条指出，公开透明原则"特别涉及数据主体关于控制者身份的信息和处理目的以及进一步处理的信息，以确保对有关自然人的公正和透明的处理以及获得有关其正被在处理的数据的个人确认和通信的权利。应该让自然人了解与处理个人数据有关的风险、规则、保障和权利，以及如何行使与处理有关的权利。特别是，处理个人数据的具体目的应清晰且合法，并在收集个人数据时予以明确"。包括欧盟《一般数据保护条例》在内的许多国家或地区的数据保护和个人信息保护法都要求处理者必须遵循公开透明的原则。例如，早在 1980 年的《经济合作与发展组织关于隐私保护和个人数据跨疆界流动的指导原则》中就提出了公开原则，该指导原则指出："公开原则可能被视为个人参与原则的先决条件，后一原则要生效，获得关于个人数据的收集、储存或利用的信息在实践上必须是可能的。在自愿的基础上从数据控制者处获得的常规信息，涉及个人数据处理活动的描述的官方登记者的出版活动和公共机构的登记，是一些（虽然不是全部）可能实现此种原则的方法。"再如，2018 年美国加利福尼亚州的《消费者隐私法案》（CCPA）在第 2 节立法目的中指出："人们期许隐私和其信息的更多控制。加利福尼亚消费者应当能够就其个人信息行使控制权，并且期待防治个人信息滥用的保护措施。企业可能在尊重消费者隐私的同时，就其企业活动提供高水平的透明度。"依据 2018 年《巴西通用数据保护法》第 6 条第 6 款的规定，个人数据处理应当遵循透明原则，即"保证数据主体能够就数据处理和相应的处理代理人获得清晰、准确和易得的信息，且遵守商业和企业机密"。

2. 公开透明原则的要求

对作为信息主体的个人而言，公开透明原则赋予个人对其个人信息享有知情权，据此产生了个人有权向个人信息处理者查阅、复制其个人信息的权利，我国《个人信息保护法》第 44、45 条对之作出了规定。对于个人信息处理者来说，公开透明原则要求其履行以下义务：第一，个人信息处理者在处理个人信息时，应当通过清晰易懂的语言向个人告知相应的事项，从而确保个人是在充分知情的前提下，自愿、明确地作出同意的，除非法律、行政法规规定应当保密或者不需要告知的情形。《个人信息保护法》第 14 条第 1 款第 1 句规定，基于个人同意处理个人信息的，该同意应当由个人在充分知情的前提下自愿、明确作出。该法第 17 条规定，个人信息处理者在处理个人信息前，应当以显著方式、清晰易懂的语言真实、准确、完整地向个人告知下列事项：（1）个人信息处理者的名称或者姓名和联系方式；（2）个人信息的处理目的、处理方式，处理的个人信息种类、保存期限；（3）个人行使本法规定权利的方式和程序；（4）法律、行政法规规定应当告知的其他事项。前款规定事项发生变更的，应当将变更部分告知个人。个人信息处理者通过制定个人信息处理规则的方式告知第 1 款规定事项的，处理规则应当公开，并且便于查阅和保存。这两条规定就是基于公开透明原则的要求而制定的。此外，在个人无法或难以理解个人信息处理规则时，依据《个人信息保护法》第 48 条，个人还有权要求个人信息处理者对其个人信息处理规则进行解释说明。

第二，当个人信息处理者因合并、分立、解散、被宣告破产等原因需要转移个人信息或者向其他个人信息处理者提供其处理的个人信息的，应当向个人告知接收方的名称或者姓名和联系方式、处理目的、处理方式和个人信息的种类等事项。《个人信息保护法》第 22 条和第 23 条分别对此作出了明确的规定。

第三，在利用个人信息进行自动化决策时，处理者应当保证决策的透明度和结果公平、公正。通过自动化决策作出对个人权益有重大影响的决定的，个人有权要求个人信息处理者予以说明，并有权拒绝个人信息处理者仅通过自动化决策的方式作出决定（《个人信息保护法》第 24 条）。

第四，依据《个人信息保护法》第 26 条，在公共场所安装图像采集、个人身份识别设备，应当为维护公共安全所必需，遵守国家有关规定，并设置显著的提示标识，从而保障个人对其个人信息的知情权。

第五，个人信息处理者在处理敏感个人信息时，不仅要依法告知《个人信息保护法》第 17 条第 1 款规定的事项，还应当向个人告知处理敏感个人信息的必要性以及对个人权益的影响。

第六，发生或者可能发生个人信息泄露、篡改、丢失的，个人信息处理者采取措施无法有效避免信息泄露、篡改、丢失造成危害的，处理者应当通知履行个人信息保护职责的部门和个人。虽然采取措施能够有效避免信息泄露、篡改、丢失造成危害的，但是履行个人信息保护职责的部门认为可能对个人造成损害的，有权要求个人信息处理者通知个人（《个人信息保护法》第 57 条）。

（五）质量原则

1. 质量原则的含义

质量原则，也称数据质量原则或准确性原则（Accuracy principle/Der Grundsatz der Richtigkeit）。它是指，个人信息处理者应当保证其所处理的个人信息的质量，避免因为个人信息的不准确、不完整对个人权益造成不利影响。之所以有这一原则，是因为在个人信息处理中，如果被处理的个人信息是不准确的或不完整的，就很容易对信息主体的个人权益造成不利影响甚至损害。个人信息可以重建自然人的某种状态或某种特性，而此种状态或特性的重建会产生相应的法律效果，所以信息或数据必须是完整的、准确的。[①] 例如，当征信机构所收集的个人信息是不准确的，存在错误或遗漏，就很可能导致从征信机构获取该信息的信息使用者据此不给予信息主体发放贷款或者拒绝与其从事相应的交易；再如，政府部门在作出针对个人的行政许可或审批事项时，如果相关的个人信息是不准确的或不完整的，就会导致个人无法取得相应的许可或审批。故此，个人信息处理活动应当

[①] Paal/Pauly, DSGVO, Art. 5 (2017), rec. 39.

遵循质量原则，是各国数据保护法或个人信息保护法中的一项重要原则。例如，欧盟《一般数据保护条例》第5条第1款d规定，个人数据应当"准确，必要，及时；以个人数据处理目的为限，应采取一切合理步骤确保不准确的个人数据被及时地处理、删除或修正"。再如，日本《个人信息保护法》第19条规定："个人信息处理业者应当尽力在达到利用目的所必要的范围内，将个人数据保持在准确且最新的内容，同时在丧失利用之必要后，立即彻底清除该个人数据。"

《个人信息保护法》颁布前，我国一些法律和法规也要求信息处理者所处理的信息必须是准确的，在发现错误或缺漏时，应当及时采取措施。《民法典》第1037条第1款规定："自然人可以依法向信息处理者查阅或者复制其个人信息；发现信息有错误的，有权提出异议并请求及时采取更正等必要措施。"《征信业管理条例》第23条第1款规定："征信机构应当采取合理措施，保障其提供信息的准确性。"第25条第1款规定："信息主体认为征信机构采集、保存、提供的信息存在错误、遗漏的，有权向征信机构或者信息提供者提出异议，要求更正。"《个人信息保护法》从正面肯定了质量原则，该法第8条规定："处理个人信息应当保证个人信息的质量，避免因个人信息不准确、不完整对个人权益造成不利影响。"

2. 质量原则的要求

在个人信息处理活动中，质量原则对个人信息处理者提出的要求是，个人信息处理者应当积极采取各种技术措施和组织措施来检查所处理的信息的质量，确保信息的准确和完整，从而最大限度地减少错误的风险，避免因个人信息不准确、不完整对个人权益造成不利影响。例如，依据《征信业管理条例》第16条的规定，征信机构对个人不良信息的保存期限，自不良行为或者事件终止之日起为5年；超过5年的，应当予以删除。故此，作为信息处理者的征信机构应当确保在5年期限届满后，立即将该个人不良信息删除，从而确保信息的准确。[①] 再如，当处理者发现个人信息已因时过境迁而不准确或不完整，但又无法予以更正或补充的，那么应当停止对该个人信息的处理。对于信息主体而言，质量原则意味着当自然人发现被处理的自己的个人信息不准确或不完整时，其有权要求个人信息处理者进

---

① 肖根与中国农业银行股份有限公司安远县支行名誉权纠纷案，江西省赣州市中级人民法院（2016）赣07民终930号民事判决书。

行更正、补充,对此,《个人信息保护法》第 46 条赋予个人补充更正权。

值得研究的是,如果因为个人信息处理者处理的个人信息不准确或不完整而给个人造成了损害,个人信息处理者是否承担赔偿责任?笔者认为,质量原则并不意味着个人信息处理者对个人信息的准确和完整承担了担保责任,只要个人信息不准确或不完整且给个人造成损害的,处理者就要承担民事责任。就侵害个人信息权益的侵权赔偿责任,《个人信息保护法》第 69 条第 1 款确立了过错推定责任,故此,如果个人信息不准确或不完整非因处理者的过错所致,而完全是因为客观情况发生变化等所致,个人信息处理者可以证明自己没有过错的,就不需要承担赔偿责任;但是,如果个人已经向处理者指出了个人信息存在错误或缺漏,处理者不理会,不予更正或补充,则处理者存在过错。比如,由于处理者没有采取相应的技术措施,导致处理的个人信息被他人篡改而致错误的,显然个人信息处理者存在过错。在这些情形中个人遭受损害的,处理者当然要承担赔偿责任。

(六) 责任原则与安全原则

1. 责任原则的意义

个人信息处理活动应当遵循责任原则(Accountability principle),即个人信息处理活动应当采取问责制,处理者是个人信息处理活动的首要的责任主体,应当对其个人信息处理活动负责。一方面,个人信息处理者决定了个人信息和个人信息处理活动,其对处理活动具有控制力,基于控制力理论,处理者当然要为处理活动负责。另一方面,依据报偿原则,利益之所在,风险之所归。"如果一项法律允许一个人——或者是为了经济上的需要,或者是为了他自己的利益——使用物件、雇佣职员或者开办企业等,在这些具有潜在危险的情形,他不仅应当享有由此带来的利益,而且也应当承担由此危险对他人造成任何损害的赔偿责任:获得利益者承担损失。"[①]个人信息处理者为了自己的利益而从事处理活动,自然人也应当为此负责。欧盟《一般数据保护条例》首次明确了数据控制者的可问责性,即责任原则,该条例第 5 条第 2 款规定:"控制者应该负责,并能够证明符合第 1 款。"该款将确保处理活动符合《一般数据保护条例》要求的将责任以及相

---

① [德] 克里斯蒂安·冯·巴尔:《欧洲比较侵权行为法》(上卷),张新宝译,北京,法律出版社 2004 年版,第 10 页。

应的证明责任施加给控制者。欧盟《一般数据保护条例》所确立的责任原则包含两个要素：一是，数据控制者要为处理活动的合规性（即符合《一般数据保护条例》的规定）负责（responsibility）；二是，数据控制者具有向监管机构证明此种合规性的能力（abiliity）。[①] 对于违反规定的控制者，依据《一般数据保护条例》第 83 条，可以处以 1 000 万欧元的罚款，如果控制者是企业，最高罚款应为上一财务年度全球总营业额的 2%，以金额较高者为准。自己责任本来就是法律的基本原则，故此，我国《个人信息保护法》第 9 条也确立了责任原则，该条明确规定："个人信息处理者应当对其个人信息处理活动负责。"

2. 责任原则的要求

依据我国《个人信息保护法》第 9 条的责任原则，首先，个人信息处理者应当考虑处理的目的、处理的方式和处理的范围，以及处理活动给自然人的权益带来不同程度的风险，采取适当的措施确保处理活动是依法进行的，符合法律法规的规定。依据《个人信息保护法》第 51 条，个人信息处理者应当根据个人信息的处理目的、处理方式、个人信息的种类以及对个人权益的影响、可能存在的安全风险等，采取相应的措施确保个人信息处理活动符合法律、行政法规的规定，并防止未经授权的访问以及个人信息泄露、篡改、丢失。

其次，处理者应当依法指定个人信息保护负责人对个人信息处理活动以及相应的保护措施等进行监督。依据《个人信息保护法》第 52 条第 1 款，处理个人信息达到国家网信部门规定数量的个人信息处理者应当指定个人信息保护负责人，负责对个人信息处理活动以及采取的保护措施等进行监督。

再次，处理者应当定期进行合规审计。《个人信息保护法》第 54 条规定："个人信息处理者应当定期对其个人信息处理活动遵守法律、行政法规的情况进行合规审计。"

最后，责任原则也意味着个人信息处理者要对违反法律规定处理个人信息的行为承担行政责任、民事责任乃至刑事责任。对于违反法律规定处理个人信息的，依据《个人信息保护法》第 66 条，应当追究相应的法律责

[①] Paul Voigt & Axel von dem Bussche, *The EU General Data Protection Regulation (GDPR): A Practical Guide*, Springer, 2017, p. 31.

任,包括责令改正,给予警告,没收违法所得,对违法处理个人信息的应用程序,责令暂停或者终止提供服务;拒不改正的,并处100万元以下罚款;对直接负责的主管人员和其他直接责任人员处1万元以上10万元以下罚款,情节严重的,罚款的数额可以达到5 000万元以上或者上一年度营业额5%以下罚款等,并可以责令暂停相关业务、停业整顿、通报有关主管部门吊销相关业务许可或者吊销营业执照。对直接负责的主管人员和其他直接责任人员处10万元以上100万元以下罚款,并可以决定禁止其在一定期限内担任相关企业的董事、监事、高级管理人员和个人信息保护负责人。《个人信息保护法》第69条所规定的侵害个人信息权益的侵权责任,也是责任原则的具体要求。

3. 安全原则

个人信息处理中的安全原则,也被称为保密原则,即个人信息处理者应当采取必要措施保障所处理的个人信息的安全,防止出现个人信息的泄露或者被窃取、篡改、删除。之所以要保护个人信息,就是因为个人信息是能够识别特定自然人的信息,该信息一旦被非法处理(如发生泄露、窃取、篡改或删除等)会对特定的自然人的人格尊严以及人身财产权益造成损害,在个人信息处理中必须确保信息的安全,防止出现个人信息未经授权或非法处理以及意外丢失、破坏或损坏。欧盟的《一般数据保护条例》第5条第1款f要求,个人数据应当"以确保个人数据适度安全的方式处理,包括使用适当的技术性或组织性措施来对抗未经授权、非法的处理、意外遗失、灭失或损毁的保护措施"。

我国《个人信息保护法》颁布前,不少法律就明确规定个人信息处理者负有保障信息安全的义务。2012年颁布的《全国人民代表大会常务委员会关于加强网络信息保护的决定》第4条规定:"网络服务提供者和其他企业事业单位应当采取技术措施和其他必要措施,确保信息安全,防止在业务活动中收集的公民个人电子信息泄露、毁损、丢失。在发生或者可能发生信息泄露、毁损、丢失的情况时,应当立即采取补救措施。"此后,《网络安全法》第42条第2款规定:"网络运营者应当采取技术措施和其他必要措施,确保其收集的个人信息安全,防止信息泄露、毁损、丢失。在发生或者可能发生个人信息泄露、毁损、丢失的情况时,应当立即采取补救措施,按照规定及时告知用户并向有关主管部门报告。"《民法典》第1038

条第2款规定:"信息处理者应当采取技术措施和其他必要措施,确保其收集、存储的个人信息安全,防止信息泄露、篡改、丢失;发生或者可能发生个人信息泄露、篡改、丢失的,应当及时采取补救措施,按照规定告知自然人并向有关主管部门报告。"

《个人信息保护法》第9条将保障个人信息的安全即安全原则规定为个人信息处理活动应当遵循的一项基本原则,同时,第51条还详细规定了处理者为保护个人信息安全,防止未经授权的访问以及个人信息泄露、篡改、丢失而应当采取的措施类型,具体包括:(1)制定内部管理制度和操作规程;(2)对个人信息实行分类管理;(3)采取相应的加密、去标识化等安全技术措施;(4)合理确定个人信息处理的操作权限,并定期对从业人员进行安全教育和培训;(5)制定并组织实施个人信息安全事件应急预案;(6)法律、行政法规规定的其他措施。此外,《个人信息保护法》第57条对于个人信息处理者发现个人信息泄露,应当采取补救措施和通知履行个人信息保护职责的部门和个人,以及通知应当包括的事项作出了更具体的规定。这些都是安全原则的具体体现。

四、个人信息处理的合法性根据

(一)概述

个人信息的处理活动,从客观上来说,就是对自然人的个人信息权益的侵入或影响,因此,如果没有合法的根据或者合法的理由(Legal Justifications for Data Processing),那么,该处理活动就是侵害个人信息权益的行为,属于不法行为。正因如此,《民法典》第111条第2句才明确规定"任何组织或者个人需要获取他人个人信息的,应当依法取得并确保信息安全"。《网络安全法》第44条则从反面规定:"任何个人和组织不得窃取或者以其他非法方式获取个人信息,不得非法出售或者非法向他人提供个人信息。"《民法典》第111条中的"依法取得",就是指具备合法理由而取得个人信息。《网络安全法》第44条中的"非法方式获取",就是指欠缺合法理由而取得个人信息;"非法出售"或"非法向他人提供",就是指欠缺合法理由将取得的个人信息出售或提供给他人。

总的来说,个人信息处理的合法理由有两大类:一是告知并取得个人的同意,这种情形下的个人信息处理活动就是"基于个人同意处理个人信息的"活动，处理行为的合法性来自信息主体即个人的有效同意；二是法定理由，即在具备法律、行政法规规定的情形或理由的时候，处理者无需取得个人的同意即可实施个人信息处理活动，该处理活动就是合法的。从比较法上来看，对于告知并取得个人的同意后可以处理个人信息或个人数据即"基于同意的处理（Processing Based on Consent）"，各国都是普遍认可的，没有什么争议。但是，究竟在哪些情形下个人信息处理者可以无需取得个人同意就能处理个人信息或个人数据，即"基于法定许可的处理（Processing Based on a Legal Permission）"的情形有哪些，各国则有很大的不同。例如，欧盟《一般数据保护条例》第 6 条规定了五类无需同意即可处理个人数据的情形，分别是：（1）为了履行数据主体作为一方当事人的合同或在订立合同前为实施数据主体要求的行为所必需的数据处理；（2）为履行数据控制者的法定义务所必要的数据处理；（3）为保护数据主体或另一自然人的重大利益所必要的数据处理；（4）为履行涉及公共利益的职责或实施已经授予数据控制者的职务权限所必要的数据处理；（5）数据控制者或第三方为追求合法利益目的而进行的必要数据处理，但当该利益与要求对个人数据进行保护的数据主体的基本权利和自由相冲突时，尤其是当该数据主体为儿童时，则不得进行数据处理。再如，韩国《个人信息保护法》第 15 条第 1 款规定：有下列情形的，个人信息处理者可以收集个人信息，并在其收集目的范围内使用：（1）经过信息主体的同意的情形；（2）法律上有特别的规定或者为了遵守法律上的义务而不可避免的情形；（3）公共机关为执行法令等规定的所管业务而不可避免的情形；（4）为了与信息主体签订、履行合同所必要且不可避免的情形；（5）信息主体或法定代理人处于不能作出意思表示的状态，或者由于住所不明等原因无法征得事先同意，且明确被认定为因信息主体或者第三人的生命、身体、财产的紧迫利益所必要的情形；（6）为实现个人信息处理者的正当利益所必要，且明确优先于信息主体的权利的情形。在此情况下，仅限于与个人信息处理者的正当利益有相当的关联性，且不超过合理范围的情形。[①]

依据我国《民法典》第 1035 条第 1 项，处理个人信息的，应当征得该自然人或者其监护人同意，但是法律、行政法规另有规定的除外。所谓法

[①] 2021 年韩国修订《个人信息保护法》的草案时准备在该款中增加一项作为第 7 项，即"出现紧急且必要的诸如公共卫生等涉及公共安全与安宁的情况，需要临时处理个人信息的情形"。

律、行政法规另有规定的除外情形,就是法定许可的情形。《民法典》中规定了三类具体的情形:其一,依据《民法典》第999条,为公共利益实施新闻报道、舆论监督等行为的,可以合理使用民事主体的个人信息;其二,依据《民法典》第1036条第2项,合理处理该自然人自行公开的或者其他已经合法公开的信息,但是该自然人明确拒绝或者处理该信息侵害其重大利益的除外;其三,依据《民法典》第1036条第3项,为维护公共利益或者该自然人合法权益,合理实施的其他行为。

在《个人信息保护法》的制定过程中,围绕着究竟应当规定哪些法定许可,存在很大的争议。有些人尤其是企业的代表总是希望尽可能将无需个人同意处理个人信息的法定许可规定的多一些,越多越好,例如,他们认为为了历史、文化和科学研究的目的,为了处理者自己的或者第三人的合法、正当的利益等,都应当规定为不需要取得个人的同意就可以处理个人信息的情形。在持这些观点的人士看来,个人信息处理的合法性基础越是广泛,才越有利于个人信息的合理利用,促进网络科技与数字经济的发展,更好地实现公共利益。另外一些人则认为,对于除个人同意外的法定情形不能规定得太宽,否则很容易被滥用,毕竟《个人信息保护法》是以保护个人信息权益为中心的,我国当前的主要问题还不是个人信息没有被合理使用的问题,而是个人信息权益没有得到有效的保护,个人信息的非法买卖、泄露等侵害个人信息权益的现象十分严重。

立法机关经过反复权衡,最终于《个人信息保护法》第13条第1款第2项至第7项规定了六类无须取得个人同意即可处理个人信息的情形,分别是:(1)为订立、履行个人作为一方当事人的合同所必需,或者按照依法制定的劳动规章制度和依法签订的集体合同实施人力资源管理所必需;(2)为履行法定职责或者法定义务所必需;(3)为应对突发公共卫生事件,或者紧急情况下为保护自然人的生命健康和财产安全所必需;(4)为公共利益实施新闻报道、舆论监督等行为,在合理的范围内处理个人信息;(5)依照本法规定在合理的范围内处理个人自行公开或者其他已经合法公开的个人信息;(6)法律、行政法规规定的其他情形。本书认为,这一规定是非常科学合理的,它充分考虑了我国的国情,兼顾现实与未来的发展,与《民法典》等现行法律规定保持了一致,还吸收借鉴了比较法上的优秀成果,值得高度肯定!

(二) 告知同意规则

告知同意规则，也称"知情同意规则"，是指任何组织或个人在处理个人信息时都应当告知信息主体即其个人信息被处理的自然人，并在取得同意后，方可从事相应的个人信息处理活动，否则该等处理行为即属违法，除非法律、行政法规另有规定。[1] 告知同意规则包含了告知规则与同意规则，二者紧密联系，不可分割。没有告知，自然人无法就其个人信息被处理作出同意与否的表示；即便告知了，但没有充分、清晰地告知，自然人作出的同意也并非是真实有效的同意。反之，虽然充分、清晰地告知，却未取得自然人的同意，对个人信息的处理也是非法的，侵害了个人信息权益。

告知同意对于保护个人信息权益非常重要，故此，该规则在《个人信息保护法》中属于基本规则。个人信息是与已识别或可识别的自然人有关的各种信息，因此，个人信息与自然人的人格尊严和人格自由等权益密切相关。为了保护人格尊严和人格自由这一最高位阶的法益，自然人对其个人信息享有受到法律保护的民事权益。我国《个人信息保护法》《民法典》承认了自然人的个人信息权益，赋予自然人对其个人信息享有作为民事权益的人格权益。[2] 这就意味着其他人需要尊重该权益，不得加以侵害。同样，承认自然人的个人信息权益就意味着对他人行为自由的限制，即任何组织或个人没有得到自然人的同意而处理其个人信息的行为属于侵害个人信息权益的不法行为，具有非法性。在现代网络信息社会中，在个人信息处理的规范上并不存在有的学者提出的如下假设——"个人信息是可以自由使用的，除非个人信息上存在明确可识别的个人权益，否则就不能赋予信息主体干预他人使用的自由"[3]。在一般的人际社会交往中，个人信息的使用主要受到社交礼仪的调整[4]，也受到隐私权、名誉权等民法人格权制度

---

[1] 王利明、程啸、朱虎：《中华人民共和国民法典人格权编释义》，北京，中国法制出版社2020年版，第419页。

[2] 程啸：《论我国民法典中个人信息权益的性质》，载《政治与法律》2020年第8期，第7页。

[3] 高富平：《个人信息处理：我国个人信息保护法的规范对象》，载《法商研究》2021年第2期，第74页。

[4] Robert Post, "The social foundation of privacy: community and self in the common law tort", *California Law Review*, 1989, Vol. 77, p. 965.

的规范。在这个意义上，只要个人信息的使用不侵害自然人的隐私权等人格权，个人信息的确是可以被自由使用的。例如，A请朋友B告诉他C的电话号码或电子邮箱，B将C的这些个人信息告知A，无须经过C的同意。当然，出于社交礼仪，B最好是先征求一下C的意见。不过，即便没有征求C的意见而告知了A，B的行为也不构成侵权行为。但是，进入到个人信息处理领域，个人信息绝不能任由他人使用，而应当确立自然人对其个人信息的控制权，因为个人信息存在特定自然人的受法律保护的民事权益，对个人信息的处理行为（无论是出于营利目的还是行政管理目的等）会产生侵害自然人的人格尊严和人身财产等民事权益的风险。个人信息不是什么任由他人使用的公共物品，那种以维护公共利益与公共安全并促进个人数据的流动共享为由，否定自然人对其个人信息的权利，甚至将个人信息作为公共品完全交由公法规制的观点[①]，漠视了个人信息上承载的民事权益，只能导致大量以维护公共利益之名而行侵害私权利之实的恶行，最终的结果是既无法维护公共利益，更无法保护民事权益。私权保护与公法规制之间不是非此即彼的关系，而是应当共同构成个人信息保护的制度基石。

告知同意的规则最早为1970年德国黑森州的《数据保护法》所确认。目前，它已经成为包括我国在内的绝大多数国家和地区的数据保护法或个人信息保护法中的一项基本规则。《全国人民代表大会常务委员会关于加强网络信息保护的决定》第2条规定，网络服务提供者和其他企业事业单位在业务活动中收集、使用公民个人电子信息，应当遵循合法、正当、必要的原则，明示收集、使用信息的目的、方式和范围，并经被收集者同意。《网络安全法》第41条第1款规定："网络运营者收集、使用个人信息，应当遵循合法、正当、必要的原则，公开收集、使用规则，明示收集、使用信息的目的、方式和范围，并经被收集者同意。"《民法典》第1035条第1款更是明确规定："处理个人信息的，应当遵循合法、正当、必要原则，不得过度处理，并符合下列条件：（一）征得该自然人或者其监护人同意，但是法律、行政法规另有规定的除外；（二）公开处理信息的规则；（三）明示处理信息的目的、方式和范围；（四）不违反法律、行政法规的规定和双方的约定。"

[①] 吴伟光：《大数据技术下个人数据信息私权保护论批判》，载《政治与法律》2016年第7期，第116页。

我国《个人信息保护法》在《民法典》等法律规定的基础上，以告知同意为核心构建了个人信息处理规则，具体表现在：首先，《个人信息保护法》第 13 条将"取得个人的同意"作为个人信息处理者可处理个人信息的第一类情形，这就明确了个人信息处理中的告知同意规则，同时还确立了告知同意在个人信息处理规则中的核心地位。[①]《个人信息保护法》对告知义务的履行和内容、同意的有效要件、同意的类型以及同意的撤回等作出了详细的规定。

其次，《个人信息保护法》第 13 条第 1 款将"取得个人的同意"与"为履行法定职责或者法定义务所必需"等七大类可以合法处理个人信息的情形，并列加以规定，大大拓宽了个人信息处理的合法性根据的范围。

最后，《个人信息保护法》第 13 条第 2 款规定："依照本法其他有关规定，处理个人信息应当取得个人同意，但有前款第二项至第七项规定情形的，不需取得个人同意。"这就是说，依据《个人信息保护法》的其他有关规定，如第 22 条、第 23 条、第 25 条、第 26 条、第 29 条、第 31 条、第 39 条等，这些个人信息处理活动都应当取得个人同意。但是，如果在这些个人信息处理活动中，存在《个人信息保护法》第 13 条第 1 款第 2—7 项规定的情形的，是不需要取得个人同意的。如此，就明确了告知同意规则与法律、行政法规规定的其他情形之间的适用关系。

（三）法定许可

告知并取得个人的同意并非个人信息处理活动的唯一合法性基础。为了维护他人的合法权益、公共利益或者国家利益，在特定的情形下，法律允许处理者无须取得个人同意就实施个人信息处理行为。这些情形是法律对于个人信息权益的限制，它使得客观上属于"侵害"个人信息权益的处理行为，不被评价为不法行为，即法律上不认为它是对法律秩序的破坏。事实上，不少民事权益都存在法律上的合理限制，例如，我国《著作权法》第 2 章第 4 节"权利的限制"就分别规定了著作权的合理使用与法定许可，

[①] 全国人大常委会法制工作委员副主任刘俊臣在第十三届全国人大常委会第二十二次会议上作的《关于〈中华人民共和国个人信息保护法（草案）〉的说明》指出："确立以'告知—同意'为核心的个人信息处理一系列规则，要求处理个人信息应当在事先充分告知的前提下取得个人同意，并且个人有权撤回同意；重要事项发生变更的应当重新取得个人同意；不得以个人不同意为由拒绝提供产品或者服务。考虑到经济社会生活的复杂性和个人信息处理的不同情况，草案还对基于个人同意以外合法处理个人信息的情形作了规定。"

依据该法第24条的规定，在该条第1款所列举的13种情形中，使用作品，可以不经著作权人许可，不向其支付报酬，但应当指明作者姓名或者名称、作品名称，并且不得影响该作品的正常使用，也不得不合理地损害著作权人的合法权益。再如，《民法典》第1020条规定，合理实施下列行为的，可以不经肖像权人同意：(1)为个人学习、艺术欣赏、课堂教学或者科学研究，在必要范围内使用肖像权人已经公开的肖像；(2)为实施新闻报道，不可避免地制作、使用、公开肖像权人的肖像；(3)为依法履行职责，国家机关在必要范围内制作、使用、公开肖像权人的肖像；(4)为展示特定公共环境，不可避免地制作、使用、公开肖像权人的肖像；(5)为维护公共利益或者肖像权人合法权益，制作、使用、公开肖像权人的肖像的其他行为。

总的来说，法律上是否对于某种民事权益进行限制以及进行何种程度的限制，取决于权益性质、权益位阶、价值权衡、是否符合比例原则等因素。例如，对于生命权、身体权、健康权，不存在什么合理限制的问题，因为这三类权利是自然人最基本也是最重要的权利，位阶最高，没有任何其他的权益或利益能够超越这三类权利，故此，《民法典》第998条规定："认定行为人承担侵害除生命权、身体权和健康权外的人格权的民事责任，应当考虑行为人和受害人的职业、影响范围、过错程度，以及行为的目的、方式、后果等因素。"这就是说，在认定侵害生命权、身体权和健康权的民事责任时，不能适用所谓的动态系统论。

个人信息权益受保护的程度显然不可能如同生命权、身体权和健康权那样高，而对个人信息的利用又是现代社会不可或缺的，否则网络科技和数字经济就无法发展，社会治理与国家治理能力也无法提升，故此，对于个人信息权益的限制比较多。考虑到我国的国情，同时吸收借鉴比较法的优秀成果，我国《个人信息保护法》第13条第1款第2项至第7项规定了六类无须取得个人同意即可处理个人信息的情形。具体阐述如下。

1. 为订立或者履行个人作为一方当事人的合同所必需

依据《个人信息保护法》第13条第1款第2项和第2款的规定，为订立或者履行个人作为一方当事人的合同所必需时，个人信息处理者不需要取得个人同意即可处理个人信息。所谓"为订立或履行个人作为一方当事人的合同所必需"是指，当个人作为一方当事人与作为另一方当事人的处理者正在订立合同或者履行已经成立的合同,处理者只有处理该个人的某些个人信息才能与之缔结或履行合同。这种例外情形仅适用于处理者与个人作为平等的民事主体订立或履行合同的场合,即处理者因向个人提供产品或者服务而与个人订立或履行合同。依据《民法典》第464条第1款,合同是指"民事主体之间设立、变更、终止民事法律关系的协议"①。例如,A公司经营一家网店销售食品,顾客B浏览该网站后想向A公司购买某些食品。此时,A公司为了向B交货,就必须收集B的收货地址、姓名和必要的联系方式。如果顾客B采取通过银行转账或信用卡支付的方式向A公司付款,那么A公司就需要处理顾客B的银行账户或信用卡信息;当然,如果采取的是货到付款,则A公司无须处理此等信息。

对于哪些个人信息的处理属于"为订立或履行"合同所必需,应当在合同订立或履行前就基于全部的具体情形加以分析评估,具体而言,一方面,应当符合比例原则,也就是说,需要考虑是否存在比处理个人信息侵入性更小的方式。② 如有此种方式,就不满足《个人信息保护法》第13条第1款第2项的要求。另一方面,要从处理者与信息主体等双方当事人的角度来考虑合同的目的,即对于实现合同的目的而言,信息的处理是否属于必不可少的。处理个人信息的主体依据本项而处理个人信息的,处理者负担证明责任,其必须证明如果有关个人信息的特定处理活动在个人不同意的情形就不得进行,势必使该个人作为一方当事人的合同无法订立或者履行。当然,依据《个人信息保护法》第13条第1款第2项,处理者虽然可以不取得个人的同意就从事处理特定的个人信息的处理行为,但是,处理者在个人信息处理中应当负有相应的义务。对此,不仅《个人信息保护法》有明确的规定,《民法典》等其他法律也有规定。例如,《民法典》第

---

① 目前,我国《行政诉讼法》等法律和司法解释上还有所谓的行政协议,即行政机关为了实现行政管理或者公共服务目标,与公民、法人或者其他组织协商订立的具有行政法上权利义务内容的协议,如政府特许经营协议;土地、房屋等征收征用补偿协议;矿业权等国有自然资源使用权出让协议;政府投资的保障性住房的租赁、买卖等协议;某些政府与社会资本合作协议等(《最高人民法院关于审理行政协议案件若干问题的规定》第2条)。行政协议兼具行政性与协议性,既有行政行为的属性,又采取了合同的方式,故此,行政协议中是否存在订立或履行该协议所必需的个人信息的情形,需要具体判断,如果从平等主体的角度而言,存在这种需要,则可以适用本项规定,否则可以依据《个人信息保护法》第13条第1款第3项关于履行法定职责所必需的规定。

② Christopher Kuner, Lee A. Bygrave & Christopher Docksey ed., *The EU General Data Protection Regulation (GDPR): A Commentary*, Oxford University Press, p. 331.

509条第2款规定:"当事人应当遵循诚信原则,根据合同的性质、目的和交易习惯履行通知、协助、保密等义务。"第558条规定:"债权债务终止后,当事人应当遵循诚信等原则,根据交易习惯履行通知、协助、保密、旧物回收等义务。"这两条中规定的"保密"义务,就体现了对个人信息的保密义务。

2. 按照依法制定的劳动规章制度和依法签订的集体合同实施人力资源管理所必需

在《个人信息保护法》起草过程中,就是否应当规定为了人力资源管理所必需的情形,存在争论。一种观点认为,人力资源管理涉及的面和内容非常广,所谓人力资源管理所必需的范围可能无法限制,不利于个人信息的保护。事实上,所谓人力资源管理所必需的个人信息处理活动完全可以通过告知同意规则以及其他法定事由分别解决。例如,在招聘时处理应聘者的个人信息可以以告知并取得个人的同意作为合法根据;对于准备签订劳动合同或已经签订了劳动合同的员工,处理个人信息的合法性根据可以是"为订立、履行个人作为一方当事人的合同"所必需。此外,依据《劳动合同法》《社会保险法》《工伤保险条例》等法律、行政法规的规定,雇主即用人单位有法定义务为员工办理社会保险,此时、处理个人信息完全可以用履行法定义务作为根据。由此可见,完全没有必要规定所谓"为人力资源管理所必需"作为处理个人信息的合法性根据。

另一种观点认为,应当增加"为人力资源管理所必需"这一合法性根据。这也属于单位为了自身合法利益而无须取得同意的情形。单位尤其是公司企业处理员工的个人信息的情形越来越普遍,所涉及的场景非常多,并不是依靠取得个人同意、履行合同所必需和履行法定义务就可以解决的。从招聘新员工时处理应聘者的简历,到员工入职后办理社保、支付薪水、提供福利、绩效考评、业务培训,工作场所使用信息和通信监控技术,工作中使用单位车辆和各种记录仪,单位向第三人披露员工信息,公司集团内部员工信息的转移甚至是跨国提供等,都涉及个人信息的处理。[①] 如果每

---

① 欧盟第29条工作组在《第2/2017号关于工作中数据处理的意见》中归纳了单位处理员工个人数据的九种具体场景,包括:招聘过程中的处理操作、就业筛选中产生的处理操作、工作场所使用信息和通信监控技术(ICT)产生的处理操作、工作场所外使用ICT监控技术产生的处理操作、与时间和出勤有关的处理操作、使用视频监控系统的处理操作、涉及员工车辆使用的处理操作、涉及向第三方披露员工数据的处理、涉及人力资源和其他员工数据的国际转移的处理操作。

一个个人信息的处理行为都要逐一取得同意，那么人力资源管理活动就无法正常进行。单位与员工之间的关系本来就是不对等的，在单位取得员工同意时，员工几乎不可能自愿地同意或拒绝、撤回同意。而且，仅仅是履行合同所必需和履行法定义务也不足以解决问题，故此，应当明确单位可以基于人力资源管理这种合法利益所必需而处理员工的个人信息。

在《个人信息保护法》起草过程中，有的常委委员和企业、专家提出，现实中有关企业、单位在人力资源管理工作中需要处理个人信息，建议在草案中将此类情况作为允许收集和处理个人信息的情形。宪法和法律委员会经研究，建议采纳上述意见。故此，《草案三审稿》第 13 条第 1 款第 2 项规定了"为人力资源管理所必需"可以处理个人信息。但是，在讨论的过程中，不少人认为，人力资源管理所必需的范围还是过于宽泛，应当加以限制。最终颁布的《个人信息保护法》第 13 条第 1 款第 2 项增加了一个限制，即"按照依法制定的劳动规章制度和依法签订的集体合同实施人力资源管理所必需"。

从《个人信息保护法》这一规定可知，首先，处理个人信息必须是实施人力资源管理所必需。其次，也不是所有的人力资源管理工作的需要都意味着可以不取得个人的同意就处理个人信息，只有"按照依法制定的劳动规章制度和依法签订的集体合同"而实施人力资源管理时必须处理个人信息的情形中，才可以在不取得个人同意的情形下处理个人信息。这样就排除了企业依据自身制定的不合理的劳动规章制度而以实施人力资源管理必需为由处理职工的个人信息，也防止了企业随意扩大解释人力资源管理的范围、任意处理员工的个人信息。所谓劳动规章制度，依据《劳动法》第 4 条和《劳动合同法》第 4 条规定，用人单位应当依法建立和完善劳动规章制度，保障劳动者享有劳动权利、履行劳动义务。用人单位在制定、修改或者决定有关劳动报酬、工作时间、休息休假、劳动安全卫生、保险福利、职工培训、劳动纪律以及劳动定额管理等直接涉及劳动者切身利益的规章制度或者重大事项时，应当经职工代表大会或者全体职工讨论，提出方案和意见，与工会或者职工代表平等协商确定。在规章制度和重大事项决定实施过程中，工会或者职工认为不适当的，有权向用人单位提出，通过协商予以修改完善。用人单位应当将直接涉及劳动者切身利益的规章制度和重大事项决定公示，或者告知劳动者。

所谓集体合同，是指工会或职工代表代表全体职工与用人单位根据法律、法规的规定，就劳动报酬、工作时间、休息休假、劳动安全卫生、保险福利等事项，在平等协商一致的基础上签订的协议。《劳动法》第33条规定，企业职工一方与企业可以就劳动报酬、工作时间、休息休假、劳动安全卫生、保险福利等事项，签订集体合同。集体合同草案应当提交职工代表大会或者全体职工讨论通过。集体合同由工会代表职工与企业签订；没有建立工会的企业，由职工推举的代表与企业签订。《劳动合同法》第51条规定，企业职工一方与用人单位通过平等协商，可以就劳动报酬、工作时间、休息休假、劳动安全卫生、保险福利等事项订立集体合同。集体合同草案应当提交职工代表大会或者全体职工讨论通过。

3. 为履行法定职责或者法定义务所必需

从比较法上来看，各国各地区的数据保护法和个人信息保护法都将履行法定职责和法定义务作为不适用告知同意规则的典型情形。例如，欧盟《一般数据保护条例》第6条第1款c和e就分别规定了"处理是控制者履行法律义务之必要"以及"处理是为了执行公共利益领域的任务或行使控制者既定的公务职权之必要"这两种不适用告知同意规则的情形。再如，韩国《个人信息保护法》第15条第1款第2、3项规定，在"法律上有特别的规定或者为了遵守法律上的义务而不可避免的情形"以及"公共机关为执行法令等规定的所管业务而不可避免的情形"下，个人信息处理者可以收集个人信息，并在其收集目的范围内使用。我国《个人信息保护法》第13条第1款第3项明确规定，为履行法定职责或者法定义务所必需的，个人信息处理者可以不取得个人同意而进行个人信息的处理。

所谓法定职责包括法定职权和法定责任，是指立法机关、行政机关以及司法机关等公权力机关依据法律、法规的规定而享有的职权以及必须履行的义务。履行法定职责是依法治国原则的体现，即一方面，公权力机关的职权来自法律、法规的授权，其不得任意扩张职权，否则就是超越职权范围的违法行为；另一方面，公权力机关依法行使职权是其法定的责任，不依法履行职责也属于违法行为，应当承担法律责任。《中共中央关于全面推进依法治国若干重大问题的决定》指出："依法全面履行政府职能。完善行政组织和行政程序法律制度，推进机构、职能、权限、程序、责任法定化。行政机关要坚持法定职责必须为、法无授权不可为，勇于负责、敢于担当，坚决纠正不作为、乱作为，坚决克服懒政、怠政，坚决惩处失职、渎职。行政机关不得法外设定权力,没有法律法规依据不得作出减损公民、法人和其他组织合法权益或者增加其义务的决定。推行政府权力清单制度,坚决消除权力设租寻租空间。"

为确保公权力机关能够履行法定职责,《个人信息保护法》第13条第1款第3项规定,为履行法定职责所必需的,不需要取得个人同意。例如,《道路交通安全法》第19条规定,驾驶机动车,应当依法取得机动车驾驶证,申请机动车驾驶证,应当符合国务院公安部门规定的驾驶许可条件;经考试合格后,由公安机关交通管理部门发给相应类别的机动车驾驶证,故此,自然人在向公安机关交通管理部门申请机动车驾驶证时,必须提供相应的个人信息,公安机关交通管理部门无需取得个人的同意。再如,《刑事诉讼法》第132条第1款规定:"为了确定被害人、犯罪嫌疑人的某些特征、伤害情况或者生理状态,可以对人身进行检查,可以提取指纹信息,采集血液、尿液等生物样本。"显然,这种情形下,公安机关或检察机关为侦查犯罪而强制收集个人生物识别信息等,就属于履行法定职责,无需取得个人同意。

需要注意的是:首先,法定职责中的"法"是广义的法,既包括全国人大及其常委会颁布的法律,也包括行政法规、地方性法规、部门规章和地方政府规章等规范性法律文件。其次,国家机关等为履行法定职责而处理个人信息时,只有为履行法定职责所必需的,才可以不需要取得个人同意。这就是说,并非只要是国家机关为履行法定职责而处理个人信息的,就一定是不需要取得个人同意的情形,只有在为履行法定职责所必需即不处理个人信息就无法履行法定职责的情形中,才可以不取得个人的同意。最后,国家机关履行法定职责而处理个人信息并非一定都伴随着具体的行政行为。以行政机关为例,其有时是在作出行政许可、审批、申报、征税、处罚等具体的行政行为时处理个人信息,有时则是专门以收集信息为目的而进行活动。例如,国家统计机关依据《统计法》《经济普查条例》《人口普查条例》等法律、法规的规定进行统计调查时对个人信息的处理,就并不伴随着具体的针对特定个人的行政行为。但是,统计机构是在履行法定职责,故此,依据《统计法》等法律法规的规定,国家机关、企业、事业单位和其他组织以及个体工商户和个人等统计调查对象,必须依法真实、准确、完整、及时地提供统计调查所需的资料,不得提供不真实或者不完整的统计资料,不得迟报、拒报统计资料。

法定义务是指信息处理者依据法律、法规的规定而负有的义务。法定义务不同于法定职责，法定职责仅指公权力机关即国家机关以及法律、法规授权的具有管理公共事务职能的组织依法负有的职责，而法定义务是普通的民事主体即自然人、法人和非法人组织依法负有的义务。我国法律中规定了很多的法定义务，例如，我国《社会保险法》《劳动合同法》《劳动法》《工伤保险条例》等法律、法规要求，职工应当参加工伤保险，由用人单位缴纳工伤保险费，职工不缴纳工伤保险费，故此，用人单位在为职工投保工伤保险时，就必须收集职工的相关个人信息，否则就无法履行该义务。再如，依据我国《反洗钱法》的规定，金融机构负有反洗钱的法定义务，该义务就包括必须从事某些个人信息处理行为，例如，该法第16条规定，金融机构应当按照规定建立客户身份识别制度。金融机构在与客户建立业务关系或者为客户提供规定金额以上的现金汇款、现钞兑换、票据兑付等一次性金融服务时，应当要求客户出示真实有效的身份证件或者其他身份证明文件，进行核对并登记。客户由他人代理办理业务的，金融机构应当同时对代理人和被代理人的身份证件或者其他身份证明文件进行核对并登记。与客户建立人身保险、信托等业务关系，合同的受益人不是客户本人的，金融机构还应当对受益人的身份证件或者其他身份证明文件进行核对并登记。金融机构不得为身份不明的客户提供服务或者与其进行交易，不得为客户开立匿名账户或者假名账户。金融机构对先前获得的客户身份资料的真实性、有效性或者完整性有疑问的，应当重新识别客户身份。任何单位和个人在与金融机构建立业务关系或者要求金融机构为其提供一次性金融服务时，都应当提供真实有效的身份证件或者其他身份证明文件。当然，金融机构对其在履行反洗钱的法定义务中获取的个人信息，负有保密的义务，不得泄露，非依法律规定，不得向任何单位和个人提供（《反洗钱法》第5条第1款）。再如，《网络安全法》第21条规定，国家实行网络安全等级保护制度。网络运营者应当按照网络安全等级保护制度的要求，履行下列安全保护义务，保障网络免受干扰、破坏或者未经授权的访问，防止网络数据泄露或者被窃取、篡改：（1）制定内部安全管理制度和操作规程，确定网络安全负责人，落实网络安全保护责任；（2）采取防范计算机病毒和网络攻击、网络侵入等危害网络安全行为的技术措施；（3）采取监测、记录网络运行状态、网络安全事件的技术措施，并按照规定留存相关的网络日志不少于6个月；（4）采取数据分类、重要数据备份和加密等措施；（5）法律、行政法规规定的其他义务。因此，当作为网络运营者的个人信息处理者因为要防范计算机病毒和网络攻击而有采取相应技术措施的必要时，处理个人信息的，也可以认为属于为履行法定义务所必需。

4. 为应对突发公共卫生事件所必需

所谓突发公共卫生事件，是指突然发生，造成或者可能造成社会公众健康严重损害的重大传染病疫情、群体性不明原因疾病、重大食物和职业中毒以及其他严重影响公众健康的事件。突发公共卫生事件属于突发事件的一类。依据《突发事件应对法》第3条，突发事件是指突然发生，造成或者可能造成严重社会危害，需要采取应急处置措施予以应对的自然灾害、事故灾难、公共卫生事件和社会安全事件。依据《传染病防治法》《突发事件应对法》《突发公共卫生事件应急条例》的规定，在发生突发公共卫生事件时，为了防控疫情，保护广大人民群众的生命财产安全，政府将依法采取相应的应急处置措施，包括：组织营救和救治受害人员，疏散、撤离并妥善安置受到威胁的人员以及采取其他救助措施；迅速控制危险源，标明危险区域，封锁危险场所，划定警戒区，实行交通管制以及其他控制措施；立即抢修被损坏的交通、通信、供水、排水、供电、供气、供热等公共设施，向受到危害的人员提供避难场所和生活必需品，实施医疗救护和卫生防疫以及其他保障措施；禁止或者限制使用有关设备、设施，关闭或者限制使用有关场所，中止人员密集的活动或者可能导致危害扩大的生产经营活动以及采取其他保护措施；采取防止发生次生、衍生事件的必要措施等。在现代信息社会，借助大数据分析手段，位置信息、行动轨迹等个人信息在疫情预测预警、人员流动监控、物资调配分发等方面发挥了重要作用。这一点在最近两年我国的新冠肺炎疫情防控工作中得到了鲜明的体现。为了更好地应对突发公共卫生事件，《个人信息保护法》第13条第1款第4项明确规定，为应对突发公共卫生事件所必需时，可以不取得个人同意而处理个人信息。当然，虽然不需要取得个人的同意，但是相关部门对于处理的个人信息必须依法采取保密措施，保护相关人员的隐私权和个人信息权益，从而实现保护合法权益与疫情防控、维护公共利益之间的协调。

5. 紧急情况下为保护自然人的生命健康和财产安全所必需

依据《民法典》第1036条第3项，为了作为个人信息主体的"该自然人合法权益"，可以不经过自然人或其监护人的同意而合理实施个人信息的处理行为，行为人不承担民事责任。所谓维护该自然人的合法权益，是指为了维护作为个人信息主体的自然人的人身财产权益。例如，甲突发疾病而生命垂危，急需在掌握其既往病史等个人信息的基础上进行对应的抢救治疗，而又无法取得其本人或近亲属的同意。此时，为了挽救甲的生命，可以实施个人信息的处理行为。比较法上许多国家或地区的个人信息保护立法中也有相同的规定，例如，欧盟《一般数据保护条例》第23条第1款第i项规定，为了"对数据主体或其他人的权利与自由的保护"，根据数据控制者或处理者应遵守的欧盟或成员国的法律规定，可以通过立法措施限制该条例第12条至第22条，第34条及第5条的权利与义务的范围，只要该限制符合该条例第12条至第22条规定的权利和义务，且实质符合基本权利和自由的本质，且是民主社会应采取的必要的适当的措施。《一般数据保护条例》导言部分的第46条指出："当关乎数据主体或其他自然人至关重要的生命利益时，个人数据处理也应该被认为是合法的。基于其他自然人的切身利益而处理个人数据，原则上应仅在处理不能基于另一法律基础的情况下进行。某些类型的处理可能满足重要的公共利益和数据主体的切身利益，例如当处理是用于人道主义目的所必需的，包括监测传染病及其传播或紧急人道主义情况下，特别是在自然和人为灾害的情况下。"再如，日本《个人信息保护法》第17条第2款第2项以及第23条第1款第3项规定，为保护人的生命、身体或财产而有必要，却又难以取得本人同意的情形，个人信息处理业者可以未事先取得本人的同意而获取自然人的个人数据或者将其个人数据提供给第三人。

事实上，不仅为了维护个人信息或个人数据主体自身的合法权益，可以实施对个人信息的合理使用，就是为了维护自然人之外的其他民事主体的合法权益，也可以针对该自然人的个人信息实施合理使用行为。例如，我国台湾地区"个人资料保护法"第16条第1款第4项和第20条第1款第4项规定，"为防止他人权益之重大危害"，公务机关或非公务机关对个人资料之利用，可以于搜集之特定目的必要范围之外利用个人资料。我国《民法典》第1036条第3项仅规定了维护作为个人信息权益主体的"该自然人"的合法权益，没有规定维护其他民事主体合法权益时的合理使用。这并不意味着我国《民法典》对此存在缺漏，因为，如果是为了维护其他民事主体的合法权益而需要合理使用个人信息的，那么该等情形属于紧急避险，完全可以适用《民法典》第182条，而无需重复规定。

为了明确此种情形，《个人信息保护法》第13条第1款第4项后半句作出了规定。依据本句之规定，只要是在紧急情况下为了保护自然人的生命健康和财产安全所必需的，不需要取得个人同意，处理者即可实施个人信息处理行为。相比于《民法典》第1036条第3项，本句规定的特点在于：一方面，明确了维护的法益是自然人的生命健康和财产安全。自然人的生命健康和财产安全是对于自然人而言更重要的利益，故此，在位阶上，对这些利益的保护应当优先于对个人信息的保护。另一方面，由于《个人信息保护法》中本句规定并未限定被保护的自然人，故此，无论是保护作为信息主体的自然人的生命健康和财产安全，还是保护其他自然人的生命健康和财产安全，都可以无需取得个人同意而实施个人信息处理行为。

6. 为公共利益实施新闻报道、舆论监督等行为在合理的范围内处理个人信息

依据《民法典》第999条，为公共利益实施新闻报道、舆论监督等行为的，可以合理使用自然人的个人信息，使用不合理侵害民事主体人格权的，应当依法承担民事责任。《个人信息保护法》第13条第1款第5项规定："为公共利益实施新闻报道、舆论监督等行为，在合理的范围内处理个人信息"的，不需要取得个人同意。这两项虽然都明确了对个人信息的合理使用，但它们的侧重点不同。《民法典》强调的是此种对个人信息的使用行为不构成对自然人的个人信息权益的侵害，《个人信息保护法》则强调的是无需取得个人的同意。至于处理是否合理，是否构成对个人信息权益的侵害，则依据《民法典》的规定处理。

7. 在合理范围内处理个人自行公开或者其他已经合法公开的个人信息

对于已经合法公开的个人信息，无论是自然人自行公开的还是通过其他方式公开的，原则上是可以无须告知并取得自然人的同意即进行合理处理的，因为这有利于促进信息的流动与合理利用，对于网络信息社会和数字经济的发展是有利的。例如，在一起案件中，原告的相关民事纠纷被法院依法判决，其涉案姓名、性别及其相关民事纠纷等信息客观上作为已公开裁判文书的组成部分，而被合法公开，该等个人信息也不属于私密信息，而是属于已经合法公开的个人信息，被告可以合理使用。法院认为，"对于裁判文书的公开和再利用，必须要在保护个人信息等人格权益的前提下，有效协调合理利用个人信息、促进司法公开、促进数据流通和使用等多重

目的，作出具有一定开放性、合乎人格利益保护趋势和数字经济产业发展趋势的判断。在本案中，涉案裁判文书公开及再度利用的公共利益与个人信息利益之间的衡量，符合上述目的和要求，故梁某冰以汇法正信公司未经同意使用其个人信息为由，主张汇法正信公司侵害其个人信息权益的主张"[1]，法院不予支持。

《民法典》第1036条第2项规定，合理处理该自然人自行公开的或者其他已经合法公开的信息的，行为人不承担民事责任，除非该自然人明确拒绝或者处理该信息侵害其重大利益。[2] 这就是说，对于已经合法公开的个人信息，行为人原则上可以无须告知该自然人，也无须取得其同意，就可以进行处理，只要这种处理是合理的并且该自然人没有明确拒绝或者处理该信息没有侵害其重大利益。申言之，一方面，即便是已经合法公开的个人信息依然受到个人信息保护法的保护，自然人对这些个人信息并不因其公开而失去控制的权利，其有权拒绝他人对这些信息进行处理。另一方面，由于个人信息的保护对于维护自然人的人格尊严和人格自由具有很重要的意义，所以即便是已经合法公开的个人信息，也不得任意进行处理，如果处理该信息将侵害自然人的重大利益的，也要承担民事责任。所谓"侵害自然人重大利益"的情形是指该处理将有害于自然人的生命、身体、自由、财产或其他重大利益。

8. 法律、行政法规规定的其他情形

这属于兜底性规定。例如，肖像既受到肖像权的保护，也因属于个人信息（敏感的个人信息）而适用个人信息保护法保护。我国《民法典》第1020条对肖像的合理使用作出了规定，即合理实施下列行为的，可以不经肖像权人同意：（1）为个人学习、艺术欣赏、课堂教学或者科学研究，在必要范围内使用肖像权人已经公开的肖像；（2）为实施新闻报道，不可避免地制作、使用、公开肖像权人的肖像；（3）为依法履行职责，国家机关在必要范围内制作、使用、公开肖像权人的肖像；（4）为展示特定公共环境，不可避免地制作、使用、公开肖像权人的肖像；（5）为维护公共利益

---

[1] 梁某冰与北京汇法正信科技有限公司网络侵权责任纠纷案，北京市第四中级人民法院（2021）京04民终71号民事判决书。

[2] 该规定来自《最高人民法院关于审理利用信息网络侵害人身权益民事纠纷案件适用法律若干问题的规定》原第12条（该条已被废止）。

或者肖像权人合法权益，制作、使用、公开肖像权人的肖像的其他行为。上述情形有些与《个人信息保护法》第13条的规定是重合或交叉的，如第2、3、5种情形，但是，第1、4种情形则是《个人信息保护法》第13条所没有规定的。

第三节　个人信息权益的性质与内容

一、个人信息权益的性质

（一）权利说与利益说

所谓个人信息权益，是指自然人对个人信息享有的权益。我国《民法典》中没有提及"个人信息权益"的概念，《个人信息保护法》首次提出了"个人信息权益"的概念。该法第1条就规定："为了保护个人信息权益，规范个人信息处理活动，促进个人信息合理利用，根据宪法，制定本法。"紧接着在第2条更是明确规定："自然人的个人信息受法律保护，任何组织、个人不得侵害自然人的个人信息权益。"

就自然人对个人信息所享有的权益的性质，在我国理论界与实务界均存在很大的争议[①]：存在民事权利说与民事利益说（合法利益说）两种不同的看法。民事权利说认为，自然人对个人信息享有的是民事权利，即个人信息权。[②] 关于个人信息权的性质，多数人认为是一种新型的人格权，即个人信息权或个人信息自决权，它是指自然人对其个人信息享有支配和自主决定的权利，其内容包括个人对信息被收集、利用等的知情权，以及自己使用或授权他人使用等权利。[③] 该权利是不同于隐私权、名誉权等的一种新

[①] 张新宝：《〈民法总则〉个人信息保护条文研究》，载《中外法学》2019年第1期。

[②] 杨立新：《个人信息：法益抑或民事权利——对〈民法总则〉第111条规定的"个人信息"之解读》，载《法学论坛》2018年第1期。

[③] 王利明：《论个人信息权的法律保护——以个人信息权与隐私权的界分为中心》，载《现代法学》2013年第4期。也有个别学者认为，个人信息权属于财产权，即是自然人对其个人信息的商业价值进行支配的一种新型财产权，参见刘德良：《个人信息的财产权保护》，载《法学研究》2007年第3期。还有人认为，个人信息完全可以通过扩张隐私权的方式予以保护，没有必要确立个人信息权这一新型的人格权，参见徐明：《大数据时代的隐私危机及其侵权法应对》，载《中国法学》2017年第1期。

型人格权。民事利益说认为，自然人对个人信息享有的只是受法律保护的利益，而非民事权利。这是因为：一则我国《民法总则》第 111 条没有使用"个人信息权"的表述，这意味着立法机关没有将个人信息作为一项具体的人格权利[1]，这也"为未来个人信息如何在利益上兼顾财产化以及与数据经济的发展的关系配合预留了一定的解释空间"[2]；二则《民法总则》第 111 条采取了行为规制模式而非权利化模式来保护个人信息，即从对他人行为加以控制的角度来构建利益空间，维护利益享有者的利益。[3]

在我国《民法典》编纂过程中，也有学者不断呼吁《民法典》中应当明确规定"个人信息权"[4]，而不应当仅使用"个人信息保护"这样的表述。然而，最高立法机关无论是在《民法典》的总则编抑或人格权编中都没有使用"个人信息权"的表述。虽然《民法典》第四编"人格权"在规定具体人格权的各章（即第二~六章）中，几乎都是以"某某权"作为章名，如第二章"生命权、身体权和健康权"，第三章"姓名权和名称权"，第四章"肖像权"，第五章"名誉权和荣誉权"，然而，唯独在第 6 章使用的是"隐私权和个人信息保护"的表述。之所以立法机关最终没有采取个人信息权的表述，根本原因还在于，对是否规定"个人信息权"的问题，存在很大的争议。部分理论界和实务界的人士和有关部门担心将自然人对个人信息的权益直接确定为"个人信息权"，会导致自然人对其个人信息享有过于绝对的支配权和控制权，以致影响信息自由流动，不利于网络信息社会和数字经济的发展。[5] 这种争议使立法机关在是否规定个人信息权的问题上决定采取比较稳健的态度。

应当说，即便将自然人对其个人信息的权益规定为个人信息权，也并

---

[1] 参见王利明主编：《中华人民共和国民法总则详解》（上），北京，中国法制出版社 2017 年版，第 465 页。

[2] 龙卫球、刘保玉：《中华人民共和国民法总则释义与适用指导》，北京，中国法制出版社 2017 年版，404 页。

[3] 参见叶金强：《〈民法总则〉"民事权利章"的得与失》，载《中外法学》2017 年第 3 期。

[4] 著名法学家王利明教授在多个场合和论文中都呼吁应当规定个人信息权。参见王利明：《论个人信息权的法律保护——以个人信息权与隐私权的界分为中心》，载《现代法学》2013 年第 4 期。

[5] 例如，有观点认为，承认个人信息的民法保护就等于在民法上将自然人对个人信息的权利界定为绝对权和支配权，而这会产生很大的弊端，会造成信息无法自由地流动，将每个人变成一座孤岛而无法进行正常的社会交往。参见丁晓东：《个人信息私法保护的困境与出路》，载《法学研究》2018 年第 6 期。

不就会出现上述人士和部门所担忧的现象，因为无论是从个人信息本身的性质还是比较法上看，还没有一个国家会将个人信息权混同于所有权、生命权等绝对权利，认为自然人对于其个人信息享有独占的、排他的支配权。任何国家或地区在对自然人的个人信息进行保护时，都必须权衡多种利益，其中既包括自然人的人格尊严等基本人权，也包括言论和信息的自由、网络信息科技的发展、商业活动的发展、公共利益和国家利益的维护等。这些都是不言自明的道理。例如，欧盟《一般数据保护条例》虽然在序言中开篇就明确了自然人在个人数据处理方面获得保护是一项基本权利，是受到《欧盟基本权利宪章》第 8 条第 1 款和《欧盟运行条约》第 16 条第 1 款的保护的。但紧接着它就指出"本条例致力于实现自由、安全、公平和经济联盟，致力于经济和社会进步，加强并聚集内部市场的经济，实现个人的幸福"，"保护个人数据的权利不是一项绝对权利，必须考虑其在社会中的作用并应当根据比例性原则与其他基本权利保持平衡。本条例尊重所有基本权利，并奉行《欧盟运行条约》基于《欧盟基本权利宪章》承认的自由和原则，尤其是在以下方面：个人和家庭生活、家庭和通信、个人数据保护、思想自由、意识和宗教、言论和信息自由、商业活动自由、获得有效救济和公正审判的权利、文化、宗教和语言多样性"。再如，日本的《个人资料保护法》第 1 条就规定"本法的立法目的在于，在高度信息通信社会的深化所带来的对个人信息的利用显著扩大的背景下，通过对个人信息之正当处理的基本理念、由政府制定基本方针及采取其他保护个人信息的措施等基本事项作出规定，明确国家和地方公共团体的职责等，并对个人信息处理业者应遵守的义务等作出规定，从而重视个人信息的正当且有效利用在促进新兴产业的创造、实现充满活力的经济社会和富足的国民生活上的作用以及其他个人信息的作用，保护个人的权利或利益"。

同样，我国《民法典》在规定个人信息保护问题时，也始终关注多种利益的协调，否则在《民法典》中也不会对个人信息的合理使用、侵害个人信息的免责事由等作出规定。事实上，自然人对个人信息的权益的名称如何并不重要，重要的是该权益的性质、内容和保护方式，而正是后者决定了这种权益究竟是权利还是利益，如果是权利，究竟是效力有多强的权利，因此，从这个角度上，立法者在《民法典》中回避关于个人信息权益的争议而采取"个人信息保护"的表述，不失为明智之举。《个人信息保护法》明确采取了"个人信息权益"的表述，该法不仅在第 1 条明确了首要的立法目的是保护个人信息权益，更是在第 2 条规定了任何组织、个人不得侵害个人信息权益，同时还在第四章规定了个人在个人信息处理活动中的权利，用来对个人信息权益加以保护即作为个人信息权益的救济权。《个人信息保护法》第四章规定的权利包括：个人对个人信息处理享有的知情权与决定权、查阅复制权、可携带权、补充更正权、删除权、解释说明权；此外，还规定了死者近亲属在一定条件下可以行使针对死者的相关个人信息的权利。

（二）个人信息权益属于民事权益

《个人信息保护法》第 2 条第 2 句明确规定，自然人的个人信息权益不受侵害。自然人的个人信息权益，是指自然人就其个人信息享有的民事权益。我国《民法典》总则编第五章对民事权益作出了全面详尽的列举，该章虽名为"民事权利"，实际上既规定了民事权利也规定了民事利益，是对民事主体所有的民事权益的规定。该章以第 109 条对一般人格权即"人身自由、人格尊严"的规定始，逐一列举了自然人、法人和非法人组织享有的人格权益、身份权利、物权、债权、知识产权、继承权、股权和其他投资性权利、其他民事权利和利益，以及数据、网络虚拟财产等新型的财产。《民法典》总则编第五章关于个人信息保护的规定是第 111 条。该条被放在"生命权、身体权、健康权、姓名权、肖像权、名誉权、荣誉权、隐私权、婚姻自主权"等具体人格权的规定（第 110 条）之后，"自然人因婚姻家庭关系等产生的人身权利"（第 112 条）之前。这一立法位置的安排已充分说明，自然人对个人信息享有的权益属于民事权益。否则，立法者不可能在作为民商事领域基本法的《民法典》中对其作出规定，更不会在总则编的"民事权利"章中对其加以规定。自然人的个人信息权益之所以是民事权益，是由个人信息的特性与保护个人信息的根本目的所决定的。

1. 个人信息的特性决定了自然人对其个人信息享有的是民事权益而非公权利。个人信息是自然人的个人信息，而不包括法人、非法人组织等其他民事主体的信息。依据《个人信息保护法》第 4 条第 1 款的规定，个人信息是以电子或者其他方式记录的与已识别或者可识别的自然人有关的各种信息，不包括匿名化处理后的信息。具体而言，个人信息包括自然人的姓名、出生日期、身份证件号码、生物识别信息、住址、电话号码、电子邮箱、健康信息、行踪信息等。如果某些信息与已识别或可识别的自然人完全无关，如气象信息、地理信息等，这些信息就不属于个人信息。对这些信息的处理，不适用《个人信息保护法》等法律关于个人信息保护的规定。例如，收集这些信息，无须告知并取得特定自然人的同意；再如，处理者向他人提供匿名化信息即"经过加工无法识别特定个人且不能复原的"信息，无须经过被收集者的同意。之所以如此，根本原因就在于只有与已识别或可识别的自然人有关的信息被处理，即它被处理者进行了收集、存储、加工、使用、传输、提供、公开、删除等活动的时候，才直接关涉自然人的人格尊严和人身财产权益。

在大数据时代，个人信息的处理方式发生了革命性的变化。信息处理能力的突飞猛进，不仅使海量的个人信息可以被包括政府机关、企事业单位等在内的各种主体无时无刻、无所不在地收集、存储、加工，并且会被以人们想不到的各种方法使用、传输、提供或公开。这些围绕着个人信息进行的处理行为由此也造成了侵害自然人人格尊严、妨害人格自由以及损害人身财产权益的各种风险，并时常产生现实的损害后果。这些风险至少包括以下几类：其一，因个人信息被非法收集、买卖或使用而使加害人有机会对自然人既有的生命权、健康权、名誉权、隐私权等人格权以及债权、物权等财产权利实施侵害；其二，对基于被合法收集的个人信息形成的大数据，通过算法等技术进行社会分选、歧视性对待，进而损害人格尊严的危险；其三，通过大数据和人工智能技术进行人格画像，将原本属于主体的自然人降格为客体并加以操控，损害人格自由等。因此，围绕着个人信息所展开的是一个自然人需要通过对其个人信息的控制来防止遭受人身财产权益的危险或避免损害的利益需求，与其他主体希望获取和利用个人信息达致各种目的（提高行政效率、追求商业利润等）的利益需求之间的斗争关系。德国学者克里普（Klippel）认为，个人信息保护法的保护客体是如下四种利益：其一，知悉个人信息被处理的利益；其二，个人信息正确和完整的利益；其三，个人信息处理需符合特定目的的利益；其四，隐私利益。[①] 本书认为，从作为个人信息主体的自然人这一方来说，其主要的利益是一种防御性利益，即自然人针对个人信息享有的防止因个人信息被非法处理而致人身财产权益遭受侵害甚至人格尊严与人格自由受到侵害或损

---

① 杨芳：《个人信息保护法保护客体之辨——兼论个人信息保护法和民法适用上之关系》，载《比较法研究》2017年第5期，第81页。

害的利益。① 这种利益属于法律上有保护之必要的合法利益且属于私人利益而非国家利益和社会利益，故此，立法上应当将之确认为民事权益。

2. 个人信息保护与利用关系属于平等主体之间的民事关系。在个人信息的保护与利用关系中，存在两方当事人：一方是作为个人信息主体的自然人，另一方是个人信息的处理者。总体上而言，处理者可以被分为两类：一类是行政机关、司法机关等国家机关，其依据法律的规定为履行职责的需要而收集、存储、加工、使用、传输、提供或公开个人信息，最终目的是服务于国家利益、社会公共利益等。例如，公安机关进行户籍管理而收集处理自然人的姓名、身份证号码、家庭住址、联系方式等个人信息；再如，国家安全机关为了维护国家安全，侦查和制止敌对势力的间谍活动时，依据《国家安全法》《反间谍法》等法律的规定，采取技术侦查手段，进行监听或监控，收集相关的个人信息。另一类是非国家机关的其他民事主体，如各种网络企业、事业单位、社会团体等。以网络企业为例，它们处理个人信息的根本目的就在于营利，追求经济利益，如通过收集用户的个人信息进行精准的广告投送，赚取广告费或者更多更好地销售产品、提供服务，从而实现企业的利润最大化。这两类不同的主体处理个人信息的活动存在明显的差别，如二者的处理目的不同，前者是为了履行法定职责，维护公共利益，而后者是为了私人利益，尤其是经济利益。再如，合法性基础不同，国家机关处理个人信息活动的基础主要是法律的规定以及当事人的同意；非国家机关的其他民事主体处理个人信息合法性的基础则比较多元化，既包括当事人同意也包括法律的规定，还包括维护公共利益、维护民事主体的合法权益、对于已经合法公开的个人信息进行利用，等等。故此，在有些国家或地区的个人信息保护立法中，要么排除对公务机关处理个人信息的适用（如日本《个人信息保护法》），要么区分公务机关和非公务机关，分别规定其处理个人信息的活动（如我国台湾地区"个人资料保护法"）。尽管国家机关和非国家机关对个人信息的处理存在上述区别，但是，并不因此就导致在个人信息权益的保护问题上，自然人与处理者之间的关系有所不同。无论是作为机关法人的国家机关，还是作为营利法人、非营利法人或者非法人组织的企业、事业单位、社会团体等非国家机关，

---

① 参见程啸：《论大数据时代的个人数据权利》，载《中国社会科学》2018年第3期；程啸：《民法典编纂视野下的个人信息保护》，载《中国法学》2019年第4期。

均负有不得侵害自然人民事权益的义务。任何类型的个人信息处理者只要实施了侵害自然人个人信息权益的行为，都要依法承担停止侵害、排除妨碍、赔偿损失等法律责任。作为民事权益的自然人个人信息权益，可以对抗来自权利主体之外的任何组织或个人的侵害和损害。依据我国《民法典》的规定，当自然人的个人信息权益遭受侵害时，自然人可以依法采取正当防卫、紧急避险和自助行为等自力救济措施，也有权通过投诉、起诉获得国家机关的公力救济。有学者以民事权利只能对抗平等的民事主体而无法对抗公权力机关，公权力机关对于民事权利一般不会提供预先的保护措施为由，来论证自然人的个人信息权益不是民事权益而是公法上的权利。[①] 对此，本书作者难以苟同。在私权利保护的问题上，公权力机关并不比非公权力机关处于更优越的地位，否则就完全违背了法治国家的原则。公权力机关侵害私权利，私权利主体同样可以要求其承担法律责任。我国《行政诉讼法》第12条明确规定，公民、法人、非法人组织认为行政机关侵犯其人身权、财产权等合法权益时可以提起行政诉讼。《国家赔偿法》则规定了国家机关和国家机关工作人员行使职权，有《国家赔偿法》规定的侵犯公民、法人和其他组织合法权益的情形，造成损害的，受害人有依照《国家赔偿法》取得国家赔偿的权利。如果国家机关和国家机关工作人员实施的是《国家赔偿法》之外的侵害公民、法人和其他组织合法权益的侵权行为或违约行为的，则受害人有权依据《民法典》的规定要求其承担侵权责任等民事责任。国家机关存在的根本目的就是通过依法履行职责，预防和制止各种侵权和违法犯罪行为，保护广大民事主体的人身财产权益。就个人信息保护而言，无论是国家部门颁布相关法律、法规和规章，还是实施相关的行政行为，很重要的目的就是保护自然人的合法权益，防止个人信息泄露、非法买卖等违法行为的发生。故此，公权力机关对民事权利一般不会提供预先的保护的观点，难以成立。

3. 我国之所以颁布《个人信息保护法》，是为了更好地维护自然人的个人信息权益，这种个人信息保护单独立法的模式并未改变自然人对个人信息享有民事权益的事实。由于个人信息保护问题备受关注，在比较法上，各国和各地区对个人信息保护都是采取单独立法的方式，如欧盟的《一般数据保护条例》，德国的《联邦数据保护法》，美国的《隐私法》《公平信用

---

① 参见周汉华：《个人信息保护的法律定位》，载《法商研究》2020年第3期，第52-53页。

报告法》《电子通信隐私法》《儿童在线隐私保护法》，日本的《个人信息保护法》，韩国的《个人信息保护法》《信息通信网利用促进及信息保护法》及《信用信息的利用及保护法》，我国台湾地区的"个人资料保护法"等。[1]如前所述，截至 2020 年 12 月，全世界 232 个国家或地区中，有 145 个颁布了专门的数据保护法或个人信息保护法。然而，通过专门的个人信息保护法来规范个人信息保护，是因为个人信息保护本身就是复杂的，其涉及民法、行政法、刑法以及国际法等不同法律部门的问题。在个人信息保护的专门立法中既有法律的强制性调整规范（如对告知同意规则、保护个人信息安全义务的规定等）以及相应主管机关的行政管理措施，也要尊重当事人的意思自治，允许自然人与信息处理者之间进行相应的约定；既有行政责任和刑事责任，也有民事责任。正如因为消费者权益保护受到高度重视，包括我国在内的许多国家单独制订《消费者权益保护法》以保护消费者权益，这一立法模式并不改变消费者享有的生命权、健康权、身体权和财产权仍然是民事权益那样，不能因为个人信息保护采取了单独立法模式，就认为自然人的个人信息权益不是民事权益，而是单独的一种权益或者公法上的权益。专门立法还是分散立法只是立法方式的选择，不会影响所保护的权益本身的性质。在我国《民法典》确认了自然人的个人信息权益属于民事权益之后，《个人信息保护法》等单行法律应当依据《民法典》的规定，对个人信息权益的保护以及个人信息合理使用等各种问题作出更具体详细的规定。

（三）个人信息权益属于人格权益

我国民事权益分类为两大类：人身权益与财产权益。其中人身权益又可分为人格权益和身份权益。人格权益包括人格权利与人格利益，身份权益包括身份权利与身份利益。财产权益分为财产权利和财产利益。当然，有些权益兼具人身性质和财产性质，如著作权、专利权及股权等。我国《民法典》总则编第五章"民事权利"遵循从人身权益到财产权的排列顺序，对所有的民事权益进行了列举并留出了未来新型民事权益产生的空间。《民法典》虽然没有规定个人信息权，但明确了自然人对其个人信息享有的

---

[1] 对于主要国家个人信息保护立法和执法情况的详细介绍，可参见王融：《大数据时代：数据保护与流动规则》，北京，人民邮电出版社 2017 年版，第 35 页以下；李爱君、苏桂梅主编：《国际数据保护规则要览》，北京，法律出版社 2018 年版。

是人格权益,而非财产权益。

1. 个人信息权益保护的是自然人的人格利益。我国民法学界主流观点认为,个人信息涉及自然人的人格尊严和人格自由,因此,无论将自然人对其个人信息的权益界定为权利还是利益,都不影响法律将其确定为自然人的人格权益。主要理由在于:个人信息是能够识别特定自然人的信息,这种可识别性就体现了人格特征。① 因此,个人信息与自然人的人格利益息息相关。无论是基因数据等隐私信息,还是姓名、cookies 等一般信息,均与人格形成与发展有关,皆为人格要素,均构成个人整体人格之一部分。② 个人信息"既是自然人参与社会交往的载体,也是个人人格表现和人格发展的工具",因此,"信息主体对个人信息流转范围和流转方式的掌握,和个人人格的发展密切联系,这也是在现实社会中保护个人信息相关权益的价值基础"③。法律对自然人个人信息予以保护,本质上是保护其人格利益,包括人的尊严和自由。④

本书赞同上述理由。我国《民法典》明确规定了作为一般人格权的人格尊严和人身自由,在《民法典》第 110 条和第 990 条第 1 款列举的人格权中虽然没有规定个人信息权,但是,《民法典》第 990 条第 2 款明确规定:"除前款规定的人格权外,自然人享有基于人身自由、人格尊严产生的其他人格权益。"因此,可以将自然人的个人信息权益归入自然人基于人身自由、人格尊严产生的其他人格权益当中。我国《民法典》规定的具体人格权益可以分为两大类:一类是,所谓物质性人格权益,即自然人对具有人的身体属性的生命、身体、健康等拥有的人格权益,如生命权、身体权、健康权等;另一类则是民事主体针对精神性人格要素,如姓名、肖像、名誉、荣誉、隐私等享有的人格权益,如姓名权、名称权、肖像权、名誉权、隐私权等。自然人对其个人信息享有的民事权益属于上述人格权益中的精

---

① 王利明:《论个人信息权在人格权法中的地位》,载《苏州大学学报》2012 年第 6 期,第 70 页。
② 齐爱民:《论个人信息的法律属性与构成要素》,载《情报理论与实践》2009 年第 10 期,第 28 页。
③ 王利明主编:《中华人民共和国民法总则详解》(上册),北京,中国法制出版社 2017 年版,第 456 页
④ 张新宝:《〈民法总则〉个人信息保护条文研究》,载《中外法学》2019 年第 1 期,第 67 页;刘金瑞:《个人信息与权利配置——个人信息自决权的反思和出路》,北京,法律出版社 2017 年版,第 109 页以下。

第十六章 个人信息权益

神性人格权益。

在将个人信息权益确定为人格权益这一点上,我国与德国等欧洲的大陆法系国家既有相同之处,也有明显的区别。相同之处在于,二者都认为保护自然人个人信息的根本目的在于维护人的尊严和自由;区别在于,欧盟国家倾向于从人权或基本权利的角度来看个人信息权利,而我国则是为了贯彻《宪法》关于保护公民的人格尊严的精神从民法的角度赋予自然人对其个人信息享有的具体人格权益。[1]哈佛大学法学院教授艾伦·德肖维茨曾言:"权利来自于人类经验,特别是不正义的经验。我们从历史的错误中学到,为了避免重蹈过去的不正义,以权利为基础的体系以及某些基本权利(例如表达自由、宗教自由、法律平等保护、正当法律程序与参与民主)至关重要。"[2]欧洲经历了两次世界大战,尤其是第二次世界大战中法西斯大规模屠杀犹太人的惨痛教训使欧洲国家始终高度重视对人格尊严与人格自由等基本人权的保护。[3]在这些国家看来,在法律上保护自然人的个人数据,就是为了保护基本人权和自由,这关涉人性的尊严与人格的自由发展。倘若自然人不能自主地决定个人数据能否被他人收集、储存并利用,无权禁止他人在违背自己意志的情形下获得并利用个人数据,则个人之人格自由发展与人格尊严就无从谈起,因此,自然人的个人数据权利属于基本人权,个人数据保护被视为具有宪法意义,相对于经济利益保护要处于优先地位。[4] 1995年10月24日欧洲议会和欧盟理事会在向各成员国作出的《关于涉及个人数据处理的个人保护以及此类数据自由流动的第95/46/EC号指令》(以下简称《个人数据保护指令》)开篇就指出,"鉴于数据处理

---

[1] 在我国法学界,就人格权究竟是宪法权利还是民法上的权利存在争议,主流的观点对二者均予以认可,同时加以区分。相关争议可参见尹田:《论人格权的本质——兼评我国民法草案关于人格权的规定》,载《法学研究》2003年第4期;王利明:《人格权法研究(第三版)》,北京,中国人民大学出版社2018年版,第18-20页;马俊驹:《人格和人格权理论讲稿》,北京,法律出版社2009年版,第89-96页;刘凯湘:《人格权的宪法意义与民法表述》,载《社会科学战线》2012年第2期;林来梵、骆正言:《宪法上的人格权》,载《法学家》2008年第5期;张善斌:《民法人格权和宪法人格权的独立与互动》,载《法学评论》2016年第6期;王锴:《论宪法上的一般人格权及其对民法的影响》,载《中国法学》2017年第3期。

[2] [美]艾伦·德肖维茨:《你的权利从哪里来?》,黄煜文译,北京,北京大学出版社2014年版,第8页。

[3] James Q. Whitman, "The Two Western Cultures of Privacy: Dignity Versus Liberty", *The Yale Law Journal*, Vol. 113: 1165.

[4] 郭瑜:《个人数据保护法研究》,北京,北京大学出版社2012年版,第49页。

制度是服务于人类的，无论自然人的国籍和住所，必须尊重他们的基本权利和自由，特别是隐私权"，"不仅要求个人数据能在成员国之间自由流动，而且应当保护个人的基本权利"。2000 年的《欧盟基本权利宪章》第 8 条"个人数据保护"中更是明确规定，人人均有权享有个人数据的保护，个人数据只能基于特定目的，基于当事人同意或者其他法律依据而被公正地处理，个人有权了解和修正其被收集的个人数据。2018 年 5 月 25 日起施行的欧盟《一般数据保护条例》在作为导言性质的"鉴于条款"第 1 条再次指出："自然人在个人数据处理方面获得保护是一项基本权利。"

2. 我国法上的人格权保护一元化模式涵盖了精神利益与财产利益。我国有些学者认为，个人信息上承载的自然人的利益是多元的，既包括自然人的人格利益，也包括经济利益或财产利益，因此，对于自然人之个人信息的人格利益，应当通过人格权给予保护，财产利益则通过财产权保护，若其同时体现了人格利益和财产利益，就给予人格权和财产权的双重保护。① 本书不赞同该观点。我国法上的人格权历来就不是单纯保护自然人对人格权客体的精神利益，也保护自然人就人格权客体享有的经济利益。比较法上关于人格权主体的经济利益如何保护，有两种模式：一是德国的一元模式，即通过扩张人格权的保护对象，逐步肯定人格权的经济价值，从而通过人格权同时实现对权利人的精神利益和经济利益的保护。② 二是美国的二元模式，即采取隐私权与公开权两种方式分别保护人格权中的精神利益与经济利益。隐私权作为一种精神性权利，主要保护的是自然人的精神利益，即个人的独处和私生活安宁，该权利不得转让、继承，且主要具有的是消极防御功能。公开权则主要包括肖像、姓名、声音等人格要素上的经济利益，该权利可以转让、继承。

我国有些学者主张对于人格权中的精神利益与经济利益采取二元模式的保护模式。他们认为，一元模式难以解决人格权中的精神利益与经济利益保护方式的差异，也不符合人格权的内在逻辑体系（如精神利益存在于所有的人格权，而经济利益只有少数人格权涉及），因此采取二元模式对精

---

① 刘德良：《个人信息的财产权保护》，载《法学研究》2007 年第 3 期，第 87 页以下；刘金瑞：《个人信息与权利配置——个人信息自决权的反思和出路》，北京，法律出版社 2017 年版，第 256 页。

② 王泽鉴：《人格权法：法释义学、比较法、案例研究》，台北，作者印行 2012 年版，第 344 页。

神利益和经济利益分别加以保护,更有针对性,也能更好地协调人格尊严与个人行为自由的关系。持二元模式主张的学者中,有的主张在人格权、财产权之外设立商事人格权来涵盖姓名权、肖像权、商誉权、信用权、商号权等具有经济利益的人格权[①];有的主张借鉴美国法的经验创设一种新型的无形财产权即商品化权或形象权,从而实现对人格权中各种经济利益的保护[②];还有的认为,姓名、名称等人格要素的商品化权益属于一种独立的民事利益,而非人格权,我国通过民法保护姓名权,通过《商标法》《反不正当竞争法》等特别法保护姓名(包括笔名、艺名、译名等)的商品化权益,已经形成了二元保护的立法格局。[③]

大多数学者认为,所谓人格权的商品化利用并非创设一种新的权利(如公开权、形象权或商品化权),人格权的商品化利用只能理解为某些人格权的权能特别是利用的权能发生了扩张,而不是生成了其他独立的权利,否则就会产生这些新的权利与原有的人格权无法区分的问题。[④] 因此,我国仍然应当坚持一元保护模式,即通过人格权来实现对自然人等民事主体的精神利益与经济利益的保护。[⑤]

我国民事立法和司法实践始终坚持的是人格权一元保护模式,即通过人格权制度同时实现对精神利益和经济利益的保护。对此,我国《民法典》有非常明确的规定,具体体现在:其一,《民法典》不仅允许人格权主体自己行使人格权而实现人格要素的商业化利用,如以自己的姓名作为公司名称或者将之注册为商标,也明确允许权利人通过许可他人使用的方式对人格要素进行利用。《民法典》第 993 条规定:"民事主体可以将自己的姓名、名称、肖像等许可他人使用,但是依照法律规定或者根据其性质不得许可的除外。"虽然该条仅列了"姓名、名称、肖像"三项,但因其规定于《民

[①] 程合红:《商事人格权论——人格权的经济利益内涵及其实现与保护》,北京,中国人民大学出版社 2002 年版,第 51 页。

[②] 郑成思:《商品化权刍议》,载《中华商标》1996 年第 2 期;吴汉东:《形象的商品化与商品化的形象权》,载《法学》2004 年第 10 期;吴汉东:《无形财产权基本问题研究(第三版)》,北京,中国人民大学出版社 2013 年版。

[③] 孔祥俊:《姓名权与姓名的商品化权益及其保护》,载《法学》2018 年第 3 期,第 165 页以下。

[④] 参见,王利明:《人格权法研究》(第三版),北京,中国人民大学出版社 2018 年版,第 223 页。

[⑤] 姚辉:《关于人格权商业化利用的若干问题》,载《法学论坛》2011 年第 6 期;王叶刚:《人格权中经济价值法律保护模式探讨》,载《比较法研究》2014 年第 1 期。

法典》人格权编第一章"一般规定"中，属于在法律没有相反规定的情况下普遍适用于所有人格权益的共通性规定。加之，该条列举之后使用了"等"字兜底，故此，从解释论上，只要不属于"依照法律规定或者根据其性质不得许可的除外"情形，自然人当然可以将其个人信息许可他人使用。不仅如此，我国《民法典》第1035条和第1036条还从正反两方面非常明确地肯定了自然人有权同意（或许可）处理者处理自己的个人信息。依据《民法典》第1035条第1款第1项，处理自然人的个人信息，必须"征得该自然人或者其监护人同意，但是法律、行政法规另有规定的除外"。这就说明，自然人或者其监护人的同意是个人信息处理行为合法性的基础。同时，依据《民法典》第1036条第1项，如果行为人处理个人信息的行为属于"在该自然人或者其监护人同意的范围内合理实施的行为"，那么行为人不承担民事责任。这就意味着自然人或者其监护人的同意阻却了处理者处理个人信息行为的非法性。其二，《民法典》第1183条第1款明确规定，侵害自然人的人格权造成严重精神损害的，被侵权人有权请求精神损害赔偿。这是对人格权中自然人的精神利益的保护。同时，《民法典》第1182条规定，侵害他人人身权益造成财产损失的，按照被侵权人因此受到的损失或者侵权人因此获得的利益赔偿；被侵权人因此受到的损失以及侵权人因此获得的利益难以确定，被侵权人和侵权人就赔偿数额协商不一致，向人民法院提起诉讼的，由人民法院根据实际情况确定赔偿数额。显然，这一规定所要保护的就是人格权中的经济利益。故此，在我国，只要明确自然人针对其个人信息享有的是人格权益即可同时保护自然人针对个人信息享有的精神利益和经济利益，无须叠床架屋地针对个人信息的人格利益和经济利益分别设立单独的人格权和财产权。

（四）个人信息权益属于独立于隐私权的新型人格权益

自然人个人信息保护中非常重要也是争议特别大的一个问题就是个人信息保护与隐私权的关系。这也是我国《民法典》编纂过程中反复讨论的问题。对此，一种观点认为，应当通过隐私权来保护个人信息，如借鉴美国法上的信息隐私的概念来实现对个人信息的保护。[1]另一种观点认为，个人信息不同于隐私，传统的隐私权已不足以保护公民的合法权益，法律需

---

[1] 徐明：《大数据时代的隐私危机及其侵权法应对》，载《中国法学》2017年第1期。

要从隐私权保护转向个人信息权益保护。① 本书认为，隐私权与个人信息保护具有很密切的联系，但是二者存在明显的区别，不能相互取代。

1. 我国法上的隐私权不同于美国法上的隐私权。作为诞生隐私权概念的国家，自 1890 年沃伦（Samuel D. Warren）与布兰代斯（Louis D. Brandeis）在《哈佛法律评论》上发表的《隐私权》（the right to privacy）一文②，首次提出隐私权概念以来，美国的隐私权经历一百多年的发展，已经形成包括侵权法上的隐私权与宪法上的隐私权在内的庞大体系。美国著名侵权法学家威廉·普罗瑟（William Prosser）教授在 1960 年发表于《加利福尼亚法律评论》的一篇论文《隐私》（Privacy）中，将侵害隐私权的行为分为四类：（1）侵入原告隐居或独处之处或侵入其私人事务（Intrusion upon the plaintiff's seclusion or solitude, or into his private affairs）；（2）公开披露原告的令人难堪的私密信息（Public disclosure of embarrassing private facts about the plaintiff）；（3）进行使原告被公众误解的宣传（Publicity which places the plaintiff in a false light in the public eye）；（4）为被告之利益而盗用原告的姓名或肖像（Appropriation, for the defendant's advantage, of the plaintiff's name or likeness）。③ Prosser 教授的这一观点确立了美国侵权法上隐私权的基本体系框架。美国侵权法上隐私权的保护范围包括："为达成商业目的窃用他人姓名和肖像，毁损他人名誉，跟踪监视，给他人造成精神损害以及诸多的政府行为。"④ 美国宪法上没有规定隐私权，但是自 1965 年的 "Griswold v. Connecticut" 案首次确立宪法上的隐私权以来，美国联邦最高法院通过一系列判决不断扩大宪法上隐私权的保护范围，婚姻隐私、堕胎隐私、子女教育权、同性恋与性行为自由、安乐死等都被纳入其中。⑤ 尤其是在 1977 年的 "Whalen v. Roe" 案中，美国联邦最高法院认可了宪法上的信息隐私权（Informational

---

① 王利明：《论个人信息权的法律保护——以个人信息权与隐私权的界分为中心》，载《现代法学》2013 年第 4 期；张新宝：《从隐私到个人信息：利益再衡量的理论与制度安排》，载《中国法学》2015 年第 3 期，第 49 页。

② ［美］路易斯·D. 布兰代斯等：《隐私权》，宦盛奎，北京，北京大学出版社 2014 年版。

③ William L. Prosser, "Privacy", 48 *Cal. L. Rev.* 383 1960.

④ ［美］阿丽塔·L. 艾伦、理查德·C. 托克音顿：《美国隐私法：学说、判例与立法》，冯建妹、石宏等译，北京，中国民主法制出版社 2004 年版，第 7 页。

⑤ 王泽鉴：《人格权法：法释义学、比较法、案例研究》，台北，作者印行 2012 年版，第 217 页以下。

Privacy)。该案判决是美国第一个承认了宪法上的隐私权包括信息隐私和自决隐私两个部分的最高法院判决。此后,美国各州和联邦通过了一系列成文法对信息隐私加以保护,联邦层面重要的立法如1968年《综合犯罪控制与街道安全法》对使用电子设备窃听行为作出了规范,1971年的《公平信用报告法》规定了信用报告中的隐私保护,1973年的《犯罪控制法》对刑事审判记录中的隐私信息加以规范,1974年的《隐私法》和1980年的《财务隐私权法》规范了联邦政府的电子记录与财政机构中的银行记录,1980年的《隐私权保护法》确立了执法机构使用报纸和其他媒体的记录和信息的标准,1994年的《驾驶员隐私保护法》对州交通部门使用和披露个人车辆记录作出了限制,1999年的《儿童在线隐私保护法》则是第一部对利用网络处理儿童(13岁以下)个人信息的行为加以规范的联邦法律。总之,如王泽鉴教授所言,"隐私权发源于美国,经过一百余年的变迁,建构了包括侵权行为法上隐私权、宪法上隐私权及特别法律的保障机制,并为因应社会经济的需要,尤其是资讯隐私权的保护而不断地发展演变"[①]。

然而,我国的隐私权不同于美国法上的隐私权。二者的区别在于:其一,我国的隐私权并不是宪法上的权利,不存在美国那样宪法上的隐私权。我国的隐私权始终被看作是一种民事权利。从立法到司法实践,我国对于隐私权的保护经历了一个从最初放在名誉权中加以保护,到作为人格利益进行有限制的保护,再到民事立法上明确规定其为具体人格权的发展历程。[②] 无论如何,我国法都没有将隐私权作为宪法权利。其二,由于我国自《民法通则》始,对于人格权采取的就是具体列举的做法,无论是《民法通则》中规定的生命健康权、姓名权、名称权、名誉权、荣誉权、肖像权,还是我国《民法典》规定的包括隐私权在内的类型更多的具体人格权,隐私权都只是和其他具体人格权并列的一类民事权利,其保护的只是隐私这种自然人的具体人格利益,即"自然人的私人生活安宁和不愿为他人知晓的私密空间、私密活动、私密信息"(《民法典》第1032条第2款)。至于生命、身体、健康、姓名、名称、肖像、声音、名誉、商业信用等人格利益,分别由生命权、身体权、健康权、姓名权、名称权、肖像权、名誉权

---

① 王泽鉴:《人格权法:法释义学、比较法、案例研究》,台北,作者印行2012年版,第225页。

② 参见程啸:《侵权责任法》(第二版),北京,法律出版社2015年版,第165-166页。

等具体人格权加以保护。然而,美国法上的隐私权所保护的范围极为广泛,几乎可以将所有的人格利益纳入其中,相当于我国法上的人格权。在这种模式下,"个人信息被置于隐私的范畴而加以保护。这种立法与美国法上隐私权概念的开放性有关,即美国法采纳的是大隐私权的概念,其包括大陆法中的名誉权、肖像权、姓名权等具体人格权的内容,承担了一般人格权的功能,因此,在隐私中包含个人信息也是逻辑上的必然"①。由此可见,主张借鉴美国法上的信息隐私权理论,通过信息隐私来保护个人信息的观点,忽视了我国法与美国法的隐私权的根本差异,不符合我国既有的人格权体系。

2. 我国法上的个人信息权益与隐私权既有联系,也有区别。正是由于我国法上隐私权的内涵与外延的限定性,故此,在我国法上,隐私权和个人信息权益保护的客体虽然存在重叠却并不重合。客体的重叠使得隐私权与个人信息权益存在密切的联系,二者在适用规则上有共同之处。依据《民法典》第1032条第2款,隐私是指自然人的私人生活安宁和不愿为他人知晓的私密空间、私密活动、私密信息。自然人的个人信息,是指以电子或者其他方式记录的能够单独或者与其他信息结合识别特定自然人的各种信息(《民法典》第1034条第2款)。显然,私人生活安宁,住宅、宾馆等私密空间这些隐私与个人信息存在明显的区别。私密活动如果没有被信息化,如通过录制、拍摄而加以固定,与个人信息也完全不同。在隐私中与个人信息联系最密切的就是私密信息,其既涉及隐私权保护,也涉及个人信息保护。我国现行法一般将个人信息分为两类:其一,隐私信息,涉及个人隐私的信息(或电子信息),即私密信息;其二,其他个人信息,即不涉及隐私的个人信息。例如,《全国人民代表大会常务委员会关于加强网络信息保护的决定》第1条第1款规定:"国家保护能够识别公民个人身份和涉及公民个人隐私的电子信息。"《公共图书馆法》第43条规定:"公共图书馆应当妥善保护读者的个人信息、借阅信息以及其他可能涉及读者隐私的信息,不得出售或者以其他方式非法向他人提供。"所谓隐私的信息即私密信息,凡是自然人不愿意为他人知晓的信息,无论是婚姻信息、财产信息、健康信息、家庭住址、病历资料、犯罪记录、个人人生经历、嗜好、

---

① 王利明:《论个人信息权的法律保护——以个人信息权与隐私权的界分为中心》,载《现代法学》2013年第4期,第63页。

性取向、日记、私人信件以及其他个人不愿公开的信息等，都可以纳入私密信息。例如，《民法典》第1226条规定："医疗机构及其医务人员应当对患者的隐私和个人信息保密。泄露患者的隐私和个人信息，或者未经患者同意公开其病历资料的，应当承担侵权责任。"《传染病防治法》第12条第1款第2句规定："疾病预防控制机构、医疗机构不得泄露涉及个人隐私的有关信息、资料。"

隐私权和个人信息权益是我国《民法典》所确认的不同的人格权益，它们存在以下差异：首先，权利性质不同。隐私权作为一项人格权，性质上属于绝对权和支配权，具有对世效力，因此任何组织或个人都必须尊重隐私权，不得对之加以侵害或妨碍。但是，我国《民法典》并未将个人信息权益确认为绝对权和支配权，因为对个人信息的保护必须协调自然人权益的保护与信息自由与合理使用之间的关系。故此，对于隐私权，并没有如同个人信息那样规定合理使用的规则。《民法典》第999条规定，"为公共利益实施新闻报道、舆论监督等行为"可以合理使用个人信息，同时，第1037条也专门规定了侵害个人信息的免责事由。这些规定在关于隐私权的规定中都不存在。当然，这并不是说隐私权就不能因为维护公共利益而依据法律的规定受到限制，但可以肯定的是，不存在对隐私的合理使用的问题。

其次，侵害隐私权行为的类型很多，《民法典》第1033条以"列举加概括"的方式规定了六种类型，未经权利人明确同意而处理私密信息的行为只是诸多侵害隐私权的行为中的一类。而且，未经同意而处理他人的私密信息这一侵害隐私权行为的主体可以是自然人，也可以是法人或非法人组织，无论侵害隐私权的行为是自动化处理还是非自动化处理，无论是发生在企业的商业活动或政府机关履行职责的公务活动，还是在家庭社交活动中，都可以适用。但是，个人信息权益的保护主要适用于个人信息处理活动，规范的是处理者所从事的个人信息的收集、存储、使用、加工、传输、提供、公开等活动。至于纯粹的私人或家庭活动中对个人信息的处理活动，如家人、朋友之间进行的通信联络、保存联系方式或者社交活动中的个人信息的提供等，不适用个人信息保护的规定。欧盟《一般数据保护条例》明确排除了这种情形的适用，依据该条例"鉴于条款"的第18条，"本条例不适用于自然人在不涉及任何职业或商业的纯个人或家庭活动中对个人数据的处理活动。个人或家庭活动可以包括通信、保存地址，或者社

第十六章 个人信息权益

交活动以及在类似活动背景下进行的线上活动。但本条例适用于为上述个人日常活动提供个人数据处理方法的控制者或处理者"。从立法目的上来说，个人信息或个人数据保护立法就是为了应对现代网络信息科技发展而给个人信息或个人数据保护带来的挑战，因为在现代信息社会背景下，收集、使用、分享等处理个人信息或个人数据的能力与规模显著提高，从而给自然人的人格自由与人格尊严乃至各种人身财产安全带来了巨大的风险。至于在那些纯粹私人活动或家庭社交活动中对个人信息的收集、使用、分享等行为，并不需要通过个人信息保护立法加以调整，如果涉及侵害隐私权、姓名权、肖像权等人格权的，完全可以交由《民法典》的人格权编和侵权责任编规范即可。故此，在个人信息保护法或个人数据保护法中排除对私人或家庭社交活动中个人信息的处理，当然是正确的。由于《民法典》是民商事领域的基本法，所以其对个人信息保护的规定侧重于基本规则与制度层面，不可能规定得非常细致。

再次，许可他人使用上的不同。隐私权人可以自行处分权利，如自行在网络上或向媒体公开其私密信息。但是，隐私本身原则上是不能许可他人使用或商业化利用的。《民法典》第993条规定，民事主体可以将自己的姓名、名称、肖像等许可他人使用，但是依照法律规定或者根据其性质不得许可的除外。该条之所以没有未列出隐私是因为：隐私权侧重于消极防御的功能，即防止他人对包括私生活安宁，私密信息在内的隐私的侵害，其保护的是自然人对隐私不受他人侵害的利益。因此，隐私权的主要权能就是排除他人侵害，这是一种消极权能。对于隐私，原则上是不允许许可他人使用的。[①] 而且，允许隐私的商业化利用也可能违反公序良俗原则这一民法的基本原则。然而，对于个人信息尤其是非私密的个人信息，自然人完全可以许可他人使用，从而促进网络信息产业和数字经济的发展。故此，《民法典》第1035条规定，只要遵循合法、正当、必要原则，不得过度收集、处理且符合相应的条件，可以对个人信息加以使用或许可他人使用。

最后，私密信息和非私密信息的处理规则不同。在处理私密信息时，首先要适用的是《民法典》关于隐私权的规定，然后才能适用《民法典》

[①] 有观点认为，隐私权人也具有积极的权能，如隐私隐瞒权、隐私处分权和信息自主权。其中隐私处分权包括隐私公开权和隐私许可权。隐私许可权意味着隐私权人可以授权他人使用自己的隐私。参见张红：《人格权各论》，北京，高等教育出版社2015年版，第522页。

关于个人信息保护的规定。依据《民法典》第 1033 条第 5 项，处理他人的私密信息的要么取得隐私权人的"明确同意"，要么依据法律的规定，否则，任何组织或者个人实施的处理他人私密信息的行为都构成侵害隐私权的行为。但是，对于处理非私密信息的个人信息，依据《民法典》第 1035 条，要么是依据法律、行政法规的规定，要么是得到该自然人或者其监护的"同意"。由此可见，《民法典》对私密信息和非私密的个人信息处理在规则上有三点区别：其一，在未经权利人同意的情形下，处理私密信息只能依据法律的规定，而处理非私密的个人信息可以依据法律和行政法规的规定。显然，对于隐私权的保护更为严密。其二，处理私密信息必须取得权利人的同意，而处理非私密的个人信息可以取得自然人或者其监护人的同意。也就是说，监护人也不能擅自同意他人处理被监护人的私密信息。其三，处理私密信息必须取得的是权利人的"明确同意"，而处理非私密的个人信息是取得自然人或者其监护人的同意即可。"明确同意"与"同意"的含义是不同的。所谓"明确同意"，一方面意味着自然人在被告知私密信息将被处理的前提下作出了清晰、明确的允许处理的意思表示；另一方面，明确的同意应当是针对该私密信息被处理而单独作出的同意的意思表示，但是，所谓同意既不要求必须是单独的同意，也不要求是仅针对被处理的特定个人信息作出的同意，而可以是概括性的同意，如通过 App 的隐私政策取得对自然人对某些非私密的个人信息处理的同意。

二、个人信息权益的内容

（一）概述

比较法上，不少数据保护法或个人信息保护法都专列一章集中规定信息主体的权利。例如，欧盟《一般数据保护条例》第三章"数据主体的权利（Rights of the data subject）"规定数据主体享有获取信息的权利、访问权、更正权、删除权（被遗忘权）、限制处理权、数据可携带权、反对权等，德国《联邦数据保护法》第三部分第三章"数据主体的权利"规定数据主体有获取信息的权利、访问权、删除权、反对权等，韩国《个人信息保护法》第 5 章"信息主体的权利保障"规定信息主体享有个人信息的查阅权、个人信息的更正权与删除权等权利。我国《个人信息保护法》也采取了这种立法模式，在第四章系统规定了个人在个人信息处理活动中的权利。

所谓的"个人在个人信息处理活动中的权利",是指在个人信息处理活动中,个人针对个人信息处理者享有的各种权利。之所以采取这一称谓,目的有二:首先,强调此等权利之主体是作为信息主体的个人,权利所指向的义务人为从事个人信息处理活动的处理者,并非是指向其他主体。同时,也表明个人是在个人信息处理活动中才享有这些权利的。如果没有个人信息处理活动,则不存在此等权利。其次,个人在个人信息处理活动中的权利属于手段性权利或救济性权利,旨在保护包括个人信息权益在内的个人权益。也就是说,《个人信息保护法》通过赋予个人在个人信息处理活动中享有知情权、决定权、查阅复制权、可携带权、删除权等针对个人信息处理者的权利,可以有效地实现对个人信息权益的保护。

《个人信息保护法》颁布前,《网络安全法》《民法典》等法律就已经规定了个人在个人信息处理活动中的一些权利。《网络安全法》第43条规定:"个人发现网络运营者违反法律、行政法规的规定或者双方的约定收集、使用其个人信息的,有权要求网络运营者删除其个人信息;发现网络运营者收集、存储的其个人信息有错误的,有权要求网络运营者予以更正。网络运营者应当采取措施予以删除或者更正。"该条规定了个人针对网络运营者享有的删除权和更正权。在《网络安全法》的基础上,《民法典》第1037条进一步规定:"自然人可以依法向信息处理者查阅或者复制其个人信息;发现信息有错误的,有权提出异议并请求及时采取更正等必要措施。自然人发现信息处理者违反法律、行政法规的规定或者双方的约定处理其个人信息的,有权请求信息处理者及时删除。"从这一条来看,《民法典》除保留了自然人针对处理者的删除权和更正权外,还新增加了查阅权与复制权。《个人信息保护法》第四章在《网络安全法》《民法典》的规定的基础上,立足于我国个人信息保护实践的要求,吸收借鉴比较法上的优秀成果,对个人在个人信息处理活动中的权利作出了系统全面的规定,规定个人在个人信息处理活动中享有以下权利:知情权、决定权、查阅复制权、可携带权、更正补充权、删除权以及解释说明权,同时,还就自然人死亡后,其近亲属在符合什么条件时可以对死者的个人信息行使相应的权利作出了规定。

(二)知情权与决定权

《个人信息保护法》第44条规定:"个人对其个人信息的处理享有知情

权、决定权，有权限制或者拒绝他人对其个人信息进行处理；法律、行政法规另有规定的除外。"这是有关个人对其个人信息处理的知情权与决定权的规定。

1. 知情权

所谓个人对其个人信息处理的知情权，是指个人在其个人信息被处理时享有的知悉相关情况的权利，包括有权知道其个人信息被何人所处理即处理者是谁，该处理者基于何种目的处理其个人信息，以何种处理方式处理个人信息，处理的是哪些个人信息等相关信息。从比较法上来说，虽然各国或各地区的数据保护法或个人信息保护法都非常强调个人对其个人信息的知情，但是，一般不单独规定个人对其个人信息处理享有知情权，而只是从处理者的角度规定其负有向个人进行告知的义务。但是，我国《个人信息保护法》为了更好地保护个人权益，凸显个人在个人信息处理中的主体地位，除详细地规定了个人信息处理者负有告知的义务外，还专门规定个人对其个人信息处理享有知情权，从而使个人信息处理活动中的权利与义务互相对应，更加合理。此外，我国《消费者权益保护法》第8条规定："消费者享有知悉其购买、使用的商品或者接受的服务的真实情况的权利。消费者有权根据商品或者服务的不同情况，要求经营者提供商品的价格、产地、生产者、用途、性能、规格、等级、主要成份、生产日期、有效期限、检验合格证明、使用方法说明书、售后服务，或者服务的内容、规格、费用等有关情况。"《电子商务法》第17条第1句也规定："电子商务经营者应当全面、真实、准确、及时地披露商品或者服务信息，保障消费者的知情权和选择权。"这就是关于消费者购买、使用商品或接受服务知情权的规定，属于消费者的一项基本权利，旨在解决因信息不对称而给消费者造成损害的问题。实践中，大量的对个人信息的处理是发生在经营者向消费者推销商品或服务、消费者购买使用商品或服务的场景中，故此，消费者的知情权自然也就包括了消费者对于其个人信息处理享有的知情权。

个人对其个人信息处理享有的知情权体现在以下几个方面：首先，除非法律、行政法规规定应当保密或者不需要告知的情形或者告知将妨碍国家机关履行法定职责的，否则，任何个人信息处理者在处理个人信息前，都必须向其个人信息被处理的个人履行告知的义务。即便是在紧急情况下为保护自然人的生命健康和财产安全而无法及时向个人告知的，在紧急情况消除后，个人信息处理者也应当及时告知。

其次，个人信息处理者在处理个人信息前，应当以显著方式、清晰易懂的语言真实、准确、完整地向个人告知法律、行政法规规定的应当告知的事项。这些事项原则上包括：个人信息处理者的名称或姓名和联系方式；个人信息的处理目的、处理方式，处理的个人信息种类、保存期限；个人行使《个人信息保护法》规定权利的方式和程序以及法律、行政法规规定应当告知的其他事项。如果已经告知的前述事项发生变更的，应当将变更的部分告知个人。

再次，就一些特殊的个人信息处理活动，处理者还应当依法告知相应的事项，具体情况包括：（1）个人信息处理者因合并等原因转移个人信息的，应当向个人告知接收方的名称或者姓名和联系方式；（2）个人信息处理者向其他处理者提供其处理的个人信息的，应当向个人告知接收方的名称或者姓名、联系方式、处理目的、处理方式和个人信息的种类；（3）为维护公共安全所必需而在公共场所安装图像采集、个人身份识别设备的，应当设置显著的提示标识；（4）个人信息处理者处理已公开的个人信息的，对个人权益有重大影响的，应当向个人告知并取得同意；（5）处理敏感个人信息的，个人信息处理者还应当向个人告知处理敏感个人信息的必要性以及对个人权益的影响；（6）个人信息处理者向中华人民共和国境外提供个人信息的，应当向个人告知境外接收方的名称或者姓名、联系方式、处理目的、处理方式、个人信息的种类以及个人向境外接收方行使本法规定权利的方式等事项。

又次，个人有权向个人信息处理者查阅、复制其个人信息，该权利也是知情权的体现。

最后，发生或者可能发生个人信息泄露、篡改、丢失的，个人信息处理者应当通知个人以下事项：发生或可能发生个人信息泄露、篡改、丢失的信息的种类、原因和可能造成的危害，已采取的补救措施和个人可以采取的减轻危害的措施以及个人信息处理者的联系方式。

2. 决定权

个人对其个人信息处理享有的决定权，是指个人在其个人信息处理活动中处于权利主体的地位，个人有权自由地决定其个人信息被何人所处理，以何种目的、何种方式、在何种范围内被处理，除非法律、行政法规另有规定。① 个人既可以同意他人对其个人信息进行相应的处理，也可以限制或者拒绝他人对其个人信息进行处理。个人对其个人信息的处理所享有的决定权具体体现在以下几方面。

首先，个人信息处理者在处理个人信息前，必须告知个人并取得其同意，除非法律、行政法规另有规定，否则，在没有取得个人同意的情形下，任何个人信息处理者，无论是国家机关还是非国家机关，均不得处理个人信息。个人究竟同意还是拒绝处理者对其个人信息进行处理，完全是个人的自由，个人不需要说明理由，完全可以自由地决定。处理者不得以个人不同意处理其个人信息或者撤回同意为由，拒绝提供产品或者服务，除非处理个人信息是提供产品或者服务所必需的。因为处理者以拒绝提供产品或服务来获取个人同意的做法实际上就是对个人决定权的限制，强制或胁迫个人同意个人信息处理。

其次，在基于个人同意的个人信息处理活动中，个人的同意对个人信息的处理起到了限制的作用，一方面，处理者不得超越个人同意的处理目的、处理方式、处理的个人信息种类等从事处理活动。如果个人信息处理者要变更原先的处理目的、处理方式的，必须要重新告知并取得个人的同意。另一方面，个人信息处理者将个人信息提供给其他处理者、向境外提供个人信息的或者公开其处理的个人信息的，都必须取得个人的单独同意，否则不得从事此等处理活动。即便是对并非基于个人同意的个人信息处理活动，个人也享有决定权。例如，为了维护公共安全而依据国家规定在公共场所安装图像采集设备的，个人虽然不能拒绝，但是，处理者不能将收集的个人图像信息用于维护公共安全之外的目的，如果要用于其他目的，也必须取得个人的单独同意。

再次，在基于个人同意的个人信息处理中，个人有权任意撤回其同意，且不需要对此作出任何解释或说明，也不需要任何理由。一旦个人撤回同意后，个人信息处理者就不得处理，同时还要删除个人信息。个人可以撤回对全部个人信息处理活动的同意，也可以撤回部分的同意，即只是不允许处理者实施某些处理方式或者处理某些种类的个人信息。

---

① 在起草《个人信息保护法》时，有观点认为，应当将第44条中个人对其个人信息处理享有"决定权"修改为个人对其个人信息处理享有"选择权"。本书认为，这种观点不妥。因为选择权的范围显然更小，只有"同意"或"不同意"两个选项，但是决定权既包括同意或不同意，也包括进行限制，更能与本条中"有权限制或者拒绝他人对其个人信息进行处理"相对应。

最后，特定的情形下个人有权限制个人信息处理者的处理活动。我国《个人信息保护法》未如欧盟《一般数据保护条例》第18条那样专门规定数据主体限制控制者处理个人数据的情形[①]，但是，《个人信息保护法》第47条第2款规定了在个人信息应当删除但由于法律、行政法规规定的保存期限未届满或者删除个人信息在技术上难以实现的，个人信息处理者应当停止除存储和采取必要的安全保护措施之外的处理。也就是说，依据该款，个人信息处理者应当主动限制自己的处理活动，如果没有主动限制的，则个人有权请求处理者对其个人信息的处理活动进行限制。

3. 知情权与决定权的排除

《个人信息保护法》第44条第2句规定了排除个人对其个人信息的处理享有知情权、决定权的情形，即"法律、行政法规另有规定的除外"。这主要包括下述情形。

（1）依据法律、行政法规的规定，不需要告知个人或者虽然需要告知但无需取得个人同意的情形，例如，《个人信息保护法》第13条第1款第2—7项规定的不需要取得同意的情形；第18条第1款以及35条规定的法律、行政法规规定应当保密或者不需要告知的情形，以及告知将妨碍国家机关履行法定职责的情形。再如，《个人信息保护法》第27条以及《民法典》第1036条第2项规定的在合理范围内处理已公开的个人信息的情形等。

（2）依据法律、行政法规的规定，个人不得限制或者拒绝他人对其个人信息进行处理的情形，例如，依据《刑事诉讼法》第132条第1款，为了确定被害人、犯罪嫌疑人的某些特征、伤害情况或者生理状态，侦查机关可以对人身进行检查，可以提取指纹信息，采集血液、尿液等生物样本。这一规定意味着，个人不得对侦查机关处理其个人生物识别信息的活动加以拒绝或者限制，此种个人信息处理活动是强制性的，不存在个人的决定权。再如，依据《个人信息保护法》第16条的规定，如果处理个人信息属

[①] 欧盟《一般数据保护条例》第18条第1款规定了数据主体行使限制处理权的四种情形，即（a）数据主体质疑个人数据的准确性，且允许控制者在一定期限内核实个人数据的准确性；(b) 该处理是非法的，并且数据主体反对删除该个人数据，要求限制使用该个人数据；(c) 控制者基于数据处理目的不再需要个人数据，但数据主体为法定请求权的确立、行使和抗辩而需要个人数据；(d) 数据主体根据本条例第21条第（1）款的规定反对数据处理，希望确认控制者的法律依据是否优先于数据主体的法律依据。

于提供产品或者服务所必需的，那么在个人不同意处理其个人信息或者撤回同意的情形下，个人信息处理者可以拒绝提供产品或者服务。这实际上就在客观上对于个人对其个人信息处理的决定权构成了限制。

（三）查阅复制权

1. 查阅复制权的含义

《个人信息保护法》第45条第1、2款规定："个人有权向个人信息处理者查阅、复制其个人信息；有本法第十八条第一款、第三十五条规定情形的除外。个人请求查阅、复制其个人信息的，个人信息处理者应当及时提供。"这就是所谓的查阅复制权。对此种权利，比较法上皆有规定。欧盟《一般数据保护条例》第15条称之为"数据主体的访问权（Right of access by the data subject）"，韩国《个人信息保护法》第35条规定的"个人信息的取得"，我国台湾地区"个人资料保护法"第3条第1、2项规定了当事人就其个人资料有权"查询或请求阅览"与"请求制给复制本。"在《个人信息保护法》颁布前，我国《民法典》第1037条第1款第1句规定了自然人针对信息处理者享有依法查阅或者复制其个人信息的权利。

个人查阅、复制其个人信息的权利是维护自然人的个人信息权益的重要手段。一方面，依据《个人信息保护法》第7条，个人信息处理应当遵循公开透明原则，公开个人信息处理规则，明示处理的目的、方式和范围。同时，依据《个人信息保护法》第44条，个人对其个人信息的处理享有知情权和决定权。如果个人不能向个人信息处理者查阅、复制其个人信息，那么个人信息处理就不可能公开透明，个人也无法针对其个人信息的处理享有知情权，因为个人根本就不知道其个人信息是否被处理，被何人处理以及处理方式、处理的个人信息种类究竟如何。在这种情况下，个人实质上就丧失了对其个人信息的处理的决定权，个人信息权益就无法得到保障。此外，如果个人针对个人信息处理者不享有查阅、复制其个人信息的权利，个人也无法知悉其被处理的个人信息是否准确、完整，自然也无法行使《个人信息保护法》第46条以及《民法典》第1037条第1款规定的提出异议并请求处理者及时采取更正、补充等必要措施的权利。由此可见，法律有必要赋予自然人以查阅和复制个人信息的权利，以确保自然人对其个人信息的知情权和保持应有的控制，避免因为非法收集、处理而致其人身财产权益遭受侵害。

2. 查阅复制权的主体

《个人信息保护法》第 45 条规定的查阅复制权的权利主体是个人，即其个人信息被处理的自然人。查阅复制权并非具有人身专属性的权利，故此，个人有权自行行使查阅复制权，也有权委托他人代为行使该权利。如果自然人已经死亡的，其近亲属为了自身的合法、正当利益，可以对死者的个人信息行使查阅复制权，除非死者生前另有安排。

查阅复制权的义务主体是个人信息处理者，即自主决定个人信息的处理目的和处理方式的组织、个人。当然，个人只能针对处理了其个人信息的处理者行使查阅、复制其个人信息的权利，而不能针对没有处理其个人信息的处理者行使该权利。如果处理者是共同处理者，即两个以上的个人信息处理者共同决定个人信息处理目的与处理方式的，个人可以向任何一个个人信息处理者要求行使查阅复制其个人信息的权利，共同处理者内部的约定（如约定仅由某个个人信息处理者来接受个人查阅复制的要求的），对于个人行使查阅复制权，不发生影响。如果个人信息处理者因为合并、分立、被宣告破产等原因导致个人信息转移的，则应当向个人告知接收方的名称或姓名、联系方式，以便个人向接收方行使查阅复制权；如果处理者向其他处理者提供其处理的个人信息或者向境外提供个人信息的，那么也应当告知个人接收方的名称或姓名、联系方式等，尤其是在向境外提供个人信息的情形中，必须将个人向境外接收方行使《个人信息保护法》规定的权利的方式加以告知。

3. 查阅复制权的客体

依据《个人信息保护法》第 45 条第 1 款，个人针对个人信息处理者请求查阅、复制的是其个人信息。所谓"其个人信息"，不能狭隘地理解为就是个人被个人信息处理者所处理的个人信息本身，而应当广义地理解为"个人信息处理事项"，即个人信息处理的相关情况。例如，依据欧盟《一般数据保护条例》第 15 条第 1 款的规定，数据主体有权从控制者处确认其个人数据是否正在被处理，以及有权在该种情况下访问个人数据和以下信息：(a) 处理的目的；(b) 个人数据的种类；(c) 个人数据已经或者将要向其披露的个人数据的接收者的种类，特别是在第三国或者国际组织的接收者；(d) 若可能提供，预计的个人数据存储期限，若无法提供，用于确定该期限的标准；(e) 向控制者要求修改、删除、限制处理或拒绝处理的权利；（f）向监管机构投诉的权利；（g）在个人数据并非从数据主体处收集的情况下，可得到的关于其来源的任何信息。（h）本条例第 22 条第（1）款以及第（4）款所述的自动决策机制，包括数据画像及有关的逻辑程序和有意义的信息，以及此类处理对数据主体的意义和预期影响。

我国的推荐性国家标准《网络信息技术 个人信息安全规范》（GB/T 35273—2020）第 8.1 条将查阅的内容规定为：个人信息控制所持有的个人信息或者个人信息的类型；上述个人信息的来源、所用于的目的；已经获得上述个人信息的第三人身份或类型。本书认为，这个范围显然过于狭窄。在我国法上，个人向个人信息处理者查阅、复制的其个人信息大致应当包括：个人信息是否正在被处理；个人信息处理者的身份和联系方式；个人信息的处理目的、处理方式、处理的个人信息的种类；被处理的全部个人信息（无论是否属于已公开的）；处理已公开的个人信息的则包括个人信息的来源；个人信息的保存期限；个人行使《个人信息保护法》规定权利的方式和程序等。

4. 查阅复制权的内容

所谓查阅，就是指（把书刊、文件等）找出来阅读有关的部分。[①] 个人向个人信息处理者请求查阅其个人信息，就是指个人请求个人信息处理者将其个人信息找出来并由其加以阅读。既然要能够让个人阅读，显然个人信息处理者提供给个人的个人信息也必须是以自然人能够阅读的形式加以呈现，而不能以个人无法阅读的二进制代码的方式提供。《个人信息保护法》第 17 条要求个人信息处理者在处理个人信息前，应当以显著方式、清晰易懂的语言真实、准确、完整地向个人告知相关处理事项。同样，在个人向个人信息处理者要求查阅其个人信息时，个人信息处理者也应当以清晰易懂的语言真实、准确、完整地向个人提供相关个人信息，而不能隐瞒或者遗漏。

所谓复制，就是要求个人信息处理者为个人提供所要求复制的其个人信息的副本，此种副本的形式应当是书面形式的，包括纸介质或者电子介质。至于传送方式，可以是由个人信息处理者发送到个人的电子邮箱或者由个人信息处理者为个人提供相应的下载方式。

[①] 中国社会科学院语言研究所词典编辑室：《现代汉语词典》（第七版），北京，商务印书馆 2016 年版，第 437 页。

5. 查阅复制权的行使

《个人信息保护法》第 45 条并未就个人向个人信息处理者查阅或者复制其个人信息的具体程序问题作出规定，这主要是考虑到个人信息处理者的类型不同，既有国家机关也有非国家机关，个人要求查阅、复制的个人信息也不相同。对此，法律无法作出更细致的规定，不如交给个人信息处理者自行决定或由其与个人进行约定更妥当。从《个人信息保护法》第 17 条第 1 款第 3 项的规定来看，个人信息处理者可以就个人行使查阅复制权等权利的方式和程序作出规定，也可以与个人进行约定。当然，无论是个人信息处理者自行制定的权利行使方式和程序，还是与个人的约定，都不得违反法律、行政法规的强制性规定，也不得存在排除个人在个人信息处理活动中的权利的格式条款，否则此等约定或条款都是无效的。例如，个人信息处理者在处理规则中要求个人放弃查阅复制的权利，那么这种条款属于《民法典》第 497 条第 3 项规定的"提供格式条款一方排除对方主要权利"的情形，是无效的。①

6. 查阅复制权的排除

从比较法上来看，各个国家或地区的数据保护法或个人信息保护法都规定了个人不得行使查阅复制权的例外情形。例如，韩国《个人信息保护法》第 35 条第 4 款规定，"有下列情形之一时，可以将该事由告知信息主体并限制或拒绝其查阅：1. 法律规定禁止或限制查阅的；2. 可能侵害他人的生命和身体，或者不当侵犯他人财产或其他利益的；3. 公共机构在执行下列任务时，会给执行任务带来重大阻碍的：a. 税收或退税等相关业务；b.《小学、初中教育法》及《高等教育法》规定的各级学校，《终身教育法》规定的终身教育机构，以及除此之外其他法律规定的高等教育机构中有关成绩评价或入学选拔等业务；c. 学历、技能及聘用相关的考试，资格审查等业务；d. 正在进行的补偿金、抚恤金等计算评估或判断的业务；e. 依法进行的监察或调查业务"。再如，我国台湾地区"个人资料保护法"第 10 条规定，"公务机关或非公务机关应依当事人之请求，就其搜集之个人资料，答复查询、提供阅览或制给复制本。但有下列情形之一者，不在此

---

① 我国台湾地区"个人资料保护法"第 3 条明确规定："当事人就其个人资料依本法规定行使之下列权利，不得预先抛弃或以特约限制之：一、查询或请求阅览。二、请求制给复制本。三、请求补充或更正。四、请求停止搜集、处理或利用。五、请求删除。"

限：一、妨害国家安全、外交及军事机密、整体经济利益或其他国家重大利益。二、妨害公务机关执行法定职务。三、妨害该搜集机关或第三人之重大利益"。

《个人信息保护法》第45条第1款规定了个人不得行使查阅复制权的两类情形：其一，《个人信息保护法》第18条第1款，即法律、行政法规规定应当保密或者不需要告知的情形。例如，国家安全机关在反间谍工作中采取技术侦察措施而获取的有关个人信息，依据《保守国家秘密法》应当保密的。如果法律、行政法规规定应当保密的，那么既不能告知个人，个人也不得行使查阅复制权。至于不需要告知的情形，即个人已经知道了个人信息处理的相关事项的，允许个人查阅复制也是毫无必要的，徒增处理者的负担。其二，《个人信息保护法》第35条规定的情形，即国家机关为履行法定职责处理个人信息，如果告知将妨碍国家机关履行法定职责的，不得告知。显然，这种情形下，不得告知，更不得查阅复制，否则同样会妨碍国家机关履行法定职责。

7. 侵害查阅复制权的救济

如果在个人向个人信息处理者请求查阅复制其个人信息时，个人信息处理者无正当理由就拒绝该请求，此时，个人能否向法院提起诉讼，获得司法救济？[①] 对此，存在不同的看法。一些学者和实务界人士认为，如果仅仅是为了查询、复制个人信息而被个人信息处理者所拒绝，个人就可以到法院起诉，那么很可能出现滥诉，造成诉讼爆炸，给法院增加很多工作量。况且，查询复制权无法行使也不会给信息主体造成什么损失，因此，不应就此赋予个人以诉权。即便可以因此向法院起诉，也有必要给查阅复制权的司法救济设立前置程序。例如，个人可以先向履行个人信息保护职责的部门进行投诉，只有在投诉无果的情况下，才能向法院起诉。

本书不赞同上述观点。"没有救济就没有权利"，既然《个人信息保护法》《民法典》已经明确赋予了个人查阅复制其个人信息的权利，那么当该权利受到侵害时，权利人当然可以获得司法救济，请求法院保护权利。所

[①] 《信息安全技术 个人信息安全规范》（GB/T 35273—2020）第8.1条的注解指出：如果自然人提出查询的个人信息并非是其主动提供的个人信息时，个人信息控制者可在综合考虑不响应请求可能对个人信息主体合法权益带来的风险和损害，以及技术可行性、实现请求的成本等因素后，作出是否响应的决定，并给出解释说明。

谓的诉讼爆炸等问题并无实证证据加以支持，况且即便偶尔出现，也可以依据禁止权利滥用的原则加以防止，不能据此就否定查阅复制权的可诉性。故此，个人的查阅复制权被个人信息处理者无理拒绝后，个人既有权向履行个人信息保护职责的部门进行投诉、举报，也有权寻求司法救济，通过向法院提起诉讼而请求排除妨碍，顺利实现权利。[①] 正因如此，《个人信息保护法》第50条第2款明文规定，个人信息处理者拒绝个人行使权利的请求的，个人可以依法向人民法院提起诉讼。

（四）可携带权

1. 规定可携带权的理由

可携带权，也称"个人信息可携带权"或"数据可携带权"（Right to data portability），它是由欧盟《一般数据保护条例》第20条首次规定的一种新型的数据主体权利，是指自然人对于其同意数据控制者所处理的数据化形式承载的个人信息即个人数据，有权要求该控制者提供结构化的、通用的、机器可读的、能共同操作的，以格式形式加以提供的权利，自然人可以将此等个人数据转移给其他控制者。例如，张三在A银行开立账户，提供了个人信息给作为数据控制者的A银行，此后当张三在B银行开设账户时，张三有权要求数据控制者A银行将其个人信息转移给新的数据控制者B银行。依据欧盟《一般数据保护条例》第20条，数据可携带权需要满足三个条件：其一，可携带权指向的数据是个人数据，如果是无法识别数据主体的数据，不适用可携带权；其二，个人数据必须是在取得数据主体同意的基础上由数据主体提供的或者处理个人数据是履行数据主体作为一方当事人的合同所必需的。如果处理个人数据不是基于合同或者个人的同意，而是从其他数据控制者处获取的个人数据，或者是数据控制者为了公共利益目的或行使公权力所必需而处理的数据，都不适用可携带权。其三，对个人数据采取的是自动化的处理方式，也就是说，是通过数据处理系统对个人数据进行处理的，如果是非自动化处理的，数据可携带权也不适用。欧盟《一般数据保护条例》确立数据可携带权的目的，在于强化数据主体对通过自动化手段进行数据处理的数据的控制，使数据主体可以便捷地将

[①] 对此，欧盟《一般数据保护条例》第12条第4款也有明确的规定："如果控制者未根据数据主体的请求采取行动，控制者应当自收到请求起至迟不超过一个月通知数据主体未采取行动的原因以及向监管机构投诉以及寻求司法救济的可能性。"

其个人数据从一个控制者传输给另一个控制者。① 该权利赋予了数据主体更大的经济上的灵活性，并因此赋权消费者（Consumer Empowerment），使之有能力轻松地从一个网络环境复制或传输个人数据到另一个网络环境。② 此外，数据可携带权也可以促使服务者之间为争取客户而展开竞争，推动隐私友好型技术和互操作式数据格式（interoperable data formats）的发展。③

在我国《个人信息保护法》的起草过程中，关于是否规定数据可携带权，存在两种观点：一种观点认为，我国法律上不应当赋予自然人以数据可携带权。首先，规定数据可携带权不仅会极大地增加企业的经营成本，技术实现上存在很大的难度，而且也会导致企业的竞争优势丧失，毕竟个人信息是网络企业取得竞争优势的重要的资产。而且，规定数据可携带权还将导致各个企业之间以此为工具抢夺数据，存在不正当竞争的风险。④ 其次，数据可携带权的确立，很可能导致数据企业拥有的个人数据被其他数据企业免费获得，这明显会抑制数据企业继续投入资金、技术于收集、储存个人数据的意愿，从而不利于我国大数据产业的发展。再次，数据可携带权使更多数据控制者拥有获取数据主体个人数据的机会，这给许多黑客盗取个人数据大开方便之门，因此，数据可携带权不是增强了个人对个人数据的控制，而是弱化了其对个人数据的控制，增加个人数据和个人隐私暴露的风险。⑤ 最后，个人信息可能并非是单个个人的，而会涉及多人，如群发电子邮件等，承认数据可携带权可能会侵害他人的隐私、通信秘密和企业的商业秘密等。

另一种观点认为，应当承认个人数据的可携带权。首先，赋予个人自由获取和转移个人信息的权利，增强个人对其个人信息的控制权，体现了自然人对其个人信息或个人数据的支配性，是个人信息权益的重要组成部分。其次，规定数据可携带权，可以打破个人信息或个人数据领域的垄断，

---

① 参见欧盟《一般数据保护条例》"序言"部分的第 68 条。
② Paul Voigt & Axel von dem Bussche, *The EU General Data Protection Regulation（GDPR）: A Practical Guide*, Springer, 2017, p. 168.
③ Paal, in: Paal/Pauly, DSGVO, Art. 20 (2017), rcc. 5.
④ 京东法律研究院：《欧盟数据宪章:〈一般数据保护条例〉GDPR 述评及实务指引》，北京，法律出版社 2018 年版，第 64 页。
⑤ 卓力雄：《数据携带权：基本概念、问题与中国应对》，载《行政法学研究》2019 年第 6 期，第 142 页。

防止大型网络企业扼杀新型的网络企业的发展，为激励行业竞争和技术创新提供了良好的环境。① 目前，我国司法实践中已经出现了涉及该问题的案件，例如，在腾讯和抖音就用户头像和昵称的归属所发生的争议中，就涉及作为用户的个人是否享有个人数据可携带权的问题。② 因此，有必要在法律上规定数据可携带权。

在我国《个人信息保护法》的起草过程中，有的常委委员和社会公众、部门、专家提出，为方便个人获取并转移其个人信息，建议借鉴有关国家和地区的立法，增加个人信息可携带权的规定。全国人民代表大会宪法和法律委员会经研究，建议增加规定：个人请求将其个人信息转移至其指定的个人信息处理者，符合国家网信部门规定条件的，个人信息处理者应当提供转移的途径。③ 最终，《个人信息保护法》对个人信息的可携带权作出了规定，即在该法第45条第3款规定："个人请求将个人信息转移至其指定的个人信息处理者，符合国家网信部门规定条件的，个人信息处理者应当提供转移的途径。"

本书认为，规定个人信息可携带权是非常有必要的，最根本的理由就在于，通过规定个人信息可携带权可以很好地预防和制止平台经济领域尤其是社交网络平台内的垄断行为，保护市场公平竞争，促进平台经济规范有序创新健康发展，维护消费者利益和社会公共利益。我国数字经济发展至今，一些大型的网络企业利用其先发优势确立的市场地位，掌握着巨量的个人信息和数据，从而牢牢控制着市场，实行垄断行为，同时，利用一切手段阻止与扼杀其他企业在该领域的创新和竞争。长此以往，对于我国

---

① 刘云：《欧盟个人信息保护法的发展历程及其改革创新》，载《暨南学报（哲学社会科学版）》2017年第2期；叶名怡：《论个人信息权的基本范畴》，载《清华法学》2018年第5期。有观点认为，携号转网是数据可携带权的具体表现形式，这一举措强化了用户的信息控制权，打破现有电信运营商的优势地位，从而促进市场竞争，优化市场结构。汪庆华：《数据可携带权的权利结构、法律效果与中国化》，载《中国法律评论》2021年第3期，第198-199页。本书认为，携号转网并非是个人信息可携带权的具体表现，可携带权也不是为了解决携号转网的问题。后者就是一个电信资源管理问题，只要作为最高主管机关的工信部同意，携号转网不是问题。当然，转网中也会涉及用户的姓名、电话号码等个人信息的转移问题。

② 相关评论，参见包晓丽、熊丙万：《通讯录数据中的社会关系资本——数据要素产权配置的研究范式》，载《中国法律评论》2020年第2期；谌嘉妮：《我的数据谁做主？——基于"头腾之争"对个人数据可携带权与企业数据权边界的研究》，载《互联网天地》2019年第6期。

③ 《全国人民代表大会宪法和法律委员会关于〈中华人民共和国个人信息保护法（草案）〉审议结果的报告》。

数字经济的健康发展，广大人民群众的合法权益以及社会公共利益的维护都是不利的。正因如此，进入2021年以来，我国政府在平台反垄断领域采取了一系列的举措。2021年2月7日，国务院反垄断委员会制定发布了《国务院反垄断委员会关于平台经济领域的反垄断指南》，该指南强调《反垄断法》及配套法规规章适用于所有行业，对各类市场主体一视同仁、公平公正对待，旨在预防和制止平台经济领域的垄断行为，促进平台经济规范有序创新健康发展。2021年4月10日，国家市场监督管理局总局发布对阿里巴巴的处罚决定，认定阿里巴巴禁止卖家在其他竞争性平台开店、促销的行为（"二选一"行为）违反《反垄断法》，并以阿里巴巴在2019年的销售收入的4%计算罚款金额，共计182.28亿元。2021年4月26日下午4点，国家市场监督管理总局表示，根据举报，近日依法对美团实施"二选一"等涉嫌垄断行为立案调查。在平台经济领域反垄断的大背景下，更有必要规定个人信息的可携带权，从而既能有效地维护个人信息权益，又能打破大型网络企业的信息垄断，从而实现更加公平的竞争，也为网络企业更好地履行个人信息保护的义务与责任提供压力和动力。当然，个人信息可携带权也是存在适用条件和对象的，不是所有的情形下都可以适用，故此，为了对可携带权进行规范，《个人信息保护法》明确了必须"符合国家网信部门规定条件"，个人信息处理者才应当为个人提供个人信息转移的途径。

2. 可携带权的主体

依据《个人信息保护法》第45条第3款，个人请求将个人信息转移至其指定的个人信息处理者，符合国家网信部门规定的条件的，个人信息处理者应当提供转移的途径。由此可见，可携带权中至少涉及三方当事人，一是可携带权的权利主体即个人，二是可携带权指向的义务人，即个人请求其转移个人信息的个人信息处理者，三是个人指定的个人信息处理者，即接收个人信息的个人信息处理者。

3. 可携带权的要件

《个人信息保护法》第45条第3款没有对可携带权行使的要件作出具体的规定，从该款"符合国家网信部门规定的条件"的表述来看，显然是授权国家网信部门来作出规定。本书认为，可携带权的行使要件应当包括以下两项：首先，仅适用于个人信息且该个人信息是信息主体主动提供的，

• 554 •

或者是为订立和履行个人作为一方当事人的合同所必需的个人信息。至于为履行法定职责或者法定义务、应对突发公共卫生事件等其他依据法律、行政法规规定的情形而处理个人信息的场合，不适用可携带权。例如，在国家机关为履行法定职责而处理个人信息的情形中，个人不能向国家机关行使可携带权，要求国家机关为个人将个人信息转移至其指定的个人信息处理者提供转移的途径。其次，对个人数据采取的是自动化的处理方式。对于非自动化处理的个人信息，尤其是电子方式以外的其他方式记录的个人信息，不能适用可携带权。

4. 可携带权的行使方式

个人请求将个人信息转移至其指定的个人信息处理者，如果满足国家网信部门规定的条件，个人信息处理者应当提供转移的途径。可携带权的实现需要统一机器可读的数据格式，且数据提供方与接收方之间需建立转移数据的通道，故此，所谓提供转移的途径，主要是指个人信息处理者与个人所指定的个人信息处理者之间通过相关合同或协议来实现个人信息的转移，否则，仅仅是个人信息处理者的单方行动是无法将个人信息转移至个人指定的个人信息处理者的。例如，2018年，谷歌公司发起的"数据转移计划（DTP）"项目，这是一个开源项目，该项目所开发的工具能够让用户将个人信息（照片、视频、邮件记录等）直接从一个服务器转移到另一个服务器，既不需要使用第三方工具，也不会存在数据泄露的安全风险。微软、推特、脸书以及苹果公司也都参加了该技术。目前，仅谷歌一家公司就有70多种产品和服务支持用户通过数据传输工具获取和转移照片、邮件记录等个人信息，月均文件传输量可达200万条，2019年文件传输量达到了2000亿条。因此，个人信息处理者在个人具备了行使可携带权的条件下，应当为个人信息的转移提供途径，这种情形下，最好的办法是通过采取如同谷歌公司的DTP项目那样的开源项目来实现用户的个人信息的转移，而不是实行一对一的判断。

（五）更正补充权

1. 更正补充权的含义与规范目的

《个人信息保护法》第46条规定："个人发现其个人信息不准确或者不完整的，有权请求个人信息处理者更正、补充。个人请求更正、补充其个人信息的，个人信息处理者应当对其个人信息予以核实，并及时更正、补充。"该条规定就是所谓的更正补充权。欧盟《一般数据保护条例》称之为"更正权"(Right to Rectification)。在个人信息处理活动中，如果处理者处理的个人信息是不准确或不完整的，将对个人的权益造成不利影响甚至损害。例如，在征信活动中，如果征信机构所处理的作为信用评价对象的个人的信息是不完整或不准确的，那么就会导致个人被错误地进行信用评级，对其获得贷款、就业等生产生活造成不利影响。再如，网络购物平台收集的用户的通讯地址和联系方式是错误的，那么当用户在该平台购物时，商家寄送给该用户的物品就可能无法或迟延收到。如果说前述个人信息的不准确或不完整只是导致个人的财产权益受到不利影响，那么处理的个人的医疗健康信息如果出现错误的话，很可能导致患者的生命健康权受到损害。

正是由于更正权有助于纠正和预防对信息主体权利和自由的不利影响，极为重要，故此，该权利也是在个人信息保护立法中被最早规定的一类权利。1995年《个人数据保护指令》第12条（b）规定，成员国应当保证，在数据处理不符合本指令的规定特别是数据不完整或不准确时，数据主体有权要求数据控制者相应地对数据予以更正、删除或冻结。欧盟《一般数据保护条例》序言部分的第36条指出，"应采取每一个合理步骤，确保纠正或删除不准确的个人资料"。该条例第16条规定："数据主体有权要求控制者及时更正与其相关的不准确的个人数据。考虑到处理的目的，数据主体应当有权将不完整的个人数据补充完整，包括通过提供补充声明的方式。"日本《个人信息保护法》第29条规定："若能够识别本人的、持有的个人数据的内容并非事实的，则该本人可以请求个人信息处理业者对该持有的个人数据的内容进行订正、追加或删除（以下于本条称为'订正等'）。个人信息处理业者在接到前一款规定的请求后，除其他法令对该内容的订正等规定有特别程序的情形外，应当立即在达到利用目的所必要的范围内展开必要的调查，并根据调查结果对持有的该个人数据的内容进行订正等。个人信息处理业者在对前一款规定的请求所涉及的持有的个人数据之全部或部分内容进行了订正等或者决定不进行订正等时，应当立即将该情况（在进行了订正等时，包括订正等的内容）或该决定通知给本人。"韩国《个人信息保护法》第36条第1、2款规定："根据第三十五条，查阅本人个人信息的信息主体，可以要求个人信息处理者对其个人信息进行更正或者删除。但是，其他法令明确规定该个人信息为收集对象的，不得要求删除。根据第一款的规定，个人信息处理者接到信息主体的要求后，若没有其他法令对个人信息的更正或者删除作出特别程序的规定,应当立即对个人信息进行调查,根据信息主体的要求对相关信息采取更正或删除,并将结果及时告知信息主体。"我国台湾地区"个人资料保护法"第 11 条第 1、2 款规定:"公务机关或非公务机关应维护个人资料之正确,并应主动或依当事人之请求更正或补充之。个人资料正确性有争议者,应主动或依当事人之请求停止处理或利用。但因执行职务或业务所必须,或经当事人书面同意,并经注明其争议者,不在此限。"

在《个人信息保护法》颁布前,我国《网络安全法》《民法典》等法律以及行政法规规定,个人发现个人信息错误时有权请求更正。《网络安全法》第 43 条规定:"……发现网络运营者收集、存储的其个人信息有错误的,有权要求网络运营者予以更正。网络运营者应当采取措施予以删除或者更正。"《民法典》第 1037 条第 1 款第 2 句规定,自然人发现信息有错误的,有权提出异议并请求及时采取更正等必要措施。《征信业管理条例》第 25 条规定:"信息主体认为征信机构采集、保存、提供的信息存在错误、遗漏的,有权向征信机构或者信息提供者提出异议,要求更正。征信机构或者信息提供者收到异议,应当按照国务院征信业监督管理部门的规定对相关信息作出存在异议的标注,自收到异议之日起 20 日内进行核查和处理,并将结果书面答复异议人。经核查,确认相关信息确有错误、遗漏的,信息提供者、征信机构应当予以更正;确认不存在错误、遗漏的,应当取消异议标注;经核查仍不能确认的,对核查情况和异议内容应当予以记载。"

我国《个人信息保护法》一方面在第一章"一般规定"中明确了质量原则为个人信息保护法的一项基本原则,该法第 8 条规定:"处理个人信息应当保证个人信息的质量,避免因个人信息不准确、不完整对个人权益造成不利影响。"依据这一原则,个人信息处理者负有采取合理的措施保证其处理的个人信息的准确性与完整性的义务,从而防止对个人权益造成不利的影响。另一方面,《个人信息保护法》又在第 46 条赋予了个人在发现其个人信息不准确或不完整时,请求个人信息处理者进行更正或补充的权利。如此一来,就可以有效地保证个人信息的准确和完整,从而更好地维护个人信息权益。

2. 更正补充权的主体

个人信息的更正补充权的主体是个人,即其个人信息被处理的个人。

个人发现其个人信息不准确或者不完整时，就有权请求个人信息处理者进行更正、补充。个人信息的更正补充权可以由信息主体本人亲自行使，也可以委托其他人代为行使。当信息主体是未成年人时，应当由其父母或者其他监护人行使更正补充权。对此，《未成年人保护法》第72条第2款规定："未成年人、父母或者其他监护人要求信息处理者更正、删除未成年人个人信息的，信息处理者应当及时采取措施予以更正、删除，但法律、行政法规另有规定的除外。"至于死者的个人信息更正补充权，依据《个人信息保护法》第49条，应当由其近亲属行使。

个人信息的更正补充权所指向的义务主体是个人信息处理者，即自主决定处理目的、处理方式的组织、个人。个人只能针对处理了其个人信息的处理者行使更正补充权，而不能针对没有处理其个人信息的处理者行使该权利。如果处理者是共同处理者，即两个以上的个人信息处理者共同决定个人信息处理目的与处理方式的，个人可以向任何一个个人信息处理者要求行使更正补充权。共同处理者内部的约定（如约定仅由某个个人信息处理者来接受个人更正补充的请求的），对于个人行使更正补充权，不发生影响，对此，《个人信息保护法》第20条第1款有明确的规定。如果个人信息处理者因为合并、分立等原因导致个人信息发生转移的，则应当向个人告知接收方的名称或者姓名和联系方式，以便个人向接收方行使更正补充权（《个人信息保护法》第22条）；如果处理者向其他处理者提供其处理的个人信息或者向境外提供个人信息的，那么也应当告知个人接收方的名称或者姓名和联系方式等，尤其是在向境外提供个人信息的情形中，必须将个人向境外接收方行使《个人信息保护法》规定的权利的方式加以告知（《个人信息保护法》第23条、第39条），以便个人便捷地行使更正补充权。

3. 更正补充权的要件

（1）个人只能对其个人信息请求更正或补充

个人只能针对其个人信息请求更正或补充意味着：一方面，个人信息处理者所处理的个人信息必须是合法的，即要么取得个人的同意，要么存在其他合法根据。如果是非法处理的个人信息，则个人可以行使《个人信息保护法》第47条规定的删除权。另一方面，依据《个人信息保护法》第46条的规定，个人只能在发现"其个人信息"不准确或不完整时，请求个人信息处理者更正、补充。这就是说，当某个信息并非仅仅是某个特定个人的个人信息，而是涉及其他人时，该个人不能以该个人信息是不准确或不完整为由，请求更正或补充，因为这样会损害他人的合法权益。例如，张三与A公司的交易信息，就不仅仅是张三的个人信息，还涉及A公司，故此，除非A公司与张三一致认为这个交易信息是不准确或不完整的，应当予以更正或补充，否则不能因为张三的单方请求，个人信息处理者就对此进行更正或补充。

既然个人只能对其个人信息请求更正或补充，那么，当某个个人行使更正补充权时，个人信息处理者就负有采取合理措施，核验申请更正或补充的个人是否属于信息主体的义务，从而避免因冒名顶替行使更正补充权而损害真实信息主体的合法权益。例如，张三盗窃了李四的身份证等证明材料，向个人信息处理者A行使所谓的更正个人信息的权利，将原本正确的李四的个人信息改成错误的个人信息，从而给李四造成了损害。如果因为个人信息处理者没有尽到合理的核验义务，给个人造成损害的，其应当承担赔偿责任。

（2）不准确或者不完整的个人信息

不准确的个人信息（Inaccurate personal information），简单地说，就是指处理者所处理的个人信息与真实的个人信息不一致，不能反映真实的情况。例如，个人的家庭住址、身份证号码、电话号码、生物识别信息、医疗健康信息等出现错误。存在疑问的是，个人信息处理者对个人作出的价值判断（value judgements），如对用户的个人偏好、行为或态度等作出分析或预测中包含或涉及了不准确的个人信息的，是否属于不准确的个人信息？理论上认为，这种情况下需要进行各方利益的平衡，从而判断更正是否属于必要且合理的。如果处理者的价值判断导致了一个人被呈现出虚假的形象且该虚假的形象是能够被证实的，那么就应当更正。[1]

不完整的个人信息（Incomplete personal information），是指个人信息存在缺失或者遗漏。个人信息完整与否，是相对于个人信息处理目的而言的。个人信息处理应当遵循目的限制和最小必要原则，即处理个人信息应当限于实现处理目的所必要的最小范围。这样一来，个人同意处理者处理

---

[1] Paul Voigt & Axel von dem Bussche, *The EU General Data Protection Regulation (GDPR): A Practical Guide*, Springer, 2017, p. 155.

的个人信息当然可以是部分的或不完全的。但是,随着处理活动的进行,如果个人认为处理者所处理的个人信息相对于实现处理目的而言是不全面的或不完整的,那么其有权要求个人信息处理者补充相应的个人信息。问题是,个人要求个人信息处理者补充个人信息,实际上增加了被处理的个人信息的数量,提高了个人信息处理者的成本与负担。此时,对于是否补充应当考虑以下因素,即补充个人信息是否是实现特定的个人信息处理目的所必需的,补充个人信息是否有助于个人信息处理活动,如果不补充个人信息是否会使个人因信息的不完整而面临风险等。[①]

个人信息无论是不准确的还是不完整的,原因各异,有可能是个人提供时的错误所致,也可能是因为客观情况发生变化,还可能是个人信息处理者的原因。无论是什么原因,都不影响个人向个人信息处理者行使更正补充权。

(3) 个人信息处理者应当予以核实

个人请求处理者更正、补充个人信息的,依据《个人信息保护法》第46条第2款的规定,个人信息处理者应当对其个人信息予以核实。核实意味着个人信息处理者不能只要收到个人更正补充的请求,就直接予以更正或补充,而必须核实个人信息是否存在不准确或不完整的情形。个人对其个人信息的不准确或者不完整应当负有举证证明的责任,也就是说,其应当提出证据证明个人信息处理者所处理的其个人信息是不准确或者不完整的。例如,欧盟《一般数据保护条例》第16条要求数据主体在请求更正时,要附上证明文件。韩国《个人信息保护法》第36条第5款也规定,个人信息处理者根据本条第2款的规定进行调查时,在必要情形下,可以让该申请信息主体提供确认更正、删除要求所需的证据资料。

我国《个人信息保护法》第46条第2款也要求个人信息处理者予以核实,就意味着:一方面,个人信息处理者要核实请求更正补充的人是否是信息主体;另一方面,要求更正或补充的个人信息是否不准确或不完整,故此,个人在行使更正补充权时需要向个人信息处理者提交证明材料,即举证证明个人信息不完整或不准确,但是,究竟要证明到何种程度,法律没有规定。《个人信息保护法》第18条允许个人信息处理者通过个人信息

---

① Paul Voigt & Axel von dem Bussche, *The EU General Data Protection Regulation (GDPR): A Practical Guide*, Springer, 2017, p.156.

处理规则明确个人行使更正补充权等权利的方式和程序，故此，本书认为，个人信息处理者可以对个人要求更正补充时应当提交的证明材料等作出规定，但是这种规定不能不合理。

（4）个人信息处理者应当核实并及时更正或补充

《个人信息保护法》第46条第2款要求，个人信息处理者在收到个人的更正补充请求后，应当对其个人信息予以核实，并及时更正或补充。所谓及时，就是个人信息处理者应当毫不迟延。欧盟《一般数据保护条例》第12条第3款规定："控制者应当自收到请求起不得超过一个月内提供根据本条例第15至第22条采取行动的信息。考虑到请求的复杂性和数量，在必要时，这一期限可以再延长两个月。对于延期提供信息的任何情况，控制者都应当自收到请求起一个月内通知数据主体相关情形和延迟原因。"我国《个人信息保护法》没有规定更正或补充的时间具体为多长时间，在实践中，应当考虑更正补充的难易程度等因素确定处理者进行更正或补充所需要的时间。例如，国家网信办秘书局等单位印发的《App违法违规收集使用个人信息行为认定方法》第6条规定，虽提供了更正、删除个人信息及注销用户账号功能，但未及时响应用户相应操作，需人工处理的，未在承诺时限内（承诺时限不得超过15个工作日，无承诺时限的，以15个工作日为限）完成核查和处理的行为，可以被认定为"未按法律规定提供删除或更正个人信息功能"。

（六）删除权

1. 删除权的含义

《个人信息保护法》第47条规定的是在一定情形下个人信息处理者有义务主动删除其处理的个人信息或者个人请求个人信息处理者删除其个人信息的权利。个人针对个人信息处理者的此种请求删除其个人信息的权利，就是"删除权"（Right to Erasure）。《个人信息保护法》规定处理者的删除义务以及个人的删除权的主要理由有以下几点：首先，依据目的限制原则与必要原则，个人信息的处理应当具有明确、合理的目的，个人信息的处理应当与处理目的直接相关，采取对个人权益影响最小的方式。当个人信息处理的目的已经实现或者无法实现时，个人信息处理者就不能再处理个人信息，包括不应再存储个人信息，否则就有可能出现个人信息的泄露、非法买卖或者被用于不符合法律规定或未经个人同意的其他目的，这会对个人信息权益造成危险，因此，有必要强制个人信息处理者删除这些个人信息并赋予个人请求个人信息处理者删除该等个人信息的权利。其次，个人信息处理必须遵循合法的原则，任何组织、个人不得违反法律、行政法规的规定和当事人的约定处理个人信息（《个人信息保护法》第7条、第10条；《民法典》第1035条），个人信息处理者违反法律、行政法规或者违反约定处理个人信息的行为，是非法行为，构成对个人信息权益的侵害。例如，没有取得个人同意且没有法律、行政法规规定的理由收集个人信息的，属于非法收集个人信息；超过了双方约定的个人信息保存期限仍然保存个人信息的，属于非法存储个人信息。针对这些非法的个人信息处理行为，个人当然有权要求作为侵权人的个人信息处理者停止侵害、消除危险。而删除就是停止侵害、消除危险的重要实现方式。最后，当个人信息处理活动是基于个人同意而进行的时候，个人有权随时撤回同意（《个人信息保护法》第16条），一旦个人撤回同意，则处理者不得再处理个人信息，包括不得继续存储个人信息，故此，处理者负有及时删除个人信息的义务，当其不履行该义务时，个人有权请求其删除。

比较法上，各国或各地区的个人信息保护法或数据保护法都明确规定个人享有删除权。如欧盟《一般数据保护条例》第17条第1款规定，数据主体有权要求控制者及时删除其个人数据，并且在下列理由之一的情况下，控制者有义务及时删除数据主体的个人数据：（a）就收集或以其他方式处理个人数据的目的而言，该个人数据已非必要；（b）数据主体根据本条例第6条第1款（a）项或第9条第2款（a）项撤回同意，并且在没有其他有关数据处理的法律依据的情况下；（c）数据主体根据本条例第21条第1款反对处理，并且不存在关于数据处理更重要的合法依据，或者数据主体根据本条例第21条第2款反对处理；（d）个人数据被非法处理；（e）根据控制者所应遵守的欧盟或成员国法律规定的法定义务，个人数据必须被删除；（f）个人数据是根据本条例第8条第（1）款所述的社会信息服务而收集的。美国加利福尼亚州的《消费者隐私保护法》第1798.105节（a）与（c）规定，消费者有权要求企业删除从该消费者处收集的个人信息。在收到消费者要求删除其个人信息的可验证请求后，企业应当从其记录中删除消费者的个人信息，并指示所有服务提供者从其记录中删除该消费者的个人信息。韩国《个人信息保护法》第36条规定，根据该法第35条，查阅本人个人信息的信息主体，可以要求个人信息处理者对其个人信息进行更正或者删除。但是，其他法令明确规定该个人信息为收集对象的，不得要求删除。根据该法第 36 条第 1 款的规定，个人信息处理者接到信息主体的要求后，若没有其他法令对个人信息的更正或者删除作出特别程序的规定，应当立即对个人信息进行调查，根据信息主体的要求对相关信息采取更正或删除，并将结果及时告知信息主体。个人信息处理者根据该法第 36 条第 2 款删除个人信息时，应采取措施以防止该个人信息恢复或再生。

《个人信息保护法》颁布之前，我国《网络安全法》第 43 条第 1 句规定："个人发现网络运营者违反法律、行政法规的规定或者双方的约定收集、使用其个人信息的，有权要求网络运营者删除其个人信息。"《民法典》第 1037 条第 2 款规定："自然人发现信息处理者违反法律、行政法规的规定或者双方的约定处理其个人信息的，有权请求信息处理者及时删除。"《未成年人保护法》第 72 条第 2 款规定："未成年人、父母或者其他监护人要求信息处理者更正、删除未成年人个人信息的，信息处理者应当及时采取措施予以更正、删除，但法律、行政法规另有规定的除外。"此外，一些行政法规和部门规章也对个人信息的删除作出了规定。例如，《征信业管理条例》对超过保存期限的个人不良信息，征信机构应当予以删除作出了规定，该条第 16 条第 1 款规定，征信机构对个人不良信息的保存期限，自不良行为或者事件终止之日起为 5 年；超过 5 年的，应当予以删除。《儿童个人信息网络保护规定》第 20 条规定："儿童或者其监护人要求网络运营者删除其收集、存储、使用、披露的儿童个人信息的，网络运营者应当及时采取措施予以删除，包括但不限于以下情形：（一）网络运营者违反法律、行政法规的规定或者双方的约定收集、存储、使用、转移、披露儿童个人信息的；（二）超出目的范围或者必要期限收集、存储、使用、转移、披露儿童个人信息的；（三）儿童监护人撤回同意的；（四）儿童或者其监护人通过注销等方式终止使用产品或者服务的。"

《个人信息保护法》在上述法律、法规的基础上，于第 47 条对于个人信息处理者的删除个人信息的义务以及个人请求删除个人信息的权利作出了详细的规定，包括适用删除权的具体情形（第 1 款），依据法律、行政法规的规定不能删除或难以删除时个人信息处理者应当采取的措施等。

2. 删除权与被遗忘权

被遗忘权（right to be forgotten）的概念最早是由欧盟法院在 2014 年

就西班牙发生的"冈萨雷斯诉谷歌案（Google-González）"案中确立的。①在该案判决中，欧盟法院认为，作为数据控制者的谷歌公司对于其处理的第三方发布的带有个人数据的网页信息负有责任，有义务将其删除。有关数据主体"不好的、不相关的、过分的"信息应当从搜索结果中删除。由此确立了欧盟法上的被遗忘权概念。此后，在2018年施行的欧盟《一般数据保护条例》中也明确规定了被遗忘权。该条例第17条第1款对数据主体有权要求数据控制者删除其个人数据的权利即删除权作出了规定，第2款则对被遗忘权作出了规定。依据该款，如果控制者对符合该法第17条第1款条件的个人数据进行了公开传播，则其应采取所有合理的方式予以删除（包括采取可用的技术手段和投入合理成本），控制者有责任通知处理此数据的其他数据控制者，删除关于数据主体所主张的个人数据链接、复制件。这就是说，控制者并非仅仅是删除自己所控制的数据，还就其公开传播的数据负有通知其他第三方停止利用、删除的义务。

在我国也曾发生过被遗忘权纠纷案件，即"任甲玉与北京百度网讯科技有限公司名誉权纠纷案"，该案原告曾经与无锡陶氏生物科技有限公司有过合作，网上存在不少关于该合作关系的信息。原告认为，其与陶氏公司的合作已经结束，且因该公司在业界口碑不好，经常有学生退钱，故如果有学生及合作伙伴搜索其名字，从百度页面看到搜索结果会误以为其与该公司还有合作，该不良搜索结果会影响其就业、工作交流及日常生活，这样的搜索信息应当被"遗忘"，故此其要求百度公司删除这些信息。法院认为，我国现行法中并无法定称谓为"被遗忘权"的权利类型，同时，由于"涉诉工作经历信息是任某玉最近发生的情况，其目前仍在企业管理教育行业工作，该信息正是其行业经历的组成部分，与其目前的个人行业资信具有直接的相关性及时效性；任某玉希望通过自己良好的业界声誉在今后吸引客户或招收学生，但是包括任某玉工作经历在内的个人资历信息正是客户或学生借以判断的重要信息依据，也是作为教师诚实信用的体现，这些信息的保留对于包括任某玉所谓潜在客户或学生在内的公众知悉任某玉的相关情况具有客观的必要性。任某玉在与陶氏相关企业从事教育业务合作

---

① 关于该案案情和判决的详细介绍，中文资料可参见周辉：《欧盟"被遗忘权"第一案概要》，载《网络法律评论》2015年第2期；于向花：《被遗忘权研究》，北京，中国社会科学出版社2020年版，第23—30页。

时并非未成年人或限制行为能力人、无行为能力人,其并不存在法律上对特殊人群予以特殊保护的法理基础。"① 故此,任某玉在本案中主张的应"被遗忘"(删除)信息的利益也不具有正当性和受法律保护的必要性,不应成为侵权保护的正当法益,其主张该利益受到一般人格权中所谓"被遗忘权"保护的诉讼主张,法院不予支持。②

理论界就是否应当规定被遗忘权存在很大的争议,赞同被遗忘权的学者所持最主要的理由就是,被遗忘权是现代信息社会中个人要求清除其负面历史信息并消除因此对自身声誉的不利影响的必然需求,它有利于保障人格尊严。③ 这是因为,在数字化与信息化时代,合理的遗忘机制已经被打破,"记忆已经成了常态,而遗忘反而成了例外"④,"完整的数字化记忆代表了一种更为严酷的数字圆形监狱。由于我们所说与所做的许多事情都被储存在数字化记忆中,并且可以通过存储器进行访问,因此,我们的言行可能不仅会被我们同时代的人们所评判,而且还会受到所有未来人的评判"⑤。"上帝宽恕和忘记我们的错误,但互联网从来不会,这就是为什么被遗忘权对于我们如此重要。随着越来越多的私人数据在网络上浮动,尤其是在社交网络上,人们应当拥有将他们的数据完全加以删除的权利。"⑥ 所以,应当通过确立被遗忘权而确立数字时代的新的遗忘机制,使个人免于受困于历史记忆,从而对抗信息与数字技术给个人打上的"永恒烙印"⑦。

反对被遗忘权的学者认为,被遗忘权希望实现的目标是删除个人遗留在信息网络当中的各种有关个人的数字痕迹,从而使其被其他人所"忘

---

① 北京市第一中级人民法院(2015)一中民终字第 09558 号民事判决书。
② 参见丁宇翔:《被遗忘权的中国情境及司法展开——从国内首例"被遗忘权案"切入》,载《法治研究》2018 年第 4 期。
③ 杨立新、韩熙:《被遗忘权的中国本土化及法律适用》,载《法律适用》2015 年第 2 期,第 27—28 页。
④ [英]维克托·迈尔-舍恩伯格:《删除:大数据取舍之道》,袁杰译,杭州,浙江人民出版社 2013 年版,第 72 页。
⑤ [英]维克托·迈尔-舍恩伯格:《删除:大数据取舍之道》,袁杰译,杭州,浙江人民出版社 2013 年版,第 18 页。
⑥ Viviane Reding Vice-President of the European Commission, responsible for Justice, Fundamental Rights and Citizenship Privacy matters-Why the EU needs new personal data protection rules The European Data Protection and Privacy Conference Brussels, 30 November 2010. https://ec.europa.eu/commission/presscorner/detail/en/SPEECH_10_700.
⑦ Daniel Solove, *The Future of Reputation: Gossip, Rumor, and Privacy on the Internet*, Yale University Press, p. 11.

记"，但这些数字痕迹往往是个人在之前产生的不光彩或不愿意让别人"知晓"的信息。①如果承认被遗忘权，就意味着个人可以不断重写历史、改头换面，将虚假的个人历史信息呈现于世人面前，这种做法构成对公众的欺骗，损害了公众的知情权与公共利益，不利于舆论监督。②此外，网络上涉及个人的信息并不一定都是个人信息，还会涉及其他人，因此承认被遗忘权会严重损害言论自由与信息的自由流动，同时也无端增加了企业的负担。至于网络与信息时代的数字化记忆可能会对个人产生的负面影响，应当通过社会规范与社会声誉机制来调整，而非简单地赋予个体以被遗忘权。③

我国《个人信息保护法》没有单独规定被遗忘权，本书赞同这一做法。这是因为：在我国，《个人信息保护法》《网络安全法》《民法典》等法律已经足以保护个人在具有正当利益的前提下免受网络上负面或不良信息的不利影响，无须单独规定被遗忘权。首先，如果网络上发布的信息涉及侵害自然人的名誉权、隐私权等人格权益的，自然人基于名誉权、隐私权当然有权针对侵权人行使停止侵害、排除妨碍等人格权请求权，要求发布相关信息的网络用户删除该等信息。此外，依据《民法典》第1195条的规定，被侵权人还有权要求网络服务提供者采取删除、屏蔽、断开链接等必要措施，这就足以保证构成侵权的信息被从网络上删除。其次，在个人同意个人信息处理者处理其个人信息的情形中，如果个人在同意个人信息处理者将其个人信息加以公开后，又后悔了，认为不妥，则其完全可以随时撤回同意。对此，《个人信息保护法》第16条第1款明确规定："基于个人同意而进行的个人信息处理活动，个人有权撤回其同意。个人信息处理者应当提供便捷的撤回同意的方式。"再次，《个人信息保护法》第47条规定了在符合一定条件下，个人信息处理者主动删除个人信息的义务或者个人要求个人信息处理者删除个人信息的权利。从《个人信息保护法》第47条规定的删除权的适用情形来看，其范围相当广泛，足以将被遗忘权需要保护的情形涵盖进去，故此无须单独规定被遗忘权。此外，我国《网络安全法》第47条还规定："网络运营者应当加强对其用户发布的信息的管理，发现法律、行政法规禁止发布或者传输的信息的，应当立即停止传输该信息，

---

① 陈昶屹：《"被遗忘权"背后的法律博弈》，载《北京日报》2014年5月21日，第14版。
② 丁宇翔：《被遗忘权法定化不利于舆论监督》，载《光明日报》2020年1月11日。
③ 丁晓东：《被遗忘权的基本原理与场景化界定》，载《清华法学》2018年第6期，第100页。

采取消除等处置措施，防止信息扩散，保存有关记录，并向有关主管部门报告。"应当说，除上述情形之外，自然人已无正当的利益可以要求网络服务提供者或信息控制者删除相关个人信息。凡是不符合前述情形而需要被删除的个人信息，无论是以何种方式在网络上呈现或流动，都是合法的，个人无权要求删除。倘若自然人在没有任何正当性理由的情况下可以通过被遗忘权去删除个人信息，势必会损害言论自由和公众的知情权，不利于维护公共利益。[1]

3. 删除权的主体

依据《个人信息保护法》第47条，当存在需要删除个人信息的情形时，首先应当由个人信息处理者主动删除个人信息。所谓个人信息处理者，即自主决定处理目的、处理方式的组织、个人。如果处理者是共同处理者，即两个以上的个人信息处理者共同决定个人信息处理目的与处理方式的，那么任何一个共同处理者都负有主动删除个人信息的义务，它们内部的约定（如约定仅由某个处理者负责删除或收到个人提出的删除其个人信息的请求后予以删除的）对于个人行使删除权不发生影响（《个人信息保护法》第20条第1款）。如果个人信息处理者因为合并、分立等原则导致个人信息发生转移的，则接收方负有主动删除的义务；如果处理者向他人提供其处理的个人信息或者向境外提供个人信息的，提供方和接收方都负有删除的义务，个人也可以请求其删除。

当负有主动删除个人信息义务的处理者没有删除时，个人作为删除权的主体有权请求其删除。个人信息的删除权可以由信息主体本人亲自行使，也可以委托其他人代为行使。当信息主体是未成年人时，应当由其父母或者其他监护人行使删除权。对此，《未成年人保护法》第72条第2款规定："未成年人、父母或者其他监护人要求信息处理者更正、删除未成年人个人

---

[1] 以我国发生的"任某玉案"为例可知，网络服务提供者通过搜索引擎所收录的是已经合法公开的、客观真实的个人信息，这些信息被网络服务提供者以搜索引擎的方式再次呈现，既没有侵害原告的隐私权、名誉权等人格权益，也没有对原告的其他民事权益造成侵害，更未损害其人格尊严或妨害人格自由，故此，原告无权请求被告删除相关链接。但是，西班牙的"冈萨雷斯诉谷歌"案的情形，有所不同。该案中通过谷歌搜索冈萨雷斯全名可与其财产被强制拍卖的信息相连，在冈萨雷斯生活的区域内对其个人的生活造成了一定的困扰，涉及对其人格尊严和职业发展这一重大利益的侵害，故此，法院认为冈萨雷斯有权要求谷歌断开相关个人信息的链接是妥当的。学者对"任某玉案"与"冈萨雷斯案"不同之处的详细分析，参见万方：《终将被遗忘的权利——我国引入被遗忘权的思考》，载《法学评论》2016年第6期。

信息的，信息处理者应当及时采取措施予以更正、删除，但法律、行政法规另有规定的除外。"此外，死者的近亲属也可以针对死者的相关个人信息行使删除权（《个人信息保护法》第49条）。

个人信息处理者在收到个人提出的删除个人信息的请求后，负有验证提出请求的个人是否属于适合主体的义务，否则就可能错误删除其他人的个人信息。《个人信息保护法》第51条已经明确要求个人信息处理者应当根据个人信息的处理目的、处理方式、个人信息的种类以及对个人的影响、可能存在的安全风险等，采取措施确保个人信息处理活动符合法律、行政法规的规定，并防止未经授权的访问以及个人信息泄露、篡改、丢失，这些措施包括制定内部管理制度和操作规程；对个人信息实行分类管理；采取相应的加密、去标识化等安全技术措施；合理确定个人信息处理的操作权限，并定期对从业人员进行安全教育和培训；制定并组织实施个人信息安全事件应急预案；法律、行政法规规定的其他措施等。

4. 应当删除的情形

依据《个人信息保护法》第47条第1款规定，应当删除个人信息的具体情形包括：第一，处理目的已实现、无法实现或者为实现处理目的不再必要。这适用于那些被合法收集的个人信息。目的限制原则是《个人信息保护法》的基本原则，即处理个人信息应当具有明确、合理的目的，并且应当与处理目的直接相关，采取对个人权益影响最小的方式（《个人信息保护法》第6条）。当处理目的已经实现、无法实现或者为实现处理目的不再必要了，那么处理者就没有必要处理个人信息，此时应当删除个人信息。例如，A公司有三个空缺岗位对外进行招聘，收到了100名应聘者投递的简历，经过删选，最终有10名应聘者进入面试环节。这种情形下，没有进入面试环节的90名应聘者的个人信息对于处理者A公司实现其处理目的（招聘新员工）而言，就不再必要了，应当予以删除。一旦10名面试者中最终录取了3人，此次招聘完成，则剩余的7人的个人信息也应当被删除，因为A公司的处理目的已经实现了。如果处理者有多个个人信息的处理目的，仅仅其中部分处理目的实现了，个人信息对于实现剩下的处理目的而言仍然是必要的，则处理者可以不删除个人信息。

第二，个人信息处理者停止提供产品或者服务，在很多情形中，处理者之所以处理个人信息，是为了履行其与个人之间成立的合同，向个人提供产品或者服务，甚至，某些个人信息的处理对于提供产品或者服务是必需的，故此，处理者可以基于个人的同意或者在为了履行个人作为一方当事人的合同所必需的情况下无须取得个人的同意，就处理个人信息。然而，一旦个人信息处理者停止提供产品或者服务，显然个人信息的处理目的就不存在，处理的正当性也消失了，处理者应当主动删除个人信息。所谓个人信息处理者停止提供产品或者服务，包括：个人信息处理者已经履行完毕与个人之间订立的合同或者双方的合同已因解除等其他原因而终止；个人信息处理者因为解散、破产等原因而终止，已经无法提供产品或者服务。

第三，个人信息的保存期限已届满。这个保存期限首先是指法律、行政法规规定的保存期限，因为，当法律、行政法规规定了保存期限时，处理者与个人约定的保存期限不得少于法律、行政法规规定的保存期限。只有在法律、行政法规没有规定保存期限时，处理者与个人才能进行约定，当然，该保存期限的约定也应当遵循目的限制原则，即保存期限应当为实现处理目的所必要的最短时间（《个人信息保护法》第19条）。无论是法定的保存期限还是约定的保存期限届满的，个人信息处理者均应主动删除个人信息。

第四，个人撤回同意。在基于个人同意而进行的个人信息处理中，个人同意是个人信息处理活动的合法性基础，而个人有权随时撤回同意，虽然撤回同意不影响撤回前基于个人同意已经进行的个人信息处理活动的效力（《个人信息保护法》第15条第2款），但是，在个人撤回同意后，个人信息处理活动除非具有其他合法根据，否则个人信息处理者再进行处理活动就是非法的。在这种情形下，个人信息处理者也没有必要继续储存个人信息了，应当主动删除。个人在撤回同意的同时可以要求个人信息处理者删除其个人信息。当然，个人也可以仅仅撤回同意，但不要求个人信息处理者删除其个人信息。此时，个人信息处理者只能存储个人信息和采取必要的安全保护措施，但必须停止其他的个人信息处理活动。

第五，个人信息处理者违反法律、行政法规或者违反约定处理个人信息。前面提到的删除的情形都是在个人信息处理者合法处理个人信息的前提下，而一旦个人信息处理者违反法律、行政法规或者违反约定处理个人信息的，那么这种处理活动就是非法的，个人信息处理者应当立即停止非法处理活动，即删除个人信息，而个人也有权请求其删除。个人信息处理者删除个人信息并不能免除其因非法处理活动而需要承担的法律责任。由于个人信息处理者违反法律、行政法规或者违反约定处理个人信息的情形各不相同，因此删除义务的主体或删除权所指向的对象也不同。如果个人信息处理者未取得个人同意而收集个人信息的，该个人信息处理者应当删除非法收集的个人信息；如果个人信息处理者未取得个人的单独同意而公开其处理的个人信息的，应当删除该个人信息，同时还应当通知其他处理该信息的个人信息处理者加以删除；如果个人信息处理者未取得个人的单独同意将个人信息提供给其他个人信息处理者的，接收者应当主动删除，而提供者也负有通知接收者删除该个人信息的义务。

第六，法律、行政法规规定的其他情形。这是兜底性规定。例如，《征信业管理条例》第 16 条第 1 款规定："征信机构对个人不良信息的保存期限，自不良行为或者事件终止之日起为 5 年；超过 5 年的，应当予以删除。"

依据《个人信息保护法》第 47 条第 1 款之规定，只要存在该款列举的五类情形之一的，个人信息处理者就应当主动删除个人信息，而个人信息处理者未删除的，个人有权请求删除。在个人请求个人信息处理者删除时，个人负有举证责任，即证明存在应当删除的情形。

5. 不得行使删除权的情形

从比较法上来看，有些国家或地区的个人信息保护法或数据保护法既规定了应当删除个人信息的情形，也规定了不得删除的情形。例如，欧盟《一般数据保护条例》第 17 条第 1 款规定了六种应当删除个人信息的情形，同时该条第 3 款又规定了五种不得删除的情形，即当个人数据的处理对于以下情形而言是必要时，不适用该条第 1 款和第 2 款规定的删除权与被遗忘权：(a) 行使言论和信息自由的权利；(b) 根据控制者所应遵守的欧盟或成员国法律规定的处理的法定义务，或为执行符合公共利益的任务，或在行使控制者被授予的官方任务时；(c) 根据本条例第 9 条第 2 款（h）(i) 项以及第 9 条第（3）款，为了公共卫生领域的公共利益；(d) 如导致本条例第 89 条第（1）款所述的为了公共利益、科学、历史研究或数据统计目的不可能实现或严重损害该目标的实现；或者 (e) 为法定请求权的确立、行使和抗辩。德国《联邦数据保护法》第 35 条第 1 款规定："如果在非自动化数据处理的情形中，删除是不可能的或者因特定的储存方式删除需要付出不合理的努力并且数据主体对删除只具有最低的利益，则数据主体无权要求删除并且控制者也没有义务依据欧盟第 2016/679 号条例第 17 条第 1 款删除个人数据，除非符合该条例第 17 条第 3 款规定的例外情形。前述情形中，应当适用欧盟第 2016/679 号条例第 18 条的限制处理来取代删除。如果个人数据的处理是非法的，第 1 句和第 2 句的规定不适用。"再如，我国台湾地区"个人资料保护法"第 11 条第 3 项规定："个人资料搜集之特定目的消失或期限届满时，应主动或依当事人之请求，删除、停止处理或利用该个人资料。但因执行职务或业务所必须或经当事人书面同意者，不在此限。"我国台湾地区"个人资料保护法施行细则"第 21 条规定："有下列各款情形之一者，属于本法第十一条第三项但书所定因执行职务或业务所必须：一、有法令规定或契约约定之保存期限。二、有理由足认删除将侵害当事人值得保护之利益。三、其他不能删除之正当事由。"

我国《个人信息保护法》第 47 条第 2 款规定了两种不能删除的情形。在这两种情形中，由于删除个人信息存在法律上的不能（法律、行政法规规定的保存期限未届满）和客观上的不能（删除个人信息在技术上难以实现），所以，第 47 条第 2 款规定了个人信息处理者应当停止除存储和采取必要的安全保护措施之外的处理。也就是说，个人信息处理者可以继续存储个人信息并采取必要的安全保护措施，但其他的处理活动全部应当予以停止。

第一，法律、行政法规规定的保存期限未届满。这是指，虽然已经符合《个人信息保护法》第 47 条第 1 款第 1、2、3 项的情形，个人信息处理者应当主动删除个人信息的，但是由于法律、行政法规规定了保存期限，而该期限并未届满，如果允许个人信息处理者主动删除个人信息或者个人有权请求删除个人信息，就势必出现违反法律、行政法规的规定。例如，《证券法》第 137 条规定："证券公司应当建立客户信息查询制度，确保客户能够查询其账户信息、委托记录、交易记录以及其他与接受服务或者购买产品有关的重要信息。证券公司应当妥善保存客户开户资料、委托记录、交易记录和与内部管理、业务经营有关的各项信息，任何人不得隐匿、伪造、篡改或者毁损。上述信息的保存期限不得少于二十年。"《电子签名法》第 24 条规定："电子认证服务提供者应当妥善保存与认证相关的信息，信息保存期限至少为电子签名认证证书失效后五年。"《精神卫生法》第 47 条规定："医疗机构及其医务人员应当在病历资料中如实记录精神障碍患者的病情、治疗措施、用药情况、实施约束、隔离措施等内容，并如实告知患者或者其监护人。患者及其监护人可以查阅、复制病历资料；但是，患者查阅、复制病历资料可能对其治疗产生不利影响的除外。病历资料保存期限不得少于三十年。"在前述法律规定的保存期限内，无论是处理目的已经实现或者为实现处理目的不再必要,抑或个人信息处理者停止提供产品或者服务,个人撤回同意的,都不能删除个人信息。此时,个人信息处理者必须停止除存储之外的处理活动。此外,由于处理者依然存储个人信息,故此,依据《个人信息保护法》第 51 条、《民法典》第 1038 条第 2 款以及《网络安全法》第 42 条第 2 款的规定,其应采取必要的安全保护措施。由于采取必要的安全保护措施也涉及对个人信息的一些处理,如加密、去标识化等,所以《个人信息保护法》第 47 条第 2 款统称之为"个人信息处理者应当停止除存储和采取必要的安全保护措施之外的处理。"

第二,删除个人信息从技术上难以实现。在现代网络信息社会,收集个人信息越来越容易,成本也越来越低,但是删除个人信息的成本却比较高。"现实中,大多数数据库都随着时间的推移拼在一起,并未考虑今后要如何删除数据;如果一个数据库非常复杂,那么一个程序员要耗费几十个小时(或更多)从新数据中整理出旧数据并准确地删除不再需要的部分。雇佣一个可以娴熟地处理如此复杂的数据库的程序员,一不小心就要花费 100 多美元(每小时),而且价格只会越来越高。"① 个人信息越是被安全地删除,所需要的成本就越高。然而,不能简单地将删除个人信息的成本高就看作是技术上难以实现。《个人信息保护法》第 47 条第 2 款所称的"删除个人信息从技术上难以实现",应当理解为:现有的技术根本无法删除个人信息或者在现有的技术条件下需要付出不合理成本才能删除。例如,当个人信息是采取云存储的方式时,"相同的数据库或数据库表会存储不同用户的数据,所以这并不是单纯的物理存储,而是能在不同用户间共享的逻辑存储,仍需要软件进行分离""用户通过软件实现安全,以确保其他用户无法故意或意外地获取其数据。"② 在云存储的情形下,除非清空全部用户的数据,否则无法删除个人信息,故此,这种情形就属于删除个人信息从技术上难以实现。此时,可以采取停止除存储和采取必要的安全保护措施之外的处理,以实现删除个人信息旨在达到的目标。

6. 删除的方式

无论是个人信息处理者主动删除,还是个人行使删除权,最终目的是

---

① [美] 迈克尔·费蒂克、戴维·C. 汤普森:《信誉经济》,王臻译,北京,中信出版集团 2016 年版,第 35 页。
② [英] 克里斯托弗·米勒德:《云计算法律》,陈媛媛译,北京,法律出版社 2019 年版,第 12 页。

要做到删除个人信息。问题是何为"删除",换言之,做到何种程度才被认为是《个人信息保护法》所要求的"删除"?《个人信息保护法》并未对"删除"进行界定。《信息安全技术 个人信息安全》(GB/T 35273—2020)第3.10条将"删除"界定为"在实现日常业务功能所涉及的系统中去除个人信息的行为,使其保持不可被检索、访问的状态。"欧盟第29条工作组认为,个人数据的删除意味着:无论个人数据是存储在硬盘还是储存在其他存储介质上都应当被删除,由于个人数据可以在不同位置的不同服务器上都存有备份,故此必须确保所有数据实体被不可恢复地删除(之前版本、临时文档,甚至文档碎片也都要删除)。[①] 我国台湾地区"个人资料保护法施行细则"第6条第1款规定:"本法第二条第四款所称删除,指使已储存之个人资料自个人资料档案中消失。"本书认为,由于删除个人信息的根本目的就是使个人信息不可用,即个人信息处理者或者其他人不可能取得、读取与使用个人信息,故此只要通过某种措施使个人信息无法或者除非花费巨额的成本否则不可能再被个人信息处理者或其他人取得、读取与使用即可,具体的方式可以是物理上毁掉存储个人信息的硬盘,也可以是其他的技术手段。如果仅仅是无法在线访问或者删掉回收站,显然不构成删除,因为个人信息处理者可以很轻易地再次取得和使用该个人信息。

7. 处理者主动删除时的告知义务

当存在《个人信息保护法》第47条第1款规定的情形之一,个人信息处理者主动删除个人信息的,其应当将其删除个人信息这一情况告知个人。《儿童个人信息网络保护规定》第23条规定:"网络运营者停止运营产品或者服务的,应当立即停止收集儿童个人信息的活动,删除其持有的儿童个人信息,并将停止运营的通知及时告知儿童监护人。"从这一规定来看,似乎停止运营的通知就相当于删除个人信息的告知义务。

8. 删除的时间

个人信息处理者应当主动删除个人信息的时间,就是指个人信息处理者从发现存在法律规定应当主动删除的个人信息时起,毫不迟延地删除个人信息所需要的时间;如果是个人请求个人信息处理者删除的,则应当是

---

① Article 29 Data Protection Working Party, Opinion 05/2012 on Cloud Computing, WP 196, Adopted July 1st 2012, p. 12.

自个人信息处理者接到删除的请求时起毫不迟延地删除个人信息所需要的时间。《个人信息保护法》没有规定具体的时间,有一些规章和文件作了一些规定。例如,《汽车数据安全管理若干规定(试行)》第9条第1款第2项规定,汽车数据处理者处理敏感个人信息,个人要求删除的,汽车数据处理者应当在10个工作日内删除。再如,《App违法违规收集使用个人信息行为认定方法》第6条规定,15个工作日是删除的最高时限,App运营者主动承诺的时限可以低于15个工作日,但不能超过。如果没有承诺时限的,不得长于15个工作日。

(七)解释说明权

《个人信息保护法》第48条规定:"个人有权要求个人信息处理者对其个人信息处理规则进行解释说明。"这是关于个人要求个人信息处理者对其个人信息处理规则进行解释说明的权利,简称"解释说明权"。个人信息的处理必须遵循公开透明的原则,个人信息处理者应当公开个人信息处理规则,明示处理的目的、方式和范围,以尊重个人对其个人信息处理享有的知情权。个人信息处理规则是个人信息处理者制定的,该规则的语言应当清晰易懂,而不能含混、复杂甚至令人费解。无论是因为文字表述过于专业还是因为规则之间可能存在冲突矛盾等,只要个人对个人信息处理规则存在理解上的问题,个人都应当有权要求个人信息处理者加以解释说明,故此,《个人信息保护法》第48条对于解释说明权作出了专门的规定。这是维护公开透明原则以及保障个人对个人信息处理的知情权所必需的。

依据《个人信息保护法》第48条的规定,个人有权要求个人信息处理者就个人信息处理规则进行解释说明,因此,解释说明权的权利人是其个人信息被处理的个人,该权利指向的对象是个人信息处理者。故此,当个人信息处理者委托他人处理个人信息的,受托方不是自主决定个人信息处理目的和处理方式的组织或个人,不属于个人信息处理者,并且个人信息处理规则也不是由其制定的,因此,个人只能请求委托方解释说明个人信息处理规则。

(八)个人信息处理者保障权利行使和说明的义务

1. 规范目的

依据《个人信息保护法》第50条第1款,个人信息处理者应当建立便捷的个人行使权利的申请受理和处理机制。① 个人行使权利中的"权利"，主要是指《个人信息保护法》第四章规定的"个人在个人信息处理活动中的权利"，如知情权、决定权、查阅复制权、可携带权、更正补充权、删除权、解释说明权等。个人在个人信息处理活动中的权利指向的义务主体是个人信息处理者，只有个人信息处理者履行相应的义务，个人才能实现此等权利。现代社会中的个人信息处理活动极为普遍，且个人信息处理者所处理的个人信息也涉及数量众多的个人，倘若没有一套科学的程序机制作为保障，个人很难行使权利；对于个人信息处理者而言，也会因为缺失相应的机制保障而侵害个人的权利，承担相应的法律责任。事实上，一套科学合理且合法的个人行使权利的申请受理和处理机制，对于个人信息处理者自身而言也是非常有利的，它能确保个人信息处理者在符合法律规定的前提下，既充分保护个人的权利，又能降低成本、提高效率。② 故此，《个人信息保护法》第50条第1款要求个人信息处理者应当建立便捷的个人行使权利的申请受理和处理机制。

2. 便捷的个人行使权利的申请受理和处理机制

个人信息处理者需要建立的便捷的个人行使权利的申请受理和处理机制可以分为两大部分：第一，申请受理机制。具体包括，个人在向个人信息处理者行使权利时，如要求查阅复制或者要求删除个人信息时，应当通过何种方式（如发送电子邮件或电话等）向个人信息处理者中的何人提出申请，个人提出申请时应当提供何种证明材料以证明其属于个人信息被处理的个人并享有其主张的权利，个人信息处理者在符合何种条件下于多长时间内受理个人的申请并向个人进行反馈等。在现代网络信息社会中，个人信息基本上是以电子形式被处理的，故此，个人信息处理者应当跟随科技的发展采取符合信息时代要求的便捷的申请受理机制，如网上申请并受理。这不仅能够使个人便捷、高效地行使权利，保护个人的隐私，及时维护个人信息权益，也能够使个人信息处理者的处理活动更好地符合法律的规定。

第二，处理机制，就是指个人信息处理者应当如何回应个人符合条件

---

① 《网络安全法》第49条规定："网络运营者应当建立网络信息安全投诉、举报制度，公布投诉、举报方式等信息，及时受理并处理有关网络信息安全的投诉和举报。"
② 我国《网络安全法》第49条第1款就已经明确要求网络运营者应当建立网络信息安全投诉、举报制度，公布投诉、举报方式等信息，及时受理并处理有关网络信息安全的投诉和举报。

的行使权利的请求。例如,在个人行使查阅复制权时,个人信息处理者应如何及时地提供该个人请求查阅、复制的个人信息;当个人行使删除权时,个人信息处理者怎样对需要删除的个人信息进行删除并将结果反馈给个人等。便捷的处理机制显然不是仅仅立足于个人信息处理者的立场,而是在严格遵守《个人信息保护法》的要求下,以保障个人信息权益为中心,兼顾个人、个人信息处理者以及第三人等各方利益的前提下建立起来的。

3. 拒绝个人行使权利的请求的应说明理由

《个人信息保护法》第50条第1款第2句要求,当个人信息处理者拒绝个人行使权利的请求的,应当说明理由。无论个人信息处理者是国家机关还是非国家机关,当其拒绝个人行使权利的请求时,都应当说明理由。例如,个人以个人信息的保存期限已经届满为由而要求个人信息处理者删除其个人信息的,个人信息处理者经核实后发现保存期限尚未届满,故此拒绝个人的删除请求,同时告知其拒绝的理由在于保存期限尚未届满。通过要求个人信息处理者在拒绝个人行使权利的请求时说明理由,一方面,可以保证个人信息处理活动的公开透明,保障个人对其个人信息处理的知情权;另一方面,也可以防止个人信息处理者任意拒绝个人行使权利的请求,并且在个人因未能行使权利而提起诉讼时,便于法院判断个人信息处理者拒绝个人行使权利的行为是否合法。

4. 个人有权提起诉讼

在个人向个人信息处理者行使查阅复制权、补充更正权、可携带权、删除权等权利,而个人信息处理者无正当理由予以拒绝时,个人是否可以向法院提起诉讼?在《个人信息保护法》的起草过程中,曾有观点认为,不应当允许个人提起诉讼,理由是:首先,如果允许起诉,就会被人恶意利用增加个人信息处理者的负担;其次,会给法院造成很大的麻烦,导致诉讼爆炸、案件量激增。

在审议《个人信息保护法》时,有的全国人大常委会委员提出,应当要求个人信息处理者提供便捷的途径,并明确个人向人民法院起诉寻求救济的权利,以更好地保障个人行使个人信息查询、复制等权利,宪法和法律委员会经研究后接受了该意见[①],《个人信息保护法》第50条第2款明确

[①] 《全国人民代表大会宪法和法律委员会关于〈中华人民共和国个人信息保护法(草案三次审议稿)〉修改意见的报告》。

规定："个人信息处理者拒绝个人行使权利的请求的，个人可以依法向人民法院提起诉讼。"本书认为，这一规定是正确的。首先，如果规定了个人在个人信息处理活动中的权利，在权利无法得到实现时，权利人却不能寻求法院的救济，那么该权利就没有意义。没有救济，就没有权利。其次，任何权利都可能被滥用，对此自有法律加以规范，《民法典》第132条已经明确规定："民事主体不得滥用民事权利损害国家利益、社会公共利益或者他人合法权益。"故此，以权利可能被滥用来否定权利的可诉性，属于本末倒置。最后，对于所谓的诉讼爆炸，也没有证据加以支持。况且，合理的程序设计也可以防止这种可能性的发生。

三、死者个人信息的保护

(一) 问题的提出

自然人死亡（仅指生理死亡）后，就丧失了民事权利能力，不再是民事主体，不享有民事权利，也不承担民事义务。数字时代之前，自然人死后，除按照风俗埋葬或火化其遗体外，需要处理的主要是死者遗留的财产，如汽车、房产、现金、债权、股权、知识产权中的财产性权利等。这些财产依据我国《民法典》继承编的相关规定，由死者的继承人进行继承。死者生前所负担的债务，也仅以遗产为限由继承人承担。人类社会早已进入信息时代，在网络科技高度发达的今天，自然人一生中每天都可能会接发电子邮件，在社交平台发布视频照片或留言评论，上网购物或接受服务，浏览、搜索相关信息，利用即时通讯工具与他人进行交流，被各种App收集行踪轨迹等信息，因此，除非是几近灭绝的数字隐士，不然，"你一定会留下数字足迹。除非你付出相当大的努力去消除它，否则总有一天，无论好坏，这些足迹都会成为你的数字遗产"[1]。自然人的数字资产（digital assets）的范围非常广泛，它包含所有与在线或数字世界相关的一系列的无形信息产品[2]，如社交网络上的个人信息，电子邮箱账号及其中的电子邮件、微博或推文、数据库，各种虚拟财产（如比特币、以太坊、网络游戏中的

---

[1] ［英］伊莱恩·卡斯凯特：《网上遗产：被数字时代重新定义的死亡、记忆与爱》，张淼译，福州，海峡文艺出版社2020年版，第53页。
[2] Lilian Edwards & Charlotte Waelde ed., *Law and the Internet*, 3rd., Hart Publishing, 2009, pp. 687-690.

虚拟资产、网购的音乐、电子图书等）、视频、音频、图片等数字化的文本、图像、音乐或声音，各种购物、服务或社交网站上的网络账户及其密码，网络域名，与人格相关的二维或三维图像或图标以及其他类型的数字资产。这些数字资产具有极大的经济价值。2013年普华永道的一项类似的调查发现，用户数字资产的估价为250亿英镑。[1] 信息安全公司迈克菲的调查显示，全球消费者平均每人拥有37 438美元数字资产，包括互联网、电脑和云存储中的各种数据。[2]

一个人死后，其留存的数据资产能否作为"个人合法财产"为继承人所继承，成为国内外非常关注的法律问题。2018年德国联邦最高法院对"Facebook案"作出判决后[3]，更是进一步引发了理论界对该问题的广泛讨论。在我国民法典编纂时，数字遗产问题备受关注。立法机关考虑到"数据和网络虚拟财产的权利性质存在争议，需要对数据和网络虚拟财产的权利属性作进一步深入研究，进一步总结理论和司法实践的经验，为以后立法提供坚实基础"[4] 故此，《民法典》未就数据和网络虚拟财产的权利归属和继承等问题作出具体规定。但是，《民法典》第127条也明确认可数据、网络虚拟财产受到法律保护。

自然人数字资产涉及的民事权益的范围极为复杂，既有资金账户债权、数字作品著作权、商业秘密、虚拟财产等财产性权益，也有自然人针对其个人信息享有的姓名权、肖像权、隐私权、个人信息权益等人格权益。就财产性权益而言，只要是个人的合法财产，在自然人死后就可以被继承，不存在争议。有疑问的是，死者的个人信息能否被继承、是否受到法律保护以及应当如何保护？从法律上来说，对死者个人信息的保护有三种路径：一是继承法的路径，即死者的个人信息可以被继承并据此得到保护；二是侵权法的路径，即只有当他人侵害死者的个人信息时，方可由死者的近亲属提起侵权诉讼；三是个人信息保护法的路径，即规定自然人死后，其近

---

[1] PWC, 'Digital lives: we value our digital assets at 25 billion', (PWC, 2013) https://www.pwc.co.uk/issues/cyber-security-data-privacy/insights/digital-lives-we-value-our-digital-assets-at-25-billion.html.

[2] 张旸：《"数字遗产"成难题》，载《人民日报》2014年6月3日。

[3] Giorgio Resta, Personal Data and Digital Assets after Death: a Comparative Law Perspective on the BGH Facebook Ruling, EuCML, 5/2018, p. 201.

[4] 黄薇主编：《中华人民共和国民法典总则编解读》，北京，中国法制出版社2020年版，第408页。

亲属依然可以针对死者的个人信息行使某些权利。我国采取了第二、三种路径，《民法典》第994条对死者的姓名、名誉、隐私等的侵权法保护作出了规定，而《个人信息保护法》第49条采取了第三种路径。本书将围绕我国《民法典》《个人信息保护法》的上述规定，分别对三种死者个人信息的保护路径加以分析研究。

（二）死者个人信息的继承

死者个人信息能否被继承？这一问题在实践中典型的表现形式就是：某一自然人死亡后，其父母等近亲属希望登录死者生前使用的电子邮箱或其他社交账户，以便查阅复制其中的信息，但被网络服务提供者所拒绝，由此引发了死者的近亲属是否有权继承死者的个人信息及其他数字资产的争议。例如，2005年美国密歇根州的"Ellsworth案"中，在伊拉克服役的美国士兵埃尔沃思曾在雅虎（Yahoo）上开通电子邮箱账户。2004年11月13日，Ellsworth去世，享年20岁。他没有结婚，也没有孩子，去世时也没有遗嘱。在他死后，其父作为继承人希望访问该邮箱，理由是该账户中可能包含与遗产管理、结算和内部事务有关的信息，包括可能有助于确定资产和负债或为遗产准备纳税申报表或其他文件的相关信息。由于没有该账户的密码，故此，Ellsworth的父亲要求Yahoo公司提供密码，但Yahoo公司以会侵害用户的隐私为由加以拒绝。Ellsworth的父亲向法院起诉，2005年4月20日，密歇根州奥克兰县遗嘱法院的尤金·阿瑟·摩尔法官发布命令，要求Yahoo公司通过光盘和书面形式向其父亲发送所有存储在已故雅虎用户Justin Ellsworth账户中的电子邮件、文件和照片的内容。[1] 2018年，德国联邦最高法院判决了著名的"Facebook案"，该案中一名15岁的女孩死于柏林地铁事故，她可能是自杀。死者的父母试图进入女儿的脸书（Facebook）账户查看其个人通信，并了解更多关于她在事故发生时的精神状态。同时，他们还打算收集证据供法庭使用，以防地铁公司针对他们（作为侵权人的继承人）提起损害赔偿诉讼。他们知道正确的登录账号和密码，但访问被拒绝，因为在得到女孩死亡的通知后，该账户已被设置为"纪念"状态，依据平台政策，任何人都不能访问该账户。死者父母请求法院判令被告Facebook公司允许他们访问该账户。此项请求被一审法

---

[1] In re Estate of Ellsworth, No. 2005-296, 651-DE (Mich. Prob. Ct. Mar. 4, 2005).

院支持，但上诉法院依据保护电子通信秘密的法律予以驳回。德国联邦最高法院撤销了上诉法院的决定，认为社交网络账户和大多数合同一样可由继承人继承，因此，女孩的父母有权访问该账户及其数字内容。①

死者的个人信息能否被继承的问题仅指个人信息（或个人数据）这一无形物及其上的权利能否被继承，而非指有信息存储于其中的有体物能否被继承。如果死者的个人信息存储在手机、电脑等有体物上，死者对这些有体物本身享有所有权，继承人当然有权继承该有体物的所有权，进而获取其中存储的死者的个人信息。倘若死者的个人信息本身已经构成作品（如文字作品、摄影作品、视听作品等），那么死者对之享有著作权，而著作权中的复制权、发行权、出租权等财产性权利是可以继承的（《著作权法》第21条第1款）。只有当死者的个人信息既不存在于有体物之上，也没有产生著作权等其他可以依法继承的权利，而是存在于电子邮箱、网络社交账户或被个人信息处理者所收集并存储时，才会发生这些个人信息的继承问题。对于死者个人信息的继承问题，可以从死者生前享有的个人信息权益及死者生前与网络服务提供者之间的网络服务合同债权这两个角度加以分析。

1. 从个人信息权益的角度看死者个人信息的继承

自然人对其个人信息享有相应的权利。此种权利在欧盟《一般数据保护条例》中被称为"就其个人数据受到保护的权利（the right to the protection of personal data concerning him or her）"，该条例序言部分第1条第1款明确将权利作为一种"基本权利（a fundamental right）"，这来源于《欧盟基本权利宪章》第8条第1款和《欧盟运行条约》第16条第1款的规定。在我国，自然人就其个人信息享有的权益被称为"个人信息权益"，多数说认为，该权益性质上属于民事权益。尽管就个人信息权益究竟是民事权利还是民事利益，存在争议，但主流观点认为，个人信息权益性质上属于不同于隐私权、名誉权等具体人格权的一种新型人格权益。②首

---

① Giorgio Resta, Personal Data and Digital Assets after Death: a Comparative Law Perspective on the BGH Facebook Ruling, EuCML, 5/2018, p. 201. 2011年我国也出现过一位女士向腾讯公司要求继承其已故丈夫QQ号码的事件。参见《老公去世沈阳女子想找回QQ腾讯：QQ不能继承》，https://www.cnbeta.com/articles/tech/158065.htm。

② 王利明：《论个人信息权的法律保护——以个人信息权与隐私权的界分为中心》，载《现代法学》2013年第4期；程啸：《论我国民法典中个人信息权益的性质》，载《政治与法律》2020年第8期。

先，从《民法典》对个人信息保护的规定来看，个人信息权益属于人格权益。一方面，《民法典》总则编第五章"民事权利"遵循从人身权益到财产权的排列顺序，对所有的民事权益进行了列举并留出了未来新型民事权益的立法空间。关于个人信息保护的规定即第111条紧接在第109条和第110条对人格尊严和人身自由这两项一般人格权以及对生命权、身体权、姓名权、隐私权等具体人格权的规定之后，在第112条对基于婚姻家庭关系产生的身份权利的规定之前。这就说明了个人信息权益属于人身权益，而非如同物权、债权那样属于财产权益。另一方面，《民法典》人格权编专章即第六章对"隐私权和个人信息保护"作出了规定，虽然该编并未确立"个人信息权"，但是在作为"调整因人格权的享有和保护产生的民事关系（《民法典》第989条）"的人格编中规定个人信息保护，足以说明立法者将自然人针对个人信息享有的权益认定为人格权益而非财产权益。

其次，个人信息权益保护的是自然人的人格利益，个人信息权益保护的根本问题是自然人的人格尊严和人格自由，因此，无论将自然人对其个人信息的权益界定为权利还是利益，都不影响其属于人格权益。因为个人信息是能够识别特定自然人的信息，这种可识别性就体现了人格特征。[1] 个人信息与自然人的人格利益息息相关。无论是基于数据等隐私信息，还是姓名、cookies等一般信息，它们均与人格形成与发展有关，皆为人格要素，均构成个人整体人格之一部分。[2] 个人信息"既是自然人参与社会交往的载体，也是个人人格表现和人格发展的工具"，因此，"信息主体对个人信息流转范围和流转方式的掌握，和个人人格的发展密切联系，这也是在现实社会中保护个人信息相关权益的价值基础"[3]。法律对自然人的个人信息予以保护，本质上是保护其人格利益，包括人的尊严和自由。[4]

最后，我国民事立法和司法实践一直以来采取的是人格权"一元保护

---

[1] 王利明：《论个人信息权在人格权法中的地位》，载《苏州大学学报》2012年第6期，第70页。

[2] 齐爱民：《论个人信息的法律属性与构成要素》，载《情报理论与实践》2009年第10期，第28页。

[3] 王利明主编：《中华人民共和国民法总则详解》（上册），北京，中国法制出版社2017年版，第456页。

[4] 张新宝：《〈民法总则〉个人信息保护条文研究》，载《中外法学》2019年第1期，第67页；刘金瑞：《个人信息与权利配置——个人信息自决权的反思和出路》，北京，法律出版社2017年版，第109页以下。

主义"模式,即通过人格权制度同时实现对精神利益和经济利益的保护。①作为人格权益的个人信息权益,能够同时保护自然人就个人信息享有的精神利益与经济利益。这一点在《民法典》第993条、第1035条、第1036条、第1183条第1款以及第1182条中都有鲜明的体现。故此,在我国,只要明确自然人针对其个人信息享有的是人格权益即可同时保护自然人针对个人信息享有的精神利益和经济利益,无需针对个人信息的人格利益和经济利益分别设立单独的人格权和财产权。

综上所述,我国法上自然人对个人信息享有的个人信息权益属于人格权益而非财产权益。《民法典》第992条明确规定,人格权不得放弃、转让或者继承,故此,自然人死后,其个人信息不能作为财产而由继承人加以继承,自然人也不能通过遗嘱对其死后的个人信息进行处分。②

2. 从合同债权的角度看死者个人信息的继承

死者的个人信息存储在电子邮箱、网络社交账户当中,或者被个人信息处理者所处理(收集并储存),这是基于死者生前与网络服务提供者之间的网络服务合同而发生的。死者生前是该网络服务合同的一方当事人,享有基于合同产生的债权和债务。按照继承法的基本规则,合同关系属于继承法上遗产的核心内容。当被继承人死亡时,继承人取代前者成为合同关系的主体。故此,继承人可以如同被继承人一样,享有对账户服务方的履行请求权,这一请求权首先指向对网络账户的登入许可。③ 然而,从合同债权的角度来论证死者的个人信息可以被继承,需要解决以下几个问题。

第一,电子邮箱、网络社交账户等网络服务合同关系是否为属于具有人身专属性的债权债务关系(a personalized contract)?如果是,那么其就无法被继承。《民法典》第545条第1款第1项规定,根据债权性质不得转让的,债权人不得将该债权的部分或全部转让给第三人。所谓根据债权性质不得转让,主要包括以下类型:(1)当事人基于信任关系订立的委托合

---

① 程啸:《论〈民法典〉对人格权中经济利益的保护》,载《新疆师范大学学报(哲学社会科学版)》2020年第6期。

② 有的学者认为,应当区分死者的虚拟财产中涉及隐私的部分和不涉及隐私的部分,前者不能继承,后者可以继承(参见李岩:《虚拟财产继承立法问题》,载《法学》2013年第4期,第88页)。

③ 王琦:《网络时代的数字遗产·通信秘密·人格权——以社交、通信网络账户的继承为焦点》,载《财经法学》2018年第6期,第90页。

同、赠与合同等产生的债权。（2）债权人的变动必然导致债权内容的实质性变更，例如要求医院进行手术或者要求律师提供咨询的债权；不作为债权一般也不可被单独转让。（3）债权人的变动会危害债务人基于基础关系所享有的利益，实质性地增加了债务人的负担或风险或实质性地损害了债务人的利益。① 对此，理论界认为，电子邮箱、网络社交账户等网络服务合同并非是具有人身专属性的合同。这是因为，此类合同都是由网络服务提供者面向不特定公众而制定的标准化合同②，其主要目的在于提供通信平台的技术基础设施，而不是专门为某个自然人订立的，不存在特定的信任关系，合同债权的转让也并不会导致债权内容的实质性变更或者危及债务人的利益或增加其负担。

第二，网络服务提供者可否通过格式条款或者设定纪念状态来排除对网络服务合同债权债务关系的继承？这是实践中许多网络服务提供者采取排除死者数据被继承的主要方式。在德国"Facebook 案"中，就是因为女孩死亡后，Facebook 公司将其账号设定为"纪念状态"（the status of remembrance），于是女孩的父亲即便有账号和密码也无法登录账户查看死者的个人数据。德国联邦最高法院认为，Facebook 公司既不能在合同中通过标准条款，也不能通过设定纪念状态来排除继承人的继承权。Facebook 公司设定纪念状态的行为已经违反了《德国民法典》第 307 条第 2 款第 1 句的规定，因为它溯及地改变了主要的合同义务，损害了继承人的利益，导致继承人的继承权丧失，同时，该纪念状态也违反了《德国民法典》第 307 条第 2 款第 2 句，危及合同目的的实现，并鼓励创造所谓的"数据坟墓"（data graveyards）③。我国《民法典》对格式条款进行了全面的规范，其第 497 条规定："有下列情形之一的，该格式条款无效：（一）具有本法第一编第六章第三节和本法第五百零六条规定的无效情形；（二）提供格式条款一方不合理地免除或者减轻其责任、加重对方责任、限制对方主要权利；（三）提供格式条款一方排除对方主要权利。"有学者认为，在自然人与网

---

① 黄薇主编：《中华人民共和国民法典合同编解读》，北京，中国法制出版社 2020 年版，第 285－286 页。

② Knut Werner Lange /Marian Holtwiesche, Digitaler Nachlass-eine Herausforderung für Wissenschaft und Praxis (Teil 1)，(2016) ZErb，125，129.

③ Lucas Wüsthof, "Germany's Supreme Court Rules in Favour of 'Digital Inheritance'", *EuCML*, Issue 5/2018, p. 206.

络服务提供者之间的用户协议中即便规定了"虚拟财产禁止继承",也可以利用格式条款的效力规则宣称相关条款无效,以最大限度地保护用户权益。①

第三,社交账号或电子邮箱中的信息往往没有什么经济价值(除非涉及商业秘密或知识产权等),这里面的信息基本上是个人信息,包含死者的隐私,具有精神价值。如果社交账号或电子邮箱像普通的财产那样,可以由继承人取得死者的电子邮箱或社交账号,势必违反死者的意愿。例如,一名通奸男子通过电子邮件搞婚外情或一位十几岁的青少年以即时消息和短信与她最亲密的朋友分享生活中最隐私的细节。这种情况下,"服务提供商在保护生前的账户持有人的隐私权方面有合法的利益,并可能担心欺诈性的索赔"②。因此,最终披露这些隐私信息将与死者创建账户时的隐私预期不一致。③ 然而,反对者认为,上述理由并不成立。一方面,既然具有高度个人性或私密性的个人物品如日记、私人信件等也属于遗产,可以由继承人所继承并加以阅读,与之相比,数字日记、数字信件或其他电子信息无非载体不同,不应区别对待。④ 另一方面,网络服务提供者占有虚拟财产的事实仅说明其应处于积极协助者的位置,而非错误地成为保护隐私的主导者。⑤ 从我国《民法典》第 994 条的规定来看,有权利维护死者的姓名、肖像、隐私的,也只是死者的配偶、子女、父母等近亲属,而非网络服务提供者。⑥ 这就是说,只有与死者关系密切的人即近亲属才是维护死者隐私的最合适的人选。

第四,允许对电子邮箱、社交账号的合同债权进行继承,是否会侵害第三人的隐私权、违反宪法和法律关于保护公民通信秘密的规定?死者在生前通过电子邮箱或者即时通讯工具等与他人进行各种社会交往中相当部

---

① 梅夏英、许可:《虚拟财产继承的理论与立法问题》,载《法学家》2013 年第 6 期,第 88 页。

② Jonathan J. Darrow & Gerald R. Ferrera, "Who Owns a Decedent's E-Mails: Inheritable Probate Assets or Property of the Network?", 10 N.Y.U.J. LEGis. & PUB. POL'Y, 281, 314 (2006—2007).

③ Tyler G. Tarney, "A Call for Legislation to Permit the Transfer of Digital Assets at Death", 40 CAP.U.L.REV.782 (2012).

④ Mackenrodt, "Digital Inheritance in Germany", EuCML, Issue 1/2018, p.43.

⑤ 梅夏英、许可:《虚拟财产继承的理论与立法问题》,载《法学家》2013 年第 6 期,第 88 页。

⑥ 程啸:《侵权责任法》(第三版),北京,法律出版社 2021 年版,第 201 页。

分的内容属于死者与第三人的隐私。同时，他们通过电子信息进行的通信也属于通信秘密，受到宪法和法律的保护。我国《宪法》第40条规定："中华人民共和国公民的通信自由和通信秘密受法律的保护。除因国家安全或者追查刑事犯罪的需要，由公安机关或者检察机关依照法律规定的程序对通信进行检查外，任何组织或者个人不得以任何理由侵犯公民的通信自由和通信秘密。"在电子通信领域中，通信秘密保护制度的目的在于保护借助电信网络以非实体化的方式传递给特定受领人的信息的秘密性，所保护的信息既包括通信的"本身内容"，如电子邮件，即时聊天的正文、附件等，还包括通信的"周边事实"，如是否发生了特定通信以及特定人是否参与了通信等。[1] 因此，只有法律特别规定例外以及明确得到与死者进行电子通信的第三人的同意，死者的近亲属才有权利知悉这些通信的内容，如果允许近亲属继承电子邮箱和社交账号的债权，就会导致死者的近亲属知悉这些隐私，侵害他人的通信秘密。在德国的"Facebook案"中，二审法院柏林高等法院（KG Berlin）之所以驳回原告的请求，就是因为其认为，如果允许原账户所有人的继承人访问Facebook账户将违反保护电信秘密的法律规定。[2]

然而，以保护第三人的隐私权和通信秘密为理由来否定死者个人数据的继承也受到一些学者的批评和反驳。首先，诚如德国联邦最高法院在"Facebook案"的判决中所指出的那样，通信中的人格化要素已被匿名和与账户相关的消息和内容的交换所取代，因此，与账户有关的通信本身并未留出任何可以从用户协议中解释出继承人应当对账户主与第三方进行通信的内容作保密处理的余地。换言之，德国联邦最高法院认为，由于没有一个有效的方法来验证登录账户的人与发送给相应账户的消息和其他内容的预期收件人是否相同，故此，即便是账户的用户在活着的时候也不可能完全控制与其进行通信的伙伴的身份。因此，通过继承而访问账户的规则不应当比账户使用者活着的时候的规则更加严格。[3] 其次，保护通信秘密的原则是有适用范围的，其保护的是通信过程的机密性，这是因为进行通信的当事人只能在有限的程度上控制该通信过程。但是，保护通信秘密并不

---

[1] 王琦：《网络时代的数字遗产·通信秘密·人格权——以社交、通信网络账户的继承为焦点》，载《财经法学》2018年第6期，第92页。

[2] Mackenrodt, "Digital Inheritance in Germany", *EuCML*, Issue 1/2018, p. 42.

[3] Lucas Wüsthof, "Germany's Supreme Court Rules in Favour of 'Digital Inheritance'", *EuCML*, Issue 5/2018, p. 206.

能保证收到通信的人对该消息进行机密的处理。这也就是说，消息的发送者不能依据有关通信秘密的原则来防止消息的接收者将消息传递给第三方。① 如果接受消息的人未经允许公开该消息，可以通过隐私权加以保护，不需要依据宪法关于保护通信秘密的规定，保护通信秘密本身也不能成为限制社交账户或网络账户被继承的理由。

综上所述，在自然人与网络服务提供者之间成立网络服务合同关系的情形下，自然人死后，其继承人是否可以继承该合同关系，尚存在疑问，尤其是这种继承可能会违背死者的意愿和侵害宪法规定的通信秘密。正因如此，我国《民法典》对此未作规定。此外，仅仅依靠继承法也不足以解决全部的问题，因为即便是允许继承账户、电子邮箱等合同关系，还会存在问题，特别是在个人信息处理者并非是基于与自然人的合同关系来处理个人信息的情况下，如依据法律、行政法规的规定或者为履行法定职责或法定义务而强制处理个人信息的，此时自然人与处理者之间没有合同关系，死者的近亲属无法通过合同债权的继承而取得死者的个人数据。

（三）死者个人信息的侵权法保护

1. 侵权法保护死者个人信息的正当性

如果死者的个人信息无法被继承，那么对于死者的个人信息还应当给予保护吗？或者说，这种保护的正当性何在？就活着的自然人而言，保护其个人信息的主要目的就是为自然人的人身财产等民事权益建立起法律上的防御屏障，从而有效地维护自然人的人格自由和人格尊严。现代信息社会中的个人信息或个人数据的处理行为，极有可能会给自然人带来各种前所未有的侵害其人身财产权益、损害人格尊严和人格自由的危险。这些危险包括：其一，因个人信息被非法收集、非法买卖或使用而使犯罪分子有机会对自然人既有的生命权、健康权、名誉权、隐私权等人格权以及债权、物权等民事权利实施侵害的危险；其二，基于被合法收集的个人信息而形成的大数据，通过算法等技术进行社会分选、歧视性对待，进而损害人格尊严的危险；其三，通过大数据和人工智能技术进行人格画像，将作为民事主体的自然人降格为客体并加以操控，进而损害人格自由的危险。② 然

---

① Mackenrodt, "Digital Inheritance in Germany", *EuCML*, Issue 1/2018, p. 46.

② Veil & Winfried, The GDPR: The Emperor's New Clothes-On the Structural Shortcomings of Both the Old and the New Data Protection Law (December 21, 2018).

而，自然人已经死亡了，其个人信息还有保护的必要吗？毕竟，死者不会因为隐私被披露而感到尴尬，不在乎是否有人发现他们生前曾用搜索引擎浏览那些令人尴尬的信息，不再会收到极其具体的定向广告推送，也不受到暗网中非法买卖或泄露个人数据等违法犯罪行为的不利影响。[1]

英美学者认为，保护死者个人数据或个人信息的正当性的理由在于以下三方面[2]：首先，保护死者财产利益的需要。自然人虽然已经死亡，但是其死后留存的数据上的相应财产利益（Posthumous Property Interests）仍应受到法律保护。即便是死者的个人数据也属于死者的财产，因为数据属于无形财产（Intangible assets），现代社会中财产的范围早已不限于动产、不动产等有体物，还包括诸多的无形财产。只要同时满足竞争性、永久性、互联性特征，信息资源就构成一项完整的"虚拟财产"。鉴于财产是所有权、债权和其他具有金钱价值权利的综合，无论将虚拟财产界定为物权、债权，还是知识产权或其他新型权利，它们均应在财产范畴之内。[3] 德国联邦最高法院在2018年的"Facebook案"的判决中就认为：无形资产如个人数据和高度个人化的资产是个人财产的一部分，因此，根据《德国民法典》第1922条第1款所确立的总括继承的原则（the principle of universal succession），其完全是可以继承的。[4] 在美国法上，公开权理论认为，自然人有权对其姓名、肖像等人格要素进行商业化的利用，这种权利即所谓的公开权（Right of Publicity），它是指对一个人的姓名或肖像进行商业化利用的控制权（The right of publicity is the right to control the commercial exploitation of a person's name or likeness）。[5] 该权利保护的是肖像、姓名、声音等人格要素上的经济利益，可以转让、继承，并在被侵害时具有可诉性。[6] 据统

---

[1] Kate C. Ashley, "Data of the Dead: A Proposal for Protecting Posthumous Data Privacy", 62 WM. & MARY L. REV. 669 (2020).

[2] Kate C. Ashley, "Data of the Dead: A Proposal for Protecting Posthumous Data Privacy", 62 WM. & MARY L. REV. 654-661 (2020).

[3] 梅夏英、许可：《虚拟财产继承的理论与立法问题》，载《法学家》2013年第6期，第84页。

[4] Lucas Wüsthof, "Germany's Supreme Court Rules in Favour of 'Digital Inheritance'", EuCML, Issue 5/2018, p. 205.

[5] Thomas Brierton & Peter Bowal, "The Right of Publicity", 4 ARIZ. St. U. Sports & ENT. L. J. 275 (2014).

[6] Nimmer, "The Right of Publicity", 19 Law & Contemp. Probs. 216 (1954).

计,美国各州成文法中认可公开权的有 19 个州[①],在印第安纳州和内华达州,公开权在一个人生前和死后的 100 年内受到保护。[②] 在加利福尼亚州,1984 年修订民法典时,规定公开权在死者死后 50 年内给予保护,不过,1999 年该州立法机关通过的《阿斯泰尔名人形象保护法》(Astaire Celebrity Image Protection Act)将该时间延长至 70 年。[③]

其次,人死之后的尊严利益(Posthumous Dignitary Interests)应当受到法律保护。衡量文明社会的一个标准是他们如何对待死者。正如一个人死前无须具体说明其死后应如何被埋葬,他(她)也应当得到体面的安葬那样,一个人也不需要在生前表示希望死后免受羞辱,就可以在死后享受不受羞辱的尊严利益。保护死者的个人信息就是要保护死者死后的尊严利益以及其近亲属的尊严利益,即便就死者而言,其永远不可能知道其尊严是否受到侵犯,也应给予尊重和保护,因为法律并不以侵害被受害者所感知作为违法的要件。[④] 例如,一个人未经土地所有权人的许可进入他人的土地时,无论土地所有者是否意识到这种侵犯,土地所有者的权利客观上都被认定遭受了侵犯。

最后,死后的隐私权仍然应当得到尊重和保护。死后的隐私权(Posthumous Privacy Rights),是指一个人在死后维护和控制自己的名誉、尊严、完整、秘密或记忆的权利。自然人死亡后遗留下来的数字资产通常具有个人和私密的性质(personal and intimate nature),并且这些数据资产是大量的、可共享的,而依据当前的法律规范很难加以删除和分类。[⑤] "尽管死者永远无法知道他们是否按照自己的意愿得到了安葬,但是美国的法律和文化要求尊重死者的意愿,无论这些意愿是以遗嘱还是其他方式表达的。"[⑥]

[①] 黄松茂:《人格权之财产性——以人格特征之商业利用为中心》,台湾大学法律学研究所 2007 年版,第 57-58 页。

[②] 张民安主编:《公开权侵权责任研究:肖像、隐私及其他人格特征侵权》,广州,中山大学出版社 2010 年版,第 127 页。

[③] Thomas Brierton & Peter Bowal, "The Right of Publicity", 4 *ARIZ. St. U. Sports & ENT. L. J.* 282 (2014).

[④] Kirsten Rabe Smolensky, "Rights of the Dead", 37 *HOFSTRA L. REV.* 763, 764 (2009).

[⑤] Lilian Edwards & Edina Harbina, "Protecting Post-Mortem Privacy: Reconsidering the Privacy Interests of the Deceased in a Digital World", 32 *CARDOZO Arts & ENT. L. J.* 83 (2013)., p. 87-89.

[⑥] Kate C. Ashley, "Data of the Dead: A Proposal for Protecting Posthumous Data Privacy", 62 *WM. & MARY L. REV.* 670 (2020).

所以，人们应当如同死者生前那样尊重其死后的隐私权。

在我国，理论界与实务界认为，自然人已经死亡的，不再享有姓名权、肖像权、隐私权等人格权，自然人的人格权也不能继承，但是，死者的姓名、肖像、名誉、隐私等依然受到法律保护，不能任意加以侵害。理论界就此提出了死者权利保护说、死者法益保护说、近亲属权利保护说、人格利益继承说、延伸保护说等不同的学说对之加以解释。[1] 主流观点认为，法律上之所以保护死者的名誉、荣誉、隐私、肖像等，不是因为死者死后其人格权继续存在，而是因为对死者的名誉、荣誉、隐私等的侵害会给死者近亲属的权益或者社会公共利益造成损害，也违反了公序良俗原则。倘若任由他人随意侵害死者的名誉、荣誉等，不仅会直接影响人们对死者的评价，更会对死者近亲属的人格尊严造成损害。[2] 对死者的人格利益的保护"体现了法律对民事主体权益保护的完整性"，有利于"引导人们重视个人生前和身后的声誉，尊重主流社会的价值观"[3]。

本书认为，保护死者个人信息的正当性在于：一方面，保护死者个人信息的主要目的是维护死者近亲属的人格尊严和人身财产权益。《宪法》第38条第1句规定："中华人民共和国公民的人格尊严不受侵犯。"《民法典》第109条规定："自然人的人身自由、人格尊严受法律保护。"第990条第2款规定："除前款规定的人格权外，自然人享有基于人身自由、人格尊严产生的其他人格权益。"自然人虽然已经死亡，但侵害死者的个人信息，会构成对死者近亲属的人格尊严以及其他人身财产权益的侵害，故此，法律上应当禁止对死者个人信息的不法侵害行为。另一方面，保护死者的个人信息也有利于弘扬社会主义核心价值观，贯彻诚信原则和公序良俗原则。《民法典》第1条将"弘扬社会主义核心价值观"作为立法目的之一。其中，诚信、友善是公民的基本道德规范，《民法典》也明确将诚信原则和公序良俗原则作为民事活动应当遵循的两项基本原则（第7条与第8条）。《个人

---

[1] 葛云松：《死者生前人格利益的民法保护》，载《比较法研究》2002年第4期，第23-24页。

[2] 参见魏振瀛：《侵害名誉权的认定》，载《中外法学》1990年第1期；张新宝：《名誉权的法律保护》，北京，中国政法大学出版社1997年版，第36-37页；葛云松：《死者生前利益的民法保护》，载《比较法研究》2002年第4期；王利明：《人格权法研究》（第三版），北京，中国人民大学2018年版，第176-177页。

[3] 唐德华主编：《最高人民法院〈关于确定民事侵权精神损害赔偿责任若干问题的解释〉的理解与适用》，北京，人民法院出版社2001年版，第43页。

信息保护法》第 5 条规定："处理个人信息应当遵循合法、正当、必要和诚信原则，不得通过误导、欺诈、胁迫等方式处理个人信息。"如果自然人死后，其个人信息就可以随意被处理，被他人任意侵害，这显然违反了诚信原则与公序良俗原则，不符合文明社会和我国传统伦理道德的要求。

2. 我国侵权法对死者个人信息的保护

我国法上一直以来对死者的名誉、姓名、肖像、隐私等就给予保护。早在 2001 年，最高人民法院颁布的《关于确定民事侵权精神损害赔偿责任若干问题的解释》第 3 条就规定，自然人死亡后，其近亲属因下列侵权行为遭受精神痛苦，向人民法院起诉请求赔偿精神损害的，人民法院应当依法予以受理：（1）以侮辱、诽谤、贬损、丑化或者违反社会公共利益、社会公德的其他方式，侵害死者姓名、肖像、名誉、荣誉；（2）非法披露、利用死者隐私，或者以违反社会公共利益、社会公德的其他方式侵害死者隐私。这一规定被《民法典》所采纳并予以完善，《民法典》第 984 条规定："死者的姓名、肖像、名誉、荣誉、隐私、遗体等受到侵害的，其配偶、子女、父母有权依法请求行为人承担民事责任；死者没有配偶、子女且父母已经死亡的，其他近亲属有权依法请求行为人承担民事责任。"此外，《民法典》第 185 条还就英雄烈士的姓名、肖像等的保护作出了特别规定。

依据《民法典》上述规定，死者的个人信息保护中属于姓名、肖像和隐私的部分，当然可以受到侵权法的保护。《民法典》第 1032 条第 2 款将作为隐私权保护客体的隐私分为两大类：一是，自然人的私人生活安宁；二是，自然人的私生活秘密，即不愿为他人知晓的私密空间、私密活动、私密信息。《民法典》第 1033 条还列举了 6 大类侵害他人隐私的行为。就死者而言，显然不存在侵扰私人生活安宁、侵害私密空间、私密活动或私密部位的问题，因此，保护死者的隐私主要就是保护死者个人信息中的私密信息。《民法典》第 1034 条第 3 款规定："个人信息中的私密信息，适用有关隐私权的规定；没有规定的，适用有关个人信息保护的规定。"据此，对于死者的私密信息，当然可以适用《民法典》第 984 条的规定，死者的配偶、子女和父母等近亲属可以依据《民法典》第 994 条请求行为人承担民事责任。

问题是，死者的个人信息中那些并非死者的姓名、肖像或隐私的个人信息，是否可以受到侵权法的保护呢？笔者认为，这些个人信息也可以适用《民法典》第994条的规定。因为，《民法典》第990条第2款规定："除前款规定的人格权外，自然人享有基于人身自由、人格尊严产生的其他人格权益。"当死者的个人信息被侵害进而损害死者近亲属的人身财产权益时，死者的近亲属可以依据《民法典》第990条第2款规定的一般人格权请求保护。同时，由于《民法典》第994条在列举死者的人格要素时并未穷尽，而使用了"等"字兜底，故此，可将死者的个人信息中并非姓名、肖像、隐私的个人信息包括进去，即在这些个人信息遭受侵害时，死者的配偶、子女、父母等近亲属，也可以依据该条请求行为人承担民事责任。《最高人民法院关于审理使用人脸识别技术处理个人信息相关民事案件适用法律若干问题的规定》也采取了该观点，其第15条规定："自然人死亡后，信息处理者违反法律、行政法规的规定或者双方的约定处理人脸信息，死者的近亲属依据民法典第九百九十四条请求信息处理者承担民事责任的，适用本规定。"

（四）个人信息保护法对死者个人信息的规定

1. 比较法上的规定

目前，多数国家或地区的个人信息保护法或数据保护法仅适用于活着的自然人，而不适用于死者。以当今世界上最具代表性的个人数据保护立法——欧盟《一般数据保护条例》（GDPR）为例，该条例导言部分第27条规定："本条例不适用于已故人士的个人数据。成员国可以对已故人士个人数据的处理进行规定。"这就是说，GDPR关于个人数据处理和个人数据权利等规定，不适用于死者的个人数据，欧盟各成员国可以自行作出相应的规定。欧盟成员国中，奥地利、比利时、荷兰、瑞典等国家的数据保护法没有对死者个人数据的保护问题作出任何规定，而捷克、芬兰、德国、爱尔兰、波兰、英国等国家的数据保护法明确规定其不适用于死者的个人数据。例如，2018年的英国《数据保护法》第1章第3条第2款明确将"个人数据"界定为"与已识别或可识别的活着的个人有关的任何信息"。

在欧盟27个成员国中，只有丹麦、法国、意大利、西班牙、匈牙利和斯洛文尼亚等6个国家的数据保护法对于死者个人数据的保护问题作出了规定。例如，2018年的丹麦《数据保护法》第2条第5款规定，该法与欧盟《一般数据保护条例》适用于死者死后十年内的个人数据的保护。法国于 2016 年 10 月通过了关于"数字死亡"的法律，该法律是法国"数字共和国"立法包的组成部分，其旨在通过新增第 40—1 条以填补 1978 年 1 月 6 日第 78—17 法案即法国《数据保护法》的一个空白。修改后的法国《数据保护法》第 40—1 条规定，原则上数据主体死亡后，其数据权利随之消失，但在符合以下条件时，权利可以暂时保留：其一，数据主体对其死后的个人数据的保存、清除和传递作出了一般性或特殊性的指示；其二，如果当事人没有作出指示或者不违反已有的指示，其继承人可以在数据主体去世后行使相应的数据权利，包括因为死者遗产继承的安排而了解有关死者遗产继承的安排或个人数据；要求关闭死者的账号并拒绝处理这些账号的个人数据等。[1] 实践中，法国的法院往往倾向于驳回继承人和近亲属针对死者个人数据提出的任何诉讼。[2] 2019 年匈牙利修改了《信息法》，增加了对处理死者的个人数据的规定。该法规定，数据主体在其生前可以选任一人或一位近亲属在自己死后行使其个人数据权利。西班牙《数据保护法》不适用于已故者的个人数据，但该法第 3 条规定，继承人有权从数据控制者和处理者处访问死者的个人数据，并有权请求删除和更正相关数据，除非死者生前予以禁止或者法律禁止删除或更正。遗嘱执行人也可以如同继承人那样采取相同的措施。如果继承人是未成年人或残障人士的话，那么检察官可以代表他们。最值得注意的是意大利，该国依据欧盟《一般数据保护条例》于 2018 年通过了第 101 号法令，修订了《数据保护法》。修改后的意大利《数据保护法》规定，《一般数据保护条例》第 15 条至第 22 条中规定的数据主体的权利，可以在自然人死后由对该数据之保护享有利益的数据主体、死者的代理人或者基于值得保护的理由的家庭成员作为代表来行使。但是，法律有规定的情况，或者在数据主体以书面形式明确予以禁止或者向数据控制者发出了明确禁止表示的除外。此时，不允许前述主体代表死者行使权利。[3]

在欧盟之外的其他国家或地区的个人数据保护或个人信息保护立法中，多数没有规定死者个人数据的保护以及其权利行使问题，或者明确规定个

---

[1] 该条的中文译本参见李爱君、苏桂梅主编：《国际数据保护规则要览》，北京，法律出版社 2018 年版，第 102 - 103 页。

[2] Resta, "Personal Data and Digital Assets after Death", *EuCML*, Issue 5/2018, p. 202.

[3] Francesco Paolo Patti & Francesca Bartolini, "Digital Inheritance and Post Mortem Data Protection: The Italian Reform", *European Review of Private Law*, 5 - 2019, p. 1182.

人数据或个人信息仅指活着的自然人的个人数据或信息,如日本《个人信息保护法》第 2 条第 1 款、韩国《个人信息保护法》第 2 条、泰国《个人数据保护法》第 6 条、我国台湾地区"个人资料保护法施行细则"第 2 条。在美国,加利福尼亚州的《消费者隐私法案》(California Consumer Privacy Act)也没有对死者个人数据的保护问题作出任何规定。不过,在联邦层面的立法上,美国《健康保险携带与责任法》《经济与临床健康信息技术法》对死者健康信息的管理作了规定,即在自然人死后的 50 年内,死者的代理人或遗嘱执行人有权查询、授权使用或披露姓名、地址、生物信息、医疗记录、保险信息等在内的死者健康信息。如死者生前没有指定代理人或遗嘱执行人,则根据各州法律规定的遗产继承顺序,由相关继承人行使查询权。此外,医疗机构还可以向死者生前已经知悉相关信息的死者亲属、朋友和照看人员提供死者的健康信息。在自然人死亡超过 50 年后,医疗机构有权决定死者健康信息的处理方式。此外,亚洲的一些国家还允许数据主体的权利被继承。例如,菲律宾《个人信息保护法》第 17 条规定:"数据主体的权利可转让。数据主体的合法继承人和受让人可以在数据主体死亡后或数据主体丧失行为能力或无法行使权利时随时行使数据主体的权利,即作为继承人或受让人行使前一条中列举的权利。"新加坡《个人数据保护法》第 4 条规定,该法不适用于已故的个人的数据,但是死亡时间在 10 年以内的个人的数据适用有关个人数据披露的规定以及该法第 24 条关于个人数据保护的规定。新加坡个人数据保护委员会对这一规定作了细化,即死者生前指定的代理人或遗嘱执行人作为死者个人信息处理活动的联络人,有权作出或撤销处理死者个人信息的同意,并对泄露或侵犯死者个人信息的处理者提起投诉或诉讼。死者生前未指定代理人及遗嘱执行人,或代理人及遗嘱执行人无法行使权利的,由死者的近亲属行使。

2. 我国个人信息保护法草案三次审议稿的规定

我国《个人信息保护法草案(第一次审议稿)》并未就死者个人信息的问题作出任何规定。审议该草案时,有常委委员和专家、社会公众提出,"民法典中规定,死者的姓名、肖像、名誉等受到侵害的,其近亲属有权依法请求行为人承担民事责任。建议参照上述内容对死者的个人信息保护问题作出规定"。故此,全国人民代表大会宪法和法律委员会经研究,建议增加一条规定,《个人信息保护法草案(第二次审议稿)》(以下称《二审稿》）第 49 条规定："自然人死亡的，个人在个人信息处理活动中的权利由其近亲属行使。"① 所谓"个人在个人信息处理活动中的权利"指的是该草案第 4 章"个人在个人信息处理活动中的权利"，包括知情权、决定权、查阅复制权、更正补充权、删除权等。这就意味着，除《民法典》第 994 条对死者个人信息的侵权法保护外，《个人信息保护法》赋予了死者近亲属针对死者的个人信息可以行使相应的权利。这种立法模式对于保护死者的个人信息，维护死者的尊严以及死者近亲属的人格利益具有重要的作用，它解决了前述关于死者个人数据尤其是死者的隐私数据无法继承进而受到保护的问题，同时，相比于《民法典》第 994 条事后的侵权法保护方法，又提供了一种积极、主动的保护路径。这也就是说，死者的近亲属无须在死者的隐私被侵害后才能提起侵权诉讼，而是可以直接行使自然人在个人信息处理中的权利，并且，在侵害死者的个人信息但未侵害死者的隐私、肖像、姓名，而是对死者近亲属的合法权益造成危险的时候，允许近亲属对死者的个人信息行使删除权，也能很好地保护其权益。

因此，《二审稿》第 49 条的规定总体上是值得赞同的，但是，该条不作任何限制地允许近亲属针对死者的个人信息行使权利，则有所不妥。首先，这可能会明显违背死者生前的意愿和侵害第三人的隐私权。死者的个人数据尤其是隐私数据，是不愿意为他人所知悉，即便是自己的近亲属也不例外，例如，死者生前与第三人有婚外情或非法同居关系，虽然这种行为是不道德的，但是毕竟属于死者的隐私，不愿意为任何其他人所知悉；再如，死者生前具有同性恋或双性恋的性取向，这种隐私也可能不愿意为其他人所知悉。在网络信息时代之前，死者这种生前的隐私可能记载在日记中，那么他（她）可以在死前通过销毁日记或者通过遗嘱作出相应的安排，以防隐私被公开或为他人知晓。但是，在网络信息时代，这些隐私数据存储在网络上（社交账户、电子邮箱或网络日记），死者生前通过设置秘密或将状态设置为仅自己可见，其实就明确地表达了不愿公开的意愿。如果法律完全不顾及死者生前的意愿，就直接规定死者的近亲属可以行使死者生前在个人信息处理中的权利，就意味着近亲属可以取得账户的秘密，而知晓这些隐私。这种规定不仅明显违背了死者的意愿，实际上对于死者

---

① 《关于〈中华人民共和国个人信息保护法（草案）〉修改情况的汇报》（在 2021 年 4 月 29 日第十三届全国人民代表大会常务委员会第二十八次会议上）。

的近亲属以及家庭的和谐也是不利的。其次，这可能不利于保护第三人的隐私权。因为死者以及第三人都不愿意他们之外的任何人知晓某些信息，如果允许近亲属不受任何限制地请求查阅、复制死者的个人数据，就完全可能在违背死者意愿的同时，侵害第三人的隐私权。最后，不作任何限制地允许近亲属行使死者对个人信息的权利，也等于变相认可近亲属可以继承死者对个人信息处理的权利。这显然与个人信息权益属于人格权益、不能继承是相违背的。

3.《个人信息保护法》第49条

立法机关接受了对《二审稿》第49条的批评意见，对该条进行了修改完善，《个人信息保护法》第49条规定："自然人死亡的，其近亲属为了自身的合法、正当利益，可以对死者的相关个人信息行使本章规定的查阅、复制、更正、删除等权利；死者生前另有安排的除外。"从这一规定可知：

（1）《个人信息保护法》第49条的立法目的已经发生改变，从《二审稿》第49条保护死者的个人信息转为保护死者的近亲属"自身的合法、正当利益"。换言之，《个人信息保护法》第49条之所以赋予死者的近亲属针对死者的相关个人信息行使查阅、复制、更正、删除等权利，目的是保护死者近亲属自身的合法、正当利益，而不是保护其他人的利益。这就从另一个角度说明，我国《个人信息保护法》上的个人信息仅仅是活着的自然人的个人信息，不包括死者的个人信息。

所谓近亲属"自身的合法、正当利益"意味着，一方面，该利益是属于死者近亲属的，而非死者的或者其他人的。另一方面，死者近亲属要维护的是符合法律规定的且不违反公序良俗、诚信原则的利益，即合法、正当的利益。合法、正当的利益范围比合法权益要广泛，包括但不限于死者的合法权益。之所以有这一要件的要求，理由在于：死者已经去世，不属于民事主体，失去民事权利能力，其既不能享有民事权利，也无须履行民事义务，不存在死者自身来行使针对个人信息的权利的问题。但是，死者虽然已经去世了，其近亲属仍在，所谓近亲属就是指与死者存在非常密切的自然或法律意义上的关系的人，如父母、子女、配偶、兄弟姐妹、祖父母、外祖父母、孙子女和外孙子女。此时，近亲属为了维护其自身的合法、正当利益，有必要行使针对死者的个人信息的权利。例如，近亲属为了解死者生前是否对死后的财产分配作出了相应的安排，或者为了知道死者生前的所思所想，了解死因等，需要登录死者的电子邮箱来查阅、复制死者的个人信息；再如，当死者的个人信息存在不准确或者不完整的地方，而这导致死者的名誉存在受损的危险，进而损害死者的近亲属对死者的崇敬之情、敬慕追思之情这一合法、正当的利益，其当然有权要求个人信息处理者对死者的个人信息进行更正。

（2）近亲属只能针对死者的相关个人信息行使相应的权利。首先，近亲属只有在针对死者的个人信息要求行使查询复制权、删除权等权利时，才需要适用《个人信息保护法》第49条的规定。如果近亲属是针对自己的个人信息，自然不存在使用该条之必要。因此，必须区分死者的个人信息与死者的近亲属的个人信息。其次，近亲属针对的是死者的相关个人信息而非全部的个人信息。这就是说近亲属也不可能对死者的所有个人信息行使权利，所谓相关个人信息是指与维护死者近亲属自身的合法、正当的利益具有直接、密切关系的个人信息，如果不是具有密切关系的，则不能行使。例如，为了查明死者生前对遗产的安排，可以查阅、复制死者生前的电子邮件等个人信息。作此规定，主要就是考虑到死者生前与他人交往中形成的个人信息不单纯是死者的个人信息，也有他人的信息或隐私。故此，通过"相关"一词限制了近亲属可以行使相关权利所针对的死者的个人信息的范围。

（3）死者生前另有安排的除外。这主要是为了尊重死者的意愿和保护其隐私而作出的例外性规定。死者生前另有安排的情形主要包括：其一，死者生前通过遗嘱等方式明确表示自己死后，任何人包括近亲属在内都不得查阅、复制其个人信息，要求个人信息处理者在自己死后将个人信息全部予以删除。在此种情形下，因为个人信息处理者已经删除了死者全部的个人信息，那么死者的近亲属就不可能再去要求行使查阅、复制的权利。其二，死者生前通过遗嘱等方式指定了特定的人来行使对其个人信息的权利，例如，死者生前明确指定其配偶或者子女来行使查阅、复制、更正、删除等权利。在这种情形下，其他的近亲属即便为了自身正当、合法的利益，也不得行使对死者的个人信息的权利。当然，如果他人侵害死者的个人信息，死者的近亲属仍可依据《民法典》第994条要求侵害行为人承担侵权责任。

（4）近亲属能够对死者相关个人信息行使的权利是有限制的，仅限于《个人信息保护法》第四章规定的"个人在个人信息处理活动中的权利"，这一章规定的权利包括：知情权、决定权、查阅权、复制权、可携带权、更正权、补充权、删除权、解释说明权。《个人信息保护法》第49条列举了死者的近亲属可以针对死者的相关个人信息行使本章规定的"查阅、复制、更正、删除等权利"。立法机关之所以采取"等权利"兜底，就是考虑到不能预料未来的发展，是否会出现需要赋予死者的近亲属针对死者相关个人信息的其他权利的必要。不过本书认为，死者的近亲属享有查阅、复制、更正和删除的权利，就足以维护自身的正当、合法利益了，因此，完全可以将"等权利"修改为"的权利"。

第四节 个人信息的合理使用

一、概述

我国《民法典》在确认自然人个人信息权益并对其内容、行使等作出规定的同时，也高度关注自然人个人信息权益与信息自由、言论自由以及商业活动之间关系的协调，"合理平衡保护个人信息与维护公共利益之间的关系"[①]。换言之，《民法典》中的个人信息保护制度不仅是对自然人的个人信息权益的保护，也是对信息自由、言论自由和商业活动自由的保护。[②] 正因如此，一方面，《民法典》虽然明确规定自然人的个人信息受法律保护，自然人对个人信息享有人格权益，但并未确认自然人对其个人信息享有排他的、绝对的支配与控制。无论是从个人信息本身的属性抑或域外立法来看，还没有哪一个国家将自然人的个人信息权利或个人数据权利规定得如同生命权、所有权那样，是一种绝对的、排他的权利以及不可克减的权利。

[①] 全国人民代表大会常务委员会副委员长王晨：《关于〈中华人民共和国民法典（草案）〉的说明》（2020年5月22日在第十三届全国人民代表大会第三次会议上），见载中国人大网，http://www.npc.gov.cn/npc/c30834/202005/50c0b507ad32464aba87c2ea65bea00d.shtml，2020年5月29日访问。

[②] 平衡自然人权益的保护与个人信息或个人数据的合理利用是我国公法学界与民法学的共识。相关论文可参见蔡培如、王锡锌：《论个人信息保护中的人格保护与经济激励机制》，载《比较法研究》2020年第1期；周汉华：《探索激励相容的个人数据治理之道——中国个人信息保护法的立法方向》，载《法学研究》2018年第2期；王利明：《论个人信息权的法律保护——以个人信息权与隐私权的界分为中心》，载《现代法学》2013年第4期。

几乎所有国家或地区在保护个人信息的法律规范中，都要关注民事权益保护与合理自由维护这一对价值的协调，既尊重和保护自然人的人格尊严等基本人权，也充分维护公共利益，保护言论与信息自由、商业活动的正常进行。例如，欧盟《一般数据保护条例》在作为导言性质的"鉴于条款"中首先明确了自然人在个人数据处理方面获得保护是一项基本权利，受到《欧盟基本权利宪章》第8条第1款和《欧盟运行条约》第16条第1款的保护。紧着，《一般数据保护条例》在"鉴于条款"第2条和第4条中就明确指出，"本条例致力于实现自由、安全、公平和经济联盟，致力于经济和社会进步，加强并聚集内部市场的经济，实现个人的幸福"，"保护个人数据的权利不是一项绝对权利，必须考虑其在社会中的作用并应当根据比例性原则与其他基本权利保持平衡。本条例尊重所有基本权利，并奉行《欧盟运行条约》基于《欧盟基本权利宪章》承认的自由和原则，尤其是在以下方面：个人和家庭生活、家庭和通信、个人数据保护、思想自由、意识和宗教、言论和信息自由、商业活动自由、获得有效救济和公正审判的权利、文化、宗教和语言多样性"。日本于2015年大幅度修订的《个人资料保护法》第1条中就明确了"本法的立法目的在于，在高度信息通信社会的深化所带来的对个人信息的利用显著扩大的背景下，通过对个人信息之正当处理的基本理念、由政府制定基本方针及采取其他保护个人信息的措施等基本事项作出规定，明确国家和地方公共团体的职责等，并对个人信息处理业者应遵守的义务等作出规定，从而重视个人信息正当且有效的利用在促进新兴产业的创造、实现充满活力的经济社会和富足的国民生活上的作用以及其他个人信息的作用，保护个人的权利或利益。"我国台湾地区的"个人资料保护法"第1条也指出，该法的立法目的在于"规范个人资料之搜集、处理及利用，以避免人格权受侵害，并促进个人数据之合理利用。"

为了能够科学有效地协调个人信息的保护与合理利用[①]，我国《民法典》在确认个人信息权益性质、内容及其保护规则的同时，也规定了完善的个人信息合理使用制度。为帮助理论界与实务界准确地理解并适用《民法典》中的个人信息合理使用制度，本书将对我国《民法典》中个人信息

[①] 本书认为，个人信息与个人数据并不等同，其中，信息是数据的内容，数据是信息的形式。为行文方便，文中不再区分个人信息与个人数据。

合理使用的含义、规范层次及具体适用情形等问题进行详细的探讨，以供理论界与实务界参考。

二、个人信息合理使用的含义

（一）个人信息合理使用无须取得自然人的同意

我国《民法典》第 111 条与第 1034 条第 1 款规定，自然人的个人信息受法律保护。这种保护主要表现在：一方面，自然人的个人信息遭受侵害后，其有权要求侵害人承担停止侵害、排除妨碍、消除危险以及赔偿损失等民事责任；另一方面，自然人有权对其个人信息进行积极的支配和利用。《民法典》第 993 条规定："民事主体可以将自己的姓名、名称、肖像等许可他人使用，但是依照法律规定或者根据其性质不得许可的除外。"这是《民法典》关于人格权的商业化利用即人格权主体许可他人使用某些人格权客体的规定。[①] 虽然该条仅列了"姓名、名称、肖像"三项，但是，因其规定于《民法典》人格权编的第一章"一般规定"中，属于在法律没有相反规定的情况下可以普遍适用于所有人格权益的共通性规定，加之，该条在列举后使用了"等"字来兜底，故此，从解释论上说，只要不属于"依照法律规定或者根据其性质不得许可的除外"情形，自然人当然可以将其个人信息许可他人使用。如果认为这种理解还不具有说服力的话，那么《民法典》第 1035 条和第 1036 条则从正反两方面都非常明确地肯定了自然人有权同意（即许可）处理者处理自己的个人信息。依据《民法典》第 1035 条第 1 款第 1 项，处理自然人的个人信息，必须"征得该自然人或者其监护人同意，但是法律、行政法规另有规定的除外"。这就说明，自然人或者其监护人的同意是个人信息处理行为合法性的基础。同时，依据《民法典》第 1036 条第 1 项，如果行为人处理个人信息的行为属于"在该自然人或者其监护人同意的范围内合理实施的行为"，那么行为人不承担民事责任。这就意味着，自然人或者其监护人的同意阻却了处理者处理个人信息行为的非法性。

[①] 人格权不仅保护民事主体的人格利益，也保护民事主体针对人格权客体享有的经济利益，故此，人格权可以进行商业化利用。详细论述参见王利明：《人格权法研究》（第三版），北京，中国人民大学出版社 2018 年版，第 221 页以下；王泽鉴：《人格权法：法释义学、比较法、案例研究》，台北，作者印行 2012 年版，第 300 页以下。

由此可见，自然人完全可以在不违反法律的规定或者个人信息性质的情形下，许可他人使用自己的个人信息。然而，个人信息的合理使用与自然人同意他人处理其个人信息完全不同，前者的根本特征在于：处理者可以不取得自然人或者其监护人的同意就对个人信息进行包括收集、存储、使用、加工、传输、提供、公开等处理行为。具体而言，一方面，个人信息合理使用中，处理行为的合法性不是建立在自然人同意的基础上的，不是基于自然人行使个人信息权益的意思表示或者处理者与自然人之间达成的合意而实施的行为，而是直接依据法律的规定所从事的行为，该行为在性质上属于民事法律事实中的合法事实行为[①]，而法律的规定赋予了此种未经自然人同意而处理个人信息的行为以合法性。另一方面，由于个人信息的合理使用是合法的行为，不具有违法性，故此，其产生的法律效果是免除了处理者的民事责任。在作为个人信息主体的自然人请求处理者承担民事责任时，处理者可以以此为由主张免责。此外，在行政法和刑法上，由于个人信息的合理使用是得到法律允许的，不是违反个人信息保护法律的违法行为或犯罪行为。故此，个人信息保护机构以及公安等有权机关不得追究处理者的行政违法行为或犯罪行为，不产生行政责任或刑事责任的问题。

需要注意的是，个人信息的合理使用与匿名化信息处理行为之间存在的联系和区别。《民法典》第1038条第1款第2句以及《网络安全法》第42条第1款规定，对于"经过处理无法识别特定个人且不能复原的"信息，处理者可以不经被收集者同意而向他人提供该信息。所谓经过处理无法识别特定个人且不能复原的信息就是指信息的匿名化，即被匿名化处理的信息。[②] 个人信息的合理使用与匿名化信息的处理行为既有联系又有差异。二者的共同之处在于：均无须得到自然人的同意即可实施，属于合法的信息处理行为，处理者无须承担法律责任。区别在于：一方面，二者的适用范围不同。个人信息的合理使用涉及对个人信息的各种处理行为，包括收集、

---

① 参见吴汉东：《著作权合理使用制度研究》（第三版），北京，中国人民大学出版社2013年版，第125页。

② 个人信息或个人数据的匿名化不同于"假名化"，后者是指对个人数据处理后，在没有特定信息参考（该特定信息被安全地单独保存）的情况下，不能指向特定个人。假名化数据与匿名化数据最大的不同是，前者仍然属于个人数据，仍要适用个人数据保护法。参见王融：《数据匿名化的法律规制》，载《中国征信》2017年第3期，第39页。

存储、加工、使用、传输、提供、公开等；然而，匿名化信息的处理仅限于向他人提供信息的情形，不包括其他情形。另一方面，行为合法的理由不同。个人信息的合理使用之所以是合法的行为，是因为法律基于公共利益等利益考量而对自然人的个人信息权益作出了限制。匿名化信息的处理之所以合法，是因为匿名化信息不属于个人信息。因为个人信息的本质特征在于可识别特定自然人（无论是直接识别还是间接识别），然而，信息或数据经匿名化处理后，已经无法识别特定的自然人且不能复原，故此，不属于个人信息。为了促进大数据的发展和应用，法律上有必要规定，将匿名化信息向他人提供的，无须经过自然人本人的同意。①

（二）个人信息合理使用是法律基于公共利益等对人格权益进行的限制

个人信息合理使用的理论基础在于民事权益限制理论。② 所谓民事权益的限制，就是指立法者基于价值考量通过法律对民事权益作出的正当与合理的限制。此种限制既可以发生在两种或者更多的民事权益存在冲突的情形，如相同属性的权益或不同属性的权益之间发生冲突。前者如，依据《民法典》第456条，同一动产上已设立抵押权或者质权，该动产又被留置的，留置权人优先受偿。这主要就是考虑到：留置权一般是由于留置权人就标的物提供了材料或劳务却未得到适当补偿而产生的。为了保证留置权人为标的物提供材料或劳务而使标的物增加的价值能得以收回，应当承认留置权优先，否则，不仅不公平，还会使承揽人因害怕自己投入的劳务和材料得不到确有保障的回报而拒绝任何加工、承揽服务。这对于社会也是不利的。后者如，《民法典》第1019条第2款规定："未经肖像权人同意，肖像作品权利人不得以发表、复制、发行、出租、展览等方式使用或者公开肖像权人的肖像。"依据该规定，肖像权属于人格权，保护的是自然人的人格尊严等人格利益，而肖像作品上的权利是著作权或邻接权，虽然也有

---

① 杨合庆主编：《中华人民共和国网络安全法解读》，北京，中国法制出版社2017年版，第95—96页。

② 关于权利冲突与限制的研究，我国法学界成果尚少，已有文献可参见汪太贤：《权利的代价——权利限制的根据、方式、宗旨和原则》，载《学习与探索》2000年第4期；郑成思：《私权、知识产权与物权的权利限制》，载《法学》2004年第9期；张翔：《公共利益限制基本权利的逻辑》，载《法学论坛》2005年第1期；张平华：《私法视野里的权利限制》，载《烟台大学学报（哲学社会科学版）》2006年第3期；丁文：《权利限制论之疏解》，载《法商研究》2007年第2期。

精神性权利，但更侧重于保护权利人的财产利益。为了更好地保护自然人的人格利益，法律特别规定了肖像权构成对肖像作品权利的限制。当然，对民事权益的限制也可以发生在没有民事权益冲突之时，而是出于维护公共利益、国家利益等理由对民事权益作出限制。例如，《民法典》第 245 条第 1 句规定："因抢险救灾、疫情防控等紧急需要，依照法律规定的权限和程序可以征用组织、个人的不动产或者动产。"抢险救灾、疫情防控等紧急需要，当然属于公共利益的需要，故此，以该理由可以对私人财产权利加以限制，无须其同意即可依照法定权限和程序强制使用其不动产或动产。再如，《民法典》第 1025 条规定："行为人为公共利益实施新闻报道、舆论监督等行为，影响他人名誉的，不承担民事责任，但是有下列情形之一的除外：（一）捏造、歪曲事实；（二）对他人提供的严重失实内容未尽到合理核实义务；（三）使用侮辱性言辞等贬损他人名誉。"该规定的理由在于：为了公共利益而进行新闻报道或舆论监督，不仅涉及宪法层面的言论自由、出版自由的保护，还涉及对人民的知情权、监督公权力等公共利益的尊重和保护，故此，基于公共利益实施新闻报道、舆论监督行为而影响名誉时，要对民事主体的名誉权加以限制。

个人信息的合理使用是立法者对自然人的个人信息权益的限制。此种限制并非是因为自然人的个人信息权益与其他民事权益之间存在效力位阶上的冲突，而是立法者基于价值权衡，为了维护公共利益对自然人的个人信息权益所作出的限制，其性质上属于对人格权益而非财产权益的限制。具体阐述如下。

1. 个人信息上存在的是自然人的民事权益。[①] 所谓个人信息，是指以电子或者其他方式记录的能够单独或者与其他信息结合识别特定自然人的各种信息，包括自然人的姓名、出生日期、身份证件号码、生物识别信息、住址、电话号码、电子邮箱、健康信息、行踪信息等（《民法典》第 1034 条第 2 款）。由此可见，个人信息的根本特征在于识别性（直接识别与间接识别），其与特定的自然人直接或间接的相联系。不能识别特定的自然人的信息也是信息，但不属于个人信息，不受到《民法典》个人信息保护制度

[①] 个别观点认为，自然人针对个人信息享有的不是民事权益，而是需要通过个人信息保护法确立的一项新型公法权利。参见周汉华：《个人信息保护的法律定位》，载《法商研究》2020 年第 3 期，第 52-53 页。

的规范。正是由于个人信息与特定的自然人密切相关,故此,才产生了保护个人信息的需要。除了能够被直接或间接识别的自然人,其他民事主体针对该自然人的个人信息本身并不享有任何民事权益(这一点不同于数据企业针对数据资产的权益)。

2. 自然人对其个人信息享有的民事权益属于人格权益,而非财产权益。关于自然人对个人信息享有的究竟是民事权利抑或民事利益[1],是人格权还是财产权等问题[2],一直存在很大的争议。尽管在我国民法典的编纂过程中,有学者不断呼吁《民法典》中应当明确规定"个人信息权"[3],而不应当仅使用"个人信息保护"的表述,然而,《民法典》最终还是没有使用"个人信息权"的概念。之所以如此,根本原因还是在于就是否规定"个人信息权"的问题争议较大。特别是部分人担心将自然人对个人信息的权益直接确定为"个人信息权",会导致自然人对其个人信息享有过于绝对的支配权和控制权,以致影响信息自由流动,不利于网络信息社会和数字经济的发展。

虽然《民法典》没有使用个人信息权或个人信息权益的称谓,但是,其非常明确地肯定了自然人的个人信息权益是民事权益,属于人格权益,而非财产权益。一方面,《民法典》总则编第五章"民事权利"在列举了自然人的生命权、身体权、健康权、姓名权、肖像权、名誉权、荣誉权、隐私权、婚姻自主权等具体人格权后,于第111条对个人信息的保护作出了宣示性规定。这说明立法者认为,自然人就其个人信息享有的是应当受到保护的人格利益,而非单纯的财产利益。否则,立法者就会在规定了物权、债权、知识产权、股权等财产权利的部分宣示自然人的个人信息受法律保护。另一方面,《民法典》明确地将个人信息保护的内容放在第4编"人格权"中,并与隐私权合并在第六章。由于我国《民法典》的人格权编不仅调整因人格权的享有与保护产生的民事关系,也调整自然人享有的基于人

---

[1] 参见张新宝:《〈民法总则〉个人信息保护条文研究》,载《中外法学》2019年第1期,第66-68页。

[2] 多数学者认为个人信息权是人格权,参见杨立新:《个人信息:法益抑或民事权利——对〈民法总则〉第111条规定的"个人信息"之解读》,载《法学论坛》2018年第1期;程啸:《民法典编纂视野下的个人信息保护》,载《中国法学》2019年第4期;少数学者认为个人信息权属于财产权,参见刘德良:《个人信息的财产权保护》,载《法学研究》2007年第3期。

[3] 例如,王利明教授在民法典编纂讨论的多个场合都呼吁,民法典中应当明确规定个人信息权。

身自由、人格尊严产生的其他人格权益（第 990 条第 2 款）。所谓其他人格权益，既包括其他人格权，也包括其他人格利益（第 126 条）。这就更加明确了自然人对其个人信息享有的民事权益属于人格权益。

3. 既然自然人的个人信息权益属于人格权益，那么个人信息的合理使用在本质上就是对自然人的人格权益的限制，这一点与著作权的合理使用有很大的区别。著作权的合理使用也属于对著作权进行的权利限制[1]，但其本质上是对著作权中财产权利的限制，而非对作者精神权利的限制（虽然对著作权人的发表权、保护作品完整权等精神权利也存在相应的限制）。[2]有观点从著作权合理使用制度的角度出发认为，"数据保护领域的合理使用也应当是对他人个人信息权中财产权部分的利用，表现为使用人对他人的数据所享有的不经同意，而加以使用的某种利益"[3]。显然，这种看法不符合《民法典》对自然人个人信息权益的性质的规定，也不符合事实。在大数据时代，一方面，自然人个体既无法了解自己产生了什么样的及多少数量的个人数据，也根本没有就其个人数据的价值与处理者进行协商的空间和议价的能力。实践中出现的极个别自然人给自己的个人数据定价的情形也只是一个吸引眼球的噱头而已。[4] 事实上，单个自然人的个人数据本身并无价值，"普通人恐怕永远无法真正地靠出售个人数据赚钱。一条个人信息连一分钱都卖不了。除非被收集后与其他来自相近社会经济类别的个人资料汇总在一起加以利用，否则无名之辈的个人资料并不值钱"[5]。真正蕴含巨大经济价值的是政府以及数据从业者即数据企业所收集和储存的海量的个人数据。需要指出的，由于我国对于人格权利益采取的是"一元化保护"

---

[1] 著作权的限制包括合理使用、法定许可与强制许可。参见吴汉东：《著作权合理使用制度研究》（第三版），北京，中国人民大学出版社 2013 年版，第 131 页以下；王迁：《知识产权法教程》（第五版），北京，中国人民大学出版社 2016 年版，第 216 页以下。

[2] 参见吴汉东：《著作权合理使用制度研究》（第三版），北京，中国人民大学出版社 2013 年版，第 124 页；李扬：《著作权法基本原理》，北京，知识产权出版社 2019 年版，第 226 页以下。

[3] 江波、张亚男：《大数据语境下的个人信息合理使用原则》，载《交大法学》2018 年第 3 期，第 116-117 页。

[4] 2013 年 4 月，一位名叫扎尼尔的美国程序员在 Kickstarter 网站上发起了一个有趣的众筹项目，决定挖掘自己的隐私数据，然后看看能值多少钱。他记录了自己的所有在线活动，包括鼠标指针的位置、网络监控探头的图像资料和每天 2 美元的 GPS 定位数据，最后得出的结果是这些信息价值 2 700 多美元。See Joseph W. Jerome, "Buying and Selling Privacy: Big Data's Different Burdens and Benefits", 66 STAN. L. REV. ONLINE, Vol. 66: 47, at 48.

[5] Joseph W. Jerome, Buying and Selling Priuacy: Big Data's Different Burdens and Benefits, 66 STAN. L. Rev. Online, Vol. 66: 47, at 52.

第十六章 个人信息权益

模式，而非美国的"二元化保护"模式（即在隐私权之外再设立所谓的公开权或商品化权）[1]，人格权不仅保护民事主体的人格利益也保护其经济利益，故此，我国法上允许人格权的商业化利用（《民法典》第993条）。因此，将自然人的个人信息权益规定为人格权益，既不妨碍自然人在许可他人使用其个人信息时收取费用，也不影响企业通过各种经济激励机制来取得自然人的同意进而处理其个人信息。[2]

4. 对自然人个人信息权益的限制必须是基于维护公共利益等正当理由，同时要符合法律保留原则和比例原则。法律保留原则最早是由德国著名法学家奥托·迈耶提出的，他认为"法治是由三部分构成的：形成法律规范的能力，法律优先及法律保留"，所谓法律保留意味着"通过对基本权利的明示或默示保留，保证公民个人自由、财产不可侵犯和其他权利不受侵犯，除非有法律对此作出规定或基于法定理由才可以对上述权利进行干涉"[3]。法律保留原则是建立在民主原则和法治国家原则基础上，限制公权力，保护私权利的重要原则。我国《立法法》第8条关于只能制定法律的事项的规定就是法律保留原则的体现。依据该条第8项，民事基本制度只能制定法律。自然人的个人信息保护涉及自然人的人格尊严，属于自然人人格权益的范畴，属于民事基本制度。包括个人信息合理使用在内的个人信息保护的规则和制度必须制定法律。正因如此，我国《民法典》才对个人信息的合理使用作出了规定。

比例原则（der Grundsatz der Verhaeltnismaessigkeit）有广、狭义之分。狭义的比例原则主要适用于负担行政行为以及所有的行政领域，而广义的比例原则产生于法治国家原则，不仅约束行政，也约束立法，同时作为一般性确定基本权利的界线，"即作为个人自由请求权和限制自由的公共利益之间的权衡要求适用"[4]。在民法中，比例原则意味着"只有在以下情

---

[1] 关于人格权保护的模式的论述的相关论文，参见姚辉：《关于人格权商业化利用的若干问题》，载《法学论坛》2011年第6期；王叶刚：《人格权中经济价值法律保护模式探讨》，载《比较法研究》2014年第1期。

[2] 对于如何通过经济激励来有效平衡个人信息保护与信息的合理流通和利用的关系，王锡锌教授有深入的阐述，可资参考。

[3] ［德］奥托·迈耶：《德国行政法》，刘飞译，何意志校，北京，商务印书馆2004年版，第72页。

[4] ［德］哈特穆特·毛雷尔：《行政法学总论》，高家伟译，北京，法律出版社2000年版，第238-239页。

形当中，个人自由及其私法自治才能受到干预，即对于维护更高的利益而言这是必要的，且此种干预既适于实现预期的目标，也是实现该目的的最缓和的方式"①。个人信息处理中应遵循的必要原则也是比例原则的体现。个人信息合理使用作为基于公共利益等正当理由对自然人个人信息权益的限制，当然要符合比例原则。合理使用中的"合理"一词，本身就是比例原则的要求。所谓合理使用，就是指无论是收集、加工、使用抑或提供、公开个人信息，都是在服务于法律规定合理使用所希望达到的目的的范围内且手段和方式也没有超过为实现该目的而可以采取的最缓和的方式。如果使用不合理而侵害民事主体人格权的，应当依法承担民事责任（《民法典》第999条后半句）。

三、个人信息合理使用的规范层次

民法典是最高形式的成文法，具有高度的体系性和逻辑性。作为一部符合中国国情和社会生活实际，体例科学、结构严谨、规范合理、内容协调一致的法律，我国《民法典》既具有内部体系性，也具有外部体系性。所谓内部体系性，是指贯穿于我国《民法典》并决定民法规范的价值、理念与原则是统一与和谐的，而外部体系性是指依据形式逻辑规则建构的抽象、一般概念式的体系。②《民法典》对于个人信息的合理使用构建了一套全面、系统的规范体系，具体来说，可将之分为以下三个规范层次。

（一）总则编的抽象规范

对个人信息合理使用的第一个规范层次在《民法典》第一编"总则"中，这是最一般也是最抽象层面对个人信息合理使用的规范。我国《民法典》第6条至第8条确立了民事活动应当遵循的三项基本原则，即公平原则、诚信原则、公序良俗原则，同时还分别在第131条规定："民事主体行使权利时，应当履行法律规定的和当事人约定的义务。"第132条规定："民事主体不得滥用民事权利损害国家利益、社会公共利益或者他人合法权

---

① Larenz/Wolf, Allgemeiner Teil des Buergerlichen Rechts, 9Aufl., Beck, 2004, §1, Rn. 4. 我国学者对民法中比例原则的详细讨论，参见郑晓剑：《比例原则在民法上的适用及展开》，载《中国法学》2016年第2期。

② 参见［德］卡尔·拉伦茨：《法学方法论》，陈爱娥译，北京，商务印书馆2003年版，第316页。

益。"民法的基本原则贯穿于全部的民事法律规范之中,是指导各种民事行为、民事立法和司法活动的根本准则[1],虽然基本原则并不直接涉及当事人的具体权利义务,但它是"指导和协调着全部社会关系或某一领域的社会关系的法律调整机制"[2],故此,无论是自然人行使个人信息权益,还是信息处理者依法或依约处理个人信息,以及个人信息的合理使用,性质上都属于民事活动,应当遵循上述民法的基本原则,履行法律规定的和当事人约定的义务,不得损害国家利益、社会公共利益和他人的合法权益。虽然民法的基本原则并不能直接作为个人信息合理使用的理由,但是,在对于个人信息是否构成合理使用发生理解上的分歧或发生纠纷,且法律没有规定或者规定的不明确时,就应当遵循上述民法的基本原则加以判断。此外,《民法典》总则编第八章关于"民事责任"的规定中对于不可抗力、正当防卫、紧急避险等免责事由的规定,原则上也适用于包括个人信息权益在内的所有民事权益,从而构成对个人信息权益的限制,除非《民法典》或者其他法律另有规定。

(二) 人格权编的共通性规范

对个人信息合理使用的第二个层面的规定是从人格权共通性或一般性法律规范角度作出的关于人格权限制的规定。这些法律规范主要规定在《民法典》人格权编第一章"一般规定"中。该章属于人格权法的总论或总则部分,是对人格权益的共性问题以及通用规则的规定。故此,凡是在《民法典》人格权编第二章至第六章以及其他法律中没有特别规定的情形下,都可以适用人格权编第一章。该章主要规定了以下两项非常重要的人格权限制性规范。

1. 《民法典》第998条规定:"认定行为人承担侵害除生命权、身体权和健康权外的人格权的民事责任,应当考虑行为人和受害人的职业、影响范围、过错程度,以及行为的目的、方式、后果等因素。"该规范的目的在于:首先,其明确了生命权、身体权、健康权这三项人格权不得任意限制和克减的原则,体现了对这三类人格权的充分尊重和严格保护。申言之,就侵害生命权、身体权与健康权这三类人格权的民事责任(无论是侵权责

---

[1] 王利明:《民法总则研究》(第三版),北京,中国人民大学出版社2018年版,第89页。
[2] [美]迈克尔·P.贝勒斯:《法律的原则》,张文显等译,北京,中国大百科全书出版社1995年版,第468页。

任还是违约责任)的成立和民事责任的承担这两大问题上,不应当考虑行为人和受害人的职业、影响范围、过错程度及行为的目的、方式、后果等因素,而应当严格依据法律的相应规定。生命权、身体权和健康权与自然人的生命安全与生存息息相关,是最基本的人的生存的权利,是不得限制和克减的权利。我国《宪法》明确规定尊重和保障人权,同时,我国政府也在1998年10月签署了《公民权利和政治权利国际公约》[①],因此,《民法典》这一规定是对宪法尊重和保障人权的精神的贯彻落实。其次,对除生命权、身体权、健康权之外的人格权(包括人格利益),在认定侵害人格权益的民事责任时,应当考虑行为人和受害人的职业、影响范围、过错程度,以及行为的目的、方式、后果等因素。立法者在《民法典》第998条中采取了动态系统论的观点。由于人格权几乎总是会涉及相互之间的冲突以及与公共利益等的冲突,故此,如何在相互对立的利益之间划出一条明显的界限,必然需要综合权衡所有的利益,以得到一个使各方利益最大化的解决办法。[②]《民法典》第998条通过明确需要考虑的各种因素,既为涉及人格权益冲突与限制的相关立法,也法官裁判解决人格权益纠纷案件提供了参考因素,最终做到人格尊严与个人合理自由的协调。具体而言,考虑行为人和受害人的职业以及行为的目的、方式,就意味着法院在认定侵权责任时,要考虑保护为了公共利益而进行的新闻报道与舆论监督,从而协调言论自由与权益保护的关系;考虑受害人的职业,实际上就是引入了公众人物的概念,从而对公众人物的包括个人信息在内的人格权益加以必要的限制,以便更好地维护公共利益。

2.《民法典》第999条规定:"为公共利益实施新闻报道、舆论监督等

[①]《公民权利和政治权利国际公约》第4条第1、2款规定:"一、在社会经济状态威胁到国家的生命并经正式宣布时,本公约缔约国得采取措施克减其在本公约下所承担的义务,但克减的程度以紧急情势所严格需要者为限,此等措施并不得与它根据国际法所负有的其他义务相矛盾,且不得包含纯粹基于种族、肤色、性别、语言、宗教或社会出身的理由的歧视;二、不得依据本规定而克减第六条、第七条、第八条(第一款和第二款)、第十一条、第十五条、第十六条和第十八条。"该公约第6条规定的是生命权、第7条规定的是禁止酷刑、第8条第1、2款规定的是禁止奴隶制度和任何人不应被强迫役使,第11条规定的是禁止因债务原因而被监禁,第15条规定的是对溯及既往的刑法的禁止,第16条规定的是对法律人格的承认,第18条规定的是关于思想、良心、宗教和信仰自由。由于《公民权利和政治权利国际公约》的一些规定如对死刑适用范围的规定等与我国现行法律有诸多冲突,故此我国虽然加入该公约,但迄今尚未批准实施。

[②] [奥]海尔穆特·库齐奥:《动态系统论导论》,张玉东译,载《甘肃政法学院学报》2013年第4期,第43页。

行为的,可以合理使用民事主体的姓名、名称、肖像、个人信息等;使用不合理侵害民事主体人格权的,应当依法承担民事责任。"该条明确规定了可以合理使用的人格权的客体,实际上就是对这些人格权作出了限制。就自然人的个人信息权益而言,一方面,只有基于公共利益而实施新闻报道、舆论监督等行为的,才可以使用自然人的个人信息;另一方面,即便是基于新闻报道、舆论监督等行为,此种对自然人的个人信息的使用也应当是"合理"使用。如果使用不合理而侵害了民事主体的人格权如隐私权、名誉权、姓名权、肖像权等的,依然要承担民事责任。在判断使用是否合理时,可以依据《民法典》第998条规定的因素——"行为人和受害人的职业、影响范围、过错程度,及行为的目的、方式、后果等"——加以判断。

(三) 针对个人信息权益限制的专门规范

《民法典》对个人信息合理使用的第三个层次的规范,就是直接、专门针对个人信息作出的限制性规定。在法律上,规定权利的限制或者合理使用有两种方法:一是从正面、积极的角度规定,民事权益主体之外的组织或个人可以在没有取得民事权益主体同意的前提下,使用民事权益的客体或干涉其权益的行使,如《民法典》第999条的规定,《著作权法》第22条的规定等;另一种则是从反面、消极的角度以免责事由的方式规定,即便行为人未经民事权益人同意而实施了某种客观上构成对民事权益侵害、妨碍或造成损害的行为,也不需要承担民事责任。例如,《民法典》规定的正当防卫、紧急避险(第181—182条)以及自甘冒险、自助行为(第1176—1177条)等免责事由。上述两种方式都是对权利的限制或合理使用,没有本质的差异。一般来说,采取合理使用的方法来限制民事权益往往是在更为一般或抽象的层面上,因此,受到限制的民事权益的范围也较广。而免责事由则是比较具体的,直接针对某个特定的民事权益而作出的相应规定。我国《民法典》在第1036条采取了直接规定处理个人信息免责事由的方式,来实现个人信息合理使用的目的。该条列举了三大类免责事由,其中第一类"在该自然人或者其监护人同意的范围内合理实施的行为",性质上属于自然人或者其监护人行使个人信息权益的行为,属于权利的自愿限制[1],只有第二、三类即"合理处理该自然人自行公开的或者其

---

[1] 参见张平华:《私法视野里的权利限制》,载《烟台大学学报(哲学社会科学版)》2006年第3期,第276页。

已经合法公开的信息"以及"为维护公共利益或者该自然人合法权益,合理实施的其他行为",属于法律限制,即个人信息的合理使用。

由于我国《民法典》专设侵权责任编作为分则的最后一编,以保护所有的人身权益和财产权益,因此,《民法典》侵权责任编中关于侵权责任的免责事由的规定,如第1174条规定的受害人故意、第1177条规定的自助行为也可以适用于自然人的个人信息权益,构成相应的权利限制。

四、个人信息合理使用的具体情形

从比较法上来看,各国或各地区的个人信息保护立法中,都有对个人信息合理使用或者免责事由的规定。欧盟《一般数据保护条例》分别在第6条"处理的合法性"、第9条"特殊类型的个人数据处理"、第23条"限制"对个人信息合理使用的情形作出了规定。日本的《个人信息保护法》第16—18条、第28条则分别对可以事先不取得自然人的同意而获取、处理自然人的个人信息的情形,不将个人信息利用目的通知给本人或者予以公布的情形以及即便本人请求要求公开个人信息但个人信息处理业者也不应公开的情形等问题作出了规定。我国台湾地区"个人资料保护法"第6条对特殊的个人资料的收集、处理和利用的例外情形、第9条对收集个人资料而免于告知的情形,第10条对自然人的查询、阅览和复制其个人信息的权利的限制,第16条与第19—20条对公务机关和非公务机关超越个人资料处理目的进行收集、处理和利用等情形作出了详细的规定。

各国或各地区个人信息保护立法中所规定的个人信息合理使用的情形具有很多共通之处,即主要是出于以下几类原因对自然人的个人信息权益作出限制:其一,维护公共利益,如国家安全、国防、公共卫生、公共安全、学术自由以及其他的公共利益中的重要目标(如经济或财政利益)等;其二,保护民事权益,包括保护个人信息主体以及其他自然人等民事主体的生命、身体、自由、财产或其他重要民事权益的需要;其三,合法公开的个人信息,即自然人自行公开或者通过其他方式已经合法公开的个人信息。我国《民法典》所规定的个人信息合理使用的情形与比较法上的规定基本上是一致的,下面分别予以论述。

(一)为公共利益实施新闻报道、舆论监督等行为

依据《民法典》第999条,为公共利益实施新闻报道、舆论监督等行

为的，可以合理使用自然人的个人信息，使用不合理侵害民事主体人格权的，应当依法承担民事责任。所谓新闻报道就是指对新近发生的事实进行的报道。在我国，能够进行新闻报道的是依法设立的新闻单位，如报纸出版单位、新闻性期刊出版单位、通讯社、广播电台、电视台、广播电视台、新闻网站、网络广播电视台等。舆论监督是在功能或作用意义上使用的概念，简单地说，就是通过形成公众言论而对公共事务、热点事件等与公共利益、国家利益相关的事情予以监督并加以评论的活动。以往，舆论监督一般就是指新闻单位所作的新闻报道中的批评性报道。然而，在社交媒体时代，不仅仅是新闻单位，自媒体（We Media）上的普通用户的言论集合也可以形成舆论监督。一般的社会大众也可以很容易地通过网络（如微信、微博、脸书、推特、博客、个人网站）等途径向外发布、分享某些事实与观点，评论公共事务，从而发挥舆论监督功能。

《民法典》之所以专门规定为公共利益实施新闻报道、舆论监督等行为可以合理使用个人信息，就是因为在为公共利益而实施的新闻报道、舆论监督中不可避免地要涉及特定的自然人，会使用自然人的姓名、性别、家庭住址等一些个人信息，如果使用这些个人信息都要逐一告知并征得自然人的同意，在自然人不同意的情况下就不能使用，新闻报道就无法正常进行。尤其是为了维护公共利益的舆论监督，本来就是要揭露各种不道德的、违法和犯罪的人与事情，打击邪恶，监督公权力，维护社会正义。这是自由与法治的社会所不可或缺的。故此，更有必要合理使用自然人的个人信息。总之，为公共利益而实施新闻报道、舆论监督的行为，对于维护广大民事主体的合法权益，保护表达自由，具有不可替代的重要作用，故此，《民法典》第999条专门就新闻报道、舆论监督中合理使用个人信息等人格权客体的行为作出了规定。当然，并非所有的新闻报道、舆论监督等行为都有权合理使用个人信息，必须是为了公共利益，一些单纯娱乐性的新闻报道或者仅仅是对某个人的不道德或违法行为的舆论监督，因为与公共利益无关，此时行为人也不得未经同意而使用他人的个人信息，否则就构成侵权。[①]

（二）维护公共利益而合理实施的处理行为

《民法典》第1036条第3项规定，为维护公共利益而合理实施的个人

[①] 我国《民法典》第999条中"为公共利益"的限制是在十三届全国人大第三次会议审议民法典草案时加上的，此前的草案并无此规定。本书认为增加这一限制是合理的。

信息的处理行为,行为人不承担民事责任。该规定明确了维护公共利益是合理使用个人信息的情形。公共利益是很抽象的概念,具有很大的不确定性,因此,由法律来确认客观的公共利益成为法治社会的普遍做法。[①] 例如,2019年我国新修订的《土地管理法》第45条第1款,就明确地将征收农民集体所有的土地时的公共利益界定为6种类型。[②]

基于哪些公共利益可以合理使用个人信息,对此,比较法上进行明确列举的国家或地区比较少。欧盟《一般数据保护条例》是为数不多进行了详细列举的立法例,其第23条第1款列举的公共利益主要有:国家安全;防卫;公共安全;刑事犯罪的预防、调查、侦查、起诉或者刑事处罚的执行,包括对公共安全威胁的防范和预防;欧盟或成员国一般公共利益的其他重要目标,特别是欧盟或成员国的重要经济或财政利益,包括货币、预算和税收等事项、公共卫生和社会保障;司法独立与司法程序的保护;违反职业道德规范的预防、调查、侦查和起诉;监督、检查或相关的监管职能等。我国《民法典》没有界定个人信息合理使用中的公共利益的含义和类型。该任务应当交由现有的各个法律和个人信息保护法等加以具体规定。从《民法典》第132条的规定来看,公共利益可以分为国家利益与社会公共利益两类。我国现行的法律如《国家安全法》《反间谍法》《国家情报法》《突发事件应对法》《传染病防治法》《网络安全法》等,对于国家利益、社会公共利益的含义也有相应的规定。依据这些法律的规定,本书将可以合理使用个人信息的公共利益分为以下类型。

1. 国家利益,主要包括国家的安全利益、外交利益、军事利益以及意识形态利益等[③],具体又分为国家安全、经济安全、文化安全与环境安全。狭义的国家安全仅仅是指军事安全,但是广义的国家安全既包括军事安全,

---

[①] 胡锦光、王锴:《论我国宪法中"公共利益"的界定》,载《中国法学》2005年第1期,第21页。

[②] (1)军事和外交需要用地的;(2)由政府组织实施的能源、交通、水利、通信、邮政等基础设施建设需要用地的;(3)由政府组织实施的科技、教育、文化、卫生、体育、生态环境和资源保护、防灾减灾、文物保护、社区综合服务、社会福利、市政公用、优抚安置、英烈保护等公共事业需要用地的;(4)由政府组织实施的扶贫搬迁、保障性安居工程建设需要用地的;(5)在土地利用总体规划确定的城镇建设用地范围内,经省级以上人民政府批准由县级以上地方人民政府组织实施的成片开发建设需要用地的;(6)法律规定为公共利益需要可以征收农民集体所有的土地的其他情形。

[③] 胡锦光、王锴:《论我国宪法中"公共利益"的界定》,载《中国法学》2005年第1期,第22页。

也包括经济安全、文化安全和环境安全等。我国《国家安全法》采取的就是广义的国家安全，其第 2 条将国家安全界定为"国家政权、主权、统一和领土完整、人民福祉、经济社会可持续发展和国家其他重大利益相对处于没有危险和不受内外威胁的状态，以及保障持续安全状态的能力"。该法具体列举的国家安全包括：军事安全、重大经济利益安全、金融安全、能源安全、粮食安全、意识形态安全、重大技术和工程的安全、网络与信息安全等。为了维护上述国家安全，可以对个人信息进行合理使用。例如，《国家情报法》第 15 条规定："国家情报工作机构根据工作需要，按照国家有关规定，经过严格的批准手续，可以采取技术侦察措施和身份保护措施。"第 16 条规定："国家情报工作机构工作人员依法执行任务时，按照国家有关规定，经过批准，出示相应证件，可以进入限制进入的有关区域、场所，可以向有关机关、组织和个人了解、询问有关情况，可以查阅或者调取有关的档案、资料、物品。"显然，国家情报工作机构依据上述两条采取的技术侦察措施就会包括处理个人信息，查阅、调取的相关资料中也包括了个人信息等。

2. 社会公共利益，也称社会利益，不同于国家利益。社会公共利益主要侧重于社会这一既与国家紧密联系又独立于国家的自治共同体本身需要的安全利益、经济利益、文化利益和道德利益。[1] 本书认为，基于社会公共利益而合理使用个人信息的情形具体包括：（1）基于社会治安即公共安全而合理使用个人信息，如为了预防、制止、侦查、起诉或处理违法犯罪行为，公安机关、检察机关、监察机关等国家有权机关在依法履行职责过程中合理使用个人信息。例如，依据《刑事诉讼法》第 150 条第 1 款，公安机关在立案后，对于危害国家安全犯罪、恐怖活动犯罪、黑社会性质的组织犯罪、重大毒品犯罪或者其他严重危害社会的犯罪案件，根据侦查犯罪的需要，经过严格的批准手续，可以采取技术侦查措施。显然，所谓的技术侦查措施也就包括了对个人信息的收集等处理行为。（2）基于维护其他社会安全利益如公共卫生安全等合理使用个人信息。例如，当出现公共卫

---

[1] 我国学者将社会利益界定为六种类型，即（1）公共秩序的和平与安全；（2）经济秩序的健康、安全及效率化；（3）社会资源与机会的合理保存与利用；（4）社会弱者利益（如市场竞争社会中的消费者利益、劳动者利益等）的保障；（5）公共道德的维护；（6）人类朝文明方向发展的条件（如公共教育、卫生事业的发展）等。参见孙笑侠：《论法律与社会利益——对市场经济中公平问题的另一种思考》，载《中国法学》1995 年第 4 期，第 54 页。

生安全事件（如当前的新冠肺炎疫情）时，为了防控疫情、保护广大人民群众的生命健康，依据《突发事件应对法》《传染病防治法》的规定，有关部门可以依照法律、法规、规章的规定采取应急处置措施，其中自行或授权有关组织强制收集自然人的个人信息，如身份证号码、住址、行踪轨迹等。（3）维护、确保社会资源公平合理地分配与使用而合理使用个人信息。例如，依据《政府信息公开条例》第15条的规定，"涉及商业秘密、个人隐私等公开会对第三方合法权益造成损害的政府信息，行政机关不得公开。但是，第三方同意公开或者行政机关认为不公开会对公共利益造成重大影响的，予以公开。"依据《最高人民法院关于审理政府信息公开行政案件若干问题的规定》第5条第2款的规定，因公共利益决定公开涉及商业秘密、个人隐私、政府信息的，被告应当对认定公共利益以及不公开可能对公共利益造成重大影响的理由进行举证和说明。在一起案件中，原告依据《政府信息公开条例》要求被告房管局公开经适房、廉租房的分配信息并公开所有享受该住房住户的审查资料信息（包括户籍、家庭人均收入和家庭人均居住面积等），被告以这些信息涉及他人隐私为由拒绝公开。一审法院支持被告的观点，认为原告要求公开的政府信息包含享受保障性住房人的户籍、家庭人均收入、家庭人均住房面积等内容，此类信息涉及公民的个人隐私，不应予以公开，判决驳回原告的诉讼请求。二审法院则认为，虽然申请人申报的户籍、家庭人均收入、家庭人均住房面积等情况属于个人隐私，但这些信息属于申请人能否享受保障性住房的基本条件。只要申请经适房就必须要向主管部门提供符合相应条件的个人信息，以接受审核。"当涉及公众利益的知情权和监督权与保障性住房申请人一定范围内的个人隐私相冲突时，应首先考量保障性住房的公共属性，使获得这一公共资源的公民让渡部分个人信息，既符合比例原则，又利于社会的监督和住房保障制度的良性发展。"因此，被告房管局以涉及个人隐私为由拒绝公开是违法的，二审判决被告自判决生效之日起15个工作日内对申请人的信息公开申请重新作出书面答复。[①]（4）基于学术科研、文化艺术及公共教育发展的公共利益合理使用个人信息。需要注意的是，此种对个人信息的合理使用与

---

① 详见"杨政权诉山东省肥城市房产管理局案"，2014年9月13日最高人民法院公布全国法院政府信息公开十大案例之一，见中国社会科学网，http://www.cssn.cn/fx/fx_fxxf/201409/t20140916_1329692.shtml，2020年5月29日访问。

著作权法中的合理使用、法定许可是存在差别的。如前所述，著作权的合理使用本身是对财产权的限制，而个人信息的合理使用是对人格权益的限制，因此，并非任何出于学术研究或文化艺术的需要都可以合理使用自然人的个人信息，这种学术研究或文化艺术必须是有利于实现公共利益的。仅仅是个人进行科研，就允许未经同意而使用个人信息，显然是不可以的。(5) 为维护社会公共道德的需要合理使用个人信息。我国《民法典》第8条确立了公序良俗原则，所谓公序良俗，就包括了公共利益和公共道德，自然人行使个人信息权益不得违反公序良俗，同样基于公序良俗也可以对个人信息进行合理使用。(6) 为了其他的社会公共利益而合理使用个人信息，如为了保护社会的弱者如残疾人保护、劳动者保护、消费者权益保护，或者为了维护公平合理的市场竞争秩序合理使用个人信息。当然，这些合理使用的具体情形应当由法律加以规定。

（三）维护自然人的合法权益而合理实施的处理行为

依据《民法典》第1036条第3项，为了作为个人信息主体的"该自然人合法权益"，可以不经过自然人或其监护人的同意而合理实施个人信息的处理行为，行为人不承担民事责任。所谓维护该自然人的合法权益，是指为了维护作为个人信息主体的自然人的人身财产权益。例如，甲突发疾病而生命垂危，急需在掌握其既往病史等个人信息的基础上进行对应的抢救治疗，而又无法取得其本人或近亲属的同意。此时，为了挽救甲的生命，可以实施个人信息的处理行为。比较法上许多国家或地区的个人信息保护立法中也有相同的规定，例如，欧盟《一般数据保护条例》第23条第1款第 i 项规定，为了"对数据主体或其他人的权利与自由的保护"，根据数据控制者或处理者应遵守的欧盟或成员国的法律规定，可以通过立法措施限制该条例第12条至第22条，第34条及第5条的权利与义务的范围，只要该限制符合该条例第12条至第22条规定的权利和义务，且实质符合基本权利和自由的本质，且是民主社会应采取的必要的适当的措施。再如，日本《个人信息保护法》第17条第2款第2项以及第23条第1款第3项规定，"为保护人的生命、身体或财产而有必要，却又难以取得本人同意的情形"，个人信息处理业者可以未事先取得本人的同意而获取自然人的个人数据或者将其个人数据提供给第三人。

事实上，不仅为了维护个人信息或个人数据主体自身的合法权益，可以实施对个人信息的合理使用，就是为了维护自然人之外的其他民事主体的合法权益，也可以针对该自然人的个人信息实施合理使用行为。例如，我国台湾地区"个人资料保护法"第16条第1款第4项和第20条第1款第4项规定，"为防止他人权益之重大危害"，公务机关或非公务机关对个人资料之利用，可以在于搜集之特定目的必要范围之外利用个人资料。我国《民法典》第1036条第3项仅规定了维护作为个人信息权益主体的"该自然人"合法权益，没有规定维护其他民事主体合法权益时的合理使用。这并不意味着我国《民法典》对此存在缺漏。因为如果是为了维护其他民事主体的合法权益而需要合理使用个人信息的话，那么该等情形属于紧急避险，完全可以适用《民法典》第182条，而无须重复规定。我国《个人信息保护法》第13条第1款第4项明确规定，在紧急情况下为"保护自然人的生命健康和财产安全所必需"，该项中的"自然人"就不仅包括作为信息主体的自然人，也包括其他的自然人，弥补了《民法典》规定的不足。

（四）处理已合法公开的个人信息

依据《民法典》第1036条第2项，合理处理该自然人自行公开的或者其他已经合法公开的信息，即便没有得到该自然人的同意，行为人也不承担民事责任，但是该自然人明确拒绝或者处理该信息侵害其重大利益的除外。所谓合法公开的个人信息有两个特征：其一，合法性，包括自然人自行公开（即行使个人信息权益而针对个人信息进行处分），也包括依据法律、行政法规的规定被公开（如法院公开裁判文书中涉及的个人信息）。至于那些由他人泄露或非法公开的个人信息，虽然客观上确实处于公开的状态，但因不属于合法公开的个人信息，故此不适用《民法典》的上述规定。其二，公开性，即个人信息被公之于众，不特定的人可以通过合法的途径而获悉。例如，在接受记者的采访报道中公开的个人信息，他人皆可通过网络搜索合法获得。如果只是在很小的亲友圈子内公开，如在微信朋友圈中公开，只有特定的人才可以获得的个人信息，不应认为是公开的个人信息。

合法公开的个人信息包括两大类：其一，自然人自行公开的个人信息，如某教授将自己的办公室电话、手机号、电子邮箱、通信地址等在自己的个人网页上加以公开，从而使这些个人信息进入了公共领域，任何人都可以获得。其二，其他已经合法公开的个人信息，这主要包括两种情形。一是，依据行政行为而公开的个人信息，即因政府机关履行职责而依法加以公开的个人信息，例如，依据国务院颁布的《企业信息公示暂行条例》的规定，企业通过企业信用信息公示系统向工商行政管理部门报送上一年度年度报告，并向社会公示。企业的年度报告中涉及自然人的个人信息的内容如"企业为有限责任公司或者股份有限公司的，其股东或者发起人认缴和实缴的出资额、出资时间、出资方式等信息""有限责任公司股东股权转让等股权变更信息"等。二是，依据司法行为而公开的个人信息，即因为法院的司法行为而公开法律文书，其中也会涉及合法公开的个人信息。例如，依据《最高人民法院关于人民法院在互联网公布裁判文书的规定》，人民法院作出的裁判文书除涉及国家秘密、未成年人犯罪等不应公开的情形外，都应当在互联网上公开。人民法院在互联网公布裁判文书时，虽然应当删除"自然人的家庭住址、通讯方式、身份证号码、银行账号、健康状况、车牌号码、动产或不动产权属证书编号等个人信息"、"家事、人格权益等纠纷中涉及个人隐私的信息"等信息，但是，有些个人信息仍然应当在裁判文书中保留。对此，该司法解释第 11 条第 1 项有相应的规定，即人民法院在互联网公布裁判文书，"除根据本规定第八条进行隐名处理的以外，当事人及其法定代理人是自然人的，保留姓名、出生日期、性别、住所地所属县、区"。

《民法典》第 1036 条第 2 项的规定来自《最高人民法院关于审理利用信息网络侵害人身权益民事纠纷案件适用法律若干问题的规定》原第 12 条（现已被删除），依据该条第 1 款第 4 项，如果网络用户或者网络服务提供者利用网络公开的自然人基因信息、病历资料、健康检查资料、犯罪记录、家庭住址、私人活动等个人隐私和其他个人信息是自然人自行在网络上公开的信息或者其他已经合法公开的个人信息，则不构成侵权行为，不承担侵权责任。但是，依据该条第 2 款，如果网络用户或者网络服务提供者以违反社会公共利益、社会公德的方式公开这些个人信息，或者公开该信息侵害权利人值得保护的重大利益，权利人请求网络用户或者网络服务提供者承担侵权责任的，人民法院应予支持。对于已经合法公开的个人信息，无论是自然人自行公开的还是其他已经合法公开的个人信息，原则上是可以无须告知并取得自然人的同意即能够自由地进行处理的，因为这有利于促进信息的流动与利用，对于网络信息社会和数字经济的发展是有利的。但是，如果该自然人明确拒绝对已合法公开的个人信息进行处理或者处理该信息侵害其重大利益的除外。这就是说,一方面,即便是已经合法公开的个人信息依然受到法律的保护,自然人对这些个人信息并不因其公开而失去控制的权利,其有权决绝他人对这些信息的处理。另一方面,由于个人信息的保护对于维护自然人的人格尊严和人格自由具有很重要的意义,所以,即便是已经合法公开的个人信息,也不得任意进行处理,如果处理该信息将侵害自然人的重大利益的,也要承担民事责任。所谓"侵害自然人重大利益"的情形,是指处理将有害于自然人的生命、身体、自由、财产或其他重大利益。例如,通过对各种合法公开的信息的处理而对自然人进行人格画像,从而导致该自然人将会在接受商品或服务的过程中遭受种族、性别的歧视等侵害人格尊严的行为的,则该处理行为侵害了自然人的重大利益,是非法的。

第五节　侵害个人信息权益的侵权责任

一、归责原则

在侵权法上,归责就是归咎或追究侵权损害赔偿责任,即依法律上的价值判断决定由谁来承担损害。归责事由,就是追究侵权损害赔偿责任的理由,或者说就是决定将已发生的损害施加给某人承担的法律上的原因,因此,归责事由是与损害密切相连的,没有损害,就没有归责,归责事由决定了损害的承担主体。[①] 由于以往民法学界曾对于归责存在错误的理解[②],将归责中的"责"等同于所有的侵权责任承担方式,既包括损害赔偿责任,也包括停止侵害、排除妨碍、消除危险等性质上属于绝对权请求权的侵权责任承担方式,故此,《侵权责任法》第 6 条和第 7 条没有正确地区分侵害与损害,在规定归责原则时未明确"损害"这一核心要件。我国《民法典》修正了这一规定,其明确了归责是损害赔偿责任的归责,正确地区分了侵害与损害、绝对权请求权与侵权赔偿请求权。在规定过错责任原则和无过错责任原则时,《民法典》第 1165 条第 1 款将《侵权责任法》第 6

---

① Deutsch/Ahrens, Deliktsrecht, 5. Aufl. 2009, Rn. 2.
② 程啸:《侵权责任法》(第三版),北京,法律出版社 2021 年版,第 108-109 页。

条第 1 款的"行为人因过错侵害他人民事权益"修改为"行为人因过错侵害他人民事权益造成损害";《民法典》第 1166 条将《侵权责任法》第 7 条的"行为人损害他人民事权益"修改为"行为人造成他人民事权益损害"。如此一来,就非常清晰地区分了"侵害"与"损害",并以损害作为过错责任和无过错责任的必备要件之一,使人们清楚:过错责任原则是侵权赔偿责任的基本归责原则,而法律规定无过错也要承担赔偿责任属于例外的情形。

在《个人信息保护法》的起草过程中,对于侵害个人信息权益的侵权责任的规定也经历了一个从不区分侵害与损害,将归责原则等同于所有侵权责任承担方式的归责原则,到正确区分侵害与损害,明确了归责原则仅仅是损害赔偿责任的归责原则的一个演变过程。《个人信息保护法草案(第一次审议稿)》(以下称《一审稿》)第 65 条规定:"因个人信息处理活动侵害个人信息权益的,按照个人因此受到的损失或者个人信息处理者因此获得的利益承担赔偿责任;个人因此受到的损失和个人信息处理者因此获得的利益难以确定的,由人民法院根据实际情况确定赔偿数额。个人信息处理者能够证明自己没有过错的,可以减轻或者免除责任。"《个人信息保护法草案(第二审议稿)》(以下称《二审稿》)第 68 条第 1 款规定:"个人信息权益因个人信息处理活动受到侵害,个人信息处理者不能证明自己没有过错的,应当承担损害赔偿等侵权责任。"显然,相比于《一审稿》,《二审稿》的规定在逻辑条理方面更加清晰,明确了根据过错推定责任所确定的侵害个人信息权益的损害赔偿责任。[①] 但是,《二审稿》第 68 条第 1 款中依然未区分"侵害"与"损害",没有将"造成损害"作为承担侵害个人信息权益的损害赔偿责任的必备要件。这样就等于将过错推定责任作为所有侵权责任的归责原则,混淆了损害赔偿责任与其他侵权责任承担方式。在《二审稿》公开征求意见以及相关内部讨论征求意见时,本书作者反复向立法机关提出,应当增加"造成损害"这一要件,从而与我国《民法典》第 1165 条的规定保持一致,明确过错推定责任是侵权损害赔偿责任而非所有的侵权责任的归责原则。令人高兴的是,立法机关最终接受了这一意见,《个人信息保护法》第 69 条第 1 款增加了"造成损害"的要求。

[①] 全国人大常委会法制工作委员:《关于〈中华人民共和国个人信息保护法(草案)〉修改情况的汇报》,2021 年 4 月 26 日。

（一）比较法的规定

从比较法来看，各个国家或地区的个人信息保护法或数据保护法对侵害个人信息或个人数据的侵权责任所规定的归责原则也存在较大的差别。主要有以下几种立法规范模式。

第一种立法模式采取的是无过错责任或严格责任。此种立法例的最典型代表就是欧盟。早在1995年10月24日欧洲议会和欧盟理事会《关于涉及个人数据处理的个人保护以及此类数据自由流动的指令（95/46/EC）》中就明确规定了数据控制者的严格责任，该指令第23条第1款规定："任何人因非法数据处理行为或者违反依照本指令通过的国内有关规定的任何行为而遭受损害的，则成员国应当规定他们有权就该损害请求数据控制者赔偿。"该指令的"序言"部分第55条指出："鉴于个人因为非法数据处理而遭受的任何损害必须由数据控制者予以赔偿，但如果他能够证明他对损害不负责任，特别是如果他能够证明数据主体有过错或者发生不可抗力，则可以免责。"因此，数据主体依据1995年数据保护指令承担的责任为无过错责任，免责事由为数据主体的过错以及不可抗力。不过，1995年的数据保护指令并未对数据处理者的责任问题作出规定。2018年施行的欧盟《一般数据保护条例》则既规定了数据控制者的责任也规定了数据处理者的责任，二者都需要直接向数据主体承担责任。该条例第82条第1款规定："任何因违反本条例之行为而遭受财产损失或非财产损失的人，有权就其所受之损害请求控制者或处理者予以赔偿。"同条第2款规定："参与处理的任何控制者应当为违反本条例的处理行为所致之损害负责。只有当处理者没有遵守本条例对处理者特别规定的义务或者超出了控制者的合法指示或违背该等指示时，方就处理行为所致之损害负责。"第3款规定："如果控制者或处理者证明其无论如何都不应对造成损害的事件负责的，应当免除本条第2款所规定的责任。"由此可见，欧盟《一般数据保护条例》第82条为数据的控制者和处理者确立了无过错责任[1]，即受害人在要求数据控制者或数据处理者承担责任时无须证明其存在过错。[2]但是，从免责事由来

---

[1] Paul Voigt & Axel von dem Bussche, *The EU General Data Protection Regulation*（GDPR）, Springer, 2017, at 208.

[2] Christopher Kuner, Lee A. Bygrave & Christopher Docksey ed., *The EU General Data Protection Regulation (GDPR): A Commentary*, Oxford University Press, 2020, p. 1176.

看，数据控制者的责任明显比数据处理者更加严厉。对于数据控制者而言，由于损害必须是"因违反本条例所致（as a result of an infringement of this Regulation）"，故此，数据控制者只有证明他们并非是因从事违反《一般数据保护条例》的非法处理行为而造成损害的行为主体，或者证明损害是由于数据处理者在数据控制者的授权之外或者超越从数据控制者处所取得的授权所致，方能免责。① 另一方面，对于数据处理者而言，由于其只是为数据控制者处理个人数据，故此，数据处理者只要是按照数据控制者的合法指示并且也没有违反《一般数据保护条例》所施加给其的义务的，就不需要对损害负责，而应由数据控制者负责。但是，如果数据处理者违反了《一般数据保护条例》施加给数据处理者的义务，或者超越或违背了数据控制者的合法指示的，就需要承担责任。由于《一般数据保护条例》第82条第2款强调了数据处理者超越或违背的是"控制者的合法指示（lawful instructions of the controller）"，所以，只要数据控制者的指示是不合法的，即违反了《一般数据保护条例》，那么即便数据处理者完全是按照数据控制者的指示去处理的，也要承担责任。

第二种立法模式是依据个人信息处理活动究竟是自动化处理还是非自动化处理而规定不同的归责原则，最典型的代表就是德国。德国《联邦数据保护法（BDSG）》对于侵害个人数据的侵权责任的规定经历了一个变化过程。在为执行欧盟1995年《欧盟个人数据保护指令》而于2002年制定的德国《联邦数据保护法》中，德国立法者区分了一般的数据控制者侵权赔偿责任和公共机关自动处理数据的侵权赔偿责任。对于前者，依据该法第7条，适用的是过错推定责任，即只要数据控制者采取违法的或不正当的方式收集、处理或使用个人数据而给数据主体造成了损害，数据控制者或其责任机构就应当赔偿由此造成的损失，除非能够证明其尽到了具体情形中应尽的必要注意义务。对于后者，依据该法第8条，只要公共机关采取了违法或不正当的自动方式收集、处理或使用个人数据而给数据主体造

---

① 就数据控制者能否如同1995年数据保护指令的序言部分第55条规定的那样，以数据主体的过错或不可抗力作为免责事由，《一般数据保护条例》没有规定。但是，理论界有观点认为，由于《一般数据保护条例》第82条关于数据控制者的规定与1995年数据保护指令相同，故此应作相同的理解，即控制者可以以数据主体的过错或不可抗力作为免责事由。See Brendan Van Alsenoy, Liability under EU Data Protection Law: From Directive 95/46 to the General Data Protection Regulation, JIPITEC 7（3）2016，p. 283.

成了损害，就应当承担赔偿责任，无论有无过错。但是，在2016年欧盟颁布了《一般数据保护条例》之后，德国于2017年6月30日颁布了新的《联邦数据保护法》，新法的第83条第1款规定："控制者违反本法或者其他关于数据处理的规定而处理个人数据，致使数据主体遭受损害的，控制者或者其权利主体应向数据主体负赔偿义务。在非自动化处理的情况下，倘若损害非因控制者过错所致，则不承担赔偿责任。"由此可见，德国新的《联邦数据保护法》是在区分自动化数据处理与非自动化数据处理的基础上分别规定了无过错责任与过错推定责任。具体来说，对于自动化的数据处理所产生的损害适用无过错责任，即只要数据控制者处理他人数据的行为违反了《联邦数据保护法》或其他法律并导致他人损害的，数据控制人或者其法人就负有损害赔偿义务。但是，在非自动化的数据处理的情形下，如果损害并非是由于数据控制人的过错所致，则其不负有赔偿义务。[①]

第三种规范模式是区分处理者究竟是公务机关还是非公务机关规定不同的归责原则。我国台湾地区是这种模式的典型代表。依据我国台湾地区的"个人资料保护法"第28条，公务机关违反本法规定致个人资料遭不法收集、处理、利用或者其他侵害当事人权利的情形的，但是损害因为天灾、事变或者其他不可抗力所致者除外。该法第29条规定，非公务机关违反本法规定致个人资料遭不法收集、处理、利用或者其他侵害当事人权利的情形的，负损害赔偿责任，但是可以证明没有故意或者过失的除外。由此可见，在我国台湾地区的个人信息侵权责任中，对于公务机关适用无过错责任，对于非公务机关则采过错推定责任。[②]公务机关的免责事由只有不可抗力即天灾、事变或者其他不可抗力，但是非公务机关可以通过证明没有故意或过失免责。此外，我国台湾地区"个人资料保护法"还规定了最高赔偿额，该法第28条第4项与第5项规定："对于同一原因事实造成多数当事人权利受侵害之事件，经当事人请求损害赔偿者，其合计最高总额以新台币二亿元为限。但因该原因事实所涉利益超过新台币二亿元者，以该所

[①] Vgl. Paal&Pauly, DS-GVO BDSG, 2. Aufl., 2018, Rn. 4-9.
[②] 王泽鉴：《人格权法：法释义学、比较法、案例研究》，台北，作者印行2012年版，第284页；林洲富：《个人资料保护法之理论与实务》，台北，元照出版公司2019年版，第99页。

涉利益为限。同一原因事实造成之损害总额逾前项金额时,被害人所受赔偿金额,不受第三项所定每人每一事件最低赔偿金额新台币五百元之限制。"

(二)我国理论界的争议

在《个人信息保护法》起草过程中,就侵害个人信息权益的侵权责任采取何种归责原则,争议很大,主要有以下三大类观点。

1. 过错责任说。此说认为,侵害个人信息的侵权责任应当适用过错责任原则,因为此种侵权行为的基本性质是侵害隐私权,与侵害名誉权、肖像权等侵权行为一样,属于一般侵权行为,应当适用过错推定责任。[1]

2. 无过错责任说。此说认为,对于侵害个人信息的侵权责任不应当适用过错责任,而应当统一适用无过错责任,即受害人在针对数据控制者提起侵害个人信息的侵权之诉时,无须证明数据控制者存在过错,数据控制者只有在符合法定的免责事由时,才能免除责任。一方面,统一适用无过错责任能够更好地保护自然人的合法权益,使得自然人无须证明加害人的过错,同时也避免了实践中自动化数据处理与非自动化数据处理适用不同的归责原则而造成的麻烦。另一方面,虽然适用无过错责任,但是,可以在适用范围和免责事由上针对各种主体从事的活动的差异性而作出不同的规定,以便协调个人信息保护与合理自由(言论自由、信息自由等)的维护之间的关系。[2]

3. 区分说。此说认为,应当区分不同类型的个人信息处理行为,分别确定相应的归责原则。具体又分为以下四种观点:第一种观点认为,应当区分个人信息处理者是国家机关还是非国家机关分别规定不同的归责原则,如果是国家机关违反个人信息保护法给信息主体造成人身或财产上的损失的,应当适用无过错责任原则;如果是非国家机关违反该法规定给信息主体造成人身或财产上的损失应当承担赔偿责任的,应当适用过错推定责任。[3] 这是因为,国家机关在收集个人信息的时候更多是为了履行管理职

---

[1] 杨立新:《侵害公民个人电子信息的侵权行为及其责任》,载《法律科学》2013年第3期,第148页。

[2] 程啸:《论侵害个人信息的民事责任》,载《暨南学报(哲学社会科学版)》2020年第1期,第43页。

[3] 齐爱民:《中华人民共和国个人信息保护法示范法草案学者建议稿》,载《河北法学》2005年第6期,第5页。

责，信息主体往往不得拒绝国家机关对自己的信息的收集与合理使用。为了保护个人信息主体的利益，对国家机关应当适用无过错归责原则。但是，非国家机关向个人收集和使用公民个人信息的，往往是征得了个人信息主体的书面同意的，双方建立了平等的合同关系。在这种平等的法律关系下，个人数据主体有权决定自己的信息是否被收集以及在何种范围内进行使用。因此，针对非国家机关侵害公民个人信息的行为宜采取过错推定，避免受害人因为举证困难而无法得到救济，同时也不妨碍信息自由和互联网产业的发展。[1]

第二种观点认为，应当对自动化处理和非自动化处理中的个人信息侵权行为分别适用过错推定责任与过错责任。[2] 这是因为个人信息侵权归责的困难源于自动化技术的广泛采用，信息处理的过程难以预料，从而导致当事人之间的举证和诉讼能力存在差别，通过对于自动化处理实施的个人信息侵权采取过错推定责任，可以很好地减轻个人的举证责任，保护其合法权益。至于非自动化处理实施的个人信息侵权，由于消除了大数据技术对受害人举证能力的障碍，所以其归责原则应与侵害隐私权的侵权责任保持一致，即采取过错责任原则。此外，个人信息处理者不仅包括企业，也包括公务机关，公务机关即便采取自动化技术处理个人信息，其所拥有的数据资源和技术力量也并非强于非公务机关的企业公司，故此，对于公务机关处理个人信息，也应当依据是否是自动化处理，而分别适用过错推定责任与过错责任，不能对于公务机关自动化处理个人信息采取无过错责任，否则对其过于苛刻，不利于依法履行职责。[3]

第三种观点是在上述第一种和第二种观点基础上融合而成的，认为我国对于个人信息侵权责任应当采取三元归责体系，即公务机关以自动处理技术实施的个人信息侵权适用无过错责任，采取自动化处理系统的非公务机关的个人信息侵权适用过错推定责任，至于那些没有采取自动数据处理系统的数据处理者，适用过错责任。[4]

---

[1] 尹志强：《网络环境下侵害个人信息的民法救济》，载《法律适用》2013年第8期，第14页。

[2] 陈吉栋：《个人信息的侵权救济》，载《交大法学》2019年第4期，第49-51页；张建文：《个人信息的新型侵权形态及其救济》，载《法学杂志》2021年第4期，第46页。

[3] 陈吉栋：《个人信息的侵权救济》，载《交大法学》2019年第4期。

[4] 叶名怡：《个人信息的侵权法保护》，载《法学研究》2018年第4期。

第四种观点认为，应当对侵害敏感个人信息与非敏感个人信息规定不同的归责原则。因处理敏感信息的侵权赔偿责任应适用危险责任即无过错责任，处理非敏感的个人信息的侵权赔偿责任则适用过错推定责任。[1] 首先，敏感信息的处理行为本身就属于法律上的高度危险的行为，故此，该处理行为原则上应予禁止，但考虑到其他的利益需求（如科学研究等公共利益、国家利益），法律上例外允许处理，故此，数据处理者应当承担更严格的责任。其次，对敏感个人信息的处理行为客观上开启了危险源且数据处理者对处理行为具有控制力，依据危险开启理论与危险控制理论[2]，数据处理者应当承担危险责任。最后，对侵害敏感信息适用危险责任会显著提高处理敏感个人信息的成本，形成经济上的壁垒，使得一般的没有足够能力的数据处理者不敢轻易去处理此等信息，从而可以更好地保护个人信息权益。

（三）《个人信息保护法》采取了过错推定责任

1. 个人信息保护法历次草案规定的变化

我国《民法典》人格权编只是对个人信息保护的基本原则和规则作出了规定，至于侵害个人信息的侵权责任的问题，没有作出具体的规定，故此，在《个人信息保护法》颁布之前，侵害个人信息的侵权责任统一适用的是《民法典》第1165条第1款规定的过错责任原则。然而，就侵害个人信息的侵权责任而言，如果适用过错责任，就势必要求受害人证明作为加害人的个人信息处理者的过错。这显然是很困难的。《一审稿》第65条规定："因个人信息处理活动侵害个人信息权益的，按照个人因此受到的损失或者个人信息处理者因此获得的利益承担赔偿责任；个人因此受到的损失和个人信息处理者因此获得的利益难以确定的，由人民法院根据实际情况确定赔偿数额。个人信息处理者能够证明自己没有过错的，可以减轻或者免除责任。"显然，该条采取的是过错推定责任，但是，该条存在的问题是：其一，就侵权赔偿责任而言，应当先规定责任的成立即归责原则，再规定如何确定损害赔偿即侵权赔偿责任的承担。但是，该条先规定损害赔偿的计算，再规定侵权赔偿责任的归责原则，显然不合逻辑。其二，过错推定责任意味着法律先推定侵权人存在过错，侵权人"不能够证明自己没

---

[1] 程啸：《论我国个人信息保护法中的个人信息处理规则》，载《清华法学》2021年第3期。
[2] 程啸：《侵权责任法》（第三版），北京，法律出版社2021年版，第126页。

有过错"的，就要承担责任。《民法典》第 1165 条第 2 款规定："依照法律规定推定行为人有过错，其不能证明自己没有过错的，应当承担侵权责任。"但是，《一审稿》第 65 条第 2 句却规定"个人信息处理者能够证明自己没有过错的，可以减轻或者免除责任。"既然能够证明自己没有过错，就应当免除责任，而不是减轻责任。如果在个人信息处理者能够证明自己没有过错的情况下，仍然只是减轻或免除责任，就意味着侵害个人信息权益的民事责任可能是无过错责任，也可能是过错推定责任。

有鉴于此，立法机关在《二审稿》中进行了修改。首先，《二审稿》第 68 条分为两款，依次对侵权责任的成立与侵权赔偿责任的承担作出了规定，逻辑上更加科学。其次，第 68 条第 1 款规定："个人信息权益因个人信息处理活动受到侵害，个人信息处理者不能证明自己没有过错的，应当承担损害赔偿等侵权责任。"从这一规定可以看出，立法机关进一步明确了过错推定责任，即只要个人信息权益因个人信息处理活动受到侵害，那么就推定个人信息处理者具有过错，如果个人信息处理者不能证明自己没有过错的，就应当承担损害赔偿等侵权责任。应当说，《二审稿》第 68 条更加科学。

在二审稿的基础上，立法机关又进行了相应的修改后，正式颁布的《个人信息保护法》第 69 条第 1 款规定："处理个人信息侵害个人信息权益造成损害，个人信息处理者不能证明自己没有过错的，应当承担损害赔偿等侵权责任。"从这一规定可以看出，我国法上侵害个人信息权益的侵权责任实行的是过错推定责任。

2. 采取过错推定责任的理由

本书认为，《个人信息保护法》对于侵害个人信息权益的侵权赔偿责任采取了过错推定责任是妥当的。这是因为就侵害个人信息权益的侵权赔偿责任而言，如果适用过错责任原则，就意味着被侵权人即个人需要证明侵权人即个人信息处理者处于过错，而这非常困难。因为个人信息处理活动具有很强的专业性和技术性，个人与个人信息处理者处于信息、技术、资金等能力上的不对等地位，其无法了解个人信息处理者在处理活动中具有什么过错，更无法提出证据加以证明，故此，不应当采取过错责任。有论者认为，履行个人信息保护职责的部门会对违法处理个人信息的行为进行处罚，受害人可以以这种处罚作为证据。问题是，任何监管机关都不可能对所有的个人信息违法行为都及时地作出处罚，若没有处罚，受害人就不能要求侵权人承担侵权责任,这显然是荒唐的。如果对于侵害个人信息权益的侵权赔偿责任一律采取无过错责任,似乎又过于严厉。毕竟个人信息处理者的类型很多,处理的场景也千差万别,个人信息处理活动也是现代社会生活须臾不可或缺的活动,因此,不应当采取无过错责任。只有过错推定责任既有利于保护个人信息权益,减轻了受害人的举证责任,同时对于个人信息处理者而言也不过于苛刻,其仍有机会通过证明自己没有过错而免除责任,显然更为合适。

至于区分说,也不合理。一方面,现代社会中的个人信息处理活动基本上都是利用计算机技术进行的自动化处理,个人信息保护法也是为了应对利用现代网络信息科技处理个人信息对个人权利和自由带来的风险所生的,因此,区分自动化处理和非自动化处理而确定不同的归责原则,缺乏实际意义,不符合信息社会的发展趋势。另一方面,区分国家机关与非国家机关而规定不同的归责原则,也不妥当。国家机关履行法定职责而处理个人信息属于行使职权的行为,如果该行为侵犯公民的个人信息权益等合法权益的,要适用《国家赔偿法》的规定。《国家赔偿法》第2条第1款规定:"国家机关和国家机关工作人员行使职权,有本法规定的侵犯公民、法人和其他组织合法权益的情形,造成损害的,受害人有依照本法取得国家赔偿的权利。"该法第3条和第4条对行政赔偿的具体情形,第17条和第18条对刑事赔偿的具体情形分别作出了规定。从上述规定可知,国家赔偿责任主要适用的是违法归责原则,个别情形(刑事赔偿中的错误羁押和错误裁判)适用结果归责原则。所谓违法归责原则是指,国家机关承担国家赔偿责任以行使职权的行为违反法律、法规、规章和其他规范性文件等实定法的规定为要件。故此,在侵害个人信息权益的侵权责任中区分公务机关和非公务机关,并对公务机关适用无过错责任的观点不符合《国家赔偿法》的违法归责原则。

3. 为何侵害个人信息权益与侵害隐私权的归责原则存在差异

在《个人信息保护法》的起草过程中,有观点认为,《民法典》第1034条第3款规定:"个人信息中的私密信息,适用有关隐私权的规定;没有规定的,适用有关个人信息保护的规定。"由此可见,《民法典》对于隐私权保护的程度要高于对于(非私密的)个人信息的保护程度。既然《民法典》对侵害隐私权的侵权责任都只是适用过错责任原则,对于受保护的程度低于隐私权的个人信息，《个人信息保护法》却适用过错推定责任，显然是不合理的，也有违《民法典》的规定。本书认为这种观点是对《民法典》的误读误解，并不妥当。

首先，《民法典》第 1034 条第 3 款规定于《民法典》的第四编"人格权"中，人格权编的规范重点在于确认和明确各项具体人格权益的内容、边界和特殊的保护规则，至于侵害个人权益的侵权责任，应当适用《民法典》侵权责任编和其他法律的规定处理。《民法典》第 995 条第 1 句规定："人格权受到侵害的，受害人有权依照本法和其他法律的规定请求行为人承担民事责任。"这就是说，无论是侵害隐私权等具体人格权抑或侵害个人信息权益的侵权责任，都应当依据《民法典》侵权责任编和其他法律的规定处理。正因如此，在《民法典》编纂过程中，立法机关没有接受在人格权编第六章"隐私权和个人信息保护"中规定侵害个人信息的民事责任的观点。[①] 显然，并非只有《民法典》侵权责任编可以对侵权责任作出规定，作为法律的《个人信息保护法》当然可以对侵害个人信息权益的侵权责任作出特别的规定，不存在与《民法典》不一致的问题。

其次，《民法典》人格权编对于隐私权保护的强度确实高于非私密信息，如《民法典》第 1033 条规定，除非"法律另有规定或者权利人明确同意外"，任何组织和个人不得侵害他人的隐私权，包括处理他人的私密信息。但是，对于个人信息，《民法典》第 1035 条第 1 款则规定，只要有法律、行政法规的规定，就可以无须征得自然人或其监护人的同意而处理个人信息。再如，依据《民法典》第 999 条，为公共利益实施新闻报道、舆论监督等行为的，可以合理使用民事主体的姓名、名称、肖像、个人信息等。但是，《民法典》不允许对隐私进行所谓的合理使用。这些差异确实体现了《民法典》更注重保护隐私权的立法宗旨。这是因为隐私权与人格尊严息息相关，维护的是人格利益，不存在足以与隐私权的保护相抗衡的其他利益。然而，在个人信息的保护中，则始终需要注意协调保护与利用的关系，过度保护个人信息不利于信息的自由流动，妨害数字经济与网络科技的发展。也正是在这一认识的基础上，《民法典》第 1034 条第 3 款才规定："个人信息中的私密信息，适用有关隐私权的规定；没有规定的，适用

---

① 黄薇主编：《中华人民共和国民法典人格权编解读》，北京，中国法制出版社 2020 年版，第 212 页。

有关个人信息保护的规定。"然而,《民法典》对隐私权和个人信息保护强度的差异并不意味着,侵害个人信息权益就不能适用过错推定责任而必须如同侵害隐私权那样适用过错责任,更不是说《个人信息保护法》第69条规定的过错推定责任违反了《民法典》,因为这两部法律本身的调整对象是不同的:《个人信息保护法》规范的是个人信息处理活动,确切地说是发生在信息、技术、经济等能力不对等的个人信息处理者与个人之间的(往往是大规模的、自动化的)个人信息处理活动。《民法典》调整的是平等的民事主体之间的人身关系和财产关系。隐私权抑或个人信息权益被侵害,如果只是发生在个人之间或因家庭事务而发生的处理活动中,那么依据《个人信息保护法》第72条第1款,不适用《个人信息保护法》,而应当适用《民法典》。此时,无论侵害隐私权还是个人信息权益的侵权责任都适用过错责任。但是,在《个人信息保护法》所规范的个人信息处理活动中,发生了侵害个人信息权益的以及侵害隐私权的行为的,都应适用《个人信息保护法》第69条规定的过错推定责任。也就是说,《个人信息保护法》第69条规定的,处理个人信息侵害个人信息权益的情形包括处理个人信息侵害个人信息上所承载的各种人身财产权益,如姓名权、肖像权、隐私权等具体人格权以及狭义的个人信息权益的情形。由此可见,并不存在对个人信息权益的保护程度高于对隐私权的保护程度的问题。

事实上,随着《个人信息保护法》的颁行,以往司法实践中存在的只要发生个人信息侵权纠纷,法官首先要判断该个人信息是否为私密信息,从而决定该侵权行为究竟侵害的是隐私权还是个人信息的难题,将迎刃而解,因为,只要是个人信息处理者的处理活动侵害了个人信息权益造成损害的,就可以适用该条规定,根本无须判断个人信息是私密信息还是非私密信息,从而分别认定是侵害隐私权还是侵害个人信息利益。只有在自然人因个人或者家庭事务处理个人信息的活动发生的侵权纠纷中,才需要考虑侵害的是隐私权还是个人信息权益。

二、构成要件

(一) 处理者实施了侵害个人信息权益的处理行为

1. 个人信息处理行为侵害了个人信息权益

首先,侵害个人信息权益的加害行为必须是个人信息处理行为,即个人信息的收集、存储、使用、加工、传输、提供、公开等行为。这些行为既包括作为，也包括不作为。所谓作为，如未取得个人同意而收集个人信息的行为；不作为，如处理者没有依法采取必要措施保护个人信息的安全，导致个人信息被他人窃取、篡改或丢失；再如，个人信息泄露后，个人处理者没有立即采取补救措施等。其次，《个人信息保护法》第72条第1款已经明确排除了"自然人因个人或者家庭事务处理个人信息的"情形中对《个人信息保护法》的适用，故此，自然人因个人或者家庭事务处理个人信息的行为侵害个人信息权益的，不适用《个人信息保护法》第68条的规定，而是适用《民法典》第1165条第1款的过错责任原则。

2. 侵害个人信息权益的个人信息处理行为的类型

作为侵权责任事实构成的基本表现形式的行为，即受侵权法评价的行为应当是侵害他人民事权益的（Rechtsgutsverletzung）的行为，也称"加害行为"。如果某一行为，并未侵害他人的任何民事权益，不应当被评价为加害行为，更无从产生侵权责任，因此，只有当个人信息处理行为侵害了个人信息权益，才构成加害行为，才可能由此产生相应的侵权责任。《个人信息保护法》第2条明确规定："自然人的个人信息受法律保护，任何组织、个人不得侵害自然人的个人信息权益。"故此，侵害个人信息权益的个人信息处理行为属于加害行为。一方面，侵害个人信息的个人信息处理行为往往违反了《个人信息保护法》《民法典》《电子商务法》《网络安全法》等法律关于个人信息保护的法律规定，属于违法行为；另一方面，非法的个人信息处理行为并非都侵害个人信息权益，例如，违反《个人信息保护法》第54条的规定，没有对应当事前进行风险评估的个人信息处理活动进行风险评估；再如，在不符合《个人信息保护法》第38条的规定的条件时，就向境外提供个人信息。这些个人信息处理活动都是违法的，但是，它们可能并没有直接侵害任何个人的个人信息权益。然而，一旦某个处理行为侵害了个人信息权益，则该处理行为都是非法行为。具体而言，侵害个人信息权益行为包括以下类型。

（1）非法收集个人信息的行为。所谓非法收集个人信息的行为，是指既没有遵循告知同意的规则又缺乏法律、行政法规规定的可以不告知或者无须取得个人同意的情形收集个人信息的行为。具体来说，此类行为包括以下类型：其一，基于个人同意处理个人信息的，在没有告知并取得自然人或者其监护人的同意或者虽然告知但未取得自然人或其监护人的同意就收集个人信息的行为。其二，基于个人同意处理个人信息的，个人信息处理者虽然告知并取得了个人同意而收集个人信息，但是不符合法律规定的告知要求或者没有依法取得自然人或者其监护人的单独同意或书面同意。例如，个人信息处理者没有公开个人信息处理的规则或者未明示处理的目的、方式、范围，而收集个人信息的；再如，收集自然人的敏感个人信息时并未取得自然人或者其监护人的单独同意，而是通过概括授权的方式取得同意的。其三，基于个人同意处理个人信息的，处理者虽告知并取得了个人同意而收集个人信息，但未遵循诚信原则，而采取了误导、欺诈、胁迫等方式收集个人信息的。例如，个人信息处理者要求自然人同意处理其信息才提供产品或者服务且处理个人信息并非提供产品或者服务所必需的；再如，个人信息处理者以与其他授权捆绑等方式要求自然人同意处理其个人信息的。其四，国家机关依据法律、法规授权的具有管理公共事务职能的组织，违反法律、行政法规规定的权限、程序，超出履行法定职责所必需的范围和限度而收集个人信息的。其五，不是为了维护公共安全所必需、没有遵守国家有关规定或者没有设置显著的提示标识，而在公共场所安装图像采集、个人身份识别设备收集个人图像、个人身份特征信息的。

(2) 非法使用个人信息的行为。所谓非法使用个人信息的行为是指违反法律、行政法规的规定或者双方的约定而使用、加工个人信息的行为，具体包括：其一，基于个人同意而处理个人信息的，数据处理者违反经个人同意的个人信息的处理目的、处理方式而使用、加工个人信息的。例如，个人同意数据处理者将收集的个人信息用于医疗健康目的，而数据处理者却将该信息用于商业广告推销；再如，房产中介公司员工将客户的个人信息用来为朋友办理居住证。[1] 其二，非基于个人同意而处理个人信息的，个人信息处理者超越实现处理目的所必需的最小范围使用个人信息，或者对个人信息进行了与处理目的无关的使用行为的。其三，个人信息处理者使用已公开的个人信息，违反该个人信息被公开时的用途而使用，或者在个人信息被公开时的用途不明确时未合理、谨慎地使用该已公开的个人信息的。其四，利用个人信息进行自动化决策作出对个人权益造成重大不利影

---

[1] 赵鹏与被告北京链家房地产经纪有限公司、宋英华、杨喜东，第三人宋金友一般人格权纠纷案，北京市朝阳区人民法院（2018）京 0105 民初 9840 号民事判决书。

响的决定,且拒不采取其他非自动化决策方式作出决定的。

(3) 非法提供个人信息的,即违反法律、行政法规的规定,将个人信息提供给其他数据处理者、跨境提供个人信息或者非法买卖个人信息。例如,个人信息处理者在没有向个人告知接收方的身份、联系方式、处理目的、处理方式和个人信息的种类并取得个人的单独同意的情况下,就将个人信息提供给其他的处理者。再如,个人信息处理者的员工为谋取非法利益而窃取并出售数据处理者所存储的个人信息。

(4) 个人信息泄露的,即收集个人信息者违反法律规定和当事人的约定,未采取应有的技术措施和其他必要措施,确保其收集的个人信息安全,导致个人信息被泄露、毁损、丢失;或者在个人信息泄露后,个人信息处理者没有立即采取补救措施。实践中这一类案件主要表现为医疗机构保管病历不当导致信息丢失、单位的人事部门或人力资源部门保管人事档案不当导致信息缺损、电子设备维修不当错误删除记录等。①

(5) 处理者从事的其他的违反诚信原则、合法原则、目的限制原则、必要原则、质量原则以及公序良俗原则处理个人信息的行为。

3. 个人信息处理行为与个人信息权益被侵害之间存在因果关系

个人针对个人信息处理者提起侵害个人信息权益的侵权责任之诉时,应当证明个人信息处理者实施的处理行为与其个人信息权益被侵害之间存在因果关系,即具有"责任成立的因果关系"(haftungsbegründende Kausalität)。责任成立的因果关系是加害行为与权益遭受侵害(Rechtsgutsverletzung)之间的关联。② 也就是说,只有当加害行为与权益被侵害的结果存在关联时,侵权责任方可能成立,因此,责任成立的因果关系属于事实构成要件,解决的是侵权责任成立与否的问题。具体而言,个人应当举证证明:其一,其个人信息被个人信息处理者所处理,即个人信息处理者针对其个人信息进行了收集、存储、使用、加工、传输、提供、公开等行为。其二,其个人信息权益遭受了侵害。

由于个人信息具有很强的流动性,而信息的收集、存储、使用、提供

---

① 北京市朝阳区人民法院编:《个人信息保护类民事案件研讨会参考资料》(未出版),第29页。

② Brox/Walker, Allgemeines Schuldrecht,31. Aufl. 2006,§ 30 Rn. 5.

等行为类型众多，涉及的相关主体也较为复杂，故此，一旦发生侵害个人信息权益的行为，受害人往往很难证明究竟是其中的哪个主体实施了侵害自己的个人信息权益的加害行为。例如，在我国司法实践中常见的因为个人信息被泄露而被诈骗的场合，原告往往难以查明实施电信诈骗的直接加害行为人，而只能以个人信息处理中涉及的某个或某几个个人信息处理者为被告提起诉讼。这些被告则以个人信息并非自己所泄露为由进行抗辩。此时原告要提出证据证明就是这些被告实施了泄露其个人信息的行为（作为或不作为），往往十分困难。司法实践中，有些法院就以原告未能证明被告实施了加害行为为由驳回其诉讼请求。① 而有些法院为了更好地保护个人信息，减轻原告在此类案件中的举证负担，则采取了一些减轻原告举证困难的做法。例如，在"庞某鹏与北京趣拿信息技术有限公司等隐私权纠纷案"中，二审法院的法官就提出了证明加害人的高度可能性的判断标准，即只要原告提供的证据能够表明被告存在泄露原告个人隐私信息的高度可能，而被告又不能提出反证推翻这种高度可能，就可以认为被告实施了泄露个人信息的加害行为。② 该标准一经提出，即在司法实践中产生了很大的影响，一些法院在处理个人信息侵权案件时采取了该标准。③

我国《个人信息保护法》并未就侵害个人信息权益的侵权责任实行因果关系的推定，故此，以高度可能性的判断标准来确认被告是否实施了加害行为，比较合理，值得赞同。一方面，该标准并未改变《民事诉讼法》对证明责任分配的规定，原告依然需要提出相应的证据来证明被告存在泄露个人信息的行为的高度可能性；另一方面，考虑到现代信息社会中个人信息可能被很多主体所收集、存储和利用，信息的传递本身也具有极大的隐蔽性，要求原告确切无疑地证明究竟泄露个人信息的主体是谁，显然强人所难，故此，只需要证明被告存在泄露个人信息的高度可能性就行。原告的举证是否达到了证明被告存在泄露个人信息的高度可能，应由法官结合案件的具体事实综合判断。一旦认可了原告的证明达到了这种高度可能，

---

① 孙旭东与平安银行股份有限公司、深圳市鑫富源投资咨询有限公司隐私权纠纷案，广东省深圳市中级人民法院（2017）粤03民终7378号民事判决书；季海红与被告江苏苏宁易购电子商务有限公司隐私权纠纷案，江苏省南京市玄武区人民法院（2016）苏0102民初1120号民事判决书。
② 北京市第一中级人民法院（2017）京01民终509号民事判决书。
③ 申某与上海携程商务有限公司，支付宝（中国）网络技术有限公司侵权责任纠纷案，北京市朝阳区人民法院（2018）京0105民初36658号民事判决书。

就应当由被告提供各种证据来推翻这种高度可能。

不过在适用高度可能性的证明标准时，法院无论是在认定原告对被告加害行为的举证是否达到了高度可能，还是在认定被告的举证是否足以推翻这种高度可能时，都需要综合考虑以下几个因素：（1）被告掌握原告被泄露的个人信息的范围与程度。个人信息的类型众多，被告掌握原告的被泄露的个人信息的范围越大，程度越深，则其泄露原告个人信息的可能性越大。（2）其他单位或个人掌握被泄露的个人信息的可能性。尽管现代社会中任何自然人的个人信息均可能被很多单位或个人所掌握，但每个单位或个人所掌握的个人信息是不同的，例如，航班信息往往是被航空公司以及票务公司所掌握，如果该信息被泄露了，航空公司、票务公司泄露的可能性肯定要大于那些掌握自然人财务信息的银行等金融机构。（3）被告是否曾经存在泄露自然人个人信息的情形。如果被告曾经存在泄露自然人个人信息的情形，如被媒体披露过或者被相关政府主管部门进行过批评、警告甚至处罚的，其泄露个人信息的可能性就更大。（4）被告已经采取的个人信息的保护机制和具体措施。被告如果能够举证证明自己已经采取了非常充分的个人信息的保护机制和具体措施，履行法律、法规等规定的各种个人信息保护的义务，就可以在很大程度上推翻其泄露原告个人信息的高度可能性，至少将这种可能性降得比较低了。（5）信息收集者、信息存储者、信息使用者对接入其平台的第三方应用是否建立准入等相应的管理机制和履行管理义务的情形。这主要是涉及泄露个人信息究竟是平台的提供者还是接入平台的第三方应用的问题。

（二）造成了损害

损害是所有损害赔偿责任的必备要件，没有损害就没有赔偿。法律上的损害是指那些具有可赔偿性（ersatzfaehiger）的损害。依据损害能否通过金钱加以计算，可以将之分为财产性与非财产性损害。财产性损害（Vermögensschaden/pecuniary loss），也称"有形损害"（materieller Schaden）、"物质性损害"或者"经济损失"，是指具有财产价值，能够以金钱加以计算的损害。例如，A将B的一只贵重的花瓶摔坏，甲将乙的房屋烧毁。财产性损害不仅包括对有体物（动产、不动产）的损害，也包括对无形财产（如著作权、商标权、网络虚拟财产、数据）的损害，以及收入的丧失（误工损失）、利润的减少以及支出的费用（医疗费）等。非财产性损害

(Nichtvermögensschaden），也称"无形损害"（immaterieller Schaden）、"非物质性损害"或者"精神损害"，是指没有财产价值，无法以金钱加以计算，也无法基于真实的市场交易将其物化为具体财产类型的损害。例如，甲因其近亲属乙被丙开车撞死而遭受的失去亲人的痛苦，A因被B打伤致残而遭受的身体伤残的痛苦。

在侵害个人信息权益的侵权赔偿纠纷中，原告要求被告承担侵权赔偿责任，就必须证明自己因此遭受的损害。侵害个人信息权益可能给受害人造成财产损害，例如，因为个人信息被泄露而导致受害人被诈骗而损失金钱或者个人信息被泄露后，因生命权、身体权或健康权被侵害而遭受财产损失。因个人信息泄露而遭受的财产损害，受害人往往比较容易证明。例如，在"申某与上海携程商务有限公司，支付宝（中国）网络技术有限公司侵权责任纠纷案"中，原告因个人的手机号和航班信息被他人泄露而被犯罪分子实施电信诈骗，损失了118 900元。[①] 这一财产损失就是因为侵害个人信息权益所致。当然，由于该案中，被告并非是直接实施电子诈骗的加害行为人，其没有妥善保管个人信息的行为与原告的损害之间只是具有部分原因力，故此，法院认为："因携程公司违反了网络运营主体的安全保障义务，存在个人信息保护上的安全维护漏洞，导致申某遭遇诈骗形成财产损失。本院综合案情及携程公司的过错责任程度，酌情确定携程公司在5万元赔偿数额的范围内对申某承担补充责任。"侵害个人信息权益也会给受害人造成精神损害，例如，受害人的私密信息被泄露以致隐私权、名誉权被侵害，而遭受严重的精神痛苦。

（三）个人信息处理者具有过错

侵害个人信息权益的侵权责任适用的是过错推定责任，即个人信息处理行为侵害个人信息权益的，《个人信息保护法》第69条第1款推定个人信息处理者具有过错，其应当举证证明自己没有过错，方能免除责任，否则就要承担责任。法律上之所以进行这种推定，是因为如果个人信息处理者严格依据《个人信息保护法》《民法典》等法律的规定处理个人信息，不存在非法处理个人信息的行为，不存在违反个人信息保护义务的行为，就不会侵害个人信息权益，自然没有过错。只要其存在非法处理个人信息的

---

① 北京市朝阳区人民法院（2018）京0105民初36658号民事判决书。

行为或者没有尽到法律规定的个人信息保护义务，根据此种处理行为的违法性或者未尽到个人信息保护义务本身就足以认定个人信息处理者具有过错，除非其能够证明自己的处理行为不属于违法处理行为或已经尽到个人信息保护义务，从而推翻对其过错的推定。例如，在个人信息被黑客攻击而导致泄露，侵害个人信息权益的纠纷中，个人信息处理者证明自己已经按照法律的规定采取了相应的措施防止个人信息被泄露或被篡改、丢失，同时在发生或可能发生个人信息泄露、篡改等情况时立即采取了补救措施并且通知了履行个人信息保护职责的部门和个人。在这种情况下，应当认为个人信息处理者并不存在过错，其不应承担侵权责任。

需要讨论的是，侵害个人信息权益的侵权责任是否要以违法性为要件？在《个人信息保护法》的起草过程中，曾有一种观点认为，《个人信息保护法》第68条第1款应当以"违反本法规定处理个人信息"作为侵害个人信息权益的侵权责任的一项构成要件。该观点的主要理由是：欧盟《一般数据保护条例》就有此规定。依据欧盟《一般数据保护条例》第82条第1款的规定，只有当损害（财产损失或非财产损失）是"因违反本条例所致"的，受害人才有权就其损害要求个人数据的控制者或者处理者予以赔偿，同条第2款第1句更是明确要求"参与处理的任何控制者应当为违反本条例的处理行为所致之损害负责"。本书认为，侵害个人信息权益的侵权责任不应当以"违反本法规定处理个人信息"作为构成要件，具体理由阐述如下。

1. 欧盟《一般数据保护条例》之所以要求损害必须是"因违反本条例所致"（as a result of an infringement of this Regulation），根本原因在于：虽然《一般数据保护条例》第82条明确了控制者承担的是无过错责任，但由于欧盟各国的国内法对于处理个人数据产生的民事侵权责任的规定存在差异，故此，"在特定法律体系中基于与非合同责任相关的实践，各国民事法院会试图确定控制者或处理者的'过错'（fault）或'可责性'（responsibility），从而给他们施加责任"[①]。为了能够实现条例与各国国内法的协调，《一般数据保护条例》本条才特别规定只有就那些"因违反本条例所致"之损害，受害人才能请求控制者或处理者予以赔偿。而所谓"违反本

---

① Christopher Kuner, Lee A. Bygrave & Christopher Docksey ed., *The EU General Data Protection Regulation (GDPR): A Commentary*, Oxford University Press, 2020, p. 1176.

条例"的含义非常广泛,包括违反《一般数据保护条例》的授权所实施的数据处理行为,以及那些明确采纳了《一般数据保护条例》的规则的欧盟成员国的法律。[1] 然而,我国《个人信息保护法》并不存在欧盟内部法律不统一的问题,故此,没有必要照搬欧盟《一般数据保护条例》的规定,也将"违反本法规定处理个人信息"作为侵害个人信息权益的侵权责任的一项构成要件。

2. 我国《个人信息保护法》第 68 条第 1 款明确规定了过错推定责任,也就是说,侵害个人信息权益的侵权责任仍然以过错作为成立要件之一,无非是推定个人信息处理者具有过错,其必须举证推翻此种对其过错的推定。而个人信息处理者的过错实际上就是非法处理个人信息的行为,即个人信息处理者实施了非法处理个人信息的行为,此种行为的违法性或非法性就可以视为处理者的过错或者推定为处理者的过错。在司法实践中,法院审理个人信息侵权纠纷时,对于侵权人过错的认定早就采取了客观化的判断标准,即依据法律关于个人信息保护的义务性规范直接将侵权人违反此等法定义务之行为视作有过错的行为,即将违法视为过失。例如,在"庞某鹏与北京趣拿信息技术有限公司等隐私权纠纷案"中,法院认为,《消费者权益保护法》第 29 条第 2 款"在立法层面上对消费者个人隐私和信息的保护,也是对经营者保护消费者个人信息的强制性规定。经营者违反了该条规定,即视为其存在过错。""从本院现有证据看,东航和趣拿公司在被媒体多次报道涉嫌泄露乘客隐私后,即应知晓其在信息安全管理方面存在漏洞,但是,该两家公司却并未举证证明其在媒体报道后迅速采取了专门的、有针对性的有效措施,以加强其信息安全保护。而本案泄露事件的发生,正是其疏于防范导致的结果,因而可以认定趣拿公司和东航具有过错,理应承担侵权责任。"[2] 如果一方面为了保护受害人,减轻其举证责任而实行过错推定,另一方面又将"违反本法规定处理个人信息"作为构成要件,就会导致个人信息权益被侵害的个人虽然不需要证明处理者的过错,却仍然需要证明个人信息处理者"违反本法规定处理个人信息"。而

---

[1] Paul Voigt & Axel von dem Bussche, *The EU General Data Protection Regulation (GDPR): A Practical Guide*, Springer, 2017, p. 205.

[2] 北京市第一中级人民法院(2017)京 01 民终 509 号民事判决书。类似的判决还可参见王艳春与王茹香、李春香等隐私权纠纷案,北京市门头沟区人民法院(2017)京 0109 民初 4611 号民事判决书。

实际上证明了个人信息处理者"违反本法规定处理个人信息",就等于证明了个人信息处理者的过错。这明显违反过错推定责任的立法本意。

3. 从逻辑上来说,如果个人信息处理者是违反《个人信息保护法》处理个人信息的,那么,其几乎不大可能证明自己是没有过错的,过错推定责任就没有什么意义。正因如此,欧盟《一般数据保护条例》第 82 条才被认为是无过错责任,即只要控制者因违反该条例的规定给个人造成了损害,就要承担赔偿责任。但是,我国《个人信息保护法》若一方面采取过错推定,一方面又以违反《个人信息保护法》处理个人信息作为侵权责任的构成要件,显然是自相矛盾的。

4. 侵害个人信息权益的行为本身就是违法行为,"侵害"一词已经凸显出该行为的不法性或违法性,也就是说,虽然不是所有的违法处理个人信息的行为都会侵害个人信息权益,但是,侵害个人信息权益的处理行为必定是违法处理个人信息的行为,故此,《个人信息保护法》第 68 条没有必要在规定了侵害个人信息权益这一要件的同时,再叠床架屋地规定"违反本法规定处理个人信息"这一要件。

5. 我国侵权责任法的通说以及《民法典》都没有将违法性作为侵权责任的构成要件之一,对违法和过错的区分也存在很大的争议。《个人信息保护法》第 68 条若将违法性作为侵害个人信息权益的构成要件之一,势必人为地制造争议,殊为不妥。

6. 以违反本规定处理个人信息作为侵害个人信息权益的要件,也会导致个人信息保护法与《民法典》《电子商务法》《网络安全法》等法律中关于个人信息保护的法律规范不协调,使人误以为只有违反《个人信息保护法》的规定,才会发生侵害个人信息权益的侵权责任。

令人高兴的是,立法机关经过深入研究后,没有将"违反本法规定处理个人信息"作为侵害个人信息权益的侵权责任的构成要件。依据《个人信息保护法》第 68 条第 1 款的规定,侵害个人信息权益的侵权责任的构成要件包括:其一,加害行为,即侵害个人信息权益的个人信息处理行为;其二,造成损害,即个人因为个人信息权益被侵害而遭受了财产损失或精神损害;其三,因果关系,包括加害行为与个人信息权益被侵害的因果关系(责任成立的因果关系)以及因个人信息权益被侵害而遭受损害的因果关系(责任范围的因果关系);其四,过错,即法律上推定个人信息处理者具有过错,其可以通过举证推翻此种过错推定而免责。

三、损害赔偿责任

(一) 概述

侵权责任成立后需要解决的问题就是,侵权人如何承担侵权责任。法律上对侵权责任承担方式的规定,应以最有效地消除侵权行为对被侵权人造成的不利影响为宗旨。如果侵权行为造成了被侵权人财产损失或精神损害,最有效的侵权责任承担方式就是损害赔偿。通过恢复原状或金钱赔偿的方式,损害赔偿责任可以使受害人回复到倘若侵权行为没有发生时其应处的状态。然而,在不少情形下,个人信息处理者的处理活动虽然侵害了个人信息权益,但是,受害人很难证明自己遭受了财产损失,更无法证明存在严重的精神损害。例如,A公司在没有告知并取得张三同意的情况下,非法收集了张三的个人信息。这种处理行为当然是违法的,侵害了张三的个人信息权益并且A公司主观上也是故意的。但是,张三很难证明自己遭受了财产损失,虽然张三可能因为个人信息被非法收集而心存忧虑或感到不安,但远远谈不上有精神损害。再如,在"凌某某诉北京微播视界科技有限公司隐私权、个人信息权益网络侵权责任纠纷案"中,原告主张精神损害抚慰金20 000元。法院认为,"虽然原告陈述被告的侵权行为给其带来困扰,但并未提供证据证明造成严重后果,故对原告的该项诉讼请求不予支持"[①]。因此,如何确定侵害个人信息权益的损害赔偿责任中被侵权人的财产损失和精神损害,成为我国《个人信息保护法》第69条需要解决的问题。

(二)《民法典》第1182条中的"财产损失"

在《个人信息保护法》颁布之前,如果侵害个人信息权益造成的财产损害难以确定的,那么可以适用《民法典》第1182条的规定,即"侵害他人人身权益造成财产损失的,按照被侵权人因此受到的损失或者侵权人因此获得的利益赔偿;被侵权人因此受到的损失以及侵权人因此获得的利益难以确定,被侵权人和侵权人就赔偿数额协商不一致,向人民法院提起诉讼的,由人民法院根据实际情况确定赔偿数额。"此外,《最高人民法院关于审理利用信息网络侵害人身权益民事纠纷案件适用法律若干问题的规定》

---

① 北京互联网法院(2019)京0491民初6694号民事判决书。

第12条规定:"被侵权人为制止侵权行为所支付的合理开支,可以认定为民法典第一千一百八十二条规定的财产损失。合理开支包括被侵权人或者委托代理人对侵权行为进行调查、取证的合理费用。人民法院根据当事人的请求和具体案情,可以将符合国家有关部门规定的律师费用计算在赔偿范围内。被侵权人因人身权益受侵害造成的财产损失以及侵权人因此获得的利益难以确定的,人民法院可以根据具体案情在50万元以下的范围内确定赔偿数额。"例如,在"赵鹏与被告北京链家房地产经纪有限公司、宋英华、杨喜东,第三人宋金友一般人格权纠纷案"中,虽然原告没有能够证明其因个人信息被侵害而遭受的财产损失的数额,但是,法院确定经济损失赔偿金额为10万元。[①] 再如,在另一个侵害个人信息权益的案件中,法院认为,"虽然双方均未提供原告因个人信息权益受到侵害所遭受的财产损失或被告因此获得利益的相关证据,但被告对个人信息的采集和利用必然会为其商业运营带来利益。被告在未征得原告同意的情况下采集原告的个人信息并加以利用,应当进行一定的经济赔偿。同时考虑需对互联网企业依法处理个人信息的行为进行引导,根据本案具体情况,酌定赔偿数额为1 000元"[②]。

(三)《个人信息保护法》第69条第2款中的"损失"

《个人信息保护法》第69条第2款规定:"前款规定的损害赔偿责任按照个人因此受到的损失或者个人信息处理者因此获得的利益确定;个人因此受到的损失和个人信息处理者因此获得的利益难以确定的,根据实际情况确定赔偿数额。"要特别注意的是,该款使用的是"损失"一词,而未如《民法典》第1182条那样使用"财产损失"的表述。显然,损失既包括财产损失或财产损害,也包括精神损失或精神损害。也就是说,依据《个人信息保护法》第69条第2款,只要侵害个人信息权益造成损害的,无论是财产损失还是精神损失,都可以按照个人因此受到的损失或者个人信息处理者因此获得的利益确定,如果个人因此受到的损失和个人信息处理者因此获得的利益难以确定的,根据实际情况确定赔偿数额。这一规定与《民法典》第1182条有很大的不同。

立法机关作此规定,理由在于:其一,个人信息处理者的处理活动侵

---

① 北京市朝阳区人民法院(2018)京0105民初9840号民事判决书。
② 北京互联网法院(2019)京0491民初6694号民事判决书。

害个人信息权益的，如果侵害的只是单纯的个人信息，而未同时构成对隐私权、名誉权、财产权等具体权利的侵害时，受害人往往没有财产损失，因为单个的个人信息的价值并不高。有研究显示，单个普通人贡献的数据价值为 0.007 美元，经常出差的富人也只有 1.78 美元。[①] 故此，需要适用《民法典》第 1182 条的规定。其二，侵害个人信息权益造成的精神损害通常只是某种心理上的焦虑或不安，或者生活上的些许不便，如骚扰电话或垃圾邮件。这种精神损害的程度显然没有达到《民法典》第 1183 条第 1 款要求的"严重精神损害"的程度。依据《民法典》第 1183 条第 1 款，"侵害自然人人身权益造成严重精神损害的，被侵权人有权请求精神损害赔偿"。这就是说，只有在侵害个人信息权益造成被侵权人严重精神损害的时候，被侵权人才有权要求侵权人承担精神损害赔偿责任。这显然不利于保护个人信息权益遭受损害的被侵权人。故此，为了既能够解决问题，又不与《民法典》相冲突，《个人信息保护法》的立法者在第 68 条第 2 款进行了创新，扩张了《民法典》第 1182 条的适用范围，将"按照被侵权人因此受到的损失或者侵权人因此获得的利益赔偿"的规则适用于所有的损害，既包括财产损失也包括精神损害。

（四）如何根据实际情况确定赔偿数额

在个人既无法证明受到的损失，也无法证明个人信息处理者因此获得的利益时，依据《个人信息保护法》第 69 条第 2 款后半句，要根据实际情况确定赔偿数额。所谓根据实际情况，主要是指法院要综合考虑以下因素：行为人和受害人的职业与身份，侵权行为的影响范围，侵权人的过错程度，加害行为的目的、方式、后果等。《最高人民法院关于审理利用信息网络侵害人身权益民事纠纷案件适用法律若干问题的规定》第 12 条第 2 款规定，被侵权人因人身权益受侵害造成的财产损失以及侵权人因此获得的利益难以确定的，人民法院可以根据具体案情在 50 万元以下的范围内确定赔偿数额。显然，这个幅度是非常大的。在我国《个人信息保护法》的起草过程中，曾有观点主张采取一个幅度相对更小的范围来确定赔偿数额，例如，每个受害人在每一起侵害个人信息权益案件中，获得赔偿 500 元至 1 000 元。我国台湾地区"个人资料保护法"即采取了这种方法，该法第 28 条第

[①] 转引自申卫星：《论数据用益权》，载《中国社会科学》2020 年第 11 期，第 123 页。

3 项规定："依前二项情形，如被害人不易或不能证明其实际损害额时，得请求法院依侵害情节，以每人每一事件新台币五百元以上二万元以下计算。"不过，考虑到侵害个人信息案件往往涉及的人数极为众多，如果作此规定，可能个人信息处理者需要承担极大的赔偿责任。例如，泄露 100 万人的个人信息，即便按照每人 500 元的标准，也意味着责任人要赔偿 5 亿元。故此，立法机关没有采取这一观点。因此，在司法实践中，仍应由法院根据案件具体情况来确定赔偿的数额。所谓具体情况，应当包括个人信息处理活动以及被侵害的个人权益的具体情况，如个人信息处理的目的，处理行为的类型，被侵害的个人信息的种类，被侵害的个人信息权益的类型、程度等。

第三编

侵害人格权的民事责任

第十七章 人格权请求权

第一节 概 述

一、人格权请求权的概念与特征

人格权请求权，就是基于人格权作为绝对权和支配权的效力而产生的排除对人格权的现实的或者潜在的侵害或妨碍，旨在维护人格权圆满状态的请求权。人格权请求权的特征在于：一方面，人格权请求权具有从属性。人格权请求权是基于人格权而产生的请求权，从属于人格权，只有人格权的主体才能享有此类请求权。由于人格权具有专属性，不得转让、放弃或者继承，故此，从属于人格权的人格权请求权也不得转让、放弃或者继承，不得由他人代位行使即不能成为代位权的客体。另一方面，人格权请求权是人格权排他性的体现。人格权属于绝对权、支配权，具有排他效力，这种排他效力不仅体现在人格权的圆满状态已经受到妨害的情形，更体现在具有妨害危险之时。也就是说，人格权请求权不仅具有恢复人格权圆满状态的功能，还具有预防和制止侵害人格权的行为的功能。

人格权请求权与侵权损害赔偿请求权都是保护人格权的民事责任承担方式。所谓侵权损害赔偿请求权是指被侵权人因人身、财产权益被他人侵害而遭受损害时，依法享有的针对侵权人的要求其承担损害赔偿责任的请求权。人格权请求权与侵权损害赔偿请求权具有明显的区别，主要体现在以下几个方面。

1. 独立性不同。人格权请求权以及其他绝对权请求权都不是独立的请求权，具有从属性，即从属于所保护的绝对权。人格权请求权从属于人格权。但是，侵权损害赔偿请求权性质上为债法的请求权，属于独立的请求权。人格权请求权因从属于人格权，而人格权不可转让、放弃或继承，故此人格权请求权也不得转让、放弃或继承。但是，侵权损害赔偿请求权可以转让、继承和放弃。

2. 保护对象不同。侵权损害赔偿请求权适用于一切受侵权法保护的民事权益因被侵害而遭受损害的场合，无论是人身权利、财产权利，还是人身利益、财产利益。人格权请求权保护的只是性质上属于绝对权的人格权，这是因为只有绝对权具有排他性，效力非常强大，可以对权利人以外的一切人发生排斥效力。

3. 适用的要件不同。归责原则只是损害赔偿的归责原则，而非任何侵权责任的归责原则。侵权损害赔偿责任以过错责任为最基本之归责原则，无过错责任或过错推定责任须有法律之明文规定方能适用。故此，适用侵权损害赔偿请求权时，原则上要求侵权人存在过错（受害人证明之或法律推定之），除非法律另有规定（《民法典》第1165条第2款、第1166条）。但是，适用作为绝对权请求权的人格权请求权时，无须考虑是否有损害，也无须考虑侵权人有无过错。即便侵权人没有过错，构成对人格权的侵害、妨碍或妨害之危险时，其也要承担停止侵害、排除妨碍、消除危险等侵权责任。因为权利人之外的任何人，在未经权利人同意又无法律规定的免责事由的情形下，对作为绝对权的人格权之妨碍或干扰的行为本身就是非法的，属于侵害行为，故此，基于绝对权的排他性，权利人有权予以排除。[①]

4. 是否承担连带责任不同。连带责任就是连带赔偿责任，也称连带债务。只有当数个侵权人承担的是性质上属于侵权损害赔偿请求权的侵权责任时，他们才可能构成连带责任。至于人格权请求权的侵权责任，是无法连带承担的。

5. 是否适用诉讼时效不同。侵权损害赔偿请求权属于债权请求权，应当适用民法中诉讼时效的规定（《民法典》第188条），但是基于人格权等绝对权被侵害而产生的停止侵害、排除妨碍、消除危险等绝对权请求权不适用诉讼时效。《民法典》第196条第1项明确规定，停止侵害、排除妨碍、消除危险的请求权不适用诉讼时效。同时，《民法典》第995条规定："人格权受到侵害的，受害人有权依照本法和其他法律的规定请求行为人承担民事责任。受害人的停止侵害、排除妨碍、消除危险、消除影响、恢复

[①] 王洪亮：《论侵权法中的防御请求权》，载《北方法学》2010年第1期。

名誉、赔礼道歉请求权，不适用诉讼时效的规定。"之所以人格权请求权不适用诉讼时效，主要是因为：侵害、危险以及妨碍的状态都是持续存在的，只要侵害不停止、妨碍或危险不消失，诉讼时效就无法起算，如果起算就不利于保护权利人。

二、人格权请求权的立法模式

(一) 比较法

人格权请求权是基于人格权而产生的请求权，但是，由于比较法上各国和各地区的人格权发展历程不同，对人格权及人格权请求权的法律规范不同，故此，人格权请求权的立法模式也有很大的差别。总的来说，有以下两类模式。

一类是以德国和日本为代表的模式。这些国家的民法典中没有对人格权请求权的具体规定，而是在司法实践中逐渐发展出了人格权请求权的体系。《德国民法典》直接承认的人格权很少，只有一项即第12条规定的姓名权。因此，该条只是规定了姓名权的请求权，即"姓名权人，于其使用姓名之权利，遭受他人之争执，或因他人之无权使用同一姓名，致其利益受损时，得请求他人除去其侵害。侵害有继续之虞者，得提起不作为之诉。"至于生命（Leben）、健康（Gesundheit）、身体（Koerper）和自由（Freiheit）都属于受到《德国民法典》第823条第1款保护的"法益（Rechtsgueter）"，而非具体的人格权。第二次世界大战后，为弥补民法典对人格权规定的不足，德国联邦最高法院将《德国民法典》第823条第1款中的"其他权利"与《德国基本法》第2条第1款与第1条第1款进行创造性的结合，发展出来了所谓的"一般人格权（das allgemeine Persoenlichkeitsrecht）"[1]。经过多年的发展，德国法上的一般人格权所保护的人格利益极为众多，如姓名、肖像、侮辱与其他名誉侵害、扭曲他人社会形象，侵占商业性的人格标志，自主保护、侵害隐私、死者的人格保护等。[2] 为了更好地保护生命、身体、健康、自由等法益以及作为绝对权的人格权，德国的法院将《德国民法典》规定的作为物权请求权的停止侵害、排除妨碍

---

[1] 详见［德］霍尔斯特·埃曼：《德国法中一般人格权的概念和内涵》，杨阳译，载《南京大学法律评论》（2000年春季号），第211页以下。

[2] H. Koetz, G. Wagner, Deliktsrecht, 13Aufl., Vahlen, 2016, S. 152 – 163.

和消除危险请求权扩张适用于人格权的保护。[①]《德国民法典》第1004条规定了妨害防止请求权和妨害排除请求权,从而使所有权人免受以侵夺占有或扣留之外的方式实施的各种可能的妨害,这两项请求权不仅对于所有权之外的物权可以准用,而且在关于其他绝对权或类似法律地位的权利的法律规范中,亦有与《德国民法典》第1004条相应的规定。通过对这些规范的类推适用,《德国民法典》第1004条可以准用于"所有绝对权以及为法律所保护之地位,比如对人格权的保护"等。[②] 但是,由于一般人格权中保护的人格利益类型众多,而在"一般人格权这件大氅下面所聚集的保护地位呈现出不同的专属性程度"[③],故此并非所有的被纳入一般人格权中受保护的人格利益都可以当然适用《德国民法典》第1004条的妨害防止请求权和妨害排除请求权。

《日本民法典》中也没有规定人格权请求权,法院是在司法实践中逐渐认可基于人格权的停止侵害等绝对权保护请求权的。在"大阪空港噪音案"中,二审法院大阪高等裁判所判决认为:"个人的生命、身体的安全及精神的自由,乃人生存之最基本情事,毫无疑问应在法律上受到绝对的保护","个人的生命、身体以及与精神及生活相关的利益,为个人人格之本质,其整体可谓之人格权,此类人格权不容任何人擅加侵害。对于上述侵害,应当确认排除的功能。即:不仅对于造成疾病等的身体侵害行为,而且对于造成明显的精神痛苦或明显的生活上妨害的行为,都可请求排除妨害。此外,即使上述侵害尚未现实化,但在其危险已显迫切的场合,对于预先禁止侵害行为的请求,应解为亦可容许。此种基于人格权的妨害排除及妨害预防请求权,其根据就是私法上的停止(侵害)请求权。"[④] 可惜,二审法院的判决被日本最高裁判所否定,最高裁判所仅确认了损害赔偿,对于本案原告要求被告停止侵害的请求,以不合法为由予以驳回。然而,在此后的"北方月刊案"中,最高裁判所则明确认可了人格权请求权,该案的大

[①] [德] 卡尔·拉伦茨:《德国民法通论》(上册),王晓晔等译,谢怀栻校,北京,法律出版社2003年版,第169-170页。
[②] [德] 鲍尔、施蒂尔纳:《德国物权法》(上册),张双根译,北京,法律出版社2004年版,第227-228页。
[③] [德] 迪特尔·施瓦布:《民法导论》,郑冲译,北京,法律出版社2006年版,第218页。
[④] 姚辉:《关于人格权的两个日本判例》,载《人大法律评论》2001年第1辑,第367-368页。

第十七章 人格权请求权

法庭判决认为,"名誉遭受违法侵害者,除可以要求损害赔偿(民法第719条)及恢复名誉(同法第723条)外,对于作为人格权的名誉权,出于排除现实进行的侵害行为或预防将来会发生的侵害的目的,应解释为还可以要求加害者停止侵害。"[①] 换言之,"名誉与生命、身体一样,是极其重要的必须受到法律保护的法律利益,这是因为作为人格权的名誉权与物权一样,应当说是具有排他性的权利。"[②] 日本民法学者五十岚清教授认为,对于所有的人格权都应该承认其绝对性,即可以产生停止侵害和排除侵害的人格权请求权。[③]

另一种关于人格权请求权体系的模式以瑞士、法国及我国台湾地区为代表,即在立法中明确对人格权请求权作出详细的规定。《法国民法典》第9条规定:"任何人均享有私生活受到尊重的权利。在不影响对所受损害给与赔偿的情况下,法官得规定采取诸如对有争执的财产实行保管、扣押或者其他适于阻止或制止妨害私生活隐私的任何措施;如情况紧急,此种措施得依紧急审理命令之。"第16—2条规定:"法官得规定适于阻止或制止对人体非法侵害的任何措施,或者规定任何相应措施,以阻止或制止涉及人体之组成部分或其所生之物的非法行为。"经由法官和学者的努力,通过解释适用《法国民法典》的上述规定,法国法上发展出了性质上属于人格权请求权的所谓人格权的阻却性法律保护措施和人格权的停止性法律保护措施。[④]《瑞士民法典》第28条规定:"人格有受不法侵害之虞者,得请求法院采取措施,以防止发生任何损害。一切侵害,除经受害人同意,或者基于重大的私益或公益,或者依据法律而认可正当合理外,均为不法侵害。"第28a条第1、2款规定:"原告得向法院提出以下诉讼:1. 有受侵害之虞时,得提起防止侵害的诉讼;2. 对已发生的侵害,得提起除去侵害的诉讼;3. 因所发生的侵害而更受其他妨害时,得提起确认该侵害具有违法性的诉讼。特别是原告得请求消除影响,或者将判决通知第三人或进行公告。"因此,瑞士法上,人格权受到侵害时,受害人可以提起两类诉讼:一

[①] 姚辉:《关于人格权的两个日本判例》,载《人大法律评论》2001年第1辑,第370页。
[②] [日]五十岚清:《人格权法》,[日]铃木贤、葛敏译,北京,北京大学出版社2009年版,第9页。
[③] [日]五十岚清:《人格权法》,[日]铃木贤、葛敏译,北京,北京大学出版社2009年版,第9页。
[④] 详见张民安:《法国人格权法》(上册),北京,清华大学出版社2016年版,第552页以下。

是防御之诉，即直接基于人格权，指向的是对违法之侵害的禁止或消除；二是回复之诉，即修补性的救济，是基于责任法/债法，通过损害赔偿、精神损害赔偿或除去获利，而将违法侵害的后果"以财产性的方式再恢复"[①]。除此之外，《瑞士民法典》第 28g 条及以下条文以及《数据保护法》第 5 条、《男女平等法》第 5 条规定了比较特殊的人格权请求权，即反对陈述请求权、请求更正、销毁个人数据或者阻止向第三人公布个人数据的权利以及被歧视时的法律请求权。

我国台湾地区"民法"中原无完整的关于人格权请求权的规定。在 1982 年修订"民法"前，该法第 18 条第 1 项规定："人格权受侵害时，得请求法院除去其侵害。"当时的立法理由为："查民律草案第五十一条理由谓凡人格权受侵害者，始得向加害人请求屏除其侵害，及损害至赔偿，以保全其人格。"1982 年修订"民法"时，在该项后增加了一句话，修正后的"民法"第 18 条第 1 项规定："人格权受侵害时，得请求法院除去其侵害；有受侵害之虞时，得请求防止之。"其修正理由为："人格尊严之维护，日趋重要，为加强人格权之保护，不但于人格权受侵害时，应许被害人请求除去其侵害，即对于未然之侵害，亦应许其请求防止，爰增订本条第 1 项后段规定。"[②] 由此可知，我国台湾地区"民法"上的人格权请求权分为两类：一是侵害除去请求权，二是侵害防止请求权。它们的共同特征是均不具有侵权行为的性质，不以过错为要件，但侵害必须具有非法性，且该两种请求权都具有专属性，不得转让和继承，也不适用诉讼时效。[③]

（二）我国法

我国《民法通则》就对停止侵害、排除妨碍、消除危险等性质上属于绝对权请求权的民事责任承担方式作出了规定。该法第 134 条第 1 款规定的民事责任承担方式中规定了停止侵害、排除妨碍、消除危险、返还财产等。在针对侵害具体的人格权的民事责任的规定中，民法有作出了更具体的规定，例如，《民法通则》第 120 条规定："公民的姓名权、肖像权、名誉权、荣誉权受到侵害的，有权要求停止侵害，恢复名誉，消除影响，赔

[①] [瑞]贝蒂娜·许莉曼-高朴、耶尔格·施密特：《瑞士民法：基本原则与人法》，纪海龙译，北京，中国政法大学出版社 2015 年版，第 310 页。
[②] 陈忠玉主编：《民法》，台北，新学林出版公司 2011 年版，第 4-17 页。
[③] 王泽鉴：《人格权法：法释义学、比较法、案例研究》，台北，作者印行 2012 年版，第 456 页。

礼道歉,并可以要求赔偿损失。"此后,《物权法》也对于物权请求权单独作出了明确的规定,该法第 34 条规定:"无权占有不动产或者动产的,权利人可以请求返还原物。"这是对返还原物请求权的规定,第 35 条规定:"妨害物权或者可能妨害物权的,权利人可以请求排除妨害或者消除危险。"这是对排除妨害请求权、消除危险请求权的规定。2010 年施行的《侵权责任法》除在第 15 条逐一列举了包括绝对权请求权在内的 8 种侵权责任的承担方式之外,还专门在第 21 条就绝对权请求权作出了规定,即"侵权行为危及他人人身、财产安全的,被侵权人可以请求侵权人承担停止侵害、排除妨碍、消除危险等侵权责任。"我国民法学界通说认为,物权请求权、人格权请求权等绝对权应当与侵权赔偿请求权相区分,[1] 这一区分也是民法典人格权独立成编的重要理论依据。[2]

为更好的保护人格权,将人格权与侵权损害赔偿请求权,我国《民法典》对人格权请求权作出了详细的规定。首先,《民法典》第 995 条规定:"人格权受到侵害的,受害人有权依照本法和其他法律的规定请求行为人承担民事责任。受害人的停止侵害、排除妨碍、消除危险、消除影响、恢复名誉、赔礼道歉请求权,不适用诉讼时效的规定。"该条中的"停止侵害、排除妨碍、消除危险"等请求权就是人格权请求权。其次,《民法典》第 1167 条又规定:"侵权行为危及他人人身、财产安全的,被侵权人有权请求侵权人承担停止侵害、排除妨碍、消除危险等侵权责任。"这一条中的"停止侵害、排除妨碍、消除危险"等侵权责任实际上就是绝对权请求权,当然包括了人格权请求权。不仅如此,为了使人格权请求权与损害赔偿请求权相区分,《民法典》还将第 1167 条专门规定在侵权责任编的第一章"一般规定"当中,同时将第二章的名称修改为"损害赔偿"。再次,为了更好的保护人格权,我国《民法典》通过借鉴《反家庭暴力法》第四章规定的"人身安全保护令"制度,专门规定了人格权禁令制度,为人格权请求权的行使提供了法律程序的保障。《民法典》第 997 条规定:"民事主体有证据证明行为人正在实施或者即将实施侵害其人格权的违法行为,不及时制止将使其合法权益受到难以弥补的损害的,有权依法向人民法院申请

---

[1] 杨立新、袁雪石:《论人格权请求权》,载《法学研究》2003 年第 6 期;马俊驹:《民法上支配权与请求权的不同逻辑构成——兼论人格权请求权之独立性》,载《法学研究》2007 年第 3 期。
[2] 王利明:《论人格权请求权与侵权损害赔偿请求权的分离》,载《中国法学》2019 年第 1 期。

采取责令行为人停止有关行为的措施。"最后，除一般性的人格权请求权外，《民法典》中还针对不同类型的具体人格权规定了特殊的人格权请求权，具体包括：《民法典》第1028条规定的名誉权受侵害者要求媒体采取更正或者删除等必要措施的请求权；第1029条规定的民事主体发现信用评价错误要求信用评价人采取更正、删除等必要措施的请求权；第1037条规定的，自然人要求信息处理者对错误的信息采取更正等必要措施的请求权以及要求删除的请求权。

第二节　人格权请求权的类型

一、概述

《民法通则》第134条第1款规定了10种民事责任的承担方式，即停止侵害，排除妨碍，消除危险，返还财产，恢复原状，修理、重作、更换，赔偿损失，支付违约金，消除影响、恢复名誉，赔礼道歉。《侵权责任法》第15条列举了8种承担侵权责任的方式，分别是：停止侵害，排除妨碍，消除危险，返还财产，恢复原状，赔偿损失，消除影响、恢复名誉，赔礼道歉。《民法总则》第179条在上述民事责任承担方式的基础上增加了一种，即继续履行，同时还规定了一种特殊的民事责任即惩罚性赔偿（以法律有规定为前提）。因此，我国法上普遍适用的民事责任的承担方式是11种。其中，可以作为侵权责任承担方式的就是《侵权责任法》第15条列举的8种，其他3种，即修理、重作、更换，支付违约金以及继续履行，都只能属于违约责任的承担方式。

《民法典》第179条第1款规定了11种民事责任承担方式，包括（1）停止侵害，（2）排除妨碍，（3）消除危险，（4）返还财产，（5）恢复原状，（6）修理、重作、更换，（7）继续履行，（8）赔偿损失，（9）支付违约金，（10）消除影响、恢复名誉，（11）赔礼道歉。在这11种民事责任承担方式中，很明确的属于绝对权保护请求权的是：停止侵害、排除妨碍、消除危险以及返还财产。《民法典》第235条和第236条在吸收《物权法》第34条和第35条规定的基础上，进一步明确地将返还原物请求权、停止侵害请求权、排除妨碍请求权和消除危险请求权规定为物权请求权。《民法典》第

995条明确了人格权受到侵害的,受害人的停止侵害、排除妨碍、消除危险、消除影响、恢复名誉、赔礼道歉请求权,不适用诉讼时效的规定。问题在于,这些不适用诉讼时效规定的请求权是否都属于人格权请求权?对此,学说上有不同的看法。

第一种观点认为,人格权请求权是指民事主体在其人格权受到侵害、妨害或者有妨害之虞时,有权向行为人或者人民法院请求行为人承担停止侵害、排除妨害、消除危险、消除影响、恢复名誉、赔礼道歉等责任,以恢复人格权的圆满状态的权利。①

第二种观点认为,赔礼道歉不属于人格权请求权,但是消除影响、恢复名誉属于人格权请求权。理由在于:首先,赔礼道歉请求权不仅产生于人格权遭受侵害的场合,在其他场合也时有发生,故此,它并非是人格权所专有,另外它同人格权的积极权能和消极权能的规格要求也不相符。所以,赔礼道歉不是人格权的有机构成因素,不属于人格权的请求权。其次,恢复名誉、消除影响的请求权及其行使就在于恢复人格权的原状,属于人格权的消极权能,故为人格权的有机构成因素。况且,恢复名誉、消除影响的请求权与人格权不可分离。假如人格权没有它们,任人侮辱、诽谤而无权请求恢复名誉、消除影响,那么,名誉权、荣誉权等人格权就会名存实亡。因此,恢复名誉、消除影响的请求权符合人格权请求权的规格要求。②

第三种观点认为,人格权请求权针对的是妨害行为或极有可能存在妨害行为的情形,因此,原则上包括停止妨害请求权和排除妨害请求权,至于恢复名誉、消除影响、赔礼道歉不属于人格权请求权,因为恢复名誉、消除影响、赔礼道歉本质上也是属于恢复原状的措施,针对的是损害结果而非妨害行为,是事后的救济措施而非事前的预防措施。③ 赔礼道歉和消除影响、恢复名誉的适用仅限于侵害他人人身权益造成精神损害的情形。④

笔者认为,人格权请求权只有3种,即停止侵害请求权、排除妨碍请

---

① 王利明:《论人格权请求权与侵权损害赔偿请求权的分离》,载《中国法学》2019年第1期。
② 崔建远:《债法总则与中国民法典的制定——兼论赔礼道歉、恢复名誉、消除影响的定位》,载《清华大学学报(哲学社会科学版)》2003年第4期。
③ 杨立新、袁雪石:《论人格权请求权》,载《法学研究》2003年第6期。
④ 张新宝:《民法分则侵权责任编立法研究》,载《中国法学》2017年第3期。

求权、消除危险请求权。至于赔礼道歉请求权以及消除影响、恢复名誉请求权都不属于人格权请求权，而是属于损害赔偿请求权，理由在于：首先，从功能上来说，人格权请求权主要发挥的是事先的预防功能，无论是停止侵害、排除妨碍，还是消除危险，莫不如此。但是损害赔偿请求权则发挥的是事后补偿功能，即侵害已经发生并造成了损害，无论是财产损害还是精神损害，通过损害赔偿请求权来填补该损害。从这角度来说，赔礼道歉，消除影响、恢复名誉所发挥的显然不是什么预防功能而是填补功能，即在被侵权人的人格权益被侵害并因此遭受了损害后才能适用，是用于填补被侵权人的人格权因侵权行为所遭受的损害（主要是精神损害）。损害赔偿法的功能在于通过损害赔偿使受害人回复到假设侵权行为没有发生时本应处的状态，通常损害赔偿的方法采取的是经济手段，如通过金钱赔偿或者修理等来实现这一目的的。但是，在人格权遭受侵害的情形下，仅仅使用经济手段的方法对受害人救济会不够充分，故此，赔礼道歉也好，消除影响、恢复名誉也罢，都是补充经济手段恢复原状的不足而产生的请求权，性质上仍然属于损害赔偿请求权。我国《国家赔偿法》第 35 条的规定非常准确地体现这一点。依据该条之规定，行政机关及其工作人员在行使行政职权时有侵犯人身权的法定情形之一，或者行使侦查、检察、审判职权的机关以及看守所、监狱管理机关及其工作人员在行使职权时有侵犯人身权的法定情形之一，致人精神损害的，应当在侵权行为影响的范围内，为受害人消除影响，恢复名誉，赔礼道歉；造成严重后果的，应当支付相应的精神损害抚慰金。由此可见，无论是消除影响、恢复名誉还是赔礼道歉，都只有在已经造成精神损害这一后果时才予以适用。在我国的司法实践中，人民法院也都是将赔礼道歉，消除影响、恢复名誉作为补偿、恢复功能的民事责任承担方式加以看待。[①]

其次，如果将赔礼道歉，消除影响、恢复名誉请求权作为人格权请求权，就意味着：一方面，适用这两类请求权时，既不以损害为要件，也无须过错，只要是权利人的人格权遭受侵害，就可以要求赔礼道歉，消除影响、恢复名誉，也就是说，这两类请求权可以完全独立侵权损害赔偿请求

[①] 北京市第一中级人民法院民事责任课题组：《论消除影响、恢复名誉、赔礼道歉侵权民事责任形式》，载最高人民法院民事审判第一庭编：《民事审判指导与参考》（总第 44 集），北京，法律出版社 2011 年版，第 142 页。

权而独立行使,这显然是不妥当的。事实上,在司法实践中,法院在确定赔礼道歉,消除影响、恢复名誉的民事责任承担方式时,也都要考虑行为人的主观过错程度,所造成的损害后果的严重程度等因素。《民法典》第1000条第1款就明确规定:"行为人因侵害人格权承担消除影响、恢复名誉、赔礼道歉等民事责任的,应当与行为的具体方式和造成的影响范围相当。"另一方面,如果将赔礼道歉,消除影响、恢复名誉请求权作为人格权请求权,进而不适用诉讼时效,不仅与诉讼时效的基本理论不符,也不利于社会秩序的稳定和权益的保护。例如,甲散布诽谤性言论,侵害了乙的名誉权,但是乙知道后一直没有起诉,而是在10年后起诉,要求甲消除影响、恢复名誉。由于时过境迁,物是人非,所谓影响其实早已不存在,法院如何判令甲消除影响?

最后,从比较法上来看,《日本民法典》和我国台湾地区"民法"也都承认了赔礼道歉。《日本民法典》第723条规定:"对于损坏他人名誉的人,法院根据受害人的请求,可以替代损害赔偿或与损害赔偿一起责令其作出有利于恢复名誉的适当处理。"本条所谓的"有利于恢复名誉的适当处理"包括命令行为人在报纸上刊登道歉广告,这一直为日本民法学说和判例所认可。[①] 由于在名誉毁损的情形下,只适用民法上的经济赔偿原则,对受害人的救济会不够充分,因此认可恢复原状的救济方法,作为恢复名誉的适当处分,当时的立法认可了道歉广告,民法施行之后道歉广告也被广泛采用。由此可见,道歉广告在日本法上属于恢复原状的方法。[②] 我国台湾地区"民法"采纳《日本民法典》第723条的立法例,于第195条第1项后段规定"其名誉被侵害者,并得请求回复名誉之适当处分"。王泽鉴教授指出:"由此可知,法院得命为回复名誉之适当处分,须金钱赔偿不足以保护名誉,此为名誉受侵害的特色,该侵害名誉乃贬损社会对个人的评价,例如在报纸刊载不实的事实(贪污、婚外情等)。在此等损人名誉的情形,仅对被害人为金钱赔偿,常未能回复其受贬损的名誉,故得命为登报道歉等适当处分,此乃名誉受侵害回复原状的一种特殊方式。"[③]

---

① 王融擎编译:《日本民法:条文与判例》,北京,中国法制出版社2018年版,第667页。
② [日]五十岚清:《人格权法》,[日]铃木贤、葛敏译,北京,北京大学出版社2009年版,第194页。
③ 王泽鉴:《人格权法:法释义学、比较法、案例研究》,台北,作者印行2012年版,第505页。

二、停止侵害

(一) 含义

所谓停止侵害，是指被侵权人要求侵权人停止正在进行（而非已经停止或尚未实施）的对绝对权的侵害行为。此种侵权责任承担方式属于绝对权请求权的一种，适用于对人格权、物权、知识产权等绝对权或处于类似法律地位的权益的保护。具体到人格权的保护中，停止侵害请求权就属于一种人格权请求权。德国等大陆法系国家民法并不存在一类单纯的停止侵害请求权，因为作为绝对权请求权之一的妨害排除请求权（Beseitigungsanspruch）就包含了停止侵害。《德国民法典》第1004条第1款第1句规定："所有权非因侵夺占有或无权占有，而由于其他方法受有妨害者，所有人得请求加害人除去其妨害。"据此，只要对所有权的妨害仍在持续或者存在任何时候会产生新妨害的状态，所有权人都可以行使该请求权。[①]

在我国，从《民法通则》开始就区分了停止侵害和排除妨碍，将二者作为两种不同的民事责任承担方式。这主要是因为《民法通则》的起草者认为，排除妨碍主要适用于妨碍所有权和与所有权有关的财产权，但未直接侵害这种权利的情形，而停止侵害的适用范围比排除妨碍要广泛，不仅适用于侵犯所有权和与所有权有关的财产权，还适用于侵犯知识产权和人身权。[②] 故此，《民法通则》第118条和第120条在对知识产权、人身权的保护的规定中都赋予了权利人要求"停止侵害"的请求权。因此，我国《民法通则》的立法者早就将停止侵害作为绝对权保护请求权来看待，而非只是作为一类物权请求权。

(二) 适用要件与实现方式

不管侵害人格权的行为是否给权利人造成了损害，只要侵害行为依然存在，权利人就可以要求侵权人停止侵害人格权。权利人行使停止侵害请求权时，应当举证证明侵权人的侵害行为仍在进行中，即侵害行为的持续性而非行为所造成的损害结果的持续性这一要件事实。例如：披露原告的

[①] [德] 鲍尔、施蒂尔纳：《德国物权法》（上册），张双根译，北京，法律出版社2004年版，第238页。

[②] 孙亚明主编：《民法通则要论》，北京，法律出版社1991年版，第245页。

隐私的文章在被告的网站上,没有被删除;再如,被告仍然在发行的产品包装上使用原告的肖像或姓名等。由于侵害人格权的加害行为多种多样,故此,虽然都是要求停止侵害,但具体采取的停止侵害的实现方式有所不同。例如,在侵害名誉权情形中,如果被告是通过在网页、微信、微博上发表文章或声明的方式侵害原告名誉权的,那么在被侵权人要求侵权人停止侵害时,法院应当通过判令被告删除在该网站上发表的文章或声明来实现停止侵害的目的。[①] 倘若被告是在报纸、杂志、书籍上侵害他人的名誉权,则被告必须停止发行该涉案之报刊、书籍[②];至于已经被销售或赠阅的报刊、书籍,可以通过排除妨碍请求权,要求收回并销毁。通过安装摄像机偷拍、透露等方式,侵害他人隐私权的,停止侵害的实现方式就是要求立即拆除摄像机。如果是因为环境污染如排放废水、废气、噪音、光辐射、电磁辐射等方式侵害了他人的健康权的,停止侵害就意味着要求污染者停止相应的排污行为,拆除污染源,或者要求侵权人为权利人安装防止污染的设施,如为权利人安装双层的隔声窗以防止噪音。

三、排除妨碍

(一)含义

排除妨碍,是指侵权人实行的侵权行为使权利人无法行使或无法正常行使其人格权的,权利人有权要求其将此种妨碍加以排除的侵权责任承担方式。德国法中排除妨碍的请求权被称为"妨害排除请求权(Beseitigungssanpruch)"。起初,它只被作为所有权请求权规定在《德国民法典》第 1004 条第 1 款第 1 句,适用的情形为以侵夺或扣留占有之外的方式产生的对物权的妨害。考虑到在侵权法领域,仅依靠作为事后保护手段的损害赔偿义务并不足以对权利人提供更加全面的保护。因此,20 世纪初期后,该请求权的适用范围被极大地加以扩张。[③] 现在,凡是《德国民法典》第 823 条第 1 款中的绝对权以及第 823 条第 2 款中保护性法律所保护的法益被

---

① "李忠平诉南京艺术学院、江苏振泽律师事务所名誉权侵权纠纷案",载《最高人民法院公报》2008 年第 11 期。
② "李林诉《新生界》杂志社、何建明侵害名誉权纠纷案",载《最高人民法院公报》1998 年第 1 期。
③ Deutsch/Ahrens,Deliksrecht,Rn. 736.

侵害的，皆可适用排除妨害请求权。①

我国法上不存在如德国法这样的一个发展过程。早在《民法通则》第134条中，就已将排除妨碍作为一种可以广泛适用的民事责任承担方式。《侵权责任法》第15条也将排除妨碍规定为侵权责任的承担方式。比较奇怪的是，《物权法》第35条没有使用"排除妨碍"而使用了"排除妨害"的表述，并且这一表述竟然被《民法典》第236条继续保留。从整个《民法典》来看，"排除妨害"既没有被第179条规定为11种承担民事责任的方式中的一种，也没有出现在人格权保护请求权的规定，仅仅是在物权编中出现过一次。

"排除妨碍"与"排除妨害"，这一字之差是否意味着某种区别呢？有学者认为，"妨碍"是指对他人行使权利的不合理的妨碍，它可能实际造成了损害，也可能并未造成损害。"妨害"则必定意味着后果上已经有了某种不利益状态即损害之发生。因此，排除妨碍的含义比排除妨害更广。② 然而，立法机关有关人士在民法典释义书中对第236条规定的"排除妨害"作出的解释是："排除妨害也是一种物权请求权。妨害，是指以非法的、不正当的行为，包括施加无权施加的设施，影响了特定物的权利人行使物权。例如，在他人家门口堆放物品，妨碍他人通行。排除妨害请求的目的是消除对物权的障碍或者侵害，使物权恢复圆满状态。需要注意的是，被排除的妨害需具有不法性，倘若物权人负有容忍义务，则物权人不享有排除妨害请求权。"③ 由此可见，立法机关认为排除妨害请求权实际上包括停止侵害和排除妨碍，也就是说，所谓排除妨害请求权是停止侵害请求权和排除妨碍请求权的混合体。

笔者认为，"妨害"与"妨碍"一词并无实质上的区别，二者均不适用于已经造成了实际损害的场合。如果认为妨害与妨碍都包含了实际的损害，被侵权人也可以通过主张排除妨害或排除妨碍而实现对被损害的填补。如此一来，则损害赔偿请求权和绝对权请求权就无法区分，而且损害赔偿请求权原本适用的过错责任原则就都蜕变为"结果责任"（Verursachungshaf-

---

① Brox/Walker, Besonderes Schuldrecht, S. 589.
② 王利明：《侵权责任法研究》（上卷），北京，中国人民大学出版社2010年版，第628页。
③ 黄薇主编：《中华人民共和国民法典物权编解读》，北京，中国法制出版社2020年版，第70页。

tung）了。① 我国《民法典》第 236 条不应当在排除妨碍之外另设排除妨害，只要将停止侵害和排除妨碍都规定为物权请求权即可。事实上，在《民法典》此前的草案中也是如此规定的，不知为何最终通过时仍然使用了排除妨害的表述。

需要注意的是，由于停止侵害与排除妨碍都具有制止对绝对权的圆满状态造成影响的行为的功能，故此，司法实践多认为，停止侵害适用于侵权行为正在进行或者仍在延续中，而排除妨碍适用于物权受到障碍或者侵害的情形。因此，排除妨碍请求权主要适用于侵害物权的纠纷案件当中。从既有的人格权纠纷案件来看，几乎没有什么人格权可以认为因受到妨碍而需要通过排除妨碍请求权来加以保护的。笔者也没有想到存在哪些构成对人格权妨碍的情形，当然随着《民法典》的实施，实践中或许会出现对人格权构成妨碍的案件，这亦未可知！

（二）适用要件与实现方式

在人格权纠纷中，适用排除妨碍请求权需要满足以下要件：首先，妨碍必须是对被侵权人的人格权的圆满状态构成了持续性的妨碍或影响。② 由于排除妨碍中的妨碍与停止侵害中的侵害都要求具有持续性，因此这两种侵权责任的承担方式实际上的功能是相同的。实践中，有人主张，停止侵害针对的是持续的侵害"行为"，而排除妨碍针对的是持续的妨害"结果"。不过，这种区分并不容易。例如，甲公司使用的景观照明灯每晚 18 点至凌晨 6 点亮着，对邻近居民 A 的正常生活造成了严重的影响。人们既可以说甲公司有持续性侵害行为，也可以说居民 A 受妨碍这一结果是持续存在的。所以，居民 A 既可以要求甲公司停止侵害，也可以要求甲公司排除妨碍。

其次，妨碍必须是以违法的方法或者超越人格权主体可以合理忍受义务限度的方式进行的。③ 例如，《民法典》第 294 条规定："不动产权利人不得违反国家规定弃置固体废物，排放大气污染物、水污染物、土壤污染物、噪声、光辐射、电磁辐射等有害物质。"违反国家规定排放的这些污染物就会构成对他人的健康权的妨碍，可以要求排除妨碍。但是，如果是居民楼

---

① Medicus/Lorenz，Schuldrecht Ⅱ Besonderer Teil，15. Aufl.，2010，Rn1440.
② Looschelders，Schuldrecht Besonderer Teil，Rn. 1433.
③ Larenz/Canaris，Lehrbuch des Schuldrechts，zweiter Band Besonderer Teil，2. Halbband，§ 86 Ⅳ 1b.

中上下层住户之间日常生活产生的一些噪音（如走动、做饭、收听电视节目），处于可容忍范围内的，当事人不得以妨碍正常生活，甚至妨碍健康权为由要求加以禁止。

妨碍之排除，原则上应由侵权人加以实现。如果被侵权人自行排除该妨碍并为此支付费用的，其有权依据无因管理或不当得利之规定，要求侵权人返还该费用。[1]

四、消除危险

（一）含义

消除危险，是指虽然行为人的行为尚未侵害他人人格权，更未对权利人造成损害，但是其行为存在侵害、妨碍权利人的人格权的现实危险，人格权主体有权要求行为人消除危险。《民法典》第1167条规定："侵权行为危及他人人身、财产安全的，被侵权人有权请求侵权人承担停止侵害、排除妨碍、消除危险等侵权责任。"该条虽然列举了停止侵害、排除妨碍、消除危险等三种请求权，但是，实际上应当适用的主要是消除危险请求权，因为既然只是危及他人人身、财产安全，就意味着还没有构成侵害，更未造成损害，因此适用消除危险请求权更加合适。例如，画家甲以乙女之裸体为对象创作了一幅水彩画，并准备在一个月后举行的画展中展出这幅画，乙女得知此消息，就可以行使消除危险的人格权请求权。因为，尽管画作尚未展出，还没有侵害乙女的隐私权或者肖像权或造成损害，可是已经存在侵害隐私权、肖像权的现实的危险，如果其不能采取措施制止就会实际发生侵害隐私权、肖像权的后果并给乙女造成损害。

（二）适用要件与实现方式

人格权主体要行使消除危险请求权必须符合以下要件：首先，对人格权的危险是现实存在的。对此，人格权主体负有证明责任。在证明危险存在之时，应区分"重复危险"（Wiederholungsgefahr）与"首次危险"（Erstbegehungsgefahr）。[2] 重复危险，是指侵权人制造的某一危险已经造成过一次损害，且该危险将会继续造成相同类型的损害。此时，已经发生过的

---

[1] Deutsch/Ahrens, Deliktsrecht, Rn. 743.

[2] Jauernig/Jauernig, §1004, Rn. 11.

损害就足以推定危险的存在。首次危险，即尚未造成过实际损害的危险，被侵权人应当证明该危险具有发生损害的极大可能性。例如，在"杨季康与中贸圣佳国际拍卖有限公司书信手稿拍卖诉前行为保全案"中，被申请人中贸圣佳国际拍卖有限公司于2013年5月在其官方网站发布公告称，其将于当年的6月21日拍卖"也是集——钱钟书书信手稿"，其中包括钱钟书、杨季康、钱瑗写给李国强的若干封信札、手稿作品百余件，此前还将举行预展和研讨会。随即新华网、人民网等多家媒体对此事进行了报道，宣称这将是"首次大规模曝光钱钟书手稿"，其中还刊登了中贸圣佳国际拍卖有限公司公布的少量手稿照片。由于上述书信手稿多自李国强处取得，内容涉及私人交流、家庭琐事、个人情感以及文学历史时事评论等，均未曾公开发表。故此，如果不及时制止，该拍卖会一旦举行，就会侵害申请人杨季康（包括已经去世的钱钟书、钱瑗）的隐私权以及著作权，故此，申请人杨季康可以行使消除危险请求权。[1]

其次，危险是因侵权人的不法行为所致。一方面，只有违法行为导致的危险，被侵权人才有权要求侵权人加以消除。虽然行为存在危险，但符合法律的规定的，不能要求消除危险。例如，在一起案件中，原告要求被告供电局消除危险，拆除靠近原告房屋部分的110千伏高压线路，法院认为，供电局的线路架设依法经过批准，且对线路电磁辐射的检测数据符合国家行业标准，架设线路也符合国家行业要求。故此，原告无权要求被告消除危险，拆除线路。[2] 另一方面，侵权人的行为与危险状态的产生之间存在因果关系。例如，被告王某驾驶小轿车将原告罗某撞伤。原告罗某原本就患有风湿性心脏瓣膜病等疾病。法院认为：被告王某不仅应当赔偿原告罗某治疗因交通事故所遭受的外伤而支出的医疗费，还要赔偿因本次交通事故所造成的外伤可能加重或诱发受害人心脏病等其他疾病发作而支出的医疗费。这是因为，被告王某的侵权行为与受害人原有疾病被加重或被诱发的危险状态的出现之间存在因果关系。受害人原有疾病被诱发或被加重而产生的医疗费用属于合理费用，是受害人的损失，原告罗

---

[1] 本案中申请人主要是以手稿的著作权存在受侵害的危险为由，依据著作权法的规定申请诉前禁止即诉前行为保全，并非是以隐私权受侵害为由行使消除危险请求权。详见北京市第二中级人民法院（2013）二中保字第09727号民事裁定书。

[2] 张日边、肖广泳消除危险纠纷案，广东省阳江市中级人民法院（2018）粤17民再1号民事判决书。

某应当予以赔偿。[1]

消除危险的实现方式可以是法院责令被告不作为即不得从事某种将侵害权利人的人格权的行为,如在前述案件中,禁止被告拍卖公司在拍卖、预展及宣传等活动中以公开发表、展览、复制、发行、信息网络传播等方式实施侵害钱钟书、杨季康、钱瑗写给李国强的涉案书信手稿著作权、隐私权的行为;也可以是责令被告从事一定的行为,采取措施消除危险源,例如,被告的房屋朝向道路的一面经常有瓷砖掉下来,给从该路上经过的居民的生命权、健康权存在受到侵害的危险,此时,法院可以责令被告将房屋该面的瓷砖予以拆除并重新安装。

五、消除影响、恢复名誉

(一) 含义

消除影响,是指侵权人在因其侵权行为给被侵权人造成的不良影响所及之范围内,消除对被侵权人不利后果的民事责任。恢复名誉,是指侵权人在其侵害后果所及范围内使被侵权人的名誉权恢复到未曾遭受损害的状态。

消除影响与恢复名誉究竟是一种民事责任承担方式(请求权),还是两种民事责任承担方式,存在争议。这主要是因为我国法律规定的不同。《民法通则》第134条第1款第9项、《侵权责任法》第15条第1款第8项、《民法总则》都是将二者并列,作为同一种民事责任承担方式,即"消除影响、恢复名誉",《民法通则》第120条在规定侵害人格权的民事责任时,也是将消除影响、恢复名誉并列加以规定(类似的规定还有《食品安全法》第141条第2款第2句)。此外,有些法律规定,则将恢复名誉规定在消除影响之前,即"恢复名誉、消除影响",如《检察官法》第66条、《法官法》第65条、《公务员法》第110条规定,对检察官、法官或者公务员的人事处理错误,造成名誉损害的,应当恢复名誉、消除影响、赔礼道歉。

然而,一些法律规定只是出现了消除影响,并没有恢复名誉,例如,《民法通则》第118条规定:"公民、法人的著作权(版权),专利权、商标

---

[1] 《侵权行为加重或诱发原有疾病的责任承担——重庆二中院判决罗某诉华安保险公司等道路交通事故损害赔偿纠纷案》,载《人民法院报》2011年5月5日。

专用权、发现权、发明权和其他科技成果权受到剽窃、篡改、假冒等侵害的，有权要求停止侵害，消除影响，赔偿损失。"《著作权法》第52条就各类侵害著作权的侵权行为的民事责任采取的规定是"有下列侵权行为的，应当根据情况，承担停止侵害、消除影响、赔礼道歉、赔偿损失等民事责任"。从上述两个条文来看，消除影响似乎是可以与恢复名誉相分离的，属于单独的民事责任承担方式。

对于因上述法律规定的不同而引起的对消除影响、恢复名誉究竟是一种还是两种民事责任方式的争议。一种观点认为，消除影响、恢复名誉是对侵害人身权的行为适用的一种责任方式，二者不可分离，消除影响是手段，恢复名誉是目的。消除了影响，也就恢复了名誉。恢复名誉，也只有通过消除影响才能达到。[1] 另一种观点认为，消除影响与恢复名誉虽然在《民法通则》《侵权责任法》《民法总则》等列举民事责任承担方式时被并列规定在同一个法律款项中，但是二者既可以合并适用，也可以分开单独适用。消除影响的适用范围比恢复名誉更广，消除影响不仅适用于侵害人格权，也适用于侵害著作权。但是，恢复名誉这种民事责任承担方式只是适用于侵害名誉权的情形。[2] 消除影响有两个层次：一个层次是消除侵权行为对受害人自身的精神上的影响，另一个层次是消除侵权行为在社会上对受害人造成的名誉权、荣誉权等人格权上的负面影响。恢复名誉则是专门针对侵害名誉权的民事责任。如果适用了消除影响，就不应当再适用恢复名誉。但是，适用了恢复名誉则可能还可以适用消除影响。[3]

笔者认为，《民法通则》之所以规定消除影响、恢复名誉，很大程度上是因为《民法通则》的起草者经历了"文化大革命"，在"文化大革命"中，不少人尤其是老革命、老干部蒙受不白之冤，被扣上"右派""反党反社会主义""资产阶级当权派"等帽子。"文化大革命"结束后，中央和地方陆续开始平反冤假错案，通过给予蒙冤的同志平反，如重新作出结论、恢复党籍、恢复工作，对于已经去世的同志召开追悼会等各种方式，来消

---

[1] 郭明瑞、房绍坤、於向平：《民事责任论》，北京，中国社会科学出版社1991年版，第139页。

[2] 闵俊伟：《消除影响与恢复名誉的法律适用》，载《人民法院报》2017年2月22日，第7版。

[3] 最高人民法院民事审判第一庭：《最高人民法院利用网络侵害人身权益司法解释理解与适用》，北京，人民法院出版社2014年版，第228页。

除当年不白之冤的影响,恢复其名誉。正是受此影响,《民法通则》也将消除影响、恢复名誉作为重要的民事责任承担方式加以规定。然而,在法律上,消除影响、恢复名誉却很难说是民事责任的承担方式。这是因为,它们只是通过其他相应的侵权责任承担方式所要实现的目标,也就是说"消除影响、恢复名誉都属于效果意义上的责任承担方式,具体通过什么手段、方式来消除影响、恢复名誉并无法具体确定"[1]。民事责任承担方式应当是手段意义上的方式,如果将要达到的目标作为民事责任承担的方式,显然难以实行,尤其是在侵害名誉权的情形下,赔礼道歉就能够起到消除影响、恢复名誉的作用,也就是说,侵权人侵害他人的名誉权,法院完全可以通过判令侵权人停止侵害(如禁止发行、刊登侵害名誉权文章的报纸或杂志)、赔礼道歉(如在报纸上刊登致歉声明),以达到消除影响、恢复被侵权人的名誉的目的。正因如此,司法实践中几乎没有单独适用消除影响、恢复名誉这一侵权责任承担方式的案件,而必须将它们与停止侵害、赔礼道歉等其他的民事责任承担方式结合起来适用。[2]

我国《民法典》依然保留了"消除影响、恢复名誉"这一民事责任承担方式,《民法典》第179条将其作为承担民事责任的方式,同时第995条第2款还明确了规定消除影响、恢复名誉不适用诉讼时效。

(二) 适用范围

消除影响、恢复名誉属于非财产性的民事责任承担方式,在司法实践中,主要适用于侵害人格权的情形,具体而言,消除影响、恢复名誉多适用于侵害精神性人格权如姓名权、肖像权、名誉权、荣誉权以及侵害死者的人格利益(如死者的姓名、肖像、名誉、荣誉、隐私)等情形,但是不适用于侵害隐私权的案件。因为在披露他人隐私的情形下,侵权人所披露的内容是真实的而非捏造虚构的,虽然对受害人的名誉造成了不利影响,但是一旦披露就无法消除由此带来的影响。同时,如果适用消除影响、恢

---

[1] 北京市第一中级人民法院民事责任课题组:《论消除影响、恢复名誉、赔礼道歉侵权民事责任形式》,载最高人民法院民事审判第一庭:《民事审判指导与参考》(总第44集),北京,法律出版社2011年版,第136-137页。

[2] 参见北京市第一中级人民法院民事责任课题组:《论消除影响、恢复名誉、赔礼道歉侵权民事责任形式》,载最高人民法院民事审判第一庭:《民事审判指导与参考》(总第44集),北京,法律出版社2011年版,第136-137页。

复名誉，可能使受害人的隐私在更大范围内被披露，进一步对受害人造成损害。①

需要注意的，我国一些法律还将消除影响作为行政法律责任的承担方式，如我国《反不正当竞争法》第 23 条规定："经营者违反本法第十一条规定损害竞争对手商业信誉、商品声誉的，由监督检查部门责令停止违法行为、消除影响，处十万元以上五十万元以下的罚款；情节严重的，处五十万元以上三百万元以下的罚款。"《广告法》第 55 条第 1 款第 1 句规定："违反本法规定，发布虚假广告的，由市场监督管理部门责令停止发布广告，责令广告主在相应范围内消除影响，处广告费用三倍以上五倍以下的罚款，广告费用无法计算或者明显偏低的，处二十万元以上一百万元以下的罚款。"

---

① 参见北京市第一中级人民法院民事责任课题组：《论消除影响、恢复名誉、赔礼道歉侵权民事责任形式》，载最高人民法院民事审判第一庭：《民事审判指导与参考》（总第 44 集），北京，法律出版社 2011 年版，第 140 页。

第十八章 人格权禁令

第一节 人格权禁令的性质

一、概述

我国《民法典》第997条规定："民事主体有证据证明行为人正在实施或者即将实施侵害其人格权的违法行为，不及时制止将使其合法权益受到难以弥补的损害的，有权依法向人民法院申请采取责令行为人停止有关行为的措施。"这一规定旨在为人格权提供更全面的保护，即通过建立一种高效快捷的人格权请求权的程序实现机制，以及时制止侵害人格权的行为，为权利人提供高效的救济，避免侵害行为给人格权主体造成难以弥补的损害。就《民法典》本条所确立的制度，理论界的称谓不同。有的学者称之为"侵害人格权的禁令制度"或"人格权侵权行为禁令制度"[1]，有的学者称为"人格权行为禁令制度"[2]，本书将其简称为"人格权禁令"。

在我国《民法典》颁布前，学界对于人格权禁令的研究很少，只有王利明教授对该问题有较为深入的研究。[3]《民法典》颁布后，由于人格权禁令涉及很多民事程序法的问题，故此，民事诉讼法学者开始关注并展开了

---

[1] 王利明、程啸：《中国民法典释评·人格权编》，北京，中国人民大学出版社2020年版，第108页（本部分由王利明教授撰写）；张鸣起：《民法典分编的编纂》，载《中国法学》2020年第3期，第20页；最高人民法院民法典贯彻实施工作领导小组：《中华人民共和国民法典人格权编理解与适用》，北京，人民法院出版社2020年版，第88页。

[2] 张卫平：《民法典的实施与民事诉讼法的协调和对接》，载《中外法学》2020年第4期，第942页。

[3] 相关文献，参见王利明：《论侵害人格权的诉前禁令制度》，载《财经法学》2019年第4期。

相关的研究。① 但是，由于人格权禁令制度横跨民事实体法与民事程序法两大领域，涉及的问题众多复杂，比较法上也无直接对应的制度。② 故此，相关研究还有待深入。具体而言，需要研究的问题包括：人格权禁令制度的性质如何，即《民法典》第997条确立的人格权禁令究竟只是对民事实体法上请求权要件的规定，还是对确立人格权请求权的独特的程序实现机制？如果是后者，那么人格权禁令这一程序机制的性质如何？人格权禁令的程序与我国《民事诉讼法》规定的行为保全程序以及《反家庭暴力法》上的人身安全保护令程序的关系如何？反之，倘若认为人格权禁令制度只是对民事实体法上权利要件的规定，没有建立新的或独立的程序制度，那么就可以利用或改造现有的行为保全程序或人身安全保护令程序，作为人格权禁令的具体程序。如果认为《民法典》第997条的人格权禁令制度本身就是独立的新的程序，就不能简单地将人格权禁令程序强行纳入行为保全程序或人身安全保护令程序当中，而应当单独设计其具体的程序规则，并实现人格权禁令程序与行为保全、人身安全保护令的协调与对接。

二、学说上的争议

目前，我国理论界对于人格权禁令制度的性质问题有两种不同的观点。第一种观点认为，《民法典》第997条只是规定了民事主体除通过请求人民法院判决外，向法院申请采取责令行为人停止有关行为的措施的实体法基础，属于实体法的规定，至于如何通过程序而具体加以实现，其他法律对此有规定的，应当适用其他法律的规定，如《民事诉讼法》第100条关于行为保全的规定以及《反家庭暴力法》第四章规定的"人身安全保护令"等程序，皆可适用于人格权禁令。③ 该观点是由全国人大常委会法制工作委员会民法室在其所撰写的民法典释义书中提出的，可惜的是作者并未详细

---

① 参见张卫平：《民法典的实施与民事诉讼法的协调和对接》，载《中外法学》2020年第4期；吴英姿：《人格权禁令程序研究》，载《法律科学》2021年第2期；郭小冬：《人格权禁令的基本原理与程序法落实》，载《法律科学》2021年第2期。

② 比较法上，以德国为代表的大陆法系的假处分中的保全性假处分（Sicherungsverfuegung）旨在保全某个不以金钱为内容的请求权。至于普通法上经由衡平法发展出来的禁令制度（Injunction）种类繁多，却又并非对应作为实体权利的绝对权请求权的实现程序。故此，在比较法上实际上很难找到对应我国法上的人格权禁令制度的类似制度。

③ 黄薇主编：《中华人民共和国民法典人格权编解读》，北京，中国法制出版社2020年版，第43-44页。

阐述这一观点的理由。

第二种观点是目前多数学者的观点，他们认为，人格权禁令是我国《民法典》所规定的独特制度，是人格权请求权发生作用的方式之一，性质上属于实体法上的禁令，与《民事诉讼法》第 100 条规定的行为保全程序并不相同。具体表现在：首先，性质不同。诉前行为保全的请求权基础是诉权，其法律属性是诉讼（行为）保全制度；人格权禁令的请求权基础是人格权请求权，本质上属于实体法上的权利保护请求权的产物，是人格权的自我防卫功能的外化，其正当性则来自于人格权自我保护的必要性，以恢复权利主体对人身自由、人格尊严的自我控制为目的。[①] 故此，立法者将人格权禁令规定在《民法典》的人格权编而非《民事诉讼法》中。其次，目的不同。民事诉讼法上的行为保全（无论是诉前保全还是诉中保全）制度以及行为保全概念本身都是以保全裁判结果的实现为目的的，是一项程序性措施。但是，《民法典》规定的人格权禁令制度却并不是以保全裁判结果的实现为目的。[②] 最后，与诉讼程序的有无关联不同。人格权禁令的适用并不必然伴随着诉讼程序，即民事主体申请禁令，只是请求法院通过颁发禁令，采取责令停止有关行为的措施，以达到制止侵害人格权行为的目的，法院颁布禁令后，该禁令即可生效，权利人在申请禁令后并不负有提起诉讼的义务，而不提起诉讼也并不影响禁令的生效。[③] 换言之，人格权禁令并不需要依托人格权诉讼而独立存在，《民法典》的制定者也将人格权禁令设计为一种独立的、无须通过诉讼判决程序就可以获得的命令。[④]

三、本书的观点

从《民法典》第 997 条的起草过程来看，立法机关显然是吸收借鉴了我国法律中已有的行为保全、人身安全保护令以及知识产权诉前禁令等相关制度的规定，但不能据此认为，《民法典》第 997 条只是人格权请求权的

[①] 吴英姿：《人格权禁令程序研究》，载《法律科学》2021 年第 2 期，第 134－136 页。
[②] 张卫平：《民法典的实施与民事诉讼法的协调和对接》，载《中外法学》2020 年第 4 期，第 942－943 页。
[③] 王利明、程啸：《中国民法典释评·人格权编》，北京，中国人民大学出版社 2020 年版，第 111－112 页（本部分由王利明教授撰写）。
[④] 郭小冬：《人格权禁令的基本原理与程序法落实》，载《法律科学》2021 年第 2 期，第 148 页。

实体法要件的规定。从文义解释、目的解释等各个角度来看，笔者认为，人格权禁令属于《民法典》规定的一种新的、独特的人格权请求权的实现程序，具体阐述如下。

（一）《民法典》第 997 条不是对人格权请求权的规定

人格权属于绝对权。所谓绝对权，是指权利人之外的任何人都负有不得侵害、妨碍权利人享有和行使人格权的义务。绝对权意味着权利人有权要求所有的人尊重其合法利益，它具有绝对的和排他的效力。从积极方面看，绝对权的权利人可以自行采取积极的行为（行使权能）以实现权利的价值；从消极方面看，绝对权人也有权采取相应的措施抵御对权利圆满状态的侵害或妨碍。[①] 人格权以维护人的尊严和自由为目的，保护民事主体对其各类人格要素享有的相应的人格利益，权利人之外的一切人都有不得侵害的义务。我国《民法典》第 991 条规定："民事主体的人格权受法律保护，任何组织或者个人不得侵害。"第 995 条规定："人格权受到侵害的，受害人有权依照本法和其他法律的规定请求行为人承担民事责任。受害人的停止侵害、排除妨碍、消除危险、消除影响、恢复名誉、赔礼道歉请求权，不适用诉讼时效的规定。"如前所述，虽然理论界就《民法典》第 995 条中的消除影响、恢复名誉、赔礼道歉这两类请求权是否属于人格权请求权尚存争议，[②] 但理论界均认可停止侵害、排除妨碍和消除危险这三类请求权属于人格权请求权。这三类请求权本身也属于我国法上侵权责任的三种承担方式（《民法典》第 179 条第 1 款）。故此，《民法典》在侵权责任编中的第 1167 条再次规定："侵权行为危及他人人身、财产安全的，被侵权人有权请求侵权人承担停止侵害、排除妨碍、消除危险等侵权责任。"既然《民法典》第 995 条和第 1167 条都已经对人格权请求权作出了规定，显然，在第 997 条中就完全没有理由再重复规定了。况且，从《民法典》第 997 条的内容来看，也完全没有对停止侵害等人格权请求权的实体构成要件作

[①] Heinrich Hubmann, Das Persoenlichkeitsrecht, 2. Aufl., Boelau Verlag, 1967, S. 140.

[②] 不同观点，参见王利明：《论人格权请求权与侵权损害赔偿请求权的分离》，载《中国法学》2019 年第 1 期；崔建远：《债法总则与中国民法典的制定——兼论赔礼道歉、恢复名誉、消除影响的定位》，载《清华大学学报（哲学社会科学版）》2003 年第 4 期；杨立新、袁雪石：《论人格请求权》，载《法学研究》2003 年第 6 期；张新宝：《民法分则侵权责任编立法研究》，载《中国法学》2017 年第 3 期；程啸：《我国民法典中的人格权请求权》，载《人民法院报》2020 年 10 月 22 日，第 5 版。

出规定。如果该条真的对人格权请求权实体要件的规定的话，至少该条应当明确停止侵害等人格权请求权不以过错和损害为要件。但是，从文字表述上，完全没有这样的规定。所以，仅从第997条的文义来看，也不能将其理解为对实体权利要件的规定。

（二）人格权禁令是人格权请求权的特殊实现程序

从立法目的来看，《民法典》之所以规定第997条，根本原因就是为了更加全面的保护民事主体的人格权，为人格权的保护提供一种较之以往更高效、更便捷的预防性保护措施的程序机制。[①] 自然人等民事主体在其人格权遭受侵害或即将遭受侵害时，虽然有权行使停止侵害、排除妨碍、消除危险等人格权请求权，但是，以往权利人实现此等请求权的途径只有一种，即向人民法院提起诉讼，请求人民法院判决被告承担停止侵害、排除妨碍或消除危险等侵权责任。然而，权利人通过诉讼的方式实现人格权请求权不仅具有成本高、时间长的缺点，还很容易造成法院判决生效后，侵害已经造成了损害或者损害被扩大，致使权利人遭受难以弥补的损害的弊端。为了解决这个问题，我国于2012年修订《民事诉讼法》时特别增加了行为保全制度，使包括人格权主体在内的民事主体在起诉前或起诉后可以向法院申请行为保全，由法院责令被告作出一定行为或禁止其作出一定的行为。[②] 但是，行为保全制度仍不足以高效快捷地预防和制止侵害人格权的行为。这是因为，行为保全程序的适用需要满足以下相应的条件：（1）由于行为保全属于临时性的救济措施，倘若申请错误，则申请人要赔偿被保全人因此遭受的损失。为了避免赔偿落空，故此对于诉前保全（包括诉前行为保全和诉前财产保全），依据《民事诉讼法解释》第152条第2款，申请人必须提供担保，如不提供担保，法院将裁定驳回申请。这样一来，就增加了人格权的预先保护措施的实现成本。（2）法院对行为保全必要性的审查带有鲜明的"本案审理"特征[③]，也就是说，在审查是否采取行为保全措施时，法院原则上奉行的是两造对立言辞辩论审理原则，要根据双方当事

[①] 黄薇主编：《中华人民共和国民法典人格权编解读》，北京，中国法制出版社2020年版，第41页。

[②] 王胜明主编：《中华人民共和国民事诉讼法释义》（最新修正版），北京，法律出版社2012年版，第231页。

[③] 王亚新、陈杭平、刘君博：《中国民事诉讼法重点讲义》（第二版），北京，高等教育出版社2001年版，第252-253页。

人提出的事实和证据情况要求当事人双方进行言辞辩论从而作出是否采取行为保全的裁定,除非因为情况紧急而法院认为不适宜两造陈述意见或对立辩论,才可以采用书面审理。①如此,人格权请求权实现的效率就会降低。(3)作为临时性的救济措施,人格权最终能否得到保护还是要取决于最后的诉讼结果,如果申请行为保全的人格权主体不起诉或者其起诉或者诉讼请求被生效裁判驳回的,法院将裁定解除保全措施。②不仅如此,申请人还可能因为法院采取了诉前行为保全措施而自己没有及时起诉或申请仲裁而需要向被申请人承担赔偿责任。③由此可见,行为保全虽然在一定程度上增加了对人格权的预先保护的力度,但仍然存在成本高、效率低的弱点,无法满足在急迫且必须的情形下对人格权预先保护的现实需要。

既然如此,在行为保全程序之外,是否还有其他更高效、便捷的程序制度来保护民事主体的人格权呢?《民法典》颁行前,我国《反家庭暴力法》就确立了这样的一种程序,即人身安全保护令。人身安全保护令的程序不同于行为保全,其既可以在诉讼程序中适用,也可以完全与诉讼程序脱离;既不以申请人此后须提起家事诉讼为前提,也无须申请人提供担保。人身安全保护令在施暴者和受害者之间设立了一个"法律保护伞"、一道"隔离墙",能够在很大程度上预防家庭暴力的发生或者再次发生。截至2019年12月底,全国法院共签发人身安全保护令5 749份,有效遏制了家庭暴力的发生,维护了家庭暴力受害人特别是妇女、儿童、老年人、残疾人的人身安全和人格尊严。④例如,在最高人民法院发布的一则人身安全保护令典型案例中,申请人陈某(女)与被申请人段某某系夫妻关系。双方婚后因工作原因分居,仅在周末、假日共同居住生活,婚初感情一般。段某某常为日常琐事责骂陈某,两人因言语不和即发生争吵,撕扯中互有击打行为。2017年5月5日,双方因琐事发生争吵厮打,陈某在遭段某某拳打脚踢后报

---

① 江伟主编:《民事诉讼法》(第六版),北京,中国人民大学出版社2013年版,第238页。
② 我国《民事诉讼法》及相关司法解释未就此作出明确规定,但《民事诉讼法》第250条规定:"人民法院裁定准许诉前财产保全后,申请人应当在三十日内提起诉讼。逾期不起诉的,人民法院应当解除财产保全。"司法实践中法院在裁定准许行为保全后也准此办理。
③ 例如,《最高人民法院关于审查知识产权纠纷行为保全案件适用法律若干问题的规定》第16条第1项规定,申请人在采取行为保全措施后30日内不依法提起诉讼或者申请仲裁的,应当认定属于《民事诉讼法》第105条规定的"申请有错误"。
④ 《最高人民法院发布十个人身安全保护令典型案例》,见人民网,http://legal.people.com.cn/n1/2020/1127/c42510-31946946.html。

警。经汉台公安分局出警处理，决定给予段某某拘留10日，并处罚款500元的行政处罚。因段某某及其父母扬言要在拘留期满后上门打击报复陈某及其父母，陈某于2017年5月17日将段某某起诉至汉中市汉台区人民法院，申请人民法院作出人身保护令裁定并要求禁止段某某对其实施家庭暴力，禁止段某某骚扰、跟踪、接触其本人、父母。陕西省汉中市汉台区人民法院裁定：（1）禁止段某某对陈某实施辱骂、殴打等形式的家庭暴力；（2）禁止段某某骚扰、跟踪、接触陈某及其相关近亲属。如段某某违反上述禁令，视情节轻重处以罚款、拘留；构成犯罪的，依法追究刑事责任。①

理论界认为，人身安全保护令的申请、审查、执行、变更和撤销均具有一定的独立性，如果是在诉讼中申请人身安全保护令，则可将其理解为行为保全；如果独立于诉讼单独申请，人身安全保护令又可以视为一种特别程序。② 由此可见，人身安全保护令实际上是从《民事诉讼法》的行为保全制度中发展出来的一项新的法律制度。③ 正是看到人身安全保护令程序的这种独特之处，我国《民法典》第997条才以人身安全保护令程序为样本，建立了适用范围更广、能够为所有的人格权在急迫且必要的情形下提供高效便捷的预先保护的程序机制，即人格权禁令制度。换言之，《民法典》中的人格权禁令制度实际上主要是借鉴了人身安全保护令并将其予以一般化规定，从而就使得原本仅仅适用于家庭暴力行为，仅仅保护遭受家暴行为的家庭成员的"生命权、健康权和身体权"的人身安全保护令程序，上升为保护所有民事主体的人格权（无论他们遭受来自何人的侵害行为）的更一般性的程序机制。这样一来，人格权禁令制度建立后，原本产生在先的人身安全保护令反而成为了人格权禁令的一种特殊适用程序。

（三）人格权禁令程序属于非讼程序

在民事诉讼法理论上，民事诉讼程序和非讼程序的根本区别在于：前者解决的是当事人之间民事权利义务的纠纷，通过对该纠纷进行裁判以保护民事权利，维护私法秩序，解决纠纷；后者原则上并不具有争讼性，强

---

① 《最高人民法院发布十个人身安全保护令典型案例》，见人民网，http://legal.people.com.cn/n1/2020/1127/c42510-31946946.html。
② 王亚新、陈杭平、刘君博：《中国民事诉讼法重点讲义》（第二版），北京，高等教育出版社2001年版，第256页。
③ 全国人大常委会法制工作委员会社会法室：《中华人民共和国反家庭暴力法解读》，北京，中国法制出版社2016年版，第104－105页。

第十八章 人格权禁令

调的是迅速、裁量权及展望性之决定。[①] 既然人格权禁令程序属于人格权请求权的特殊实现程序,那么该程序究竟是诉讼程序还是非讼程序,值得研究。对此,一种观点认为,人格权禁令程序应当以准诉讼程序或准司法程序来建构,即该程序的基本属性是诉讼性质的,故此在程序的设置上必须给与双方当事人尤其是被申请人最低限度的程序保障,确保禁令能够准确、及时、顺畅地送达被申请人并给予被申请人陈述意见和表达观点的机会。[②] 另一种观点认为,人格权禁令程序兼具诉讼程序和非讼程序的特点。一方面,法院处理人格权禁令申请的核心在于判断申请人的请求是否具备实体法上规定的要件事实,该审查过程是法律事实的确认过程,而非居中裁判的过程。人格权禁令程序简便与高效的要求与非讼程序遵循的职权主义、自由证明、简易主义的程序法理相互契合;另一方面,在人格权禁令程序中也要遵循程序规则,给予被申请人最低限度程序保障,即赋予被申请人和其他关系人参与、异议的权利,包括陈述权、知悉权、申请证据调查权、查阅笔录权等。其中,被申请人的听审和异议权是程序保障的重心。[③]

笔者认为,人格权禁令程序属于非讼程序。今后,我国应修订《民事诉讼法》从而将人格权禁令程序作为一类特别程序加以明确规定,理由在于:首先,人格权禁令程序本质上并非是要求解决人格权纠纷这一私权纠纷的,也就是说,通过这一程序并非要认定侵害人格权的民事责任是否成立以及如何承担民事责任,而是要高效、快捷地预防侵害人格权的行为,以免给人格权主体造成难以弥补的损害。被申请人的行为是否构成侵害申请人人格权的侵权行为及如何承担侵权责任的问题,应当交由此后申请人(可能)提起的人格权侵权诉讼加以解决。如果将人格权禁令程序理解为诉讼程序,进而引入诉讼程序的两造对立言辞辩论等原则,赋予被申请人以陈述权、听审权和异议权等各种程序性权利,不仅混淆了人格权禁令程序与人格权诉讼程序,更是直接导致人格权禁令程序的效率低下、手续烦琐。因为一旦引入被申请人的各种程序性权利,就必然会导致时间的拖延,法院不可能在较短的时间内作出裁定。如此一来,《民法典》建立人格权禁

---

① 姜世明:《民事诉讼法》(上册),台北,新学林出版公司2012年版,第5页。
② 张卫平:《民法典的实施与民事诉讼法的协调和对接》,载《中外法学》2020年第4期,第943-944页;郭小冬:《人格权禁令的基本原理与程序法落实》,载《法律科学》2021年第2期,第149页。
③ 吴英姿:《人格权禁令程序研究》,载《法律科学》2021年第2期,第138-144页。

程序的目的将无法实现。其次，一些学者之所以要将人格权禁令程序界定为诉讼程序（准诉讼程序）或认为需要引入诉讼程序的一些规则，根本原因在于担心人格权禁令程序可能产生限制被申请人的言论自由、损害其正当权益以及危害公共利益的弊端。笔者认为，这种担心没有必要。一方面，人格权禁令程序中需要强调是法院应当依职权对于申请人的申请进行主动的、全面的审查，尤其是要对民事主体是否"有证据证明行为人正在实施或者即将实施侵害其人格权的违法行为"且"不及时制止将使其合法权益受到难以弥补的损害"这两个要件进行审查。对此，申请人负有全面的举证责任，即申请人必须提供足够的证据使法院确信上述构成要件是满足的，否则法院就要裁定驳回申请。事实上，法院审查申请人的证据时就会进行各种利益的权衡包括是否损害公共利益的问题，也可以在规定的裁定作出的时间内依职权对被申请人进行询问、调查，但这并非必须做的，也不属于被申请人在人格权禁令程序中依法享有并必须加以保障的程序性权利。另一方面，即便法院作出裁定，发出人格权禁令，该裁定也不具有既判力，不是对侵害人格权的侵权责任的确认（在此后的人格权侵权诉讼中，审理法院不受该裁定确认的事实的拘束）。此外，被申请人对人格权禁令不服，也可以比照《反家庭暴力法》第31条的规定赋予其向法院申请复议一次的权利，无非复议期间不停止人格权禁令的执行而已。再次，人格权禁令的作出并非都是对被申请人是不利的。在有些情形下，法院作出了人格权禁令会在客观上使得被申请人免除了此后可能产生的人格权侵权责任。这一点在名誉权侵权纠纷中体现得特别明显。《民法典》第1028条规定："民事主体有证据证明报刊、网络等媒体报道的内容失实，侵害其名誉权的，有权请求该媒体及时采取更正或者删除等必要措施。"所谓请求该媒体及时采取更正或删除等必要的措施，就包括了民事主体在有证据证明媒体报道失实的情况下可以依据《民法典》第997条请求人民法院责令该媒体限期更正。一旦该媒体限期更正了，那么只要其不存在《民法典》第1025条规定的"捏造、歪曲事实"、"对他人提供的严重失实内容未尽到合理核实义务"或"使用侮辱性言辞等贬损他人名誉"等三种情形，媒体就可以无须为采取更正措施前的不实报道造成的损害向民事主体承担民事责任。[①] 此外，人

[①] 黄薇主编：《中华人民共和国民法典人格权编解读》，北京，中国法制出版社2020年版，第180页。

格权禁令本身是存在有效期的，是临时性的，不会永久存在，申请人也可以申请撤销或变更。最后，在将人格权禁令程序确定非讼程序时，通过考虑其与诉讼程序的转换衔接也可以有效地防止人格权禁令程序可能给被申请人的合法权益造成的不利。这方面可以借鉴《民事诉讼法》《民事诉讼法解释》中担保物权实现程序的规定，从而实现人格权禁令程序与人格权侵权诉讼程序（包括行为保全程序）的转换。申言之，如果法院在审查申请人提交的人格权禁令的申请时，发现并不符合《民法典》第997条规定的要件，那么法院在作出裁定驳回申请的同时，可以告知申请人向人民法院提起侵害人格权的诉讼，同时申请人也可以依据《民事诉讼法》的行为保全程序而申请诉前行为保全。

（四）人格权禁令程序与行为保全程序、人身安全保护令程序的关系

在将人格权禁令程序确定非讼程序之后，需要考虑的是协调其与行为保全程序、人身安全保护令程序之间的关系，对此，笔者认为，首先，人格权禁令程序与行为保全程序最大的区别在于：人格权禁令程序不与诉讼程序相关联，申请人不需要提供担保。这一点必须明确，否则就将取消人格权禁令程序的独立性。在适用关系上，人格权禁令程序与行为保全程序应当属于选择关系。具体来说就是，人格权主体在其人格权遭受侵害或有侵害的危险时，可以根据具体情形（如证据的多少、情况的紧急程度等）自行选择适用人格权禁令程序或者行为保全程序。如果人格权主体在选择适用人格权禁令而提出申请后，未被法院裁定作出责令行为人停止有关行为的措施的，可以继续选择适用行为保全程序制度。其次，人格权禁令程序与人身安全保护令程序属于相同性质的程序，都属于非讼程序，二者在适用上属于一般与特殊的关系。一方面，人身安全保护令虽然是为了保护自然人的人身权益，如生命权、身体权和健康权，也不需要提供担保[①]，但其仅适用于当事人"因遭受家庭暴力或者面临家庭暴力的现实危险"（《反家庭暴力法》第23条第1款）。所谓家庭暴力，是指家庭成员之间以殴打、捆绑、残害、限制人身自由以及经常性谩骂、恐吓等方式实施的身体、精

---

① 《最高人民法院关于人身安全保护令案件相关程序问题的批复》第2条规定："关于申请人身安全保护令是否需要提供担保的问题。同意你院倾向性意见，即根据《中华人民共和国反家庭暴力法》请求人民法院作出人身安全保护令的，申请人不需要提供担保。"

神等侵害行为（《反家庭暴力法》第 2 条）。人格权禁令则不仅适用于侵害生命权、健康权、身体权的情形，也适用于侵害其他人格权如名誉权、肖像权、隐私权。人格权禁令所针对的行为人不限于家庭成员，更不限于自然人，其包括实施侵害人格权行为的任何主体，如自然人、法人或者非法人组织。另一方面，人格权禁令的申请人是人格权主体，包括自然人、法人或者非法人组织。但是，人身安全保护令的申请人原则上只能是遭受家庭暴力的自然人。不仅如此，在遭受家庭暴力的自然人属于无民事行为能力人、限制民事行为能力人，或者因受到强制、威吓等原因无法申请人身安全保护令的时候，该自然人的近亲属、公安机关、妇女联合会、居民委员会、村民委员会、救助管理机构可以代为申请（《反家庭暴力法》第 23 条第 2 款）。由于《反家庭暴力法》是预防和制止家庭暴力行为的特别法，故此，凡是遭受家庭暴力或面临家庭暴力危险的，只能依据《反家庭暴力法》申请人身安全保护令，不能适用人格权禁令程序。

第二节　人格权禁令适用要件

一、实体法要件

所谓人格权禁令适用的要件问题主要包括：首先，人格权禁令是仅适用于人格权还是也适用于人格权益，也就是说，除《民法典》规定的生命权、健康权、名誉权、隐私权等具体人格权外，个人信息权益能否适用？死者人格利益能否适用？《民法典》第 990 条第 2 款规定的"自然人享有基于人身自由、人格尊严产生的其他人格权益"能否适用？其次，如何理解《民法典》第 997 条规定的"行为人正在实施或者即将实施侵害其人格权的违法行为"的含义？既然已经是侵害人格权的行为，为何又要加上"违法"的限定？最后，什么叫做"合法权益受到难以弥补的损害"？具体阐述如下。

（一）人格权禁令仅适用于对人格权的保护

人格权益包括人格权和人格利益，二者都受到法律保护，但二者在受保护的强度和密度上有所不同。人格权属于绝对权、支配权，具有排他效力和支配效力，而人格利益只是受到法律一定程度的保护，使之免受特定方式的侵害。如前所述，我国《民法典》仅在第 990 条第 2 款的一处使用了"人格权益"的表述。其他地方使用的都是"人格权"，甚至《民法典》第 989 条在界定人格权编的调整范围时，也只是规定："本编调整因人格权的享有和保护产生的民事关系。"① 同样，《民法典》第 997 条只是规定"人格权"被侵害时可以适用人格权禁令。这样一来，就产生了以下人格权禁令适用范围上的三个具体问题。

第一，个人信息权益是否适用人格权禁令？《民法典》人格权编在第六章"隐私权和个人信息保护"对个人信息的保护作出了规定，虽然《民法典》考虑到个人信息受保护的权益与其他人格权在考量因素上有所不同，为平衡信息主体的利益与数据共享利用的关系而没有使用"个人信息权"的表述。但可以肯定的是，《民法典》中规定的个人信息受保护的权益应当属于人格权益。② 况且，《个人信息保护法》也明确规定了"个人信息权益"这一概念。故此，自然人的个人信息权益正在遭受侵害或即将遭受侵害时，其能否向法院申请人格权禁令呢？

第二，《民法典》第 185 条对英雄烈士的姓名、肖像、名誉等的保护作出了规定，同时，在第 994 条还对死者的姓名、肖像、名誉、荣誉、隐私、遗体等的保护进行了规定。死者不享有人格权，此时通说认为，法律保护的是死者的人格利益。值得研究的是，死者的配偶、父母或子女等近亲属能否依照《民法典》第 997 条申请人格权禁令呢？

第三，《民法典》第 990 条第 2 款规定自然人除享有该条第 1 款所列的具体人格权外，还享有基于人身自由、人格尊严产生的其他人格权益。这是《民法典》对一般人格权的规定。司法实践中，一般人格权纠纷主要包括就业歧视纠纷、侵害性自主权（贞操权）纠纷、侵害人格尊严纠纷等。那么，在自然人享有基于人身自由、人格尊严产生的其他人格权益受到侵害时，自然人能否据此申请人格权禁令呢？

对于上述问题，有观点认为，由于《民法典》第 990 条第 1 款列举了人格权的具体类型，而第 2 款规定了人格权益的一般条款，故此《民法典》

---

① 在民法典编纂过程中，不少学者都认为，应将《民法典》第 989 条修改为"本编调整因人格权益的享有和保护产生的民事关系"，从而使得人格权编的调整范围得到扩大，表明人格权编调整的是所有的人格权益而非单纯的人格权。参见《民法典立法背景与观点全集》编写组：《民法典立法背景与观点全集》，北京，法律出版社 2020 年版，第 455 页。

② 程啸：《论我国民法典中个人信息权益的性质》，载《政治与法律》2020 年第 8 期。

"人格权编第1章关于人格权的一般规定中所出现的'人格权'这个语词，一般就包括了法律所明确列举的人格权，也包括了自然人所享有的除明确列举的人格权之外的，基于人身自由、人格尊严产生的其他人格权益。"[1] 显然，依据该观点，《民法典》人格权编中的"人格权"一词就是指"人格权益"，既包括人格权，也包括人格利益。倘如此，则无论是个人信息权益、死者的人格利益还是自然人享有的基于人身自由、人格尊严产生的其他人格权益，皆可适用人格权禁令。

笔者认为，从基本的文义解释规则来看，上述观点显然无法成立，毕竟"人格权"不等于"人格权益"。即便不考虑这一点，将人格权禁令的适用范围扩大到个人信息权益、死者的人格利益甚至基于人身自由、人格尊严产生的其他人格权益，也会抹杀人格权与受保护的人格利益的区分，过分强化人格利益的法律保护强度，对人们的合理行为自由构成不当限制。一方面，对死者人格利益保护而言，申请人显然只能是死者的配偶、父母或子女，而这与《民法典》第997条关于"民事主体有证据证明行为人正在实施或者即将实施侵害其人格权的违法行为"的要求不符。从该条的文字表述可知，必须是自身的人格权遭受侵害或即将遭受侵害的民事主体，才能向法院申请发布人格权禁令。故此，不应当由死者的近亲属来申请人格权禁令。况且，死者的近亲属也完全可以依据《民事诉讼法》的规定，通过诉前行为保全或诉讼行为保全来实现提前预防和制止侵害的目的，不是只能适用人格权禁令程序。另一方面，在一般人格权受侵害的场合，申请人享有的基于人身自由、人格尊严而产生的其他人格权益并非是法律明确规定的人格权，而只是新产生的需要保护的人格利益。自然人究竟是否享有此等人格权益，本身就是一个很重大的问题，必须交由法院通过审判程序确定，而不能在人格权禁令中予以确认。我国《个人信息保护法》第四章规定了"个人在个人信息处理活动中的权利"，包括知情权、决定权、查阅权、复制权、可携带权、更正权、补充权、删除权、解释说明权等九类权利。这些权利被认为是个人信息权益的具体内容，同时，该法第50条第2款明确规定："个人信息处理者拒绝个人行使权利的请求的，个人可以依法向人民法院提起诉讼。"故此，笔者认为，作为一种高效便捷的人格权

---

[1] 黄薇主编：《中华人民共和国民法典人格权编解读》，北京，中国法制出版社2020年版，第18页。

请求权的实现程序，不应任意扩大人格权禁令的适用范围，更不应直接将其适用于那些保护强度较弱的人格利益。

（二）侵害人格权的违法行为的含义

在我国《民法典》中，"侵害"一词通常就意味着行为的非法性或违法性，这在《民法典》人格权编中体现的特别明显。例如，《民法典》第1002条至第1004条分别明确规定了，任何组织或者个人不得侵害他人的生命权、身体权、健康权。此后，在关于姓名权、名称权、肖像权、名誉权和隐私权的规定中，也都只是使用了不得"侵害"的表述。然而，非常奇怪的是，《民法典》第997条在表述侵害人格权的行为时却有一个特别的限定，即"违法"行为，似乎侵害人格权的行为中既有合法行为也有违法行为。从有关立法资料来看，《民法典》本条出现"违法行为"的表述可能与人格权编草案征求意见时有的单位提出的下列意见有关——"有些侵害是合法的，如受害人同意、正当防卫、攻击性紧急避险等，此时无法适用人格权请求权"，草案关于人格权禁令的规定没有强调"违法性要件"，不利于该制度的准确适用。[①] 笔者认为，受害人同意、正当防卫等本身就是违法阻却事由。当存在这些事由时，所谓的"侵害"行为就不再具有违法性，该行为也就不构成"侵害"行为。因此，在性质上已经被界定为违法行为的侵害行为前，再加上"违法"的限定，毫无必要，也与《民法典》的其他规定矛盾。未来在适用人格权禁令程序中，应当将《民法典》第997条关于违法行为的表述仅仅看做一个提示性的规定，即"违法行为"一词提示了法院在审查当事人的申请时应当考虑被申请人是否存在阻却违法性的事由。

（三）合法权益受到难以弥补的损害的判断

《民法典》第997条规定的人格权禁令的最重要的一个适用要件就是，申请人必须证明"不及时制止将使其合法权益受到难以弥补的损害的"。该表述来自《民事诉讼法》《著作权法》《专利法》等法律的规定。《民事诉讼法》第101条第1款第1句规定："利害关系人因情况紧急，不立即申请保全将会使其合法权益受到难以弥补的损害的，可以在提起诉讼或者申请仲

[①] 《民法典立法背景与观点全集》编写组：《民法典立法背景与观点全集》，北京，法律出版社2020年版，第400页。

裁前向被保全财产所在地、被申请人住所地或者对案件有管辖权的人民法院申请采取保全措施。"《著作权法》第56条规定："著作权人或者与著作权有关的权利人有证据证明他人正在实施或者即将实施侵犯其权利、妨碍其实现权利的行为，如不及时制止将会使其合法权益受到难以弥补的损害的，可以在起诉前依法向人民法院申请采取财产保全、责令作出一定行为或者禁止作出一定行为等措施。"《专利法》第72条规定："专利权人或者利害关系人有证据证明他人正在实施或者即将实施侵犯专利权、妨碍其实现权利的行为，如不及时制止将会使其合法权益受到难以弥补的损害的，可以在起诉前依法向人民法院申请采取财产保全、责令作出一定行为或者禁止作出一定行为的措施。"

《民法典》第997条关于"不及时制止将会使其合法权益受到难以弥补的损害的"要求凸显了人格权禁令的适用以必要性与急迫性为前提。如果不是非常必要和非常急迫，人格权主体完全可以通过起诉来请求法院判决被告承担侵害人格权的侵权责任。就如何理解"难以弥补的损害"，多数观点认为，所谓损害后果难以弥补是指这种对人格权益的侵害无法通过金钱弥补或者说这种损失具有不可逆性，无法通过金钱赔偿予以恢复原状或者事后的恢复已经属于不可能或者极为困难。如果损失能够通过金钱方式在事后进行充分赔偿，则不认为该损失是不可弥补的。[1]

笔者认为，要正确理解"难以弥补的损害"，就不应笼统地看待侵害人格权所造成的损害，而应当从被侵害的人格权类型以及申请人可能因此遭受的损害类型这两个方面加以认识。首先，就生命权、身体权、健康权这三类物质性人格权而言，一旦遭受侵害而不能及时制止，就会导致人身伤亡（死亡、残疾或身体健康受损）。虽然就人身伤亡的财产损害（如医疗费、护理费、交通费、营养费、住院伙食补助费等为治疗和康复支出的合理费用，因误工减少的收入，赔偿辅助器具费和残疾赔偿金以及死亡赔偿金），通过损害赔偿可以得到弥补，但生命的失去、肢体的残疾和身心健康的损害，对受害人及其近亲属而言，主观上当然属于难以弥补的损害。毕竟，无论是财产损害赔偿还是精神损害赔偿，都不可能使死者复生或人身伤害恢复如初。故此，只要是对这三类人格权的实施的侵害和即将实施的

---

[1] 王利明：《论侵害人格权的诉前禁令制度》，载《财经法学》2019年第4期，第11页；黄薇主编：《中华人民共和国民法典人格权编解读》，北京，中国法制出版社2020年版，第42页。

侵害而可能产生人身伤亡的后果的，就当然应当认定构成不及时制止将造成难以弥补的损害。其次，就姓名权、名称权、肖像权、名誉权、名誉权和隐私权等精神性或社会性人格权而言，难以弥补的损害主要是指因侵害这些人格权而给受害人造成的精神损害。因为精神损害一旦发生，无论是精神损害赔偿或者赔礼道歉、恢复名誉、消除影响，实际上都难以完全弥补，使受害人回复到倘若侵权行为没有发生时其本应处的状态。比如，泄露受害人的隐私的行为一旦发生，就覆水难收，精神损害赔偿、赔礼道歉等民事责任充其量只是事后对受害人的一种抚慰或某种替代意义上的补偿而已[1]，此种精神损害是难以弥补的。故此，在侵害上述精神性或社会性人格权时，只要具有造成精神损害的可能，就可以认定存在难以弥补的损害。至于因侵害精神性或社会性人格权造成的财产损失，尤其是对那些能够商业化使用的人格权（如姓名权、名称权、肖像权），通过财产损害赔偿就完全可以实现使被侵权人处于倘若侵权行为没有发生时其应处的状态，不存在难以弥补的损害。即便这些损害本身可能难以计算，也可以依据《民法典》第1182条的规定，即按照被侵权人因此受到的损失或者侵权人因此获得的利益赔偿，或者由人民法院根据实际情况确定赔偿数额。故此，不能因损害难以计算或确定就认定构成难以弥补的损害。

二、程序法问题

（一）人格权禁令不应设置前置程序

在网络侵权责任中，我国《民法典》第1195条确立了所谓的"通知规则"，也称"通知移除规则"、"通知删除规则"或"通知与取下程序"[2]，即网络用户利用网络服务提供者所提供的网络服务实施侵权行为的，如果网络服务提供者不知道且不应知道该侵权行为时，其负有在接到权利人的侵权通知后及时采取必要措施等义务，如果没有履行该等义务，网络服务提供者就需要对被侵权人损害的扩大部分与网络用户承担连带责任。通知规

---

[1] 精神损害赔偿的补偿功能的实现机制不是如财产损害赔偿那样遵循等价的原则，而只是通过对受害人的赔偿使受害人或近亲属获得与所遭受的痛苦和丧失的生活乐趣大体相当的生活愉悦与舒适便利而已。Medicus/Lorenz, Schuldrecht I, 18. Aufl., 2008, Rn. 624.

[2] 王利明、周友军、高圣平：《中国侵权责任法教程》，北京，人民法院出版社2010年版，第440页；黄薇主编：《中华人民共和国民法典侵权责任编解读》，中国法制出版社2020年版，第123页。

则原本只是《信息网络传播权保护条例》规定的适用于特定类型的网络服务提供者涉嫌侵害著作权的通知规则,但是2010年施行的《侵权责任法》将该规则创造性地转换为适用于所有利用网络服务侵害民事权益的情形中网络服务提供者承担侵权责任的一项基本规则。因此,无论是利用信息网络侵害人格权、知识产权抑或其他人身财产权益,皆可适用该规则。就人格权禁令制度的适用而言,值得研究的问题是,当侵害人利用互联网实施侵害人格权的行为时,申请人在向法院申请禁令前,是否必须先依据《民法典》第1195条规定的通知规则,要求网络服务提供者删除侵权内容或断开链接?该规则的适用应否属于人格权禁令的前置程序?有观点认为,应当将通知规则的适用作为人格权禁令的前置程序,理由在于:如果民事主体未经"通知删除"程序而是直接申请人格权禁令,即使人民法院依法及时作出禁令裁定,也仍然需要网络服务提供者协助执行删除或断链等行为,反倒延长了救济的期限。因此,对于网络侵犯人格权的行为,应当设置必要的前置救济程序,如果民事主体未经前置程序而直接申请人格权禁令的,难以认定情况紧急,人民法院应当裁定驳回其禁令申请。[①]

  笔者不赞同上述观点。人格权禁令与网络侵权中的通知规则具有共性,二者都具有较为高效、便捷地预防和制止利用网络侵害人格权的功能,但它们仍然存在以下明显的差别:首先,主体不同。依据通知规则,应当由网络服务提供者采取删除等必要措施;而人格权禁令中是由法院以裁定的方式作出,要求行为人停止有关行为。其次,适用要件不同。人格权禁令的适用要件是非常严格的,申请人必须有证据(有相当的证明力而非初步证据)证明行为人正在或即将实施侵害其人格权的违法行为,倘不及时制止则将使申请人的合法权益受到难以弥补的损害。法院对该申请进行的是实质性审查。但是,通知规则中,权利人只需要在发给网络服务提供者的侵权通知中提供构成侵权的初步证据和权利人的真实身份信息即可,网络服务提供者只需要进行形式审查,如果网络服务提供者自行确立过高的审查义务,有可能会因此拖延或未采取必要措施,从而要向权利人承担相应的侵权责任。再次,法律效力不同。网络服务提供者依据权利人发出的侵权通知而采取的必要措施并非是终局的、确定的。因为依据《民法典》第

[①] 北京市第二中级人民法院课题组:《人格权侵害禁令制度研究》(内部资料),2021年3月(课题主持人:董建中;课题负责人:邹治;课题组成员:王磊、袁芳、董红、龙立)。

1196 条，网络服务提供者在将网络用户不侵权的声明转送给权利人后的合理期限内，如果没有收到该权利人已经向有关部门投诉或向法院起诉的通知的，就必须及时终止所采取的措施。但是，在人格权禁令中，人民法院作出的裁定是终局性的，无论权利人是否提起诉讼，都不影响其效力。最后，有无赔偿责任不同。《民法典》第 1195 条第 3 款第 1 句明确规定了权利人错误通知的赔偿责任，即"权利人因错误通知造成网络用户或者网络服务提供者损害的，应当承担侵权责任。"但是，《民法典》并未规定人格权禁令申请错误时的赔偿责任。有鉴于此，笔者认为，在网络侵害人格权的场合，人格权主体有权自主决定究竟是适用通知规则，还是直接向人民法院申请人格权禁令。在《民法典》同时规定了通知规则与人格权禁令且并未对它们的适用关系作出特别规定的情形下，不应当任意剥夺民事主体的选择自由，而将通知规则作为人格权禁令的前置程序。

（二）法院审查中无须考虑申请人的胜诉率

在行为保全的审查中，法院在判断行为保全的必要性时主要应当考虑申请人的胜诉可能性等因素[1]，例如，《最高人民法院关于审查知识产权纠纷行为保全案件适用法律若干问题的规定》第 7 条第 1 项就把"申请人的请求是否具有事实基础和法律依据，包括请求保护的知识产权效力是否稳定"，作为人民法院审查行为保全申请应当综合考量的第一个因素。在比较法上，美国法院发布所谓预先禁令时最为关注的问题也是原告在实体上胜诉的可能性，也就是说，法院要站在发布永久性禁令的角度，对于致害倾向、无法弥补的损害和政策考虑等问题进行初步的审查。此外，还要考虑错误的风险以及公共利益。例如，在 Winter v. National Resources Defence Council, Inc. 案中，美国联邦最高法院认为："寻求预先禁令的原告必须确定他能够在实体方面胜诉，在没有预先禁令时他会遭受无法弥补的损害，平衡的天平会倾向于他，并且禁令符合公共利益。"[2] 在英国，自 1891 年的 Bonnard v Perryman 案起，法院认为，如果侵害名誉权的案件中被告可以举证涉案言论大体上是真实的，除非原告可以证明被告没有胜诉的希望，

---

[1] 王亚新、陈杭平、刘君博：《中国民事诉讼法重点讲义》（第二版），北京，高等教育出版社 2001 年版，第 253 页。

[2] ［美］理查德·L. 哈森：《民事救济法案例和解释》，吴国喆译，北京，商务印书馆 2020 年版，第 208－209 页。

那么就不得颁发临时禁令。① 1998 年英国制定《人权法案》以后，该法第 12 条第 3 款对申请者申请临时禁令提出的证明胜诉的可能性有不同于 Bonnard v Perryman 案的要求。"Bonnard v Perryman"案中要求，如果申请人想要获得禁令，就必须证明被告并无胜诉的希望；而依据《人权法案》第 12 条第 3 款，原告只要证明自己有可能胜诉就行。针对这一区别，英国上诉法院在 Greene v Associated Newspapers 案中认为，在侵害名誉权案件中不应当用《人权法案》第 12 条第 3 款的可能性标准来替代 Bonnard v Perryman 案的严格标准。② 这种在行为保全程序考虑申请人未来胜诉率的要求是否也同样适用于人格权禁令呢？换言之，法院在审查人格权禁令申请时，是否必须考虑申请人在取得禁令后的提起的人格权诉讼中的胜诉率呢？对此，有学者持肯定的观点，即法院应当对胜诉的可能性进行初步判断，只有当权利人所申请禁止实施的行为确有可能构成侵权，而且行为人将依法承担法律责任时，法院才有必要颁发诉前禁令。否则，可能损害正当的言论自由或行为自由，也可能使被申请人遭受难以弥补的损失，特别是当禁令与最终的判决不一致时，更可能损害司法的权威性。③

对于上述观点，笔者难以苟同。首先，人格权禁令的申请人在取得禁令后，可能向法院提起诉讼，也可能不起诉，尤其是对于即将实施的侵害人格权的行为，只要通过禁令对其予以了阻止，也就不会再发生诉讼，甚至如前所述，法律上就免除了媒体的此前失实报道的侵权责任。这与行为保全显然是不同。行为保全（以及财产保全）之所以必要，就是因为只有在申请人会胜诉的情形下，才可能出现因为被申请人一方的行为或其他原因导致将来的判决难以执行或者造成申请人的其他损害的情况。故此，法院在审查是否采取行为保全（以及财产保全）措施时，当然要考虑申请人的胜诉率，否则保全的目的就不存在。但是，我国法上的人格权禁令程序与诉讼程序并无关联性，简单地类比行为保全（以及财产保全）而要求法院审查申请人胜诉的概率，正当性明显不足。其次，《民法典》第 997 条已经规定了法院作出禁令的各种要件，这些要件充分凸显了人格权禁令的急迫性和必要性，其中，就包括了被申请人是否正在实施或即将实施侵害人

---

① Bonnard v Perryman [1891] 2 Ch 269.
② Greene v Associated Newspapers Ltd [2004] EWCA Civ 1462.
③ 王利明：《论侵害人格权的诉前禁令制度》，载《财经法学》2019 年第 4 期，第 11 - 12 页。

格权的违法行为的认定等。只有符合第997条的要件,法院才应当裁定作出人格权禁令。故此,不应当额外考虑所谓的胜诉率。最后,要求法院在审查人格权禁令时就作出预判,强人所难,究竟胜诉率达到90%以上抑或有50%以上的胜诉率即可,难以确定。因为人格权禁令本身是非讼程序,不是诉讼程序,并不以两造对立言辞辩论为原则,法院很难在短时间内且信息不充分的情形下作出胜诉率的预判。

(三)责令行为人停止有关行为的措施的类型

《民法典》第997条只是规定了法院采取责令行为人停止有关行为的措施,这些措施究竟包括哪些呢?从文字来看,一方面,所谓有关行为应当是指侵害人格权的行为或即将侵害人格权的行为,而责令行为人停止有关行为意味着法院通过人格权禁令来实现停止侵害、排除妨碍和消除危险请求权。另一方面,该措施仅限于"责令行为人停止有关行为",即要求行为人消极的不作为。值得研究的是,法院能否要求被申请人采取某种积极的行为呢?笔者认为,由于《民法典》第997条的人格权禁令程序主要是实现停止侵害、排除妨碍和消除危险请求权的,故此,不能脱离这三类请求权来过分扩大地解释"责令行为人停止有关行为",认为法院可以责令行为人向申请人进行赔礼道歉等积极行为。因为这已经超出了人格权禁令程序的适用范围。法院只能在实现停止侵害、消除危险和排除妨碍的目的范围内要求行为人采取积极行为而消除此前行为的危险或对人格权主体造成的妨碍。综上所述,笔者认为,责令行为人停止有关行为的措施应当依据被侵害的人格权的种类以及违法行为的类型等因素,遵循比例原则加以确定,至少以下措施可以包括在内:其一,对于正在或即将实施侵害人格权的行为,可以禁止侵害人停止实施该行为。例如,如在校园霸凌事件中,禁止经常欺负申请人的被申请人停止欺负行为;即将发表的文章或著作或举办的活动将侵害他人的隐私权、肖像权、名誉权的,可以责令报纸杂志社或出版社暂停发表或活动举办者暂停举办该活动;以发送微信、短信等文字、图像或以言语、肢体行为等方式对他人实施性骚扰的,责令骚扰者停止实施该行为;其二,依据《民法典》第1028条,民事主体有证据证明报刊、网络等媒体报道的内容失实,侵害其名誉权的,有权请求该媒体及时采取更正或者删除等必要措施。据此,名誉权主体可以通过人格权禁令程序请求法院要求媒体及时采取更正或者删除等必要措施;其三,其他能够实现停止侵害、排除妨碍、消除危险等人格权请求权的必要措施。

(四) 人格权禁令裁定的法律效力

作为非讼程序的人格权禁令,应当由法院以裁定的方式作出,一经作出即发生效力,当事人即便可以申请复议,也不停止执行。至于该禁令的期限多长,《民法典》和其他法律没有规定。笔者认为,可以由法官根据具体情形加以决定,但是原则上不应当超过 6 个月。因为在家暴行为侵害生命权、身体权与健康权这些严重的侵害人格权的情形下,人身安全保护令的最长期限也不超过 6 个月(《反家庭暴力法》第 30 条)。显然,侵害其他人格权的情形也不可能比这更严重,所以,将 6 个月作为人格权禁令的最长有效期限具有一定合理性。当然,申请人可以申请撤销、变更或者延长。值得研究的是,人格权禁令的裁定是否产生既判力呢?一般来说,我国法上的裁定主要是针对程序问题,多数裁定不涉及既判力的问题,与既判力有关的裁定就是两类即不予受理和驳回起诉的裁定。[①] 人格权禁令的裁定与前述对程序问题作出的裁定不同,其涉及对实体事项的处理,是对实体法上停止侵害、排除妨碍等人格权请求权的认可。该裁定的目的是要预防和制止侵害或即将侵害人格权的行为,但是由于人格权禁令属于非讼程序,并无被申请人的参与,所以人格权禁令的裁定不应当具有既判力。也就是说,即便法院作出了人格权禁令的裁定,裁定认定的侵害人格权的违法行为的这一事实在此后的人格权侵权纠纷也不发生拘束力,当事人对于这一事项在人格权侵权诉讼中可以继续争议。

(五) 申请错误时申请人无须承担赔偿责任

《民法典》第 997 条并未如同《民事诉讼法》第 105 条那样规定申请错误时申请人应当赔偿被申请人的损失。在民法典人格权编起草过程中,曾有观点提出,应当在关于人格权禁令的规定中明确申请错误时申请人应当承担民事法律责任。[②] 但是,最终《民法典》第 997 条没有规定申请错误时申请人的民事赔偿责任。不过,理论界有观点认为,错误申请人格权禁令

[①] 张卫平:《民事诉讼法》(第五版),北京,法律出版社 2019 年版,第 460 页;王亚新、陈杭平、刘君博:《中国民事诉讼法重点讲义》(第二版),北京,高等教育出版社 2001 年版,第 344 页。

[②] 《民法典立法背景与观点全集》编写组:《民法典立法背景与观点全集》,北京,法律出版社 2020 年版,第 416 页。

的，申请人也要承担相应的法律责任，受害人可以另行起诉申请人赔偿。①对此，笔者难以苟同。首先，从人格权的法益位阶来看，应当认为申请人在申请错误时无须承担赔偿责任。人格权在法益位阶中处于很高的位阶，尤其是生命权、身体权和健康权更是处于整个民事权益体系中的最高位阶。更加全面充分地保护人格权是贯彻落实《宪法》保护人格尊严以及党的十九大关于"保护公民人身权、财产权、人格权"的要求，人格权禁令本来就是在急迫且必要的情形下实现对人格权预先保护的特殊程序，倘若还要规定申请错误的民事责任，势必使申请人在申请时产生顾虑，无法真正实现人格权禁令制度的立法目的。其次，如果要求申请人就错误申请承担赔偿责任势必产生的一个问题，就是申请人在申请人格权禁令时应否提供担保？如果要求申请人提供担保，那么人格权禁令程序与行为保全程序又有何区别呢？可如果不要求提供担保，申请人即便申请错误给被申请人造成了损害，却没有能力承担赔偿责任，规定赔偿责任，有何意义？再次，通过法院对申请人进行审查，尤其是对申请人提供的证据以及对"难以弥补的损害"的要件的判断，也不会因为人格权禁令而给被申请人造成损害。特别要注意的是，人格权禁令的主要内容是法院采取责令被申请人停止有关行为的措施，法院在确定采取何种措施时应当依据比例原则（der Grundsatz der Verhaeltnismaessigkeit）②，斟酌是否会因申请人错误而给被申请人造成损害等因素，选择有利于保护申请人的人格权的最缓和的方式。这样也完全可以避免出现因错误申请给被申请人造成损害的情形的发生。

---

① 王利明、程啸：《中国民法典释评·人格权编》，北京，中国人民大学出版社2020年版，第121页（本部分由王利明教授撰写）。

② Larenz/Wolf, Allgemeiner Teil des Buergerlichen Rechts, 9Aufl., Beck, 2004, §1, Rn. 4.

第十九章　赔礼道歉

第一节　概　述

一、赔礼道歉的含义

赔礼道歉，是指侵权人当庭以口头的方式或者以书面的方式向被侵权人承认错误、表示歉意。"赔礼道歉"这一民事责任形式，最早是由《民法通则》第134条第1款第10项明确规定的。根据起草者的介绍，这是总结革命老区的民事审判经验并吸收借鉴苏联民事立法规定的产物。[①]《民法通则》除在第134条第1款将赔礼道歉规定为民事责任的承担方式之一外，还分别在第120条规定了侵害自然人的姓名权、肖像权、名誉权、荣誉权以及法人的名称权、名誉权、荣誉权时可以适用赔礼道歉的民事责任。由此可见，《民法通则》的起草者认为，赔礼道歉主要是适用于侵害人身权的民事责任形式。[②] 此后，《著作权法》《消费者权益保护法》等法律将赔礼道歉进一步适用于侵害著作权，侵害消费者的人格尊严、人身自由的情形。除民法对赔礼道歉的规定外，我国《刑法》《刑事诉讼法》《治安管理处罚法》也规定了赔礼道歉。《刑法》第37条规定："对于犯罪情节轻微不需要判处刑罚的，可以免予刑事处罚，但是可以根据案件的不同情况，予以训诫或者责令具结悔过、赔礼道歉、赔偿损失，或者由主管部门予以行政处罚或者行政处分。"《刑事诉讼法》第288条第1款规定，在因民间纠纷引起，涉嫌刑法分则第四章、第五章规定的犯罪案件，可能判处3年有期徒

[①] 顾昂然、王家福、江平等：《中华人民共和国民法通则讲座》，北京，中国法制出版社2000年版，第245页（本部分由魏振瀛教授撰写）。

[②] 孙亚明主编：《民法通则要论》，北京，法律出版社1991年版，第247页。

刑以下刑罚的公诉案件，以及除渎职犯罪以外的可能判处 7 年有期徒刑以下刑罚的过失犯罪的公诉案件中，犯罪嫌疑人、被告人真诚悔罪，通过向被害人赔偿损失、赔礼道歉等方式获得被害人谅解，被害人自愿和解的，双方当事人可以和解。《治安管理处罚法》第 117 条则规定："公安机关及其人民警察违法行使职权，侵犯公民、法人和其他组织合法权益的，应当赔礼道歉；造成损害的，应当依法承担赔偿责任。"

二、赔礼道歉的性质

（一）学说上的争议

关于赔偿道歉是否应当被确认为一种民事责任承担方式，有不同的观点。争议的焦点在于：赔礼道歉作为一种民事责任承担方式是否有用以及能否被强制执行？一种观点认为，赔礼道歉具有重要的功能，从受害人角度来说，赔礼道歉的功能主要体现为使受害人的愤恨得以发泄，并在最大程度上修补其精神创伤，是对精神损害的一种救济。而从侵权人的角度来看，赔礼道歉可以净化其内心，重塑其道德形象。在社会层面上，赔礼道歉还可以伸张社会正义。[1] 总之，赔礼道歉的法律化对防止市场规则在市民法中过渡膨胀，从而造成民法去道德化的恶果实属必要。[2] 如果被告拒不履行赔礼道歉的民事责任，也非常容易执行。有的学者认为对于赔礼道歉至少有三大类、五种可能的执行方式，包括：第一类是间接执行方式，法院对不赔礼道歉的侵权人加以罚款、拘留甚至判处刑罚。第二类是替代执行方式，包括三种，第一种是执行法院将判决书的主要内容公布，费用由侵权人承担；第二种是执行法院以侵权人的名义草拟道歉声明（或者由受害人起草后经法院审定），并公之于众，费用由被告承担；第三种是法院通知受害人草拟一份谴责声明，经法院审定后公布，费用由侵权人承担。第三类是赔偿执行，即执行法院要求侵权人向被侵权人支付一定的赔偿金以替代赔礼道歉。[3] 从我国目前的司法实践来看，法院对于不履行赔礼道歉责任的侵权人采取的是替代执行方式中的第一种，即通过公告、登报等方式将

---

[1] 黄忠：《认真对待"赔礼道歉"》，载《法律科学》2008 年第 5 期。
[2] 黄忠：《赔礼道歉的法律化：何以可能及如何实践》，载《法制与社会发展》2009 年第 2 期。
[3] 葛云松：《民法上的赔礼道歉责任及其强制执行》，载《法学研究》2011 年第 2 期。

判决书的主要内容和有关情况公布于众，相关费用由侵权人承担。[①]

反对的观点认为：首先，赔礼道歉是行为人真实、自愿的意思表示，如果法院判决被告向原告赔礼道歉，说明被告没有认识到自己行为的过错，这种道歉不是真诚的，发自内心的。如果被告就是不道歉，法院其实也无法强制执行。[②] 其次，通过消除影响、恢复名誉、精神损害赔偿等责任形式完全可以达到弥补受害人精神损害的目的，并无必要设置赔礼道歉责任，通过赔礼道歉来抚慰受害人。[③] 再次，如果法院通过公告或登报的方式将判决书公开来强制执行赔礼道歉，会涉及违反宪法的问题，因为这种迫使侵权人违背自己意志进行扭曲表达的方式侵犯了作为基本人权的良心自由和表达自由。[④] 从比较法来看，在承认道歉广告以作为对恢复名誉的适当处分的日本、韩国都曾经发生过与道歉广告是否违反禁止强迫良心自由的宪法原则相关的案件。例如，韩国宪法法院在1992年4月1日作出的判决中直接认定，《韩国民法典》第764条所规定的恢复名誉的处分中包括赔礼道歉广告处分违反宪法。[⑤] 由于客观上良心自由使不可被强制的，所以法律不应当做其无法做到的事情，否则效果就适得其反，法律也得不到尊重。[⑥]

（二）笔者的观点

笔者认为，赔礼道歉属于民事责任，并且是一种对于保护人格权益具有重要功能的民事责任。它不仅在主观上有利于恢复受害人因侵权行为而遭受的精神上的损害，具有填补和抚慰功能，也能够很好地在客观上起到消除侵权行为给受害人带来的不利影响的作用，尤其是在侵害名誉权案件中，被侵权人往往都要求侵权人赔礼道歉，其目的就是要据此达到消除影响、恢复名誉的效果。也正因如此，赔礼道歉这一民事责任承担方式自《民法通则》确立以来，在司法实践中被受害人所广泛地主张。所谓违背良心自由以及不能强制执行等观点都难以成立。首先，如西方谚语所云"魔

[①] 参见丁建军：《浅谈民事责任中的赔礼道歉》，载《法律适用》1997年第2期；北京市第一中级人民法院民事责任课题组：《论消除影响、恢复名誉、赔礼道歉侵权民事责任形式》，载最高人民法院民事审判第一庭：《民事审判指导与参考》（总第44集），北京，法律出版社2011年版，第141页。
[②] 何玲龙、姚德祥：《不宜判决"赔礼道歉"》，载《法学杂志》1994年第1期。
[③] 杜文勇：《认真对待"良心自由"》，载《河北法学》2010年第5期。
[④] 吴小兵：《赔礼道歉的合理性研究》，载《清华法学》2010年第6期。
[⑤] 姚辉、段睿：《"赔礼道歉"的异化与回归》，载《中国人民大学学报》2012年第2期。
[⑥] 张红：《不表意自由与人格权保护》，载《中国社会科学》2013年第7期。

鬼也不知道一个人在想什么"，法律是无法直接规范或强制人的内心包括人的良心或良知的，赔礼道歉作为民事责任承担方式，是法律强制要求侵权人实施的一种行为，通过这种行为的事实来实现对受害人因侵权人的侵权行为而遭受的痛苦的抚慰，同时在外界消除因侵权行为给被侵权人造成的不良影响。如果侵权人不赔礼道歉，就像侵权人不停止侵害行为或者不承担损害赔偿责任一样，法院就可以强制执行。而执行的方式并非是通过强力逼迫侵权人去向被侵权人道歉，而只是公开判决文书主要内容并登报或公告，有何不可？诚如学者所言，如果认为这种强制执行的方式限制了侵权人的自由，违背了其意志，那么即便是金钱赔偿责任又何尝不是限制了侵权人的自由，违背了其意志呢？[1] 也就是说，人们应当区分两种层面上的赔礼道歉：一种是侵权人发自内心的认识到自己错误，而由悔罪表示的道德或心理意义上的赔礼道歉，这属于道德的调整范畴[2]；另一种是法律层面的赔礼道歉，是法律调整的范畴。如果侵权人主动道歉，则二者实现统一；如果侵权人顽固不化，死不认错，则前者是无法被强制执行的，而后者完全可以被强制执行。故此，认为法律上的赔礼道歉是对良心自由的强制的观点，显然是无的放矢。

其次，将赔礼道歉作为一种民事责任的承担方式，其意义不仅在于保护被侵权人，更重要的是有利于确立社会的行为规范，弘扬社会的是非善恶的标准，从而发挥法律的一般威慑功能。也就是说，即便侵权人自己不认错，拒绝赔礼道歉，但是法院强制执行来公布判决的主要内容，就等于相当于以往熟人社会中让大家来评理一样，"群众的眼睛是雪亮的"，从而做到公道自在人心。

最后，从比较法上，虽然日本、韩国发生过就道歉广告是否侵犯宪法保护的良心自由问题的案件，但是，日本最高裁判所的判决明确指出："命令其至少应将原审判决内容刊载于报纸上的谢罪广告，并未对上诉人多科

---

[1] 黄忠：《赔礼道歉的法律化：何以可能及如何实践》，载《法制与社会发展》2009年第2期。

[2] 著名社会学家戈夫曼将人际交往过程中的补救错误的形态分为三种：辩解、道歉与请求。而较为通行的补救心态的分类为：否认、借口、辩解与道歉。为了维持社会关系的道歉，会构成社会仪式的一部分，行为者通过道歉求得息事宁人，社会礼仪的均衡状态得以重建。Erving Goffman, *Relations in Public: Microstudies of the Public Order*, New York, Based Books, 1971, pp.95-187. 转引自郝维华：《加拿大—中国道歉法的比较分析》，载《比较法研究》2011年第6期。

加耻辱性或痛苦性的劳苦，亦无侵害被上诉人所有的伦理上的意思和良心的自由"①。我国台湾地区"司法院"释字第 656 号认为"民法第一百九十五条第一项后端规定，其名誉被侵害者，并得请求回复名誉之适当处分。所谓回复名誉的适当处分，如属以判决命令加害人公开道歉，而未涉及加害人自我羞辱等损及人性尊严之情事者，即未违背'宪法'第二十三条比例原则，而不抵触'宪法'对不表意自由之保障。"而我国大陆法院在司法实践中之所以普遍采取刊登判决主要内容的方式来实现对赔礼道歉的强制执行，而没有采取前述有的学者所言的由受害人代为拟定道歉声明或谴责声明的方式，实际上就考虑到了这一点。从这个意义上，更不能认为其存在对侵权人的良心自由或不表意自由的侵害了。

事实上，不仅大陆法系国家或地区的法律上规定有赔礼道歉，英美法国家甚至有专门的道歉法。近年来，普通法领域的学者也越来越注意到道歉对当事人自行解决纠纷的积极效果，尤其在不断兴旺的非诉讼纠纷解决机制下，法律对道歉的鼓励不但有利于重建道德，从纠纷解决机制来讲亦有显著的促进。② 2006 年加拿大不列颠哥伦比亚省议会通过了《道歉法》（Apology Act of 2006 British Columbia），继之 2007 年萨斯喀温省也在其证据法中就道歉的效力作了专条立法（Evidence Amendment Act, Saskatchewan）。截至 2013 年 4 月，加拿大全国已有 8 个省和 1 个地区通过了《道歉法》。③ 依据不列颠省的《道歉法》第 1 条的定义，所谓"道歉"是指，表示同情或者遗憾，使用"sorry"或者类似词汇或行为表示悔悟、同情，无论该言辞或行为是否明示或默示的承认在该言辞或行为所指事件中的过错。④ 不过，依据该法第 2 条"道歉对责任承担的效力"，任何情况下的道歉都不构成明示或默示的对该人过错或责任的承认；不构成因果联系的确认；在合同或保险条款中即使有相反的约定，道歉也不构成可获得保险赔付的无效或失效条件；道歉也不纳入该人过错或责任的考量因素。尽管道歉与责任承担无关，但是道歉毕竟表达了一方的悔意，抚慰了另一

---

① 王泽鉴：《人格权法：法释义学、比较法、案例研究》，台北，作者印行 2012 年版，第 509 - 510 页。
② 郝维华：《加拿大-中国道歉法的比较分析》，载《比较法研究》2011 年第 6 期。
③ 菁菁：《加拿大的道歉法》，载《先锋队》2014 年第 21 期。
④ "apology" means an expression of sympathy or regret, a statement that one is sorry or any other words or actions indicating contrition or commiseration, whether or not the words or actions admit or imply an admission of fault in connection with the matter to which the words or actions relate.

方,从而有利于人们通过非讼机制解决纠纷。

有鉴于此,我国《民法典》不仅继续明确地将赔礼道歉作为一种民事责任的承担方式加以规定,而且《民法典》第1000条第2款还明确规定,行为人拒不承担消除影响、恢复名誉、赔礼道歉等民事责任的,人民法院可以采取在报刊、网络等媒体上发布公告或者公布生效裁判文书等方式执行,产生的费用由行为人负担。

第二节 赔礼道歉的适用

一、适用范围

首先,赔礼道歉只适用于侵权之诉,而不适用于违约之诉。例如,在一起因被告航空公司拒载作为残疾人的原告而引发的客运合同纠纷中,原告要求被告赔礼道歉。法院认为:"对原告要求二被告连带在《春城晚报》《都市时报》《中国民航报》《中国民航》杂志上向原告赔礼道歉的诉请,因航班延误造成的损失必须是实际的经济损失,不包括因延误给旅客造成的精神损失,且合同纠纷中并没有赔礼道歉的违约责任承担方式,被告成都航空有限公司在事后也积极采取了相应补救措施,故原告的该项诉请没有相应事实和法律依据,人民法院亦不予支持。"[1]

其次,在侵权之诉中,也并非所有的侵权纠纷中受害人都有权要求侵权人赔礼道歉。赔礼道歉主要适用侵害精神性人格权如姓名权、名誉权、肖像权、隐私权等的案件,侵害死者的肖像、隐私、名誉等人格利益以及其他一些包含明显的精神利益的权利如著作权的案件。至于财产权如物权、商标专用权和以财产利益为主的一些权利如专利权等被侵害时,不适用赔礼道歉。[2] 对于物质性人格权,如身体权、健康权被侵害的情形,原则上也不适用赔礼道歉,不过,司法实践认为,在有些因为邻里纠纷而引起的人

---

[1] "朱兰英诉云南机场地面服务有限公司、成都航空有限公司航空旅客运输合同纠纷案——残疾旅客被航空公司拒载如何认定违约责任",载最高人民法院中国应用法学研究所编:《人民法院案例选》(总第84辑),北京,人民法院出版社2013年版,第190页以下。

[2] 最高人民法院民事审判第一庭:《民事审判实务问答》,北京,法律出版社2005年版,第134页;蒋志培:《在全国法院专利审判工作座谈会上的总结讲话》,最高人民法院民三庭:《知识产权审判指导与参考》(第7卷),北京,法律出版社2004年版,第17页。

身损害赔偿案件中,如果赔偿权利人以身体权、健康权受到侵害而提出要求对方赔偿损失并赔礼道歉的,在考虑满足侵权人的主观过错,侵害的手段、场合和方式等条件下,也应当允许适用赔礼道歉。①

最后,对侵害法人、非法人组织的名称权、名誉权和荣誉权,是否适用赔礼道歉,存在争议。有的学者认为,由于我国法上已经否认了法人、非法人组织在其人格权遭受侵害后可以要求精神损害赔偿的权利,而赔礼道歉的意义在于弥补精神痛苦,故此,对于法人和非法人组织也不应当适用赔礼道歉。② 有的学者认为,赔礼道歉的功能不限于弥补精神损害,法人、非法人组织虽然不存在精神损害,但是对侵害法人、非法人组织人格权适用赔礼道歉这一民事责任承担方式,有助于惩罚加害人,重新确认社会秩序,故此,侵害法人、非法人组织人格权也可以适用赔礼道歉。③ 从我国司法实践来看,在侵害法人、非法人组织的名誉权时,法院是普遍适用赔礼道歉的民事责任的。笔者认为,虽然法人、非法人组织没有精神损害赔偿请求权,但是由于赔礼道歉本身也具有消除侵权行为所造成的不良影响的重要作用,故此对于侵害法人、非法人组织的人格权也可以适用赔礼道歉。

二、赔礼道歉的实现形式

赔礼道歉有口头和书面两种实现形式。④ 口头道歉就是指侵权人当面向被侵权人承认错误,表示歉意、悔过。书面形式则分为两种:一种公开的方式,即在报纸、杂志上或者在网站上刊登赔礼道歉声明;一种是私下的方式,即侵权人给被侵权人写道歉信。日本法上将公开道歉的方式称为"道歉广告"或"谢罪广告"。所谓道歉广告,是指被告要在法院指定刊登的报纸、杂志等的版面,按照规定的文字大小,向被侵权人承认名誉毁损

---

① 参见北京市第一中级人民法院民事责任课题组:《论消除影响、恢复名誉、赔礼道歉侵权民事责任形式》,载最高人民法院民事审判第一庭:《民事审判指导与参考》(总第 44 辑),北京,法律出版社 2011 年版,第 136—137 页。
② 葛云松:《赔礼道歉民事责任的适用》,载《法学》2013 年第 5 期。
③ 蔡立东、杨晔:《赔礼道歉责任与法人名誉权的救济》,载《广东社会科学》2016 年第 1 期。
④ 《名誉权解答》曾规定:"恢复名誉、消除影响、赔礼道歉可以书面或者口头的方式进行,内容须事先经人民法院审查。"

的事实，将以道歉为主要内容的文章进行刊登。如果只需要小范围内的人们知悉被告的道歉就足够了，日本的法院则会责令侵权人将道歉信在宣传报纸以及机关报纸刊载、在公告牌上刊登道歉信，或者递交或邮递道歉信等。在互联网发达的今天，日本法院也有责令侵权人在名誉被毁损的书籍的作者的网页上刊登道歉广告的判例。① 日本的民法学者认为，道歉广告属于恢复原状的救济方法。因为"在名誉毁损的情况下，只适用民法上的经济赔偿原则，对受害人的救济会不够充分，因此认可恢复原状的救济方法。"②

在我国司法实践中，适用赔礼道歉这一民事责任要与侵权行为的具体方式和造成的影响相适应。因为赔礼道歉的主要目的在于消除侵权人给受害人在社会评价和声誉上造成的不良影响，故此，赔礼道歉的范围和侵权行为的影响范围应当是一致的。③ 故此，2014年《利用信息网络侵害人身权益纠纷规定》第16条第1句曾规定："人民法院判决侵权人承担赔礼道歉、消除影响或者恢复名誉等责任形式的，应当与侵权的具体方式和所造成的影响范围相当。"在吸收这一规定的基础上，《民法典》第1000条第1款规定："行为人因侵害人格权承担消除影响、恢复名誉、赔礼道歉等民事责任的，应当与行为的具体方式和造成的影响范围相当。"赔礼道歉与行为人行为的具体方式和造成的影响范围相当意味着：侵权人采取何种方式在多大范围内给受害人造成了不良影响，侵权人就应当采取相同的方式并在相同的范围内来赔礼道歉，否则不足以消除此种不良影响。申言之，如果侵权人是在全国性的报刊上或者网络上发文侵害他人名誉权、隐私权等人格权的侵权行为而在不特定的人中造成受害人名誉被贬损的，则其应当在全国性的报刊上或网络上赔礼道歉；反之，如果是在地方性的报刊上或者只是在特定的微信朋友圈中侵害他人名誉权、隐私权的，则其应当在相应的报刊或微信朋友圈中赔礼道歉。如果侵权行为的方式就是口头的，且范围就是几个朋友之间，影响很小，那么可以考虑侵权人向被侵权人口头道

---

① ［日］五十岚清：《人格权法》，［日］铃木贤、葛敏译，北京，北京大学出版社2009年版，第195-196页。
② ［日］五十岚清：《人格权法》，［日］铃木贤、葛敏译，北京，北京大学出版社2009年版，第194页。
③ 最高人民法院民事审判第一庭：《最高人民法院利用网络侵害人身权益司法解释理解与适用》，北京，人民法院出版社2014年版，第226页。

歉即可。否则，赔礼道歉不仅不能起到消除不良影响、恢复名誉的作用，反而给受害人造成了二次伤害。例如，在一起案件中，被告冒名顶替，侵害原告的姓名权。原告要求被告承担登报道歉等侵权责任。法院认为，被告虽然使用原告的姓名身份信息至今，但并未对原告姓名以诬蔑、贬损的方式使用，未对原告的名誉造成诋毁，"原告作为一名普通公民，已多年不在国内工作、生活，其在国内的社会影响力较小，二被告侵害原告姓名权而导致的消极影响并未扩及到不特定多数人范围"。因此，法院未支持原告要求二被告登报道歉的诉讼请求。①

赔礼道歉这一侵权责任应由侵权人主动履行。如果侵权人拒绝履行，法院也无法强制其向被侵权人道歉。实践中处理这种情况的方法一般是，由法院"将案件侵权事实及生效判决予以公示"，如登报等。该方法虽非侵权人以其个人名义主动致歉，但同样可达到维护被侵权人名誉的社会效果，实现判决之目的。②当然，由此支出的费用，侵权人应当返还。例如，《利用信息网络侵害人身权益纠纷规定》第16条第2句曾规定："侵权人拒不履行的，人民法院可以采取在网络上发布公告或者公布裁判文书等合理的方式执行，由此产生的费用由侵权人承担。"《民法典》第1000条第2款在吸收司法解释上述合理规定的基础上规定："行为人拒不承担前款规定的民事责任的，人民法院可以采取在报刊、网络等媒体上发布公告或者公布生效裁判文书等方式执行，产生的费用由行为人负担。"需要注意的是为了避免因为赔礼道歉而使侵权行为影响范围进一步扩散，给被侵权人造成进一步的后续损害，人民法院采取在报刊、网络等媒体上发布公告或者公布生效裁判文书等方式执行赔礼道歉的民事责任时，应当征得被侵权人的同意。③故此，《民法典》第1000条第2款使用的是人民法院"可以"的表述，也就是说，如果被侵权人不同意的话，则可以不采取这种方式。

需要注意的是，依据《最高人民法院关于人民法院在互联网公布裁判文书的规定》，人民法院作出的民事判决书等裁判文书原则上应当在互联网

---

① "赵江诉赵江（刘联合）、赵芳姓名权纠纷案"，最高人民法院中国应用法学研究所：《人民法院案例选（总第78辑）》，北京，人民法院出版社2011年版，第88页以下。

② 王承晔、张文如：《"公开道歉"判决的执行——不凡帝范梅勒糖果（中国）有限公司申请执行案》，载《人民法院报》2007年4月2日。

③ 最高人民法院民事审判第一庭：《最高人民法院利用网络侵害人身权益司法解释理解与适用》，北京，人民法院出版社2014年版，第230页。

上公开，除非涉及国家秘密、未成年人犯罪等不得公开的情形。然而，在互联网上公开裁判文书不等于《民法典》第 1000 条第 2 款规定的在报刊、网络等媒体上公布生效裁判文书，侵权人不能以此作为不承担赔礼道歉的理由，人民法院也不得以此拒绝判令被告赔礼道歉。这是因为：首先，二者的性质不同。裁判文书公开是依法公开但并非承担民事责任的方式；而作为赔礼道歉的公布生效裁判文书属于对被告应当履行的法律责任的强制实现的方式。其次，二者的内容不同。裁判文书公开的是整个裁判文书的全文；而赔礼道歉中公布的是裁判文书的主要内容，即法院认定的侵权人的侵权事实和责任承担。最后，二者的范围也不同。裁判文书公开是在中国裁判文书网，该网站是全国法院公布裁判文书的统一平台；而作为赔礼道歉的公布裁判文书可以是在相应的报纸、杂志或者网络平台上。

第二十章 损害赔偿

第一节 概 述

一、损害赔偿的概念与类型

损害赔偿也称"损害赔偿责任"。在侵害人格权案件中,损害赔偿责任是指侵权人侵害他人的人格权给被侵权人造成损害时依法应当承担的赔偿责任。损害赔偿责任旨在填补受害人的损害,具有补偿功能(Ausgleichsfunktion)。[1] 也就是说,要使受害人回到"倘若损害事件没有发生时本应处的状态",此乃各国损害赔偿法共通的、最高的指导原则。[2] 依据不同的标准,可以对侵害人格权的损害赔偿责任进行不同的分类。具体阐述如下。

1. 补偿性损害赔偿与惩罚性损害赔偿

依据损害赔偿的目的不同,可将其分为补偿性损害赔偿与惩罚性赔偿。所谓补偿性损害赔偿,也称填补性损害赔偿,即以填补受害人或其他赔偿权利人因民事权益被侵害而遭受的损害为目的的损害赔偿责任。惩罚性赔偿则是指不以填补损害为目的,而以惩罚特定的加害人为目的的赔偿,其主要的功能是惩罚与遏制加害行为。我国民法以补偿性损害赔偿为原则,以惩罚性赔偿为例外。故此,《民法典》第 179 条第 2 款规定:"法律规定惩罚性赔偿的,依照其规定。"在我国法上,侵害人格权的惩罚性赔偿主要针对的是侵权人故意实施侵害他人生命权、身体权或健康权的侵权行为,如《民法典》第 1207 条规定:"明知产品存在缺陷仍然生产、销售,或者

---

[1] Vgl. MünchKommBGB/Oetker, §249 Rn. 8; Staudinger/Schiemann, §249 Rn. 1. Oliver Brand, Schadensersatzrecht, Beck, 2010, S. 19.

[2] 曾世雄:《损害赔偿法原理》,北京,中国政法大学出版社 2001 年版,第 14—17 页。

没有依据前条规定采取补救措施，造成他人死亡或者健康严重损害的，被侵权人有权请求相应的惩罚性赔偿。"①

在补偿性损害赔偿中，又可以依据造成损害的原因不同，分为侵权赔偿责任、违约赔偿责任和其他赔偿责任。无论是侵权赔偿责任还是违约赔偿责任，都属于补偿性损害赔偿，即旨在消除加害行为所造成的不利益，使被侵权人或非违约方的损害得到填补。《民法典》第七编"侵权责任"的第二章"损害赔偿"是对侵权赔偿责任的规定，第三编"合同"的第八章"违约责任"是对违约赔偿责任的规定。本章讨论的是侵权赔偿责任。

2. 财产损害赔偿与精神损害赔偿

依据损害能否通过金钱加以计算，可以将补偿性损害赔偿分为财产损害赔偿与精神损害赔偿。所谓财产损害赔偿，是指侵权人对于被侵权人因侵害行为而遭受的具体财产价值，能够以金钱加以计算的损害承担的赔偿责任。例如，A将B打伤住院，B因此遭受了医疗费、交通费、误工费等财产性损害，A应当就这些财产损害承担赔偿责任。再如，C公司未经同意并支付许可使用费就擅自使用著名歌星D的姓名和肖像做广告，C公司应当就其侵害D的姓名权和肖像权给D造成的财产损害承担赔偿责任。我国《民法典》第1179条至第1182条对侵害人身权益的财产损害赔偿作出了详细的规定。

精神损害赔偿是指，侵权人对于被侵权人因人身权益等被侵害而遭受的精神痛苦等无法以金钱加以计算，也无法基于真实的市场交易将其物化为具体财产类型的损害承担的赔偿责任。例如，甲因其近亲属乙被丙开车撞死而遭受的失去亲人的痛苦；A因被B打伤致残而遭受的身体伤残的痛苦。我国《民法典》第1183条将精神损害赔偿责任限定在两种情形：一是侵害自然人人身权益造成严重精神损害的，被侵权人有权请求精神损害赔偿。二是因故意或者重大过失侵害自然人具有人身意义的特定物造成严重精神损害的，被侵权人有权请求精神损害赔偿。

---

① 《最高人民法院关于审理医疗损害责任纠纷案件适用法律若干问题的解释》第23条规定："医疗产品的生产者、销售者明知医疗产品存在缺陷仍然生产、销售，造成患者死亡或健康严重损害，被侵权人请求生产者、销售者赔偿损失及二倍以下惩罚性赔偿的，人民法院应予支持"。

二、损害赔偿的原则

(一) 完全赔偿原则

完全赔偿原则 (Prinzip der Totalreparation), 也称"要么全赔, 要么不赔的原则"(Alles oder nichts-Prinzip)[①], 是指在任何产生损害赔偿请求权的场合, 不管损害的类型如何、加害人的过错程度如何, 均应先确定受害人所遭受的损害, 然后由赔偿义务人通过相应的赔偿方法为赔偿权利人提供一定的利益, 以求填补全部损害, 使受害人回复到倘未遭受侵害时应处之状态。我国民事立法中没有对完全赔偿原则的规定, 学界都承认完全赔偿原则是损害赔偿法的基本原则。[②]

完全赔偿原则意味着侵权赔偿责任仅与受害人的损害有关。损害多少, 赔偿多少。一方面, 侵权人主观上的可非难程度如何、故意抑或过失, 通常并不影响赔偿的范围与数额。即便侵权人仅具有最轻微的过失, 但造成了严重的损害, 也要就该损害承担全部的赔偿责任。反之, 纵然侵权人从事的是道德上最卑鄙或可非难程度最高的侵权行为, 但是, 其加害行为仅给被侵权人造成了轻微的损害, 也不能因侵权人的主观恶性大就加重其赔偿责任。至于侵权赔偿责任的成立与否, 也不受加害人动机的影响。另一方面, 无论被侵权人所遭受的是财产损害还是精神损害, 无论是所受损害还是所失利益, 侵权人都应当予以赔偿, 除非法律对此另有规定 (如《民法典》第 1244 条)。

(二) 禁止得利原则

禁止得利原则 (Bereicherungsverbot), 是指受害人不能因损害赔偿而获得超过其损害的利益。倘若赔偿带给受害人的利益超过了应予赔偿的损害之范围, 就意味着受害人因侵害行为而获利, 这是法律所不允许的。[③] 损

[①] Vgl. Medicus/Lorenz, Schuldrecht I, 18. Aufl., 2008, Rn. 624.

[②] 王利明主编:《民法·侵权行为法》, 北京, 中国人民大学出版社 1993 年版, 第 561 页以下; 刘士国:《现代侵权损害赔偿研究》, 北京, 法律出版社 1998 年版, 第 105 页以下; 张新宝:《中国侵权行为法》(第二版), 北京, 中国人民大学出版社 2005 年版, 第 468 页以下; 杨立新:《侵权损害赔偿》(第五版), 北京, 法律出版社 2010 年版, 第 233 页以下; 周友军:《侵权法学》, 北京, 中国人民大学出版社 2011 年版, 第 61 页以下。

[③] Vgl. Looschelders, Schuldrecht Allgemeiner Teil, 6. Aufl., Rn. 876. 古罗马法上就有"无人得凭他人之损害而不法得利 (neminem cum alterius detrimento et iniuria fieri locopletiorem)"的法律规则。Pomponius D. 50. 17. 206.

益相抵规则就是为了贯彻禁止得利原则而产生的一项规则。所谓损益相抵，也称"损益同销"，是指当赔偿权利人因同一赔偿原因事实的发生而获得利益时，赔偿义务人有权要求将该利益加以扣除，从而确定损害赔偿的范围。例如，当受害人因他人侵权行为而遭受人身损害后，其获得基本医疗保险给付而受有利益时，该利益应当从侵权人的赔偿责任中被相应地扣除。我国《社会保险法》第30条第1款第2项规定，依法应当由第三人负担的医疗费用不纳入基本医疗保险基金支付范围。同条第2款规定，医疗费用依法应当由第三人负担，第三人不支付或者无法确定第三人的，由基本医疗保险基金先行支付。基本医疗保险基金先行支付后，有权向第三人追偿。由此可见，如果侵权人已经向被侵权人依法承担了赔偿责任并已经向被侵权人支付了相应的医疗费用的，则被侵权人就该部分的医疗费用无权从基本医疗保险基金中得到给付。只有当侵权人不支付或者无法确定侵权人时，被侵权人才可以要求基本医疗保险基金先行垫付医疗费用，而基本医疗保险基金垫付后，有权向侵权人追偿。

三、损害赔偿的方法

损害赔偿的方法有两种：一是恢复原状，二是金钱赔偿。恢复原状，是指侵权人应当通过经济手段使得被侵权人重新处于经济上等值的状态。例如，甲因过失将乙的A车撞坏，那么甲就应负责A车的修理，使之价值恢复到被撞之前的状态。金钱赔偿，是指侵权人通过向被侵权人支付相应数量的金钱，以弥补被侵权人遭受的财产损害或精神损害。例如，张三骑车将李四撞伤，李四到医院治疗花费了3 000元，则张三应当向李四赔偿该3 000元的财产损害。

在法律没有特别规定的情形下，恢复原状与金钱赔偿这两种损害赔偿方法的适用规则为：首先，侵害财产权益的赔偿方式可以是恢复原状，也可以是金钱赔偿。例如，依据《民法典》第237条和第238条的规定，造成不动产或者动产毁损的，权利人可以依法请求修理、重作、更换或者恢复原状。侵害物权，造成权利人损害的，权利人可以依法请求损害赔偿，也可以依法请求承担其他民事责任。其次，侵害人身权益的，无论造成的是财产损害还是精神损害，赔偿方法都是金钱赔偿。例如，《民法典》第1179条规定："侵害他人造成人身损害的，应当赔偿医疗费、护理费、交通费、营养费等为治疗和康复支出的合理费用,以及因误工减少的收入。造成残疾的,还应当赔偿辅助器具费和残疾赔偿金;造成死亡的,还应当赔偿丧葬费和死亡赔偿金。"

第二节 财产损害赔偿

一、含义与类型

本节论述的财产损害赔偿仅指侵害人格权的财产损害赔偿,即侵权人侵害他人的人格权而造成被侵权人财产损害的,依法应当就该财产损害而承担的赔偿责任。依据侵害的人格权的类型不同,可以将此种财产损害赔偿分为两类:一是,人身伤亡的财产损害赔偿,即因侵害自然人的生命权、健康权或者身体权而造成受害人死亡或伤害,侵权人应当承担的财产损害赔偿责任,如医疗费、护理费、交通费、残疾赔偿金、丧葬费、死亡赔偿金等;二是,侵害其他人格权的财产损害赔偿,即侵权人因侵害生命权、健康权与身体权之外的人格权而给被侵权人造成财产损害的,依法应当承担的赔偿责任。例如,因侵害自然人的姓名权、肖像权而造成财产损失时应当承担的赔偿责任;因侵害营利法人的名誉权而就该法人的财产损失承担的赔偿责任。

我国《民法典》第1179条至第1181条对人身伤亡的财产损害赔偿作出了规定,分别规定了赔偿的范围、同一侵权行为造成多人死亡时的死亡赔偿金以及被侵权人死亡时的赔偿请求权主体等问题。《民法典》第1182条则对于侵害他人人身权益造成财产损失时的损害赔偿的确定方法作出了规定。

二、人身伤亡的财产损害赔偿的范围与计算

(一)概述

《民法典》第1179条对于人身伤亡的财产损害赔偿的范围作出了详细的规定,依据该条,侵害他人造成人身损害的,应当赔偿医疗费、护理费、交通费、营养费、住院伙食补助费等为治疗和康复支出的合理费用,以及

因误工减少的收入。造成残疾的,还应当赔偿辅助器具费和残疾赔偿金;造成死亡的,还应当赔偿丧葬费和死亡赔偿金。从这一规定可知,人身伤亡的财产损害赔偿范围包括两大类:一是,所受损害(damnum energens),也称"积极损失",即被侵权人因人身伤亡而支出的各种合理费用,包括医疗费、护理费、交通费等为治疗和康复支出的合理费用,丧葬费以及辅助器具费。二是,所失利益,也称"消极损害",即被侵权人因人身伤亡而丧失的预期收入,包括因误工减少的收入、残疾赔偿金与死亡赔偿金。其中,残疾赔偿金与死亡赔偿金只有在被侵权人因侵权行为而残疾或者死亡时才能产生。

值得研究的是,被扶养人生活费是否属于人身伤亡的财产损害赔偿的范围。所谓被抚养人生活费是指,受害人因遭受侵权行为而致受害人依法应当承担扶养义务的未成年人或者丧失劳动能力又无其他生活来源的成年近亲属遭受的财产损失。所谓被扶养人是指受害人依法应当承担扶养义务的未成年人或者丧失劳动能力又无其他生活来源的成年近亲属。早在《民法通则》第119条中就明确规定:"侵害公民身体造成伤害的,应当赔偿医疗费、因误工减少的收入、残废者生活补助费等费用;造成死亡的,并应当支付丧葬费、死者生前扶养的人必要的生活费等费用。"《人身损害赔偿解释》第28条曾对被扶养人生活费作出了详细的规定:"被扶养人生活费根据扶养人丧失劳动能力程度,按照受诉法院所在地上一年度城镇居民人均消费性支出和农村居民人均年生活消费支出标准计算。被扶养人为未成年人的,计算至十八周岁;被扶养人无劳动能力又无其他生活来源的,计算二十年。但六十周岁以上的,年龄每增加一岁减少一年;七十五周岁以上的,按五年计算。被扶养人是指受害人依法应当承担扶养义务的未成年人或者丧失劳动能力又无其他生活来源的成年近亲属。被扶养人还有其他扶养人的,赔偿义务人只赔偿受害人依法应当负担的部分。被扶养人有数人的,年赔偿总额累计不超过上一年度城镇居民人均消费性支出额或者农村居民人均年生活消费支出额。"然而,2010年施行《侵权责任法》第16条在规定人身伤亡的财产损害赔偿范围时却没有列出被扶养人生活费。2010年6月30日最高人民法院发布的《关于适用〈中华人民共和国侵权责任法〉若干问题的通知》第4条规定:"人民法院适用侵权责任法审理民事纠纷案件,如受害人有被扶养人的,应当依据《最高人民法院关于审理人身损害赔偿案件适用法律若干问题的解释》第二十八条的规定,将被抚养人生活费计入残疾赔偿金或死亡赔偿金。"也就是说，在《侵权责任法》施行后，人身伤亡财产损害赔偿中的残疾赔偿金或死亡赔偿金中已经包含了被抚养人生活费，即被扶养人生活费仍然属于人身伤亡财产损害赔偿的范围，无非没有单列而已。《民法典》第1179条来自于《侵权责任法》第16条，故此，应当认为《民法典》第1179条中的残疾赔偿金和死亡赔偿金也包括了被扶养人生活费。2020年12月23日最高人民法院修订《人身损害赔偿解释》，修订后的该解释第16条明确规定："被扶养人生活费计入残疾赔偿金或者死亡赔偿金。"同时，该解释第17条对被扶养人生活费的确定标准作出了如下规定：首先，被扶养人生活费根据扶养人丧失劳动能力程度，按照受诉法院所在地上一年度城镇居民人均消费性支出和农村居民人均年生活消费支出标准计算。被扶养人为未成年人的，计算至18周岁；被扶养人无劳动能力又无其他生活来源的，计算20年。但60周岁以上的，年龄每增加1岁减少1年；75周岁以上的，按5年计算。其次，被扶养人是指受害人依法应当承担扶养义务的未成年人或者丧失劳动能力又无其他生活来源的成年近亲属。被扶养人还有其他扶养人的，赔偿义务人只赔偿受害人依法应当负担的部分。被扶养人有数人的，年赔偿总额累计不超过上一年度城镇居民人均消费性支出额或者农村居民人均年生活消费支出额。

需要注意的是，被侵权人因侵权行为死亡的，"死者生前抚养的人"，既包括生前实际抚养的人，也包括应当由死者抚养，但因为死亡事故发生，死者尚未抚养的子女。即便是尚未出生的胎儿，也有权获得被抚养人生活费（《民法典》第16条）。[①]

（二）赔偿范围

1. 医疗费

医疗费，是指被侵权人遭受人身伤害后接受医学上的检查、治疗与康复而已经支出和将来必须支出的费用。既包括过去的医疗费用，如已支出的医药费、治疗费等，也包括将来必须支出的医疗费用，如康复费、整容费以及其他后续治疗费。具体来说，医疗费包括以下项目：（1）挂号费，

[①] "王德钦诉杨德胜、泸州市汽车二队交通事故损害赔偿纠纷案"，载《最高人民法院公报》2006年第3期。

包括医院门诊挂号费、专家门诊挂号费等。(2) 医药费，即购买药品所支付的费用，例如购买消炎药品所支付的费用。(3) 检查费，包括为治疗所需的各种医疗检查费用，如血液检查费用、透视费用、CT 费用、B 超费、彩超费等。(4) 治疗费，即受害人接受治疗所支付的费用，例如换药、打针、理疗、手术、化疗、矫形、整容等费用。(5) 住院费，即患者住院治疗所需支付的费用；(6) 其他医疗费用，如进行器官移植的费用、聘请专家会诊的费用等。

依据《人身损害赔偿解释》第 6 条的规定，医疗费根据医疗机构出具的医药费、住院费等收款凭证，结合病历和诊断证明等相关证据确定。赔偿义务人对治疗的必要性和合理性有异议的，应当承担相应的举证责任。医疗费的赔偿数额，按照一审法庭辩论终结前实际发生的数额确定。器官功能恢复训练所必要的康复费、适当的整容费以及其他后续治疗费，赔偿权利人可以待实际发生后另行起诉。但根据医疗证明或者鉴定结论确定必然发生的费用，可以与已经发生的医疗费一并予以赔偿。

2. 护理费

护理费，是指被侵权人在遭受人身伤害（包括死者生前的抢救期间）期间，生活无法自理需要他人帮助而付出的费用。被侵权人如果没有遭受人身伤害，本来可以自主处理生活，无需他人之帮助。但由于他人之侵权而遭受了人身伤害，被侵权人的生活已暂时或永远的无法自理，需要他人之护理。由此产生的护理费，侵权人当然要赔偿。依据《人身损害赔偿解释》第 8 条，护理费根据护理人员的收入状况和护理人数、护理期限确定。护理人员有收入的，参照误工费的规定计算；护理人员没有收入或者雇佣护工的，参照当地护工从事同等级别护理的劳务报酬标准计算。护理人员原则上为一人，但医疗机构或者鉴定机构有明确意见的，可以参照确定护理人员人数。护理期限应计算至受害人恢复生活自理能力时止。受害人因残疾不能恢复生活自理能力的，可以根据其年龄、健康状况等因素确定合理的护理期限，但最长不超过 20 年。受害人定残后的护理，应当根据其护理依赖程度并结合配制残疾辅助器具的情况确定护理级别。

从《人身损害赔偿解释》第 8 条的规定可知，护理费的计算标准有两个。一是，当护理人员有收入的时候，参照误工费的规定计算。有收入的护理人员显然是指受害人的亲属、朋友等非专职的护理人员。有些人认为，护理费既然是受害人因聘请他人照顾自己的生活而支出的费用，那么护理费就应当按照受害人需要支付给专职护理人员的费用的标准来确定，而不应当按照护理人员本身因从事护理工作无法正常劳动或工作而丧失或减少的预期收入即误工费计算。因为加害人很难知道受害人是由从事何种职业的人来对其进行护理的。因此，将从事护理人员的误工费作为护理费的计算标准是不科学的。笔者认为，理论上此种观点有一定道理，但基于以下几项原因，不能采取上述观点：首先，我国的护理事业并不发达，专职从事护理工作的人并不是很多，因此并非每一个人都能够由专职的护理人员进行护理；其次，从我国人民群众的普遍心理来说，绝大多数人在受害后并不愿意由陌生的人对自己进行护理，而是愿意由自己的亲属或朋友进行护理，因此完全按照受害人支付给专职护理人员的费用来确定护理费并不符合我国国情；最后，按照误工费计算那些有固定收入的非专职护理人员的护理费，也使受害人在最低的限度内有能力报答对自己进行护理的亲朋。[①]

二是，当护理人员没有收入或雇佣的是护工时，参照当地护工从事同等级别护理的劳务报酬标准计算。护理人员没有收入的，此时无论受害人是否实际支付给护理人员以报酬，也无论其实际支付报酬的数额，统一参照当地护工从事同等级别护理的劳务报酬标准计算。之所以如此，是因为在非专职的护理人员对受害人进行护理时，虽然表面上受害人可能并没有支付或者完全无须支付护理费用给护理人员，但是护理人员为此付出了劳动，该劳动也是可以以金钱进行评价的。所谓的护工是指受雇佣而协助护士对患者进行日常护理和帮助的工作人员，我国医院的护工也多从事家政服务工作。笔者认为，《人身损害赔偿解释》将受害人雇佣护工时护理费的计算标准也确定为"参照当地护工从事同等级别护理的劳务报酬标准"并不合理，因为当受害人雇佣护工进行护理时，其向护工支付的费用是确定的，因此完全"参照当地护工从事同等级别护理的劳务报酬标准"计算可能过高或者过低。

[①] 在英国的一起判例中，女儿为了照顾父亲而放弃了一份高薪的工作，法庭允许父亲主张女儿无偿护理服务的价值。英国著名的侵权法学者弗莱明（Fleming）教授认为，这样判决的结果是，父亲在最低限度内有能力报答女儿。［英］John G. Fleming：《民事侵权法概论》，何美欢译，香港，香港中文大学出版社1992年版，第106-107页。

3. 交通费

交通费，是指为治疗和康复而支出的用于交通方面的合理费用，包括：（1）被侵权人本人就医及转院治疗而产生的交通费；（2）必要的陪护人员陪同被侵权人就医或转院治疗而支出的交通费。至于被侵权人的近亲属因参加侵权损害事故之处理而支出的交通费，不属于"为治疗和康复支出"的费用。《人身损害赔偿解释》第9条规定："交通费根据受害人及其必要的陪护人员因就医或者转院治疗实际发生的费用计算。交通费应当以正式票据为凭；有关凭据应当与就医地点、时间、人数、次数相符合。"由于我国早已进入汽车时代，私家车数量越来越多。因此，在受害人或其亲属驾驶自己的私家车前往医院就诊时，也应当给予交通费的赔偿。从计算方法来说，可以参照搭乘出租车时的费用。至于因停车而缴纳的停车费，也应当给予赔偿。[①]

4. 营养费

营养费，即受害人在遭受人身伤害后，因发生代谢改变，通过日常饮食不能满足受损机体对热能和各种营养素的要求，必须从其他食品中获得营养所支出的费用。在正常的情况下，人们完全可以通过日常饮食摄取满足生命需求的营养物质，但是在遭受人身伤害而导致受害人机体受到影响甚至被破坏后，机体代谢增高、机体营养储备因损害而被消耗或者因损害导致机体摄入、吸收或利用不足，受害人必须通过从特定的药品或者食品中摄取营养素来满足机体的要求。从药品中摄入营养的费用可以通过医药费的方式给予赔偿，而从特定食品中摄入营养的费用，就属于营养费，应当由侵权人加以赔偿。对于营养费的赔偿标准，《人身损害赔偿解释》第11条规定："营养费根据受害人伤残情况参照医疗机构的意见确定。"

5. 住院伙食补助费

住院伙食补助费，即受害人在住院治疗期间或死亡的受害人在生前住院治疗期间补助伙食所需要的费用。《人身损害赔偿解释》第10条规定："住院伙食补助费可以参照当地国家机关一般工作人员的出差伙食补助标准予以确定。受害人确有必要到外地治疗，因客观原因不能住院，受害人本

[①] 李薇：《日本机动车事故损害赔偿法律制度研究》，北京，法律出版社1997年版，第168页。

人及其陪护人员实际发生的住宿费和伙食费,其合理部分应予赔偿。"

6. 其他为治疗和康复支出的合理费用

本着完全赔偿原则,侵权人应当赔偿被侵权人遭受人身损害后为治疗和康复支出的全部合理费用,《民法典》第1179条列举了最典型和最重要的几类,故此有必要设置兜底性的规定。例如,被侵权人因人身损害而需要前往外地住院治疗,必要的陪护人员随同前往,由此而支出的合理的住宿费、伙食费等,也属于"其他为治疗和康复支出的合理费用",应由侵权人加以赔偿。至于受害人因为治疗和康复导致其在遭受侵害前已经支出的费用成为无意义的花费,不属于"其他为治疗和康复支出的合理费用",受害人不能获得赔偿。例如,因受伤而无法去观看已经买票的歌剧或者搭乘已经购票的航班。

7. 辅助器具费

辅助器具费,在我国其他的一些法律中也被称为"残疾生活辅助具费"(《消费者权益保护法》第49条)或"残疾者生活自助具费"(《产品质量法》第44条第1款),是指受害人因身体权、健康权遭受侵害而导致身体功能的全部或部分丧失后,需要配制具有补偿功能的辅助器具而已经支出或者将来需要支出的费用。残疾辅助器具包括:(1)肢残者用的支辅器,假肢及其零部件、假眼、假鼻、内脏托带、矫形器、矫形鞋、非机动助行器、代步工具(不包括汽车、摩托车)、生活自助具、特殊卫生用品;(2)视力残疾者使用的盲杖、导盲镜、助视器、盲人阅读器;(3)语言、听力残疾者使用的语言训练器、助听器;(4)智力残疾者使用的行为训练器、生活能力训练用品。[①]《人身损害赔偿解释》第13条规定:"残疾辅助器具费按照普通适用器具的合理费用标准计算。伤情有特殊需要的,可以参照辅助器具配制机构的意见确定相应的合理费用标准。辅助器具的更换周期和赔偿期限参照配制机构的意见确定。"

8. 丧葬费

丧葬费,即为死者办理丧事而支付的费用,如遗体的运送、死者的服装、整容、墓碑、墓地、骨灰盒等费用。它是因侵害生命权而产生的一种独特的财产损害。人终有一死,丧葬费是迟早要支出的费用,因此丧葬费

[①] 汪治平:《人身损害赔偿若干问题研究》,北京,中国法制出版社2001年版,第62页。

本身并非是由侵权行为所造成的。但是基于道德上的因素，所有国家的法律都要求侵权人必须承担这笔费用，我国也不例外。为避免引发争议，我国法上对丧葬费采取了定额化赔偿，即《人身损害赔偿解释》第 27 条规定："丧葬费按照受诉法院所在地上一年度职工月平均工资标准，以六个月总额计算。"丧葬费（以及医疗费）可能是由侵权人预先支付的，也可能来自受害人的遗产、受害人近亲属垫付的款项或者非亲属关系的自然人或者单位的垫付。

如果侵权人已经支付了丧葬费，当然无须再行支付。但如果是其他自然人或单位支付的，则这些支付了丧葬费的单位或个人有权请求侵权人赔偿费用，对此，《民法典》第 1181 条第 2 款有明确的规定。

9. 因误工减少的收入

因误工减少的收入，简称"误工费"。它是被侵权人所遭受的财产损失中的所失利益部分，即如果没有侵权行为时被侵权人本应获得的收入。侵权人赔偿被侵权人的"因误工减少的收入"意味着，其需要向被侵权人支付误工期间（即从遭受伤害到完全治愈这一期间）内，由于被侵权人无法工作或劳动而丧失的那部分收入。

由于误工费是对受害人所失利益的赔偿，故此，其具有以下几项特征：首先，个体性差异大。社会生活中的每一人，由于其智力、体力、生活环境、机遇等多方面因素的差异，因此从事的工作与劳动千差万别，这就导致了在每一不同的人遭受人身伤害后，其因无法工作或劳动而失去的收入各不相同，具有非常明显的个体差异性，是一种具体损失。其次，计算标准无法固定统一。社会生活中的每一个人所从事的行业各不相同，有的人在国家机关或事业单位上班，因此拿的是固定收入，而有的人从事的则是"三年不开张，开张吃三年"的工作。即便同在拿固定工资的人之间，由于每一个人所在的单位性质、效益不同，所获得的固定收入的数额也存在差异。因此，对于误工费的计算标准实在难以统一，给司法实践也造成了很大的困难。最后，具有一定程度的推测性。因为受害人在遭受侵害后，无法从事劳动或者工作，因此其究竟丧失了多少收入，只能凭借受害人在遭受侵害前的收入情况进行推断，此种推断已经排除了倘若受害人未遭受侵害能够正常工作或劳动的过程中可能发生的对其收入会产生不利影响或有利影响的因素。在受害人没有固定收入时，更是如此。

正是误工费上述特征，造成了在我国人身损害赔偿纠纷中，关于误工费依据何种标准加以计算一直是争议最为激烈的问题。基于完全赔偿原则，只要是与加害行为具有相当因果关系的受害人的所失利益都应当给予赔偿，无论该所失利益有多大。但在司法实践中这一点并不是能够轻易做到的，关键就在于证明的难度。当受害人有固定收入时，由于其所失利益较为稳定，因此一般来说受害人能够提供相对明确具体的证据加以证明，法院也比较好认定；但是在受害人没有固定收入，完全以受害人在遭受侵害前的收入情形来推断其所失利益，具有很大程度上的主观臆断特征，法院难以认定，对赔偿义务人也往往不公平。《人身损害赔偿解释》采取了相对比较公正的方法对误工费的计算做出了规定，该解释第 7 条规定："误工费根据受害人的误工时间和收入状况确定。误工时间根据受害人接受治疗的医疗机构出具的证明确定。受害人因伤致残持续误工的，误工时间可以计算至定残日前一天。受害人有固定收入的，误工费按照实际减少的收入计算。受害人无固定收入的，按照其最近三年的平均收入计算；受害人不能举证证明其最近三年的平均收入状况的，可以参照受诉法院所在地相同或者相近行业上一年度职工的平均工资计算。"

10. 残疾赔偿金

所谓残疾赔偿金，是用来赔偿受害人因身体权或健康权遭受侵害而残疾，导致劳动能力丧失或减少（Aufhebung oder Minderung der Erwerbsfähigkeit）所遭受的财产损失。只有被侵权人因侵权行为而残疾后，才有权要求侵权人赔偿残疾赔偿金。关于残疾赔偿金的性质，有三种观点。第一种观点为所得丧失说，也称"收入丧失说"。此说认为，损害赔偿制度的目的在于填补受害人实际所产生的损害，因此在受害人虽然丧失或者减少劳动能力，但是没有发生实际损害，或者受伤前与受伤后的收入之间并无差异的时候，不得请求加害人承担赔偿责任。所得丧失说在计算损害赔偿额的时候，是以受害人遭受伤害之前的收入与遭受伤害之后的收入之间的差额作为损害额，因此有的学者也将此说称为"差额说"。德国采取的是所得丧失说。《德国民法典》第 249 条第 1 款规定："负有损害赔偿义务的人，应当回复在使自己负担赔偿义务的事由不发生时原应存在的状态。"第 843 条第 1 款规定："因伤害他人的身体或健康致被害人丧失或减少其从业能力，或增加其生活需要者，加害人对受害人应支付定期金以赔偿其损害。"在遭受人身损害而导致一时或持续、部分或全部丧失从业能力（Erwerbsfaehigkeit）的情形中，侵权人必须对受害人的劳动收入或者其他经济来源的损失予以赔偿，依据《德国民法典》第252条，受害人可以要求赔偿一直以来取得的薪金或者将来可能获得的收入。因此，对于劳动能力的抽象丧失，即无法用于挣取金钱的能力丧失，通常不能获得赔偿。那些没有具体收入损失的人，如失业者、无劳动收入的儿童、无须劳动靠其他收入生活的人或者从事社会慈善事业、无偿劳动的人都不能要求损害赔偿，但操持家务的配偶除外，其可以请求为替代劳力所支出的必要费用。[1]

第二种观点为劳动能力丧失说。此说认为，受害人因身体或健康遭受侵害以致完全或部分丧失劳动能力本身就是一种损害，并不局限于现实收入的损失。劳动能力虽然并不像一般的财物那样具有交换价格，但是通过雇佣合同或者劳动合同的方式，事实上劳动能力也是完全可以买卖的，工资就是其对价。因此，劳动能力属于一种人力资本，依据个人能力而有一定程度的收益行情。部分或完全丧失劳动能力本身就构成了一种损害。至于个人实际所得额不过是对劳动能力损害程度进行评价时的一种参考因素而已。因此，在未成年人、失业人员以及家庭主妇遭受侵害以致部分或完全丧失劳动能力的时候，也有权要求加害人承担赔偿责任。英国和瑞士采取此种观点。在英国法上，对未来挣钱能力损失（Future loss of earnings）给予赔偿的基本原则就是：赔偿权利人有权取得倘若没有损害事故时其本应取得的净收入（the net sum）。所谓"净"（net）是指扣除所得税和国民保险之后的金额。[2] 即便赔偿请求权人无法证明实际收入损失，对于这种收入能力丧失的损害也要给予赔偿。[3] 在瑞士，如果人身伤害导致受害人残疾，则法官对残疾导致的损害进行估算时，不能仅仅根据当时的工资来进行简单的计算，而必须在将来可能延续的整个收入持续期间对将来的平均工资进行估算。如果受害人在其职业生涯中正处于年富力强的阶段，那么

---

[1] ［奥］伯恩哈德·A. 科赫、赫尔穆特·考茨欧主编：《比较法视野下的人身伤害赔偿》，陈永强、徐同远等译，北京，中国法制出版社2012年版，第213页。

[2] Basil Markesinis, Michael Coester, Guido Alpa & Augustus Ullstein, *Compensation for Personal Injury in English, German and Italian Law: A Comparative Outline*, Cambridge University Press, 2005, p.123.

[3] ［奥］伯恩哈德·A. 科赫、赫尔穆特·考茨欧主编：《比较法视野下的人身伤害赔偿》，陈永强、徐同远等译，北京，中国法制出版社2012年版，第110页。

法官就必须对其收入将来的发展进行估计，对可能的事业发展机会进行估计。如果受害人是一个将来还不知道从事何种职业的未成年人，则法院倾向于按照受害人家族所从事的职业来进行估算。①

第三种观点是生活来源丧失说。该说认为，受害人劳动能力丧失与减少，必致其生活来源丧失，因而应当赔偿受害人的生活补助费，使其生活来源能够重新恢复。赔偿所救济的既不是劳动能力的丧失，也不是受害人致残前后的收入差距，而是受害人致残前后生活来源的差额。② 采用该学说的赔偿标准是比较低的。如果采取此说，那么受害人所能够获得的赔偿数额将是极其微薄的。我国以往的立法和审判实务采取的是生活来源丧失说。例如，《民法通则》第119条就残疾赔偿金称为"残废者生活补助费"，据此，《民法通则意见》第146条将残疾者生活补助费的标准定得非常低，即"一般应补足到不低于当地居民基本生活费的标准"。

比较上述三种观点可以发现，生活来源丧失说是最不合理的，既不符合我国社会经济生活的现实，也极其不利于保护受害人的合法权益，违背了完全赔偿原则。所得丧失说虽然具有一定的可操作性，但是也具有明显的缺陷。因为此种观点认为，无业者、失业者、未成年人在遭受人身伤害前并没有现实的收入，因此，即便他们因侵权行为致残以致丧失或减少劳动能力，也无法请求侵权人赔偿。问题是，失业者或无业者虽然在受伤之前没有现实收入，但是如果不遭受伤害，将来并非就永远没有获得职业的机会。应当认为，最为合理科学的就是劳动能力丧失说。故此，该说为英美侵权法所普遍采纳。③ 在日本侵权法中，原先较多的采纳的也是所得丧失说，但是现今的判例与学说多采纳劳动能力丧失说。④ 在日本的交通事故损害赔偿判例中，下级裁判所更是较多地采纳了劳动能力丧失。⑤ 我国台湾地区采取的也是劳动能力丧失说。我国台湾地区"民法"第193条第1款规

---

① ［奥］伯恩哈德·A. 科赫、赫尔穆特·考茨欧主编：《比较法视野下的人身伤害赔偿》，陈永强、徐同远等译，北京，中国法制出版社2012年版，第425－426页。
② 杨立新：《侵权法论》（下册），长春，吉林人民出版社2001年版，第637页。
③ Harvey McGREGOR, *McGregor on Damages*, 16th. ed., Sweet & Maxwell, 1997, p. 1020.
④ ［日］楠木安雄：《逸失利益的算定》，第153－154页，转引自曾隆兴：《详解损害赔偿法》，台北，三民书局2003年版，第296页。
⑤ 李薇：《日本机动车事故损害赔偿法律制度研究》，北京，法律出版社1997年版，第179页。

定:"不法侵害他人之身体或健康者,对于被害人因此丧失或减少劳动能力或增加生活上之需要时,应负损害赔偿责任。"通说认为,该条采纳的就是劳动能力丧失说。[1]

鉴于所得丧失说和生活来源丧失说的不合理性,故此,《人身损害赔偿解释》改采以"劳动能力丧失说"为原则,即在判断残疾赔偿金时要充分考虑"受害人丧失劳动能力程度或者伤残等级"(《人身损害赔偿解释》第12条第1款)。同时,在一定程度上吸收了"所得丧失说"中的合理成分,即在"受害人因伤致残但实际收入没有减少"时,对残疾赔偿金进行调整,将受害人收入丧失与否的实际情况作为决定残疾赔偿的加权因素,以平衡当事人双方的利益(《人身损害赔偿解释》第12条第2款第1句)。[2]

对于残疾赔偿金数额的计算,我国司法实践以抽象标准为原则,例外地采取具体的计算标准。《人身损害赔偿解释》第12条规定:"残疾赔偿金根据受害人丧失劳动能力程度或者伤残等级,按照受诉法院所在地上一年度城镇居民人均可支配收入或者农村居民人均纯收入标准,自定残之日起按二十年计算。但六十周岁以上的,年龄每增加一岁减少一年;七十五周岁以上的,按五年计算。受害人因伤致残但实际收入没有减少,或者伤残等级较轻但造成职业妨害严重影响其劳动就业的,可以对残疾赔偿金作相应调整。"

被侵权人是否残疾、残疾的程度等,需要通过伤残鉴定加以确认。以往,我国的伤残评定标准不统一,各部门均自行制定相应的标准,显然对于法律的统一适用和当事人合法权益的保护是非常不利的。有鉴于此,2016年4月18日最高人民法院、最高人民检察院、公安部、国家安全部、司法部联合发布了《人体损伤致残程度分级》,规定自2017年1月1日起司法鉴定机构和司法鉴定人进行人体损伤致残程度鉴定时,应统一适用该分级标准。需要注意的是,由于关于职工工伤有专门的工伤与职业病致残等级标准[3],故此,上述《人体损伤致残程度分级》仅适用于除工伤以外的

---

[1] 孙森焱:《民法债编总论》(上),台北,作者印行2012年版,第343页;邱聪智:《新订民法债编通则》(上),台北,作者印行2003年版,第273-274页;曾隆兴:《详解损害赔偿法》,台北,三民书局2003年版,第296页。

[2] 参见最高人民法院民事审判第一庭:《最高人民法院人身损害赔偿司法解释的理解与适用》,北京,人民法院出版社2004年版,第438页。

[3] 工伤中的伤残等级鉴定的标准是国家质量监督检验检疫总局、国家标准化管理委员会于2014年9月3日发布,2015年1月1日起施行的《劳动能力鉴定 职工工伤与职业病致残等级》(GB/T 16180—2014)。

人身损害致残程度等级鉴定。

需要注意的是，依据《人身损害赔解释》的规定，护理费、残疾赔偿金的给付年限最高是 20 年。如果超过了该年限，赔偿权利人向法院起诉请求侵权人继续给付护理费或者残疾赔偿金的，依据该解释的第 32 条，人民法院应予受理。赔偿权利人确需继续护理、配制辅助器具，或者没有劳动能力和生活来源的，人民法院应当判令赔偿义务人继续给付相关费用 5 至 10 年。反之，如果侵权人按照 20 年支付了护理费、残疾赔偿金给被侵权人后，即便被侵权人提前病故的，侵权人也不得基于不当得利请求被侵权人的近亲属返还该费用。①

11. 死亡赔偿金

死亡赔偿金是对受害人因生命权被侵害（即死亡）而产生的财产损失的赔偿。死亡赔偿金并非是"生命"本身的赔偿，因为人的生命是无价的，无法也不可能用财产价格来衡量生命本身的价值。② 当受害人因侵权行为而死亡时，由于受害人已经死亡，丧失了一切权利能力，不可能再以自己的名义提出任何赔偿请求。故此，侵权人无须向死者承担任何责任。"私法最后能够为死者所做的不过是不使其姓名遭受践踏，禁止他人将其尸体作为一件财物来对待，同时提供一个体面的葬礼。"③ 然而，受害人的死亡使那些依法针对受害人享有扶养请求权的人遭受了财产损失，即他们的扶养请求权无法获得实现，因此侵权人负有向受害人的近亲属支付死亡赔偿金。

关于死亡赔偿金的性质，有所谓扶养丧失说与继承丧失说两种观点。扶养丧失说认为，因受害人死亡而遭受财产损害的是其生前负有抚养义务的人，由于受害人死亡导致其生前依法定扶养义务须供给生活费的被扶养人因此丧失了生活的来源，这种损害应当由赔偿义务人加以赔偿。按照扶养丧失说，赔偿义务人赔偿的范围就是被扶养人在受害人生前从其收入中获得的或者有权获得的自己的扶养费的份额。至于因受害人的死亡而导致

---

① "江苏百锐特贸易有限公司诉张月红不当得利纠纷案"，载《最高人民法院公报》2018 年第 5 期。

② 尽管基于成本收益的计算，人的生命也可以被量化计算出某个具体的价格或价值。参见，[美] 凯斯·桑斯坦：《为生命定价：让规制国家更加人性化》，金成波译，北京，中国政法大学出版社 2016 年版。

③ [德] 克里斯蒂安·冯·巴尔：《欧洲比较侵权行为法》（下卷），焦美华译，北京，法律出版社 2004 年版，第 71 页。

对受害人享有法定继承权的那些人从受害人处将来所继承财产减少的损失，则不属于赔偿之列。采取此种观点的有德国、英国、美国大多数州、俄罗斯联邦以及我国台湾地区。例如，依据英国1976年《致命事故法案（the Fatal Accidents Act 1976）》第1A条的规定，因不法侵害行为而死亡的受害人的配偶与未满18岁的单身子女的父母（如果该子女为私生子的话则仅为母亲）有权获得死亡赔偿金（Bereavement damages）。该赔偿金的数额是固定的，目前的数额为7500英镑。只有上议院的大法官（Lord Chancellor）有权对该金额进行调整。再如，按照美国各个州通过的《不当死亡法（wrongful death statute）》，受害人的配偶、子女或父母有权就因受害人的死亡而遭受的财产损害要求被告予以赔偿。目前，美国大多数州采取的计算方法为"幸存者的损失"（loss-to-the-survivors），即被扶养人有权就受害人生前对其所在的家庭提供的经济支持获得赔偿。①

继承丧失说认为，受害人倘若没有遭受侵害，在未来将不断的获得收入，这些收入本来是可以作为受害人的财产为其法定继承人所继承的，因侵害行为导致受害人死亡从而使得这些未来可以获得的收入完全丧失，以致受害人的法定继承人在将来所能够继承的财产也减少了。依据继承丧失说，赔偿义务人应当赔偿的是因受害人死亡而丧失的未来可得利益。例如，最高人民法院曾经颁布的《关于审理涉外海上人身伤亡案件损害赔偿的具体规定（试行）》第四部分"死亡赔偿范围和计算公式"中的第1项规定："收入损失。是指根据死者生前的综合收入水平计算的收入损失。收入损失＝（年收入－年个人生活费）×死亡时起至退休的年数＋退休收入×10。死者个人生活费占年收入的25%－30%。"该项中"收入损失"的计算，就是采取的"继承丧失说"。

扶养丧失说的优点在于，可以较为准确的确定死亡赔偿金的数额，缺点在于判给受害人被扶养人的死亡赔偿金较少。② 继承丧失说的优点在于判给受害人亲属的死亡赔偿金数额较多，对赔偿权利人的保护更为周到，缺点在于：首先，继承丧失说中的推测性成分太重；其次，在受害人为卑亲

---

① John F. O'Connell, *Remedies in a NutShell*, West Publishing Co., 2nd., ed. 1982, p. 207.
② 我国台湾地区"民法"因采取扶养丧失说，在受害人被伤害致死时只规定了被扶养人享有的扶养费赔偿请求权，而不规定死亡赔偿金。对此，邱聪智教授曾明确地指出其缺陷之一就是，"实际运作上，于扶养费损害赔偿请求的认定，显然严重偏低，承认余命损害之赔偿，适足以调和补救其缺陷。"参见邱聪智：《新订民法债编通则》（上），台北，作者印行2003年版，第273页。

属而由尊亲属继承的场合，因卑亲属的未来能够生存的期限长于尊亲属，因此死亡赔偿金就要比尊亲属作为受害人的时候多，显然不合理。

我国采取的是继承丧失说。[①]《人身损害赔偿解释》第 15 条规定："死亡赔偿金按照受诉法院所在地上一年度城镇居民人均可支配收入或者农村居民人均纯收入标准，按二十年计算。但六十周岁以上的，年龄每增加一岁减少一年；七十五周岁以上的，按五年计算。"

由于死亡赔偿金是对死者的近亲属的财产损失的赔偿，因此，请求权主体是死者的近亲属而非死者，故此，死亡赔偿金本身并非遗产。[②] 死亡赔偿金的分配应当在近亲属之间进行合理的分配，分配时应考虑"与死者关系的远近、共同生活的亲密程度、分配权利人的生活状况等"因素。

（三）计算方法

1. 主观与客观相结合的计算方法

我国《民法典》未明确规定人身伤亡的财产损害赔偿究竟采取主观的还是客观的计算方法。这是因为，立法者认为：实践中的人身损害赔偿案件千差万别，我国各地的经济情况差异又比较大，个体之间的实际情况也不完全相同，情况非常复杂，法律规定的任何赔偿标准都可能无法照顾到这些差异，有可能引起较大的争议。因此，这些问题应当交由法官根据案件的具体情况，综合考虑各种因素后加以决定。[③]《人身损害赔偿解释》则针对不同的人身损害赔偿项目，采取了不同的计算方法。首先，对于医疗费、误工费、护理费、交通费、营养费、受害人到外地治疗时本人及陪护人员的住宿费与伙食费等采取了主观的计算方法，即根据受害人的实际支出予以赔偿。其次，对于残疾赔偿金、残疾辅助器具费、住院伙食补助费、死亡赔偿金、丧葬费、被抚养人生活费等采取了抽象的计算方法，即不考虑受害人的个体差异，而是依据统一赔偿标准和固定期限（如 60 岁以下为 20 年等）加以计算。

[①] 最高人民法院民事审判第一庭编：《最高人民法院人身损害赔偿司法解释的理解与适用》，北京，人民法院出版社 2004 年版，第 438 页。

[②]《最高人民法院关于空难死亡赔偿金能否作为遗产处理的复函》（〔2004〕民一他字第 26 号）认为："空难死亡赔偿金是基于死者死亡对死者近亲属所支付的赔偿。获得空难死亡赔偿金的权利人是死者近亲属，而非死者。故空难死亡赔偿金不宜认定为遗产。"

[③] 黄薇主编：《中华人民共和国民法典侵权责任编解读》，北京，中国法制出版社 2020 年版，第 65－66 页。

2. 计算的时间点

《民法典》没有规定人身伤亡财产损害赔偿的计算时间点。就被侵权人的所受损害而言，因被侵权人已经实际支出了医疗费、交通费等费用，故计算时间点并不重要，无须规定。至于所失利益，《人身损害赔偿解释》采取的是受诉法院所在地的"上一年度"这一时间内的各种标准来计算赔偿金额。如：对于丧葬费依据受诉法院所在地"上一年度"职工月平均工资标准计算；对于死亡赔偿金和残疾赔偿，则按照受诉法院所在地"上一年度"城镇居民人均可支配收入或者农村居民人均纯收入标准计算。

3. 计算的基准地

依据《人身损害赔偿解释》第12、15以及17条，残疾赔偿金、死亡赔偿金和被扶养人生活费的赔偿计算基准地都是受诉法院所在地，即受理案件的人民法院所在的省、自治区以及直辖市。《民事诉讼法》第28条规定："因侵权行为提起的诉讼，由侵权行为地或者被告住所地人民法院管辖。"所谓"侵权行为地"包括侵权行为实施地与侵权结果发生地。

我国幅员辽阔、人口众多，各地经济发展水平差异相当大。实践中，当被侵权人及其近亲属的住所地或经常居住地与受诉法院所在地不一致时，就会产生这样一个问题：被侵权人及其近亲属的住所地或经常居住地的城镇居民人均可支配收入或农村居民人均纯收入等标准远高于受诉法院所在地的同类标准。此时，如果仍然按照受诉法院所在地的标准计算残疾赔偿金、死亡赔偿金或者被扶养人生活费，就无法填补被侵权人的财产损害。例如，住所地为上海市的甲于2010年在江西省南昌市被乙不法致残。甲在南昌市的法院向乙提起人身损害赔偿诉讼。依据《人身损害赔偿解释》，残疾赔偿金应当按照受诉法院所在上一年度，即2009年江西省城镇居民年人均可支配收入为标准计算。2009年江西省城镇居民年人均可支配收入为12 866元。同年，上海市的城镇居民年人均可支配收入却高达26 675元。有鉴于此，《人身损害赔偿解释》第18条依据"就高不就低的原则"对于残疾赔偿金、死亡赔偿金以及被扶养人生活费的计算基准地进行了适当的调整，即如果赔偿权利人举证证明其住所地或者经常居住地城镇居民人均可支配收入或者农村居民人均纯收入高于受诉法院所在地标准的，残疾赔偿金或者死亡赔偿金可以按照其住所地或者经常居住地的相关标准计算。被扶养人生活费的相关计算标准，依照相同的原则加以确定。

4. 统一城乡居民赔偿标准

在很长一段时间，我国人身损害伤亡财产损害赔偿采取的是"城乡有别"的二元化计算方法，即依据以往的《人身损害赔偿解释》的规定，计算残疾赔偿金、死亡赔偿金时，要依据被侵权人是城镇居民还是农村居民而采取不同的计算标准。如果被侵权人是城镇居民，那么就按照受诉法院所在地上一年度城镇居民人均可支配收入相应的计算残疾赔偿金或死亡赔偿金；如果被侵权人是农村居民，则按照受诉法院所在地上一年度农村居民人均纯收入标准相应的计算残疾赔偿金或死亡赔偿金。2020年12月23日修改《人身损害赔偿解释》后，上述两个标准被分别修改为：受诉法院所在地上一年度城镇居民人均消费性支出和农村居民人均年生活消费支出。由于我国城乡经济存在差异，这种现行的区分城乡的赔偿标准，就会使得农村居民遭受人身损害时获得的赔偿额要远远低于城镇居民。以广东省为例，根据《广东省2019年度人身损害赔偿计算标准》，2018年广东省（深圳市、珠海市、汕头市除外）城镇居民、农村居民人均可支配收入分别为42 066元/年、17 168元/年，相差达2.45倍；人均生活消费支出分别为28 875元/年、15 411元/年，相差达1.87倍。这就意味着，在广东省，同样是人身损害赔偿案件，城镇居民获得的赔偿额有可能分别是农村居民的2.45倍和1.87倍。

2019年4月15日《中共中央、国务院关于建立健全城乡融合发展体制机制和政策体系的意见》明确要求，"改革人身损害赔偿制度，统一城乡居民赔偿标准"。也就是说，今后在残疾赔偿金、死亡赔偿金等人身损害赔偿项目的计算标准上，不应再区分城乡而按照不同的标准，应当统一。党中央、国务院的这一规定是非常正确的。2019年9月2日，最高人民法院明传各地高级人民法院《关于授权开展人身损害赔偿标准城乡统一试点的通知》[法明传（2019）521号]，授权各省自治区直辖市高级人民法院及新疆维吾尔自治区生产建设兵团分院根据各省具体情况在辖区内开展人身损害赔偿纠纷案件统一城乡居民赔偿标准试点工作，试点工作在2019年已经启动。

目前，一些地方法院已经出台相关文件，对此作出了规定。例如，《北京市高级人民法院关于进一步推进人身损害赔偿标准城乡统一试点工作的通知》（2021年9月27日发布）规定："全市法院受理的侵权行为发生于

2021年10月1日（含本日）后的全部人身损害赔偿类民事纠纷案件、交通肇事刑事案件的附带民事诉讼案件不区分城镇居民与农村居民，试行按统一赔偿标准计算残疾赔偿金、死亡赔偿金及被扶养人生活费（被扶养人生活费计入残疾赔偿金或死亡赔偿金）：残疾赔偿金、死亡赔偿金按照北京市上一年度城镇居民人均可支配收入标准计算；被扶养人生活费按照北京市上一年度城镇居民人均消费性支出标准计算。"根据该通知附录的数据，2020年北京市城镇居民人均可支配收入为75 602元、2020年北京市城镇居民人均消费性支出为41 726元。再如，《广东省高级人民法院关于在全省法院民事诉讼中开展人身损害赔偿标准城乡统一试点工作的通知》（2019年12月20日发布）要求，对2020年1月1日以后发生的人身损害，在民事诉讼中统一按照有关法律和司法解释规定的城镇居民标准计算残疾赔偿金、死亡赔偿金、被扶养人生活费，其他人身损害赔偿项目计算标准保持不变。

2021年12月3日，最高人民法院发布了《关于修改〈最高人民法院关于审理人身损害赔偿案件适用法律若干问题的解释〉的决定（征求意见稿）向社会公开征求意见的公告》。准备在修改后的《最高人民法院关于审理人身损害赔偿案件适用法律若干问题的解释》中废除城乡区分的做法，将死亡赔偿金、残疾赔偿金的计算标准都统一为"受诉法院所在地上一年度城镇居民人均可支配收入标准"，将被扶养人生活费的计算标准都统一为"受诉法院所在地上一年度城镇居民人均消费支出标准计算"。

5. 在我国遭受人身损害赔偿的计算标准

英美、西欧、北欧、日韩等经济发达国家的自然人以及我国港澳台地区的居民，在我国大陆停留期间，因侵权而受伤或死亡时，如何计算该人身伤亡的损害赔偿数额，值得讨论。这里的关键问题在于，究竟按照受诉法院所在地的标准，还是按照受害人所在法域的标准来计算。因为不同的标准计算出来的数额差距非常大。对此，我国法院多认为，不应当按照受害人所在法域的标准计算，否则容易给我国的被告造成过重的负担，使判决难以执行。[1] 但实务中如何处理，有不同的做法。一种做法如《福建省高

---

[1] 胡建勇：《外国人在华遭受人身损害的赔偿标准问题——林甲、金某诉中国航空技术进出口总公司北京凯迪克大酒店、中国航空技术进出口总公司及邓某、李某等一般人身损害赔偿案法律问题分析》，载北京市高级人民法院：《审判前沿：新类型案件审判实务（总第25集）》，北京，法律出版社2010年版，第131—136页。

级人民法院民事审判第一庭关于审理人身损害赔偿纠纷案件疑难问题的解答》(闽高法〔2007〕2号)规定:"外国居民以其住所地或者经常居住地的收入高于受诉法院所在地标准为由,要求按照其住所地或者经常居住地的相关标准计算残疾赔偿金、死亡赔偿金的,人民法院可予支持;但其赔偿标准超过我国内地城镇居民人均最高地区的赔偿标准的,按照我国内地的最高赔偿标准赔偿。香港、澳门特别行政区和台湾地区的居民,可参照前款原则执行。"[①] 还有一种做法如《广东省高级人民法院、广东省公安厅关于道路交通安全法施行后处理道路交通事故案件若干问题的意见》(粤高法发〔2004〕34号)第28条规定:"对现役军人、香港、澳门、台湾同胞和华侨、外国人、无国籍人的人身损害赔偿,按照城镇居民的有关标准计算赔偿数额。"本书认为,第一种观点更可取。依据《涉外民事关系法律适用法》第44条,"侵权责任,适用侵权行为地法律,但当事人有共同经常居所地的,适用共同经常居所地法律。侵权行为发生后,当事人协议选择适用法律的,按照其协议。"在侵权损害赔偿诉讼中,当事人基本上不可能事先协议选择适用的法律,而在侵权人是中国人、被侵权人是外国人(包括我国港澳台同胞)的情况下,也不存在共同经常居所地的问题。因此,当然要适用侵权行为地的法律即我国法律。我国尚属于发展中国家,人民的生活水平和富裕程度与美国、加拿大、日本、西欧等国家有一定的差距。如果完全按照受害人所在法域的标准赔偿,侵权人难以承受,显然也不符合法律规定。可是,如果完全按照具体的侵权行为发生地标准赔偿,对受害人可能更为不利。因为我国幅员辽阔,各地经济发展水平差别很大。如果以贫困的侵权行为发生地的标准计算损害赔偿金,更无法填补受害人的损害。因此,采取我国经济最发达的省市的标准作为赔偿标准,相对比较合理,既有利于保护受害人,也没有过度加重侵权人的责任。[②]

6. 护理费和残疾赔偿金的继续请求与返还

依据《人身损害赔偿解释》的规定,护理费、残疾赔偿金的给付年限最高是20年。如果超过了该年限,赔偿权利人向法院起诉请求侵权人继续

[①] 类似做法的还有江西,参见陈幸欢、闵遂赓:《涉外民事侵权损害赔偿纠纷的法律适用和赔偿标准》,载《人民司法·案例》2012年第22期。

[②] 相关案例参见,江繁玉与进贤县温州镇农机管理站等侵权损害赔偿纠纷上诉案,南昌市中级人民法院(2009)洪少民终字第16号民事判决书。

给付护理费或者残疾赔偿金的,则依据该司法解释第19条,人民法院应予受理。赔偿权利人确需继续护理、配制辅助器具,或者没有劳动能力和生活来源的,人民法院应当判令赔偿义务人继续给付相关费用5~10年。反之,如果侵权人按照20年支付了护理费、残疾赔偿金给被侵权人后,即便被侵权人提前病故的,侵权人也不得基于不当得利请求被侵权人的近亲属返还该费用。对此,《最高人民法院公报》刊登的一则案件的判决中有详细的阐述:"不当得利成立的构成要件有四项:一方获得利益,另一方受到损失,获利与受损之间具有因果关系,获得利益没有合法根据。首先,原告百锐特公司之所以需向张龙喜支付款项,是基于生效民事判决书所确定的义务,不属于不当得利法律关系中利益受损方的利益受损。其次,从法律规定的普遍性、盖然性来看,立法者在立法时不可能考虑到个案的特殊性。根据最高人民法院《关于审理人身损害赔偿案件适用法律若干问题的解释》第二十一条第三款的规定,护理期限应计算至受害人恢复生活自理能力时止;受害人因残疾不能恢复生活自理能力的,可以根据其年龄、健康状况等因素确定合理的护理期限,但最长不能超过二十年。护理费属于将来发生的财产损失,更多体现为对受害人定残后的损害救济;护理期限则是根据受害人实际状况对受害人需护理期间的法律推定,是法官基于法律规定在自由裁量权范围内作出的综合判断,价值取向在于保护受害人的权利,受害人亦需承担护理费可能不足的风险。(2013)东民初字第0901号民事判决书依据鉴定意见及受害人年龄、健康状况等因素综合判定百锐特公司对张龙喜20年护理费的30%承担赔偿责任,是对张龙喜权益受损应得赔偿的合理认定,符合法律规定,无论张龙喜或是被告张月红均未因该判决获得不当利益。最后,在(2013)东民初字第0901号民事判决书执行过程中,百锐特公司与张龙喜达成了执行和解协议,张龙喜通过张月红收取30万元赔偿款符合双方约定,具有合法依据,且百锐特公司并未按生效判决全额履行赔偿义务,其认为张月红因张龙喜提前病故而获取不当利益的依据不足。故百锐特公司诉张月红返还132 012元的诉讼请求,缺少事实和法律依据,法院不予支持。"[①]

[①] "江苏百锐特贸易有限公司诉张月红不当得利纠纷案",载《最高人民法院公报》2018年第5期。

（四）同一侵权行为致多人死亡时的死亡赔偿金

《民法典》第1180条规定："因同一侵权行为造成多人死亡的，可以以相同数额确定死亡赔偿金。"该规定来自《侵权责任法》第17条。《侵权责任法》第17条规定："因同一侵权行为造成多人死亡的，可以以相同数额确定死亡赔偿金。"作此规定的理由在于：首先，有利于尽快解决纠纷，防止不同的赔偿权利人之间互相攀比，避免造成新的矛盾，使得赔偿问题长期无法解决，甚至引发群体性事件。在侵权责任法的审议过程中，"有的常委委员、部门和专家提出，死亡赔偿在许多情况下根据死者年龄、收入状况等情形赔偿数额有所不同，但在同一事故造成死亡人数较多时，为便于解决纠纷，往往采用相同数额予以赔偿，草案应当根据实际做法增加有关规定。"① 其次，该条是对实践经验的总结。在我国以往处理同一损害事故造成多人死亡的案件（如矿难赔偿）中，多采取给付所有受害人近亲属以固定数额赔偿金的方式。② 此外，这一规定也为我国今后立法规范现代社会的大规模侵权赔偿问题提供了法律依据。

我国在民法典编纂时，有观点认为，应当删除《侵权责任法》第17条。但是，立法机关考虑到该条在实践中具有积极的意义，故此《民法典》依然保留了这一规定。还有观点认为，《民法典》第1180条不应当使用"可以"，因为"可以"的表述过于含糊，尤其是司法实践中，法官不敢轻易使用本条，建议明确为"应当"。该意见没有被立法机关接受，因为本条实际上是一种授权性的规定，即根据损害事故的实际情况酌情运用本条，如果一概强制性地规定必须以相同数额确定死亡赔偿金，对于保护受害人权益和解决纠纷未必有利。此外，需要注意的是，适用本条也不限于是在法院审理侵权案件中，侵权人与多个被侵权人的近亲属集体协商死亡赔偿金时也可以适用，故此，更不能采取"应当"的表述。

（五）损害赔偿金的支付

损害赔偿金的支付方式有两种：一次性支付与分期支付。一次性支付（be award on a lump sum），是指在确定损害赔偿金的数额后，侵权人一次

---

① 2009年10月19日《全国人民代表大会法律委员会关于〈中华人民共和国侵权责任法（草案）〉修改情况的汇报》。

② 王胜明主编：《中华人民共和国侵权责任法解读》，北京，中国法制出版社2020年版，第79页。

性将全部的赔偿金支付给被侵权人或其近亲属。分期支付,是指在确定损害赔偿金的总额后,由侵权人按照固定的期限分批分次将赔偿金支付给被侵权人或其近亲属。申言之,赔偿义务人可以将总赔偿金分几次支付给赔偿权利人,也可以按年、季度、月来定期向赔偿权利人进行支付(即所谓的定期金支付)。

一次性支付与分期支付各有优劣。一次性支付的优点在于:由于损害赔偿金是一次性的支付,因此,可以做到纠纷的一次性解决,方便快捷的处理案件,也避免将来引发新的纠纷,尤其是可以避免赔偿义务人陷入支付不能的风险。但是,一次性支付的缺陷在于:首先,对受害人因丧失或者完全丧失劳动能力而导致的预期收入的赔偿采取一次性支付的方式,这将使得赔偿数额的确定中存在大量不可预测的因素,变得非常的不准确,不能真实地反映实际损失。例如,在采取一次性支付的方式判给因伤致残的受害人以残疾赔偿金的时候,对于该受害人在未来的预期收入是上升还是下降、健康状况是转好还是恶化、人生发展机会是增多还是减少等因素都只能是进行推测。正因如此,即便在采取一次性给付的英美国家,实践中也发展出了"临时性给付"以及"结构性赔偿"(structured settlements)等方式加以弥补。[①]

其次,一次性支付的方式无法考虑通货膨胀的因素。现代社会通货膨胀而产生的货币贬值对受害人的影响极大,以损害发生时为基准进行人身损害赔偿数额的一次性支付因此很难被认为是公平合理的。因为在发生严重的通货膨胀时,一次性支付给赔偿权利人的赔偿金的实际价值将发生严重的贬损,对其极为不利。相反,当未来发生货币升值的情形时,一次性支付又给赔偿义务人造成了不利。正因如此,英国著名法官丹宁勋爵在《法律的未来》一书中写道:"我以为,在确定未来的损失——未来的支出以及未来收入的损失——赔偿时,让法官预料未来三四十年的事情或猜想大概要发生什么情形,在原则上是错误的。只要法官在判决的时候一次判

[①] "结构性赔偿(structured settlements)",是指赔偿权利人与赔偿义务人就赔偿金的支付方式达成的一种协议。依据该协议,被告无须一次性的支付给原告以损害赔偿金,而是首先付一部分赔偿金给原告,剩余的部分分期支付。然后,被告的责任保险公司将用剩余的赔偿金从人寿保险公司处购买一项年金,该年金所获得的收益则用来分期支付给原告。结构性赔偿的方式最早产生于20世纪80年代的美国与加拿大。Harvey McGREGOR, *McGregor on Damages*, 16th. ed., Sweet & Maxwell, 1997, p. 1532. B. S. Markesinis & S. F. Deakin, *Tort Law*, 4th. ed, Clarendon Press, 1999., p. 747.

给某人全部赔偿费,这类事情就是不可避免的。你肯定会觉得这种判决是错误的。结果判决不是太多,就是太少,总是不合适。这个问题似乎应该这样解决:不要判给总的一笔,而应有个分期赔偿的制度。如果不可能的话,最好是对支出以及未来收入的全部实际损失予以赔偿。我认为也许这是不太可能的。但还有另一种最好的办法,即在审理中,法官可以安排后三年的赔偿,每三年进行一次审核。这样就可以注意到受伤害的人的伤势是在不断好转,还是在继续恶化,同时也就注意到通货膨胀、货币价值的变化以及他的晋升的希望或工作的变化。"①

再次,一次性支付在实践中也非常容易造成赔偿义务人的赔偿负担瞬间过重,以致其支付不能甚或破产的局面,最终仍将损害赔偿权利人的利益。

最后,在未成年人作为受害人的时候,一次性支付的损害赔偿金非常容易产生道德风险,为其监护人所挪用、挥霍甚至侵吞,对保护未成年人的合法权益不利。

分期支付的方式也有利有弊。其优点在于:首先,能够比较真实准确的计算出损害赔偿额,排除一次性支付中过多的推测或虚拟的成分;其次,分期支付中法院可以根据支付期间的通货膨胀等因素对给付金额进行适当的调整,因此分期支付方式能够适应形势的变化,尤其是可以解决一次性支付方式下所无法解决的通货膨胀以及社会工资的普遍调整所产生的问题。再次,可以避免因赔偿义务人的瞬间赔偿负担过重而引发的不良后果,保证全部赔偿金的顺利给付;最后,分期支付的方式能够真正实现人身损害赔偿金对受害人及其近亲属的生活保障机能,既能防止受害人的监护人对赔偿金的挪用、侵吞或挥霍,也能防止因受害人不当的投资利用而造成的社会整体损失。

但是,分期支付的方式也存在一定的缺陷,主要有:首先,容易引发纠纷。因为赔偿权利人与赔偿义务人之间的损害赔偿之债的关系将延续一定的期间,在这一期间可能会出现赔偿义务人拖延或拒不按期支付赔偿金的情形,因此容易导致新的纠纷与一定程度上的社会不稳定;其次,增加了交易成本。分期支付的方式一方面将增加赔偿权利人与赔偿义务人的联络成本、支付成本,另一方面由于分期支付期间可以根据情事的变更等因

---

① [英]丹宁勋爵:《法律的未来》,刘庸安、张文镇译,北京,法律出版社1999年版,第164-165页。

素对给付金额进行调整,因此法院必然需要再次审理,引发诉讼成本,增加法院的负担;最后,由于分期金支付需要历经一段期间,因此在该期间中赔偿义务人的财产状况可能恶化,例如因经营不利而破产,此时赔偿权利人剩余的赔偿金债权将难以获得保障,当然通过要赔偿义务人提供担保的方式在一定程度上可以减少此种风险,但是赔偿义务人的担保又将引发新的社会成本问题。①

我国《民法典》第1187条规定:"损害发生后,当事人可以协商赔偿费用的支付方式。协商不一致的,赔偿费用应当一次性支付;一次性支付确有困难的,可以分期支付,但是被侵权人有权请求提供相应的担保。"这就是说:首先,究竟是否一次性支付还是分期支付,应当尊重当事人的意思,他们可以自行协商。这种协商既包括对总的赔偿金究竟是一次性支付还是分期支付,抑或对其中的某些赔偿金如死亡赔偿金或残疾赔偿金等采取分期支付。当事人可以约定分两次以上进行支付,也可以约定按照年、季度或按月支付等。如果当事人对赔偿费用的支付方式协商不成的,则以一次性支付为原则。只有当赔偿义务人一次性支付确有困难的,才可以分期支付,但是被侵权人有权请求提供相应的担保。

所谓"一次性支付确有困难",必须是赔偿义务人提出证据来证明自己一次性支付确实有困难,而是否确有困难则应由法院根据赔偿义务人的经济状况等因素加以决定。同时,考虑到赔偿义务人分期支付赔偿费用时,因履行期限变长,可能出现侵权人财产状况恶化以致无法继续支付的情形,或者侵权人拖延或逃避继续支付赔偿金义务的情形。故此,在采取分期支付方式时,被侵权人有权要求提供相应的担保。所谓相应的担保是广义上的担保,不仅包括物的担保(如抵押、质押)以及人的担保(保证),也可以是其他具有一定的担保功能的方式,如由银行代管、代发赔偿金等。如果被侵权人不提供相应的担保,则法院不能判决分期支付。当然,被侵权人如果没有要求提供相应的担保的,此时,法院也不能强制侵权人提供担保。在这一点上,《民法典》第1187条与《侵权责任法》第25条有所不同。

---

① 有观点认为,定期金支付的方式将可能引发受害人的"灾害神经症",即受害人会由于产生希望得到保护或获得赔偿金的愿望而引发中枢神经的器质性变化。详见龚赛红:《医疗损害赔偿立法研究》,北京,法律出版社2001年版,第377-378页。

三、侵害其他人格权的财产损害赔偿

(一) 含义与范围

所谓侵害其他人格权的财产损害赔偿,是指侵害生命权、身体权与健康权这三项人格权之外的其他人格权益,如姓名权、名称权、名誉权、荣誉权、肖像权、隐私权、个人信息、人身自由权、人格尊严权等人格权以及死者的姓名、名称、肖像、隐私等人格利益,而给被侵权人或者其近亲属造成财产损失的,侵权人应当承担财产损害赔偿责任。一般来说,只有能够被商业化利用的人格权益(如姓名权、名称权、肖像权)遭受侵害后,才可能造成被侵权人的财产损失。因为,此种财产损害所保护的实质是其他人身权益中所蕴含的经济利益或者商业利益,其与人身伤亡的财产损害一样都属于财产性损害,但是赔偿范围上有所不同。这一点尤其体现在那些歌星、影星、体育明星等知名人士身上。一般来说,被侵权人可以通过提供在相同或类似的情况下授权他人使用姓名、名称或肖像时可以获得许可费等证据证明自己其他人身权益遭受侵害时的财产损失。[①] 例如,在一起案件中,被告远东公司擅自在其产品的外包装上使用原告张柏芝的肖像,侵害了其肖像权。原告证明索芙特公司聘请自己担任产品两年的形象代言人所支付的酬金均已超过 200 万港币。法院认为,在确定以营利为目的的侵害肖像权案件的赔偿金额时,"不仅要考虑远东公司的过错程度,侵权行为的具体情节,侵权后果和具体影响,还要参照一般有偿使用张柏芝肖像的费用标准。因此,对于远东公司侵害张柏芝肖像行为的赔偿金额,酌定 100 万元为宜。"[②] 再如,在"周星驰诉中建荣真无锡建材科技有限公司肖像权、姓名权纠纷案"中,法院认为,自然人对肖像、姓名的利用可以带来一定的商业利益。原告周星驰作为知名艺人、演员,能够通过参演影视节目、广告代言等活动获取相应的经济利益,其肖像权、姓名权具有一定的商业化利用价值。被告中建荣真建材公司对原告肖像权、姓名权的侵害,

---

① 在德国,对于侵害人格权的财产损失,原告一般只能以许可费的标准要求赔偿适当的报酬。Staudinger/Hager, 2008, § 823, Rn. C290.

② 张柏芝诉梧州远东美容保健用品有限公司肖像权案,江苏省高级人民法院(2006)苏民终字第 109 号民事判决书;莫少聪肖像权纠纷案,福建省泉州市中级人民法院(2005)泉民终字第 1178 号民事判决书。

导致原告人格权权能中包含经济性利益的部分受损,有损原告形象的商业价值,故应当对非法使用原告肖像、姓名造成的财产损失予以赔偿。[1]

人身伤亡的财产损害包括所受损害和所失利益两种类型,而侵害其他人身权益的财产损害则属于所失利益,即如果侵权人不实施侵害其他人身权益的侵权行为,则被侵权人原本可以通过人格权益的商业利用而获得相应的经济利益。依据《民法典》第993条,民事主体可以将自己的姓名、名称、肖像等许可他人使用,但是依照法律规定或者根据其性质不得许可的除外。这就是说,自然人、法人或非法人组织原本可以将自己的姓名、名称、肖像等许可他人使用而获得相应的财产利益,但是现在因侵权人的侵权行为,其本应获得的该财产利益未能获得。因此,侵害其他人身权益的财产损害属于消极损害,是被侵权人未来收入的损失,具有较大的不确定性。正因如此,我国《民法典》第1182条对此种损害专门作了规定。

(二)赔偿数额的确定方法

损害赔偿法以完全赔偿为基本原则,即损失多少,赔偿多少。被侵权人在行使损害赔偿请求权时,必须证明损失及其数额。但是,在侵害其他人身权益尤其是其他人格权益的财产损害赔偿案件中,往往会出现被侵权人难以证明损害赔偿数额的情形。这是因为,人格权益的商业化利用本身存在不确定。一方面,有些民事主体的姓名、名称、肖像等具有很高的经济价值,可这些主体并未真正将之许可他人使用,如碍于各种规定或者限制未将之许可他人使用,因此也就很难证明财产损失;另一方面,即便是曾经被商业利用过的人格权益,因为交易的场景不同,经济价值或交易价格也有差异。但是,如果仅仅因为损失赔偿数额难以计算,就不给予赔偿,任由侵权人通过侵害他人人格权益而获益,这显然是不公平的,也不利于预防和制止侵权行为。

有鉴于此,在起草《侵权责任法》时,就有全国人大常委会委员、法院和专家提出,对侵害姓名权、名誉权、肖像权、隐私权等造成财产损失的,即便损失赔偿额难以计算,《侵权责任法》也应当作出相应的规定。[2]

---

[1] 《最高人民法院公报》2020年第2期。
[2] 《全国人民代表大会法律委员会关于〈中华人民共和国侵权责任法(草案)〉修改情况的汇报》《全国人民代表大会法律委员会关于〈中华人民共和国侵权责任法(草案)〉审议结果的报告》,载王胜明主编:《中华人民共和国侵权责任法解读》,北京,中国法制出版社2010年版,第458页以下。

全国人民代表大会法律委员会经同有关部门研究后参照我国知识产权法中的被侵权人损害难以确定时的相关规则（《著作权法》第49条、《专利法》第65条以及《商标法》第63条）作出了相应的规定，即《侵权责任法》第20条规定："侵害他人人身权益造成财产损失的，按照被侵权人因此受到的损失赔偿；被侵权人的损失难以确定，侵权人因此获得利益的，按照其获得的利益赔偿；侵权人因此获得的利益难以确定，被侵权人和侵权人就赔偿数额协商不一致，向人民法院提起诉讼的，由人民法院根据实际情况确定赔偿数额。"

依据《侵权责任法》第20条的规定，原则上侵害他人人身权益造成财产损失的，应当按照被侵权人因此受到的损失赔偿，但是，如果被侵权人的损失难以确定且侵权人因此获得利益的，则按照其获得的利益赔偿；如果侵权人因此获得的利益也难以确定的，就由被侵权人和侵权人就赔偿数额加以协商，协商不一致的，由人民法院根据实际情况确定赔偿数额。所谓根据实际情况确定赔偿数额，也称法定赔偿[1]，司法实务的倾向性观点是："在已经能够认定损害确实存在，只是具体数额尚难以确定或者无法确定的情况下，法官可以结合一些间接证据和案件其他事实，遵循法官职业道德，运用逻辑推理和日常生活经验，进行自由心证，适当确定侵权人应当承担的赔偿数额。"[2] 笔者认为，法院主要应当考虑侵权人的过错程度、原因力，侵权行为的方式和性质，侵权造成的损害后果，侵权人主体类型及经济状况，被侵权人的知名度等因素来加以确定。

尽管从逻辑上说，《侵权责任法》第20条赋予了受害人多种可能性，但是由于损害的计算以及获利的计算都缺乏实际的规则，加以受害人要证明侵权人的获利的难度远远高于证明自己损害的难度——毕竟受害人根本

---

[1] 此种法定赔偿并不等于惩罚性赔偿，虽然其也具有一定的惩罚功能。对此，最高人民法院在一个案件中有明确的说明："被侵权人和侵权人就赔偿数额协商不一致，向人民法院提起诉讼的，由人民法院根据实际情况确定赔偿数额。该损害赔偿责任，在功能上，当然具有补偿性、预防性和惩罚性。但是，这并不意味着原审法院认定的损害赔偿数额就是'惩罚性赔偿'。"参见上海第九城市信息技术有限公司、第九城市计算机技术咨询（上海）有限公司等与上海第九城市信息技术有限公司、第九城市计算机技术咨询（上海）有限公司等姓名权纠纷、肖像权纠纷案，最高人民法院(2014)民申字第1114号民事裁定书。

[2] 程新文：《侵权事实存在，但侵权造成的损害数额大小无法确定或者难以确定的，如何处理》，载最高人民法院民事审判第一庭：《中国民事审判前沿》（2005年第1集），北京，法律出版社2005年版，第158页。

无法取得侵权人的财务资料，因此也就难以准确地证明侵权人的获利。这种证明实际损失和侵权人获利的难度在知识产权审判实践中也是普遍存在的。为此，我国《商标法》还专门于第63条第2款规定："人民法院为确定赔偿数额，在权利人已经尽力举证，而与侵权行为相关的账簿、资料主要由侵权人掌握的情况下，可以责令侵权人提供与侵权行为相关的账簿、资料；侵权人不提供或者提供虚假的账簿、资料的，人民法院可以参考权利人的主张和提供的证据判定赔偿数额。"可是，此种规定本身不太具有可操作性。因此，在知识产权审判实践中法官使用的最多的还是所谓的法定赔偿（也称"法定限额赔偿"），即法官在法律确定最高赔偿额度范围内考虑到被侵害的权利的类型、侵权行为的情节、类似的案件等因素，自己觉得差不多（大体上是凭感觉）就酌定一个赔偿金额。例如，2005年北京市高级人民法院发布的《北京市高级人民法院关于著作权侵权损害赔偿问题的调查报告》，对北京各级法院于2002年—2003年审结的162件著作权侵权纠纷一审案的统计分析显示：以权利人的经济损失作为赔偿额的为78件，占48%，以侵权人的非法所得作为赔偿额的为10件，占6%；适用法定赔偿的为48件，占30%；调解结案的占16%。[1] 然而，在2002年—2013年的10年时间内，北京各级法院在著作权侵权案件中适用法定赔偿的比例越来越高。根据学者对这一期间北京市各级法院著作权侵权纠纷的3 138份判决书的分析：适用法定赔偿的案件占案件总数的98.2%，而采取原告损害和被告获利方式计算赔偿数额的案件分别仅占到0.4%和0.3%。[2] 目前，我国法律对于侵害不同类型的知识产权规定了不同的法定赔偿制度，其中，侵害著作权，法定限额是500万元人民币（《著作权法》第54条第2款）；而侵害专利权，不仅有最高限额还有最低限额，即5万元到300万元人民币（《专利法》第65条第2款）；侵害商标权的赔偿限额，为500万元（《商标法》第63条第3款）。考虑到在确定侵害其他人格权益的财产损害赔偿数额时，侵权人的获利难以证明，《利用信息网络侵害人身权益纠纷规定》第12条第2款参照知识产权法的规定，确定了50万

---

[1] 北京市高级人民法院民三庭：《北京市高级人民法院关于著作权侵权损害赔偿问题的调查报告（上）》，载《电子知识产权》2005年第5期。

[2] 谢惠加：《著作权侵权损害赔偿制度实施效果分析——以北京法院判决书为考察对象》，载《中国出版》2014年7月。

元的最高限额。①

我国《民法典》第1182条延续《侵权责任法》第20条，也对侵害他人人身权益造成财产损失应当如何赔偿的问题作出了规定，但是，该条也有一些变化，即不再将"被侵权人的损失难以确定"作为被侵权人主张按照侵权人因侵权行为所获的利益来赔偿的前提要件。这样做的主要理由在于：如果将被侵权人的损失难以确定作为适用前提，那么就要求被侵权人对此加以证明，而这样做显然不利于对受害人的救济，也不利于剥夺行为人的获利。② 况且，在受害人虽然能够证明损失，但是其损失要小于行为人的获利的时候，按照《侵权责任法》第20条也只能按照所受损失赔偿，这就意味着受害人无法要求侵权人返还其因侵权而获得的非法利益，这不利于预防侵权行为，影响侵权法的预防功能的充分实现。③

（三）获利返还请求权

依据《民法典》第1182条第1句的规定，侵害他人人身权益造成财产损失的，被侵权人可以选择要求侵权人按照被侵权人因此所受到的损失赔偿，也可以要求侵权人按照侵权人因此获得的利益赔偿。这两种赔偿请求权虽然被规定在一起，被侵权人有自由选择权，但是这两种请求权的性质是不同的。学说上，对于被侵权人以侵权人所获利益为标准要求赔偿时的请求权的性质问题，有不同的看法。一种观点认为，侵权人因侵权而获利，其本质上为不当得利，我国法律没有对此专门规定返还不当得利请求权，而是用赔偿损失的请求权吸收了不当得利返还请求权。④ 另一种观点认为，被侵权人以侵权人所获利益为标准要求赔偿时的请求权属于所谓的"利润剥夺"请求权，该请求权既不同于侵权损害赔偿请求权，也不同于不当得利返还请求权。首先，尽管利润返还与不当得利中的返还侵权得利在实际效果上都具有要求得利人返还其所得"利益"的功能，但是，返还侵权得利的法理基础为"归属理论"或者"分配理论"，即依据衡平思想确定法益的归属，在无正当事由的基础上，一方获得利益致使他人受损，必须负担

---

① 最高人民法院民事审判第一庭：《最高人民法院关于利用网络侵害人身权益司法解释理解与适用》，北京，人民法院出版社2014年版，第251页。
② 杨立新：《侵权责任法》，北京，高等教育出版社2010年版，第373页。
③ 王若冰：《获利返还制度之我见——对〈侵权责任法〉第20条的检讨》，载《当代法学》2014年第6期。
④ 张新宝：《侵权责任法立法研究》，北京，中国人民大学出版社2009年版，第352页以下。

向对方返还该得利的义务。然而,"利润剥夺"的法理基础却是违法性理论,即主要在于解决违反义务所导致的法益保护问题。其次,在不当得利中,一方得利与他方受损之间具有关联性,然而"利润剥夺"请求权中可能出现一方所得超过甚至远远超过另外一方所失的情形,二者之间并不当然具有关联性,法律上也无此要求。[1] 主张此种观点的学者认为,"利润剥夺"请求权实际上兼有损害赔偿请求权与不当得利返还请求权的性质,故此应当作为一类独立的请求权。[2]

笔者认为,"利润剥夺"请求权的性质确实是比较特殊,既不同于侵权损害赔偿请求权,也不同于传统的不当得利返还请求权。[3] "因为此种特殊的不当得利返还请求权采纳了侵权责任法所规定的一些构成要件,但其法律后果却采纳了不当得利法所规定的内容。"[4] 申言之,一方面,该请求权在构成要件上采纳侵权损害赔偿请求权的构成要件,依据我国《民法典》第1182条之规定,被侵权人要行使该请求权,至少必须证明:人身权益遭受了侵害且该侵害人身权益的行为给其造成了财产损失,即侵害行为、损害以及因果关系。此外,除非法律特别规定适用无过错责任或过错推定责任,否则应当证明侵权人存在过错。这些要件与不当得利返还请求权的要件是不同的,因为在不当得利返还请求权中需要证明的构成要件为:一方取得利益,他方遭受损失,一方得利与他方受损之间有因果关系,没有法律根据(《民法典》第122条、第985条)。至于得利人是否侵害受损人的权益以及有无过错,在所不问。即便是得利人是善意的,不知道并且不应当知道获得的利益没有法律根据,也应当返还,除非该获得的利益已经不

---

[1] 朱岩:《利润剥夺的请求权基础——兼评〈中华人民共和国侵权责任法〉第20条》,载《法商研究》2011年第3期;缪宇:《获利返还论——以〈侵权责任法〉第20条为中心》,载《法商研究》2017年第4期。

[2] 朱岩:《利润剥夺的请求权基础——兼评〈中华人民共和国侵权责任法〉第20条》,载《法商研究》2011年第3期。不过,也有观点认为,获利返还请求权尚不具有与其他的债的请求权基础相当的地位,不能作为一种独立的请求权。参见缪宇:《获利返还论——以〈侵权责任法〉第20条为中心》,载《法商研究》2017年第4期。

[3] 在《侵权责任法》之前,我国司法实践对于侵权人因侵害他人姓名权、肖像权、名誉权等人格权而获利的,采取的是收缴的处理方法。《民法通则意见》第151条规定:"侵害他人的姓名权、名称权、肖像权、名誉权、荣誉权而获利的,侵权人除依法赔偿受害人的损失外,其非法所得应当予以收缴。"

[4] [奥]海尔姆特·库齐奥:《侵权责任法的基本问题》(第一卷),朱岩译,北京,北京大学出版社2017年版,第44页。

复存在(《民法典》第 986 条)。

另一方面,不当得利返还请求权中受损的人可以请求得利人返还"获得的利益"即"不当利益"。所谓不当利益,包括原物及其孳息,如果原物不存在的,则可以替代给付;如果得利的标的物即原物或者其替代给付以及孳息性质上不能返还的,则应当偿还价额,如原物被出卖的,应当返还依据客观标准确定的价金。显然,不当得利返还的范围不同于利润,因为利润包括得利人通过自己的努力而获得的超出孳息的利益。利润原则上既非原形利益所生的利益,也不属于客观价额。[①]

我国《民法典》第 118 条第 2 款已经明确规定,债权的发生原因除合同、侵权行为、无因管理以及不当得利之外,还包括法律的其他规定。故此,笔者认为,可以将获利返还请求权作为一种独立的、新型的请求权类型,其属于法律特别规定的债的发生原因。事实上,诚如有的学者所言,获利返还请求权的适用范围不限于《民法典》第 1182 条规定的侵害其他人身权益以及《著作权法》《专利法》《商标法》规定的侵害知识产权的情形,在侵害财产权以及其他合法权益的甚至违约的情形,都会出现侵权人或违约者因侵权行为或违约行为而获利,从而需要适用获利返还请求权的情形。[②]例如,在不动产一物数卖的情形下,可以通过剥夺出卖人获利来保护守约方的利益,维护合同严守原则。[③]

第三节 精神损害赔偿

一、精神损害赔偿责任的概念与功能

(一)概念与特征

精神损害赔偿,也称"非财产损害赔偿",是指侵权人因侵害民事权益造成他人严重精神损害时,侵权人应当依法向被侵权人支付精神损害抚慰

[①] 缪宇:《获利返还论——以〈侵权责任法〉第 20 条为中心》,载《法商研究》2017 年第 4 期。
[②] 王若冰:《获利返还制度之我见——对〈侵权责任法〉第 20 条的检讨》,载《当代法学》2014 年第 6 期。
[③] 许德风:《不动产一物二卖问题研究》,载《法学研究》2012 年第 3 期。

金（Schmerzensgeld）的民事责任。由此可见，精神损害赔偿针对的是精神损害，此种损害与财产权之变动无关，而仅仅涉及生理上或心理上的痛苦。如被侵权人因健康受损以致残疾而遭受的肉体上痛苦，再如被侵权人因隐私被泄露而遭受的精神上的痛苦等。

《民法通则》第120条曾规定："公民的姓名权、肖像权、名誉权、荣誉权受到侵害的，有权要求停止侵害，恢复名誉，消除影响，赔礼道歉，并可以要求赔偿损失。法人的名称权、名誉权、荣誉权受到侵害的，适用前款规定。"当时就有学者认为，该条中的"赔偿损失"是我国立法上首次确认了对人格权受到侵害所造成的精神损害可以要求物质赔偿的制度。[①] 不过，由于受到苏联民法的影响，大多数学者认为，"精神损失、人格上的损害，是不能或难以用财产进行补偿的"，"因为人格不属于商品关系的范畴（至少在社会主义制度下可以这么认为），所以它与金钱或财产很难说有什么等质的东西。"[②] 然而，由于精神损害赔偿有其存在的合理性与必要性，故此实践中，通过法官造法这一司法实务的创造性运作逐渐承认了精神损害赔偿制度。最早认可精神损害赔偿制度的典型案例是1997年第2期《最高人民法院公报》刊登的"贾某宇诉北京国际气雾剂有限公司、龙口市厨房配套设备用具厂、北京市海淀区春海餐厅人身损害赔偿案"，该案原告贾某宇在用餐时因餐桌上正在使用的卡式炉燃气罐发生爆炸而致使面部、双手烧伤，经诊断为"面部、双手背部深2度烧伤，烧伤面积8%"。审理本案的北京市海淀区人民法院判决认为："根据《民法通则》第一百一十九条规定的原则和司法实践掌握的标准，实际损失除物质方面外，也包括精神损失，即实际存在的无形的精神压力与痛苦。本案原告贾某宇在事故发生时尚未成年，身心发育正常，烧伤造成的片状疤痕对其容貌产生了明显影响，并使之劳动能力部分受限，严重地妨碍了她的学习、生活和健康，除肉体痛苦外，无可置疑地给其精神造成了伴随终身的遗憾与伤害，必须给予抚慰与补偿。赔偿额度的确定要考虑当前社会普遍生活水准、侵害人主观动机和过错程度及其偿付能力等因素。"

此后，最高人民法院也逐渐开始认可精神损害赔偿制度。最早对精神

---

① 魏振瀛：《精神损害赔偿责任的性质和法律适用》，载《政治与法律》1987年第6期；刘保玉：《精神损害的赔偿问题探讨》，载《法学》1987年第6期。

② 《佟柔文集》编辑委员会：《佟柔文集》，北京，中国政法大学出版社1996年版，第345页。

损害赔偿制度作出规定的司法解释是1993年颁布的《最高人民法院名誉权解答》，该解答规定："公民、法人因名誉权受到侵害要求赔偿的，侵权人应赔偿侵权行为造成的经济损失；公民并提出精神损害赔偿要求的，人民法院可根据侵权人的过错程度、侵权行为的具体情节、给受害人造成精神损害的后果等情况酌定。"后来，《最高人民法院关于吴冠中诉上海朵云轩、香港永成古玩拍卖有权公司著作权纠纷案的函》《最高人民法院关于张自修诉横峰县老干部管理局是否侵害荣誉权一案的复函》《全国民事案件审判质量工作座谈会纪要》等司法文件也陆续认可了精神损害赔偿制度。最终的集大成者便是最高人民法院于2001年颁布的《精神损害赔偿解释》。该司法解释对精神损害赔偿的适用范围、请求权主体、精神损害抚慰金的类型、精神损害的赔偿数额的确定因素等作出了详细的规定。

在吸收总结司法实践宝贵经验的基础上，《侵权责任法》首次在法律上明确认可了精神损害赔偿制度。该法第22条规定："侵害他人人身权益，造成他人严重精神损害的，被侵权人可以请求精神损害赔偿。"此后，2012年修改的《国家赔偿法》，也承认了国家赔偿的范围包括精神损害，认可了国家机关及其工作人员违法侵害公民的人身自由和生命健康权致人精神损害，造成严重后果的，应当支付相应的精神损害抚慰金（第35条）；2013年修订的《消费者权益保护法》中增加了一条作为第51条，规定："经营者有侮辱诽谤、搜查身体、侵犯人身自由等侵害消费者或者其他受害人人身权益的行为，造成严重精神损害的，受害人可以要求精神损害赔偿。"

我国在编纂民法典时，从以下三方面进一步完善了精神损害赔偿责任。其一，《民法典》第1183条第1款将《侵权责任法》第20条中的"他人人身权益"修改为"自然人人身权益"，在法律上将精神损害赔偿责任的适用限定于被侵权人为自然人的场合，彻底否定了法人与非法人组织的精神损害赔偿请求权。其二，《民法典》第1183条第2款吸收《精神损害赔偿解释》第4条的合理规定，明确了"侵害自然人具有人身意义的特定物"时的精神损害赔偿责任。[①] 其三，为了强化对人格权的保护，改变司法实践中不允许违约精神损害的做法，《民法典》第996条规定："因当事人一方的

[①] 在民法典编纂时，学者提出要增加对侵害自然人具有人身意义的特定物的精神损害赔偿的规定。立法机关根据审判实践需要，据此扩大了精神损害赔偿的适用范围。参见《关于〈民法典各分编（草案）〉的说明》，载《民法典立法背景与观点全集》编写组：《民法典立法背景与观点全集》，北京，法律出版社2020年版，第27页。

违约行为，损害对方人格权并造成严重精神损害，受损害方选择请求其承担违约责任的，不影响受损害方请求精神损害赔偿。"①

（二）功能

精神损害赔偿制度属于损害赔偿法领域的制度，如同财产损害赔偿一样，精神损害赔偿也是建立在补偿而非惩罚的思想之上的。精神损害赔偿制度的首要功能是补偿功能（Ausgleichsfunktion）。比较法上也普遍认为，精神损害赔偿制度具有赔偿功能，是对"受害人委屈的补偿，让受害人能够获得与其所遭受的痛苦和丧失的生活乐趣大体相当的生活愉悦与舒适便利"②，任何因侵权行为而"使他人生活变得沉重的人，都应当通过给付，使他人的生活在可能的范围内重新轻松起来"③。唯其如此，被侵权人才可以享有另外的舒适或通过转向其他的途径以更好地实现其利益。换言之，尽管金钱并不能真正地补偿身体残疾所带来的伤痛、失去亲人的痛苦，但是通过责令侵权人支付相当数量的金钱，被侵权人或者其近亲属可借此取得替代性的欢娱。尽快从损害事故之阴影中走出来，重新开始正常的工作与生活。

精神损害赔偿制度的第二个功能是抚慰功能，也称满足功能（Genugtuungsfunktion）。该功能是建立在这样的思想基础之上的，即加害人就其曾对受害人的所作所为负有使受害人满意之义务（Genugtuungschuldet）。④一方面，精神损害赔偿责任"可使得受害人得到满足，被害人得知加害人为此支付金钱后，其心中的愤懑将获得平衡，报复之心亦将减少。对于现代人而言，纵使受基督教及文明的洗礼，报复之心尚未完全消灭"⑤。正是

---

① 这一规定借鉴了我国台湾地区的相关规定。我国台湾地区在 2000 年修订"民法"时，增设第 227—1 条规定："债务人因债务不履行，致债权人之人格权受侵害者，准用第一百九十二条至第一百九十五条及第一百九十七条之规定，负损害赔偿责任。"该条立法理由为："债权人因债务不履行致其财产权受侵害者，固得依债务不履行之有关规定求偿。惟如同时侵害债权人之人格权致其受有非财产上之损害者，依现行规定，仅得依据侵权行为之规定求偿。是同一事件所发生之损害究应分别适用不同之规定解决，理论上尚有未妥，且因侵权行为之要件较之债务不履行规定严苛，如故意、过失等要件举证困难，对债权人之保护亦嫌未周。为免法律割裂适用，并充分保障债权人之权益，爰增订本条规定，俾求公允。"

② ［英］W. V. 霍顿·罗杰斯主编：《比较法视野下的非金钱损失赔偿》，许翠霞译，北京，中国法制出版社 2012 年版，第 11－12 页。

③ BGHZ 18, 149, 154. Vgl. Koetz/Wagner, Deliktsrecht, 11. Aufl. 2010, Rn 702.

④ BGHZ 18, 149, 154. Vgl. Koetz/Wagner, Deliktsrecht, 11. Aufl. 2010, Rn 702.

⑤ v. Tuhr, Allgemeiner Teil des Schweizerischen Obligationsrechts, Ⅰ, 1934, S. 106.

由于精神损害赔偿责任可以体现法律伸张正义之精神，消除受害人及其亲属的报复念头，故而精神损害赔偿金也称为"精神损害抚慰金"（《国家赔偿法》第35条、原《精神损害赔偿解释》第8条第2款、第9条）。另一方面，精神损害赔偿责任的抚慰功能也与侵权责任法的预防功能紧密相连，因为通过使侵权人遭受金钱上的损失，有助于侵权人今后以更为谨慎的方式从事行为，避免侵害他人合法权益。[1]

关于精神损害赔偿制度是否具有制裁或惩罚的功能，学说上有不同的看法。德国学者反对精神损害赔偿制度的惩罚性，他们认为，在涉及以受害人满意为基础进行的损害赔偿，加入惩罚性因素是缺乏充分的理论基础的。[2] 在我国民法学界，除少数学者认为，惩罚功能是精神损害赔偿的附带的功能外[3]，多数学者不承认精神损害赔偿具有惩罚功能。这些学者或认为精神损害赔偿不具有惩罚功能，只能说有惩罚的因素在内[4]；或认为惩罚功能不是精神损害赔偿的独立功能，而只是补偿功能与抚慰功能的反射功能。[5] 笔者认为精神损害赔偿不具有惩罚功能。一方面，惩罚功能本身并非是侵权责任法的功能，而作为重要的赔偿制度的精神损害赔偿也不具有惩罚性功能；另一方面，在我国已经建立惩罚性赔偿并逐步扩大惩罚性赔偿适用范围的背景下，认为精神损害赔偿具有惩罚功能将会混淆这两项制度。

二、精神损害赔偿责任的适用范围

（一）适用范围的限制

由于精神损害并不如财产损害那样，可以通过差额说加以确定，受害人是否遭受精神或心理上的痛苦，痛苦或不安的程度，往往难以确认，尤其是在侵害名誉权、肖像权、隐私权等精神性人格权而造成精神损害的场合，更是如此。故此，在比较法上，对于精神损害赔偿的适用范围采取的是比较谨慎的态度。《德国民法典》一开始就对精神损害赔偿的适用作了非常严格的限制，民法典的立法者认为在造成精神损害的场合，可以通过侵

---

[1] Koetz/Wagner, Deliktsrecht, 11. Aufl. 2010, Rn 704.
[2] [英] W. V. 霍顿·罗杰斯主编：《比较法视野下的非金钱损失赔偿》，许翠霞译，北京，中国法制出版社2012年版，第153页。
[3] 杨立新：《新版精神损害赔偿》，北京，国际文化出版公司2002年版，第17页。
[4] 魏振瀛：《精神损害赔偿责任的性质和法律适用》，载《政治与法律》1987年第6期。
[5] 张新宝主编：《精神损害赔偿制度研究》，北京，法律出版社2012年版，第44页。

权人撤销或更正诽谤性陈述或者被侵权人发表反向声明（更正声明），从而使被侵权人回复到假设没有发生侵权行为时其本应处的状态，即达到恢复原状的目的。至于使用金钱赔偿这种损害赔偿的方法，立法者采取了严格限制的态度。《德国民法典》第253条曾明确规定："损害为非财产上的损害者，仅以有法律规定的情形为限，始得请求以金钱赔偿之。"所谓法律的规定，当时只有《德国民法典》第847条第1款的规定，即"不法侵害他人的身体或健康，或侵夺他人自由者，被害人所受侵害虽非财产上的损失，亦得因受损害而请求赔偿相当之金额。"针对危险责任能够请求精神损害赔偿的规定，只有《德国民法典》第833条第1句中的动物致人损害责任。二战之后，随着德国联邦宪法法院对一般人格权的认可，判例逐渐扩大了精神损害赔偿的适用范围，承认侵害一般人格权也能要求精神损害赔偿。同时，特别法如《原子能法》也认可了在加害人有过错的情况下，适用危险责任的侵权行为的受害人也有权要求精神损害赔偿。2002年德国债法改革时，立法者扩大了精神损害赔偿的适用范围，在《德国民法典》第254条增加了第2款，即"因侵害身体、健康、自由或者性自决而应当给付损害赔偿的，也可以因非为财产的损害而请求相当的金钱赔偿。"根据这一款的精神，只要侵害了该款所列法益中的任何一个法益，被侵权人无论是基于合同、特别法的危险责任、牺牲责任以及无因管理请求权，都可以请求精神损害赔偿。[①] 目前，在《德国民法典》中明确规定了精神损害赔偿的条文有：第847条（对精神痛苦的损害赔偿）、第611a条第2款（劳务合同法有关性别歧视的赔偿）、第651f条（一揽子旅游合同项下因假期被破坏而要求的赔偿）。此外，德国《著作权法》第97条第2款、《空中交通法》第53条第3款、《原子能法》第29条第2款、《海商法》第40条第3款等也对精神损害赔偿作出了规定。

在瑞士，《瑞士债务法》第47条和第49条是精神损害抚慰金请求权案件最重要的请求权基础，法官据此决定是否给予受害人非物质性精神痛苦的赔偿。《瑞士债务法》第47条规定："被害人死亡或身体受伤害时，法院得衡量具体情事，判决抚慰金，由加害人向被害人或死者的家属给付合理

[①] ［德］埃尔温·多伊奇、汉斯-于尔根·阿伦斯：《德国侵权法——侵权行为、损害赔偿及痛苦抚慰金》，叶名怡、温大军译，北京，中国人民大学出版社2016年版，第231页；卢谌、杜景林：《德国民法典债编总则评注》，北京，中国方正出版社2007年版，第29页。

数额的金钱。"第49条规定:"人格权被不法侵害时,被害人得请求抚慰金,但以侵权行为情节严重,且无其他抚慰方式,基于正义原则而必须得到金钱抚慰者为限。法院得不判决抚慰金,而判决其他抚慰方式,或者同时判决抚慰金和其他抚慰方式。"由此可见,在瑞士法上,适用精神损害赔偿责任的要件为:其一,存在精神痛苦;其二,受害人因侵权行为而死亡或者身体受伤害,或者人格权遭受了严重的侵害。①

再如,我国台湾地区"民法"第195条第1款原来只是规定在身体、健康、名誉或者自由被侵害的情况下可以要求非财产损害赔偿,在1999年修订"民法"时,该条第1款被修改为"不法侵害他人之身体、健康、名誉、自由、信用、隐私、贞操,或不法侵害其他人格法益而情节重大者,被害人虽非财产上之损害,亦得请求赔偿相当之金额。其名誉被侵害者,并得请求回复名誉之适当处分。"立法者的修订理由谓:"人格权为抽象法律概念,其内容与范围,每随时间、地区及社会情况之变迁有所不同,立法上自不宜限制过严,否则受害者将无法获得非财产上损害赔偿,有失情法之平。反之,如过于宽泛,则易启人民好讼之风,亦非国家社会之福,现行条文第一项列举规定人格权之范围,仅为身体、健康、名誉、自由四权。揆诸现代法律思潮,似嫌过窄,爰斟酌我国传统之道德观念,扩张其范围,及于信用、隐私、贞操等之侵害,并增订不法侵害其他人格权益而情节重大等文字,俾免挂漏并杜浮滥。"②王泽鉴教授认为,"其他人格法益的侵害"须以情节重大为要件,乃采自德国联邦法院关于因侵害一般人格权得请求金钱赔偿所设限制,而在身体、健康、名誉、自由等人格法益受到侵害时,虽未设此限制,但侵害情节轻微的,如果也动辄可以请求慰抚金,难免增加讼累和加害人的负担,并影响人的行为自由。③

如前所述,我国法上的精神损害赔偿制度是经由法官造法而后被法律所明确规定的。实践中,为防止滥诉和不当增加侵权人的赔偿负担,法院对于精神损害赔偿的适用也有相当的限制。例如,2001年《精神损害赔偿解释》第8条就明确以精神损害的后果是否严重而分别作出了规定:首先,

---

① [瑞]海因茨·雷伊:《瑞士侵权责任法》(第四版),贺栩栩译,北京,中国政法大学出版社2015年版,第125-127页。
② 陈忠五主编:《民法》,台北,新学林出版公司2011年版,第B-201页。
③ 王泽鉴:《人格权法:法释义学、比较法、案例研究》,台北,作者印行2012年版,第479页。

被侵权人虽因侵权而遭受了精神损害，但后果并不严重的，那么受害人请求赔偿精神损害的，法院一般不予支持，但可以根据情形判令侵权人停止侵害、恢复名誉、消除影响、赔礼道歉。其次，如果精神损害后果严重的，则人民法院除判令侵权人承担停止侵害、恢复名誉、消除影响、赔礼道歉等民事责任外，可以根据受害人一方的请求判令其赔偿相应的精神损害抚慰金。[①]

在《侵权责任法》的起草过程中，立法机关认为："侵权行为在不少情况下既造成财产损害，又造成精神损害。我国现行法律没有明确规定精神损害赔偿，但审判实践中已有不少精神损害赔偿的案例。经同有关部门研究认为，草案应当对精神损害赔偿作出明确规定，但对精神损害赔偿的范围应当严格限制。"[②]《侵权责任法草案（第二次审议稿）》曾从侵害的对象、主观要件、后果严重程度三个方面对精神损害赔偿责任的适用范围作出了严格限制。例如，该草案第23条规定："侵害他人生命权、健康权，造成死亡的，受害人的近亲属可以请求精神损害赔偿；造成残疾的，受害人可以请求精神损害赔偿。"第24条规定："故意侵害他人人格权、身份权，造成他人严重精神损害的，受害人可以请求精神损害赔偿。"这种规定显然是不妥当的。因为过失的侵权行为也可能给受害人造成严重的精神损害，例如，过失发表侵害他人名誉权、隐私权的文章等。由于专家学者对此规定一致表示反对，最后，《侵权责任法》第22条只是从两方面限制了精神损害赔偿责任的适用范围：其一，侵害的客体，即侵害了人身权益；其二，损害后果，即造成他人严重精神损害。

我国《民法典》延续了《侵权责任法》的规定，其第1183条规定："侵害自然人人身权益造成严重精神损害的，被侵权人有权请求精神损害赔偿。因故意或者重大过失侵害自然人具有人身意义的特定物造成严重精神损害的，被侵权人有权请求精神损害赔偿。"由此可见，我国法上的精神损害赔偿责任的适用范围也有限制，此种限制主要表现在：其一，仅适用于侵害自然人的人身权益以及自然人具有与人身意义的特定物遭受侵害的场

---

① 司法解释的类似规定还有《利用信息网络侵害人身权益纠纷规定》第17条规定："网络用户或者网络服务提供者侵害他人人身权益，造成财产损失或者严重精神损害，被侵权人依据侵权责任法第二十条和第二十二条的规定请求其承担赔偿责任的，人民法院应予支持。"

② 全国人民代表大会法律委员会关于《中华人民共和国侵权责任法（草案）》主要问题的汇报（在2008年12月22日第十一届全国人民代表大会常务委员会第六次会议上）。

合。至于其他民事权益被侵害以及法人或非法人组织的民事权益被侵害，是不适用精神损害赔偿的；其二，必须是造成严重精神损害，如果是不严重的精神损害，则可以通过赔礼道歉，消除影响、恢复名誉等其他民事责任承担方式来实现对精神损害的填补和抚慰，无须判决精神损害赔偿责任。

（二）违约责任中的精神损害赔偿

对于违约责任中能否适用精神损害赔偿，我国以往的司法实践一直是采取否定的立场。我国法院认为，在违约诉讼中，一方不能要求对方赔偿精神损害，而是否能够要求赔偿精神损害是违约责任与侵权责任的一个重要区别。例如，在"陆某诉美国联合航空公司国际航空旅客运输损害赔偿纠纷案"的判决中，法院认为："违约责任与侵权责任的重要区别在于，两者的责任范围不同。合同的损害赔偿责任严格按合同的约定执行，主要是对财产损失进行赔偿；侵权的损害赔偿责任按侵权造成的损害后果确定，不仅包括财产损失的赔偿，还包括人身伤害和精神损害的赔偿。"① 最高人民法院颁布的《审理旅游纠纷案件适用法律若干问题的规定》第21条②也曾明确规定："旅游者提起违约之诉，主张精神损害赔偿的，人民法院应告知其变更为侵权之诉；旅游者仍坚持提起违约之诉的，对于其精神损害赔偿的主张，人民法院不予支持。"尽管合同作为商品或服务交换的典型法律形式，当事人的主要目的是取得财产利益或经济利益，故此，原则上不能因为违约而要求精神损害赔偿。但是，也必须注意到在因违约而侵害他人人身权益以及合同主要目的就是取得精神利益或实现精神满足的情形下，违约行为会给非违约方造成严重的精神损害，故此，完全否定当事人通过违约诉讼要求精神损害赔偿的可能性，徒增当事人的讼累，也不利于保护当事人合法权益。故此，本次民法典编纂时，立法机关借鉴比较法上的立法例，在人格权编中增加了一条规定，即第996条："因当事人一方的违约行为，损害对方人格权并造成严重精神损害，受损害方选择请求其承担违约责任的，不影响受损害方请求精神损害赔偿。"

（三）犯罪分子的精神损害赔偿责任

尽管我国法上的精神损害赔偿制度已经建立且较为完善，但是该制度在

---

① 《最高人民法院公报》2002年第4期。相关案例还可参见"郑雪峰、陈国青诉江苏省人民医院医疗服务合同纠纷案"，载《最高人民法院公报》2004年8期。

② 该条现已被删除。

适用中还存在一个现实的障碍，即当侵权人的侵权行为构成犯罪时，法院却剥夺了受害人的精神赔偿请求权。我国《刑事诉讼法》第101条第1款规定："被害人由于被告人的犯罪行为而遭受物质损失的，在刑事诉讼过程中，有权提起附带民事诉讼。被害人死亡或者丧失行为能力的，被害人的法定代理人、近亲属有权提起附带民事诉讼。"该款仅仅规定了刑事犯罪的受害人有权就物质损失要求被告人承担赔偿责任，并未提及受害人及其近亲属能否就因犯罪行为而遭受的精神损害请求赔偿。本来这个问题依据《侵权责任法》的规定处理即可，然而，最高人民法院的司法解释却否定了受害人及其近亲属的精神损害赔偿请求权。《最高人民法院关于适用〈中华人民共和国刑事诉讼法〉的解释》第175条规定："被害人因人身权利受到犯罪侵犯或者财物被犯罪分子毁坏而遭受物质损失的，有权在刑事诉讼过程中提起附带民事诉讼；被害人死亡或者丧失行为能力的，其法定代理人、近亲属有权提起附带民事诉讼。因受到犯罪侵犯，提起附带民事诉讼或者单独提起民事诉讼要求赔偿精神损失的，人民法院不予受理。"① 最高人民法院之所以否定此种精神损害赔偿，其原因有二：第一，认为刑事附带民事诉讼中，倘若允许受害人主张精神赔偿，则赔偿数额会比较大，犯罪分子没有赔偿能力。如果法院贸然判决给予精神损害赔偿，当被告人无力赔偿之时，法院的判决成为一纸空文，影响司法公信力。如果受害人或其近亲属不停上访，会给法院惹来很大的麻烦。第二，认为精神损害赔偿具有一定的惩罚功能，既然犯罪分子已被判处刑罚，受到了惩罚，赔偿精神损害就没有必要了。

笔者认为，司法解释的上述规定明显违法，损害了公民的合法权益，不利于人格权的保护，应予废止。首先，上述规定明显违反了法律的规定。我国《侵权责任法》第22条规定："侵害他人人身权益，造成他人严重精

---

① 该规定与此前最高人民法院颁布的两个司法解释中的规定是一脉相承的。2000年12月13日《最高人民法院关于刑事附带民事诉讼范围问题的规定》（法释〔2000〕47号）第1条规定："因人身权利受到犯罪侵犯而遭受物质损失或者财物被犯罪分子毁坏而遭受物质损失的，可以提起附带民事诉讼。对于被害人因犯罪行为遭受精神损失而提起附带民事诉讼的，人民法院不予受理。"2002年7月11日颁布的《最高人民法院关于人民法院是否受理刑事案件被害人提起精神损害赔偿民事诉讼问题的批复》（法释〔2002〕17号）亦认为："对于刑事案件被害人由于被告人的犯罪行为而遭受精神损失提起的附带民事诉讼，或者在该刑事案件审结以后，被害人另行提起精神损害赔偿民事诉讼的，人民法院不予受理。"依据2015年1月12日颁布的《最高人民法院关于废止部分司法解释和司法解释性质文件（第十一批）的决定》，上述两个司法解释均被《最高人民法院关于适用〈中华人民共和国刑事诉讼法〉的解释》及相关内容修改，故予以废止。

神损害的,被侵权人可以请求精神损害赔偿。"由此可知,侵害他人人身权益,造成他人严重精神损害时,被侵权人享有精神损害赔偿请求权。在侵害人身权益造成他人严重精神损害的场合,侵权行为往往同时也构成犯罪。依据上述司法解释的规定,侵权行为一旦构成犯罪行为给受害人造成了严重精神损害,犯罪分子反而可以不承担精神损害赔偿责任,这显然不符合法律的规定。[1]

其次,上述规定也不符合《刑事诉讼法》的规定。《刑事诉讼法》第101条虽然仅规定刑事犯罪的受害人有权就物质损失要求被告人承担赔偿责任,却未否定受害人及其近亲属的精神损害赔偿请求权。在《刑事诉讼法》没有相反规定的情形下,当然要适用民法的规定。司法解释无权随意曲解法律,减损公民正当权益。我国《立法法》第8条第7项规定"民事基本制度"只能制定法律,最高人民法院无权通过司法解释擅自否定属于民事基本制度的精神损害赔偿请求权。

最后,最高人民法院否定刑事被害人及其近亲属的精神损害赔偿请求权的理由也是不成立的。一方面,被告人有没有能力支付赔偿是一回事,而受害人有无权利要求赔偿精神损害是另一回事。法院怎能因为被告人可能没有赔偿能力,就直接剥夺原告本应享有的精神损害赔偿请求权?另一方面,精神损害赔偿的基本功能是补偿、抚慰,而非惩罚。[2] 如果是对精神损害赔偿的功能发生理解错误,尚可通过深化认识得到纠正。可如果仅仅因为法院自己方便、省事,就可以随意减损当事人的合法权益,歪曲法律规定。长此以往,谈何司法公正、如何建设社会主义法治国家?

正是因为最高人民法院刑事诉讼法的司法解释否定精神损害赔偿的规定具有极大的不合理性,故此,即便是在最高人民法院内部,对于刑事附

---

[1] 相关报道参见成婧、卢义杰:《被官员性侵的4岁幼女找谁要"精神损失费"》,载《中国青年报》2013年10月16日,第8版;杨涛:《"长春杀婴案"受害人为何得不到高额赔偿》,载《中国青年报》2013年5月30日,第2版。

[2] 德国联邦最高法院的判例认为,精神损害抚慰金并非是私人惩罚,而是以补偿损害为目的的,尤其是在故意的侵权行为中,不能认为已经遭受了刑事判决就可以减少甚至免除侵权人的精神损害赔偿责任。BGHZ 128, 117 = NJW1995, 781. Koetz/Wagner, Deliktsrecht, S. 293. 张新宝教授也指出,司法解释规定刑事案件被害人不能要求精神损害赔偿的做法,正是对刑法的惩罚功能与精神损害赔偿基本功能的混淆。张新宝主编:《精神损害赔偿制度研究》,北京,法律出版社2012年版,第45页。

带民事诉讼中是否承认受害人的精神损害赔偿请求权，也一直存在争论。民事审判庭的法官们力主依法承认此种权利。例如，最高人民法院民一庭认为："刑事案件的受害人就精神损害赔偿对犯罪人提起民事诉讼的，人民法院应依据侵权责任法第4条、第22条及其他相关规定，对案件予以审理，结合案件具体情形，依法认定对受害人的诉讼请求应否给予支持。"[1]显然，民一庭的这种观点对保护受害人合法权益是非常有利的。

综上所述，笔者认为，最高人民法院应立即废止《最高人民法院关于适用〈中华人民共和国刑事诉讼法〉的解释》第175条这一违法的规定，承认刑事案件中受害人的精神损害赔偿请求权，从而更好地贯彻落实尊重保障人权的宪法规定。

三、精神损害赔偿责任的适用要件

（一）侵害了自然人的人身权益或者具有人身意义的特定物

所谓人身权益，包括人格权益和身份权益。人格权既包括作为一般人格权的人身自由、人格尊严，也包括具体人格权，如作为物质性人格权的生命权、身体权、健康权，和作为精神性人格权的姓名权、名誉权、荣誉权、肖像权、隐私权等。人格利益包括个人信息，死者的姓名、肖像、名誉、荣誉、隐私等以及自然人基于人身自由、人格尊严享有的其他人格利益。

所谓自然人具有人身意义的特定物品，是指自然人的凝聚了人身利益（人格意义或身份意义）的物，该人身利益与物已经紧密的结合，一旦物被侵害而毁损或灭失，则该人身利益也将被侵害。申言之，这里有两个限制：其一，特定的物是自然人的，而不是法人或者非法人组织的；其二，该特定物不是一般的物，而是具有人身意义物。通过这两方面的限制，可以避免民事主体因任何物被侵害都主张精神损害赔偿，从而导致精神损害赔偿责任的滥用。从司法实践来看，被法院认定为"自然人具有人身意义的特定物"最主要的就是骨灰，此外还包括婚纱照片[2]，婚礼录像[3]，唯一的一

---

[1] 最高人民法院民事审判第一庭：《民事审判指导与参考》（总第52辑），北京，人民法院出版社2013年版，第147页。

[2] 鲁某、南阳市卧龙区禾美珍妮花婚纱摄影名店一般人格权纠纷案，河南省南阳市中级人民法院（2019）豫13民终3279号民事判决书。

[3] 刘辰、潘婷一般人格权纠纷案，黑龙江省大庆市中级人民法院（2018）黑06民终2114号民事判决书。

张父母生前的照片①等。

关于宠物是否属于"自然人具有人身意义的特定物",在其因侵权而死亡或丢失时,侵权人除承担财产损害赔偿责任外,是否需要承担精神损害赔偿责任,存在争议。有的法院认为,尽管"饲养人与被饲养的宠物在长期相处的过程中,必然产生感情,并产生情感上的依赖,宠物突然非正常死亡必然对饲养人造成精神上的伤害",但是"该种伤害不符合我国法律以及最高人民法院关于精神损害赔偿的规定以及相关法律法规关于精神损害赔偿的范围的规定,因此对于原告要求赔偿精神损害的请求予以驳回。"②有的法院则认为,宠物是有生命、有感觉、能与人产生感情联系和精神依赖的家庭豢养的动物。其不同于其他一般的物的最大特征,就在于它具有生命和灵性,与主人之间能够产生一种人格化的感情联系、情感互动和精神寄托。原告将宠物犬视为家庭的一员,其与宠物之间在日常生活中的某些方面,有了一种相当于人格利益上的关联。因此宠物一旦走失,对主人精神上的打击和痛苦是客观存在的。③

本书认为,宠物当然属于物,被侵权人对宠物享有的只是物权而非人格权。故此,原则上导致他人宠物受伤或死亡的,侵权人不应承担精神损害赔偿责任。但是,宠物又不同于一般的物,人在与宠物相处一定时期后相互间会发生双向的感情交流。此种情形下,宠物因被他人侵害而死亡必然会导致主人的精神痛苦。法院完全置之不理,显然不妥。比较法上,如《瑞士债务法》第43条第2款就规定:"动物受伤害或死亡

---

① "王青云诉美洋达摄影有限公司丢失其送扩的父母生前照片赔偿案",载最高人民法院中国应用法学研究所编:《人民法院案例选》(总第26辑),北京,人民法院出版社1999年版,第82页以下。

② 尹松等诉北京宝龙盛业数码科技有限公司财产损害赔偿案,北京市西城区人民法院(2003)西民初字第6403号民事判决书。相同观点的判决,参见李玉洁、乐清市虹桥艾宠地宠物店财产损害赔偿纠纷案,浙江省温州市中级人民法院(2020)浙03民终1052号民事判决书;刘跃红诉张建明等交通事故财产损害赔偿案,江苏省无锡市惠山区人民法院(2006)惠民初字第1311号民事判决书;北京全新全意宠物用品有限公司与乔利滨财产损害赔偿纠纷案,北京市第二中级人民法院(2020)京02民终6721号民事判决书。

③ 庞闻淙:《对宠物受侵害赔偿范围及标准的认定——蔡伟中与上海酷毙狗宠物有限公司财产损害赔偿纠纷案》,见上海市第一中级人民法院网站,http://www.a-court.gov.cn/platform-Data/infoplat_pub/no1court_2802/docs/200701/d_466585.html。相同观点的判决,参见陆小妹与苏州市单身汪商贸有限公司财产损害赔偿纠纷案,江苏省苏州市中级人民法院(2019)苏05民终3039号民事判决书;赵尊铭因与龙红财产损害赔偿纠纷案,湖南省长沙市中级人民法院(2016)湘01民终355号民事判决书。

时，如果该动物为宠物且非用于经营或者商业目的者，法院得考虑宠物对于所有人或者其家庭成员所具有的情感价值，判决侵权人承担合理赔偿的责任。"这一规定实际上就承认了侵害宠物时的精神损害赔偿责任。因此，如果被侵权人确实能够证明与宠物之间存在密切而强烈的感情联系，从而使得该宠物成为《民法典》第1183条第2款的"具有人身意义的特定物"的，侵权人也应当承担精神损害赔偿责任。法院在认定此种精神损害赔偿责任时，应当综合考虑宠物的饲养时间、饲养环境、受害人因宠物死亡而遭受的精神痛苦程度以及侵权人主观上是否具有故意或者重大过失等因素。

（二）造成了严重精神损害

按照程度的从重到轻，可将精神损害分为严重精神损害、一般精神损害与轻微精神损害。精神损害本属于受害人心理或精神上的感受，具有很强的主观性，究竟严重与否，外人难以了解。故此，需要借助相对客观的标准，否则法官自由裁量权过大。从司法实践来看，就侵害人格权的精神损害赔偿，一般是区分物质性人格权和精神性人格权而有别。首先，在侵害物质性人格权，即生命权、身体权和健康权的情形，只要造成受害人死亡或残疾的，即可以直接认定造成了严重的精神损害。一方面，这种认定是基于对生命的尊重和保障人身安全的需要，另一方面，也符合常理，毕竟任何人在被侵权而残疾或因侵权而失去亲人时，都会痛苦，此乃人之天性，不存在也不应存在例外。然而，构成伤残可以认定精神损害严重只是一个原则，在有些情形下，虽然没有构成伤残，但是毁损了受害人的容貌，影响其正常生活工作的，也会构成严重精神损害。例如，《福建省高级人民法院关于审理人身损害赔偿案件若干问题的意见》第24条第2款规定："造成受害人容貌受到伤害而留下不良后果、人体功能受损，或者虽未造成容貌、人体功能受损，但确实给受害人在精神上造成长久、深刻痛苦的，受害人的精神损害赔偿请求应予支持。"

其次，侵害精神性人格权时，认定是否构成严重精神损害，需要综合考虑多种因素，如加害行为的性质、程度和方式（如披露他人的隐私、诽谤他人、在发行量巨大或读者众多的媒体上实施侵害行为等），侵权人的主观过错程度（故意还是重大过失抑或轻微过失），损害后果的类型以及被侵权人因侵权而引起的连锁反应（如失眠、学习成绩下降、企图自杀）等。

例如，《四川省高级人民法院贯彻执行最高人民法院〈关于确定民事侵权精神损害赔偿责任若干问题的解释〉的意见》第2条第2款规定："侵犯他人精神性人格权利，凡具备下列情形之一的，应认定为因侵权致人精神损害造成严重后果：1. 造成受害人自杀自伤的；2. 造成受害人精神失常的；3. 严重影响受害人正常工作、生活的；4. 在公共场所公然侮辱、诽谤、贬损、丑化受害人的姓名、肖像、名誉、荣誉，或者公开披露受害人的隐私，导致受害人社会评价降低的；5. 非法使被监护人脱离监护，导致亲子关系或者近亲属间的亲属关系破裂、恶化的；6. 具有人格象征意义的特定纪念物品如祖传遗物、荣誉证书、功勋章等，因侵权行为而永久性灭失、毁损不能修复的；7. 非法肢解尸体，非法披露、利用死者的隐私，或者非法利用、损害死者的遗体（遗骨），或者以侮辱、诽谤、贬损、丑化等方式侵害死者姓名、肖像、名誉、荣誉，造成其近亲属的社会评价降低、受到社会歧视或者不公正待遇的；8. 其他致人精神损害造成严重后果的。"再如，《山东高级人民法院关于审理人身损害赔偿案件若干问题的意见》第86条规定："受害人因侵害行为影响正常工作、生活、学习的，为一般性精神损害；受害人因侵害行为导致工作失误、学习成绩下降、生活无常或者自杀等严重后果的，为严重损害。"

四、精神损害赔偿请求权的主体

（一）被侵权人及其近亲属

因身体权、健康权或者其他人格权益被侵害而遭受严重精神损害的被侵权人，当然属于精神损害赔偿的请求权人。如果被侵权人因侵权行为死亡的，则其近亲属有权要求侵权人承担侵权责任（《民法典》第1181条第1款第1句）。德国法认为，在被侵权人死亡的场合，其近亲属的精神损害赔偿请求权乃是由被侵权人处继承而来的，因此该请求权的范围如何取决于被侵权人与死亡进行斗争的长短与遭受痛苦折磨的程度。如果被侵权人在侵权事件中当场死亡或者被送往医院后很快就死亡，依据《德国民法典》第253条第2款，近亲属就没有精神损害赔偿请求权。如果近亲属与被侵权人共同经历了这一损害事故而遭受了精神惊吓，则近亲属可以依据《德国民法典》第823条第1款对健康权的保护，而依据第253条第2款请求侵权人承担侵害健康权的损害赔偿责任。[1]

我国民法学通说认为，被侵权人因侵权而死亡后，近亲属的精神损害赔偿请求权不是从被侵权人处继承来的，而是其本身固有的。因为"亲人的受害死亡给他们带来了精神痛苦，他们经历了人生中亲人生离死别这一最大的痛苦。这种精神损害赔偿金的请求权是他们自身受害而应当享有的权利，而不是依赖于他人权利受害而继承的一种损害赔偿请求权。"[2] 司法实践也认为，在被侵权人死亡时其近亲属当然的享有（而非继承）精神损害赔偿请求权。例如，《精神损害赔偿解释》第7条[3]规定："自然人因侵权行为致死，或者自然人死亡后其人格或者遗体遭受侵害，死者的配偶、父母和子女向人民法院起诉请求赔偿精神损害的，列其配偶、父母和子女为原告；没有配偶、父母和子女的，可以由其他近亲属提起诉讼，列其他近亲属为原告。"《人身损害赔偿解释》第18条第1款[4]曾规定："受害人或者死者近亲属遭受精神损害，赔偿权利人向人民法院请求赔偿精神损害抚慰金的，适用《最高人民法院关于确定民事侵权精神损害赔偿责任若干问题的解释》予以确定。"有学者认为，依据《精神损害赔偿司法解释》第7条，死者近亲属的精神损害赔偿请求权应按法定顺序行使（与法定继承顺序一致），这隐约表明该权利并非其自身固有的，而是对死者精神损害赔偿请求权的继承。[5] 笔者认为，此种顺位虽然与法定继承顺序相同，但并不表明近亲属的精神损害赔偿请求权是继承自死者，而是考虑到配偶、父母和子女与死者的感情联系通常是最为密切直接的，故此其遭受的精神损害是最大的，应当先由其提起诉讼。这一规定，也与我国《民法典》第994条关于死者的姓名、名誉等人格利益遭受侵害时，必须由父母、子女和配偶作为第一顺位人起诉的规定是一致的。

（二）侵害死者的人格利益时的精神损害赔偿权利人

依据《民法典》第994条，死者的姓名、肖像、名誉、荣誉、隐私、遗体等受到侵害的，其配偶、子女、父母有权依法请求行为人承担民事责

---

[1] Koetz/Wagner, Deliktsrecht, 11. Aufl. 2010, Rn. 731.
[2] 张新宝：《侵权责任法立法研究》，北京，中国人民大学出版社2009年版，第408页。
[3] 该条现已被删除。
[4] 该条现为第23条。
[5] 谢鸿飞：《惊吓损害、健康损害与精神损害——以奥地利和瑞士的司法实践为素材》，载《华东政法大学学报》2012年第3期。

任；死者没有配偶、子女并且父母已经死亡的，其他近亲属有权依法请求行为人承担民事责任。

（三）侵害特定物的人格利益的精神损害赔偿权利人

《民法典》第1183条第2款规定，因故意或者重大过失侵害自然人具有人身意义的特定物造成严重精神损害的，被侵权人有权请求精神损害赔偿。这里的精神损害赔偿请求权的主体当然是指被侵害的具有人身意义的特定物的所有人或者管理人。

（四）第三人的精神损害赔偿请求权

在被侵权人的生命权、身体权、健康权遭受损害时，与被侵权人存在密切关系的第三人（夫妻、子女、父母等近亲属）可能也会因此遭受精神损害（以及财产损害）。具体包括：其一，第三人精神惊吓，即第三人因目睹加害人对他人实施侵害行为而遭受了精神惊吓。其中，加害人所直接侵害的"他人"属于"第一受害人"。而因目击侵害行为遭受精神惊吓的第三人为"第二受害人"。第二受害人可能因此遭受精神损害和财产损害（如医疗费等）。对此特定情形下的第三人精神惊吓的损害赔偿，我国学说与实践中也予以认可[1]，当然前提是要对第三人的范围进行限制，即第三人（即第二受害人）与第一受害人存在确定的、密切的联系。通常要求具有近亲属关系，如父母女子关系、配偶关系等。那些关系比较远的亲属或没有亲属关系的人，一般没有赔偿请求权。有些特殊的情况下，即便第二受害人与第一受害人没有亲属关系，但是存在比较密切的感情联系的，如未婚妻或具有很深的爱情关系的同伴等，也可以获得赔偿。

其二，因被侵权人伤残而给第三人造成精神损害，例如，因孩子被他人开车撞残，父母每日以泪洗面，极为痛苦。此时，作为受害人的孩子当然可以请求侵权人赔偿精神损害，父母是否还能要求侵权人赔偿精神损害？再如，丈夫遭受伤害而失去性功能，妻子无法过正常的性生活，妻子能否要求侵权人承担精神损害赔偿责任？[2] 瑞士法认为，在满足一定的条件下，受害人的近亲属也可以主张精神抚慰金，因为与近亲属的心理和精神的联

---

[1] 林玉暖诉张建保等人身损害赔偿纠纷案，载最高人民法院中国应用法学研究所编：《人民法院案例选》（总第70辑），北京，人民法院出版社2010年版，第146页。

[2] 杨春华：《丈夫性功能受损害妻子索要精神赔偿——间接性权利是否应予保护》，载《人民法院报》2009年4月14日，第2版。

系属于自然人人格权的组成部分,而侵害此种联系构成《瑞士债务法》第49条规定的"严重人格权利侵犯"。因此,侵害他人身体权,受害人的近亲属在受到的精神痛苦异常严重时,可以主张精神抚慰金。瑞士最高法院的判决认为,如果当事人因侵权行为(或违约行为)而严重残疾或者侵权行为严重侵犯配偶和子女与当事人的人格关系,造成配偶或子女在侵犯他人生命权和身体权的情形中同样的或更为严重的精神痛苦的,配偶或子女可以主张精神抚慰金。①

我国《民法典》第1183条第1款规定,"侵害自然人人身权益造成严重精神损害的,被侵权人有权请求精神损害赔偿",因此,在配偶等近亲属因被侵权人残疾而遭受严重精神痛苦的情况下,要认可配偶等近亲属单独的精神损害赔偿请求权就必须确认其何种人身权益遭受了损害。然而,从现行法上似乎很难找到对应的人格权来包含此种利益。故此,司法实践中,一些法院以此为由否定近亲属的精神损害赔偿请求权。例如,在一个案件中,法院认为:"根据法律规定,当公民的合法权利受到侵害时,侵权行为人应当承担相应的民事责任。而法律保护的公民的民事权利的范围是被法律确认的权利。本案魏某英要求获得丈夫丧失性功能后的损害赔偿请求,难以在现行法律上觅得相关的权利依据,本院难以支持。另外,由于目前法律和实践中均没有规定和做法可以对除死亡而导致的近亲属精神损害(即反射性精神损害)进行赔偿,所以魏某英要求乐购公司承担精神损失费也缺乏足够的依据。据此,上诉人的上诉请求因缺乏法律理由,本院不能支持。"② 不过,也有法院持不同的观点。③

笔者认为,我国《民法典》并未完全采取人格权法定主义,而是专门规定了用于发展和补充新型人格权益的一般人格权。《民法典》第990条第2款规定:"除前款规定的人格权外,自然人享有基于人身自由、人格尊严产生的其他人格权益。"而且,《民法典》第1183条第1款也没有将精神损害责任限定于侵害自然人的人格权,而是只要"侵害自然人人身权益"并

---

① [瑞]海因茨·雷伊:《瑞士侵权责任法》(第四版),贺栩栩译,北京,中国政法大学出版社2015年版,第129-130页。
② 魏某英诉上海七宝乐购购物中心有限公司其他人身损害赔偿案,上海市第一中级人民法院(2005)沪一中民一(民)终字第1814号民事判决书。
③ 郑怀茹与刘士生、靖江市日翔石英砂有限公司生命权、健康权、身体权纠纷案,江苏省泰州市中级人民法院(2019)苏12民终2768号民事判决书。

造成严重精神损害,即能产生精神损害赔偿请求权。故此,近亲属基于与被侵权人之间的亲情联系而产生的人格利益也应当受到保护,当该人格利益受到侵害而造成其严重精神损害时,近亲属有权获得精神损害赔偿抚慰金。

五、精神损害赔偿请求权的继承与转让

侵害人格权所产生的损害赔偿请求权可否转让性,需要区分不同情形。因为侵害人格权时,既会给被侵权人造成财产损失,也会造成精神损害。我国《民法典》对此分别作出了规定。其中,《民法典》第1182条规定,侵害他人人身权益造成财产损失的,按照被侵权人因此受到的损失或者侵权人因此获得的利益赔偿;被侵权人因此受到的损失以及侵权人因此获得的利益难以确定,被侵权人和侵权人就赔偿数额协商不一致,向人民法院提起诉讼的,由人民法院根据实际情况确定赔偿数额。显然,此种侵害人格权而产生的财产损害赔偿请求权,性质上属于债权请求权,不具有专属性,当然可以转让或继承。[1]

但是,在侵害人格权而给被侵权人造成精神损害赔偿的场合,被侵权人是否可以转让其精神损害赔偿请求权或者是否可以由其继承人继承该请求权,值得研究。从比较法上来看,瑞士民法界认为,精神抚慰金请求权并非是高度人身性请求权,因此可以转让和继承。就继承的要件,瑞士联邦最高法院认为,必须是权利人在死前已经提出权利主张,但是学界认为应该允许精神损害赔偿请求权可继承性不受到任何要件的限制。[2]《德国民法典》第847条曾经对精神损害赔偿请求权的转让和继承作出了限制,该条第1款规定:"不法侵害他人的身体或健康,或剥夺他人自由者,被害人所受侵害虽非财产上的损失,亦得因受损害,请求赔偿相当的金额。前项请求权不得让与或继承,但请求权已以契约承认或已发生诉讼拘束者,不在此限。"《德国民法典》起草者对在立法理由书中作此规定的原因解释如下:"倘未设一项特别规定,则痛苦金请求权将无限制地转移继承人。然

---

[1] 王泽鉴:《人格权法:法释义学、比较法、案例研究》,台北,作者印行2012年版,第52页。

[2] [瑞]海因茨·雷伊:《瑞士侵权责任法》(第四版),贺栩栩译,北京,中国政法大学出版社2015年版,第123页。

而，被害人常由于其本身未感觉受有损害，或由于个人事由，而不行使此项请求权。在此情形，若仍允其继承人得为主张，违背事理，殊非妥适。因此，被害人自身不行使其权利时，继承人自无主张的余地。其次为避免争议，此项请求权须以契约承认或系属于法院时，始转移于继承人。据上所述，痛苦金请求权的继承应受限制。同理，其让与性亦应受限制，在债权让与非基于债权人意思的情形，尤应如此。"[1]

然而，《德国民法典》第847条的规定在实践中会导致这样的结果，"即在重伤的时候有时会引起非常可怕的时间竞赛：被害人的监护人或者法定代表人会赶紧提起痛苦抚慰金诉讼并力争在原告死亡之前诉状能够到达加害人"[2]，加之人们认识到精神损害赔偿请求权主要具有补偿性，并不要求高度的人身相关性，故此，1990年立法者删除了《德国民法典》第847条的规定，允许精神损害赔偿请求权的自由转让和继承。

我国台湾地区"民法"借鉴了《德国民法典》第847条的规定，于第195条规定："不法侵害他人之身体、健康、名誉、自由、信用、隐私、贞操，或不法侵害其他人格法益而情节重大者，被害人虽非财产上之损害，亦得请求赔偿相当之金额。其名誉被侵害者，并得请求回复名誉之适当处分。前项请求权，不得让与或继承。但以金额赔偿之请求权已依契约承诺，或已起诉者，不在此限。前二项规定，于不法侵害他人基于父、母、子、女或配偶关系之身份法益而情节重大者，准用之。"

在我国，最高人民法院2003年《人身损害赔偿解释》曾借鉴台湾地区"民法"上述规定，于第18条第2款中规定："精神损害抚慰金的请求权，不得让与或者继承。但赔偿义务人已经以书面方式承诺给予金钱赔偿，或者赔偿权利人已经向人民法院起诉的除外。"该司法解释起草者认为，在赔偿义务人已经以书面方式承诺给予金钱赔偿且金钱赔偿的数额已经明确，或者赔偿权利人已经向法院起诉且精神损害赔偿抚慰金的数额也是明确的，那么精神损害赔偿请求权就已经变为了具体的财产债权，可以转让或者继承。[3]

---

[1] Mugdan, Die gesammten Materialien zum Buergerlichen Gesetzbuch fuer das Deutsche Reich, Bd. Ⅱ, 1899, S. 448. 转引自王泽鉴：《人格权法：法释义学、比较法、案例研究》，台北，作者印行2012年版，第486-487页。

[2] ［德］埃尔温·多伊奇、汉斯-于尔根·阿伦斯：《德国侵权法——侵权行为、损害赔偿及痛苦抚慰金》，叶名怡、温大军译，北京，中国人民大学出版社2016年版，第235页。

[3] 最高人民法院民事审判第一庭：《最高人民法院人身损害赔偿司法解释的理解与适用》，北京，人民法院出版社2004年版，第277页。

然而，2020年12月23日最高人民法院修订该司法解释时将上述条文予以删除。

笔者认为，这一删除是正确的。具体阐述如下：首先，在侵害受害人的生命权、身体权和健康权导致受害人死亡而受害人尚未向法院提起诉讼时，依据《民法典》第1181条第1款及第1183条第1款的规定，死者的近亲属有权要求侵权人承担精神损害赔偿请求权，故此，无须考虑精神损害赔偿请求权的继承问题。如果受害人遭受人身伤害并已经提起诉讼，在诉讼过程中死亡的，那么依据《民事诉讼法解释》第55条，"在诉讼中，一方当事人死亡，需要等待继承人表明是否参加诉讼的，裁定中止诉讼。人民法院应当及时通知继承人作为当事人承担诉讼，被继承人已经进行的诉讼行为对承担诉讼的继承人有效。"此时，也不需要考虑精神损害赔偿请求权的继承问题。其次，如果侵害受害人的生命权、身体权和健康权之外的人格权益造成精神损害的，由于《民法典》明确规定了人格权不得转让、放弃或者继承，而精神损害赔偿请求权原则上只能是在侵害人身权益造成严重精神损害时才能产生，故此，我国法上的精神损害赔偿请求权具有高度的人身属性，即仅仅是针对人格权益被侵害的被侵权人，理论上应当认为不能被转让，而无论赔偿义务人是否给予了书面承诺或者赔偿权利人是否已经起诉。例如，在赔偿权利人已经向法院起诉的情形下，如果允许其转让精神损害赔偿请求权，则会导致要求精神损害赔偿的原告更换为被侵权人之外的其他人，这显然违反了《民法典》第1183条第1款的规定。

六、精神损害赔偿数额的确定

《民法典》第998条规定，认定行为人承担侵害除生命权、身体权和健康权外的人格权的民事责任，应当考虑行为人和受害人的职业、影响范围、过错程度，以及行为的目的、方式、后果等因素。这就是说，法院在确定精神损害赔偿金的数额时，除非是侵害生命权、身体权和健康权的精神损害赔偿责任，否则应当考虑行为人和受害人的职业、影响范围、过错程度，以及行为的目的、方式、后果等因素。2020年12月23日修订的《精神损害赔偿解释》第5条对确定精神损害的赔偿数额的考虑因素作出了具体的规定，即根据以下因素确定：（1）侵权人的过错程度，但是法律另有规定的除外；（2）侵权行为的目的、方式、场合等具体情节；（3）侵权行为所造成的后果；（4）侵权人的获利情况；（5）侵权人承担责任的经济能力；（6）受理诉讼法院所在地的平均生活水平。笔者认为，侵权人的获利情况在确定侵害人格权的精神损害赔偿数额时无须考虑：一则，如果是侵害生命权、身体权和健康权的精神损害赔偿责任，那么依据《民法典》第998条的规定，不能考虑侵权人的获利情形；二则，如果是侵害其他的人格权，尤其是自然人可以商业化利用的人格权以及法人、非法人组织的名称权和名誉权的，依据《民法典》第1182条，在确定财产损失的时候，可以按照侵权人因此获得的利益赔偿。加之法人、非法人组织也无权请求权精神损害赔偿，那么在确定自然人的其他人格权的精神损害赔偿数额时再考虑侵权人的获利就完全没有必要，也不可能。故此，本书认为，在确定侵害人格权的精神损害赔偿数额时，应当考虑以下因素。

1. 侵权人的过错程度，这主要是指侵权人在实施侵权行为时主观上是故意还是过失，是一般过失还是重大过失等。基于精神损害赔偿的抚慰功能，对于那些故意从事侵权行为之人，只有提高精神损害赔偿金的数额，才能更好地平息被侵权人或其近亲属的愤怒。

2. 侵权行为的目的、方式、场合等具体情节。考虑该因素是因为：侵权人实施的侵权行为的目的、方式和场合不同对受害人造成的精神损害也不同。例如，通过文字方式侮辱受害人就比单纯的口头辱骂严重；采取暴力的方式侮辱受害人则更为严重。再如，在人数不多的场合侮辱受害人比在大庭广众之下侮辱受害人显然造成的损害相对较为轻微。侵害的对象是手无缚鸡之力的儿童、老年人，还是强壮的具有反击能力的青年人，给受害人或其近亲属造成的精神损害也是不同的。例如，2005年10月4日下午，清华大学晏教授一家三口乘坐被告北京某巴士公司的726路公交车回家时，为车票票款之纠纷，晏教授13岁的女儿与售票员朱某发生口角。朱某将晏教授的女儿掐死。[①] 2006年5月朱某被法院以故意伤害罪判处死刑，缓期二年执行。受害人晏教授夫妇针对巴士公司、朱某以及另外两名司售人员提起侵权之诉。一审法院认定被告侵权责任成立，并判决巴士公司承担赔偿10万元精神损害赔偿金。二审法院改判被告应当赔偿30万元精神损害赔偿金。改判的理由在于：首先，原告夫妇是老年得女，却又失去，并且今后将无法再生育。这种后果对他们的精神刺激是巨大的，使其遭受

---

① 笔者曾应邀就此事为晏老师提供过若干法律意见。晏老师遭遇之不幸，令人同情！

的精神痛苦异常剧烈,必须予以充分的抚慰。其次,整个事发过程中,原告晏教授夫妇目睹、经历了年仅13岁的独生女儿遭受侵害直至死亡的全过程。这种痛苦到了正常人都无法想象的地步。最后,凶手破坏了公众信心。人们生活于社会之中,是对社会的正常秩序抱有信心,也是对善良的社会风俗抱有一定信心,这是一个社会赖以存在的基础。犯罪分子朱某面对13岁的小女孩,没有一点对乘客、他人之尊重,其犯罪性质极其恶劣。且案发场所是在公共汽车上,案发时间是人们欢度国庆黄金周的时候。朱某之行为恰恰破坏了这种信心,侵犯了社会的和谐与稳定。因此,对其必须予以惩罚,以警示违法分子,昭示社会正义。这也是精神损害赔偿金所应起到的作用之一。①

3. 侵权人承担责任的经济能力。考虑侵权人承担责任的经济能力意味着:首先,要看侵权人是自然人还是法人或者非法人组织,后者承担责任的经济能力一般高于前者。其次,就自然人而言,要考虑该自然人的职业、社会地位、经济收入。此外,由于我国城乡经济差异明显,因此城市居民承担责任的经济能力要强于农村居民,而城市居民中有企业、三资企业、行政机关、事业单位的工作人员承担责任的经济能力要高于下岗失业人员。之所以要考虑侵权人承担责任的经济能力,是由于以下两个原因:一方面,就经济能力较低的赔偿义务人而言,如果判令其承担过高的精神损害赔偿金,会对其造成过重的负担,甚至摧毁其今后的生存。另一方面,就经济能力较高的赔偿义务人,如果精神损害赔偿金的数额过低,那么不足以制裁这些人的侵害行为,这会使现今我国社会中一些自我感觉极为良好、飞扬跋扈的富人,以支付对其而言微不足道的金钱来获得侮辱他人的"权利",受害人无法得到抚慰。

4. 受诉法院所在地平均生活水平。由于我国各地区的社会经济发展程度以及城乡经济发展程度的差异非常大,因此确定精神损害赔偿数额时不能脱离我国社会经济发展的实际,一味判令侵权人承担过高或过低的精神损害赔偿金。法官在确定精神损害赔偿数额时考虑受诉法院所在地的平均生活水

---

① 谷岳:《民事侵权精神损害赔偿数额的确定——晏某某、郑某某诉某某巴士股份有限公司、朱某某等人身损害赔偿案法律问题研究》,北京市高级人民法院:《审判前沿:新类型案件审判实务》(总第25集),北京,法律出版社2010年版,第19-25页;刘岚:《公交售票员掐死清华大学教授女儿案终审——北京一中院改判精神赔偿30万元 教授夫妇共获赔75万元》,载《人民法院报》2007年11月27日。

平,实质上就是要考虑各地区之间以及城乡之间的经济发展程度和人民生活水平的差异,决定符合受诉法院所在地的实际情况的精神损害赔偿金。

第四节 惩罚性赔偿

一、惩罚性赔偿的概念与功能

惩罚性(punitive)赔偿是与补偿性赔偿相对应的概念,是指赔偿的数额超出受害人所受损害而以惩罚行为人为目的赔偿责任。惩罚性赔偿制度起源于18世纪的英国判例法,后来影响了美国,在普通法系得到了充分的发展,进而对世界其他国家也产生了巨大的影响。不过,在大陆法系国家尤其是德国、法国、日本等,对是否应当承认惩罚性赔偿,仍然存在很大的争议。大陆法系的学者认为,惩罚性赔偿所具有的惩罚功能使民法和刑法的功能发生混淆,不仅违背了禁止得利原则,不符合损害赔偿法的补偿功能,更重要的是会使行为人处于被双重处罚的境地。故此,德国等大陆法系国家不仅在国内法中不承认惩罚性赔偿,也拒绝执行国外尤其是美国法院作出的对德国的被告的惩罚性赔偿的判决。[1]

惩罚性赔偿针对的主要是那些故意或恶意从事侵害他人民事权益的加害行为之人,通过判决加害人承担(远)超出受害人损害的赔偿金,使加害人通过遭受经济上的严重不利益而为自己的加害行为付出惨痛的代价,从而今后不敢再从事类似的行为,且惩罚性赔偿彻底剥夺了加害人因加害行为的非法获利,使之"赔了夫人又折兵",也再无从事类似加害行为的经济上的动力。故此,学说上普遍认为,惩罚性赔偿具有制裁(惩罚)功能与预防功能。[2] 不过,学者们也担心,惩罚性赔偿打破了国家对惩罚权的垄断,使加害人丧失刑事诉讼程序上的保护而遭受诸多不利,同时也会助长受害人不劳而获的恶习。[3]

---

[1] [奥]赫尔穆特·考茨欧、瓦内萨·威尔科克斯:《惩罚性赔偿金:普通法与大陆法的视角》,窦海阳译,北京,中国法制出版社2012年版,第87页。

[2] 王利明:《惩罚性赔偿研究》,载《中国社会科学》2000年第4期;张新宝、李倩:《惩罚性赔偿的立法选择》,载《清华法学》2009年第4期。

[3] 朱广新:《惩罚性赔偿制度的演进与适用》,载《中国社会科学》2014年第3期。

二、我国法上惩罚性赔偿制度的发展

我国法上最早确立的惩罚性赔偿制度是1993年颁布的《消费者权益保护法》，该法第49条规定："经营者提供商品或者服务有欺诈行为的，应当按照消费者的要求增加赔偿其受到的损失，增加赔偿的金额为消费者购买商品的价款或者接受服务的费用的一倍。"[1] 学说上认为，该条明确了在欺诈消费者的情形下，消费者追究经营者违约责任时有权要求双倍赔偿，即除返还购买商品的价款或者接受服务的费用外，还要再赔偿一次该价款或费用。[2] 此后，1999年颁布的《合同法》第113条第2款进一步肯定了《消费者权益保护法》上的惩罚性赔偿，该款规定："经营者对消费者提供商品或者服务有欺诈行为的，依照《中华人民共和国消费者权益保护法》的规定承担损害赔偿责任。"2007年颁布的《劳动合同法》为加强对劳动者的保护，也引入了惩罚性赔偿[3]，如该法第82条第1款规定，用人单位违反本法规定不与劳动者订立无固定期限合同的，自应当订立无固定期限劳动合同之日起向劳动者支付二倍的工资；再如，第87条规定，用人单位违反《劳动合同法》规定解除或者终止劳动合同的，应当依照《劳动合同法》第47条规定的经济补偿标准的二倍向劳动者支付赔偿金。

2003年颁布的《最高人民法院关于审理商品房买卖合同纠纷案件适用法律若干问题的解释》依据上述法律规定，在第8条和第9条又明确肯定了在商品房买卖中出卖人应当承担惩罚性赔偿责任。不过，由于该司法解释第9条明确规定，由于出卖人订立商品房买卖合同时提供虚假商品房预售许可证明或者故意隐瞒一些重要事实（如没有取得商品房预售许可证明、所售房屋已经抵押或所售房屋已经出卖给第三人或者为拆迁补偿安置房屋），导致合同无效或者被撤销、解除的，买受人也有权要求惩罚性赔偿

---

[1] 根据参加《消费者权益保护法》起草工作的河山先生的介绍，在起草该法时，就是否规定惩罚性赔偿存在很大的争议。1993年10月，全国人大常委会法律委员会审议消费者权益保护法草案时，全国人大常委会法律委员会主任薛驹向与会法律委员会委员逐一征询意见，在项淳一、孙琬钟等多数委员支持下，薛驹拍板定论，法律委员会决定将惩罚性赔偿条款写入消费者权益保护法草案当中。参见陈磊、陈佳韵：《北京大学法律学系七七级学生、中国消费者权益保护法学研究会会长河山：上大学时就对民法研究产生兴趣》，载《法制日报》2017年6月5日。

[2] 王利明：《惩罚性赔偿研究》，载《中国社会科学》2000年第4期。

[3] 信春鹰主编：《中华人民共和国劳动合同法释义》，北京，法律出版社2008年版，第277、300页。

(即请求出卖人承担不超过已付购房款一倍的赔偿责任)。因此，惩罚性赔偿的适用范围显然已经不限于违约责任了。

前述法律和司法解释基本上都是对违约责任中惩罚性赔偿的规定，直到2009年2月，随着《食品安全法》的颁布，才真正确立了侵权法上惩罚性赔偿。该法第96条第2款规定："生产不符合食品安全标准的食品或者销售明知是不符合食品安全标准的食品，消费者除要求赔偿损失外，还可以向生产者或者销售者要求支付价款十倍的赔偿金。"同年12月颁布的《侵权责任法》则明确了产品责任中惩罚性赔偿的适用，该法第47条规定："明知产品存在缺陷仍然生产、销售，造成他人死亡或者健康严重损害的，被侵权人有权请求相应的惩罚性赔偿。"

为弥补我国《民法通则》未将惩罚性赔偿规定为民事责任的方式的缺陷，同时也为了限制惩罚性赔偿的适用，2017年颁布的《民法总则》第179条第2款规定："法律规定惩罚性赔偿的，依照其规定。"这就是说，惩罚性赔偿也属于民事责任的方式，但只有在法律有特别的规定的情形下，才能适用。在民法典编纂过程中，侵权法中的惩罚性赔偿受到高度重视并且被扩大适用，除原有的产品责任中的惩罚性赔偿外（第1207条），还新增了两种：其一，《民法典》第1185条规定："故意侵害他人知识产权，情节严重的，被侵权人有权请求相应的惩罚性赔偿。"[①] 其二，《民法典》第1232条规定："侵权人违反法律规定故意污染环境、破坏生态造成严重后果的，被侵权人有权请求相应的惩罚性赔偿。"

三、侵害人格权的惩罚性赔偿

侵害人格权的惩罚性赔偿主要限于侵权人故意实施侵害他人生命权、身体权或健康权的侵权行为。在我国《民法典》中，与侵害人格权的侵权

[①] 在我国现行法已经规定了某些侵害知识产权的惩罚性赔偿。《商标法》第63条第1款规定："侵犯商标专用权的赔偿数额，按照权利人因被侵权所受到的实际损失确定；实际损失难以确定的，可以按照侵权人因侵权所获得的利益确定；权利人的损失或者侵权人获得的利益难以确定的，参照该商标许可使用费的倍数合理确定。对恶意侵犯商标专用权，情节严重的，可以在按照上述方法确定数额的一倍以上五倍以下确定赔偿数额。赔偿数额应当包括权利人为制止侵权行为所支付的合理开支。"《反不正当竞争法》第17条第3款规定："因不正当竞争行为受到损害的经营者的赔偿数额，按照其因被侵权所受到的实际损失确定；实际损失难以计算的，按照侵权人因侵权所获得的利益确定。经营者恶意实施侵犯商业秘密行为，情节严重的，可以在按照上述方法确定数额的一倍以上五倍以下确定赔偿数额。赔偿数额还应当包括经营者为制止侵权行为所支付的合理开支。"

行为有关的惩罚性赔偿的规定有两项：一是，《民法典》第 1207 条规定："明知产品存在缺陷仍然生产、销售，或者没有依据前条规定采取有效补救措施，造成他人死亡或者健康严重损害的，被侵权人有权请求相应的惩罚性赔偿。"二是，《民法典》第 1232 条规定："侵权人违反法律规定故意污染环境、破坏生态造成严重后果的，被侵权人有权请求相应的惩罚性赔偿。"这是为了落实党的十八届三中全会提出的"对造成生态环境损害的责任者严格实行赔偿制度"要求，贯彻党的十九大报告提出的"要加大生态系统保护力度"的决策部署而作出的规定。显然，侵权人故意违反国家规定污染环境、破坏生态造成严重后果的情形就包括给自然人的生命权、身体权和健康权造成严重损害。

除《民法典》外，我国《消费者权益保护法》等法律也专门规定了侵害人格权的惩罚性赔偿责任，分别是：(1)《消费者权益保护法》第 55 条第 2 款规定："经营者明知商品或者服务存在缺陷，仍然向消费者提供，造成消费者或者其他受害人死亡或者健康严重损害的，受害人有权要求经营者依照本法第四十九条、第五十一条等法律规定赔偿损失，并有权要求所受损失二倍以下的惩罚性赔偿。"(2)《食品安全法》第 148 条第 2 款规定："生产不符合食品安全标准的食品或者经营明知是不符合食品安全标准的食品，消费者除要求赔偿损失外，还可以向生产者或者经营者要求支付价款十倍或者损失三倍的赔偿金；增加赔偿的金额不足一千元的，为一千元。但是，食品的标签、说明书存在不影响食品安全且不会对消费者造成误导的瑕疵的除外。"(3)《药品管理法》第 144 条第 3 款规定："生产假药、劣药或者明知是假药、劣药仍然销售、使用的，受害人或者其近亲属除请求赔偿损失外，还可以请求支付价款十倍或者损失三倍的赔偿金；增加赔偿的金额不足一千元的，为一千元。"[1]

从上述法律规定可见，侵害人格权的惩罚性赔偿的适用要件为：首先，

---

[1] 《最高人民法院关于审理医疗损害责任纠纷案件适用法律若干问题的解释》第 23 条规定："医疗产品的生产者、销售者、药品上市许可持有人明知医疗产品存在缺陷仍然生产、销售，造成患者死亡或健康严重损害，被侵权人请求生产者、销售者、药品上市许可持有人赔偿损失及二倍以下惩罚性赔偿的，人民法院应予支持。"《最高人民法院关于审理食品药品纠纷案件适用法律若干问题的规定》第 15 规定："生产不符合安全标准的食品或者销售明知是不符合安全标准的食品，消费者除要求赔偿损失外，依据食品安全法等法律规定向生产者、销售者主张赔偿金的，人民法院应予支持。生产假药、劣药或者明知是假药、劣药仍然销售、使用的，受害人或者其近亲属除请求赔偿损失外，依据药品管理法等法律规定向生产者、销售者主张赔偿金的，人民法院应予支持。"

侵权人主观上是故意的,即明知其行为会侵害他人生命权、身体权或健康权并造成死亡或者健康严重损害的后果,仍然从事该行为。如生产者销售不符合食品安全标准的食品,经营者明知是不符合食品安全标准的食品而销售,或者经营者明知商品或者服务存在缺陷却仍然向消费者提供。其次,被侵权人的生命权、身体权、健康权遭受了侵害并因此遭受了特定的损害,即死亡或者健康严重损害,至于其他具体人格权和一般人格权被侵害,或者虽然身体权或健康权遭受侵害却并未出现健康严重损害的后果的,均不得适用惩罚性赔偿。由此可知,我国法上侵害人格权的惩罚性赔偿的适用是以受害人遭受特定损害为前提的,这样的限制不仅可以防止惩罚性赔偿的滥用,而且具有足够的正当性基础。

主要参考文献

一、中文著作

蔡定剑. 宪法精解. 北京：法律出版社，2006

陈聪富. 侵权行为法原理. 台北：元照出版公司，2017

陈甦，谢鸿飞主编. 民法典评注：人格权编. 北京：中国法制出版社，2020

程啸. 侵权责任法. 3版. 北京：法律出版社，2021

程啸. 个人信息保护法理解与适用. 北京：中国法制出版社，2021

程合红. 商事人格权论——人格权的经济利益内涵及其实现与保护. 北京：中国人民大学出版社，2002

崔国斌. 著作权法原理与案例. 北京：北京大学出版社，2014

韩大元. 生命权的宪法逻辑. 南京：译林出版社，2012

黄薇主编. 中华人民共和国民法典总则编解读. 北京：中国法制出版社，2020

黄薇主编. 中华人民共和国民法典人格权编解读. 北京：中国法制出版社，2020

黄薇主编. 中华人民共和国民法典侵权责任编解读. 北京：中国法制出版社，2020

江伟主编. 民事诉讼法. 6版. 北京：中国人民大学出版社，2013

李适时主编. 中华人民共和国民法总则释义. 北京：法律出版社，2017

李永军. 民法总则. 北京：中国法制出版社，2018

李秋零主编. 康德著作全集. 6卷. 张荣，李秋零译. 北京：中国人民大学出版社，2010

李秋零主编. 康德著作全集. 4卷. 李秋零译. 北京：中国人民大学出版社，2010

李扬. 著作权法基本原理. 北京：知识产权出版社，2019

李明德，许超. 著作权法. 2版. 北京：法律出版社，2009

梁书文，杨立新，杨洪逵. 审理名誉权案件司法解释理解与适用. 北京：中国法制出版社，2001

梁慧星. 民法总论. 5版. 北京：法律出版社，2017

刘金瑞. 个人信息与权利配置——个人信息自决权的反思和出路. 北京：法律出版社，2017

龙显铭. 私法上人格权之保护. 上海：中华书局，1937

马特，袁雪石. 人格权法教程. 北京：中国人民大学出版社，2007

马特. 隐私权研究——以体系构建为中心. 北京：中国人民大学出版社，2014

马俊驹. 人格和人格权理论讲稿. 北京：法律出版社，2009

《民法典立法背景与观点全集》编写组. 民法典立法背景与观点全集. 北京：法律出版社，2020

纳日碧力戈. 姓名论（修订版）. 北京：社会科学文献出版社，2015

邱玟惠. 论人体、人体组织及其衍生物于民法上之权利结构. 台北：元照出版公司，2016

沈建峰. 一般人格权研究. 北京：法律出版社，2012

史尚宽. 民法总论. 北京：中国政法大学出版社，2000

石冠彬主编. 中华人民共和国民法典立法演进与新旧法对照. 北京：法律出版社，2020

孙亚明主编. 民法通则要论. 北京：法律出版社，1991

《佟柔文集》编辑委员会编. 佟柔文集. 北京：中国政法大学出版社，1996

韦之. 著作权法原理. 北京：北京大学出版社，1998

王利明. 人格权法研究. 3版. 北京：中国人民大学出版社，2018

王利明. 侵权责任法研究（上卷）. 北京：中国人民大学出版社，2010

王利明. 侵权责任法研究（下卷）. 北京：中国人民大学出版社，2011

王利明主编. 民法·侵权行为法. 北京：中国人民大学出版社，1993

王利明主编. 人格权法新论. 长春：吉林人民出版社，1994

王利明主编. 中华人民共和国民法总则详解（上册）. 北京：中国法制出版社，2017

王利明主编. 人身损害赔偿疑难问题：最高法院人身损害赔偿司法解释之评论与展望. 北京：中国社会科学出版社，2004

王利明，程啸. 中国民法典释评·人格权编. 北京：中国人民大学出版社，2020

王利明，程啸，朱虎. 中华人民共和国民法典人格权编释义. 北京：中国法制出版社，2020

王利明，杨立新，姚辉. 人格权法. 北京：法律出版社，1997

王胜明主编. 中华人民共和国民事诉讼法释义（最新修正版）. 北京：法律出版社，2012

王胜明主编. 中华人民共和国侵权责任法解读. 北京：中国法制出版社，2010

王泽鉴. 人格权法：法释义学、比较法、案例研究. 台北，作者印行，2012

王泽鉴. 损害赔偿. 北京：北京大学出版社，2017

王泽鉴. 侵权行为法. 台北：作者印行，2015

王泽鉴. 民法总则（增订新版）. 台北：作者印行，2014

王亚新，陈杭平，刘君博. 中国民事诉讼法重点讲义. 2版. 北京：高等教育出版社，2001

王迁. 知识产权法教程. 5版. 北京：中国人民大学出版社，2016

王晴锋. 欧文·戈夫曼：微观社会学的探索. 北京：中央民族大学出版社，2018

王瑞贺主编. 中华人民共和国反不正当竞争法释义. 北京：法律出版社，2018

汪治平. 人身损害赔偿若干问题研究. 北京：中国法制出版社，2001

吴汉东. 无形财产权基本问题研究. 3版. 北京：中国人民大学出版社，2013

谢怀栻. 外国民商法精要. 3版. 程啸增订. 北京：法律出版社，2014

徐国栋. 民法哲学. 北京：中国法制出版社，2021

徐开墅，成涛，吴弘. 民法通则概论. 北京：群众出版社，1988

许崇德. 中华人民共和国宪法史（下卷）. 福州：福建人民出版社，2005

姚辉. 人格权法论. 北京：中国人民大学出版社，2011

杨立新. 侵权责任法. 北京：高等教育出版社，2010

杨立新. 人格权法. 北京：法律出版社，2020

杨合庆主编. 中华人民共和国网络安全法解读. 北京：中国法制出版社，2017

于文豪. 基本权利. 南京：江苏人民出版社，2016

曾隆兴. 详解损害赔偿法. 台北：三民书局，2003

曾世雄. 损害赔偿法原理. 北京：中国政法大学出版社，2001

翟晓梅，邱仁宗主编. 生命伦理学导论. 2版. 北京：清华大学出版社，2020

张明楷. 刑法学（下）. 5版. 北京：法律出版社，2016

张俊浩主编. 民法学原理（上册）. 修订3版. 北京：中国政法大学出版社，2000

张红. 人格权总论. 北京：高等教育出版社，2012

张红. 人格权各论. 北京：高等教育出版社，2015

张新宝主编. 精神损害赔偿制度研究. 北京：法律出版社，2012

张新宝. 侵权责任法立法研究. 北京：中国人民大学出版社，2009

张新宝. 名誉权的法律保护. 北京：中国政法大学出版社，1997

张新宝. 隐私权的法律保护. 2版. 北京：群众出版社，2004

张新宝. 中国侵权行为法. 2版. 北京：中国社会科学出版社，1998

张民安. 法国人格权法（上册）. 北京：清华大学出版社，2016

张民安主编. 公开权侵权责任研究：肖像、隐私及其他人格特征侵权. 广州：中山大学出版社，2010

张翔主编. 德国宪法案例选释（第2辑）. 北京：法律出版社，2016

郑成思. 知识产权法. 北京：法律出版社，1997

郑成思. 版权法（修订版）. 北京：中国人民大学出版社，1997

最高人民法院民事审判第一庭. 最高人民法院利用网络侵害人身权益司法解释理解与适用. 北京：人民法院出版社，2014

最高人民法院民法典贯彻实施工作领导小组. 中华人民共和国民法典人格权编理解与适用. 北京：人民法院出版社，2020

二、中文译著

［英］约翰·穆勒. 论自由. 孟凡礼译. 桂林：广西师范大学出版

社，2011

［英］大卫·文森特. 隐私简史. 梁余音译. 北京：中信出版集团，2020

［英］迈克尔·罗森. 尊严：历史和意义. 石可译. 北京：法律出版社，2018

［美］安·兰德等. 自私的德性. 焦晓菊译. 北京：华夏出版社，2007

［美］库尔特·P. 弗雷，艾登·P. 格雷格. 人性实验：改变社会心理学的28项研究. 2版. 白学军等译. 北京：中国人民大学出版社，2021

［美］菲利普·津巴多，迈克尔·利佩. 态度改变与社会影响. 郑羽等译. 北京：人民邮电出版社，2007

［美］马修·H. 奥尔森、B·R. 赫根汉. 人格心理学入门. 陈会昌，苏玲译. 北京：中国人民大学出版社，2018

［美］艾伦·德肖维茨. 你的权利从哪里来?. 黄煜文译. 北京：北京大学出版社，2014

［美］汤姆·比彻姆，詹姆士·邱卓思. 生命医学伦理原则. 李伦等译. 北京：北京大学出版社，2014

［美］安东尼·刘易斯. 批评官员的尺度：《纽约时报》诉警察局长沙利文案. 何帆译. 北京：北京大学出版社，2011

［美］凯斯·R. 桑斯坦. 社会因何要异见. 支振锋译. 北京：中国政法大学出版社，2016

［美］卡斯·R. 桑斯坦. 谣言. 张楠迪扬译. 北京：中信出版社，2010

［美］凯斯·桑斯坦. 为生命定价：让规制国家更加人性化. 金成波译. 北京：中国政法大学出版社，2016

［美］唐·R. 彭伯. 大众传媒法. 13版. 张金玺，赵刚译. 北京：中国人民大学出版社，2005

［美］比尔·科瓦奇，汤姆·罗森斯蒂尔. 真相：信息超载时代如何知道该相信什么. 陆佳怡，孙志刚译. 北京：中国人民大学出版社，2019

［美］路易斯·D. 布兰代斯等. 隐私权. 宦盛奎. 北京：北京大学出版社，2014

［美］阿丽塔·L. 艾伦、理查德·C. 托克音顿. 美国隐私法：学说、判例与立法. 冯建妹，石宏等译. 北京：中国民主法制出版社，2004

［美］丹·B. 多布斯. 侵权法（下册）. 马静，李昊，李妍，刘成杰译.

北京：中国政法大学出版社，2014

［美］文森特·R. 约翰逊. 美国侵权法：5 版. 赵秀文等译. 北京：中国人民大学出版社，2017

［德］康德. 法的形而上学原理——权利的科学. 沈叔平译，林荣远校. 北京：商务印书馆，1997

［德］叔本华. 人生智慧箴言. 李连江译. 北京：商务印书馆，2017

［德］费希特. 自然法权基础. 谢地坤，程志民译，梁志学校. 北京：商务印书馆，2004

［德］塞缪尔·普芬道夫. 人和公民的自然法义务. 鞠成伟译. 北京：商务印书馆，2010

［德］奥托·基尔克. 私法的社会任务：基尔克法学文选. 刘志阳，张小丹译. 北京：中国法制出版社，2017

［德］卡尔·拉伦茨. 法学方法论. 陈爱娥译. 北京：商务印书馆，2003

［德］卡尔·拉伦茨. 德国民法通论（上册）. 王晓晔等译，谢怀栻校. 北京：法律出版社，2003

［德］拉德布鲁赫. 法学导论. 米健，朱林译. 北京：中国大百科全书出版社，1997

［德］迪特尔·梅迪库斯. 德国民法总论. 邵建东译. 北京：法律出版社，2004

［德］罗尔夫·克尼佩尔. 法律与历史——论《德国民法典》的形成与变迁. 朱岩译. 北京：法律出版社，2003

［德］迪特尔·施瓦布. 民法导论. 郑冲译. 北京：法律出版社，2006

［德］汉斯-约哈希姆·慕斯拉克、沃夫冈·豪. 德国民法概论. 14 版. 刘志阳译. 北京：中国人民大学出版社，2016

［德］M. 雷炳德. 著作权法. 张恩民译. 北京：法律出版社，2004

［德］图比亚斯·莱特. 德国著作权法. 2 版. 张怀岭，吴逸越译. 北京：中国人民大学出版社，2019

［德］雷蒙德·瓦尔特曼. 德国劳动法. 沈建峰译. 北京：法律出版社，2014

［德］Christopher Kuner. 欧洲数据保护法：公司遵守与管制. 2 版. 旷野等译. 北京：法律出版社，2008

〔德〕克里斯蒂安·冯·巴尔. 欧洲比较侵权行为法（上卷）. 张新宝译. 北京：法律出版社，2004

〔德〕克里斯蒂安·冯·巴尔. 欧洲比较侵权行为法（下卷）. 焦美华译. 北京：法律出版社，2004

〔德〕埃尔温·多伊奇、汉斯-于尔根·阿伦斯. 德国侵权法——侵权行为、损害赔偿及痛苦抚慰金. 叶名怡，温大军译. 北京：中国人民大学出版社，2016

〔奥〕伯恩哈德·A. 科赫，赫尔穆特·考茨欧主编. 比较法视野下的人身伤害赔偿. 陈永强，徐同远等译. 北京：中国法制出版社，2012

〔奥〕伊丽莎白·史泰纳、陆海娜主编. 欧洲人权法院经典判例节选与分析. 第一卷：生命权. 北京：知识产权出版社，2016

〔奥〕曼弗雷德·诺瓦克.《公民权利和政治权利国际公约》评注. 修订2版. 孙世彦，毕小青译. 北京：生活·读书·新知三联书店，2008

〔奥〕赫尔穆特·考茨欧，亚历山大·瓦齐莱克主编. 针对大众媒体侵害人格权的保护：各种制度与实践. 余佳楠，张芸，刘亚男译，匡敦校. 北京：中国法制出版社，2012

〔瑞〕海因茨·雷伊. 瑞士侵权责任法. 4版. 贺栩栩译. 北京：中国政法大学出版社，2015

〔瑞〕贝蒂娜·许莉曼-高朴，耶尔格·施密特. 瑞士民法：基本原则与人法. 纪海龙译. 北京：中国政法大学出版社，2015

〔法〕埃米尔·迪尔凯姆. 自杀论：社会学研究. 冯韵文译. 北京：商务印书馆，1996

〔法〕雅克·盖斯旦，吉勒·古博，缪黑埃·法布赫-马南. 法国民法总论. 陈鹏，张丽娟，石佳友，杨燕妮，谢汉琪译. 北京：法律出版社，2004

〔日〕我妻荣. 新订民法总则. 于敏译. 北京：中国法制出版社，2008

〔日〕北川善太郎. 日本民法体系. 李毅多等译. 北京：科学出版社，1995

〔日〕近江幸治. 民法讲义Ⅰ 民法总则（第6版补订）. 渠涛等译. 北京：北京大学出版社，2015

〔日〕五十岚清. 人格权法. 〔日〕铃木贤，葛敏译. 北京：北京大学出版社，2009

［日］四宫和夫.日本民法总则.台北：五南图书出版公司，1995

［日］大塚仁.刑法概说（总论）.3 版.冯军译.北京：中国人民大学出版社，2003

［日］荒木尚志.日本劳动法（增补版）.李坤刚，牛志奎译.北京：北京大学出版社，2010

［澳］胡·贝弗利-史密斯.人格的商业化利用.李志刚，缪因知译.北京：北京大学出版社，2007

［澳］本·索尔，戴维·金利，杰奎琳·莫布雷.《经济、社会、文化权利国际公约》评注、案例与材料.（上册）.孙世彦译.北京：法律出版社，2019

［葡］Carlos Aberto Da Mota Pinto.民法总论.澳门翻译公司译.澳门：法律翻译办公室，澳门大学法学院，1999

［俄］E. A. 苏哈诺夫主编.俄罗斯民法（第 2 册）.王志华，李国强译.北京：中国政法大学出版社，2011

三、外文著作

（一）英文著作

Prosser，Handbook of the Law of Torts，4th ed. 1971

Vivienne Harpwood，Modern tort law，7th. ed.，Routledge-Cavendish，2009

Edwin Peel & James Goudkamp，Winfield and Jolowicz on Tort，19th ed.，Sweet & Maxwell，2014

Christopher Kuner，Lee A. Bygrave&Christopher Docksey ed.，The EU General Data Protection Regulation（GDPR）：A Commentary，Oxford University Press，2020

Paul Voigt & Axel von dem Bussche，The EU General Data Protection Regulation（GDPR）：A Practical Guide，Springer，2017

Maximilian von Grafenstein，The Principle of Purpose Limitation in Data Protection Laws，Nomos，2018

Basil Markesinis，Michael Coester，Guido Alpa & Augustus Ullstein，Compensation for Personal Injury in English，German and Italian Law：A Comparative Outline, Cambridge University Press, 2005

Harvey McGREGOR, McGregor on Damages, 16th. ed., Sweet & Maxwell, 1997

(二) 德文著作

Goetting/Schertz/Seitz Hrsg. Handbuch des Persoenlichkeitsrecht, Beck, 2008

Heinrich Hubmann, Das Persoenlichkeitsrecht, 2. Aufl., Boelau Verlag, 1967

Brox Walker, Allgemeiner Teil des BGB, 32 Aufl., Carl Heymanns Verlag, 2008

Fuchs, Deliktsrecht, 5 Aufl., Springer, 2004

H. Koetz, G. Wagner, Deliktsrecht, 13 Aufl., Vahlen, 2016

Staudinger Kommentar zum BGB, 13. Aufl. 1999

Erman Buergerliches Gesetzbuch, 12. Aufl. 2008

Jauernig BGB Kommentar, 13. Aufl. 2009

《民法典》人格权编法条索引
（条文之后的数字表示本书中的页码）

第989条　25，57，116，581，677，761

第990条　10，12，23－26，30，34，41，99，142，143，145－149，153，530，589，591，604，676，677，750，761

第991条　16，252，669，761

第992条　15，26，49，104，177，247，582，761

第993条　15，58，104，114，116－119，249，405，533，539，582，599，605，727，761

第994条　14，26，52，86－88，91，92，99，159，181，185，195，255，273，304，308，579，584，590，591，594，596，677，748，761

第995条　18，26，67，100，252，349，628，646，651，653，664，669，761

第996条　130，735，741，761

第997条　26，67，100，385，389，651，666－670，672，674－680，684－686，761

第998条　17，25，100，125，126，129－131，154，161，292，330，335，339，362，407，439，511，607－609，753，754，761

第999条　33，154，250，265，293，297，309，405，469，507，520，538，606，608－611，628，761

第1000条　67，100，133，252，362，655，693，695－697，761

第1001条　48，761

第1002条　12，17，24，105，159，163，168，170，679，761

第1003条　12，17，24，35，105，149，190，761

第1004条　17，38，105，107，210，212，648，656，657，679，761

第1005条　174，177，761

第1006条　180，183－185，192，199，201，761

第1007条　15，58，104，181，183，196，200，761

第1008条　116，213－215，761

第1009条　196，761

第1010条　38，227－230，233，413，761

第1011条　149，202，761

· 769 ·

第 1012 条　17，24，105，115，239，240，249，250，252，761
第 1013 条　16，17，266，761
第 1014 条　17，24，252，255，257，259，277，761
第 1015 条　17，58，125，242，245，247，761
第 1016 条　249，250，252，266－268，761
第 1017 条　238，239，250－252，269，761
第 1018 条　105，115，280，290，292，761
第 1019 条　17，50，54，305，314，315，317，601，761
第 1020 条　17，24，125，284，287，293－295，297－299，306，309，314，315，511，521，761
第 1021 条　50，120，122，123，250，269，292，761
第 1022 条　120－122，250，269，292，310，311，761
第 1023 条　120，122，250，269，287，761
第 1024 条　40，105，322，323，343，350，761
第 1025 条　24，125，330，337－339，342，350，357，366，374，381，407，602，674，761
第 1026 条　125，129，331，367，381，761
第 1027 条　17，339，375，376，761
第 1028 条　386－389，652，674，685，761
第 1029 条　40，344－346，652，761
第 1030 条　40，344，345，469，480，761
第 1031 条　394，397，761
第 1032 条　17，105，398，403，405，411，536，537，590，761
第 1033 条　17，403，404，410－413，415，418，419，423，427，430，433，437，439，442，444，538，540，590，628，761
第 1034 条　34，105，256，308，436，452，457，469，537，590，599，602，627，628，761
第 1035 条　47，116，119，404，433，444，472，480，485，489，506，509，534，539，540，562，582，599，628，761
第 1036 条　479，507，518－521，534，545，582，599，609，611，615－617，761
第 1037 条　125，480，501，538，541，546，557，563，652，761
第 1038 条　479，505，572，600，761
第 1039 条　34，480，761

后　记

本书部分内容先后在笔者于 2020 年、2021 年春季学期为清华大学法学院研究生开设的"人格权法"课程中讲授过。感谢参与"人格权法"课程讨论，并就书稿提出过宝贵意见的清华大学法学院博士后王苑、中国人民大学法学院博士后阮神裕，以及清华大学法学院博士研究生曾俊刚、李西泠、杨嘉祺，硕士研究生蔡联菲、高珂、叶之歌、秦佳明等同学！

中国人民大学出版社法律分社郭虹社长对本书的出版给予了巨大支持，尽心竭力，令人感动！责任编辑施洋先生为本书的编校付出了巨大的辛劳，最大限度地减少书中的错误，在此表示衷心的感谢！

本书是笔者主持的国家社科基金重大项目"大数据时代个人数据保护与数据权利体系研究（18ZDA146）"的阶段性成果。

程啸
2022 年 1 月 3 日于清华园

图书在版编目（CIP）数据

人格权研究/程啸著. --北京：中国人民大学出版社，2022.3
（中国当代青年法学家文库. 程啸民法学研究系列）
ISBN 978-7-300-30351-2

Ⅰ.①人… Ⅱ.①程… Ⅲ.①人格－权利－研究－中国 Ⅳ.①D923.14

中国版本图书馆CIP数据核字（2022）第044323号

中国当代青年法学家文库·程啸民法学研究系列
人格权研究
程　啸　著
Rengequan Yanjiu

出版发行	中国人民大学出版社			
社　　址	北京中关村大街31号	邮政编码	100080	
电　　话	010-62511242（总编室）	010-62511770（质管部）		
	010-82501766（邮购部）	010-62514148（门市部）		
	010-62515195（发行公司）	010-62515275（盗版举报）		
网　　址	http://www.crup.com.cn			
经　　销	新华书店			
印　　刷	涿州市星河印刷有限公司			
规　　格	165 mm×238 mm　16开本	版　次	2022年3月第1版	
印　　张	49.5 插页2	印　次	2022年7月第2次印刷	
字　　数	801 000	定　价	168.00元	

版权所有　　侵权必究　　印装差错　　负责调换